Liber Undecimus.

Cy commence la table des rubriches del xi. liure de monseigneur saint Augustin de la cite de dieu, qui contient xxxiiii. chapitres.

De celle ptie de leuure en laquelle les commencemës et les fins de deux citez, cestassauoir la celestienne et la terrienne commencent a estre demonstreez. Chapitre premier.

De la congnoissance de dieu a laquelle nul ne paruient fors par le mediateur de dieu et des hommes, cestassauoir par homme Jesucrist.　　　　　　ii.

De lescripture canonique faicte par le sperit de dieu.　　　　　　　　　　iii.

De la condicion du monde, laquelle ne sans temps, ne par nouuel conseil de dieu nest ordonnee, par quoy dieu ait vo-lu depuis ce quil nauoit pas voulu par auant.　　　　　　　　　　　　　iiii.

Que len ne doit mie plus penser nenquerir des temps infiniz qui onteste ain cois que le monde fut fait, que des lieux infiniz autres que celui ou le monde est fait.　　　　　　　　　　　　　v.

Que cest ung mesmes commencemët de la creation du monde et des temps, ne lun ne fut fait auant que lautre.　　vi.

De la qualite des premiers iours les quelz on dit auoir eu matin et vespre ain cois que le soleil fust fait.　　　vii.

Comment est a entendre quel est le repos de dieu, par lequel apres les euures de six iours il se reposa au septiesme iour　　　　　　　　　　　　　　　viii.

Quelle chose est assauoir de la condicion des anges, par le tesmoignaige des diuines escriptures.　　　　　　ix.

De la simple et incommuable trinite de dieu, le pere, le filz, et le sainct esperit, en qui qualite nest autre chose que substance　　　　　　　　　　　　　　　x.

Sil est a croire les esperitz qui ne demourerent point en verite, auoir este participans de celle beneurete que les sains anges eurent du commencement quilz furent creez.　　　　　　　　　xi.

De la comparaison de la beneurete des iustes qui ne tiennent mie encores le op er de la promesse diuine, et des premiers hommes qui estoient en paradis aincois quilz pechassent.　　　　　　xii.

Assauoir mon se tous les anges sont creez dune mesme felicite, tellement que ceulx qui sont trebuchiez, ne peussent a-uoir sceu quilz deussent trebuchier, et que ceulx qui demourerent en leur estat aps la rupne du trebuchemët des autres, ay ent prins et sceu la prescience de dieu et co gnoissance de leur perseuerance.　　xiii.

Par quelle maniere de parler il soit dit que le dyable ne soit mie demoure en ve-rite, car verite nest point en lui.　xiiii.

Quelle chose est a sentir ce a sauoir de ce qui est escript, que des le commencemët le dyable pecha.　　　　　　xv.

Des degrez et differences des creatu-res, lesquelz autrement demonstrent lu saige de vtilite et prouffit, autrement lor dre de raison.　　　　　　　　xvi.

Que le vice de malice nest pas de na-ture mais contre nature, auquel comettre le faiseur et createur nest cause de pe-chier, mais voulente.　　　　　xvii.

De la beaulte de luniuersite du monde laquelle par lordonnance de dieu est sai cte plus luisant par lopposition des cho ses contraires.　　　　　　　xviii.

Quelle chose semble a sentir que dieu
a i

fist diuision entre lumiere et tenebres. xix.

⁋ De ce qui est dit apres la diuision de la lumiere & des tenebres/ et dist dieu la lumiere que elle est bonne. xx.

⁋ De la pardurable et incommuable science & voulente de dieu/par laquelle toutes les choses qu'il a fait luy ont tousiours aussi pleu a faire comme faites. xxi.

⁋ De ceulx ausquelz en luniuersite des choses bien faites du bon createur/ aucunes desplaisent. & cuident quil soit aucūe mauuaise nature. xxii.

⁋ De lerreur en laquelle la doctrine de origenes est blasmee. xxiii.

⁋ De la trinite diuine/ laquelle par toutes ses euures a espandu les enseignemēs et les demonstrances de signification. xxiiii.

⁋ De la discipline de toute philozophie partie en trois. xxv.

⁋ De lymaige de la souueraine trinite/ laquelle ymaige selon aucūe matiere est trouuee aussi en la nature de lomme. nō mie encore beatiffie & saintiffie. xxvi.

⁋ De essence/ cest adire de estre/ et de science/ cest adire de sauoir soy estre/ et de lamour de lun & de lautre. xxvii.

⁋ De celle amour par laquelle nous auons et estre et sauoir: nous doyons aussi aimer/ par quoy nous approchons plus a lymaige de la diuine trinite. xxviii.

⁋ De la science des sains anges/ par laquelle ilz ont congneu la trinite en sa deite/ par laquelle ilz regardent les causes des euures en lart ouurant/ aincois que es euures mesmes. xxix.

De la perfection du nombre de six/ qui est acomply par la quantite de ses parties. xxx.

⁋ Du vii. iour/ ouquel la plante ou plenitude et le repos sont recommandez. xxxi.

⁋ De loppinion de ceulx qui veulent dire et tenir la creatiō des anges estre aincois que du monde. xxxii.

⁋ Des deux compaignies des anges/ diuerses & dispareilles/ lesquelles sont entendues & nommees: non pas desconuenablement par les noms de lumiere & de tenebres. xxxiii.

⁋ De ce que aucuns cuident en la condicion du firmament les anges estre signifiez par les eaues diuisees. et que aucuns cuident les eaues non creez. xxxiiii.

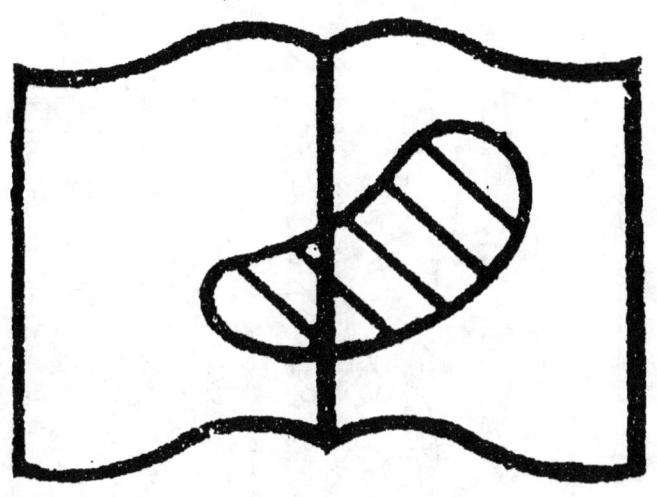

Illisibilité partielle

Ombien que au commencement de ceste translacion et expposition en nostre prologue nous ayons promis a mettre declarations et eppositions es pas et es lieux qui desirent declaration toutesfois nostre intention ne fut oncques de mettre principalement ces parolles fors en ce qui seroit distoire ou de poeterie: et non pas de touchier a ce qui regarde la theologie: car teles choses ne cheent pas en expposition quant a nous/ mais cheent a disputer a la chayere: et a determiner a ceulx a qui il est permis/ cest assauoir aux docteurs de saincte eglise/ et a ceulx p̄ qui la foy catholicque est soustenue. Et supposé que dieu nous eust appellé a tel degré que nous en sceussions aucune chose monstrer: ce que non/ ne nous semble il pas que si haulte matiere come de la trinité/ des relations dicelle/ de la nature des bons anges et mauuais/ de la creation du monde/ des choses celestiennes et super celestiennes/ come des ierarchies et autres haultes matieres qui si subtil

a ii

lement si haultement. ⁊ si briefuemēt sōt traictees en ce liure ⁊ autres/ nous nous doyons entremettre:especialement den p̄ler en francois/ non pas pour ceulx q̄ ētendēt et lun et lautre: mais pour ceulx qui sōt purs lais et qui par chose q̄ nous en deissons nen seroient en riens plus edifiez/ne nentenderoient point lun langaige plus que lautre: neant plus que du .S. liure de Boece de consolation/ duquel la translation ne donne aux lais point pl' de declaration que le latin. Et par auenture seur rudesse ou mal entendemēt les pourroit mettre en erreur telle que mieulx souffist quil nen eussent riens leu ne ouy. Comme nous ayons pour principe quil nest licite a aucun a disputer publiquement de la foy crestienne se ce nest es escolles pour auoir la verite des matieres. Et pour ce prenons nous cy double descharge. Lune que par ce nous/ nous tenons a deschargie de la theologie exposer. Et si tenons que nous auōs de liure le plus des hystoires et des poetries es dix liures p̄cedens/ et nous semble que nostre meulle nous auons tournee et mis ius nostre collier a quoy nous auons trait a si grāt peine. et paye les vsures du deu a quoy nous auons este si forment obligez. Et pourrons ce nous semble doresenauant charrier a .xviij. roes/ ou au moins a mēdre fais par quoy nous pourrōs aler pl' legieremēt. Et neantmoins ne no' tenōs nous pas a si deschargie/ que encores ou nous verrons quil fauldra declaration ou exposition especialement quant aux poetries ⁊ hystoires q̄ nous ne le faissons pour nostre erre et chemin continuer: tant que nous puissons par nostre trauail en droit chariant aler a celle glorieuse cite/ pour laquelle le faiseur emprist ceste euure.) Et tant fist quil y alast ⁊ y est, et nous laissa et monstra la voye et le chemin par laquelle len y puet aler. A laquelle nous mainne le pere et le filz et le saint esperit. Amen

¶ De cesse partie de leuure en laquelle les commencemens et les fins des deux citez, cestassauoir la celestienne et la terrienne commencent a estre demonstrez.

Chapitre premier.

Nous disons la cite de dieu de laquelle lescripture est tesmoing. Laquelle escripture non mie par auētureux mouemens de pensees/ mais plainement p̄ lordonnance de la souueraine pouueance ait submis en soy toutes manieres dēgins humains surmontāt par lauctorite diuine toutes les lettres de toutes gens. Car illec cestassauoir en icelle escripture est escript. Glorieuses choses sont dictes de toy: cite de dieu. Et no' lisons en lautre pseaulme. Grāt seigneur ⁊ trop louable est en la cite de nostre dieu: en la saincte mōtaigne dicelui, estendant esiouissemēe a toute la terre. Et vng pou apr̄s en ce mesme pseaulme sicomme nous auons ouy et aussi auōs nous veu en la cite du seigneur des vertus, en la cite de nostre dieu dieu la fondee pdurablement. De rechief en lautre pseaulme. La force du fleuue esiouist la cite de dieu: le tressouuerain a saintifie son tabernacle, dieu ne se mouera au milieu delle. ¶ par ces tesmoingnaiges et semblables, lesquelz longue chose est a ramembrer: auons nous apr̄s estre vne cite de dieu/ de laquelle nous desirons estre citoyens par lamour ⁊ charite, laquelle le createur dicelle cite nous a inspiree. A ce createur de ceste saincte cite, les citoyens de la cite terrienne mettent auant leurs dieux ignorans icellui createur estre le dieu des dieux/ non mie des faulx dieux cest adire selōs ⁊ orgueilleux, lesquelz priuez de la lumiere dicellui createur incommuable et commun a tous, et par ce reduis a vne souffreteuse puissance ensuiuent aucunement leurs puissances priuees/ ⁊ quierēt de leurs subgetz comme de ceux les honneurs diuines mais est ce createur le dieu des dieux debōnaires et sais, cest adire des bōs crestiēs et sainctes psonnes qui mieulx se delittent à soy submettre a vng seul dieu: que plusieurs a soy, et aourer vng dieu que estre asourez comme dieu. Mais tant comme nous auõs peu a laide de nostreseigneur et trop nous en auons respondu aux ēnemis de ceste saincte cite es dix liures precedes. Mais orendroit pour ce que ie recõgnois quelque chose sen attent de moy a sauoir et a ouyr et ramembrāt de mon dieu garny par tout de laide dicelui mesmes nostre seigneur et roy Jemprendray a disputer tantcomme ie pouray de la naissāce du cours et des fins deues des deux cytez, cest assauoir la terrienne et la celestiene lesquelles nous auons dittes estre encores aucunement en ce siecle entrelacheez et mesleez ensemble. Et diray premierement comment les naissãces de ces deux citez aient este par auant demonstrees en la diuersite des anges.

⁋ Exposition sur ce chapitre.

Apres ce que ie me suis despeschie des dix premiers liures de mõseigneur sainct augustin qui sont la premiere ptie de ce liure, se commence la seconde partie laquelle commence en cest xi.e liure. Et apres ce que es dix liures precedens en deffendant la cite de dieu il a respondu aux ennemis dicelle. ⁋ En ceste seconde ptie il parle de la cite de dieu. Et pource parle il semblablement de la cite terrienne. Es quatre premiers liures il parle de la naissance de ces deux citez, et es autres quatre liures il parle du cours ou demainement dicelles. Et es quatre derreniers il parle des fins deues dicelles. Et premierement il parle en ce chapitre et es trois subsequens de la naissance dicelles citez es bõs anges et es mauuais anges. En ce chapitre na hystoire ne poetrie mais pure moralite et theologie, et semble a droitemēt considerer veue la fin de ce premier chapitre que ce soit ainsi comme vne maniere de prologue ou de preambule dõt le commencement du chapitre fait vng grāt notable ouquel il monstre quel est la cite de dieu. car de ce sensuit vng enseignemēt, cest assauoir que vng chascun se doit adiouster a la saincte escripture que a quelconques raison ou argument soit subtil. sicomme monseigneur sainct augustin le preuue, qui dit que sanctorite diuine a submis tous les engins humains a ceste saincte escripture. Apres quāt il parle des dieux sains et debõnaires, il le dist pour les sainctes creatures qui seruent a vng dieu nostreseigneur ihesucrist le tout puissāt, non pas quilz soient tenus pour dieux mais en faisant vne cõparaison telle comme dauid met en son psaultier: quant il dist. Ego dixi dii estis et cetera. Cest adire: Jay dit vous tous estes dieux, p participation de grace et de vertu, car vous regnez en seruant nostreseigneur. Pour ce qui voul droit prendre la lettre selon ce quelle gist quilz fussent dieux, il sensuiuroit quilz fussent diables, sicomme dist dauid en vng autre lieu ou il dist. Om omnes dii gentiũ demonia et cetera. Cest adire que tous les dieux sõt dyables, fors dieu nre seigneur qui fist le ciel a la terre

⁋ De la cognoissance de dieu a laquelle nul homme ne paruient fors par le mediateur de dieu et des hommes, cestassauoir par homme ihesucrist. ii.

Grant don de grace est et a merueilles a pou de gens donne, que toute creature corporee ou incorporee consideree et trouuee muable de surmonter par entention de pensee, et attaindre a sincommutable substance de dieu, et illec aprēdre de lui que toute creature laquelle nest mie ce quil est: a neantmoins nul autre ne la fait fors lui. Car ainsi nostreseigneur parle auecques homme nõ mie quil face son ou noise aux oreilles corporelles de celui a qui il parle par aucune creature corporelle, en tele maniere que entre le faisant son et le oyant soient debatues les espaces de laer, cest a dire que len en ope ne parole ne son qui facent aucune reuerberation en laer, et non mie aussi par vne maniere de creature espuelle, laquelle est figuree p sẽblãces de corps sicõe len voit en sõges ou en aucūe autre telle maniere: car celle creature espirituelle parle ainsi cōme a oreilles de corps, car elle parle ainsi cōme p corps ꞇ ainsi cōme p interualle moyen entre lieux corporeulx, car telz choses sont veues moult semblables ou corps. Mais dieu parle auec hōme par icelle verite, se aucun est couenable a ouir par pē see non mie par corps, car dieu parle a la chose de lomme laquelle est en homme la meilleur de toutes les autres choses par lesquelles il est homme raisonnable: ꞇ p laqlle dieu est tout seul le meilleur, car cōme hōme tres droituieremēt soit entē du estre fait a lpmaige de dieu: ꞇ se ce nest possible de lentendre soit au moīs tenu et creu vraiement quil est plus prochain au souuerain dieu p celle partie de soy, cest a dire par raison, par laquelle il surmon te les autres parties de soy plus basses et lesqlles il a a cōmunes auec les bestes. Mais pour ce que la pēsee de lōme a laql le raison et entendemēt naturellemēt sōt adherentes par aucunes vices obscures et vilz est non puissant et impotēt, non mie seulement de habiter et soy aioindre a la lumiere de dieu īmuable et fruicō: mais encores a vser et iouyr dicelle lumiere ius ques a tant que de iour en iour elle renou uellee ꞇ garie des vices dessusdis soit fai te capable et digne de la beatitude eterne le. Elle estoit premieremēt a estre itrodui te et purgee par foy, en laquelle foy affin quelle alast plus feablemēt a verite, icel le verite dieu le filz de dieu hōme prist en soy sās laissier dieu, mais lui estāt dieu et hōme, cest a dire prinse lumanite sans perdre ne laissier la deite fonda et establp icelle foy, affin que par homme dieu fust voye a hōme au dieu de lomme. cest a sa uoir a nostreseigneur. Car icelui hōme ihesucrist est le moyenneur de dieu et des hōmes, car p ce est il moyeneur et sa voie pquoy il est hōme, car se voye est moyēe entre celui qui va et entre la chose a laql le il va il a esperāce dy venir. mais se voie moyēe deffault ou que on ne saiche par

quele voie on doit aler: quel prouffit est ce de sauoir ou on veult aler. Et pour ce cō tre toutes erreurs la seule voye tresseure est, cestassauoir q̄ vng mesmes soit dieu et homme, dieu a qui on va: homme par lequel on va.

¶ De lauctorite de lescripture canonique faite par lesperit de dieu. iii.

Icelui ihesucrist parla premierement par les prophetes, et puis p soy mes mes, et apres par les apostres ce quil lui sembla quil souffissoit. cest a dire tant cō me il lui sembla quil nous appartenoit a sauoir. Et si fist lescripture de tresexcel lente auctorite qui est nōmee canonicque a laquelle nous adioustons foy des cho ses lesquelles il ne conuient mie ignorer et ausquelles sauoir nous ne sōmes mie assez souffisans ou couenables par noz mesmes. Car se p nostre tesmoingnaige peuēt estre sceues les choses q̄ ne sont mie eslongees de noz sens ou ceulx de dedēs ou ceulx de dehors, et pource sont nōme es psentes que nos les disons estre deuāt noz sens: sicōme nous disons estre deuāt noz yeulx les choses q̄ sōt presētes a noz yeulx. Certainemēt pour ce q̄ par nostre tesmoignaige nous ne pouōs sauoir les choses qui sont eslongees de noz sēs: nos de ces choses requerons autres tesmoīg es et en creons ceulx desquelz nous cuidōs les dis choses nō estre ou auoir este eslon gees. Doncques ainsi cōme des choses vi sibles que nous nauons mie veues nous creons ceulx qui les ont veues. et aīsi des autres choses qui appartiennent a qlque sens corporel. aussi des choses lesquelles par couraige et par pēsee sont sētues, car droituierement celui est dit sens: dont ce mot sentence prist nom dicelles choses in uisibles lesqlles sont esloingnees de noz tres sens qui est dedens nous. il nous con uient croire a ceulx qui icelles ont apꝛīse ou les regardent estre permanens en cel le lumiere incorporee. ¶ De toutes les choses q̄ sont visibles a toutes creatures le monde est le tresgrant. Et de toutes les choses inuisibles: dieu est le tresgrant. Mais nous veons le monde estre, et nous creons dieu estre. Certes q̃ dieu ait fait le mõde: nous ne creons mieulx a quelque autre q̃ a celui mesmes dieu. Et en quel lieu ouons nous dieu: certes nous ne louons mieulx en quelque lieu q̃ es sainctes escriptures/esquelz le pphete de lui dist ainsi. Ou commencement dieu fist le ciel et la terre. Ce pphe estoit il la present qnt dieu fist le ciel et la terre. Nennil. Mais fut la sapience de dieu p laquelle toutes choses sont faictes, laquelle certes se transporte es sainctes ames et establist et ordõne les amis et pphetes de dieu, et leur raconte ses euures sans aucune noise faire par dedens. Et a ceulx aussi parlent les anges de dieu q̃ tousiours voient la face de dieu le pere: et anoncent la voulente dicelui a ceulx a qui il le couient. De ceulx estoit vng ce pphete q̃ dit et escript. Au commencement dieu fist le ciel et la terre. Lequel prophete est tesmoing si couenable p leql on doye croire a dieu que p celui mesmes esperit de dieu/ de tãt par auãt il ait dit et pronõce nre soy aduenir. par lequel il a congneu ces choses a soy reuelees.

¶ De la creation du monde. laquelle ne sans temps ne p nouuel conseil de dieu nest ordonnee par quop dieu ait voulu depuis ce quil nauoit pas voulu par auant.   Cha. iiii

Mais pourquoy pleut il a dieu pdurable faire lors le ciel et la terre, lesquelz il nauoit mie fait p auãt. Ceulx q̃ ce dient silz veulent le mõde auoir este pdurable sans aucun commencement, et pource nomie fait de dieu. Ilz sont trop loings de la vite et nautez de maladie de dessoupdute sont foursentiez, car exceptees et mises hors les voix des pphetes, celui mõde consideree sa tres ordõnee mutabilite et mobilite, cestadire sa mutacion q̃ son mouuement, et cõsideree sa tresbelle espece de toutes les choses inuisibles, en soy taisant se scrie aucunement: soy auoir este fait: et non mie dautre que de dieu, qui est et grant bel pius que bouche ne pourroit dire: et q̃ oeul ne pourroit veoir mais certes ceulx qui confessent le mõde estre fait de dieu, et toutesfois ne pfessent mie icelui monde auoir commencement de teps mais seulement auoir commencement de sa creation, a ce que par vne maniere a peine entendible il soit touldiz fait. Certes ceulx cy dient aucunes choses par quoy il leur semble defendre dieu dune folle emprise auentureuse, affin que len ne croie mie q̃ soubdainement et de nouuel il lui feust venu en pensee ce que onques par auant ne lui estoit auenu, cestassauoir faire le monde: et a lui estre aduenue nouuelle voulente cõme il soit du tout immuable. Mais ie ne voy mie comment es autres choses: ceste raison se puisse soustenir et mesmement quãt a parler de lame, car silz tiennent et affermẽt lame estre pardurable sans cõmencement ainsi come dieu: dont lui seroit aduenue par nouuelle voulente: maleurete, quelle nauoit oncques eue par auantpdurablement. ce ne puront ilz monstrer en aucune maniere. Et silz dient maleurete et beneurte a lame alternatiuemẽt: il est necessite quilz dient que tousiours alternatiuement sa nature se mue. Dont sensuiuroit telle absurdite et tel inconuenient se lame est dicte beneuree que en ce elle ne soit pas beneuree: se elle voit et auise sa laidure et maleurete a auenir. Et se ainsi est q̃ elle nauise mie soy estre ou temps auenir laide et maleureuse, aincois cuide tousiours estre beneuree. Il sensuit que par faulse oppinion elle soit beneuree, qui est la plus sotte chose que len puisse dire. Et silz cuident que tousiours par les siecles passez lesquelz ilz tiennent auoir este infiniz beneurete et maleurete soient aduenues a lame alternatiuement. Et maintiennent que puis que lame aura este deliuree de maleurete desormais elle ny retourne plus

Neantmoins ilz sont conuaincus a recõgnoistre que lame ne fut oncques beneuree vraiement aincois cõmence estre beneuree desoremais dune nouuelle beneurete vraie sans fallace. Et par ce seront constrains a confesser aucune chose auenir a lame de nouuel qui oncques par auant par durablement ne lui estoit aduenue: qui est vne chose grant a noble Et se ceulx qui tiennent ceste õpinion npent dieu nõ auoir eu la cause de ceste nouueleste en son pdurable conseil, il conuient qlz npent lui non estre aucteur et dõneur de ceste beneurete Laquelle chose dire est tresgrant mauuaistie a erreur. Et sil aduient quilz dient par son nouuel conseil auoir pense a ordõne que desoremais lame soit pdurablemẽt beueuree, cõment puroient ilz mõstrer que en dieu ne soit celle nouuelle mutacion laquelle leur desplaist tant Mais silz congnoissent lame estre cree de dieu en temps sans ce q iamais en aucũ temps elle perisse ainsi cõme le nombre qui a cõmencemẽt a na point de fin Et pource icelle ame apres ce quelle a vne fois esprouue a sentu maleuretez se elle en a este desiuree que iamais depuis ne soit maleureuse Ilz ne feront point de doubte ce estre fait estant et demourant la immutabilite du cõseil de dieu.

¶ Quelen ne doit mie plus penser ne enquerir des temps infiniz qui ont este aincois q le monde fust fait, que des lieux infiniz autres que celui ou le monde est fait. b.

Apres il est a veoir et considerer de ceulx q accordẽt dieu estre createur du monde, et touteffois ilz demandent q nous leur responderons du temps qnt le mõde fut fait: assauoir cõment ilz nous responderont du lieu ou il fut fait Car aussi bien peut on demander pourquoy il est fait ou lieu ou il estet non mie ailleurs, cõme on demãde pourquoy il fut fait ou tẽps ou quel il fut fait a nõ auãt car se ceulx q ce demandẽt pensent a diẽt

quil ait este aincois que le mõde fust fait espaces de temps infiniz et sans nombre esquelles espaces: il ne leur semble mie q dieu puisse auoir cesse de faire aucũe chose. pensent aussi q dehors le monde sont espaces de lieux infiniz et sans nombre, esquelz se aucũ disoit q dieu se tout puissant neust cesse ou peu cesser douurer, ne sensuiuroit il pas q ceulx cy appellez epicuri: estre mõdes ifiniz a sans nõbre: Et en ce nauroit autre difference entre ceulx cy et ce philozophe. fors de tant quil dist et tient ces nombres infiniz estre engendrez a corrompuz p mouuemẽs aduẽtureux de parties indiuisables appellees a thomes Mais ceulx icy diroient telz mõdes estre fais a crees de dieu. ou cas qlz affermeroient q dieu nauroit voulu cesser de faire telz mondes par les espaces des lieux qui sont infiniz a de grandeur intermuable par tout dehors le monde. Et diroient aussi telz mondes: par quelque cause nõ pouoir estre corrũpuz. ainsi cõme ilz tiennẽt a dient de ce monde. Et auec ceulx cy q tiennẽt a sentent auec nous dieu estre incorporel a createur de toutes natures de choses q ne sont mie ce ql est. voulons nous auoir a faire car cest chose trop indigne de receuoir les autres a ceste pnte disputacion qui est de la foy Et mesmemẽt ceulx qui croient le seruice de sacrefice estre dieu a plusieurs dieux . Et ceulx qui tiennẽt auec nous ce q dit est, ont vaincu de noblesse a dauctorite les autres philozophes. nõ pour autre chose fors pource que combien q ce soit pour long interualle. touteffois ilz sapprouchent plus pres de la verite q les autres Et par ce que dit est, il semble que ceulx cy soient contraires a dire ql fust mõdes infiniz a sans nombre Ou par auenture ilz diront q dieu dont la substance nest enclose: determinee ne estendue en quelq lieu mais la confessent par psence incorporelle: estre tout par toutce q est digne chose a tenir a sentir de dieu. soit absẽt de tãt despaces de lieux qui sõt hors du mõ de et estre seulement occupe en vng lieu si trespetit en comparaison et au regard de tant de si grande infinite de lieux Mais ie ne cuide mie quilz vueillent aler auāt par telles vaines paroles. Et dōcques puis quilz dient ⁊ confessent vng monde dune grant matiere ou masse corporelle fini toutesfois est determine en son lieu estre fait et cree de dieu p̄ la maniere q̄lz respondent pourquoy dieu cesse de faire mōdes es lieux iusiniz qui sont hors du monde. par telle maniere leur soit aussi respondu. pourquoy dieu cessa a faire mōdes par les temps infiniz qui furent aincois que le monde fust fait. Et pource q̄l ne sensuit mie, que dauēture plus q̄ par raison diuine. dieu ait fait le monde en ce lieu ou il est: q̄ en vng autre lieu pour ce que entre tāt de lieux infiniz, ce lieu ne puisse par aucune plus excellente merite auoir este esleu Iasoit ce que quelque humaine nature ne puisse comprendre celle raison diuine pourquoy ce a este fait Aussi ne sensuit il mie que nous croyons que a dieu soit auenu: dauēture quil ait fait le monde plus ou temps ou quel il le fist que p̄ auant Cōme il disoit ainsi q̄ tous les temps de par auāt par espace infiniz feussent egallemēt passes. ne aucune difference ou raison eust este par laquelle vng temps deust auoir este auāt mis ou esleu: plus que lautre Et silz dient q̄ les pensees des hōmes sont vaines, par lesquelles on ymagine estre lieux infiniz pource q̄l nest point dautre lieu q̄ le mōde on leur peut respondre en ceste maniere. que aussi est ce vaine chose de penser ⁊ ymaginer les temps passez aincois que dieu feist le monde pource q̄ par auant q̄ le monde fust fait: aucū temps nestoit.

¶ Que cest vng mesme cōmencemēt de la creation du monde ⁊ des tēps, ne lun ne fut fait auant que lautre. Bi.

Certes se eternite ⁊ temps sōt a droit discutez ⁊ auisez: lequel temps nest point sans aucūe mutacion: et en eternite

na aucūe mutacion, qui est ce qui ne voie q̄ les temps ne fussent point: se creature neust este faicte Laq̄lle par aucū mouuemēt muast aucūe chose: duq̄l mouuemēt et de laq̄lle mutacion le tēps sensuiuist, par ce q̄ quāt deux choses ne peuent estre ensemble: il cōuient q̄ lune soit apres lautre par plus briefz ou plus longz interualles de demeures de tēps. Doncques cōme dieu en la trinite duq̄l na mutacion aucune: soit createur ⁊ ordōneur des temps Ie ne voy mie cōme on puist dire cōment il ait cree le monde apres espaces de temps qui ne diroit auāt le monde auoir este aucūe creature: p̄ les mouuemēs de laquelle les tēps eussent couru Mais se les saictes escriptures ⁊ tresvraies dient en telle maniere Dieu au cōmencemēt auoit fait le ciel ⁊ la terre, par telle maniere q̄l soit entēdu nō auoir fait quelque chose par auāt pource q̄ se auāt toutes ces choses lesquelles il a faictes: il eust fait aucūes choses. Il seroit mieulx dit: telle chose auoir este faicte au cōmencement. Il nest mie doubte q̄ le monde ne fut pas fait en tēps: mais auec le tēps, car ce qui est fait en temps: est fait apres aucū temps et deuāt aucun temps, cestassauoir: apres le temps passe: et deuant le temps auenir Mais quant le monde fut fait: il nestoit passe q̄lque tēps, car il nestoit aucūe creature p̄ les mouuemēs muables: de laq̄lle aucūs tēps se feist ou ensuiuist Certes aussi fut fait le mōde auec le temps car en sa q̄dicion est fait mouuemēt muable. sicōme il appt par ordōnance des vi. ⁊ des vii. ioures: esq̄lz le matin ⁊ le vespre sont nōmez, iusques a ce q̄ toutes les choses q̄ dieu fist es ioures dessusdis: soient p̄faites ou vi. iour. ⁊ ou vii. en grant mistere soit recōmādē le repoz de dieu. Les q̄lz ioures de q̄lle maniere ilz soient, forte chose nō est: ⁊ certes impossible a penser et encore plus a lou p̄ dire, car nō vōide ces ioures q̄ nō cōgnoissons: nō auoir vespre, fors pource q̄ le soleil est couchie: et nō auoir matī: fors qnt le soleil est leue.

⸿ De la qualite des premiers iours, les
quelz on dist auoir eu matin et Vespre ain
cois que le soleil fut fait. vii.

Mais des ieulx iours, cestassauoir
des sept iours dessusdis, les trois
premiers sont parfais sans soleil, lequel
est raconte estre fait au quatriesme iour.
Et certes premierement la lumiere est di
cte faicte par la parolle de dieu Et est dit
dieu auoir fait separation entre celle lu
miere et tenebres, et celle lumiere auoir ap
pellee iour, et les tenebres nupt. Mais qlle
le soit celle lumiere et par quelle alterna
cion ou succession de mouuement, et quel
Vespre et quel matin elle ait fait, ce nous
est fort a sauoir, et en la maniere quil est
ne peut de nous estre entendu, touteffois
le deuons nous croire sans en faire aucu
ne doubte Car cest aucune lumiere corpo
relle, estant es plushaultes parties du
monde loing de nostre regard Ou de la
quelle le soleil prinst sa lumiere depuis,
Ou par le nom de celle lumiere: nous est
signifiee la saincte cite es sains anges et
es benoitz esperitz. De laquelle cite lapo
stre dist ainsi. Celle cite qui est lassus cest
ihrlm nostre mere, qui est es cieulx pdu
rable. Et en autre lieu il dist ainsi Vo°
tous estes filz de lumiere et filz de iour,
car nous ne sommes mie filz de nupt ne
de tenebres, touteffois mais q nous puis
sons aucunement couuenablement enten
dre le Vespre et le matin de ce iour Car la
science de creature en comparaison de la
science du createur: saues puis aucunement
De rechief elle resuist et est faicte matin,
quantelle est ramenee a la louenge et a
lamour de son createur Ne la science de
creature ne reuient point ne retourne a la
nupt, quant le createur nest point laissie
de lamour de la creature. ⸿Apres lescri
pture en nombrant et nōmant les iours
dessusdis p ordre ne fait point mention de
la nupt, ne en quelque part elle ne dist la
nupt estre faicte, aincois dist le Vespre est
fait, le matin est fait, et est ung iour Et
ainsi du second iour et des autres. Et pour

ce que sa congnoissance de creature: en soy
mesmes est plus descoulouree quāt a ain
si parler, et nestpas si enluminee q quāt
elle est congneue en sa sapience de dieu,
cōme en lart et en sa sciēce: en laquelle elle
est faicte Pource est elle dicte et appellee
plus cōuenablement Vespre que nupt, la
quelle touteffois sicōme iay dit: quāt el
le est ramenee a louer et amer sō createur
elle retourne en matin Et quant elle fait
ce en la congnoissance de soymesmes: est
ung iour. Et quantelle fait ce en sa con
gnoissance du firmamēt lequel entre les
eaues de dessus et les eaues de dessoubz
est appellee le ciel: cest le second iour. Et
en la cōgnoissance de la terre et de la mer
et de toutes choses engendrees en terre, q
par racines se continuēt: cest le tiers iour
Et en sa congnoissance du greigneur lu
minaire cestassauoir du soleil, et du mē
dre cestassauoir de la lune et des estoilles
cest le quart iour Et en la congnoissance
de toutes bestes noans en eaue et volans
en laer: cest le quint iour. Et en la cōgnoiſ
sance de toutes bestes terriennes alans
sus terre et de hōme: cest le vi. iour.

⸿ Cōment est a entendre le repos de dieu
par lequel apres les euures de vi. iours
il se reposa. viii

Mais quant dieu se reposa ou vii. iour
de toutes ses euures quil auoit faites
et les sanctifia ce nest mie a entendre en
fantiblemēt ne simplemēt, cestassauoir
qil se reposast ainsi cōme sil eust laboure
et traueillie en ouurāt: car icelles euures
furent faictes seulement par son dit, cest
assauoir par parolle dentendemēt et par
durable, nōmie par parolle tēporelle et
faisant son Mais ce repz que dieu fist au
vii. iour, signifie le repos de ceulx qui se
reposent en dieu, ainsi cōme la ioye et les
se de la maison signifie la ioye de ceulx q
seioupssent en la maison: iasoitce que au
tre chose que la maison les face ioyeulx
et lyez Et par plus forte raison euidente:
se ladicte maison par sa beaulte fait lyez

et ioieux: et resiouyt ceulx qui y habitent Encore y celle maniere de parler pͣqͩlle nous signifions et entendons la chose contenue par celle qui la contient. sicōme nous disons que les theatres se siouyssēt et font festes quāt les hōmes y font feste et chantent et balent: et que les prez mugissent quāt les beufz y mugissent. Mais par celle maniere de parler pour laquelle nous signifions ⁊ entendōs la chose faite par celui qui la faite. sicomme lespitre est ditte lpͤe ⁊ ioyeuse qui signifie ⁊ a ioye et leesse de ceulx qui la lisent. lesquelz elle fait ioyeux et lyez. Aussi tresconuenablement quāt lauctorite du prophete fait narration que dieu se reposa: par ce est signifie le repoz de ceulx qui en lui se reposent et lesquelz il fait reposer. Et cest ce qͮ sa prophecie promect aux hommes ausquelz elle parle: et pour lesquelz elle est escripte. Cestassauoir que aprez les bonnes euures que dieu fait et euure en eulx et par eulx. le pͬmierement en ceste vie ilz viennēt ⁊ approuchent aucunemēt a luy par vraie foy formee de charite. ilz aurōt en lui le repoz pardurable. Car cest ce qui du cōmandemēt de la loy est ⁊ fut figure en lancien peuple de dieu par la vacation et le repoz du samedi. De quoy ie pense a dire et determiner plus diligemment en son lieu.

¶ Quelle chose est de la condicion des anges p̄ le tesmoingnaige des diuines escriptures. Cha. ip.

Pour ce qͮ ie rendroit iay pͬposé a dire de la naissāce de la saicte cite ⁊ mest aduis qͮ pͬmierement il soit adire ce qͮ en appartient aux sains anges qui sont vne grāt partie de ceste cite et la partie plus beneuree pource quelle nen fut onques estrangee. Je commenceray a dire ⁊ expliquer a layde de dieu ce que les tesmoingnaiges des escriptures diuines en ce quierent ou tesmoingnent. Or est il ainsi que ou les sainctes escriptures parlent de la constitucion ⁊ creation du monde. il nest point cleremēt dit: se ou quant les anges furēt ou ayent este creez / mais silz ne sont laissiez a estre creez. ilz sont signifiez ⁊ entenduz par le ciel la ou il dist. Au commencemēt dieu crea le ciel ⁊ la terre. ou ilz sōt signifiez et entenduz et mieulx par celle lumiere / de laquelle iay parlé au viii. chapitre. Ne ie ne cuide mie iceulx āges auoir este laissiez a estre creez pource que dieu se reposa au vii. iour de toutes ses euures quil fist / cōme le cōmencement du liure dit et que au cōmencemēt dieu crea le ciel et la terre. par quoy il semble nulle autre chose auoir este faicte auant le ciel ⁊ la terre. Doncques puis que dieu cōmenca au ciel ⁊ a la terre ⁊ celle terre laquelle il fist pͬmierement sicōme lescripture le dit apͥs inuisible sans aucūe composition / et pour ce que lumiere nestoit mie encores faicte / tenebres estoient sus abismes / cest adire sus vne confusion indiuisee de terre et de eaue / car ou lumiere nest. il est necessite qͮ tenebres soient. Et toutes les autres choses apͥs par creation soient ordonnees / lesquelles choses par six iours sont dites faictes ⁊ consōmees: comment seroit ce qͮ les anges fussent laissiez a estre creez ainsi qͮ silz ne fussent mie des euures de dieu desquelles le vii. iour il se reposa. Et combien que en ladite escripture ne soit mye teu ou cele que les anges soient euure de dieu / toutesfois ny est il mie cleremēt expͬime: mais la saincte escripture autrept le tesmoingne cleremēt. car en lymne des trois enfans qui estoient en la cheminee ou fournaise ardant. cestassauoir Ananye. Azarye. et Misael. Apͥs ce quil est dit que toutes les euures de dieu se benepssent en lepecution ⁊ nomination desdittes euures: les sains anges y sont nommez. Et ou psaultier on chāte en ceste manié. Louez nr̄e seigneur des cieulx: louez le es treshaulx lieux. Tous ses anges louez le: toutes ses vertuz louez le. Le soleil ⁊ la lune louez le: les estoilles ⁊ la lumiere louez le. Donez lui louēge cieulx des cieulx: et les eaues qui sont sur les cieulx: louez le nom de nostre seigneur.

pource quil se dist ces choses sont faites il lecōmanda: ⁊ elles sont creez. Et certes icy tres apptement est dit par sa diuine scripture les anges estre fais de dieu comme apres ce quilz sont nommez entre les autres choses celestiennes il soit dit ⁊ rapporte a toutes les choses dessusdictes ce quil sensuit, cest assauoir dieu se dist: et elles sont faictes. Et qui est cil qui oseroit ymaginer ou cuider, les anges auoir este fais apres toutes les choses qui sont nōbrees es six iours dessusdis, mais se aucun est si desuoie quil soussist ce dire: ceste vanite reprent ⁊ redargue lescripture de pareille auctorite en laquelle dieu dist ainsi Quant les estoilles furent faictes tous mes anges me loueret a haulte vip. Dont sensuit il q̄ quant les estoilles furent faites: les anges estoient. et elles furent faictes le quatriesme iour. Dirons nous dōcques les anges auoir este fais le troisiesme iour: Nennil Il est tout cler quelle chose fut faicte en ce troisiesme iour Car ce iour la terre fut separee des eaues. et lors ces deux elemens prindrēt chascun les especes de sa maniere ⁊ de sa nature, et mist hors la terre tout ce qui estoit en elle en racine. Furent doncques fais les anges au second iour: Nēnil aussi Car lors le firmament fut establp entre les eaues de dessus ⁊ celles de dessoubz et fut appelle ciel. Et en ce firmament ou quatriesme iour les estoilles furet faites Dont nest ce pas merueilles puis que les anges appartiennent ⁊ sont des euures que dieu fist en ces six iours/ silz sont celle lumiere qui prist le nom du iour. lequel iour nest mie dit ou nomme pmier iour/ mais est dit ⁊ nomme vng iour. Ne le second iour ne se tiers ne les autres ensuiuans ne sont point dis autres que ce iour qui est dit vng, mais icelui mesmes vng iour. pour venir a la congnoissance de vi ou de vii, est repins et repete pour acomplir sedit nombre de six ou de sept. Cest assauoir de sip: ou q̄ dieu fist ses euures et le nombre de vii. ou quel il se reposa.

Et certes quant dieu dist lumiere soit faite. et la lumiere fut faite De droictemēt en ceste lumiere est entendue sa creation des anges. il est vray quilz sont fais participans de sa lumiere pdurable. laquelle est sa sapience de dieu immuable. par laquelle sont faites toutes choses. laqlle lumiere nous disons estre le vray seul filz de dieu. Et affin que iceulx anges enluminez de celle lumiere p̄ laquelle ilz sont creez/ fussent fais et appellez lumiere et iour par participation de la lumiere ⁊ du iour immuable qui est la parolle ⁊ le filz de dieu, par qui et les anges ⁊ toutes choses sont faites. car ceste vraie lumiere qui enlumine tout hōme qui vient en ce monde Icelle enlumine tout ange net et mōde affin quil soit lumiere. nōmie en soy mesmes mais en dieu Duquel sil se depart il est fait ⁊ deuient lait ⁊ ort, sicōme sont ceulx qui sont appellez mauuais esperiz qui ne sōt mie lumiere en nostre seigneur mais sont tenebres en eulx mesmes ⁊ pvuez de la participation de la lumiere pardurable Car mal nest rien ne quelcōque nature mais la perte ⁊ pvuation de bien prist le nom de mal.

De la simple et imuable trinite de dieu le pere le filz et le saint esperit. en qui qualite nest autre chose q̄ substance. v.

Il est vng bien qui est seul simple. et pource quil est seul simple: il est seul immuable. lequel bien est dieu De ce bien sont creez tous biens mais ilz ne sont mie creez simples Et pource quilz ne sont mie simples sōt ilz muables. Et quant ie dy creez tous biēs/ cest a dire fais nōmie engendrez, car ce qui est engendre du biē simple. est simple. et est ce mesmes de quoy il est engendre Lesquelles deux choses nous disons estre le pere ⁊ le filz/ et lun ⁊ lautre auec le saincte spit est vng seul dieu. Lequel esperit du pere ⁊ du filz par vne propre notion ou congnoissance de ce nom es sainctes escriptures est appesse le saint esperit, et est autre que le pere et autre que le filz, car il nest ne le pere ne le filz, et dy quil est autre, mais non mie autre chose, car le pere, et le filz, et le saint esperit est ung bien ensemble simple et ensemble immuable et ensemble pardurable. Et ceste trinite est ung dieu. Et pource que ceste trinite, nest ce mie quelle ne soit simple. Ne aussi ne disons nous mie ceste nature et essence de bien estre simple pource que le pere est seul, et le filz seul et le saint esperit seul. Ne aussi ceste trinite ainsi nomee nest mie simple pource que ce soit une chose seule, sans la substance des personnes du pere et du filz et du saint esperit. Mais est dicte simple pource qu'elle est ce quelle a. Nonobstant que chascune des trois personnes soit dicte relativement et par relation se raporte a lautre. Car certainement le pere a le filz, et toutesfois le pere nest mie le filz, et le filz a le pere et toutesfois le filz nest mie le pere. Doncques ce bien est ce quil a en ce, en quoy il est dit et raporte a soy mesmes et non mie a autre. Ainsi comme celui qui dit en apartie: est dit et raporte a soy mesmes, et est icelle mesmes vie. Et certes pource est la nature dicte simple: quant ce quelle a elle ne peut perdre, et quelle ne soit mie autre chose que est ce quelle a. Sicomme le vaissel qui a aucune liqueur, ou le corps ou laer, lumiere, ou chaleur ou lame sapience, car des choses dessusdictes: nulle nest ce quelle a. Car le vaissel nest mie liqueur, ne le corps couleur, ne laer lumiere ou chaleur, ne lame nest sapience. Et pource peuent les choses dessusdictes estre priuees des choses quelles ont. Et en autres manieres dauoir, et en autres qualitez estre trouuees et muees, sicomme le vaissel peut estre vuide de lumeur ou liqueur dont il est plain, Et le corps peut estre descouloure, et laer obscurcy ou refroide, et lame rassotee par faulte de sapience. Mais encores sil est ainsi quil soit aucun corps incorruptible, cest a dire qui ne puisse estre corrompu, lequel corps est promis aux saintz qui seront sauuez en la derreniere resurrection. Ce corps a une qualite de incorruption, laquelle il ne peut perdre. Mais toutesfois demourant et estant la substance corporelle, ce corps nest mie ce que est icelle incorruption, car celle incorruption est tout en, et par chascune partie du corps. Et nest point greigneur en une partie ne moindre en lautre. Ne lune partie de ce corps nest point plus incorruptible que lautre, mais ce corps est greigneur en soy tout, que en une partie de soy. Et combien que en ce corps ait une partie plus ample et greigneur et lautre moindre. Toutesfois celui qui est greigneur: nest point plus incorruptible: que celle qui est moindre. Dont est autre chose ce corps qui nest mie tout en chascune partie de soy. Et autre chose est lincorruption, laquelle est toute en chascune partie du corps, car toutes les parties du corps incorruptibles combien quelles ne soient mie egalles sont egallement incorruptibles. Car sicomme il appert par exemple combien que ung doy soit moindre que toute la main, pource nest mie la main plus incorruptible que le doy. Et pource combien que la main et le doy ne soient mie egaulx. Neantmoins lincorruption de la main et du doy est egalle. Et par ce appert il: que iasoit ce que du corps incorruptible ne puisse estre separee lincorruption, toutesfois autre chose est la substance par laquelle le corps est dit corps, et autre chose est la qualite par laquelle il est dit et nomme incorruptible. Et pource est il ainsi et sensuit: que ce corps nest mie ce quil a. Se lame aussi, estoit tousiours saige sicomme elle sera quant elle sera deliuree et sainctifiee pardurablement. Toutesfois elle fut saige par la participacion de la sapience immuable, laquelle nest mie ce que lame est. Et aussi se laer est enlumine par infusion de lumiere qui ne se depart point de lui, pour ce nest ce mie que laer ne soit autre chose que la lumiere. Et la lumiere dont il est enlumine autre chose que laer. Ne par ce que iay dit: ie ne vueil mie dire q̃ aer soit ame, sicõme aucũs ont cuide: qui ne pouoient penser quil fust aucune nature incorporelle. Mais iay mis lexemple de lame et de laer pource quilz ont en ce une similitude en gñt despeillete, si quõ peult dire couuenablement, lame qui est icorporelle estre enluminee de la lumiere incorporelle de la sapiẽce de dieu, sicõme le corps de laer est enlumine de lumiere corporelle. Et ainsi comme laer sobscurcist et est fait tenebreux gñt il est laissie et priue de sa lumiere, car tenebres de quelconques lieux corporelz ne sõt autre chose que aer priue de lumiere. Aussi peut on dire conuenablement lame tenebrir et obscurcir, quant elle est priue de lumiere de la sapience de dieu. Doncques selon ce sõt dittes simples les choses qui pricipalemẽt et vraiement sõt diuines, pour ce que en eulx qualite nest autre chose que substãce: ne substance autre chose que qualite. Et pour ce aussi q̃ par participatiõ dautres choses, icelles choses diuines ne sõt diuines saiges ou beneurees. ¶Apres es sainctes escriptures le saint esperit est dit multipliez de sapience pour ce que en soy il a moult de choses: mais ce quil a il est et il ũg seul est, les choses quil a ne sui nest mie plusieurs sapiences: mais une sapience, en laquelle sont vnes choses infinies et les tresors infinis des choses entendibles, esquelz tresors sont toutes les raisons inuisibles et immuables de toutes choses et visibles et muables, lesquelles par celle sapiẽce sont faites. car dieu na riens fait non saichant ce que droictement ne peut estre dit de quelconcqs autre homme mecanique. Dõcques se dieu sachant a fait toutes choses: il sensuit ql a fait les choses quil sauoit, de quoy suruiẽt en nostre entendemẽt une chose merueilleuse, mais toutesfois vraye, cestassauoir que ce mõde ne nous peut estre cõgneu sil nestoit, et ne peut estre sil ne fut congneu de dieu.

¶Sil est a croire les esperitz q̃ ne demourerent point en verite auoir este pticipãs de celle beatitude que les sains anges eurent du cõmencement quilz furent creez
Cha. pi.

Et comme ces choses dessusd. soient aussi les esperitz que nous disons estre anges par aucune espace de temps nestoient ne ne furent par auant tenebres: aincois des ce quilz furent fais ilz furent ensemble fais lumiere, non mie toutesfois seulement furent ainsy creez que en quelque maniere fussent et vesquissent; aincois auec ce furent des lors enluminez, affin que saigement et beneureusemẽt vesquissent. De cest enluminement et clarte aucuns anges departis et retrais nõt mie obtenu lexcellẽce et haultesse de la vie saige et beneuree. Laquelle sans point de doubte nest autre que p durable et seure et certaine de sa perpetuite. Mais iceulx anges ont vie raisonnable iasoit ce que non mie saige, telemẽt quilz ne sa peuent perdre et le voulsissẽt ore. Et qui est cil qui peut determiner en quel maniere iceulx anges furent et aiẽt este participans de la sapiẽce dessusdicte aincois quilz pechassent: et toutesuoyes cõment dirons nous ces anges en la participatiõ dicelle sapiẽce auoir estee egaulx a ceulx qui vraiement et plainement sõt beneurez pour ce que de la pardurablete de leur felicite ilz ne sont deceuz en quelque maniere, pour ce que silz eussent este egaulx en celle participacion: ilz fussent demourez en la pardurablete de celle felicite, et ensemble eussent este beneurez et ensemble certains, cestassauoir de leur beneurte longue et ppetuelle Et sicõ la lõgue vie de la creature ne peut estre dicte vie pdurable se elle doit auoir fin. Aussi est nommee vie en viuant, mais elle est dicte pardurable pour non auoir fin. Et pource iasoit ce que toute chose qui est p durable ne soit mie pource continuellement ou incontinent beneure, car le feu denfer est pdurable qui nest mie beneure toutesfois se vie nest vraiement et parfaictement beneuree selle nest pardurable/ la vie de ces anges laquelle en aucun temps devoit faillir/ et pour ce non pardurable nestoit mie telle cestassavoir vraiement et parfaictemēt beneuree: soit quilz le sceussent ou quilz ne le sceussent mie mais cuidassēt autremēt/ car silz le savoient paour/ et silz ne le savoient/ erreur ne les laissoit estre beneurez. Et se en telle maniere ilz ne le savoiēt que a ce ilz ne adioustassent mie foy: ainsi cōme len ne fait a choses fausses ou non certaines/ aincois ne sceussent a laquelle partie soy assentir/ cestassavoir ou que leur biē fust pardurable/ ou quil deust avoir fin. La doubte et inquisition de tant grāde felicite ou beneurete navoit mie celle parfaicte felicite de vie beneuree/ laquelle nous disons estre es sains anges. Et est assavoir que nous ne trayons mie ne prenons le mot de la vie beneuree.) Ad quandā significationis angustias. Cest a dire a si estroite signification et si estroitement estre entendu q̄ nous disōs dieu seul estre beneure/ q̄ toutesfois est si vraiemēt beneure: que greigneur beneurte ne peut estre/ en comparaison de laquelle ce que les anges sont beneurez p une sceue beneurete si grande quelle peut estre es āges/ quelle chose est ce et combien grāde.

¶ De la comparaisō de la beneurete des iustes qui ne tiennēt mie encores le l oper de la promesse divine/ et des premiers hōmes qui estoient en paradis aincois q̄lz pechassent .vii.

De nous ne cuidons mie iceulx āges estre nommez ou appellez beneurez seulement. Laquelle chose/ cestassavoir estre beneure appartient a creature qui a raison et entendement. Qui est celui qui oseroit nyer les premiers hommes/ cestassavoir adam et eue aincois quilz pechassent en paradis terrestre avoir este beneurez: iasoit ce quilz ne fussent mie certais combien dureroit ou continueroit leur be

neurete: ou selle estoit pardurable/ laqlle eust este pardurable silz neussēt pechie Mesmement cōme au iour duy sans vergoingne nous appellons ceulx p estre beneurez: lesquelz nous voyons mener et maintenir ceste presente vie iustement et debonnairement en lesperance de limortalite avenir/ cest a dire la ioye de paradis sans crisme gettant ne blescant conscience cest a dire mortellement/ et de legier impetrans la misericorde de dieu aux pechiez de ceste presente enfermete de leur perseverance toutesfois ne sont ilz mye certains de leur perseverance. Et lequel est ce des hōmes qui saiche et soit certain de perseverer iusques a la fin en loperation et pour sitement de iustice/ se par aucune revelation nen est fait certain p celui qui par iuste et secret iugement ceste chose ne enseigne mie a tous: mais il nen deçoit quelconcque. Et vraiement tant comme il appartient a la delectacion du bien present/ le premier homme en paradis estoit plus beneure que quelconque iuste estāt en ceste mortelle enfermete, mais qnt est a lesperance du bien avenir chascun homme iuste/ en quelcōq̄s tourmēs de corps lequel non mie oppinativemēt mais est certain davoir ou temps avenir sans fin la compaignie des anges sans quelconque moleste. cest assavoir en la participacion du souverain dieu. Tel homme est plus eureux que nestoit le premier homme dessusdit en celle grāde felicite de paradis qui estoit incertain de son trebuchement a venir. Pour quoy il appert assez sans difficulte que nature qui a entendement desire estre en/ et avec ceulx esquelz lun et lautre est conioint cestassavoir q̄ homme du bien immuable/ leql est dieu ape fruicion sans aucune moleste/ et que par aucune doubte ne requiere/ ne par aucune erreur ne soit deceu/ que ce pardurablement ne doye demourer. Nous credōs les āges de lumiere avoir este beneurez par soy douce et debonnaire/ mais p raison consequent nous disons les anges

pecheurs qui p leur mauuaistie sont pui
uez de ceste lumiere/ non auoir eu ceste fe
licite aincois quilz cheissent: toutesfois est
il a croire vraiement iceulx ages silz des
quirent auāt pechie: cest adire aincois qlz
pechassent auoir eu aucune beneurete. ia
soit ce quilz ne leussēt pas sceue ne auisee

¶ Assauoir se tous les anges soiēt creez
dune mesmes felicite telement que ceulx
qui sont trebuchiez ne peussent auoir sceu
quilz deussēt trebuchier/ et que ceulx qui
demourerent en leur estat apres la ruine
du trebuchement des autres: aient prins
et sceu la prescience et cognoissance de leur
perseuerance.   piii.

Et sil samble dure chose quant les an
ges furent fais croire les vngs estre
fais telement quilz ne peussent ou eussēt
la prescience ou congnoissance de leur per
seuerance ou de leur trebuchemēt. Et les
autres telement estre fais quilz cōgneus
sent et sceussent de verite trescertaine la p
durablete de leur felicite. Mais des le com
mencement ilz furent tous creez de egale
felicite, et ainsi auoient este iusques a ce
que ceulx qui maintenāt sont mauuais
de leur voulente fussent cheus de celle lu
miere de bonte, certainement encore est ce
plus dure chose maintenant cuider les
sains anges estre non certains de leur p
durable beneurete, et iceulx anges igno
rer deulx mesmes ce que nous auōs peu
congnoistre deulx par les sainctes escrip
tures. Qui est le crestien catholicque qui
ignore et ne sache que nul nouuel dyable
ne sera desoremais fait ou temps auenir
des bons anges sicōme aucun ne doubtig
norer nulz dyables desoremais retourner
en la compagnie des bons anges. Cer
tainement verite promect en leuangille
aux sains et aux loyaulx/ cest assauoir
aux bons crestiens. quilz seront egaulx
et pareilz aux anges de dieu/ ausquelz
aussi. cest assauoir aux sains et tres loy
aulx dessusdis/ il leur est promis quilz
auront et pront en la vie pardurable.

Et certes se nous sommes certains que
iamais nous ne cherrons de celle immor
telle felicite et les bōs anges nen sōt mie
certains Il sensuit q nous ne serons mie
egaulx: mais meilleurs, cest assauoir de
meilleur condicion. Mais pource que ve
rite ne fault point: ne ne decoit nullup/
vraiement ilz sont certains de leur pdu
rable felicite Et si serons egaulx a eulx
de laquelle felicite pardurable, pource
q les autres anges cest assauoir les mau
uais: ne furent mie certains, car leur feli
cite qui deuoit auoir fin: nestoit mie feli
te pardurable de laquelle ilz fussent cer
tains: Il sensuit que les anges cest assa
uoir bons et mauuais: ne furent mie pa
reilz, ou silz furent pareilz apres la rui
ne ou trebuchement de ceulx cy cest assa
uoir des mauuais. il vint aux bons cer
taine science de leur pardurable felicite/
Se ainsi nest que aucun p auenture dye
que ce dist nostre seigneur du dyable/ cest
adire du mauuais qui dist ainsi Des le
cōmencement il estoit homicide et ne de
moura point en verite: soit ainsi prins et
entēdu, que icelui mauuais ange ait este
homicide non mie seulement des le com
mencement cestadire du cōmencemēt de
lumain lignaige. cest assauoir quāt hom
me fut fait et cree: lequel hōme icelui mau
uais ange peust occire en le deceuāt. mais
soit prins et entēdu que certes icelui mau
uais ange des le cōmencement de sa con
dicion ne demoura point en vite Et pour
ce ne fut il oncques beneure: cōme refu
sāt estre submis et subgect a son createur
Mais par son orgueil ainsi cōme par sa
priuee puissance esleue, et pourtāt faulx
et deceueur et plain de fallace, car oncqs
il neschapa la puissance de dieu le tout
puissant Et icelui mauuais ange qui p
debonnaire subiection ne voulut retenir
ce que vraiemēt estoit: desira par sa haul
tesse dorgueil: faindre et sembler ce q nest
mie Affin que ainsi soit entendu ce q dist
sainct Iehan lapostre: qui dist en ceste ma
niere Le dyable pecha des le cōmencemēt

cest adire depuis quil fut fait il refusa iu stice: laquelle ne peust auoir fors voulen te debonnaire auec iustice subiecte a dieu. Et quiconcques sacorde a ceste sentence il ne sent mie aueccq̃ les heretes. cestassa uoir les manichees/ ne ainsi cõme aucu nes autres sectes plaines de tempestes q̃ sentent et tiennent que le dyable ait vne sceue propre nature de mal daucun cõmen cement diuers Lesquelz cestassauoir les heretes dessusdis par si grãde vanite sen tent mauuaisement cõme auec nous ayent et tiennẽt en auctorite ces parolles de leuangille Ilz ne prennent mie garde que nostreseigneur ne dist mie q̃ le mau uais ange fust estrange ou estrangie de verite. mais il dist quil ne demoura mie en vite. en laquelle parolle il veult estre entendu icellui mauuais ange estre soy departi de verite. en laq̃lle verite sil fust arreste comme fait participant dicelle: il fust demoure beneure auec les sains an ges

¶ Par quel maniere de parler il soit dit que le dyable ne soit mie demoure en ve rite, car verite nest point en lui. piiii

Mais ainsi comme se nous deman dissions comment il soit demon stre q̃ le mauuais ange/ cest adire le dya ble ne se fust mie tenu ne demoure en ve rite. Nostreseigneur adiousta sa demon strance et dist ainsi. Car verite nest mie en lui cestassauoir ou dyable/ mais elle fust en lui sil fust demoure en elle. mais ceste maniere de parler est moins vsee cest adire moins en vsaige. car il semble que ceste maniere il vueille sonner et dire Le dyable ne demoura mie en verite: car ve rite nest mie en lui/ ainsi comme ce soit la cause que pource il ne demoura mie en verite: quil nauoit en lui point de verite Ja soit ce que ce quil ne demoura mie en verite soit mieulx la cause pourquoy ve rite ne soit mie en lui Ceste maniere de p̃ ser est ou psaultier ou il dist. Dieu iay crye pour ce q̃ tu mas entendu: et acõpl̃y ma priere, cõbien q̃l semble q̃l doye auoir

dit. Tu mas entẽdu et fait ma requeste pource q̃ iay crie: ainsi cõme son lui demã dast dõt et cõment il mõstrast soy auoir crye, il mõstra laffection de son cry par leffect de ce q̃ dieu lentendi et lui acõply sa priere, ainsi cõme sil dist. par ce ie mõ stre moy auoir crye: pour ce que dieu a ẽ tendu ma priere

¶ Quelle chose est a sentir et sauoir de ce qui est escript: que des le cõmencement le dyable pecha. pv

Et ce aussi que saint iehan dit du dya ble/ cestassauoir le dyable pecha des le commencement ilz ne lentẽdit mie, cest assauoir iceulx heretiques dessusdis dõt mẽcion est faicte ou viii. chapitre dessus dit. ce non estre pechie en aucune maniere se la nature cestassauoir du diable est tel le/ cest adire quil ait vne propre nature de mal en la maniere que iceulx heretiques le tiennẽt sicomme il est dit en icelui. viii chapitre mais q̃ respont on aux tesmoi gnaiges des prophetes, cestassauoir ou a ce q̃ dit ysaye signifiãt le dyable soubz la personne figuree du prince de babiloi ne qui dit ainsi Commẽt est cheu lucifer qui au matin resplendissoit, ou a ce que dit ezechiel qui dist ainsi. Tu as este es delices du paradis de dieu, et es aourne de toute pierre precieuse: pourquoy il est ẽ tendu le dyable aucunesfois auoir este sans peche: car plus expressemẽt lui est dit vng pou apres Tu es alez en telz iours sans vice: cest adire sans pechie. lesquel les choses se plus conuenablemẽt ne peu ent autrement estre entendues. Certes il conuient que ce que dit est: cestassauoir que le dyable ne se tint point en verite/ q̃ nous le prenons et entendons en telle maniere quil ait este verite: mais il ny est mie demoure. Et ce qui est dit que le dya ble des le cõmencement pecha, Nest mie a cuider ne a entendre q̃ le dyable pechast des le commencement q̃l fust cree/ mais des le cõmencement de son pechie: lequel par son orgueil cõmenca estre pechie. Ne ce qui est escrit ou liure de iob quãt polle et mencion est faicte du diable en disant ainsi. Cest le commencement de sa composition ou inuencion de nostreseigneur lequel il fist a estre mocquie de ses anges A quoy sacorde le psaultier ouql on fist ainsi: en parlāt a nostreseigneur. Ce dragon que tu as faint pour estre mocque: nest mie a entendre q̄ nous cuiddōs le diable des le commencement estre cree tel de qui les anges se mocquassēt, mais en ceste paine auoir este ordonne apres son peschie. Doncques le commencement de lui est la composition ou inuencion de nostreseigneur. Car il nest aucune nature tant soit en estranges et poures bestialitez laquelle nait establie et faicte celui: en qui est toute maniere, toute espece, toute ordre, sans lesquelles riens ne peut estre trouue ne pense, dont par plus forte raisō de lui est establie et faite creature de ange laquelle par dignite de nature procede ā va deuant toutes autres choses que dieu a faictes et crees.

C Des degrez et difference des creatures lesquelz autrement demonstrent lusaige de vtilite et prouffit: autrement lordre de raison.   ₚvi

Les choses q̄ en quelque maniere sont ne sont mie ce que dieu est de q̄ elles sont faictes. Les choses viuans sont mises auant les choses viuans ou non viuans sicōme les choses qui ont force dengendrer ou aussi dappeter ou desirer sont deuant mises a celles qui sont priuees de tel mouuement cestassauoir dengendrer et de appeter ou desirer. Et es choses qui viuent sont deuant mises les choses qui sentent. a celles qui ne sentent mie: sicomme les bestes sont auāt mises que les arbres, et es choses qui sentent sont auant mises celles qui entendent: a celles qui nentendent mie: sicomme les hommes auant les bestes, et es choses qui entendēt sont deuant mises les inmorteles sicomme les anges auant les hommes. mais ces choses sont proposees: cest a dire lune deuāt lautre p ordre de nature, car autre maniere et autre, et pour cause est de sestimation: cest a dire du pris ou de la valeur de chascūe chose p son vsaige, dōt il aduient que nous preferons aucunes choses priuees de sens a celles qui sentent, en tant que se nous pouons nous les vouldrions du tout oster de la nature des choses: et les mettōs arriere noz prouffis ou non sachans, ou sachans quel lieu les d. choses ayent en nature. Et qui est celui q̄ nayme mieulx auoir en sa maison pain que soris, et deniers que puces: mais quelle merueille, comme mesmes par lestimation des hommes: de quelz certainement la nature est de si grande dignite, souuent soit plus chierement achete vng cheual que vng homme serf. Vne pierre precieuse que vne serue. Ainsi par la liberte et francise de iugier est moult esloigee et differee la raison du considerant de la necessite du souffreteup, ou de la delectation du conuoitant, come la deletation du conuoitant pense quelle chose soit demonstree par lui mesmes es degretz des choses: mais necessite pense pour quelle chose il lui conuiengne auoir aucune chose. et ceste pense quelle chose vraie appere a la lumiere de pensee: mais delectation actent quelle chose ioyeuse blandisse au sens du corps. mais es natures raisōnables autant vault vne chose ainsi comme vng petit de voulente et damour, en tāt que combien que par ordre de nature les anges soient preferez, cest a dire deuāt mis aux hommes toutesfois par loy de iusti ce les hommes bons sōt preferez et deuāt mis aux mauuais anges.

C Que le vice de malice nest pas de nature: mais cōtre nature, auquel commettre le faiseur et createur nest pas cause de pechier, mais voulente peruerse.   ₚvii.

Doncq̄s pour la malice non mie pour la nature du diable nous entendōs droitement estre dit, cest le commencement du figment: cest a dire de sa composition ou inuencion de nostreseigneur: car sans doubte ou vice de malice fust nature non vicieuse aincois/car vice est si contre nature q̃l ne peut forß nup̃re a nature, doncques ne seroit ce pas vice soy departir de dieu/se a la nature de laquelle est le vice nestoit mieulp couenable estre auec dieu pour quoy certes il sesuit que la mauuaise voulente est grant tesmoignaige a la nature bõne mais ainsi cõme dieu est tres bon createur des bonnes natures: aussy est il tresiuste ordonneur des mauuaises voulentez, affin que sicomme elles, cest adire mauuaises voulentez vsent mauuaisement des bonnes natures: et dieu vse bien des mauuaises voulentez, pour ce fist il le dyable bon par sa bõnte infinie et mauuais par sa voulente peruerse diceluy, lequel est ordõne es choses dec̃p dessoubz et fust mocque de ses anges: cest a dire affin que ses temptations prouffitẽt aux sains: ausquelz il desire quelles nuisent. Et pour ce que dieu quãt il le fist ne stoit mie ignorant ou non saichant de sa mauuaistie auenir, et auisoit quelz biẽs il estoit a faire des maulx diceluy, pour ce dist le psaultier. Ce dragon que tu as fait ou fait a estre mocque: cest adire affin que en ce mesmes: que il se fist/iasoit ce que par sa bõte il seust cree bon/soit entendu auoir ia appareillie et ordonne p̃ sa prescience: comment il vseroit de luy, iasoit ce quil fust mauuais.

¶De la beaulte de luniuersite du monde laquelle par lordonnance de dieu est faite plus luisant p̃ loppositiõ des choses contraires p viii.

Certes dieu ne creroit aucun, ie ne dy mie des anges seulement: mais des hõmes lequel il sceut estre mauuais au temps auenir, se il sauoit aussi a quelz vsaiges des bons il les applicqueroit. et ainsi seroit honneste et embeliroit lordre des siecles cõme vng tresbeau dittie/ainsi cõme daucũs antithetes: cest adire contraires ou opposites/car des choses q̃ sõt appellees antithetes/sõt choses trescõue

nables & bien auenãs en aornemẽs de parolles/lesquelz antithetes sont appellez en latin opposita: cest adire choses opposites/ou adire plus eppressemẽt contraposita/cest adire mis lun contre lautre. La coustume ou lusaige de ce mot ãtithetes nest mie entre nous: combien q̃/se lan gaige latin vse de ces mesmes aornemẽs de parolles: et si font les sãgaiges de toutes gens. Et de ces antithetes sait pol sa postre en sa seconde epistre aux corithiẽs declaire et eppose doucemẽt: en ce lieu ou il dist ainsi.   Par les armes de iustice a dextre et a senestre par gloire & ignobilite, par diffame et bõne renommee/comme deceueurs et vrais, cõme ceulx q̃ sõmes non congneus & qui sõmes cõgneus ainsi cõme morãs et veez cõme nous viuons, cõme restrais & non mie mortifiez cõme courrouciez et tousiours ioyeulx, cõe souffreteux et enrichissans plusieurs cõme poures et indigẽs et toutes choses possidans. Doncq̃s ainsi comme ces cõtraires opposites a seurs contraires rendent la beaulte de la parolle: aussi p̃ la maniere de loquence non mie de parolles mais de choses par lopposition de kõtraires est la beaulte du siecle composee et ordonnee, et tresappertement est ce mis ou liure appelle ecclesiastique: en ceste maniere. Contre mal le bien/cõtre la mort la vie/ainsi contre le debonnaire ou le iuste: le pecheur. Et ainsi regarde & auise en toutes les euures du treshault: cest adire de dieu, les choses deux & deux/vng contre vng.

¶Quelle chose semble a sentir que dieu fist diuision ẽtre lumiere & tenebres pix.

Et pour ce iasoit ce q̃ loßcurte de sa parolle de dieu soit a ce prouffitable q̃ elle ẽgẽdre plusieurs sẽtẽces de verite & les maine en lumiere de cõgnoissãce q̃ũt lun les entent en vne maniere & lautre autremẽt: en telle maniere toutesfois q̃ ce q̃ est ẽtẽdu en lieu obscur soit afferme ou p̃ tes moignaiges de choses manifestes ou en autres lieux nõ doubteux: ou quant plu sieurs choses sōt traictees on viēgne a ce que celui q̄ lescript en sēt:ou se on ny viēt mie, mais p̄ occasiō de p̄fonde obscurte es traictiez aucunes autres choses v̄ap̄ es soiēt dictes. La sentēce des euures de dieu ne me sēble mie cōtre raison:se les āges sont etēdus creez quāt cesse lumiere fut faicte, et diuisiō auoir este faicte, ꝙ entre les sais āges:et les mauuais la ou il est dit, ꝙ dieu diuisa:cest adire fist diuisiō ētre lumiere et tenebres, et appella dieu la lumiere iour ꝙ les tenebres nuit Quel se merueille: Celui seul peut ces choses diuiser q̄ alcois que les mauuais anges cheissent peut sauoir q̄lz cherroient: ꝙ eulx p̄iuez de lumiere ꝙ vite: demourerēt en tenebreux orgueil, car ētre ce iour a nous tres cōgneu, et la nupt: cest adire ētre ceste lumiere et les tenebres tres cōmunes a noz sēs, il cōmāda q̄ les luminaires du ciel: cestassauoir le soleil ꝙ la lune feissēt diuision, soiēt fais dist il luminaires ou firmamēt du ciel:affin q̄lz luisēt sur la terre, et diuisēt entre le iour et la nupt: et vng pou apres, et fist dist il deux grans luminaires, le plus grāt luminaire du iour:et le moindre luminaire au comēcement de la nupt, et les estoilles, et mist dieu ou firmamēt du ciel pour luire sur la terre, et seignourir au iour et a la nuit, et diuiser entre la lumiere et les tenebres, mais celui a q̄ ne peut estre mucie ou incertaī le mal aduenir:nō mie de nature, mais de voulēte peut diuiser ꝙ faire diuision entre celle lumiere q̄ est la saicte cōpaignie des āges reluisāt etēdiblemēt p̄ clarte de verite, et entre les tenebres a celles lumiere cōtraires:cestassauoir les tres noires et horribles pēsees des mauuais āges departis de la lumiere de iustice

⁋ De ce q̄ est dit apres la diuision de la lumiere et des tenebres, et dit dieu la lumiere que elle est bonne.   xx.

Apres ce nest mie a laissier ne a taire q̄ la ou dieu dist. Lumiere soit faicte et lumiere est faicte: tātost est adiouste

et sensuit. et vit dieu la lumiere que elle ē bonne, non mie depuis quil fist separatiō entre lumiere et tenebres:et appella la lumiere iour, et les tenebres nupt: assi q̄ ne semblast mie auoir demōstre le tesmoignaige de sō plaisir en telles tenebres ensemble auec la lumiere:car la ou les tenebres sont sans coulpe, entre lesquelles a ceste lumiere tresnotable a noz yeulx, les luminaires du ciel sont diuisiō:non mie auant: cestassauoir la diuision, mais apres est dit. Et vit dieu que cest bōne chose, il les mist dist il: cestassauoir les luminaires dessus dis ou firmamēt du ciel pour luire sur la terre et seignourir au iour:et la nuit, ꝙ separer entre la lumiere et les tenebres, et vit dieu que cest bonne chose, lun et lautre pleut, car lun et lautre est sans pechie. Mais la ou il dist lumiere soit faicte ꝙ lumiere est faicte, ꝙ vit dieu la lumiere que elle est bonne: ꝙ apres est dist, et fist dieu separation entre la lumiere et les tenebres, et appella dieu la lumiere iour:et les tenebres nupt. En ce lieu nest mie adiouste:et vit dieu que cest bōne chose:affin que lun et lautre ne fust appelle bon:comme lun fust mauuais de son propre vice:non mie de sa nature. Et pour ce la endroit pleut la seule lumiere a son createur: mais les tenebres, angeliques: cest assauoir les mauuais anges q̄ bien quelle fussent a estre ordonnez, toustessois nestoient elles mie a estre approuuees

⁋ De la pardurable et incommuable science et voulente de dieu, par laquelle toutes les choses q̄l a fait lui ont tousiours aussi pleu a faire comme faictes   xxi.

Quest ce a entendre en ce que par tout est dit dieu vit que cest bonne chose fors que laprobation de leuure faicte selō lart: lequel art est la sapience de dieu. Certes dieu iusques a ce que la chose est faicte naprent mie lors quelle est bonne, comme riens de ces choses ne fust fait sil ne lui fust cōgneu, donc ques quant dieu

Soit que la chose est bône, ce que sil neust seu aincois quelle fust faicte, certes elle ne seroit point faicte, il enseigne la chose estre bonne et ne sapient mie. Et certes ce philozophe appelle platon a ose plus dire, cestassauoir dieu estre esleue de ioye quant luniuersite du monde fut parfaicte, en quoy disant il ne sentoit mie mauaisemêt: iusques ace quil cuida dieu estre fait plus beneure par la nouuellete de son euure. Mais il Houlut monstrer la chose ia faite: auoir pleu a son faiseur, laquelle chose lui auoit pleu en son art estant encores a faire: non mie que en aucune maniere dieu soit Variable en science, ne que autre chose facent en lui les choses qui ne sont mie, autre chose celles qui sôt et autre chose celles qui ont este, car non mie en nostre maniere il regarde ce qui est oduenir: ou ce qui est present, ou ce qui est passe. mais par vne autre maniere loing et haultement diuerse de la coustume de noz pensees. ¶ Quelle merueille il Voit non mie par pensee muce dune chose en autre: mais du tout incommuablement si que certes les choses q̃ temporellemêt sont faictes, et les choses auenir combien quelles ne soient mie encore, et les presentes combien que ia soient, et les passees combien que plus ne soient, il par presence establee et pardurable comprent toutes ces choses. non mie autremêt par peulx autrement par pensee. car il nest mie cômpose de couraige. cest adire de ame et de corps, ne il ne comprêt mie les choses desfusdictes autrement maintenant, autrement par auant, autrement apres, car certes la science de lui, enuers lequel nest ne mutacion ne obumbracion de moment nest point muee ainsi comme la nostre par la Variete ou diuersite des trois temps, cestassauoir du present, passe, et auenir. Ne lentencion de lui ou regart incorporel duquel toutes les choses lesquelles il a congneu ensemble sont presentes ne passe mie de pensee en pensee, pour ce que ainsi il a congneu lestemps non mie par leurs temporelles congnoissances, aucunes ainsi comme il meut les choses têporelles, non mie par leurs aucus mouemens temporelz. La doncques Veit il la chose quil fist estre bône, ou il la Veit estre bonne affin quil la feist Ne pour quil la Veit faicte: la science ne doubla ne augmêta ne ne creut en aucune partie de soy, ainsi comme sil fust de moindre science aincois quil feist la chose laquelle il Veit, qui si parfaictement ne ouurast mie: si ce ne fust par si parfaicte science, a laquelle: riens par ses euures ne fust adioustee pourquoy se tant seulemêt estoit a insinuer ou demonstrer quil ait fait la lumiere: il souffiroit dire, dieu a fait la lumiere, mais sil estoit a insinuer: non mie tant seulemêt quil ait fait la lumiere mais auec ce par qui elle ait este faicte ce seroit assez dire ainsi. Et dieu dist lumiere soit faicte: et lumiere est faicte, ainsi que nous congneussions non mie tant seulement dieu auoir fait lumiere: mais la auoir faicte par parolle. Mais pource que aucunes trois choses: lesquelles mesmement sont assauoir de creature: il nous conuient intimer et faire sauoir, cestassauoir qui sait faicte: par qui elle ait este faicte: pourquoy elle ait este faicte Dist il ainsi. Dieu dist lumiere soit faicte: et lumiere est faicte, Et Veit dieu la lumiere quelle est bône. Doncques se nous demandons qui la faicte: cest dieu Se nous demandôs par quoy elle soit faicte Il dist elle soit faicte: et elle fut faicte Se nous demandous pourquoy il lait faicte: cest pource quelle est bône. Ne il nest aucteur ne faiseur plus excellent de dieu Ne art de greigneur effect que est la parolle de dieu Ne cause meilleur que ce que bonne chose soit cree de celui qui est bon. Et certes le dessusdit philozophe appelle platô dist ceste cause de faire le monde est tres iuste Cest assauoir: que de dieu qui est bon: soient faictes bônes euures Ou soit que ledit platô ait leu ces choses, ou les ait congneues de ceulx qui les auoient seues/ou soit quil ait regarde et auise les choses inuisibles de dieu estre entendues par les choses qui sont visibles et corpozelles/ou quil ait ce aprins de ceulx qui ces choses auoient regarde et auise

Exposition sur ce chapitre.

En ce xxi.chapitre monseigneur sainct augustin dist que ce platon osa plus dire/cest en son liure quil appelle Jn thimeo: duquel il recite ces parolles Et apres dist que ce platon en ce mesmes liure rendi tresiuste cause de la creation du monde Et touche monseigneur sainct augustin quatre causes coment platon peut venir a la congnoissance de la iuste cause dauoir fait le monde.

De ceulx ausquelz en luniuersite des choses bien faictes du bon createur, aucunes desplaisent: et cuident quil soit aucune mauuaise nature. xxii.

Ceste cause: cestassauoir la bonte de dieu aux bonnes choses estre crees est si iuste et si conuenable: que diligemment consideree et debonnairement pensee/ termine et mect a fin toutes les controuersies et debas de ceulx qui demandent et enquierent la naissance et commencement du monde/ et nont pas veu aucunes hereses pource que plusieurs choses nuysent et courroucent la souffreteuse et freille mortalite de ceste chair. laquelle lui vient par droiturier tourment quant elles ne lui sont mie conuenables ou aggreables/sicomme feu ou froit/ou beste sauuaige/ou quelque aucune chose semblable Et ne prennent mie garde les heretiques dessusdis quelle vigueur ou force aient les choses dessusd. en leurs lieux et en leurs natures/ et coment elles sont ordonnees et disposees par bel ordre, et combien de beaute elles donnent pour decorer luniuersite des choses/ ainsi come en la comune chose publique Et combien de prouffit ilz attribuent a nous mesmes et nous en vsons conuenablement et saigement/ en telle maniere que mesmes les venins lesquelz par inconuenient sont mauuais/couenablement bailliez et applicqz sont tournez et conuertis en medecines portans sante Et aussi au contraire nauisent mie coment les choses lesquelles sont delicieuses: sicome viandes et beuuraiges diuerses et ceste presente lumiere par vsaige non attrempee et non couenable soient sentues nuysables. Pource nous amoneste la diuine pouruenance non mie blasmer les choses follement/mais enquerir le prouffit et vtilite des choses diligemment ou nostre engin ou nostre enfermete deffault croire en telle maniere lutilite dessusd. secrete ou mucee/sicome estoient aucunes choses/lesquelles a peines nous auons peu trouuer/car celle occultacion de ladicte vtilite est ou exercitacion de humilite: ou douceur sans charite de elacion et dorgueil/come il soit ainsi que manifestement mal ne soit aucune nature. et ne soit ce nom/cestassauoir mal que nom de priuacion de bien Mais des choses terriennes iusques aux celestiennes/des visibles iusques aux inuisibles sont autres biens meilleurs les vngz des autres: a ce que toutes choses fussent despareillez Mais dieu est en telle maniere grant ouurier es grandes choses: quil ne nest mie moindre es petites/lesquelles petites choses sont a mesurer non mie par leur grandeur car elle est nulle: mais par la sapience de louurier/sicome en lespece et forme visible de lomme vng sourcil estoit rez. coment ce osteroit ainsi comme neant au corps et combien ce osteroit assez a la beaulte, pource que la beaulte nest mie en la grandeur mais en la pareillete et mesure des membres Et certes il nest mie moult a merueillier que ceulx qui cuident estre aucune nature mauuaise nee et peuplee daucun sien propre commencement: ne veulent mie prendre ceste cause de la creation des choses: cestassauoir que dieu bon feist les choses bonnes/croians mieulx dieu estre mene par droite necessite a ces subtilitez et efforcemens mondains pour rappeller le mal soy rebellāt contre lui et sa bonne nature auoir meslee au mal/affin destre restraint a surmōte. Laquelle bonne nature treslaidement conchiee et trescruellement chetiuee τ opprimee par grant labour a peines il nestoit non mie toute: mais que ce qui de celle nature ne pourra estre purgie de ceste souilleure/ soit a estre couuerture τ le lieu de lennemy vaincu τ enclos. Mais se les heretiques appellez manichees ne sentoient contre verite ou qui plus est ne fourcenassent: ilz croiroient la nature de dieu si comme elle est incommuable τ du tout incorruptible: a laquelle quelque chose ne peut nuire. Et par ferme foy sentiroient lame: laquelle par voulente a peu estre muee en pis τ estre corrumpue par pechie et ainsi est priuee de la lumiere de verite incommuable/ non mie estre partie de dieu ne de la nature qui est de dieu: mais faicte de soy de trop loing despareille a son createur et faiseur.

¶ De lerreur en laquelle la doctrine de origenes est blasmee. xxiii.

Mais moult plus est a merueillier ce que aucuns qui creoient auecques nous estre vng seul commencement de toutes choses et de toute nature/ laquelle nest mie ce que dieu est: non pouoir estre fors de ce createur τ faiseur/ nont mie voulu toutesfois bien τ simplement croire ceste cause du monde estre forgee et faicte tant bonne et simple: cestassauoir q̄ dieu bon feist les choses bōnes/ et fussent apres deux choses lesquelles ne fussent mie ce que dieux est/ toutesfois fussent bonnes lesquelles ne feroit mie autre q̄ dieu bon. Mais diēt que les ames ne sont mie partie de dieu: mais faictes de dieu/ et icelles auoir pechie en eulx departant de leur createur τ faiseur. Et pour la diuersite des pechiez p diuerses alees estre descendues des cieulx iusques a terre: et auoir deseruii diuers corps ainsi comme lieux. Et ce monde estre et ceste cause auoir este du monde/ estre fait non mie affin que les bonnes choses fussent faictes: et les mauuaises fussent restraintes. De ce a bon droit est blasme origene/ car es liures esquelz il appelle periarchon: cest a dire des commencemens: il a ce sentu et ce escript/ de quoy plus quil ne peust estre dit ie me merueille homme en lettre deglise si saige et si epercite: non auoir entendu premierement comment ceste chose seroit cōtraire a lintencion dicelle escripture et de grant auctorite. Laquelle escripture par toutes les euures de dieu adioustant ce quil ensuit Et dieu veit q̄ cest bōne chose Et lesdictes euures toutes acomplies cōcluāt ce qui ensuit: dist. Et veit dieu toutes les choses lesquelles il a faictes/ et veist moult bonnes. Laquelle escripture ne veult aucune autre cause du monde estre fait/ estre entendue fors que les choses bonnes fussent faictes du dieu bon/ Ou quel monde se len neust point pechie le monde fust aorne τ plain de bōnes natures tant seulemēt. Et pource que pechie est: ne sont mie toutes choses remplies de pechiez/ cōme trop loing greigneur nombre de bonnes choses garde lordre de sa nature es parties celestiennes. Ne pource que mauuaise voulente ne veult garder lordre de nature/ pource neschappa elle mie de dieu droituriere bien ordonnāt toutes choses. Ainsi cōme painture auec couleur noire τ mise en son lieu est belle: Aussi luniuersite des choses se aucun est qui la puisse regarder est belle auecques les pecheurs. Iasoit ce qui les considere a par eulz leur laidure et leur difformite len enlaidisse. Apres deust veoir origene et quiconques sentent ainsi cōme il fist/ se ceste opiniō fust vraie: cestassauoir le monde pour ce fait q̄ les ames pour les merites de leurs pechiez puissent corps comme chartres: esquelz elles feussent encloses peniblement. Cestassauoir les ames qui le moins ont pechie: les corps plus haulz et plus legiers/ et celles qui ont plus pe chie:les plus bas et les plus pesans. Les dyables desquelz il nest rien pis de veoir auoir eu et pris aincois que les hommes pour certain bons. Les corps terriens desquelz il nest rien plus bas ne plus pesant Mais maintenant a ce que nous entendissons les merites estre recompensees/ non pas par la qualite des corps Il appert que le tresmauuais diable a le corps de aer Et come:iasoit ce que maintenant il soit mauuais/toutesfois est il moins mauuais et de moindre malice de trop/et neantmoins auant pechie:cest adire aincois quil pechast prinst il corps de symon Et quelle plus sotte chose peut estre dite, que dieu qui est souuerain ouurier non auoir conseillie et pourueu ce soleil a ce quen ung monde il fust ung a lembelissement de la beaulte/ ou aussi au salut des choses corprelles Mais encore plus estre auenu q̄ vne ame ait ainsi pechie q̄l le eust deserui estre enclose en tel corps Et pource sil fust aduenu:que non mie vne ame: mais deux/ et non mie deux/ mais dix: ou cent pareillement et egallement eussent pechie:ce monde eust eu cent soleilz Laquelle chose ace quelle ne fust mie faicte:il na mie este conseillie et prouueu par la prouision merueilleuse de louurier/ au salut et embellissement des choses corprelles Mais est aincois auenu que par si grant progression ou alee dune q̄ vne pechant: elle seule eust deserui tel corps cestassauoir le soleil. Certes a bon droit est a rescindre le proces: non mie des ames desquelles ilz ne sceuent quelle chose ilz parlent mais de ceulz mesmes qui telles choses sentent moult loing de verite. Doncques ces trois choses que iay cy dessus comencees, come en vne chascune creature elles sont, cestassauoir qui la faicte p qui elle est faicte, et pourquoy elle est faicte Et quil soit respondu:dieu par parolle pource quelle est bonne Assauoir: se par haulte et secrete pfiguration ou pleine daucun mistere secret la trinite nous soit signifiee ou demonstree, cestassauoir le pere, le filz, et le saint esperit, ou se aucune chose vient au deuant laquelle defsede ce estre pris des escriptures en ce lieu Ceste question est de mainte parolle et de grant sermon et seroit fort a faire que en vng petit volume puissons si grande q̄stion expliquer ou exposer.

⸿ De la trinite diuine, laquelle p toutes ses euures a espandu les enseignemens et demonstrances de sa signification.
Chapitre xxiiii.

Nous creons et tenons et leaulment preschons, que le pere ait engendre le verbe:cest adire sa sapience diuine par laquelle toutes choses sont faictes. Cest assauoir ung seul engendre filz: ung pere: ung filz, pere pardurable: filz pardurable, pere souuerainement: filz egallement bon Et que le sainct esperit soit ensemble esperit du pere et du filz:et qͥl soit dune substance et ensemble pardurable aux deux, cestassauoir au pere et au filz et que ce tout soit trinite pour la propriete des psonnes:et ung dieu pour linseparable diuinite:sicome vng tout puissant pour linseparable puissance En telle maniere toutesfois que quant on demande de chascun quil soit, fault respondre chascun deulz estre et dieu et tout puissant. Et quant on demande de tous ensemble Il soit respodu: qͥl ne soit mie trois dieux ou trois puissans: mais vng dieu tout puissant. Illecques est si grande inseparable vnite en trois laquelle a voulu soy ainsi estre preschee, mais se le sainct espit du bon pere et du bon filz:pource quil est comun aux deux puisse estre dit la bonte des deux Je ne me ose mie trebuchier en fole sentence, toutesfois ie oseray bien plus legierement dire: lui, cestassauoir le sainct esperit estre saintete des deux, cestassauoir du pere et du filz: non mie ainsi comme la qualite des deux, mais icelle mesmes substance Et la tierce personne en la trinite, car a ce plus prouua ment me maine: que comme et le pere soit esperit, et le filz soit esperit, et le pere soit sainct, et le filz soit sainct, toutesfois le sainct esperit pprement est appelle sainct esperit, côme saincteté substancielle et consubstancielle des deux, cest assauoir du pere et du filz. Mais se la bôté diuine nest autre chose que sa saincteté, certainement la diligence de raison: non mie hardiesse de presumption si est, que par vne secrete maniere de parler par laquelle nostre intencion soit expercee: celle mesmes trinité nous soit entendue insinuee ou demontree: cest assauoir quil ait fait vne chûne chose, par quoy il lait faicte: et pourquoy il lait faicte. Certes le pere est entendu: pere de la parolle. Lequel dist que la chose soit faicte, mais ce que lui disant, la chose est faicte sans nulle doubte: elle est faicte p parolle. Mais en ce qui est dit dieu veit que la chose est bonne: est assez signifie dieu, non mie p aucune necessite non mie p souffrete de quelconque seine vtilite. Mais p seulle bonté auoir fait la chose qui est faicte, cest adire pource que elle est bonne. Laquelle chose est dicte apres ce q̃ la chose est faicte, affin q̃ la chose qui est faicte soit demôstree ressembler a la bonté p laquelle elle est faicte. Laquelle bonté se le sainct esperit est droitement entendu: toute la trinité nous est demôstree en ces euures. De ce est et la naissance et information et la beneureté de la saincte cité qui est lassus es sains anges car se on demâde dont elle soit: dieu la fist se dôt elle est saige: elle est inspiree de dieu se dont elle soit beneuree: elle a fruicion de dieu. Elle estant ou subsistât: elle est mondifiee ou attrempee. Elle contêplât elle est enluminee. Elle adherant: est esioupe et consolee. Elle voit, elle apme en la ppesuite de dieu, elle a vigueur en la verité de dieu, elle refuist en la bonté, et se resiouist.

De la discipline de toute philozophie partie en trois.   ppv

Pource de tant comme nous pouons entendre les philozophes veulent la discipline de sapience estre ptie en trois. Car ilz ne establirent mie quil fust ainsi, mais aincois trouuerent ce ainsi estre. De laquelle discipline de sapience, lune partie fut appellee phisique: lautre logique: sa tierce ethique. Desquelles les nôs par les p̃settres et escriptures de plusieurs sont ia hantees, cest assauoir Naturelle: rationelle, et morale. Lesquelles certes nous auons briefmêt comprises ou viii. liure, non mie que de ce il sensuiue q̃ ces philozophes apent aucune chose pense selon dieu: de la trinité. Jasoit ce que ce philozophe platon soit dit pmier auoir trouue et comente ceste distribution ou diuision, auquel platon nest veu ou apparu aucteur ou faiseur de toutes natures, ne donneur dentendement, ne inspireur damour par quoy len viue bien et beneureemêt fors dieu. Mais certes combien que diuers philozophes sentent diuersement de la nature des choses, et de la raison de la verité estre enquise, et de la fin du bien a laquelle nous deuons raporter toutes choses que nous faisons. Toutesfois en ces trois grandes et generalles questiôs est trouuee toute lintencion des philozophes en telle maniere que côme mainte diuersite soit dopinions quoy que chûj sente en vne chascune de ses questions: toutesfois nulle ne doubte aucune cause de nature, aucune forme de science, aucune somme et fin de vie. Et aussi trois choses sont: lesquelles sont regardees et considerees en vng chûj hôme ouurier a ce quil face aucune chose, cest assauoir: nature: doctrine: et vsaige, et est a iugier nature p engin, doctrine p science, et vsaige par fruit. Ne ie ne suis mie ignorant que proprement fruit soit dit de ioupr: et vsaige de celui qui vse. Et semble ce differer et que nous soions dis vser de la chose laquelle nô mie rapportee a autre chose nous delitte p soy mesmes. Mais nous sommes dis et ordonne vser de la chose laquelle nous querons pour autre chose

Et pource des choses temporelles il est a vser plus que a fruir: a ce que nous puissons auoir fruicion des choses par durables/ nõ mie sicõme paruers: qui veulẽt auoir fruicion du denier et vser de dieu/ car ilz ne despendent mie le denier pour dieu mais aourent dieu pour le denier/ Touteffois p la maniere de parler que coustume a plus obtenu nous vsons de fruis ⁊ auons fruicion de vsaiges Car a propremẽt parler les fruitz sont ditz des champs: desquelz nous vsons tous temporellemẽt Et ainsi p ceste maniere ay ie dit vsaige estre en ces trois choses/ lesquelles iay ammonneste estre regardees et considerees en hõme/ lesquelles sont/ nature/ doctrine/ vsaige. De ces choses sicõme iay dit est trouuee des philozophes discipline partie en trois: pour obtenir vie beneuree/ cest assauoir: la naturelle pour nature/ la rationelle pour doctrine/ la morale pour vsaige. Doncques se nostre nature fust de nous: nous eussions engendre nostre sapience Ne p doctrine/ cest adire par aprendre autrept nous naurions cure de lappceuoir: et nostre amour venue de nous et a nous raportee souffiroit a beneureusemẽt viure et nauroit besoing dautre bien duql no⁹ eussions fruicion Mais pource que oien droit nostre nature a ce quelle fust: doit recongnoistre dieu: aucteur ⁊ faiseur sãs doubte/ a ce que nous sentiõs vraies choses: nous le deuons auoir docteur/ et a ce que nous soions beneurez: nous le deuons tenir donneur ou largiteur: et de souefuete pfaicte ⁊ cordialle amer.

¶ Exposition sur ce chapitre.
En ce ppv chapitre mõseigneur sainct augustin dist q ce fut celui q pmierement trouua la distribution ou diuision de science: entre raison naturelle et morale. mais il ne dist pas en quel liure.

¶ De lymaige de la souueraine trinite laquelle pmaige selon aucune maniere est trouuee aussi en la nature de hõme/ non mie encore beatifie ou sainctifie. ppvi.

Et certes nous congnoissons en nostre lymaige de dieu: cestassauoir de celle souueraine trinite/ et si non egalle. mais moult distant essoingnce ⁊ non co eternelle Et quant a plus briefuement tout dire, non pas dune mesme substance de quoy dieu est/ de laquelle touteffoiz riens nest fait en nature plus prouchain a dieu es choses faictes de lui/ cest assauoir ladicte pmaige a estre parfaicte par reformation: a ce que aussi quelle soit tres prouchaine a lui par semblance ou similitude Car nous sommes: et si congnoissons que nous sommes: et si amons ⁊ ce que nous sommes ⁊ que nous congnoissons que nous sõmes Mais en ces trois choses que iay dictes: nulle vraie semblable faulseté ne nous trouble. Car nous ne touchons mie ces trois choses par aucũs sens du corps/ sicõme les choses qui sont dehors/ cestassauoir: sicõme nous sentons les couleurs en voiant/ les sons en opant/ les odeurs en odourant/ les saueurs en goustant/ les choses dures et molles en tastant ou touchant Desquelles choses sẽsibles mesmes les pmaiges a elles tressemblables ⁊ non mie corporelles ou corporees. nous gsiderons p pensee et tenons p memoire: ⁊ p celles pmaiges sõmes esmeuz es desirs dicelles choses sensibles Mais sans aucune ymaginacion de moquerie fantastique ou de fantosme il mest trescertaine chose a moy, moy estre: et ce congnoistre ⁊ amer. En ces paroles vraies sont mis les argumens de ces philozophes appellez achademiens/ doubteusement disans ainsi. Que est il se tu es deceuz: se ie suis deceu: ie sui. Car certes qui nest mie il ne peut estre deceu: et pce se ie sui deceu: ie sui: donqques pour ce que ie sui: comment moy estre suis deceu: quant il est certain que ie sui: se ie sui deceu. Et pource que ie seroie celui qui seroit deceu suppose que ie soie deceu sans nulle doubte: en ce que iay congneu moy estre/ ie ne suis mie deceu: si sensuit que ie ne soye mie deceu: en ce que iay congneu moy cougnoistre/ car ainsi comme iay congneu moy estre: aussi ay ie congneu ce mesmes moy congnoistre. Et quant iayme ces deup choses. cest assauoir moy estre a ce o gnoistre Je adiouste a ces deup choses que iay congneue celle mesme amour qui est vng tiers: qui nest mie de despareille estimation/ car ie ne suy mie deceu moy amer: quant ie ne suis mie deceu es choses que iayme Et iasoit ce que ces choses que iayme fussent faulses si seroit ce vray moy amer faulses choses/ Car se cestoit faulz moy amer aucunes choses par quel seroie droitement repris empeschie ou deffendu de lamour des choses faulses Mais come celles choses soient et vraies et certaines: qui doubte qnt elles sont amees que lamour delles ne soit et vraie a certaine: mesmement certainemet quat il nest home qui vueille soy non estre: come il ne soit homme qui ne vueille estre beneure Et comment peut il estre beneure sil est neant.

De essence cest adire de estre: et de science cest adire de sauoir soy estre/ et de lamour de lun a de lautre.   ppvii.

Ainsi certes par vne condicion naturelle/ estre est chose ioieuse a ce que no mie pour autre chose: et ceulp qui sot meschans ne veulent mie mourir Et ia soit ce qlz se sentent estre meschas ne veu lent ilz mie estre ostez des choses aincois veulent leur meschance estre ostee Et se ceulp qui a eulp mesmes sapperēt estre tresmeschans a plainement le sont: et ne sont mie seulement iugiez des saiges qlz soient folz. mais a de ceulp qui se cuidēt estre beneurez. sont iugiez meschās pour ce quilz sont poures a mendians Se aucun donnoit immortalite: et par laquelle celle meschance ne mourut point/ et leur proposast q silz ne vouloient tousiours estre en celle meschance/ ilz seroient anichilez a quelque part ne seroient iamais ou temps auenir/ mais du tout seroient periz/ certainement ilz sesiouproient de

leesse/ et esliroient plus tousiours ainsi estre que du tout non estre De ceste chose est tesmoing le sentement deulz tres congneu et tres notoire et dont vient ce quilz doubtēt a mourir a veulent mieulp viure en celle meschance q elle finir par mort: fors pource quil appt asses combien nature refuse non estre/ et ainsi come ilz saichent soy estre mortelz: ilz desirent ceste misericorde a eulz estre donnee. cest assauoir que aucunement plus longuemet ilz viuent en celle meschance et meurent le plus tart quilz pourront Donc sans doubte ilz demonstrent en combien grant esioupssement ilz receuront limmortalite: au moins telle qui nait point fin de mendicite Et qui est pl qui de toutes bestes mesmes no raisonnables cest adire bestes mues. aus quelles nest mie donne cognoistre cestes choses: a prendre les grās dragons iusques aup petis vers: ne demonstrent elles mie par tous les mouuemēs quilz peuent soy vouloir estre et pource fuyr sa mort Et les arbres a toutes choses fructifians aus quelz nest aucū sens a eschieuer quilz ne meurent p manifeste motion ou mouuement/ ne fichent elles mie leurs racines en terre dont ilz trayēt leur nourrissemet: a ce quilz mettēt hors plus hault en laer le germe sur de leur copiau Ainsi derrenierement les corps aus quelz non mie seulement nest mie sens/ mais nest aucūe vie. par semence Toutesfois faillent ilz en telle maniere ou es haultz lieup: ou descendent es bas: ou se contrepoisent/ ou mesurent es moyens a ce quilz gardent leur essence la ou ilz peulent estre selon nature. Mais orendroit peut estre entendu combien nature humaine aime a congnoistre et quelle ne vueille mie estre deceue par ce que chun veult mieulp plourer en saine pensee: que soy esiouyr en fourcenerie ¶ Laquelle force grande et merueilleuse nest aucūe a toutes choses mortelles qui ont ame: fors a homme Jasoit ce que a aucun deulz a regarder ceste grant lumiere: puist estre le sens des yeulx plus aigre que a nous mais celle lumiere incorporee ilz ne peuent attaindre par laquelle nostre pensee en aucune maniere est enluminee: a ce q̃ de toutes ces choses nous puissons droitement iugier Car en temps come nous se prenons:en tant. ce nous pouons Et se es sens des bestes non raisonnables nest science en aucune maniere: et toutesfois pour certain y a il vne similitude de science Mais les autres choses corpelles nõ mie pource quelles sentēt: mais pour ce quelle sont sentues. sont nõmees sensibles/ desquelles choses es arbres ce est semblable au sens: quelles sont nourries et engendriēt et fructifient Toutesfois toutes ces choses corporelles: ont en nature causes latētes et mucees Mais leurs formes par lesquelles la visible facon de ce monde est embellye: elles baillent estre sentues a noz sens, a ce que pource quelles ne peuēt congnoistre. elles soient veues ainsi cõme vouloir donner congnoissãce, mais en telle maniere nous les prenons par le sens du corps: non mie a ce que nous iugeons delles par le sens du corps Car nous auons autre sens, cest assauoir le sens de lõme en nous enclos plus parfait q̃ ce sens corporel: par lequel sens, cestassauoir de dedens: nous sentōs les choses droiturieres par espece entendible/ les non droiturieres: par sa priuaciõ A loffice de ce sens: non mie sa clere veue ne esrailler les paupieres, ne le pt̃uis de loreille. ne les aspiremens des narines/ ne se goust des ioues, ne de la gorge, ne aucũ atouchemēt corporel ne seruēt la ie suis certain; et moy estre, et ce congnoistre Et ces choses ie aime: et semblablement sui certain les amer.

¶ Se celle amour par laquelle nous amons: et estre et sauoir nous doions aussi amer p quoy nous approuchons plus a lymaige de la diuine trinite ꝑꝓviii
Mais de ces deux choses cestassauoir de lessence et de la congnoissance cõbien que elles soient amees en nous et en q̃lle maniere aussi es autres choses q̃ sõt dessoubz soit toutesfois trouuee aucune similitude de ces choses, combien que elle soit different: nous auõs assez dit tãt cõme la raison de ceste euure emprins se requiert Mais il nest pas dit de lamour par laquelle les d. choses sont amees/ assauoir se celle amour soit amee Certes elle est amee: et par ce nous prouuons q̃ es hõmes qui plus droiturierement sont amez: celle amour est plus amee Ne certes lõme nest mie par droit dit bon pour ce quil scet ce qui est bon: mais pource qł aime ce qui est bon Pourquoy doncques ne sentons nous en nous mesmes nous amer celle amour: par laquelle nous amons tout ce que nous amons de bõ car et lamour est par laquelle est ame ce qui nest mie a amer Et ceste amour hait en soy celui qui aime celle amour: par lagł le est ame ce qui est a amer Et certes ces deux choses peuent estre en vng homme et est bõne chose a lõme que celle amour prouffitant par laquelle nous biuons bien Ceste amour par laquelle nous biuõs mal. lui deffaille tant quil soit que tp parfaictement. et que toutce q̃ nous biuõs soit muee en bien Se nous estiõs bestes: nous amerions la vie charnelle et ce qui est selon le sens delle: et ce seroit nostre souffissant bien Et puis que selon ce il nous seroit bien: nous ne demanderions autre chose Aussi se nous estions arbres. certes p mouuement sentant nous ne pourrions riens amer, toutesfois nous serions veuz ainsi cõme appeter et desirer ce, par quoy nous fussions plus abondamment et plus plantureusement fructueuses. ¶ Se nous estions tous pierres, ou fleures, ou vent. ou flamme, ou quelque chose de telle maniere sans aucun sens et sans vie, toutesfois ne nous deffauldroit mie ainsi cõme vng appetit de noz lieux et de nostre ordre, car les momens des poidz soit quilz tendent en bas par pesanteur, ou en hault par legierete/

sont ainsi comme les amours des corps car se corps en quelque lieu quil soit porte est porte par poidz/ ainsi cōme se couraige p̄ amour Doncques puis que no⁹ sommes hōmes crees a lymaige de nr̄e createur/ de qui est v̄raie perpetuite pardurable verite a v̄raie charite: et qui mesmes est pardurable a v̄raie a chiere trinite Laquelle nest cōfuse ne separee: assemblons ainsi cōme v̄nes traces ou sentes empraintes de nostre createur, ainsi comme courant par merueilleuse constance par toutes les choses lesquelles il a faictes: et nous mesmes regardans et considerans en nous lymaige de luy. Car certes en ces choses lesquelles sont par dedens nous ne elles ne seroient en aucune maniere. ne en aucune espece. ne seroiēt contenues. ne elles ne discerneroient ne tenderoient aucun ordre se elles nestoient faictes de celui qui souverainement est/ q̄ souverainement est saige: qui souverainement est bon. Leuons nous cōme retournez en nous mesmes: ainsi cōme ce moindre filz de leuangile: et retournons a celui de qui nous estions departis en pechant: illec nostre estre naura point la mort: illec nostre congnoistre naura poīt derreur Illec nostre amer naura point dempeschement Mais maintenāt iasoit ce q̄ ces trois choses nostres: nous tenōs estre certaines: a ne le creons mie par autres tesmoings mais par nous mesmes le sentons presens et de tres v̄ray regard les regardions Toutesfois pource que par nous mesmes nous ne pouons sauoir combien longuemt̄ ilz apent a estre ou se iamais defauldront/ et en quel lieu ce bien: ou en quel lieu ce mal. silz sōt biē demourez: ilz soient auenir De ce ou no⁹ querons ou aurons autres tesmoingz de la soy/ desquelz pourquoy il ne doye estre aucune doubte: il nest mie cy lieu Mais sera apres de en determiner plus diligemment en ce liure: cest assauoir de la cite de dieu Laquelle ne passe point et ne v̄aen la mortalite de ceste vie/ mais est tous

iours es cieulz immortesse cest adire des sains anges adherens a dieu: qui oncq̄s ne furent ne ia ne seront apostatz/ cest a dire ne se delaisserent Entre lesquelz et ceulx qui laissans la lumiere pardurable sont fais tenebres. Nous auons ia dit p̄miecement auoir fait diuision/ luy apdant declairons ce que nous auons commence: sicomme nous pouons.

⊂ De la science des sains anges, par laquelle ilz ont congneu la trinite en sa deite: par laquelle ilz regardent les causes des euures en lart ouurant: aincois que es euures mesmes. ꝓxix.

C ertes les sains anges apprēgnent et congnoissent dieu: non mie par parolles sonnans, mais par la presence de la verite immuable, cest adire la parolle de dieu: son seul engendre filz Et ont ꝯgneu ceste parolle, cest adire le filz et le pere et le saint esperit: estre celle inseparable trinite Et les trois personnes en ceste trinite estre v̄ne substāce Et toutesfois non mie estre trois dieux: mais v̄ng dieu En telle maniere q̄ ces choses leur sont plus cōgneues: que nous mesmes ne sommes cōgneus a nous, et sceuent a congnoissent mieulx la creature illec, cest adire en la sapience de dieu: cōe en lart par quoy elle est faicte: que en la creature mesmes Et par ce illec sceuent mieulx soymesmes: que en eulx mesmes Toutesfois ilz le sceuent en eulx mesmes: car ilz sont fais et sont autre chose que celui q̄ les a fais. Illec doncques se sceuēt ilz a ꝯgnoissent cōe en cōgnoissance iournal ou de iour: mais en eulx cōme en congnoissance de vespre, sicōme nous auōs ia dit p auāt Car il y a grant difference se v̄ne chose est cōgneue en la raison selon laquelle elle est faite: ou en soy mesmes Sicōme autremēt est la rectitude ou droiture des lignes: ou la verite des figures quāt elle est entendue: et autremēt quāt elle est escripte en la pouldre Autremēt est sceue iustice en la vite incō muable: autrement en l'ame du iuste. Et ainsi apres les autres choses sicomme le firmament entre les eaues de dessus et celles de dessoubz: qui est appelle le ciel. Sicomme l'assemblee des eaues cy dessoubz: et l'apparition de la terre, et l'institution des herbes et des bois, sicome la condicion ou creation du soleil et de la lune et des estoilles: sicome des bestes, des oyseaulx, et des poissos, et des balaines et grans poissons noans sicome de quelconques bestes alans traynans ou rampans en terre et en mer, et de l'omme qui sur toutes choses auroit en terre excellence. ¶ Toutes ces choses sont congneues des anges autremēt en la parolle de dieu ou elles ont leurs causes et leurs raisōs incōmuablement permanens, c'est a dire selon lesquelles elles sont faictes, et autrement sont congneues en eulx mesmes par celle congnoissance plus clere, c'est a sauoir des euures, lesquelles euures toutesfois reluisent comme le matin es pensees de ceulx qui les considerent: quant elles sont ramenees a la louenge et honneur de celui createur.

¶ De la perfection du nombre de vi. qui est accomply par la quantite de ses parties. Chap. xxx.

Mais les euures dessudictes sont dictes parfaictes en six iours: ung mesmes iour six fois repete pour la perfection du nombre de six, non mie que demeure ou espace de temps fust necessaire a dieu, ainsi cōme qu'il neust peut creer ensemble toutes choses lesquelles depuis par mouuemens cōuenables parfeissent leur temps. Mais pource que par le nombre de six est signifiee la perfection des euures. La cause si est car le nombre de vi est premier acompli par ses parties, c'est a sauoir de sa sixiesme partie, et de la tierce et de la moitie. Lesquelles parties sont: j. et ii. iii. lesquelles menees en somme sōt six. Mais en ceste consideration de nombres

les parties sont a entendre celles: lesquelles il peut estre dit quantiesmes elles soient, sicōme la moitie, la tierce partie, la quarte partie: et apres les autres parties denommees d'aucun nombre. Et par maniere d'exemple: combien que au nombre de ix. trois soit aucune partie de lui, si ne peut il estre dit la quantiesme elle soit, mais ung le peut estre dit: car c'est la ix. partie de lui. Mais ces deux parties de lui conionctes, c'est assauoir sa ix. et la tierce qui sont ung et trois: sont loing de toute la somme de vi. laquelle est ix. Et apres ou nombre de x. quatre est aucune partie de lui, mais il ne peut estre dit sa quantiesme elle soit: mais ung le peut estre dit car c'est la dixiesme partie de lui. Et a la quinte partie qui sont deux: et la moitie qui sont cinq. Mais ces trois parties c'est assauoir sa dixiesme, la quinte: et la moitie, c'est assauoir j. et ii. et v. menez ensemble ne acomplissent mie x. car ce sōt viii. Mais du nombre de vii. les parties menees ensemble le passēt, car il a sa vii. partie qui est ung. Il a la sixiesme partie qui sont deux. Il a la quarte partie qui sont trois. Il a la tierce qui sont quatre. Il a la moitie qui sont six. Mais ung et deux et trois et quatre et six, ne font mie douze: mais plus c'est assauoir xvi. J'ay cuide ce briefuement estre ramembre a recōmander la pfection du nombre de six qui est premier parfait, sicōme j'ay dit par ces parties ramenees en somme: ouquel dieu parfit ses euures. Dōt la raison du nombre n'est mie a despiter: laquelle combien de grant chose: et ne soit a extimer, il appt clerement en plusieurs lieux des sainctes escriptures aux regardans et considerans diligemmēt: et que pour neant n'est mie dit es louenges de dieu, tu as disposé et ordōne toutes choses, en mesure, en nombre, et en poix.

¶ Exposition sur ce chapitre.

Tasoit ce que monseigneur sainct augustin en ce xxx. chapitre recō mande merueilleusement le nombre de six/pource sicõme il dist quil se parfaict de toutes ses parties. Aussi le recommande ysidore en son tiers liure des ethimologies. Mais encores est il recõmandé en la glose du chapitre Sacro sancte ou sixieme liure des decretalles. Si sont le nombre de ix. de vi. et de vii. si fait macrobe de sompnio scipionis vers le cõmencemẽt les recommande souuerainemẽt. Et aussi fait platon in thimeo. Boece en son arismetique dit: que des nombres parelz lun est diminutifz: lautre est abondãt: et lautre est parfaict. Du nombre diminutif il met son exemple de viii. pource que vng pris huyt fois: fait viii. et deux pris quatre fois font viii. et quatre deux fois pris font viii. Ne autrement ne se peut faire viii. de nombres pareilz precisement. Et pource que ces parties mises ensemble/ cestassauoir i. ii. iiii. ne acomplissent pas le nombre de viii. pource est il diminutif: car elles ne font que vii. Labondant il met sur xii. pource que a le diuiser p parties il va iusques a xvi. sicõme a dire i. ii. vi. iii. ⁊ iiii. et pource est il abondant: car vng mene douze fois: font xii. deux six fois mene: font xii. deux fois vi. font xii. quatre fois trois font xii. trois fois quatre font xii. et toutesfois i. ii. iii. iiii. vi. sõt xvi. et pource est il dit abondãt. Le nombre parfait est celui de vi. pource quil se parfait de toutes ses parties: sicõme mõseigneur sainct augustin le monstre ou texte.

⁋ Du septiesme iour/ou quel la plente ou plenitude et le repoz sont recommandez. Chapitre xxxi

Mais au vii. iour: cestadire vng mesmes iour vii. fois repeté: lequel nõbre aussi par autre raison est parfait/ est recommandé le repoz de dieu. Ou quel repos est premierement entendue ⁊ signifiee sanctificaciõ. Ainsi dieu ne veult mie sãctifier ce iour en aucũes saines euures mais en son repos qui na point de vespre. Ne certes il nest creature quelconque autrement congneue en la parolle de dieu/ autrement en soy/ que celle congnoissance face autre cõme iournalle: autre cõme vespre. Toutesfoys de sa pfection du nombre de sept: plusieurs choses peuent estre dites/ mais ce liure est ia prolix: et doubte que par aucune occasion trouuee: nous ne soions veuz espandre nostre petite science. et legieremẽt plus que proufitablemẽt. Et pource est il a auoir et prendre la raison datrempance et de grauité. ad ce que p auenture nous ne soions iugiez que nous ne tenions compte de sa mesure et du poidz quant nous parlons tant du nombre. Souffise doncques ce amonester/ que tout le premier nombre nõ per est trois: et tout le pmier nombre per est quatre. Desquelz deux nombres est sept/ pour ce est il souuent mis par tout: sicõme est ce qui sensuit. Sept fois cherra le iuste: ⁊ se releuera. cest adire que toutes fois quil cherra: il ne perira mie. Laquelle chose celui qui le dist a voulu estre entendue non mie des pechiez: mais des tribulatiõs qui mainent a humilité. Et ailleurs est dit. Sept fois le iour te louray. Laquelle chose est ailleurs dicte en autre maniere/ cestassauoir: la louenge de lui soit tousiours en ma bouche. Et moult de telles choses sont trouuees es auctoritez diuines. esquelles sicõme iay dit: le nombre desept a de coustume destre mis pour luniuersité de quelconque chose. Pource souuent par ce mesme nombre est signifié le sainct esperit: duquel dist nostre seigneur. Il vous enseignera toute verité. La est le repos de dieu/ par leql on se repose en dieu/ car en tout: cest adire en plaine pfection est repos/ mais en partie est labour. Et pource labourons no tant cõme nous sauons ou sommes de partie: mais quãt ce qui est parfait sera venu: ce qui est departie sera euacuee. Et pource est il que aussi en labour nous en cerchons ces escriptures/ mais les saines

c i

anges a la cōpaignie et a l'assemblee des
quelz nous tendons en ce tres laborieux
peserinaige: ont ainsi la legierete de cou-
gnoistre et la felicite et beneurete de repo-
ser, sicōme ilz ont la pdurableté de estre
car ilz nous appdent sans force ou diffi-
culté, pource quilz ne labourent mie par
mouuemens espuelz purs et frans.

Exposition sur ce chapitre.

En ce xxxi. chapitre monseigneur
sainct augustin parle du nombre
de sept: apres ce quil a parlé ou precedent
chapitre du nombre de six Et se excuse
monseigneur sainct augustin pour la p-
lixité de son liure: de demonstrer la ver-
tu du nombre de vii. Lequel nombre de
vii, entre les autres nombres est recom-
mandé p ses philozophes et anciens do-
cteurs et aucteurs entre tous les autres
nombres tant pour sa perfection comme
pour la diminuciō du nombre de huyt
qui sont tresexcellent nombre Car qua-
trevingz et lxx. iours ensemble: font cēt
et cinquante, lesquelz sont la perfection
des pseaulmes du psaultier, sicōme dist
comestor le maistre des histoires ou se-
cond chapitre du plogue des gloses quil
fist sur le psaultier, lequel se commence,
Cōsistitautem. qui dist que le psaultier
est ordonné et acompli de cent et cinquan-
te, cestassauoir p quatrevingz et de lxx.
Et dist que se le nombre de quatrevingz
signifie le nombre de viii: mene viii fois p
x. Et le nombre de lxx. sept fois mene p
x: signifie lxx. Et dist que le nombre de
vii: signifie la resurectiō qui sera ou viii
eage Car cōme ilz soient vi. eages des
hommes qui viuent: et la vii. a ceulx qui
ont a morir. cest adire en laquelle se mō-
de a a terminer et a finir. Le viii. sera de
ceulx qui ressusciteront, par lequel nom-
bre de vii. le temps de ceste vie mortelle
est signifié, par la repeticion de vng sept
fois reptins, car le nombre de vii et de viii
sont telz de leur nature: que le nombre de

viii: signifie le testament nouueau: pour
ce que noz peres du nouueau testament
gardent le viii. iour de la benoite resur-
rection, cestassauoir le dimenche et les
octaues des festes et des sains. Et par le
vii. est desine ou signifie le viel testamēt
Pource que ou viel testament noz anci-
ens gardoient le vii. iour comme sont les
iuifz a present, lequel ilz appelloient og-
doadi, car ilz gardoient le vii. iour, la
vii. sepmaine, le vii. mois, le vii. an, et le
vii. an de la vii. decade, lequel estoit ap-
pellé annus iubileus: sicōme len dist que
les religieux quant ilz ont esté certains
temps en leur ordre sōt leur iubile Mais
encore recōmande macrobe en son liure de
sompnio scipionis le nombre de vii. sur
tous les autres nombres premierement
il le recommande par les principes de a-
rismetique, et puis apres si le recōmande
de toutes ses parties, et aplicque et dist
que au nombre de sept se conferment ain-
si cōme toutes choses Et premierement
il prent les manieres par lesquelles vii.
se peuent faire et ioindre aux autres nō-
bres Apres il demonstre sa perfection tāt
en planettes: en cours des estoilles: en for-
donnance des elemens, en la canuersiō
de la lumiere: cestassauoir du soleil et de
la lune Apres en la conception de lomme
tant ou ventre de sa mere cōme apres ce
quil est ne: et selon la disposition de son
corps et de ses membres: deuise de toutes
ces choses. Premierement il prent que vii
est acompli par vng et par six, par deux
et par v. par trois et par quatre: qui est le
nombre q se fait de plus diuers elemens
Et dist q vng ne deux ne sont pas nom-
bres, mais cōmencemens de nōbres, car
trois nest ne vng ne deux: vec econverso
De la diuision quil fait du nōbre de six.
du nōbre de sept, et du nombre de viii. et
des autres nōbres lesquelz il demaine se-
lon ses principes darismetique: nous no[us]
passons pource q cest chose moult empes-
hee a ce quelle soit bien entendue p gens
lays, et si est de petit prouffit quāt a eulx

Et ceulx qui sont clercz en pourront veoir plus a plain ou dit liure de macrobe et par boece en son arismetique/et p̄ platon i thimeo/et sil leur complaira plus le latin que le francois. Mais venons aux autres perfections. Il est certain que tous corps sont creez de quatre elemens cestassauoir de la terre/de leaue/du feu et de laer. Et si est certain quilz sont separez par trois interualles moiens ou distaces. Lun est de la terre iusques a leaue. Lautre de leaue iusques a laer/et lautre est de laer iusques au feu. Par ces quatre elemens doncques et p̄ ces trois moyens ou distances, est tout corps cree. Il y a aussi vii. planettes p̄ quoy les choses cy dessoubz sont gouuernees, desquelles la lune est la vii. pource quelle est la derniere, laquelle fait son cours en xxviii iours. Et se elle retourne au xxx. iour au soleil dont elle est departie, toutesfois fait elle a peine son cours en xxviii iours. Il y a aussi trois conuersions dont lune est la plusgrande. la seconde la moyenne la tierce la plus petite. La plus grande est de lan: selon le soleil qui y fait son cours. La moyenne est du mois selon la lune. Et la plus petite est du iour, cestassauoir du commencement du iour, iusques a la nupt. Et chascune de ces conuersions est diuisee en quatre manieres. Et ainsi se nombre de vii. est de ces trois genres de conuersions: et de ces quatre manieres p̄ laquelle vne chascune esc conuertie. Les quatre manieres comment elles sont conuerties sont telles. Car premierement elle est moiste: apres ce elle est chaude, tiercement elle est seiche: et derrenierement elle retourne a estre froide. La tresgrande conuersiō cestassauoir celle de lan est moiste en printemps, chaude en este, seiche en autompne/et froide en yuer. La moyenne conuersion du mois qui se fait par la lune est telle: que sa premiere sepmaine elle est moiste/ pource que au nouueau temps et a la nouuelle lune le temps se mue voulentiers et est moiste de sa na-

ture. La seconde sepmaine elle est chaulde pour le regard quelle a du soleil. La tierce, elle est seiche pour ce quelle est plus loing du lieu dōt elle est nee. Et la quarte est froide pource quelle ya a decours et quelle est pres de deffaillir. La tierce conuersion est du iour selon le commencement et la fin/et est ainsi ordonnee que elle est moiste iusques a prime, chaulde iusques a la seconde heure, seiche iusques a la tierce, et a la quarte elle cōmence a reffroider. Et la mer doccean tient ce nōbre selon le croissement de la lune, car le premier iour de la lune elle est plus pleine quelle na acoustume, et moindre le second, et encores moindre le tiers. Et ainsi iusques au septiesme iour quelle reuiēt en son estat. Et est encores a sauoir que le viii. iour de celle mer occeane est pareil au vii. et le ix. au vi. le x. au v. le xi. au iiii. le xii. au iii. le xiii. au ii. le xiiii. au premier. Et la tierce sepmaine fait au tel cōme la premiere, et la quarte au tel que la seconde. Et quant est des creatures humaines: il est certain que ce nombre si fait homme estre conceu, forme, nez, viure, estre, et nourry par toutes les eages de sa vie iusques a la vieillesse. Premierement se la femme ne regette dedens la vii. heure la semence quelle aura receue len tient quelle a tenu et conceu: et que celle semence est atachee. Et quant elle est atachee et retenue au lieu ou se fait ou doit faire la conception: celle semence au vii. iour apres est auironnee ainsi cōme de la pellette dun œuf, laquelle enclost et enferre celle liqueur ou semence. Ce tesmoingne ypocras par vraye experience qui dist que cōme vne femme doubtast quelle neust conceu: elle pria que len luy baillast conseil cōmēt elle ne demourast point grosse. Lequel luy fut donne par certaine maniere: laquelle nous taisons et pour cause: et le fist. Et au vii. iour ietta celle semence enuelopee de celle pellette cōme nous auons dit. Toutesfois vng philosophe appelle straton paripateticiē

c ii

et ẏpodes parlent en telle maniere de la conception des .ḃii. iours/ qui dient que la seconde sepmaine se forment gouttes de sang au dessus de celle pellette/ et la tierce sepmaine cheent en celle pellette: et descendent a lumeur de celle conception/ en la quarte sepmaine ilz dient que celle humeur se prent auec ce sang: ainsi comme se ce fust char et sang cler mesle ensemble. ¶ Item ilz dient que aucuneffois de lumeur de celle substance en la .ḃ. sepmaine se forme la figure de la creature humaine/ de la grandeur dune mousche de ḃaisseau: et non contrestant en sa petitesse se peuent apparoir tous les membres du corps/ τ pour ce dient ilz aucuneffois et non pas tousiours: car quant celle chose aduient au .ḃ. mois/ la femme a enfant au septiesme mois/ τ quant elle a a neuf mois se cest masle il est forme en la septiesme sepmaine/ et se cest femme: il est forme en la .ḃii. sept iours apres ce quil est nez son nōbril lui chiet. ṗiiii. iours apres qui font deux fois sept: sa ḃeue se meut a regarder. Apres .ḃii. fois .ḃii. iours: il commence a regarder parfaictement. ou remouoir ses paupieres et tous ses peulṗ. A .ḃii. mois les dens lui commencent a ḃenir A .ṗiiii. mois: qui font deux fois sept mois. il se siet et tient en estant sans paour de cheoir A .ṗṗi. mois qui font trois fois sept. il commence a parler. A .ṗṗiiii. mois qui font quatre fois .ḃii: il ne se siet pas et tient seulement. mais ḃa parfaictement. A .ḃ. fois .ḃii. mois qui sont .ṗṗṗḃ. mois: il a en abhomination le let de nourrisse/ se ainsi nest que len lui ait trop acoustume. A sept ans les dens lui muent et cheent les premieres/ et a ce .ḃii. an parle parfaictement τ forme ses motz. A .ṗiiii. ans qui sont deux fois sept: il commence a se smouuoir τ auoir force de generation. et la femme a amer. Et pour celle cause sont les masles hors de tuicion a .ṗiiii. ans: et sont reputez pour aagiez/ et la femme a .ṗii. ans: pour ce quelle se haste plus et quelle fine aussi plustost. A .ṗṗi. an sa

barbe lui commence a ḃenir aucunesfois plustost selon la disposition de lomme/ et la a prins toute sa croissance: ne a pou iamais ne peut croistre en long. Et en la quarte sepmaine des ans qui fait .ṗṗḃiii. qui sont quatre fois sept: tous ses os sont parfais et serrez/ ne iamais ne peut croistre en lee quant aux os/ combien que len puist bien dire que puis cel eage ilz puissent bien estre plus gras. En la cinquiesme sepmaine qui fait .ḃ. fois .ḃii. cestassauoir .ṗṗḃ. ans: est lomme en sa pleine force pour faire tout ce que homme peut faire et soustenir/ et ceulx qui a cel eage ne sont eppers et habituez es ieux de force come de champiõs et autres qui se combatent aux bestes sauuaiges et essaient leurs forces pour estre couronnez τ pour auoir les ḃictoires ny ḃiennent iamais a temps silz ne sont eppers en cel eage. En la .ḃi. sepmaine qui est de .ḃii. ans .ḃi. fois qui font .ṗlii. ans: ses forces demeurent iusqs a la septiesme sepmaine/ cest adire sept fois .ḃii. qui font .ṗliṗ. ans/ et nappert point que lomme affeblisse de sa force se ce nest p maladie latente ou par autre accident. Et en cel eage de .ṗliṗ. ans: la coustume des anciens estoit: que nulz nestoit lors constraint a estre cheualier nouuel/ et si en y auoit plusieurs qui en auoient remission selon lexcusacion qlz auoient. Apres la septiesme sepmaine/ cestassauoir aps plix ans cel eage de sept fois .ḃii. ans qui est de .ṗliṗ. ans/ cest eage parfait/ et quant a prudence/ et quant a donner bon conseil et bons enseignemens. Et si nest pas tellement affoibly a cel eage quil naist force encore de sop combatre τ deffendre come homme fort et ḃertueux. Mais quant il ḃient a la decade des ans/ cestassauoir a ṗ fois sept ou sept fois ṗ. qui sont lṗṗ ceste le nombre tresparfait de .ḃii. selon les philozophes naturelz: et est le droit terme et fin de la ḃie. Et par ce nombre se termine le parfait eage de creature humaine. Et cest ce qui est dit ou psaultier par dauid le prophete: qui dist que lṗṗ ans cest le terme, et que se vng homme passe quatrevingz ans: ce nest doresenauant que peine, labour, et dolour, et encores es plus puissans: sicomme il est dit ou pseaulme Domine refugium factus es nobis. Ce nombre mesmes de vii. ordonne et dispose toutes les parties du corps Il en ya vii. dedens le corps: que les grecz appellent les nons membres Cestassauoir: la sangue, le cueur, le polmon, le foye, les rains, le iuger, et la rate. Il en ya autres sept auec leurs veines et conduis, lesquelz recoiuent la viande a qui la rendent, et aussi par quoy len respire et a son son asaine: cestassauoir la gorge lestomac: le ventre: la vessie: et trois boyaux principaulx, desquelz lun est apelle dapsitimus: pour ce quil dissipe a degaste tout Le second boyau est appelle medium, cest adire moyen, lequel les grecz appellent mesenteron Et le tiers que les anciens ont appelle iram Et pource que nous auõs dit que ces sept seruent a prẽdre et rendre la viande et a aspirer et respirer: sen tient que sans aspirer a respirer le corps ne peut viure que sept heures, et sans mengier que vii. iours. Il ya aussi sept degrez qui parfont la mesure du dos iusques au pie, cestassauoir la moelle, los le nerf, la veine, l'artere, la chair, et le cuir. Par dehors aussi il ya vii parties du corps: cestassauoir la teste: le piz: deux piez a deux mains: et le menbre naturel. De rechief il se diuise par iointures. Les quelles ne se font que par sept coniunctions ou lieux Cestassauoir lespaulle, le bras, le coude, et les iointes des dois qui se font par trois. Il ya aussi la cuisse, le genouil, la iambe, le pie a les iointes des dois qui sont trois Et pource que les sẽs de lomme sont en sa teste come en la souueraine partie: ilz ont leur office et leur mistere par sept ptuys, cestassauoir deux peulx, deux narines, deux oreilles a la bouche. Et ce souffisse du nombre de sept Et qui vouldra plus plainement et autrement sceoir de ces choses: voye le petit

liure des natures que fist aristote, et si voye les anathomies: et le liure de proprietatibus rerum.

¶ De lopinion de ceulx qui veulent dire et tenir: la creation des anges estre aincois que du monde. xxxii.

Mais affin que aucun ne debatte et dye les anges non estre signifiez en ce qui est escript: lumiere soit faicte, et lumiere est faicte, mais cuident ou enseigne chascune lumiere lors premierement faicte estre corporelle, et aussi les anges auoir este aincois fais, non mie tant seulement auant le firmament lequel fait diuision entre les eaues, cestassauoir de dessus et les eaues, cestassauoir de dessoubz: et est appelle le ciel. Mais auant ce qui est dit Au commencemẽt dieu fist ciel et la terre Et ce qui est dit, cest adire au cõmencement estre dit, non mie en telle maniere ainsi comme se il soit fait premierement comme il ait fait les anges auant Mais pource que toutes choses il ait fait en sa sapience qui est la parolle de dieu Et celle parolle: se scripture a nõ me cõmencement, sicomme en leuangile aux iuifz demandans Il respondi soy estre cõmencement. Je ne raporteray mie le debat au contraire mesmement, car ce me delitte moult que mesmes ou souuerain cõmencement du sainct liure de genesis: la trinite est recõmandee, car quãt il est dit ainsi Ou commencement dieu fist le ciel et la terre Ad ce que le pere soit entendu auoir fait par son filz, sicõme le tesmoingne le pseaulme: ou il est seu ainsi Sire: combien grandement sõt tes euures magnifiees Tu as fait toutes choses en sapience Vng pou apres, cest assauoir ou liure de genesis Le sainct esperit y est tresraisonnablement ramenbre ou ramentu Car cõme il fust dit quelle terre dieu eust premierement faicte: ou quelle masse, pesanteur, ou matiere de la facon auenir du mõde il eust nomme

c iii

par le nom du ciel et de la terre en disant apres et adioustant ce qui sesuit/ mais la terre estoit inuisible et sans composition ou sans facon: et tenebres estoient sur la bisme. Tantost apres ace que la rame͂ brance de la trinite fut acomplie: et lespe rit dit il de dieu estoit porte ou mene sur les eaues. pour ce prengne chascun sicõ il vouldra ce qui est si pfond/ a ce que sep cercitation des lisans y puisse engendrer plusieurs sentences: non mie erzans de la rigle de la foy: par telle maniere toutes fois que nul ne doubte ses sains anges estre es haulx sieges du ciel: non mie co eternelz auecques dieu: cest adire sans co mencement. mais toutesfois estre seurs et certains de leur parduable a grape be neurete: cest adire sans fin/ A la compai gnie desquelz nostreseigneur enseignant appartenir les siens petis dist nõ mie seu lement ce qui sensuit/ ilz serõt egaulz aux anges de dieu/ mais monstre de quelle contemplation iceulx anges usent la ou il dist. Prenez garde que vous ne despri sez ung de ces petis/ car ie vous dis que les ãges deulx voient tousiours es cieulx la face de mon pere qui est es cieulx.

¶ Des deux compaignies des anges di uerses et despareilles: lesquelles sont en tendues non mie desconuenablement par les noms de lumiere a de tenebres. xxxiii

Mais que aucuns anges ayent pe͂ chie et iceulx estre es bas lieux de ce mõde enfermez qui leur est ainsi comme chartre iusques a la derreniere da͂natio͂ auenir au iour du iugeme͂t. Saint pierre lapostre le monstre tres appertement di sant: que dieu nait mie espargnie aux ã ges pechans: mais en les serrant es char tres de la chaleur denfer: les ait baillie es tre reseruez a estre pugnis au iour du iu gement. Qui doubte doncques dieu ou par prescience ou par euure ceulx ey: cest adire les mauuais ãges et ceulx la/ cest adire les bons auoir fait diuision/ a qui

contredit ceulx y la: cest adire les bons estre appellez lumiere/ quãt pour certai nous encore viuans sommes esperans encore et non mie tenãs p tout la qualite deulx sommes ia de lapostre: cest assauoir saict pol: dis et appellez lumiere/ car il dist ai si. Vous auez este aucunesfois tenebres mais maintenant vous estes lumiere en nostreseigneur/ mais ces mauuais deser teurs: cest assauoir ces mauuais anges estre appellez tenebres/ Et congnoissent pour certain ceulx qui iceulx entendent ou croient estre pires que les hommes desloyaulx: pourquoy/ et se autre lumiere est a estre entendue en ce lieu de ce liure/ou quel nous lisons dieu dit/ lumiere soit faicte: et autres tenebres sõt signifiees en ce qui est escript/ dieu diuisa ou fist diui sion entre lumiere a tenebres. Toutesfois nous ces deux compaignies danges lu ne usant ou iouyssant de dieu: laurre en flant et croissant en estat par son orgueil lune a qui il est dist Aourez dieu tous ses anges/ laurre de laquelle le prince cest assa uoir le dyable dist. Ie te donneray tou tes ces choses: se enclinez tu me aoures/ ou se tu ne me aoures en cheant/ lune de la saincte amour de dieu souef flairant lautre de lorde amour de propre haulteur fumant. Et pour ce que sicomme il est es cript dieu resiste aux orguilleux: et dõne grace aux humbles. celle habitãt es cieulx des cieulx. Cesse decachee et iectee hors de la en bas ciel aeree noise faisant: celle en pitie plaine de lumiere paisible/ ceste en couuoitise tenebreuses troublee/ celle par secours de dieu debonnairement aidant et secourant et iustement vengãt Ceste par son orgueil de seignourir: et p son desir denuie esboulant. celle a la bõ te de dieu ministre et seruant a ce quelle soit cõseillie tant comme elle veult: ceste par la puissance de dieu refrenee a ce quel le ne nuise tant comme elle veult. Celle soy mocquant delle a ce que par ses per secutions elle puissite non voulant: ceste ayant enuye delle quelle acqueult ses pe

ferins: cest adire les bons et ceulx qui vi
uent faintement. Nous doncques ces deux
compaignies danges entre eulx despa/
reilles a contraire, lune est bonne par na
ture: et droituriere par voulente, et lau
tre bōne par nature peruerse: et mauuai
se par voulente. par auttes plus apper
tes moingnaiges des diuines escriptures
declairees auons cuide certainement en
ce liure qui est nomme genesis estre signi
fiees: par les motz de lumiere et de tene/
bres. Et se par auēture autre chose senti
en ce lieu celui qui lescript: nest mie pour
ce non prouffitablement traicte lobscure
de ceste sentence, car se nous nauons peu
encerchier la voulente de saucteur de ce li
ure: toutesfois nauons nous mie erre de
la riegle de la foy, laquelle est assez con
gneue aux loyaulx: cestassauoir aux cre
stiens par auttes sainctes escriptures de
pareille auctorite. Car et se les corporel
les euures de dieu sont cy ramēbrees sās
doubte, elles ont aucune similitude des
espirituelles selō laquelle similitude dist
sapostre. Certes vous tous estes filz de
lumiere et filz de iour: nous ne sommes
mie de nuit ne de tenebres, mais se celui q
lescript senti ce: cestassauoir ce que nous
auons dit, nostre intencion est venue a
plus parfaicte fin de disputacion, cestas
sauoir que lomme de dieu de si haulte et
diuine sapience, cest adire moyses qui es
cript le liure, mais qui plus est lesperit
de dieu par lui en ramembrāt les euures
de dieu: lesquelles it dist toutes estre par
faictes ou vi. iour. Il nest a croire en quel
q maniere auoir trespasse les anges soit
ou commencement: cest adire, car premie
rement les a fais, ou au commencement
cest adire, car il les a fais en la parolle:
cestassauoir le seul filz de dieu, laquelle
chose est entendue plus conuenablement
comme soit escript. au cōmencement dieu
fist le ciel et la terre. par lesquelz noms
cestassauoir de ciel et de terre: toute crea
ture est signifiee ou lespirituelle: cestassa
uoir par le ciel, et la corporelle, cestassa

uoir par la terre, laquelle chose est plus
creable: ou les deux grandes parties du
monde esquelles sont cōtenues toutes les
choses qui sont crees, a ce quil la proposast premierement toute: et puis poursui
uist ses parties selon le nombre mistique
des iours

¶ De ce que aucuns cuident en la condi/
cion ou creation du firmament les āges
estre signifiez par le nom des eaues diui
sees, et que aucuns cuident les eaues nō
estre crees. xxxiiii.

Ia soit ce que aucuns aient cuide les
peuples des anges estre aucunemēt
signifiez par le nom des eaues, et estre ce
qui est dit, le firmament soit fait entre
leaue et leaue, a ce que sus le firmamēt
les anges soient entendus et dedens le
firmament ou ces eaues visibles, ou la
multitude des mauuais anges, ou les
gens de tous hommes: cest adire toutes
manieres de gens. Et sil est ainsi il nap
pert mie illec ou les anges furent fais,
mais ou ilz sont diuisez: combien que au
cuns npent les eaues estre faictes, de dieu
pource quil nest escrit en quelq part, dieu
dit les eaues soient faictes, laquelle cho
se est de tresperuerse et mauuaise vani
te: comme par semblable vanite ilz puis
sent ainsi dire de la terre, car il nest leu
quelque part dieu dit la terre soit faicte
mais dient quil est escript, Ou commen
cement dieu fist le ciel et la terre. ¶ Illec
doncques esta entendre leaue, certes lun
est comprins par vng mesmes nom, car
sicomme il est leu ou psaultier. La mer
est a icelui sienne: et il la faicte: a ses mais
ont forme la terre. mais ceulx qui par le
nom des eaues q sont sur les cieulx veu
lent estre entēdus les anges: sont meuz
par le poix ou proportions des elemens
et pour ce ilz ne cuidēt mie la nature des
eaues decourant a pesant auoir peu estre
establie es plus haulz lieux du monde,
lesquelz silz eussent peu faire homme se

son seurs raisons, ilz ne lui eussent pas mis ou chief pituitain qui est dit en grec fleime, et qui ainsi comme es elemens de nostre corps tient le lieu des eaues, car illec: cest a dire ou chief est le lieu du fleime tresconuenablement mis selon leuure de dieu. Mais selon la coiecture de ceulx cy: si horriblement et si folement q̃ se nous ne le sceussions: et il fust semblablement escript en ce liure que dieu eust ou ait mis lumeur decourant et froide et par ce pesant: la plushaulte partie de tous ses aultres parties de corps humain, ces balanceurs des elemens ne se croient mie. Et silz estoient subiectz a lauctorite de celle escripture, ilz iugeroient q̃ de celle seroit aucune autre chose entendue. mais pour ce que se nous voulons enchercier et traicter diligemment toutes les choses qui sont escriptes en ce liure diuin de la constitucion ou creation du monde: cest a dire de genesis, il nous fauldroit dire moult de choses et aler loing du propos de lordonnance de ceste euure: selon ce que nous auons ordonne a y proceder, nous auons orendroit tant quil semble estre assez dispute de ces deux compaignies dages diuerses entre eulx et contraires. Esquelles sont aucunes commencemés des deux citez mesmes es choses humaines: des ql̃les iay propose dire apres. Et pour ce nous voulons clorre ce liure: et y mettre fin aucunement quant a present

Ey fine le .xi. liure de la cite de dieu.

Cy cōmencent les rubriches du pii. liure de monseigneur sainct Augustin de la cite de dieu, qui ẽtient xxvii chapitres.

De une nature des bons anges, et des mauuais. Chapitre premier.

Que nulle essence nest contraire a dieu, car de luy qui souuerainement et tousiours est: ce qui nest mie: semble en tout estre diuers. ii.

Des ennemis de dieu: non mie par nature, mais par contraire voulente: laqlle quant elle leur nuist, nuist aussi a la nature bonne, car vice se il ne nuist: nest mie. iii.

De la nature des choses non raisonnables, ou qui nont point de vie: laquelle en sa maniere et en son ordre ne se discorde mie: ou est different de la beaulte de luniuersite. iiii.

Que en lespece et maniere de toutes natures, le createur soit a louer. v.

Qui soit la cause de la beneurte des bōs anges, et qui soit la cause de la meschance des mauuais. vi.

Que la cause efficient de mauuaise voulente nest point a demander ou a requerre. vii.

De la puerse amour: p laquelle voulente deffault ou se desiste du bien incomuable au bien muable, ou le laisse pour ledit bien muable viii

Se les sains ont celui mesmes aucteur de leur bonne voulente lequel ilz ont createur de leur nature: ou se ilz tiennent qlz le ayent p charite espandue en eulz p le sainct esperit. ix.

De la faulsete de listoire: laquelle afferme ou maintient plusieurs milliers de ans aux temps passez x.

⸿ De ceulx qui ne cuident mie ce monde pdurable, mais cuident estre plusieurs mondes sans nombre, ou ung mesmes monde naistre et finer tousiours p certaine conclusion de siecles. pi.

⸿ Quelle chose est a respondre a ceulx qui causent ou arguent: la premiere creation de homme estre si tardiue pii.

⸿ De la reuolucion des siecles, lesquelz conclus et passez en certaine fin: aucuns philozophes ont creu toutes choses retourner en unes mesmes ordre et en une mesmes espece. piii.

⸿ De la creation temporelle de humain lignaige, laquelle dieu a establye: non mie par nouueau conseil: ne par muable voulente. piiii.

⸿ Se ainsi comme dieu est entendu toudis auoir este, et tousiours auoir este seigneur. Il soit a croire quil ne fust oncques quil ne fust aucune creature sur laquelle il eust seignourie ou domination, et coment soit dit: la chose tousiours cree: laquelle ne peut estre dicte coeternelle ou pardurable. pv.

⸿ Comment est a entendre vie pardurable promise a homme: auant les temps pardurables. pvi.

⸿ Quelle chose la vraye et saine deffende de simuable conseil ou voulente, cest assauoir de dieu: contre les raisons de ceulx qui les euures repetees de pardurablete: veulent tousiours retourner par ung mesmes circuite ou retournement de siecles. pvii.

⸿ Contre ceulx qui dient que les choses qui sont infinies ne peuent estre comprises par homme: ne par la science de dieu. pviii.

⸿ Des siecles des siecles. pix.

⸿ De la desleaulte de ceulx qui afferment les ames paticipans de la souueraine et vraye beneurte: retourner et reuenir, et de rechief par circuites et retournemens de temps: a unes mesmes maleurtez et labours. px.

⸿ De la creation de ung seul premier home, et de la creation de humain lignaige en icelui. pxi.

⸿ Que dieu ait auant sceu que lomme lequel il crea premierement: pecheroit, et ensemble ait auant veu et aduise com grant peuple du lignaige dicelui il translateroit par sa grace: en la compaignie des anges. pxii.

⸿ De la nature humaine, et de lame cree a lymaige de dieu. pxiii.

⸿ Assauoir se les anges peuent estre dis createurs dune ou trespetite creature. pxiiii.

⸿ Toute nature et toute espece de toute creature, non estre formee ou faicte: fors par seuure de dieu. pxv.

⸿ De lopinion de ceulx qui ensuiuirent ce philozophe Platon: qui cuiderent les anges estre crees de dieu, mais ilz cuiderent Iceulx anges estre createurs des corps humains. pxvi.

⸿ Que ou premier homme fut ne toute la plente ou plenitude de creature humaine. En laquelle il print et apperceut laquelle partie seroit a honourer de louer, et laquelle deuoit estre dannee a tourment. pxvii.

Ce chapitre est par maniere de prologue iusques ou il dist. Ce nest mie chose conuenable: ou le premier chapitre commence.

Incois que ie dye de linstitucion de lôme ou il sera demonstre la naissance des deux citez tant côme il touche z appartient aux creatures raisonnables mortelles/si côme ou liure precedent il a este demonstre es anges/p lesquelles tant côme nous pourons sera prouue: comment aux hômes et aux anges/ compaignie ne soit mie dicte estre desconuenable ne mal seant/a ce que quatre citez/cest adire quatre compaignies ne soiêt mie dictes estre ordonnees Cestassauoir deux des anges: et deux des hômes Mais qui plus est deux:cestassauoir vne aux bons:lautre aux mauuais Non mie seulement aux anges: mais aux hommes.

Declaration de ce liure.

Lintencion principal de monseigneur saint augustin en ce pñt.liure est de parler de la creation du premier homme: ou ql sont neez deux citez en humain lignaige. lune bonne. lautre mauuaise/ Et suppose q ce ne soit pas selon leuidence de la chose/ toutessois le sont elles selon la prescience de dieu.

¶ De la nature des bons anges/ et des mauuais Chapitre premier.

Ce nest mie chose conuenable de doubter les appetis et desirs des bons anges et des mauuais auoir este entre eulz contraires: non mie p natures et commencemēt diuers cōme dieu bon auctent et faiseur de toutes substāces ait cree les ungz et les autres. mais p leurs voulētez et couuoitises: quant les ungz se tiennent fermement et demeurent au bien cōmun a tous/ lequel bien icelui dieu leur est et en sa pourablete verite t charite de lui. Les autres en eulx plus delitant en leur puissance. ainsi cōme se a soy ilz fussent leur bien du souuerain bien sainctifie de tous: coururent a leurs desirs accomplir, et en aiant en eulz esleuemēt dorgueil pour tresexcellente pdurablete ou oultrecuidance ou folle hardiesse de vanite, pour trescertaine verite quilz deuoient ensuiuir et imiter et pour singuliere charite/ ilz furent fais orgueilleux deceueurs t enuieux. Doncques la cause de la beneurte de ceulz la, cest a dire des bōs est soy aherdre et aioindre a dieu Et au contraire: la cause de ceulx cy est a entendre soy non aherdre et adioindre a dieu. Pour laquelle chose: quant on demande pourquoy ceulx la sont beneurez. Len respont iustemēt se len dist q cest pource qlz sont adherens a dieu. Et quāt on demande pourquoy ceulx cy sont meschās. Len respont aussi droiturierement q cest pource qlz ne se sont pas adherez a dieu p vraie amour et charite. Nul nest bien de creature raisonable ou q ait entendemēt p seul elle soit beneuree: fors dieu. Et iasoit ce q toute creature ne soit t ne puisse mie estre beneuree: pour ce que ce don nacquierent mie/ ne neprēdent bestes bois. pierres ne chose q est de telle maniere. Toutessois les choses que creature peut/ elle ne les peut mie de soymesmes cōme elle soit cree de neāt. Mais elle peut de celui de qui elle est cree, car p icelui acquis elle est beneuree: p lequel pdu elle est meschāte. Mais celui qui non mie dautre bien, mais de soy mesmes est beneure: ne peut des fois estre meschant pource quil ne se peut pdre. Et pour ce nous disons quil nest bien incōmuable fors ung seul beneuret dieu. Car les choses lesquelles il a faictes nous disons estre bōnes pour ce quelles sont faictes: et toutessois les a il faictes muables ce qui nest mie de lui mais sont faictes de neant. Combien donc que les choses ne soient mie souueraines desquelles dieu est greigneur bien/ toutessois les choses muables bōnes sont grandes: lesquelles se peuent adioindre au bien immuable a ce quelles soient beneurees. lequel bien immuable est en telle maniere leur bien: que sans lui il soit necessite quelles soient meschantes. Ne en ceste vniuersite de creatures les autres choses ne sont mie meilleures pour ce quelles ne peuent estre meschantes. car len ne peut pas dire que les autres membres de nre corps soient meilleures q les yeulx/ pour ce que iceulx aultres membres ne peuent estre aueuglez/ mais ainsi cōme la nature sentāt ou qui a sens est meilleure quāt elle se deult: q nest la pierre qui en quelque maniere ne se peut douloir. Aussi nature raisōnable combiē quelle soit meschāte est plus haulte t plus noble q celle qui est priuee de raison ou de sens. et pour ce en lui ne chiet mie meschāte ou chetiuete. Et cōme il soit ainsi a ceste nature laquelle est cree en si grant excellence q iasoit ce quelle soit muable/ Toutessois en soy adherant au bien incōmuable. cest a dire au souuerain bien/ elle acqert beneurete Et icelle nature ne remplist mie sa souffrete ou deffaulte: se elle nest soymesmes du tout beueuree/

a icelle souffrete estre remplie n'est riens suffisant que dieu pour certain c'est vice c'est (assavoir) a ceste nature soy non adioindre a lui: c'est adire a dieu. Mais tout vice nuist a nature, et par ce tout vice est contre nature. Donc celle nature qui ne se conioint mie a dieu: n'est pas different a ceste qui si adioint par nature mais par vice, par lequel vice toutesfois celle nature est aussi demonstree moult grande et moult a louer. Car pour certain de la chose de laquelle se vice est blasme: la nature est loee, car c'est droitement le blasme du vice ce que par lui est deshonouree ou blasmee la nature qui fait a louer. Donc ainsi comme le vice des yeulx est dit deffaulte de veue quand l'en demonstre, car a la nature des yeulx appartient la veue. Et quant le vice des oreilles est dit sourdesse ou deffaulte de ouyr: l'en demonstre que a la nature des oreilles appartient ouyr. Ainsi quant le vice de la creature angelique ou d'ange est dit ce qu'elle ne se conioint mie a dieu: l'en declaire par ce tresapertement que c'est convenable chose a sa nature qu'il se conioint a dieu. Toutesfois qui est celui qui puisse dignement penser ou dire combien grant louenge soit soy conioindre a ce qui soy unie en lui, ou sauourer par lui, ou se ssiouysse de luy et ait l'en fruicion de si grant bien sans mort, sans erreur, et sans moleste: pour lesquelles choses pource que tout vice nuist a nature. Il est assez manifeste par se vice des mauuais anges par lequel ilz ne se conioiuent mie a dieu, dieu auoir cree leur nature si bonne a laql non estre avec dieu soit chose nuisable.

Que nulle essence n'est contraire a dieu car de lui qui souverainement a toujours est, ce qui n'est mie semble en tout estre diuers. ii.

Ces choses soient dites a ce q aucun ne cuide quant nous parlons des anges regniez ou apostatz, eulx auoir eu pouoir d'auoir eu autre nature ou autre commencement: et que dieu n'a pas esté aucteur de leur nature. De la desfaulte de laquelle erreur de tant sera ung chascun plus deliurement a plus legierement hors, come il poura plus clerement entendre ce que dieu dist par l'ange quant il enuoyoit moyse aux enfans d'israel disant ainsi Je suis celui qui suis. Car comme dieu soit souveraine essence, c'est adire souverainement: et pource soit immuable. Il a donné estre aux choses lesquelles il a crees de neant, mais non mie estre souverainement sicome il est, et a donné estre aux unes plus: aux autres moins. Et ainsi a ordonné par degrez les natures des essences. Car ainsi come de ce qui est sauoir est apellé sapience, aussi de ce qui est estre est apellé essence, mais c'est par ung moyen nouuel du quel n'ont mie usé les anciens aucteurs de la parolle latine: mais maintenant il est tourné en usaige en nos temps. A ce que aussi ne deffaillist mie a nostre langue ce nom: lequel les grecz appellent usiam. Car ceste parolle est exprimee ou traicte de parolle, c'est adire de estre: a ce quelle fust dicte essence. Et par ce a celle nature laquelle est souveraine par laquelle faisant: sont toutes choses qui sont de nature n'est point certaine: fors celle qui n'est mie, car a ce qui est: est contraire non estre. Et pource a a dieu, c'est assauoir a la souveraine essence et aucteur de toutes essences quelconques que ce soient: nulle essence n'est contraire.

Des ennemis de dieu: non mie par nature mais par contraire voulente, laql se quant elle leur nuist, nuist aussi a la nature bonne, car vice se il ne nuist: n'est mie. iii.

Mais es escriptures ceulx sont dis ennemis de dieu lesquelz non mie par nature mais par vices contredient a son commandement, et qui n'ont pouoir de luy nuyre: mais a eulx. Ilz sont ennemis par voulente de resister, non mie par puissance de bleschier. Car certainement dieu le createur est immuable et du tout incorrumpable Et pource le vice par lequel resistent a dieu ceulx q̃ sont appellez ses ennemis: nest mie mal a dieu: mais a ceulx/ ne ce nest pour aultre chose fors pour ce que en eulx est corrompu le bien de nature. Nature doncques nest mie contraire a dieu: mais vice/ car ce q̃ est mauuais est contraire a bien Mais qui est celui qui nye dieu estre souuerainemẽt bon Vice donc est contraire a dieu; sicomme mal a bien Mais touteffois la nature laquelle se vice conchie: est bõne chose/ dont est vice en tout contraire a ceste bõne chose mais est contraire a dieu tant seulement cõme mal a bien/ mais a nature laquelle il conchie, il est contraire non mie tant seulement cõme mal: mais cõme nupsible Quelz merueilles: car a dieu ne sõt nupsibles aucũs maulx/ mais aux natures muables et corrumpables: lesquelles touteffois sont bõnes p̃ les tesmoingnaiges dicelux vices/ car selles nestoient bonnes: les vices ne leur pourroient nuire/ car q̃ leur sont ilz en nuisant fors tant quilz ostent lintegrite: la beaute: le salut: la vertu, et quelconque bien acoustume estre oste de nature ou diminue p̃ vice Lequel vice se il deffault du tout en riens diminuant du bien; il ne nuist point et par ce nest mie vice, car il ne peut estre vice et non nupre. Dont il sensuit que ia soit ce que vice ne puisse nupre au bien incommuable, touteffois ne peut il nupre fors a bien: pour ce q̃ nest fors ou il nuist Et ausi en ceste maniere peut ce estre dit: cestassauoir: vice donc nõ pouoir estre ou souuerain bien/ et non pouoir estre fors en aucun bien. Les biens doncques peuẽt estre seulx en aucũ lieu/ mais les maulx ne peuẽt estre seulx en quelq̃ lieu Et pour certain ces natures lesq̃lles p̃se cõmencemẽt de mauuaise voulente sont conchiees en tant quelles sont vicieuses: elles sont mauuaises/ mais en tãt quelles sont natures elles sont bonnes Et quãt nature vicieuse est en peines ou tourmẽt excepte ce quelle est nature: ecore est ce bõne chose en tant quelle nest mie impugnie: car sans doubte cest iuste chose. Sans doubte toute iuste chose est bõne/ ne certes aucun ne seuffre peines des vices naturelx: mais des voluntaires Car mesmes le vice sequel par coustume et par tresgrant poursuite ou cõtinuacion est afferme ainsi cõme sil fust venu naturellement: prist son cõmencemẽt a sa naissance mauuaise de voulente Mais nous parlons or endroit des vices de ceste nature: de laquelle la pensee est comprenable de lumiere entendible, p̃ laquelle la chose iuste est distinguee ou discernee de celle qui nest mie iuste.

(De la nature des choses non raisonnables ou qui nont point de vie, laquelle en sa maniere et en son ordre ne se descorde mie ou est different de la beaulte de luniuersite. iiii.

Apres: cest grant derrision, estimer et cuider les vices des bestes et des arbres et des autres choses muables et mortelles ou qui nont point dentendemẽt ou de sens, ou qui sont du tout priuees de vie, p̃ lesquelz leur nature dissoluble est corrompue estre dannables, cõme ces creatures ayent prins telle maniere par la voulente du createur, a ce q̃ en deffaillant et en succedant elles p̃facent en leur maniere la beaute des temps cy aual cõuenable et apptenãt a ces p̃ties du mõde Ne pour certain les choses terriennes ne stoient mie a cõparer aux choses celestiennes: ne pource quelles/ cestassauoir les celestiennes sont meilleurs/ cestes: cestassauoir les terriennes nont mie deu deffaillir a luniuersite. Comme doncques en lieux ou il conuenoit et appartenoit a faire telles choses et estre, les vnes deffaillãs: les autres naissent, et se submettent les moindres aux greigneures: a sõt les surmontees tournees es qualitez des surmontãs: cest lordre des choses passãs ou trespassans: de laq̃lle ordre la beaute ne no⁹ delite point pour ce, car p̃ la g̃dicion de nostre mortalite entremeslee a sa partie dicelle ordre ne pouons mie sentir, le couraige au quel assez conuenablement et bel saccordent ses petites pties qui nous empeschent. dont es choses esquelles nous sommes moins conuenables a ceste ordre considerer sa prouueance du faiseur nous est tresdroiturierement recommandee a estre sceue. a ce que par vanite de folle emprise humaine nous ne osions en aucune chose reprendre seuure de si grant ouurier. Ja soit ce et que les vices des choses terriennes non voluntaires non desseruans peine se nous y auisons saigement par celle mesmes raison recommandent icelles natures desquelles aucune nest en quelque maniere: de laquelle dieu ne soit aucteur et faiseur. car il nous desplaist estre tolsu p vice en eulz: ce qui plaist en nature se ce nest pource que icelles natures souuent desplaisent aux hommes quant elles leur sont faictes nupsibles, non mie en considerant icelles natures: mais en considerant leur prouffit. sicomme les bestes labondance desquelles abati lorgueil des egiptiens. Mais p ceste maniere peuent ilz blasmer le soleil: car aucuns pour leurs pechiez ou pource quilz ne payent pas ce quilz doiuent: sont commandez de iuges estre mis au soleil. Et par ce sa nature consideree de soymesmes non pas en ayant consideration a nostre prouffit ou dommaige: donne gloire a son ouurier. Et ainsi la nature du feu pardurable sans doubte est a louer. Ja soit ce quelle soit prine a auenir aux mauuais dannez. Car quelle chose est plus belle de feu flamboyat a pat vigueur ou force cuisat: Quelle chose est plus puffitable de lui: eschauffant, nettoiant. et cuisant. Ja soit ce que riens ne soit plus grief de lui quat il brusle et art. Ce mesmes feu donc autrement mis est mauuais. qui couenablement applique est trouue tresprouffitable. car q est celui en tout le monde q puisse declairer les puffis de lui. ne ceulx ne sont mie a ouyr qui louent ou feu la lumiere, mais

sui blasment la chaleur non mie de sa nature: mais pour leur prouffit et dommaige, car ilz le veulent veoir mais ilz ne se veulent mie sentir. Mais certes ilz auisent petitement celle mesmes lumiere qui leur plaist nuire aux yeulx malades p inconuenient; et en celle chaleur qui leur desplaist viure sainement an cues bestes par inconuenient.

¶ Que en lespace et maniere de toutes natures: le createur soit a louer. B

Doncques toutes choses pource qlz les sont: et pource ont leur maniere et espece a aucunement paix auec eulx pour certain elles sont: et quat elles sont la ou elles doiuent estre p sordre de nature. elles gardent leur estat tant quelles en ont pris: et les choses qui nont mie pris estre tousiours par lusaige a mouuement des choses p lesquelles elles sont submises a la loy du createur: en mieulx se muent ou en pis: tendans p la diuine prouidence en celle fin a pssue. Laquelle sa raison ordonee a gouuerner luniuersite enclost p telle maniere: que non mie si grande corruption comme celle qui maine a mort les natures muables et mortelles face qui estoit ainsi: non estre que de ce ne soit fait consequemment ce que deuoit estre. Et comme ces choses soient ainsi: dieu qui souuerainement est, et pour ce de lui est faicte toute essence: laquelle nest mie souueraineme't: car a lui ne deuroit mie estre pareille lessence laquelle seroit faicte de neāt, et laqlle ne pouroit aucuneme't estre selle nestoit faicte de lui. Icelui dieu nest point a blasmer p lempeschement daucuns vices: mais est a louer p la consideratiō de toutes natures.

¶ Qui soit la cause de la debonnairete des bōs anges: et q soit la cause de la meschance des mauuais. Bi

Pource la tresvraye cause de la beneurete des bons anges est trouuee telle. cestassauoir qlz furēt adherés a lui q souuerainement est. mais quāt len de mande ou requiert la cause de la meschāce des mauuais anges: celle vient a bon droit au deuant, cestassauoir q̄ eulz par tis de celui qui souuerainemēt est se sont trouuez a eulz mesmes: qui souuerainement ne sont mie Et ce vice quelle autre chose est il nōme que orgueil: Quel merueille: car cōmencement de tout pechie est orgueil. Ilz ne vouldrēt doncques a lui cest adire a dieu garder leur force, et eulz qui eussent este plusfois silz feussent adherens a celui qui souuerainemēt est, en eulz mettant auant lui: ont apporte ce q̄ moins est. Ceste p̄miere deffaulte et p̄miere souffrete et p̄mier Vice fut de celle nature. laquelle est cree en telle maniere. nō mie a ce quelle soit souuerainemēt Et touteffois a auoir beneurte elle peut vser et iouyr de celui qui souuerainemēt est. du quel elle est departie: non mie certes quelle fust nulle. mais touteffois q̄ se fust moins: et p ce fust faite meschant Et touteffois se len demande la cause efficient de ceste mauuaise Voulente: len ne treuue riens Quelle chose doncques est ce qui fait les Voulentez mauuaises. cōme ceste voulente face euure mauuaise: Et par ce la Voulente mauuaise est cause efficient de feuure mauuaise Mais la cause efficient de la mauuaise Voulente nest riens. car selle est aucune chose ou elle a aucune Voulente: ou elle ney a point Sel se a aucune Voulente pour certain ou elle est bonne ou elle est mauuaise. Se elle est bonne: qui est ce qui en telle maniere est rassote quil die que bonne Voulente face mauuaise Voulente. car sil est ainsi: bōne Voulente sera cause de pechie, de quoy riens plus abhominable ne peut estre cuide Mais se ceste chose que len cuide quelle face mauuaise Voulente: a aussi mauuaise Voulente. Je demande des maintenant qui a fait ces choses: Et par ce assis dauoir aucune maniere denquerir: ie demande quelle est la cause de la p̄miere Voulente. car la Voulente mauuaise nest mie premiere laquelle la Voulente mau

uaise a faicte: mais celle est premiere laquelle aucune Voulente na faicte, car se celle, a este auant. de laquelle est elle faicte. Celle est la p̄miere qui a faicte lautre Et se len respont que aucune chose ne lait faicte: et pource ait tousiours este. Je demande selle a este en aucune nature. car selle na este en aucune nature: elle na pas este en quelque maniere: mais selle a este en aucune nature: elle la conchioit et corrōpoit et lui estoit nuisable. et par ce elle la priuoit de bien. Et pour ce mauuaise Voulente ne pouoit estre en mauuaise nature, mais en bōne muable Touteffois a laquelle ce vice pouoit nuyre: car sil na point nuyt, certes ce na point este Vice, et p ce elle ne doit pas estre Vice dicte mauuaise Voulente Touteffois se elle a nuit en ostant et admenuisant le bien Il est certain quelle a nuit en tout et p tout. Doncq na peu estre mauuaise Voulente pourable en sa chose: en laquelle bien naturel auoit este auāt, lequel bien mauuaise Voulente peust oster par nuire. Et se elle ne estoit mie pourable Je demāde quil lait faicte. Il sensuit que len dye que celle chose ait fait la mauuaise Voulente, en laquelle na este aucune Voulente. Encore ie demande se celle chose, cestassauoir en laquelle nestoit aucune Voulente, et laquelle a fait la mauuaise Voulēte estoit plusgrant que celle mauuaise Voulente ou moindre: ou egalle: Et se elle estoit greigneur: elle estoit meilleur p tout Cōment doncques estoit elle de nulle Voulente: mais nō aincois estoit de bōne Voulente Et certes ce mesmes estoit elle se elle estoit egalle ou pareille, car deux choses tant cōme elles sont ensemble de bōne Voulente: lune ne fait point en lautre de mauuaise Voulente. Il sensuit doncques q̄ la chose moindre a laq̄lle nest aucune Voulēte: ait faicte la mauuaise Voulente de la nature dange. laq̄lle pecha p̄mier, mais aussi celle chose mesmes q̄ lconq̄ quelle est moindre ou plus basse iusques a la terre basse: sans doubte elle est bōne pour ce quelle est nature, et essence apar̃t sa maniere et son espece: en son genre et en son ordre. Comment doncques est chose bonne, cause efficient de voulente mauuaise: cestadire cõmẽt biẽ est cause de mal car quãt voulente se cõuertist aux choses basses laissie le souuerain: elle est faicte mauuaise: non mie que ce soit mauuais a quoy elle se conuertist/ mais pour ce q̃ celle conuersion est mauuaise, et pour ce la chose basse na mie fait la voulente mauuaise: mais celle mauuaise voulente, car elle est faicte a appeter mauuaisement et desordonneement la chose basse/ car se aucuns deux egalement esmeuz en courai ge et en corps voient la beaulte dun corps laquelle veue lun deux soit esmeu a en vser. lautre illicitement perseuere ferme en chaste voulente: quelle chose cuidons nous estre cause. que mauuaise voulente soit faicte en lun: et ne soit faicte en lautre quelle chose a faicte celle: cestadire la mau uaise voulente en celui ou en quoy elle est faicte: certes ce na mie fait celle beaulte de corps: car elle ne la mie faicte en to⁹ deux quant non pas despareillement elle sa pa rut et vint au deuant au regard de tous deux, et la char du regardant en est elle en cause: pourquoy non et de lautre: et le couraige pourquoy non: ne de lun ne de lau tre. car nous auons dit deuant que tous deux et de couraige et de corps estoient e⸗ galement esmeuz a la beaulte delle. ou dirons nous lun deulx auoir este tente p̃ persuasion: ou ammonnestemẽt du mau uais esperit ainsi comme a celle subiectiõ ou quelconque ammonnestement il se a corde non mie de sa propre voulente/ et ce suppose nous demandons quelle chose a en lui faict ce cõmandemẽt et ceste mau uaise voulente: laquelle il a adioustee a cesui qui lammonnestoit mauuaisement mais a ce que nous ostiõs cest empesche ment de ceste question/ se tous deux sont tentez dune mesmes tentation: et lun y re siste: ou sen departe, et lautre sy consente Et lautre. cest assauoir celui qui resiste p̃

seuere que appert il autre chose: fors que lun nõ vouloir faillir de chastete, et par ce apert que ce ne vient fors de propre vou lente/ la ou vne mesmes affection et de corps ⁊ de couraige auoit estee en lun ⁊ en lautre: vne mesmes beaulte ensemble ve ue aux yeulx de tous deux, Et a tous deux ensemble: sembati et vint tentaciõ sensuelle. Doncques a ceulx qui veulẽt sauoir quelle chose ait fait sa propre vou lente mauuaise en lun deulz: sil y aduie sent bien: riens ne leur empesche ou diet au deuant qui leur empesche a le sauoir car se nous disons quil mesmes sa se soit faicte: quelle chose estoit il auãt sa mau uaise voulente: fors que bonne nature/ de laquelle dieu est aucteur: qui est bien incommuable. Doncques cellui qui dist celui qui consenti a tel ammonnestemẽt et tentaciõ a vser illicitement du beau corps: auquel lautre ne se consenti mie: le quel corps se presenta a estre veu ensem ble a tous deux auant celle vision et ten tacion, tous deux fussent semblables en couraige et en corps, auoir fait a soy mes mes sa voulente mauuaise: qui en tout et par tout estoit bon auant sa mauuai se voulente. Demande celui qui ce dist pourquoy il lait fait: ou pour ce quelle est nature: ou pource quelle est faicte de neãt et il trouuera sa mauuaise voulente cõ mencier non mie de ce q̃ nature est. mais de ce que nature est faicte de neant Car se nature est cause de mauuaise voulen te: quelle autre chose sommes nous con trains a dire: fors mal estre fait de bien: Et se mauuaise voulente est faicte de na ture bonne: que bien est cause de mal: La quelle chose dont peut ce estre fait de bien Et se mauuaise voulente est faicte de na ture bonne: que bien est cause de mal: La quelle chose dont peut ce estre fait que na ture bõne: iasoit ce quelle soit muable: sa ce aucune chose de mal: aincois quelle ait mauuaise voulente.

¶ Que la cause efficient de mauuaise

Voulente/ nest point a demander ou a requerre. ⁋vii.

Ne demande doncques aucun la cause efficient de mauuaise voulente: car elle nest mie efficient: mais deffaillāt/ car defaillir ou decliner de ce qui souerainement est a ce que mois est: cest commencer auoir mauuaise voulente/ mais vouloir trouuer les causes de ces deffaultes: comme elles ne soient mie efficientes mais deffaillans sicomme iay dit/cest telle chose comme se aucun vueille veoir tenebres: et oyr silence/ laquelle chose touteffois et lune et lautre nous est cogneue non mie lun fois par les yeulx/ et lautre fois par les oreilles/ non mie certes en espece: mais en priuatiō despece. Ne demāde donc aucun sauoir de moy ce que ie scay moy non sauoir/ se ce nest par auenture: a ce quil apregne non sauoir ce qui est a sauoir non pouoir estre sceu/ car les choses qui sont sceues: non mie en leur espece mais en la priuation dicelle/ sil peut estre dit/ sceu ou entendu aucunement que en non estre sceues elles sont sceues/ et que en les saichant: elles nous sont sceues: Car mesmes ou le tresferme regard de lueil corporel court par les especes corporelles: il voit aucune part tenebres: fors la ou il commence non veoir/ ainsi aux oreilles seulement: non mie a aucun autre sens appartient sentir silence/ laquelle touteffois nest sentue en aucune maniere: fors par non oyr. Aussi nostre pensee en entendant: regarde les especes entendibles/ mais ou elles deffaillent: elle les aprend et non saichant: car qui est celui q entent les pechiez ou delitz: ie scay ce cest assauoir q la nature de dieu ne peut deffaillir en quelque lieu: neē aucune part. Et si scay que les choses lesquelles sont faictes de neant: peuent deffaillir/ lesquelles touteffois ont causes efficiētes de tāt quelles sont mieulx: et quelles sont plus de biens/ car lors elles font aucunes choses/ mais en tant comme elles deffaillēt et par ce font maulx: elles ont causes deffaillans/ car ātelles choses sont elles lors fors vaines choses.

⁋ De la puerse amour par laquelle voulente deffault ou se depart du bien incommuable: pour le bien muable. ⁋viii.

Encore scay ie bien en quoy mauuaise voulente est faicte estre faicte en ce que selle ne vouloit/ elle ne seroit mie faicte/ et pource peine droituriere ensuit les deffaultz: non pas necessaires: mais les voluntaires/ car len deffault: non mie aux mauuaises choses: mais mauuaisement cest adire non mie aux mauuaises natures/ mais mauuaisement: pour ce que contre lordre des natures: len deffault de ce que souuerainement est a ce que mois est/ car lauarice nest mie le vice de lor/ mais de lomme qui aime peruersement lor: delaissee iustice/ laquelle sans comparaison doit estre mise auant lor. Ne luxure nest mie le vice des beaux corps et souefz: mais de lame qui aime peruersement les delectaciōs corporelles: attrempance despitee et mise arriere: par laquelle nous sōmes fais conuenables aux choses espirituellement plus belles: et sans corruption plʹ souefues. Ne vantance nest mie vice de louenge humaine: mais de lame peruersement amant estre louee des hommes en despitant le tesmoingnaige de consciēce. Ne orgueil nest mie le vice de celui qui donne puissance/ ne de celle mesmes puissance: mais de lame peruersement amāt sa puissance laquelle despite la plus iuste puissance du plus puissant. Et pour ce celui qui ayme peruersement le bien de quelconque nature/ iasoit ce quil acquiere ou quil lui aduiēgne: il est fait mauuais en bonne chose: et est fait meschāt p ce quil est priue de meilleur chose.

⁋ Se les sains anges ont celui mesmes aucteur de leur bonne voulente/ lequel ilz ont createur de leur nature: ou silz tiennent quilz sayent par charite espādue en eulx par le saint esperit.

Doncques cõme il ne soit aucune cau se efficiẽt naturelle, ou sil peut estre dit essencielle de mauuaise voulẽte: pour ce que delle commence le mal des esperitz muables, parquoy le bien de nature est diminuee ⁊ empiree: et ne fait telle voulente fors deffaulte par laquelle dieu est delaissie, de laquelle deffaulte la cause aussi deffault. Se nous disons aussi non estre aucune cause efficient de bonne voulente il est a prendre garde que nous ne creons que la bonne voulente des bons anges nait mie este faicte, mais quelle a este ensemble coeternelle: ou pardurable a dieu. Doncques comme ilz soient fais comment ne sera dicte celle bonne voulẽte estre faicte, mais par ce quelle est faicte: ie demande assauoir mon selle est faicte auec eulx, il nest mie doubte quelle est faicte de celui de qui ilz sont fais: et tantost comme ilz sont fais ensemble ilz adhererent a celui de qui ilz sont fais: par lamour auec laquelle ilz sont fais. Et par ce ne sont ceulx cy: cest adire les bons diuisez de la compaignie de ceulx la: cest a dire des mauuais: que ceulx cy demourerent en celle bonne voulente, et ceulx la en deffaillãt delle sont muez: cestassauoir p̃ mauuaise voulẽte p̃ ce q̃lz deffaillirẽt du bien duq̃l pour certain ilz neussẽt mie deffailli: silz neussẽt voulũz: mais se les bõs anges furẽt auãt sans bonne voulẽte, et la firent en eulx mesmes sans ce q̃ dieu y ouurast: doncques sont ilz meilleurs deulx mesmes: que fais de dieu, mais ia ne soit ce, car quelle chose estoiẽt ilz sans bonne voulente fors mauuais ou se pour ce ilz nestoient mie mauuais pource q̃ mauuaises voulentez nestoient point en eulx: car ilz nauoient mie deffailly delle: laquelle ilz nauoient mie encore prise. Certainement ilz nestoiẽt mie encore telz ne encore si bõs: que quant ilz commencerent estre auec bonne voulente Ou silz nõt peu eulx mesmes faire meilleurs que celui les a fais, duquel aucun ne fait riens mieulx, pour certain ilz ne

pouroient auoir la bonne voulente par laquelle ilz fussent meilleurs: se layde du createur ny ouuroit. Et quant la bonne voulente deulx a ce fait quilz se conuertissent: non mie a eulx mesmes qui mois estoient, mais a celui qui souuerainemẽt est en eulx, et adherans a lui, et par la participacion de lui fussent plus et beſquissent saigement et beneureusement, quelle autre chose est demonstree fors chascune bonne voulente auoir este souffreteuse a demourer en seul desir, se celui qui de neant auoit fait bonne nature comprenable de soy, en acomplissant de soy mesmes ne la feist meilleur en lexcitant et faisant autãt plus desirant, car nous auons a discuter se les bons anges ont en eulx bonne voulente: assauoir mon silz ont faicte par aucune voulente: ou y nulle voulente, se par nulle voulente: certes ilz nen ont point faicte, se par aucune: ou elle estoit mauuaise: ou elle estoit bõne, se elle estoit mauuaise: cõment a peu estre mauuaise voulente faiseresse de bonne voulente, selle estoit bõne: doncques le auoient ilz ia, et ceste cy qui lauoit faicte: fors celui qui les crea auec bõne voulente: cest adire auec lamour chaste, par laquelle ilz se adherassent en faisant a eulx nature, et en espandant sa grace, doncques nest il mie a croire les sains anges de dieu auoir oncques este sans bonne voulente: cest adire sans lamour de dieu. Mais ceulx cy: cestassauoir les mauuais anges, lesquelz comme ilz fussent creez bons: toutesfois sont mauuais par leur propre peruersect mauuaise voulente. Laquelle bonne nature ne fist mie, fors quant elle deffailly voluntairement de bien: a ce que bien ne soit mie dit cause de bien. Ceulx cy: cestassauoir les mauuais dessusditz ou ilz prindrent moindre grace de lamour diuine, que ceulx la qui en celle grace demourerent, ou se les ungz et les autres furent creez egallement bons, ceulx cy trebuchans par leur mauuaise voulẽte, ceulx

la plus amplement aidiez/ Uindret a cel
le presente de beneurete/ dont ilz furet fais
trescertains quilz ne cherroient iamais/
sicomme nous sauons ia traicte ou liure
precedent. Il est doncques a confesser en
remerciant et loant deuement le createur
quil nappartient pas seulement aux hõ
mes: mais que aussi peut il estre dit des
sains anges: que la charite de dieu soit es
pandue en eulx par le sainct esperit/ qui
leur est donne et ce qui est escript/ mais
est bonne chose moy aioindre a dieu/ que
ce nest mie le bien des hommes seulement
mais des anges premierement et princi
palement. Ce bien ont ceulx ausquelz il
est dit commun: et auec celui auquel ilz
adhererent et ont entre eulx saincte com
paignie: et sont une cite de dieu. Et est cel
le mesmes cite ung, mesmes vif sacrefice
de lui: et ung vif temple/ la partie de la
quelle il est a ioindre aux anges immor
telz est assemblee des hommes mortelz
et maintenant mortellement fait son pe
rinaige en terre/ ou se repose es secretz
lieux et sieges des ames: en ceulx qui ia
sont finez par mort, il est orendroit selon
ce que ie vois temps de dire comment elle
soit nee de dieu mesmes creant. ainsi com
me a este dit des anges. Certes lumain
lignaige prist son commencement dun hõ
me: lequel dieu fist premierement selon
le tesmoingnaige de la saincte escripture
laquelle et non pas sans cause merueil
leuse auctorite: en toutes terres et en tou
tes gens/ lesquelles entre les autres cho
ses vraies quelle a dit: elle auoit dit par
auant quilz croiroient en lui) Laissons
doncques les coniectures des hommes
qui ne seuent quelle chose ilz parlent
de la nature ou de linstitucion de lumain
lignaige. Car les autres ont cuide les
hommes tousiours auoir este sicomme
ilz ont creu du monde/ dont ce philozo
phe Apuleius quant il descript ce lignai
ge des choses qui ont ames: dist/ que
tous les hõmes sont singulierement mor
telz et touteffois sont ilz ppetuelz en li

gnaige uniuersel Et quant on leur de
mande, cestassauoir a ceulx qui dient
que les hommes ont tousiours este: se
lumain lignaige a tousiours este Com
ment peut dire leur histoire laquelle ra
conte qui furent les trouueurs de quel
conques choses qui furent les premieres
establisseurs des sciences liberaulx: et
des autres ars et sciences/ ou de quelz
gens celle region ou celle partie des ter
res/ ou celle isle commenca premieremet
a estre habitee. Ilz respondent et dient
que par le deluge par certain interual
les de temps nõ mie toutes choses mais
les plus des terres ont este gastees/ en
telle maniere/ que les hommes furent
ramenez a trespetit nombre, de la lignie
desquelz: la multitude de par auant a
este reparee comme deuant Et par ce di
ent les choses dessusdictes: en celle mes
mes maniere estre trouuees & instituees
ainsi comme les premieres Comme ces
choses soient plus restituees, lesquelles
par tresgrans degastemens auoient este
interrompues et estaintes Touteffois
dient ilz que homme ne peut estre en quel
que maniere se ce nest de homme Mais
ilz dient ce quilz cuident/ non mie ce qlz
seuent.

¶ De la faulsete de listoire, laquelle
afferme ou maintiet plusieurs milliers
dans ou temps passez. v.

Mais aussi les decoyuent unes tres
menterresses lettres/ lesquelles
ilz tesmoingnent contenir plusieurs mil
liers de ans en listoire des temps com
me par les sainctes lettres depuis linsti
tucion du monde nous ne comptions
mie encores six mille ans acomplys.
Et pource que ie ne dispute mie moult
de choses par quelle maniere soit debou
tee la vanite des lettres ou escriptures/
esquelles trop plus de milliers dans sõt

racontez, et que en icelles ne soit trouuee aucune auctorite de ceste chose. Icelle epistre du grant alipandre laqlle il escript a olimpiade sa mere qui lui faisoit a sauoir ce que ung prestre degipte lui auoit produit ou amene des lettres: desquelles seroient tenues pour sainctes entre eulx lesqlles otenoiēt les royaumes lesquelz aussi listoire grec que a congneues Esqlles lettres le royaume des assiries en cel le mesmes epistre de alipandre: epcedx ou est cinq cens ansauant, mais en listoire grecq il apres de mil et trois cens ans de la dñation de ce roy appelle Belus, leql icelui prestre degipte met roy au commencement de ce mesmes royaume des assiriens. Mais lempire des persois et des macedoniēs iusques a icelui alipandre a q il parloit: il establp de plus que de viii mille ans. Combien que quāt aux grecz soiēt trouuez quatre cens et quatre vigtz ans des macedones iusques a la mort dalipandre. Et deux cens et xxxiiii. ãs soient comptez des perses: iusques a ce que la victoire dicelui alix audre fust finie, et ainsi les nombres de ces ans: sont loing moindres des ans dis: par ledit prestre degipte: qui ne, seroient mie egaulx a eulx et fussent comptez trois fois autant. car ceulx degipte sont tesmoingz auoir eu ix dis si briefz ans quilz fussent finez: cest assauoir chascun an p quatre moies: dont sanp plus plain et plus vray: leql est maintenant et a nous et a eulx: cōtenoit trois de leurs ans anciens. Mais certes ainsi comme iay dit encores ne se accorde mie listoire grecque a celle dethiope: ou nombre des ãs dessusdis: et pource est mieulx soy a adiouster a listoire grecque, quant elle ne epcede mie la verite des ans contenus en noz lettres & escriptures: lesquelles vraiement sont sainctes. Mais se celle epistre dalipandre: laquelle est si gran demēt venue a congnoissāce: erre moult es espaces des temps de la prouuable foy des choses: de combien est il moins a croire a celles lettres ou escriptures ainsi cõe

pleines de anciennes fables, lesquelles ilz ont voulu amener contre lauctorite des trescongneuz et diuins liures Laql se auctorite auoit deuant dit que tout le monde deuoit croire a elle et a laquelle tout le monde a creu sicōme il a este dit delle par auant. Laquelle aussi par les choses lesquelles a parauant denoncees cōme par si grant verite elles soient acōplyes: demonstre soy auoir raconte les choses passees estre vrayes.

⸿ Epposition de ce chapitre.

En ce dixiesme chapitre de ce douzies me liure, pour ce que es autres ne chiet point dexposition: quāt mōseigneur sainct augustin parle de Apuleyus il est a entendre que cest en son liure quil fist de deo socratis Et met cy monseigneur sainct Augustin les motz de cest apuleyus. De rechief qñt il dist apres: que leurs mensongieres lettres les decouurent, par lesquelles ilz demonstrent par leurs histoires les temps passez contenir moult de milliers de ans Il est assauoir que auec ce que monseigneur sainct augustin recite cy et allegue de lepistre enuoyee p alipandre a olimpias sa mere Encore se treuue il ou liure de platon qui est nomme In thimeo: que solon qui fut ung des aucteurs des sept saiges de Rōme et des plus notables fut introduit des prestres degypte que vne cite qui estoit appellee sape, laquelle auoit este fondee mil ans apres athenes, auoit dure par lespace de viii. mil ans. En ceste cite de sape ou sap que: regna premierement Amasis, et fist et ordonna en celle cite: loix, par lesquelles elle se gouuernoit qui sapelloient les loix sapques, ainsi cōme les francois eurent la loy salique dont nous auōs parle cy dessus en parlant de la loy vaconia Et est dit in thimeo en ce lieu mesmes, q en parlant et racontant du nombre des ans et du cōmencement des temps, quil y eut ung egiptien q dist a ce solon telles parolles. O dist il grecz: Vous estes tousiours enfans et comme se on lui demandast pourquoy cestoit il respondi que ce stoit pour ce quilz nauoient quelconque science anciēne ne ne seur souuenoit que des choses nouuelles. Et le preuue par listoire de pheton filz du soleil. qui commenca a mener et gouuerner les chars de son pere: qui par ce quil ne les sceut mener ardi tout le monde: ou au moins partie, laquelle chose les grecz tenoiēt a vne fable: et il demonstre que cest vraie histoire et comment ce fut chose naturelle.

⸿ De ceulx qui ne cuident mie ce monde pardurable, mais cuident ou plusieurs mondes sans nombre: ou vng mesmes monde naistre et finer tousiours par certaine conclusion de siecles.

pi.

Mais les autres qui ne cuident mie ce monde pardurable: ou ne le cuident mie seul, mais cuident estre mōdes sans nombre, ou le cuident seul, mais se cuident seul naistre et faillir par certaines interualles de siecles sans nombre, Il est chose necessaire que ceulz cy confessent le lignaige des hommes auoir este premierement sans hommes qui les aiēt engendrez: car ceulx cy ne peuent mie cuider que le monde peri ou deffailly: aucune chose des hommes soit laissee ou mōde. Mais ainsi comme ilz cuident le mōde renaistre de sa matiere: aussi cuident ilz en celui mōde lumain lignaige renaistre des elemens dicelui monde, et apres de la en auant des parens: cest adire des peres et des meres: croistre et multiplier la lignie des hommes mortelz: ainsi cōme des autres bestes.

⸿ Quelle chose est a respōdre a ceulx q causent ou accusent la premiere creation de homme estre si tardiue. pii.

Certes ce q nous auōs respōdu quāt nous demeniōs la qstion de la naissāce du mōde: a ceulx q ne veulēt mie croire le mōde tousiours auoir este: mais auoir cōmence estre: sicōme mesmes ce philosophe platon le cōfesse tresappertemēt iasoit ce que aucuns aient creu lui auoir sentu contre ce ql parle. Ce mesmes aussi ap ie respondu de la premiere condicion ou creation dhōme pour ceulx q sēblablemēt sōt meuz: pourquoy hōme ne fu creez par temps infinis et passez et sans nombre. et pourquoy il fut si retarde cōme ces saictes lettres. il soit trouue. que depuis quil commenca estre. il ait moins de six mille ans. Car se la brieftte du tempf les courrouce: pour ce ql seur semble qt ait si pou de ans: depuis q selon noz liures et noz auctoritez lēn lit q lōme a este institue ou premieremēt cree, considere que riē nest long: ou il a aucun bout ou aucune fin, sont non mie petites. mais quasi nulles sont cōparees a pardurablete sās terme. Et par ce non mie cinq mille ou six mille. mais certes sx. mille. ou vi. cens mille. ou sx. fois sx. mille. ou vi. fois vi.cens mil ans fussent menez et passez ou tant de fois p autāt de fois fust multipliee celle sōme. iusqs la ou nous neussiōs aucun nom de nōbre: cest adire q sa sōme des ans fust si grāde: qlle ne puist estre nōbre depuis q dieu fist hōme. Lēn pourroit demāder semblablement pourquoy il ne fust cree ou fait auāt. Quelz merueilles: car de sa creation de hōme: sa cessacion de dieu pauant pardurable sās cōmencement est si grāde: que se a elle est comparee quelque grant qtite de nōbre de temps: laquelle ne puist estre recordee ne demōstree par parolles: toutessois est terminee et concluse en la fin de certaine espace. Tel nōbre de tēps ne doit mie au moins sembler si grant cōme se nous cō paronsvne trespetite goutte de humeur ou deaue a toute la mer tant grāde cōme elle court en enuironnant occidēt, pour ce q de ces deux choses: cest adire de la goute et de toute la mer. lune pareist petite: et lautre sans comparaison grande. mais lune et lautre est finee: cest adire a fin,

b.iii.

Mais comparer celle espace de temps laquelle vient daucun commencement ⁊ est constrainte daucū terme p̄ quelque grandeur quil soit estendu a ce qui na point de commencement: ie ne scay selle est a estre deputee et tenue pour tres petite, ⁊ aīcois pour nulle. car a celle espace de temps laquelle a aucun commencemēt:len detrait ou oste de la fin:aucūs tresbriefz momēs lun apres lautre. Le nombre de celle espace de temps descroissant ou apetissant:ia soit ce quil soit si grāt quil ne treuue poīt de nom):cest adire quil ne se puist nomb̄er a certain/celle detraction en retournāt arriere sera ramenee aucunesfois au commencement. Mais se lespace de tēps laquelle na eu aucun cōmencement sont detraitz et ostez en retournāt arriere lun apres lautre, ie ne di mie petis moins ou quantitez/ou de heures/ou de iours/ou de mois/ou de ans/mais certes si grans espaces com̄ grandes comp̄rēt celle som̄me de ans/laquelle ia ne peut estre nom̄bree ne ditte ne nombree de quelques contēurs:et laquelle touteffois petit a petit par detraction de mois est gastee. Et de celle espace de temps:cest assauoir laquelle na eu aucun commencement:soient detrais et ostees icelles tant grandes espaces de tēps:non mie vne fois et de rechief et souent, mais tousiours que fait on q̄ besoingne on/quant iamais on ne vient au commencemēt:lequel du tout est nul Et pour ce que nous demandons maintenant apres v̄. mille anseet ce qui est oultre, pourroiēt requerir et demāder ceulx qui sont a venir apres vi. cens mille ans p̄ celle mesmes curiosite/se ceste vie mortelle des hommes:en naissant et deffaillant et la fole esfermete des gens duroit et perseueroit tant. Aussi peuēt mouuoir ceste question, les hommes qui es nouueaux temps furent creez auant nous, ⁊ aussi icelui premier homme:cest assauoir Adam ou tiers iour apres:ou ce mesmes iour depuis q̄l fut fait:peut enquerir pour quoy il ne fut auant fait ⁊ en quelq̄ tēps

quil eust este auant fait/pour certain ceste controuersie ou question du commencement des choses:ne trouueroit autres forces pour lors autres maintenant ou autres apres.

¶Exposition sur ce chapitre.

En ce douziesme chapitre quant monseigneur saint augustin dit que platon le confesse tres appertement:cest en son liure qui sappelle in thymeo.

¶De la reuolution des siecles lesquelz conclus et passez en certaine fin/aucuns philozophes ōt creu toutes choses retourner en vne mesmes ordre/et en vne mesmes espece. p̄iii.

Mais les philozophes de ce monde nō mie cuidoient p̄ autrement pouoir ou deuoir souldre ceste controuersie ou q̄stion:fors par ce quilz enduisissēt ⁊ meissent auant circuites. cest assauoir enuironnemens et retournemens de temps/par lesquelz affermassent vnes mesmes reuolutions de siecles/venans et alans, a uoir este tousiours renouuellez et repetez en la nature des choses. Ou fut que ou monde pmanent ces circuites fussēt fais ou que le monde par certains interuales naissant et faillant monstrast tousiours vnes mesmes choses, ainsi comme nouuelles lesquelles sont passees a venir, de laquelle mocquerie lame du tout immortelle soit quelle ait ia apperceu ou receu sapience/ilz peuent desuirer alant sans cessacion a fausse beneurete, et retournāt sans cessacion a vraie maleurete. Car vraiment est la beneurete vraie de la perdurablete, de laquelle on ne se confie point puis que lame tres folement/ou ne scet en verite maleurete a venir/ou elle a paour tresmaleureusemēt en beneurete. Ou se de ces maleuretez/elle va a beneurete sās iamais retourner a icelles. doncq̄s est faicte aucune chose de nouuel en temps laq̄lle na poīt fin de tēps/pourquoy donc q̄s ne la le monde/pourquoy aussi ne la fait homme au monde: affin que ceulx ie ne scay q̃lz faulx circuites trouuez de faulx et saiges deceuans soient eschieuez par le sentier de droite voie en saine doctrine car aucuns pour ces circuites ramenans en vnes mesmes choses rappellans toutes choses en elles mesmes/ veult estre entendu dit ce qui est leu ou liure de salomon: qui est appelle ecclesiastes: cest assauoir ce qui sensuit Quelle chose est ce qui a este ce qui sera: et quest ce q̃ a este fait ce qui ser a fait. et nest riens nouuel dessoubz le soleil. Qui est celui q̃ puisse a dist Ceste chose est nouuelle. elle a ia este es siecles: q̃ ont este auāt nous. laq̃lle chose est assauoir ce q̃ est dit p̃ salomon, il dist et entēdit: ou de telles choses desquelles il parloit p̃ auāt: Cest assauoir de generations dont les vnes sen vont et les autres viēnent de diuerses aires et cours du soleil. les cours des ruisseaux ou certes de maniere de toutes choses les q̃lles naissēt et deffaillēt car hōmes ont este auāt nous. et sōt auec nous: et serōt apres no⁹ Et pour ce choses q̃ ont ames ou arbres ou aussi mōstres q̃ naissēt et ne sont mye en vsaige iasoit ce q̃lz soiēt diuers entre eulx p̃ et q̃ aucūs deulx soiēt racōtez fais vne seule fois. toutessois selon ce q̃lz sōt generalemēt merueilleux et mōstres: ilz ont pour certain este et seront Ne ce nest mie fresche chose et nouuelle. que mōstre naisce soubz le soleil: iasoit ce q̃ aucuns aient entēdu les parolles deuāt dictes p̃ salomon ainsi cōme se le saige: cest adire salomon eust voulu estre entēdu toutes choses auoir ia este faictes en la p̃destination de dieu Et pour ce non estre riē nouuel soubz le soleil, mais ia nauiengne en celui q̃ a vraie foy et droituriere: q̃ nous croios par icelles parolles de salomō estre signifiez ces circuites ou retournemēs par lesquelz les philozophes dessusditz cuidēt telemēt estre repetez vnes mesmes reuolutions des tēps et des choses temporelles que par exemple: sicōme en ce siecle. ce philozophe platon en la cite dathenes et en lescolle qui est dicte achademique enseigna ses disciples que aussi par siecles sans nombre ia pieca passez par interualles moult poly. mais toutessois certain icelui mesmes platon: icelle mesmes cite. icelle mesmes escolle: et iceulx mesmes disciples. soiēt repetez q̃ apres p̃ siecles inumerables soiēt a estre repetez: cest adire quilz auoient este, et q̃ encores seroient ilz apres par la reuolution du temps. Ja nauiengne que ces choses nous croions. Car ihesucrist vne seule fois est mort pour nous et pour noz pechiez, mais lui ressuscite de mort plus ne meurt. et la mort oultre naura en lui q̃lq̃ seignourie. et no⁹ apres la resurrectiō serons tousiours auec nostre seigneur: a qui nous disons maintenāt ce que le p̃saulme dist. et nous ammonneste: cest assauoir ce qui sensuit. Sire tu nous garderas de ceste generation pardurablemēt mais ie cuide que ceste parolle qui sensuit appartient a ceulx cy: cest assauoir les felons vont en circuites. non mie que par les circuites ou retournemens: lesquelz ilz ymaginent leurs vies soient a retourner. Mais pour ce que la voie de leur erreur. cest adire de leur fausse doctrine est maintenant telle.

¶ De la creation temporelle de lumain lignaige: laquelle dieu a establie: nō mie par nouueau conseil ne par muable volente. xiiii.

Mais q̃lle merueille est ce, se les phylozophes dessusditz errans en ces circuites et reuolutions ne treuuēt entree ne yssue, qui sceuent lumain lignaige: et ne sceuēt en quel cōmencement ceste mortalite fut cōmencee/ ne par quelle fin elle sera close: cest adire quāt elle finera: quāt pour certain ilz ne peuēt attaindre la hautesse de dieu, car combien quil soit pardurable et sans commencement, toutessois a il commencie les temps daucun commencemēt. Et si a fait homme en temps

d.iiii

lequel il nauoit oncques fait par auant
non mie touteffois par nouuel et foudai
confeil. mais par immuable et pardura
ble confeil. Qui est cesui qui cesste haul
tesse laqsse ne peut estre encerchee ne trou
uee puisse encerchier et trouuer selon la
quelle haultesse dieu par immuable vou
lente fist en temps homme temporel auant
lequel oncques homme nauuit este, et a
multiplie le humain lignaige dun hom
me, quant pour certain ce pseaulme des
susdit eust mis auāt et dit. Sire tu nos
garderas de cesste generation pardurable
ment, et depuis eust referu et redargue
ceulx et la folle et dessouase doctrine, des
quelz aucune pardurablete de la desirua
ce et beneurete de lame nest garde en a
ioustant sans moyen ce qui sensuit: cest as
sauoir, les desloyaux sont en retournāt
ou en circuite: cest adire quilz sont etour
le pole et si ne peuent ou veulent venir a
la verite, ainsi comme se on sui deist.
Que crois tu doncques, quen sens tu,
quen entens tu, nest il mie a cuidier soul
dainement auoir peu a dieu faire home
lequel il neust oncques fait par auant en
pardurablete infinie. a qui: cest assauoir
a dieu riens ne peut auenir de nouuel: en
qui na riens immuable. Incontinent le
dit pseaulme respondi en parlant a dieu
en telle maniere. Selon ta haultesse tu
as multiplie les filz des hommes, sen
tent dist il les hommes ce quilz cuident
et croient ce quil leur plaist. et disputent
Tu as multiplie les filz des hommes
selon ta haultesse. laquelle aucun des
homes ne peut cōgnoistre: car cest moult
haulte chose et dieu toujours auoir este
et sui auoir voulu par aucuns temps faire p
mieremēt home: lequel il nauoit ocques
fait, et sui nō auoir mue cōseil ou voulen
te.

¶ Se aussi cōe dieu est etē du toujours
auoir este, et toudis auoir este seigneur,
il soit a croire ql ne fut ōcques ql ne fut au
cune creature sur laqsse il eust seignou

rie ou dominatiō. Et comment soit dit sa
chose toujours cree laqsse ne puet estre
ditte coeternelle ou pdurable   v̄

Certes alsi cōme ie nose dire nostre sei
gneur dieu aucunessois nō auoir es
te seigneur: aussi ne doy ie mie doubter hō
me oncques p auāt nō auoir este, et hōe
p aucun tēps este pmieremēt cree. Mais
quāt ie pēse se creature na toujours este,
de qlle chose et a toujours este seigneur
ie redoubte de ce affermer aucūe chose: car
ie regarde et auise moy mesmes et si me
souuiēt ql est escript. leql est cesui des hō
mes q peut sauoir se cōseil de dieu: a q por
ra pēser qlle chose dieu veusse. car les pē
sees des hōmes mortelz sōt paoureuses
et noz puidēces sōt icertaies. car le corps
q est corruptible aggrieue lame et sabita
ciō terriēne, deprime ou cōfut se sēs q pē
se plusieurs choses. De ces choses dōcqs
desqlles sen pēse plusieurs en cesste terriē
ne habitaciō, elles sont en tout et p tout
plusieurs: pour ce q lune laqlle ētre elles
ou hors delles, et laqlle p auenture ie ne
pēse mie: ne puis trouuer est vraie. Se ie
di toujours auoir este creature de laqlle
fust seigneur q toujours a este seigneur
ne oncqs ne fut ql ne fust seigneur: mais
maītenāt vne creature maītenāt vne au
tre, et p diuerses espaces de tēps a ce que
nous ne disōs mie aucūe creature estre ꝯ
pdurable au createur: ce q soy a saine rai
sō condēpne. Il est a prēdre garde q ce ne
soit chose folle et estrāge de la lumiere de
verite, dire creature mortelle toujours
auoir este p plusieurs fois ou espaces de
tēps, lune saillāt, lautre succedāt, et qlle
na cōmēcie a estre imortelle: fors quāt on
est venu a nostre siecle, cest adire depuis
la creation du mōde. Et quāt les anges
furēt crees si droiturierement: celle lumie
re pmieremēt saicte les signiffie, ou qui
plus est le ciel duql il est dit au cōmence
mēt dieu fist le ciel et la terre, combiē tou
touteffois que iceulx anges napent mie

este auant quilz fussent fais: affin q̃ silz sont dis tousiours auoir este immortelz que len ne croie mie quilz soient compar durables a dieu. Mais se ie dy les ages auoir este creez: non mie en temps, mais auant les temps, et iceulx auoir este ceulx desquelz dieu fust seigneur, on me demandera desia silz sont fais auant le temps Assauoir mon se ceulx qui sont fais ont peu tousiours estre, il semble par auenture que len peut icy respondre en ceste maniere. Comment nont ilz peu tousiours estre: quant ce qui est en tous temps soit dit conuenablement tousiours estre certes ces ages iusques a ce ont este en tous temps, pour ce que mesmes auant tous les temps ilz ont este fais. Et se les temps sont commenciez du ciel, et ia ilz estoient fais auant le ciel: ou se temps ne fut mie cest adire neust pas son commencement du ciel, mais auant le ciel, non mie certes es heures, es iours, ce mois et ces as car il est chose manifeste que ces mesures despaces temporelles: lesquelles acoustumeement & proprement sont dittes temps ont eu leur commencement du mouuement des estoilles. Dont comme dieu les establist il dist ce qui sensuit. Et soient: cest assauoir les estoiles en signes, et en temps et en iours, et en ans, mais fut le temps en aucun mouuement muable: duq̃l lun passe auant lautre apres pour ce quilz ne peuent estre ensemble. Se doncques auant le ciel fut aucune telle chose es mouemens des ages, et pour ce fut ia le temps et les anges des ce quilz furent fais, se mouuoient temporellement, ainsi certes ilz furent en tous temps, quant pour certaines les temps auec eulx furent fais, mais qui est celui qui die que ce qui en tous temps a este: na mie tousiors este, mais se ie respons cecy: on me dira comment doncq̃ ne sont les anges compardurables au createur se il et eulx ont tousiours este, que respondera on. a ce ne peut len pas dire en px: cest adire les anges qui sont fais auec le temps: ou auec lesquelz les temps

sont fais, tousiours auoir este, pour ce quilz ont este en tous temps, et toutesfois creez, car nous ne nyerons mie p ceulx temps auoir este creez: iasoit ce que nul ne doubte le temps auoir este en tous temps, car se le temps na mie este en to' temps doncques estoit il temps: quant l nestoit aucun temps, mais qui est sy tres fol: qui ce dye. Nous pouons doncques droituriereement dire que temps estoit quant romme nestoit mie, temps estoit quant abraham nestoit mie, temps estoit: quant homme nestoit mie, et ainsi des autres choses pareilles. Derrenierement se le monde est fait, non mie auec le commencement du temps, mais apres aucun temps, nous pouons dire que temps estoit: quant le monde nestoit mie, mais certes aussi desconuenablement disons nous que temps estoit: quant il nestoit aucun temps: comme se aucun disoit que homme estoit: quant homme nestoit mie ou que ce monde estoit: quant ce monde nestoit mie, mais sil est entendu dautre et dautre, il peut estre dit aucunement: cest assauoir ung autre homme estoit: quant cest homme nestoit mie. Ainsi doncques pouons nous droituriereement dire ung autre temps estoit: quãt cest temps nestoit mie. Mais qui est celui qui deist temps estoit: quant il nestoit aucun temps Doncques ainsi comme nous disons le temps cree, combien quil soit tousiours auoir este, pour ce que en tous temps le temps a este. aussi ne sensuit il mie que les anges pour ce ne soient creez silz ont tousiours este, a ce que len puist dire qlz aient tousiours este, pour ce que en tous temps ilz ont este, et quilz aient este en tous les temps, pour ce que sans eulx les temps nont peu estre en aucune maniere, car la ou aucune creature nest par les mouuemens muables de laquelle les temps soient menez, les temps ne peuent estre en quelconque maniere. Et par ce se les anges ont tousiours este: toutesfois sont ilz creez. Ne pour ce silz

ont touſiours eſte ne ſont ilz pas con-
pardurables au createur, car icelui crea
teur a touſiours eſte par pardurablete/
mais ces anges ſont fais Mais ilz ſont
dis touſiours auoir eſte, car ilz ont eſte
en tous temps: ſans leſquelz les temps
nont peu eſtre en aucune maniere Mais
le temps ne peut eſtre compardurable a
pardurablete immuable/pource que par
muablete il court τ paſſe Et p ce ſe lim-
mortalite des anges ne paſſe mie en teps
ne neſt paſſee: ainſi comme ſe elle ne ſoit
mie ne a aduenir. ainſi comme ſe elle ne
ſoit mie encores Touteſſois les mouue
mens deulz par leſquelz les temps ſont
menez paſſent de temps a venir en teps
paſſe: et pource ne peuent ilz eſtre compar
durables au createur, ou mouuemēt du
quel il neſt mie a dire ou ce auoir eſte q̄
ne ſoit mie ou ce eſtre a venir qui encores
neſt mie.) Pour laquelle choſe ſe noſtre
ſeigneur dieu a touſiours eſte ſeigneur/
il a toudiz eu creature ſeruant a ſa ſeig-
nourie Non mie touteſſois engendree de
ſoy: mais par lui faicte de neant Et nō
mie compardurable a lui Quelle mer-
ueille: car il eſtoit auant elle/jaſoit ce q̄l
ne fuſt en aucun temps ſans elle prece-
dent icelle creature Non mie par eſpace
courant τ muable mais par pdurablete
permanent et immuable. Mais ſe ie reſ-
pons ce a ceulx q̄ demandent comment
le createur a touſiours eſte ſeigneur/ ſe
creature ſeruant na mie toudiz eſte/ ou
ſe elle a toudis eſte comment elle eſt cree τ
non mie compardurable au createur Je
doubte q̄ ie ne ſoie iugie plus legieremēt
afferner ce que ie ne ſcay mie: que enſeig
nier ce que ie ſcay. Je retourne doncques
a ce que noſtre ſeigneur a voulu q̄ nous
en ſaichons Touteſſois ie confeſſe que
les choſes leſquelles il a laiſſe ſauoir en
ceſte vie aux plus ſaiges: ou leſquelles
il a garde et reſerue eſtre ſceues aux par
fais du tout en lautre vie: ſont telles q̄
mon entendement ne ſouffiſt mie a les co
prendre. mais pource q̄ iay cuide les cho

ſes deſſuſdictes eſtre traictees ſans affir
mation a ce que ceulx q̄ les fiſent Voi-
ent deſquelz perilz de queſtions ilz ſe doi
ent attremper et penſent qlz ne ſont mie
ſuffiſans a ſauoir toutes choſes: aincois
entendent cōment ilz doiuent obeir a la-
poſtre qui cōmāde ſainemēt la ou il diſt
Certes p ſa grace de dieu laquelle meſt
donnee Je dy a tous ceulx qui ſont entre
vous: non mie plus ſauoir quil conuiēt
ſauoir. mais ſauoir par attrempance ſi
cōme dieu a departy a vng chaſcū la me
ſure de la ſoy Car ſe lenfant eſt hourry
ſelon ſes ſorces. ceſt adire ſelon ce ql peut
ſouffrir: il aduiendra que en croiſſant il
ſaura plus Mais ſil ſurmonte ou exce-
de les ſorces de ſa capacite ceſt adire quil
vueille plus comprendre quil ne peut il
deffauldra auant quil croiſſe.

¶ Comment il eſt a entendre que vie p-
durable de dieu eſt promiſe a homme es
temps pardurables. pvi.

Ie confeſſe q̄ ie ne ſcay quelz ſiecles
ſoient paſſez aincois que lumain
lignaige fuſt eſtably. touteſuoies ie ne
doubte mie quil ſoit rien de creature qui
ſoit compardurable au createur. Lapo-
ſtre auſſi diſt Les temps pardurables τ
nō mie ceulx a venir. mais qui eſt plus
a merueillier ceulx qui ſont paſſez. car
il diſt ainſi. Mais en leſperance de la vie
pardurable laquelle dieu non mie men-
ſongier: promiſt auant les temps pardu
rables Il manifeſta ſa poſſe en ſes tēps
Veez cy quil dit que temps pdurables
ont eſte parauant: leſquelz touteſſois ne
ont mie eſte compdurables a dieu Cer-
tes non mie ſeulement il eſtoit auant les
temps pardurables: mais auſſi promiſt
il la vie pdurable laquelle il manifeſta
en ſes temps: ceſt adire es temps conue-
nables Laquelle vie pardurable: quelle
autre choſe eſt ce que ſa parolle certes ce
eſt la vie pardurable Mais comment la
promiſt il auant les temps pardurables

comme pour certain il fait promise aux hommes qui encore nestoient mie: fors pour ce que ce qui estoit aduenir en son temps estoit ia ferme par predestinacion en sa pardurableté de lui et en sa parolse comparduraBle a lui.

¶ Quelle chose la Sainte et saincte foy deffende de simmuable conseil ou voulente/cestassauoir de dieu contre les raisons de ceulx qui les euures repetees de pardurableté veulent tousiours retourner par vng mesmes circuites ou retournemens de siecles. xVii

Aussi ne doubte ie mie que oncques nauoit este hôme quelconques auant la creation du premier homme: ne icelui premier hôme par ie ne scay quelz circuites: ne par ie ne scay quantes fois estre retourne ne aucun autre semblable par nature auoir oncques este: aincois que icelui premier hôme fust cree. Ne les argumês des philozophes ne mesbahissent pôit de ceste foy: desqlz argumês len cuide celui estre tresagu quilz dient, que aucunes choses infinies, cest adire sans nombre: ne peuent estre comprinses par sciences. Et par ce ilz dient que dieu a en soy toutes les raisons finies: de toutes les choses finies quil a faites. Mais len ne doit mie croire que la Bonte de lui fust oncques vuide: ne que lopperation de lui soit temporelle, de laquelle operation la cessacion ait parauant este pardurable ainsi côme sil se soit repenty de la vaccation ou cessacion precedent sans côment de son euure. Et pource ait eprins le côment de so euure. Et pource ilz diêt quil est chose necessaire q vnes mesmes choses soient toudis repetees: et de transcourre tousiours vnes mesmes choses en repetant ou le monde demourant et estant muablement. Lequel iasoit ce que oncques il naist non este/touteffois est il fait et sans côment de temps ou par la naissance et default dicelui monde/par ces circuites et retournemens tou-

dis repetez et tousiours estre repetees: affin touteffois ce dient ilz q se les euures de dieu sont dictes aucuneffois premierremêt côuencees: que len ne croie mie lui auoir aucunement danne ou reprouue sa vaccation ou cessacion precedent sans commencement côme de nulle vaseur et paresceuse: et pource a lui desplaisant et par celui auoir mue celle cessacion cestassauoir dieu. Mais se len tesmoingne que dieu ait ouure et fait toudis les choses temporelles vnes et autres: et en faisant ainsi estre venu ainsi oucuneffois a faire hôme lequel il nauoit oncques fait par auant. Il ne semble mie quil ait fait les choses lesquelles il a faictes par la science par laquelle ilz cuident que quelques choses infinies ne puissent estre comprinses ou nombrees, mais par vne auentureuse inconstance ou instance ainsi côme a leure: sicôme il lui venoit en sa pensee. Touteffois ilz dient q se nous receuons ces circuites ou retournemens ou quilz soient confessez, par lesquelz circuites q aucuns apellent reuolucions vnes mesmes choses sont repetees: ou le monde demourant et estant, ou icelui monde ramenant ses naissances et deffaultes par vnes mesmes circuites. Ne lopsiuete paresceuse ou vaine mesmement de si longue demeure sans côment, ne la folle emprinse desprouuee de ses euures nest attribuee a dieu. Car se vnes mesmes choses ne sont repetes les choses varices par infinie diuersite ne peuent estre comprises par la prescience ou science de lui, cestassauoir de dieu. Se raison ne pouoit refuser, si deueroit soy mocquer cestes argumentacions, par lesquelles les mauuais felons destoyaux sefforcent de oster nostre simple pitie de la droite voye, affin que nous aillions auecques eulx en tournant et en faisant leur circuite. A ce vient que en layde de nostre seigneur dieu, raison manifeste despite ces circuites voulans et tournans. Car ces philozophes, cestassauoir ceulx q tiênêt ceste opinion a ce quilz pensent mieulx aser en faulz circuitez que en voye vraie et droite errent mesmement par ce quilz mesurēt de leur pensee humaine muable et estroite:sa pensee diuine immuable cō prenable de bonte infinie:nombrans toutes choses nō nombrables sās alternation de sa pensee Et est fait a ceulx ce que dist lapostre cestassauoir ceulx cy comparans cest adire faisans comparaison deulz mesmes a eulz mesmes ne sentendent mie car pource quilz sont par nouueau conseil tout ce qui leur vient en pensee a estre fait de nouuel Quel merueille car ilz ont pensees muables pour certain ilz comparent non mie dieu lequel ilz ne peuent penser/mais pensans eulz pour sui cestassauoir en lieu de sui comparent cestassauoir non mie sui:cest adire dieu/mais eulz mesmes nō mie a suy mais a eulz mesmes. Mais il nest mie licite a nous: croire q dieu soit autremēt demene quant il vaque ou cesse douurer et autremēt quant il euure Ne sen ne doit pas dire quil soit demene tellement ainsi cōme en la nature de sui soit faicte aucune chose laquelle nait mie este pauant Quelle merueille Celui qui est demene seuffre: et tout ce qui seuffre aucune chose:est muable. Ne soit doncques mie pensee parresse opseuse:ou chose de nulle valeur en sa vacation ou cessation de suy/ ainsi cōme en son euure ne labour efforcement ne industrie. Il scet en soy reposāt faire et ouurer: et en faisant et ouurant soy reposer Il peut mettre et adiouster a nouuelle euure conseil. non mie nouuel: mais pardurable Ne il na mie cōmence a faire ce quil nauoit mie fait : en soy repentant quil auoit cesse parauant Mais et se il a cesse parauant et ouure apres:la quelle chose ie ne scay en quelle maniere elle puisse estre entendue dhōme Sans doubte ce qui est dit auant et apres fut es choses non estans auāt:et es choses estās apres Mais autre voulente ensuiuāt na point mie ou oste en sui autre voulente

precedent. aincois par vne mesmes pardurable et immuable voulente: il a fait les choses lesquelles il a creees:a ce quelles ne fussent mie parauant tant cōme elles non mie este Et a ce quelles fussēt apres quāt elles ont cōmence a estre En demonstrant par ce merueilseusement p auenture a ceulx qui peuent veoir telles choses: quil nait mie eut mestier des choses cestassauoir desquelles il a faictes/ Mais les ait creez par sa debonnaire et voluntaire bonte comme il ait este sans elles/non mie en moindre beneurete pardurable:laquelle na point de commencement.

¶ De ceulx qui dient que les choses qui sont infinies ne peuent estre comprises par la science de dieu. pviii.

Mais ceste autre chose qlz dient, cest assauoir que les choses infinies ne peuent estre comprises par la sciēce de dieu il leur demeure tant quil conuient quilz osent dire et quilz se plaignent et mettent en ceste parfonde tempeste/ cest assauoir que dieu ne saiche mie tous nōbres Quelz merueilles:car il est trescertaine chose quilz sont infiniz car en quel que nombre ou tu cuideras mettre sui:icelui mesmes nombre cōm grant quil soit et quelque grant multitude quil contiengne peut estre creu Je ne dy mie par vng adiouste a sui:mais en la raison et science des nombres peut estre non mie seulement double mais aussi mesmes multiplie. Mais chascun nombre est tellement termine par ses pprietez: que aucū deulx ne pent estre pareil a quelconques autre Et donc sont ilz entre eulx dispareilz et diuers/et chascū p soy sont finiz:et tous sont infiniz Et ainsi dieu ne scet il pas tous nombres pour leur infinite et la science de dieu attait elle iusqz a vne certaine sōes de nōbres et ne scet poit les autres Qui est celui qui dye cecy sil nest hors du sens: Ne ceulx cy noseroient contenciēusement disputer des nombres et dire quilz nappartiennent mie a la science de dieu de les sauoir: enuers lesquelz ce philozophe platon recommande dieu par grant auctorite Lequel a forgie le nombre par nombres Et enuers nous on lisi estre dit a dieu Tu as ordonne toutes choses en mesures: en mesure et en nombre et en poidz Et duquel le prophete dist ainsi Qui met auant le siecle par nombre. Et nostre saulueur dist en leuangile Dos cheueulx dist il: sont tous nombres ou comptez. Ia nauiengne doncques que nous doubtons que tout nombre soit a lui congneu de lentendement ou intelligence/ du quel il nest point de nombre: sicomme il est chante ou psaultier Et ainsi iasoit ce quil ne soit aucun nombre de nombres infiniz: touteffois linfinite de nombre nest mie incomprenable a celui de lentendement duquel il nest point de nombre Et pour ce se quelque chose qui est comprise par science est finie ou a fin et ferme par la comprehencion de celui qui la scet/ pour certain toute infinite par vne maniere no mie quelle puist estre dicte ou declairee par parolle est finie a dieu Car la science de luy nest mie comprenable ou ne peut estre comprise par humain entendement. Pourquoy se linfinite des nombres ne peult estre infinie: La science de dieu/ par laquelle est comprise: nous qui finablement somes hommeles ou petis hommes qui a la science de lui presumons fichier terme a sentier disans. que se par vnes mesmes circuites et retournemens de temps vnes mesmes choses temporelles ne sot repetees que dieu ne peut par auant sauoir toutes les choses lesquelles il a faictes/ ou les sauoir quat il les ait faictes Duquel la sapience simplement multiplier en vne forme ou en plusieurs: comprent toutes les choses incomprenables par comprehencion si incomprable/ que sil bouloit tousiours faire quelconque choses nouuelles et celles de apres dissemblables a celles de deuant: Il ne les pourroit auoir desordonnees ou desprouueues

ne ne les pourroit veoir par auant ou a uiseroit de temps prouchain/ mais les contendroit par prescience pardurable.

¶ Exposition sur ce chapitre.

En ce dishuitiesme chapitre monseigneur sainct augustin dist q̄ platon recommande dieu/ de ce quil dist ql a forgie le monde et cree par nombres selon ce quil se treuue en ce liure de platon appelle In thimeo/ car la platon preuue que le monde est compose de trois elemens tant seulement: pla propriete qui se treuue en la proportion des nombres fermes et entiers.

¶ Des siecles des siecles. Cha. xix

La quelle chose ie nose determiner/ assauoir mon se dieu face ainsi: et que ceulx qui sont apellez les siecles des siecles: soient iointz et couplez par conexion a eulx continuee: courans et passans/ touteffois par autre et autre dissimilitude ordonnee a ceulx tant seulemēt qui sont deliurez de misere et qui demeurent sans fin en leur benoite immortalite Ou que les siecles soient ditz en telle maniere Les siecles des siecles: quilz soient entenduz siecles permanens ou des mourans par ferme establete en la sapience de dieu estans causes efficientes de ces siecles lesquelz passent auecques le temps Mais par auenture pourroit estre dit siecles: ceulx qui sont siecles/ a ce que riens autre chose ne soit dit siecle du siecle que les siecles des siecles/ si comme rien autre chose nest dit le ciel du ciel: que les cieulx des cieulx Car dieu appella ciel le firmament sur lequel les eaues sont, et touteffois le pseaulme dist Et les eaues dist il lesquelles sont sur les cieulx: souent le nom de nostre seigneur Doncques lequel que ce soit de ces deux ou sans ces deux aucūe autre chose puist estre entendue des siecles des siecles/

ceſt queſtion eſt treſpfonde Ne ce nempeſche point ce que nous demenons a pſent ſe ceſte queſtion eſt ce pendant deſſapee ſãs eſtre diſputee ou demenee: ſoit que nous puiſſons determiner ou diffinir aucune choſe en icelle/ou que icelluy meſmes traittie: plus diligent nous face plus auiſez/affin que en ſi grande obſcurte de choſes nous ne oſions ou empꝛenions follemẽt affermer aucune choſe Car a pꝛeſent nous diſputons contre loppinion par laquelle len afferme ces circuites et retournemens par leſquelz ceulx qui les croient cuident eſtre choſe neceſſaire. Unes meſmes choſes touſiours eſtre repetees par interualles ⁊ par eſpaces de temps Mais laquelle ce ſoit dicelles ſentences deſſuſdictes des ſiecles des ſiecles qui ſoit vꝛaye Il nen appartiẽt riens a ces circuites ⁊ retournemẽs Car ſe ces circuites et retournemens deſſuſdiz leſquelz ⁊ meſmement la vie pardurable des ſains reboute par eſpecial/ nont point de lieu: ſoit que les ſiecles des ſiecles ſoient non mie eulz meſmes repetez: mais courans et paſſans lun de lautre par treſordonnee oꝛdonnance en la treſcertaine beneurte permanent de ceulz qui ſont deliurez et ſauuez ſans aucun retour de maleurtez. Ou ſoit que les ſiecles des ſiecles ſoient pardurables: ainſi cõme ſeigneurs et ſeignouriſſans des ſiecles tempoꝛelz ſubiectz.

¶ De la deſloyaulte de ceulx qui afferment les ames participans de la ſouueraine et vꝛaye beneurte retourner et reuenir de rechief/et de rechief par circuites et retournemens de temps a Unes meſmes maleurtez et labours. xx.

Mais leſquelles oꝛeilles des feaulx et debonnaires pourront endurer et ſouffrir dire, que apres ceſte vie paſſee par tant et ſi grandes meſchances ſe touteſſois ceſte vie doye eſtre dicte vie/ laquelle eſt mieulx dicte moꝛt, et ſi griefue que la moꝛt laquelle deliure de ceſte cy eſt doubtee pour lamour de ceſte Et apꝛes ce que tant de grans maulz et pluſieurs et hoꝛribles maulx ſont purgiez finablement en aucuns temps et finis p̃ vꝛaye religion et ſapience, ainſi venir en la pſence de dieu et ainſi eſtre fait beneuree en la comtemplation de la lumiere incoꝛpoꝛee: par la participacion de limmoꝛtalite immuable de celui pour lamour de laquelle acquerir nous ardons en telle maniere touteſſois quil ſoit neceſſite que ceſte contemplacion ſoit laiſſee ⁊ perdue: et que ceulx qui la laiſſent ſoient deiettez de celle pardurable verite et feliciteꝫ, et mis et employez a moꝛtalite denſer: a faide folie a meſchances hoꝛribles La ou dieu ſoit perdu et laiſſie, ou verite ſoit haye/ ou beneurte ſoit quiſe et demandee par oꝛdes ennemiſtiez, et que celle choſe ſoit / de rechief et de rechief faicte et a venir ſans aucune fin/ par certains interualles et meſures des ſiecles paſſez ⁊ a venir Et a ceſte fin pource que a dieu puiſſent eſtre congneues ſes euures par circuites et reuolucions determinees touſiours alans et retournans par noz faulſes beneurtez et vꝛaies meſchances: venans touteſſois lune apꝛes lautre/ mais pardurables en reuolucion laquelle ne ceſſe point: ainſi comme dieu ne puiſſe ſoy repoſer de faire et ouurer ne encerchier ne enquerir en encerchant les choſes qui ſont infinies Qui eſt celui q̃ oye et croye et qui ſeuffre ces choſes/ leſquelles ſelles eſtoient vꝛaies deueroient non mie ſeulement eſtre tenues plus ſaigement Mais certes affin que ie die ce q̃ ie vueil ſicomme ie le puis dire, deueroient plus ſaigement non eſtre ſeues Car ſe nous nauons mie la ces choſes en memoire et pour ce ſerons beneurez: pourquoy eſt icy par leur ſcience acquiſe et entendement naturel quilz ont: de ces choſes oſuſq̃ꝫ: noſtre memoire plus greuee

Mais se en ce lieu/cest adire ou ciel impe-
rial: nous deuons sauoir ces choses ne-
cessairement. au moins ne les saichons
mie icy: affin qicy latente du souuerain
bien soit plus beneuree que ne soit la pri-
se et acquisition dicelui souuerain bien:
quāt icy nous attendons a auoir la par
durable vie Mais la beneuree vie non
mie touteffois pardurable est congneue
aucuneffois Mais silz dient que hōme ne
peut venir a celle beneurte: sil na cōgneu
en senseignant de ceste vie ces circuites et
reuolucions: ou beneurte et meschance vie
nent lune apres lautre/cōment donques
confessent ilz que quāt aucun plus aime
dieu: tant plus legierement vient il a be
neurte: quant ilz enseignent les choses p
lesquelles icelle amour de dieu soit mise
a nō chaloir Car qui est celui qui naime
plus faschement et plus froidemēt celui
quil a a delaisser necessairement: cest as-
sauoir dieu Et ce sentir ou sauoir contre
la verite et sapience de lui Lors q par
la pfection de beneurte il sera venus a la
pleine congnoissance de lui pourtant cō
me il la pourra comprendre: quant quelq̄
hōme ne puisse amer leaulment hōme son
amy: auquel il scet quil sera son ennemp
ou temps aduenir Mais ia naduiengne
q̄ les choses desquelles ilz nous mena-
cent soient vraies cestassauoir que vraie
meschance ne fauldra ou finera iamais
mais quelle sera rompue souuent et sās
fin par interpositions de fausse beneure
te: car quelle chose est plus faulse et plus
pleine de fallace de celle beneurte en laq̄l
le ou en si grande lumiere de verite nous
ne saichons que nous doyons estre mes-
chans ou temps auenir/ou que nous le
doubterons quāt nous serons en la sou-
ueraine haultesse de felicite/car se la nos
ne sauons la meschance aduenir: nostre
meschance est icy plus saige ou nous cō-
gnoissons nostre beneurte auenir Mais
se la nous cōgnoissons la maleurte qui
nous est auenir prouchainement/la ma
leureuse ame achieue ou passe plus be-

neurement les temps: lesquelz passez el
le sera esleuee a beneurte que lame benu
ree ne fait les temps lesquelz passez elle
retourne a maleurte et a meschance. Et
ainsi lesperance de nostre maleurte est
beneuree: et lesperance de nostre beneurte
est maleuree ou maleureuse Dont il sen
suit que plus vrayement nous soyons
tousiours meschās: que ce que nous puis
sons estre aucuneffois beneurez/pource
que icy nous souffrons les maulz psens
et la nous les doubtons aduenir prou-
chainement Mais pour ce que ces choses
sont faulses par ce que pitie crie au con-
traire et que verite les conuaint/car cel
le vraye felicite nous est certainemēt pro
mise De laquelle certaine seurte sera re
tenue sans estre rompue par aucune infe
licite en ensuiuāt la droite voye: laquelle
nous est Jesucrist, lui meneur et condui
seur et sauueur destournons le chemin
et nostre foy et nostre pensee du fol et des
conuenable circuite et retournement des
deslopaulx Car se ce philozophe por-
phire qui fut de la secte du philozophe
platon/ou par la vanite de la chose ou
pource quil auoit ia en aucune congnois
sance et reuerence les temps des crestiē-
ne voulut mie ensuiuir loppinion des
siens/ cest adire de ses comphilozophes
platoniciens quant a ces circuites reuo-
lucions ou retournemens/ et ces alees
et reuenues des ames venāsl une apres
lautre sans cesser/et sicomme iap rame-
tu ou dixiesme liure: icelui porphire a
ma mieulx dire que lame est baillee au
monde pour congnoistre ses maulx/ af
fin que quant elle sera de ces maulz deli
uree et purgee: elle ne seuffre plus oultre
aucūe telle chose: qnt elle retournera au
pere/ cest adire a dieu qui la cree. De com
bien donques deuons nous fouyr et es-
chieuer ceste faulsete ennemye a la foy
crestienne Mais ces circuites et retour-
nemens ostez et mis a neant: nulle ne-
cessite ne nous contraint pour ce cuider
lumain lignaige nō auoir cōmencemēt de

temps dont il ait commence a estre, comme p ces ie ne scay quelz circuites rien de nouuel ne soit fait es choses qui naist este par auant: et q ne soit a auenir p certains interualles de temps Car se lame est deliuree sans plus retourner aux meschās ou maleurtez, ainsi comme se elle ney auoit oncques este deliuree par auant: aucune chose est faicte en elle, laquelle ny fut oncques faicte par auant Et pour certain cest moult grant chose que iamais ne sui fauldra sa felicite ou beneurte pardurable Et se en nature immortelle est faite si grande nouuellete, laquelle nest repetee ne a repeter par aucun circuite ou retournement, pourquoy est debatue es choses mortelles que telle nouuellete ne puist estre faicte, cestassauoir en somme Silz dient que nouuellete de beneurte nest mie faicte en lame pource quelle retourne a celle beneurte ou elle a toudis este, pour certain celle deliurance est faicte nouuelle quant elle est deliuree de la meschance ou elle ne fut oncques Et celle nouuellete de meschance qui oncques ne fut est faicte en elle Mais se celle nouuellete ne vient mie en lordre des choses lesquelles sont gouuernees par la prouueance diuine: aincois viengne dauenture ou sont ces circuites et retournemens determinez et mesurez, esquelles aucūes choses nouuelles ne sont faictes, mais sont recōmencees et repetees icelles mesmes choses qui ont este Mais se ceste nouuellete nest point mise hors de lordonnance de la pouruance diuine soit que lame soit donnee, soit quelle soit escheue: nouuelles choses peuent estre faictes, lesquelles nestoient mie faictes par auant Et toutesfois elles ne seront mie estranges de lordre des choses Et se lame a peu par imprudence faire a soy nouuelle meschance, laquelle ne fust mie despourueue a sa prouidence diuine, mais leust mesmes enclose en lordre des choses et de celle meschance la deliurast non mie despuueuemēt par quelle folle emprise de humaine vanite: osons nous dire q finablemēt nper la diuinite pouoir faire choses nouuelles: non mie a soy, mais nouuelles au monde, lesquelles il nait oncques fait par auant, ne oncques ne les ait desprouueues Mais silz dient que les ames deliurees elles ne retournent plus aux meschances Mais que quātce est fait es choses il nest riens fait de nouuel: pource que tousiours autres et autres ont este deliurees, et sont deliurees et seront deliurees. Certes sil est ainsi: ilz accordent ce cy: cestassauoir nouuelles ames estre faictes ausquelles soit et nouuelle meschance et nouuelle deliurance Car silz les dient estre anciennes et pardurables de par auant en retournāt, desquelles chascun iour soient fais nouueaux hommes des corps desquelz silz ont Des qui saigement: elles soient deliurees en tel maniere que iamais ne retournent aux meschāces, par consequent ilz les diront estre infinies, cest adire sans nombre pource que quelque grant nombre des ames siny et determine eust este: ilz ne pouroient souffire aux siecles infiniz par auant passez a ce que de ce nombre des ames: hommes fussēt tousiours fais, desquelz les ames fussent a estre deliurees tousiours de ceste mortalite sans iamais plus p retourner Ne ilz ne monstreront en aucūe maniere que le nombre des ames soit infiny es choses lesquelles ilz veulent estre finies, a ce quelles puissent estre congneues a dieu, pour lesquelles choses pource que ces circuites et retournemēs sont ia forclos par lesquelz sen cuidoit lame retourner necessairement a vnes mesmes meschances, quelle chose demeure plus conuenable a debonnairete fors croire q̄ ce ne soit mie impossible chose a dieu, et faire nouuelles choses lesquelles il nait oncques faictes: et par prescience de laqlle ne peut estre dicte ne recordee non auoir voulente muable, assauoir se le nombre des ames deliurees et qui plus ne peuent retourner oultre aux meschances puist estre acreu tousiours☞Soient ceulp q̃ si continuement disputent de restraidre linfinite des choses. Mais nous terminons et finons nostre soubtilite et raysonnable disputacion de lun et de lautre coste:car se icelui nombre peut estre acreu quelle cause est ce que len nye la chose avoir peu estre cree:q̃ par auant neust oncques este cree se le nombre des ames qui oncques ne fut par auant/ est fait: non mie seulement une fois. mais qui ne cessera iamais estre fait.Mais sil conuient quil soit aucun nombre certain des ames deliurees/lesq̃lles ne retournent iamais a mescheance:et ce nombre ne soit point autre acreu/sans doubte ce mesmes nõbre quelconques il sera ou soit:ne fut õcques par auant. lequel nombre pour certain ne poiroit croistre ne uenir au terme de sa quantite sans aucun commecemẽt/lequel commencement par ceste maniere ne fut oncques par auant. par ce donc ques homme est cree:a ce quil fut auant lequel nul autre homme ne fut.

❡Epposition sur ce chapitre.

En ce pp. chapitre monseigneur saict augustin parle de la reuolution des ames/ soit en felicite ou en misere. soit en beneurete ou chetiuete. Et comment porphire qui estoit de la secte de platon:blasma ceste alternation ou reuolution dont nous auons parle plus plainement ou p. liure

❡De la creation dun seul premier homme/et de la creation de lumain lignaige en icelup. ppi.

Determinee doncques sicomme nous auons peu ceste question tresforte pour la pardurablete de dieu:creant nouelles choses sans aucune nouuellete de uoulẽte. il nest mie fort a ueoir ce qui est fait auoir este le mieulx de trop: cest assauoir que dieu multipliast lumai lignaige dun home:lequel il fist premierement que sil eust commence de plusieurs hommes/car comme il ait establi les autres bestes solitaires et aucunemẽt seules uagans:cest adire qui desirent solitude et estre seules sicõme sont aigles/ escouffles lyons/loups/ et quelcõques telles bestes et autres bestes atroplees et compaignables/et lesquelles ayment mieulx uiure ensemble assamblees et en tropeau: sicõme sõt coulõs. estourneaulx/cerfz/ dais et autres de ceste maniere. Touteffois il ne peupla mie lune et lautre lignis de ces bestes dessusdittes:dune seule beste/ mais les commanda et uoult estre plusieurs ensemble Il crea dõcques homme ung a seul/ duq̃l il faisoit la nature moienne aucunement entre les anges et les bestes/affin q̃ se home subgect a son createur comme a uray seigneur/ gardoit son commandement par obeissance debõnaire:quil passast en la compaignie des anges et ensuiuist et acquerist sans aucune mort moienne la benoite immortalite sans aucun terme. Et au contraire sil connoucoit dieu son seigneur ugfãt orgueilleusement de sa france uoulente:et en desobeissant quil uesquist bestialement/ly ure a mort/ serf de delice et de lupure: et apres la mort fust destine a tourment p durable. Il le crea ung et seul/ non mie certes a estre laissie seul sãs compaignie humaine. Mais a ce que par ceste maniere:lunite de ceste compaignie/ et le lien de concorde lui fut recommande plus parfaitement. par ce que les hommes fussẽt cõioins entre eulx:non mie tãt seulemẽt par samblance de nature/mais encores par affection de lignaige:quant dieu ne uoult mie creer icelle femme a estre assãblee a lomme ainsi comme icelui homme aincois la crea de lomme:affin que tout lumain lignaige fust espandu et peuple dun homme

❡Que dieu ait auant sceu que homme lequel il crea premierement pecheroit. Et ensemble ait auãt ueu et auise com grõ

peuple du lignaige dicelui/ il translate‐
roit par sa grace en la compaignie des an‐
ges. xxii.

Ne dieu nestoit pas ignorant. mais
sauoit bien que homme pecheroit/
a que icelui homme ia obligie a mort: peu
pleroit hommes qui mouroient. Et de lui
venroient hommes mortelz par sa gran
deur du pechie: cest adire de adam et eue/ a
ce que les bestes lesquelles nont point de
voulente raisonnable de leur lignie des‐
quelles dieu peupla plus le comencement
des eaues et des terres vesquissent plus
seurement et plus paisiblement que les ho
mes: desquelz le lignaige est peuple dun
seul a la recommandation de concorde.
Ne pour certain lyons et dragons ne fi‐
rent oncques telles batailles entre eulx
come homes ont fait mais dieu aussi ve‐
oit par auant le peuple des homes debon
naires: a estre appellez par sa grace et ice
lui peuple iustifie par le saint esperit: a ses
vichies pdonnez/ estre acompaignie aux
sains anges en la paix pdurable/ destrui‐
te la derreniere mort ennemie. auql prou
fiteroit la consideration de ceste chose: cest
assauoir que dieu eust establi lumain li
gnaige dun seul home a recomander aux
homes combien que vnite en plusieurs lieux
soit agreable.

¶ De la nature humaine de lome cree a
lymaige de dieu. xxiii.

Dieu fist doncques home a son yma
ge et a sa semblance: Quelle mer
ueille: Il lui crea telle ame par laqlle il
fust plus auctorisie par raison et par en‐
tendement que toutes autres bestes terri
ennes et noans et volans: lesquelz neus‐
sent mie semblable pensee. Et come il eust
fourme home de pouldre de terre: lui mis
dans soy telle ame come iay dicte. laql
ou il auoit ia mise en soufflant ou ispi
rant ou q mieulx est lui eust faicte en souf
flant ou aflenant en icelui soufflement
ou anelement/ seql il fist en mettant hors
son aleine. ou en anelant: il eust voulu
estre ame de lomme. car quest autre cho

se soufller: fors faire vent ou anelement
come il eust ainsi forme home comme dit
est: il lui fist ausi comme dieu feme en ai
de de degendrer/ de los quil osta du coste di
celui home. Ne pour certain ces choses ne
sont mie a peser ne pmaginer par manie
re charnelle/ si come nous auons acou
stume a veoir ouuriers faisans de quelq
matiere terrienne par mebres corporeulx
ce qlz ont peu faire par soubtilite de art
et de science. La main de dieu a la puissa
ce de dieu: leql euure et fait aussi les cho
ses visibles iuisiblement/ mais ceulx paux
q euures: lesqlles sont en vsaige cotidien
cest adire qui amainent chascun iour co‐
parent la vertu et la sapience de dieu/ par
laquelle il scet et peut faire aussi certaine
ment semences sans semence. Ceulx cy
cuidet ces choses que nous auons dictes
estre mieulx fables que vraies choses/ et
les choses q sont premierement establies
ilz pmaginent dessoupament: pour ce qlz
ne les ont pas congneues des conceue‐
mens et enfantemens humains/ ne sem
blassent mie moins creables: silz estoient
racontez a ceulx qui nen ont mie experie
ce. iasoit ce que plusieurs assignent et at
tribuent plus ces choses: aux causes cor
porelles de nature: que aux euures de la
pensee diuine.

¶ Assauoir se les anges peuent estre dis
createurs dune tres petite creature.
xxiiii.

Mais en ces liures cy ne nous est au‐
cun besoing de parler ou arguer a
uec ceulx qui ne croient mie que la pensee
diuine face ces choses et en ait cure: mais
se ceulx qui croient a leur philozophe pla
ton/ et tiennent que toutes bestes mortel
les: sont faictes non mie du souuerain dieu
qui a fait le monde. mais dautres moin
dres: lesquelz il a creez par la souffrance
ou commandement de lui. entre lesquel
les bestes mortelles homme tient le lieu
principal et prochain, a leurs dieux nont
point de superstition: cest adire de fausse

ou vaine religion: par laquelle ilz demandent dont ce vient que len ne voit faire temples et sacrifices comme a leurs creatures, aussi certes de legier seront ilz hors de lerreur de ceste opinion, ne certes il nest pas chose a croire ne a dire que de quelcōque nature mortel tant soit trespetite aucun soit createur fors dieu aincois q̄ puisse estre entēdu, mais se les anges lesq̄lz ilz appellent plus voulentiers dieux, appliquent par commandement ou souffrance leur operation aux choses qui sont engendrees ou monde, nous ne les disons point plus createurs de bestes: que les laboureurs de bledz et darbres.

¶ Toute nature et toute espece de toute creature non estre formee ou faicte fors p̄ leuure de dieu   xxv.

Comme ainsi soit que lespece laq̄lle est appliquee par dehors a quelconque matiere corporelle, sicomme hōmes potiers, feures, et telles manieres douuriers: euurent qui paindent et taillent formes semblables aux corps des bestes et lespece laquelle a causes efficientes par dedens de la secrete et mucee voulente de nature vivant et entendant soit autre, laquelle nature nest pas faicte: mais fait, non pas seulement les especes naturelles des corps, mais aussi icelles ames des bestes a quelconcqs soit atribuee lespece dessudite: cest assauoir celle de dehors. Certes ceste autre espece: cest assauoir celle de dedens nest atribuee fors a vng seul ouurier: cest assauoir dieu createur et faiseur qui fist le monde sans aucun mōde z̄ les anges sans aucuns anges. Car la rondesse de lueil, et la rondesse de la pōme, et les autres figures naturelles: lesquelles nous voions estre appliquees en quelconque choses naturelles, non pas par dehors, mais par la puissance du createur qui dist ainsi. Iempliray le ciel z̄ la terre, et duquel la sapiēce est telle quil attaint formēt de fin a fin, et ordōne souef

uement toutes choses. Toutes ces figures dessusdictes ont pris leurs especes p̄ celle mesme force diuine, et a ce que ainsi ie la nomme effectiue, laquelle ne scet estre faicte: mais scet faire. La rondesse du ciel et la rondesse du soleil prindrent leur espece quant le monde se faisoit. Dont q̄ le maniere de seruice les anges premierement faic, aient fait au createur faisant les autres choses: ie ne scay, ne ie ne leur ose atribuer ce que par auenture ilz ne se peuent atribuer, ne ie ne leur doy oster ou detraire ce quilz peuēt faire. Toutesfois par laccort et voulente diceulx anges: le atribue la creation et condicion de toutes natures, par laquelle il est ainsi quelles sōt du tout natures a celui dieu: auquel iceulx anges sceuent aussi eulx deuoir ce quilz sont: en lui en rendāt graces z̄ mercy. Doncques nous ne disons pas les laboureurs des champs estre createurs: nō pas seulement de quelconcques fruis cōme nous lisons ce qui sensuit. Ne celui q̄ plante, ne celui qui arrouse est aucūe chose, mais dieu qui lui donne la croissance mais certes icelle terre ne deuons nous pas appeller creeresse ou creatrice, cōbien quelle semble estre mere plētureuse de toutes choses, laquelle esmeut les choses is̄ sans hors par germes, et contiēt les choses fermes par racines, comme de rechief nous lisons ce qui sensuit. Dieu lui donne corps: cest assauoir a la terre, et donne propre corps a vne chascune semence. Ne aussi ne deuons nous pas appeller la fēme creeresse de son enfantement, aincois mieulx celui qui dist a vng sien sergant cest assauoir ce qui sensuit. Ie tay cōgneu aincois que ie te formasse ou ventre: cest assauoir de sa mere. Et iasoit ce que lame de la femme enchainte par autre z̄ autre affection puisse aucunement vestir sō fruit de qualitez diuerses: sicomme iacob fist: que brebis vaires fusent engendrees par verges vaires, toutesfois la femme enchainte: neantplus ne fait elle la nature laquelle est engendree: q̄ elle fait sop

eii.

mesmes doncques quelques causes corporelles, ou par semences qui soient appliquees aux choses qui sont a engendrer, ou par operations danges, ou de hommes, ou de quelconques bestes, ou par copulations de masles et de fumelles quelques desirs ou mouuemens de lame de la mere: puissent donner ou emprendre aucune chose de figures ou de couleurs au commencement tendres et molz. icelles natures en quelq̃ maniere quelles soient demenees en leur gēre du tout nul ne fait riēs fors dieu, duquel la puissāce celee et secrete: trespercās toute chose p̃ presence incōmuable: fait estre toute chose qui aucunement est: en tant comme elle est, car sil ne la faisoit: elle ne seroit poīt telle ou telle, mais du tout ne poīroit estre. Et pour ce par celle espece, laquelle les ouuriers mettent par dehors aux choses corporelles. Nous auōs aprins la cite de rōme et la cite dalixandre: nō pas quelles aient esté crees par les feurres et p̃ les machons faiseurs de maisons, mais p̃ les roys, par la voulente conseil et commādement, desq̃lz elles sont faictes, cest assauoir lempire romule lune, Alixandre lautre. De combien mieulx deuons nous dire nul fors dieu estre createur des natures seul ne fait aucune chose de matiere, laquelle il nait faicte, et na ouuriers fors ceulx lesquelz il a creez, et sil oste et soustrait des choses sa puissance, a ce q̃ aussi le la nomme forgeresse ou faiseresse: tout ainsi elles ne seront pas comme elles ne stoient auant q̃lles fussēt faictes, mais ie dy ā entens auant pardurablemēt: nō pas temporellement. car q̃ est autre createur de temps fors celui q̃ a fait les choses, par les mouuemens desquelles les temps creurent.

¶ Exposition sur ce chapitre.

Ou xxv. chapitre mōseigneur saict augustin traicte lopinion de platon en sō liure in thimeo. qui met que les hōmes et les autres choses qui sōt creez des petis et moindres dieux.

¶ De lopiniō de ceulx q̃ ensuiuirēt ce philozophe platon, qui bien dirēt les anges estre creez de dieu, mais ilz cuidērt iceulx āges estre createurs des corps humains. xxvi.

Ainsi pour certaī ce philozophe platon voulsses moīdres dieux estre fais du souueraī dieu: ā estre faiseurs des autres bestes: a ce q̃ de lun elles eussēt la partie immortelle, ā eulx: cest assauoir les dieux feissent et ordonnassēt la ptie mortelle, et pour ce ne veulēt ilz pas dire q̃ ces dieux soiēt createurs de noz ames mais des corps. dont il sēsuit q̃ pour ce q̃ ce philozophe porphire dist q̃ tout corps doit estre fuy et eschue pour la purgatiō de lame, et sent ā dist auec sō philozophe platon et auec les autres q̃ sēsuiuēt que ceulx q̃ desatēpreemēt et deshōnestement aurōt vescu: retournerōt aux corps mortelz pour souffrir peine, et mesmes aux corps des bestes mues, sicomme dist platon, mais selō porphire tāt seulemēt aux corps des hōmes, il sēsuit q̃ ilz diēt q̃ ces dieux lesquelz ilz veulēt estre aourez de nous: cōme noz peres ā createurs, ne sont autre chose: fors faiseurs ou forgeurs de fers et autres liens, ā de noz prisōs, ā nō pas noz instituteurs ou faiseurs, mais noz encloeurs, et ēfermeurs, en chartres et prisons pleines de tristresse et de meschief, et pour nous fper de tresgrief et chetif liens. Ou dōcques ceulx q̃ ensuiuent platon, nous laissēt a menacier, des peines des ames par ces corps, ou ilz ne les prestēt point estre aourez cōme dieux: desquelz ilz nous ammonnestēt, q̃ nous fuions et eschappons loperatiō en nous tāt cōme nous pouōs, cōbien toutesfoes que lun et lautre soit tressaulx, car ne les ames ne seuffrēt ainsi les peines quāt celles retournent de nouuel a ceste vie, ne il nest aucun createur de toutes choses viuans soit en ciel ou en terre fors celui de q̃ le ciel ā la terre sont fais. Car se il nest aucune cause de viure en ce corps: fors pour souffrir les tourmēs cōme dist icelui mes

mes platon/que le monde na peu aultre
ment auoir este fait/tresbel et tresbon/se
il nestoit emply de lignaige de toutes be
stes:cest assauoir immortelles et mortel-
les. Mais se nostre institucion/par laql-
le nous sommes creez mortelz de dieu:est
de dieu/comment est ce peine retourner a
ces corps:cest a dire aux benefices de dieu
Et se dieu contenoit et auoit en soy par
intelligence pardurables les especes/aus
si bien de toutes bestes comme de tout le
monde:sicomme platon se recorde conti-
nuellemment/comme seroit ce : que il ne
faisoit pas toutes choses : ou ne Voul-
droit il pas estre ouurier ou faiseur de au
cunes choses/desquelles a este faictes la
pensee de lui/qui ne peut estre recordee,ne
louee par parolle/eust lart et sa science:
A bon droit doncques: Vraie religion reco
gnoist et presche celui estre createur de tou
tes bestes:cest assauoir et des ames et des
corps lequel elle recongnoist et presche cre
ateur de tout le monde: esquelles choses
terriennes home est fait plus principalle
mēt de lui:cest a dire de dieu/a son ymai
ge/et fut fait seul/ mais il ne les laissa
pas seul pour celle cause que iay dicte/et
pour autre se par auenture il en ya aucu
ne greigneur/laquelle soit secrete ou laten
te,car il nest rien tant discordable en Vice
et tant compaignable en nature: comme
est ce lignaige:cest assauoir des hommes
Ne nature humaine ne parleroit point
plus prouffitablemēt contre le Vice de dis
cort/ou a soy prendre garde que il ne fust
ou considerāt: se il estoit que par la recor
dation de celui premier pere / lequel dieu
Voulut creer Vng seul/ duquel multitude
fust multiplie:a ce que par ceste mesmes
ammonition: Vnite concordable fust aus
si gardee en plusieurs/ Mais par ce que
femme lui est faicte de son coste:cest aussi
assez signifie:combien par cela amonitiō
du mari et de la femme doit estre chiere
Ceulx qui ne Voient pas ces euures de
dieu ainsi estre faictes/ pour ce quelles ne
sont mie en Vsaige ne doiuent croire au

cunes merueilles auenir/et des mōstres
car ces choses ne seroient pas dictes mer
ueilles ne monstres/se elles nestoient en
gēdrees par le cours Vse de nature. mais
quelle chose est engendree pour neant:ou
sans cause soubz si grant gouuernemēt
de sa pouruance diuine/combien que la
cause ne nous soit pas congneue : mais
soustenue, certes le sainct pseaulme dist
ce qui sensuit: Venez et Veez les euures de
nostre seigneur: quelles merueilles il a
mises sur terre: Mais pourquoy la fēme
fut faicte du coste de lomme/ et quelle cho
se ait prefigure ou signifie aucunement
ceste premiere merueille/ien diray en au
tre lieu selon ce que dieu me aidera.

⁋ Epposition sur ce chapitre.

En ce xxV. chapitre mōseigneur sait
augustin compte lopinion de platō
et de porphire dont il a plus largement
traicte cy dessus ou dixiesme liure.

Que ou premier hōme fut nee toute la
plente ou plenitude de creature humaine
en laquelle il print et aperceut, laquelle
partie seroit a honnourer et louer/ et la-
quelle deuoit estre dannee a tourment.
xxVii.

Pour ce q ce liure est a clorre a presēt
nous cuidons et tenons deux com
paignies:ainsi cōme deux citez en lumal
lignaige auoir este nees en ce hōme q est
fait premieremēt:nō pas certes selō euidē
ce/mais touttesfois selō la psciēce de dieu
car de lui estoiēt a auenir hōes. les Vnges
a estre acōpaignies aux mauuais āges
en tourmēt/ le autres aux bōs anges en
ioye pdurable p iugemēt de dieu/leql ia
soit ce ql soit cele:toutefois e il droituier
car cōe il soit escript, toutes les Voies de
nostre seigneur sōt misricorde et Verite:sa
grace ne peut estre trop misericordieuse ne
sa iustice trop cruelle.

⁋ Ey fine le xii. liure de la cite de dieu.

Cy commencent les rubriches du .xiiii. liure de monseigneur saint augustin de la cite de dieu, q̄ contiēt xxviii. cha pitres.

¶Du tresbuchement du premier hōme cest adire de adam et de eue, par lesquelz la mortalite ou mort fut contraicte ou née. Premier

¶De celle mort laquelle peut venir a la me, iasoit ce q̄lle viue tousiours, a icelle nuist au corps, a de celle a laq̄lle se corps est obligie. ij.

¶Assauoir se la mort laquelle passa en tous hommes: par le pechie des premiers parēs, soit aussi peine de pechie aux sais iij.

¶Pourquoy nest ostee la mort: cest adire la peine de pechie, de ceulx q̄ par grace de generation, cest adire de baptesme: sōt absoulz du pechie. iiij.

¶Que les iustes vsent bien de la mort laquelle est mauuaise: ainsi comme les mauuais vsent mauuaisement de la loy laquelle est bonne. v.

¶De la mort generale, par laquelle la compaignie de lame et du corps est separee. vi.

¶De la mort laquelle ceulx recoiuent q̄ ne sont mie regenerez par la confessiō de ihesucrist. vij.

¶Que la premiere mort q̄ les sais souffrent: pour herite ce leur est absolution de la seconde mort. viij.

¶Assauoir se le temps de la mort p̄ leq̄l le sens de la vie est oste, doyt estre dit en ceulx qui se meurent, ou en ceulx qui sōt mors. ix.

¶De la vie de ceulx qui sont mortelz la q̄lle doit mieulx estre dicte mort. x.

¶Assauoir se aucun peut estre viuant a mort ēsēble. xi.

¶De q̄lle mort dieu menaca les p̄miers parēs, se ilz trāsgressoiēt sō cōmādemēt. xij.

¶Q̄uelle peine sēti p̄mieremēt la preuaricatiō des p̄miers parēs: cestadire de ceulx

q̄ trespasserēt le cōmādemēt de dieu. xiij.

¶Que hōme fust fait a cree de dieu, a en q̄lle auēture il soit cheu de sa frāche vou lēte. xiiij.

¶Que en ce q̄ adā pecha: il laissa dieu ain cois q̄l fust laisse de dieu, et en soy depar tāt de dieu q̄ ce fut la p̄miere mort. xv.

¶Des philozophes q̄ ne cuidēt mie la se paratiō de lame, du corps estre penible, cōme plato en deuise a demōstre: q̄ le sou uerai dieu a p̄mis aux moindres dieux q̄ ilz ne serōt iamais depouilliez de leurs corps. xvi.

¶Cōtre ceulx q̄ affermēt ou maītienēt q̄ les corps terēēs sōt icorruptibles, a q̄lz ne peuēt estre fais pdurables. xvii.

¶Des corps terrēēs lesq̄lz les philozophes affermēt q̄lz ne peuēt estre ē cieulx, pour ce q̄ ce q̄ est terriē p̄ nature se pesāteur de scēt a terre xviii

¶Cōtre les eseignemēs de ceulx q̄ ne croy ēt pas q̄ les p̄miers hōes eussent este im mortelz se ilz neussēt pechie xix

¶Que la chair des saitz, laq̄lle se repose o rēdroit en esp̄rāce sera reparee en meilleur qualite: q̄ ne fut la chair des p̄mier parēs aīcois q̄lz pechassent. xx.

¶Que de paradis ouq̄l les p̄miers parēs auoiēt este: aucūe chose espirituelle puisse estre p̄ la significaciō de lui sauf la verite de la narraciō de lystoire du lieu corporel cest assauoir de icelui padis terestre. xxi

¶Des corps des saintz apres sa resurectiō lesq̄lz serōt en telle maniere espirituelz q̄ la chair ne retournera pas en lespit. xxij

¶Quelle chose est a entedre du corps char nel bestial, et du corps espirituel et vital et q̄ ceulx q̄ meurēt: meurēt en adam, et ceulx q̄ sont viuifiez, sōt viuifiez en ihe sucrist. xxiii

¶Cōmēt doyt estre entēdu celle īsufflaciō ou spiraciō en laq̄lle le p̄mier hōme fut fait en ame viuāt: ou celle laq̄lle n̄resigñr di sat: cestassauoir a ses apostres: la p̄nez le saint esperit. xxiiii

tredecimus.

Prologue du translateur.

EN ce .viii. liure, toute l'inten-
cion de mõseigneur saint au-
gusti est de traicter du trebu-
chement du pmier pere adā
et de la naissāce de la mort.
¶ Du trebuchemēt du pmier hõe p seql
la mortalite fut cõtrainte ou nee.

¶ premier.   chapi.
A pres q les tresfortes qstiõs de la na-
issāce de nostre siecle, et du cōmencemēt
de lumain lignaige sont desliurees. Il
est temps orendroit que se soy ce que lor-

dre des choses se requiert nous cōmenci-
ons la disputaciõ que nous auons es-
tablye du trebuchement du premier hom
me, mais qui plus est des premieres hom
mes : et de la naissance et estendue de la
mort humaine, car dieu nauoit mie fait
les hommes eŋ la maniere quil auoit
fait lesanges : cest assauoir que suppose
quilz pechassent. quilz ne peussent point
mouir: sicōe les āges : mais fist les hom
mes eŋ telle maniere q silz Bsoiēt pfaite
mēt du dõ dobeissāce limortalite et pdu
raBlete. Beneurete les ēsuist sās iterueā dō
eiiii.

de mort, & aussi sa mort les pugnist par dānatiō tresiuste quāt ilz seroiēt trouuez desobeissās. laqlle chose nous auons ia dicte ou liure precedēt.

Sans ceste mort lame peut venir a same, iasoit ce qlle viue tousiours et icelle mist au corps, et de celle a laqlle le corps est obligie. ii

Mais il me sēble ql cōuiēt determiner lng pou plus diligāment de ceste maniere de mort, car iasoit ce q lame humaine soit tesmoignee vraiemēt imortelle, toutessois a elle aussi vne seule morte. car elle est dicte imortelle, pour ce q en aucune maniere, tāt soit petite, elle ne laisse le viure, ne le sētir. doncqs la mort de lame est faicte quāt dieu delaisse icelle ame pour sō pechie, mais le corps est dit mortel. pour ce q il peut estre saisie de toute vie, et ne vit aucunemēt p soy mesmes. Doncqs la mort de lame est faicte quāt dieu la laisse. ainsi cōe la mort du corps est faicte qnā lame le laisse. Cest doncqs la mort de luy et de lautre, cest adire de tout lōme. quāt lame q dieu a delaissee laisse le corps. car en ceste maniere, cest a dire quāt elle est delaissee de dieu. Lame ne vit pas de dieu, ne le corps de lame, mais la mort delaisse le corps. laqlle au cōtraire des paroles diuines, appelle mort seconde. et ceste mort ēsuit ceste maniere de mort, de tout lōme, cest adire de lame et du corps. Ceste mort secōde signifia nre seigneur. la ou il dist ainsi. Doubtez celui q a puissāce de perdre le corps et lame en ēfer. Et cōme elle ne soit pas faicte iusqs ce que lame ait este cōioicte au corps, en celle maniere qlz ne puissēt estre separez q quelque separaciō ce peut sēbler estre chose merueilleuse. cōment le corps soit [...] estre occis de ceste mort, p laquelle sa [...] nest pas laisse aincois que le corps: q [...] auecques lame soit tourmēte, car en celle peine derreniere isinie et pōurable, de la [...] lle il est a regarder & aduiser plus di [...] en sō lieu, est droitemēt dicte la

mort de lame, pour ce quelle ne vit pas de dieu, mais cōment peut elle estre dicte la mort du corps, cōme il viue de lame, autremēt il ne peut sētir les tourmēs corporelz, lesquelz sont a auenir apres la resurrectiō. ou est ce, pour ce que vie quelcōques que elle soit, est aucun bien, mais doleur est mal. et pour ce nous ne deuons pas dire que le corps viue, ouquel lame nest pas cause de viure, mais est cause de douleur. et aussi lame vit de dieu, quant elle vit bien. car elle ne peut bien viure, fors seulemēt p dieu qui fait et euure en ce q est bō, mais le corps vit de lame, quāt lame vit ou corps. soit que elle viue de dieu ou nō. car la vie es corps mauuais nest pas la vie des ames, mais des corps laquelle vie les ames ia mortes, cest a dire laissees de dieu, peuēt dōner a ceulx corps, cest assauoir p quelque partie, leur propre vie, laqlle ne ses laisse poit. p la quelle elles sōt ainsi immortelles, mais iasoit ce que homme ne laisse point a sentir en la dannatiō derreniere: toutessois pour ce que icelui sētemēt nest souef en delict, ne sainct en repos, mais est penible en douleur, celle vie nō pas sans raison est mieulx appellee mort que vie, mais elle est appellee seconde, pour ce qlle est apres ceste premiere, par laquelle est fait departement ou sepration des natures conioinctes. soit de dieu, ou de lame, ou de lame et du corps. Doncqs peut len dire de la premiere mort du corps, quelle est bonne aux bōs, et mauuaise aux mauuais, mais sās doubte, ainsi cōme la secōde est de nulz biens, aussi nest elle bonne a nullup.

Assauoir se la mort laquelle passa en toꝰ hōmes p le pechie des pmiers parēs, soit aussi peine de pechie aux sais iii

Mais il suruiēt vne question q nest pas a dissimuler. Assauoir se en verite la mort soit bonne aux bons, par laquelle lame et le corps sont separez, car sil est ainsi, cest assauoir quelle leur soit bonne, comment pourra ce estre: quelle soit peine de pechie: cest adire des premiers parens. Pour certain ses premiers parens ne seussent pas soufferte: se ilz neussent pechie. Par ysse conuenant doncques peut estre la mort bonne aux bons. Il sembleroit qsse ne peut escheoir fors aux mauuais/ mais se esse ne pouoit escheoir fors aux mauuais: esse ne deuoit pas estre bonne aux bons: mais nusse, car pourquoy seroit aucune peine en ceulx esqlz riés ne seroit a pugnir. pourquoy il est a cōfesser q ses pmiers ppagateurs: cest assauoir a dam et eue furēt establis en tesse maniere que silz neussēt pechie. ilz neussēt sentu aucune peine de mort. mais ses premiers pecheurs fussent en tesse maniere condenez a mort. que desia tout ce qui seroit nee de seur signe ou propagation seroit obligie de cesse mesme peine.

¶ Pourquoy nest ostee la mort. cest adire la peine de pechie de ceulx qui par grace de regeneration cest adire du saint baptesme sont absoulz de pechie.   iiii

Ne certes autre chose ne naisteroit deulx q ce quilz auoiēt este. Quel se merueisse: car pour la grandeur de ce pechie/ et de cesse coulpe dānation, mua la matiere en pis/ a ce que ce qui proceda p peine es pmiers hōme pechāt, sensuit naturessemēt es autres naissās de eulx. Ne certes homme nest pas engēdre de hōme, ainsi cōme hōme fust fait de pouldre car en faisant homme la pouldre fust la matiere. Mais homme fust pere et homme en sengendriant et pour ce ce qui est ētre nest pas chair, iasoit ce q sa chair soit faicte de terre. Mais ce qui est homme pere engendriant/ est homme signee. Donc ques fust tout humain signaige a Venir et passer en signee ou premier homme p femme quāt la coulpe de ces maries: cest assauoir de adam et de eue recheut la diuine sentence de seur dannation. Et ce q homme fut fait/ non pas comme il fust cree: mais comme il pechast t fust pugni il engendra ceste chose: tant comme il appartient a sa naissāce de pechie et de mort Car celui nest pas ramene par pechie ou par peine, a euiter la sotie et enfermete de couraige et de corps. Lequel dieu voult estre ainsi comme commencemēt des chatons. cest adire des enfans: desquelz ilz auoient degete ses parens en vie de beste t a mort. sicomme ilz est escript. homme comme il fust en honneur il ne sentendit pas. Et pour ce il acomparaige a bestes sosses, et non entendans, et est fait sēblable a esses: fors pour ce que pour certain nous voions ses enfans estre plus enfermes en lusaige et mouuement de membres et en sens de desirer et de fuir ou escheuer aucun peril que ne sont les trestēdres bestioses des autres bestes, ainsi comme se la force humaine seseuast plus excessentement par dessus ses autres bestes, de tantcomme esse attēd et regarde plus lardeur de son couraige: sicomme fait la saiette reculee quant len tend larc pour plus fort ferir. Doncques se premier homme nest pas trebuchie ne contraint p presumption non licite et par dannatiō droituriere a cestes rudesses ensātibles: mais iusques a ores nature est empiree t muee en lui: a ce quil souffrist en ses membres la contredisant et repugnant desobeissāce de conuoitier et fust contraint de necessite de mourir, t par ce que il est fait par pechie et par peine celui mesmes engendrast ceulx qui seroient oblege a pechie t a mort. Duquel lyen de pechie se les enfans sont delliez par la grace de nostre benoit sauueur et redempteur Jhesucrist mediateur. cest assauoir de dieu et des hōmes, pceulx hommes enfans peuent bien souffrir cesse seule mort, laquesse departe lame du corps/ mais ceulx despurez desobligation du pechie: ilz ne passent poīt tant seulemēt en cesse seconde mort: laquesse est penible sās fi/ mais se aucū est meuz: et fait ceste q̄stion en disāt se elle est peine de pechie, pourquoy ceulx seuffrēt celle mort: desqlz le pechic est aboli τ estait p grace ceste q̄stion est ia traitee et solue en n̄re autre euure q̄ nous auōs escripte du baptesme des ēfās. ou il est dit pour ce est ie laisse seppremēt de la separatiō de lame et du corps. iasoit ce q̄ le lien du pechie soit ia oste pour ce q̄ se limortalite du corps ēsuiuoit incontinent le sacremēt de regeneratiō: cest adire le baptesme icelle soy seroit ennerueie ou affoiblie. la q̄lle lors est foy quāt len attēt en espērāce ce q̄ nest pas encores tenu de fait, mais mesmemēt es greigneurs eages: cest adire es hōes plus eages seulemēt la paour de sa mort: deuroit ia estee surmōtee p la force et p la bataille de deffēse: cest adire de deffēdre la foi: laq̄lle chose aparut grādemēt es sais martirs. duq̄l cōflict ou bataille, pour certai aucūe victoire ne seroit ne aucune gloire, se ia les sais ne pouoiēt souffrir la mort corporelle apres le baptesme, pour ce q̄l ne pourroit auoir q̄lcōque bataille. Car q̄ seroit celui qui pour ce ne courroit alcois a la grace de dieu auec les ēfās q̄ seroiēt a baptisier: assi q̄l ne mourust pas corporellemēt, τ ainsi la foy ne seroit pas prouuee p loper inuisible, mais desia ne seroit ce pas foy en grant et prenāt hastiuemēt le oper de sō euure, mais maintenāt la peine du pechie est conuertie es vsaiges de iustice p plus grāt et plus merueilleuse grace de nostre saueur, car lors il fut dit a lōe, se tu peches tu mourras. et maintenāt lē dit au martir, meurs assi q̄ tu ne peches. Lors il fut dit se vo' trespassez le cōmandement vous mourrez p mort. maintenāt il est dit: se vous refusez la mort: vo' trespassez le cōmādemēt. Et q̄ estoit lors a doubter: affin q̄ on ne pechast, est maintenant a receuoir: affin que len ne peche. Ainsi par la merueilleuse misericorde de dieu icelle peine des vices: cest assauoir la mort passe en armes de vertu, et le tourment du pecheur pour certai est fait le merite du iuste, car

lors mort fut acquise en pechant: maintenant iustice est acōplie en morant. Ceste chose est vraye es sais martirs. ausquelz lun et lautre est propose des persecuteurs cest assauoir que ou ilz laissēt la foy: ou ilz seuffrent la mort. car les iustes aiment mieulx souffrir en croiant ce que les premiers souffrirent en non croiant, car se ceulx la neussent peche ilz ne mourussēt point. mais ceulx cy pecherōt silz ne meurent. mais ceulx la mourūrent: pour ce q̄lz pecherent: τ ceulx cy ne pechent mie, pour ce quilz meurent. Il fut fait par le pechie de ceulx la: que ilz vindrent en peine de ceulx cy: quilz ne sōt pas venus en coulpe ne en pechie. nonpas que sa mort soit faicte aucun bien, laquelle fut mal par auāt, mais dieu donna si grande grace a la foy: affin que la mort. laquelle pour certain est contraire a vie, fust faicte instrument: par lequel on passast en vie.

Que les iustes vsent bien de la mort: laquelle est mauuaise: aussi cōme les mauuais vsent mauuaisement de la loy laquelle est bonne.
                                           b.
Cōme lapostre voulsist mōstrer cōbien pechie voulsist a nuire: se grace ne lui secouroit. Il ne doubta pas dire icelle loy estre desia vertu de pechie: p laq̄lle loy pechie est deffēdu. Pechie dit il est laguisson de la mort. mais la loy est vertu de pechie. ceste chose est en tout, et p tout tres vraye. car la deffēce acroist le desir de leuure nō licite τ q̄ nest pas cōuenable a faire: quāt iustice nest si amere: q̄ p cōuoitise de pechier soit vaicue p la delectaciō dicelle. mais a ce q̄ vraie iustice soit amee: τ delictee, ce nest fors par laide de la grace diuine. Mais affin que len ne cuidast que la loy fust mal pour ce q̄ elle est dicte vertu de pechie: pour ce icelui apostre en demenāt ceste q̄stion en vng autre lieu dit aisi La loy certes est saincte, et est commādement saint et iuste et est bon. Dōcques ce qui est bon, dist il, est fait mort a moy: ia nauiengne, mais le pechie a ouure: ou

fait a moy sa mort, affin que il appaire pechie, a ce que il soit fait pecheur oultre mesure, ou que pechie soit fait par mandement ou commandement. Il est dit oultre mesure: come desia transgression nest adioustee, quant par sa delectacion que len acroist affin de pechier: ses a desia en despit celle loy. Mais pourquoy auons nous cuide recorder ceste chose, certes ce a este pource, sicome la loy nest mie mal quant elle acroist la conuoitise des pechans, aussi la mort nest mie bien: quant elle acroist la gloire des paciës: comme ou icelle: cest assauoir la loy est delaissee pour iniquite, et fait les preuaricateurs cest adire ceulx qui trespassent le commandement de dieu, ou quant ceste: cest assauoir la mort est receue pour verite et fait les martirs. Et pour ce pour certain la loy est bonne, car elle est deffension de pechie, mais la mort est mauuaise, pour ce quelle est loyer de pechie. Mais ainsi come les mauuais vsent mauuaisement non pas tant seulement des maulx: mais aussi des biës, aussi les bons et les iustes vsent bien: non pas tant seulement des biens, mais aussi des maulx. Et de ce aduient que les mauuais vsent mauuaisement de la loy, iasoit ce que la loy soit bonne chose, et que les bons meurët bien iasoit ce que la mort soit mauuaise chose

⁋ De la mort generale par laquelle la compaignie de lame et du corps est separee   .vi.

Pour laquelle chose tant come il appartenoit a la mort du corps: cest adire a la separation de lame et du corps, quant ceulx qui sont appellez mouuais la seuffrët: celle mort nest bonne a aucun, car celle force par laquelle lune et lautre, cest adire lame et le corps est separe. cest assauoir ce qui auoit este coioit et etretenoit en iceulx qui viuet celle force dessusdite a vng aspre setement et contre nature iusque a tant que tout le sens soit oste, lequel y estoit par icelle coionction de lame et du corps, toute laqlle douleur ou

moleste aucunesfois vng coup du corps ou .i. rauissement de lame oste du milieu et ne la laisse pas qlle soit setiue: tant est hastiue. Toutesfois qlq chose que cela soit es mors que oste le sens auec grief setement: celle chose acroist le merite de paciëce, en souffrät debonairement et loyaument, mais elle ne oste pas la mort: ou le nom de peine. Et ainsi come en la lignee ppetuee des premiers hommes, la mort soit pour certain la peine de celui qui renaist: cest adire q est regenere par baptesme: se elle est soufferte pour iustice et pour pitie, et come la mort soit retribucion de pechie, elle impetre aucunesfois que rien ne soit retribue a pechie.

⁋ De la mort: laqlle ceulx recoiuët qui ne sont mie regenerez par la cofession de ihesu crist.   .vii.

Car certes qlconques meurët pour la cöfessiö de iesucrist: combien quilz naiët pas receu le lauement de regeneratiö: cest assauoir baptesme. autant leur vault il aux pechies estre pdönez, come se ilz estoiet lauez de saicte fötaine de baptesme: car cesui q dit, q ne sera regenere deaue et de esperit: il nëtrera point ou royaume des cieulx, fait ceulx cy exceptez pnone autre sentëce ou il dist ainsi, nö pas moins generalemët: cest assauoir ce q sensuit Qui me confessera deuant les hommes: ie le confesseray et recongnoistray deuant mon pere qui est es cieulx, et en autre lieu il dit qui pdera son ame: cest adire sa vie pour moy il la retrouuera. De ce vient ce q est escript. la mort des sais de nseignr est pcieuse: en la püce de sui. car qst pl9 pcieuse chose q la mort, par laqlle il auiët q tous pechies söt pdönez, et les merites sont acreus plus habödamment. car ceulx q söt baptisez: qpt ilz ne peuët esloigier la mort soit qlz soiët trespassez de ceste vie: et tousseurs pechies pardönez: ne sont point de si grät merite: come sont ceulx q nont point esloignie la mort, combien quilz la peussët esloignier pour ce que ilz ont mieulx ame finer leur vie en confessant ihesucrist: que venir au baptesme de lui en le reniant: laquelle chose se ilz feussent faicte: cest assauoir se ilz eussent renye ihesucrist sans doubte ce leur seroit pardonne en celui lauement de baptesme: cest assauoir ce q̃lz auroient renye ihesucrist pour doubte de la mort, ouquel lauement a ceulx qui occirent ihesucrist fust pardonne si grant pechie. Mais quant pourroient ilz tant amer ihesucrist sans labondāce de la grace de lesperit de celui qui lenuoie la ou il veult, que ilz ne le puessent renier en si grant peril de vie, soubz si grande esperance de pardon: Doncques la precieuse mort des sains, ausquelz la mort de ihesucrist est par auant enuoyee et donnee, aussi comme dun preuilege auec si grande grace, que pour icelui ihesucrist acquerir ilz ne reculassent point liurer leur mort. Icelle precieuse mort des sains a monstre celle chose estre ramenee en ces vsaiges, laquelle auoit este par auant establie a la peine du pechāt, a ce que de ce nasquist plus plentureux fruit de iustice. La mort doncques ne doit mie sembler bonne chose, pour ce que elle est conuertie en si grāt vtilite, non pas sa force, mais par layde diuine: cest adire de dieu en celle maniere que elle qui fut lors proposee a estre doubtee, affin que pechie ne fust commis, et se il est commis quil soit effacie, et que a celle grande victoire: le loyer deu soit rendu.

¶ Que la premiere mort q̃ les sains seuffrent pour verite, ce leur est absoluciō de la seconde mort. viii.

Car se nous consideroñs plus diligāmēt des lors que aucun meurt pour verite loyaument et loablemēt: il eschieue la mort. Quelle merueille: pour ce recoit on aucune chose delle: cest assauoir de la mort, affin quelle nauiēgne toute, et que apres ce viengne la seconde mort, laquelle ne finisse iamais, car la separation de lame et du corps est receue: affin que dieu separe de lame, elle ne soit des lors separee du corps, et p ce apres la p̃miere mort de tout lomme acomplie, la secōde mort perpetuelle et sempiternelle se recoiue. Pourquoy sicōme iay dit: mort nest bōne a aucuns quant ceulx q̃ meurent la seuffrent, et quant elle fait en eulx q̃ ilz meurēt, mais len la seuffre louablemēt pour tenir ou acq̃rir bien, mais quant ceulx q̃ sont ditz ⁊ nommez mors: sont ia en elle est dicte non pas par raison ⁊ mauuaise aux mauuais, ⁊ bonne aux bōs, car les ames des bons separees des corps sōt en repos, mais les ames des mauuais seuffrent peines iusques a lors que les corps des ames des bons reuiennent a la vie pardurable, et les corps des mauuais reuiennent a la mort pardurable, laquelle est dicte et appellee seconde: portāt quelle est eternelle.

¶ Assauoir se le temps de la mort par lequel le sens de la vie est ostee, doie estre dit: estre en ceulx q̃ se meurēt: ou en ceulx qui sont mors. ix.

Mais assauoir se celui tēps pour leq̃l les ames sont separees des corps, ou es bōs, ou es maunais, est a estre dit apres la mort, ou mieulx en la mort, car se il est dit apres la mort: icelle mort laq̃lle est oultree ⁊ passee, nest ia ou bōne ou maunaise, mais la mort apres la vie de lame est ou bōne ou mauuaise, mais la mort estoit lors mauuaise: a ceulx q̃ sont mors, quāt elle estoit: cest assauoir quāt il la souffroiēt et quāt ilz mourroiēt, car le sentemēt leur estoit lors grief ⁊ doloureux, duq̃l ses les bōs vsēt biē, mais la mort passee, laq̃lle ia nest mie en eulx q̃ mā niere, est elle ou bōne ou mauuaise. toutesfois se no⁹ cōsiderōs encores pl⁹ diligāmēt, celle ne apperra mie estre mort, de la q̃lle no⁹ auōs dit se sētemēt estre grief et doloureux en ceulx q̃ se meurēt, car pour certaī tāt cōe ilz sētēt ilz viuēt encores, ⁊ se ilz viuēt encores, ilz sōt a estre ditz auāt la mort, mieulx q̃ en la mort, car icelle mort oste tout le sēs du corps, q̃t elle est venue le q̃l sens est moleste quant elle ap̃roche.

Et pour ce est fort a demonstrer commēt nous disons ceulx mourans qui ne sont pas encores mors/ mais pour ce q̄ sa mort sappert ia, et par sa derreniere et mortelle affliction:iasoit q̄ ceulx ci soiēt droitemēt appellez morans, car quant la mort laquelle ia appert sera venue, ilz ne seront pas appellez mourans, mais seront appellez mors. Doncques nest il aucun morant fors le viuant, car certainement celui vit encores qui a encores lame/ quāt il est si grandement pres de sa fin/ cōme sont ceulx lesquelz nous disons rendāt lame. Doncques est celui mesmes ensēble et mourant et viuant, mais il est aprochant de la mort, et departant de la vie, encores touteffois en vie/ car lame est ou corps/mais il nest mie encores en sa mort, pour ce que lame nest mie encores departie du corps. Mais qui dira en quel temps il soit en la mort, se il nest en la mort quāt lame sera departie du corps aincois sera mieulx apres la mort, car se aucun ne peut estre morant et viuant ensēble:il ne sera aucun morāt. Quelle merueille:nous ne pouons nyer que aucū ne viue tantcomme lame est ou corps. Ou se celui doit mieulx estre dist mourant ou corps:duquel il est ia ordonne que il meurt, et aucun ne peut estre viuant et morant ensemble. Je ne scay quant il est viuant.

¶ De la vie de ceulx qui sont mortelz:laquelle doit mieulx estre ditte mort q̄ vie.

p.

Car des fois que vng chascun commēce a estre en ce corps qui est a morir oncques rien nest en lui fait fors que la mort viengne, car se fait la muableté de lui, en tout le cours de ceste vie/ se touteffois elle doit estre dicte vie:a ce que on viēgne a la mort. Quelle merueille: il nest homme a qui sa mort ne soit plus prochaine apres vng an/ et demain q̄ huy/ et huy que hier, et vng pou apres q̄ maintenant que elle nestoit vng pou par auant/ car tout ce que on vit du tēps/ este oste et mis hors de lespace de la vie, et chascun iour est fait moins et moins ce qui demeure/ a ce que du tout le temps de ceste vie ne soit riē autre chose que le cours a la mort. Ouquel cours homme nest souffert ou laisse arrester tant soit pou/ ou aucunement aler plus bellement: aincois sont tous constrains par pareil mouuement ne ne sont poīt efforcies par diuers aioustemēs/car celui a qui la vie a este plus briefue:na pas passe le iour plus hastiuemēt q̄ ceulx a qui la vie a este plus longue/ mais comme egaulx momēs et egalement feussent rauis/ a tous deux: lun a plus pres/ et lautre plus loīg ce a quoy tous deux couroient/ non pas par despareille legierete ou hastiueté. Certes autre chose est: aler plus de chemin ou de voye et autre chose est estre allé plus a sopsir. Doncques celui qui fait plus longues espaces de temps, iusques a la mort ne va pas plus laschement: mais fait plus de voye/ mais se chascun commence a morir cest a dire estre en la mort des q̄ la mort commēca a ouurer en lui:cest adire labiegement de vie/ car quanticelle vie sera finee en traiāt la vie, fors apres la mort: elle ne sera plus en sa mort pour certain/ des ce que elle commence estre en ce corps elle est en la mort. Car quelle chose autre est faicte en aucuns iours/ heures et momens, iusques a ce que icelle mort soit acomplie, laquelle se faisoit. Et fors commēce le temps estre apres la mort, lequel estoit en la mort quāt la vie se diminuoit. Doncques se lomme ne peut estre en vie et en mort ensemble, il nest doncques en vie depuis que il est en ce corps mourant plus que viuant, ou qui plus est: est il en vie et en mort ensēble:cest assauoir en vie en laquelle il vit iusques a ce quelle soit toute faillie et en la mort pour ce q̄ fors il meurt quāt la vie abrege et diminue:car se il nest en vie:q̄lle chose est ce q̄ se diminue/ iusq̄s a ce q̄ le degastemēt delle soit tout parfait.

¶ Assauoir se aucun puet estre viuant et

mort ensemble. pi.

Mais se lomme viuant nest mie en la mort:quelle chose est la diminucion ou abregement de la vie/car homme nest mie pour neant dit:ia estre apres la mort, quāt la vie est toute ostee au corps fors pour ce que la mort estoit. quant la vie desailloit/ car se homme nest mie en la mort, mais apres la mort quāt la vie est faillie, quant sera il en la mort: fors tāt comme la vie se appetisse et diminue Mais se cest laide chose que nous disons que homme soit en la mort/ aincois que il viengne a la mort/ se il est ia en celle mort/a laquelle il approuche en demenāt les temps de sa vie mesmement/comme cest trop sotte chose que hōme soit dit viuant et morant ensemble/ comme il ne puisse estre/a veillant a dormant ensamble.il est a demander: cest adire en quel temps lomme sera mourāt/car pour certain aincois que sa mort viengne:il nest mie mourant, mais viuant, mais quāt la mort sera venue:il sera mort/non mie mourāt. Donques cela est encores auāt sa mort:cecy ia apres la mort. Quant est il donques en la mort pour certain, adōques est il mourant:affin que ainsi comme nous disōs auāt la mort, en la mort apres la mort, qui sont trois choses. aussi trois choses: cest assauoir viuant, morant et mort. soient rendues et appliquees chascune a chascune:cest assauoir viuant auant la mort, mourāt en la mort et mort apres la mort. Mais cest tresfort determiner quant homme soit morant: cest adire en la mort ou il ne soit pas viuant pour ce que cest auant la mort/ ne il ne soit mort pour ce q̄ cest apres la mort mais soit mourant pour ce que cest a la mort:cest adire en la mort. Car homme qui est de ame a de corps vit sās aucune doubte, tant comme lame est au corps/ mesmement quant le sens y est/et par ce est il a dire quil est encores auāt la mort non mie en la mort. mais quant lame sera departie du corps/et aura oste tout le sens du corps. lors lomme apres la mort est tesmoignie estre mort. Donques il perist entre tous deux, parquoy il est morant/ou en sa mort, car se il vit encores il est auant la mort, se il a laisse a viure il est lors apres sa mort. Donques nest il onques compris estre mourant: cest adire en la mort. Et ainsi len quiert et demande, temps present:ou decours de tēps mais il nest point trouue, car cest sans aucune espace parquoy on passe du temps aduenir:ou temps passe. Nest il mie dōques a veoir que par ceste tresforte rayson sa mort corporelle soit dicte nulle/ car se elle est/quant est elle:qui ne peut estre en aucun, et en laquelle nul ne peut estre:quant pour certain encores nest mie se on dit, car cest auant la mort:non mie en la mort. mais se on a ia cesse de viure cest adire que len soit mort, lors nest esse pas/ car cest apres la mort: nō mie en la mort. Mais de rechief se il nest aucune mort deuant, quelle chose: ou apres quelles chose est ce quil est dit, estre auāt la mort ou apres la mort/ car et ce est dit vainement se il nest aucune mort. Et pleut a dieu que nous eussions tant fait par bien viure en paradis: que a verite dire il ne fust mort aucune. mais or droit non mie tant seulement elle est, mais est pour certain tant nuisible que par aucune parolle ne peut estre expliquie:ne par aucune raison eschieuee. Parlons donques selon ce quil est acoustume, car autrement ne le deuons nous faire, a disōs auant la mort auant que sa mort viengne:sicomme il est escript. Ne loue quelsconques auant la mort. Disons aussi quant elle sera venue apres la mort dice lui:ou de celle telle chose/ ou telle chose est faicte. Et disons du present ce q̄ nous en pouons dire sicomme quant nous disons en ceste maniere/ celui mourant a fait testamēt:et mourāt a laissie a ceulx et a ceulx telle chose et telle chose. iasoit ce que il ne se peut faire se il nestoit viuāt et mieulx ait ce fait auant la mort: que en sa mort. parlons aussi sicomme par se sa diuine escripture. laquelle pour certain ne doubte mie dire les mors estre: non mie apres la mort. mais en sa mort. car de sa est ce dit. car en sa mort il nest nul qui soit ramembrāt de toy. car les mors sont dis estre en la mort iusques quil reuient sicomme chascun qui dort: est dit estre somme: iusq̄s a ce quil se resueille. ia soit ce que nous disons que ceulx dormēt qui sont en somme. Toutesfois ne porriōs nous dire en telle maniere. ceulx qui sont ia mors estre mourans. car ceulx q̄ sont ia separez des corps en tāt comme il appartient a la mort du corps. de laquelle nous determinons ordroit ne muerēt mie encores. mais cest ce que iay dit que sen ne peut explicquier ou declarer par q̄l que maniere de parler: cest assauoir par quelle maniere les mourans soient ditz viure. ou que ceulx qui sont ia mors: apres sa mort soient ditz estre encores en sa mort. car comment sōt ilz apres sa mort sil sont encores en la mort. mesmement comme nous ne les disons mie mourās sicomme nous disons domans. ceulx q̄ sont en leur sōne. et languissans: ceulx qui sont en langueurs. & doulans ceulx qui sont en douleurs et viuans: ceulx q̄ sont en vie. mais les mors sont dis estre en la mort: aincois quilz resuscitent. Et toutesfois ilz ne peuent estre appellez mourans. Dont ie cuide: non pas descōuenablement ne sans cause estre aduenu et si non par humaine subtiuete. par auēture. toutesfois par iugemēt de dieu. que les gramariens nont peu decliner en langue latine ce verbe moritur: par celle rieu se par laq̄lle tous telz autres verbes sōt declinez. car de ce verbe: cest assauoir oritur est fait de ce verbe preterit temps cest assauoir Ortus est: et autres saucuns en ya semblables qui soient declinez par les participes du temps preterit. Mais se nous demandons la vertu du preterit temps de ce verbe moritur. on scet respondre mortuus est p̄ deux VV. Car sen dit ainsi mortuus. comme on dit fatuus. arduus. carduus. auspicuus. et sicomme aucuus semblables. qui ne sont mie du preterit temps. mais sont declinez sans temps: pour ce que ilz sont noms. Mais ce mot: cest assauoir mortuꝰ qui ne peut estre decline ainsi comme se il fust decline: est non mis pour participe de preterit temps Et pour ce est ce conuenablement fait que sicomme ce que verbe moritur: signifie. ne peut estre decline en faisant. et aussi icelui verbe ne peut estre decline en parlant. toutesfois peut il estre fait en laide de nostre redempteur que aumoins nous puissons decliner ou eschieuer sa mort seconde. car elle est la plus griefue et tres mauuaise de tous maulx. laquelle nest mie faicte par la separation de lame & du corps. mais aincois par lassemblement de lun et de lautre en peine pardurable. La au contraire ne seront mie les hommes auant la mort. et apres la mort. mais tousiours en la mort. & pour ce ne seront iamais viuans: ne iamais mors. mais mourans sans fin. car iamais ne sera pis a homme en la mort. q̄ la ou celle mort sera sans mort.

De quelle mort dieu menaca les premiers hommes se ilz trespassoient son commandement. pii.

Doncques quant on demande de q̄l mort dieu ait menacie les premiers hommes. se ilz trespassoient le commandement prins de lui. et ne gardoient obeissance. Assauoir se cestoit la mort de lame ou du corps. ou de tout lomme: cest adire de lame et du corps: ou celle qui est appellee mort seconde. il est a respondre que de toutes. Car la premiere mort est composee de deux. et la seconde mort de toutes. car sicomme toute la terre est composee de plusieurs terres et toute leglise. de plusieurs eglises: aussi toute la mort est composee de toutes. car la premiere est composee de ii.: cest assauoir lune de lame et l'autre du corps en telle maniere que la premiere mort de tout homme soit celle: p̃ laquelle l'ame sans dieu et sans le corps seuffre peines par ung temps. Mais la mort seconde est celle ou l'ame sans dieu et auec le corps seuffre peines perdurables. Doncques quant dieu dist a celui p̃mier hõme lequel il auoit establi en padis terrestre de la viande deffēdue en quelque iour que vous mengerez de celle viande vous mourrez de mort. Celle menace ne comprint mie tant seulement la premiere partie de la premiere mort ou l'ame est priuee de dieu, ne tant seulemēt la derreniere partie, ou le corps est priue de l'ame, ne seulement icelle premiere mort, ou l'ame dou l'ēst separee de dieu et du corps est pugnie, mais est comp̃is icelle menace tout ce qui est de mort: iusques a la derreniere laquelle est dicte seconde, apres laquelle il n'est point d'autre.

¶ Quelle paine senti premieremēt la preuarication des premiers hommes: c'est a dire ce qu'il trespasserent le commandement de dieu. p.iii.

Apres ce que le trespassement du commandemendement fut fait, tātost la grace de dieu laissa iceulx p̃miers hõmes et furent confus, et eurent honte de ce qu'ilz s'apperceurent estre nudz. Dont des lors ilz couurirent leurs natures de feuilles de figuier, lesquelles ilz trouuerent par auenture premierement, comme ceulx qui estoient troublez, lesq̃lles estoient par auant iceulx mesmes membres mais ilz n'estoient mie honteux a veoir.
¶ Pour certain ilz sentirent ung nouuel mouuemēt de leur char, ainsi comme pei ne retournant de leur desobeissāce. Quelle merueille: l'ame par sa propre francise en soy delictant en chose peruerse, et qui ne daignoit seruir a dieu: estoit la p̃ droit destituee du precedent seruice du corps. et pour ce que de sa voulente: elle auoit laisse son seigneur souuerain, elle ne tenoit mie a sa voulente son sergant subiect, ne elle n'auoit mie la char subiecte du tout si comme elle l'eust peu auoir tousiours, se elle fust demouree subiecte a dieu. Lors doncques commenca la char a cõuoitier encontre l'esperit, auec laquelle contiouersie nous sommes nez: traians a nous la naissance de mort, et par auenture conchiee en noz membres de la premiere desobeissance, portans la contention ou victoire d'icelle mort.

¶ Quel homme fut fait et cree de dieu, et en quelle auenture il soit cheu de sa france voulente. p.iiii.

Car dieu faiseur des natures et cetera non mie en quelq̃ maniere des unes crea homme droiturier, mais icelui homme voluntairement empirie, et iustemēt dempne, engendrez empirez et dempnez Car nous fusmes tous en celui ung seul homme, quant nous fusmes icelui seul homme qui tresbucha en pechie par femme, laquelle fust faicte de lui auant pechie Encores n'estoit mie cree ne distribue singulierement a nous sa forme, en laq̃lle chascun de nous vesquist, mais sa nature seminable estoit ia: de laquelle nous serions peuplez, de laquelle nature conchiee par pechie, et estrainte du lyen de la mort et iustement dampnee, hõme seroit nez de homme non mie d'aultre condiciõ Et par ce est nee l'ordre de ceste chetiuete, par le mauuais vsaige de franche voulēte, laquelle ordre empiree en naissance aĩ si comme par rachine corrompue: mayne l'umain lignaige par connexion de mescheances iusque a l'issue de la mort seconde, laquelle n'a point de fin: exceptez ceulx qui en sont deliurez par la grace de dieu.

¶ Que en ce que Adam pecha: il laissa dieu aincois qu'il fut laisse de dieu, et en soy departant de dieu que ce fust la premiere mort. p.v.

Pour laquelle chose se en ce que dit est vo⁹ mourrez de mort pour ce q̃l nest pas dit de mors/ nous entendõs celle seulle mort laquelle est faicte quãt lame est delaissee de sa vie/ laquelle chose dieu luy est. Car elle nest pas laissee a ce que elle laissast: mais elle laissa a ce q̃ elle fust laissee. Quelz merueilles: La volente delle fut p̃miere au mal de elle mais la volente de son createur fust p̃miere au bien de elle: ou ad ce qui la feist laquelle estoit nulle, ou a ce quil la reface: laquelle tresbuchee estoit perie. Et se ia nous entendons que dieu eust ia denoncee ceste mort/ en ce que il dist. En quelq̃ iour que vous mengerez de ce. Cest adire de la viande deffendue vous mourrez de mort/ ainsi comme se il dist/ quelque iour que vous me laisserez par desobeyssance, ie vous laisseray par iustice. Pour certain desia les autres deux mors/ lesq̃l les estoient a ensuyuir sont aussi denoncees en ceste mort. Car en ce que le mouuement desobeyssant pour lesq̃l mouuemẽt ilz couurirent les choses dont ilz auoiẽt honte vne mort fut entẽdue en laquelle dieu laissa lame. Celle mort est signifiee p̃ les parolles de dieu quant il dist al hõme qui par paour forsenee se mucoit. Adam ou es tu: nompas que il serchast comme se il ne sceust ou il estoit: mais ã monnestant et le blasmant q̃ il aduisast ou il estoit/ ouq̃l dieu nestoit pas. Mais quant lame laisse le corps corrompu par aage et degaste et consume par vieillesse. Lautre mort vient en lexperience de laq̃l se mort dieu en pugnissant ẽcore le pechie auoit dit. Tu es terre/ et en terre yras. A ce que celle premiere mort laquelle est du tout a lhomme: fust acomplie par ces deux. Laquelle mort premiere la mort seconde ensuyuist au dernier, se lhomme nen estoit deliure par grace. Car le corps qui est de terre ne retourneroit pas en terre fors par sa mort/ laquelle luy vient quãt il est laisse de sa vie: cest adire de lame. Dont est il certain entre les crestiens qui

tiennent vrayement la foy catholicque q̃ icelle mort du corps nous est apportee et empraincte par la loy de nature/ par laq̃l le dieu na fait a homme aucũe mort fors par la desserte de pechie. Car dieu vẽgãt le pechie dist al homme ouquel lors nous estions tous. Tu es terre et en terre yras.

¶ Des philosophes qui ne cuiderẽt pas la separacion de lame et du corps estre penible comme platon en duise. et demonstre que le souuerain dieu a promis aux moindres dieux que ilz ne serõt iamais depouillez de leurs corps. xvij.

Mais les philosophes cõtre les faulses accusacions desquelz nous deffendons la cite de dieu. Cest assauoir son eglise se cuident saigemẽt mocquer entre eulx de ce que nous disons que la separacion de lame et du corps est deputee et ordonnee entre les peines de lhomme. Car ilz cuident que la parfaicte beneurete soit faicte a elle quant humblement retourne a dieu despouillee du tout de tout corps simple et seulle/ et ainsi comme nue Ouquel il me seroit plus proffitable chose a disputer comment ie demonstrasse que le corps nest pas de lame. Mais est corps corrompable chargent/ se ie ne trouuoie aucune chose en leurs escriptures/ p̃ quoy ceste oppinion fust reboutee/ dont ce est que nous auons ramenteu de noz escriptures ou liure precedẽt. Car le corps qui est corruptible agrieue lame/ et en adioustant par tout corruptible. Il tesmoigna lame par la vẽgeance q̃ senensuyuit estre aggrauee/ nompas de quelconques corps: mais de tel comme il est fait par chie. Laquelle chose pour certain se il ne luy eust adioustee si ne deussions nous rien autre chose entendre. Mais comme ce philosophe platon presche tresapptemẽt les dieux fais du souuerain dieu auoir corps immortelz/ et afferme q̃ icelup dieu de q̃ ilz sont fais leur a promis pour grãt beneficeque il demourront pdurablemẽt auec leur corps/ et ne en seront iamais des fiez deulz ne feparez par aucune mort. Queſt ce que ceulx cy a troubler la foy chreſtienne faignent eulz non ſcauoir ce que ilz ſcaiuent: ou certes comme contraires et repugnans a eulz meſmes/ Ilz aiment mieulx dire contre eulz meſmes/ mais que ilz ne ceſſent a nous cōtredire. Car les paroles de platon/ſicomme cicero les tranſlate, en latin ſont ceſtes par leſquelles il afferme le ſouuerain dieu parlant aux dieux leſquelz ilz a fais/ et diſant ce qui ſenſupt. Vous q̃ eſtes nez de ma ſemēce: aduiſez de quelles oeuures Je ſuis pere et faiſeur. Ces choſes ſont indiſſolubles nompas par ma volente: Combien que toute choſe enſemble lyee puiſt eſtre deſlyee/ mais ce neſt pas bien vouloir deſlyer choſe lyee par raiſon. Mais pource que vous eſtes nez pour certain vous ne pouez eſtre immortelz et indiſſolubles/ ceſt adire non ſeparables/ Touteſfois ne ſerez vous iamais deſfais ne ne vous deſferont ou occirōt aucunes fatz. Ceſt adire aucunes deſtinees ou fortunes de mort/ ne ne ſerōt pas plꝰ puiſſans que mon cōſeil/lequel eſt plus grant lyen a voſtre perpetuite/ que les choſes dont vous fuſtes enſemble lyez et conioins quant vous fuſtes engendrez Veez cy que platon dit ſes dieux eſtre mortelz par la conionction du corps et de lame. Et touteſfois il les dit immortelz par la voulente et conſeil de dieu de qui ilz ſont faiz. Doncques ſe ceſt peine a lame eſtre lyee ou encloſe en quelconques corps, queſt ce que dieu plant aux dieux deſſuſdis/comme a ceulx qui ſont a meſchief que par aduenture ilz ne meurent: ceſt adire quilz ne ſoient deſſeurez, et que lame ne ſoit ſeparee du corps: fait iceulx dieux ſeurs de leur immortalite/ nompas pour la nature deulz/ Laquelle eſt faicte compoſee et nompas ſimple: mais pour ſa voulente qui ne peut eſtre vaincue/ par laq̃lle il peut faire q̃ les choſes neez ne meurent point et que les choſes conioinctes ne ſoiēt deſlyees ne deffaictes

mais touſiours perſeuerent ſans corrupcion Et pour certain que ceſte choſe platon diſt eſtre vrape des eſtoilles: ceſt vne autre queſtion Car il ne luy cōuiēt pas accorder tantoſt ces monceaux et ces roches ou cercles de lumieres reluyſans pꝉ lumiere corporeſſe ſur ſes terres ou de iour ou de nupt viure par aucune leurs propres ames entendibles et beneureez/ Laquelle choſe pour certain icelup platō afferme eſtre de ce monde vniuerſel idifferamment ou ſans diſtance: comme dune treſgrant beſte/en laquelle toutes les autres beſtes ſont contenues. Mais ſicōme iay dit ceſt dune autre queſtion laq̃lle nous nauons pas ordonne a diſcuter ou a diſputer a preſent. Jay cupde recorder ceſte choſe tant ſeulement cōtre ceulx qui ſe glorifiēt eſtre ou eſtre appellez platonicques/ ceſt adire diſciples de platon: par lorgueil duquel nom ilz ont honte deſtre chreſtiens, affin que ce mot a eulx cōmuny auec le peuple ne face vil le petit nōbre de ces emmātelez laquelle eſt de tāt plus enſlee: comme ce peuple eſt plus petit en nombre. Et ceulx qui leur demandent quelle choſe ilz reprēnent en la doctrine chreſtienne ilz debattent la parduralete des corps/ ainſicōme ſe ces deux choſes fuſſent cōtraires entre elles Ceſt aſſauoir que nous demandons la beneurete de lame: et que nous veuillons quel le ſoit touſiours dedens le corps comme lyee dun maleureup lyer: Comme leur acteur et maiſtre/ceſt aſſauoir platō dye le dōeſtre ottrope du ſouuerain dieu/ aux dieux fais de lup que il ne mourrōt point/ceſt adire que ilz ne ſerontiamais ſeparez des corps auſq̃lz il les a gioints

⁋ Expoſicion ſur ce chapitre.

EN ce.xvii. chapitre quāt mōſeigneur ſaint auguſtin pʳle.de platon et de ce q̃l dit quil confeſſe treſapertement/ ceſt adire en ſon liure iij. thimeo en la ſeconde partie pres du cōmencemēt. Et ſentētdēt ses parolles aux anges ausquelz nostre seigneur parle. Et est assauoir que ce liure in thymeo fut premierement translate par Tulles/ que monseigneur sainct augustin appelle cicero. Lequel recite les parolles de platon selon celle translacion. Et celle translacion ne se treuue pas de legier. Et depuis fut translate par calcidius qui estoit archediacre de osius qui pour lors estoit euesque en espaigne. Et se commence celle translacion. Isocrates in exortationibus suis ꝛ cetera. Et celle translacion se treuue assez de legier. Et en celle translacion de calcidius les motz sont telz ou platon faint que dieu parle aux dieux quil a creez en disant en ceste maniere ⊙ Dii deorum quorum opifex idemqꝫ pater ego sum / opera siquidem vop mea dissolubilia natura/ me tamen ita volente indissolubilia sic perueniertis ꝛcetera. Et là se peut veoir de la nature des anges et de la voulente de dieu ꝛ de sa puissance qui sourmonte toute nature

¶ Contre ceulx qui afferment ou maintiennent que les corps terriens sont incorrumpables/ et quilz ne peuent estre fais pardurables   pviii

Ceulx cy aussy contendent desia q̃ les corps terrestres ne peuent estre pardurables comme ilz ne doubtent pas que toute la terre ne soit membre de son dieu / nompas pour certain souuerain/ mais toutesfois grant Cest assauoir de tout ce monde mis au millieu dudit monde estre pardurable. Doncques comme cestuy dieu souuerain leur en ait fait vng autre lequel ilz cuydent estre dieu / Cest assauoir ce monde lequel est a estre mis deuant aux autres dieux: lesquelz sont dedens luy et se cuydent viuant / cest assauoir de ame raisonnable ou intellectuelle. en chose en si grant masse du corps dycestuy monde/ et ait establi ses quatre elemens: comme membres de ce corps mis et ordonnez en leurs lieux/ desquelz membres il veullent la conionction estre incorrumpable et pardurable/ affin que leur dieu si grant ne nourse / par quelle cause est ce que la terre soit pardurable. Comme membre moyen ou corps du greigneur ayant ame/ cest assauoir du monde / et que les corps des autres choses terrestres ayans ames ne puissent estre pardurables se dieu le veult / ou si comme est cestuy membre / cest assauoir la terre. Mais la terre si comme ilz dient est a estre rendue a la terre / de laquelle les bestes terrestres sont prinses/ dequoy il auient si comme ilz dient que il est necessite que iceulx corps: cest assauoir terrestres/ soient desseurez et quilz meurent/ et que en celle maniere ilz seroient restituez a la terre estable et pardurable/ dont ilz auoient este prins/ et sil est aucun q̃ desia semblablemēt afferme ceste chose du feu: et dye que les corps seront ou sont rendus ou feu vniuersel/ lesquelz sont prins de luy a ce que ilz soient fais bestes celestiens ne cherra pas entre ces choses/ ainsi comme par la violence ou force de ceste disputacion: limmortalite, laquelle platon a promis a ces dieux/ par la parolle du souuerain dieu/ qui nest pas ce fait illec, pource que dieu ne le veult pas/ du quel aucune force ne vainct la voulente si comme dit platon. Quelle chose donc ques deffent que dieu aussy ne puisse ce faire des corps terrestriens/ quant platon confesse que dieu a pouoir de ce faire que les choses lesquelles sont conionctes ne soient point desseurees/ et les choses lesquelles sont prinses des elemens. ne leur soient point rendues / et que les ames establyes dedens les corps ne laissent ia mais/ et auecques eulx vsent et iouyssent de immortalite et de beneurete pardurable. Pourquoy doncques ne peut il faire que les corps terrestres ne meurent point: ou dieu nest pas si puissant comme les crestiens croyent. Mais tant comme les

f ii

disciples de platon veulsent p̄ estimacion ce n'est pas merueilles se les philosophes ont peu congnoistre le conseil et la puissance de dieu, et les prophetes ne sōt peu congnoistre, comme aincois au contraire l'esperit de dieu, c'est adire se saint esperit ait enseigne les p̄phetes de dieu, tant comme il luy a pleu, pour amener la Verite de luy, et coniecture humaine, ait de ceu les philosophes a la congnoistre: c'est assauoir a congnoistre la voulēte et puissance de dieu. Mais ilz ne deussent pas auoir este deceuz: iusques a ce, nompas seulemēt par ignorāce, mais certes par folie et obstinacion. par laquelle ilz resistent tresappertement a eulz mesmes, et afferment par grandes forces de disputacions. que a ce que l'ame puist estre beneuree, elle doit fouyr nompas seulemēt le corps terrien, mais tout autre corps, en disant de rechief q̄ les dieux ont ames tresbeneurees, et que toutesfois elles sōt lyees des corps pardurables. C'est assauoir les ames celestiennes lyees de corps de feu. Mais l'ame d'icelluy dieu Jupiter lequel ilz veullent estre ce monde, ilz dient estre enclose du tout, de tous les elemēs corporelz par lesquelles ceste pesanteur ou masse tresgrande se lieue de la terre iusques au ciel. Platon cuide q̄ ceste ame soit espandue par nombre de musicque du millieu de dedens la terre, laquelle les geometriens appellent le centre pour toutes pties d'icelle: iusques aux plus bas et derniers lieux du ciel, a ce que le monde soit une tresgrant beste tresbeneuree p̄ durable de laquelle l'ame tenist parfaicte felicite de sapience et ne laissast point son propre corps, et de laquelle le corps vesquist d'icelle ame pardurablement, et que icelluy corps, ia soit ce que il ne soit pas simple, mais compose de tant et si grans corps ne peust icelle ame faire paresseuse ne tardiue: ou tarder. Doncques comme par leurs suspicions ilz accordēt ces choses dessusdictes. Pourquoy ne

veussent ilz croire que les corps terriens puissent estre fais immortelz par sa voulente et puissance diuine: esquelz corps les ames qui ne sont separees de eulz p̄ aucune mort: ne viuent pardurablemēt et beneureement, nompas aggrieues: ne chargees ne appesanties par aucūs fais ou charges d'iceulx corps. Laquelle chose ilz afferment que leurs dieux se peuēt en corps de feu, et icelluy Jupiter leur roy mesmes, en tous les elemens corporelz, car se le corps est a fuyr, a ce que l'ame soit beneuree, fuyent feu leurs dieux des monceaulx des estoilles, fuye en Jupiter du ciel et de la terre: ou se ilz ne les peuēt faire quilz soient iugies estre meschans. Mais ceulx cy ne veullent ne l'un ne l'autre: q̄ n'osent donner separacion des corps a leurs dieux que ilz ne soient verz aourer iceulx dieux comme mortelz, ne ne leur osent donner priuacion de beneurete que ilz ne confessent que ilz sont maleureux. Doncques ne sont pas tous corps a fuyr, pour acquerre beneurete. Mais sont a fuyr les corps corruptibles enuieux griefz et morineux, nompas telz que la bonte de dieu les fist es premiers hōmes mais quelz la peine de pechie les cōstraingnyt a estre

Exposicion sur ce chapitre.

En ce .xviii. chapitre mōseigneur saint augustin argue par les paroles de platon mises icy, et ou chapitre precedent que dieu par sa pure voulēte peut faire le corps de l'hōme indissoluble de sa voulēte le q̄l est dissoluble p̄ nature, c'est adire que l'ame laisse le corps par nature. Et est cy a notter la cōtrariete qui estoit entre platon et porphire. Car porphire afferme q̄ l'en doit fuyr tout corps: a celle fin q̄ l'ame puist estre beneuree, et platon et les autres platonicques dient q̄ ilz ont ames beneurees: lesquelles sont lyees auec les corps tresbeneurez et perpetuelz. Et aussy diēt ilz que le mõde, lequel ce platon dit estre iupiter: a son ame respãdue par tous les elemens, selon les nombres des musiqs Lesquelz sont.i.ii.iii.iiii.viii.ix.et.xxvii. Pourquoy et comment en ces nombres se treuuent toutes accordances et consonãces de musique ou de voix il se peut sauoir legierement a tout homme qvouldra lyre et veoir le.ii.liure de macrobe de somnio scipionis.

¶ Des corps terriens, lesquelz les philosophes afferment qlz ne peuent estre es cieulx, pource que ce qui est terrien par naturelle pesanteur descend a terre ꝑviii.

Mais sicomme dict ces philosophes il est chose naturelle que la pesanteur naturelle tienne les corps naturelz en terre, ou les contraingne venir en terre, et pource ne peuent ilz venir au ciel Certes iceulx premiers hommes, cest asauoir adã et eue estoient en terre plaine de boys, cest adire de arbres fructueux Laquelle eut le nom de paradis terrestre: Mais par ce il q est a respondre ad ce ou par le corps de ihesucrist, auec lequel il mõta ou ciel, ou pour le corps des saintz lesqlz sont aduenir en la resurrectiõ regardétz aduisét ces pois terriés vng pou plꝰ entétiuemét. Car se art humain fait que de metaulx, Lesquelz mis en eaue sont tantost pluyngies, soient forgies vaisseaux qui puissent noer par aucuns engins ou manieres, De combien plus creablement (a a plus grant effect aucune maniere celee de lopperaciõ de dieu: de sa toute puissante voulente duquel platon dit que les choses necs ne peuent perir, ne les conioinctes estre desseurees peut donner. Cest assauoir aux choses mosses terriennes que elles ne soient abaissees en bas par quelque pesanteur, et donner aux ames tresparfaictement

bieneurees que par assiete et mouuement treslegier: elles mettent et mainent la ou elles veullent les corps qui desia toutesfois sont incorruptibles, ia soit ce quilz soient terriens comme par moult plus merueilleuse maniere, les choses incorporelles si soient conioinctes aux corporelles, que quelzconques corps soient cõioinctz a quelzconques aultres corps. Ou se les anges sõt ce, cest assauoir que ilz rauissent dont ilz veullent, et mettent ou ilz veullent quelzconques bestes terrestres, est il a croire que ilz ne se peuent faire, ou quilz ne sceuent pas les pesanteurs, Cest assauoir dicelles bestes. Pourquoy doncques ne croyons nous que les esperis des saintz parfais a bien eurez par le don de dieu, ayent pouoir de porter ou ilz vouldront leurs corps sãs aucune difficulte. Car de tant comme la quantite des corps terriens est plus grande: de tant est la pesanteur plus grãde, en telle maniere que plus de corps en poiz equallement plus que moins: ainsi comme nous auons acoustume a sentir en portant les poiz. Toutesfois lame porte mieulx les membres de sa chair plus legiers quant ilz sont en bonne et forte sante que elle ne fait quant ilz sont maigres, et en langueur. Et comme celuy qui est sain et fort soit fait plus pesant aux autres qui le portent que nest celuy qui est gresle et morineux, Toutesfois iceluy sain et fort est plus legier a mouuoir et porter son corps. quant il a plus de pesanteur en bonne sante que il nest quant il a trespetite force, et est en meschief et en faim. Autãt vault es corps que len a ia euz, Non pas le pris de la quantite, mais la maniere de lattrempance: ia soit ce quilz soient encores corruptibles et mortelz. Et qui est celuy qui puist demonstrer par parolles ybiẽ grãt difference il a entre la sante que nous disons presente et limmortalite aduenir. Ne regardons doncques pas les dis des philosophes touchāt nostre foy des poix ne des pesanteurs des corps. Car il ne leust pas demāder pourquoy ilz ne croyent que corps terrien puist estre ou ciel cōme toute la terre si soit pesee, ou se soustienne en neant Car par aduenture sen auroit plus vray semblable argumentacion dicelup moyen lieu du moude, pour ce que en sup tendent et sassemblent quelques choses plus pesans. Je dy aussy se les moindres dieux ausquelz platon cōmist hōme estre fait desia entre les aultres bestes terrestres, ont peu selon sopinion de ce platon oster du feu sa qualite de ardoir, et sup laisser sa qualite de enluminer: laquelle resuiroit aux yeulx Nous ne doubterons pas aussy ottroier du souverain dieu, a la voulente et puissance duquel, icelup platon ottroya que les choses lesquelles sont nees ne meurent point, et que ses choses tant diuerses et tant dessemblables: Cest assauoir corpores et incorporees conioinctes a elles mesmes ne puissent estre desioinctes par aucune dissolucion que icelup souverain dieu de sa chair de lhomme: auquel il a donne immortalite, il noste sa corrupcion, ains sa nature et retiene sa conuenience de la figure des membres face separacion ou oste sa tardiuete de la pesāteur de sa chair. Mais se il plaist a dieu il sera determine plus diligemment en la fin de ceste oeuure de sa foy de la resurrection des mors, et de leurs corps immortelz.

(Exposicion sur ce chapitre.

En ce .pviii. chappitre monseigneur sainct augustin allegue ce que dit platon in thymeo, de la voulente de dieu tous puissant: sicomme il appert ou precedent chapitre. Et apres dit que ce que platon afferme que ses moindres dieux

peuent oster du feu la qualite dardoir et sup laisser sa puissance de lupre, et ne allegue point ou platon dit: mais peut estre quil est en vng liure que fist platon de la natiuite des dieux.

(Contre les enseignemens de ceulx qui ne croyent pas que les premiers hommes eussent este immortelz se ilz neussēt pechie. xix

Mais maintenant declairōs ce que nous auons ordonne a declairer cest assauoir des corps des premiers hōmes, pource que neiz ceste mort, laquelle est tesmoignee bonne aux bons. Et laquelle est congneue, nompas seulement a pou de gens entendans ou croyans, mais a tous par laquelle la separacion est faicte de lame et du corps. Par laquelle mort certainement le corps de celup q a ame euidemment meurt, lequel euidemment viuoit. Ceste mort dit il neust peu aduenir a iceulx hommes: cest assauoir a adam et eue: se la desserte de pechie ne sensupuist, cest adire se ilz neussent deserup sa mort par pechie. Car ia soit ce q il ne soit pas chose conuenable a doubter que les ames des iustes et debonnaires viuent en repos: Toutesfois leur seroit il encoires mieulx viure auec leurs corps bien puissans, affin que ceulx qui cupdent tres bieneureuse chose estre du tout sās corps cōuainquent leur opinion par sentence repugnant et contraire. Ne pour certain aucun de eulx nosera leurs hommes saiges: soit quil ayent a mourir, ou quilz soient ia mors. Cest a dire, ou quilz nont peine de corps, ou quilz ont a laisser leurs corps mettre auant des dieux immortelz, Ausquelz selon platon leur souuerain dieu promet grant don, cest assauoir vie sans separacion, cest adire compaignie de vie par durable auec leurs corps. Mais icelup mesmes platon/ cupde quil soit tresbien ordonne des hommes/ ou auec eulz se ilz ont toutesfois mene ceste vie sainctemēt et iustement/ en telle maniere que eulz separez de leurs corps receuz ou saing des dieux qui ne delaissent oncques leurs corps adce que eulz qui nont pas memoire du ciel se reuoient et soient seuez en celle partie qui est sa derniere partie du ciel et de rechief commencent a vouloir retourner en leurs corps. De laquelle chose sen loue fort virgile/ pource quil afferme quil le dit par lenseignement de platon Quelz merueilles. Car ce platon cuide que les ames des hommes mortelz ne puissent tousiours estre en leurs corps Mais quilz en sont dessemblables par necessite de mort/ et que elles ne peuent durer/ ppetuaument sans corps. Mais cuide que les vifz soient fais des mors/ et les mors des vifz/ par fois alternatiues/ cest adire lun apres lautre sans cesser ad ce/ que il semble auoir difference entre les saiges hommes/ et les aultres par ce que les saiges apres sa mort sont portez aux estoilles/ affin que chascun se repose aucunement plus longuement en la planette ou estoille qui est licite & conuenable a soy. Et de rechief comme non remembrant de sa meschance de parauant et vaincu par couuoitise de auoir le corps il retourne aux labeurs et maleuretrz/ ou meschances des hommes mortelz Et ceulx qui ont mene folle vie soient tantost ramenez a corps/ ou de hōmes ou de bestes a eulz deux par leurs dessertes/ ou par leurs desmerites. Et pour ce en ceste tresdure condicion platon desia establp et ordonna les ames bonnes et saiges, ausquelz ne sont pas distribuez telz corps auec lesquelz elles vesquissent tousiours: et immortellement ad ce que elles ne puissent demourer es corps/ ne sans eulz durer en purte pardurable. Duquel enseignement de platon/ nous auons ia dit es liures precedens que ce philosophe porphire eut honte ou temps crestien non pas seulement de ce quil se efforca oster les corps des bestes des ames humaines. Mais de ce quil voult que les ames des saiges hommes si fussent deliurees des lieux corporelz par telle maniere que en fupant tout corps/ elles fussent tenues sans fin pardeuers le pere/ Cest adire pardeuers dieu. Et pource affin quil ne semblast quil fust vaincu de ihesucrist/ promettant aux saintz vie pardurable. Pour certain icelup porphire establp ou ordonna les ames purgees estre en bien eurete pardurable sans retourner aucunement aux meschances de parauant: Et ad ce que icelup porphire fust aduersaire a ihesucrist en npantla resurrectiō des corps incorrompables. Il afferma icelles ames viure pardurablement/ nō pas seulement sans corps terrien: mais du tout sans aucun corps Et toutesfois cestup porphire ne commanda par quelque oppinion que icelles ames ne fussent submises aux dieux corporelz par seruice de religion. Pourquoy le voult il ainsi fors pour ce que il ne creut pas icelles ames estre meilleures que icelup dieux: ia soit ce que elles ne fussent acompaignies a aucun corps. Pourquoy se ceulx cy nosent sicomme ie croy mettre auant les ames humaines aux dieux tresbien eurez/ et toutesfois en corps pardurables pourquoy leur semble il inconuenient/ ce que la foy chrestienne presche/ Cest assauoir et les premiers hommes ainsi auoir este creez que ilz neussent este desioins de leurs corps par aucune mort se ilz neussent pechie/ mais pour les merites dobedience gardee par immortalite donnee ilz vesquissent auec leurs corps pardurablement. Et les saintz auoir en la resurrection icelup mesmes corps esquelz ilz ont laboure icp/ Cest assauoir telz que rien de corrupcion: ou de difficulte ne puisse aduenir en leur chair/ et que

f iiii

rité de douleur ou de maleureté ne puisse aduenir a leur beneureté

¶ Oppoſicion ſur ce chapitre

En ce .xix. chapitre eſt faicte mencion de platon quant ad ce qui eſt dit in thymeo que les corps des moindres dieux ſont indiſſolubles/ Ceſt a dire quilz ne peuent eſtre ſeparez. Et quant eſt a la reuolucion des ames laquelle il exprime par les vers de Virgille qui ſont mis cy deſſus ou expoſes ou .ix. liure/ ou .xxi. chapitre. Il les renuoye auſſy ou .x. liure affin que len voye que porphire ſentit de ces choſes. Lequel ſicomme nous auons dit fut ou temps de Conſtantin lempereur

¶ Que la chair des ſains laquelle ſe repoſe maintenant en eſperance ſera reparee en meilleure qualite q̃ ne fut la chair des premiers hommes aincoys quilz pechaſſent xx.

Et pource les ames des ſainctes perſonnes qui ſont treſpaſſees/ nont pas maintenant la mort grieſue, par laquelle elles ſõt ſeparees des corps, pour ce que la chair de eulz ſe repoſe en eſperãce quelques villenies que il ſemble que icelle chair/ ait ia priſes ſans aucun ſens ou ſentiment. Car icelles ames ne deſirent pas les corps par oubliance ſicomme il ſemble a platon/ aincoys attendent paciemment et par grant deſir la reſurrection des corps/ eſquelz ilz ont ſouffert moult de duretez ſans ce que ilz ſentent iamais telle choſe en iceulx corps. Car ilz ſe remembrent quelle choſe leur ſoit promiſe de celuy qui ne decoipt nulluy. Et auſſy leur a donne ſeurete de lintegrite de leurs cheueux/ ceſt adire que ilz ne periront point. Car ſe ilz ne hairent pas leur chair quant ilz la cõtraingnoient ou reffraingnoient par droit eſpirituel/ quant par enfermete et fragilite elle reſiſtoit a ſa penſee : de combien plus ayment ilz icelle leur chair/ laquelle pour certain eſt ia a eſtre eſpirituelle. Car ainſi comme leſperit ſeruant a la chair eſt cõuenablement appelle charnel/ auſſy la chair ſeruant a leſperit droitturierement eſt appelle eſpirituel / nompas pource que elle ſoit conuertie en leſperit/ ſicomme aucuns cuydent par ce qui eſt eſcript. Ceſt aſſauoir len ſeme corps beſtial et corps reſſuſcitera eſpirituel. Mais pource que elle ſera ſubmiſe a leſperit par ſouueraine et merueilleuſe legierete de obeyr iuſques a obeyr/ acomplir la treſſeure voulente de immortalite incorruptible/ oſtez tout ſentiment de molleſte et toute corrupcion et peſanteur. Car iceluy corps ne ſera pas tant ſeulement tel comme il eſt maintenant en quelque treſbonne puiſſance que ce ſoit/ ne pour certain tel comme il fut es premiers hommes auant pechie/ leſquelz combien que ilz ne fuſſent point a mourir/ ceſt adire mortelz ſe ilz neuſſent pechie/ Touteſfois vſoient ilz de nourriſſement comme hommes portans corps nompas eſpirituelz/ mais encoires beſtiaux et terriens leſquelz corps ia ſoit ce que ilz ne envieilliſſent point par vieil aage ad ce que par neceſſite ilz fuſſent menez a la mort. Lequel eſtat leur eſtoit donne par la grace de dieu merueilleuſe du fruyt de vie, lequel eſtoit ou millieu de paradis enſemble auec larbre deſſedu. Touteſfois prenoient ilz viandes autres hors le ſeul arbre lequel leur auoit eſte deffendu. ni pas pource que iceluy arbre fuſt mauuaiſe choſe, mais pour recommander le bie de pure et ſimple obedience/ laquelle obedience eſt grant vertu de creature raiſonnable eſtablye ſoubz nře ſeigneur a ſon

creatur Car pour certain on pechoit par
seule desobeyssance quant len touchoit cho
se deffendue. La ou aucun mal si nestoit
touchie. Ilz estoient doncques nourriz/
cest assauoir iceulx premiers hômes de
autres choses lesquelles ilz prenoient af
fin que les corps bestiaulx ne endurassêt
aucûe souffrette de faim ou de soif. mais
ilz goustoient du fruyt de Vie: affin que
la mort ne les sourprint de quelque part
ou que ilz ne mourussent par vieillesse
meure et acheuee par espaces de têps pas
sez: ainsi comme se les autres choses si
fussent pour nourrissement/ et ce fruyt
de vie fust pour sacremêt ad ce q̃ le fruit
de vie soit prins et entendu auoir este en
paradis corporel: ainsi comme la sapien
ce de dieu est en paradis espirituel/ Cest
adire. Intelligibile, de laquelle sapience
il est escript Elle est le fruit de vie a ceulx
qui lembrassent

¶ Que de paradis ouquel les premiers
hommes auoient este aucune chose espi
rituelle puisse estre entendue par la si
gnification de luy saulue la verite de la
narracion de lhystoire du lieu corporel/
Cest assauoir de iceluy paradis ᵡᵖi

Dont aucuns racomptêt que iceluy
paradis ouquel les premiers hom
mes parens de lhumain lignaige sont
racomptez par la verite de la saincte es
cripture est rapporte a choses intelligi
bles ou entendibles/ Cest adire que de
fait paradis ne fut pas. Et conuertissêt
les arbres et les boys portans fruyt, es
vertus et es meurs de la vie ainsi com
me se icelles choses nayent pas este visi
bles corporelles. Mais ayent este dictes
ou escriptes pour entêdre. et signifier les
choses intelligibles et entendibles ainsi
comme iceluy paradis corporel ne puis
se auoir este. pource que pour certain para
dis espirituel puisse estre entendu. Ainsi
comme agar et sarra ne furent pas deux

femmes, et de elles deux filz de abraham:
cest assauoir ung de la dicte chamberiere
ou serue: et lautre ung de la frâche pour
ce que lapostre dit deux testamens / cest
assauoir le vieil et le nouueau estre figu
re et demonstre en eulx. Ou que eaue ne
yssit pas de aucune pierre quant moyse
y frappa/ pour ce que en ihesucrist peut
estre entendu par signification figuree
iceluy mesme apostre en disant. Certes
la pierre estoit ihesucrist. Nul doncques
contredit que paradis ne soit entendu la
vie des bieneurez. Les quatre fleuues
diceluy estre entendu les quatre vertus
cest assauoir prudence/ force/ temperan
ce: et iustice. Et le boys ou arbres diceluy
toutes disciplines prouffitables/ et les
fruyts des boys les meurs des sainctes
personnes. et larbre de vie estoit icelle sa
pience mere de tous biens/ et larbre de la
science du bien et du mal. estre lexperi
ment du commandement trespasse.
Certes dieu ordonna bien la peine aux
pecheurs/ par ce que il lordonna iuste
ment/ mais homme ne se essaye ou es
preuue par son propre bien. Ses choses
peuent aussy estre entendues en leglise
ad ce que nous les entendons mieulx cô
me iugemens des prophetes/ ou de pro
phecies/ precedens les choses a aduenir:
cest assauoir que nous entendons para
dis icelle esglise, sicomme il est escript ou
liure appelle, canticum canticorum. En
francoys des cãticques. Les quatre fleu
ues de paradis nous entendons les qua
tre euangelistes/ les arbres portãs fruit
les saints/ a le fruit de iceulx arbres les
oeuures des saints/ larbre de vie pour cer
tain iesucrist le saint des saitz/ larbre de
la science du bien et du mal. la propre frã
chise de voulente. Quelle merueille: hô
ne peut vser de soy mesmes fors mauuai
sement: se il decoit la voulente diuine. Et
ainsi il appert quelle differêce cest / ou
se il est adherent au bien commun a tous
ou se il se delicte en son propre bien.

Quelle merueille: Homme qui saime se donne a soy ad ce que p̄ ce soit emply de craictes et de pleurs se ilz sont touteffois pour ses maulx il chantece qui est escript ou psaultier/ Lame de moy est troublee a moy mesmes. Et quant il est chastie il dye ie garderay ma force a toy. Ces choses et se aucunes aultres peuent estre dictes plus conuenablement soient dictes de paradis estre entendu espirituellement/ sans ce que aucun le deffende/ ou empesche. Mais touteffois que len croie la tressopale verite de celle hystoire commādee par la narracion des choses faictes

(¶ Des corps des saintz apres la resurrection/ lesquelz seront en telle maniere espirituelz q̄ la chair ne retournera pas en lesperit   xvii.

Doncques les iustes lesquelz sont auenir en la resurrection naurōt besoing daucū boys ou arbres parquoy il soit que ilz ne meurent daucune maladie ou par vieillesse/ ne nauront mestier daucuns autres nourrissemēs corporelz par lesquelz ilz escheuent quelque souffrete de menger ou de boire/ car ilz sont vestus de certain don incorruptible de immortalite en toute maniere/ si que ilz ne mengeront point par necessite/ se ilz ne se veullent faire par possibilite. Laquelle chose pour certain les anges qui se apparurent visiblement et traictablement firent: nompas pource que ilz en eussent besoing. Mais pource que ilz le vouloient et pouoient, affin que ilz ressemblassent aux hommes par vne humanite de leur seruice ou administracion. Car il nest pas a croyre que les anges aiēt mengie par maniere de fantosme pmaginatoire quāt les hommes les ont receuz en leur hostel combien que il semblast a ceulx q̄ ne sauoiēt pas que ilz fussent anges que ilz mengassent par besoing ou necessite de mengier semblable a nous. Dont est ce que lange/ ou liure de Thobie dit/ Vous me verrez mengier/ mais vous le veez par veue/ cest adire vous cuydez q̄ ie mēgasse sicomme vous faictes par la necessite de la reffection du corps. Mais p̄ aduēture len peut icy disputer des ages aucune autre chose pl̄ creable: pour certain la foy crestienne ne doubte pas de icelluy sauueur/ cest assauoir ihesucrist aussy q̄ apres la resurrection il menga et si beut auec ses disciples/ luy ia estant pour certain en chair espirituelle. Mais touteffois ƀrape/ car la puissance de mengier et de boire ne sera pas ostee a telz corps. Mais la deffaulte leur sera ostee/ cest assauoir aux corps des iustes en la resurrection/ dont ilz seront espirituelz/ Nompas que ilz laissent a estre corps/ mais pource que ilz se soustendront p̄ lesperit q̄ leur donnera vie

(¶ Quel chose est ša entendre du corps charnel ou bestial et du corps espirituel/ ad ce que ceulx qui meurent: meurent en adam/ et ceulx qui soiēt viuifiez sont viuifiez en ihesucrist   xviii.

Car sicōme es corps lesquelz ont ame nōpas encore esperit viuifiāt: sōt des corps charnelz. Et touteffois ne sont ilz pas ames: mais sont corps/ aussy sont ceulx la appellez corps espirituelz Ja na uienne touteffois que nous les croyons estre esperis ou těps aduenir: mais corps lesq̄lz aurōt substance de chair/ et lesq̄lz ne souffirōt aucūe pesāteur ou corrupciō charnelle par lesperit qui les viuifiera. ¶ Adonc si ne sera pas lhomme terrien/ mais celestien/ nompas pour ce que le corps qui est fait et forme de terre/ ne soit celuy mesmes/ mais pour ce que le don de dieu/ ou du ciel il sera la tel que il sera licite et conuenable de habiter ou ciel: nompas que nul quel quil soit ait perdu sa nature mais pource que sa qualite est muee. Le premier homme fut fait de terre en ame viuant. Nompas esperit viuifiant/ laquelle chose luy estoit gardee par la merite de obeyssance. Et pour ce nest il pas doubte que le corps de luy lequel auoit besoing de menger/ et de boire affin quil ne feust tourmente par faim et par soif qui estoit deffendu de la necessite de mort. Nompas par celle necessite absolue et incorruptible. Mais par larbre de vie/ et estoit tenu en florisante ionesse/ nestoit pas espirituel: mais bestial ou charnel: lequel touteffois ne fust point mort se il ne fust tresbuche par pechie/ pechant en la sentence de dieu/ par pechie. Lequel parauant luy auoit dit et quil len auoit menace. Et aussy iceluy premier homme auquel nestoit point deffendu pour son nourrissement les fruis mesmes hors de paradis/excepte touteffois larbre de vie quil luy estoit deffendu peust auoir finy par temps. ou p̄ vielesse/ en celle vie seulement. Laquelle se il neust pechie. il peust auoir pardurable en paradis en corps: ia soit ce que bestial ou charnel, iusques ad ce que il fust fait espirituel par le merite dobeyssance. Pourquoy se nous entendons aussy ceste mort manifeste/ par laquelle la separacion de lame est faicte du corps/ estre ensemble signifiee en ce que dieu si auoit dit. En quelque iour que vous mengerez de ce fruyt vous mourrez de mort/ pour ce ne doit pas sembler inconuenient se du tout ilz ne sont deslyez du corps/ Cest adire se ilz ne moururent ce iour mesmes/ ouquel ilz prindrent la viande deffendue/ et mortelle en paradis terrestre Quelle merueille ce iour quil pecha la tresiuste mort corporelle fust faicte en iceulx premiers hommes par nature qui fut muee en pis et corrompue/ et par la separacion de larbre de vie/ auec laquelle necessite de mort nous sommes nez. Pour laquelle chose lapostre ne dit pas le corps certes estre a mourir par pechie/ mais lesperit est vie pour iustice. Apres lapostre adiousta mais se lesperit de celuy qui resuscita ihesucrist des mors habitte en vous/ iceluy qui resuscita ihesucrist des mors viuifiera voz corps par lesperit de luy qui habitera dedens vous. Lors doncques sera le corps en esperit viuifiant/ lequel est maintenant en ame viuant. Et touteffois dit lapostre que le corps est mort pource que desia il est attrait en necessite de mourir. Mais lors cest assauoir auant quil pechast il estoit en telle maniere en ame viuant: ia soit ce que il ne fust pas en esperit viuifiant/ q̄ touteffois il ne peust droitturierement estre dit mort, pour ce q̄ il ne peust auoir eu necessite de mourir fors par commettre pechie. Mais comme dieu/ en disant Adam ou es tu. ait signifie la mort delame. laquelle fut faicte quant dieu la laissa. en disāt. Tu es terre. et en terre yras. Il ait signifie la mort du corps, laquelle fut faicte quant lame se departit de luy. Pource est il a croire que il ne dit riens de la mort seconde quant il la voult estre celee. pour la dispensacion du nouueau testament/ ou la mort seconde est declairee tresappertement: ad ce que ceste mort premiere laquelle est commune a tous fust premierement demōstree estre venue diceluy pechie. lequel en vng homme est fait commū a tous. Mais certes la mort seconde nest pas commune a tous pour ceulx qui sont appellez selon le propos et intencion: cest assauoir de dieu. Lesquelz sicomme dit lapostre il a parauant sceu et predestine estre fais semblables de lymaige de son filz. ad ce que icelui filz soit le aisne en plusieurs freres/ Lesquelz la grace de dieu si a deliurez/ de la mort seconde par le mediateur/ Cest assauoir ihesucrist dieu et homme.

Doncques fut fait le premier homme en corps charnel sicomme dit lapostre. Car en voulant discerner le corps, lequel est maintenant bestial ou charnel du corps espirituel, lequel est avenir en sa resurrection il dit ainsi. Il est seme dit il en corrupcion: il se leuera en gloire, et resuscitera en incorrupcion. Il est seme vitupere, il se leuera en gloire. Il est seme en enfermete ou maladie il se leuera en vertu: il est seme corps charnel ou bestial il se leuera corps espirituel. Apres ce ad ce ql prouuast, τ ql monstrast, quelle chose fust corps bestial ou charnel. Il est dit il escript ainsi. Le premier homme est fait en ame viuant. Doncques voulut il monstrer par ceste maniere, quelle chose soit corps bestial ou charnel, ia soit ce que lescripture nait pas dit du premier homme qui est appelle Adam, quant lame luy fust cree: par linspiracion de dieu. Et homme est fait en corps bestial charnel: mais est dit en celle escripture. Et homme est fait en ame viuant. En ce doncques qui est escript, cest assauoir le premier homme est fait en ame viuant. Lapostre veult estre entendu le corps bestial ou charnel de lhomme. Mais en quelle maniere len doit entendre, que corps soit fait espirituel: il le monstre en adioustant ce qui sensuyt. Le dernier adam dit il est faict en esperit viuifiant sans doubte, en signifiant ihesucrist lequel est ia resuscite des mors en telle maniere, que doresenauant il ne peut mourir en quelque maniere que ce soit. Apres sensuyt et dit celui apostre. Mais le corps espirituel nest pas premier ou auant: mais le charnel et apres lespirituel. Ouquel lieu il declaira moult plus appertement luy auoir in sinue le corps bestial, en ce qui est escript que le premier homme fut fait en ame viuant. Et lespirituel en ce que il dit le dernier adam fut fait en ame viuant esperit viuifiant, car auant fut le corps charnel ou bestial: lequel eut le premier adam

ia soit ce que il ne fust point mort, se neust pechie tel comme en nous mesmes auons iusques a present. La nature du luy corps muee et corrompue en tel come il fut fait en icelluy premier homme depuis que il eut pechie, parquoy il ia en necessite de mourir. Et quel auſſi ihesucrist a prins pour nous, Non pas pour certain par necessite, mais par puissance. Et apres est le corps espirituel, lequel a ia deuant este en ihesucrist comme en nostre chief. Mais il sera apres es membres de iceluy en sa resurrection des mors. Apres lapostre si adiouste la differenc tresclere: en disant. Le premier homme de terre terrien. Le second homme du ciel celestien. Quel est le terrien, telz sont les terriens. Quel est le celestien: telz sont les celestiens. Et pour ce ainsi comme nous auons vestu limaige du terrien, vestons limaige de celluy qui est du ciel. Lapostre mist ainsi ceste chose ad ce que pour certain le sacrement de regeneracion soit maintenant fait en nous, sicomme il dist ailleurs part. Vous qui doncques ci estes baptisez en ihesucrist vous auez vestu ihesucrist. Mais lors il sera parfait certainement, quant le corps lequel est fait en vous bestial en naissant: sera fait espirituel en ressuscitant. Car ad ce que ie vse des parolles diceluy apostre, nous sommes fais saufz et sauuez en esperance. Mais nous vestons limaige de lhomme terrien par la semence de desobeyssance et de preuaricacion, et de mort: laquelle generacion nous apporta. Mais nous vestons lymaige de lhomme celestien, par grace de pardon et de vie pardurable. Laquelle la regeneracion nous donne. Mais ce nest fors par homme ihesucrist, moyenneur de dieu τ des hommes. Lequel apostre veult estre entendu home celestien, car il vint du ciel ad ce ql fust vestu du corps de mortalite terrienne: lequel corps il vestist de imortalite celestienne. Mais il appelle aussi les autres celestiens pource qlz sont membres dicelui p̄ grace, ad ce que ihesucrist soit ung auec eulz sicomme chief. Et ceste chose met la postre plus clerement en icelle mesme epistole en disant se mort fut par hōe, car sicōme tous meurent en adam / aussy tous sont viuifiez en ihesucrist. sors pour certain le corps espirituel, lequel sera en esperit viuifiāt: nompas pource q̄ tous ceulp qui meurent en adam soient membres de iesucrist / car le plus de iceulp seront tourmentez perdurablement par sa mort seconde. Mais il est dit par ceste maniere de parler tous et tous, pource que sicomme aucuns ne meurent en corps bestial fors en adam / aussy nest aucun viuifie en corps espirituel fors en ihesucrist. Et pource nestil pas a cuider q̄ nous ayōs tel corps en la resurrection: comme le premier homme eut auant quil pechast. Ne ce qui est dit cest assauoir. telz sōt les hōmes terriens, quel fut le terrien / nest pas a entendre selon ce qui fut fait par commettre pechie. Car il nest pas a entēdre que icelup premier homme eust corps espirituel auant que il eust pechie / et estre mue en corps charnel ou bestial par la desserte de pechie. Car se len cuide ainsi les parolles de si grant docteur sont petitement aduiseez, lequel dist. Se corps bestial, est corps espirituel, est sicomme il est escript. Le premier homme adā est fait en ame viuant / Et ne fut pas ceste chose faicte auant le pechie, cest assauoir que adam fust fait en ame viuant / comme ce fut sa premiere creacion de lhomme de laquelle creacion saint pol prīt ce tesmoignaige de la loy a demōstrer le corps bestial.

¶ Comment doit estre entēdue, ou celle insufflacion ou spiracion en laquelle le premier homme fut faiten ame viuant ou celle laquelle nostreseigneur fist disāt Cest assauoir a ses apostres, prenez le sainct esperit. xviiii.

DOnt il semble a aucuns, que len a eu consideracion trespetite en ce que len dist dieu inspira en la face dicelui premier homme lesperit de vie, et est fait homme en ame viuant / disant que lame ne fut pas donnee lors au premier homme. Mais leur semble que ceste ame, laquelle estoit ia en lui: estoit viuifiee p̄ se saint esperit. Car ce les esmeut ad ce dire que nostre seigneur ihesucrist depuis que il fut resuscite des mors / inspira en disant a ses disciples. prenez le saint esperit. Par quop ilz pīmaginent ou cuident que aucune telle chose fut faicte. Cest assauoir au p̄mier hōme q̄ elle fut faicte: cest assauoir aup disciples dessusdis ainsi comme se leuaugeliste en ensupuant eust dit cest assauoir des disciples. Et ilz sont fais en ame viuant. Laquelle chose se elle eust este dicte nous entendions q̄ lesperit de dieu soit vraye vie des ames, sans laquelle les ames raisonnables sont reputees pour mortes / ia soit ce quil semble que les corps viuent pour la presence de lame. Mais les parolles du liure: cest assauoir de genesis, tesmoignent assez que il ne fut pas ainsi fait quant lhōme fut cree, lesquelles parolles sont telles: Et dieu saint / ou forma homme pour dire de terre: laquelle parolle eulz cuidās quelle deust estre interpretee plainement dirent. Et dieu figura homme de lymon de terre. pource quil auoit este dit parauant ce qui sensuit. Et une fontaine mōtoit de terre et arrousoit toute la face de la terre ad ce que de ce vng lymō sēblast estre entendu assemble ou mesle de humeur et de terre, car ou ceste chose est dicte il sensupt tantost. Et dieu forma hōme pour dre de terre. sicomme dient les liures des grecz, dont icelle escripture est translatee en langue latine. mais qui q̄ veille dire. ou forma ou figura, laquelle chose est dicte en grec eplasen. Il ny a point de difference. Toutesfois est il dit plus promptement figura. Mais il semble que la doubte si soit escheuee a ceulx qui ont mieulx ayme a dire forma pource que en langue latine/la coustume a plus obtenu/que ceulx soient ditz faindre, qui est dit en latin. fingere/qui composent et font aucune chose par mensonge/ou menterie fainte. Doncques la postre enseigne/cest homme fourme de pouldre ou symon de terre: pource que la pouldre estoit ramoistie/ou moullee. cest homme.di ie pouldre de terre: affin que ie se dye plus expressement sicomme lescripture parle Lapostre enseigne estre fait corps bestial quant il print lame/quāt il dit:et cest homme fut fait en ame viuant. Mais il auoit ia ame ce dict ilz: autrement ne seroit il pas appelle homme. Car homme nest pas le corps seul/ ou lame seulle: mais lame est celuy qui est compose de ame et de corps. Certes cest voyr que lame nest pas tout lhomme, mais est la meilleure partie de lhomme. Et le corps nest pas tout lhomme/ mais est la plus basse partie de lhome/ Mais quant lun et lautre sont conioictz ensemble:il a le nom delhomme. lequel nom toutesfois chascun par soy ne recoit pas quant nous parlons de chascun par soy, car qui est celuy a qui len deffent. a dire par vne foy commune de parler/tel homme est mort et est maintenant en repos ou en peines/comme len puisse ce dire de lame seulle/et icelui homme est en terre:en tel lieu/ou en telle place, comme ce ne puisse estre entendu fors du corps seulement. Ou disoient ilz que lescripture diuine na pas acoustume de ainsi parler, mais certes icelle escripture en ce nous tesmoigne en telle maniere que mesmes pour ces deux choses/cest assauoir que quant lame et le corps sont conioinctes/ et que lhomme vit. Icelle escripture appelle chascun deulz par le nom de lhomme, en appellant cest assauoir lame lhomme de dedens. et le corps lhomme de dehors. ainsi comme ce soient deux hommes/combien que lun et lautre ensemble soit vng homme. Mais il est a entendre selon quelle chose homme soit dit a lymaige de dieu/et homme terre, et retourne en terre. Car celle chose cest assauoir selon laquelle home est dit a lymaige de dieu est dicte selon lame raisonnable, laquelle dieu mist dedens homme/ cest assauoir dire ou corps de lhomme en soufflant, ou se len peut dire plus conuenablement en inspirant. Mais celle chose selon laquelle homme est dit terre/ est dit selon le corps. Lequel homme dieu figura de pouldre/auquel ame si est donnee ad ce que il fust corps bestial ou terrestrien, cest a dire homme en ame viuant. Pour laquelle chose en ce que nostre seigneur fist quant il souffla disant a ses disciples/prenez le saint esperit/en ce nō pas de merueille il doult ce estre entēdu Cest assauoir que le saint esperit ne soit pas tant seulemēt lesperit du pere: mais aussy soit lesperit du filz. Quelles merueilles.icelui mesmes saint esperit est esperit du pere et du filz/auec lequel est la trinite:cest assauoir le pere le filz & le sait esperit/nompas creature:mais createur: ne pour certain icelui soufflement ou inspirement corporelle procedant de la bouche de chair nestoit pas la substāce ou nature du saint esperit: mais estoit aincois la signifiance. pour laquelle nous entendissons/sicomme iay dit/le saint esperit estre commun au pere et au filz/car chūn na pas esperit: mais vng seul est esperit des deux. certes ce sait espit est tousiours pneuma en languaige grec/ sicōe ntēseigneurs iesucrist lappella en celui lieu:quāt il le dōna a ses disciples en le signifiāt par son souffflemēt corporel de sa bouche. Et en toutes les escriptures lesqlles sōt mēcion diceluy:ie ne treuue poit ql soit autremēt appelle. Et la ou il est escript dieu faint ou figura hōme pouldre de terre et souffla ou īspira en la face de celui hōme esperit de vie, le grec ne dit pas pneuma qui seul estre dit le saint esperit: mais dit se grec pnoen/ lequel non pneun/ sen list plus souuent en creature que en createur dont aucuns latins ont ia mieulx vou lu appeller ce mot/ nompas espit mais soufflement pour la differēce/ car certes ce mot est en grec ou liure dysaie: en ce lieu ou dieu dit/ iay fait tout soufflement, en signifiant sans doubte toute ame. mais ce qui est dit de pnoen en grec les nostres Cest assauoir les latins lont interprete aucunes fois soufflement: aucunes fois esperit inspiracion ou aspiracion/ encoire quant len le dit estre de dieu. Mais les latins ne interpreterēt onques ce mot pneuma fors esperit. cest assauoir/ ou esperit de hōme de quoy lapostre dit ainsi. Qui est celuy des hommes qui sceit quelles choses sont de lhomme/ fors lesperit de lhomme qui est en luy: ou lesperit de beste mue. sicomme il est escript ou liure de salomon/ qui sceit se lesperit de lhomme monte au ciel lassus/ et lesperit de beste mue descende a terre dessoubz. Ou cel esperit corporel qui est ainsi dit/ Vent ou soufflement de sa bouche: Car ce nom de luy est la ou chante ou psaultier: ce qui sensupt, feu/ neif/ glace esperit de tempeste: ou esperit non cree. mais pour certain createur/ sicomme est celuy duquel nostre seigneur dit en leuangille/ prenez le saint esperit en signifiant iceluy saint esperit/ ou soufflement de sa bouche corporelle. Et la ou il dit a ses disciples, alez baptisez les gens ou nom du pere et du filz et du saint esperit/ en quoy icelle trinite nous est commandee treseccellēment et tres euidēment Et aussy la ou on list dieu est esperit/ et en autres plusieurs lieux des sainctes escriptures. Quelz merueilles, car tāt comme il appartient aux grecz/ nous ne soyōs pas escript pnoen mais pnoeuma/ en tō ces tesmoignaiges des escriptures/ Mais quāt est aux latins nous soyōs escript nompas soufflemēt mais esperit. Pourquoy en ce qui est escript inspira en la face du premier homme lesperit de vie ou doit dire plus proprement insuffla. se le grec neust pas mis pnoen mais pneuma ne sensupuoit il pas que nous feussions contrains a entendre/ par ce lesperit createur/ qui proprement est dit saint esperit en trinite/ quant pour certain il est chose manifeste que len sceust dire ce mot pneuma nompas seulement du createur/ mais aussy de creature. Mais ilz dient que quant il ot dit lesperit/ Il ny eust point adiouste de vie. se il ne soufist par ce estre entendu du saint esperit. Et quant il ot dit homme est fait, en ame il neust pas adiouste viuant. se il ne signifiast la vie de lame. Laquelle est donnee de dieu par le don du saint esperit. Car comme lame viue par vne propre maniere de sa vie, sicomme ilz dient / quel besoing estoit il de y adiouster, viuant, fors a ce que len entendist que celle vie fust dōnee, laquelle est a icelle ame par le saint esperit. dire ces choses/ quelle autre chose est ce: fors soy debatre diligēment pour la souspecon humaine et negligemment considerer et auiser les sainctes escriptures. Car quel grant besoing estoit il da ler plus loing: mais q lyre en ce mesmes liure vng pou au dessus. quant toutes les bestes terrestres furent crees, Cest assauoir ce qui sensupt. La terre produise ame viuante. Apres que grande chose estoit ce aduiser Ce qui est escript en ce mesmes liure. Apres toutesfois aucunes choses mises entredeux/ Cest assauoir et toutes les choses lesquelles ont esperit de vie/ et tout iceluy qui estoit sur la terre est mort, comme le prophete demonstrast toutes choses lesquelles viuoient en terre estre peries par le deluge. Doncques trouuons nous desia ces bestes mues et ame viuant et esperit de vie, si comme lescripture diuine a acoustume a parler / Et comme le grec ne dye pas pneuma mais pnoen en ce lieu / ou il est leu toutes choses les lesquelles ont esperit de vie. Pour quoy ne le disons nous.

Quel mestier estoit il quil adioustast viuant quātil eut dit lespit/ comme lame ne puyt estre seelle nevit: ou quel mestier estoit il que il adioustast de vie: quantil ot dit lesperit. Mais nous entendōs que lescripture a dit sicomme elle a acoustūe lame viuant et lesperit de vie quant elle a voulu les bestes/ cest adire les corps q̄ ont ame estre entēdus ceulx esquelz fut ia mis par lame ce cler sens mesmes du corps. Mais nous oublions en la creaciō de lhomme en quelle maniere lescripture acoustume de parler/ comme elle ait par se du tout par maniere que elle a acoustume apler/ par laquelle elle demōstrast aussy homme par ame raisonnable puise Laquelle ame icelle escripture veult estre entēdue cree nompas sicomme les ames des autres chairs par la production des terres et des eaues. Mais par linsoufflement de dieu/ icelup hōme touteffois tel que il vesquist en corps bestial. Ce qǐ est fait par ame viuant en lup sicomme les autres bestes desquelles icelle escripture a dit. La terre produise ame viuant, et q̄ elle a dit sēblablemēt auoir esperit de vie Ouquel lieu aussi elle na pas dit en grec neupma. mais pnoen/ en exprimant par tel nom nompas le saint esperit: mais p tout lame diceulx. Mais certes ilz dient ce flat ou en soufflement de dieu estre/ entendu pssu de la bouche de dieu. Lequel flat se nous croyons estre ame: il sensup ura que nous cōfessions icelle ame estre devne mesme substance/ pareille celle sa piece. Laquelle dit ie suis pssue de la bouche du treshault. Certes icelle sapiece na pas dit sop estre insoufflee de la bouche de dieu: mais estre pssue de la bouche de lup Mais sicomme quant nous soufflons/ nous pouons mener soufflemēt. nōpas de nostre nature par laquelle nous sommes hommes/ mais de cest aer. espandu enuiron nous/ lequel nous menons a ra menons en aspirant et respirant/ aussy dieu tout puissāt a peu faire soufflemēt nompas de sa nature ne de creature/ ou il se prengne mais certes de neant/ Le q̄l soufflement il est dit auoir inspire ou insoufsle en mettant ou corps de lhōme/ cest assauoir icelup dieu īcorporel mettāt ou corps de lhomme soufflement īcorporel/ mais icelup dieu immuable soufflement muable, car dieu est non cree/ et le soufflement cree. Mais touteffois affin que ceulx cy qui veulent parler des escriptures/ et ne auisent pas les parolles des escriptures sachent ce qui est egales dune mesmes nature. Cest assauoir auec dieu ce nompas seulemēt pssu de la bouche de dieu/ oyent et lisēt ce qui est escript/ dieu disant ce qui sēsupt/ pour ce que tu es tyede/ et ne es ne chault: ne froit, Je te commencerap a getter ou vomir hors de ma bouche Donccǵ nest il aucune chose pourquoy nous resistons a lapostre partant tresapptement/ la ou en deuisāt le corps bestial. du corps espirituel. Cest adire celup ouquel nous sommes/ de celup ouq̄l nous auons esperance destre dit: ce q̄ sen supt. Corps bestial est seme/ corps espirituel se leuera, ou resuscitera/ Se il est corps bestial: il est corps espirituel/ sicomme il est escript. Adam le p̄mier homme est fait en homme viuāt. Le derrain adā en esperit viuifiant Mais le corps lequel est espirituel nest pas le premier, aincois est celup qui est bestial: et apres lest espirituel. Le premier homme est terrien de terre Le second celestien du ciel. Quel est le terrien: telz sont les terriens Et quel le celestien: telz les celestiens. Et ainsi cōme nous auons vestu lymaige du terrien/ vestons lymaige de celup qui est du ciel De toutes lesq̄lles parolles de lapostre nous auons parle parauant. Donccǵs le corps bestial/ ouquel lapostre dit Adā le premier homme auoir este fait/ estoit fait en telle maniere, nōpas que du tout il peust mourir se homme neust pechie/ Car icelup corps: lequel sera espirituel et immortel par lesperit viuifiant/ ne pour ra mourir en quelque maniere/ sicomme lame est cree immortelle. Laquelle ame toutesfois ne laisse point a viure par vne siēne propre vie. combiē que maleureuse et meschant/car elle est cree immortelle: ia soit ce que elle soit tesmoingnee par pechie mortel priuee de vne sienne appreuie cest assauoir de lesperit de dieu/par laql se elle pouoit aussi viure saigement et bieneureement/sicomme aussi que les mauuais anges soient mors en pechant selon vne maniere/pour ce que ilz laisserent la fontaine de vie/laquelle est dieu en buuant laquelle fontaine qui est dieu ilz pourroient viure saigement/bieneureement/toutesfois ne peurēt ilz si mourir que en toute maniere ilz laissent a viure et a sentir/ pour ce que ilz sont creez immortelz. Et aussi ilz serōt tresbuchez en la seconde mort: apres le dernier iugement/affin que ilz ne soient priuez de vie quant ilz ne seront pas aussi priuez de sens ou de sentement/quant ilz seront en douleurs. Mais les hommes appartenans a la grace de dieu/citoyens des saintz anges. demourans en la vie beneuree/seront vestus de corps espirituelz:en telle maniere q̃ ilz ne pechent/ et ne meurent plus. vestus toutesfois de icelle immortalite/laquelle ne puisse estre ostee par pechie. ainsi comme des anges. La nature de la chair/pour certain/demourant et estant sans ce que il demeure nulle charnelle corrupcion ou pesanteur. Mais il sensuyt vne question qui est a estre traittee necessairement. Laquelle sera sollue a laide de nostre seigneur dieu de verite/cest assauoir se la mauuaise delectacion des membres desobeyssans fut nee en iceulx premiers hommes par le pechie de desobeyssance.quant la grace de dieu les eut laissez. Dont ouurirent ilz leurs yeulx en leur nudite/cest adire q̃ ilz aduiserent plus curieusement que ilz estoient nudz et couurirent leurs membres qui estoient sans honte et sans vergoingne. Pource que le mouuement honteux/cest assouoir de iceulx membres resistoit a la franchise de voulente. Comment eussēt iceulx pmiers hōes engēdrez enfans se ilz fussent demourez sans preuaricacion en desobeyssance/sicomme ilz estoiēt creez. Mais pource que ce liure est a clorre/ et que si grande question ne se peut entendre en si pou de parolles elle est differee par ordonnance plus conuenable ou liure qui sensuyt.

⁌ Ey fine le liure tresiesme de la cite de dieu

¶ Cy cõmencẽt les rubriches de la ta
ble du quatorziesme liure de mõseigneur
saint augustin de la cite de dieu qui con-
tient. xxviii. chapitres.

¶ Que par la desobeyssance du pre-
mier homme tous fussent tresbuchez en
la pardurableté de la mort seconde a eter
nelle se la grace de dieu neust deliure
plusieurs c.i

¶ De la vie charnelle laquelle nest pas
a entendre que elle procede des vices du
corps seulement/ mais procede aussy des
vices du couraige ou de lame ii.

¶ Que la cause du pechie ne vint/ ou
ne fut pas nee de la chair/mais de lame
et que la corrupcion qui est cõtrainte par
pechie nest pas pechie mais peine iii.

¶ Quelle chose est viure selon lhom-
me/ et viure selon dieu iiii

¶ Que loppinion des platoniens de
a nature de lame et du corps/ est plus
tollerable que celle des manichepens/
Mais ces mesmes platoniciens sont re-
prouuez par ce que les causes des vices
ilz mettent et establissent sus la nature
de la chair v.

¶ De la qualite de la voulente humai-
ne soubz le iugement de laquelle sõt les
affections ou desirs du couraige bonnes
ou mauuaises vi.

¶ Que len treuue es sainctes escriptu-
res amour et dillection indifferemment
en bien et en mal vii

¶ Des trois perturbacions que les stoi
ciens voulsient estre ou couraige ou pen
see de lomme saige: hors mises douleurs
ou tristesse lesquelles la vertu du courai
ge ne doit point sentir viii

¶ Des perturbacions du couraige: des
quelles la vie des iustes a braues desirs
ou braues affections ix

¶ Se len doit croire les premiers hom
mes auoir este tellement mis en paradis
que ilz ne fussent tourmentez de quel-
ques perturbacions auant quilz pechas-
sent. x

¶ Du tresbuchement du premier hom
me/ ouquel nature fut bien cree: et laquel
le ne peut estre reparee fors par son crea
teur. xi

¶ De la qualite du premier pechie com
mis par homme xii

¶ Que en la preuaricacion de Adam
mauuaise voulente proceda a mauuaise
oeuure xiii

¶ De lorgueil de la transgression la-
quelle mesmes fut pire que la transgres-
sion xiiii

¶ De la retribuciõ de la iustice que les
premiers hommes receurent pour leur
desobeyssance xv

¶ Du mal de la delectaciõ le nom du
quel comment que il se rapporte et ait re-
gard a plusieurs vices: toutesfois est il
attribue pprement aux vices. q ors mou
uemés du corps xvi

¶ De la nudite des premiers hommes
laquelle ilz virent laide et honteuse a-
pres ce quilz eurent pechie vii.

¶ De la honte et homme et femme ha-
biter ensemble nompas publicquement
mais aussy de mariages ou de mariez.
xviii.

¶ Que les parties de ire ou de cou-

roup, et de luxure ou delectaciõ charnel
le se meuuent si vicieusement et si lapde
ment, que il est necessite de les reffraidre
ou restaindre par les frains de sapience
Lesquelles choses nestoient pas auant
pechie en celle sainctete de nature　xix

❡ De la tresvaine saidure des ciniciens
　　　　　　　　　　　　　　　　xx

❡ De la benediction de multiplier shu
main lignaige auant pechie laquelle ne
fut pas ostee par le pechie de preuaricaci
on: et a qui soit venue ceste maladie de lu
xure ou delectaciõ charnelle　　　xxi

❡ De lassemblee de mariage premiere
ment instituee et benoite de dieu　xxii

❡ Assauoir se len eust aussy fait gene
racion en paradis se nul neust pechie, ou
se len eust baille chastete q̃ fust illec pour
soy combatre contre la chaleur de luxu
re ou delectacion charnelle　　　xxiii

❡ Que les hõmes innocens et demou
rans en paradis par le merite dobedien
ce eussent vse de leurs membres genitoi
res a faire generacion a leur voulente:
ainsi comme de leurs autres membres.
　　　　　　　　　　　　.xxiiii.

❡ De la vraye beneurete laq̃lle la vie
temporelle na pas　　　　　　xxv.

❡ Que il est a croire que la beneurete
ou felicite du paradis des viuans, cest
adire terrestre peust sans hõteux appetit
auoir acomply loffice dengẽdrer　xxvi

❡ Des anges et hommes pechans la
mauuaistie desquelz ne empesche en riẽs
la prouidence de dieu.　　　　xxvii

❡ De la qualite des deux citez cest assauoir
de la terrienne et de la celestiẽne. xxviii

Ous auõs ia dit es liures
precedens q̃ nõpas acõpai
gnee l'humain lignaige p
semblance de nature tant
seulement: mais aussi a la
per ensemble du lyen de paix ainsi com
me concord en Bnite p Ene maniere de co
gnacion d'amour a dilection/ dieu Boult
instituer les hõmes. Ne ce genre ne fust
a mourir en aucũs singuliers/ se les deux
premiers, c'est adire adam et eue, desqlz
lun c'est assauoir adam fut cree de neant
et l'autre, c'est assauoir eue de celui/ neuf
sent ce desserup p inobedience. Lesquelz
cõmisrẽt si grãt pechie q̃ p iceludy nature
humaine fut muee en pies trãsportee par
necessite de moit es successeurs mesmes p
obligaciõ de pechie. Mais la seigneurie
ou royaume de ceste moit eut seigneurie/
es hõmes p telle maniere q̃ iuste peine les
tresbuchoit to⁹ hastiuemẽt en celle seconde
moit Laq̃lle na põit de fin, se la grace de
dieu q̃ n'estoit point deue nen eust desliure
aucũs. a p ce fut fait q̃ cõe ilz fussẽt tãt de
gẽs et tel nõbre p tout le mõde Biuãs de
diuerses meurs a de diuerses ordõnãces

distinctees p grāt diuersite de lāguaiges darmeures de robes, il ordonna q ilz ne fussēt q deux gēres de humaine societe. Lesquelles nous pouōs selō noz escriptures, et a bonne cause dire deux citez. Quelz merueilles: Lune est de biure selon la chair. Lautre selō lesperit de ceulx qui biuēt en la paix dun chūn sien genre quāt ilz attaingnent a ce qlz desirēt

Oncques est il premierement aveoir quelle chose cest biure selō la chair et selō lesperit. Quicōques regarde de primeface ce q nous disōs, ou q ne sen recorde ou ne considere pas assez en qlle maniere ses sainctes escriptures prēnt, peut cuider q les epicuriēs biuoiēt selō sa chair pource q ilz mistrent le souuerain biē de lhōme en delectacion du corps. & aultres se il en ya aucuns q tiennēt que le biē du corps soit le souuerain biē de lhōme. Et tout le cōmun biē de ceulx q ne philosophient pas en ceste maniere: ne p quelq enseignement ou doctrine. Mais enclīs a luxure ou a delectacion charnelle ne se sceiuēt esiouyr fors es mauuaises delectacions qlz prennent es sens corporelz. Ou aussy pourra il cuider que les stoiciēs q mettēt le souueraē biē de lhōme ou couraige ou en la pensee biuēt selō lesperit. Mais len demonstre que les ungz et les autres biuēt selō la chair sicōe la saincte escripture le dist. Quelles merueilles: Car elle appelle la chair nōpas seulemēt le corps de ce q a ame q est de terre et mortel ainsi cōe quāt elle dit. Toute chair nest pas une mesme chair, car la chair de lhōe est autre q celle dune beste mue. Et celle des oyseaulx autre q celle des poyssōs. mais use la saincte escripture de la significaciō de ce mot en maintes manieres de pler. elle ple aussy souuēt hōme, cest a dire la nature de lhōme, chair en prenāt par une maniere de pler, le tout pour ptie. sicom il est quāt elle dit: toute chair ne sera pas iustifiee des oeuures de la loy. Que boult icelle escripture entendre par ces parolles, fors tout homme. Et ung pou apres en declairant ceste chose plus appertement, icelle escripture dit ainsi. Tout homme ne sera pas iustifie en sa loy. Et en son epistre quil fist ad galathas q est ung peuple de grece il dit ainsi. Sachās dit il toutessois que homme ne sera pas iustifie par les oeuures de la loy, selon ce len entent ces parolles. Et la parolle est faicte chair. Cest a dire que le filz est fait chair en deuenant homme, et en prenant chair humaine en la benoite vierge marie. Laquelle chose aucūs q ne sont pas prins deuement ne conuenablement ont cuide que dieu neust point de ame humaine. Car sicomme len prent ptie pour le tout quant len list es parolles de leuā gille ou la benoite marie magdalene dit Ilz mont oste mon seigneur et si ne scay ou il lont mis, comme selle parlast de la seulle chair de iesucrist. laquelle elle cuidoit que len eust ostee du sepulcre. Aussy quant len nomme la chair len entent lhōme, ainsi comme le tout de sa partie, ainsi comme sont les choses dessus recordees Comme doncques la diuine escripture appelle la chair plusieurs choses. Lesqlles encquerir et assembler seroit longue chose, affin que nous puissōs sauoir pl a plain qlle chose est biure selō sa chair Laquelle chose pour certain est mal, com la nature dicelle chair ne soit pas mal regardons diligemment ce lieu de lespitre de saint pol appostre, en lespitre quil escript ad galathas ou il dit ainsi. mais les oeuures de la chair sont appertes et magnifestes Lesqlles oeuures de la chair sont, fornicacions, ordures, luxures, le seruice: ou seruitude des ydoles, enpoisonnemens, ennemisties, contencions, emulacions, animacions, ou encouraigemens, dissencions, heresies, enuies, puresses, comessacions. Cest a dire grās et excessifz mengiers: et choses semblables. Lesquelles dit il ie vous presche si comme iay dit deuant pour ce que ceulx

g iii

qui font telles choses nauront point le royaume de dieu/cest adire qlz ne seroīt poit en padis ne nauront sa vraye biencurete pardurable. Tout le texte de ceste epistre de sapostre bien considere en tant et pourtant comme il peut regarder ceste presente question, sa pourra souldre dest nyer: laqlle est Quelle chose est viure selon la chair. Car es euures de la chair/lesquelles il dit estre manifestes et apertes et lesquelles recordees il mesmes dānees nous ne trouuons pas les choses q apptiennent a la delectacion de la chair tant seulement/ sicomme sont fornicacions, ordures, luxures, puresses, ou commessacions. Mais aussy y trouuōs noꝰ choses par lesquelles les vices du couraige sont demonstrez estre tous estranges de la delectacion de la chair. Car qui est celuy qui nentende que ces vices/ cest assauoir la seruitude ou seruice que len fait aux ydoles/ les empoisonnemens/ les ennemisties/les contencions, les emulacions, les animositez/ les dissensions/ les heresies, et les enuies, ne soient plus vices du couraige que de la chair: quant cest chose faisable et possible. q pour ydolatrie ou heresie daucunes erreurs len se attrempe et abstient de ces defectacions de la chair. Et touteffois suppose que il semble que lhomme se contienne et quil restraigne ses desirs ou delectaciōs charnelles de sa chair: touteffois est il quaincu par lauctorite de lapostre pour ce que il dit selon la chair. Et est demonstre q il fait damnables oeuures de la chair en ce que il se restraint des delectacions de la chair. Qui est celui qui na ennemistie en son couraige/ ou en sa pensee/ ou q est celuy aumoins qui a son ennemy/ ou quil cuide estre son ennemy: dye Tu as mauuaise chair enuers moy: qui ne dye auāt, tu as mauuais couraige ou mauuaise pensee enuers moy. Dernierement ainsi comme len ne doubteroit que oīroit parler des charnalitez, que elles ne deus

sēt estre attribuees a la chair: Aussy nul ne doubte que les animositez/ ou encouraigemens nappartiennent au couraige pourquoy doncques des gens monseigneur saint pol, en foy et en verite appelle toutes ces choses ꞇ autres semblables les oeuures de la chair, se ce nest pour ce que il veust que len entende celle homme par le nom de la chair/ par celle maniere de parler/ par laquelle le tout est signifie de partie. Et sil est aucun q dye que es mauuaises meurs/ la chair est cause de quelzconques vices. Pour ce q lame tourmentee de la chair vit ainsi. Pour certain il napparoit pas diligemment luniuersal nature de lhomme. car certes le corps qui est corruptible aggraue ou charge lame. Dont ce mesmes apstre/ cest adire monseigneur saint pol en parlant de ce corps corruptible, duquel il auoit vng pou parle parauant dit/ et se nostre homme par dehors est corrompu nous sauons dit il que se nostre maison de ceste habitation terriēne est resolue que nous auons de dieu edificaciō maison pardurable es cieulx. Laquelle nest point faicte par oeuure manuelle. Pour certain nous gemissons grandement en nostre cueur/ desirās āen ce nostre habitacion. Laquelle est du ciel estre reuestue Touteffois nous sauons desjoins nō pas nudz, mais vestus, Car pour certain tant comme nous sommes en ceste habitaciō: cest adire ou monde nous gemissons comme chargez et greuez/ ouquel gemissement nous voulōs que noꝰ soyōs despouillez ꞇ reuest'/ ad ce q apres len oste de la vie ce qui est mortel/ et par ce doncques sommes aggreuez ꞇ chargez du corps corruptible. Et pour ce q nous scauons que la nature et la substāce du corps nest pas cause de son aggrauacion mais en est cause sa corrupcion. pour celle cause nous ne voulons pas estre despouillez du corps. Mais nous voulons quil soit reuestu de son immortalite. Et fois pour certain laissera il / Cest adire le corps/mais il ne sera pas agraue pour ce quil ne sera pas corruptible. Doncques le corps qui est corruptible agrieue a present lame/ et labitacion terriene trouble et abaisse le sens qui pese a plusieurs choses. Toutesfois sont ceulx en erreur qui cuident que tous les maulx de lame vienent de la partie du corps.

¶ Exposicion sur ce chapitre.

En ce .ii. chapitre monseigneur saint Augustin monstre que les epicuriens misrent le souuerain bien en la delectacion du corps. Et les stoiciens le misrent ou couraige/ ou en la pensee. Toutesfois de loppinion de ces epicuriens escript Senecque vne epistre a Lucille son disciple. Laquelle se commence: clarum condisipulum: cest la lxxi. la ou il dit ainsi. Deux biens sont deuers les epicuriedes desquelz le souuerain bien est composé a vng chascun/cest assauoir que le corps soit sans douleur et le couraige ou la pensee soit sans perturbacion.

¶ Que la cause de pechie ne vit pas/ ou ne fut pas nee de la chair / mais de lame: et que la corrupcion qui est contrainte par pechie nest pas pechie mais peine. iii. chap.

A soit ce que il semble que Virgille par ces parolles vueille declairer/ par vers clers telle sentence de Platon/ cest assauoir que tous les maulx qui aduiennent a lhomme luy aduiennent par les vices du corps/ disant que tant seulement de vertu es hommes la vertu de diuinite et lesperit de vie en ses semences cest adire es ames. Comme le corps nup sans ou nupsibles/ et les membres prin-

cipaulx/ et les autres enclins a mourir se retrayent de pechie, et que ces corps ne recordent point lame pour larrester et de mourir en ce corps par pechie / et que en voulant donner a entendre toutes ces quatre perturbacions tres notoires de lame: ou du couraige/ cest assauoir couuoitise paour, leesse et tristesse/ estre aussy commencemens et naissances de tous pechies et de tous vices ilz adioingne et dye par ce ilz doubtent/ ilz couuoitent/ ilz sejouyssent et se deulent, ne ne regardent point leur commencement ne leur naissance / comme elles soient encloses de tenebres et en chartre de prison aueugle. Toutesfois nostre foy se a autrement, car la corrupcion du corps laquelle aggraue lame nest pas cause du premier pechie / mais en est la peine / ne la chair corruptible ne fist pas pecherresse lame/ mais lame pecherresse fist la chair estre corruptible, par laquelle corrupcion de la chair, ia soit ce queil y ait plusieurs esmouuemens de vices, et iceulx mesmes desirs vicieux, toutesfois tous les vices de la vie mauuaise et desloyal ne sont pas a attribuer a la chair. Affin que nous ne purgons ou excusons le diable de tous ces vices: lequel na point de chair. car se le diable ne peust estre dit riblault/ ou puroigne/ ou entece de ces maulx qui appartiennent aux delectacions de la chair. Toutesfois est il oit et tresorgueilleux et enuieux comme il soit admonesteur oppsuer occult et prince de ces mesmes pechies / lequel par pechie et ordure est si sourprins et sourmonté que pour celle ordure il soit destinez a estre en tourment pardurable et perpetuel. Mais ces vices qui ont le maistrise ou diable lapostre attribue a la chair, de laquelle chair il est certain que le dyable na point. Et il dit ennemisties / contencions/ emulacions/ encouraigemens, enuies/ estre oeuures de la chair. De tous lesquelz orgueil est le chief et la naissance. Lequel orgueil regne ou diable qui est sans

g iiii.

chair/mais qui est celuy qui est plus en
nemy aux sains/qui treuue sen qui soit
plus contencieux, plus despit plus escou
raige, plus rebours/ ou contraire, plus
enuieux contre iceulx que les diables.
Et comme il ait toutes ces choses sans
la chair, coment sont ces choses oeuures
de la chair: fors pource que ce sōt les oeu
ures de lhomme, lesquelles sicomme iay
dit, lapostre appelle ou nom/ou sournō
de la chair. Car par auoir la chair, laql
le diable na pas/mais ensiuent selon
la chair, cest adire selon lappetit sensuel
le/lhomme est fait semblable au diable:
car et le diable veult viure selon soy mes
mes/quant il ne demoura pas en verite:
ad ce que il dist mensonge de soy et nom
pas de dieu. Lequel diable nest pas men
teur seulement/mais est pere de toutes
menteries. Quelles merueilles: il mēt
le premier, et de celuy commenca premie
rement estre menterie, duquel pechie eut
commencement

Exposicion sur ce chapitre

En ce troisiesme chapitre mōseigneur
saint augustin recite les vers de vir
gille mis en son vi. liure de enydos pour
prouuer loppinion de platon, et de ceulx
de sa secte qui tenoient que toꝰ les maulx
qui aduiennent a lame luy viennent par
les vices du corps. Et dit que ces quatre
passions de lame ou du couraige:lesquel
les sōt recitees es vers de virgile, ilz trai
ent et ont du corps:et pour ce, et pour en
tendre les vers de virgille combien que
nous les ayons mis ou texte le plus cle
rement que nous auons peu:et sont telz
Hic metuūt, cupiūt qz, dolēt, gaudēt qz
nec auras. Suspiciūt clause tūbrī, ᴕ car
cere ceco. Il est assauoir q̄ virgille ou d. vi.
liure fait q̄ eneas descēdt en ēfer/᷒ de la
ala aux champs elisees quil faint estre
lieux de repos, affin quil peust veoir an
hises son pere, et se commencēt les vers

O pater ānē̄e ᴣcetera Et comme il eust
veu plusieurs ames a vng fleuue qui est
appelle lethe:cest adire doubliance. Il de
māda a son pere se ces ames qui la estoi
ent retourneroient poit ou ciel, et se apres
ilz retourneroient point de rechief es corps
Auquel āchises respondit sicomme saint
virgille que ilz retourneroient voiremēt
Les vnes plus tard, les autres plus tost
selon ce quilz seroient moins chargies de
pechies et de vices, et cest ce quil dist au
commencement des vers mis en ce chapi
tre, car ilz tenoient que quant ilz auoi
ent beu de ce fleuue: elles auoient oublie
tout le meschief q̄lles auoient eu, ᴣ que
apres ce quelles estoient purgees : est es
estroiēt en autres corps plus netz:selon ce
quelles auoient vescu nettement. Ou se
lon lopinion des autres selon ce que les
gēs auoient vescu, leurs ames entroient
en autres corps:cest assauoir silz auoiēt
ordement vescu elles entroient en vne or
de beste comme vne truye ou vng pour
cel, ou vne autre orde beste, et ainsi des
autres. Et silz auoient bien vescu, ilz en
troient en nettes bestes. ¶ Item il est a
noter en ce chapitre quilz sont quatre per
turbacions:cest assauoir conuoitise, pa
our, leesse, et tristesse, et ces quatre sont
les commencemens ᴣ naissances de tous
pechies et de tous vices. Encores ia il ii.
notables le premier est que les vices qui
ont seigneurie ou dyable, lapostre les as
tribue a la chair, de laquelle chair il dist
que le dyable na point, sicomme sont en
nemisties, contencions, emulatiōs, ani
mositez et enuies de tous, desquelz vices
orgueil est le chief et le commencement et
naissance. Le secōd est que le dyable nest
pas menteur seulement, mais est pere de
mensongne, ou de menterie, car ce fut ce
lui qui premieremēt mentit:quant il am
monnesta a adam et a eue de mēgier du
fruit de vie que dieu leur auoit deffendu
en disant que des lors quilz en mengeroi
ent ilz mourroient:il respondyt quilz ne

mourroient point, æcetera. Et qui Vouldra veoir plus a plain de ces quatre passions ou perturbations de lame ou du couraige, voye aristote ou tiers liure de lame, et en metheores.

Quelle chose est viure selon lhomme et selon dieu. iiii.

Doncques quant lhomme vit selon lhomme et non pas selon dieu il est semblable au dyable, car et lange nauoit pas a viure selon lange, mais selon dieu, affin quil demourast en verite, et que dicelui dieu il deist verite et non pas mensonge de soy mesmes. Car et de lhomme mesmes ce mesmes apostre: cest assauoir monseigneur saint pol dist ainsi en autre lieu Mais se la verite de dieu habonda en ma mensonge, il dist nostre mensonge estre la verite de dieu. Et pource quant lhomme dist selon verite il ne dit pas selon soy mesmes mais selon dieu, Car dieu est celui qui dist ie suis verite, mais quant lhomme vit selon soy mesmes: cest assauoir selon lhomme pour certain il ne vit pas selon dieu mais selon mensonge, Nompas pour ce que lhomme soit mensonge, Comme dieu soit son facteur et createur, Lequel nest ne faiseur ne createur de mensonge, ou de menterie, mais pour ce que lhomme fut fait droit en celle maniere quil ne vesquist pas selon soy mesmes, mais selon dieu de qui il estoit fait: cest adire que il feust plus la voulente de dieu que la sienne, que il ne vesquist par la maniere quil fut fait, affin quil vesquist: cest adire mensonge. Quelles merueilles: car celui mesmes veult estre le neure: q ne la peu estre en viuat ainsi Quelle chose est plus mensonge de celle voulente. Et pource sen peut dire nompas en vain que tout pechie est mensonge, Car pechie ne est point fait se ce nest par telle voulente par laquelle nous voulons quil nous soit bien, ou par laquelle nous ne vou-

lons point quil nous soit mal. Doncques estce mensonge ou menterie quant cest fait affin quil nous soit bien, par quoy il nous est plus mal, ou quant il est fait affin quil nous soit mieulx de ce dont il nous est pis. Dont vient ce fors pource que de dieu il peust bien estre a homme, lequel il delaisse en pechant: non pas de soy mesmes, lequel il delaisse en viuant selon soy. Et ainsi ce que nous auons dit de ce auoir este deux citez contraires entre eulx et diuerses, q̃ les vnges viuoient selon la chair, et les autres selon lesperit, Aussi peut on dire en ceste maniere, que les vnges viuent selon lhõme, les autres selon dieu. Quelles merueilles: lapostre en vne epistre, ad corinthios dist tresappertement, car comme emulation et contention soit entre vous nestes vous pas charnelz, et viuez selon vostre sensualite. Ce doncques qui est viure sensuelement: cest estre charnelz, pource que lhomme est entendu de la chair: cest adire de la partie de lhomme Quelles merueilles: Il a dit cy dessus iceulx mesmes estre bestiaulx, lesquelz il a depuis dist charnelz en parlant ainsi. Car qui est dist il iceluy des hommes qui saiche quelles choses sont de lhomme se ce nest lesperit de lhomme qui est en lui Et par pareille maniere nul ne scet les choses qui sont de dieu fors lesperit de dieu, mais sicomme il dist nous nauons pas prins lesperit de ce monde, mais auons prins dieu, et quelles choses nous disons non pas comme ceulx qui sommes, lesperit qui est de dieu, a ce q̃ nous sachons q̃lles choses nous sont donnees de dieu, et q̃lles choses no⁹ disõs nõ pas cõme ceulx q̃ sõmes enseignez de paroles de science humaine, mais apuns (en seignies de lesperit, faisons comparaison des choses espirituelles aux choses espirituelles, mais lhomme bestial nentent pas ou nappercoit les choses q̃ sõt de lesperit de dieu: pour certai cest sotie a lui

Et pour ce a telz gens / cest adire bestiaulx / ung pou apres lapostre dit ainsi. Freres ie nay peu parler a vous comme a gens espirituelz mais comme a gens charnelz. Et par ceste maniere de parler cest assauoir a prendre le tout de partie / peut estre signifie tout ce qui est homme. Car de lame et de la chair qui sont les parties de lhome: peut estre signifie tout ce qui est homme. Et pour ce nest point autre chose / homme bestial. et homme charnel / mais est lunet laultren ce mesmes / cest adire: homme viuant selon home. Ainsi comme aultres choses ne sont signifiees fors hommes / soit en ceste partie ou en si dit. Toute chair ne sera pas iustifiee des oeuures de la loy, ou en ce qui est escript. Lxxv. ames descendirent en egypte, auec iacob Car et sa: par toute chair sont entendus tous hommes: Et cy par lxxv ames sont entendues lxxv hommes: Et ce qui est dit cy dessus en ce chapitre / nompas enseignez ou apprins en paroles de la science humaine peut estre dit / nompas es paroles de la science, ainsi comme ce qui est cy dessus en ce chapitre mesmes. Vous alez selon homme, peut estre dit selon sa chair / mais ce apparut mieulx es choses quil adiousta Car quant aucune dit ie suis certes de paoul. Et laultre dit ie suis de appollo / nestes vous pas hommes. Ce quil dit soit vous estes bestiaulx / et vous estes charnelz. Il dit plus expressement: vous estes hommes. Laquelle chose est adire vous viuez selon lhomme, nompas selon dieu: selon lequel si vous diuiez, vous seroies dieux.

¶ Que loppinion des platoniciens de la nature de lame et du corps si soit plus tollerable que celle des manicheiens: mais ces mesmes platoniciens sont reprouuez pour ce que les causes des vices ilz mettet sus a la nature de la chair

Il nest pas doncques besoing de accuser la nature de la chair en noz vices et pechies a la lumiere du createur Laquelle est bonne en son genre et en son ordre / mais ce nest pas bien viure selon aucun bien cree, delaisse son bon createur Soit quil eslise a viure selon la chair ou selon lame / ou selon tout lhomme. Lequel est de lame et de la chair. On dot il peut estre signifie et par le nom de la seulle chair. et de la seule ame / car celuy qui loue sa nature de lame ainsi comme bien souuerain / et accuse sa nature de la chair comme mal. pour certain il desire lame charnellement et suyt la chair charnellement, pour ce que il sent ce par vanite humaine / nompas pour verite diuine. Certes les platoniciens ne vont pas si hors de verite / comme font les manicheyens, ad ce q̄ ilz blasment les corps terriens comme nature de mal comme ilz attribuent a dieu comme ouurier / tous les elemens desquelz ce monde visible est assemble fait et compose, et les qualitez diceulx elemens, toutesfoie ilz cuydent que les ames soient tourmentees des corps terriens, et des membres mortelz, que de ce leur vengent les maladies de couuoitises, de paours, de lesse, et de tristesse. Esquelles quatre maladies ou perturbacions, sicomme tulle les appelle: ou passions sicomme plusieurs les extrapent de mot grec ordure, ou vicioste de toutes meurs humaines est cotenue. Et sil est ainsi que est ce de ce qui est cotenu en virgille / Cest assauoir que comme eneas eust oup en enfer de son pere achises que les ames de rechief retournentes corps, se merueille de ceste opinio en soy escriant et disant telles paroles. O o pere croit len q̄ il soit aucunes haultes ames qui puissent aller ou ciel / et de rechief retourner es corps tardifz. Quelle si aspre couuoitise de lumiere est a ces chestifz. Nest pas encores ceste couuoitise tant dure et aspre de ces corps terriens et membres mortelz ou mouueur en sa purte tant louable de ces ames. Ne sont elles pas sicomme il dit purgees de toutes ces maladies corporelles / quāt elles cō mencent a vouloir retourner es corps. par ce scy peut congnoistre que sil estoit ainsi ce qui nest pas / mais est chose tres saine par sinondacion et le tollemēt des ames et afane retournans sans cesser successiuemēt ¬ alternatiuemēt se ne pourroit dire veritablement que tous les mouuemens vicieux ou coulpables des ames soient efforcez ou creuz des corps terriens. pour certain selon eulz sicōme ce noble parleur / Cest assauoir virgille dit ceste aspre: et cruelle couuoitise nest pas tellement du corps que lame consti tuee hors de tout corps et purgee de tou tes corrupcions corporelles / constraigne icelle estre au corps / dont par leur confes sion mesmes lame nest pas tourmentee de sa chair seulemēt a ce que elle couuoi te double / se iouysse ou soit triste: ou ma lade: mais peut estre aussy demence par ses mouuemens delle mesmes.

⸿ De la qualite de la voulente humai ne soubz le iugement de laquelle sont les affections ou desirs du couraige soient bonnes ou mauuaises.   vi

Mais il ya grant difference quelle soit la voulente de lhomme. Car se elle est mauuaise, elle aura ces pre mouuemēs. Et se elle est bonne ces mou uemens ne seront pas sans coulpe seulle ment: mais seront desia a louer. Quelz merueilles: voulēte est en tous iceulx mouuemens et qui plus est ilz ne sont to autre chose que voulentez. Car quelle chose est couuoitise et leesse que voulente ou consentement des choses que nous vou lons. Et quelle chose est paour et tristes se fors que voulente ou consentement des choses que nous ne voulons pas. Mais quant nous consentons en desirans ap

petant les choses que nous voulons esse est appellee couuoitise et quant nous cō sentons en ensat des choses que nous vou lons esse est appellee leesse. Et de rechief quant nous nous departons ou desiot dons de ce que nous ne voulons pas qil aduienne, telle voulēte est paour en tout et par tout ainsi comme la voulente de lhomme est ioyeuse ou courouces par la diuersite des choses, lesquelles scy desire ou supt: aussy se mue et tourne celle vou lente de lhōme en ceulx ou en iceulx de sirs. Et pour ce fault que lhomme qui vit selon dieu, et non pas selon lhomme soit amour de bien et par consequent que il haie le mal. Et pour ce que nul nest mauuais par nature, mais est vng cha cun mauuais par vice et pechie. Cellup qui vit selon dieu / doit parfaicte hayne aux maulx, ad ce que il ne hee pas thō me pour peche ou vice, ne nayme le vice pour lhomme / mais haie le vice et ame lhomme. Car le vice purge a garp, tout ce quil deura amer demourra, et si ne de mourra riens de ce quil deuoit hayr. car sans doubte celup est dit de bonne vou lente pour celle amour par laquelle il a intencion de aymer dieu, et damer son p chain comme soy mesmes, et non pas se lon soy: mais selon dieu

⸿ Que len treuue es sainctes escriptu res amour et dilection indifferemment en bien et en mal.   vii.

Laquelle voulente est plus acoustu meemēt appellee en la saite escriptu re charite, mais aussy est telle appellee amour selon ces mesmes sainctes escriptu res. Car lapostre dit que celuy doit estre ameur de bien que il commande a estre esleu au gouernemēt du peuple. Et no stre seigneur dieu en interogāt saint pier re lapostre, cōe il suy eust demande, as tu plº grāt dilectiō a moy q̄ a ceulx cy il res pōdit ainsi: sire tu sceis bien q̄ ie tayme.

Et de rechief comme nostre seigneur sup eust demande nompas sil lamoit: mais sil auoit point de dilection a luy / il respondit de rechief. Sire tu sceis bien que ie te ayme / mais en la tierce interrogacion nostreseigneur iesucrist ne dit pas as tu dilection enuers moy: mais demãda me aymes tu. Dont leuãge liste en poursupuant sa parolle dit que saint pierre se courouca: de ce quil luy auoit demande tiercement me aymes tu / comme nõpas trois fois, mais vne il lui eust dit me aimes tu / et luy eust dit par deux fois as tu point de dilection a moy. Pourquoy nous entendons que quãt il disoit as tu dilection a moy il ne disoit autre chose, q̃ me aymes tu. Mais saint pierre ne mua mot de sa response: mais a la tierce interrogacion / il respondit ainsi. Sire tu sceis tout: tu sceis que ie te ayme. Jay pour tãt voulu recorder ceste chose pource que plusieurs ont cuide autre chose estre dilectiõ ou charite, & autre chose estre amour, car ilz dient que len doit prendre dilection en dieu, et amour en mal. Il est trescertaine chose que neiz les acteurs mesmes des lettres seculieres nont point ainsi parle, mais voient les philosophes / assauoir moy: et par quelle raison ilz distinguent ou diuisẽt ces choses cest assauoir amour ou dilection. Toutesfois parlent assez leur liures que amour est de grant auctorite, tant es choses bonnes, et ãi ssy en uers iceluy dieu, mais les escriptures de nostre religiõ / lauctorite desquelles nous mettons deuãt toutes autres lettres ou escriptures nous ont demonstre & isint: e que ce nest poĩt autre chose a dire amour autre chose dilection ou charite. Car nous auons ia demonstre que amour est dicte en bien. Mais affin que aucun ne cuide q̃ amour soit prinse en bien et en mal, et que dilection ne doie estre prinse fors en bien considere ce qui est escript ou psaultier ou il est dit, mais q̃ a dilection a iniquite il heit son ame. Et saint iehan en son euan gille dist. Celui q̃ aura dilection au mõde: la dilection du pere / cest assauoir de dieu nest pas en luy, et desci en vng lieu dilection: et en bien et en mal. Mais affin que aucun ne reqerre cõmẽt amour est prinse en mal, pource que nous auõs ia mõstre cõment elle est prinse en bien, lise ce q̃ est escript. Certainement les amoureup de monnoye amerõt soy mesmes. Et pour ce bõne voulẽte est bõne amour Et puerse voulente est mauuaise amour Amour dõcques laquelle tent a auoir ce qui est ame: cest couuoitise. Et quãt celui q̃ la en vse / ou en iouyst / cest leesse. Et quãt il fuyt ce qui lup est contraire / il a paour, et se il sceit que ce que il fuyoit lu soit aduenu, cest tristesse. Et pource sont ces choses males se lamour est mauuaise. Et se lamour est bonne: elles sont bõnes. Prouuons ce que nous lisons des escriptures Lapostre desire quil soit casse et mort corporellement: et quil soit auec ihesucrist / & ou il dit. Et mon ame a couuoite a desirer tes iugemens / ou se len dit plus asserremment, Mon ame a desire a couuoitter tes iugemens, et ailleurs La couuoitise ou cõcupiscẽce de sapience, maine ou royaume. Toutesfois la coustume de pler a obtenu en telle maniere que se len dit couuoitise & cõcupiscẽce, & ne soit point dit ne adiouste de quelq̃ chose. il ne peut estre entẽdu que en mal. Leesse est en bien / sicõme il appert p ce q̃ est dit O vous iustes esleuezvous, & esioupssez en nr̃eseigneur, & la ou il est dit. Tu as bõne leesse en mõ cueur, & ailleurs. Tu me rempliras de leesse auec ton regard Paour est en biẽ selõ lapostre ou il dit / faictes & ouures vr̃e salut de vo² mesmes en paour et en crainte, Et ailleurs ou il dit. Nentrepreng pas hault, mais craig Et encores ou il dit. Je ne doubte pas que ainsi comme le serpent deceut Eue, et seduyt par sa cautelle et mauuaise malice, que vo₃ pensees ne soient corrũpues de la charite qui est en ihesucrist

Mais de tristesse laquelle tulle appelle plus estre maladie, et Virgille douleur, ou il dit quilz sesioupssent et se doulent: mais ie lay mieulx aime appeller tristesse, pource que douleur et maladie sont dis plus acoustumeemēt es corps, assauoir se elle peut estre trouuee en bien, cest plus doubteuse question

⸿ Opposicion sur ce chapitre

EN ce .viii. chapitre monseigneur sainct augustin demonstre que ia soit ce q̄ les philosophes aient mis difference entre amour et dilection. En disant que dilection est prinse en bonne significacion: et amour en mauuaise significacion. Toutesfois les sainctes escriptures de la religion chrestienne, lesquelles daucto rite precedent toutes autres escriptures, ne mettēt point de differēce entre amour et dilection. Item il dit que droitte Voulente, cest adire bonne Voulente est dicte amour: et peruerse Voulente est mauuaise, ou peruerse amour.

⸿ Des trois perturbacions que les stoiciens Vouldrent estre en couraige en pensee de lhomme saige, hors mises douleur ou tristesse, lesquelles la Vertu du courage ne doit point sentir.   Viii.

MAis les stoiciens Vouldrent estre trois perturbacions, lesquelles les grecz appellent eupathas. Et les latins les appellent constances. Et mettēt pour couuoitise Voulente, pour leesse iope, et pour paour cautelle. Mais pour maladie ou douleur, laquelle pour escheuer la doubte nous amons mieulx auoir appelle tristesse: ilz nperent que il en peust estre aucune chose en lame ou pensee du saige. Quelz merueilles: Voulente ce dient ilz appete ou desire bien laquelle chose le saige fupt. Iope est du bien que len a acquis: lequel le saige acquiert par tout. Cautelle escheue le mal, lequel le saige doit escheuer. Mais pource que tristesse est de mal lequel est ia aduenu, et ilz cuident que nul mal ne peust aduenir ou encheoir ou saige. Ilz dirent q̄ pour celle tristesse riens ne pouoit estre en sa pē see ne ou couraige dicelup saige. Ilz par lent doncques ainsi ad ce que ilz npent q̄ aucune fois le saige puist escheuer Vouloir ou esioupr. Et que le fol ne puist q̄ couuoitter, esioupr, doubter ou craindre: et soy couroucer, et ces trois estre constāces: et les quatre estre perturbacions selon tulle, et selon plusieurs autres passions, mais sicomme iay dit ces trois sont appellees eupathe. Et comme ie eusse enquis le plus diligemment que ieusse peu assauoir se ceste maniere de parler sacor de aux sainctes escriptures, iay trouue ce que dit le prophete, il nappartient pas aux mauuais dauoir iope ce dit nostre seigneur. Ainsi comme les mauuais q̄ se peuent esleesser des maulx plus que en auoir iope, pour ce que iope est proprement des bons et des debonnaires. De rechief ce qui est dit en leuangille. Quelconque chose que Vous Voulez que les hommes Vous facent, faictes leur ces mesmes choses, semble estre ainsi dit comme se aucun ne peust Vouloir aucune chose mal ou laidement, mais couuoitter. Apres pour laccoustumance de parler, aucūs y ont adiouste ce mot biēs et lont iterprete en telle maniere. Quelzconques biens que Vous Voulez que les hommes Vous facent faictes leur. Car ilz cuiderent que len deust escheuer, que aucuns ne Voulsist que les hommes fissent choses deshonnestes, sicomme mengiers oultre mesure, affin que ie men tai se des choses plus laides. Esquelz se aucun fait ce qui lup ont fait, Il cupde ce commandement estre acomply. Mais aussy par leuangille grecque dōt sa translacion a este faicte en latin nest pas seu ce mot biēs/ou bona: mais y est escript. Quelzconques choses que Bous Boulez que les hommes Bous facent/et Bous leur faictes ces mesmes choses. Je croy que pource en celle euangille il dit Bous Boulez/sen Beust ainsi estre ētēdu ce mot biens/ou bona: car il ne dit pas couuoiter. Et touteffois en ces proprie/tez nest pas tousiours a refraidre nostre languaige: ou nostre maniere de parler. Mais aucueffois sen dit Bse/ de ses motz propres et de celle propriete de parler Et quant nous lisons ceulx contre lauctori/te desquelz il nest conuenable a repliquer ne cōtre arguer sa ou se Bray sēs ne peut trouuer autre yssue/sa sont ilz a entendre sicomme ces choses q̄ nous auōs recordees par maniere dexemple/qui sont en partie du prophete en partie de leuangille. Car qui est icelup qui sceit que les desloyaulx sesioupssent par la grāt seesse. Et touteffois dit nostreseigneur que auoir iope nest pas chose appartenāt aux mauuais/dont ce nest sois pour ce que cest autre chose auoir iope q̄ sesioupr quant ce mot est mis proprement et certainement. De rechief qui est celuy q̄ nyera qui ne soit pas iustement commande aux hommes que toutes choses quilz cōuoitent quilz seur soient faictes dautres ilz leur facent ces mesmes choses. a ce que ilz ne se delectent ensemble par laidure ou delectacion illicite. Et touteffois est ce commandement tresproufitable et tres Bray. Quelzconques choses que Bous Boulez que les hommes Bous sacent: que Bous leur faces ces mesmes/ Et dont Bient ce se ce nest par ce que Bousente est mise en ce lieu/en aucune propre maniere Laquelle est prise en mal/mais par acoustumance de parler/laquelle coustume est frequentee tresgrādment. Cest adire dont sen a acoustume de parser: sen ne disoit pas p tout estre toute mēsonge ne Bueilles pas Bouloir mētir sil

ny auoit mauuaise Boulente/de la mauuaistie desquelle celle est separee et diuisee/laquelle les anges prescherent disans. Paix en terre aux hommes de bonne Boulente/car se celle Boulente ne peut estre q̄ bōne ce mot bonne y est adiouste dabondant. Mais qlle grande chose eust dit lapostre en parlant des louenges de charite quant il dist que sen ne se esioupsse pas de mauuaistie et de iniquite/sors pour ce que semblablement mauuaistie sesioupst et a iope. Et autelle indifference ou pareille de ses parolles enuers les auctorites des lettres seculieres Car tulle qui fust tressarge: et tresgrant orateur dist. Peres tressoubtilz ā tressagus ie couuoitte que soyes debonnaires Et pour ce que il mist ce mot couuoitte qui est celup qui si est mauuaisemēt enseigne qui ne debat ou contredie quil ne deust pas auoir dit ce mot ie couuoitte: mais deust mieulx auoir dit ie Bueil. Toutessois sicomme dit terence cel adolescent desirant de orde et mauaise couuoitise/dit: Je ne Bueil autre chose que philomene/qui est Bne ribaulde/laquelle Boulente la responce qui est amenee de sō plus saige sergent iuge assez que ce fut couuoitisse de delectacion charnelle. Car il dit a son seigneur de combien dit il est ce plus saine chose de labourer et faire chose/pourquop tu ostes ceste amour de ton couraige/que pour parser ce parquop delectacion charnelle sera plus enflambee en Bain. Mais ilz misrent iope aussy en mal; sicomme les Bers de Birgille en sont tesmoingz. Esquelz il comprint p tresgrant briefuete ces quatre passions: quant il dist en Bng Bers. De ce ilz doutent/ ilz couuoitent/ ilz ont iope/et se doulent. Et aussy dist ce mesme acteur Les mauuaises iopes de la pēsee ou du couraige. ā pource les bōs ā les mauuais Beulēt: escheuēt ā ont iope. ā affin qn̄o si gnifios ces mesmes choses soubz autres polles ā les bōs ā les mauuais couuoitēt doubtent et sesiouyssent/ mais ceulx la bie: ceulx en mal/ sicomme bone ou mauuaise Voulente est es hommes. Mais celle tristesse pour laquelle les stoiciens cuyderent que rien nen peust estre en la pensee du saige, est trouuee en bien et mesmement selon les nostres: car lapostre en lepistole ad cointhios les loue de ce qlz ont eu tristesse selon dieu. Mais par aduenture aucun dira que il sesiouyssoit et rendoit graces auec eulz de ce que ilz estoiēt tristes en eulz repetant de leurs pechies. Laquelle tristesse ne pouoit estre que de ceulx qui auoiēt peche. Car il dit ainsi: Je Voy que se ceste epistre Vous a tenus tristes par aucune heure/ ie men esioup maintenant/ nompas pour ce que estes tristes en faisant penitence. Car Vous estes tristes selon dieu/ affin que nullement Vous ne souffrez aucun detriment de Vous mesmes/ car la tristesse qui est selon dieu, fait et oeuure penitance en salut. Mais celle qui est selon le monde oeuure a la mort/ car Veez cy combien grande industrie a parfait en Vous ceste chose laquelle est soy courocer selon dieu. Et par ce peuent respondre les stoiciens pour leurs parties quil semble que tristesse soit prouffitable ad ce que len se repēt dauoir peche. Mais tristesse ne peut estre en lame du saige ou en sa pensee/ pour ce que pechie ne chiet point en luy: ne p la penitāce duquel pechie il se courouce ne quelconque autre mal dont il soit triste/ soit en le sentant/ soit en le longuemeut souffrant, car ilz dient de alcibiades se la memoire de son nom ne me decoit que comme il luy semblast que il fust bieneure/ socrates en disputant luy monstrast comment il estoit fol et chetif il commenca a plourer. Sotie doncques fut cause a ce luy de ceste tristesse prouffitable et desirable. Par laquelle homme se deust estre ce quil ne doit pas estre/ mais les stoiciens dient que nompas le fol: mais le saige ne peut estre triste. Touteffois pour

tant quil appartient a ceste question des perturbacions du couraige nous en auōs ia respōdu a ces philosophes ou ix. liure de ceste oeuure/ en demonstrant que ilz nont pas este tāt couuoiteux des choses comme des parolles/ et des contencions ou debatz plus que de la Verite.

⸿Epposicion sur ce chapitre

EN ce huptiesme chapitre pour lentēdement des choses qui sont dictes/ cest assauoir que les stoiciens mirent que nulles des quatre passions: lesqlles tulles appelle pturbacions ne peuent cheoir en homme saige. Ces passions monseigneur saint augustin les appelle en ce chaptire couuoitise/ leesse/ paour/ et tristesse. Lesquelles sont appellees en grec eupathe Mais en lieu de ces passions ilz mirent trois qualitez: lesqlles les grecz appellent eupathias/ cest adire bonnes passions. Et tulle les appelle constances. desquelles ilz mettent premierement delectacion en lieu de couuoitise/ ioye en lieu de leesse/ et cautelle en lieu de paour: ou de doubte/ mais ilz ne mirent tristesse ne autre constance en lieu desse/ Laquelle ne peust cheoir en saige homme/ pour ce que sicomme il dit. tristesse est du mal que ia est a auenir. Mais au saige qui a cautelle/ cest adire qui est subtil et saige/ et aduise cōtre le mal ne peut mal Venir selon eulz. Et que les noms de ses passions puissent estre prinses en bien. Il en mect exemple/ et premierement de couuoitise pour laquelle il admaine lauctorite de tulle en son inuectiue in cathilinario/ ou premier liure ou il dit. Peres tressubtilz & tresages ie couuoite q soies debonnaires. Ité q delectacion soit prise en mal qest nō de cōstāce. laqlle les stoicēs ont mis en lieu de couuoitise/ & qlle peut cheoir ē saige hōe & soit prise ē mal signification il le preuue en ramenāt les polles de terrence en ung liure q sappelle ī adria en la personne de ladolescent supurieur: que dit il fors philomene qui estoit le nõ dune femme ribaulde/et aisi des autres De rechief il est assauoir combien q̃ tulle appelle ces quatre passions constances. Toutesfoie en son liure qui est de finibz bonorum et maloru̅ Il appella celle dou leur enfermete ou maladie. Et Virgille en sõ.vi.liure de eneydos/es vers mis ou iii.chapitre de ce liure sappelle douleur. Et monseigneur saint augustin lappel le tristesse. Apres quant il parle de alci biades/cest vne hystoire moult estrange Laquelle ne se treuue pas bonnemẽt ail leurs. combiẽ que il en y oit de pareilles cel alcibiades est appelle alcibiades so cratic selon ce q̃ dit eusebe en sa cronicque et fut ou tẽps de darius nothus/il estoit merueilleusement beau et moult eloquẽt grant conseiller/et bon et saige a acquer re amistiez et faire paix et aliances / et meilleur a les garder selon Justin en son B.liure. Ce fut celuy duquel parle boece en son liure de consolacion qui dit, que a ristote dit de luy, que se len pouoit auoir peu ly de linp en telle maniere q̃ len peust veoir cel alcibiades par dedens le corps len verroit son corps, qui tant estoit beau par dehors/estre tresfait par dedens/de luy dit agellius en son liure de noctibus acticis/que comme vng sien oncle appel le plee luy appnt les vii.ars liberaulp Il luy pria quil luy aprint a corner ou a tromper dun cornet: ou dune busine, pour ce que lors cestoit belle chose a athenes de sauoir iouer. Et comme il en eust prinse vne, et leust mise a sa bouche pour corner et enflees ses ioues pour souffler / il eut telle honte de ce quil regarda sa bouche; son visaige quil auoit soufflez siquil rõ pit les busines et getta a terre. Et quant ceste chose vint a la cgnoissance de ceulx dathenes / ilz deffendirent a iouer plus de ces busines. Encoires raconte de luy Valerius maximus: ou premier chapitre du tiers liure, ou paragraphe final, que comme il fust venu a proles son oncle en vng lieu secrect et eust veu quil se seoit et faisoit tresmauuaise chiere/ il luy demã da quil auoit. Lequel lui dist quil sestoit etremis des euures de la cite, ou il auoit despendu grans deniers/dõt len vouloit quil redist compte et il ne sauoit pas les parties Et pour ce il pensoit comment il pourroit rendre compte. Auquel alcibia des qui estoit encoires vng iouuencel res pondit Mais pense dist il et quiers voye comment tu nen rendras point Lequel y les vsa de son conseil / car il fist tant q̃l fust enuoie en vne guerre que ceulx da thenes auoient contre leurs voisins/cest assauoir contre les lacedomiens. et pour ce ne rendit il point de compte. Hieroni mus contra iouinianu̅ / dit que cel alci biades / les atheniens vaincus par les lacedomiẽs senfuyt a vng appelle lama gus/lequel le tua pour argent quil en re ceut dalipandre qui estoit duc des lace domiens. Et comme apres ce q̃l leust tue len luy eust couppe la teste pour porter a Alipadre affin quil sceust q̃l estoit mort et vne sienne concubine eust veu sõ corps qui gisoit a terre sans sepulture/ elle sof frit a mourir pour lamour du mort Et ala parmy eulz et eulz tous presens fist ses obsecques et ardit le corps: sicomme il estoit acoustume a faire. Justin en son dit.v.liure dit que ceulx dathenes apres quil sen fut fouy aux perses pource q̃ les xxxi.tyrans auoient machine a le tuer secrettement enuoyerent au deuant pour le sourprendre. Et comme ilz ne losassẽt assaillir vif/ilz attendirent tant q̃l fust couchie et endormy/et puis lardirent lui et sa maison. A quoy saccorde orose en sõ arimestiq̃ Et qui vouldra ce voir plus a plain voie iustin ou.v.liure/et la pourra voir merueilleuse chose de lhonneur que luy feirent ceulx dathenes quãt il retour na a eulx: apres la pmiere fuyte q̃l fist p le conseil de la femme du roy agidis La quelle il maintenoit pource q̃ par enuie de

sa vaillance les princes dathenes auoi/
ent fait conspiracion de se tuer. & fut quāt
il auoit desconfit les lacedomiens et ga
ste aspe.

¶ Des perturbacions du couraige des
quelles la vie des iustes a vrayes desirs
et vrayes affections   ip.

Mais deuers nous selon les sain
ctes escriptures en la saincte doctri
ne/ les citoyēs de celle saincte cite de dieu
viuans selō dieu ou pelferinaige de ceste
vie: doubtent, couuoittent, deulēt, et ont
iope. Et pource que leur amour est droi
te, aussy ont ilz toutes ses affectiōs droi
tes. Jlz doubtēt la peine pardurable, ilz
desirent la vie pardurable ilz doubtent
realement/ car ilz gemissent encoires en
eulz mesmes/ en attendant ladopciō q̄
est la redempciō de leurs corps, ilz ont
iope en la chose/ cest adire de future ou de
present pour ce que le sermon sera fait et
acomply qui est escript, et lequel dit ain
si La mort a duidee est absorbee en victoi
re. De rechief ilz doubtent a pechier. Jlz
couuoitent a perseuerer en bien, ilz se deu
lent de leurs pechies: et ont iope en bōnes
oeuures, car affin quilz doubtent a pe/
chier ilz oyent ce qui est escript. Qui per
seuerera iusques en la fin, celuy sera sau
ue/ affin quilz se de deulent en leurs pe/
chies ilz oyent. ¶ Se nous disons que
nous soyons sans pechie, nous deceuōs
nous mesmes, et si nest pas verite en noꝰ
Ad ce que ilz apent iope en bonnes oeu/
ures/ ilz oyent. Dieu ayme celuy qui
donne lyement. De rechief selon ce q̄ leur
fermete ou enfermete se peut auoir ou por
ter/ ilz doubtent estre tentez/ ou ilz cou
uoitent estre tentez. Jlz se deulent en ten
tacion/ ilz ont iope en tentacion: ad ce q̄lz
doubtent a estre tentez, ilz dient. Se au
cun est entrepuns daucun pechie/ entro/
duisez celuy en esperit de douleur: vous
qui estes espirituelz, regarde et entent a

toy mesmes/ que tu ne soyes tente. Ad ce
que ilz desirent a estre tētez ilz oyēt ung
fort homme de la cite de dieu/ cest assa/
uoir dauid q̄ dit ainsi Sire preuue moy
et me tente, bruste ou ars mon cueur ou
mes rains. Ad ce q̄ ilz se deulent en leurs
tentacions: ilz voyent monseigneur sait
pierre plourant. Ad ce que ilz seioupssēt
en tentacions: ilz oyent māseigneur sait
iaques disāt. Mes freres ie cuide toutes
les iopes quant vous serez escheuz en di
uerses tentacions Jlz ne sōt pas esmeuz
de ces affections pour eulz mesmes seu/
lement/ mais pour ceulx aussy qui cou
uoitent quilz soient desiurez, et doubtēt
quilz ne perissent et se deulent, se ilz pe/
rissent, et ont iope si sont desiurez Quel
les merueilles: Nous regardōs tree vou
lentiers des yeulx de nostre cueur, ce tres
fort et tresbō homme qui se glorifie de ses
enfermetez, ad ce que nous qui venons
de gens a leglise de dieu/ cest adire qui
sommes fais de payens crestiens/ recor
dans ce docteur monseigneur saint pol/
comme se plus grant en foy, et en la cha
rite et qui plus laboura de tous ses com
paignons apostres/ et qui instruit et en
seigna p̄ plusieurs epistres/ les peuples
de dieu nompas seulement ceulx de qui
il estoit seuz: mais aussy ceulx q̄ estoiēt
premiers a aduenir/ celuy qui fut vray ꝑ
paignon de iesucrist/ enseigne de luy, en
ioinct de luy, crucifie auec luy, glorifie
en luy, auquel il fut en regart publicque
aux hommes et aux anges: en chantant
de ce monde/ et se combatant puissāment
en grant bataille de laquelle il rapporta
la palme de la victoire et vocacion sou/
ueraine a quoy il estoit appelle, laquelle
il auoit parauant ensuyuie. Celuy dy ie
voy tresvoulentiers des yeulx dn cueur
faire iope auec ceulx qui ont iope, & plou
rer auec ceulx qui pleurent ayant les ba
tailles par dehors, paours par dedens/
couuoitēt estre cassee a brisee, et estre auec
iesucrist desirant veoir les rommains q̄

h i.

ait aucun fruyt de iceulx, sicomme ce aultres gens, amant ceulx de corinthe, et en celle amour doubtant que leurs pensees ne soient separees de l'amour qui est en iesu crist. ayant grant douleur et tristesse continuelle du peuple disrael, de ce qu'ilz estoient ignorans de la iustice de dieu, et en voulant faire sauoir quilz ne fussent pas subgectz a la iustice de dieu. Et qui plus est denonçans son plour a aucuns q auoi ent pechie parauant, et qui nauoient point fait penitace de leurs ordures, & de leurs fornicacions. De ces mouuemens se ces affections venans de bonne amour, & de saincte charite sont appellees vices, soufrons que les choses qui sont vrayement vices soient appellez vertus. Mais comme ces affections suyuent vraye & droite raison quant elles sont adioustees ou il en est besoing & necessite, qui est celuy qui osera dire ces passions estre mauuaises ou vicieuses: pour laquelle chose aussy nostreseigneur en forme de seruiteur daignant prendre vie humaine, Mais non ayant quelconque pechie les adiousta ou il iuga que elles deuoient estre adioustees, ne certes le desir humain ne stoit point sauly en celuy qui estoit vray corps d'homme et vray couraige d'homme. Comme doncques ces choses soient racontees en leuangille, c'est assauoir que nostreseigneur fut trouble en couroux pour lobstinacion du cueur des iuifz. que il dist Jay ioye pour vous affin que vous creez que quant il eut a resusciter le ladre il ploura, quil couuoitta a mengier la pasque auec ses disciples, que sa passion approchant son ame fut triste iusques a la mort, sans doubter ces quatre passions ne sont pas faulsement rapportees toutesfois icelluy, c'est assauoir nostreseigneur receut ces mouuemens par grace de certaine dispensacion en telle maniere comme il voulut en pensee humaine ainsi comme il fut homme quant il voulut. Et pour ce est il a confesser que quant nous auons ses affections, mesmes quat nous les auons droittes, & selon dieu: elles sont de ceste vie nompas de celle aduenir, laquelle nous attendons, et ainsi quant nous sommes esmeuz nompas par couuoitise coulpables, mais par charite louable nous plourons, suppose que nous ne voulons pas plourer. Doncques auos ces passions pour enfermete humaine, mais nostreseigneur ihesucrist ne les eut pas ainsi pour ce que son enfermete proceda de sapience. Mais tandis comme nous portons l'enfermete de ceste vie, se nous nauons quelzconques passions, nous ne viuons pas droituriuesement. car l'apostre detestoit et blasmoit aucuns lesquelz il disoit aussy estre sans affections, le saint pseaulme le blasma aussy desquelz il dit en ceste maniere. Jay soustenu ou souffert que aucun eust tristesse auec moy: et il n'en y a aucun, car non douloir en quelque maniere tant comme nous sommes en ce lieu de misere et de chetiuete, pour certain ce n'auient point sans grant louyer de cruaulte ou couraige, et de paour ou corps. sicomme l'en le dit, & sont mesmes auec les cleres lettres de ce siecle. Et pour ce se celle apathie ainsi dicte en grec laquelle se, elle pouoit estre translatee en latin seroit dicte impossibilite, estoit ainsi a entendre: pour ce que l'en sa prent estre en couraige et en la pensee, et nompas ou corps a ce que sen viue sans telles affections. lesquelles aduiennent contre raison, et lesquelles troublent la pensee ou l'entendement plainement elle est bonne, et est tresgrandement a desirer, mais celle n'est pas de ceste vie, car ceste vie n'est pas de toutes manieres domes, mais est par especial des debonnaires et moult iustes et des sainctes. Se nous disons que nous nauions nul pechie nous deceuons nous mesmes et si n'est pas verite en nous, et pour ce sera apathie lors quant il ne sera nul pechie en l'homme mais l'en dit bien a présent selon dit sãs pechie/ mais celui qui cuide quil viue sans pechie ne fait pas ce affin quil nait point de pechie/ mais quil ne preng gne point de mercy. Toutesfois se elle doit estre dicte apathie quant nulle affection ne desir ne peut attaindre/ en quelqͥ maniere le couraige ou sa pensee: qui est celuy qui ne iuge cest esbahyssemēt estre perfection de tous vices. Doncques peut len dire conuenablement celle parfaicte apathie estre a auenir sans aguillon de paour et sans quelconques tristesse: mais nul ne die q̃ lamour ou iope soit a auenir, fors a celuy qui est tout hors et sepe du tout de vice. Mais se apathie est celle ou nulle paour nesbahyst ne nulle douleur ne point elle est contraire a ceste vie/ se nous voulons viure droittement, cest assauoir selon dieu. Mais elle est a esperer plainement en celle bieneuree vie/ laquelle est promise a estre perpetuelle, car celle paour de laquelle parle monseigneur saint iehan lapostre ou il dit/ paour nest pas en charite: mais parfaicte charite boute hors paour. pour ce que paour a peine/ mais celuy q̃ doubte nest pas parfait en charite. Celle paour dy ie nest pas de telle condicion comme celle de laquelle monseigneur saint pol lapostre doubtoit que ceulx de corinthe ne feussēt deceuz par lengin et malice du dyable. Car charite a ceste paour. Mais qui plꝰ est nul ne la q̃ charite/ mais celle paour qui nest en charite/ est celle dont lapostre parle qui dit aisi. Car vous nauez pas dit il prins lesperit de seruitude en paour cest adire charite. Mais se celle paour premiere permanent ou siecle des siecles sera ou siecle qui est aduenir. Car en quelque autre maniere ne peuent estre entendus ou siecle des siecles. Il est certain que elle nest pas paour esbahyssant du mal qui peust aduenir/ mais tenant en bien ce qui peut estre perdu. Car ou lamour du bien que len a est imuable pour certain se len le peut dire, la paour desche

uer le mal est seure. Quelles merueilles: par le nom de ceste chaste paour celle voulente est signifiee par laquelle il sera necessite que nous ne vueillons point pecher, et nompas par entente le eschenes denfermete/ affin que par aduenture noꝰ ne pechons/ Mais par paix de charite. Ou se en celle trescertaine seurete des bieneurez et iopes perpetuelles ne peut estre paour de quelque maniere ou condicion/ ceste parolle de dauid ou psaultier ou il dit. La chaste paour de nrẽseigneur est pmanēt ou siecles des siecles, est dicte par la maniere quil est dit ailleurs par dauid mesmes en vne aultre psaulme: du psaultier ou il est dit. La pacience des poures ne perira pas en la fin. Ne certes ceste pacience ne sera pas perpetuelle/ laquelle nest pas necessaire fors ou les maulx serōt a tollerer: mais ce sera par durable et perpetuel parquoy sen vient a pacience. Aussy par aduenture est dicte la chaste paour demourer es siecles des siecles, pour ce que ce demourra a quoy paour se maine. Et cōme ces choses soient aisi pour ce len doit mener droite vie p laquelle len puist venir a la bencurete Pour ce est que la hope droite a tous ses desirs vrays: et hope peruerse les a peruers et mauuais. Mais la vie bieneuree et laqlle sera mesmes pardurable, aura amour et iope/ nompas seulement droite mais aussy laura elle certaine. mais elle naura nulle paour ne nulle douleur Dont desia il appert quilz doiēt estre en tout et par tout les citoyens de la cite de dieu ou pellerinaige de ceste vie viuans selō lesperit/ nompas selon la chair/ cest adire selon dieu: et nompas selon homme/ lesquelz ont a estre en ceste immortalite et en laquelle ilz ont esperāce de venir. Toutesfois la cite cest adire la compaignie des mauuais desloyaulx qui viuent selon homme et nompas selon dieu qui en ce seruice de la fausse religion/ et contemnent la religion diuine en ensup uant la doctrine des hommes et des diables sõt seduitz ou traueiller de ses mauuais desirs ou affections / ainsi comm̃e de maladies et de perturbacions. Et se sadicte religion a aucuns citoyens. Lesquelz il semble que ilz veullent a mesurer telz mouuemēs et ainsi comme ses at trempez ilz sont si orgueilleux et esseuez en mauuaistie / que des lors ilz apent en eulx plus granṣ enfleures que moindres douleurs. Et se aucuns de plus cruelle vanite de tant comme elle estoit moindre ont ce ame en eulx tellement quilz ne se sont esseuez ne esmeuz ne abaissez ne enclinez en quelque maniere ilz prendent plus toute humanite que ilz nacquirent vraye paix et trãquillite. Car ce qui est dur nest pas pour ce droit / ou nest pas sain pour ce quil est espouentant

⁋Epposicion sur ce chapitre.

En ce neufiesme chapitre monseigneur saint augustin veult demonstrer la priuacion / de la temptacion tant de ceulx qui desirent a estre tentez / comme de ceulx qui desirent a escheuer tentacion. Quant est de ceulx qui doubtent a estre tentez nous en auons exemple tresnotable de monseigneur saint pol q̄ pria a nostreseigneur que laguillõ de sa chair se departist de luy Et monseigneur saī thomas de acquin qui fut souuerain docteur comme chascun sceit. Et qui apres monseigneur saint augustin a treshaultement enlumine nostre foy de sa doctrine / depria a nostreseigneur que il ne fust point tente sicõme il se treuue en sa legende. Et qui plus est que comme vne femme le fut vne fois venu veoir pour se deceuoir il print vng tyson ardãt et lui geta et la chassa hors de sa maisõ. Et quant est de ceulx qui desirent a estre tentez nous en auons vng exemple que raconte her-

mant en son neufuiesme liure / sicomme dit vincent ou neufuiesme chapitre de sõ dixhuptiesme liure Et fut dune religieuse abbesse qui auoit anom sara, laquelle par douze ans continuelz fut tentee de lennemy de laguillon de la chair. Et laquelle prioit chacũ iour a nostreseigneur que la tentacion de tel esperit ne se partist point delle. Et finablement au bout de douze ans lennemy sapparut a elle / et se laissa cheoir sur vng lit en luy disãt sara tu mas vaincu auquel elle respondit que non auoit / mais que nostreseigneur ihesucrist sauoit vaincu. Il se treuue bien aussi aucuns papens qui nõt peu estre sourmontez combien quilz feussēt fort tentez / quil soit vray Valerius maximus racõtẽ son quatriesme liure ou chapitre de abstinence et de continence. q̄ il y auoit vne femme a athenes qui meuoit vie dissolue appellee phirne. laquelle estoit belle oultre mesure / et q̄ nestoit homme quelle ne deceust par sa beaulte et par son beau parler. En ceste ville auoit vng philosophe merueilleusement continent appelle zenocrates Et comme ses escoliers ouyssent que ceste phirne se vantoit de deceuoir tout homme / les escoliers de zenocrates se vãterent et meisrēt gaigeure cõtre q̄ elle ne le pourroit deceuoir / et elle gaiga encontre. Et tant feirent les disciples de zenocrates que ilz la feirent couchier auec luy / et comme elle se inuitast / et par atouchemens et par parolles et par toutes les voyes et manieres que len peut homme attraire a amour / zenocrates nen tint compte / ne ne se remua point nomplus que se il ny eust nulluy. Et quãt vint au matin les escoliers si sen commencerent a moquer de elle / en luy requerant que ilz fussent payez de leur gaigeure, ausquelz elle respondit quelle auoit gaige dun homme: et nõ pas dune statue ou ymaige de pierre. Et ce disoit elle pource q̄l ne se estoit remue neant plus q̄ vne pierre.

Mais l'en ne demande pas sans cause se le premier homme ou les premiers parens pour ce que le mariage estoit de deux, auoient leurs desirs autelz ou corps bestial auant le pechie. Lesquelz nous naurons pas ou corps espirituel quant il sera purgie de tout pechie et de tout vice: car se ilz les auoient comment estoient ilz bieneurez en ce lieu de recordable felicite et bieneurete, c'est a dire en paradis. A la parfin qui est celuy qui se puist dire absoluement bieneure qui est tourmente de paour: mais dequoy se pouoient douloir ne dequoy pouoient auoir paour ces premiers hommes qui estoient mis et constituez en si grande habondance de biens ou la mort nestoit point doubtee ne quelconques mauuaises maladies du corps. Il ne deffailloit riens de tout ce que bonne voulente pouoit prendre, ne il ny auoit riens qui troublast ou empeschast la chair, ou le couraige de l'homme viuant bieneureusement amour sans perturbacio y estoit en dieu, et des mariages entre eulx trouue en loyale et pure compaignie. Et de celle amour y estoit grant ioye quant ce que l'en pouoit pour vser, ou pour en auoir graue fruicio ne deffailloit pas. La estoit paisible escheuement de pechie, par laquelle paix et tranquilite nul mal ne sourdoit ne ne pouoit sourdre de quelconque coste qui apportast courroux ou qui les courroucast fors qu'ilz couuoitoient p' aduenture a toucher a l'arbre de vie pour en mengier, duquel le fruyt leur estoit deffendu mais ilz doubtoient a mourir. Et par ce couuoitise et paour troubloit ia ces hommes mesmes en ce lieu. Ja nauiegne que nous cuidons qu'il fust ainsi en ce lieu, ou il nestoit quelque pechie.) Car ce nest pas nul pechie mais grant ouffraige de couuoiter ce que la loy de dieu deffend et sen tenir nom pas pour l'amour de iustice, mais pour paour de peine. Ja nauiengne dy ie que auant tout pechie fust ia la, c'est a dire en paradis terrestre, tel pechie qu'ilz perdissent a cause de ce fruyt de vie, ce que nostre seigneur dist de la femme Qui aura veu femme pour icelle couuoiter: il a fait fornicacion en son cueur a elle. Doncques fust toute la compaignie humaine autant bieneuree comme estoient les premiers hommes qui nestoient demenez par nulles turbacions de couraiges, ne nestoiet blescez de nulz dommaiges du corps: se iceulx premiers hommes neussent commis le mal. Lequel ilz transportassent a leurs successeurs, ne aucu de leur lignee ne commist iniquite, laquelle receust damnacion. Et par celle felicite demourant iusques ad ce que le nombre des saintz predestinez fust acomply par celle benediction, par laquelle il est dit Croissez et multipliez, seroit donnee autre plus grant Laquelle est donnee aux anges tresbieneurez, ou ia seroit certaine seurete et ou nul ne pecheroit ne ne mourroit. Et telle seroit la vie des saintz, apres nulle experience de labeur de douleur ou de mort comme elle sera apres. Toutes ces choses en lur corrupcion des corps rendue resurrection des mors, c'est a dire apres que les mors seront ressuscitez

¶ Exposition sur ce chapitre.

En ce dixiesme chapitre monseigneur saint augustin veult demonstrer que nompas pour doubte de peine mais pour doubte de trespasser la loy, l'en se doit tenir de pechier. Et le prueue par ce quil dit que ce nest pas sans vice ou sans pechie couuoiter ce que noz peres couuoiterent, et sen abstenir pour doubte de peine: nompas pour amour de iustice. Et induist ceste proposicion pour monstrer que auant que eue pechast en mengant du fruyt de

Sie/elle ne se abstenoit pas pour doubte de sa comminacion que dieu luy auoit faicte se elle en mengoit. mais affin qlle ne trespassast sa loy et le commandemēt de dieu/car se elle en eust laisse a mēgier nompas affin quelle ne trespassast se cō mandement de dieu: mais pour doubte de la peine deslors elle eust pechie

Du tresbuchement du premier homme ouquel nature fut bien creee. et laquelle ne peut estre reparee fors par son acteur

pi.

Mais pour ce que dieu eut prscience de toutes choses/ cest adire quil sauoit toutes choses auāt quelles aduenissent. et pour ce ne pouoit ignorer que le pmier homme ne pchast ¶Pour ce de vons nous affermer selon ce quil en eut p escience. et selon ce quil sordonna. et nō pas selon ce quil ne peut venir a nostre gnoissance. pour ce quelle ne fut pas en disposiciō de dieu. Ne certes homme par son pechie ne peut pas perturber le diuin conseil ainsi comme sil eust cōtrait dieu a muer ce quil auoit ordonne et establŷ. comme dieu par sa presciēce. ait pourueu et lun et lautre/ cest adire et combien mauuais lhomme auoit a estre ou temps auenir lequel il auoit cree bon. et quel chose de bien il auoit aussy a faire de luy. car se len dist que dieu mue ses estatus dont es sainctes escriptures lō sit p maniere dune locucion tropicque que dieu se repentit Lez se dist selon que lhomme sauoit espere. ou que lordre des causes naturelles se requeroit. Touteffois ne sauoit il pas fait selon ce que cel uy qui est tout puissāt auoit pueu comment il seroit fait / et pour ce sicomme il est escript. Dieu sist homme droit et par ce de bonne voulente Car il ne seroit pas droit/ se il nauoit bonne voulente/ donques est bonne vou

lente soeuure de dieu. Quesses merueilles: Car lhomme fut fait de luy auec bō ne voulente. mais la premiere voulente mauuaise. pour ce que elle proceda toutes oeuures mauuaises en lhomme/ fut plus aucun deffault des oeuures de dieu aux oeuures de mauuaise voulente: que aucunes oeuures. Et pour ce sont elles mauuaises oeuures: pour ce quelles sōt selon homme, et nompas selon dieu. Affin que de leurs oeuures ainsi comme de mauuaie fruys cesse voulente fust ainsi comme mauuais arbre ou lhomme en tant comme il estoit de mauuaise voulēte. Touteffois ia soit ce que mauuaise voulente ne soit pas biē selon nature / mais contre nature. pour ce que cest vice Touteffois est elle de icelle nature de laquelle est le vice. lequel vice ne peut estre fors en nature / nompas en celle nature que le createur a engēdree de soy mesmes ainsi comme il engendra sa parolle/ cest adire son filz par qui sont faictes toutes choses / mais en celle nature laquelle il crea de neant. Car se dieu sist ou forma homme de pouldre de terre. celle mesmes terre et toute sa matiere terrienne est du tout en tout de neāt. Et quant lhomme fut fait il donna au corps ame faicte de neāt. Mais iusques ad ce que les maulx sont vaincus des bons par telle maniere que ia soit ce que len laisse estre a demō strer combien puist bien vser diceulx la trespourueue iustice du createur. Touteffois que les biens puissent estre sans les maulx / sicomme dieu le souuerain est vray. Et sicomme toute creature celestielle visible et inuisible peut estre dessus cest au chaleureux et plain de seu. Mais les maulx ne peuent estre que en biens / pour ce que les natures esquelles elles sont entāt comme elles sont natures sōt bonnes/ Touteffois en ceste est le mal/ nompas p aucune nature qui y sust souuenue/ ou estre quelzconques parties dis celle nature/ mais icelle nature sanee et corrigee/ laquelle auoit este viciee et empiree. Doncques est lors vrayement franc arbitraige de voulente/ quant il ne sert aux vices ne aux pechies. Tel don est de dieu seul pdu p son propre vice ne peut estre rendu fors de celui de q̃ tel don peut estre donne. Dont verite dit lors serez vo' vrayement frans/ se le filz vous a deliurez/ ce vault autant adire comme se ilz disoient. Se le filz vous veult sauuer. lors serez vous vrayement sauuez Quelles merueilles: Car dõt vient le sauueur: de la vient le deliureur. Et ainsi doncq̃z viuoit lhomme selon dieu en paradis/ ⁊ corporel ⁊ espirituel/ ne certes paradis ne stoit pas corporel pour les biẽs du corps ne il nestoit espirituel pour les biens de la pensee/ ne il nestoit pas espirituel du quel homme vsast par les sens de dedẽs ne estoit pas corporel duquel il vsast p les sens de dehors. mais plainement a dire lung ⁊ lautre estoit/ et pour lung ⁊ pour lautre. Mais apres que cel ange orgueilleux et par ce enuieux par ce mesme orgueil fut cheu du paradis espirituel/ ⁊ se fut retourne de dieu a soy mesmes. et en presumant ainsi comme par maniere de tyrannie orgueilleuse/ et sesiouyr pl' dauoir subgectz que destre subgect a dieu/ du trebuchement duquel et de ses cõpaignons qui des anges furent fais ses anges ceʃt adire anges du dyable duquel iay dispute assez ainsi comme iay peu en pi. ⁊ pii. liures de ceste oeuure. Icelui diable desirant par admõnestement de mauuaise malice a soy enraciner ou sens de lõme/ auquel homme qui estoit en estant ⁊ icelui dyable enuoyoit pour ce q̃l estoit cheu il esleut vne couleuure ou serpent en ce paradis corporel/ ouquel les bestes terrestres et autres subgectes ⁊ non nupsãs conuersoient et repairoient auec ces deux hommes masle et femelle/ cest assauoir adam et eue. laquelle y enuoya vne beste

vpgʃatant ⁊ mouuant par tous chemis et voyes/ laquelle estoit conuenable a sõ oeuure/ par laquelle couleuure ou serpẽt il parlast a eue/ et par icelui serpent qui estoit subgect a luy par mauuaistie espirituelle par la presence de lange/ et sa nature plus haulte. Et ainsi comme en abusant de son instrument languaige commẽca a parler par maniere de sallace et de decepcion a sa femme cest assauoir a eue/ ⁊ pmist son languaige en soy adressant a la plus basse partie de celle couple dhomme et de femme. affin q̃ en poursuyuant il vint a contaige/ pour ce que il creoit bien que lhomme nestoit pas trop credule/ ne nestoit pas legier a deceuoir en errant se ce nest quant il se ofsend ou obeyst a lerreur dautruy. Car ainsi comme aaron par linducion du peuple errant ne se consentit pas a forgier lydole/ mais le souffrit ainsi comme feun subgect et aduironne deulz comme leur seruiteur/ et que il nest pas chose creable de salomon que il eust erre tellement que il cuidast que len deust soupr aux ydolles et leur faire sacrifices/ mais que il fut cõtraint a ces sacrileges par inductions de femmes: Aussy est il a croire que cest hõme cest assauoir adam qui estoit vng auec sa femme vng auec vng homme cest adire auec eue sa femme/ pour ce que len dit. hic ̃ hec homo vng espoux auec vne espouse/ ne sauoit pas creue qme seduict pour trespasser la loy et le commandement de nostre seigneur ainsi comme se elle dist verite. mais que il obeyt a elle ainsi ypee par affection ou spen de prochainete/ car lapostre ne dit pas en vain ces parolles mais adam ne fut pas seduict/ mais la fẽme fut seduicte/ se ce nest pourtant que eue tint a vray ce que le serpent luy dist:et adam ne se voulut pas separer ne desioindre de sa compaignie/ cest assauoir de eue neiz en sa cõmunicion de pechie/ ne il ne fut pas moins coulpable

h iiii.

se il qui estoit saige pecha a escient / car
ce demonstre sapostre sans doubte ou
il dit. Par ung homme entra pechie ou
monde / et ung pou apres il se dit plus
plainement. En la semblance dit il de la
preuaricacion dadam / mais il veult par
ces motz seduictz estre entendus ceulx
qui ne cuident pas que ce quilz font soit
pechie. Mais adam le sauoit / ou autre
ment comment sensupuroit il veritable
ment que adam ne fut pas seduict mais
il peut estre deceu en ce quil necongnois
soit pas la rigueur de la vengeance q dieu
feroit de celuy qui trespasseroit son com
mandement. Et pour ce il cuida que ce
que il congneut / cest adire quil menga
de la pomme ne fust que ung pechie ve
niel / et par ce il ne fut pas seduict en ce
enquoy la femme fut seduitte. Mais la
maniere comment len doit iugier / et en
tendre ce quil dist apres / Cest assauoir
La femme que tu mas donnee se ma dō
ne et ie lay mengie / le deceut. Quel be-
soing est il de dire plus de choses comme
il soit vray que suppose que ilz napent
pas este tous deux deceuz en creant / tou
tesfois ont ilz este prins tous deux en
pechant. et enuelopez et lyez des las du
diable.

ℂ Expposicion sur ce chapitre

En cest vnziesme chapitre mōsei-
gneur sainct augustin touche
deux hystoires de bible / desquelles lune
est du peuple disrael apres ce ql fut mis
hors degypte et deliure des mais de pha
raon. Lequel pendant ce que nostreseiꝰ
gneur donnoit la loy a moyse ou mont
de sinay / pour ce quil leur sembla que il
demouroit trop longuement / demāda
a aarō que il leur fist des dieux qui alas-
sent deuant eulz. Et que aaron des a-
neaulx quilz auoient en leurs oreilles.
Lesquelz il fondit et moula et fist une
ydole en maniere dung veau qui sembloit
qui mengast foin. Lesquelz quant ilz
le veirent feirent grant feste en disant q
cestoient les dieux qui les auoient mis
hors degypte / dont moyses qui ouyt le
grant murmure et noise descendit par le
commandement de nostreseigneur. Et
trouua q̄ ilz faisoient grāt feste enuiron ce
veau / dont il blasma merueilleusement
aaron Lequel dist que il ne pouoit autre
ment durer au peuple et quil se doubtoit
pour ce ql estoit si aheurte. Et cest ce que
mōseignr sāict augustin dit que aarō ne
fut pas seduict a le faire, mais le fist ou
consentit comme leur subgect et ainsi cō-
me aduironne deulx. Le maistre des hy
stoires ou trentedeuxiesme chapitre de
exode dit. que quant le peuple demanda
a aaron a auoir dieux qui alassent de-
uant eulz lesquelz leur monstrassent le
chemin, aaron et hur y resisterent / tant
comme ilz peurent. mais le peuple com-
me indigne cracha tant au visaige de
hur que ilz loccirent. Et que lors aaron
doubtant que ilz ne le meissent a mort ꝯ-
me il auoient mis son frere / demanda
que ilz luy baillassent tout ce que ilz por
toient a leurs oreilles pour ce que cestoit
la plus precieuse chose que ilz eussent /
Cuidant que iamais ne luy baillassent
pour ce faire / tant estoient auaricieulx /
mais ilz les luy baillerent sans quelcon
q difficulte. Et il leur moula ung veau
ou ung beuf / pour ce que par aduenture ilz
neussent pas receu autre ydole pour. Ap
pis qui estoit aoure en egypte en maniere
dung beuf qui estoit le dieu souuerain des
egyppiens Et en celle forme sapparcut a
eulx / ou par auenture aaron getta tout
ou feu / et le dyable enforma le corps
dung veau. Tōt quant moyses descendit
il print ce veau et lardit et mist en poul-

die/ et rompit ses tables du courroux que il eut/ esquelles dieu auoit escript sa loy de sa main. Et commenca a blasmer aaron moult laidement de ce quil auoit fait et souffert. De ce lieu et de la maniere comment il fut fait/ Josephus se taist et nen parle point/ mais parle tant seulement des oppinions quilz auoient de ce que moyses demouroit tant en la montaigne sans retourner au peuple/ Car ses hungz tenoient que il estoit deuoure des bestes sauuaiges qui estoient ou desert. Les aultres tenoient que dieu sauoit rauy et se menee auec soy. Les autres que il estoit auec nostre seigneur ou il philosophoit et disputoit de plusieurs choses. sicomme dist iosephus en ceste partie. Et ceste hystoire est en exode ou trentedeuxiesme chapitre. Lautre hystoire est de ydolatrie commise par salomon a la requeste des femmes estrangieres. et adoura la deesse des sydoniens/ et chamos le dieu des moabites/ et mosoth le dieu ou ydole des amonites. Et fist temple a icelle ydole de chamos en la montaigne de moab amaloth q estoit lydole des moabites. Et peut len notter en ce chapitre par ce qui y est contenu plusieurs choses. Premierement que mauuaise voulente/ ia soit ce que elle ne soit pas selon nature/ mais contre nature/ toutesfois pour ce que cest vice elle est de celle nature dequoy le vice est: et ne peut estre que aucune nature. Dont il sensuyt vng tel enseignement/ que toute mauuaise voulente est contre nature/ car cest chose naturelle a vng chescun que il se doye conformer a droitte rayson/ Et quant a soy mesmes il debat au contraire: cest contre nature. Le second notable est que ydole deceut conuenablement la femme par la couleuure qui estoit vne beste glasant et tortue et conuenable a faire son oeuure. et par laquelle il parloit a la femme. Et dit monseigneur saint augustin que il tenta premierement la femme/ pour ce que il sauoit bien que lomme ne stoit pas legier a deceuoir en errant et qui ne creoit pas de legier se ce nestoit en se consentant a autruy erreur. Et met les exemples de aaron et de salomon. Le tiers notable est que la femme fut seduitte en ce pechie/ pour ce quelle ne cuyda point que ce fust pechie de faire ce quelle fist/ mais lhomme ne fust pas seduict. Cest assauoir adam. pour ce que ce quil fist il se fist sciemment/ et pour ce ne pecha il pas moins/ mais sicomme dit mo seigneur saint augustin adam peut estre deceu en creant assez legierement que ce fust vng petit pechie. Et de ces dis selon que dit franciscus de marones peut on eslire quatre conclusions theologicques. La premiere que la femme pecha par ygnorance. pour ce que monseigneur saint augustin dit quelle fut seduitte. La seconde conclusion que le pechie de adam fut plus grant q de la feme: et pour ce dist il quil ne pecha pas moins qui est a entendre que il pecha plus. La tierce conclusion que adam pecha de certain malice/ pour ce que luy qui estoit saige et prudent pecha a escient. La quarte conclusion est que adam cuyda que ce pechie ne fust que veniel/ Car il nauoit pas congnoissance de la rigoureuse iustice diuine que dieu auoit ordonnee a faire de ceulx qui trespasseroient les commandemens: mais il pourroit sembler que la femme nauoit pas pechie par ignorance pour ce que par le tiers chapitre de genesis. Il appert que quant le serpent luy demanda pour quoy dieu leur auoit commande que ilz ne mengassent. Elle luy respondit que dieu leur auoit deffendu que de ce fruyt ilz ne mengassent/ mais mengassét de tous les autres pour doubte que ilz ne mourussent. Le maistre des hystoires en parlant de ceste matiere sur ce pas dit que selon aucunes translacions/ou il est dit en la bible. Tu mourras de mort, il est dit vous serez fais mortelz. Et selon linterpretacion de .s.p.p. translateurs, ces pol les sont dictes en plusieur en parlant en lun et en lautre. Et dist en ceste partie que la feme ne se accusa pas mais tourna le pechie sur le serpent / et que dieu ne demanda riens au serpent pour ce que il ne lauoit pas fait par soy, mais lauoit le dyable fait par le serpent Et pour ce quant nostreseigneur si mist ses maledictions il les mist selon ce qlz auoient pechie. Et commenca au serpent pour ce que cestoit celuy qui auoit pechie: et pour ce quil pecha en trois choses / il fut pugny de trois maledictions. Premierement il enuia et eut enuie sur lexcellence de lhomme / et pour ce luy fut dit que il yroit sur son pis et se trayneroit doresenauant / comme parauant il fust tout droit comme lhomme. Il mentit: et pour ce il fut celeement pugny que il luy fut dit que il mengeroit terre tous les iours de sa vie/et qui plus est luy fut ostee la voix de sa bouche/ et luy fut mis le venin en ce lieu. Il deceut eue: a pour ce dist dieu quil mettroit ennemisties entre luy et la femme. et quelle luy estacheroit la teste. Et dit que sicomme il ya hayne naturellement entre les loupz et les chiens et entre les cheuaulx a les griffons: aussy a il ennemistie entre lhomme a sa couleuure. Et ainsi comme le venin du serpet tue lhomme / aussy la saliue ou le crachat de lhomme ieun occist le serpet. Et encoires pour ce quilz estoient nudz quant ilz pecherent le serpent doubte lhomme nud et assault celuy qui est vestu. La feme pecha en deux choses elle senorgueillyt et si menga ce qui luy estoit deffendu Et pour ce elle fut mauldicte en deux choses. Premierement par ce quelle sen orgueillit: dieu la humilia en lui disant qle seroit subgecte a lhomme et soubz sa puissance. En ce quelle menga le fruyt q

qui lui estoit deffendu / elle fut pugnie en ce quelle luy fut dit quelle auroit enfant a peine et a douleur. Adam pecha en vne chose, cest assauoir en mengant ce quil lui estoit deffendu(e pour ce fut maudit en ce q luy fut dit. La terre sera mauldicte en ton oeuure car deuant: elle apportoit sans labeur dhomme. et depuis napportoit sans labeur. Et encoires quil fut dit que en ce labeur elle luy apporteroit rōces et espines. et ql viuroit en la sueur de son visaige. Et qui plus est ql fut dit quil mengeroit le fruyt de terre / et en ce seroit pareil aux iumens / et aux bestes mues: siconme il se treuue. genesis tercio La maniere du trebuchement de lucifer et de ses anges: et pourquoy il enuia lhōme se treuue par vne maniere en vng liure qui est intitule la reuelacion dadam ou de la vie de adam / lequel ou decrect est tenu pour appocriffe/ ouql est escript que comme nostreseigneur eust forme lōme a sa semblance et eust commāde aux anges que ilz luy portassent reuerence / michael archange le fist et aussy feirent plusieurs autres. et aussy commanda il a lucifer et aux legions qui cheirent que ainsi le feissent. Auquel lucifer respondit moult fierement en telle maniere. Comment laoureroie dist il qui est fait apres moy et de vile matiere. Et lors michael luy dist que il le feist ou nostreseigneur sen courouceroit. Et il respondit. Je met tray dist il mon siege en acquilon,a seray semblable au treshault. Et tantost il cheptet tresbucha et commenca a enuier lhomme qui estoit encoires tout droit / et le tenta et fist tenter par le serpent ou couleuure quil enuoya a sa femme. Lequel serpent selon bede auoit le visaige comme dune pucelle pour ce ql la sentoit plus fraelle q lhōe. Encoires se treuue il en ce liure dessus allegue que quant adam p ceut ql fut ainsi deceu et ql eut pechie/ il crya mercy a nreseignr en plourāt,e disāt

Beau sire ie te prie que mame soit tousiours en tes mains, et que mon aduersaire soit tousiours loing de moy q̃ q̃rt perdre mon ame et me donne par ta pitie la gloire quil a perdue par sa mauuaistie. Mais monseigneur saint augustin en son exposicion super genesim ad litteram il met trois causes ou persuasions p̃ lesquelles aucuns vouldroient excuser adã de celle transgression, en ce quil menga du frupt deffendu. L'une peut estre que il en fut admonneste par eue sa femme combien que lescripture lait teu. L'autre car se le frupt de cel arbre ne s̃ẽbloit point estre plus sigulier que les autres, mais y en auoit sicõme il luy sembloit de trop plus beaulx et de pareilz. Et par ce pensoit que sil en mẽgoit que nostre seigneur luy pardonneroit legierement. Le tiers est que quant il dit que sa femme nestoit pas morte q̃ si ẽ auoit mẽge, et dieu leur auoit dit, que en quelque iour q̃lz en mengeroient ilz mourroient, mais sicomme il dit a quoy saccordent les aultres docteurs de saincte eglise, ne la pomme ne se mengie, ne fist riẽs. Mais la seule transgression de son commandement qui les esleua en orgueil et enuie fist le pechie.

¶ De la qualite du premier pechie commis par homme   xii

Mais se aucun est meu pourquoy nature humaine nest aussy meue par les aultres pechies, sicõme elle est meue par le pechie de preuaricacion de iceulx deux premiers hommes, ad ce que icelle nature fust submise a si grant corrupciõ comme nous voyons et sentons, et par ceste corrupcion fust submise a la mort et fust troublee et demenee par tãt et si tresgrandes affections et si contraires a elle ce que icelle nature nestoit pas pour certain en paradis aincops quelle pechast, ia soit ce quelle fust en corps charnel. Se aucun est de ce meu sicomme iay dit il ne doit pas pour ce cuider que icelluy pechie fust legier, pour ce que il fut fait en viande, nompas mauuaise pour certain ne nuysible fors pour ce quelle estoit deffendue, car dieu ne creeroit ne ne planteroit quelque chose de mal en ce paradis de si grant bieneurete. Mais obedience est recommandee en commandement, laquelle vertu dobedience est aucunement mere et garde de toutes vertu̅s en creature raisonnable. Quant pour certain icelle creature est ainsi faicte que q̃ cest prouffitable chose a elle destre subgecte a son createur, mais ce seroit damnable chose a elle de faire sa voulente et nompas la voulente de celuy de qui elle est cree. Ce commandement doncques de non mengier dune maniere de viande la ou il auoit si grant habondance daultres manieres de viandes, lequel estoit si legier a garder, si brief a retenir en memoire et mesmement ou conuoitise ne resistoit pas encoires a voulente. Laquelle chose sest ensuyuie depuis de la peine de transgression ou desobeyssance, icelui commandement dy ie estre viose, ou trespasse par greigneur iniustice de tant comme il peut estre garde par plus legiere obseruance.

¶ Exposicion sur ce chapitre.

En ce douziesme chapitre monseigneur sainct augustin met deux dis notables. Le premier est que la pomme enquoy adã pecha nestoit pas nuysible de soy ne mauuaise, se ce ne fut en tãt cõe il luy estoit deffendu q̃l nen mengast. Car il luy semble que ce eust este grant ĩconuenient que en paradis terrestre qui

estoit de si grant felicite et de si grant be
neurete dieu eust tree arbre qui portast
si mauuais fruyt. Mais il dist que obedi
ence est a recommander, pource sicomme
il dist elle est ainsi comme mere, et garde
de toutes les vertus. Et ce preuue il par
ce que il dit Quant creature raisōnable
tient que cest proufitable chose a elle que
elle soit subgecte a sō createur, et que cest
chose damnable de faire sa voulente, et
nompas faire la voulente de celui de qui
elle est cree. Et p ce sen peut prendre deux
nouueaulx enseignemens. Le premier q̄
obedience a seigneurie sur toutes vertus
ainsi comme mere. Le second que inobe
dience a seigneurie sur tous vices. Car
tout ainsi comme obedience a seigneurie
sur les vertus : tout ainsi inobedience a
seigneurie sur les vices. Le second dit est
que de tant comme le commandement q̄
fut fait a noz premiers peres de non mē
gier du fruyt de cel arbre qui leur fut def
fendu, pouoit estre plus legierement gar
de comme il eust dautres fruyps sans nō
bre et de aussy beaulx: de tant fut ce grāt
iniustice de le violer. Et de ce second dit
len peut prendre encoires deux enseigne
mens moraulx. Le premier que le vice est
plus a reprendre, a blasmer de tant com
me il ya moindre inclinacion a pechier,
Toutesfois ceteris paribus. Et pource
fut le pechie de noz premiers peres dete
ste sur tous autres pour ce quilz nauoi
ent nulle inclinacion a pechier, et pource
fut leur pechie plus voluntaire, et par cō
sequent plus a pugnir. Le second est que
tant est vertu plus a recommander ce
teris paribus de tāt comme elle est plus
forte a poursuyuir, car ce pechie est blas
me quant il est commis par ce que len le
pouoit garder de legier a contrario. Ver
tu doit estre recommandee pour la diffi
culte qui est a sa garder, p ce mesmes moy
en, car ce que aucun poursuyt non contes
stant que il y ait plus grant difficulte a

se garder est plus voluntaire, et par con
sequent plus meritoire.

¶ Que la preuaricacion ou pechie de
adam: mauuaise voulente fut hastiue a
mauuaise oeuure.   xiii.

Mais iceulx adam et eue commen
cerent a estre mauuais a celle fin q̄
ilz cheissent en apperte desobeyssance, car
on ne vendroit pas a oeuure mauuaise se
voulente mauuaise ne precedoit, mais
quel peut estre le commencement de vou
lēte mauuaise fors que orgueil. Vraye
ment orgueil est le commencemēt de tout
pechie. Mais quelle chose est orgueil fors
q̄ appetit de haulteur peruerse, car haul
tesse peruerse est quant en laissant icel
lui commencement auquel il doit adhe
rer et ioindre sa pēsee il seust estre aucuē
ment a soy q̄ a estre comēcemēt. Ceste cho
se est faicte quant icelle plaist trop a soy
mesmes mais il plaist a soy en ceste ma
niere cest adire trop quāt il se depart de
icelluy biē imuable, leq̄l luy deust plus
plaire q̄ a soy mesmes. Mais certes def
faulte est voluntaire, car se sa voulente
fust demouree estable en lamour du sou
uerain biē imuable, duq̄l elle estoit enlu
minee, affin q̄ elle se veist, et embrasee af
fin q̄ elle amast, elle ne se pertiroit pas, de
sa pour plaire ad ce q̄ par ce elle sen obscu
rist, et refroidast tellement, ou q̄ icelle eue
creust q̄ le serpent eust dit verite, ou q̄ ice
luy adam preposast la voulente de sa fē
me, au commandement de dieu, et cui
dast trespasser le commandement ve
nialement se il ne laissast pas la com
paignie de sa vie. Cest adire sa femme
nei en sa cōpaignie du pechie. Doncq̄ ne
fut pas faicte celle mauuaise oeuure cest
adire celle desobeyssance que ilz mengas
sent de viande deffendue fors de ceulx
lesquelz estoient ia mauuais, car icelluy

rupt ne seroit pas fait mauuais fors de larbre qui seroit mauuais/ mais ce q̃ larbre fut mauuais ce fut contre nature Car il ne seroit pas fait mauuais fors par le Vice de Voulente lequel Vice est cõtre nature: mais nature ne pourroit estre damnee par Vice/ fors celle nature/ laquelle est faicte de neant. Et par ce elle a de dieu ce quelle est nature pour ce que elle est faicte de luy mais elle a de ce q̃lle est faicte de neant ce quelle deffaille/ ou se departe de icelle chose laquelle elle est. Ne homme ne deffailly pas en telle maniere que du tout il fust neant, mais ad ce que luy enclin a soy mesmes fust moins que il nestoit quant il adheroit a celui qui est souuerainemẽt. Et pour ce estre en soy mesmes: Cest adire plaire a soy en laissãt dieu nest pas adonc estre neant: mais approchier a neant dont selõ les sainctes escriptures les orgueilleux sõt appellez par autre nom plaisans a soy. Car cest bõne chose q̃ auoir le cueur esleue en hault nõ pas touteffois a soy mesmes: laq̃lle chose vient dorgueil/ mais a nostreseigneur laquelle chose vient dobedience/ laq̃lle ne peut estre q̃ es hũbles. Doncques est il aucune chose de humilite/ laq̃lle p merueilleuse maniere fait le cueur esleuer. et si est aucune chose de elatiõ laq̃lle fait le cueur abaisser Certes ceste chose semble ainsi comme contraire/ cest assauoir que elacion soit bas/ et humilite soit hault, mais humilite debonnaire le fait subgect au souuerain. Ores nest il riens plus souuerain de dieu. Et pour ce humilite laq̃lle fait le cueur subgect a dieu le met hault. Mais orgueil lequel est en Vice reffuse par ce subgectiõ/ se depart a chiet de celui duquel riẽs nest souuerain/ et par ce sera en bas. Et cest ce q̃ est escript/ cest assauoir. Tu les as abaissez a degettez quant ilz se esleuoiẽt Car ilz ne dit pas quant ilz furent esleuez ad ce que ilz fussent aincops esleuez et apres fussẽt degettez/ mais dit q̃ quãt ilz sesleuoient lors furent ilz degettez. Quelles merueilles: Icelup estre esleue et estre degette, pour laquelle chose ce que humilite est ordroit recommandee mesmemẽt la cite de dieu/ et a la cite de dieu Et est presche mesmement au roy dicelle cite lequel est ihesucrist et est tresgrandement preschee et demonstree Et ce que le Vice dorgueil lequel est contraire a ceste Vertu de humilite est demonstree par les sainctes escriptures auoir seigneurie mesmement en laduersaire diceluy ihesucrist/ cest assauoir le dyable. pour certain ceste deffence est grande par laquelle lune et lautre cite/ dont nous parlons est diuisee/ cest assauoir lune qui est compaignie des hommes debonnaires/ lautre compaignie des hommes mauuais/ et selons Et chascune est diuisee auec les anges appartenans a soy esquelz anges elle fut parauant/ cest assauoir la cite de dieu en lamour de dieu. Et lautre/ cest assauoir la cite terrienne en lamour de soy mesmes. Le pechie doncques manifeste et ouuert/ ouquel fut fait ce que dieu auoit deffendu a faire. Le dyable neust point prins lhomme se icelluy homme neust ia commence a plaire a soy mesmes. Car il print delectation en ce q̃ luy fut dit Vous serez comme dieux. Laquelle chose iceulx hommes puissent mieulx auoir este/ cest adire dieux en eulx adherant par obedience au souuerain et Vray cõmencement/ nompas en Voulant estre leur commencement a eulx mesmes par orgueil. Car les dieux crees sont dieux nompas par la leur Verite/ mais par la participaciõ du Vray dieu: mais celui est moins en appetãt plus/ lequel deffault ou se depart de celuy qui Vrayement se souffist quant il ayme a souffire a soy mesmes. cest adire quant il Veult plaire a soy et nõpas a dieu. Doncques se mal p leq̃l hõe quãt il se plaist ainsi cõme se il soit lumiere ceslõgee decelle lumiere: laq̃lle se elle lui plaist il est fait lumiere

Icelup mal dy ie fut parauant couuue, t et celle ad ce que ce mal se ensupuist, lequel fut perpetre en appert, car ce qui est escript cy apres est vray. Le cueur est essaulce et esleue auant la ruyne ou trebuchement: et est humilite auant la gloire. Celle ruyne laquelle est faicte en couuert precede en tout et partout la ruyne qui est faicte en appert. quant celle cheute est faicte couuertement ne semble pas estre ruyne. Car qui est celle qui cuyde ruyne estre exaltacion quant il ya desia telle deffaulte que celuy qui est le souuerain est laisse. Mais qui est celuy qui ne voye clerement la ruyne quant len voyt que len trespasse tresclerement et tresappertement le commandement de dieu, pour ce deffendit dieu icelle chose. Laquelle quãt elle fut commise ne peut estre soustenue ne deffendue par aucune ymagination de iustice. Et ie oze dire que cest prouffitable chose aux orgueilleux de cheoir en aucun pechie. appert et manifeste, parquoy iceulx orgueilleux desplaisent a eulx mesmes, lesquelz estoient ia cheuz par plaire a eulx. Car saint pierre despleut a soy plus sainement quant il ploura: que il ne pleut a luy quant il presuma, cest adire que quant il dist que pour mourir auec iesucrist et que se tous autres le laissoient il ne le renyeroit pas, et ce dit le saint pseaulme qui dit ainsi. Sire emply ses faces de lhomme de vitupere et de diffame, et il queront ton nom, cest a dire affin que tu plaises a ceulx qui querront ton nom: lesquelz ont pleu a eulx mesmes en querant le leur.

¶ Exposicion sur ce chapitre.

En ce viii. chapitre monseigneur saint augustin met deux dis. Lun est que commencemẽt de mauuaise voulente es premiers hommes ne peut estre sans orgueil, lequel est appetit de haultesse et de grandeur. Et ad ce dit il adioinct deux moraulx enseignemens. Le premier que lhomme se departit premierement de bien inconmuable, lequel luy deuoit mieulx plaire que plaire a soy mesmes. Le second est que la voulente des premiers peres se elle fust demouree stable en bien inconmuable, elle ne fut pas retournee de lamour de dieu pour plaire a soy mesmes, ad ce que ilz cheissent en tenebres, en telle maniere que eue creust que le serpent eust dit verite. Ou que adam cuidast que il deust preposer la voulente de sa femme au commandemẽt de dieu. Et que ce ne seroit que pechie veniel de trespasser le commandement de dieu se il ne laissa point eue sa femme encoire en communi cacion et compaignie de pechie. Et comment que la ruyne qui est faicte en repos precede celle qui est faicte en appert publicquement. Et par ce dit monseigneur saint augustin que il oze dire que ce seroit chose prouffitable aux orgueilleux que ilz cheissẽt en appert en aucun pechie manifeste affin que ceulx mesmes se desplaisent, qui maintenant se plaisẽt en cheant. Mais cy a vne doubte cest assauoir comment pechie peut estre prouffitable a aucun, lequel est damnable de sa nature: A quoy len peut respondre que pechie ne peut estre prouffitable selon soy formellement, mais par accident cest assauoir occasionnellement quant par le pechie qui est fait publicquemẽt lorgueilleux est humilie, et par ce est fait simplement vertueux. Et ainsi appert que ruyne et pechie est profitable chose a lorgueilleux nompas simpliciter: mais occasionaliter.

¶ De lorgueil de la transgression laquelle fut pire que icelle obeyssance. viii.

Mais lorgueil par lequel len qui ert desia supte, affin de excusacion en pechiez appres et magnifestz est plus mauuais et plus dānable ſicomme feirent iceulx premiers hom̄mes/deſquelz ceſt aſſauoir eue diſt:Le ſerpēt ma deceue et iay mēgie du fruyt. Et adam diſt:la femme que tu mas dṓnée ma donne du fruyt de cel arbre: ien ay mengie. En ces parolles nappert aucunement requeſte de pardon ne priere de medecine ou de guariſon/car ia ſoit ce q̄ ceulx cy ne oyent pas ce quilz ont fait/ ainſi comme fiſt caym de la mort de ſon frere abel. touteſſois loꝛgueil ſefforca encores de rapporter et mettre ſus a autrui ce quil a mauuaiſement fait. Ceſt aſſauoir que loꝛgueil de la femme veulſt rapporter et mettre ſus au ſerpēt ce quelle a mauuaiſemēt fait. Mais ceſt plus vraie accuſacion que eꝯcuſacion/La ou eſt tranſgreſſion apperte du commandemēt de dieu Ne certes ilz ne laiſſerēt pas pour ce faire:car ce que la femme commiſt par ladmonicion du ſerpent et lhomme a la requeſte de ſa femme/ilz le feirent ainſi comme ſe aucune choſe fuſt a eſtre miſe auāt que dieu/a laquelle choſe len deuſt croire ou obeyr

⸿ De la retribucion de la iuſtice que les premiers hommes receurent par leur deſobeyſſance p̄v.

Oncques pour ce que ilz ne tindrēt conte de dieu qui auoit fait le commandement/Lequel auoit cree les premiers hommes qui les auoit fais a ſon ymaige/qui les auoit mis parauant toutes autres beſtes/qui les auoit eſtablis en paradis/qui leur auoit donne la bondance de toutes choſes/et qui leur auoit donne ſalut et ſante/qui ne les auoit pas chargies de pluſieurs commandēces ne de grans ne de fors/mais dun ſeul commandement treſbrief et treſlegier au ſauuement et ſalut dobedience/par lequel commandement il admonneſtoit a iceſſe creature a qui frāche ſeruitude eſtoit conuenable quil eſtoit ſeigneur Pource dy ie que ilz nen tindrent cōpte/ mais meſpriſerent ſon commandement damnacion droitturiere ſen eſt enſuyuie. Et telle damnaciō que lhomme/lequel en gardant ce commandement eſtoit a eſtre perpetuel/meſmes en chair fut fait auſſy charnel en penſee. Et que celui qui par ſon orgueil auoit pleu a ſoy. fuſt donné a ſoy par la iuſtice de dieu/Et nom pas en telle maniere/que il fuſt du tout en ſa puiſſance/mais en ſoy diſcordant a ſoy meſmes en lieu de franchiſe/Laquelle il couuoitta/il encouruſt en dure et meſchante ſeruitude ſoubz celuy auql il ſe conſentit en pechant/et de ſa vouēte fuſt moꝛt en eſperit maulgre ſoy fuſt a mourir en corps. Et comme celuy qui auoit delaiſſe la vie pardurable/fuſt damne en ſa mort pardurable ſe la grace de dieu ne ſen deliuraſt. Certainemēt quiconques cuide ceſte maniere de damnacion eſtre ou trop grande ou non droitturiere/il ne ſcet meſurer comme grande iniquite auoit eſte en pechant/la ou eſtoit choſe ſi legiere en non pechant/car ſicomme lobeyſſance de abraham eſt recommandee et nompas ſans cauſe: pour ce que treſforte choſe ſi luy eſtoit commādee/ceſt aſſauoir que il tuaſt ſō filz/auſſy fuſt ce en paradis greigneur deſobeyſſance/de tant comme la choſe qui eſtoit commandee eſtoit de nulle difficulte a garder. Et ſicomme lobeyſſance du ſecond homme/ceſt a dire de iheſucriſt eſt plus a louer par ce que il fut fait obeyſſant: auſſy la deſobeyſſance du premier hōme/ceſt adire de adam eſt plus damnable par ce que il fut fait deſobeyſſant iuſques a ſa mort. Car qui eſt celuy qui declaire/aſſauoir combien grant mal ce ſoit de non obeyr en choſe legiere au commandement de ſi grande puiſſāce cōme de dieu/et qui ne ſoit eſbahy de ſi eſpouētable et abhoꝛtable tourmēt/la ou ſi grant peine de desobeissance est proposee et si legiere chose commādee du createur. Apres a brief dire q̄sse chose est retribuee en peine a sa desobeyssance de icelui pechie fors desobeyssāce. Car quelle est autre la maseurete de lhomme fors la desobeyssāce de soy mesmes: ad ce que il vueille ce que il ne peut pour ce que il ne veult pas toutes choses mesmes en paradis ainçois que il pechast. Toutessfois ne voulsoit il pas ce que il ne pouoit, et pource il pouoit toutes les choses lesquelles il voulsoit. Mais maintenant il est fait sēblable a vanite sicōme nous le congnoissōs en la signee dicelui. et lescripture divine le tesmoigne. Car qui est celui qui nombre quantes choses il vueille, lesquelles il ne peut quant il mesmes ne obeyst pas a soy: cest adire lame ou couraige dicelui et par consequent ny obeyst pas la chair dicelui, laquelle chair est plus basse que icelle ame. car maulgre icelui homme le couraige ou sa pensee est souvēt trouble. et sa chair se deult et enuieillist et meurt. Et ainsi de quelle autre chose que nous souffrons: laquelle chose nous ne souffrirons pas maulgre nous se nostre nature estoit obeyssāt du tout et de toutes pars a nostre voulente, mais certes la chair seuffre aucune chose qui empesche que elle ne serue. Que peut chaloir dont ce viēne. mais touteffois par la iustice de dieu qui seigneurist: auquel nous navōs voulu seruir comme subgectz a nostre chair. laquelle auoit este subgette a nous soit molestee en non seruant a dieu nᵒ avōs peu estre molestez a nous nompas a lui car il na pas mestier de nul seruice en telle maniere cōme nous auons mestier du seruice de nostre corps. Et pource q̄ nous receuons est nostre peine, et ce que nous avōs fait nest pas la paine dicelui, cest assauoir de dieu. Les douleurs toutessfois lesquelles sont dictes douleurs de la chair sont douleurs de lame en la chair de sa chair car quelle chose seuffre ou couuoite la chair par soy mesmes sās lame Mais sa chair est dicte, ou couuoiter ou douleur, ou cest icelui homme sicomme nous auons demonstre, ou cest aucune chose de lame, laquelle la passion de la chair tourmente ou passion aspre, affin que elle face douleur, ou passion souefue affin que elle face delectacion. Mais la douleur de sa chair est le courouz tāt seulement. lequel vient de la chair, et est vne deffencion de la passion dicelle: sicomme la douleur de lame: laquelle est appellee tristesse, et la dissencion des choses: lesq̄lles nous sont advenues maulgre nous mais paour vient souvēt auant que tristesse. laq̄l̄ elle paour est en lame nopas en la chair. Mais aucune paour ne vient en la chair auant q̄ la douleur de la chair, cest assauoir paour ainsi cōme de la chair laquelle soit sentue auāt que sa douleur soit sentue a sa chair, mais vng appetit vient auant que sa doulente. Lequel appetit est sentu en la chair ainsi comme la couuoitise ou le desir dicelle, sicōme faim et soif. Et sicomme icelui desir lequel est plus communement nomme es mēbres genitoires, cōme desir soit mot general de toute couuoitise, car les anciens ont diffini que pre nest autre chose fors desir destre vēge, ia soit ce que aucunessfois homme se courouce aux choses mesmes lesquelles ne ont point de ame, et ou il ny a point de sentement de vengeance en telle maniere que il despiece la greffe ou ferisse la pēne qꝰt il escript mauuaisemēt Et touteffois desir est vne maniere destre vengie, combien quil soit moins raisonnable. Mais par ce ie ne scay quelle mēbre de retribucion, ad ce que ie le nomme ainsi, Cest assauoir que ceulx qui sont mauuais souffrent mal. Cest dōcques desir destre vengie, lequel est appelle pre et desir dauoir pecune ou monnoye, leq̄l est appelle auarice, et desir de vaincre comment que ce soit, lequel est appelle obstinacion: et desir de auoir gloire, lequel est appelle Sentance. Et sont plusieurs et diuers desirs desq̃lz aucuns ont ja noms propres. Et aucunes autres lesquelz nen ont point car qui est celuy qui diroit legierement comment est appellé le desir ou couuoitise de seigneurir. Lequel desir toutesfois les batailles ciuiles tesmoignent desja moult valoir es couraiges des tyrans.

⁋Opposicion sur ce chapitre.

En ce.pv. chapitre monseigneur saint augustin veult monstrer que se la grant obedience dabraham est a recommander/ et non sans cause/ auquel nostreseigneur commanda que il occist son filz. q̃ estoit vng commandemēt tresfort: de tāt est plus a blasmer linobedience de adam et de eue/ du commandement quil leur fut fait en paradis. Lequel fut treslegier et ou il nauoit quelconques difficulté a se garder. Mais lē peut cy faire deux doubtes. Lune car de tant est vertu meilleure comme elle a plus mauuais cōtraire, cōme tres mauuais vices opposites a vertus soient contraires sicomme il appert par inductiō. Et par ce se linobedience de adam fut pire que neust esté celle dabraham/ sicomme monseigneur saint augustin le tiēt ou texte: Il sensuyt que se adam eust obey sō obeyssāce eust esté meilleure que lobeyssāce dabraham. Et toutesfois tient monseigneur saint augustin le contraire. mais a ceste doubte lē peut respōdre que en ces termes et en ceste matiere/ obedience et inobedience neurent pas entre eulz comme contraires/ comme sōt tēperance et intemperance. mais eurent cōme opposites priuatiuement. ouquel cas la rigle mise en la doubte na pas lieu. La seconde doubte est car a prendre quilz soient opposites priuatiuement/ de tant comme aucune puissāce est meilleure de tant est pire sa priuacion pour ce que elle

oste le greigneur bien/ sicōme estre aueugle est pire que estre sourt, de tant cōe la veue est meilleur que louyr pource que ce cy oste la plus grāt vertu. Mais lēn peut respondre que extensiuement lobeyssāce de adam eust esté meilleur. pour ce quel le eust preserué tout lhumain lignaige de la mort: mais intensiuement celle de abraham eust esté greigneur. pour ce quelle neust eu regard que a luy/ et ainsi est il de la desobeyssance. Et quāt il parle dabraham cōment nostreseigneur luy commanda quil immolast son filz ysaac & cōment il obeyt/ combien q̃l neust que cest enfant. Ceste hystoire est traittee en la bible/ ou xxii. chapitre de genesis. Laq̃lle est telle que apres la destruction des cinq citez de sodome et de gomorre/ et que loth en fut eschappé: abrahā sen ala demourer entre cades/ et sur. q̃ sont deux puinces en vng royaume q̃ sapelloit geraris: duq̃l estoit roy abymelech. Et apres plusieurs choses qui seroiēt longues a racōter, cest assauoir cōment cel abimelech print la femme dabrahā/ pour ce q̃l cuidoit qlle fust sa seur sicōme elle mesmes sauoit tesmoigne p̃ lennortement de abrahā Et apres ce q̃lle eut eu ysaac de abrahā, et de agar ysmael, et les conuenances faictes & traitez de paix et de amour entre cel abimelech (& phicol son connestable) p̃ ce q̃ ilz vit que tout ce que abrahā faisoit il faisoit de p̃ dieu/ nostreseigneur tenta abraham & luy dist que il print son seul filz q̃ il auoit cest assauoir ysaac, et alast en vne montaigne q̃l luy monstreroit, & la luy sacrifiast son filz. La maniere du sacrifice estoit tel que lēn sʒoit la beste que lēn vouloit sacrifier/ et puis la mettoit on dessʒ lautel sus les branches qui la estoient/ et la estoit occise celle beste pour acōplir le sacrifice. Tantost cōme abrahā eut ouy ce commandemēt de dieu il print son filz & deux autres iouuēceaulx/ & appareilla sō asne sur leq̃l il mōta. & mena auec lui son filz ysaac et ses deux enfans qu'il auoit prie. et commenca a coupper de la busche pour mettre sur lautel: a alumer pour faire son sacrifice. Et quant il eut ce fait il ala au lieu ou dieu lui auoit comande quil alast. et au tiers iour apperceut la montaigne ou dieu vouloit quil fist sacrifice, et lors dist aux enfans quil auoit amenez quilz demourassent la iusques a ce quil a son filz eussent faictes leurs oraisons et que ilz fussent retournez a eulx. Et ce fait prist les busches quil auoit ordonees pour faire le sacrifice, et les mist sur les espaules de ysaac son filz: et il print le feu et lespee pour le sacrifier. Et ce fait sen alerent iusques au lieu ou se deuoit faire le sacrifice. Et comme en alant ysaac demandast a abraham ou estoit la beste dequoy on deuoit sacrifier: il respondit que dieu y pourverroit. Et quant ilz furent au lieu abraham dressa ung autel et mist les busches dessus. et ce fait il sp a son filz ysaac: le mist dessus les busches qui estoient dessus lautel: et print son espee et estendit ses bras pour le tuer affin de faire et acomplir le sacrifice que dieu luy auoit comande. Et tantost lange du ciel appella abraham et luy dist qu'il se gardast qu'il ne tuast son enfant, ne ne lui fist quelque mal: en disant qu'il congnoissoit et sauoit bien qu'il amoit et craignoit dieu seul abraham vouloit regarder que ce estoit. Lequel tantost apperceut entre les ronces ung mouton a cornes lequel il offrit pour son filz ysaac et appella ce lieu dieu voit et iusques a ores sen dit en ceste montaigne notreseigneur verra. Pour laquelle obeissance nostreseigneur appella secondement abraham par son ange et luy dist. Jay iure dist il par moy mesmes, pour ce que tu as fait ceste chose et nas point espargne ung tien filz seul pour moy, ie beneyray et multiplieray ta semence, ainsi come les estoilles du ciel / et come le sablon qui est en la riue de la mer. Et tendra ta semence les terres et citez des ennemis et auras seigneurie sur eulx

et en ta semence seront beneys toutes gens qui seront en terre. pour ce que tu as obey a ma voix et a ma parolle. Et icy peut on veoir par ceste hystoire lintencion de monseigneur saint augustin mise en ce chapitre: cest assauoir coment lobediece dabraham est a recomander qui obeyt a offrir ung sien filz, dont plus ne auoit ceft assauoir legitime et naturel aussi que len ne oppose ysmael qui estoit naturel. et coment il obeyt liberament a son comandement qui estoit si fort. et quil peust auoir cheu en plus grant excusacion par ceste ce que non quelle ne fist en la desobeyssance ou preuaricacion des premiers peres. come se grmandement fust tresfegier et tresaise a garder, ne ny eust cause quelconques pourquoy il se deust auoir trespasse. Et de tant come il estoit plus legier a garder / dit monseigneur saint augustin et il dit voir / furent nos premiers peres plus a pugnir sicome il est dit et repete en plusieurs chapitres de ce liure. et ceste hystoire ra la maniere dicelle traitte monseigneur saint augustin ey apres ou xxvii chapitre du pvi. liure.

Du mal de desir: le nom duquel combien qu'il se rapporte et ait regard a plusieurs vices: touteffois est il proprement attribue aux vilz et ores mouuemes du corps. pvii

Come doncques ilz soient plusieurs desirs de moult de choses touteffois quatre mot. libido, qui vault autant come desir est nome sans y adiouster de quelle chose soit ce desir: il ne chiet pas souuent en sa pensee des homes que ce soit autre chose que delectation par lesquelles les faides parties de la creature sont esmeues / cest a dire le mouuement de sa chair et delectacion charnelle: mais celle delectacion dame nompas seulement tout le corps ne par dehors seulement: mais aussy par dedens, et esmeut tout lhome ioint, et mixtione le desir du couraige auec lappetit ou desir de sa chair / a ce que celle delectacion de laquelle il nen est nulle greigneure et delectacions du corps sensuyue par telle maniere quen ce moment de temps que seensuyvent a la perfection de celle delectation et l'accomplissement de ceste oeuvre par consentement de raison a peines toute l'ame veult et ainsi come tout entendement de pensee soit tresbuschie estachie et absorbe. c'est adire que sen ne scet ou sen est ne que sen fait. Mais qui est celui amy de sapience et des sainctes ioyes et qui maintient sa vie de mariage, mais qui plus est sicomme l'apostre admonnesta scet tenir et avoir son vaissel en sainctification et en honneur non pas en maladie de desir: sicome les gens qui ne sceuent que dieu est. Qui est celui qui ne voulsist mieulx engendrer enfans sans ceste delectation charnelle/ ad ce que mesmes en cest office de engendrer lignee/ les membres lesquelz sont creez a ceste oeuvre servissent a la pensee diceluy demenez par l'ordonnance de voulente/ nompas esmeuz par ardeur de delectation/ ainsi come qlz cōques autres mēbres distribuez a leurs oeuvres. Mais ne ceulx qui aiment celle delectation charnelle soit en mariage soit hors mariage sicome plusieurs le commettent laidement et sans ordonnance ne sōt pas esmeuz a celle delectation toutesfois que ilz veullent mais bien aucunesfois importunement ce mouvement de cest appetit charnel sans requeste. aucunesfois ce luy qui en cuide ouvrer ny peut advenir: combien que il sen efforce. Et combien que celle concupiscence se chauffe ou soit eschaufsee ou couraige si est elle froide ou corps et en la chair. Et ainsi en merueilleuse maniere icelle delectacion ne sert pas nompas seulement a la voulente de engendrer ne aussy a la delectation de sesbatement. et come icelle delectation soit souvent contraire a la pensee laquelle le contredist icelle delectation est aucunesfois divisee contre soy mesmes par le couraige qui est esmeu en esmouvant le corps/ et ne ensuyt pas soy mesmes

¶ De la nudite des premiers hommes.
laquelle ilz veirent laide et honteuse apres ce que ilz eurent pechie

A bon droit est icelle delectation charnelle grandement honteuse et a bon droit iceulx mēbres sōt dis mēbres honteux: laquelle chose navoit pas este avant le pechie de l'homme. Lesquelz membres perdirent leur droit ad ce que ie le dye ainsi c'est adire sicōme ilz deussent ne sesmeuvēt ne appaisent pas du tout a nostre voulēte car sicōme il est escript ilz estoiēt nudz, c'est assavoir adam et eue, et si nen avoient point de honte: nōpas que ilz ne cōgneussēt leur nudite: mais leur nudite nestoit point laide, car desir ne mouuoit point encoires iceulx mēbres cōtre leur voulente Et la chair ne portoit pas encoires tesmoignaige par sa desobeyssance: a redarguer la desobeyssance de l'hōme. Et pour certain iceulx adā et eue nestoiēt pas creez aueugles, sicōme le fol cōmun cuide: quāt icelui adā vit les bestes ausquelles il imposa les noms. Et de eue il est dit quelle vit le frupt q estoit bō a menger. et que il estoit beau avoir. Dōcques apparoiēt les yeulx diceulx / mais ilz nestoient pas ouvers c'est adire que ilz nestoiēt pas aduisez ad ce q ilz cōgneussent qlle chose leur estoit dōnee p le vestement de grace quāt leurs membres ne sauoient contredire a la voulente de eulx. Laqlle grace ostee vne nouvellete honteuse fut ou mouvement du corps/ par quoy sa nudite fut descouenable. Lesquelles les fist aduisez et redit cōfus ad ce q leur desobeyssāce fust pugnie preciproque c'est adire peine cōuenable a leur demerite. Pour ce est il ainsi q apres ce que iceulx adā et eue violeret p transgression apperte le cōmandemēt de dieu Il est escript deulz ce qui sensuyt. Et les yeulx diceulx sont ouvers et cōgneurēt que ilz estoient nudz, et cousirent et assemblerent feuilles de figuie: et firent couverture a leurs mēbres honteux. Les yeulx dist il de ces deux sont ouvers nompas pour veoir. car ilz veirent pavāt: mais

a discerner entre le bien. lesqlz ilz auoiēt per-
du ce mal par lesqlz ilz estoient trebuchez
dont icellui fruyt print le nō de ceste chose
ad ce q il fust appellé le fruit de sauoir
le bien et le mal pour ce que il fist ceste cō-
gnoissāce. se il estoit mēgié cōtre la deffē-
se, car certes sa joye de sāté est faicte desia
plus euidente, par la douleur apperte de
maladie. Ilz cōgneurēt doncques que ilz
estoient nudz cest assauoir desnuez dicel-
le grace, par laquelle il estoit fait q nudite
de corps ne les cōfondist p aucune loy de
pechie repugnāt a leur pēsee. Ilz cogneu-
rent doncques ce de quoy ilz eussēt igno-
rāce plus bieneureusement se eulx creans et
obeyssans a dieu ilz neussent cōmis ce q
les contraingnit a experimēter combien
maleurete et desobeyssance nuysist. Et
pour ce iceulx adā et eue confus par la
desobeyssance de leur chair p la peine de
leur desobeyssance, ainsi cōe tesmoing de
ce assemblerent fueilles de figuier et sen
firent couuertures a leurs membres ge-
nitoires qui sappellent campestria, qui
sont ainsi comme deux brayes / et se
ceingnoient ētour leurs rains. car aucūs
interpreteurs escripuēt ce mot succinctoria:
mais touteffois cāpestria est mot satin
mais il est dit de ce que les iouuēceaulx
qui se exercitoient tous nudz en chāp cou-
uroient leurs membres honteux. Dōcqz
les commūes cāpestries ceulx qui sōt ain-
si ceinct dessoubz. Vergoigne doncques
couuroit honteusemēt ce que desir esmou-
uoit desobeyssāment cōtre la voulēte dā-
née p la coulpe de desobeyssāce. De ce tou-
tes gēs pour ce que elles sont procreees de
celle lignee tiennent que cest iuste chose de
couurir ces membres honteux q aucūs
barbaries naient icelles pties du corps
nues neiz es baingz, mais se lauēt t bai-
gnent auec ses couuertures. Et aussi au-
cuns philosophes quant ilz sont de iour
p les lieux solitaires et umbraiges tous
nudz dōt ilz sōt nommez ginozophistes.

Touteffois couurent ilz leurs mēbres
genitoires: combien quilz nayent aucune
couuertures sur les autres membres.

¶ Exposicion sur ce chapitre.

En ce pviii. chapitre mōseigneur saict
Augustin poursuyt sa matiere selō
les precedēs chapitres. Et demōstre pour
quoy adā et eue cōgneurent q ilz estoiēt
nudz apres ce qlz eurent trespasse le cō-
mandemēt de nrēseigneur. Et declaire
en ce mot / ou il est dit en la bible q leurs
yeulx seroient ouuers et sauroient quest
bien et quest mal, nōpas dit il que ilz
veissent auāt, mais pour discerner en-
tre le bien et le mal, cest assauoir entre le bien
q ilz auoient pdu t le mal p lesql ilz estoi-
ent cheuz. Apres quant il ple des ginoso-
phistes, mōseigneur sait Ierosme ou pro-
logue de la bible en fait mēciō. Et fait dīt
dinus qui fut euesque dune gēt q sappel-
lēt bragmani en une epistle ql escripst au
roy alixandre. Et sōt les ginosophistes
philosophes q ne pensent a rien q a pui-
ser science et a braye cōtēplaciō. Et sōt
autrement appellez expediates, et viuent
en poureté en humilité, ne nont cure de
richesses ne ilz nōt maisōs ne citez, mais
demeurent en terrieres et poures logis
Ilz ne font guerre a nulluy, ne nul ne
leur fait guerre, et viuent simplement et
sainctement, et demeurent leurs fēmes et
enfās arriere deulx pour garder leurs be-
stes, desquelles ilz viuēt, t dōt ilz ōt leur
subestāce. A ces ginosophistes vint alixā-
dre, et quāt il vit et regarda leur estat, il
en fut moult esmerueillé. Et leur demā-
da silz vouloiēt riēs q peust, et il leur dō-
neroit. Lesqlz lui demāderēt imortalite
laqlle ilz desiroiēt auoir sur toutes cho-
ses, et q ilz nauoiēt cure dautres riches-
ses. Ausquelz alixādre respondit en tel-
le maniere. Cōme ie soie dist il mortel
cōment vo9 pourroie ie dōner imortalite

Auquel ilz respondirent. Et puis que tu sees q̃ tu es mortel pourquoy fais tu tāt de maulx. Et de ce nous auōs pse en la premiere ptie de ceste oeuure : et aussy de ces gēs q̃ sōt appellez bragmani. Et pour ce nous nous en passōs plus legierement

¶ De la hōte de lhōe et feme habiter ensēble nōpas seulemēt en publicq̃. mais aussy en sacremēt de mariage q̃ ne se fait point sans honte. pv̄iii.

Mais ceste operaciō q̃ est acheuee p̄ celle delectaciō charnelle. Et fut escheue se regard publicque des hōes nompas seulemēt en efforcemēs quelzcōques de pucelles/ ou religieuses q̃ en latī est appellee stupr̄u. Lesq̃lles operaciōs se fōt repȳsement celeemēt a apt pour doubte qlz nen soiēt pugnies : et qlz ne viēnent a la cōgnoissāce des iuges terries : mais aussy en lusaige de vser de femes cōmunes/ laq̃lle laideur la cite terriēne a tolere et repute ainsi cōe chose licite. Toutesfois celle operaciō ainsi soufferte sās qlzconque pugniciō p̄ lordonnance de la cite terriēne suit p̄vergoine naturelle la veue des gēs. Et cert et pourchasse lieu secret mesmes es bordeaulx p̄ publicques a cōmune affix que sen ne se voie faire ceste operacion. Et fut plus legiere chose q̃ celle vergoigne de telle voluptuosite ou de la delectaciō charnelle ne fut fpec daucās siens de deffese / cest adire que on ne les deffendist point a faire que ce que sen peult oster ses spens secretz esquelz se faisoient et fōt ces laides ornures: mais encoires ceulx q̃ en celle oeuure sōt fais et oīs: appellēt celle operaciō ordure a chose laide. De laquelle laideure ou ordure cōbiē qlz aimēt. toutessois ne se osēt ilz demōstrer estre telz. cest adire qlz ne veullent que sen saiche qlz laimēt. Quest ce de la copulacion charnelle de ceulx q̃ sōt cōioīs p̄ mariage. Laq̃lle selō les escrips

des tables est faicte assiin dēgēdrer ensā a de auoir signer Icelle copulaciō charnel se ia soit ce p̄ mariage. ia soit ce elle soit licite et hōneste ne cert elle pas sairemēt lieu secret a soig de gēs pour faire a accōplir son operaciō: ne mettent pas sors ces maries tous seurs sert̄nes ēseignies. a ceulx p̄ ēcoires q̃ ont este a sōt mediateurs entre eulz a ses ioīdre p̄ mariage pour venir a celle copulaciō. Et q̃s zcōq̃ues au tres que sen y ait saisse entrer p̄ quelconq̃ besoīg: ainceis q̃ sun marie cōmēre a faire feste ne sēblant desbattement a soutre. Et pour ce sicōe dit vng tresgrāt acteur du sāgaige rōmaī. Toutes choses saictes a droit: veullēt estre mises a lumiere. cest adire appetēt estre sceues. mais ceste chose faicte cest assauoir p̄ mariage appertessement estre sceue: q̃ toutessois elle ait hōte destre veue. Car q̃ est celuy q̃ ne scet quelle chose les mariez sōt entre eulz. ad ce quilz engēdrent enfās a qlz apēt generaciō: quāt a ceste sīn ses femes sōt p̄īses et espousees p̄ si grāt solēnite ad ce que ce soit fait. Et toutessois ne seuffre sen pas q̃ les ēfās se auculs en sōt ia nez de ce mariage soiēt tesmoīgz quāt ilz veullēt saire soeuure dōt les enfās naisset. Car icelle chose appete la lumiere des courages a la cōgnoissāce de soy. cest adire ad ce q̃lle soit sceue en telle maniere toutessois q̃lle supe la lumiere des yeulx. dōt viēnt ce sors q̃ icelle chose est faicte. Laq̃lle est cōuenable p̄ nature en telle maniere que aussy icelle chose se compaigne. laquelle soit honteuse par peine.

¶ Epposicion sur ce chapitre.

En ce pv̄iii. chapitre mōseigneur saict augusti demōstre q̃ bie q̃ lē p̄egne grāt delectaciō a plaisir a accōplir loeuure de celle cōionction: mesmes en lestat de mariage. et que les mariez veullēt bie q̃ sen se saiche: toutessois ne veullētilz pas que lē se voye. nō sōt ceulx q̃ se sont es bordeaulx publicqz parquoy il appert que ordre est sur tous a reprendre a redarguer de ce pechie de voluptuosite ou delectacion charnelle/ car quant il auoit a faire a fēme et faisoit celle ceuure. il auoit vng miroer deuāt lui pour veoir celle ordure quil faisoit/ ad ce quil se peust veoir de toutes pͤ

C Que les pties de pre et delectacion charnelle se esmeuuent si vicieusement et si laidement qͥl est necessite de les reffraidre par les frains de sapiēce. Lesquelles choses nestoiēt pas auant pechie en celle sainctete de nature   pix.

D Onc est il q̄ces philosophes qui approcherēt plus pres de verite confesseret q̄ pre et delectaciō charnelle estoiēt les pties vicieuses du couraige/ ou de lame/ pour ce quelles se meuuent troubleement et desordōneemēt mesmes aux choses lesq̄lles sapiēce dessēd estre ppetrees et faictes. Et pͦ ce quelles ont mestier de pēser q̄ les attrēpe et de raison. laq̄lle/ cest assauoir raisō iceulx philosophes tesmoignēt quelle est la tierce ptie du couraige ou de lhōe/ mise ainsi cōme en vne tour pour gouuerner icelles deux pties de pre et delectaciō charnelle ad ce que icelle raisō cōmādat ou seigneurissātīcelles deux pties. Et icelles deux parties obeyssās/ iustice peusse estre gardee en lhomme en toutes parties du couraige ou de lame. Donqͮues icelles deux pties/ cestassauoir pre et delectaciō charnelle/ lesquelles iceulx philosophes confessent estre vicieuses en lhomme saige et attrempe ad ce que la pensee en contraignant et deffendant les retrape ou dessēd. et restraingne de ces choses auxq̄lles elles sesmeuuēt desraisonnablement/ et faisse aux choses qui sont cōuenables pͬ sa foy de sapience. sicomme pre a exercer iuste cohercion ou cōtrainte. sicomme delectacion charnelle a loffice de procreer li-

gnee. Icelles parties nestoient pas vicieuses en paradis auant pechie. car elles se mouuoient a quelque chose vicieuse contre voulente droituriere. parquoy il fust necessite de les tenir ainsi comme par les frains de raison qui les gouuernassent. Car ce quelles sesmeuuent maintenant en telles manieres/ toutessfois sont elles modifiees en deffendāt et repugnāt aucunesfois plus legierement aucunesfois a greigneur difficulte de ceulx q̄ viuent attrempeement iustement et debonnairement. Pour certain ce nest pas sancte qui viēgne de nature/ mais lāgueur laquelle vient de pechie. Mais pourquoy est ce ne quelle cause ya il q̄ ses oeuures de pre et des autres affectiōs en quelzcōques dis et fais ne sont pas ainsi mucees par honte ou vergoingne/ comme sōt les oeuures de delectacion charnelle/ lesquelles sont faictes par les membres genitoires: fors pour ce que es autres affectiōs icelles affections ne esmeuuent pas les membres du corps/ mais la voulēte la q̄lle se consēd a celles affectiōs/ esmeut iceulx membres/ laquelle seigneurie. en tout et partout a seigneurie en lusaige de iceulx. Car quiconques courouce psē ou fiert aucun: il ne la pourroit faire/ se la langue et la main ne se esmouuoient par voulente. laquelle le cōmande aucūement. Lesquelz mēbres aussy sesmeuuēt par celle mesme voulēte suppose quil ny eust aucune pre. Mais delectaciō charnelle a en aucūe maniere submises a lui les parties genitoires du corps tellemēt que iceulx membres ne se peuent esmouuoir selle ny est/ et selle ne seslieue de son gre/ ou esmeuue a ce. cest ce qui hontoye/ cest ce qui escheue pour hōte les yeulx des regardās. Et seuffre plus lhōme la multitude des regardans quāt il est courouce a homme desraisonnablemēt. quil ne feroit le regard dun seul quant il a a faire licitement a sa femme.

De la tresuaine laidure des ciniciens xx.

Des philosophes ciniciens cest a dire cinici ne auisoient pas ceste chose. Lesquelz disoient contre toute vergoigne de humanite que pour ce que ce qui est fait en mariage dun homme en sa femme est chose iuste et conuenable que len ne deuoit point auoir de honte de faire celle chose en appert, et ne deuoit len point eschever a faire ceste oeuure de mariage en rue ou place quelconq. Quelle autre chose est de ce quilz disoient et faisoient que vne sentence de chiens cest a dire ordea sans honte. Touteffois honte naturelle a vaincu soppinion de ceste erreur. Car silz tesmoignent que ce philosophe dyogenes ait fait aucuneffois ceste chose en p[re]nant gloire pour ce quil cuidoit que sa secte en fust plus noble ou temps aduenir, se sa deshonnestete: et ce quil faisoit sans vergoingne fust fichee en la memoire des hommes comme chose plus noble. Touteffois depuis ceste chose fut delaisse a faire des ciniciens, et leur vaint plus honte en ceste partie ad ce que les hommes eussent honte des hommes: que ne fist lerreur, ad ce que les hommes desirassent estre semblables aux chiens. Dont ie cuide que cestuy ou ceulx lesquelz len dit auoir fait ceste chose ou auoir plus enseigne aux yeulx des hommes les mouuemens de ceulx qui gisent ensemble lesquelz ne sauoient quelle chose estoit fait soubz la couuerture, que icelle defectacion ait peue estre parfaicte par lempeschement quilz auoient de ce que les gens les regardoient du regard humain. Car les philosophes nauoient pas honte estre veuz vouloir coucher ensemble la ou icelle defectacion auoit honte de soy esleuer. Et encores voyons nous quil est de telz philosophes chiciniens a present, car se sont ceulx lesquelz nompas seullement se coeuurent dung manteau mais aussy portet la massue. Touteffois il nest aucun de eulx qui ose faire celle oeuure publi[que]quement laquelle se aucune sosoient faire ilz seroient confondus et esquachez. Ie ne dy pas des corps de ceulx qui les lapideroient, mais des crachas de ceulx q[ui] grace croiet sur eulx. Nature humaine donques sans doubtance a honte de ceste defectacion charnelle, et a bon droit en a honte. Quelles merueilles il est assez monstre en sa desobeissance dicelle nature humaine. Laquelle desobeyssance soubmist les membres genitoires du corps a seurs seulz mouuemens, et les osta a sa puissance de voulente, quelle chose est retribuee a icelle premiere desobeyssance de home. Laquelle chose il esconuint apparoir par especial en icelle partie, par laquelle icelle nature est engendree. Laquelle fut meue en pis par icelluy premier et grant pechie, cestassauoir desobeyssance.

De la benediction de multiplier lhumain lignaige auant pechie laquelle ne fut point ostee par le pechie de preuaricacion et a qui soit venue ceste supure, ou defectacion charnelle xxi.

Ia nauiengne doncques q[ue] nous croyons que ceulx adam et eue estans en paradis eussent accomply par ceste defectacion charnelle de laquelle iceulx come honteux couurirent ces mesmes membres genitoires. Ce dieu dist leur beneisso: cestassauoir croisse: multipliez et remplisez la terre. Quelle merueille: ceste defectacion fut nee apres le pechie: nature parauant nauoit point de honte destre nue: quant apres le pechie elle eut perdue sa puissance, a laquelle le corps seruoit de toutes pars, icelle nature sentit adusa, eut honte et couurit ces mem-

bres genitoires. par lesquelz vient celle de
lectacion charnelle. Mais ia soit ce q̃ icel-
le beneiso͞n de nopces / cestassauoir q̃ les
mariez creussent et feissent multiplier et
emplissēt la terre soit demouree en ceulx
qui pecherent toutesfois fut elle donnee
auant quilz pechassent, ad ce que on co͞n
gneust sa procreacion des enfans appar-
tenir a la gloire de mariage / nompas a
la peine de pechie. Mais pour certain mal
tenant les hommes qui ne congnoissent
icelle felicite: la quelle fu en paradis cui
dent que les enfans napent peu estre en-
gēdrez fors par ce quilz ont esprouue, cest
assauoir par delectacio͞n charnelle. De la
quelle nous voyo͞ns aussy celle honneste
te de mariage auoir honte. les aultres q̃
ne recoiuent en riens les escriptures diui
nes / mais dessopa͞rment se mocquent de
icelles. ou il est seu q̃ adam & eue eurent
honte de leur nudite, apres ce quilz eurēt
pechie, et quilz couurirent leurs mēbres
genitoires. Les aultres aussy combien q̃lz
prengnent et honnourent icelles escriptu
res ce qui est dit. Croissez et soyez multi
pliez ne se veullent pas estre entendu se-
lon la generacion charnelle pour ce q̃ sen
sist vne telle chose selon lame. cest assa
uoir Tu multiplieras vertu en mo͞n ame
ad ce qui sēsupt ou liure de genesie / cest
assauoir. Et emplez sa terre sa seigneu
rissez p la terre ilz entendent sa chair, la
quelle chair lame emplist par sa presence
et la seigneurist mesmement quant elle
est multipliee par vertu. mais entendēt
que ses enfantemens charnelz ne pouoi-
ent fois estre netz. sicomme ilz ne peuent
maintenant sans delectacion charnelle,
laquelle apres le pechie fut nee, aduisee
confuse et mucee. Ne que iceulx enfante-
mēs charnelz peussēt fois auoir este fais
en paradis: mais dehors sicomme il fut
ou est fait apres, car depuis ce quilz en fu
rent mis hors ilz sassemblerent pour en-
gendrer enfans et les engendrerēt

⸿ De lassemblee de mariage premiere-
ment instituee et beneye xvii

Mais nous ne doubto͞ns en quel
q̃ maniere ce qui est dit selo͞n la
beneysso͞n de dieu. Croissez et
soiez multipliez, et emplez sa terre / estre
don des nopces. lesquelles establit au co͞-
mencement auant le pechie de somme en
creant masle et femelle / Lequel sexe sa͞ns
doubte est euident en sa chair. Quelles
merueilles: Car icelle oeuure de dieu sen
suiuit aussy celle benediction de dieu. Car
co͞me lescripture eust dit Il les fist masle &
femelle, elle adiousta tantost ces parol
les Et dieu les beneit en disa͞nt Croissez &
soiez multipliez & emplez sa terre & la sei
gneurissez, et les paroisses qui sēsupuēt.
Toutes lesquelles choses ia soit ce quel
les puissent aussy estre rapportees conue
nablemēt a entendement espirituel, tou
tesfois ne peut estre masle et femelle au-
sy entendu en vng seul homme / sico͞me
aucune chose semblable. Car en celui ho͞-
me aultre chose est qui gouuerne : aultre
chose est ce qui est gouuerne. mais sicom
me il appert trescle̅rement contredire que
masle & femelle nont pas este ainsi creez
en corps de diuers sexe / a ce quilz creu-
sent et fussent multipliez et emplissēt sa
terre en engendrant lignee, cest grant ab
surdite. Car pour ce que moyse souffryt
le libelle de separacion de mariage pour
sa durete du cueur des filz dysrael: nostre
seigneur iesucrist requis se cestoit chose li
cite de laisser sa femme pour quelzcomq̃s
causes, ne respond il pas et dist ce qui sē
supt. Nauez vous pas seu dist il q̃ celui
qui les fist au commencement il les fist
masle et femelle & dist ainsi. pour ce lais
sera homme pere et mere et se adioindra
a sa femme et seront deux en vne chair.
Et ainsi desia ilz ne so͞nt pas deux: mais
vne chair. Et pour ta͞t ce q̃ dieu a co͞nio̅cte

garde soy homme quil ne se separe pas. Il ne respondit pas dy ie les choses dessus dictes ne de lesperit qui comande et de la chair qui obeyt ou du couraige raisonnable qui gouuerne, et de sa couuoitise desraisonnable qui est gouuernee / ou de sa vertu contemplatiue qui est excessente et de lactiue qui est subgecte, ou de sentendement ou de la pēsee, ou du sens du corps mais respondit apptement et dist du spe de mariage, par lequel luy et lautre sepe cestassauoir masculī et feminin est le spe ensemble. Doncques est il certaine chose que masle et femelle furent establis premierement en telle maniere comme nous voyons et congnoissons maintenant deux: cest adire homme et femme de diuerses sepes Mais nous voyons et congnoissons homme estre dit vng, ou pour la coniunction des deux / ou pour la naissance de la femme qui fut cree du coste du masle. Car lapostre admonneste vngchascun a ce que ses maris aiment leurs femmes par iceluy premier exemple / lequel fut auant par linstitucion de dieu.

¶ Assauoir se len eust aussy fait generacion en paradis se nul neust peschie, ou se len eust baille chastete qui fust illec pour soy combatre contre la chaleur de luxure ou delectaciō charnelle   xxiii

Mais quiconques dit que adam et eue neussent poīt habite ensemble ne engendre silz neussent pechie, quelle autre chose dit il fors que le pechie de lhomme a este necessaire pour accomplir le nombre des sainctz, car se en nō pechāt ilz fussēt demourez seulz, pour ce que silz neussēt pechie ilz ne peussent engendrer sicomme ilz cuident pour

certainse pechie fut necessaire ad ce que deux hommes iustes ne peussent pas estre seulz, mais fussent plusieurs sacelle chose se elle est nest pas a croire. Il est mieulx a croire que le nombre des saīctz combien grant il souffist a accomplir celle cite tres bieeuree, fust aussy grāt se hōme neust pechie comme il est maintenant grant assemblee p la grace de dieu, de la multitude des pecheurs tant comme les filz de ce siecle engendrēt et sont engendrez. Et pour ce se pechie neust point este icelles nopces dignes de sa bieeuree te de paradis engendrassent lignee qui fust a amer / et neust point de honteuse delectacion charnelle, mais il nest a present aucun exemple par lequel len demōstre et enseigne comment ceste chose peust estre faicte. Et toutesfois pour ce il ne doit pas sembler que ce soit chose non croyable que aussy ce seul membre honteux eust peu seruir et obeyr a voulente sans ceste delectacion charnelle a laquelle voulente tant de membres seruent maintenant. Mais ne mouuons nous pas et remuons noz mains, et noz piez: quāt nous voulons sans aucun refsus aux choses, lesquelles sōt a remuer p iceulx membres et par si grāt legierete comme nous vinons en nous et es autres, mesmemēt es oeuures de quelconques oeuures corporelles esquelles a plus legiere īdustrie et plus apperte, et est venue a exerciter la nature de ceulx q sōt plus lours et pl' tudes a introduire Et nous ne croyons pas que ces membres hōteux eussent peu seruir, obeyssamment aux hommes semblablement sicomme les aultres membres au plaisir de la voulente a loeuure de la generacion des enfans, suppose que delectacion charnelle ny eust este, laquelle fut retribuee par le pechie de desobeysance. Ne dit pas ce philosophe cicero es liures de la chose publicq quātil disputoit des differences des commandemens ou seigneuries. Et prenoit la similitude de cesté chose de la nature de lomme que les parties du couraige ou de lame commandent aux membres du corps comme a enfans pour sa segrete de obeyr / et que les parties vicieuses du couraige sont restraintes par commandement plus aspre comme serfz. Et sans doubte le couraige est mis par deuant le corps et par ordre naturelle commande au corps plus legierement que a soy. Mais toutesfois ceste delectacion charnelle de laquele nous determinons orendroit est de tant plus a hontoyer que en elle icelluy couraige ne commande pas a soy mesmes parfaictement sicomme il commande en tout et par tout au corps ad ce que sa voulente esmeue aincois les membres honteux que icelle delectacion charnelle les esmeut, laquelle chose se il estoit ainsi icelluy membres ne seroient point honteux. Mais a present le couraige a honte de ce que le corps luy resiste lequel est subgect a lui par nature plus basse. Quelle merueille: car quant le corps resiste ou couraige es autres desirs ou affections il en a moins de honte pour ce que quant il est vaincu de soy mesmes il vaint soy mesmes. Et quant il est vaincu desordonneement et vicieusement pour ce que il est vaincu des parties lesquelles doiuent estre subgectes a raison, toutesfois est il vaincu de ses parties. Et par ce sicomme dit est il est vaincu de soy mesmes car quant icellui couraige se vait ordonneement ad ce que ses mouuemens desraisonnables de luy se submettent a la pensee et a raison c'est louenge et vertu se toutesfois icelles choses sont subgectes a dieu: toutesfois est ce moins de honte, quant icelluy couraige ne obeyst pas a soy de ces parties vicieuses que ce n'est quant le corps qui est autre que icelluy couraige et lequel est dessoubz lui, a duquel la nature ne viet point sans lui. Quant icelluy corps dy ie ne obeyst pas a icelui couraige en ce

qu'il veult a commande, mais quant les autres membres sont retenuz par le commandement de voulenté: sans lesquelz les membres qui sont esmeuz par sa delectació charnelle contre la voulenté ne peuet accomplir ce qu'il appartient. Soit chasteté est gardee laquelle n'est pas perdue: mais elle n'est pas souferte a faire par delectació de pechie. Sans nulle doubte se la desobeyssance coulpable ne fust pugnie par desobeyssance penible. Sa ses nopces neussent point en paradis ce reffus / ceste repugnance ou ce debat de voulentés de delectació charnelle. Ou certes a la souffisance de la voulenté et la souffrette de delectació charnelle, aincois tous les membres seruiroient a la voulenté ainsi come les autres choses / ainsi se vaisseau cree a icelle ocuure semast le champ genitoire sicome la main seme maintenat la terre, et qui hoste resiste maintenant a nous qui voulons disputer de ceste chose plus diligemment et honneur deuant mise nous contrait requerre pardon des oreilles chastes il n'y eust aucune cause pourquoy il se deust faire, aicois pourroit l'en user franchement sans aucun paour de la laideur en toutes choses. Se celles attaindroient le sens de celluy qui peseroit icelluy membres ne icelles paroles ne seroient poit telles qu'elles fussent appellees ordes, aincois qu'elcun chose que l'en diroit de ce seroit aussy honeste come est ce que nous disons des autres parties du corps. Doncques qconques non chaste q viendra a lire ces escriptures sure la coulpe, n'a pas nature, a notte les fais de sa laideur, n'a pas les possces de notre necessite, esqlles possces le lpseur ou escouteur chaste et religieux ne me pdonnera tresegierement iusques ad ce q ie deboute la desloyaulte, laqlle argue nopas de la foy des choses non esprouuees, mais du sens ou sentiment des choses esprouuees. Car celui list les choses sans offense, legl na pas honeur de l'apostre qui reprent les mauuaistiez horribles des femmes. Lesquelles ont mue l'usaige naturelle en tel vsaige qui est contre nature mesmemẽt. Car nous ne ramenteuons ne ne repreñds oreðroit sorðure damnable sicomme il fait: mais no⁹ escheuons toutesfois les parolles ordes ainsi comme il fait en declairant tãt comme nous pouons les effectz de sa generacion humaine.

¶ Que les hõmes innocens et demourãs en paradis terrestre par le merite dobedience eussẽt vse de seurs membres genitoires a faire generaciõ a leur voulẽte ainsi cõe de leurs autres mẽbres. ꝓ·xiiii

Lomme dõcques semast ligne et la fẽme la receust quãt mestier en fust p̃ les mẽbres genitoires esmeuz de voulẽte nõ pas de delectaciõ charnelle. Car nous ne mouuõs pas a nostre voulente seulement iceulx mẽbres. lesqlz sont diuisez p os cõioins sicomme les piez. les mains / les dois / mais aussi remuõs nous en demenãt a voulente iceulx mẽbres. lesqlz sõt demenez p̃ nerfz molz: a les esloingnõs en estẽdant et les p̃poses en tournãt et les endurcissãt en estraingnãt sicõe sõt iceulx membres. Lesqlz sa voulẽte remue en sa bouche et en sa face tãt cõe elle peut. Aps les poulmõs q̃ sont les tres molz de toutes les entrailles excepte les moeles / et pour ce sõt ilz gardez ou parfõt lieu des poitrines. Iceulx polmons dy ie seruẽt a sa voulente de celui qui souffle. q̃ respire q̃ pse q̃ crie. q̃ chante. pour prendre et respiẽdre lesperit pour mettre hors sa voix a satẽpere sicõe les souffles des orgues ou des feures. Ie me passe de dire de ce q̃ aucunes bestes ont de nature que celle sẽtent aucune chose laquelle soit a oster en quelque partie de la peau ou du cuir. dõt tout leur corps est couuert / icelles bestes se remuent tãt seulemẽt la ou elles sẽtẽt. Se ne chassent pas tant seulemẽt par le

mouuement du cuir. les mouches lesqlles sont assises desus. mais aussi les festes lesqlles se y adioingnẽt. ne peut pas le createur donner icelle chose a quelq̃ beste que il veult / pour ce se somme ne les peut faire. Aussi doncques icelui hõme peut auoir lobeyssance des mẽbres plus bas laquelle obeyssance il perdit par sa desobeyssance. Ne certes. ce ne fut pas forte chose a dieu de faire icelui homme en telle maniere que aussi icelle chose ne se meust en sa chair de luy fors p̃ sa voulẽte. Laquelle ne se meut maintenant fors p̃ delectaciõ charnelle. car no⁹ auons cõgneu les natures daucuns hões moult differẽtes aux austres et merueilleuses pour ce quõ en voit pou de telles. Lesqlz homes sõt aucũes choses de leurs corps sicomme ilz veullẽt lesqlles les autres hommes ne peuent faire en aucune maniere et croyẽt a peine icelles choses quãt ilz les oyent. Car aucuns sont qui remuent les oreilles ou chascũe par soy ou les deux ensemble. aucuns sont qui sans se muer le chief amainẽt iusques au front toute la cheueleure tant cõe ses cheueux en tiennent et sa ramainent quãt ilz veulent / aucũs sõt qui par demener ou estẽdre vng pou les parties lesquelles receiuent les viandes mettent hors ainsi cõe dun sac. ce quil leur plaist tres entier des choses lesquelles ilz ont deuourees plusieurs et diuerses merueilleusemẽt. Aucunes autres sõt q̃ exprimẽt les voix des oyseaulx et des bestes: a de qlzcõques autres hões tellemẽt q̃ sen ne peut aucunemẽt iuger ne discerner se sen ne ses voit. aucuns sõt si grãs nõbres de sonnez sãs aucũe pueur: toutesfois qlz veullẽt q̃ aussi il semble qlz chante dicelle ptie. Iay esprouue hõe q̃ souloit suer quãt il vouloit Il est notoire chose quil sõt aucuns hõmes qui pleurent quant ilz veulent et espãdẽt larmes habõdamẽt. mais cest plforte chose a croire ce q̃ aucũs freres ont esprouue par memoire tres nouuelle. cest assauoir quil fut vng prestre en sa proise de sesglise de calamese q auoit nō restitutus lequel quāt il sup plaisoit faisoit ce q sēsuyt. mais il en estoit prie auāt ql se fist de ceulx q desiroiēt sauoir chose mer ueilleuse deuāt eulx a ouyr cōtrefaicte de chūn hōe q pleure ou q se plaīt il soustraioit tellemēt ses sens τ gisoit tres semblable a hōe mort tellemēt q nompas seulement il ne sentoit pas ne ceulx q se tournoient et pinceoient ou poingnoiēt. mais aucuneffois estoit bruslé du feu sāz aucū sentemēt de douleur fois apres de sa plaie estoit prouue q le corps ne se mouuoit nō pas pour nō resister mais par non sentir pour ce que sen ny trouuoit aucune a faine neāt plus que en vng mort. Il racōptoit touteffois apres quil auoit ouy les voix des hōmes ainsi cōe de de loing ilz ploiēt plus clerement et ainsi cōme se corps serue de present a aucune q maintceste douloureuse vie. ia soit ce q ce soit en chair corruptible en plusieurs mouuemēs et affectiō merueilleusemēt hors sa maniere acoustumee de nature. Quelle est sa cause q nous ne creons q noz mēbres humains apēt peu seruir a sa voulēte humaine a multiplier lignee sās delectatiō charnelle auāt se pechie de desobeyssance τ se tournēt de corruptiō. Hōme doncq̄ fut donne a soy pour ce qil laissa dieu en plaisāt a soy et en nō obeyssāt a dieu. Il ne peut aussy obeyr a soy. de ce est sa mescheāce plus clere et plus euidente pource que lhōe ne vit pas sicōe il veult. car sil viuoit sicōe il voudroit il se cuideroit bien eure mais touteffois ne seroit il pas ainsi sil viuoit laidement.

¶ De la vraye bieneurete laqlle la vie temporelle na pas   xxv.

Ia soit ce que se nous considerōs plus diligēmēt aucun ne vit sicomme il veult sil nest bieneure sil nest iuste ne vit pas sicomme il veult se il ne attaint la ou du tout il ne puisse mourir ne estre deceu ne courouce. et soit certain q tousiours sui sera ainsi ou temps aduenir. Car cest ce q nature quiert. ne elle ne sera point bieneuree plainemēt τ parfaictemēt selle na ce quelle quiert. Mais maintenant qui est cestuy des hommes q peut viure sicomme il veult quāt icestuy viure nest pas en sa puissāce. car il veult viure et il est contraint a mourir. Comment doncques vit cestuy sicomme il veult lequel ne vit pas si longuement comme il veult. Et sil veult mourir cōmēt peut il viure sicomme il veut lequel ne veult pas viure. Et sil veult mourir nompas pour ce quil veuille viure. mais ad ce q il viue mieulx apres sa mort. Doncqs ne vit il pas encoires sicomme il veult, mais il se sera lors quant s sera venu par mourir ad ce que il veult. Or soit il ainsi quil viue sicomme il veult pour ce que il sest contraint et a commande a soy nompas vouloir ce quil ne peut par ce vouloir ce quil peut sicomme dit lerence lequel dist ainsi. pour ce que ce que tu veulx ne peut estre fait, veuilles ce que tu peus, est icestuy bieneure qui veult ce que il peut, pour ce sil se souffre estre malheureux ainsi comme sil voulsist dire nennil. Quelle merueille. Lē na point la vie bieneuree se lē ne laime. Mais se lē laime affin que lē lait il est chose necessaire quelle soit amee plus especialemēt sur toutes aultres choses pour ce que quī conque autre chose que lē aime doit estre bien amee pour icelle vie bieneuree. mais selle est tant amee cōme elle est digne destre amee il ne peut estre fait que celuy q ainsi laime ne la veuille estre perdurable

Car celui nest pas bieeure duq̈l icelle bieñeuree nest amee. sicõe elle eñ est digne elle sera doncques bieneuree fors q̈nt elle sera pardurable

¶ Exposicion sur ce chapitre.

En ce xxv. chapitre quãt mõseigneur saint augustin allegue terece. Il est assauoir que lauctorite quil met est de sõ liure que il fist qui sappelle iŋ andria. car il fist plusieurs autres liures.

Queil est a croire q̃ sa bieeurete ou felicite de padis des vīuãs cest adire terrestre peust sans honteux appetit auoir acomply loffice dengendrer   xxvi

Et ainsi lhomme viuoit en paradis sicomme il voulort tant comme il voulort ce que dieu auoit commãde il viuoit en fsant de dieu. Duq̈l bien il estoit bo il viuoit sans aucune souffrette. et auoit en sa puissãce tousiours viure aīsi. La vīãde estoit p̃sete ad ce q̃ il neust faī Le buuaige ad ce q̃ il neust soif. Le fruit de vie ad ce q̃ vieillesse ne le degastast. q̈l que corrupciõ en corps ou de corps ne embatoit aucūes molestes ou douleurs en aucuns sens dicelup. Il ne doubtoit quelque maladie par dedens ne quelque coup par dehors. Sancte souueraine estoit en sa chair et toute paix ou couraige ou en lame. sicõe eŋ paradis aucuŋ na chault ou aucuŋ froit. Aussi voulente p couuoitise nauenoit il a cestui qui p habitoit aucūe contradicion de bonne voulēte p couuoitise ou p paour / riē du tout nŋ estoit triste / riē nŋ estoit sp̃e ou ioieus p vainemēt viaŋe ioye p estoit pp̃free de dieu. Ouq̈l cherite semblasoit le cueur pur / et de bonne cõscience et de soy nõpas saincte. Et estoit entre eulz / cestassauoir entre adã et eue sopasse cõpaignie de mariage par amour honneste. entente accordable de pēsee et de corps et garde du commandemēt

sans labeur et sans peine. Ennuy ne trauailloit point cesup qui estoit oiseulz / sicõ il ne le contraingnoit point maulgre soŋ. Ia nauienne que eŋ si grant segrete de choses / et eŋ si grant bieneurete de biens nõ dpõs que lignee neust peu estre semee sans maladie de delectacion charnelle / mais se fussent iceulx membres esmeuz par icelup plaisir de voulente pa lequel les autres membres sont esmeus. et se embatroit le mary ou gyron de sa fēme auec paix de couraige et de corps sus aguillon ardant de charnesse delectaciõ et sans aucune corrupcion de pechie. Car pour ce que il ne peut estre prouue par experience nest il pas a croire que la semēce de lhõme neust peu lors estre mise ou ventre de sa femme sauue lītegrite du membre genitoire de la femme. quant la chaleur troublee et desordõnee ne demãdast pas icelles parties du corps / mais p vendroit la puissance voluntaire sicomme mestier seroit / ainsi comme maintenant les flup de fleurs peuent estre mis hors du ventre dune vierge sauue icelle mesmes integrite. Quelles merueilles: icelle chose peut estre mise dedens / par icelle mesmes vope p laquelle ceste chose peut estre mise hors / car nompas lappetit de delectacion charnesse / mais lusage volūtaire conioindroit aussi lune et lautre nature a engrosser et cõceuoir / sicomme nõ pas se gemissent de douleur mais sa cõtrainte de meurete / euure les entrailles de la femme a enfanter. Nous plons orēdroit des choses honteuses / et pour ce ia soit ce que nous monstrions sicõme nous pouons quelles icelles choses eussēt peu estre aincois que len eust hõte delles: tou tessois est il chose necessaire q̃ nostre disputacion soit plus restraite par icelle hõte. Laq̈lle nõ rappelle q̃ elle soit secourue par eloquence. Laquelle nous administre vng pou. Car quãt ceulx q̃ peuēt esprouuer ce q̃ ie dy ne lapēt pas esprouue

pour le quel ilz deſſeruirēt eſtre mis hors de paradis pour preuaricaciō aincois qlz ſemblaſſent en l'oeuure de ſemer ſignee par voulente paiſible commēt que ſen ramē toit ces choſes. Vient audeuant ce q̄ ie dy aux ſens humains fors par experience de delectacion charnelle obſcure nompas par coniecture de voulente paiſible. Pour ce eſt il ainſi que honte empeſche celui qui p̄ le, combien que raiſon ne faille pas a ce ſup qui y penſe. Mais touteſfois au ſou uerain dieu treſpuiſſant et treſſouueraī nement bō, createur de toutes creatures et guerdonneur de bonnes voulentes, de guerpiſſant et damnant les mauuaiſes ordonneur des vnes et des autres ne fail lit pas ſans doubte conſeil par lequel il acompliſt meſmes de l'humain lignaige damne le certain nombre des citoyens de ſa cite predeſtinee en ſa piece en diſcernāt iceulx nompas par ſeurs merites mais pour grace. quant pour certain toute ſu niuerſite de l'humain lignaige fut ainſi damnee en ſa racine corrūpue. Et en mō ſtrant aux deliurez: nompas ſeulement de eulz, mais auſſy de ceulx qui ne ſont pas deliures: quelle choſe il leur donne. car chaſcun ſe congnoiſt fors deliure de maulx par la bonte de dieu/ nōpas deue mais gracieuſe quāt il eſt deliure de ſa cō paignie de iceulx hōmes auec leſquelz la peine commune qui ſeroit iuſtice. Pour quoy dont ne croyēt dieu iceulx leſquelz il ſauoit que ilz pecheroiēt auant que ilz pechaſſent. quant il leur peut auſſy mō ſtrer et en eulz et de eulz / et quelle choſe le pechie deſeruiroit, et quelle choſe ſeroit donnee de ſa grace. et que la peruerſe deſ ordonnance de ceulx qui pecherent ne p̄ uertirōt point la droitte ordre des choſes ſoubz iceluy createur et ordonneur.

¶ Des anges et hommes pechans la mauuaiſtie deſquelz ne empeſche en riēs la pourueance de dieu. p.vii.

Pour ce les pecheurs et anges et les hommes ne ſont riens pourquoy les grans oeuures de dieu en ſee en tou tes ſes voulentes de celuy ſoient empeſ chees: car celuy qui diſtribue ſes choſes a vngchaſcun ordonnement et tout puiſ ſamment ſcet bien vſer nompas ſeuſle ment des biens mais auſſy des maulx. Et pour ce dy ie bien Vient du mauuais ange damne et obſtine p̄ ſe merite de ſa premiere voulente mauuaiſe. telſemēt q̄ iamais plꝰ il neuſt bōne voulēte. Pour quoy ne ſouffriſt il q̄ le premier hōe q̄ a uoit eſte cree droit c'eſt adire de bōne vou lēte ne fuſt tēte de iceluy mauuais ange quāt pour certain il eſtoit ainſi iſtitue q̄ il vaīcroit le mauuais āge ſe il ſe cōfioit de l'aide de dieu. et q̄ il ſeroit vaincu ſe il ſe laiſ ſoit dieu ſō creatour et aideur en plaiſant a ſoy orgueilleuſement / en ayāt bō merite a voulēte droitturiere aide de dieu mais en ayant mauuais merite a voulēte per uerſe faiſant ou deguerpiſſāt dieu. Car pour certain il ne pourroit auoir celle fiā ce de l'aide de dieu ſans l'aide de dieu. Et touteſfois pource n'eſt ce pas que il neuſt en ſa puiſſance de ſoy departir de iceulx beneficés de ſa grace diuine en plaiſant a ſoy. Car ſi comme il n'eſt pas en noſtre puiſſance viure en ceſte chair / ſans aide de nourriſſement de viures. mais il eſt en noſtre puiſſance de non viure en ceſte chair laquelle choſe fōt ceulx qui ſe tuēt Auſſy n'eſtoit il pas en leur puiſſance de bien viure en ceſte chair neiz en paradis / ſans l'aide de dieu/ mais il eſtoit en leur puiſſance viure mauuaiſement. mais ce ſtoit par la bieneurete qui n'eſtoit pas per manable et par peine tres iuſte laquelle ſen deuoit enſuiuir. Doncques comme dieu ne fuſt pas ygnorant du treſbuche ment humain qui eſtoit a aduenir / par quoy ne laiſſa il celuy homme eſtre tenſ te par la mauuaiſtie de l'ange enuieux.

sequel cestassauoir dieu nestoit point in certain que icelup homme seroit vaincu. Mais neantmoins il sauoit parauant q̃ icelup diable seroit vaincu ou temps aduenir de la lignee de icelup homme a laide de sa grace pour la greigneure gloire des saintz. Ce fut fait en telle maniere que de tout ce q̃ estoit aduenir riens ne fut celé a dieu et ne contraingnit aucun a pechier par ce que il sceut parauant et ad ce que il demonstrast par experience ensuyuant a sa creature dange, et a sa creature humaine raisonnable: quelle difference il eust entre sa propre presumpcion de chun a sa garde. Car qui est celup qui oseroit dire que il ne fust pas a la puissance de dieu q̃ ange et homme ne tresbuche point. Mais il voult que il notast icelle chose de sa puissance de eulx. Et pour ce monstrer combien grant mal orgueil leur peust faire, et combien grant bien sa grace leur peust valoir qui est innumerable a humain entendement et infinie a dire.

⁋ De la qualite des deux citez, cest assauoir la terriene et la celestiene. ppviii

Ainsi ces deux amours ont fait deux citez: cest assauoir que lamour de soy iusques au contempt de dieu a fait la cite terriene. Et lamour de dieu iusques au contempt de soy a fait la celestiene. Apres la cite terriene se glorifie en soy mesmes la cite celestiene se glorifie en dieu, q̃ est tesmoing de sa conscience est tresgrande gloire a la celestiene. La terriene esli eue son chief en sa gloire, la celestiene dit a son seigneur. Tu es ma gloire et esliues mon chief desir de seigneurir es princes de icelle cite terriene, ou es nations lesquelles elle met a subgeccion: a seigneurie sus elle, en sa celestiene les plus grans en conseillant et les subgectz en obeyssant seruent lun lautre en cherite. La terriene ayme sa vertu en ses puissances. la celestiene dit a son seigneur. Sire tu es ma vertu et ma force ie te aymeray. et pour ce les saiges dicelle cite terriene viuans en icelle selon homme ont ensuiuy les biens de leurs corps, ou de leur couraige ou de lun ou de lautre. Ou ceulx lesquelz ont peu congnoistre ne sont pas honnouré comme dieu. ou ilz ont rendu graces, mais ilz sont en euanoys en leurs pensees, et est le fol cueur diceulx obscurcy. Car iceulx disans eulx estre saiges, cest adire en eulx esleuant en leur sapience par orgueil qui a seigneurie sur eulx: iceulx sont fais folz, et ont amené la gloire de dieu incorruptible, en semblance de homme corruptible, cest assauoir de hommes de oyseaulx de cheuaux et de serpens. Car ilz ont este meneurs ou ensuyueurs des peuples pour aourer telles manieres de ydoles, et ont aouré ou seruy a creature aincois que au createur, lequel est benoit en tous siecles. Mais en ceste cite celestiene na aucune sapience fors debonnairete par laquelle le vray dieu est aouré droituriere ment, en attendant leur louyer en sa compaignie des saintz, nompas seulement des saintz hommes mais aussy des anges ad ce que dieu soit toutes choses en tous

Cy fine le pviii. liure de la cite de dieu.

¶ Cy commence la table du xv. livre de monseigneur saint augustin de la cité de dieu qui contiēt xxviii. chapitres.

Des deux ordres de la generacion de l'humain lignaige laquelle des le commencement tendit a diuerses fins .i.

Des filz de la chair et des filz de permission. ii.

De la sterilite de sara laqlle fut engrossee et porta par la grace de dieu. iii.

Du debat ou de la paix de la cite terrienne .iiii.

Du premier homicide de la cite terrienne a la mauuaistie duquel se rapporte le premier fondeur de la cite de romme lequel occist sō frere v

Des maladies ou langueurs lesqlles seufrent mesmes les citoyēs de la cite de dieu ou pelerinaige de ceste vie par la peine de pechie et desquelles maladies ilz sont guaris par l'aide de dieu vi

De la cause et perseuerance du pechie de cayn lequel la parolle de dieu ne rappla pas ne ne destourna de la mauuaistie que il auoit conceue vii

Quelle fut la cause ou raison pour laql le cayn fist cité au comandement de l'humain lignaige viii.

De la longue vie des hommes qui furēt deuant le deluge et de la forme plus grā de de es corps humains ix

De la difference par laquelle le nombre des ans semble estre discordable entre les liures hebrieux et les nostres x

Des ans de mathusale: l'aage duquel le deluge semble passer et exceder de quatorze ans xi

De l'oppinion de ceulx qui ne croyēt pas que les hommes des premiers tēps apēt si longuement vescu cōe il est escript xii

Assauoir mō se en la cōputacion des ans l'auctorite des hebrieux est plus a ensuyuir que celle des lxx interpreteurs xiii

De la pareillete des ans qui courut par ces mesmes espaces de temps es pmiers aages par la maniere que ilz courent a present xiiii

Assauoir mō se cest chose a croire que les hommes du premier aage ayent este continens iusques a l'aage que l'en tient que ilz engendrerent les enfans xv

Du droit des premiers mariages lesqlz iceulx premiers mariages eurent differēce a ceulx des matrones et femmes q les ensupurōt xvi

Des deux engendrez d'un pere / c'est assauoir cayn et abel / lesquelz furent princes et peres de deux, c'est assauoir l'un de ce qui appartenoit a la cite terriene et l'autre de ce qui appartenoit a la celestiene. xvii.

Quelle chose soit signifiee en abel seth et enoc qui est appartenir a iesucrist et a sō corps / c'est adire l'esglise xviii.

De la significacion qui est demonstree en la translacion de enoc xix.

De ce que la succession de cayn est terminee es douze generacions d'abraham et es successeurs / et de ce mesmes pere adam noe est trouue xx

Par quelle raison est ce que quãt len parle de enoc qui fut filz de cayn len fait continuelle narracion de toute generacion iusques au temps du deluge / mais quant len fait mencion de enoch qui fut filz de seth len retourne au commencement de lhumaine generacion/cest assauoir a adã xxi

Du tresbuchement des filz de dieu prins et enlaces en lamour des femmes estranges par quoy ilz desseruirẽt a estre tous peris par le deluge excepte viii. hommes .xxii.

Assauoir se cest chose a croire que les anges qui sont de substance espirituelle esprins de lamour des belles femmes aiẽt a faire a elles charnellemẽt dõt les geás furent creez xxiii

Comment len doit entẽdre ce que nrẽseigneur dist a ceulx qui deuoient perir par le deluge cest assauoir leurs iours serõt de six vingz ans. xxiiii

De yre de dieu qui ne perturbe sa paix et tranquillite incommuable par quelq̃ inflammacion ou eschauffement que ce soit xxv

Que larche laquelle fut cõmandee a noe signifie en tout et par tout iesucrist a lesglise. xxvi

De larche et du deluge et que len ne se doit point accorder a ceulx qui prennent ou recoiuent lystoire cest adire le texte, sicomme il gist sans aucune significacion figuree qui sappelle alegoria/ne a ceulx qui deffendẽt les seules figures regettee la verite de lystoire

Plusieurs ont sentu et dit a
mis en escript moult de cho
ses de la bicheurete de padis
ou de celui de padis/ a de la
vie des premiers hões en ice
lui: et du pechie et du tourment diceulp.
Mais no' auōs dit es liures precedēs de ces
choses selon ses escriptures sainctes ou ce
que nous auons leu en icelup ou ce q̃ no'
auons peu entendre de celles/ en nous ac
cordant a sauctorite dicelles. mais se ces
choses sont enquises plus parfondement
elles engendrent disputacions maintes

et de maintes manieres/lesquelles sont
a estre comprinses en plus de volumes q̃
ceste oeuure et le temps ne requierēt. Le q̃l
temps nous nauons pas si large que il
nous couuiēgne demourer en toutes ses
choses lesquelles ceulp peuent demāder
que sont opseaulp et scrupuleupr: et plus
prestz a demander que ilz ne sont prena
bles de sentendre. Toutesfois cuide ie q̃
nous auons ia assez fait par questions
grandes et tresfortes du commencement
ou du monde ou de same/ ou de icelui
humain signaige: lequel nous auōs diuise

en deux manieres/ cest assauoir lune de ceulx qui viuent selon le diable. Lautre de ceulx qui viuent selon dieu. lesquelles choses nous appellons par vne maniere de secret mistere deux citez/ cest adire deux compaignies dommes desquelles lune est laquelle est predestinee a regner auec dieu pardurablemēt. Lautre est predestinee a soustenir tourmēt pardurable auec le dyable. Mais ceste est la fin dicelles deux compaignies/ dequoy il sera p̄ le cy apres. Mais orendroit pour ce quil est assez dit de la naissance dicelles deux compaignies/ ou es anges desqlz nous ne sauons pas le nombre/ ou es deux premiers hommes/ il me semble que ie doy maintenant entrepredre a parler et a traiter du temps q̄ iceulx deux premiers hōmes commencerēt a engendrer/ iusques ad ce que les hommes laisserent a engendrer car tout ce temps ou siecle, ouql̄ les vngz meurent et les autres naissent qui succedent a ceulx qui meurent/ tout icest luy tēps ou siecle est le cours de ces deux citez desquelles nous auons dispute

¶ Exposicion sur ce chapitre.

En ce .xv. liure monseigneur sainct augustin commence a traitter du cours de ces deux citez. Et commence en ce .xv. liure a parler et traiter du cours dicelles du tēps du premier aage cest assauoir du commencement de adam iusques au deluge.

¶ Des deux ordres de la generaciō de lhumain signaige, laquelle des le commencement tendit a diuerses fins. .i.

Cayn doncques fut ne le premier de ces deux parens de lhumain signaige, lequel cayn appartiēt a la cite des hommes. Et abel fut apres ne lequel apptient a la cite de dieu. Car sicomme nous voyons par experience en vng seul homme ce que lapostre dit. cest assauoir que ce qui est espirituel nest pas premierement, mais est premierement ce q̄ est charnel. et apres ce qui est espirituel. Dont pour ce que vngchascūn naist de racine damnee, cestassauoir dadam/ il est chose necessaire que adā p̄ soit mauuais et charnel. mais sil prouffitte en renaissāt en iesucrist il est apres bō et espirituel. ainsi en tout lhumain lignaige quāt ces deux citez cōmēcerēt premieremēt leurs cours en naissant et en mourāt le citoyē de ce siecle fut le premier ne, cest assauoir cayn, mais apres lui nasquit le pelerin, en ce siecle cestassauoir abel, lequel appartiēt a la cite de dieu. predestine p̄ grace, esleu p̄ grace, pelerin p̄ grace ca bas. citoyē p̄ grace la sus. Car tant cōe a luy apptiēt de vne mesme masse ou matiere laqlle originalmēt est toute damnee. Mais dieu ainsi cōme vng pottier de terre, fist vng vaissel en honneur. et lautre en reproche. Et pour certai lapostre admaine et introduict ceste similitude prudēment nōpas solement, mais le vaisseau fait en reproche fut fait auant. et le vaissel fait en hōneur fut fait apres. Car sicōme iay ia dit en vng seul homme fut la chose de reproche de laquelle il est necessite que nous cōmettons et en laquelle il nest pas necessite que nous demourons, mais apres fut la bonne chose, en laquelle nous venons en prouffitant/ et en laquelle venus no⁹ demourrons. et pour ce pour certai tout homme mauuais ne sera pas bō Et toutesfois quelque homme ne sera pas bō q̄ naist este mauuais. Mais quant aucū est plus tost mue en mieulx p̄ il fait icelle chose estre nommee en soy Laquelle il attait plus hastiuement et cueuvre le nom premier par le dernier. Il est doncq̄ escript de cayn quil fist vne cite, mais abel comme pelerin nen fist point. Car la cite des saintz est souueraine. ia soit ce quelle en gendre citoyens esquelz elle fait pellerinaige, iusques ad ce que le corps de son royaume viengne, cest assauoir quant elle assemblera tous ceulx qui ressuscite ront en leur corps quant le royaume qui leur a este promis leur sera donne ou qlz regneront sans aucune fin de temps auec le roy des siecles leur prince

Exposicion sur ce chapitre.

En ce premier chapitre monseigneur sainct augustin met que cayn fut le premier ne des filz de adam. Lequel appartient a la cite terrienne, et abel le second qui appartient a la cite celestienne. Et dist q̃ cayn fist vne cite, mais abel nen fist point: pource quil nestoit que comme pelerin en ce monde, sicõme dyogenes qui auoit vng tõneau: ouquel il se bouloit pour toute maison et tournoit son tonneau selon le soleil et cõtre le vent. De la cite que edifia cayn est faicte mencion en la bible ou quatriesme chapitre de genesis: ou il est dit que apres ce quil eut occis sõ frere abel il congneut sa femme, et en eut vng filz appelle enoc et qui edifia vne cite laquelle il appella du nom de son filz enoc, enocham. Methodius martir dit que la cite quil edifia fut appellee effraim, et la fist sicomme il dist ou lieu ou il occist son frere abel. Et auoit cayn quant il occist son frere cent et trente huyt ans, et abel cent et trente. Toutesfois dit la saincte escripture ou quatriesme chapitre dessus allegue, que il lui fut dit de nostre seigneur quil seroit vagabund et fugitif par la terre. Et oultre luy baissa signe affin que nul ne loccist: cestassauoir que la teste luy trembleroit tousiours. Le maistre des hystoires ou chapitre de la mort dabel en lhystoire scolasticque dit quil se partit de deuant nostre seigneur ne nosa regarder sa face, et senfuyt en vne partie doriẽt appellee edõ qui vault autant adire comme terre de delices. Et iosephus iij libro antiquitatũ dit que cayn auec sa femme qui auoit a nom calmana sa par maintes terres et sarresta en vng lieu qui est appelle nopda ou depuis demourerẽt les enfans de emach. Toutesfois dit mõseigneur sait ierosme q̃ celle terre ou cayn habita nest pas la terre napda, sicomme les gens cõmuns le croient, mais habita en vne terre appellee nob qui vault autant adire comme vague, et non estable et est dicte caynnob. Encoires dit de luy iosephus ou lieu dessus allegue, quil estoit de tres mauuaise condicion et couuoiteux tousiours sur gaignes, et assembla moult de richesses par rapines et par larcins, et si exhortoit ses gens a faire ainsi. Il trouua premier poix et mesures il mist premier bournes en terre, il fist fermer ses citez de murs, et y mist ses gens pour soy garder et deffendre deceulx ausquelz il auoit embleu le leur, et tollu par force et par violence.

Des filz de la chair et des filz de promission. ij.

Certes vne vmbre et vne ymaige en semblance de prophecie de ceste cite a serui en terre a ceste cite pour estre par elle signifiee aincois que presentee, cestassauoir en icelui temps ouquel il conuenoit icelle cite celestienne estre demonstree, et est dicte saincte icelle cite par le merite de la semblance signifiant nompas par le merite de la verite exprese, sicomme elle est aduenue, de ceste semblance seruante et de ceste cite fresche. Laquelle elle signifie, par lapostre a ceulx de galathie en ceste maniere. Dictes moy dit il Vous qui voulez estre soubz la loy naue̅z vous pas leu la loy. Car il est escript que abraham eut deux filz. Ung de sa chamberiere. et ung de sa fra̅che / cest adire de sarra sa femme. Mais certes celui qui fut ne de sa chamberiere fut ne selon la chair / mais celuy qui fut ne de la fra̅che fut ne par repromission. Lesquelles choses sont demonstrees en figures / car ces choses sont les deux testamens. Lun certes de la montaigne de sinay engendrant en seruitude et cest agar / cest adire figure par agar qui estoit la chamberiere / car signa est une montaigne en arabie. Laquelle montaigne est conioin cte a ceste cite / laquelle est iherusalem / car elle sert auec son filz / mais icelle iherusalem laquelle est lassus est franche / laquelle est nostre mere. Car il est escript. O tu briehaigne qui nenfantes point esiouys toy. Toy qui nenfantes point / efforces toy et crye / car ilz seront plus de filz de celle qui est deguerpie ou deserte / que de celle qui a mary. Mais o vous freres nous sommes filz de promission selon psaac : mais sicomme celui qui auoit este ne selon lesperit : Ainsi est il maintenant mais q̅ dit lescripture Boute hors dist el le la chamberiere et son filz / car le filz de la chamberiere ou de la serue ne sera pas hoir auec le filz de la franche. Mais o vous freres nous ne sommes pas filz de la chamberiere / mais de la franche de laquelle franchise iesucrist nous a deliurez. Ceste forme dentendre laquelle descend de lauctorite de lapostre nous oeuure le lieu en laquelle maniere nous doyons prendre les escriptures des deux testamens / cest assauoir le vieil et le nouueau. Car dune partie de la cite terrienne est faicte limaige ou la semblāce de la cite celestienne / non pas en signifiāt soy mesmes : mais en signifiāt lautre. et pour ce est elle dicte seruāte. Ne certes icelle cite terrienne ne fut pas establie pour signifier soy mesmes. mais pour signifier lautre cest assauoir la celestienne, et icelle est figuree par autre signification precedente. Car agar la chamberiere de sarra et le filz dicelle agar / fut une semblance de ceste semblance. Et pour ce que les umbres ou tenebres deuoient passer quāt a la lumiere de droit / pour ce dit il icelle sarra estre franche : laquelle signifioit la cite franche. A laquelle affin destre signifiee de rechief en autre maniere seruoit aussy icelle umbre, il dit. Boute hors la chamberiere et son filz. Car le filz de la chamberiere ne sera pas hoir auec mō filz ysaac Laquelle chose lapostre dit auec le filz de la franche. Nous trouuons dōcques deux formes en la cite terriēne / lune qui demonstre sa presence / lautre seruant en la cite celestienne / laquelle estoit a estre signifiee par sa presence. Mais nature corrompue par pechie enfante les citoyens de la cite terrienne / et grace qui deliure nature de pechie engendre les citoyens de la cite celestienne. Dont ceulx la / cest assauoir les citoyens de la cite terriēne sōt appellez les vaisseaulx de yre. Et ceulx de la cite celestiēne sont appellez les vaisseaulx de misericorde. Ceste chose fut aussi signifiee es deux filz de abraham, cest assauoir que lun : cest adire ysmael fut ne selon la chair, de la chamberiere laq̅l le estoit nommee agar. mais lautre cest assauoir psaac fut ne par repromission de sarra qui estoit franche. Et pour certain lun et lautre furent nez de la semence de abraham. Mais coustū e laquelle demō stroit nature engendra cestuy / cest assauoir ysmael. et promission laquelle signifioit grace dōna cestuy / cest assauoir psaac. La est demonstre : cest assauoir en la generacion dysmael lhumain vsaige : Icy est recommande benefice diuin / cest assauoir ou don de psaac

⁋Eppoficion sur ce chapitre.

En ce .ii. chapitre monseigneur sainct augustin dit que hysmael fut ne selon sa chair/cest assauoir selon ce que nature a acoustume a faire generacion sans aucun miracle. Mais ysaac ne se fut pas/mais se fut p[ar] miracle:par quoy grace est signifiee: car sarra estoit ia vieille et ancienne de saage de quatre vingz et dix ans/et auoit ia laisse a auoir ses flux par quoy sans miracle et sans la grace de dieu elle ne pouoit conceuoir selon le cours de nature. Comment abraham eut hysmael de sa chamberiere Et comment apres il eut ysaac de sa feme sarra lequel auoit cent ans quāt il le[n]gēdra. et sarra quatre vingz et dix quant elle conceut. Et comment sarra fist bouter hors agar sa chamberierre: et hysmael son filz: tu le trouueras en la bible es xvi. xvii. et xxi. chapitres de genesis. et aussi en parle cy apres monseigneur saint augustin en plusieurs lieux Et par ce sen tient que ysaac fut sainctifie ou ventre de sa mere pour ce quil fut co[n]ceu et ne par miracle. Mais de ce naist vne doubte car par celle mesme raison/ sen diroit que esau et iacob qui furent nez de feme vieh[aig]ne furēt sainctifiez ou v[ē]tre de leur mere. Et touteffois il est dit en sa bible q[ue] dieu dist. Jacob dil[ex]i. esau autem odio habui. cest adire que dieu dist Jaime iacob: et si hay esau. A quoy on peut respondre que rebecca qui estoit femme de ysaac estoit encoires ieusne et pour ce oste sempeschemēt elle de legier pouoit conceuoir naturellement/ ce que ne faisoit pas sarra Et pour ce ne fut pas miracle car p[ar] aduenture lempeschemēt fut oste par quoy elle peut conceuoir naturellement.

De la sterilite de sarra laquelle fut engroissee et porta par la grace de dieu. .iii.

Certes sarra estoit vrehaigne/ et par ce quelle se desesperoit de auoir lignee, elle qui en couuoitoit a auoir. au moins de sa chamberiere ce quelle regardoit quelle ne pouoit auoir de soy mesmes/ donna icelle chamberiere pour estre engroissee de son mary/du quel icelle sarra auoit vou[l]u conceuoir et ne pouoit. Et ainsi elle requist de son mary ce qui mesmes lui estoit deu en f[ai]t de son droit ou ventre dautruy. Hysmael doncques fut ne par la loy daigee de nature, sicomme les hōmes naissēt par sa copulacion de lun et de lautre sexe. Pour ce est il dit selon la chair, nompas que ces choses ne soient beneficies de dieu ou que dieu ne les face pas:duquel il est escript. La sapience attaint foiment de lun bout iusques a lautre/et ordonne souefuement et doulcement toutes choses Mais il aduint que vng filz fut donne en sa maniere laquelle nestoit pas deue au cours de sa nature la ou le don de dieu estoit a estre signifie Lequel nōpas deu aux hommes. grace donna gracieusement. Car nature denoye qui puisse naistre aucune enfans par telle coniunction de homme et de femme quelle pouoit estre. celle de abraham et de sarra, et en tel aage comme estoit sarra qui ia par laage qu[e] elle auoit estoit faicte vrehaigne Et laquelle ne pouoit conceuoir/ adoncques q[u]ā[n]t laage ne deffailloit pas a la puissance de conceuoir/ mais puissance de conceuoir deffailloit a laage/ Doncques ce que le fruyt de lignee nestoit d[a]uenture ainsi demenee signifie que la nature de lhumain lignaige corrompue par pechie/et par ce vraiemēt dance ne desseruoit pas aucune chose a la vraye bieneurete. ou temps aduenir. Isaac doncques ne par repromission signifie droituriere[n]ment les filz de grace, citoyens de la cite franche. compaignons de paix pardurable: ou ne soit pas affection amour de propre et ainsi comme priuee voulente mais obeyssance soy esiouyssant au bien immuable commun et vng mesmes / et face vng cueur de plusieurs / cest adire quil y ait parfaicte et concordable obeyssance de cherite

¶ Du debat ou de la paix de la cite terrienne .iiii.

Ais la cite terrienne laquelle ne sera pas pardurable, pour ce que quant elle sera damnee ou dernier tourment fois ne sera elle pas cite. Icelle cite dy ie a icy son bien de la compaignie ouquel elle se esiouyst de tel esiouyssement comme il peut estre de telles choses. Et pour ce que icelui bien nest pas tel quil ne face aucunes angoisses a ceulx qui le aiment / pour ce ceste cite terrienne est souuent diuisee enuers soy mesmes en tencant, en bataillant, en combatant ou en requerant victoire de mort ou pour certain mortelles. Car de quelque partie de soy elle se meut contre lautre partie de soy. Elle quiert estre vainqueresse de gens / combien quelle soit prinse et vaincue de vices. Et se quant elle a vaincu elle sen essleue plus orgueilseusement / et ainsi est faicte mortelle ceste victoire / ou se en pensant sa condicion / et ses aduentures communes elle est plus tourmentee ou contrainte par les aduersitez, lesquelles pruent aduenir, quelle nest enflee ou esseuee par les choses eureuses, lesquelles sont aduenues Ceste victoire est mortelle / tant seulement, car elle ne pourra pas tousiours auoir seigneurie estable en ceulx lesquelz elle a peu subiuguer en les vainquant: mais sen ne dit pas a droit que telles choses ne soient bonnes lesquelles ceste cite couuoite quant et icelle est meilleure en

sa condicion humaine, car elle couuoitte vne maniere de paix terrienne pour les choses de ca bas, pour ce quelle desire de venir a celle paix par bataille, car selle vainct et il ny ait qui resiste il sera paix. Laquelle les parties qui estoient contraires entre eulx nauoient pas. Et lesquelles par maleureuse souffrete estriuoient pour icelles choses lesquelles icelles icelles parties ne pouoient auoir ensemble. Ceste paix requierent les batailles laborieuses ceste victoire laquelle sen cuide estre glorieuse / acquiert ceste paix, mais quant ceulx vainquent qui se combatent pour cause plus iuste / qui est celui qui doubte que la victoire ne soit pleine de ioye et que la paix que len doit desirer est venue. Icelles choses sont bonnes et sans doubte ce sont dons de dieu / mais se len couuoite biens en telle maniere que len crope quilz soient seulz: ou que ilz soient plus amez que ceulx lesquelz sen croit estre meilleurs en desprisant les biens meilleurs lesquelz appartiennent a sa cite souueraine ou victoire sera seure en paix pardurable et souueraine.

Se iceulx biens dy ie sont ainsi couuoitez il est necessaire que mescheace sensuyue et que icelle croisse. Laquelle y estoit parauant. .v.

Et ainsi le premier faiseur de la cite terrienne, cest assauoir cayn occist son frere abel. Car icelui cayn vaincu par enuie occist son frere abel citoyen de la cite pardurable, pelerin de ceste terre. Dont ce nest pas chose a esmerueiller que si long temps apres a ce premier exemple vne similitude et si comme les dieux lappellent archetipo, qui vault autant a dire comme maistre figure fut faicte a respondre a la fondacion de la cite de romme, laquelle deuoit estre le chief de ceste terrienne De laquelle

b iiii.

nous parlons, et laquelle deuoit auoir seigneurie sur moult de gens. Car illec ses murs furẽt premieremẽt mouillies et souillees de sang fraternel, sicomme ung poete diceulx rommains le dit en racontant celle mauuaistie, car ainsi fut faicte romme, c'est assauoir lors que les hystoires des rommains tesmoignẽt que remus fut occis de romulus son frere, lors tant que ceulx cy, c'est assauoir romulus et remus estoient tous deux citoyens de la cite de romme terriene, tous deux quéroient la gloire de l'institucion ou ordonnance de la chose publicque de romme, mais tous deux ne la pouoient pas auoir si grande comme s'il ny en eust eu q̃ ung seul. Car celuy qui souloit auoir gloire en seigneurissant sans doubte seigneurioit moins se la puissance de luy estoit amendrie par compaignon sif. Doncques le compaignon fut osté affin que ung eust toute sa seigneurie. Et que ce qui eust esté moins et moins, et mieulx par innocence creust en pis par pechie. Mais ces deux freres capn et abel nauoient pas tous deux ensemble conuoitise semblé des choses terriennes, ne en ce luy nauoit point enuie sur l'autre ad ce que sa seigneurie diceluy q̃ occist l'autre fust plus estroitte se tous deux seigneurissẽt Quelle merueille: Abel ne queroit poit de seigneurie en celle cité que son frere faisoit, Mais en capn estoit celle enuie du diable par laquelle les mauuais ont enuie sur les bõs non pour nulle autre cause, fors pour ce que les ungz sont bons et les autres mauuais, car la possession de tout n'est en riens faicte moindre en ung par compaignon qui y viengne ou soit, laquelle bonté de cherité singuliere et indiuisible des compaignons possesse de tant plus plantureusement comme plus accordablement. Celuy dõcques n'aura pas ceste possession qui ne la vouldra auoir commune, et la trouuera greigneur de tant comme il y pourra plus amer cõpaignon. Ce doncques qui aduint entre remus et romulus demonstre en quelle maniere la cite terrienne soit diuisee en uers soy mesmes, mais ce qui aduint entre capn et abel demonstre les enemistiés entre les deux citez, c'est assauoir de dieu et des hõmes, les mauuais a mauuais doncques se combatent entre eulx. De rechief et bons et mauuais se combatent entre eulx: mais bons et bons ne se peuent combatre entre eulx s'ilz sont parfais, mais ceulx qui prouffitent, c'est a dire qui tendent a perfection, et ne sont pas encoires parfais se combatent en telle maniere que chascun bon se combat cõtre l'autre bon de icelle partie de laquelle il se combat aussy contre soy mesmes. Et quelz merueilles: En ung chascun homme, pour certain la chair conuoitte encontre l'esperit: et l'esperit encontre la conuoitise charnelle d'autruy, ou sa conuoitise charnelle contre l'espirituelle d'autruy, sicomme bons et mauuais se combatent entre eulx, ou pour certain icelles conuoitises charnelles bons de deux hõmes bons, mais nompas encoires parfais, se peuent combatre entre elles, sicõme mauuais et mauuais se combattent entre eulx: iusques ad ce que la santé de ceulx qui seigneurissent soit menee a la derniere victoire

¶ Exposicion sur ce chapitre.

Sicomme nous auons dit en la premiere partie de ceste oeuvre, combien que monseigneur saint augustin diuisast son liure en vingt et deux liures, et ces vingt et deux liures en deux parties, dont la premiere partie contient dix liures. Et la seconde douze: toutes fois ne diuisa il point les liures par chapitres siconme nous mesmes en sommes tesmoingz qui en auons veu aucuns telz. Et pour ce les clers qui sont venus apres pour en auoir lentendement plus clerement et a moindre difficulte ont fait les chapitres selon ce quil leur a pleu. Les vngz en vng lieu, les autres en autre. Et y ont les aucuns mis plus de rubriches que les autres, les autres nont point prins pour chapitre le premier chapitre mais le laissent ainsi comme vng prologue. Et commencent le premier chapitre ou second, et comme mesmes il est en ce quinsiesme liure, car selon les aucuns le premier chapitre nest point compte pour chapitre, mais conuient a compter le premier chapitre ou second chapitre. Les autres commencent leurs premiers chappitres au premier chapitre, et ceulx q ainsi le font, sont de ce chapitre le sixiesme. et sont ou tiers chapitre vne rubriche, cest assauoir de la seruitude de la cite terrienne et de la franchise de la cite celestienne mais pour ce siconme nous auons dit nous supuons lordre du liure selon lequl nous faisons nostre transsacion, et aql le ordre tiennent maistre nycolas trauet et franciscus de maronis. Et aussy le plus commun de ceulx qui ont capitule nous auons fait et faisons de ce chapitre le v. Et ce disons nous notablement pour nous excuser de blasme. Et aucuns treuuent autres anotacions en autres liures ou plus de rubriches. En ce chapitre quant monseigneur sainct augustin dit que vng de leurs poetes racompte la mort de remus, cest a dire lucain en son premier liure qui se commence. Bella p mathios. Et est vng fois de ce liure que monseigneur sainct augustin met en son chapitre. Et quant est de remus et de romulus nous en auons parle sur la premiere partie de ceste oeuure sur le sixiesme a neufuiesme chapitres du tiers liure.

Len peut notter en ce chapitre que lenuie dont les mauuais ont enuie sur les bons est ainsi comme lenuie du diable, laquelle nest fondee sur nulle autre cause, fors pour ce quilz sont bons et les diables sont mauuais. Et pour ce dit monseigneur sainct augustin que sa possession de bien ou de bonte nest faicte en quelque maniere moindre pour compaignon qui si adiouste, ou qui y demeure. Et en ceste paroffe sen peut notter double enuie. Lune qui vient de ce que le bien propre daucun est diminue en aucune maniere par le bien dautruy. Sicomme esau eut enuie sur iacob de ce quil luy auoit supplante sa benediction. Lautre enuie est seullement de ce que aucun a bien, ia soit ce quil ne luy nuyse en quelque maniere a celuy qui en a enuie, sicomme cayn eut enuie sur le bien de abel combien quil ne luy nuysist en riens. Et ceste enuie monseigneur sainct augustin appelle diabolicque ou du diable, pour ce que lautre enuie est humaine. De ce dit se prent vng tres notable et excellent enseignement, cest assauoir que nul bon ne peut souffrir dommaige par le bien dautruy, pour ce que suppose que len ait mains de biens: touteffois len a en ce plus de vertu pour ce quelle est prinse plus vertueusement. Semblablement len peut notter en ce chapitre que les mauuais peuent auoir discorde et riotte contre les mauuais, et les mauuais contre les bons, et les bons contre les mauuais, et les non parfais contre les parfais, mais les bons parfais ne peuent auoir debat ne riotte contre les bons parfais, pour ce que sicomme dist monseigneur sainct augustin. Bien ne peut estre contraire en aucune maniere a bien. Et de ce sen peut prendre vng tel enseignement, que ia soit ce que entre les vices et les vertus, et entre les vices mesmes ait souuent bataille et discorde, Touteffois entre vertu et vertu ne peut auoir debat ne contencion/pour ce que ce bien ne peut estre contraire a bien

¶ Des maladies ou langueurs lesquelles seuffrent mesmes les citoyens de la cite de dieu ou pelerinaige de ceste vie/par la peine de pechie. et desquelles maladies ilz sont guaris par layde de dieu. vi.

Quelle merueille. La langueur est ceste/cest adire la desobeyssance: laquelle nous auons determinee ou quatorsiesme liure. Laquelle desobeyssance est le tourment et la peine de la desobeyssance premiere. Et pour ce nest ce pas nature/mais vice pour laquelle chose il est dit aux bons qui tedent a perfection et qui viuent par foy en ce pelerinaige en ceste maniere. Aidez ensemble a porter lun a lautre voz faiz. et ainsi vous acomplirez la loy de ihesucrist. De rechief il est dit ailleurs. corrigez le rioteup/cōfortez les paoureup/receuez les malades/soiez paciens et debonnaires a tous/prenez vous garde que aucū ne rēde a autruy mal pour mal. De rechief en autre lieu est dit. Se aucun homme est prins en aucun pechie/vous qui estes espirituelz enseignez le en lesperit de bien eurete. et entens a toy mesmes que tu ne soies tente. et ailleurs il est dit. Gardez que le soleil ne soit point couche ou resconse/sur vostre yre et courroux. Et en seuangille il est dit. Se ton frere a pechie contre toy: reprens le entre toy et luy. De rechief des pechies esquelz len escheue loffense de plusieurs dit lapostre. Argue ceulp qui pechent en sa presence de tous/affin que les autres en ayēt paour. Pour laquelle chose a iceulp tous tendans a perfection et viuans par foy en ce pelerinaige comme dit est sōt moult de choses

commandees et par grant entente de pardonner lun a lautre pour auoir et tenir paix sans laquelle nul homme ne pourra veoir dieu. Et sont commandees/la ou est propose cel espouentemēt quāt len cōmande que le sergent rende les debtes de dix mil besans/Lesquelz lui auoient este relaschez de son seigneur/pour ce qͥ ne relacha pas a son compaignon la debte de cent deniers. Apres laquelle similitude proposee nostreseigneur adiousta et dist. Ainsi vous fera vostre pere du ciel se vous ne pardonnez vng chascun a son frere et ostez toutes rancunes de voz cueurs. En ceste maniere sont guaris les citoiēs de la cite de dieu/lesquelz sont pelerins en ceste terre et tendent a la paix du pais souuerain. Mais se sainct esperit neuure par dedens. affin que la medecine q̄ est baillee par dehors vaille aucune chose: ou autrement se dieu mesmes en vsant de creature a lui subgette en aucune espece humaine ple aux sens humains soiēt iceulp ses corporelz ou ceulp lesqͥlz nous auōs tressemblables en dormāt. sil ne gouuerne et maintiēt la pēsee p grace mise dedēs. q̄q̄ predicaciō de verite ne prouffite a hōme. Mais dieu fait ceste chose aux vaisseaux de misericorde en laissāt les vaisseaux de pre p ceste dispensaciō/p laquelle il a cōgneu les choses moult occultes ou celees mais touteffois iustes. Quelle merueille: car quāt pechie lequ habitte en noz mēbres et lequl est ia peine de pechie/ne regne pas en nre corps mortel pour obeyr sicōe lapostre cōmāde aux desirs diceluy corps a q̄ nous ne baillons pas a icelup pechie noz mēbres cōe armez de iniqte Lors lhōme aide de dieu p manieres merueilleuses et celees se tourne et cōuertist a sa pensee laquelle par le gouuernement de dieu ne se consent pas a soy ne aux maulx. Et icelui homme en gouuernant icelle pensee de present plus paisiblement aura apres par sancte parfaicte et par immorta site acquise icelle pensee regnant sans pechie en paix pardurable

¶ Epposicion sur ce chapitre.

En ce .ii. chapitre na pouetrie ne hystoire. Toutesfois appert il que monseigneur sainct augustin recommande paix merueilleusement Et dit que sans paix nul ne peut veoir dieu. De rechief il appert que nulle predicacion de verite ne prouffite a nulle personne se ainsi nest que dieu qui gouuerne tout conduisant la pensee de lomme par grace mette par dedens icelle dicte pensee Et ceste chose fait dieu en discernant les vaisseaulx de yre des vaisseaulx de grace et de misericorde par dispensacion. Laquelle est occulte et mucee, et toutesfois est elle iuste. Et de ce se peut prendre vng tel enseignement, cestassauoir que la predicacion qui se fait par dehors nest pas souffisante sans la doctrine de par dedens laquelle vient de dieu tant seullement ad ce que en toute predicacion q̃ aucun veult faire pour auoir remission de ses pechies et infusion de grace, dieu soit tousiours appelle en aide supplie et aoure, ainsi comme celuy qui nest pas assez fort de soy: appelle plus fort en son aide

¶ De la cause et perseuerance du pechie de cayn, lequel la parolle de dieu ne rappella ne ne destourna pas de la mauuaistie quil auoit conceue vii

Mais que prouffita a cayn ceste mesme chose: laquelle nous auons expose sicomme nous auons peu, cestassauoir, Comme dieu eust parle a cayn par icelle maniere, par laquelle il parloit aux premiers hommes comme compaignon diceulx, par creature subgette en forme conuenable, ne accomplit il pas sa mauuaistie. Laquelle il auoit conceue de tuer son frere, mesmes apres la parolle de sadmonicion diuine. Car comme dieu eust aduise et considere les sacrifices des deux freres et eust regarde le sacrifice de lun, cest assauoir dabel, et desprise le sacrifice de lautre: laquelle chose nest pas a doubter q̃l se peut congnoistre par aucun signe visible qui se tesmoignoit, et eust fait dieu pour ce que les oeuures de cayn estoient mauuaises, et les oeuures de abel estoient bonnes. Icelluy cayn fut moult courouce et abaissa sa face, car il est escript en ceste maniere, et nostreseigneur dist a cayn. Pourquoy es tu courouse: et pourquoy baisses tu ta face. Se tu offres droitturierement et tu ne diuises pas droitturierement, ne as tu pas pechie. Soies en paix, ou repose toy. Car la conuersion de icelui soit a toy. Et tu auras seignourie sur lui. En ceste admonicion laquelle fut faicte de dieu a cayn, cest assauoir se tu offres droitturierement, et tu ne diuises droitturierement ne as tu pas pechie, pour ce quil nappert pas clerement pour quoy ne de quoy elle fut dicte, lobscurte dicelle chose a engendre plusieurs sens en ceste admonicion, comme chascun qui traitte des escriptures diuines sefforce de lexposer selon la rigle de la foy. Quelle merueille. Car se sacrifice est offert droitturierement, quant il est offert au vray dieu a quoy seul on doit sacrifier tant seullement, mais le sacrifice nest pas droitturierement diuise quant sen na uise pas les lieux, ou le temps, ou les choses lesquelles sont offertes, ou celui qui les offre, ou celuy a qui il les offre, ou ceulx ausquelz ce qui est distribue a menger ce que sen offre. Ad ce q̃ nous entedons icy diuision pour deffection. ou quant sen offre ce q̃ le ne doit pas: mais ailleurs. Ou quant sen offre ce que sen ne doit pas offrir pour lors / mais autresfois. Ou quant len offre icelle chose laquelle ne doit estre offerte en aucun lieu / ne en aucun temps. Ou quant homme retient a soy les choses plus esleuees de vne mesme maniere des choses que ne sont celles lesquelles il offre a dieu. Ou quãt vng lieu prophane. et souille ou vng excommunie / ou quelzconques a qui ce nest conuenable destre participãt de la chose qui est offerte. Mais len ne peut pas trouuer legieremẽt / en laquelle de ces choses dessusdctes cayn despleut a dieu: mais pour ce que monseigneur sainct iehan apostre comme il parlast de ces freres cayn et abel dist. Nompas dist il ainsi cõme cayn lequel estoit de mauuaise condicion & occist son frere. et pour quelle cause il se occist. pour ce dit il que les oeuures de icelluy cayn furẽt mauuaises et les oeuures de son frere furent iustes. pour ce est il donne a entendre q̃ dieu ne regarda pas es dons dicelluy cayn / car icelluy cayn diuisoit mal ses dons en donnant aucune sienne chose a dieu et en donnãt soy mesmes a soy. Laquelle chose sõt to9 ceulx qui en ensuiuant nompas la voulente de dieu mais la leur / cest a dire qui viuẽt de cueur nompas droitturier mais peruers / offrent touteffois a dieu don par lequel ilz cuidẽt dieu estre rachete ou rapaise. affin quil leur aide nõpas a guarir leurs couuoitises mauuaises / mais pour les accomplir. Et ceste chose est propre a sa cite terrienne / cest assauoir aourer ses dieux / par laide desquelz elle regne en victoires et en paix terrienne / nõ pas pour cherite de conseiller / mais par couuoitise de seigneurie. Quelle merueille: Les bons vsent du monde affin quilz aient fruicion de dieu: mais au cõtraire, les mauuais vsent de dieu affin quilz iouyssent du mõde. Les mauuais dy ie lesquelz touteffois croyent ia que icelluy dieu est. auquel est la cure des choses humaines / Pour certain ceulx sont plus mauuais de trop qui ne croyẽt pas ceste chose cest assauoir quil nait pas la chose des cures humaines. Et ainsi quãt cayn apperceut que dieu auoit regarde sur le sacrifice de son frere / et nompas sur le sien: sans doubte icelui cayn muce deust auoir ensuiuy son bon frere. et nõ pas comme esleue auoir enuie sur luy / mais il se courouca et baissa son visaige. Dieu argue et reprent tres grandement ce pechie cest assauoir / auoir tristesse de la bonte dautruy. mesmement de son frere. Dieu en arguant et reprenãt cayn lui dist ces paroles. Pour quoy es tu courouce et pourquoy abaisses tu ton visaige. Pour certain pour ce quil auoit enuie sur son frere, dieu le deoit & len reprenoit Car ce pourroit estre chose doubteuse / et du tout incertaine, aux hommes aux quelz le cueur dautruy est muce / Se en icelle tristesse ou couroux de cayn il plaignist sa mauuaistie en laquelle il sauoit quil auoit despleu a dieu / ou quil plaignist la bonte de son frere. Laq̃lle pleut a dieu quant il regarda au sacrifice de luy / mais dieu monstra combien cayn fut plus iniuste et plus mauuais de ce quil hayoit pour neant son frere, lequel estoit iuste et bon en rendant la raison pourquoy il ne voulut receuoir loblacion de cayn, a ce q̃l despleust a soy a bõ droit aincois que son frere luy despleust sans cause. Comme icelluy cayn fut iniuste et mauuais et non diuisant droitturierement. Et comme il ne fust pas digne que son oblacion fust approuuee: touteffois dieu / nompas en laissant icelluy cayn sans commandement saint iuste et bon lui dist. Soies dist il en paix / car la cõuersiõ dicelluy soit a toy: et tu auras seigneurie sur lui. Est ce a entẽdre sur son frere ia nauiegne, de qui dõcques est ce a entẽdre fors du pechie. car dieu auoit dit a cayn, tu as pechie. & touteffois tãtost apres il adiousta et dist. Soyez en paix car sa conuersion dicessuy soit a toy: et tu auras seigneurie sur suy. Certes se peut ainsi entendre que sa conuersion de pechie doit estre a icessuy homme en telle maniere quil ne sache quil doie attribuer a nul autre que a soy ce quil peche. Et pour certain cest sa saine medecine de repentance et conuenable demande de pardon que la ou il dit que sa conuersion dicessuy est a toy ne soit pas entendu sera: mais soit/ cest assauoir par maniere de cessuy q̄ com mande qui soit de present, nompas de ce sui q̄ annōce ce q̄ sera car adōc vngchūn seigneurira a pechie. Et en deffendant il ne se met pas au dessus de soy, mais se met au dessoubz en soy repentant autrement il seruira au pechie, sequel seigneu rira sil suy donne ayde quant il vendra Mais ad ce que pechie soit entendu icelle conuoitise charnelle de laquelle sapostre dit. La chair conuoite encontre lesperit, esquelz fruis de laquelle chair il ramen toit enuie. de laquelle pour certain cayn estoit aguillōne et embrase en la mort de son frere. Il est bien entendu sera, cest adire la conuersion dicessuy pechie sera a toy et tu auras seigneurie sur suy. Car quant icelle partie charnelle laquelle sa postre appelle pechie / la ou il dit. Je ne fais icelle oeuure / mais se fait le pechie qui habite en moy. Laquelle partie aussi les philosophes dient estre la partie vici euse du couraige / ou de same. nompas laquelle partie doie traire a soy la pensee mais a laquelle la pensee doie comman der et la reffraindre par raison des oeu ures desraisonnables. Icelle partie dy ie sera esmeue a faire aucun mal se on se tiēt en paix et sen obeyt a sapostre qui dit ain si. Ne presentez pas a pechie voz mem bres armez de iniquite. icelle partie cha stiee et vaincue se conuertist a la pensee affin que raison seigneurisse a icelle par tie subgecte, ceste chose commāda dieu a

cayn. Lequel estoit enflamme contre son frere des brandons denuie et desiroit ice suy estre oste / sequel il deuoit ensuyuir. Soiez en paix dist il, restrain tes mais de pechie ne seigneurisse pas pechie en tō corps mortel pour obeyr aux desirs dices suy. Et ne presente pas a pechie tes mē bres armez de iniquite. car sa conuersiō dicessuy est a toy, quant il nest pas ad ce en relaschant mais est refrene a soy repē sant et tu auras seigneurie sur suy. cest adire sur celle partie charnelle a celle fin que quant elle ne sera pas soufferte ouurer par dehors, elle se acoustūe aus sy a soy non esmouuoir par dedens, soubz la puissance de la pensee bien vueillant et gouuernant: Une telle chose est dicte de sa femme en ce mesmes liure diuin, cest adi re en la bible en genesis quant le dyable en la serpente et eue, Adam son mary en eulz mesmes prindrent les sentences de damnacion par nostreseigneur en les ar guant et iugant apres ce quilz eurent iu ge pechie. Car comme dieu eut dit a la femme ie multiplieray en multiplian tes tristesses et ton gemissement et enfā teras enfans en tristesses. il adiousta a pres et dist. Et ta conuersion sera a ton mary et aura seigneurie sur toy ce q̄ fut dit a cayn de pechie ou de couuoitise vici euse de la chair. ce mesmes fut dit en ice suy lieu de la femme pecherresse cest adi re de eue. Ouquel lieu il est a entendre q̄ le mary en gouuernant sa femme soit sē blable au couraige q̄ gouuerne sa chair. pour laquelle chose sapostre dit Celuy qui aime sa femme: aime soy mesmes car oncques homme ne hayt sa chair Et icelles choses doiuent estre guaries com me nostres: nompas damnees comme es tranges, mais cayn print le commande ment de dieu comme preuaricateur. Car il occist son frere en aguect pour le pechie denuie seq̄l croissoit et multiplioit en lui Cel estoit le faiseur de la cite terrienne.

Mais ie espargne a dire oredroit en quelle maniere capn ait signifie les iuifz, desquelz iesucrist le pasteur des ouailles, cest adire des hommes fut occis. Lequel abel pasteur des ouailles, cest adire des bestes signifia parauant, car ceste chose est en mistere ou en figure de prophecie. Et ie men remembre que ien ay dit de ce aucunes choses contre le manicheen faustus.

⁋Exposicion sur ce chapitre.

En ce .Biii. chapitre monseigneur saint augustin dit que nostresigneur regarda ou sacrifice de abel et nompas a celui de capn, il nest pas a doubter que dieu par aucun signe visible iuga et discerna entre les sacrifices de abel et de capn, affin quil demonstrast et signifiast lun estre agreable a luy, et lautre non. Lequel signe visible monseigneur saint ierosme en son liure de hebraicis questionibus dit que ce fut flamme du ciel qui cheit sur le sacrifice dabel et non sur le sacrifice de capn. Secondement il est a noter que quant monseigneur saint augustin dit que capn ne diuisoit pas son don il se dit pour ce quil ne soffroit pas a dieu, mais offroit tant seulement ses biens, et abel offroit premierement soy a dieu et apres offroit ses biens. Et pour ce est il dit notablement que dieu regarda a abel et a son don, mais il ne regarda a capn ne a son don. Car dieu ne regardoit ne nauoit regard principalement que a leurs cueurs et a leurs voulentez, et non point a leurs sacrifices, combien que aucuns ayent voulu tenir que la gerbe que il offrit a nostre seigneur il lauoit escoussee et en ostee partie du grain, et est bien selon ce quil est dit ou psaultier ou psalme. Deus deorum dominus locutus est. Ou il est dit ie ne te arguerap pas en tes sacrifices

Encores est il a notter en ce chapitre que les bons vsent du monde pour auoir fruicion de dieu, et les mauuais font tout le contraire. Et sicomme nous auons dit en la premiere partie de ceste oeuure: il ya difference entre vsaige et fruicion, car vsaige ou vser est a temps: et fruicion est perpetuelle. Et aussy vser ou vsaige regarde chose temporelles et terriennes: mais len a fruicion de dieu eternellement. Et pour nous depescher de ce capn qui tant fut mauuais, il est assauoir que la saincte escripture ne poursupt principalement que la generacion de seth pour ce que abel neust point de generacion, et celle de capn fut toute perie par le deluge. Et ainsi ne demoura generacion que de seth, duquel noe descendit lequel lui .viii. tant seulement fut sauue en larche sicomme dit maistre pierre qui fist lystoire scolasticque. Methode en son liure tient que adam ploura son filz abel cent ans. Strabus dit que apres que abel fut mort adam voua de iamais non congnoistre sa femme, mais par le commandement de dieu qui luy manda par vng ange il rompit son veu affin que le filz de dieu descendist de lui. Iosephus dit que quant capn eut tue abel et sen fut ale comme fuytif par la terre, il pensa tres ardamment de auoir des enfans dont aucuns docteurs tiennent que il eut trente filz et trente filles. Et selon moyse en la bible adam auoit cent et trente ans quant il engendra seth, mais selon iosephus et selon methode, et selon les lxx. translateurs il en auoit deux cens et trente. et pour ce semble icy auoir contrariete entreulx. Mais petrus comestor les accorde en telle maniere: car il dit que par aduenture moyse laissa a compter les cent ans que adam ploura la mort de abel son filz. Ou liure qui est intitule de la vie ou de la reuelacion de adam se treuue que tantost comme capn fut ne, il ala et print herbe que il apporta a sa mere.

Item il est dit en ce mesmes lieu que eue soga que capn succoit le sang dabel, la quelle se dist a adam, a quil estoit bon qlz fussent separez, et pour ce se furent. a fut ordonne abel pasteur, et capn fut ordōne a estre laboureur de terres, a quoy saccor de iosephus en son liure des anticques ou des antiquitez.

¶ Quelle fut la cause ou raison pour laquelle capn fist cite au commencement de lhumain lignaige. viii.

Mais orendroit il me semble que lystoire est a deffendre et a sou stenir ad ce que lescripture ne soit pas chose nō creable. Laquelle dit q̄ la cite fut edifice de ung hōe en ce temps, ouquel il semble quil nauoit en terre voit plus que quatre hommes, encoires que trois depuis que capn eut occis sō frere. cest assauoir adam le premier homme pere de tous et icelui capn, enoc son filz du nom duquel icelle cite fut nōmee. Mais ce qui meut ceulx a dire ceste chose conside rent pour quil nestoit pas chose necessaire a celui qui escript ceste hystoire de nom mer tous les hommes qui pouoient estre adonc, mais que tant seulement ceulx q̄ la raison de soeuure quil auoit commen ce a traitter requeroit. Quelle memeisse: Le propos de icelui escripuain, cest as sauoir de moyse par lequel le saint espe rit faisoit ceste chose fut affin de venir a abraham par successions de certaines ge neracions peuplees de ung seul homme Et apres venir a la semence de icelui a braham ou peuple de dieu ouquel peuple de dieu separe des autres gēs toutes les choses fussent prefigurees et demourees Lesquelles estoient parauant veues en esperit estre aduenir de la cite de laquelle le royaume sera pardurable, et de ihesu crist ung mesmes roy et faiseur de icelle en telle maniere que sen ne se teust pas de lautre compaignie des hommes. Laquel le compaignie nous appellons la cite ter rienne ad ce aussy que icelle cite de dieu soit plus reluisante par sa comparaison de la cite terrienne son aduersaire. Donc ques comme lescripture diuine la ou elle ramentoit le nombre des ans par lesq̄lz iceulx adam et capn et enoc vesquirent, conclue en ceste maniere que de celui nō bre duquel elle parloit, elle dye ces parol les. Et engendria capn filz et filles. Et fu rent ses ās dicelui, en de celle autre lesqlz sui ou elle vesq̄t tant de ans, ou tel nom bre de ans, et mourut. Pour ce se icelle es cripture ne nomme iceulx filz et filles ne deuons nous pas pour ce entendre q̄ plu sieurs hommes ont peu estre nez par tāt de ans par lesquelz ilz viuoient lors ou premier aage de ce siecle: par les compai gnies desquelz plusieurs citez peussent es tre faictes ainsi comme sil voulsist dire q̄ si ont. Mais il appartient a dieu par lin spiracion duquel icelles choses sont escri ptes ordonner premierement et diuiser ice stes deux compaignies par leurs gene racions diuerses. affin que les generaci ons des hommes viuans apart cest adi re selon homme, et les generacions des filz de dieu, cest adire viuans selō dieu fussent entremesslez iusques au deluge. Ouquel la diuision et lassemblee de icel les deux compaignies est racotee la diui sion telles q̄ les generaciōs dicelles deux compaignies sont racontees separeement cestassauoir les generacions de lun, cest adire de capn qui occist sō frere, et les ge neraciōs de lautre qui estoit appelle seth Car icelui seth auoit este engendre de adā pour icelui abel, lequel capn son frere a uoit occis et mis a mort. Mais lassem bler dicelles deux compaignies est reco rde, car par ce que les bons se tournerent en mal ou en pis ilz deuindrent tous telz que ilz furent mis a neant et peris par le deluge, excepte ung tresiuste et tres bon lequel auoit anom noe et sa femme ses trois filz et autant de brus Lesquelz .viii. hommes desseruirent a eschapper p larche diceluy deluge qui gasta et destruict toutes choses mortelles. Ce doncques q̃ est escript Et cayn cõgneut sa fẽme elle cõceut et enfanta enoc / et q̃ cayn edifioit sa cite ou nom de son filz enoc. Certes il ne sesupt pas, que len croye que cayn eust engendre premierement enoc ce filz enoc ne sen ne doit pas cuider / pour ce q̃ cayn congneut sa fẽme que pour ce fust sa premiere fois quil eust couche auec elle pour engendrer et faire generacion / car icelle chose ne fut pas seulement dcte de adam qui fut pere de tous quant cayn fut cõceu lequel sẽble auoir este le premier ne Et adam congneut sa femme & elle conceut et enfanta ung filz lequel il appelloit seth. pour ce quant len fist lescripture sen entent quelle parle ainsi ia soit ce que nompas tousiours: quant len sist en icelle ses conceuemens des hõmes auoir este fais nompas seulement quant lun et lautre sexe se messent ensemble premierement. Ne ce nest pas prouue par argument necessaire que nous cuidons q̃ enoc fust le premier engendre de son pere pour ce que icelle cite fut appellee de son nom enoc. Car ce nest pas pour neant que son pere pour aucune cause lamast plus que les autres combien quil en eust dautres Ne iudas ne fut pas le premier ne de iacob duquel iudas iudee fut nommee et ses iuifz aussy / et toutesfois fut il le pl' ame. Mais aussy se ce filz enoc fust le premier filz de cayn qui faisoit celle cite, il nest pas a cuider que le nom dicelui filz fust lors impose a sa cite que fist le pere / quant icelup filz enoc fut ne. Car icelle cite laquelle nest autre chose que multitude dommes: spez ensemble par aucun spen de compaignie, ne pouoit lors estre establie dun seul homme. Mais comme la signee de cayn creust en si grant nombre quil peust adont ç rant quãtite de peuple lors se peu il faire quil establist sa cite et imposast a icelle se nom de sõ filz aisne. Quelle merueilles: Car la vie des hommes qui furent auant le deluge fut si longue que celui de ceulx p lesquelz sont la ramenteuz, desquelz les ans ne sont pas teuz qui vesquistle moies vesqt iusques a .ix. cẽs .liiii. ans Et aussy en peut il plusieurs qui passerent neuf cens ans ia soit ce que aucun nevenist iusq̃s a mil ãs Et ainsi qui est cesup qui doubte que lhumain lignaige ait peu estre tant multiplice par saage dun homme quil y eust tant de peuple dont nompas vne cite / mais plusieurs fussẽt establies. Laq̃lle chose sen peut croire ou coniecturer tresle gierement, par ce que dun seul homme abraham si grant nombre de sa gent des hebrieux fut cree en quatre cens ans / ne gueres plus que quant le peuple yssit de egipte. L en raconte quilz furent six cens mil hommes des ieusnes hõmes deffensables et prestz a porter armeures. affin que nous delaissons sa gẽt des pdu meyens. Laquelle nappartiẽt pas au peuple de psrael ne de iacob, laquelle esau frere de iacob engendra lequel fut nepueu dabraham. Et sans les autres gens lesqlz descendirent de sa semence dabraham, nompas crees par sarra sa femme.

Epposicion sur ce chapitre.

En ce .viii. chapitre a ung notable tel que vne cite nest autre chose que vne multitude de gens siez ensemble ou ioigz par aucun lien de compaignies ou de societez, par quoy se peut prendre vng tel enseignement que la raisõ de creer ou faire vne cite ne gist pas en lordonnance des edifices materielz, comme sont maisons de murailles: mais en concordable societe ou compaignie, seql rõpu ce nest pl' cite. Et de cest ẽseignemt sensupt ung autre, cest assauoir q̃ ceulx qui sont dun accord et dune aliance ensẽ ble. et qui nont neuilles ne maisons peu ent estre dictz proprement citez comme sont les tartas. car les maisons ne sont pas necessaires. Secondement il appert par le texte que auãt le deluge il y auoit plusieurs gens qui viuoient neuf cẽs ãs combien que nul ne venist iusques a mil ans. mais sen pourroit ey demander se ce stoit par miracle ou par cours de nature quilz viuoient si longuement. A quoy se peut respondre que sen peut tenir et lune maniere ã lautre. mais cest plus raison nable chose a croire q̃ ceste chose fust fai cte p miracle diuin pour multiplier lhu main lignaige. ã pour trouuer aussi les sciences. Toutesfois dit iosephus que de puis noe en y a eu aucuns ausquelz nost̃re seigneur a multiplie leurs ans de cinq et de six cens ans qui sappellent le grãt an pour sauoir les sciences secretes ã sub tilles qui ne pouoient pas estre sceues en brief temps a quoy saccordent plusieurs acteurs anciens, sicomme manutheon q̃ fist la descripcion degypte. Berosus cal deus qui sa descript en calde Ierosme le egyptien, Esiodus agatheus et aucuns autres sõt mencion de gens qui ont vescu mil ans

¶ De la longue vie des hommes qui fut deuant le deluge, ã de la forme plus grande es corps humains   ix.

Pour laquelle chose nul hom me prudent et qui bien ait ad uise les choses ne face doubte q̃ cayn ait peu faire nompas seulement au cune cite mais une tresgrande cite quãt hommes mortelz viuoient fois par si long temps. se ce nest par aduenture que aucun des mescreãs nous facẽt question de ce nombre des ans, par lesquelz il es cript en noz aucteurs que les hõmes vi uoient pour lors. et se nous lise, et dye q̃ ce nest pas chose a croire. Quelle mer ueille: car aussi ne croyent ilz pas les grã deurs des corps auoir este trop plus grã des adont quelles ne sont maintenant, dont icelup virgille seur tresnoble poete dit de une grande pierre fichee ou chemĩ sur les champs, que ung fort hõme qui se combatoit la happa et courut a tout ã sa tourna et epoigna et la getta laquel le pierre estoit si grande sicomme il dit q̃ apeine douze hommes esleuz a pant telz corps comme sa terre les produist mai n tenãt sousted̃roient icelle pierre sur seurs testes, en signifiant que la terre souloit adõc produire hões greigneurs de corps quilz ne sont maintenant. Donques de combien souloit produire sa terre es pre miers temps du monde plus grãs corps auant ce deluge qui tant fut noble et re nomme. Mais les sept seres qui ont este descouuers par vieillesse de tẽps ou par force de fleuues, ou par cas diuers cõtrainguent souuent ceulx q̃ ne veullẽt croire ces choses de la grãdeur des corps esquelz sepultures sõt apparuz ou descli sont cheuz les os des hommes mors. si grans que cest ainsi cõe chose nõ croiable Iay veu nompas seul, mais aucune a uec moy, ou riuaige de bises la dent de la ioue dun hõe si grande q̃ selle eust este soyez mẽtuemẽt a la mesure de noz d̃es: il sẽble quelle en eust peu faire cẽt mais ie croy q̃ ce auoit este daucun grãt geant Car auec ce que les corps de toutes les hõ mes estoient trop greigneurs adonc que les nostres: ces gepans aloient encoire de uant les autres de trop en grandeur, si cõe depuis es autres tẽps ã au sy en noz temps les corps daucũs ont este pl' grãs en petit nõbre. mais apeines ne deffail lirent oncq̃s lesquelz excedassẽt en gran deur la maniere des autres. Icelui hysto riographe plinius secũdus hõme tressai ge tesmoingne q̃ nature porte moindres

l i.

corps: de tāt cōe pl⁹ et plus passe le cours du siecle de laquelle chose icelui plinius racōpte que ce poete omer se plaingnoit souuent en son ditte nompas en soy moc quant de ces choses:ainsi cōe se ce fussent fictions de poetes/ mais en les prenāt en la verite de lystoire cōe racōteure des merueilles de nature. Mais sicōe iay dit les os ou ossemēs que len a trouue sōg tēps apres pour ce que iceulp os durēt lōguement Mais le nōbre des ans de quelconque hōe qui a este en iceulp tēps ne peut venir maintenant en experience ou a cognoissance p enseignemens aucuns Et touttesfois nest pas la foy de ceste saincte hystoire a mespriser:de laquelle nous ne creons pas plus honteusemēt les choses racōptees cōe nous voyons icelles parauant dnōcees estre accōplies plus certainemēt Touttesfois dit aussy icelui plin⁹ q̄l est encoires gēs en certais pays qui viuent deup cens ans. Doncq̄s se len croit que ce lieup mescongneuz a nous a au iourdhuy durees des vies humaines / lesquelles nous nauons pas espiuures Pourquoy aussy len ne croit pas que les temps peuent estre mescongneuz a nous ou est ce chose creable icelle chose estre en aucun lieu laquelle nest pas cy. et chose increable icelle chose auoir este aucunesfois laquelle nest pas maintenant

C Exposicion sur ce chapitre:

En ce neufuiesme chapitre monseigneur saict augustin fait mēcion de gepans q̄ sont si grans et quāt il ple de sōme fort qui prit sa pierre et la getta cestassauoir que ce fut turnus qui la getta a enee quant il se cōbatoit contre lui sicōe dit virgille en son liure de nerdos en deup vers que monseigʳⁿ fait augusti met en sō tepte q̄ sōt tels

ⱴ Vip liū secti bis sep ceruice iubirēt
Qualia nūc hoīm pducit corpa tellus.

Lesqlz vers sont epposez assez en la trāslaciō. De telle maniere de gepās racōpte adefinue en son liure de pprictatibz rerū et dit q en la bouche du tybre arriua vne pucelle vestue de pourpre. naurre en la teste la q̄lle auoit trois coustees de large entre les deup espaulles. et ainsi se treuue il de ces gepās en plusieurs autres lieup Et p especial en brut. I. q̄ fist guillerm⁹ armouitant:e qui racompte que en engle terre fut iadis toute peuplee et habittee de gepans, et mesmes que quāt brutus y vint pour la conquerir il y trouua vng gepant appelle gremagoth: lequel il occist. En nostre tēps mesmes a monthion en leuesthie de meaulp. fut trouue en laborant aup champs le tōbeau dung gepant et fut descouuert q̄ fut trouue dedēs le corps dung cl euasic: mort tout armé. q̄ estoit escript. Ego χpianus sum:cest a dire Je suis crestien. Et auoit le corps merueilleusement grant / p telle maniere q̄ plusieurs prindrent de ses grosses dēs et en fuent hebesoniere a pedre couteau. ly et estoient plus grosses chascune q̄ deup grosses dens de cheual

C De la differēce par laquelle se nombre des ans semblent estre discordables entre les liures des hebrieup et les nr̄es.
ⱴ.

Pour laquelle chose sil semble q̄ entre les liures des hebrieup et les nostres ait aucune difference du nombre des ans. laq̄lle chose ie ne scay par quelle raison ce fut fait touttesfois nest elle pas si grande q̄ e iceulp liures se discordent que iceulp hōes naient vescu si longuement car il est trouue en noz liures q̄ ce pmier hōe ada auant q̄l engēdrast sō filz nōme seth auoit vescu.cc.xxx.ās. q̄ il est tesmoigne es liures des hebrieu. p q̄ l seq̄t cēt xxx ans. mais apres ce q̄ ada eut engēdre seth/ il est seu en noz liures q̄l seq̄t vii. cēs ans. Et ce liures des hebrieux viii.ās. Et aisi la sōme de tous les ās dicelui adā saccorde en noz liures/et es liures des hebrieux. Et depuis p̄ les generaciōs ensupuās le pere est trouué selō les hebrieux auoir mois vescu: cēt ās auāt q̄ celui fust ēgēdre, seql̄ est racōpte estre ēgēdre, cestassauoir seth Mais depuis quil fut engēdre sen treuue iceulp cēt ans moīs en noz liures que es liures des hebrieux. Et aisi toute la sōme du nōbre de iceulp ans saccorde ca̧ (ta/ mais les vngz et les autres liures ne se discordēt quelque pt̄, en la vi. generacion mais icelle mesme discordāce de cēt ans auāt que celui q̄ est racōpte estre engēdre soit engēdre/laq̄lle est es v. generacions p̄cedēs: icelle discordāce est en la vii. generacion la ou celui q̄ fut ne/ cest assauoir enoc est racōpte nōpas mort/ mais estre trāslate sicōe il pleut a dieu/ mais iceluy enoc selon les vngz et les autres liures vesqt iiii cēs lxv ās Certes la generaciō viii. a diuersite aucūe mais moīdre a dis sēblable des autres/ car mathusale leq̄l enoc ēgēdra vesquit selon les hebrieux nō pas cēt ās moīs/ mais vv ās plus auāt q̄l engēdrast celui q̄ sēsupt en icelui ordre Lesquelz vv ās sōt encoires trouuez adioustez en noz liures ce q̄l engēdra icelui mathusale. La sōme de tout le nōbre se discorde nōpas grāmēt en sa seule iv gȩ neraciō. cest adire es ās de lamech q̄ fut filz de mathusale/et pere de noe/ car il se treuue es liures des hebrieux q̄l vesquit vvuiii ās plus Car auant ce q̄l engēdrast sō filz qui est appelle noe: il a vi. ās moīs es liures des hebrieux q̄ es n̄res. (t apres ce q̄l leut engēdre il a vvv ās es liures des hebrieux plus que es n̄res/ et pour ce de ces vvv ans ostez siv demeurent vvuiii. comme dit est

¶ Des ās mathusale saage duq̄l le de luge sēble passera excedēr de viiii ās. pi mais p̄ ceste differēce ou discordāce des liures des hebrieux et des

n̄res naist ceste question tresrenōmee ou cōpte que mathusale vesqt viiii ās apres le deluge/cōe lescripture racōpte que viii hōes seulemēt de to' ceulx q̄ pour fors es toiēt en terre eschappẻrēt en larche la mortalite du deluge ētre lesq̄lz viii hōes mathusale ne fut pas. Car selon noz liures mathusale vesquit cēt et lxvii ans auāt q̄l engēdrast lamech. et depuis icelup lamech vesquit cēt iiii vv. a viii. ās auāt ce que noe fust ēgēdre de icelui lamech Lesquelz ans cestassauoir de mathusale ain cois quil engēdrast lamech, et lamech ai cois quil engēdrast noe fōt, iii.c.lv. ans. A iceulx ās sont adioustez six cēs ās de noe, ouquel ay dicelui noe le deluge fut fait/lesq̄lz ans sōt ix cēs lx ās depuis q̄ mathusale fut ne iusques a lan du deluge/mais sen cōpte to' les ās de la vie ma thusale ix cēs lxix ās Car cōe il eust ves cu cēt lxvii ās et eust engēdre son filz la mech: il vesquit viii.cēs et deux ās apres ce quil leut engēdre/lesq̄lz sōt to' ix cēs lxix ās sicōe nous auōs dit. Et pour ce ostez ix cens lv ās depuis que iceluy ma thusale fut ne iusques au deluge: demeu rēt iusques a viiii.ās, lesq̄lz sen croit q̄ icelui mathusale vesquit apres le deluge Pour laquelle chose aucūs q̄ ne veullēt pas cōtredire sa foy aux liures, lesquelz leglise a receuz en auctorite plus solēnel et croiēt mieulx q̄ les liures des iuifs ne cōtiennēt pas verite sicōe les n̄res que le glise a receuz. Iceulx dy ie que icelui ma thusale fut aucū pou de tēps auec sō pere lequel auoit este trāslate iusques a tant que le deluge fust passe/ia soit ce q̄ icelui mathusale ne fust pas en terre, en laquel le certaine chose est q̄ toute creature char nelle fut destruitte/laq̄lle nature ne seuf fre polt viure en eaues. Car ceulx qui ce tiennēt ne croiēt pas que erreurs de inter preteurs ait peu estre icy plus que fausse ait peu estre en icelle lāgue des iuifs/ de laquelle icelle escripture est trāslatee en nostre languaige p̃ la langue grecq̃, mais il z dient que ce nest pas chose creable q̃ les lxx. interpreteurs lesquelz interpreterent ensemble en ung temps et en ung sens ayent peu auoir erre: ou q̃lz eussent voulu mentir cõe en ce il z neussent quelq̃ interest. mais dient que cest chose creable que iceulx iuifz ont mue aulcunes choses en leurs liures a ce que lauctorite des nostres fust amẽdrie pour ce q̃lz ont enuie sur nous de ce que la loy et les p̃phetes sont venus a nous p̃ interpretacion. Chascun cõe il cuidera pren gne ceste interpretacion ou souppecon, toutesfois cest chose certaine que mathusale ne vesquit point apres le deluge, mais fut mort en ce mesmes an, se ce est vray q̃ est trouue du nõbre des ans es liures des he brieux. Mais quãt nous verrons a laide de dieu a racompter iceulx temps tant cõme la necessite de ceste oeuure requiert il sera dit plus diligemmẽt en son lieu q̃lle chose il me semble de iceulx lxx. interpreteurs, car il souffist a ceste presẽte question que les hões diceulx aage ayẽt eu si lõgues vies selon les vingz et les autres liures. Ad ce mesmes que pour establir une cite lhumain lignaige peust estre multiplie en laage dung cest assauoir de cayn, lequel fut premier ne des deux parens, les quelz la terre auoit adont tous seulz.

¶ De loppinion de ceulx qui ne croyẽt pas que les hommes des premiers temps ayẽt si longuemẽt vescu cõe il est escript
pii
NE pour certain ceulx ne sont pas a ouyr en quelq̃ maniere q̃ cuidẽt que les ãs fussẽt cõptez autrement en iceulx temps, cest adire de si grãt briefuete q̃ sen croye que ung an des nostres ait eu dix des leurs, pour laq̃lle chose ilz dient que quãt aucũ orra ou lira que aucũ ait vescu ix cẽs ãs il dope entẽ dre iiii. xx. et x. ãs, car dix de leurs ans est ung nostre an, et dix de noz ans sont

cent des leurs. Et ainsi icelui adã auoit xxiiii. ans quãt il engendra seth, a icelui seth auoit xx. ans et vi. mops quãt enoc fut engẽdre diceluy seth lesq̃lz xx. ans et vi. mops lescripture appelle. ii. cẽs. p. ãs car iceulx hommes des premiers temps diuisoient ung an tel cõe nous auõs main tenant en dix pties, et appelsoient icelles pties ans, sicõe ceulx cy cuidet: desquelz nous expposons loppinion, desquelles p̃ ties sue a se nõbre de vi. quarres, pour ce que dieu accõplist ses oeuures en vi. ioure a ce quil se reposast ou vii. de laq̃lle cho se iay dispute sicõe iay peu en pi. liure pre cedent. Mais vi. p̃ vi. fois, lequel nõbre fait le nombre de six quarre sont. xxxvi. lesquelz xxxvi. multipliez dix fois sont iii. cẽs lx. cest adire a pii. mops lunaires ou a pii. lunaisons, car pour les v. ioure qui demeurent par lesquelz lan du soleil est accõply, et pour le quart du iour p̃ lequel mene quatre fois, ouquel ilz dient bixeste sen p̃ adiouste ung iour, Les autres cinq p̃ furent apres adioustez des au cteurs ad ce que le nombre des ans saccor dast, lesquelz iours les rommais appel soient intercalares. Et pour ce enoc leq̃l seth engendra auoit. xix. ãs quãt cayn ã son filz fut engendre de sui, lesquelz ans lescripture dit cent. iiii. xx. a x. ans, a de puis p̃ toutes les generacions, esquelles les ans des hommes sont racomptez: et a pou trouue aucun en noz liures, lequel ait engendre filz en laage des ans, ou moins ou six vingz, ou ung pou plus. Mais len racompte que ceulx qui engen dreiẽt ou moindre aage estoient de cẽt lx ans daage, ou au dessus car ilz dient q̃ homme de dix ans ne peut engendrer en fans, lequel nombre: cest adire dix ãs est appelle cent ans de iceulx hõmes. mais laage moindre de puberte est a pvi. ans, et est conuenable a engendrer ligne, les quelz pvi. ans iceulx tempe nommerẽt cent lx. ans. Mais affin quil ne soit pas chose non creable que icelui an fust autrement compte pour lors ilz adioustent et dient quil est trouue par plusieurs escriptures de hystoires que les egyptiens ont eu an de quatre moys/ et les carnaias de six moys, et les sauiniens de viii. moys. Comme lystoriographe plinius secundus eust fait mencion quil eust este racompte en lettres que ung home auoit vescu cent liii. ans. Ung autre dix ans plus, et autres auoir vescu deux ces ans. les autres. iii. ces/et les autres venus a v.ces/les autres a. vi. ces/ et aucus certes a viii. cens Icelui plini' cuida toutes ces choses estre aduenues par ignorace de teps. Car les ungz dist il determinoient ung an en este et lautre en yuer. Les autres determinoient lan par temps ptis en quatre moys/ sicõe les arcades qui faisoient les ans de trois moys il y adiousta aussi aucunes fois les egipciens desquelz nous auons dit deuant les petis ans auoir este de. iiii. mois auoir limite lan p la fin de la lune Et ainsi dit il selon les egipciens il demõstre que chascun vesquit mil ans par ces argumens ainsi comme par argumens prouuables aucuns nõpas destruisans mais eulz efforcans dafferner la foy de ceste saicte hystoire ont argue a eulz mesmes: et ne cuident pas arguer folement que si petite espace de teps fust lors appelle ung an que dix de leurs ans fussẽt ung nostre an/ et dix de noz ans soient cent des leurs Affin q ce ne soit pas chose non creable ce que len racompte q les anciẽs ont vescu par tant de ans: mais il est mõstre par enseignement tres euidẽt q ceste chose est tresfausse/ mais alcois que ie le mõstre il ne me semble pas quil soit a faire: laquelle oppinion soit plus creable. Certes nous pouons redarguer et cõuaincre ceste assercion par les liures des hebrieux esquelz len treuue que adam auoit nompas deux cens trente ans/ mais cẽt ẽ trẽte ans quant il engendra son tiers filz/

cestassauoir seth, lesquelz cent trente ans sont viii. des nostres selon loppinion des susdicte. Et quant il engendra son pmier filz il est trouue quil auoit vnze ãs dnage/ et non gueres plus. Qui est celuy q peut engendrer en icelui aage par lordonance commune de nature tres cogneue et tres notoire a nous. Mais passons cestuy adam lequel par aduenture dessors quil fut cree peust engendrer/ car ce nest pas chose creable que icelup adũ fust fait aussy petit comme sont noz enfans quãt ilz naissent. Seth filz de icelui adam nauoit point deux cens ãs / sicomme nous lisons. mais cent ȝ cinq quant il engẽdra enoc/ et p ce selon ceulx cy: il nauoit pas vnze ans daage. Que diray ie de cayn filz de enoc/ lequel capnã comme il soit trouue selon nous de cent lxx. ans/ et selõ les hebrieux est feu de auoir este de lxx ans quant il engendra malaseel.

Qui est lhomme de sept ans qui engendre se les ans estoiẽt adonc nommez lxx: lesquelz ne furent que sept des nrẽs. .viii.

Mais quant ie auray ce dit senme reputera tantost que ceste chose des iuifz. de laquelle il est assez dit par auant est mensonge, car il est a presumer q les lxx. interpreteurs qui sõt hommes honnourez et recommãdez par louenge nont peu auoir menty/ ouquel lieu se ie demande laquelle chose soit plus creable ou que sa gẽt des iuifz espandue si loing ȝ selle ait peu faire conspiracion p ung conseil a escripre ceste mẽsonge et auoir oste a eulz mesmes la verite, cõme ilz aient enuie sur lauctorite des autres: ou que les lxx. hommes lesquelz estoient aussy iuifz mis en ung lieu pour ce que ptolomee roy degipte les auoit ordonnez a ceste oeuure faire eussent eu enuie des gens estranges / silz eussent seeu

l iii.

la verite par conseil commun etre eulz a uoir mis ceste mensonge. Qui est celuy qui ne voye laquelle chose crope plus legierement. Mais ia naviengne que quelque saige crope que les iuifz de quelque peruersite ou malice, eussent peu mentir en tant de capers et de liures espandus si loing & si legierement/ ou que les lxx. hōes de si grant memoire eussent prins ensemble vng mesme conseil de celer la verite aux gens par enuie. Doncques dira len que cest chose plus creable que adonc aucune telle chose peust auoir este fcte en vng caper: quant len commence premierement a extraire & escripre ces choses de la bible dicelup ptolomee. donc icelle chose se espandit plus largement & en plusieurs lieux depuis. Ou aussy y peut auoir lieu lerreur de lescripuain, mais ce nest pas chose desraisonnable souppesonner ceste chose en la question de la vie mathusale ailleurs en autre lieu / ou la somme des ās ne saccorde pas de xxiiii. ans. lesqlz sōt par dessus. Mais celle erreur semble auoir vne maniere de fermete: ainsi peut estre dit ne elle ne requiert point laduenture / mais requiert industrie en ceulx lesquelz la similitude de celle mensonge est continuee en telle maniere que pleu dit il ait ailleurs plus cent ans et ailleurs mois cent ans auant que le filz fust engendre: lequel sensupt en ordre / mais que apres icelui filz engendre les cent ans q y estoient moins sont adioustez/ et ou ilz estoient plus: ilz sont moins, affin q la sōme saccorde: et ceste chose est trouuee en la premiere seconde tierce quarte quinte et septe generacions. Et pour ce celle diuersite des nōbres lesquelz sont autres es liures des grecz & latins, et autres es liures hebrieux, la ou ceste pareillete nest pas continuee par tant de generacions de cēt ās adioustez parauant et ostez apres icelle diuersite soit attribuee nompas a la malice des iuifz ne a sa diligence ou prudence des lxx. interpreteurs/ mais a lerreur de lescripuain qui print premier le caper pour transcripre sa bible au top dessus dit. Car aussy maintenant la ou ses nōbres ne sont riens a aucune chose que len puisse engendrer legierement / ou qui appert estre apprise prouffitablemēt iceulx nombres sont descrips negligemment/ & plus negligemment amendez. Car qui est celuy qui veuille aprendre quant milliers dhommes les signees dz Israel ont peu auoir chascune. pour ce que ce que lena pas cuide q ce peust porter aucū prouffit. Et quel nombre de hommes est il a q la quantite de ce prouffit appartienne. Mais icy pour tant des generacions entresuyuans il y a cent ans plus ailleurs et ailleurs moins cent ans. Et apres ce que seth qui estoit a recorder fut ne iceulx cent ans sont moins. la ou il furēt plus. et sont plus/ la ou ilz furent moins. Ce nest pas merueille: comme celuy qui fist ceste chose voulsist monstrer ses anciens auoir vescu tres grant nombre de ans / pour ce quilz les appelloient tres briefz/ et voulsist mōstrer icelle chose de la meurte de laage, en laquelle aage conuenable les enfans fussent engendrez, et pour ce il cuidast dix de noz ans estre infinuez a ceulx qui ne le croyent pas / & iceulx cent ans, ad ce que ilz ne voulssent pas croire que les hommes eussent vescu si longuement il adiousta: cent ans, ou il ne trouua point aage conuenable a enfans estre engendrez / et osta iceulx cent ans, apres les filz engendrez: affin que la somme saccordast. Ainsi certes il voullut faire creables les accordances des aages conuenables a engendrer lignee ad ce que toutesfois il ne fraudast ou empirast du nombre toutes les aages de chascun de ceulx qui viuoient. mais ce que il ne fist pas ce en la generacion sixiesme. Ceste ce q plus mamōneste pour ce que il le fist qu'atla chose le requeroit. laqlle nous auons dicte pour ce que il ne se fist pas la ou la chose ne se requist point. car il trouua que en icelle sixiesme generacion Iared vesquit cent. lxii. ans selon les hebrieux aincois que il engendrast enoc/ lesquelz cent lxii. ans selon icelle raison de iceulx ans briefz sont xvi ans, et aucune chose moins que deux mois/ lequel aage est ia conuenable a engendrer. Et pour ce ne fut il pas necessite de adiouster cent ans briefz ad ce quilz fissent xxvi: des nostres et se ne fut point necessite de oster iceulx cent ans apres ce que enoc fut ne, lesquelz il nauoit pas adiouste auant quil fust ne. Ainsi fut fait affin que aucune diuersite ne fust entre les vngz et les autres. Mais encoires se meut question/ cest assauoir pourquoy en la huptiesme generacion/ comme aincois que lamech fut engendre de mathusale sen lise cent quatre vingz et sept ans selon les hebrieux pourquoy trouue sen xx. ans moins en noz liures/ la ou cent ans p deussēt aincois estre adioustez/ et apres que lamech fut engēdre: ces vingt ans sont restituez pour accoplir la sōe laquelle ne se discorde pas es vngz et es autres car sil vouloit entendre que cent lxxx. ans fussēt. xvii. ās pour la meurte de laage, il nen deuoit ia riens oster ainsi comme il ny deuoit riēs adiouster, car il auoit trouue aage conuenable a la generacion denfans/ pour laquelle il adioustoit iceulx cent ans/ et autres la ou il ne les trouuoit aucunement. Mais nous cuiderions et a bō droit que celle chose de vigt ans peust estre aduenue par cas de mensonge ou de menterie. sil neust pense de les restituer apres ainsi comme il les auoit ostez parauant ad ce que le nombre de la somme saccors dast. Ou par aduenture sen doit estimer que ce fut plus cautement ad ce que icelle industrie fust celee par laqlle iceulx cent ans souloient estre adioustez parauant: et ostez apres comme la mesmes aucune

telle chose fust fcte nōpas certes de cēt ās mais de aucun petit nombre oste pauant et redu apres la ou il nestoit aucune necessite de ce faire. Mais en quelque maniere que ceste chose soit prinse soit q̄ sen croie ql soit ainsi fait, ou q̄ sen ne le crope pas Soit que finablement il soit ainsi / ou quil ne soit pas ainsi / ie ne doubte en quelque maniere quil ne soit fait droicturierement: en telle maniere que quant sen treue aucune chose discordable es vngz et es autres liures / puis que pour certain lune et lautre chose ne peut estre vraye a lintencion des choses demenees que sen crope mieulx a icelle langue, de laquelle la translacion est faicte p interpreteurs en autre langue. Car aussy il se treuue en aucuns liures cestassauoir en trois liures grecz / et en vng latin, et aussy en vng liure sprien. Lesquelz saccordent entre eulx que mathusale fut mort six ans auant le deluge.

⌈ De la pareilsete des ans qui coururent par ces mesmes espaces de temps es premiers aages par la maniere quil courent a present. xiiii.

OR soyons orendroit par quelle maniere sen puisse mōstrer clerement que les ans lesquelz le cours du soleil fait compter en sa vie tres longue, comptez de iceulx hommes: nōs pas estre si briefz, que vng nostre an fust dix diceulx, aincois ont este de aussy grā de longueur comme nous les auons a presēt. Car il est escript que le deluge fut fait ou sixcentiesme an de la vie de noe. Doncques se icelluy an tres petit / desqlz dix sont vng nostre a trente six iours/ pourquoy fist sen la endroit ces paroles et leaue du deluge fut faicte sur la terre ou six. c. an de la vie de noe, q̄ ou. xxvii.

f iiii.

iour du second mois. Quelle merueille
Car se icelui tantest de an ou petit an pist
ce nom p̄ sa coustume ancienne/ ou il na
pas moys: ou le mois dicelui est de trois
iours a ce q̄l ait pū. moys Cōmēt dōcq̄
est il dit icy ou .vii. c an ou xxvii. iour du
secōd mois/ sois pour ce q̄ les mois estoi
ent telz adōt q̄lz sōt a present. Car pour
q̄lle raison seroit il dit autremēt q̄ le delu
ge fust cōmēce ou .xxvii. iour du second
moys au premier iour dicesuy moys.
Donques se les moys estoient telz cōme
luge sē list aisi Et larche sarresta su les
mōtaignes de arath/ ou vii. mois. et ou
xxvii. iour dicelui mois/ mais seaue des
croissoit iusques a .xi. mois. et les couppe
aulx des montaignes apparurent a. xi
moys. Dōcq̄ se les mois estoiēt telz cō
nous les auōs maintenāt. Quelle mer
ueille: iceulx moys de trois iours ne pou
oient auoir xxvii. iours/ ou se la .xxx. p̄
tie de trois iour estoit adōc appellee iour
ad ce q̄ toutes choses soiēt diminuees p̄
p̄poicō: dōc icelui grant desuge ne dura
pas p̄ .iiii. de noz moys/ seq̄l desuge sē ra
compte auoir dure pl̄.iours et xl. nuys.
Qui est celui q̄ seuffre cesse aßsurdite/ a
ceste vanite: et pour ce soit oste ceste er
reur/ saq̄lle p̄ faulse cōiecture veult asser
mer aisi la foy de noz escriptures: assi q̄l
se la destruise ailleurs Sans doubte se
iour fut lors aussy grāt cōme il est mainte
nāt/ seq̄l iour xxiiii. heures determinēt/
p̄ se cours du iour a de sa nupt/ aussy grā
fu le le mois cōme il est maltenāt/ seq̄l sa lu
ne cōmecee et sinee cōclud. Et aussy grāt
fut sancōe il est maintenāt seq̄l pū mois
lunaires accōplissēt adioustez v.iours a
vng quart pour se cours du soleil/ duq̄l
an aussy grant/ cest assauoir se sixcēties
mes an de la vie de noe se mois second es
toit. et le xxvii. iour dicelui moys quant
le deluge cōmēca/ ouquel sont racōptees
grādes plueyes cōtinuees p̄ xl. iours/ les
quelz iours nauoient pas deux heures a

vng pou plus mais xxiiii. heures passe
ees ou accomplies par iour et nupt. Et p̄
ce iceulx anciens vesquirēt iusques a p̄s
de neuf cēs ans aussy grans cōe abraham
vesquit apres cēt lxx. ans/ a apres sui son
silz ysaac cēt quatre. xx: a iacob se silz de
icelluy ysaac pres de cēt et .l. ans. et aussy
grans cōe moyse vesquit sxx. xx. ans a
pres aucune aage passee/ et aussy grans
encoires comme les hōmes viuēt maste
nant lxx. ans ou quatre. xx. ou vng pou
plus/ desquelz il est dit que ce qui est pl̄
a oustre seur est labour a douleur. Mais
se ceste diuersite de nōbre des ans de saq̄
le se treuue entre les siures hebrieux les
nostres/ et laquesse ne se discorde pas de
ceste longue vie des anciens/ selle a au
cune chose si discordable que lune et lau
tre ne puisse estre vraye/ la verite des cho
ses faictes doit estre prinse de icesse laq̄ue
de laq̄lle ce que nous en auōs est interprete
cest a dire des hebrieux: laq̄lle sacuste cōe
elle soit preste a toutes gēs q̄ le veullent
Touteffois nest ce pas ce sās cause que
hōe na ose amēder p̄ les siures des hebri
eux ses choses diuerses/ leq̄ssee ses lxx
iterpreteurs sēblēt dire plusieurs choses
Car len ne cuide pas que ceste diuersite
soit mēsōge/ ne ie ne le cuide poit en quel
que maniere estre mēsōge/ mais il est a
croire la ou erreur descripuain nest pas q̄
iceulx lxx. iterpreteurs nōpas p̄ don de l
terpretās, mais p̄ frāchise de prophetisās
ayēt autremēt vousu dire, p̄ le diuin espe
rit aucune chose de sētemēt, la ou icelup sē
temēt seroit accordāt a verite, a preschant
ou disāt verite. Dōt a bō droit il est trou
ue q̄ sauctorite de sapostre a ce nō pas seu
lemēt diceulx hebrieux, mais aussy dy
ceulx lxx. iterp̄teurs: quāt il allegue les
tesmoignaiges des escriptures: mais iay
p̄mis a laide de dieu a p̄ler de ce apres pl̄
plainemēt en sieu plus cōuenable, ie desi
urerap orendroit ce q̄ approche/ car il nest
pas chose a doubter q̄ de icelup hōe, seq̄l

fut pmier engendre du pmier hõe/ätepzint auoir este establie quant iceulx hões viuoient si lõguemẽt. Cite dy ie toutesfois terriẽne/ nõpas celle laqlle est dicte la cite de dieu/ de laqlle ad ce q̃ nõ en escrisõs nous aions prins en main le labeur de cestre oeuure.

¶ Expoficion sur ce chapitre.

En ce.piiii.chapitre mõseigneur sainct augustĩ veult demõstrer q̃ es tẽps pmiers et es pmiers aages les ans estoiẽt aussi grãs cõe ilz sõt de pfent/ et en oultre q̃ la cõputaciõ des liures des hebrieux/ et de noz liures ne cõtienẽt pas grant diuersite. Et q̃ toutesfois ou il ya telle diuersite q̃ lune et laultre cõputaciõ ne peut estre vraye/ len sen doit rapporter aux liures des hebrieux/ desqlz noz liures furẽt translatez. Item q̃ ia soit ce q̃ es lxx.traslateurs lẽ treuue aucũe diuersite au regard des liures des hebrieux/ toutesfois hõe ne ose corriger/ pour ce sicõe il dit q̃ sa ou il na erreur des cripuain/ ce q̃ fut fait par les lxx. traslateurs ne fut pas fait p eulx cõe p iterpreteurs/ mais cõe pphetes et prescheurs p la bouche du sait esperit. pour ce que plusieurs croniqueurs se sõt efforcez de compter diuersemẽt et en diuerses manieres: et q̃ lẽ a trouue et treuue differẽce en plusieurs lieux/ et ont les vngz cõpte p olimpiades q̃ sõt mil ãs: sicõe methode/ les autres p eres q̃ vault autãt cõe chũ an. cõpt cesar epigua pmieremẽt le cẽs et est dit ab ere sicõe dit psidore/ ou xxxvi.chap. de sõ v.liure. les autres p olipiades/ q̃ estoient les cens q̃ se faisoiẽt a rõme.v.ãs en cinq ans/ et furent trouuez en grece en vne cite appellee elydein/ sicõme dit psidore ou trẽteseptieme chapitre de ce mesmes liure. les autres ont commence a cõpter du commencement du monde/ les autres de la creaciõ de romme/ et en plusieurs autres et diuerses manieres pour

nous en despecher tout a vne fois/ nous en dirons ce que nous en sentons/ et mettrons peine a les accorder au plus pres q̃ nous pourrons. Et apres ce que nous auons veu diligenmẽt et regarde les cõputacions de plusieurs croniqueurs/ nostre entente est de ensupuir loppinion deceulx desquelz lauctorite est greigneure/ et plus prouuable regettees les oppinions de tous les autres. Car sicomme dit monseigneur sainct augustin/ apres ou trentehuptiesme chapitre du dixhuptiesme liure/ ou il recite comment noe qui fut auant le deluge fut patriarche et prophete. Car sicomme il dist que larche quil fist/ et par laquelle il eschappa fut la prophecie de noz temps/ et enoc qui fut le septiesme apres adam/ prophetisa plusieurs choses/ sicomme appert en lepistre canonicque de saint iude. Et dist la monseigneur sainct augustin que la grant anciennete du temps q̃ rendit la chose suspecte affin/ q̃ lẽ ne dist choses suspectes/ faulses pour vrayes a fait que ces escrips et prophecies nõt poit dauctorite. Car len racompte aucunes choses que lẽ dist estre deulz par ceulx qui le croyent desordonneement et confuseement/ ou a tel sens comme ilz le veullent mettre. Et toutesfois cõtredient ilz aucunesfois a la saincte escripture q̃ est pardessus toutes autres escriptures/ et dauctorite et danciennete/ sicomme il le preuue ou chapitre precedent sedit trente huptiesme es deux chapitres subsequẽs Et pour ce monseigneur sainct augustĩ ou douziesme liure precedent ou.v.chapitre et es subsequens repreuue diuerses oppinions daucuns philosophes de leternite ou pardurablete du monde des hommes et des ames/ lesquelles choses ilz diẽt tousiours auoir este et nõ poit auoir eu de cõmecemẽt q̃lz nauiõt poit de fin: et aussi de la grãdeur et inumerable renouaciõ des tẽps et autres sẽblables erreurs

Et pour certain l'oppinion de aristote: et des autres semblables qui mettent que le monde a tousiours este et n'a point eu de commencement, et nompas seulemēt contre l'auctorite de la diuine escripture, mais aussy contre la raison des philosophes ou philosophie, sicomme il est monstre par plusieurs saiges philosophes en diuers traictez. Apres ceste faulse oppinion de aristote et de ceulx de sa secte vient l'oppinion de iusius firmicus ou commēcement de son troisiesme liure, lequel aucuns attribuent a hermes qui tient que de trois cens mil ans a trois cens mil ans se fait sa grant renouacion du mōde par conflagracion qu'ilz appellēt citosin, ou par le deluge qu'ilz appellent cathaclismum. A ceste oppinion ou a ceste erreur vient ce que l'en dit de la renouacion du grant an platonicque des planettes & de la huyptiesme espere. Laqlle chose ledit iulius ou proesme de sō premier liure dit qu'elle se fait en mil quatre cens lxi. an. Mais macrobe en son liure de somnio scipionis dit qu'elle se fait de quinze ans en quinze ans, les autres y mettent trente six ans. Et semble que ou liure qui s'appelle in thimeo platonis assez pres du cōmencement il vueille sōner vne telle chose. Car il dit que vne cite de egypte appellee says fut fondee neuf mil ans auāt que athenes, et qu'il y eut plusieurs religiōs ou royaumes tres grans oultre les lieux que nous appellons les colompnes ou gaddes de hercules, lesquelles furēt touteffois en mer. Il y a autres oppiniōs d'autres oultre ceulx cy qui n'ont raison fondement ou psuasiō, et pour ce tout ainsi cōme elles sont folement et legieremēt escriptes tout ainsi sont elles legieremēt a condāner. Car albumasar ou .iiii. traite de son liure des grans coniōctiōs en la derniere difference met q'il y a couru du cōmēcemēt du mōde selō aucūs mil fois mil milliers neuf cēs. m. milliers lxxiiii

mil milliers. iii. c. mil & plſ. mil. & ix. c. āns & xxxviii. āns de ceulx p̄ de plſe auec .iii. cēs & plſiiii. ioure Et touteffois lui mesmes en sō p̄mier traitte en la premiere differēce, pour enq̄rir le tēps des reuolutiōs de la cōionctiō de saturne & de iupiter escript .iii. cēs & lp.m ās. et selō aucūe oppiniō .iii. c. lpviii.m. Et apres alsi cōe il vousist dire q̄ adā ne fut pas cree au cōmēcemēt du mōde, il met q̄ entre adā et le deluge eut ii. mil. ii. c. xxxvi. ans viii. mois et xxiiii. ioure q̄ est vne oppiniō siguliere: a quoy ne saccordēt q̄lcōq̄z docteurs solēnelz. Apres marcian, ou plogue de son astrologie afferme q̄ astrologie regna en egypte p l'espace de plſ.m. āns: les autres diēt c. m. āns, sicōe mōseigñr sainct augusti le recite & repreuue ou pl. chap. du xviii. liure. Et e rechief solin en sō liure de mirabilibz mūdi ou chap. faisāt mēciō des prices du derēcle q̄ liber pater: q̄ fut le p̄mier q̄ eut victoire des ī dies ētra en inde auāt q̄ alexandre le grāt vi.m.iiii.c.li. an. & plſ sies. & autres choses recite mōseigñr sainct augusti du royaume des assyriē & des psienē & macedoniens, lesquelles apres ce qu'il les a recitees il les a repreuues cy dessus en xi. chap. du xii. liure. Toutefois il est certaī q̄ la cōmune doctrine cōtre les oppiniōs dessusdctēs met q̄ le mōde a eu cōmēcemēt, et q'il fut fait en certain tēps certains ioure auāt la creaciō de adā. Et depuis successiuemēt pas q̄ nō9 ont este reuelez p les diuines escriptures, car il se tieue ou .v. chap. de gen. q̄ adā en l'aage de cent et trente ans engendra seth. Seth en l'aage de cent et cīq ans engendra enoc. Enoc en l'aage de quatre vingz ans engendra capnam. Et luy en l'aage de lxx ans engēdra malaleel. Malaleel en l'aage de soixante cīq ans engendra iared. Iared en l'aage de soixante deux ans engendra enoc. Enoc en l'aage de lxv. ans engendra mathusale. Mathusale en l'aage de cēt quatre xx. vii. āns ēgēdra lameth

Lamech en l'aage de cēt.iiii.pp.⁊ deux ās engēdra noe. Noe en l'aage de.v.cēs ās engēdra sem: et ou.c.an ensuyuant fut le deluge vniuersel. sicōe il appt ou vi.chap. de genesis. leql deluge fut vi.c.lvi. ās apres sa creaciō du mōde. Et ensupuāt la verite des liures hebrieup et la trāslaciō de mōseignr sainct ierosme de laqlle vse ainsi cōe tout le peuple crestiē Et laqlle en ce et en toutes autres choses q̄ nous entēdōs a dire: no⁹ entēdōs a ensupuir. Aps bede rabanus. ⁊ les cronicqueurs latins q̄ les ont ensupuis qui sōt venus apres/ ne nous muons poit pour ce se selon la trāslaciō ou a plus vrayemēt dire selō la ppheticque edificaciō de lpp. trāslateurs laqlle tiennēt et ensupuēt. eusebius. oracius psidorus/ et plusieurs autres/ L'en dit q̄ adā auoit deup cēs.pp.ās quāt il engēdra seth. Seth deup.c.⁊ v.quant il egēdra enoc. Enoc cēt.iiii.pp.⁊ v.qāt il engēdra caynā. Cainā cēt lpp.quāt il engēdra malaleel. Malaleel cēt lpv.quāt il engēdra iareth. Iareth lppii.quāt il engēdra enoc. Enoc cēt lpv.quāt il egēdra mathusale. Mathusale cēt lppvii.quāt il engēdra lamech. Lamech.iiii.pp.⁊ viii. ās quāt il engēdra noe. Noe.v.cēs q̄uant il engēdra sem son filz. Et en l'anee ensuyuant q̄ fut le vi.c.an de noe fut le deluge leql selō les liures des hebrieup fut en lā ii.mil.ii.c. pvii. selō les lpp.translateurs ou selō les liures q̄ sen auoit cōmunemēt lors ou tēps de mōseigneur sainct augustī il fut lan.ii.mil.ii.c.lpii. sicōe dit mōseigneur sainct augustī ou.pp.chap. du pv. liure de ceste oeuure. Et est la cause de ceste sōe: pour ce selō la cōputaciō des hebrieup/ auāt q̄ mathusale egēdrast lamech il ya iiii.pp.⁊ vii.ās. desqlz aucūs translateurs nōt riēs voulu diminuer/ ia soit ce q̄ des lpp. iterpteurs diēt q̄ quāt mathusale engēdra lamech il auoit seulemēt cēt lppvii. ās. Mais certes ces choses ne no⁹ remuēt poit de ntē oppiniō car cōe ces lpp.

trāslateurs diēt q̄ apres ce q̄ mathusale egēdra lamech/ il vesqt.iiii.pp.⁊ ii ās. il sēsupt q̄l eust vescu piu.ās aps le deluge laqlle chose mōseignr. s. pierre dit en son epistre canonicque/ que en l'arche de noe eut sauuees ⁊ pseruees. viii. psōnes tant seulemēt: entre lesqlles. viii. psōnes mathusale n'est poit cōpte. et ceste assertiō et affirmaciō met l'eglise deuāt toutes autres cōe pl⁹ solēnelle. sicōe dit mōseignr saict augustī en pi.chap. de ce liure. Car puis q̄ l'appt q̄ en ce les lpp.trāslateurs se discordēt manifestemēt de la vite des liures des hebrieup: lē se doit pl⁹ arrester a l'original q̄ au trāscript de icelup/ sicōe mōseignr sainct augustī mesmes assez demōstre. et dit ou piii.⁊ en ce piiii.chap. de ce liure. Et beda en son liure de tpibus es lpvi.et lpvii.chap. Et raban⁹ de pprietatibz rerū: ou piii.chap. du p.liure. Et iosephus ou tiers chap. de ce premier liure. Vicēt ou. iiii.pp.viii.chap. du vii. liure du miroer hystorial. Et nicolas trauet ou cōmecemēt de sa cronicq̄ ou sōt ses annotaciōs ⁊ plusieurs autres. Car les lpp trāslateurs firēt leur trāslaciō ou tēps de ptolomeus philadelphis roy d'egipte Leql cōmēca a regner enuirō iiii.m.vi.c.et lpp.ās apres la creaciō du mōde. Et de ce escript moyses en sā q̄ les enfās d'israel yssirēt d'egypte q̄ fut.ii.mil.iiii.c.lii.ās apres sa creaciō du mōde/ sicōe il sera dit cy apres. Et ainsi le dit original de moyse pceda la trāslaciō des lpp.trāslateurs p mil.ii.cēs piv.ās a tout le moins. et en tel cas les plus anciēnes escriptures sōt de plus grāt auctorite: ⁊ de plus grāt approbaciō. Et pour ce et nōpas sās cause la computaciō de moyse va auāt l'oppiniō des lpp.translateurs q̄ furent apres luy quant a l'hystoire des choses qui furent faictes en son temps. Sicomme monseigneur sainct augustī le dit cy apres ou pliii.chap. du pviii.liure: ou il parle de la pphecie de ionas contre la cite de Niniue.

Et doit sen croire que tout ce q̃ est autrement contenu en la transsation des lxx. translateurs fut dit en mistere de pphecie: & p maniere dunentedement secret & latet / sicõe mõseignr saict augustĩ le dit mesmes en ce pviii. chap. eviro ou millieu: & ou pxviii chap. de ce liure apres le millieu / mais ce q̃ selõ aucue hpstoire sen dit q̃ methodius martir adiousta cent ans p lesqlz adã ploura abel auant qil engedrast seth / et q̃ pour ce moyses les laissa a mettre ainsi cõe as de pleur et nen tint compte / cest chose toute icertaine, nõpas seulemet quãt a la verite de la sentece / mais aussy quant au liure / et quãt a sauctorite du composeur / cest assavoir de moyse q̃ plus est a pfer absoluement / ce ne doit mouuoir que aucũs hebricup ont pris le commecement de sã du moys de septēbre qlz appelloient thiseri ou ilz cõmecēt leur an / pour cause de sauuer le cercle de. pip. qlz appellēt cictũ denouale / et sa solennite de pasques laquelle en sa limitãt a certaines iournees / ilz faignēt deuãt sa creacio de adã ũng an ou demp an ymaginatif, lequel ilz appellēt sã de vanite / & pour ce sen ne doit tenir compte cõe de chose vaine et nõ digne / car pour venir a leur compte / ilz prennēt pour chũn mois ppip. ioures / sãs les fractios minuees / & aussi leur an a deux cēs. liiii. ioure Et af fin q̃ leurs ãs lunaires saccordēt aucunemet aup ans solaires ou du soleil en faisãt ũng cercle ou circuite de pip. ãs q̃ sen appelle circulũ: Ilz adioustēt a chũn an ũng moys / cest assauoir au tiers au vi. a. viii. a. pi. au. piiii. au. pvii. et au :pip. Et ces moys ilz appellēt le secõd adar / cest adire feurier q̃ est le piii. mois en chacun des ãs dessusdis, lequel an ilz appellēt anũ abolismalē: q̃ cõtiēt trois cēs iiii. pp et. iii. ioure. lesqlz pip. ãs cõtiēnēt autãt cõe pip. ãs du soleil ou solaires: cest assauoir vi. m. ip. cēs pppip. ioures et aucues heuree Mais aussy le dit de aucũs q̃ dit q̃. p. ãs sõt pris pour ũng: mõseignr saict

augustĩ le recite ou pii. chapitre de ce. pv liure. et le repreuue clerement en ce. piiii. chapitre disant que les iours les moys & les ans es premiers aages: et es prmiers temps / estoient telz cõe ilz estoient a present, et fait ce qil escript ou pii. liure en pi chapitre contre les egipciens qui disoient que iadis les ans furent de quatre moys tant seulement / et pour ce sen peut bien, conclurre que les ans commēcerēt ou moys de mars / affin q̃ lordonnance des temps laquelle met sa saincte escripture se continue sans quelconque diuersite / ou autremet il sensuiuroit que quãt les filz disrael psirēt degipte il y eust vacaciõ de temps an / pour ce que sicõe il est dit epodi. pii. c. Les enfans disrael eurēt cõmandement que ce moys de mars appelle nisem leur fust le cõmencement de lan. Finablemet apres tãt doppinions diuerses cõtraires regettees nous pouons conclurre selõ la sentēce de mõseigneur saict augustĩ qui met ou pl. chapitre du pviii. liure de la cite de dieu / ou il dit ainsi. Cõe depuis la creacion du premier homme qui fut appelle adam qui vault autant adire cõe terre rouge, ou orbis terre selõ sa diuine escripture ne soiēt pas accõplis ecores vi. mil ans, cõment ne sont a mocquer / ou q̃ plus est a reboutter ceulp q̃ sefforcēt de admonester choses si contraires et si diuerses a la verite de lespace et nombre des temps car sicõe il dit / au ql de ceulp ilz racomptēt les choses passees croirons nous mieulp que a celui q̃ anõca les choses a aduenir. lesqlles nous voyons ia presentemēt / car la discordãce des hpstoriographes nous euure la voye que doyons auant croire a celuy qui ne repugne point a la diuine escripture et hpstoire q̃ nous tenõs: mais q̃ plus est ne doubtõs poit q̃ ce ne soit chose tresfausse tout ce q̃ se dit alecõtre. Et ce sõt les pos̃les de mõseignr saict augustĩ ou lieu dessalleguee Maintenãt en venãt a declairer lordre des tēps ēsuiuãs le deluge nous diſons ſeſon lune et lautre trāſlacion ceſt aſſauoir ſelon monſeigneur ſaint ieroſme τ des ſpp. interpreteurs q̄ ſen enſaage de cēt deux ās apres le deluge engendra arphaxat ſicōe il ſe treuue en .pi. chapitre de geneſis. et entēdons ces deux ās cōpte et encloſ iceſui an du deluge: car le deluge dura p̄. pſ. iours tāt ſeulemēt: ſicōe il ſe treuue ou .bii. chapitre de geneſis. et cōe ce deluge fuſt ou .bi. an de noe. ſicōme il appt ſa meſmes, τ q̄ noe en ſaage de .bi. cēs ās engēdra ſem: ſicōe il appt p̄ ſe .b̄. chap. de geneſis, et q̄ ſem auoit cēt ās quāt il engēdra arphaxat: ſicōe il eſt eſcript gen. pi. c. Il appt bien q̄ ou pmier an enſuiuāt ſā du deluge arphaxat fut ne non pas ou ſecōd an enſuiuāt q̄ euſt eſte le tiers an. Et pour ce ſa trāſlacion des ſpp. trāſlateurs dit q̄ il fut ne ou ſecōd an apres le deluge: ſicōe dit monſeigneur ſainct auguſtin cy apres en pi chap. du pbi. liure. Touteſſois pour ce q̄ a arphaxat ſe cōmencerēt de rechief a diſcorder ſes trāſlateurs en enſupuāt la berite des hebrieux τ les peres τ docteurs deſſ' alleguez: no diſons q̄ ſicōe il ſe treuue geneſis pi. ca. Arphaxat de ſq̄t xxxbiii. ās. et engēdra ſale. leq̄l apres ce q̄l euſt beſcu .c. ans engēdra heber. q̄ apres ce q̄l eut beſcu trēte ās engēdra phaſech, q̄ apres ce q̄l eut beſcu trēte ās engēdra rehu. q̄ apres ce q̄l eut beſcu xxxii ās engēdra ſaruch / qui apres ce q̄l eut beſcu trēte ās engēdra nachor / qui apres ce q̄l eut beſcu xxix ans engēdra thare. q̄ apres ce quil eut beſcu ſxx ans engēdra abram. Et ia ſoit ce q̄ ce temps apres le deluge ſemble contenir iii cēs ſpbii. ās. et de la euſebius et auſſy les autres cronicqueurs: ſicōe dit monſeigneur ſainct auguſti cy apres es pb. et pp̄b chapitres du pbi. liure courēt cōmunemēt iiii. cēs τ trēte ās iuſq̄z au tēps q̄ le peuple dyſrael yſſit degypte: ou q̄ la loy fut dōnee a moyſe: ſicōe il ſe treuue epodi xii ca. et ad galathas iiii. touteſſois nous ſēble il q̄ de la ſōe deſſuſdicte ſōt a oſter le pmier τ le dernier an / ie dy ſe premier an ouq̄l fut ſe deluge. pour ce q̄l eſt ia cōpte ſōt euiron mil .bi.c. ſpbi. ās du pmier aage. τ ſe dernier eſt auſſy a ſouſtraire et oſter / pour ce q̄ la pmiere pmeſſe ne fut pas faicte a abraham ou dicte .lb. an de ſon aage quāt il bit en la terre de chanaā: mais auāt quāt il eſtoit a meſopotamie de ſyrie auāt q̄l demouraſt au taire : ſicōme il ſe treuue actuū pii. ca. τ iudith .b. ca. Et ces choſes declaire monſeigneur ſaict auguſtin cy apres ou pbi. et pbii. chap. du pbi. liure. Nous ioindōs donc au pmier aage ſans lan du deluge iuſq̄z a la pmeſſe premierement ſcte a abrahā. iii. c. ſ pb. ās. et de lan iiii. c. τ xxx/ iuſques a tāt q̄ le peuple des hebrieux yſſit degipte / ou au moins nous ēctoirōs en ces iiii. c. trēte ās ſe ſ pb. an de laage dabrahā. τ ainſi depuis adā nous aurōs. ii. m. iiii. c. fi. an. Et le pb. iour enſuiuāt le peuple diſrael ſe cōmēca a depar̄tir degipte, ſicōe il ſe treuue epodi pii. ca. et iiii. c. iiii. pp̄. ās apres: ſalomon cōmēca a edifier ſe tēple en iherm̄: ſicōe il ſe treuue primi regū bi. ca. τ bii. et .ii. paſipomenon iii. ca. Et ainſi ſe tēple de ihrlm̄ fut ſōde ſelon la berite des hebrieux. ii. m. ix. c. xxxi an apres la creaciō du mōde. Touteſſois ſelon la trāſlaciō des ſpp. trāſlateurs τ ſelon euſebe. τ les autres cronicqueurs il en cy pluſieurs bariaciōs. car les ſpp. iterp̄teurs dict q̄ en ſaage de cēt xxxb. ās engēdra capnan: duq̄l capnā pſe auſſy ſa ſaicte eſcripture fuce. iii. c. Et monſeigneur ſait auguſtin cy apres ou. iiii. τ pii. chap. du pbi. liure. Combien que la ſaicte eſcripture ne pſe poit: mais ſe treſpaſſe ſicōe il appt geneſis. pi. ca. et paſipomenō. i. ca. Et ſēble treſpas / ou deſaiſſemēt auons nous mathei. i. ca. ou apres ce q̄l a nōme ioram̄ il treſpaſſa trois roie. De rechief ſelon les ſxp trāſlateurs capnā en ſaage de pxp ās engēdra ſale: leq̄l ſale apres ce q̄l euſt beſcu cēt xxx. ās engēdra heber. heber en ſaage de cēt xxxiiii ās: engēdra phaſech. phaſech en l'aage de cēt xxx ās: ēgēdra nachor. Nachor en l'aage de cēt xxx ās: engēdra rehu Rehu en l'aage de cēt xxxii. ās: engendra saruch. Saruch en l'aage de lxxix ās engendra thare. Thare en l'aage de lxx ās ēgēdra abrā. Et ainsi a prēdre du deluge iusques a la natiuite de abrā auroit mil et lxxii ās. et ce mesmes en escrirēt et recitāt Bede et hugue de sainct Victor. Toutesfois Bede adiouste que les cronicques des grecz, c'est assauoir eusebe et ceulx q̄ le nōme en son canon s'efforcēt de ramener sordre des generaciōs a l'auctorite des ebrieux.p/oste cayna et ses cēt xxx ās. et donnēt au secōd aage du deluge iusques a la natiuite de abrā iic̄s xlii ās. Les qlz ysidore ensuiuy: sicōme il appt ou xxx chapitre du liure de ses ethimogies. De rechief il par variacion ce tēps esqlz apres l'issue degipte ou apres moyse iosue tosa et ayason qui fut successeur de hesebon, et hely et samuel iugerēt le peuple disrael et que saul et dauid regnerēt, et commēt sen cōpte les tēps des seruitudes du peuple dysrael ou inclusiuement ou exclusiuement auec les tēps de diuers iuges. Mais quāt a me matiere et propos il n'est pas necessite encoires de discuter plus auāt de ces choses/cōe tous soiēt d'accord cōe dessus est dit q̄ en l'an.iiii.c.iiii.xx.a prēdre de l'issue degipte salomō sōda et edifia le tēple de iherusalē, et pour ce que es ditz.iiii.c.iiii.xx. ās est enclos l'an que le peuple disrael se ptit degipte, et aussi est enclos l'an de la sōdacion du peuple quāt au cōmencemēt de l'an/sen peut cōclure p ce que dessus est dit que ce fut.ii.mil ix cēs xxxi. an a prēdre du cōmencement du monde. Et pour ce que les textes dessus asseguez dient que ce fut le quart an du cōmencemēt du roy salomō: ou mois qui est appelle zio. q̄ est le secōd moys de l'an. lequel est autrement appelle iar. Et salomon regna.xl. ans. sicōme il se treuue iii.regū.xi.cap.et.ii.palipomenō.ix.ca.

Il appt que de la il demeure des.xl.ans du royaume de salomō.xxxvi.ās.et pl' de dix mois. De rechief son filz roboā regna.xvii.ās sicōme il se treuue.iii.regū. xiiii.ca.et scdō palipomenō.xii.ca. Abya qBit apres lui en regna.iii. sicōe il se treuue.iii.regū.xv.ca.et scdō palipomenō xiii Asa.xli.sicōe il se treuue.iii.regū.xv.ca. et scdō palipomenō.xiiii.cap. Josaphat xxv.sicōe il se treuue.iii.regū.xv.ca.et scdō palipomenō.xx.ca. Joram viii.ās.sicōe il se treuue.iiii.regū.viii.ca. Occosias vng an: sicōe il se treuue.iiii.regū.viii.ca. et es subsequēs/et scdō palipomenō.xxii ca. Athalia vi.ās.sicōe il se treuue.iiii.regū.xi.ca.et scdō palipomenō.xxii.ca. Joas.xl.ās.sicōe il se treuue.iiii.regū.xii.c. et scdō palipomenon.xxii.et.xxiiii.cap. Amazias xxviii.sicōe il se treuue.iiii.regū.xiiii.ca.et scdō palipomenō.xxv.ca: Azarias lii.ans.sicōme il se treuue iiii.regū.xv.ca.et scdō palipomenō.xxvi.ca. Joathas xxvi.ās.sicōe il se treuue.iiii.regū.xv.ca. et scdō palipomenō.xxvii.cap Ezechias xxix.ās.sicōe il se treuue.iiii. regū.xix.ca.et scdō palipomenō.xxix.c. Manasses lv.ās.sicōe il se treuue.iiii.regū.xxi.ca.et scdō palipomenō.xxxiii… Amon deux ās.sicōe il se treuue.iiii.regū et scdō palipomenō.xxxiii.c. Joas trois ās.sicōe il se treuue.iiii.regū.xxiii.ca.et scdō palipomenō.xxxiii.ca. Elyachi xi ās. sicōe il se treuue p ce q̄ nous auōs dit autresfois/et si se treuue.iiii.regū.xxiii. ca: Joachī trois moys et.x.ioures. sicōe il appt.i.palipomenō ca. El tio.t.i.esdre.iii ca. No' auōs dōcq̄s p ces choses.iiii.cens xxx.ās p fais et v.mois p dess'. Lesquelz mois ioīgz auec ses pcedes sōt.iii.m.iii. cēs lxii.ās: nōpas qplet/ouq̄l le tēple de iħrlm̄ q̄ auoit fait salomō fut ars.ne ny fait riēs eq̄ ses lxx.trāssateurs diēt q̄ amō regna xii.ās cōe il ne regnast q̄ deux tāt seulemēt: sicōe nous auōs dit cy dess' pour ce que en tant comme touche la ve rite de lhystoire len doit plus adiouster de foy aux originaulx des hebrieux. Ité ce q̃ rabi dauid escript sur le piiii chapitre du liure des roys / ou il ple du tẽps du roy amasie. Et dit q̃ de la fõdacion du tẽple de salomõ / iusq̃s ad ce quil fut ars et destruict coururẽt. iiii. c. xpix ãs et six mois nest en riẽs cõtraire a nr̃e oppiniõ / car il delaisse les p. moys du quart an de salomon. Et se lẽ dit q̃ le tẽple fut ars le. Bii ou p. iour du B. moys / sicõe il se treuue quarto regũ Bl̃ tio capitulo. a ainsi nous aurõs Bng an a pl' de auãtaige a superflu. Len peut respõdre q̃ le dernier an du royaume desyachin fut: annus absolismatis cest a dire le Bi. du cercle q̃ est appelle ciclꝰ a la est remis ce moys q̃ sẽble estre daõdãt, car cõe dess' est dit ilz faisoiẽt leurs arses de pix ãs. Esq̃lz en certais ãs ilz adioustoiẽt certais moys: affin de garder leur pasq̃. car ilz ne la faisoiẽt poit audẽdredy ne a certais autres iours. Toutes fois noꝰ nẽtendõs pas a presẽt a traitter cõe ses tẽps des royaumes de iuda a dysrael se peuẽt accorder. car ceste chose requerroit et requert Bne ppre operaciõ a Bng ppre traitte. Dernieremẽt q̃ le tẽple fut ars pour accõplir sã, demeurẽt Bi. moys et xpi. iours ou enuirõ. Et de la mõseignr̃ saict ierosme, eusebiꝰ a ceulx q̃ les ẽsuiuẽt cõtẽt iusq̃s a lincarnacion de nr̃e seigneur iesucrist Bi. c. iiii. xx. ix ans: lesq̃lz adioustez aux ãs et moys precedẽs accõ plissẽt et psõt le tẽps de .iii. m. ix. c. li. an et au cõmecemẽt de lan ensuiuãt fut lincarnaciõ de nr̃e seignr̃ Et ẽ ce noꝰ ensuiuõs la calculaciõ de bede q̃ dit q̃ nr̃e seignr̃ iesucrist fut ne la iii. mil ix. c. lii a predre du cõmecemẽt du monde / sicõe nyco las trauet le racõpte en ses ãnotaciõs sur lan iii mil lxxBiii a sur lã iii mil iiii. xx et deux. et sur lan trois mil deux cens a huyt. Lequel touteffois y adiouste Bng an pour ce qĩl erra en la natiuite darphaxat: sicõe noꝰ auõs dit. Et bede aussy en

son petit liuret q̃ fist de tpibz dit q̃ nr̃e seignr̃ fut ne iii mil et lii. ãs accõplis / ne il ne declaire nõ plus auãt, cestassauoir sil fut ne en icelui iii. an, ou en lan ensuyuãt et ia soit ce q̃ rabbi moyses et les autres iuifz q̃ lõt ensuiuy du tẽps q̃ le tẽpse fut ars, iusq̃s a la derniere destructiõ faicte p tytuys cõtẽt iiii. c. xpp ãs tãt seulemẽt: touteffois faillẽt ilz de cẽt iiii. xx a p. ãs sicõe il appt p ceulx q̃ firẽt les hystoires des papes et aussy des crestiẽs l'oppiniõ desq̃z ptholomeꝰ ensuit ou cõferme en sõ almageste en plusieurs lieux: en calculãt ou comptant aucunes eclipses notables et ce souffise quant a present

C Assauoir mõ se cest chose a croire que les hommes du premier aage ayent este continẽs: iusques a l'aage que len tiẽt q̃z engendrerent ses enfans   pB

Aucun dõcques dira, est ce dõcques chose creable q̃ hõme qui a engẽdre enfãs, et q̃ na pas p pos de estre cõtinẽt soit tenu de habiter auec sa fẽme cent ans a plus. ou selon les hebrieux iiii xx lxx ou lx ãs a nompas grãmẽt mois / ou sil ne se abstenoit pas q̃l nait peu engẽdrer aucũe lignee. Ceste q̃stiõ est solue en deux manieres / car ou laage a engẽdrer fut plꝰ tardif p pporciõ de tãt cõe la Bie estoit plus grãde de ãs: ou ce q̃ ie Boy estre plus creable les filz aisnez ne sõt pas racõptez icy: mais ceulx p lordre de la successiõ requiert ad ce q̃ on Bit iusq̃z a noe Duq̃l de rechief noꝰ Boyõs q̃ sen est Benu a abrahã / et depuis iusq̃z a certaine article de temps / tãt cõe il appte noit de assigner a nombrer le cours de la glorieuse cite / laq̃lle fait sõ pellerinaige en ce monde en desirãt le pays souuerain Jcelluy cours mesmes dy ie estre signifie mesmes p les generaciõs dess' racõptees car caym fut le premier ne de touz. p cõioncntiõ de masle a de femelle. laq̃lle chose ne peut estre nyee. pour ce q̃ quãt il fut ne adã neust pas dit ce que len fist qui dist:

cestassauoir iay acquis homme de p dieu se icelui cayn par naistre neust este adiouste a iceulp deup adam et eue. Abel leql ensupuit premier icelui cayn/ a leql icelui cayn son frere aisne occist/ mostra pmier par vne maniere de prefiguracion ou figure precedente de la cite de dieu pelerine cest adire que icelle cite de dieu souffriroit persecucios et felonnies des mauuais au cunement terriens/cest adire qui aiment la naissance terrienne et qui sesiouyssent par la felicite terrienne de la cite terriene. Mais il nappert pas quans ans adam auoit quat il engedra iceulp cayn et abel. De ce sont diuisees les generacios les vnes de cayn/les autres de celui lequel adam engendra en la succession dicelui abel/ lequel son frere occist. et appella le nom dicelup seth en disant sicome il est escript. Certes dieu ma ressuscite vne autre semence en lieu de abel lequel cayn a occis. Et ainsi ces deup ordres de generacions lune de seth. lautre de cayn/ demonstrent par ordre distinctes ces deup citez desquelles nous traictons:lune celestiene qui est pelerine en terre. lautre terrienne entendant ou soy adioingnant aux iopes terriennes. et ainsi cõe sil nen fust nulles autres/ quant elle nõbre ou compte auec adam iusques a shuptiesme generacion. Nul de la generacion de cayn nest exprimee quans ans il auoit quant il engendra celui qui est nõme apres/ car lesperit de dieu ne voult pas notter ou copter les temps es generacione de la cite terrienne auant le deluge. mais voulut mieulp notter iceulp temps es generacions de la cite celestienne/ ainsi cõe icelles generacions fussent plus dignes de memoire. mais certes sen ne tait pas quãt seth fut ne quans ans auoit sõ pere adã mais icelup adam auoit ia engendre autres filz. Et qui est celui qui ose affermer sil auoit engendre cayn et abel tant seulement. car il ne doit pas sembler estre chose consequent que iceulp cayn, et abel fussent sois seulz engendrez de adam pour ce qui sont seulz nõmez pour les ordres des generacions:lesquelles il conuenoit racõpter. Car cõe sen list que adam engedra filz et filles en couurant cel cement le nom de tous. Qui est cesluy qui escheue la coulpe de sote empeunse; qui ose affermer cõssien grande ait est ce ste lignee de adam. Quelle merueille. Car adã admõneste de dieu peut dire apres ce q seth fut ne. Certes dieu ma resssussite autre semence pour abel/ pour ce que icelup seth estoit a estre tel ql espiroit la saictete dicelup abel/ nompas pour ce quil fust ne le pmier apres icelui abel p ordre de tẽps: apres ce qui est escript q seth vesquit deux cens et cinq ans:ou cẽt cinq ans selon les hebrieux et engẽdra enos. Qui est celui qui puisse affermer sil nest mal aduise q icelui enos fut le premier engẽdre dicelui seth. Ad ce que en nous esmerueiffãt nous demandons a bon droit/ cõment icelup seth fut franc de coulpe charnelle p tant de ans sans auoir aucun ppos de cõnince. Ou cõe lui marie par tãt de ans il nait pas engendre quãt pour certain sen list ql engendra filz et filles. Et surent toutes les iours dicelui seth neuf cens douze ans/ lors trespassa. Et ainsi apres ceulp desquelz les ans sont racõptez sen ne tait point qlz ayent engẽdre filz et filles. Et p ce il nappert point entierement du tout se celui qui est nõme engendre, fut le premier engendre, ce nest pas chose croyable mais au cõtraire cõe q ces peres neussẽt pas aage de puberte/ et p ce fussent non puissans de engendrer / ou qlz ne fussẽt point mariez/ou neussẽt nulz enfãs par si lõg aage:aussy nest ce pas chose a croire que ceulp q sont nõmez fussent les premiers nez. Mais cõe lescripteur de la sacte escripture/ cest assauoir moyse par les successions des generacions es tẽps designez entẽdist venir a la naissance et a la hie de noe ou te(m)ps duquel le deluge fut fait / pour certain il racompte des generacions ou successio(n) / nompas celles q(ue) les premiers eurent premierement: mais celles q(ui) so(n)t uenues en l'ordre de la lignee Je entreposeray aucune chose par maniere de exemple par quoy ceste chose appert plus clereme(n)t affin q(ue) aucun ne face doubte que ce que ie dy puisse auoir este fait. Sainct mathieu leuangeliste qui ueult racompter sa generacion charnelle de nostre seigneur par l'ordre des pares: ou des peres. Et quil commenca a abraham pere et entendoit ad ce quil uint premierement a dauid / icelui euangeliste dist en ceste maniere. Abraham dit il engendra ysaac pourquoy ne dit il ysmael. lequel abraham engendra premierement. Et apres dit ysaac engendra iacob / pourquoy ne dit il esau lequel fut son premier filz. Ce fut pource quil ne peust uenir a dauid par iceulx ysmael et esau / il se suyt apres. Et iacob engendra iudas (et) ses freres et ne fut pas iudas le premier engendre. Judas dit il apres engendra phares et zaram de thamar ne aucun diceulx iumeaulx ne fut premier enge(n)dre de iudas mais en auoit ia engendre trois auant eulx Et ainsi icelui euangeliste touche en l'ordre des generacions ceulx par lesquelz il uint a dauid / et de dauid la ou il e(n)tedoit a uenir. Par quoy len peut entendre q(ue) aussy les hommes anciens auant le deluge furent racomptez nompas les premiers engendrez. mais ceulx par lesquelz l'ordre des generacio(n)s ensupuans fut menee iusques a noe. Affin q(ue) la questio(n) obscure nompas necessaire de la tardiuete ou longue demeure de laage diceulx co(n)uenable a engendrer ne nous trauaille.

¶ Exposicion sur ce chapitre.

EN ce p(rese)nt chapitre monseigneur sainct augustin fait une question (et) dema(n)de pourquoy les hommes du premier aage qui furent auant le deluge se tindrent tant de marier comme par cent ans A la quelle question il fault double responce / l'une car il dit que de tant comme la uie estoit plus longue: de ta(n)t estoit sage denge(n)drer plus tardif. La seconde est car sicomme il dit: les enfans premiers nez ne furent pas co(m)ptez ne mis en escript. mais ceulx tant seuleme(n)t que l'ordre de sa generacion requeroit / ad ce que par successio(n) len peust uenir iusques a noe. Et ceste cause ou raison il appreuue / (et) par ceste seconde responce aucuns ont uoulu que la longueur de la uie de lors estoit ainsi co(m)me par miracle, mais la premiere respo(n)se est au co(n)traire. Et pource il se(m)ble q(ue) mo(n)seigneur sainct augustin s'arreste plus a ceste derniere oppinion que a l'autre comme il appert par le texte

¶ Du droit des p(re)miers mariages. lesquelx iceulx premiers mariages eurent difference des matrones et femmes qui les ensuyuirent. p(ar)Xi

DOncques apres la coulpe de l'o(m)me fait de pouldre ou de terre / et de sa femme faicte de la coste de l'omme l'humain lignaige eust mestier de conionction de masle et de femelle. affin quil fust multiplie et nulz autres hommes ne fussent fors ceulx qui estoie(n)t nez de iceulx deux adam (et) eue, les hommes prindrent leurs seurs a femme laquelle chose pour certain de tant quelle est plus ancie(n)ne par necessite qui les co(n)traignoit ad ce: de tant est elle plus damnable par religion / laquelle la deffend Car la raison tres droitturiere de charite est telle q(ue) les hommes ausq(ue)lz concorde estoit proufitable et honneste fussent assemblez (et) co(n)ioingz par liens damisties diuerses. affin que ung n'en eust pas plusieurs en ung mais fusse(n)t espandus p(ar) une chose a ung

m i.

chūn cest adire q̄ chūn en eut v̄ne. Et par ce plusieurs amistiés tinssēt plusieurs a la vie cōpaignable actuelle plus diligēment. Quelle merueille: le pere et le frere sōt moins de deux admistiez. Doncq̄z ad ce q̄ chūn ait autre, seq̄l soit son pere, charite se eppāt en plus de lieux, mais adā tout seul estoit cōtraīct destre lun̄a lautre et a ses filz et a ses filles, quāt les freres et les seurs estoiēt conioīgz p̄ mariage, et aussy estoit eue socrus et mere de lun et de lautre seye de ses enfās, laq̄lle eue se ce eussēt este deux fēmes: lune mere et lautre socrus, lamour cōpaignable se accueillist et en laissast pl' abōdammēt Le pere de sespouse au regard de sa fēme ē appelle socer et la mere socrus, et aussy est le pere de sespousee au regard de son marȳ. Apres icelle seur fors q̄lle deuenoit fēme tenoit toute seule deux amistiez p̄ lesq̄lles selles fussēt distribuees en deux ad ce q̄ lune fust seur et lautre fust fēme la p̄chainete de cōpaignie fust accreue ou nōbre des hōes. Mais il ny auoit adōc dōt sen peust ce faire quāt il ny auoit nulz hōmes diceulx deux p̄miers hōrs, fors freres et seurs, donq̄z le doit len faire quāt len peut: cestassauoir q̄ quāt il fut abādōne de hōes et de fēmes defa fussēt espousees fēmes, lesq̄lles ne fussent pas seurs et q̄l ne fust necessite aucūe, nōpas seulemēt q̄ celle chose se fist. aīcois pour certaī fust mauuaistie se elle se fist. Car se les nopces des p̄miers hōes adā et eue q̄ pouoient ia prēdre leurs cousines a fēmes, fussent ioīgz p̄ mariage a leurs seurs, deux amisties ou aliāces ne fussēt faictes mais trois en v̄ng seul hōme Lesquelles doiuēt estre semees v̄ne chūe a v̄ng chascūn pour ioīdre et lyer en charite par p̄chainete de greigneur nōbre. Car v̄ng hōe seroit pere, socer, et oncle, cest assauoir a ses enfans a ses freres, et a sa seur, et a ses fēmes. et aussy la fēme dicelui seroit mere et tāte et socrus, aux enfās cōmūs dicelle mesmes. Et iceulx mesmes ēfās

diceulx ne seroient point seulemēt freres et mariez entre eulx, mais aussy seroiēt cousins, car ilz seroiēt enfās de freres Et toutes ces admisties lesq̄lles en laissoiēt trois hōes a v̄ng seul hōe en laisseroient neuf hōmes, se v̄ne chascūe estoit en v̄ng chūn, sicōe se v̄ng hōme auoit v̄ne autre seur: v̄ne autre fēme v̄ne autre cousine, v̄ng autre pere v̄ng autre oncle, v̄ng autre socer, v̄ne autre mere, v̄ne autre tāte v̄ne autre socrus. Et ainsi le spen de cōpaignie sespādroit. nōpas estrait en pou de lieu. mais plus largemēt et en greignr nōbre p̄ eppresses p̄chainetez laq̄lle chose apres ce q̄ lumain lignaige est creu multiplie, nous v̄ȳpōs aussy estre gardes ētre les dessoyaulx qui aouroient plusieurs dieux et faulx, en telle maniere q̄ ia soit ce q̄ les mariages fussēt licites ou p̄mis entre frere et soeur p̄ ses soix p̄rēces: toutesfois la meilleure coustūe au micul y a uoir voulu: ceste licēce ē honeur Et cōe es p̄miers tēps de lumaī lignaige il ait este du tout chose licite p̄ēdre seurs en mariage icelle coustūe est tournee en contraire, aīsi cōe se ce neust dōcq̄z este chose licite: car coustūe vault moult a attraire ou estrāger ses humaīs: laq̄lle coustūe cōe elle retraingne de sō attrēpāce de sa delectaciō charnelle len iuge a bō droit q̄ cest chose desraisōnable q̄ celle coustūe soit deffacee acorrōpue, car se trepasser la bourne des chāps cōuoitise de auoir possessiō est mauuaise chose, de cōbiē est ce plus mauuaise chose subuertir ou corrōpre la bourne de bōnes meurs pour cause de accōplir delectaciō charnelle. Mais nous auons esp̄ouue es mariages de cousines escriees en noz tēps cōmēt pour le degre de p̄chainete, seq̄l est p̄chaī au degre de frere, q̄ icelle chose estoit faicte a tart pour gardes ses bōnes meurs: laq̄lle estoit licite a faire selon ses soix, car la soy diuine ne sa deffendit oncq̄z, et sa soy humaine ne sa uoit pas encoires deffēdue. Mais toutes fois ce fait licite estoit en horreur pour sa pchainete du fait nō licite / ce qui estoit fait auec sa cousine sēbloit dōcques estre fait auec sa seur. pour ce que ces cousins poise signaige ēthe eulx si pchaī soiēt appellez freres a sōt cōe germais. Mais les peres ācies ordōnerēt religieusemēt a accueillir de rechief p le spē de mariage icelse pchainete de lignaige eslōgee / a nom pas encoires trop. et de rappeller ēcoires celle q ia se s'ongnoit affin q'elle ne dessōgnast. et que pchainete ne souffist en soy retrapāt petit a petit p ordres de lignees: dont apres ce que le monde fut ia plaī de hōes ilz auoiēt a prēdre femes / nompas pour certaī leurs seurs de pere ou de mere ou de tous deux. mais touteffois celles de leur lignaige. Mais q est celui qui doubte q les mariages aussi de cousines ne soiēt deffēdus plus honnestemēt ou tēps presēt. nōpas seulemēt selō les choses q nous auōs traittees pour multiplier les affinitez: assi q'une psōne nait plt deux amistiez cōe deux psonnes les puissent auoir a croistre le nōbre de pchainete. mais pour ce q'lle est une chose naturele et louable par ie ne scay q'lle maniere en uergoingne humaine q'elle se astiēne de celle a q' elle doit porter honneur / reuerēce pour cause de pchainete, en laquelle ia soit ce q' sen p puist faire generation. touteffois pa' la delectaciō de laq'lle mesmes nous voyōs que ceulx q' se peuēt auoir si citemēt en mariage et q' maintēt vie entiere et chaste et ont honte de vergoingne. Donecques la copulaciō de masle et de femelle est une semēce de la cite. tant cōe il appt et a humaī lignaige: mais la cite terriēne a mestier tāt seulemēt de generaciō. et la cite celestiēne a mestier de regeneraciō. affin q'lle escheue la tache de generaciō. Mais la saicte escripture taist se a uāt le deluge il a este aucū signe corporel et visible de la regeneraciō. Ou s'il a este q' il ait este ainsi cōe apres le deluge la circōcisiō fut cōmādee a abrahā. Touteffois

ne taist elle pas q' aussi les hommes tres anciēs / cestassauoir du pmier aage. sacrifierēt a dieu / laquelle chose apparut clerememēt es deux pmiers freres: cest assauoir capy et abel. Et de noe sen list q'l sacrifia a dieu apres le deluge: quāt il fut yssu de larche. De laquelle chose nous auōs ia dit pauāt es liures pcedēs q' les dyables q' attribuoiēt a eulx la diuinite par arrogāce: et q' conuoittēt que lēs les croie estre dieux / ne demādēt que lēs leur sacrifie. pour autre chose et ioyt de ceste maniere de hōneurs: fors pour ce q'lz sceurēt que le vray sacrifice est deu au vray dieu

¶ Expposiciō sur ce chapitre.

En ce pvi. chap. mōseigneur saīt augustī dit que p necessite et deffaultes de femes: les hōes prindrēt a femes leurs seurs / laquelle chose fut depuis tenue a bitupere pour ce q' religiō et humanite le deffēdit. Et ad ce prouuer il assigne deux raisons. L'une que ce fut a multiplier et a ioīdre les amours et aliāces ēsēble esquelles se nourrist charite: laquelle chose se fait quāt on prēt feme estrāge. La secōde raison est: pour la reuerēce et hōneur que lēs porte a autruy pour raisō de pchainete de lignaige: ou daffinite. Cōe mesmes en la cōiōnction de mariage licite il ait aucūe vergoingne, cōbiē q'l se soit fcte pour auoir generaciō. Et ceste raisō est pure naturele: parquoy lē peut prēdre vng tel moral enseignemēt. cestassauoir que en vng mesmes lignaige est moīs corpable dauoir afaire a celle q' sui est en pl' bas degre, q' n'est celui d'auoir afaire a celle qui est en plus hault degre, mais q' plus est et le plus coulpable. Le tiers notable est que a sper ou desper les ses ou entēdemēt humaīn Isaige sault moult. et ce dit il declaire en trois manieres. Premieremēt par ce que en aucūes polices aucūs auoiēt horreur deulz marier auec leurs pchains / auant mesmes que sa loy se deffendist. Secondemēt par ce que mesmes les saictz peres en eurēt aussy horreur/ostee la necessite des premiers hōes qui estoient en si petit nōbre. Tiercement quilz eurent de coustume/et tiōdrēt que cestoit chose religieuse et saicte de predire celles q̄ estoiēt eslongnees de leur lignaige. Et nompas si eslongnees que lasiance de prochaineté de lignaige desfaulsist. Et pour ce p les droiz canōs nous auōs quilz se peuent entreprēdre du .iiii. et .v. degre. Et quant monseigneur saint augustin parle en ce chapitre des mariages deffendus/et de ceulx qui nestoient pas deffendus par la loy / il est assauoir que apres ce que dieu eut forme homme et femme, il deffendit que homme ne trast a celle qui seroit domesticque de sa chair ne descouureroit sa laidure/ Neātmoins il est vray q̄ au cōmencemēt pour ce quil estoit si pou de gens il nen excepta que deux personnes/cestassauoir le pere et la mere/quant il dist telles paroles. Pour ce dit il laissera homme pere et mere et se tendra a sa femme. Le maistre des hystoires se expose ou xviii. chapitre de leuiticque cest adire que le filz ne se couple a sa femme mere: ne la fille au pere. Et celle prohibicion ou deffense fut saicte auant le deluge soubz le temps de nature et soubz le temps de la loy quil bailla a moyse apres le deluge en recapitulant ses commandemens: et en adioustāt des nouueaulx/ il en excepta plusieurs qui sont ainsi comme douze. Cestassauoir la mere/la marastre/la seur/la niepce/la seur de la mere/et la seur du pere/et la femme de loncle/la femme du filz/la femme du frere/la seur de par pere/et de par mere/la seur de sa femme : sicomme il appert leuitici. xviii. cap. Mais soubz la loy de grace il y a plus grans prohibicions et deffenses/pour ce q̄ sen peut miculx recouurer/ et que continēce y a plus grāt lieu/sicōme se dit le maistre des hystoires ou xviii. chapitre super leuiticum.

¶ Des deux engēdrez dun pere cest assauoir cayn et abel. lesquelz furent peres et princes de deux citez. cestassauoir: lun de ce qui appartenoit a la cite terrienne et lautre de ce qui appartenoit a sa celestienne. xvii.

Doncques cōme adam fust pere de lune et de lautre signe, cestassauoir et de celle de saül. se soidie de la succession appartient a la cite terrienne, et de celle de laqlle sa succession apptient a sa cite celestienne, apres ce que abel fut occis et que en soccision du cel up le sacrement merueilleux fut recōmande. Cayn et seth furent saitz deux peres de deux lignees. es filz desquelz les quelz il conuenoit a racompter les demōstrances de ces deux citez en humain lignaige commencent apparoir plus clerement. Quelle merueille. Cayn engēdra enoc, ou nom duquel il fist une cite, cestassauoir terrienne / nompas faisant son pellerinaige en ce monde, mais reposant en sa paix et felicite temporelle dicel up. Or est il ainsi que cayn est interpreté possession/ dont il fut dit ou du pere ou de sa mere dicelui quant il fut ne. Jay acquis ung homme de par dieu, mais enoc est interprete dedicacion: car la cite terriēne est dediee la ou elle est saicte et edifiee pour ce quelle a sa fin a laquelle elle tēt. et laquelle elle desire. Mais se seth est interprete resurrectiō, et enos son filz est interpreté homme / nompas sicōme adā car ce nō de adā est iterprete hōme, mais il est tesmoigne en sa lāgue hebree q̄ ce nō hōe est cōmun a masle et a femelle. car il est escript de adā en ceste maniere. Dieu fist iceulx masle et femelle et les benept et appella se nom diceulx adam; dont il nest pas doubte que sa femme aussy fust ainsi appellee par son propre nom. AD ce que toutesfoie adam qui est iterpreté hō me fust le nom des deux/ mais enoc est interprete homme en telle maniere q̃ les saiges dicelle langue afferment que ce nõ enoc ne peut estre dit femme cõe filz de la resurrection ou ilz ne se mariront point ne nespouseront femmes. Car il lec pour certain naura point de generacion quant regeneracion les aura la menez. En qlle chose ie cuide estre a notter et nompas en vain que es generacions qui descẽdẽt de seth aucune fẽme nest illec epprimee p nõ combien quil soit dit ql engẽdra filz a fil les. mais es generaciõs q̃ descẽdirent de cayn femme est nõmee la derniere en icelle fin iusques la ou icelles generaciõs se estẽdẽt. Car len list en ceste maniere ma thusael engendra lamech et lamech pilt deux femmes. desquelles lune eut nom adda. et la seconde sella. Et adda enfã ta iabel. Cestui iabel estoit pere de ceulx qui habitoient es tentes des bergiers. Et le frere dicellui iabel auoit nom thubal z fut cestui qui fist le psalterio. et la harpe mais sella engendra thubalcayn q̃ estoit ouurier darain. et forgeur darain; a de fer et la seur dicellui thubalcayn eut nõ noema iusques cy lestẽdoient les generacions de cayn. Lesquelles toutes depuis adam sont viii. a compter icellui adã/ cest assauair vii. iusques a lameth/ leql fut mary de deux femmes. et la viii. generaciõ est es enfans dicellui lamech esqlz la femme est nommee. En quoy il est signifie excellemment que la cite terrienne aura generaciõs charnelles iusqz a la fi dicelles. lesqlles viẽnẽt p la cõionctiõ de masle et femelle. dont icelles fẽmes dice luy homme/ leql est nõme le dernier pere sõt epprimees p leurs ppres nõs. laqlle chose nest trouuee quelq part auãt le deluge de ce ne steue. Mais ainsi cõe cayn est interprete possession faiseur de la cite terrienne enoc le filz dicellui ou nom duql elle fut faicte lequel est interprete dedicaciõ. enseigne ceste cite terrienne auoir cõ

mencemẽt en fin terriẽne/ou rien nest pl̃ espere fors ce que len peut regarder en ce siecle. ainsi comme seth qui est interprete resurrection fut pere des generacions racomptees a part. Il est a scoir quelle chose la saincte escripture dye du filz dicellui seth

⸿ Epposicion sur ce chapitre.

E
n ce pviii chap. quãt mõseigneur sainct augustin parle de la natiuite de cayn. de seth et de enoc. et des pol les que dist adã quant cayn fut ne: car ces rolles sont prinses de la bible du .iii. cha. de genesis quãt il parle de iabel la bible en ce .iii. chap. lappelle iabel. et iosephus lappelle iubabel. Apres quãt il ple de tu bal iosephus lappelle iabel/ et pource qʼl dit quil fut pere de tous ceulx qui sceuẽt iouer en harpe a en orgue. il est dit nõpas quil fist les instrumens qui sont depuis long temps: mais il lappint par les sõs et pporcions des marteaulx: et de forge mens que faisoit thubalcain son frere. si cõme dit le maistre des hystoires. Apres quant il parle de thubalcayn. iosephʼ lappelle iabal. et dit quil fut le plus fort/ et le plus puissant de tous ses freres; et quil fut bon et saige guerroyeur et fut hõme delicatif en toutes choses q̃ appartenoiẽt a delectaciõ du corps. Encoire dit iose phus de tubal que affin que celle sciẽce de musicque ne fust oubliee ou delaissee. la quelle il sembloit quil eust trouuee/ ou quelle ne fust perdue. auant q̃lle ne vint a congnoissance/ comme il eust ouy dire a adam que toutes choses deuoient estre peries par feu ap eaue. Il fist faire deux colomnes/ lune de pierre: lautre de tuil leaux/ esquelles il escript toute icelle sciẽ ce. affin que celle de tuilleaux demourast sil venoit deluge de feu: et sil venoit deluge deaue que celle de pierre y resistast. Et dit iosephus quil en ya encoires en syrie

cest assauoir celle de pierre. Apres quât il parle de sa seur de tubalcayn : laqlle mõseignr sainct augusti appelle noema. la bible sappelle noma. et fut celle selon ceq̃ dit le maistre des hystoires q̃ p̃mierement trouua lart de listre: sicõe il appt ou cha. de generacioniɮ cayn. Il est trouue ou liure q̃ sappelle le liure de sa vie dadã que deu p̃ tables furêt fctês p̃ pareille forme cestassauoir lune de terre dargille: a laultre de pierre cõtre les deux deluges / cest assauoir celle dargille cõtre le deluge de feu: et celle de pierre cõtre le deluge deaue. Et fut escripte p̃ seth sa vie dadã a de eue et de ses p̃decesseurs du cõmandement de eue sa mere vng pou auant son trespassemêt les supp cõmanda a faire a escripre. Et quât seth eut fait a escript ces tables il les mist en loratoire dadã son p̃re, ou il auoit accoustu moteur a prier nrẽseignr a furêt mises ces tables en larche ou têps du deluge: a apres le deluge furêt leues p̃ plusieurs gês. mais nulz ne sauoit lire ce q̃ estoit dedês. Or aduit que salemõ q̃ estoit tressaige hõe trouua ces tables, et fut moult dolêt de ce que nulz ne les sauoit lire, si se mist en oraisons a p̃ia nrẽseigneur q̃l lui voulsist enseigner q̃ cestoit. Auquel il sapparut vng des anges de nrẽseigneur et lui dist telles paroles. Je suis dist il celuy qui tenoie et menoie la main de seth qñt il escripuoit du fer en ces tables et p̃ ce tu pourras sauoir lescripture adce que tu cõgnoisses a êtêdes ou sõt toutes ces pierres / a ou estoit loratoire la ou adã a eue faisoiêt leurs prieres a nrẽseignr et ou il conuenoit edifier sa maisõ doraison cest a dire sa maison de dieu. Et lors salomõ les mist ou temple / et appella ces lettres athileas / cest a dire escriptes sans laheur de corps de mais / a furent mises ou têple a grât reuerêce. Et en ces tables être les autres choses estoit escript ce que enoch p̃phetisa de dieu en ceste maniere. Vecy dist il que nrẽseignr vendra en ces saitz faire iugemêt de toutes les oeuures que pecheurs et mauuais murmureurs ont vse de lui. la bouche desquelz a p̃le orgueil et vanite. Cest enoc fut tresp̃ud hõme et ensuyuit la voie de nrẽseigneur, et de ceste p̃phecie et de ces parolles fait mêcion iudas en son epistre.

¶ Quelle chose soit signifiee en abel seth et enos q̃ appertêt appenir a iesucrist et a son corps, cest a dire leglise.

p̃viii

Vng filz dist il fut ne de seth a appella icelui enos, a espera da ppeller et requerre le nõ de dieu nrẽseigneur, car le tesmoignaige decerite estoit en ceste maniere. Lõme dõcques vit en esperãce, le filz de resurrectiõ en esperãce sãt cõe la cite de dieu est icy pelerine, laquelle est engendree de la foy de la resurrectiõ de iesucrist, car la mort de iesucrist sa vie en laqlle il ressuscita de mort est figuree p̃ ces deux hões. cest assauoir abel q̃ est iterp̃te pleur: seth son frere q̃ est iterp̃te resurrectiõ, de laquelle foy la cite de dieu est engendree icy, cestassauoir thee q̃ espera dappeller ou requerre le nõ de dieu nrẽseigneur. Car lapostre dit q̃ nous sommes tout sauuez p̃ esperãce, mais lesperãce que len voit nest pas esperance. Car q̃ est cestuy qui cuide que ceste chose espere, ce q̃il voit. Mais se nous esperõs ce que nous ne voyõs pas nous lattêdõs p̃ paciêce. Car q̃ est celui qui cuide que ce se chose soit hors de la haustesse du sacrement. Car neust pas abel esperãce dappeller ou requerre le nõ de dieu nrẽsire, du quel lescripture racõpte que son sacrifice fut plus agreable a dieu. Neust pas icesui seth esperance de requerir le nõ de nrẽseigneur du q̃l seth il fut dit. Certes dieu ma ressuscite autre semêce pour abel p̃ur quoy dõcques attribue lẽ p̃prement ceste chose a cestui seth, laquelle est cõmune a tous: fors pource q̃l conuenoit que l̃õ cest a dire la cōpaignie des hōes laquelle vit nōpas selō hōe en la bōte apparēte de la felicite terriēne mais selon dieu en esperāce de la felicite pdurable fust pfiguree en icelui seth lequel sen racōpte le pmier ne du pere des generacions separees en la meilleure ptie cestassauoir de la cite sou ueraine. Ne il ne fut pas dit cestuy eut esperance en dieu nresire ou cestuy reqst le nō de dieu nresire. Quest ce adire. cestui eust esperāce de requerir le nō de dieu: fors ql est dit p maniere de prophecie q se peuple naistroit lequel selon lelection de grace requeroit le nō de dieu nresire. cest que lapostre entēt estre dit p̄ūg autre pphete de icelui peuple apptenāt a sa grace de dieu: et dit ainsi. Tout cestui sera sauue q cōques reqrra le nō de nreseignr: car celle mesmes parolle q fut dicte cestassauoir, et appella le nō dicelui enos. laqlle chose est iterpretee hōme: et puis adiousta. Ce stup dit il eut esperāce de reqrir le nō de dieu nresire icelle mesme parolle est as les demōstree / q hōe ne doyt poit mestre son esperāce en soy mesmes. Car sicōe il est dit autre part mais soit tenu hōe qui met son esperācē en hōe q p ce en soy mesmes. ad ce ql soit citoyē de lautre cite. la quelle est dediee en ce tēps / nēpas selon le filz de cayn cheaf le decours de la mortalite de cesiecle / mais en limmortalite de la beneurete pardurable

¶ Epposicion sur ce chapitre. En ce. pviii. chap. mōseignr saict augusti dit q enos q fut filz de seth espera. ou eut esperāce dappeller le nō de dieu nresire. Et dit que la mort ou passion de nreseignr iesucrist est figuree en abel. q en seth est figuree la resurrectiō. Et pour ce dit q abel est iterprete pleur: et seth resurrectiō. sur ce mot ou il est dit en la bible q enos filz de seth espera a appeller le nō de nreseignr. Le maistre des hystoires ou chap. de seth sur gen dit que p aduēture il trouua aucūes manieres de paroffes de prier nreseigneur / mais sicōe il dit plusieurs hebrieux cuydēt ql pēsa a faire aucūes ymaiges en lō neur de dieu et que en ce il erra ou par a ueture ql fist faire ymaiges a la semblāce de dieu affin den auoir memoire: sicōe se fait au iourdhuy. La saicte escripture et aussy mōseignr saict augusti en ce liure recomādēt merueilleusemēt seth. ⁊ pour ce et nōpas sās cause il est iterprete resurrectiō. et vrayemēt tel peut il estre dit car selon ce que dit icelui maistre des hystoires de abel q fust bon ne psist poit de lignee / mais fut occis mauuaisemēt de son frere cayn. et la lignee de cayn fut si mauuaise quelle perit toute p le deluge Et par cōsequēt il ny a generaciō que de seth. dont noe qui fut sauue en larche descendit. et la generacion de lui poursuyt pricipalemēt lescripture, par quoy il peut estre dit resurrection / sicōe dit le maistre des hystoires en lexposicion du chapitre de la recapitulacion super gen. Ou liure q est ititule de la vie adā ou de sa reuelaciō dadā se treuue q adā pphetisa de dieu et de son aduenemēt. Et ce voult sētir le maistre des hystoires en lexposiciō sur le mot immisit dns sopore i adā genesis. ii qui dit ainsi. Nōpas cōe hōe dit il mais ainsi cōe en vne eptaze en laquelle il fut rauy en la souueraine court. dont ainsi cōe p maniere deuāgile il pphetisa de la cō ionction de dieu ⁊ de leglise et la eut cōgnoissāce du deluge aduenir p feu ⁊ par eaue. sicōe il se demonstra apres p ces figures Et ce se peut assez dmōstrer p ce q est escript, et q nous auōs trouue en ce liure q sappelle de la vie ou de la reuelaciō dadā cestassauoir cōment adā pphetisa de dieu et de sō aduenemēt. et y sōt les pres paroffes cōtenues q cy apres sōt recitees et q se supuēt. lesqlles nous auōs trāslatees au plus pres q nous auōs peu du latin en frācops. Adam voyāt sō filz seth plus saige ⁊ plus discret de tous ses

m iiii

autres se traista pt a suy dist en secret ce qʼil auoit veu. a cõmeca p telles parolles Cõe moy et eue fussiõs chassez de padis pour nre pechie, a fussiõs en oraisõ Michael dit ou iestoie, alors ie apperceu vng char ainsi cõe vẽt et ses roes ainsi cõe feu ardãt, a tãtost fut rauy ou paradis de iustice et la vey nreseignr. et estoit sõ regard comme flãme itollerable, et y auoit mil milliers dãges ãtour: sui ne se poupe regarder, mais chey ainsi cõe en terre en disãt. Cõuerty mõ ame: car ie meur. Et de mist ce me sẽble mõ esperit de mõ corps. Ne me gette de ta face qˈma fourme du sy mon de sa terre, ne ne metz pas derriere toy qˈtu as nourry de ta grace a vestuia ta parolle pcede en moy: lors il me respõdit en ceste maniere. pour ce qˈie voy a appercoy qˈen la trãsfiguraciõ de tõ cueur, tu as este et es diligẽt: ta fẽme ne te sera poit tollue, mais te demourra pour toy seruir a admistrer. Et lors ie se pris a aourer p ceste maniere. Tu es toute lumiere resplẽdissãt diaye lumiere icõpreẽsible, a ta vertu te dõne louẽge a hõneur, a puis qˈie feuz aoure tãtost michael me pist p sa mai a me mist hors p vne verge qˈse nois dõt les eaues qˈestoiẽt entour ce paradis cõe ãges se tindit ensẽble: a passa me oustre a venismes en padis terrestre. Et oustre ie vois et congneus plusieurs grãs secretz aduenir: tãt en ciel cõe en teue iusqˈau iugemt de dieu qˈsa flãme cherra du ciel qˈpcede: a de sa bouche de sa maieste. car il dõnera foiy a cõmãdemãs au peuple a feur sainctifiera sa maisõ de sõ habitaciõ, a seur mõstrera le lieu de meruelleuse maieste. et la edifierõt la maisõ de seur dieu et seignr en sa tre qˈseur a or dõnee. et ce fait ilz trespasserõt de laisserõt ses cõmãdemẽs. Et pour ce sera areã buisse se saictuaire, et seurs terres serõt desertes. a serõt disparsa: a puis se cõuertirõt a luy, a lui crierõt mercy: a il aura mercy deulx. et ilz reedifierõt la maisõ de dieu

puis se orgueillirõt plus que deuant. Et lors nreseignr les chastiera plˈ qˈ deuant pour ce qˈlz adiousterõt iniquite sur iniquite. Et apres toutes ces choses dieu habitera en terre: a sera veu cõuersãt auec ses hões. lors cõmẽcera a regner sinite sur terre. Toutesfois sa maisõ de nreseignr sera tousiours hõnouree, a sourmonterõt ses autres peuples ceulx qˈcroirõt en lui. ne ne seur pourrõt leurs aduersaires nuire a extirpa dieu sõ peuple es siecles des siecles. Les mauuais serõt pugnis de dieu seur roya seignr pour ce qˈlz nauõt voulu amer sa loy ne ses cõmãdemẽs. le ciel la terre a toutes creatures qˈobeyrõt a gardẽt ses cõmãdemẽs ne ne mueront point leurs oeuures. mais les hões se muerõt a si seront le cõmãdemẽt de dieu. a pour ce dieu les mettra arriere de soy, a ses iustes demourrõt deuãt dieu. si cõe le soleil qˈtousiours luist: a serõt purifiez p eaue leurs pechiez: a acqˈrront grace presme. Et ceulx qˈne voudront estre purifiez p eaue serõt pugnis au iugemẽt du grãt dieu: qˈiustemẽt les iugera. Ces choses a autres se treuuẽt en ce liure qˈsappelle de sa vie ou de sa reuelaciõ dadã. les qlles nous taisons pour ce qˈne sont ries a nre matiere. Et pour ce aussy qˈce liure nest pas approuue p leglise: nõ est il reproue for meement. mais est repute cõe apocriffe.

¶ De sa signification qui est demonstree en sa translacion de enoc. xix

Car et ceste lignee de saincte seth est le pere a le nõ de dedicaciõ en icelle generaciõ sainte est vii. dadã a cõpter iceluy adã. et enoc sut ne se vii. apres adã. seul enoc est iterpte dedicaciõ, mais cest celui qˈfut trãslate la ou il pleut a dieu, et fut noble en lordre des generaciõs p le nõbre ouqˈl se sabbat fut cõsacre, cestassauoir le vii. depuis adã. Et du pere de ces generacions, cestassauoir de seth, la generation duqˈl est distincte de la generaciõ de cayn, il est se

vi. ouqł nombre cestassauoir ou vi. iour hõe fut fait ouqł .vi. iour dieu accõplist toutes ses oeuures Mais en sa trāslacion de cest enoc est pfiguree/ sa disacion de nře dedicacion sagłse pour certaī est ia fcte en iesucrist nře chief q resusctta. en telle maniere qł ne mourra plꝰ mais est aussy trāssate. Mais lautre dedicacion de sa maison vniuerselle demeure. de lagłse ie sucrist est sõdement sagłse est differee ou desapce iusqz a sa fin du monde/ qt sa resurrection sera de toꝰ corps q ne mourront plus Et se ceste maison est appellee maison de dieu: ou tēple de dieu ou cite de dieu. cest ce mesmes ne ce nest pas cōtre se cōmun lāguaige de pser en sati car ce virgilse appelsesa tres īpiase cite sa maison de asaracus en voulāt entēdre ses rōmais q descēdirēt de asaracus p se moiē des tropes. Et en ce, ce pocte virgisse, en suyuit ses sāictes escriptures/ esqlses il est dit q sa maison de iacob estoit le grāt peupse des hebrieux

¶ De ce que sa successiō de cayn est terminee es vii. generacions dasiab̄ā ꝙ es successeurs et de ce mesmes pere. adam noe est trouue se p. xx

O n dira aucū se lescripture de ceste hystoire cestassauoir moyses en racōptāt les generaciōs dadam p son filz seth entēt q picelses il sist a noe soubz seqł fut fait se desuge. et de sa de rechief en racōptāt sordre de ceulx qui sōt nez depuis/ il sist iusqz a abiahā auqł abiahā mōseigñr saīnct mathieu seuāgeliste cōmēce ses generaciōs par sesqueses ilz vīdiēt iusques a iesucrist q e roy pdurabse de sa cite de dieu Quelse chose ētēdoit il es generaciōs de cayn ꝙ ou seꝯ voutoit il mettre sen respōd qł est racōpte iusques au desuge ouqł toute sa signee de celse cite terriēne fut perie/ mais elle fut reparee p les enfās de noe. Car pour certaī ceste cite terriēne ꝙ cōpaignie dōmes qui viuet selō hōe ne pourra faislir iusqz a sa fin de ce siecle. de quoy nře seigñr dist. Les enfās de ce siecle engendriēt et sōt egēdrez: Mais sa regeneraciō cōduit et maine sa cite de dieu. saquelse fait sō pelerinaige de ce siecse a autre siecse. de sagłse regeneraciō: ne ses ēfās engēdrerōt ne ilz ne serōt engēdrez. Dōcqz engēdre et estre engēdre est cōmun a suyx a sautre cite:a soit ce q sa cite de dieu ait mesmes icy moust de merueisseus citoyens qui se tiēnēt dēgēdrer ceste adire qui sōt vierges ꝙ cōtinēs. Mais sa cite terriēne en a psusieurs qui ses veusēt ēsupuir qbiē quilz errēt:car a cesse cite terriēne apptiēnēt ceulx qui se desuoiēt de sa foy. ōt fctes ꝙ sitroduites maitres heresies Quelz merueisses:car ilz viuēt selō hōe ꝙ nōpas selō dieu:ꝙ ses ginosophites de īde sesquz se tesmoigñe q toꝰ nudz ilz phisophioiēt es desers dinde ꝙ es sicux nō habitez sōt citoyēs de ceste cite terrienne ꝙ se tienēt de engēdrer car ce nest pas biē/ se ne nest quāt il est fait selō sordōnāce du souuerai biē. seqł est dieu. Et toutesfoies sē ne treuue poit que aucū se soit tenu de engēdrer auāt le deluge quāt pour certaī il se treuue que enoc se vii. dadam/ sequel sen racōpte estre trāsfate et nōpas mort auant quil fust trāssate engendra filz et filles Entre lesquelz nous trouuōs mathusalem par sequel sa sordre des generacions qui sont a passer et a racompter Pourquoy donceques racōpte sen si petit ordre de successions ꝙ generaciōs de cayn se sē les deuoit mener iusques au desuge Ne il ny auoit poit de si grāt aage durāt le tēps de puberte. sequel aage se abstit. cent ās et plus de engēdrer. Car moyses fist ce siure:cestassauoir de gen̄. ne entendoit a racompter aucū auquel il menast necessairement sordre des generacions ainsi sicō il ētēdoit venir a noe/ p ceulx qui descendirent de sa generacion de seth

Quel besoing estoit il de laisser les enfans pmiers nez/ainsi de venir a lamech es enfans duql cel ordre de generacion est finee et terminee/cestassauoir en la viii. generacion dadā et viii. de cayn ainsi cōe se depuis ce il y eust aucūe chose a sper: par quoy sen peust venir au peuple disrael. En quoy aussy la cite de iherusalem terriēne. bailla figure en pphecie en la cite celestiēne/ou a iesucrist selō la chair q est benoit sur toutes choses es siecles des siecles: cest adire perpetuellemēt leql est forgeux ou gouuerneur de la souueraine iherusalem: cōe la lignee de cayn soit perie par le deluge. Par quoy peut veoir q les premiers nez sont racōptez en ce mesmes ordre des generacions/pour quoy dōcques sont ilz si pou. Car iusqz au deluge ilz ne peurent pas estre si pou quāt ses peres ne se tenoiēt pas par si lōg tēps de engēdrer iusqz a cēt ans, se lors laage de puberte q est laage dengēdrer nestoit plus tardif pour ce q laage de viure, estoit plus loing. Car cōe ilz fussent tous ainsi cōe en laage de trēte ans, quāt ilz cōmēcoient a auoir enfans, ce sont viii. fois trēte pour ce q ce sōt viii. generaciōs a cōpter adā et lamech, et ceulx qlz engēdra q fōt .ii.c. pl' ās. Et ne gēdreroient ilz point en tout le tēps depuis iusques au deluge ainsi cōe sil vousist dire q si firēt. Pour qlle cause dōcqz celui q y escript ce liure ne veult point recorder les generaciōs qui vindrēt apres, car de adā iusques au deluge se cōpte selon noz liures .ii. m. l pii. ās. et selon les liures des hebrieux mil vi.c.l vi. ostons .ii. cēs et pl' ās des mil vi.c.l vi. Est ce chose creable q la lignee de cayn se soit peu tenir de faire generacions par mil .ii.c. ās/ et ceulx q restēt iusques au deluge/ ainsi cōme sil vousist dire que non. Mais celui q se baille en ceste chose, souuiēgne lui quant ie demāde p cōmēt cestoit chose creable que auāt le deluge/les hōes āciēs se peurent tāt tenir p si long tēps de faire generaciō cōe no' auōs solu ceste qstionen deux

manieres cestassauoir ou pv. chap. de ce liure/ car ce fut ou pour ce q la vie estoit fors plus longue. Et pour ce laage de puberte, q estoit laage de faire generaciō estoit plus tardif selon sa pporcion. Ou q ceulx qui sōt notez en ces generaciōs ne furēt pas les premiers nez. Mais ceulx p lesqlz moyse qui fut acteur de ce liure: cestassauoir de genesis pouoit venir a celui auquel il ētēdoit: sicōe a noe es generacions de seth. et pour ce seu ne appcoit point es generacions de cayn lequel se deuoit entendre. ne. auquel fut desaisse les premiers nez, il conuenoit venir p ceulx qui sont racōptez. Il sensuiura que nous deuons entendre que ce sera pour le tardif aage de puberte. cestassauoir que aucun pou de tempz apres cent ans, ilz ayent eu aage de puberte et ayēt este habiles a faire generaciō, ad ce que lordre des generacions alast p les premiers nez, et q iusques au deluge il vint ad ce grāt nōbre dans/ ia soit ce quil peust estre fait a ce que pour aucucune cause secrete saqlle est latend quant a moy. Ceste cite q no' appellons terriēne sust recomāder en recordāt par ordre et cōtinuāt les generacions de cayn iusques a lamech et ses filz. Et apres ce q moyse q escript ce liure/ se cessast de recorder les autres choses qui purēt estre iusques au deluge. Il y peust aussy auoir cause pourquoy lordre des generacions ne fust pas demenee p les filz aisnez, ainsi ql ne soit point necessite de croire q laage cōuenable a engēdrer sust si tardif en ces hōmes: cestassauoir q celle mesmes cite: laqlle cayn fist ou nō de enoc sō filz: ait peu regner lōguemēt et soy estēdre et auoir en plusieurs roys. nō pas en semble mais chūn par soy en diuers tēps lesquelz quiconques y regnassent engēdriassent enfans pour succeder a eulx. Cayn peut estre le premier de ces roys/ et enoc sō filz le second roy ou nō duql la cite fut scēe ou il regnast. et inath le iii. roy seql enoc engedra maniel. le iiii roy lequel trath engedra. le .v. roy mathusael leql manel engedra. le .vi. rop lamech: lequel mathusael egedra seql lamech est le vii depuis ada p la generacio de capi, mais il ne lesuyuoit pas q les filz ailnez lucce dallet au royaume a leurs pes q regnoi ent. mais ceulp q pour vertu prouffita ble a la cite terriene auoiet desleruy a es tre roys ou q estoiet esseuz p sort, ou q ce lui p especial succedast au pere p droit de ritaige de regner. seql le pere amoit plus q ses autres filz. Mais il peut estre q le de luge fut tadis come lamech. viuoit encoires: et regnoit. ad ce q icellui deluge le trouuast pour le destruire auec tous les autres homes excepte ceulp lesqlz furet en larche de noe car ce nest pas chose a merueiller. se pour la diuerse quatite du nobre des as. lune et lautre lignee. cestallauoir de capi et de seth na pas eu generacios de nobre pareil p si lõg aage de ada iusques au deluge/ aincois la generacio de capi en a eu vii. et celle de seth en a eu x. Car sicõe iay dit p auãt lamech es generacios de capi est vii depuis ada. et noe est x. es generacios de seth. Et pour ce sõt racõptez nopas vng seul filz de lamech sicõe es autres pdeuãt mais plusieurs. car il nestoit pas certai seql filz de lamech lui deust succeder quat il seroit mort: se aucun teps de regner lui fust demoure etre icellui lamech et le delu ge. Mais en qlque maniere q se porte lor dre decourãt es generacios de capi soit p ses ailnez soit p ses roys: il ne me lemble point. q en qlcõque maniere len le dope fai re ou deslaisser. cestallauoir q come lamech soit trouue le vii. depuis ada tãt des filz di celui lamech furet adioustez iusques ad ce q le nõbre de .pi. fust accõpli/ p lequel nombre pechie est signifie. car a icelui la mech sõt adioustez trois filz et une fille/ mais les femes pueut signifier autre cho se. nõ pas celle laqlle leble a estre ramen teue ordroit/ car nous plons des generaci

ons: mais len taist dõt icelles femes sor ent engedrees. Dõcques pour ce q sa soy est telmoignee p le nõbre de .p. dont icelle polte de .p. cõmademee de sa foy est recor dee. Pour certai le nõbre .pi. signifie le tres passement de sa foy: et p ce signifie pechie pour ce ql trespasse le nõbre .p. Et pour ce est il que len cõmãda a faire .pi. voiles de haire ou tabernacle de telmoignaige seql estoit ou chemi du peuple de dieu: aisi cõe teple portatif. Quelz merueilles: car la recordacion de pechie est en la haire pour les cheueaux ou boucqz q serõt mis a la seneltre partie: en cõfessant laqlle chose: no gettõs en la haire ainsi cõe en disãt ce q est escript ou psaultier. Mon pechie est tous iours deuãt moy. Dõcqz la lignee dada descedãt p capi le mauuais est since p le nõbre de .pi. p seql nõbre pechie est signifie Et ce nõbre se termine p feme: duquel sexe le cõmecement de pechie fut fait p seql no mourõs. mais icelui pechie fut cõmis a ce q la defectacio de sa chair sesupruist, la quelle resistast a lesperit. Car icelle fille de lamech appellee noema est iterpretee: voluptuosite: ou defectacio. mais p la ge neracio dada descedãt p seth iusqz a noe est isinue le legitime nõbre de .p. Auql nce trois filz sõt adioustez et pour ce su ceu en pechie. les deup sõt beneyz du pe. assi q le filz reprouue ostez les deup approu uez adioustez au nõbre de .p. Le nõbre de pii. fut aussi signifie: lequel est noble. et ou nõbre des patriarches et ou nõbre des apostres pour les parties du nõbre de .vii. multipliez lune p lautre. car iii. fois. iiii. ou .iiii. fois. iii. fõt ce nõbre de pii. Ces cho ses dõcqz estãs ainsi: il me leble ql est a cõ siderer et a recorder cõmet lune et lautre li gnee. laqlle p generacios diuisees isinue et demõstre deup citez. lune des terriens/ lautre des regenerez. ait este depuis mes lees cõfuse elemble. en telle maniere que su mai signaige: delleruit estre pery excepte huyt personnes

¶ Exposicion sur ce chapitre.

En ce xv. chap. monseigneur sainct augustin met une telle question, c'est assavoir qlle chose moyses entendoit et a qlle fin il voulsoit conclure p̄ sa generacion de cayn, et du temps de sa vie dit el.vi. capῑ. Et il respond qľ entendoit que moyses quant il fist son liure entendoit a faire sa generacion iusques au deluge ouqľ la lignee et generacion de la cite terrienne fut perie excepte viii psones mais depuis elle fut reparee p̄ ses enfans de noe. Et quant il dit q̄ auant le deluge nul ne sestoit tenu de faire generacion, nous en pouons excepter abel lequel fut mort et occis vierge et innocent selon ce que dit monseigneur sainct augustῑ ou p̄mier liure des merueilles du nouueau ⁊ viel testament. Apres quant il dit pourquoy doncqs ⁊c. il meut une seconde question. Et demande pour quoy es generacions de cayn si petit nō/bre de succession est recordee sil conuenoit que celle succession fust menee iusqs au deluge. Et a celle question il respond selon ce qľ a respondu cy dessus ou viii. ⁊ x. chapitres de ce liure pour ce que ainsi cōe en la genealogie q̄ fait monseigneur sainct mathieu sē ne racōpte pas les p̄miers nez mais ceulx p̄ lesqlz lē peut venir: cest assauoir a iesucrist. Aussy ne nōmoit moyse q̄ ceulx qľ voulsoit nōmer pour venir ad ce a quoy il tendoit. Apres quant il dit Car ab̄a ⁊c. il fait une tierce question ⁊ dem̄a/de de qľ fut le nōb̄re des ans iusques au de/luge ⁊ de ce noꝰ auōs assez p̄le sur lexpo/sicion du xviii. chap. Apres qp̄t il dit. Mais coment q̄ ce soit ⁊c. il demōstre q̄ la genera/cion de cayn d'scend̄at a lamech laqlle cheit en pi. signifie transgression de sa loy. et celle de seth q̄ se termine en .x. signifie le v̄ray et droiturier nōbre des .x. comm̄ad̄emēs de sa loy. Et est bien a notter et cōsiderer la m̄aniere de la cōputacion q̄ est mise en ce chap p̄ monseigneur saict augusti. et selon

ses hebricuy et selon nous, car il semble q̄ y ait eu erreur descripuais, car n̄re cō putacion est trop autre q̄ ceste cōputacion: si cōe il appt p̄ sa cōputacion q̄ noꝰ auōs fcte sur le p̄uii. chap. de ce liure. ⁊ aussy p̄ les liures latins Apres quant il p̄le des voiles ou courtines q̄ estoiēt de haire q̄ estoient ou tabernacle du tesmoignaige. cest une hystoire de bible q̄ est mise exodi. xxvi. c. et sont appellez saga cilicina. Et estoient apperemt dire unes stoicoies ou serpissieres q̄ estoient de peaulx de chieurre pour couurir le tabernacle portatif q̄ fut com/mande aux enfās disrael apres ce qlz furēt yssus degypte. ouqľ tabernacle estoit larche du testament laquelle estoit aour nee dor et de picrres p̄cieuses ⁊ de draps de soye ⁊ de diuerses couleurs ⁊ dautres choses sicōe il se pourra voir ou chap. dessus allegue, et es chap. subsequens et p̄cedens, ou il p̄le de lordōnāce du tabernacle ⁊ des ordonnācees que se faisoient enuiron icelui Apres quant il p̄le des cheuriau p̄ ou bouc qz q̄ serōt mis a senestre. il fent pour les mauuais. qui au iour du iugement serōt dānez. ⁊ p̄ consequt seront mis a senestre Et pource dit la saicte escripture. Sepa rabit agnos ab hedis. cest adire qľ depar/tira les bōs q̄ sont doulx cōe agneaulx des cheuriaulx q̄ sont filz des boucqz ⁊ des chieures q̄ sont bestes puātes ainsi cōe sont les pecheurs derāt dieu car sicōe dit papie. Le cheureau signifie le pecheur. A pres quant il parle des trois enfans noe desquelz lun fut reprouue ⁊ les dux au/tres beneys, cest une hystoire de bible q̄ se trieue genesis ix.cap Ou il est dit que a pres le deluge qp̄t noe fut yssu de larche, il comenca a estre laboureur de terre ⁊ a plāter vignes. Du vin de laqlle il senyura ⁊ sendormit tout descouuert. ne ne tīt cōpte de couurir ses mēbres naturelz. seql cham son filz se trouua en cel estat ⁊ en soy moc qp̄t de lui sala dire a ses freres, lesqlz p̄sdrēt ung māteu et se mirēt a leurs espaulles

Et en alãt a reculõs a leur pere luy getterẽt lur ces mẽbres hõteux p̃ telle maniere q̃ leurs visaiges estoiẽt a rebours. et ne veirẽt poĩt ce q̃ leur pere portoit. Et quãt noe eut digere son vin et fut esueille, et il eut ouy dire que son filz maisne, cest assauoir chan, q̃ estoit le moiẽ auoit fait ce il, mauldist canaã filz de son filz cham̃ benept sem̃ et iaphet: sicõe il se treuue en ce cha. Et pour ce dit il q̃ lũ cheit: cest a dire cham̃, a reprouue de sõ pe, les deux autres furẽt benops. Apres il est a noter en ce chap. tout ainsi cõe le pm̃ier pechie fut cõmēce p̃ femme, tout ainsi en la generaciõ de caÿn q̃ fut tresmauuais est elle fince et terminee p̃ femme, et recouuree p̃ hõe iesucrist. Et p̃ femme, cest la benoite vierge marie, en laq̃lle il voult descendre et prendre chair humaine pour nous tous racheter du pechie ou nous estions encheuz p̃ le pechie du p̃mier pere. Et pour ce et nompas sãs cause cõclud mõseignr̃ saint augustin en ce chap. et pour plus entrer en sa matiere, & p̃sũdemẽt declairer il entre en telle maniere, cest assauoir a enq̃rir cõmēt lune laut̃re de ces lignees lesq̃lles ainsi separees p̃ diuisees generaciõs signifiẽt deux citez, lune terriene de ceulx q̃ viuẽt selõ le mõde, laut̃re celestiẽne de ceulx qui sõt regenerez de ceulx qui viuent selõ dieu, furent puis si meslees et cõioinctes ensẽble q̃lles furent toutes peries par le deluge, excepte huyt personnes tant seulemẽt qui furẽt sauuees en larche.

¶ Par quelle raison est ce que quãt lẽ parle de enoc qui fut filz de caÿn lẽ fait continuelle narraciõ de toute sa generaciõ iusques au temps du deluge, mais quãt lẽ fait mencion de enos qui fut filz de seth lẽ retourne au commencement de lumaine generacion, cestassauoir a adã
ppi.

Mais lẽ doit regarder premierement quant lẽ racontoit les generacions de caÿn, Et que lẽ faisoit mẽcion de celuy ou nõ duquel sa cite fut faicte cestassauoir enoc, auant les autres lesquelz sensupuirent, en quelque maniere les autres sont ordonnez & mis en celle ordre, iusq̃s a celle fin de faq̃lle iap̃ p̃se, iusques a ce q̃ se lignaige & toute sa lignee fust destruitte par le deluge. Cõment doncq̃ vng des filz de seth: cestassauoir enoc fust recorde auant q̃ autres p̃ fussent adioustez iusques au deluge. Vng article est mis entredeux, et est dit ainsi. Cestuy est le liure de la natiuite des hommes, en icelluy iour ouq̃l dieu fist adam, il le fist a lỹmaige de dieu, il les fist masles et femelles. et les benept. Et nomma le nom diceulx p̃ adã en celui iour ouq̃l il les fist: laquelle chose me semble estre interposee, ad ce q̃l cõmēcast de rechief de icelluy adã le nõbre des tẽps, laq̃lle numeraciõ celui q̃ escript ces choses ne voult pas faire en la cite terriene. Ainsi cõe se dieu le remẽbrast en telle maniere q̃l ne la comptast poĩt. Mais pour quoy reuiẽt lẽ de ce a ceste recapitulaciõ apres ce q̃ lẽ a nõme le filz de seth, cest assauoir cel hõe enos, leq̃l espera de req̃rir le nõ de dieu nr̃eseigneur fors pour ce q̃l escõuenoit en telle maniere p̃poser ces deux citez, lune p̃ caÿn homicide iusq̃s a lamech q̃ fut homicide q̃nt icelui lamech dist a ses deux fẽmes q̃l auoit fait homicide. et laut̃re p̃ celui q̃ eut esp̃rãce de req̃rir le nõ de nr̃eseignr̃. Quelles merueilles: cest toute la besoigne de la cite de dieu pelerine en ce monde, et souueraine en ceste mortalite, laquelle est a recommander par vng homme, lequel sa resurrection de celuy qui fut occis, engendra, car icelui vng homme est lunite de toute la cite souueraine, nompas accomplie mais enuoyee deuant a ceste accomplie, par ceste presiguracion propheticque.

Doncques p̄ le filz de cayn est a entēdre le filz de possession, de laq̄lle possessiō q̄ nest autre que terrienne il ait le nō en sa cite terrienne, pour ce qu'elle est faicte en son nom, car il est de ceulx desquelz l'en chante ou psaultier en ceste maniere / ilz appellerent leurs nōs en leurs terres et possessions / pour laquelle chose ce les ensupt qui est escript en l'autre psaulme Sire tu ramaineras a neāt l'imaige de ceulx en ta cite, mais le filz de seth, c'est a dire le filz de resurrectiō oit esperāce d'appeller le nō de dieu n̄reseigneur. Quelle merueille: car il figure ou represēte ceste cōpaignie d'hōmes laq̄lle dit. Mais ie si cōe oliue portāt fruyt en sa maisō de dieu ay eu esperāce en sa misericorde de dieu. Mais ne requiere poīt ceste cōpaignie les vaines gloires de nōs de grant renōmee en terre, car celui est bieneure duq̄l le nō de n̄reseigneur est sesperāce, et n'a pas re gard es vanitez ne es folyes mūdaines Et aīsi deux citez p̄posees, l'une en ce sie cle laquelle iouyst de fait, l'autre de dieu q̄ iouyst en esperance, lesq̄lles deux ci tez sont yssues aīsi cōe de la porte cōmūe de mortalite. Laq̄lle fut ouuerte en adā ad ce qu'elles courēt et racourēt a fins di uerses propices et dēues, se cōmēc̄a la com putacion des temps, en laquelle compu tacion et les autres generaciōs sōt ad ioustees par sa recapitulacion faicte de a dam, et de sa naissance damnee, ainsi cō me d'une masse liuree a damnaciō. Et a bon droit dieu fist les vngz vaisseaulx de pre en honte, et contumelie, les autres vaisseaulx de misericorde en hōneur En rendant en peine a iceulx p̄cest adire aux vaisseaulx de pre ce quil leur est deu, et donnāt a ceulx cy, c'est adire aux vaisseaulx de misericorde en grace ce qui ne leur est pas deu, affin que la cite souueraine laquelle est pelerine en terre, appregne aussy par la comparaison des vesseaulx de pre, quelle ne doit auoir fiance que cō

ques en sa franchise de sa voulēte mais ait esperance d'appeler le nō de dieu n̄re seigneur Car sa voulēte q̄ fut faicte bōne de dieu qui est bon, mais muable de im muable pour ce q̄lle est fete de neāt. Et se se peut dep̄tir de biē ad ce q̄lle face mal laquelle chose est faicte p̄ franchise de vo lēte. Et auss̄y se peut elle dep̄tir de mal ad ce qu'elle face bien, laquelle chose nest pas faicte sans l'aide de dieu

⁋ Exposicion sur ce chapitre.

En ce xxi. chapitre mōseig n̄r saīt augustin fait vne recapitulaciō des choses quil a dictes es cha pitres precedens. Et dit que l'une de ces deux citez commenca par vng homici de, cest assauoir cayn q̄ tua sō frere abel, et fina par vng autre homicide c'est assa uoir lamech le bigame qui eut deux fem mes, nompas celui qui fut pere de noe. Et pour ce que plusieurs pourroiēt mu ser en ces generacions de seth, et de cayn pour la pareissete des nōs / il est assauoir que en la lignee de cayn a vng enoc. c'est celui ou nō duquel il edifia sa p̄miere cite et l'appella de son nom. Et si y a vng au tre enoc de la partie de sem qui fut filz de iared, et pere de mathusale, lequel enoc fut translate sicōme aucuns dient en paradis terreste auecques helye. et si y a enos qui fut filz de seth, duq̄l il parle en ce chapitre: et en plusiurs autres prece dens et subsequens. Et auss̄y y a il ma thusael et mathusale, cest assauoir ma thusale pere de lamech, nompas le biga me, sicomme il se treuue ou quatriesme et cinquiesme chappitre de genesis. Cōment lamech qui eut deux femmes fut homicidē il se treuue par le maistre des hystoires ou chapitre des generaciōs super genesis, ou il dit que selon l'oppini on Iosephus q̄ lamech sach̄at les choses diuines a qui saigemēt les entendoit voy ant que cayn n'estoit condamne a peine

Considera q̃ encoires sui estoit elle deue plus grande/ et ceste chose il declaira a adda et a sella ses femes. La maniere cōmēt il occist fut cest cil est assauoir q̃ sicōe aucūs diēt au pmier aage auāt le deluge sē ne mēgoit poit de chair/ mais tuoit lē des bestes et en prenoit lē des peaulx p pour soy vestir/ ainsi cōe nr̃eseigñr fist a adā et eue qñt ilz furēt trouuez nudz et mis hors de padis terreste q̃ leur baillast vestemēs de peaulx de bestes mortes en signe qlz estoiēt mortelz. ⊙ advint q̃ lamech q̃ estoit aueugle se faisoit mener p ung enfāt/ et quāt lenfāt veoit aucū traict couenable/ il faisoit traire lamech la ou il deuoit traire. Cel ēfant regarda en ung buissō ou estoit boute cayn p pourete et meschea cet tout velu de chetiueté: lequel ēfant cuidāt de cayn q̃ ce fust une beste sauuaige/ adreça celle pt lamech et lui dist qil traist. Et quāt il appceut q̃ cestoit cayn/ il fut tres dolēt: et cōmēca a ferir de sō arc sur lenfāt q̃ le menoit/ tāt p telle maniere q̃ loccist sicōe diēt aucūs docteurs: p especial ioseph et le maistre des hystoires/ et diēt aucūs q̃ ce fut tubalcayn. Et ce fait cōe dessus est dit: il dit a ses femes telles paroles pour ce dist il q̃ iay occis cayn p plaie ou en playe: et adolescēt q̃ me menoit au cou rout ou couroup de la playe. La vēgeāce de cayn q̃ estoit ordōnee. vii. sera dōne a lamech et doublee iusq̃z a. vii. fois. vii. q̃ sōt lxxvii. Et cest ce que nr̃eseignr dit a cayn/ et q̃ est racōpte ou. iiii. chap. de gen. quāt cayn lui dist q̃ tout hōe q̃ le trouueroit l'occiroit nr̃eseignr respōdit qil ne seroit pas ainsi mais q̃ tout hōe q̃ loccirroit seroit pugny a vii. doubles. Et toutesfois diēt aucūs q̃ dieu auoit donne et baillē signe a cayn/ ad ce q̃ se aucū se trouueroit ne se tuast/ cestassauoir q̃ la teste lui trēblerroit tousiours/ mais lenfāt ne lap perceut pas bien/ et pour ce fut occis p lamech/ et ce souffise pour la declaraciō de ce chapitre.

Du tresbuchemēt des filz de dieu pris
et efacez en lamour des femes estrāges pourquoy ilz desseruirēt a estre toꝰ pris p le deluge excepte viii. psōnes seulemēt xxii

Et ainsi p frāchise de voulēte: et de frāc arbitraige sa generaciō humaine venāt et croissāt fut fcte la meslee et la cōfusiō de lune et de lautre cite: p pticipaciō de iniqte. lequel mal prit sa cause de rechief de sexe feminin/ nom pas pour certaī p icelle maniere p laq̃lle il fut au cōmēcemēt. Car ces femes ne admonesterēt pas aux hōes pechie de qlq̃ fait ces qlles fussēt fors deceues. Mais du cōmēcemēt ces femes q̃ furēt de mauuaises meurs en la cite terriēne/ cest adire en la cōpaignie des terriēs: furent amees des filz de dieu pour la beaulte des corps/ cest assauoir des citoyēs de lautre cite pseriē en ce siecle/ lequel biē: cestassauoir beaulte pour certaī est dō de dieu: mais pour ce est ce petit don de beaulte donne aux mauuais auʃsi a ce qil ne sēble pas aux bōs q̃ ce soit grāt bien. Et ainsi en laissāt le grāt biē lequel est ppre aux bōs/ il cheit au bien trespetit/ nōpas ppre aux bons mais cōmun aux bons et aux mauuais. et auʃsi les filz de dieu furēt enlacez en lamour des filles des hōes: et se laisserēt couler es meurs de la cōpaignie terrienne a ce qlz vsassēt delles cōe de leurs femes en laissāt la bōte ou pitie: laq̃lle ilz gardoiēt en la saincte compaignie/ car en telle maniere la beaulte du corps laq̃lle est bien trespetit/ et pour certaī mettāt arriere dieu q̃ est bien pardurable/ et p dedēs sās cōmēcemēt et sās fin. Ainsi cōe lor est ame des auaricieux enlaissāt iustice nōpas pour aucū vice de lor: mais de sōe/ ainsi est il de toute ciature: car cōe elle soit bōne: elle pūt estre amee biē et mauuaisemēt: cest assauoir biē p ordre gardee/ mauuaisemēt p ordre destournee/ laq̃lle chose iay dit briefment puers en une louēge du cierge: p une maniere q̃ sensupt. Ces choses sōt tiēnes et elles sōt bōnes/ car tu q̃ es bōnes as creees il na riẽ du nostre en icelles fois ce q̃ no9 pechons en amant par ordre despite cõtre top ce qui est fait sans top. Mais se lẽ ayme vrayement le createur, cest adire se il est ame, et nompas autre chose pour luy, laquelle chose il nest pas, il ne peut estre ame mauuaisemẽt, car icelle amour doit estre amee ordonneement: par laquelle ce qui est a amer est ame, ad ce que la vertu par laquelle len vit biẽ soit en nous. Dõc il me semble que la vraye et briefue diffinicion de vertu est lordre damour: pour laquelle chose sa cite de dieu espouse de iesucrist chãte es liures des cãticques. Ordonnez en moy charite, les filz de dieu, doncques despiterent dieu et amerent les filles des hommes, en destournãt lordre de ceste charite, cest adire de dilection et damour, par lesquelz deux noms, a lune et lautre cite est assez diuisee. car iceulx estoient filz des hommes p nature, mais ilz auoient a auoir autre nom par grace

⸿ Exposicion sur ce chapitre.

En ce xxii. chapitre mõseigneur saint augustin demonstre comment apres ce que le peuple fut creu, sa generacion de seth et de cayn furent meslees ensemble par participaciõ de iniquite. Et dit que ce mal cõmenca p le sexe feminin, nompas ce dit p la maniere quil fut fait au cõmencement, car elles ne deceurent pas les hommes ne admõnesterent a pechie sicomme eue fist adam, mais sa beaulte delles sourprint les hõmes et les embrasa a elles amer. Apres quãt il parle des vers du cierge, les vers sont telz en latin. V° Hec tua sunt. Bona sunt quia tu bon9 ista creasti. Nil nostrũ est in eis nisi q̃ peccamus amantes. Ordine neglecto porto quod cõditur abste. Apres il dit que sa vraye et briefue diffinicion de vertu: cest lordre damour, par celle ordre damour est a entendre charite

Quil soit vray il appert, car apres il dit que es canticques des canticques, lespouse de iesucrist, sa cite de dieu requiert quelle soit ordonnee en charite. Apres il est a notter que beaulte est don de dieu, mais il est temporel et charnel a si nest pas propre aux bons: mais est cõmun aux bons et aux mauuais. Et est beaulte donnee aussy bien aux mauuais cõme aux bõs affin que les bons ne cuident pas que ce don de beaulte soit leur propre

⸿ Assauoir ce cest chose a croire que les anges qui sont de substance espirituelle: espris de lamour des belles femmes eurent a faire a elles charnellement, donc les gayans furẽt creez   xxiii

Car ces mesmes filz de dieu sõt dis aussy anges de dieu en celle mesme escripture ou il est dit q̃lz amerent les filles des hommes dont plusieurs cuiderent quilz ne furent pas hommes: mais anges, laquelle question nous feismes ou. iii. liure de ceste oeuure en nous en passãt briefuemẽt. Et la laissasmes sans p faire aucune solucio, cest assauoir se les anges comme ilz soiẽt esperis, puissẽt auoir a faire a femmes corporellement ou charnellement, car il est escript qui fait ses anges ses esperis, cest adire quil fait ceux qui sont esperis p nature estre ses anges, en leur enioignant office de anoncer, car icelui qui est dit en grec: anglos, lequel nom est tesmoigne ange en langue latine est ĩterprete messaigier en langue latine. Mais se consequẽment il adiouste les corps diceulx en disãt ces parolles, a fait ses ministres feu ardant, ou que les ministres diceulx doiẽt estre eschauffez de charite cõe de feu espirituel, cest chose doubteuse. Toutesfois icelle mesme escripture: laquelle est tres vraye tesmoigne que les anges se sõt apparus es hões, en telz corps q̃lz pouoiẽt:

nompas seulement estre veuz/mais aussy estre tastez. Mais pour ce qlest comune renōmee et que plusieurs lafferment qlz sont esprouue ou ouy dire de ceulx q ce ont esprouue de la foy desquelz il nest point a doubter, que iceulx qui sōt appellez siluanix faunii lesquelz le commun appelle incubes ont este tressouuent tresmauuais aux femes: et ont desire sa compaignie delles, et sont accōply. Et q plusieurs a telz que ce sembloit estre honte q nperoit ceste chose afferment que aucūs dyables lesquelz les gaulles appellēt du siens ont essaye et fait ceste ordure accoustumeement. pour ce dy ie que ie nose de ce determiner aucune chose solement, cest assauoir se aucuns esperis incorporelz de element de air, puissent aussy souffrir ceste desectacion charnelle ad ce qlz soient cōioingz a femes, q elles le sentent en sa maniere en laquelle ilz peuent, car cel element aussy est sentu p sentement q atouchement de corps quantil est demene ou debatu dun esuentoir. Toutessfois ie ne croieray ia q ses sainctz anges de dieu aiēt en aucūe maniere auoir peu aisi estre tresbuchez, ne que sainct pierre la postre en est dit de eulz ce qui sensuit. Car se dieu nespgna pas aux anges q pecherent, mais les enferma en chartres de obscurte desen pour estre reseruez a estre pugnis au iugement aincois ie croy qlse dist de ces anges lesquelz en eulz deptant de dieu premierement tresbucherēt auec le diable leur prince seul p enuie deceut le premier hōe p fraulde serpentine. Mais ceste mesme saincte escripture est tesmoing tresplatureuz que les hōmes de dieu ont este aussy nōmez anges, car il est escript de saint iehan en ceste maniere. Vecy ie enuoye mon ange deuant ta face, lequel appellera ta voye. Et malachiel le pphete est appelle ange par vne grace singuliere/ cest adire donnee a lui pprement / mais ce esmeut aucunes que nous lisons q hōmes/ nompas aisi comme de nostre maniere mais grans ont este nez de ceulx q ont este appellez anges de dieu et des femes quilz amerent ainsi cōme certes les corps des hōmes. lesquelz sōt trop plus grans que les nostres, ne soient pas nez aussy en noz tēps / de laquelle chose iay aussy racōpte parauāt. Ne fut pas a rōme auant que sa destruction de ceste cite approchast. Laquelle destructicion fut fcte p les gotz. Vne femme auec son pere sa mere: laquelle feme auoit ainsi cōe corps de geāt. et apparoissoit p dessus les autres pour saqlle veoir il y auoit meruelleuse assemblee et p venoiet gēs de toutes pars. et tenoient a tresgrant merueilles ce que son pere et sa mere nestoient pas si grans cōe nous auons accoustume veoir les autres grans gens. Doncq3 ont peu naistre les geans. et auāt ce que les filz de dieu qui sont appellez anges eussēt cōpaignie aux filles des hōmes. cest adire viuāt selon homme cestassauoir les filz de seth aux filles de cayn Car lescripture canonicque ple en ceste maniere. ou liure ouquel nous lisons ces choses duql les paroles sont cestes. Et aduit apres ce que les hommes commencerēt a estre multipliez sur la terre et q filles leur furent neez que les anges de dieu voyans q les filles des hommes estoient belles prindrent a femmes celles: lesquelles ilz auoient esleuez de toutes. Et dieu mō seigneur dist. Mō esperit ne demourra pas pdurablement en ces hōes cy pour ce qlz sont chair. et seront leurs iours de vi. xx ans. et les geans estoient sur la terre en ce temps. Et apres ce sensuyt. Quāt les filz de dieu aloient aux filles des hōes: et faisoient generacions a eulx, iceulx estoient geās renōmez de ceulx du siecle Ces paroles du liure diuin demonstrēt quil y auoit ia geās sur la terre quāt les filz de dieu prindrent les filles des hōes a femmes. quant ilz les amerēt tōnes:

n i.

cest adire belles, car la coustume de ceste
escripture est dappeller bons ceulx q̃ sõt
beaulx de corps. Mais apres ce que ce fut
fait les geans furent nez, car il dit ainsi
Mais ces geans estoient sur la terre, et a
pres ce est dit en ceste maniere. Comme
les filz de dieu assez aup filles des hõ
mes doncques estoient les geans auant
ce tẽps et apres ce tẽps, mais ce q̃l dit q̃lz
engendroient a eulz demõstre assez que
pauant et aincois q̃ ses filz de dieu cheis
sent ainsi, ilz engendroient a dieu nom
pas a eulz, cest adire nompas p delecta
cion seigneurissant: mais p office seruãt
et obeyssant pour peupler a auoir lignee
nõpas famille ou maisgnee q̃ sust de sõ
orgueil, mais citoiens de sa cite de dieu,
ausq̃lz il anoncassent cõme ãges de dieu
quilz missent en dieu leur esperance dap
peller le nõ de dieu nr̃e seigneur. En la
q̃lle esperãce ilz fussent hoirs auec seurs
successeurs des biens pardurables, et fre
re des filz soubz dieu le pere, mais celle
escripture declaire sans aucune doubte
q̃lz ne furent pas anges de dieu, en telle
maniere quilz ne fussent pas hões, sicõe
aucuns cuident, aincois declaire lescrip
ture sans doubte quilz furent hões. Ca
cõe il eust este dit deuant, que les anges
de dieu voyans les filles des hões q̃ elles
sont bonnes prindiẽt a femmes celles les
quelles ilz auoient esleues de toutes. Il
sensuyt apres, et dieu nr̃e seigneur dit
Mon esperit ne demourera point pour a
blement en ces hões pour ce q̃lz sõt chair
Quelle merueille: ilz furẽt fais anges
de dieu: et filz de dieu, mais en eulz decli
nant aup choses plus basses, ilz furent
appellez hommes p nom de nature, nõ
pas de grace. et furẽt appellez chair pour
ce quilz delaisserent lesperit, et furent de
laissez en delaissant. Et pour certain les
lxx. interpreteurs, appellerent ceulx cy
et anges de dieu et filz de dieu. laq̃lle cho
se tous les liures nõt pas, mais aquila

lequel interpreteur les iuifz mettẽt auãt
to⁹ autres les interpreta, nõpas ãges de
dieu ne filz de dieu: mais filz des dieup
mais suy̧a lautre est Siap, car ilz estoiẽt
filz de dieu soubz lequel comme peres de
leurs peres, ilz estoient freres aussi: et es
toient filz des dieup, car ilz estoient en-
gendrez des dieup auec lesq̃lz eulz mes
mes estoient dieup, selõ ce qui est escript
ou psaultier. Iay dit q̃ vous estez dieup,
et tous filz du souuerai. Certes les lxx
interpreteurs sont creuz et a bon droit de
auoir prins lesperit de prophecie en tant
que se par lauctorite de celuy esperit, ilz
muoyent ou disoient ce quilz interpreter
rent autrement quil nestoit. Ce que ce ne
fust pas doubte estre dit de par dieu, ia
soit ce que icelle chose soit tesmoignee en
hebrieu estre doubteuse, cest assauoir quil
peut estre interprete, et filz de dieu et filz
des dieup. Laissons doncques les fables
des escriptures, lesquelles sont appelles
es appocrifes, pour ce que la naissance
mescongneues dicelles nest point appa
rue a noz peres, desquelz lauctorite des
vrayes escriptures est venue iusq̃s a no⁹
par succession trescertaine et trescõgneue
Mais se sen trouue aucune verite en ces
escriptures apocrifes, toutesfois ny a il
aucune auctorite canonicque, pour ce quil
y a plusieurs choses fausses. Certes no⁹
ne pouons nyer que enoc qui fut le vii. de
puis adam nait escript aucunes choses
diuines, Comme iudas lapostre le dye
en sõ epistre canonicque. mais elle ne sõt
pas et non sans cause en icelui canon des
escriptures du peuple hebrieu, lequel ca
non fut garde par la diligence des pre
stres qui succederent, se ce nest pour ce q̃l
les sont iugees estre de soy supposeuneu
se pour lanciennete, et ne pouoit estre trou
ue se ce nestoient ces choses lesquelles il
auoit escript, pour ce quelles estoiẽt pro
noncees, nompas p telz qui sussent trou
uez les auoir gardees conuenablement

par ordre de succession. Dont ces choses q̃ / se mettent auant soubz le nõ de icelui enoc / et lesquelles tiennent ces fables de geãt: / cestassauoir quilz napent pas eu hõmes / a peres. Ces choses sont droicturieremẽt / succedes saiges. que ces choses sen ne / dit pas croire estre de icelui enoc, sicõ/me plusieurs choses sont mises auant p / les hereses soubz les nõs des p̃phetes. et / plus nouuelles soubz les nomes des ap/stres. tous lesquelz apocrifees sont debou/tes de saincte oure canonicque par exami/cion diligente. Doncques selon les escriptu/res canonicques hebrieux et crestiennes, il / nest point de doubte que plusieurs geãs / furent auant le deluge. quilz furẽt citoy/ens de sa compaignie terrienne des hom/mes. mais les filz de dieu lesquelz furẽt / peuplez de seth, selon sa chair declinerent / en celle compaignie en delaissant iustice. / Et nest pas chose a esmerueiller q̃ geãs / peussẽt aussi naistre deulz. car ilz ne fu/rent pas tous geans: mais pour certain / ilz se furent en plusgrant nombre adonc / quilz ne furent apres es autres temps a/pres le deluge. lesquelz geãs il pleut au / createur a creer, ad ce que par ce fust demon/stre que le saige ne tint pas pou de com/pte. nompas des beautez seulemẽt mais / aussi des gr̃adeurs et des forces des corps / lequel est beatifie ou bieure par les bies / espirituelz et imortelz qui sont trop meil/leurs et plus fermes et qui sont propres / aux bons. nompas cõmuns aux bons et / aux mauuais. laquelle chose lautre pro/phete en sa recommandant dist ainsi. La / furent geans ces renommez: lesquelz furẽt / au cõmencement de grant stature. et sai/ges en bataille. iceulx ne esleut pas n̄re / seigneur. ne il ne leur donna pas la voie / de science. mais moururent pour ce quilz / neurent pas science. et quilz neurent pas / vraye consideraciõ.

¶ Exposicion sur ce chapitre.

En ce xxiii chap. monseñr saict / augustin fait une questiõ. cest / assauoir se les anges cõme ilz / soient esperis peussent auoir a faire a fe/me charnellement et corporellement. Et / amaine aucuns exemples de ceulx q̃ sõt / appelles dii siluam et fauni. lesquelz se/lon le cõmun sont appellez incubes. des/quelz len tesmoigne quilz ont desire la c̃o/paignie des femmes et eu affaire a elles / charnellement. et laisse mõseigneur saict / augustin ceste question sans determiner: / Et dit quil nose aucune chose determiner / folement. toutesfois dit il quil ne se peut / croire des bons anges. mais il nest pas / doubte que incubes. et subcubes ne peuẽt / engendrer. ne ne peuent estre vrays peres / ne vrayes meres. Les esperis incubes sõt / ceulx qui font loffice dhõme en celle oeu/ure. et les subcubes: sont ceulx q̃ font lof/fice de la femme. et qui voudra veoir de / ceste matiere voye guillermũ parisiẽ. iii / tercia p̃te. ou chap. de demonib; incubis / et subcubis. et ou chap. subsequẽt et sa se / pourront veoir argumẽes a lune p̃tie et / a lautre. Et aussi parle il en celle p̃tie de / la mesgnee de hellequin. de dame habon/de / et des esperis quilz appellent fees / q apperent es estables et es arbres. (Car / si des dyables quilz appellent epicace. / ou epicastem que sen appelle sappelle a / nous. et la il destruict ces erreurs a met / toutes les raisons que sen peut dire pour / lune p̃tie et pour lautre et y soud. Mais / les laissõs pour ce quil y a plusieurs cho/ses / qui ne seroient pas bien plaisans. ne / conuenables a dire en francoys / toutes/fois ou chap. Qualiter demones vere / generant nec actiue. nec passiue. q̃est / le chapitre qui ensuyt celui de incubis. il / met ung merueilleux exẽple. Car il dit / que en sa prouince de saxonne ung ours / raupt la femme dung cheualier et la porta / en une taniere ou il repairoit. et la la tint / par grãt tẽps. et engendra de elle plusieurs enfans lesquelz apres ce que le cheualier eut recouure sa femme / sequirent auec ledit cheualier. Et furêt fais depuis cheualiers et quilz fussent braps hommes et de nature doulce il apparissoit en leur visaige en ce quilz estoient estranges / et se trapoient a nature doulce. Et pour ce le cheualier leur donna tel sournom qlz furent appellez oursins pour ce quilz furent filz de ours. Il dit aussi que seung ours est escorche / il semble une creature humaine / et quilz habitent auec les femelles comme les hommes auec les femes / et que par ces causes:ia soit ce q aucuns menguent de celle chair comme de venoiso / neantmoins sont plusieurs personnes en abhominacion. Il met oultre une autre exemple. de ce quil dist que en une ville en portingal. en laquelle les iumens concoiuent dun vent quelen appelle zephirus / autrement fauonius / laqlle chose nest pas vraye a prendre a la lettre / mais il est dit pour ce que en ces parties a tant de cheuaulx / quil semble que les iumens concoyuent du vent. Il dit aussi en ce chapitre de incubis que es naracions des hystoires des royaumes doccident se treuue que les huues furent engendrees de ces dyables. Et que lisle de cypre fut toute peuplee et habitee de ces diables incubes, et de leurs enfans, et mōstre coment ce ne peut estre vray par plusieurs raisons lesqlles nous laissons pour cause de brieuete. Apres quant il parle des dieux qui sont appellez farnii et siluanii ce sont dieux de bois selō les poetes, de quoy ilz seruoient nous en auons parle en sa premiere ptie de ceste oeuure, a pour ce nous nous en passons a tant. Joseph appelle les enfās nez de ces icubes, efans iniurieux et que eulz pour ce quilz se confioient de leur force, firēt les maulx que ilz firent.

⁋ Comment len doit entendre ce q nostre seigneur dit a ceulx qui deuoient perir par le deluge: cestassauoir leurs iours seront de six vingtz ans. xxiiii.

Mais ce que dieu dist leurs iours seront de six vingtz ans nest pas a entendre en ceste maniere ainsi comme sil fust denōce, apres ces choses: que les hōmes ne passeroient pas six vingtz ans en vie comme nous trouuons apres le deluge, aucunes q ont passe cinq cens ans, mais est a entendre que nostreseigneur lauoit dit, quant noe fut enuiron la fin de cinq cens ans, cest adire comme il eust vescu .iiii.c.iiii.xx. ans, lesquelz lescripture par sa maniere de peler appelle cinq cens ãs. en signifiãt souuent la tresgrant ptie par le nom du tout, car le deluge fut fait ou sixcentiesme an de la vie de noe ou second mors. Et ainsi iceulx six vingtz ans de la vie des hōmes qui deuoient perir, estoient aduenir, lesquelz passez iceulx hommes deuoient perir par le deluge / ne len ne croit pas sans cause q le deluge ait este fait en telle maniere que ceulx ne fussent pas nouuez en terre, lesquelz neussent pas desserui a finir par telle mort / par laquelle sa legeance fut faicte es mauuais: nompas q pour ce celle maniere de mort, face aucuneffois qlque chose aux bons qui leur puisse nuire apres sa mort / mais toutesfois nulz de ceulx ne moururent par le deluge que la saincte escripture racōpte estre descendus de la lignee de seth. Mais la cause du deluge est racomptee en ceste maniere de par dieu ou diuinement. Dieu nostre seigneur, sicomme dit lescripture voyãt que les malices des hommes estoiēt multipliees sur terre, et que ungchun pensoit diligemment en son cueur toussieurs sur mauuaisties, et dieu pensa q il auoit fait home sur terre, il repēsa et dist Je vueil dit il hōme lequel iay fait oster de la face de la terre/ et le destruire dhōme iusqz a beste mue et de beste q̄ ilz se traine iusqz aux opseaulx du ciel. cest adire q̄l pdroit tous hōmes et bestes a opseaulx pour ce dit il que ie suis courcé que ie les ay fais.

℄ Expposicion sur ce chapitre.

En ce xxiiii. chap̄. mōseignr̄ saict augustin declaire comment ces motz q̄ sont mis en sa bible ou vi.chapp̄. de genesis. ou il est dit q̄ leurs ioures ne seront dorsenauant que vi.xx ans. apres ces parolles dictes nr̄eseignr̄ pdroit tout lumain signaige p̄ le deluge nōpas q̄ les hōes nepeussent viure pl̄s de vi.xx. ans sicōe il se mōstre. Et est a noter tant pour ce chapitre: cōe pour to⁹ les autres de ce liure q̄ p̄ tout ou mōseignr̄ saint augustin recite les parolles de bible il les recite selon les lxx. interp̄teurs et nompas selō sa translacion de mōseigneur saint ierosme. Apres quāt il dit q̄ dieu vopāt les malices des hōes ⁊c. Ces parolles cy endroit sōt prinses du vi.chapitre de genesis nōpas selon la transla cion de monseignr̄ saint ierosme sicōme iay dit mais selon la translaciō des lxx interpreteurs

⸿ De lyre de dieu q̄ ne pturbe sa paix et tranquillite incōmuable p̄ quelque inflamacion ou eschauffement q̄ ce soit. xxv

Lyre de dieu nest pas pturbaciō de son couraige/ mais est le iugement p̄ lequel la peine est dōnee au pechie. mais sa pensee et la repensee de dieu est sa raison imuable/ des choses lesquelles doiuent estre muees. Car dieu ne se repent pas de son fait quelconques aisi cest adire sa sentēce est du tout en tout aussy ferme de toutes choses/ cōe il les scet certainement parauant et cōe il

en a vraye prescience. Mais se lescripture ne vse pas de telles pollesceisse ne se mōstrera pas aucunement si familierement a toutes manieres dōmes. lesquelz elle veult estre conseilles affin quelle espoue te ceulx qui senorguellissent. et excitent les negligences: ⁊ excitent les requerans et nourrissent les entendans. laq̄lle chose elle ne feroit pas: cest adire lescripture selle ne senclinoit auant et descendoit aucunement a ceulx q̄ se gisēt. Mais p ce q̄ denonce aussy que toutes bestes terriennes et des opseaulx volans il dit et aussi la grādeur ⁊ la destructiō du meschief a aduenir/ et ne menace pas de mort les bestes lesquelles nont point de raisō ainsi comme silz eussent peschie

℄ Expposicion sur ce chapitre.

En ce xxv.chap̄. mōseignr̄ saint augustin dit q̄ lyre de dieu nest pas perturbacion de son courai ge/ mais est le iugement p̄ leq̄l la peine est dōnee au pechie/ et se dist notablemēt pour ce que selon les philosophes yre est p̄turbacion de couraige. Or est il certain que dieu est incōmuable/ et sa paix et sa tranq̄llite icōmuable. et pour ce q̄ l̄ se dit que dieu fut courouce ce nest pas a entēdre: q̄ pour ce il fust meu ne pturbé mais est vne figure qui sappelle atropospatos qui est vne passion humaine. quant ce q̄ est propre a hōe est attribue a dieu: sicōme len dit dieu se courouce, ou dieu se iouist qui est dit antropos quod est homo et patos quod est passus/ vel passio qui vault autant cōe passion/ cest adire passiō humaine ou passion dōme. Et est vne couleur de rhetoricque. sicōe il se treuue en catholicū ou chapitre de coloribz ⁊ q̄ voul dra plus largemēt scauoir cōmēt ces motz se doiuentendre. penitet me fecisse hominem. et ce qui est. Et factus dol̄ore cordis intrinsecus ⁊c. qui sōt du chapitre de jus allegue. Boye monseigneur saint augustin super genesim ad litteram, et frere nicolas de lyra en sa postille. Apres qͭ il dit quil destruiroit ses hommes iusqᵹ aux bestes mues et iusqᵹ aux opseaulx il le dist exclusiuemēt, car tout fut pery par le deluge, et bestes e opseaulx nom pas que bestes et opseaulx eussent pechie mais pour monstrer la grandeur de la pestilence et meschief qui estoit a aduenir a lumain signaige. Et est assauoir que quant dieu dist que leurs iours seroient de six vingtᵹ ans, sicomme il est dit ou chapitre precedent ce fut vng doulx admonnestement, car ce temps leur fut donne pour ses admender e corriger de leurs meffais, pour ce quil ne les vouloit pas pugnir pardurablement, sicōme il auoit fait les mauuais anges. Mais consideranᵗ leur fragilite, leur donnoit ce tēps pour eulz repentir, sicōme dit le maistre des hystoires.

¶ Que larche laquelle fut commādee a noe a faire signifie en tout et par tout ihesucrist en leglise ⁣ xxvi

Ais ce que dieu commanda a noe homme iuste e parfait en sa generacion, sicomme dit lescripture voir, disant, nompas sans doubte parfait sicomme ses citoyens de la cite de dieu sont a estre parfais en icelle immortalite par laquelle ilz seront pareilz aux anges de dieu, mais sicōme ilz peuent estre parfais en ce pellerinaige a faire larche en laquelle il fut deffendu du gastement du deluge auecques les siens, cest assauoir sa femme ses filz e ses brus. Et auecce ses bestes lesqlles du gmādement de dieu entrerent en larche auec lui. Ce que dieu commāda a noe oyꝑ ie sans doubte cest la figure de la cite de dieu peꝉ

lerine en ce siecle cest adire de leglise laquelle est sauuee par le fust ouquel ihesucrist mediateur de dieu et des hōmes pendit. Car les mesures de la longueur de la leeur de la haultesse de icelle arche signifie le corps humain dun homme en la verite de laquelle chose iesucrist fut parauant denōce aux hommes estre aduenir et estre venue. Quelle merueille. Car la longueur du corps humain de la teste iusques aux piez a six fois autant comme sa leeur qui est du coste iusques a lautre coste, et a dix fois autant comme la haultesse de la mesure du dos iusqᵹ au ventre, ainsi comme se tu mesures vng homme gysant enuers, ou a dens il est aussy long six fois de la teste iusqᵹ aux piez, comme il est large de dextre iusques a senestre ou de senestre iusques a dextre et est aussy long dix fois cōe il est hault de terre. Et pour ce fut faicte large de .iii. cens couttes en longueur, et de cinquante en leeur et de trēte en haulteᵃ. Et ce q̄ lle eut lurx ou coste, pour certain cest la plape qui fut faicte quant le coste de iesucrist quant il fut crucifie fut pcē. Quelle merueille : ceulx qui viennent a luy, entrent par ceste porte. Car les sacremens sourdirent de sa par lesquelz ceulx qui croyront sōt sacrez. Et que ceste arche fut commandee a estre faicte de toutes pars de fustᵹ quarrez signifie la vie des saictᵹ estre estable. Car de quelque partie que tu tournes le quarre il se tient et arreste, et les autres choses qui sont racomptees en la facon dicelle mesmes arche, ce sont les signes des choses de leglise. Mais cest lōgue chose de poursuir ces choses oridroit, et nous sauons ia fait en loeuure q̄ nᵒ auōs escripte contre fauſt le manichee, lequel nyoit que aucūe chose fust prophetisee de iesucrist es liures des hebrieux. Et certes il peut estre fait que aucun a nous ou autre a autremēt expose ces choses plus conuenablement, mais que touteffois ces choses lesquelles sont dictes soient toutes rapportees a celle cite de dieu de laquelle nous parlons / laquelle est pelerine en ce mauuais siecle / ainsi comme au deluge. Se celuy q̃ les poſera ne ueult trop errer ou ſoy trop departir de l'intencion de celui qui escript ces choses / ſicomme ſe aucun pour ce que l'eglise est aſſemblee de toutes gẽs ueult estre entendu ce qui est la escript / c'est aſſauoir tu feras l'arche par deſſoubz de deux chambres et de trois chambres / celle est dicte de deux chambres / pour trois manieres d'hommes c'est assauoir les circoncis et ceulx qui ne le ſont pas / leſqlz l'apostre appelle autrement iuifz et grecz Et celle est dicte de trois chãbres. pour ce que toutes gens furent reparez apres le deluge des trois filz de noe. Et ne doit pas estre entendu ſicomme i'ay dit: ce que iay dit en icelle oeuure contre fauſtus / aincois oye aucune autre chose. laquelle ne ſoit pas eſtrange de la rigle de la foy Et pour ce q̃ nõpas es pluſbas ſieux de l'arche, il uoulut auoir manſions. Mais auſſy es plus haulx lieux de l'arche / et ceulx cy d'embas il appella deux chambres et deſſus les plus haulx lieux il appella trois chambres: affin que du bas en retournant en hault il y euſt une tierce habitacion / peuent par ce estre entendus les trois choses que l'apostre recommande c'est foy eſperance et charite. Et ſi peuent auſſy estre entendues pluſconuenablement de trop les largeſſes / ou abondances des fruyz de l'euangille, c'est aſſauoir trente et ſoixante et cent. Ad ce que la chaſtete de mariage demeure en ſa pluſbaſſe manſion. Celle de uefuete en ſa moyenne. et celle de uirginite en ſa plus haulte. Et ſ'il y a riens que l'en puiſt mieulx dire et entẽdre ſelon la foy de celle cite / et auſſy ce que iay dit des autres choses qui ſont cy a expoſer

Expoſicion ſur ce chapitre.

EN ce .xxxi. chapitre monſeigñr ſainct auguſtin monſtre comment l'arche qui fut commandee a faire a noe ſignifie iheſucriſt et ſeglise en toutes choſes / et que icelle arche fut la prefiguracion: et fait cõparaiſõ du corps de l'omme au corps de l'arche & dit que l'arche auoit trois cens couttes en lõgueur cinquante en leeur / & trẽte en haulteur. Et dit rabanus que le compte est priñs icy ſelon geometrie. lequel compte de geometrie contient ſix des noſtres. ou autremẽt elle ny pouoit auoir ainſi grãt haulteur / et a chaſcun coutte a pprement parler pas et demp. De la diſpoſicio diſcelle arche / & de la maniere des chambres ſont diuerſes oppinions. car monſeignr ſainct auguſtin l'ordonne en une maniere / et bede & ſtrabus ſe mettent en une autre maniere / combien que ilz ſoient aſſez daccord des chambres et manſions. car ilz en mettent cinq Et auſſy ſont ilz acord de la feneſtre laquelle les hebrieux appellent la feneſtre criſtaline: excepte ioſephꝰ qui ne met q̃ quatre chãbres. mais par aduẽture ſicomme dit le maiſtre des hyſtoires / il ne fit compte de la chambre ou eſtoient les oyſeaux. Apres quãt mõſeigneur ſainct auguſtin dit / du .c. ix. et xxx. fruyz / leſquelz il appliq̃ aux uierges aux uefues / & aux mariez / il en eſt pſe mathei tercio capitulo. et marci quarto La ou noſtreſeigneur parle par maniere de parabole des ſemences gettees ſur terre. dont il dit que l'une cheit au chemin et les oyſeaux la mengerẽt. L'autre cheit ſur les pierres et ſecha pour ce qu'elle n'auoit point d'umeur. L'autre cheit ẽtre les eſpines et auoita pour ce que les eſpines crurent et la ſuffocq̃rent. Et l'autre cheit en bõne terre / & apporta fruyt. L. iiij. c. L'au tres .sp. et l'autre .xxx. laquelle chose nostre seigneur exposa en partie. Apres en ce mesmes chapitre en disant et exposant ceste parabole et dit que ce qui est seme en bonne terre, est celuy q̃ escoute la parolle de dieu et l'entend : et apporte frupt. L'un .c. l'autre .lp. et l'autre .xxx. Mais quel soit ce frupt .c. lp. xxx. Le texte de l'escripture mathei tricesimo ne le declaire point a plain Non fait il marci quarto capitulo, toutessois se posent plusieurs en plusieurs manieres. Premierement remigius si dist que la semence de la parolle de dieu fait le trentiesme frupt quant elle engẽdre en creature bonne pensee. Le .lp. quant elle engendre bonne parolle. Le centiesme quãt elle maine iusques a bõne oeuure et a bõne operacion. et ceste exposition est assez consonante au texte de l'euangille. Il y a autres exposiciõs que mettent rabanus et ieronimus, mais aveir a nostre matiere il n'est pas doubte que monseigneur sainct augustin dit que le frupt .xxx. appartient aux mariez. Le .lp. aux Vefues. Et le centiesme aux Vierges. Ainsi s'applicque peregrinus ad theodoram en son dialogue qui s'appelle speculum virginũ ou il demaine ceste matiere tresnotablement, et monstre les durtez et les biens qui sont en mariage, ceulx qui sõt en Vefuete, et ceulx qui sont en Virginite, et attribue a chascũ estat ce qui y peut seruir. Et dit que la Vierge ou espouse de ihesucrist a plus grant honneur de franchise en son labeur que les mariez n'ont grant ioye en delectacion charnelle. et sa raison est ce dist il : pour ce que la Vierge sert a dieu en franchise ou franchement. Mais la loy de mariage est tousiours contrainte d'aucune seruitude. et ce scuent plus q̃ nulz autres ceulx qui ont eu l'experiment de mariage. De ces charges de mariage et des cures et des perilz qui y sont. q̃ en voudra sauoir pleinemẽt. Voie matheolũ de nupciis. Et Valeriũ ad ruffinum ne

nubat. et aureolum theofayum. Mais pour ce qu'il fault aucunesfois mettre des exemples moraulx a deux fins. L'une pour ce qu'ilz prouffitent a tirer avoir. L'autre pour ce que aucunesfois apres subtilles matieres, c'est chose expedient a mettre aucuns exemples pour y prendre de lectacion, aduis enseignement ou correctiõ, et que la matiere de ces trois fruis le desire assez nous en dirons de chascũ par ordre aucun peu. A parler des biens de mariage premierement il n'est pas doubte que ce fust le premier sacrement que dieu ordonna et establit et ordonna en sa propre personne en paradis terrestre. parquoy vint toute la successiõ de humain signage. En l'arche noe mesmes, ne voulut il qu'il y eust nulles femmes estrãges, mais tant seulement quatre hommes et leurs femmes: il eut aussi paine capital accusy qui estoient trouuez en adultere: et celles q̃ se malfaisoient. Et sa loy mesmes des payens mettoiẽt a mort les Vierges du temple de Veste qui se malfaisoient. Nostreseigneur ihesucrist mesmes voulut estre ne en mariage : et print chair en la Vierge marie, combien qu'elle fust et demourast tousiours Vierge. Tant a de biens en mariage que nul ne se pourroit ne ne sauroit recorder, quant il est droituierement et loyalement mene. Et qui en voudra veoir plus largement, voie mõseigneur sainct augustin en son liure quil fist de bono giugali, ou il est parle apsal de ceste matiere. mais pour ce que deux opposites mis l'un deuant l'autre appent mieulx, selon ce que dist le philosophe, et aussy que sicomme dist le prouerbe rural Des chiés: d'oyseaulx: d'armes: d'amours pour ung deduict quatre douleurs, suppose encores que les mariages soiẽt a droit menez. Du mal ou mauuaistie q̃ ont este ou sont en mariage entre les mariez aucũs en ya eux, nous n'en tairõs pour ce q̃ no' ne croyõs pas tout ce q̃ sen dit. et si

np trouuasmes iamais mal: fors les com
munes maladies q̃ chũn scet q̃ sa a este.
Mais des cures peines souspz̃ et couroux
de mariages q̃ aduiennent souuẽt, a aucu
nes fois sãs se fait et coulpe de deux ma
riez ou de lun deulz, nous en dirõs q̃lq̃
pou. Premierement il y a cure et entente,
car sa fẽme sestudie en toute maniere cõ
mẽt elle puisse plaire a son mary, et q̃lle
ne plaise a autre q̃ a luy ou q̃ autre fem
me ne lui plaise plus q̃lle. Il y a cure pei
ne et souspz̃ de garder e ordõner leur mai
son, et de pouruoir a leur cheuance q̃lz
nayẽt dessaulte, ilz sõt en souspz̃ cõmẽt
ilz pourrõt auoir ligne, q̃ leur succedera
ad ce q̃ le leur ne voise en estrãges mais
Et sil aduient que la femme soit grosse
sen a doubte quelle nauorte ou quelle ne
meure denfant. Et sil aduient q̃lle ait
enfãt et il est boiteux: borgne: bossu, ou
q̃l ait aucune autre dessaulte en sõ corps
sa ioye que sen auoit destre grosse, est cõ
pensee a celle douleur. peregrinus ad the
odoram, en exposant ceste figure il dit, q̃
quant le siege fut mis deuant iherusalẽ
vne pierre dun engin frappa vne femme
qui trauailloit tellement quelle luy fist
saillir lenfant hors du ventre, et dosser
bien loing. Josephus aussy racompte que
au siege q̃ tytus et vaspasianus mirent
deuãt iherusalem il y eut vne noble ma
trone appellee marie qui mist son enfant
rostir et le menga par raige de fain. O
soit suppose q̃lz naissent e beaulx e faitz
de tous leurs membres e que sen ait grãt
ioye de leurs naissances, ou ilz meurent
tantost parquoy celle ioye est finee, et cõ
mence en deuil: ia soit ce q̃ ce soit le moin
dre deuil pour ce quilz sont prins en estat
dinnocence. Et silz viuent ilz sont aucu
nessois mauuais et de mauuaise nature
a pere et a mere, et a leurs parens, et desi
rent leur mort pour auoir leur successiõ.
et gastent et consument legierement en
yures et en putteries et autrement mau

uaisement ce que leurs parẽs ont acquis
a si grant labeur. Et suppose quilz soiẽt
bons et de bonne vie, et quilz aimẽt pere
et mere ilz sont aucunesfois tuez, aucu
nesfois prins et menez chetifz, ou toute
leur substance, est gastee: arse et pillee p
guerre: ou par feu dauenture. A briefmẽt
parler il y a en mariage tant de peines de
cures et de sollicitudes, et tant dauentu
res et tant de couroux que cest sans nõ
bre, et toutesfois est ce vng tresseur et no
ble estat quant il est bien mene et droit.
Quelle douleur eurent au cueur noz pre
miers peres, quant ceulx qui nauoient
que deux enfans lun tua lautre, cest as
sauoir cayn abel. Ne maudist pas noe sa
posterite de cham son filz pource q̃l auoit
reuele a ses freres lestat ou il lauoit trou
ue, et sestoit mocque de luy. Abraham et
iacob qui furent patriarches en quelz pe
rilz furent ilz pour leur femmes qui leur
furent ostees a telle maniere quil cõuint
quilz faingnissent quelles fussent leurs
seurs, nompas leur fẽmes. Rebecca quãt
elle enfanta et eut iacob et esau neut poit
si grant douleur de ce quelle estoit brehai
gne: cõe elle eut des deux enfans qui se de
battoient en son ventre, en telle maniere
quelle dist ces paroles. Quel besoing
dit elle estoit il de requerir que ie eusse en
fans, se ie y deuoie auoir telle douleur
ainsi comme celle souffrist due que selle
cuidast ce: elle ne leust prie ne requis a
dieu, et quelle amast mieulx encoires
estre brehaigne. Ne furẽt pas rachel e lya
qui estoient seurs enuieuses: lune contre
lautre pour raison de leurs enfans, des
quelles lune apres ce quelle eut son sepẽ
este en mariage brehaigne mourut den
fant, et sa fille de lautre fut raupe par
vng payen. Neut pas aussy iacob plus
de douleur de la perte de ioseph son filz,
quil neut de ioye en tout son mariage.
Les aournemens de thamar qui se mist
en guyse de femme commune ne deceu

rent ilz pas iudas tellement quil engen
dra en elle deux enfans q̃ estoient sa b͛us
en commettant incestum Aaron namast
il pas mieulx quil neust point engendre
iudas et abiud quãt il les vit cheoir mors
deuant luy, et quilz furent ars par iuge
ment diuin pour ce quilz auoient voulu
offrir de strange feu ou tabernacle. Sã=
son qui fut si tresfort ne fut il pas deceu
par les doulces parolles de sa femme da
lida, laquelle sendormit en son geron, et
luy tõdit ses cheueulx pour luy tollir sa
force. Apres laq̃lle force ostee elle le bail
la aux philistins q̃ lui creuerẽt les yeulx
et se mocquerent de lui, et depuis ses for
ces retournees et recouurees se tua a mil
philistins qui tous estoient au disner en
vne salle, quil abatit sur lui et sur eulx.
Que dirons nous de ce mauuais roy a=
chab, et de ihesabel sa femme qui tãt fut
mauuaise, quelle fist achab son mary p̃do
latrer et tuer naboth, pource quil auoit
refuse a vendre son chãp a achab son ma
ry dont dieu en print telle vengeance que
sop enfans que ilz auoient en toute leur
lignee furent destruitz, et occis par hyeu
q̃ fut supplante en son lieu, et achab mes
mes fut mort et occis et gette aux chiens
Et apres ihesabel sa femme qui sestoit far
dee et paree pour plaire a hieu fut gettee
des fenestres a terre, et si menue desfaree
du marchey des cheuaulx que a peines
en peust on riens trouuer. La femme iob
laquelle tous biens perdus et gisant ou
fiens luy estoit laissee pour consolacion
contre ses tourmens, ne fut elle pas cel=
le qui plus la tenta et qui plus luy dist
de vilsenie, ad ce quil renoyast son crea
teur: mais il ne le creut pas. mais demou
ra en sa ferme constance. Susanne sup=
pose que quant elle fut trouuee ou iardin
ou elle se lauoit et oingnoit pour plaire
a son mary, ne fut pas morte pource q̃l=
le fut trouuee chaste et innocente, toutes

fois ne eschappa elle pas sa paour et sa
doubte de sa mort, et se courroux quelle
print pour cause de ce. Ne Saul sist il pas
mieulx sauue la saincte escripture a da
uid, quil neust õcques veue bersabee soy
sauer, que ce quil fust par ce escheu en cri
me domicide et dadultere. Hely se p̃phe
te oupe la mort de ses enfans: lesquelz il
nauoit pas bien chastiez ne trebucha il pas
de sa selle et se rompit le col, et ainsi fut
priue de vie lui et ses enfans. Quant se
dechias roy de iuda veit ses enfans occi=
re deuant luy auant que sen luy creuast
les yeulx, ne que sen se menast comme che
tif en babillone, ne amast il pas mieulx
que oncques il ne ses eust engendrez. Et
aussy de ezechias roy de iuda combien q̃
creust la parolle du prophete qui lui dist
que ses filz seroient chastrez, et seruiroi
ent en la salle du roy de babillone, na=
mast il pas mieulx quil ne ses eust onc=
ques engendrez. Salomõ qui par sa sa
pience gouuerna tout le monde, ne fut il
pas contraint par femmes a p̃dolatrer a
forger ydoles et a faire temples. Quan
tes douleurs y eut il quant pharaon cõ
manda a occire tous les enfans masles
qui naistroient des hebrieux. Et quelles
quant herode commanda a occire tous
les enfans masles de deux ans et au des
soubz. Et ces exẽples souffisent des gẽs
du peuple hebrieu, mais venons aux ex
emples des payens. Herode qui mainte
noit la femme de son frere, ne mist il pas
a mort monseigneur sainct iehan baptiste
pour ce quil se reprenoit, et toutesfois es=
toit ce celui crisme, comme de icestus. An
thonius ne repudia il pas sa seur daugu
ste pour sa beaulte de cleopatra dont au
guste se fist depuis mourir, et cleopatra
print deux serpens quelle attacha a ses
deux mammelles, et se getta dedens le
tõbeau de sõ mary, et la mourut p̃enin
A romme eut vng homme et vne fem

me qui fent reprindient par mariage dōt lhomme auoit mis en terre Bingt de ses femmes quil auoit eues par sonal mariage. Et sa femme auoit enterre Bingt et Bng mary, lequel homme suruesquit sa femme, et pour ce fut couronne a romme sicomme dit peregrinus, ad theodoram ou lieu dessus allegue. Athalus cesluy qui desconfit et destruysit ytalie, espousa la seur de Dalentinien lempereur appellee indictor plus par force, et par menace que par amour. Mais tant que ce fut par le consentement et saccordement delle, et par son admonnestemēt. Or aduint que le iour des nopces, cel athalus beut tant quil fut pure: et tout yure de Bin, et sendormit a dens, et la saigna tāt des narines quil mourut en celle place, parquoy tu peulx Beoir quelle ioye celle indictor eut de son mary, quelle auoit tāt desire a auoir. Que dirons nous de ce tyrant qui apres ce que il eut Baincu son ēnemy, pour auoir tousiours fresche memoire de la Bictoire que il auoit eue, fist de son test faire Bng hanap guarny dor et de pierres precieuses, auquel il buuoit tous ses iours, et si espousa sa fille de cesluy quil auoit ainsi occis et mis a mort. Or aduint que Bng iour apres ce que il eut bien beu, et quil fut aisi comme yure il preseta a sa femme a boire en ce hanap et luy dist quelle beust au test de son pere en luy disāt quelle nen deuoit pas auoir honte ne en estre courroucee ne sa posterite puis que ceste desconfiture auoit este faicte par luy qui estoit son mary. Laquelle comme confuse dissimula et essongna sa besoigne, et pensa comment elle pourroit Benger la mort de son pere, si parla a deux de ses familliers, a quelle tenoit a plus ses amis, et a luy promist a estre sa femme, a lautre elle promist grant sōme de deniers mais quilz se meissent a mort lesquelz le luy promirent. Et aduisserēt Bng iour quil estoit endormy apres

disner et entrerent en sa chambre par ce q̄ sa femme leur fist Lore qui pour sa nopse sesueilla et courut a lespee pour sop defendre, mais il ne la peust tyrer pour ce que sa femme lauoit sye bien secretement de la raige dicelle, et par ce se misrent a mort et luy ainsi tue, elle sen partit auec grant quantite dor et dargent, et espousa cesluy a qui elle lauoit promis. Mais assez tost apres elle se fist tuer frauduleusement, comme elle auoit fait son autre mary, sicomme dit peregrinus ad theodorā ou lieu dessus allegue. Ne fut pas candalus roy de inde en cause et en coulpe de perdre sa Bie, sa femme et son royaume, qui se Bātoit par tout de sa beaulte de sa femme. Et finablement pour estre mieulx y creu, la monstra a Bng sien familier toute nue, lequel auoit a nom giges, qui tantost Beue sa beaulte dicelle, la couuoitta et fut si espris delle, que finablement il procura tant quil mist a mort ce roy candalus, et espousa sa femme et eut le royaume. Assez y a dautres exemples dont nous nous taisons pour ce quil nous sēble que ceulx cy souffisent par lesquelz sen peut Beoir les durtez et les grās peines cures et sollicitudes toutessois comme dessus nous auons dit, cest saincte ordre et bonne, quant elle est loyalement et iustement menee sed raro. Et celles qui sa mainent loyalement acquierent se xxx fruyt, et sont celles qui sont Brayement Besues, lestat desquelles est assez recommande par monseigneur sainct pol lapostre ad thimotheum qui to cap. qui dit ainsi Honnoure celles qui sont Brayement Besues, car celle est Brayement Besue qui a son esperance en dieu et se tient en oraisons et prieres et en bonnes oeuures de iour et de nuyt. Sauons nous pas que nostreseigneur fist enuoya helye le prophete a sa bonne femme Besue en la cite de sarepte en sydonie a laquelle il multiplia et creut son huylle, et si ressuscita son enfāt qui estoit mort. et toutesfois estoit esse payenne et nompas hebrieue. Et ia soit ce que nous ayons mis ceste exemple, de ceste femme payenne. Toutesfois y eut il plusieurs femmes vefues sainctes et religieuses du temps des hebrieux. Nauons nous pas celle trespoure femme vefue des biens temporelz riche des biens espirituelz, qui nauoit q̄ deux petis deniers, lesquelz elle offryt et mist ou tronc, dont nostreseigneur dist q̄lle en auoit plus donne que tous les autres. Qui est plus a recommāder q̄ iudich q̄ estoit femme vefue et continente qui deliura le peuple disrael de holofernes, qui estoit au siege deuant iherusalem, et luy couppa la teste de sa propre main. Anne qui fut vefue et cōtinēte lx. ans de sa iouuēte, et qui ne partoit ne iour ne nuyt du temple a prier dieu, neut elle pas esperit de prophecie. Plusieurs vefues aussy suiuirent nostreseigneur et aserent apres luy pour ouyr sa predicacion, et luy administroient ses necessitez du sien propre, auxquelles aussy ia soit ce que loffice de prescher leur fust deffēdue, toutesfois administroient ilz ses necessitez a ceulx qui preschoiēt et leur faisoient plusieurs beaulx seruices, et leur administroient plusieurs choses. De telles vefues parle mōseigneur sainct pol en lepistre dessus alleguee, q̄ dit que soyt esse vefue qui a tout le moins soit de lx. ans. Ne lysons nous pas plusieurs femmes de payens q̄ quāt leurs marys estoient mors, ne se sōt voulues remarier, mais ont mieulx ame a mourir q̄ se remarier. Dydo qui fist et fonda la cite de carthage, apres la mort de sycheus son mary ne se voulut remarier, mais a mieulx soy ardoir en une maisonnette quelle auoit faicte sur son mary apres sa mort, que prēdre hyadar qui estoit roy de lybe, et tout ainsi comme sa premiere q̄ fist faire carthage, sardit pour garder sa continence et chastete, cestassauoir dydo

aussy fust sa derniere. Car nous lysons que carthage print se par scipion et mise en feu et flamme, par les rommains. La femme de hesdiubal roy de carthage pour garder sa chastete et continence, quant elle veit que len la vouloit prendre, print ses deux enfans de chascun coste ung, et des fenestres si haultes comme elles estoient se getta elle et ses deux enfans, et sa ardit. Atheresie qui fut royne de caire ama tresparfaictement son mary qui auoit a nom mausaulus, et fut pleine de tresgrant vertu. Et entre ses vertus estoit recommandee de chastete des poetes et hystoriographes, car ilz dient que elle ama tant son mary mort comme elle la uoit ame vif, et luy fist faire une si belle sepulture que a perpetuelle memoire: toutes celles qui furent faictes depuis furent appellees mausauleus. Duellius qui fut le premier qui eut victoire en mer des rommains eut espouse une vierge q̄ eut a nom bisse, laquelle fut si chaste et si continēte que cestoit exemple et miroer de toutes femmes. Or aduint que en une nopse il fut reproche a son mary que il a uoit la bouche puante, lequel tout courrouce et tout marry sen vint a sa femme, et luy demanda pourquoy elle ne sen auoit aduise, laquelle luy respondit en ceste maniere, ie le teusse dit, dist elle: se ie ne cuidasse que tous hommes puyssent de nature. Podogue qui fut fille de daire fist tuer sa nourrisse, pour ce que apres sa mort de son mary, elle luy admonnestoit quelle se remariast. Comme apres la mort du mary dune femme appellee anne, ung sien prochain luy requist quel se remariast, comme elle fust encoures belle, et de belle aage, elle luy respondit que non feroit, pour ce dist elle, que se ie trouuoie ung bō hōme ie ne vouldroie pas a uoir la paour de le perdre, et sil estoit mauuais quel besoing est il de le prendre. Len demanda a matcia qui fut fille de cathon apres la mort de son mary pour quoy elle ne se remarioit. laquelle respondit que elle ne trouuoit homme qui feust si chier comme se seroit en denottant que ceulx qui prennent les femmes ont plus regard aux richesses que aux biens des femmes. Les indes et a peine tous ceulx de barbarie ont telle loy, que la plus belle de ses femmes est enterree auecques luy et affin quelle nait cause de remarier se debattent entre elles laquelle samoyt le mieulx affin de garder sa chasteté et quelle ne se remarie et paree et aournee de ses meilleures robes vient au feu pour estre arse auecques son mary. Par ces exemples et plusieurs autres sen peut veoir que se les payens ont desire a estre chastes et continens, par plusforte raison se doiuent estre les crestiens qui attendent le royaume des cieulx. Or est temps de parler des vierges qui ont le centiesme fruyt. Quantes vierges auons nous leu payennes mesmes et ydolastres qui pour lamour de leurs dieux ou dyables ont voulu demourer vierges a seruir a leurs temples, sicomme a dyane a iuno, a thautisse a veste et a minerue. et vinoient du commun et estoient tenues en grant reuerence, et de tant comme on les tenoit en plus grant honneur, de tant estoient elles plus pugnies se elles se malfaisoient. Ne lysons nous point que capornia qui estoit des vierges du temple de veste, pour ce quelle fut conuaincue de ce crisme quil appelle incestus, fut iugee a estre pendue et celuy qui lauoit corrompue. Et ceulx qui en auoient este consentans furent tous mis a mort Incestus, sicomme nous auons dit en la premiere partie, est quant sen a affaire a vne religieuse ou a sa parente. Septilia qui fut aussy conuaincue de ce mesmes crisme fut enfouie toute viue. Si fut emilia que lucius septifius corrompit, et aussy toutes les autres qui se malfaisoient. Munitia aussy qui estoit du temple de veste combien quelle leust fait tressecretement fut enfouye. Les rommains leur portoient si grant honneur et si grant reuerence que mesmes ou les empereurs et les consules venoient en triumphe de la cite, et estoient parees en leurs chars, ilz se destournoient quant ilz les encontroient et se mettoient au dessoubz pour leur faire voye. Valerius ad ruffinum racompte de sasentinie lequel vesquit quatre vingtz ans et plus et si fut vierge. Et dit que comme en vng iour il racomptast les prouesses quil auoit faictes, il dit quil ne prendroit gloire que dune victoire, auquel len demanda quelle elle estoit. Et lors il respondit que cestoit ce quil auoit chastié sa chair de ses plus mortelz ennemis, cest adire quil auoit resiste a laguillon de sa chair. Aucuns dient que la cause pourquoy monseigneur sainct pol eut ceste infusion de dieu, fut pour ce quil estoit vierge et bien y parut, car quant il fut decolle, le sang quil getta fut en forme de lait en signifiant purte et virginite si fist madame saincte katherine. Ne lisons nous point que aristodides amoit vne vierge appellee simphalides, et affin quil en peust iouir occist son pere, Et comme il la voulsist prendre a force pour garder sa virginité elle senfouyt ou temple de dyane, et enbraca tellement son ydole, que on ne la peut oster, mais fut occise en la tenant, dont tous ceulx darcade furent tellement esmeuz quilz en prindrent guerre publicque pour venger la mort de ceste vierge. Que dirons nous des milesienes, qui apres ce quelles auoient este prises a force et corrompues se tuerent pour ce quelles cuiderent auoir tout perdu quant elles eurent perdu leur virginite. Les milseues rauirent les vierges lacedemoniennes, et sefforcerent tant qilz peurent de les corrompre, mais elles aimerent mieulx mourir, et furent toutes tuees. Dont les lace moniens firent guerre a ces mischeues et iourerent que iamais ne partiroient iusques ad ce quilz eussent prins la cite; sa prindrent et vengerent celle mauuaistie. Des vierges crestiennes ne fault il point parler come il y en y ait tant et en si grant nombre que ce seroit ainsi comme impossible chose de les recorder, et ce souffise coment a elles appartient se.c. fruit. Apres quant monseigneur sainct augustin parle du defuge vniuersal, il est assauoir quil y eut plusieurs defuges. il y eut vng defuge qui fut en thessalle soubz decalion; il y eut vng autre defuge qui fut en achaie soubz le roy egizes; il y eut aussi vng autre defuge de feu, duql parle orose ou premier liure de son ormeste qui fut en ethyope. Et combien que platon in thimeo dye que le defuge ne fut pas vniuersal, il sen tendoit du defuge qui fut en thessalle et nompas du general defuge q fut soubz noe.

❡ De larche et du defuge, et que len ne se doit pas accorder a ceulx q prennent ou recoiuent lystoire, cest adire le texte sucment, gist sans aucune significacion figuree qui sappelle allegoria, ne ceulx q descendent les seules figures regette la verite de lystoire.   vii

Contessois aucun ne doit cuider ou que ces choses soient escriptes pour neant, ou que lahente des choses ainsi faictes y soit entendue sans aucune significacio de figure ou misteres, ou au contraire que ces choses naduinssent oncques. mais que ce soit les seules figures des paroles, ou que quelque chose que ce soit, que ce nappartiene pas a la prophecie de leglise, car qui est cestuy si nest de mauuais entendment, q maintienne que ces siures ont este escrips pour

neant, qui ont este gardez par tant de misteres de ans par si grant religion et par obseruance de succession si ordonnee. ou que len doit regarder seulement les choses qui ont este faictes. ou pour certain a ce que ie taise les autres choses se le nombre des bestes constraingnoit, que larche fust si grande. Quelle chose constraingnoit les bestes ordes, estre mises dedens deux et deux. et les bestes nettes vng et vng. Comme les vnes et les autres puissent estre gardees en nombre egal. ou certes que dieu qui les comanda a estre gardees pour reparer leur lignee ne les pouoit restituer en la maniere en laquelle il les auoit premierement faictes. Mais ceulx qui arguent que ces choses nont point este faictes, mais contendent quelles sot les figures seulement des choses qui par ce doiuent estre signifiees cuident premierement que si grant defuge nait peu auoir este fait que leaue en croissant surmontast les treshaultes montaignes de quinze coustes. pour le couppeau de la motaigne appellee olimpe, sur laquelle on tesmoigne, que les nues ne pouoiet croistre Et quelle soit aussy haulte come le ciel en telle maniere q lanest pas cel air plus espes. ouquel air les ventz, les nues et les pluyes sont engendrees. Ne auffy naduient ilz pas que la terre puist auoir este la laquelle est la trespesse de tous les elemens, ou par aduenture ilz vyent que le coupeau de la motaigne soit terre. Pour quoy doncques contendent ilz quil fault aux terres estre motees, iusques a ces espaces du ciel, et quil ne se fault poit aux eaues, comme ceulx cy qui mesurent et poisent les elemens tesmoignent que les eaues sont plushaultes et plus legieres que les terres. Et ainsi quelle raison assignent ilz pourquoy la terre plus pesante et plus basse ait prins le lieu du ciel plus paisible par tant de reuolucions de ans. Et que aussy la eaue qui est plus le giere a plushault te len ne ait pas souffert ad ce faire aumoins a vng pou de teps. Ilz dient aussy que la quantite de larche neust peu comprendre tant de manieres de bestes en lun et en lautre sexe / cest assauoir deup et deup des bestes ordes / et vng et vng des bestes nettes / laquelle si côe il mest aduis ne contenoit fors trois cens coustes de lôg et.f. du large: a. xxx du hault / et ne peussent pas autant en auoir des⁹. et autretant tout au dessoubz et par ce iceulp coustez prins trois fois / sont neuf cens et cinquante. Mais se no⁹ pensons ce que origenes afferma excellemment. cest assauoir que moyse homme saige sicomme il est escript en toute la sapience des egypciens qui aprnerent la science de geometrie ait peu signifier les coustes de geometrie / ou ilz afferment que vng couste vault autant comme sip des nostres. Qui est celuy qui ne voye combien de choses icelle grandeur de larche ait peu comprendre. Car ilz debattent tres desconuenablement et quilz deputtent q̃ larche nait peu estre faicte si grande comme ilz sachent les grandes citez qui ont este faictes / ne ilz naduisent pas les et ans esqlz icelle arche fut faicte / se ce nest par aduêture que pierre se peut adherdre a pierre p côionction de chaulx seule / ad ce que len puist faire vng mur de cent mil de lôg. Et fust ne se peut adherdre a fust par morfaiges ou charnieres de cheuilles par cloup par glu faicte de poip ou de cyment ou de terre arzise / ainsi côe sil vousist dire que cest faulp / et que aussy bien se peut faire lun côe lautre affin q̃ len forge larche longue et estendue. nôpas par les lignees courbes mais droittes. Laql se aucuns hômes ne mettent p force en la mer / mais le sieue leaue: q̃t elle vêdra p sordre naturelle de poip. Et saqlle la pour usance diuine gouuerne en naisant pl⁹ q̃ la prudêce des hômes / a q̃lle nêcoure en peril de effôdrer nulle pt: mais ce q̃ len a accoustûe a demãder trescrupuleusemêt des petites bestes tresmenues non seulemêt telles côe sôt sourie / ou scisson / mais ainsi côe sont louttes ou escharbos mousches: et puches. Assauoir se ces bestes furêt en larche / nôpas en greigneur nôbre q̃ celui q̃ fut diuise quât dieu se cômãda. Ceulp q̃ ces choses demandêt / sôt auãt a admonnester q̃ ce q̃ fut dit des bestes q̃ sont p dessus terre doit estre entendu en telle maniere q̃l ne fut pas de necessite de garder en larche ces bestes q̃ peuêt viure en eaue nôpas seulemêt en noant dedês sicôe les poissôs / mais aussy celles qui naigent p dessus sicôe moust de oyseaup. Apres quât il est dit ilz serôt masles et femelles / certes il doit estre entêdu q̃l fut dit pour reparer leur lignee / et pour ce il ne fut pas necessite q̃ ces bestes fussêt la: lesquelles peuent naistre sans copulacion de q̃lcôques choses ou de quelcôques corrupcions de choses / ou se telles bestes y furêt / elles y peurent auoir este sãs aucun nôbre determine / sicôe elles ont accoustue estre es maisôs / ou se se tressaict mistere q̃ estoit la fait / et la figure de si grãde chose ne pouoit estre encoires accôplie autremêt en la verite du fait. sais nestoit q̃ toutes les bestes / lesq̃lles selon nature ne peuêt viure en eaues fussêt la en icelui nôbre certain. Ceste cure ne fut pas diceluy hôe ou diceulp hômes: mais de dieu car noe ne les prenoit pas pour mettre dedens / mais les laissoit venir a entrer: car ad ce vault ce qui est dit: elles entreront dit dieu a toy: cest assauoir nompas p se fait de hôe / mais p le plaisir de dieu: en telle maniere toutesfois que on ne croye pas que ces bestes ayent este la / lesquelles nont point de sepe / car il fut deuant ordonne et determine / que ilz y seroient masle et femelle. Quelle merueille / ilz sôt vnes bestes q̃ naissent de q̃lq̃ chose sãs copulacion en telle maniere q̃lles cheuauchêt a êgêdrêt apres sicôe mouches

mais il y en a autres esquelles il na mas
les ne femelles. sicomme les mouches a
miel. Mais cest merueilles de ces bestes
qui ont sexe, en telle maniere quelles not
point de fruit. sicomme mulles et mullez
selles furent sa. et qsl nait pas plus souf
sist que seurs peres et meres fussent sa/
cest assauoir cheuaulx et asnesses asnes
et iumens. et quelques autres bestes sau
cunes en ya qui engendrent aucune lignee
ou coppulacion de diuerse espece. mais el
les estoient la se telles choses appartenoi
ent ou mistere. car cesse maniere de bestes
a masse et semelle. Aussy seust mouuoir
aucuns ses manieres de viandes. lesql
les ses bestes que len ne cuide qlz ne vset
fors de chair. assauoir mon se ces bestes
p maniere de viandes estoient en larche
outre le nombre sans le trespassement du
commandement lesqlles sa necessite des
autres bestes estre nourries eust contraite
a estre sa encloses/ou se autres nourris
semens que chair. lesquelz fussent com
muns a tous peuent estre. laquelle chose
est mieulx a croire Car nous auons sceu
coment moult de bestes ausquelles chair
est viande vsent de bledz, et de pommes:
et mesmement de figues et de chastaignes
Quelle merueille est ce doncques se noe
qui fut homme saige iuste admonneste
aussy de dieu appareilla a chascun sas
chairs viandes et nouriture conuenable
a chascune maniere de bestes. Mais qlle
chose est ce de quoy sa faim ne contraidroit
a mengier, ou quelle chose est ce que dieu
ne pourroit faire souefue et saune/seql
donneroit aussy par puissance diuine qlz
vesquissent sans viande. se ce quilz peus
sent ne fust conuenable a accomplir sa fi
gure de si grant mistere. Mais nulz hom
mes sil nest contencieux ne doit cuider q
tant de signes multipliez des choses fai
ctes nappartiennent a seglise estre presi
guree. car les gens ont ia si emply seglise/ et iusques ad ce que on vienne a la

fin certaine/ sont les netz et les ordz con
tenus en vne coionction de sunite dicelle
en telle maniere que par ceste seule chose
manifeste il ne fault pas doubter aussy
des autres choses lesquelles sont aucune
ment dictes plus obscurement: et lesquel
les peuent estre congneues plus a peine.
Lesquelles choses comme elles soient ain
si se celuy qui est de dur ou de mauuais
entendement nose cuider q ces choses soi
ent escriptes pour neant / Len peut dire
prouuablement. q ces choses signifient au
cune chose comme elles soient faictes/ et
nompas quelles sont seulles signifiances:
et quelles ne sont pas faictes/ et nompas
estre estrangee de signifier seglise. aicois
est mieulx a croire que ces choses sont re
comandees saigement pour en auoir me
moire a estre mises en escript. et estre fai
ctes et signifier aucune chose et icelle cho
se appertenir a presigurer seglise. Oredroit
est cestui liure a escrire. lequel est demene
iusques a cest article: affin q sen quiere se
cours des deux citez. cest assauoir de sa
terrienne Bizante selon homme. et de la
celestienne Bizante selon dieu apres le de
luge et depuis ces choses ensuyuant

❡ Exposicion sur ce chapitre.

En ce xvii.chap.et final monsei
gneur sainct augustin respond
a trois ou a quatre erreurs que
aucuns tenoient de larche de noe et des cho
ses qui furent mises dedens. Et premiere
ment il respond a ceulx qui disoient que
ce q estoit escript de larche de noe estoit es
cript ainsi come pour neat et que ce nestoit
tant seulement que saverite des choses.
sicome elles auoient este faictes. sans ce qs
les emportassent aucun mistere. ou aucu
ne figure en eulx, ou que ces choses nauis
drent oncques en verite, mais que ce sont
seulement des figures des paroles. Et
met deux raisons et y sould. Secondement

il respond a ceulx qui disoient que larche de noe / nauoit peu comprendre si grant quantite comme de bestes ordes deux et deux / et des bestes nettes vng et vng / pour ce quelle ne contenoit que trois ces couttes de long et cinquāte de large / tāt par ce quilz naduisoient pas que selō geometrie le coutte fait six des nrēs / et aussi ce que noe mist cent ans a la forger / et q̄ en ce temps len peult faire plusieurs grās citez / et monstre que len peut aussi bien ioindre marrien lun a lautre comme len fait pierres lun a lautre par chaulx et par sablon. Apres il respond a ceulx qui parlent des menues bestelettes comme souris sterfons / et aussi souttes / et escharbos puces, mouches / et autres bestelettes / et qui demandent selles y furent en plus grant nombre que les autres bestes. Et respond que noe ny mist pas ses bestes, mais elles yvindrent par la voulente de dieu et il les receut: et quelles y furent pour cōtinuer les especes de chascūe et pour ceste cause nestoit il pas mestier q̄ celles y fussent qui nont point de sexe: ne celles qui pouoient noer en leaue ou noer sur leaue. Apres il parle des mules & des mulez, et des mules qui ne font poīt de frupz: et y sould. Apres il respōd a ceulx qui demādent se pour ce quil y auoit aucunes bestes qui ne viuoient que de chair il ny auoit nulle bestes reseruees oultre la mesure et nōbre pour leur viure / et sil y eut viandes hors chair qui peust souffire a leur viure: et dit quil est moult de bestes que ia soit ce quelles viuent de chair toutessois viuent elles de frupz comme de bledz de pommes / et par especial de figues et de chastaignes / et aussi dit il q̄ nest riens que len ne mengast p̄ faī. Et pour ce len doit croire q̄ noe qui estoit sage et prudent y mist pour se viure des bestes ce qui estoit conuenable a chascune. Et finablement conclud que toutes ces choses prefigurent leglise et furent en verite, sicomme elles sont escriptes. La seconde partie se cōmēce ou il dit. Ilz dīt aussi que la quātite de larche &c. La tierce se commence ou il dit. Mais ce que len a acoustume a demander &c. La quarte se cōmēce ou il dit Aussi se lust mouuoir aucūs &c. Et le sourplus du chapitre est tout cler.

¶ Ey fine le quinziesme liure de la cite de dieu

¶ Ep cōmencent ſes rubꝛiches du xbi ſiure de mōſeigneur ſaict auguſtin de la cite de dieu/ et contient. pbiii. chapitres.

Aſſauoir mō ſe depuis noe iuſqʒ a abꝛa= hā ſe treuue aucūes gēs q̄ aiēt beſcu ſelō dieu.   Pꝛemier chapitre.

Quelle choſe ait eſte figuree par pꝛophe cie es enfans de noe.   .ii.

Des generacions des trois filʒ de noe. iii

De la diuerſite des langues et du com= mencement de babillone   .iiii.

De la deſcendue de noſtreſeigneur a cō= fondꝛe ſa langue ou languaige de ceulp qui edifioient la tour   b

Quelle ſoit a entendꝛe la parolle par la quelle dieu parle aup anges   bi.

Aſſauoir mon ſe toutes manieres de be= ſtes meſmemēt des pſſes et terres treſloīg taines/ apent pꝛins de nombꝛe en larche de ſinundacion du deluge.   bii.

Aſſauoir mon ſe la lignee de adam/ ou des filʒ de noe ſoient benus aucūs hom mes en maniere de monſtres   biii

Sil eſt a croire que en la baſſe partie de la terre qui eſt au contraire a noſtre habi tacion ait aucune antipodes/ ceſt adire q̄ ayent les pieʒ contre les noſtres   .ip.

De la generaciō de ſē en la lignee e deſcē due duq̄l ſadꝛece lordꝛe de la cite de dieu.   p

Que la langue hebꝛaiq̄ laquelle fut aū ſi appellee de heber/ fut pꝛmieremēt en u ſaige des hōes/ et en laq̄lle lignee elle de moura quant les langues ou languai= ges furēt diuiſeʒ   pi.

De larticle du tēps en abꝛahā: de quoy ſe pourſuit la nouuelle oꝛdꝛe de la ſaicte ſuc ceſſion.   pii.

Quelle raiſō ſēble il q̄ ait fait que en la traſmigraciō de thare en laq̄lle il paſſa en meſopotamie en delaiſſāt les caldies: nulle mēciō neſt faicte de ſō filʒ nachoꝛ.   piii

Des ans de thare qui accōplit ſes iours et ſa bie ou chaire.   piiii.

Du tēps de la pmeſſe fcte a abꝛahā/ par laq̄lle pmeſſe il pſſit du chaire p le com= mandemēt de noſtreſeigneuꝛ   pb

De loꝛdꝛe des pꝛomeſſes de dieu leſq̄lles furēt faictes a abꝛaham   pbi

Des trois plus epcellens ropaumes des gēs eſq̄lʒ/ ceſt aſſauoir des aſſpꝛies abꝛa hā apparoit ia eſtre hault homme. pbii

De la parole reiteree de dieu a abꝛahā p laquelle il pꝛomiſt a lui et a ſa ſmēce la terre de chanaam.   pbiii.

De la chaſtete de ſarra gardee en egppte p nꝛeſeigneur laq̄lle abꝛahā auoit dicte ſa ſeur: et nōpas ſa femme   pip

Du deptemēt de loth de abꝛahā/ lequel gardce charite pleut a lun et a lautre. pp

De la tierce pmeſſe fcte de dieu/ p laq̄lle il pmet a abꝛahā et a ſa lignee a pꝛetuite la terre de chanaam   ppi

Des ennemis de ſodome baincue p abꝛa hā quāt il reſcouiſt loth de la cheſtiuete ou ilʒ ſe menoiēt/ et qui fut benep du pꝛe ſtre appelle melchiſedech   ppii

De la parolle fcte de dieu a abꝛahā p laquelle il lui fut pmis q̄ ſa poſterite ſe roit multipliee ſelon la multitude des eſ toilles du ciel q̄ en croyāt il fut iuſtifie/ et non eſtant encoꝛres arconcis   ppiii

De la significacion du sacrifice q̃ fut gmã
de a offrir a abraham cõe il eut requis q̃l fust
enseigne des choses quil croiroit.   xxiiii

De agar chãberiere de sarra la q̃lle cesse
mesmes sarra voult estre cõcubine dabra
ham   xxv

Du tesmoignaige fait a abraham p lequel
dieu pmist a lui q̃ estoit ja vieil sart quil
auroit vng filz de sarra sa feme q̃ estoit
brehaigne a la foy de la q̃lle pmesse sut
figuree a demõstree p se sacremẽt de la cir
concision.   xxvi

De lenfãt masle lequel sil nest circoncis au
viii. iour son ame est pdue pour ce q̃l a dis
sipe ou despece le testament a lordonnãce
de dieu.   xxvii

De la cõmunicaciõ des noms dabraham a de
sarra lesq̃lz cõe ilz ne peussẽt engẽdrer tãt
p sa sterilite de lui cõe pour la vieillesse de
tous deux ilz acq̃rent le don dauoir lignee.
    xxviii

De trois hões ou anges esq̃lz sen mani
feste q̃ dieu sapparut a abraham au chesne
dune valee appellee mãbre   xxix

De loth deliure de ses enemis, a lesq̃lz fu
rẽt foudroiez de la flãme du ciel, a de abi
melech sa couuoitise charnelle ou cõcupi
scẽce du q̃l ne peut nupre a sarra sa feme
dabraham.   xxx

De ysaac q̃ fut ne selõ la pmesse q̃ dieu a
uoit fait q̃ prit son nõ du ris du pere a de la
mere.   xxxi.

De la foy a obedience dabraham, p laq̃lle il
fut espoune p ce q̃l offrit son filz pour estre
în ose   xxxii

De rebecca niepce de nachor la q̃lle ysaac
print a femme   xxxiii

Quelle chose est a entendre en ce q̃ apres
la mort de sarra, abraham print vne feme
appellee ceture   xxxiiii

Quelle chose fut a entendre par sa diui
ne response de dieu, des enfãs iumeaulx

qui estoient encoires enclos ou ventre de
leur mere rebecca   xxxv

De la parolle et de la benedictiõ laq̃lle
le ysaac print, nompas par autre manie
re que p celle quil auoit acquise p sa des
serte et par amour a dilection   xxxvi

Des choses qui sont prefigurees secrette
ment en esau et iacob   xxxvii

De ce que iacob fut enuoye en mesopota
mie pour prendre femme, et de la vision
quil songa ou chemin, a de ses quatre fe
mes: cõe il neust demãde q̃ vne. xxxviii

Quelle raison y eut il par laquelle il fut
ainsi nomme israel   xxxix

Comment est ce que sen racompte q̃l en
tra en egypte auec lxxv. persones, cõme
plusieurs de ceulx qui sõt racomptez sus
sent nez depuis.   xl.

De la benediction quil promist a son filz
iuda   xli

Des enfans de ioseph lesq̃lz iacob be
nept en la transmutacion ou croissement
de ses mains, C'est adire quil mist ses
mains lune sur lautre en croix   xlii.

Des temps de moyse et de ihesunaue,
des iuges et apres des roys desq̃lz saul
pour certain est le premier, mais dauid
le precede et par sacrement et par merite.
    xliii.

C Cy fine la table des rubriches du
sepsiesme liure de monseigneur saint au
gustin de la cite de dieu.

Onte chose est a sauoir clerement p̄ sa parolle des escriptures / se ses apparences de sa sain cte cite soiēt continuees apres le desluge/ ou se l les furēt ētrerompues par ses mauuais temps courās entredeulx/ en telle manie re/que quelque homme ne adouraſt vng seul vray dieu/ pour ce que es liures ap̄ piouuez/ou canonicques depuis noe sa femme et ses trois filz/ et ses trois brus qui desseruirent a estre sauuez par larche du degastement du desluge/ No͞ ne trou uons iusques a abraham que la bouche de quelconques soit racomptee par parolle diuine euidente, fors que noe recomma͞ de ses deulx filz par benediction de p̄phe cie/cest assauoir sem̄, et iaphet/ en regar dant et aduisant ce qui estoit de soing a aduenir apres. Dont il aduint quil maul dit son filz moyen/ cest adire plus ieune de naisne et greigneur du derrenier. Seel auoit pechie en son pere. Et le mauldist nompas en luy, mais ou filz dicelluy en disant ainsi. Mauldit soit lenfant cha

naam, il fera subgect a ses freres tou-
tesfois chanaam auoit este engendre de
cham lequel nauoit pas couuert la nu-
dite de son pere q dormoit aincois sauoit
descouuerte. Dont auffy icelup noe ad-
iousta apres sa benediction de ses deup
filz Cest assauoir et du greigneur et du
moindre en disant ainsi. Benoit soit no-
stre seigneur dieu de sem et chanaam se-
ra subgect dicelup. Dieu doit ioye ou lees-
se a iaphet quil habite es maisons de sem
sicomme la plantacion de la uigne dices-
lup mesmes noe, et ce quil sen pura du
fruyt dicelle, et ce q̃l fut descouuert quāt
il dormit et les autres choses lesquelles
sont illec faictes et escriptes sont pleines
ou prins de sentemens de propheciez cou-
uertes de couuertures.

¶ Exposicion sur ce chapitre.

En ce pxvi. liure mōseigneur saint
augustin poursupt le cours de
ces deup citez par deux aages,
cest assauoir du deluge iusques a abraham
et dabraham iusques a dauid. Et auffy
touche il aucūes choses de la cite du dya-
ble sicōme il se pourra veoir en procedāt

Quelle chose ait este prefiguree p pro-
phecie es enfans de noe .ii.

Mais ces choses qui auoiēt este
couuertes ou celees sont assez
appertes maintenāt p le fait
des choses lequel sest ensuiuy en ceulx q
sont venues apres. Car qui est celui qui
aduise ces choses diligemment & ententiue-
mēt q ne les cōgnoisse en iesucrist. Quel-
le merueille: sem de la semence dont ihe-
sucrist est et fut ne est interprete nomme.
Mais quelle chose est plus nommee quest

ihesucrist duquel le nom reēd souefue ou-
deur par tout en telle maniere quil est a-
compare a oingnement par sa prophecie:
laquelle est escripte ou liure qui est appel-
le: canticques des canticques. Es maisōs
duquel, cest assauoir es eglises, la mul-
titude des gens habite. car iaphet est iter-
prete plante, mais cham le moyen filz de
noe lequel est interprete chault, comme
diuise de lun et de lautre, et demourant
estre lun et lautre, et nōpas es premiers
des filz de israel ne en la plante des gens
Quelle chose signifie icelup cham sors
la lignee chaulde des hereses. Nompas
en esperit de sapience: mais de impacience
Pour lequel esperit le cueur des hereses
seulent eschauffer et troubler la paip des
sainctz. Mais ces choses tournent en lu-
sage de ceulx qui profitent selon ce que
lapostre dit, qui dit ainsi. Il conuient q̃l
soit des hereses, affin que iceulx prou-
uez ilz apperēt estre entre uous, dōt il est
auffy escript Le filz en doctrine sera saige
mais il usera du fol ministre. Quelle
merueille, quāt moult de choses lesquel-
les appartiennent a la foy catholicque
sont demenees par le fait malicieux des
hereses. Adoncques sont elles cōsiderees
plus diligemment et entendues plus cle-
rement et preschees a greigneur instance
affin quelles puissēt estre deffendues en-
tre iceulx hereses. Et la question qui est
menee par laduersaire est occasion d'ap-
prendre, ia soit ce que ceulx nompas seu-
lement qui sont separez tresappertement
de la foy catholicque, mais tous ceulx q̃
se gloriffient du nom crestien, et uiuent
mauuaisement, peuent conuenablemēt
estre figurez par cham le moyen filz de
noe. Quelle merueille: ilz annoncent en
confessant la passion de ihesucrist, laq̃l-
le est signifiee par la nudite dicelui hom-
me noe, et la deshonnourent en faisant
mal dōcques de telz gens est il dit ce qui
sensupt. Uous les cōgnoistrez par leurs

teurs. Pour ce fut cham mauldit en son filz comme en son fruyt cest adire en son oeuure: dont ce chanaam filz dicelup cham est conuenablement interprete semouue ment dieulx Laquelle chose quest ce autre chose adire sois soeuure dicelup. Mais sem et iaphet comme circoncision, ont prepuciez ou autrement siconune la postre ses appelle iuifz et grecz. Mais appasses et iustifiez, en congnoissant auctie ment la nudite de seur pere par laquelle est signifiee la passion du saulueur, prindrent vestement a le mirent sur leur deux doz et entrerent en reculant, et couurirēt sa nudite de seur pere. et ne veirent point ce quilz couurirent par reuerence. Car nous honnourons en vne maniere en la passion de ihesucrist ce qui est fait pour nous et reprouuons la mauuaistie des iuifz. Le vestement signifie le sacrement Et ses doz signifiēt la memoire des choses passees. Car seglise celebre la passiō de ihesucrist ia passee cest assauoir en icelup temps, ouquel iaphet habitte es maisons de sem. Et chain le mauuais frere est ou milsieu deulz, et ne regarde pas de loing a aduenir mais le mauuais frere est enfant. cest adire serf de ses bons freres en son filz, cest adire en son oeuure qui les bons vsent des mauuais sciemment a lexcercitacion de pacience ou au proussit de sapience. Car par le tesmoignaige de lapostre aucuns sont qui annoncent ihesucrist, mais, nōpas chastement: mais siconune il dist. Soit que ihesucrist soit annonce par occasion ou par verite pour certain il planta la vigne, soit que icelup calice ou bruuaige soit ey entendu, le prophete dit. La vigne de dieu cest la maison disrael, et si beut du vin dicelle vigne. Soit que icelup calice ou bruuaige soit ey entendu, duquel il dit a monseigneur sainct iehan, et sainct iacque en telle maniere. Povez vous boire le calice seqp iay a boire. et duquel il dit. Pere sil peut es

tre fait: ie te prie que ie me passe de boire ce bruuaige. par lequel sans doubte il si gnisie sa passion, ou pour ce que le vin est le fruyt de la vigne et que par icelup vin soit mieulx signifie que de icelle vigne, cest adire de la lignee des filz disrael, il print pour nous chair et sang, affin quil peust souffrir mort pour nous racheter. Et ce qui est dit. Et fut enyure. cest adire quil souffrit mort pour nous et fut despuisle. Car il fut la despuisle, cest adire que lenfermete de lup apparut, de lasqlle lapostre dit. Et sil fut crucisie ce sut par enfermete. Dont il dit de rechief lenfermete de dieu est plus forte que les hōmes. Et la folie de dieu est plus saige q̃ ses hommes. mais ce que lescripture adiousta en sa maisō apres ce qui auoit esté dit. Il fut despuisle. Ce demonstre excellemment que iesucrist soit crucisie, et souffriroit mort pour ses gēs de sa chair et prochains de son sang, cest assauoir p̃ les iuifz. Celle passion de ihesucrist annoncent les mauuais par dehors ou son de sa voix tant seulement, car pour certain ilz nentendent pas ce quilz pronōcent. Mais les bons ont ce tant grant mistere dedens ce qui est de homme, et honnourent par dedens en seur cueur, lenfermete de la folie de dieu, pour ce que cesse enfermete de dieu est plus forte et sa folie ou ce qui est repute a fol de dieu: est plus saige que ses hommes. Et cest la figure de ceste chose ce que cham en passant de l'ostel annonca ceste nudite dehors. Mais sem et iaphet entrerent dedens l'ostel, cest adire sirent ceste chose par dedens: affin q̃lz se couurissent. cest adire affin quilz le adourassent. Nous adressons sicōe nous puvons les secretz de la saincte escripture lun plus ou moins conuenablement que lautre. Et toutessois tenōs nous ve ritablement et pour certain, que ces choses nont pas este faictes ne escriptes sans aucune figure ou signifiance des choses aduenir et quelles ne doiuent estre rapportees fors a ihesucrist et a son eglise laquelle est la cite de dieu/ duquel la predicacion ne deffaillit oncques. Des le commencement de lumain lignaige a nous la voyons accomplie en toutes choses. Doncques apres ce que les deux filz de noe furent benetz: et vng mauldit ou mis en diceulx se se taist iusques a abraham par plus de mil ans quelques iustes qui adouraffent dieu debonnairement. Et touteffois ne croy ie point quil en y eust plusieurs mais se tous estoient racomptez ce seroit trop longue chose a faire et li seroit plus diligence de querir a cerchier hystoires que ce ne seroit pour raison de prophecie. Et pour ce celuy qui escripst ces sainctes escriptures/ ou qui plus est sesperit de dieu par luy en surtces choses par lesquelles soient racomptees nompas les choses passees tant seulement/ mais soient aussy prononcees ou sanifices les choses a aduenir lesquelles toutefois appartiennent a la cite de dieu/ Car tout ce qui est icy dit des hommes lesquelz ne sont pas citoyens dicelle cite de dieu est dit a celle fin q̃ icelle cite de dieu appere ou prouffite plus excellente par comparaison contraire. Touteffois toutes ces choses qui sont racomptees auoir este faictes ne signifient aucune chose, mais aussy celles qui signifient aucune chose sont adiousstees pour les choses lesquelles signifient aucunes choses. Car la terre est trenchee par le soc tout seul mais les autres membres de la chairue sont necessaires/ affin que ce puisse estre fait. Et les seules cordes sont appliquees au chant en la harpe es instrumens musiciens de telle maniere/ mais il y a plusieurs autres choses et adournemens des instrumens/ affin que les cordes. y puissent estre appliquees. lesquelles ne sont point serues de ceulx qui iouent. Mais les choses lesquelles ilz font sont quant

elles sont serues sont comme annexees a icelles. Aussy aucunes choses sont dictes en lhystoire de prophecie/ lesquelles ne signifient riens quelconques. Mais est affin q̃ les soiẽt sperẽ aucunemẽt aux choses esquelles elles sont adioinctes: lesquelles signifient aucune chose.

¶ Exposicion sur ce chapitre.

EN ce deuxiesme chapitre monseigneur sainct augustin demõstre ce qui est prefigure es trois filz de noe. Et dit monseigneur saint augustin que quant les questiõs sont bien demenees contre les hereses/ elles en sõt plus diligemment aduisees, plus clerement entendues et plus iustement preschees. Et pour ce est il a notter q̃ en theologie les contrarietez des oppiniõs sõt prouffitables, ad ce que les engins des gens soient exercitez plus subtillemẽt: a plus abillemẽt. Et le sourplus du chapitre est tout cler.

¶ Des generaciõs des trois filz de noe iii.

APres doncques sont a considerer les generacions des trois filz de noe et est a adiouster en ceste oeuure ce que il semble estre adire dicelles. Par quoy le cours de lune de lautre cite cest assauoir de la terrienne et de la celestienne est demonstre par le temps Mais leŷ les commence a racompter a prendre du moindre filz de noe: lequel est appelle iaphet/ duquel huyt filz sont nõmez, et sept nepueux de deux de ses filz trois de lun et quatre de lautre/ a sõt toꝰ ensemble quinze. Mais les filz de cham:

cest assauoir le moyen filz de noe sont nõmez .iiii. et .v. nepueuz de luy de ses filz et deux sournepueuz de luy sien nepueu et est la somme de eulx vnze. Apres lesquelz nombrez / len retourne comme au chief en disant mais chus engendra nembroth ceftuy cõmença a estre geãt sur terre cestuy estoit geant chasseur ou veneur contre dieu nostreseigneur. pour ce dient ilz sicomme nembroth geant veneur contre dieu nostreseigneur. Et fut fait le commencement de son royaume. Babilon Oreg Archat et chascune en sa terre de semnaar. Assur yssit de cesse terre / et edifia niniue la cite de roboth et thasset / et dasen laquelle est ou milsieu de ninyue / et de thalet cesse cite est grande Certes ce chus pere de nembroth le geant fut nommé le premier es filz de cham / duquel cinq filz auoient ia este comptez et deux nepueux / mais ou il engendra ce geant nembroth apres ses nepueux / ou qui est chose plus creable lescripture parle apart pour sa grandeur de luy. quant pour certain son royaume est racompte. cestui du quel ceste tresnoble cite de babilone estoit le commencement. a ces cites ou regions dempres lesquelles nous auons racomptees. Mais ce qui est dit assur quil yssit de cesse terre. cest adire de la terre de sennaar laquelle appartenoit au royaume des assyriens lequel npus fit nyniue la grande cite / de laquelle cite le nom fut prins du nom dicelluy nynus affin quel le fut appellee niniue de nynus. Mais assur dont vindrent les assyriens ne fut ce pas des filz de cham le moyen filz de noe: mais est trouue es filz de sem / lequel fut laisne filz de noe. Par quoy il appert que ceulx furent nez de sa lignee de sem: qui vindrent depuis le royaume de ce geãt et vindrent de sa. Et firent autres citez / desquelles la premiere fut appellee niniue de nynus. Len retourne de sa a lautre filz de cham / lequel estoit appelle mesrã

et sont racomptez ceulx lesquelz il engendra nompas comme hommes chascun par soy mais sept nacions. Et sa gent laquelle est appellee les philistins est racomptee estre yssue de la sixiesme nacion ainsi comme de six filz et par ce ilz sont huyt. De rechief len retourne de sa a chanaam / ouquel filz cham fut mauldit et sont nommez vnze: lesquelz iceluy chanaam engendra. Depuis il est dit iusqz a quelles fins ilz soient paruenus apres aucunes citez racomptees et par ce xxxi sont racomptez engendrez de la lignee de cham a compter filz et nepueux. Or fault il racompter les filz de sem laisne filz de noe. Quelle merueille: la narracion de ces generacions commençãt du moindre filz est venue de degre en degre iusques a iceluy sem / mais il est aucunement obscur dont ses filz de sem commencent a estre racomptez. laquelle chose est a declairer par expposicion. pour ce quil fait moult a la chose que nous querons / car len lift ainsi Et heber est ne a iceluy sem pere aussi de tous les filz / frere aisne de iaphet l ordre des paroles est ceste. Et heber est ne de sem. pour certain heber est ne a iceluy sem. lequel sem est pere de tous ses filz de heber. Lescripture doncques doubt iceluy sem estre entendu / le patriarche ou souuerain pere de tous ceulx qui furent nez de sa lignee, et lesquelz el le racompte soient filz / ou nepueux / ou sournepueux / et ceulx aussy qui furent depuis nez. Mais a parler proprement sem nengendra pas heber: aicois est trouue le cinquiesme en l ordre de ceulx q sont en⁹ de sa lignee de sem. Car sem entre les autres filz engendra arphaxat. Arphaxat engendra chaynam. Chaynam engendra salam. Salam engendra heber. Et ainsi iceluy heber nest pas en vain nomme le premier en sa lignee laquelle vient de sem / a aussy mis auant ses filz dicelui sem:cõme il soit le cinqiesme nepueu

Ce n'est pour ce qu'il est vray q̄ l'en dit que les hebrieux furent de lui denommez hebrieux comme Heberey: combien q'l puist auoir autre oppinion par laquelle il sem ble que iceulx hebrieux sont ditz de abra ham comme abraheꝑ sont ditz hebrieux Mais il est vray et n'est pas merueilles / que les hebrieux sont appellez heberey de iceluy heber. et depuis furent appellez he brieu, en ostant vne lettre/ c'est assauoir E Laquelle langue ou languaige, c'est as sauoir hebrieu le seul peuple d'israel peut obtenir, ouquel la cite de dieu fut pesseri ne es saictz couuerte par sacremēt en to⁹. Donques sont premierement nommez six filz de sem, a puis sōt nez quatre nep ueux diceluy de l'un d'eulx. et de rechief l'autre filz de sem engendra vng nepueu diceluy et aussi fut ne vng sournepueu de ce nepueu/ et de iceluy sournepueu vng tiers nepueu, c'est assauoir heber. Mais heber engendra deux filz desquelz il ap pella l'un phase. h qui est interprete diui sant. Apres l'escripture en adioustant ren dit sa raisō de ce nom ph afech et dit que ce fut pour ce que sa terre fut diuisee en sō temps, mais il sera demonstre apres q̄l le chose c'est a dire. Mais l'autre filz q fut f.lz de heber engendra douze filz / et par ce tous ceulx qui sōt venus de sa pgenice de sem sont. xxvii. Tous ceulx donq̄z q̄ sont venus de la lignee de noe sōt. lxpvii c'est assauoir de iaphet xv. de cham xxxi et de sem xxvii. Apres sensuyt l'escripture et dit ainsi de tous. Ce sont dit elle li gnees des filz de noe selon leurs gene racions, et selon les gens diceulx De ces generacions / les ylses des gens sont res pādues ou peuplees sur la terre apres le deluge et par ce s'en conclud que. lxxiii. gens nompas hommes furent adont. ou pour mieulx dire lxxii. sicomme il sera monstre apres. Car quant les filz de ia phet furēt racomptez parauant il fut cō clud ainsi de ceulx cy c'est assauoir des filz de iaphet / sont les ylses des gens depar ties en leurs terre Vng chascun selon son languaige en leurs lignees. Mais les gens sont ia racomptees es filz de cham plus appertement en vng lieu, sicomme i'ay monstre parauant. Mesraym engen dra ceulx qui sont appellez ludim, a les autres lignees en celle mesmes maniere iusques a sept gens. et apres ce q̄ iceulx tous ont este nombrez, l'escripture dit en concluāt Ce sōt dit elle les filz de cham en leurs lignees selon leurs languaiges en leurs contrees. Et pour ce les filz de plusieurs ne sōt pas racōptez / pour ce q̄ en naissant ilz se adioingnirent aux gē mais ilz n'en peurent faire gens Car co me les filz de iaphet soient nombrez. viii pour quelle autre cause ne sont ilz racō ptez / fors les filz nez de deux diceulx. Et comme les filz de cham soient nom mez quatre ceulx tant seulement q̄ sōt nez de trois y sont adioustez / et comme les filz de sem soient nommez six. La li gnee de deux tant seulement y est ioincte et demeurent les autres sans filz. Ja na uienne qu'il soit ainsi. Mais certes ilz ne firent ou engendrerent pas gens / pour lesquelz ilz fussent dignes d'estre racom ptez car sicomme ilz naissoient ilz estoi ent adioustez aux autres gens.

¶ Exposicion sur ce chapitre.

Aucuns font de ce chappitre deux chapitres seul est le tiers chapitre / Et commencent le quart chappitre ou il est dit. Or demeu rent a racompter les filz de sem et cetera. Mais qui bien pense et considere la ma tiere, et voit les rubriches. Ce n'est tout que vng chappitre, iusques au lieu ou il est dit. Comme donques, et cetera.

Ouquel lieu se commẽce le .iiii. chap. a ce peut veoir chascun qui spra ceste oeuure. Car en lisant les matieres et les chapitres il se trouuera en plusieurs lieux q̃ en ceste partie les chapitres ne saccordent point au texte ne le texte aux chapitres: qui vouldra partir ce chappitre en deux, mais pour garder lordre des autres chap. et reuenir au nõbre de pscuiii. chap. de ce liure il trouuera en pcedãt ou sus lerreur Et est a entendre en ce chapitre commẽt moyses ne garda pas lordre des pmiers naissans en sa succession des enfans de noe mais esleut aucunesfois des autres ou pour monstrer sa grandeur de ceulx qui l nõmoit ou pour ce que en seur tẽps estoit aucune chose notable ou pour venir en descendant a ceulx desquelz nostre seigneur ihesucrist deuoit descendre, sicõme il nomma heber le premier, combien ql fust le cinquiesme en descendant pour ce que de luy fut denommé le peuple des hebrieux. Et phalech pour ce que en son temps fut faicte la diuision des lãgues ou lãguaiges. Et nembroth pour ce que ce fut le premier geant qui voulsut auoir seigneurie et royaume especial, si grant comme babilone. et toutes ces choses sõt figurees en misteres. Item il est a notter que de ces trois enfans de noe il y eut soixante et douze lignees. et selon ces sppii lignees il y eut sppii langues en sa confusion de sa tour babel, lesquelz se departirent en diuerses regions chascun selon sa langue et ses gens. et de ce fut peuplee toute la terre. Car sicomme dit ascuy̶ sem tint sa partie de aspe cham sa partie de affricque. iaphet sa partie de europpe Et selon ce que dit iosephus, et plus expressemẽt q̃ ascuyn, les enfans de iaphet tindrent ses parties de septẽtriõ, du taur iusques aux montaignes de sprie, et de ceelle iusques au sleuue tanap. et europe iusques a vng sleuue qui sappelloit gaoita Et ses enfans de cham tindrent toutes les terres, qui sont du coste de la mer, de sa prouince de sprie et des montaignes damon iusques a la mer docceã et ses approprierẽt a eulx Et les silz de sem habitterent iusques a la mer occeane par dehors en faisant aspe et euffrates commencemens de leurs royaumes, cest adire quilz habitterent es parties doriẽt. Et est assauoir que ces generacions que racõpte cy monseigneur sainct augustin des generacions de noe sont prinses du .x. et xi. chapitres de genesis. Mais pour ce ql est dit ou texte, que de ces trois enfans de noe, surẽt peuplees toutes ses ysses et terres apres le deluge, et pour sauoir dont les contrees eurent leur nom, nous poursuiurone vng pou plus copieusemẽt les generacions de ces trois filz de noe. Tenu pour rep̃ecte ce que nous auons dit, cest assauoir que ses enfans de iaphet qui surent sept habitterent en la partie de sa region commencant des montaignes de taur, et amon ioingnãt en aspe, iusques au sseuue thanap. il est assauoir: que pour ce que nul ne habitoit fors en europpe: en sa terre qui est dicte des gazimãs ceulx qui y alerent sappelerent sicõme ilz voul diẽt a celle terre est cel se q̃ les grecs appellent maintenant galathas. ainsi nommee selon psidore en son liure des ethimologies pour la blancheur du peuple des gaules. qui ainsi furent appellez gallogreci et maintenant sont appellez galla thes: cest adire gaules Et surent de ceulx que brenpus mena en ptasie pour acquerir terres lesquelz desconfirent les rõmais iusques au capitole. Et sãs lesqlz nulz rops dorient ne sosoient combatre, et se tenoiẽt asseurs quant ilz les auoient en seur ayde, sicomme dit iustin ou vintecinquiesme liure de ses epythomies. Gomer fut le premier filz de iaphet, duquel surẽt ditz les gomarites. Masgog sut le second q fist le peuple des magagoges q̃ depuis surẽt appellez scites selon les grecs mais ysidore dit que aucuns tiennēt que deulz vindrēt gog et magog. Madeꝰ fut le tiers duql depuis furent appellez les medes de ce nom. Janus le quart lequel la bible appelle ianem. et fut celuy duql sont ditz tous les iouiens: ou ioniens, dont les batailles descendirent. et ceulx la tiennent vne partie de grece, et ont ꝓpre languaige, et la est la mer qui sappelle proprement mare iouicum: aucuns lappellent ionicum. Jobal fut le cinquiesme lequel la bible appelle thubal, et appella ses peuples iobelles. et de luy selō ce que dit ysidore: descendirent les espaignolz qui furent appellez yberes. Et apres cesarea pour lamour de cesar sempereur qui saroult estre ainsi appelle: et ainsi lappellerent les rommains. Le sixiesme fut appelle mesadim qui sont ceulx de capadoce. et quilz soiēt ainsi appellez ilz le monstrent par anciennes escriptures, en ce quil ya encoires vne cite qui est appellee modica ainsi dicte de mostum. Pheras fut le septiesme duql fut le peuple de thyre, ainsi auons nous les noms et les diuisions des enfans de iaphet, et fault venir a sa generacion des enfans: des enfans de iaphet. Par quoy il est assauoir selon ce que dit mesmes iosephus: Gomer filz de iaphet eut trois enfans. Le premier fut appelle astemogas, lequl appelle ses peuples de son nom q̄ depuis furent appellez regim par les grecz. Paphat fut le second qui fist les riphes qui depuis furent appellez paphagons. Tygram si fut le tiers, et les peuples dicelui furent appellez tygraines, et depuis furent appellez friges par les grecz. Janus ou ianā filz de iaphet: eut trois filz lun appelle helyzāas, pour ce quil fut leur prince et seigneur, et a present sont appellez eoly. Tharsis fut le second et de luy furent les peuples de tharse, sa plus grāde de leurs citez, est metropolitaine. Cethim fut le tiers et habitta en vne ysle qui auoit a nom cithim, qui a present est appellee lisle de cypre. Et en memoire de ce toutes les villes voisines sont appellees cithim en hebrieu. Et quil soit ainsi il ya encoires en cyppre vne cite qui sappelle cithim, en laquelle soulloit auoir vng temple, ou les poetes sassembloient et faisoient leurs chansons, et dittez et les offroient a leurs dieux, ainsi comme len fait les seruentois au puis damours. Et ces nacions firent les enfans et nepueux de iaphet et aucuns autres qui par aduenture ne sont pas venues a la congnoissance des grecz, mais ces noms ont depuis este muez selon la voulentez plaisance de ceulx qui ont leu les liures. Cham q fut le second filz de noe eut quatre filz, cest assauoir chus dōt descendirent les chuepens, qui vault autant adire cōe ethyope. Le second eut nom mersis: lequel fist les egypciēs, car mersis en grec vault autāt adire comme egyppte, et tous les egipciēs sōt appellez mersiens. Methiphus fut le tiers qui tint sa prouince de libe, et appella ses siens fustiens: dont il passug fleuue en mauritaine qui ainsi sappelle, et celle prouince fut depuis appellee affricque. Le quart eut nom chananeus, dont sōt ditz les chananeiens qui a present est appellee sa region de iudee. Chus eut plusieurs enfans, entre lesquelz il eut nembroth le geant, duquel il parle en ce chapitre, et duquel nous parlerons assez tost et de sa vie. Sem qui fut le premier filz de noe, et le premier eut cinq enfans, sicōme dit iosephus, cestassauoir hesam dōt furent dictz les hesamites qui furēt princes des perses, et appella ses subgectz syriens. Assus qui īstitua sa cite de niniue fist les peuples qui a present sont appellez les caldiens. Arphapat fut le tiers, qui nomma ses peuples par son nō, pour ce ql estoit leur seigneur et prince. Aram fist les araineēs, lesquelz les grecz appellent syres, et a present les appellēt syres

Lud fist les ludes de son nom Aram eut quatre filz/chis fusse premier qui fonda traconne/et damas qui est ou millieu de palestine et cõioincte a syrie. Octus le second qui fist les armins. Secter le tiers qui fist les bactriens. Mes le quart q̃ fist les mecenes qui a present est appellee de toutes ges arap. De arphayat nous ne parlons point ne de ses enfans/ pour ce que monseigneur sainct augustin en parle cy apres en .xi. chapitre / et la en plerons nous sil en fault parler. Methode le martir dit que noe eut ung autre filz qui fut appellé iouicus. duquel la saincte escripture ne fait point de mencion. et dit que icelup iouicus noe ou .iii.c. an de son aage dõna la terre de ethan qui est vers soleil leuant. et dit quil fut tresgrant clerc e bõ astronomien et preudõme/ il eut de dieu don de sapiéce. et trouua la sciéce dastronomie selon ses maistres des hystoires. Et dit encoires methode/ que nembroth le geãt vint a lup: et aprint moult de choses de lui. il prophetisa de la naissance et du tresbuchement des quatre royaumes principaulx. Et dit que sa lignee de cham auroit la premiere seigneurie dont belus fut le premier / et de ce seroient les medes: les perses: et les grecz. Et de iaphet les rommains a icelup iouicus selõ methode enuoya le filz iaphet massons et charpentiers/qui lup firent vne cite q̃ eut nom iouica de son nom/ et auoit nom le pays ou il demoura: la region de ethan q̃ sestendoit iusques a la mer que sen appelle heliostora qui vault autant a dire cõe la region du soleil. Celup nembroth fut le premier q̃ subborna peuple pour auoir sur lup seigneurie/ et se voulut faidre si comme dit methode de la signee de sem/ et les ennortoit ad ce quilz prinssent la seigneurie sur les autres peuples/cõme ilz fussent de laisne filz: affin quil eust la seigneurie sur tous/ lesquelz Iopas sa mauuaistie ne voulurent riens faire Et pour ce se trayt vers la lignee de cham qui sui accorderẽt et eut la seigneurie sur eulx. et fist sõ chief de Babilone. Ancoires dit methode de lup quil fut enchãteur et nigromancien/ et fut celup qui premieremẽt contraignit les gens a adourer le feu especialement les caldees. Dont pour ce q̃l dit a la congnoissance des canopeyens/qui auoient faicte vne ydole en lonneur de belus quilz venoient ardoir leur ydole. ilz mistrent en sa teste vng pot pertruise et estoupperent les pertuis de cyre. e puis emplirent le pot deaue: et lui remirẽt sa couronne sur la teste. Et quant les caldees vindrent ilz bouterẽt le feu dessoubz: li dole. et tantost la cyre fondit et leaue chept dessus et lestaingnit. et par ce les ydoles des canopeyens furent preferees au feu q̃ adouroient les caldees. De cham dit clemẽt quil aprint a vng sien filz qui auoit a nom stram les ars magicques duquel descendirent les perses egipciens. et babyloniens. Et sappelleret le peuple qui lors estoit zoroastres/ cõe vivãt es estoilles. lequel pour estre doubte des gens p mauuais art faisoit vosser esti. elles. ainsi cõe se ce fussent estoilles qui descendissent du ciel, et quilz cuidassent quil fust dieu. Et finablement fut foy. droye et ars du dyable quil frequentoit si volentiers Auquel ses amis firẽt faire vng tõbeau en maniere dun chariot plain de feu, ainsi cõe sil fust leue ou ciel sicõme fut helye Selon autres cronicques nynus le desconfist et occist ou temps quil regnoit en bactrie. De ce zoroastres dit valerius maximus vint helpmãd. que aristote racõpte quil escripst p vigt fois cent mil vers Et touttessois quant nynus loccist il cuyda auoir ars tous ses liures Et solin dit que si tost cõe il fut ne, il cõmenca a rire. De rechief il est assauoir que ceulx de la lignee de cham firent vng roy qui obtint la region de ponth, et pour ce appelleret ilz leur roy ponthybri/ sicõe dit methode

Et dist encoires que les filz de cham se commencerent a combatre entre eulx, et que lors iouicus enuoya vne epistre a nem broth qui regnoit en babilone, ou il estoit escript. Le royaume des filz de iaphet commence cy a destruire le royaume des filz de cham. Lors commencerent lun royaume a guerroyer lautre et saccorda le royaume de cham a nembroth qui eut seigneurie sur toutes les deux lignees, iusques au royaume de herodes, que quantil se sceut ardit brusa et destruit le royaume de cham: et mist a pourete tous ceulx qui habitoient vers occident sicomme les peuples qui estoient appellez soberep, amorrey palestini et aspes. Vincent dit q en sa. piv. generacion la lignee de cham psist de la partie doccidet qui lui auoit este baillee, et entrerent en ceulx qui auoient soulx le millieu de la terre en orient et les enchasserent iusques en perse, et demoureret en leur lieu. Methode dit que apres ce que les filz de cham eurent este ainsi desconfis ilz se rassemblerent pour aller en la terre q auoit este a iouicus ou regnoit lors eusdio, et furent enuiron mil: dont il en auoit trois cens t trente a pie. Et quat eusdio le sceut en dementes quilz passoient vng fleuue qui a anom tygris il eut apparcille ses gens et ses oliphans, t en uoya contre eulx, si furent tous desconfis q que nul nen eschappa. Ainsi peut sen veoir commet la lignee de cham fut meschante, car dicelle descendirent les seruitudes selon le maistre des hystoires. Ce que nous auons dit peut assez suffire de noe et de ses enfans, et de leurs habitacions, et de la diuision de leurs terres lors q methodius dit que quant noe eut baille la terre de ethan a iouicum son filz, il se misten mer auecques iaphet son filz, et ianus son nepueu, et vng autre iaphet et vint en ytalie, ou nul nauoit oncques habite et y sist vne cite de son nom assez pres du lieu ou est rome, et illec sina ses ioures. Et ianus edifia vne cite quil appella ianicule q depuis fut appellee iesnes comme nous auons dit en sa premiere partie de ceste ocuure, sur seppoficion du troisiesme chapitre du tiers liure. De ceste tour de babel, et de la confusion dicelle parle sebille qui dit ainsi, comme toutes gens fussent dune langue: aucus edifieret vne tour ainsi comme pour moter ou ciel, et du champ de sammaar en la region de babilone, parle ethius q dit ainsi. Ceulx des prestres qui sesleuerent prindrent les sacres ou sacrifices de iupiter, et sen vindrent ou champ de sammaar qui est en babilone. Et dit encoires ceste sebille, que les dieux enuoyeret si grans vens en ceste tour quilz la tresbucherent, sicomme iosephus racompte toutes ces choses ou premier liure de ses antiques. Et dit encoires ce iosephus que ce nembroth estoit si mauuais quil induit ses peuples a eulx enorgueillir, et essaucer, nompas en lõneur de dieu: mais ou contempt et vitupere de dieu. Et que comme il fut tresfort et treshardy il les admonestoit quilz ne attribuassent a dieu ne rendissent quelque grace de bien ne de force quilz eussent: mais les attribuasset a nembroth t a eulx mesmes: t qlz neussent point fiance en dieu, mais en eulx mesmes et en ce tyrant nembroth. Et pour ce quilz se doubterent bien que dieu ne se couroucast, et print pugnicio de ce pechie par deluge come il auoit fait autresfois ilz ordōnerent a faire celle tour pour eulx y sauuer. sele deluge venoit. Apres quant il parle que assur yssit de celle terre: il est assauoir et entendre, sicomme dit le maistre des hystoires que nembroth le bouta hors de celle terre, et de celle tour qui estoit sienne t de son heritaige, ou sicomme il dit: il nest pas a entendre que assur qui fut filz de sem qui trouua le pourpre et les oingnemens pour oindre le corps: et les cheueux, dont caldee et assyrie est

p i.

dicte. Mais assur/ cest adire le royaume des assyriens qui print de ce son nom, lequel commenca ou temps de saruch. Apres quant il parle de la cite de niniue que edifia nynus. Monseigneur saint augustin est doppinion quil fut filz de belus Et est vray, que quoy quil soit de celle cite qui est si grande/ quelle a selon la saincte escripture trois iournees de long/ que belus la commenca: mais nynus l'augmenta et amplia. Ce nynus fut tresmauuais homme: et de tresmauuaise condicion, car apres la mort de son pere il fist faire vne ymaige a sa semblance pour reconforter sa douleur, a laquelle il portoit si grant reuerence/ que tous ceulx qui couroient a reffuge a son ymaige estoient a seurte et auoient pardon de leur meffait et pour ce ses subgectz en firent vng dieu et luy faisoient les honneurs diuins. Et a lexemple de celle ymaige plusieurs firent ymaiges a leurs prochains quant ilz estoient mors, et de celle pdose de bel', pdrent toutes les autres pdoses leur nom, et les appellerent les vnges bel: et les autres beel, les autres baal, les autres baalym les autres belphegor, les autres belzebut selon les diuerses contrees et regions Ancoires est assauoir quil y eut deux belus selon le maistre des hystoires, lun q[ui] fut appelle belus nemprothides roy de babilone, et si eut vng autre belus q[ui] fut roy de grece. Et dit que ce belus nemprothides fut pere de nynus, et quil eut a nom belus et nembroth, combien que la saincte escripture ne lappelle q[ue] nembroth Ancoires est il assauoir que nynus qui fut roy des assyriens fut le premier qui pour accroistre sa seigneurie courut sur a ses voisins sicomme dit iustin en son premier liure. Et nembroth fut le premier tyrant q[ui] opprima et oppressa peuples pour mettre a sa subgection.

¶ De la diuersite des langues et du commencement de babilone   iiii.

Doncques comme len raconpte ces gens, auoir este en leurs languaiges: toutesfois la narracion de lescripture retourne au temps/ ou quel ilz auoient tous vng seul languaige. Et de la eppose quelle chose aduint pourquoy la diuersite des langues fut faicte, et estoit ce dit lescripture toute la terre dun languaige et dune voix a tous Et aduint que come ilz se partissent des parties dorient: ilz trouuerent vng champ en la terre de sammaar, et habiterent illec, et lomme dist a son prochain Venez ca faisons des tuilles, et les cuisons au feu, et eurent tuilles fois en lieu de pierres, et cyment leur estoit mortier, et puis dirent Venez ca: et edifffions a no mesmes vne cite, vne tour, de laquelle le couppeau attaindra iusques au ciel. et essaulsons nostre nom auant que nous soions espandus par toutes terres Et nostre seigneur descendit pour veoyr la cite et la tour que les filz des hommes edifioient et dieu nostre seigneur dist. Vecy les tous dune langue et tous dun languaige, et ilz ont comence a ce faire. Et ne leur sauldront pas ordroit toutes les choses qlz se sont efforcez de faire, ainsi comme sil vouloit dire si feront. Venez ca dit il/ descendons et confondons leur languaiges et que nul nentende la voix ou languaige de son prochain, et nostre seigneur les respandit par toutes terres. Et se ce serent ceulx qui edifioient a edifier la cite et tour quilz auoient commencee pour ceste cause est appellee le nom de ceste cite confusion. Car nostre seigneur dieu confondit illec les languaiges de toute la terre, et dieu les respandit de lassus de la face de toute la terre. Et se cite laquelle est appellee confusion cest babilone, de laquelle aussy lystoire des gens recommande

sa facon merueilleuse car babilone est in
terpretee confusion / dont len tient que ce
geant nembroth fut faiseur de celle cite/
Laquelle chose auoit este dicte briefment
par auant la ou lescripture en parlant de
luy dit que babilone fut le cōmencement
de son royaume. laquelle cite eut seigneu
rie sur toutes autres cites Et en laquelle
comme metropole fut lhabitacion du roy
aume ia soit ce quelle ne fust pas partie
iusques a telle grandeur comme leur or
gueilleuse mauuaistie se pensoit. Car el
le estoit ordonnee en trop grande haultes
se: cest assauoir iusques au ciel / fust que
ce fust la haultesse dune tour q̄ z edifioi
ent entre les autres comme vng dongon
ou fust la haultesse de toutes les tours
qui sont signifiees par nombre singulier
si comme on dit ce mot. Mile qui est adi
re cheualier et en ce sont entēdus mil che
ualiers / et sicōme on dit rapneou locuste:
car ainsi est appellee la multitude des
rapnes et des locustes/ ce plages desquel
les les egipciens furent seruis par moyse
Mais quelle chose eust fait la presumpci
on humaine et vaine de hnochascun selz
se eust esleue iusques au ciel econtre dieu
la haultesse de celle tour/ combien gran
de quilz feussent ediffiee/ quant elle pas
seroit oultre toutes les mōtaignes quāt
elle surmonteroit lespace de laer plain
de nues. Apres que nulproit a dieu haul
tesse ou espirituelle ou corporelle tāt fust
grande ainsi cōme sil dist quelle ne pou
oit nupre a dieu. Humilite ediffie vope
au ciel seure et vraye/ en leuant hault le
cueur a nostreseigneur/ nompas contre
nostreseigneur/ sicōme ce geant nembroth
est dit seneur cōtre nostreseigneur. En
laquelle chose aucuns non entendans sōt
deceuz par le languaige grec/ doubteux
ad ce quilz ne interpretassent pas contre
nostreseigneur/ mais deuant nostresei-
gneur. Quelle merueille: enanchion q̄
pe en grec signifie et contre et deuant. car

ce mot est ou psaultier ou il dit. Et plou
rons deuant nostre seigneur: lequel nous
fist. et ce mot aussy est ou liure de iob/ ou
quel il est escript. Tu tes esmeu en for
senerie contre nostreseigneur. Ainsi don
ques doit estre entendu ce geant estre Se
neur contre nostreseigneur. Mais quelle
chose est cy signifiee par ce nōseneur fors
deceueur, effoiceur/ et tueur de bestes ter
riēnes publicques et occultes. Icesluy dōc
ques auec ses peuples diecoit vne tour cō
tre nostreseigneur/ par laquelle orgueil
mauuaise est signifiee. A bon droit dōcq̄
est pugnie sa mauuaise affection, suppo
se encoires que le fait ne sensuyt pas.
Mais quelle fut la maniere de sa peine/
pour ce que sa seigneurie de celuy q̄ com-
mande est en la lāgue. Lorgueil est illec
damne, affin que celuy qui commande a
homme ne fust point entendu/ lequel ne
voulut entendre ad ce quil obeyst a dieu
qui commande. Ainsi fut celle conspiraci
on despecee/ quant chascun se departoit de
celuy quil nentendoit point/ ne il ne se as
sembloit point: fois a celuy auecques le-
quel il pouoit parler. Et les gens furent
diuisez par leurs languaiges/ et espan-
dus par les terres/ sicōme il a pleu a dieu
qui a fait ceste chose par manieres celees:
et non comprenables a nous

℄ Exposicion sur ce chapitre.

En ce quatriesme chapitre monsei
gneur sainct augustin parle de
la diuision des langues a la cō
fusion de la tour de babel/ a ses paroles
quil recite cy sōt de la bible en lonziesme
chapitre de genesis. Et est assauoir q̄ cō-
bien que nembroth fust le principal q̄ fist
faire et edifier celle tour. toutesfois est il
certain quilz furent princes sur les trois
lignees des trois enfans noe./ cestassa-

uoir nembroth sur la lignee de cham: getam sur la lignee de sem, et susphene sur la lignee de iaphet, sicomme dit le maistre des hystoires. Et nest pas merueilles silz estoient si grant peuple cõe pour faire une si grant tour. Car philo en son liure des questions super genesim, racõpte que de trois enfans de noe, et iceluy noe ancoires uiuant, ilz furẽt uigtz quatre mil et cent hommes sans les femmes et les enfans, sur lesqlz auoient seigneurie les trois ducz que nous auons nommez. Et sicomme nous auons dit, tousiours ces parolles que print cy monseigneur sainct augustin de la bible ne sont pas selon la translacion de mõseigneur sainct ierosme, mais selon la translaciõ des lxx. translateurs. Et fut faicte ceste confusion des langues ou lãguaiges ou temps de phalech qui uault autant a dire comme diuision, pour ce que en son temps les langues furẽt diuiseez, et les peuples espandus par toutes terres. De rechief il est a notter en ce chapitre, que sicomme dit monseigneur sainct augustin mauuaise affection est pugnie, supposé quil ne sen ensuyue point de effect, et oultre que ce pechie fut pugny en langue en laquelle ilz auoient delincque. Apres il est assauoir que aucuesfois le plurier nõbre est entendu par le singulier. Et met exemple de ce nom cheualier q̃ est appellé miles en latin, car il est ainsi nomme pour ce quil a seigneurie sur mil hõmes. Et est ce quil dit que par luy est entendu ce mot Milia militũ, cest adire, mile cheualiers. Et met une exemple des raynes qui furent une playe degypte qui sõt prises en nombre singulier selon lexposiciõ des lxx. translateurs. Et semblablemẽt est il dit des mouches. Car il print les mouches pour la mouche, sicomme il est dit en exode.

¶ De la descendue de nostreseigneur a cõfondre la langue ou langues de ceulx qui edifierent la tour. b.

Car ce qui est escript, cestassauoir et que nostreseigneur descendit ueoyr la cite et la tour, laquelle edifierent les filz des hommes. Cest a entendre nompas les filz de dieu: mais celle compaignie laquelle uiuoit selõ home, laquelle nous disons la cite terriene. Ne ce qui est escript que nostreseigneur descendit nest pas a entẽdre de lieu en autre, lequel est tousiours et tout et par tout ne change point lieu. Mais il est dit descendre, quant il fait aucune chose en terre, laquelle monstre aucunement sa presence de luy, quant elle est faicte merueilleusement, oultre le commun cours de nature. Ne il ne apprent pas par ueoyr en aucun temps, lequel ne peut oncq̃ ignorer aucune chose: mais il est dit ueoyr et congnoistre en aucun temps icelle chose, laquelle il fait estre ueue et congneue. Doncques ne uit len pas celle cite en celle maniere, en laquelle nostreseigneur la sist ueoir, quant il demonstra combien, elle lui desplaisoit. Ia soit ce que se puist entendre q̃ dieu descendit en celle cite pour ce que ses anges y descendirent esquelz il habite a ce que ce qui est adiousté, cest assauoir et dieu nostreseigneur dist. Uecy une lignee et ung languaige de tous, et les autres choses qui sensuyuent apres, et depuis est adiousté. Uenez ca descendons et confondons illec le languaige diceulx. Que ce soit une recapitulaciõ qui demonstre en quelle maniere fut fait ce qui auoit este dit. Cest assauoir nostreseigneur descendit, car il estoit ia descendu, que uoult ce dire. Uenez descendõs et confondons illec le lãguaige diceulx laq̃lle chose est a entendre estre dicte aux anges, fors que lui descendoit p̃ les anges, lequel estoit es anges qui descẽdoiẽt

Et est bien dit ce quil ne dit pas. Venez descendez et confondez. Mais confondons illec le languaige diceulx, en demonstrant quil ouuroit par ses ministres: en telle maniere quilz oeuurent aussy auec dieu. sicomme lapostre dist quant il dit. Car nous sommes ouuriers auec dieu.

Quelle soit a entendre la parolle par laquelle dieu parle aux anges.   Ві.

Et ce qui fut dit quāt homme fut fait cestassauoir faisons homme pouoit aussy estre entendu estre dit aux anges pour ce qͥl ne dit pas ie feray mais pour ce que apres ces motz faisons homme a nostre ymaige. la plus raiste de la trinite. est la droituierement entendue. Ne il nest pas gnenable a croire que lomme fust fait a lymaige des anges: ou que ce soit vne mesme ymaige des anges et de dieu, combien que aussy il eust dit: faisons: il dit Et fist dieu distil homme a lymaige de dieu, il ne dist pas les dieux les firent, ou quilz fussēt fais a limaige des dieux. Icelle mesme trinite pouoit icy aussy estre entendue. ainsi come se le pere eust dit au filz et au saint esperit. Venez ca: descendons et confondons illec le languaige de iceulx, sil ny auoit aucune chose qui deffendist que les anges ny fussent entendus. Ausquelz il appartient mieulx aſuenir a dieu p ſaiſtz mouuemens, cest adire par pensees debonnaires par lesquelles la verite immuable les conseille come loy pardurable en sa court souueraine diceulx. Ne pour certain ilz ne sont pas verite a eulx mesmes, mais sont participans de la fontaine de vie, affin quilz prennent delle, ce quilz nōt pas deulx. Et pour tāt ce mouuement est estable par lequel ceulx viennent lesquelz ne se deptent point Ne dieu ne parle aux anges, ainsi comme nous parlons luy a laultre ou comme nous parlons a dieu ou aux anges, ou comment iceulx anges parlent a nous ou dieu parle par eulx a nous, mais parle a eulx par vne sienne maniere que langue humaine ne peut recorder: mais elle nous est demōstree en nostre maniere. Quelle merueille. Car la parolle treshaulte de dieu auant son fait est la raison immuable de son fait, laquelle na pas son qui passe ou face noaise, mais a force q̄ est pardurablement, et euure temporellement.

Dieu parle par ceste parolle aux saintz anges mais il parle a nous autrement a nous qui sommes mis loing de luy. Et ainsi quant nous prenons aucune chose de telle parolle en noz oreilles de dedēs nous approchons aux anges. Et pour ce il ne me conuient pas continuellement rendre raison des paroles de dieu. Car la verite immuable parle ou p soy mesmes aux cogitacions et pensees de creature raisonnable par parolles qui ne peuent estre recordees. Ou elle parle peraūture muable soit a nr̄e esperit p ymaigs ou ymaginacions muables, ou au sens de nostre corps par voix ou paroles, sainement ce qui est dit. Et ne leur faudrōt pas orendroit toutes les choses qui se sōt effoicees de faire nest pas p maniere daffirmaciō. mais dinterrogaciō. Sicomme ceulx qui ont accoustume a menacer dient en ceste maniere. Ne seront pas les armes prouffitables: et les supiront de toutes pars de la cite. Il est donques a prendre ainsi comme sil eust dit. Ne deffaudront pas toutes choses de ceulx qui se sont effoicez de ce faire. et sil est dit ainsi il ne nomme point celuy qui menace. Toutesfois pour ceulx qui sont en aucune maniere tardis, nous y adioustōs ceste petite partie, ne a ce que nous deisons. et ne ou en ne la elle voix du prōcant nous ne pouons escripre. De ces trois

p iii.

hommes doncques qui furent enfans de noe cōmencerent.lxvi. aes ou a mieulx p̄dire.lxvii. sicomme il est declaire par raison. et autant de languaiges par les terres/ lesquelz en croissant empirēt les p̄les/ mais le nombre des gēs fut plus accreu que celuy des langues ou languaiges. Car en affricque nous auons congneu plusieurs gens payens ou barbariens dune langue ou dun languaige. Et qui est celuy qui doubte que multiplie lhumain lignaige plusieurs gens rapent peu passer par maniere pour habiter es ysles

Expposicion sur ce chapitre.

En ce sixiesme chappitre monseigneur sainct augustin demonstre: que quant la saincte escripture demande. Se toutes choses ne leur deffauldront pas des choses quilz auoient encommence a faire/ lesquelles parolles sont du quart chapitre precedent/ que telles parolles ne sont pas dictes p̄ maniere de confirmacion/ mais par maniere de interrogacion/ ainsi cōme ceulx qui menacent ont acoustume de dire. Et pour ce monstrer il admaine ungs vers de virgille du quatriesme liure de eneydos seql il boute en son texte. et est tel. Non ar ma expedient totaqz ex vrbe sequentur. Et sont ces vers saintz en la personne de dido/ voulant retenir enee: qui se vouloit partir de carthage contre sa voulente delle/ et le sourplus du chapitre est tout cler.

Assauoir mō se toutes manieres de bestes mesmes des ysles et terres: tresloigtaines apēt prins de ce nombre q̄ fut gardē en larche de linundacion du deluge. vii.

Mais il est question de toutes manieres de bestes qui ne sōt pas soubz sa cure ne soubz le gouuernement des hōmes. et qui ne naissent point de terre. sicomme les raynes/ mais saccroissent par seule cōruption de masse et de femelle. sicomme soupes a autres bestes semblables et de semblable espece. Comme apres le deluge ou toutes choses furent peries. expcepte celles q̄ estoient en larche peurent aussy estre es ysles silz ne furent reparez ou restaurez fors de ceulx lesquelz en chascunespe auoiēt este gardees en larche. Len pourroit croire q̄lz seroient alez en ysles plus prochaines de la terre ou larche sariesta. Mais il en y a de si loingtaines de la terre. que ce ne sēble pas estre chose possible que aucune beste ait peu noer si loing. Et se les hōmes les misrent hors de larche/ et emmenerent les especes auec eulx. et les instituerent chascun ou ilz habiterent/ affin qlz y peussent chasser: ce nest pas chose increable quil ne peust auoir este ainsi fait. Ja soit ce que sen ne doype pas nyer quilz ny ayent peu estre transportez par les anges par le consentement ou commandement de dieu. Mais silz ont este nez de terre. ainsi comme ilz furent a leur premiere creacion q̄t nostreseigneur dist ces motz Produise la terre ame viue. Il appert plus clerement de trop: que nōpas tant pour cause de reparer les bestes comme pour signer diuerses gens pour le sacrement de leglise/ toutes manieres de bestes furēt mises en larche/ se es ysles ou ilz ne pouoient passer plusieurs bestes furent neez de la terre.

Assauoir se de la lignee dadā: ou des filz de noe soiēt venus aucūs hōmes en maniere de monstre viii

Len demāde aussy se les enfans de noe. ou de celui de q̄ ilz furēt engen diez, cest assauoir de adam: len croit quil y ait eu engendrez ou nez aucunes especes de gens monstrueux, sicomme len se treue escript es hystoires des gens: sicomme len tesmoigne quil en ya aucuns qui ont vng oeil ou millieu du front, et les autres ont les plantes des piez tournees a pies leurs cuisses. Les autres auoir lun et lautre sexe, et la dextre mammelle dõme, et la senestre de femme. et auoir affaire lun a lautre charnellement. et aucues fois engendrer, et aucunesfois porter. Les autres qui nont point de bouche: mais viuent de prendre et rendre leur alaine par les narines. Les autres qui nont que vne coustee de long, et sont appellez pigmei selon les grecz, pource que pigmeos en grec vault autant adire comme coustee. Il y a ailleurs femes qui conçoiuent a cinq ãs. et ne viuent point oultre huyt ans. De rechief ilz dient quil ya gens qui nont que vne cuisse tenante au pie, ne ne ployent point le pouce, et sont de merueilleuse celerite, lesquelz ilz appellent ciopodas, pource que quant ilz se gisent a lenuers sur la terre: ilz mettent leur pie sur leur teste qui leur fait et donne vmbre a lencõtre de lardeur du soleil. Aucuns qui nõt point de ceruelle ou de teste qui ont les yeulx es espaulles, et plusieurs autres manieres de hommes. Ou ainsi comme hommes que len na point accoustume a veoir, lesquelz sont paintz a carthaige en la place de samer que se dist le cap et ey trais des liures: ainsi comme des plusieurses hystoires. Que diray ie des cynocephales, desquelz la teste qui est en maniere de teste de chien, et leur abbay demonstre quilz sõt plus bestes que hommes, mais il nest pas necessite de croire toutes manieres de choses, lesquelles len dist estre hommes. toutesfois ql que homme naisse en quelque lieu, cest assauoir beste raisonnable et mortelle, quelque forme quil porte, laquelle nous ne

auons pas accoustume a veoyr, ou couleur ou mouuement ou son ou nature, de quelque force, de quelque partie, de quelque qualite: nul ne doit doubter quil nait prins sa naissance et son commencement du premier homme, cestassauoir dadam. Toutesfois il appert ce que nature a obtenu en plusieurs, et ce qui est a esmerueiller pour sa tardiuete ou petitesse. Mais autresse raison comme len rend des monstres qui naissent a nous, autesse se peut len rendre daucunes gens qui sõt en maniere de monstres, car dieu est createur de tous, lequel congnoist ou: et quant il conuiengne ou ait, conuenu creer aucune chose. Mais celuy qui ne peut tout considerer ou regarder, se trouble pour sa defformite dune partie, pource quil na pas congnoissãce a quoy sert ce a faire ne a quoy il est rapporte. Nous auõs congneu gēs qui ont este nez qui auoient plus de cinq dois es mais ou es piez, et celle est plus legiere que quelconques autre distance. Mais toutesfois ia naduienne que vng homme soit si forcene quil ymagine que le createur ait erre ou nombre des dois, ia soit ce quil ne sache sa cause pourquoy dieu la fait. Et suppose que plusgrant diuersite naisse, celui scet quil a fait, du quel nul ne peut iustement reprendre ses oeuures. En la ville de pppone qui est des zariciens a vng homme qui a les plates des piez a maniere dune botte ou cornues ainsi comme vne lune, et a chascũ pie na que deux dois: et pareillemēt est il des mains. Sil estoit aucunes telles gens, len se escriproit auecques merueilleuses et curieuses hystoires. Ne nyons doncques pas quil ne soit descendu de celui qui fut cree premierement, cest assauoir dadam. Ainsi comme sil voulsist dire quil ne voulsist nyer quil nen soit venu et descendu. Ceulx aussy qui sont appellez androgeni quilz appellent hermofroditos q̃ sont vnes gens qui ont et lun sexe et lautre,

p iiii.

par telle maniere que cest chose incertai
ne/ duquel sexe ilz doyent prendre leur
nom ou domme ou de femme/ combien
quil nen soit que bien pou. Neantmoins
est ce forte chose que tousiours il nen soit
aucuns/ touteffois ont il prins leur nom
de la meilleure partie: cest assauoir de sō
me par vne maniere de parler pource que
len la ainsi accoustume/ car nul ne les a
appellez androgenes ou hermofrodites
Je me recorde bien que len disoit vng pou
auāt nostre tēps qˉ nasquit vng enfāt ces
parties dorient qui estoit double par des
sus/ et simple par dessoubz Car il auoit
deux testes deux poitrines/ et .iiii. mais
et au sourplus nauoit que vng ventre/
et deux piez: si comme vng homme. et des
quit tant que plusieurs laserent veoyr/
pour la renommee qui en estoit. Mais qˉ
est celuy qui puist reporter toutes les por
tures qˉ ont este despareilles a ceulx des
qˉlles il est certain qˉlz ont este nez .q.d.n.
Doncques ainsi comme len ne peult nyer
que ces creatures ne soient descendues et
ayent prins leur naissance de celuy vng
seul pere adam/ Tout ainsi est il a con
fesser/ que quelconques gens en diuers
corps contre la coustume ou le cours de
nature/ et aussy que tous tiennent que
ces corps ont ainsi comme desuoye de na
ture qui ont prins leur naissance de celui
vng seul pere silz pouoient estre comprins
en celle diffinicion: quilz soient raisonna
bles et mortelz Se touteffois ces choses
sont vrayes que len dist a la despareilles
te de ces nacions/ et de la diuersite qui est
si grande entre eulz et nous/ car se nous
ne sauions que singes/ marmotes a spin
gues ne sont pas hommes. Ces hystori
eurs qui se glorifient de leurs grās curio
sitez/ nous pourroient mentir par leurs
vanitez/ et faire entendant que ce seroiēt
ainsi comme vne maniere de gens Mais
se ceulx desquelz len escript ces merueil
les sont hommes: quest il se nostreseignr

voulut ainsi creer aussy aucunes gens/
ad ce que nous ne cuidissons que la sapiē
ce par laquelle il faind ou fait humaine
nature eust erre en ces monstres/ quil es
conuient naistre/ ainsi comme en souurai
ge dun ouurier: qui nest pas souffisam
ment pfait ne accomply. Et pource il ne
nous doit pas sembler que ce soit laide
chose a dire, que tout ainsi comme en qˉl
conques singulieres manieres de gens/
il y a aucūes choses des hommes qui sōt
monstrueuses, aussy en tout lhumain li
gnaige il ait aucunes monstres Et pour
ce affin que ie conclue ceste question subti
lement et cautement/ ou ces choses et au
tres que len escript de aucunes gens sont
du tout en tout nulles/ ou selles sont ce
ne sont pas hommes/ et se ilz sont hom
mes: ilz sont descendus dadam.

⁋ Exposicion sur ce chapitre.

EN ce huyttiesme chapitre mon
seigneur sainct augustin parle
de diuers monstres de gens, et
veult monstrer que quelque difformite
ayent: laquelle ne soit pas a coustume a
veoyr, soit en corps soit en forme, soit en
couleur, soit en mouuement, soit en son.
Soit en quelque partie, ou malice, puis
que len peut monstrer quilz soient raisō
nables et mortelz, lon les doit tenir a gēs
Apres quant il parle de ceulx qˉ nōt poit
de teste qui ont les yeulx es espaulles/
et dautres dont il parle en ce chapitre. qˉ
en vouldra veoyr plus largement, voye
solin de mirabilibus mūdi: ou il en pour
ra veoir plus largement. Apres quant il
parle de ces cynocephales nous en auōs
parle en la premiere partie de ce liure.
Apres quant il parle de ceulx qui sōt nez
a plus de cinq doiz: nous nous recordōs
que nous auons veu a nostre tēps vng

enfant q̃ auoit sip dois a chascune main et autantes piez. Apres quant il parle de lomme qui fut ne double par dessus, et simple par dessoubz, car il auoit deux testes deux poitrines: quatre mains deuãt vng ventre, et deux piez derriere. Apres quant il parle de sa ville dyppone des zariciens. il se dis pour mettre difference entre celle ville et la ville dyppone, de laquelle il fut euesque, qui a present est appellee sebille la grant. Apres quãt il parle dune beste qui est appellee spigua cest vng serpent qui a visaige domme. Et ce souffise pour la declaraciõ de ce chapitre

S'il est a croire que en la basse partie de la terre qui est contraire a nostre habitacion ait aucuns antipodes, cest adire q̃ apent leurs piez contre les nostres   ix

Mais len ne doit croire en quelq̃ maniere ce quilz parlẽt a plaisance des antipodes, cest assauoir dune maniere de gens, desquelz ilz dient que quant le soleil se couche deuers nous, il se lieue deuers eulx, et quilz ont les plantes des piez contre les nostres, ne ilz nassement pas quilz aient apris par congnoissance de quelque hystoire. Mais ilz se coniecturent par vne maniere dargument, pour ce quilz dient que la terre si est assise ou concaue du ciel, a que le monde tient ce mesmes lieu, et le plus bas est le moyẽ, et par ce pimaginẽt a cuident que lautre partie de la terre laquelle est dedens: ne peut estre sans homme, Ne ne considerent pas que suppose que len croye q̃ le monde soit figure vne masse assemblee, ou ronde, et q̃ len le mõstre par aucune raison. Toutesfois ne sensuit il pas que leaue soit terre de celle partie de lassemblee des eaues. Et apres s'il ny a point deaue, nest il point necessite quil

y ait hões. q̃ p habitẽt car celle escripture ne me meut en q̃lq̃ maniere, la q̃lle racõptees les choses passees fait foy, pour ce que les choses quelle a dictes sont accomplies. Et si est trop grande absurdite a dire q̃ de celle grandeur de peuple trãsportees parties doccean aucũs hões y peusset auoir sa naige et venir, ad ce q̃ de ce ş premier homme sumain lignaige fust institue et estably. Et pour ce querons se entre ces hommes du peuple qui furent diuisez en soixante douze gens, et en soixãte douze languaiges selon les lxxii interpreteurs, nous pourrions trouuer celle cite de dieu, laquelle fait son pesserinaige en terre, laquelle a este menee iusques au deluge et iusques a larche noe, et laquelle len monstre quelle a perseuere es enfans de noe par leurs benedictiõs. Et par especial ou tresgrant filz de noe qui fut appelle sem, quant pour certain iaphet qui estoit son filz maisne fut beney, par telle maniere quil habiteroit es maisons de sõ mesmes frere sem

¶ De la generacion de sem en la lignee et descendue duquel sadresse lordre de la cite de dieu   x.

L'ordre doncques des generacions de sem est a garder ad ce q̃ celle ordre demonstre la cite de dieu apres le deluge. ainsi comme celles des generacions de seth le demonstroit auant le deluge. Et pour ce quãt la saincte escripture eut demonstre la cite terriẽne en babilone, cest assauoir en la confusion des langues et diuision des gens, elle retourne en recapitulãt a sem le patriarche, et continue de la les generacions iusques a abraham, en racomptant le nombre des ans q̃ appartenoit a cest ordre: cest assauoir a quãs ãs chũn engedra enfans, et quans ans chascun auoit vescu En laquelle chose pour certain len peut

Seoir que ce que ie auoie promis/affin q̃ / appere que quãt il parla des generaciõs / de heber/ lescripture dist quil appella sũ / de ses enfans phalech. pour ce que en son / temps la terre fut diuisee. Car quelq̃ au/tre chose est ce a entendre: la terre fut diui/see. sors pour la diuersite des langues ou / languaiges. delaissez doncques ses en/fans de sem qui nappartiennent point a / ceste generacion. Ceulx sont mis en lor/dre des generacions de sem, par lesquelz / len puist venir a abraham: ainsi comme / auant le deluge es generacions de seth, q̃ / fut filz dadam, len mettoit ceulx par les / quelz len pouoit venir a noe. Lordre donc/ques des generacions se commence p̃ tel/le maniere. Ce sont les generaciõs de sem / Sem ou second an apres le deluge auoit / cent ans quant il engendra arphaxat, et / vesquit cinq cens ans depuis quil eut en/gendre arphaxat, et engẽdra filz et filles / et trespassa. et en ceste maniere poursupt / il les autres en disant. En quel an de sa / vie chascun ait eu filz appartenans a lor/dre de ses generacions, lequel ordre se tẽt / iusques a abraham, et quans ans chas/cun vesquit depuis. en demonstrant ice/luy auoir engendre filz et filles / affin q̃ / nous entendons dont si grans peuples / peuent estre accreuz ad ce que occupez pue/risement / nous ne facons compte dont / en si pou de temps / comme ceulx qui sont / racomptez ou texte de la saincte escriptu/re de la ligne de sem: et que cy apres sont / recordees si grans espaces de terres et de / royaumes pourront estre peuplez Mesme/ment pour le royaume des assyriens ou/quel regna nynus en grãt prosperite. Le/quel subiugua les peuples de toutes les / parties dorient, et lequel il laissa a ses suc/cesseurs treslarge, et parfonde ad ce quil / peust durer longuement. Mais affinque / nous ne nous arrestons cy plus longue/ment que besoing nest, nous mettons et / racomptons tant seulemẽt en ceste ordre / nompas quans ans chascun a vescu en / lordre de ses generacions, mais en q̃l an / chascun a engendre filz. Nous voulons / ceste chose recorder par ceste ordre tant seu/lementr, ad ce que nous recueillons le nõ/bre de ces ans du temps dapres le deluge / iusques a abraham, et que nous touchõs / briefuement en decourant les autres cho/ses exceptees celles: esquelles la necessi/te de ceste oeuure nous contraint a arre/ster. Ou second an doncques apres le de/luge sem en laage de cent ans engendra / arphaxat. Arphaxat en laage de cent et / trente cinq ans: engendra chaynan. Le/quel chaynan: comme il fust en laage de / cent trete ans: engendra sala. et sala en ce / mesme aage de.c.xxx.ãs engẽdra heber.et / qñt heber egẽdra phalech ou temps duq̃l / la terre fut diuisee il auoit cent et xxxiiii / ans. Ce phalech en laage de cent et trete / ans engendra regau. et regau en laage / de cent et trentedeux ans: engẽdra seruch / Seruch en laage de cent trentedeux ãs: / egẽdra nachor. Nachor en laage de .lxix. / ans: engendra abram. Auquel nostre sei/gneur depuis accreut son nom et lappel/la abraham. Et ainsi selon les lxx. inter/preteurs que nous appelons la vulgai/re edicion: du deluge iusques a abraham / len compte mil.lxxii ãs. mais es liures / des hebrieux / ilz demonstrent que il ya / moins de ans de trop. delaquelle chose / ilz rendent nulle ou trop foible raison. / Quãt doncq̃z nous yrons en ces .lxxii. / gens la cite de dieu/ nous ne pouons af/fermer que en ce temps ouquel il nestoit / que vne langue et vne maniere de parler / cest assauoir le peuple des hebrieux q̃ hu/main lignaige fust fors estrange du serui/ce du vray dieu, par telle maniere que sa / seule vraye pitie demourast seulemẽt en / ces generacions qui descẽdẽt de la ligne / de sem par arphaxat, et tendẽt a abrahã / Mais la cite, cest adire la compaignie des / mauuais apparut des ce q̃ leur orgueil se demonstra de edifier ceste tour iusques au ciel : ouquel fut signifie mauuaise et desloyale elacion. Et pour ce que ce nest pas legiere question. assauoir se ceste cite ou compaignie de mauuais estoit couuerte et latente auant quilz edifiassent ceste tour. Ou se lune et lautre demoura. cest assauoir sa bonne et debonnaire. es deux filz de noe qui furent benoyz de noe leur pere, et leur posterite : et sa mauuaise en celle qui fut mauldite non point en sup/ mais en sa lignee: ou fut ne aussy ce geant nembroth qui fut chasseur contre nostre seigneur. Car par aduenture peut il estre que es deux filz des deux enfans de noe qui pour certai est chose plus cropable des auant que len comecast a faire ceste tour en y auoit il qui mesprisoient nreseigneur et ne tenoient compte de sup. Et que des filz de cham en y eut plusieurs qui seruoient nreseigneur. toutesfois doit len croire que lune lignee et lautre de ces hommes ne deffaillit oncques en terre. Car pour certain quant il fut dit par dauid le prophete en ceste maniere. Tous ont decline ensemble et sont fais inutiles / il ny a q face bien: iusques aung seul. en lune en lautre pseaulme ou ces choses sont escriptes sen suit ce qui sensupt Ne se congnoistront pas tous ceulx qui font iniquite, q deuorent mon peuple en uiande de pain ou comme uiande de pain. Doncques estoit il lors peuple de dieu, et pour ce quat il dit. Il nya qui face bien: nompas iusques aung/est dit des filz des hommes et nompas des filz de dieu Car parauant en ce pseaulme il est dit en ceste maniere. Nostreseigneur dieu a regarde du ciel sur les hommes pour Scoyr sil y a qui regere entende ou requiere dieu Et apres sont adioustees les paroles cy dessus recordees lesquelles demonstrent que tous les hommes cest assauoir ceulx qui appartiennet a la cite qui uit selon homme. et nompas selon dieu sont mauuais

Exposicion sur ce chapitre.

En ce dixiesme chapitre monseigneur saint augustin commence a demener la generacio de sem en ceulx par lesquelz il puist uenir iusqz a abraham, et compte les ans que chascu auoit quant il engendra enfans. Et monstre que par la computacion des .lxx. interpreteurs qui est appellee en latin uulgaris edicio, du deluge iusques a abraham a mil et lxxii. ans Toutesfois pour noen desiurer a une fois nous nous en rapportons ad ce que nous en auons dit ou quinziesme liure: sur lexposicion du xiiii. chapitre, fors que tant quil est assauoir que aucunesfois lan est prise en plusieurs manieres, sicomme dit beda Car il y a annus ciuilis/ annus naturalis: annus iubileus/ annus bisseptilis/ annus sustralis/ annus olimpiadis/ annus qui dicitera/ annus solaris/ annus communis/ annus ambolismus/ annus breuis/ annus magnus. Annus ciuilis est dit pour les egypciens/ pour ce que les egypciens firet leurs citez quarrees et es murs dicelles escriprent les raisons du cours du soleil et de la lune/ et faisoient signes quat les iours estoiet pareilz a la nuyt ou qt ilz deuoient croistre ou appeticer que nous appellons solsticium/uel equinoctium. et si y a solstitiu estiuale et hyemale, cest assauoir diuers deste. et de ce nous auos ple en la pmiere ptie de ce liure. Annus naturalis: si est quat la lune est opposite au soleil/ et qt elle est ainsi come a moitie/ elle fait ainsi come tenebres p tout q sen appelle eclipse. Annus iubileus est le.s. an ouqz les serfz estoiet afranchis. et a lexeple de ce nous uopos q quat ung religieux a este.s. ans en religion sen dit quil peut faire son iubile. Annus bisseptilis/ cest an de trois cens et lxui. iours pour ce que sen prent chascun an le quart dun iour pour reuenir a copte

Cest adire que pour ce que le soleil ne retourne pas au signe dont il est party en soixante cinq iours il fault adiouster le quart dung iour qui font trois cēs a soixi iours et cest ce que nous appellōs bissexte. Annus sustralis est de cinq ans en.D. ans. Et est dit sustralis: pour ce q̄ de cinq ans en cinq ans len croissoit le tresor publique: ou pour certaines solennitez es quelles solennitez ilz faisoient certaines purgacions et aloient entour la cite. Annus olimpiadis estoit dit pour les ieux qui se faisoient au pie de cele montaigne qui est appellee olimpias laquelle est si comme len dit la plushaulte du monde. En telle maniere que ceulx du pays appellent le couppeau dicelle le ciel. et en ce plushault lieu a ung dieu dedie a iupiter et est la laer si pur et si net: que les étrailles des bestes qui y sont offertes sur son autel demeurent ung an sans pourrir et sans corrompre ne pour pluyes ne pour gresse ne pour autre chose. tant y est laer pur et net: ne chose qui y soit offerte ne se corrompt point. Sicōme dit solin de mirabilibus mundi en lonziesme chapitre, lequel est de thessalia. Et en honneur de iupiter ilz y faisoient ces ieux de cinq ans en cinq ans, ou aumoins le quatriesme an passe. Et anciennement les grecz comptoient par olimpiades. Annus q est dit era fut dit pour cesar auguste qui premierement epigna le cens a payer a romme et est dit ab ere, cest adire arain pour ce q̄ tout le peuple qui estoit subget aux rommains par les premieres annees estoient tenus de payer a la chose publicque de romme arain, a es autres.D. argent. et es autres.D. estoiēt tenus de payer or. et a quinze ans estoit pleine indicion. Annus solaris est de trois cens.lxv. iours et ung quart qui font sip heures. car par tant de iours se tourne le soleil en ung an a retourner dont il part en alant par le cercle du zodiaque. Annus communis est pris par douze lunaisons et a trois cens liiii iours. Annus ambolismalis est de.xiii. lunaisons et est appelle abondant pour ce quil a trente iours plus que les autres cest assauoir trois cens lxxiiii. et ce commence a la lune de pasques. Annus breuis est dit annus lunaris pour ce q̄ la lune est la plus prochaine de la terre de toutes les autres planettes, et qui en plus brief tēps et plushatiuemēt fait son cours car elle fait son cours en ung mops. Annus magnus, est quant apres ce que les estoilles ont fait certain cours, elles retournent en leurs lieux. Lequel selon iosephus est acomply en sip cens ans du soleil. Bel solaris et a douze mois lii.sepmaines trois cēs lxv.iours a ung quart et huyt mil sept cens et lx heures selō aucuns, car ce que le soleil fait en lxv.iours la lune fait en ung mops qui est appelle annus lunaris Et ce souffise auec ce que nous en auons autresfois dit

¶ Que la langue hebrieue laqlle fut ainsi appellee de heber fut premierement en lusaige des hommes et en quelle signee, elle demoura quant les langues ou languaiges furent diuisez

Pour laquelle chose tout ainsi comme les mauuais filz ne de faillirent pas quant tous auoient ung languaige. car auant le deluge il nestoit q̄ ung languaige. et touteffois desseruirent ilz a estre tous perilz par le deluge excepte une seule maison de noe le iuste. Tout ainsi et a son droit quant les gens qui monterēt en plusgrāt mauuaistie: et en plus grant orgueil, furēt pugnies et diuisees par la diuersite des langues: a que celle cite des mauuais prist le nom de confusion, et par ce fut appellee babilone q̄ vault autant cōme confusion La maison de heber ne deffailli poit en laquelle seule sa fague ou languaige de moura qui parauant auoit este commune a tous. Pour laquelle chose iay recorde cy dessus / comme len eust commence a recorder ses enfans de sem. lesquelz engendrerent chascun singulieres gens/ heber est le premier nomme: ia soit ce ql soit arriere nepueu, cest adire le cinquiesme ne Et pour ce que les autres gens diuisees par autres langues ou languaiges. Ceste langue hebrieue demoura a sa famille et lignaige, laquelle langue len croit a bon droit auoir este parauant commune a tout lumain lignaige, fut elle de sa enauant pour ceste cause appellee la langue hebrieue, car lors il fut necessite de la distinguer des autres langues par son propre nom. Ainsi comme les autres langues ou languaiges furent appellez par leurs propres noms. Mais quant sa langue ou languaige estoit vne, elle nestoit autrement appellee que langue humaine, ou humain languaige: laquelle tout lumain lignaige parloit. Or dira aucun se ou temps de phalech qui fut filz de heber la terre fut diuisee par langues diuerses, cest adire que les hommes qui estoient lors en terre furent diuises. Celle lague deuoit mieulx estre appellee du nom de celle langue qui parauant estoit commune a tous, cest assauoir langue humaine. Mais il est a entendre que pour celle cause heber mist tel nom a son filz quil appella phalech, qui est interprete diuision: pour ce quil fut ne en ce temps ouquel sa langue fut confondue, et que la terre fut diuisee par diuers languaiges: a ce que ce qui est dit en la saincte escripture fust vray ou il est dit. En son temps fut la terre diuisee. Car se heber ne vesquit ecoires quant si grant multitudes de languaiges fut faicte / Celle langue neust pas prins son nom de lui, laqlle peut demourer deuers lui. Et pour ce il est a croire ql se fut sa premiere langue pour aff in que

sa peine du pechie quilz firent de vouloir edifier celle tour/ Vint celle multiplicacion et mutacion de langues. Et sas quelconque doubte le peuple de dieu doit estre hors de celle peine/ ne ce nest pas sans cause que celle langue est celle que tint abraham, ne il ne la peut pas transporter en tous ses enfans: mais tant seulement en ceulx qui sont descendus p iacob en croissant ensemble plus noblemet a plus haultement au peuple de dieu, peurent auoir les testamens et lignee de ihesucrist. Ne aussy heber ne respondit pas celle mesme langue en toute sa lignee / mais en celle tant seulement dont les generacions sot demenees iusques a abraha. Et pour ce aussy sil nest clerement exprime/ qlz fussent aucune maniere de gens: que ilz fussent doulx et sainctes gens / quant ces mauuais edifioient celle cite de babilone. aincoires ne valut riens celle obscurte/ a ce que lintencion de celuy qui enqueroit de ceste matiere fust fraudee, mais que par ce elle fust essaucee. Car quant len fist ql fut premierement vne langue commune a tous, et que heber fut recommande deuant tous les enfans de sem, ia soit ce quil fust le quint descendu de luy. Et la langue hebraicque fust dicte celle, laquelle lauctorite des patriarches et prophetes a gardee, nompas seulement en leurs parolles: mais aussy es sainctes escriptures pour certain quant len demande en la diuision de ces langues: ou celle langue hebrieue peut demourer qui auant estoit commune a tous Et laqlle sans nulle doubte la ou elle demoura ne fut pas la peine qui fut faicte en la mutacion des lagues Quelle autre chose peut len dire sinon quelle demoura en celle gent: du nom dup quel elle print son nom. Et de ce napparut pas petite trace du bien du nom et pfectio de celles ges, et coe les autres ges fussent pugnis p mutacios de lagues. Ce tourment ne vint point aux ges de heber

Mais encoires enfuiuent aucūs ceste cho
se cest assauoir comment les enfans de
heber et de son filz phalech peurent faire
chascun singulieres gens se une langue
demoura a tous deux. Et pour certain
se une gent hebraicque fut produitte de he
ber iusques a abraham. Et apres p̄ suy
iusques ad ce q̄ le peuple disrael fut fait
grant. Comment doncques furent tous
les filz de noe qui sont recordez estre des
cendus de ces trois filz chascun singu
lieres gens se heber et phalech ne firent
chascun singulieres gens. Quelle mer
ueille: car cest chose p̄lusprouuable que ce
geant nembroth eust aussy fait sa gent
mais il fut nomme par excellence de sa
seigneurie et sa grandeur de son corps q̄
estoit nōpareil aux autres a ce que le nō
bre de sopū gens et languaiges demou
rast. Mais phalech est recorde: nompas
pour ce quil fist gens car celle mesmes
langue et gent hebraicque est sa sienne
gent et langue aincois est recorde pour le
temps notable pour ce que en son temps
sa terre fut diuisee. Ne ce ne nō doit mou
uoir se sen demande: comment nembroth
ce grant peut estre de ce temps que babilo
ne peut estre edifiee: q̄ les langues fu
rent confondues et par ce les gens diui
sez et departie. Car len ne doit pas tenir
que pour ce que heber fut le sixiesme a cō
pter de noe et lautre le quatriesme quilz
ne peussent estre et uiure en ung mesmes
temps Car il aduint que de tant comme
il y auoit de moins de generaciōs: ilz ē s
quirent plus et moins: ou il y auoit plu
sieurs. Touteffois est il a entendre que
quant la terre fut diuisee en diuers lan
guaiges et que les autres filz des enfās
de noe furent racomptez Ce ne fut pas
seulement pour ce quilz fussent ia nez
mais pour ce que aussy ilz estoient de tel
aage qlz auoient grans familles et grās
lignees qui estoient dignes dauoir nom
de gens. Et pour ce len ne doit point cuy

der quilz fussent nez en cel ordre laquel
le escripture les sist et recorde ou autre
ment se phalech fut ne apres son frere iec
tan ainsi comme il est recorde apres luy:
quant pour certain ou temps q̄ phalech
fut ne sa terre fut diuisee. Comment pou
ront ses douze enfans de iectan q̄ estoit
lautre filz de heber et frere de phalech fai
re gens Et pour ce est il a entendre que ce
heber fut nomme auant sō frere iectan:
mais quil fut ne trop lōg temps apres
duquel iectan les enfans auoient ia si
grans lignees quilz se pouoient diuiser
en leurs propres languaiges car aussy
bien sen racompte premierement cesui qui
estoit dernier ne comme ses enfans qui
furent procreez de noe. Japhet qui estoit
le dernier et maisne fut racompte le p̄mier
Et apres cham qui estoit le moyē et der
nierement sem qui estoit le premier ne
ne de tous Et de ces gens qui ainsi
diuisez les noms demourerent en sorte
par telle maniere que encoires appert
au iourdhuy de qui ilz furent diuises et
de qui ilz p̄ndrēt leur nom sicomme de
assur sont ditz les assyriens et de heber
ses hebrieux. et en partie ōt este muez ces
noms par uieillesse de temps par telle
maniere que les tressaiges hom̄es qui
ont quis et estudie les anciennes histoi
res ont peu a peine trouuer le commen
cement de ces gens et dont ilz descendirēt
premierement combien quilz les ayent
trouue dauciēs. Car ce que du filz de cha
sen dist que les egyptiens eurēt leur nais
sance et cōmencement lun mot ne se rap
porte point a lautre ainsi comme ne fait
le nom des ethiopes qui descendirent de
chus le filz de cham. Et se len considere
bien tout il appert et est apparent que il
ya eu plus de nome muez que de ceulx
qui sont demourez

⁌ Exposicion sur ce chapitre.

En ce .xi. chapitre monseigneur saint augustin demonstre comment la langue hebrieue laqlle auant la confusion des langues estoit commune a tous demoura tousiours en la maison de heber et le demonstre pource quil dist q̃ quant la diuision des langues fut faicte ce fut par la coulpe des hommes: et par leur pechie lesquelz auoient cõmence ceste haulte tour. Et que ainsi cõe ceulx la furent a pugnir et qlz furent en coulpe: tout ainsi deuoient demourer en leur estat et sans pugniciõ ceulx qui ne estoient pas coulpables: cest assauoir le peuple de dieu qui estoit en la maison de heber. Et est a entendre que ceste langue hebrieue ne fut pas espandue en toutes les generacions qui descendirent de heber/ mais en celles tãt seulement de laquelle les generacions sont demenees iusques a abraham. Apres il est a notter que quãt la saicte escripture racompte les generacions elle ne racompte pas premierement les premiers nez/ mais ceulx desquelz ihesucrist deuoit descendre. Et ce il preuue par gettain qui fut filz de heber, lequel fut le premier ne et lequel auoit douze enfans ou temps que les langues furent confondues lesquelz estoient ia si grans quilz pouoient estre diuisez en grans peuples/ et toutesfois est phalech racompte le premier.

℟ De larticle du tẽps en abrahã duql se pourseupt la nouuelle ordre de sa saicte succession   xii

Or soupõs a preset le cours a le demainemẽt de la cite de dieu: mesmement de cest article de tẽps q̃ fut fait ou pere abrahã dont les .viii. plus euidamment et fist sen plus pleinement les promesses diuines lesquelles nous soupõs a present estre accõplies en iesucrist. Sicõme donc q̃ nous le auõs apris par le tesmoignaige de la saicte escripture, abrahã fut en la region des caldies, laqlle terre appertenoit au royaume des assyriens. Or est voir q̃ en la terre des caldies: mesmemẽt supsticiõs et ydolatries estoiẽt en buit ainsi cõe entre les autres gens/ toutesfois la maisõ de thare en laqlle abraham fut ne estoit celle seule, en laquelle dieu estoit serui et honnoure/ et en laquelle en tant comme cest chose vraye croyable demoura sa seule langue hebrieue. Et ia soit ce que len racompte que tous les autres de la lignee de cetui heber decourant petit a petit/ en autres languaiges et nacions seruirent a dieux estranges. sicomme ihesu naue le tesmoigne, ainsi comme fist le peuple de dieu qui estoit ia grant en egypte. et pource ainsi cõe pour reparer su mal lignaige, la seule maison de noe demoura quant tout le mõde fut perp par le deluge ainsi comme le mõde fust plain de ydolatries et de supersticions il demoura une maisõ de thare en laqlle fut gardee la plante de la cite de dieu. De rechief apres ce que len a racompte cy dessus les generacions iusques a noe auec le nombre des ans/ et que len a eypose la cause du deluge auant que nostreseigneur cõmencast a parler a noe de faire larche, il est dit ainsi. Ce sont les generacions de noe. Tout ainsi en ceste partie apres ce q̃l a racompte les generaciõs de sem le filz noe iusques a abraham. Sensuit apres ce nostre article ou il est dit. Ce sõt les generacions de thare. Thare engendra abraham/ nachor et aram. Et aram engendra loth, et fut aram mort deuant son pere en la terre ou il auoit este ne: en sa region des caldiens. Et abraham/ et nachor espouserent femmes. la femme dabrahã fut appellee sarra et la femme de nachor fut appellee mescha qui estoit fille aram. Cest aram fut pere de mescha/ et aussi de iespha laquelle iespha len croit aussi q̃ ce fust sarra la fẽme de abraham.

¶ Expposicion sur ce chapitre.

En ce .vii. chapitre monseigneur sainct augustin parle de thare q̃ fut pere dabraham, et dit q̃l eut trois enfans, cestassauoir abraham, aran et nachor. Et fait vne comparaison, en disant que tout ainsi comme quant par le deluge tout fut pery, la maison de noe fut reseruee pour reparer humain lignaige, tout ainsi comme les langues furent peries et confondues et les peuples diuisez il demoura vne maison de thare, en laql̃ se fut gardee la plantacion de la cite de dieu. Apres quant il parle des generacions de thare, ces parolles sont en .xi. chapitre de genesis pres de la fin apres ce q̃l a racompte des generacions de noe. Apres quant il parle de la mort de aram, encoires est ce en .xi. chappitre de genesis et fut mort en vne cite qui auoit a nom Vr. Et dit iosephus que encoires gardent les caldees le sepulcre, et le monstrent au trespassans. Et dient aucuns que la cause pourquoy il mourut, fut pour ce quil ne voulut adourer le feu. Car les caldees aouroient le feu, sicomme nous auons dit sur lepposicion du troisiesme chapitre. Et auoient vne telle coustume q̃s trainoient leurs enfans parmy le feu: & pour ce que thare nen voult riens faire ne aourer le feu, ilz tuerent aran. Autres dient quilz lardirent, pour ce sicomme ilz dient que Vr vault autant a dire comme feu, pour ce que Vr en hebrieu: cest feu, et est dit de Vro Vris.

¶ Quelle raison semble il qui ait fait en sa transmigracion de thare, en laquelle il passa en mesopotamie, en delaissant les caldiens, nulle menciõ nest faicte de son filz nachor.   viii.

Apres ce len racompte comment thare auec ses enfans laissa la region de caldee, et vint en mesopotamie, & vint en vne ville qui estoit appellee charra: la quelle aucuns appellent le chaire. Mais len se taist de lun de ses enfans qui estoit appelle nachor, ainsi comme sil ne leust pas amene auec luy, car lescripture racõpte ainsi. Et thare print son filz abraham et loth filz de aram son filz, et sarra sa bru femme dabrahã. Et les mena de celle region de caldee en sa terre de chanaã: et vint en la cite de charam et la habita. Icy nest nõme en quelque partie nachor: ne melcha sa femme. Mais nous trouuõs apres que quant abraham enuoya son serf ou son sergent pour demander femme pour ysaac son filz quil est ainsi escript en sa saincte escripture. Et print lenfant x. des chameaulx de son seigneur, et de tous les biens de son seigneur, dont il auoit a faire, et de sa se partit et ala en mesopotamie en la cite de nachor, par ce tesmoignaige de la saincte escripture est assez demonstre que nachor frere dabraham yssit de la region des caldees, et quil ordõna sieges et habitacions, a mesopotamie ou abraham auoit demoure auecques son pere. Pourquoy doncques ne fist mencion la saincte escripture quant il se partit de caldee, il ala auecques les siens & habita en mesopotamie ou len racompte que thare mena auec luy, nompas seulement son filz abraham, mais aussy sarra sa bru et loth son nepueu. Pour qvoy se cuidõs nous, se ce nest par aduenture pour ce q̃l sestoit departy et diuise, de la pitie paternelle, et fraternelle, lesquelz aouroient vng seul vray dieu. Et sil sestoit adioinct a la superstition des caldees, et depuis apres sen estoit party de la ou pour ce q̃l sen estoit repenty, ou pour ce quil auoit este persecute, pource q̃ len le tenoit pour souppesonneux. Car ou liure qui est institue de iudich. Comme holophernes q̃ estoit ennemy du peuple disrael demandast quelz gens cestoient, & se len se deuoit combatre contre eulz/ achior q̃ estoit duc des ammonites respondit en ceste maniere. Plaise a mon seigneur ouyr la parolle de son enfant et ie te diray la verite de ce peuple/ qui habite du coste de ceste montaigne. ne ie ne ten mentiray de mot. Ceste lignee est du peuple des caldiens/ qui habitoient parauant en mesopotamie pour ce quilz ne voulurent ensuyuir les dieux de leurs parens qui furent glorieux/ et en grant reuerence en la terre des caldiens: mais se departirent de la voye de leurs parens/ et adourerent vng seul dieu lequel ilz cognoissoient et pour ce les chasserent arriere deulz et de leurs dieux/ et qui pour ceste cause senfuirent en mesopotamie et demourerent la par long temps Et dieu leur dist quilz yssissent hors de cel habitacion/ et la habiterent. Auec les aultres parolles que racompte achior duc des ammonites. Par qnoy il est chose clere et manifeste que la maison de thare souffrit persecucion des caldiens pour vraye pitie pour ce quilz adouroient vng seul vray dieu

¶ Exposicion sur ce chapitre.

En ce tresiesme chapitre monseigneur saint augustin parle du partement de thare et comment il se partit de caldee/ mais il ne rẽd point la cause pourquoy il sen partit: non fait moyse. Mais iosephus la rend et dit que ce fust pour ce quil auoit la terre en hayne pour son filz aram qui y auoit este mis a mort pour ce quilz ne vouloient adourer le feu. Et quant il dit quil sen vint en la cite de chara en mesopotamie/ cest selon les lxx. translateurs/ car la bible si lappelle aram/ et dit quelle est en la terre de chananee. Et quant il parle de mesopotamie elle est ainsi appellee pour les eaues qui senuironnent/ et desquelles elle est enuironnee/ car meso en grec vault

autant a dire comme milleu ou moyen/ et potamos comme eaue: ainsi comme a quisee est ainsi nommee/ quasi aquis sigata, cest adire comme ypre deaue. Apres quant il dit quil ne fait point mencion de nachor. luy mesmes en rend sa cause. car il dit que ce fut pour ce quil fut ydolatre et se tint aux supersticions des caldiens. Quil fust tel/ il appert par le xxxii. chapitre de genesis ou il est dit/ que rachel mist les ydoles quelle auoit ostees a son pere batuel dessoubz luy/ lequel batuel fut filz de nachor. Apres quant il parle de achior allegue iudich/ cest ou cinquiesme chapitre

¶ Des ans de thare qui accomplist ses iours et sa vie au caire   viiii.

Mais thare mort en mesopotamie ou il dist quil vesqt deux cens et cinq ans. se commencent desia a demonstrer les promesses faictes de dieu a abraham/ car ce qui est escript en sa saincte escripture ou est dit en ceste maniere. Et furent les iours de thare ou thara deux cens et cinq ans/ et mourut en chara/ nest pas a entendre aussy comme sil eust vescu la par tout ce temps. Mais pour ce ql accomplit les iours de toute sa vie q̃ furent de.ii.c.et.v. ans ou autrement sen ne sauroit quans ans thare vesqit pour ce que sen ne fist pas onquel an de sa vie il vint en chara. Et si seroit fole chose a cuider que en lordre de ces generacions ou sen racompte combien chascun vesquit. que len eust oublie ou delaisse le nombre des ans de thare/ et ce que ceste mesmes escripture taist les ans daucuns quelle recorde. Ceulx ne sont pas en tel ordre/ ouquel est yssu le nombre des temps par trespassement dengendreurs successi on des nez. Mais cel ordre q̃ est demenee dabraham iusques a noe/ et de noe iusques a abraham/ ne contient aucune de

q i.

qui tous ses ans de sa vie ne sōt nombrez

¶ Du temps de la promesse faicte a abraham / par laquelle pmesse il pssit du caire par le commandement de nostreseigneur.   pb.

Mais ce que apres la mort de thare pere dabraham sen sist q̄ nostreseigneur dist a abraham qͥl pssit de sa terre ⁊ de sa cognacion / ⁊ de la maison de sō pere. Len ne doit pas cuider que cecy sēsupue aussy ou temps des choses qui lors furent faictes pour ce quil sē suyt ainsi ou liure. Quelz merueilles / car sil estoit ainsi ce seroit vne question q̄ ne pourroit estre solue. Car apres les pollses de dieu faictes a abraham la saincte escripture dist ainsi. Et abraham sen pssit sicomme nostreseigneur luy auoit dit et sē ala loth auecques luy, et estoit abraham de laage de. lppv. ans quāt il pssit de chara. Comment peut ceste chose estre vraye den pssir de chara apres la mort de son pere. Car sicomme nous auons dit cōme thare fust en laage de. lpp. ās engendra abraham, auquel nōbre adiou stez. lppv. ans que auoit abraham quāt il pssit de chara ce sont. c. plv. ans donc ques auoit tant de ans thare quant abraham pssit de mesopotamie, car lors il auoit. lppv. ans quant il sen pssit, et par ce son pere qui sauoit ou lpp. an de sō aage engēdre auoit sicōe dit est cēt. plv. ās Doncques ne se partit il pas de sa apres sa mort de son pere cestassauoir apres. li ćēs et cinq ans que son pere vesquit, mais vient sen que ce fut le. c. et pl. an aprendre du tēps de son departement / pour ce que ce stoit le lppv. an de son pere qui sauoit en gēndre ou lpp. an de son aage. Et par ce est a entendre que la saincte escripture / si cōme elle a acoustume retourne ou tēps ouquel ceste narracion estoit trappassee / aussy cōe elle a recorde cy dessus / les en

fans des enfans de noe elle dist quilz furent en seurs languaiges ⁊ en leurs gēs Et touteffois apres aussy cōe elle pour supuist les temps en leur ordre / elle dist telz motz: et estoit toute sa terre dune langue / et auoient tous vne voix ⁊ vng languaige. Comment dōcq̄z estoient ilz selon seurs languaiges et selon seurs gēs Et ce nest ou pour ce que en recapitulāt lescripture sa narracion dicelle / retourne a ce qui estoit ia passe / aussy quant il est dit icy que les ans de thare en chara furēt. ii. c. ⁊ v. ās ⁊ trespassa en chara Lescripture apres en retournant a ce quelle auoit laisse / affin que premieremēt elle acomplist ce quelle auoit ia commēce a dire de thare / dist en ceste maniere. Et nostreseigneur dist a abraham / depars toy de ta terre ⁊c. Apres lesquelles paroles de dieu sensuyt. Et abraham pssit / sicōe dieu lui auoit commande, et se ala loth auec lui et estoit abrahā de lppv. ās quāt il pssit de chara, et ce fut fait lors q̄ sō pere auoit. c. et pl. ans. Mais encoires est ceste question solue autrement ad ce que se pngne ces lppv. ās dabrahā: quāt il pssit de chara de cel an quil sut deliure du feu des caldiens / et nompas du tēps q̄ fut ne: aussy cōe se sen doit mieulx souuenir que lors il estoit ne. Mais me snḡsche sēt estienne es faitz des apostres cōe il racōpte ces choses dist ainsi Dieu de gloire dit il apparu a nostre pere abraham qu̅ant il estoit en mesopotamie auant quil habitast en chara, et lui dit telles paroles. Je hors dit il de ta terre et de ta lignee ⁊ de ta maison de son pere, et vien en sa terre que ie te demonstreray. Selon les polles de monseigneur saint estiēne dieu ne pssa pas a abraham apres la mort de son pere, lequel pour certain mourut en chara ou il demoura auec son filz abraham / mais parla a lui auant quil fust en ceste cite, cest assauoir quant il estoit en mesopotamie, dōcq̄z estoit il ia pssu de caldee.

Et ce que monseigneur saint estienne adionct en disant. et lors abraham yssit de la terre des caldiens et habita en chara, n'est pas a entendre qu'il se partist de caldee puis que nostreseigneur parla a luy ne pour certain il ne se departist pas de la terre des caldiens apres ce que dieu eut parle a luy. Comme monseigneur saict estiene mesmes dit qu'il parla a lui quant il estoit en mesopotamie, mais se rapporte a tout le temps ce qu'il dist lors: c'est a dire depuis qu'il se departit des caldee et habita en chara. Apres ce qui s'ensupt es parolles de monseigneur saict estienne, ou il dist en ceste maniere Et de la puis que son pere fust mort le mist en ceste terre, en laquelle vous et voz peres habitez de present. il ne dist pas qu'il yssit de chara puis que son pere fut mort: mais dist que de la il se mist en ce lieu apres ce que son pere fut mort. Il est doncques a entendre que dieu parla a abraham quant il estoit en mesopotamie auant qu'il habitast en chara, mais il est scavoir qu'il vint en chara auec son pere et retint en son cueur le commandement de dieu. Et de la se partit ou lxxv an de son aage. et ou.c.et.v. an de son pere thare. il dist doncques la demeure, ou collocacion q fist abraham en la terre de chanaam et nompas le temps que il se partist de chara apres la mort de son pere. Car son pere estoit ia mort quant il a cheta la terre de chanaam de laquelle il commenca ia a estre possesseur par la promesse qu'il auoit eue. Et ce que dieu luy dist lui ia estant en la terre de mesopotamie qu'il yssist de sa terre et de sa generacion et de la maison de son pere, il ne se dist pas affin qu'il en ostast son corps car il en estoit ia hors mais assi q'il en ostast toute sa voulente qu'il y auoit du retourner. car il ne se estoit pas party de sa enuraie intencion, s'il auoit desir et voulente dy retourner lequel desir et esperance lui estoit a oster de par dieu qui luy commandoit

et luy aidoit, a quoy il obeyssoit. a pour certain l'en ne cuide pas mauuaisement, comme nachor suyuist apres son pere que lors abraham eust accomply le commandement de dieu en telle maniere que il se fust party de chara auec sarra sa femme et loth filz de son frere.

¶ Epposicion sur ce chapitre.

En ce.xvij.chapitre monseigneur saint augustin declaire en trois manieres comment est a entendre ce que nostreseigneur dist a abraham qu'il yssist de sa terre et de sa lignee : et de la maison de son pere, et y met trois solucions et trois entendemens, lesquelz apperent assez par le texte. Et est assauoir quant il se partit il s'en ala en la terre de chanaam qui puis fut appellee iudee. et demoura en vne cite qui est appellee siché qui estoit pres des cites de sodome et gomore. et emmena sarra et loth son nepueu auecques luy Josephus dit q pour ce ses caldiens et ceulx de mesopotamie se vouloient leuer contre luy pource que il blasmoit leur ydolatrie et louoit dieu q'il disoit estre vng seul createur, il esleut a soy partir de celle terre de mesopotamie et de chara, et s'en ala par la voulente de dieu en la terre de chananee, et la fist vng autel et sacrifia a nostreseigneur. les autres dient qu'il vint premierement en chara q selon sa bible est appelle aram, et y demoura iusques apres la mort de son pere Selon vng autre acteur q est appelle nicolaus damascenus ou quart liure de ses hystoires, il est dit que abraham regna a damas et y vint comme homme estrange, auec ses ostz de la terre des caldiens qui est dessus babilone, duql d'abraham le nom est encoires en grant reuerence. Et encoires en celle cite a vne rue qui de luy est ap pesse l'abitacion d'abraham selon iosephus et dient aucuns quelle a a nom damas/ pour ung sien sergent qui auoit a nom damascus. Dabraham a de sa magnificence dit iosephus en son premier liure qlaissa celle cite de chananee a sa lignee, et ql estoit prudent et merueilleusement entendant en toutes choses/ a saige en toutes les choses quil auoit oupes a quelconqs autres quil pensoit. Et pour ce il fut plus grant de tous ses autres/ et de vertus a de prudence, et l'oppinion que tous les autres tenoient de dieu/il commenca premierement a muer et sermonner, et fut celui q premierement demonstra que dieu estoit ung seul createur de toutes choses. Et si confessa que toutes autres choses: ia soit ce quelles tendissent a felicite: quelles ne stoient pas telles par leurs ppres vertus mais estoient telles par le comandement de dieu qui donnoit a chascune son ordonnance. Et dit que ces choses il disoit et ymaginoit par ses passions de la terre a de la mer a des choses qui aduiennent selon le soleil et la lune, et les autres choses q sont ou ciel. Et disoit que toutes choses sordonnoient par prouidence et sa disposicion de dieu et par lui estoient les issuences donnees. Ancoires dit il quil estoit en grant admiracion a tous, car il estoit si saige quil estoit prest, non pas seulemet a entendre mais a dire a satisfier quelconques choses quil se fust efforce d'aprendre. Ancoires dit berosus cal deus en telle maniere/ nompas quil nomme son nom, mais il dit ainsi: que en la ix. generacion apres le deluge/ fut en cal dee ung homme grant et iuste et expert introduict es choses celestiennes. Et quant il dit de la terre quil possessoit ia, il le dit pour le sepulcre sarra quil acheta/ sicomme il se treuue genesis. xxiii. capitulo

¶ De l'ordre et qualite des promesses de dieu lesqlles furent faictes a abraham. xxi.

Or est temps de considerer le temps des promesses qui furet faictes de dieu a abraham, car en ces promesses comencerent les plusclers respons de nostreseigneur, c'est adire du vrap dieu du peuple sait et debonaire. Lequl l'acteur de la saincte escripture auoit pronoce a prophetise. Il est vrap q dieu dist a abraham ces posles. Is hors de ta terre et de ta lignee et de la maison de ton pere, et va en la terre q ie te monstreray: a ie te feray en grant gent, c'est adire giant seigneur, a si te beneiray et essauceray ton nom, a seras benep ou bieneure/ et beneiray ceulx q te beneprot: et maudiray ceulx q te mauldiront, et seront benoistes en top toutes les lignees de terre. Dercques est icy a aduertir et considerer, que dieu promist deux choses a abraham: c'est assauoir l'une que sa semence possesseroit la terre de chanam, laquelle chose est signifiee ou il est dit. Va en la terre q ie te demonstreray, a ie te feray en grat gent c'est adire grat seigr. L'autre promesse fut de trop plus noble eminence, et laquelle ne fut pas promesse de semence charnelle: mais espirituelle. Par quoy il est pere/ nompas du seul peuple de la gent disrael. Mais de toutes gens q ensupuent la fope de la fop quil eut q lui fut pmise, quant dieu lui dist ces posles. Et seront beneistes en top toutes les lignees de terre. Eusebius en sa cronicque diet q ceste promesse fut faicte a abraham ou lx. pv. an de son aage, aussy comme s'il fust yssu de chara tantost comme ceste promesse lup fut faicte. Pour ce que sen ne peut contredire a la saincte escripture ou l'en list en ceste maniere. Abraham estoit de lxxv. ans quant il yssit de chara. Mais se ceste promesse lui fut faicte en ceste intencion/ pour certain abraham demouroit ia en chara auec son pere, car il ne peut estre yssu de sa fil ny eust premierement demoure. Ne se contredist pas doncques ceste escripture a l'escripture saincte estienne q dist ainsi. Dieu de gloire apparut a abraham nostre pere quant il estoit en mesopotamie auant ql habitast en charra. mais nous deuons entendre que toutes ces choses furent fetes en ce mesmes an. cest assauoir La pmesse auant q abrahā habitast en charra / et sa demeure en charra et son departement de charra. Nompas pour ce seulement q eusebius en ses cronicques compte et demōstre que iiii. c. et xxx. ans apres ceste promesse / les enfans disrael deuoient yssir degipte quāt la foy fut dōnee. Mais aussy pour ce que monseigneur sainct pol sa postre recorde ce mesmes

¶ Exposicion sur ce chapitre.

En ce xvi. chapitre monseigneur sainct augustin comence a pler des pmesses q nreseignr fist a abrahā. Et comence a sa pmesse q lup fut fete quant dieu lui dist: quil yssist de sa terre de sa lignee. et de sa maison de sō pere et quil alast en la terre sāte il lui monstreroit ᴅc. lesquelles paroles sont du xii. chapitre de genesis Et dit que en ce furent nottees deux pmesses lune temporelse et lautre espirituelle. La temporelse en sa pmesse de la terre de chanaam / et lespirituelle en la benedictiō. et est assauoir affin quil ny ait variacion que abrahā partist auec son pere de caldee / et vindrent ensemble en aram / autrement en charra q de chana sen ala abraham en chanance et en emmena auec lup sarra sa femme / et loth son nepueu lequel il auoit adopte pour ce que sarra sa femme qui estoit brehaigne : cuidoit quil neust iamais nulz enfans delle. seql loth estoit son nepueu filz daram son frere qui auoit este mie la mort par les caldiens. lequel ilz getterēt ou feu, pour ce que il ne vouloit adourer le feu. sicōe nous auons dit sur lepposicion du vii. chap Et dient aucuns qlz y getterent pareillement abraham et quil sen

eschappa par la voulense de dieu / e pour ce est il dit genes s ꝑv. cap. Ego sum qui te edupi de vr caldeorum: hoc est de igne Cest adire que dieu sui dist. Je suis celui qui te gettay hors du feu des caldiens. et quant il dit que sainct pol en fait menciō cest ad galathas tercio cap Vbi ait. Abrahe aūt per repromissione donauit dr etc. Vide diffuse capitulum

¶ Des trois plusexcellens royaumes des gens esqlz cestassauoir les asspriés abrahā apparoit ia estre hault hōe. ꝑvii

En ce mesmes temps estoiēt royaumes excellēs esquelz la cite des terriens, cest adire la cōpaignie des hommes viuans selon homme soubz la seigneurie des mauuais anges estoit en plusgrant excellence / e y auoit trois royaumes: cestassauoir le royaume des sichoniens, des egypciens, et des assriens . mais cesuy des assriens estoit trop plusgrant et pluspuissāt que les autres. Car le roy nynus qui fut filz de belus auoit subiugue les peuples de toute asye excepte inde. Je ne dy pas celle ptie dasye qui est vne prouince dasye la plus grāt. Mais celle qst appellee asye le grāt ou vniuersal. laqlle asye aucuns mirent estre aussy grande cōe les deux autres pties, cestassauoir europpe : e afficch, q au moins se mistent en la tierce ptie de tout le mōde. a ce q a toutes ses pties du mōde ne soient que deux cestassauoir asye, europpe, et afficch laqlle chose ilz ne firent pas p egalle diuision. Car ceste ptie q est appillee afficch part de midy orient q sestēd iusques a septētrion e europe de septētrion iusques a occidēt. Et apres afficch doccident iusques a midy. Et pour ce il semble que les deux, cestassauoir europpe et afficch tiennēt la moittie. e asye toute seule, tienne sautre moittie. Mais pour ce furent faictes les autres parties

q iii.

que entre lune et lautre toutes les eaues q̃ viennent doccident par entrent, et ce est le non̄ fait la grāt mer, et pour ce se tu diuise le mon̄de en deux pties, cestassauoir dorient⁊ doccident, asie sera en lune des pties, ⁊ europe ⁊ affrice seront en lautre ptie. Pour laq̃lle chose de ces trois royaumes q̃ estoient pl̄ ex cessés des autres le royaume des asptiēs nestoit pas subgect aux aspriēs, ausqlz toute asie estoit subgette, excepte les in̄des tāt seulement dont auoit la plus grant maistrise soubz le royaume des aspriēs. La seigneurie de celle mauuaise cite terrienne de ce royaume estoit chief Babiloine, de laquelle est le nom tresconuenable de ceste cite terrienne, cest assauoir confusion. La regna nynus apres la mort de son pere Belus q̃ premierement y auoit regne lxv. ans Et son filz nynus qui apres la mort de son pere lui succeda ou royaume, regna. fii. ās. et auoit regne plūi. ās quāt abraham fut ne: q̃ estoit san enuiro mil.ii.c. auant que rōme fust cree en occident aussy comme une autre Babilone.

(Exposicion sur ce chapitre.

En ce pviii chapitre monseignūr saint augustin parle des trois royaumes excellés lesquelz il dit: qui estoient ou tēps de la premiere promesse seiē a abraham, cest assauoir le royaume des aspriēs des egipciēs, et des sichoniēs: pour laquelle chose il est assauoir que selon sin cent il y eust ung autre royaume tres ācie Cest assauoir le royaume des scites: lequl commenca ou tēps de ragau filz de phalech, cōbien quil ne soit pas cōpte es quatre royaumes principaulx. ⁊ fut aucunement question. lequel royaume fut plus ancien, ou le royaume des scites ou celui des egipciēs: scōe dit iustin en son second liure et quilz estoient moult merueilleuses gēs car ilz nauoient villes ne maisons, ne ne stoient laboureurs de terre, mais auoient leurs bestes quilz menoient paistre plus des et par bruperes et es lieux de solitude. Et menoient leurs femmes ⁊ leurs enfāns auec eulz en chars et en tūbereaux couuers de cuirs de bestes: ilz ne tenoiēt nulz crismes plus griefz que larcin, et la raison estoit pour ce quilz auoiēt le seur tout a plain sans riēs auoir enserre: ilz nauoient cure ne dor ne dargēt ce que toue autres couuoitēt. ilz nauoient cure de Vestemens de laine ne de drap, mais se vestoient de peaulx de bestes sauuaiges, et de poissons, ilz viuoient de miel et de laict. ilz acquirēt trois fois lempire dasye ⁊ si ne furent oncq̃z assaillies dautrui. ⁊ si furēt assaillies si seur demoura le chāp, ilz chasserent le roy daire et roy de perse de leur pais, ilz occirēt Cire auec tout son ost Et pareillement le duc sopironna, que alixandre le grāt y auoit enuoie, occirēt ilz auec toutes ses gēs, ilz ouprēt bien plers des romais q̃ seur voulorēt courre seuz, mais ilz naserēt pas iusques a eulz. Desonis qui fut roy degipte fusse premier qui seur fist guerre, mais il seur manda auāt cōment il vouloit quilz obeyssēt: mais les scites qui ia auoiēt este aduertis de ceste chose par leurs voisins respondirent aux messagiers que cestoit grant folie a si riche roy, de prendre guerre cōtre si poures gens, laquelle chose il ne deuoit pl̄ douter, pour ce que les aduenemens des batailles estoient doubteux, et si ne pouoit riens gaigner a ses desconfire. mais il y pouoit moult perdre. et neanmoine naten̄dirēt pas les scites quil entrast en seur terre, mais alerēt alencōtre du roy, lequl tātost cōe il sceut leur venue, se soupt hōteusement, et tout treblāt en son royaume et laissa tout son ost et tout son appareil q̃l auoit fait, pour la bataille. De la ilz retournerēt par asye, et la subiuguerēt, ⁊ la firent tributaire aux scites, en seur mettāt ung petit treu en signe dempire et de seigneurie plus q̃ de victoire, laquelle le fut par mil r.ẞ.c. ans/ et iusq̑z a nynus qui en osta le treu:ilz firēt le royaume des parthos/ et des bactriēs. et leurs fēmes cōmencerēt le royaume des amazones/ leq̑l cōmenca ou tēps de Bepoꝰis roy des gipte/ leq̑l orose en son or̃meste appelle Ve poes. et iulius florus lappelle Bepoes. ⁊ fut ou tēps de tola qui fut iuge disrael. ⁊ ainsi nous auōs que le roy des scites fut plus ancien q̄ le royaume degipte. Car les docteurs sōt a accord/ q̄ le royaume des scites cōmenca ou tēps de regau. ⁊ celuy degipte cōmenca ou tēps de saruch q̄ fut son filz. Les anciēs docteurs mettēt qua tre royaumes p̃ncipaulx/ cestassauoir le royaume de babilone en oriēt qui cōmēca a nynus ou a belus/ ⁊ fut ou tēps dabra hã. Le secōd vers midy/ cestassauoir car thage qui fut cōmence ou tēps des iuges soubz tola. Le tiers vers septētrion qui cō menca ou tēps dalixandre/ cest assauoir des macedoniēs. Le quart en occidēt/ cest adire celui des rōmains/ qui fut cōmēce soubz romulꝰ Desq̑lz royaumes le pre mier et le dernier furent les plus grās/ si cōe dit orose autres quatre royaumes p̃n cipaulx/ ⁊ par autre maniere met hugues de sainct Victor en sa cronicq̑ qui dit ainsi Apres le deluge eurent cōmencemēt qua tre royaumes p̃ncipaulx au mōde. Ta nus regna le premier vers bise/ en sa ter re q̑ est appellee acyon/ et ce royaume fut appellee le royaume des scites. Belus re gna le premier vers oriēt ou royaume des assyriens Nynus regna premier vers mi dy ou royaume des egipciēs Egralus re gna premier vers occidēt ou royaume des sichoniēs Apres quāt il parle de nynus filz de belus nous en auōs parle sur sepposici on du.iiii.chapitre de ce.p̃ẽt.liure/ ⁊ pour ce nous nous en passons.

⁌ De la parolle reiteree de dieu a abra ham par laquelle il p̃mist a lui et a sa se mence la terre de chanaam p̃viii

Braham p̃ssit de charra ou sepp.
an de son aage auec loth filz de
son frere et sarra sa fēme/ et sen
alla en la terre de chanaam/ et alla ius
ques a la cite de Sichē ou centiesme plꝰ
an de son pere/ ouq̑l lieu de sichē il receut
de rechief diuin respons de nr̃eseigneur/
duq̑l respōs il est ainsi escript:et dieu ap
parut a abraham et lui dist. Je dōray ceste
terre a ta semēce et a ta lignee En ces pa
rolles riens ne lui fut p̃mis de ceste semē
ce ou lignee en laquelle il fut fait pere de
toutes gens Mais de celle seule semence
ou lignee/ de laq̑lle il est pere du peuple
disrael. car de ceste semēce fut possessee et
occupee ceste terre de chananee.

⁌ Epposicion sur ce chapitre.

En p̃viii. chapitre monseigneur
sainct augustin parle de la secōde
p̃messe qui fut fcte a abraham:
quant il se partit de charra et sen alla en
sichē qui selon aucūs est appellee sichar/
et estoit assise en vne vallee q̑ estoit appel
lee la noble vallee/ autremēt penthapo
lis pour les cinq citez de sodome/ et mai
tenāt est appellee la mer salee/ ou la mer
morte pour ce que riens qui soit gette de
dens/ ne vit

⁌ De la chastete de sarra gardee en egi
pte p̃ nr̃eseign̄r/ laq̑lle abrahā auoit dctē
estre sa seur ⁊ nōpas sa femme p̃ix

Tapres ce q̑ abrahā eut edifie
vng autel/ et qȗl eut appelle le
nō de nr̃eseigneur et fait sa prie
re. il se p̃tit de la et habita en vng hermi
taige. Et apres p̄ necessite de famine fut
cōtraint daler en egipte/ ou il dist q̑ sa fē
me estoit sa seur/ et si nen mentit de riēs:
pour certain il estoit ainsi/ car elle estoit
sa p̃chaine de sang Sixi vint aussy loth
qui apptenoit a abrahā en pareil degre. q̑
fut appelle son frere/ ia soit ce q̑l fust filz
de sō frere/ ⁊ aisi il tint q̑ sse fust sa fēm

q iiii

et si ne se nya pas, en commettant a dieu la chastete de sa femme, et en escheuāt comme hōe ses humais agaitz. Car sil neust escheue le peril en toutes les manieres ql peust escheuer, il eust plus tempte dieu, ql neust eu esperance en dieu, de laqlle chose nous auōs assez dit contre laccusaciō de faustus le manichie. Apres ce aduint ce q abraham auoit presume de nr̄e seigneur. Car pharao roy degipte, qui auoit prise pour sa femme, la femme dabraham, sa luy rē dit p ce quil fut grieuemēt tourmēte de nr̄e seigneur. En laqlle chose ia naduiengne que nous creōs qlle fust atouchee ou polsue p estrāge attouchemēt, mais soit chose trop plus creable, ql ne fut pas souffert a faire a pharaō, p ce ql fut ainsi tourmente de griefz afflictions.

⁋ Expoficion sur ce chapitre.

En ce .xix. chapitre mōseigneur sait augustin pse cōment abraham apres ql eut edifie ūg autel en siche et fait son sacrifice, il sen alla de mourer en ūg hermitaige, ⁊ de sa se ala demourer en egipte pour la fain, ⁊ cōmēt sa femme lui fust tollue p pharaon, ⁊ redue sans la toucher. ceste hystoire est du .xii. chapitre de genesis, fors que tāt la ou il dist quil sen ala en ūne mōtaigne appellee bethel, qui estoit cōtre orient, et que la il tēdit sō tabernacle, qui auoit regard a bethel, ⁊uers occidēt, ⁊ deuers orient a la cite de hay, et quil edifia ūg autel a nr̄e seigneur et lui fist sō oraison, et q̄ de sa oultre il sen ala ̄ers midy. Et quāt il parle de la famine q̄ fut en egipte, et de sa femme q̄ lui fut tollue, cōment pharaon ⁊ sa maison fut tourmēte pour ceste cause, cest assy ūne hystoire de bible qui est touchee ou dit .xii. chapitre de genesis. Josephus dit sur ce pas, quil ne souffist pas a pharaō ce que sen lui rapportoit de la beaulte de sarra, la femme dabraham, mais se hasta de la ūeoir en sa ppre personne, affin quil la peust auoir deuers lui, et en faire sa ūulēte, mais dieu espescha son desir p maladie grande quil lui ennoya, et par grāt tumulte qui ūint en sa court. Et q cōe les prestres sacrifiassent pour sa sāte ilz apperceurent q̄ la cause de sa maladie estoit, pour ce quil auoit raup la femme dabraham qui estoit pelerine en sa terre. Et quāt il le sceut, il la laissa aler et le blasma de ce quil ne lui auoit dit, et demoura la iusqs a ce que la famine fust passee. Pendāt lesqlz tēps, il aprint aux egipciēs la science darismetiq̄, ⁊ la science dastrologie, laqlle y estoit mescōgneue avāt son aduenemēt, ⁊ dit que celle science ūint de caldee en egipte, et degipte en grece. Et dit encoires iosephus que pharaō lui fist plusieurs grās dōs, et lordōna a estre auec les tressaiges clers degipte, et p ce sa ūertu apparut de trop plus grāde que auāt. Car cōe les egipciēs fussent de diuerses meurs, et approuuassēt leurs loix entre eulx mesmes, et p ce estoiēt a discord lun cōtre lautre. Abraham en faisāt cōparaison de ceulx a lui et despisāt les polses dū chūn leur mōstroit que tout ce qlz disoiēt de leur foy estoit neāt, ne nauoiēt leurs parolles aucun effect

⁋ Du departement del oth dabraham Laquelle gardee charite pseut a lun ⁊ a lautre xx.

Abraham donqz retourne degipte ou lieu dōt il estoit pty, loth filz de son frere gardee charite se departit de lui et ala a la terre des sodomes. Quelz merueilles, ilz estoient riches et commēcoiēt a auoir plusieurs pasteurs, qui souuent auoiēt riotes ensemble et discordz, lesquelz ilz escheuerent en ceste maniere. et pour ce aussy ilz pouoiēt esmouuoir ētre eulz, et auoir aucūes discordes humaines, et pour ce abraham q̄

Bon soit eschever ces maulx / dist a loth son nepueu telles parolles. Je te prie quil ny ait pzit de riote ne de noaise entre toy et moy, ne tes pasteurs et les miens, car nous sommes doulx freres. Ne voy tu pas que toute la terre est devant toy, depars toy de moy, et se tu vas a senestre ie iray a dextre. De la paraventure dit celle paisible coustume, que quant len a party aucunes choses terriēnes, laisne partist, et le maisne eslist quelle partie quil veult.

¶ Exposicion sur ce chapitre.

En ce vintiesme chapitre monseigneur sainct augustin parle de la division que firent abraham et loth pour leurs pasteurs qui tencoient ensemble, et est une hystoire de bible, qui est du tresiesme chapitre de genesis. Ou il dit que quant il prit degipte il retourna par le chemin par lequel il estoit venu au lieu ou il avoit autresfois fiche son tabernacle, qui est entre bethel et hay: et ou il avoit fait son autel pavant, et la sist sa priere de rechief a nostreseigneur. Et quant il parle du partement dabraham et de loth son nepueu, il est assavoir que loth esleut a demourer en la region de sodome, pour ce que ce estoit gras pays et plantureux et estoit arouse du fleuve de iourdain qui le arousoit, avant que les cinq citez fussent abismees et peries. Et abraham demoura en la terre de chanaan.

¶ De la tierce promesse faicte de dieu, par laquelle il promet a abraham et a sa lignee a perpetuite la terre de chanaam.
xpi

Comme doncques abraham et loth se fussent departis, et habitassent separeement, pour la necessite de gouverner leur mesnie, non pas par laidure de discorde, et habita abraham en la terre de chanaam, loth en la terre de sodome. Nostreseigneur parla tiercement a abraham en disant divines respons, et lui dist / regarde de telz peup et voy de ce lieu ouql tu es a present a aquilon et affricque et orient et la mer, car toute la terre que tu vois / ie donneray a tousiours a ta lignee / et feray ta semence comme le sablon de la terre. Se aucun peut compter le sablon de la terre, il comptera ta semēce et ta lignee. Lieve toy et va par la terre en long et en large, car ie la te donray. Il nappert pas clerement en ceste promesse, se ce fut celle en laquelle il fut fait pere de toutes gens, car il semble quil peut appartenir ad ce qui est dit. Et feray ta semence, aussy comme le sablon de la terre, laquelle chose est dicte en une maniere de parler que les grecz appellent pperbolem, laquelle sans doubte nest pas propre locucion: mais est tropica, cest a dire figuree. De laquelle maniere de parler, nul toutesfois qui a apzins lescripture ne doubte quelle neust accoustume de parler en ceste maniere aussy comme des autres figures quilz appellent tropus, et est ce tropus, cest a dire ceste maniere de parler, quant ce que len dit sourmonte de trop ce q par ce est signifie. car qui est celui qui ne voit que le sablon est trop plus grant en nombre qui ne soiēt toutes les hommes qui ont este depuis adam par toutes terres iusques a la fin du monde. et p plus forte raison q la semence dabraham nompas celle seulement q apptient au peuple disrael mais aussi celle q est a advenir selon limitacion de la foy en toutes gēs p tout le mōde. Laqlle semence pour certain est en pou de gēs, au regard des multitudes des mauvais, ia soit ce que ceulx q sōt en petit nōbre facēt leur multitude sans nōbre: laqlle est signifiee p le sablō de la terre, selō la figure qui est appellee ypbole, toutesfois ceste multitude q est pmise a abrahā nest pas immuable quant a dieu, mais quāt aux hommes.

ne aussi n'est pas le sablon de la mer innumerable a dieu. Et pour ce q̃ nõpas seulement le peuple d'israel / mais toute la semẽce ⁊ lignee d'abrahã est cõparee plus cõuenablemẽt au sablon de la mer. Il paey presse pmesse de plusieurs enfans / nõ pas selon la chair / mais selon l'esperit. L'en peut cy entendre q̃ la pmesse fut fcte / ⁊ de l'une chose et de l'autre / mais nous disõs qu'il n'appt pas cerement / pour ce q̃ la multitude de celle gẽt une gent qui est nee d'abrahã fut si accreue p sõ nepueu iacob / q̃ elle ẽplist a peine toutes les pties du mõde. Et pour ce peut estre selon celle figure yperbole estre cõparee a sa multitude du sablõ. pour ce q̃ icelle seule ne peult oncq̃s estre nõbree p hõme. Pour certain nul ne doubte celle seule terre estre signifiee / laq̃lle est appelee chanaã. Mais ce q̃ est dit Je la te dõray a tousiours ⁊ a ta lignee / peut esmouuoir aucũs silz entendent ce mot ĩ seculũ / eternellemẽt. Mais ilz pdient ce mot in seculũ : sicõe nous tenons fermemẽt et loyalemẽt que le cõmecemẽt du siecle a aduenir / prede son cõmencemẽt de sa fin de ce siecle ilz ne serõt de riẽs esmeuz. car suppose q̃ le peuple d'israel soit chasse de ierusalẽ / touteffois demeurent ilz es autres citez de la terre de chanaã : ⁊ demourra iusq̃s a la fin du mõde. et quãt toute celle terre est hantee des crestiẽs c'est aussi la semence d'abrahã

¶ Epposicion sur ce chapitre.

En ce ppi. chapitre mõseigñr saint augustĩ pse de la tierce pmesse q̃ fut fcte a abrahã apres ce qu'il se fut party de loth son nepueu. Et sont prinses ces posses de ceste pmesse ou .iiii. chapitre de genesis. Et quant il pse du ne figure q̃ a anõ yperbolem autrement tropus / ẽ latĩ. il declaire quelle chose est tropus. et dit que tropus est une maniere de pser / ou de locuciõ q̃ l'en fait comparaisõ d'une chose a une autre / et q̃ celle que l'en cõpare est trop plg̃rãde q̃ celle a q̃ elle est cõparee. et se tu veulz veoir q̃ c'est de tropus et yperbole / voy catholicõ sur ces deux motz. En la quarte ptie ce dit la bible / q̃ ceste respõse eue il s'en ptit et osta sõ tabernacle de bethel et s'en ala demourer en la valee de mãbre qui est en ebrõ / ⁊ la edifia ung autel a nostreseigneur. Et est assauoir que ebron est une cite qui est appelee caria tharbe / c'est adire cite de quatre / pour ce q̃ tharbe vault autãt cõme quatre ⁊ charia autant cõe cite. la est a enterre adam nostre grãt pere / ysaac et iacob auec leur femes la demouroient mãbre / escol / ⁊ aner q̃ estoient freres. lesquelz et leurs premiers nez firent aliãces auec abrahã / et estoit ceste valee appelee mãbre pour mãbre q̃ estoit l'aisne / et habitoit abraham de coste d'un chesne / sicõ dit le maistre des hystoires : duq̃l ses racines apperent encoires. Joseph appelle ce lieu ou il demoura p son propre nõ fusã : q̃ est appelee egigi ou agigo Et dist q̃ la lui pmist dieu / toute la terre auironnee des quatre pties du mõde et a sa semence. et dit monseigneur sainct iherosme que cel arbre demoura iusques au tẽps de theodosi' l'empereur. et est le fust de tel vertu / ia soit ce qu'il soit sec / q̃ quicõques en porte sur lui soit cheual ou iumẽt ne peut perir p foudre. Josephus dit qu'il y demoura sept ans

¶ Des ennemis de sodome vaincus p abrahã quant il rescouit loth de la chetiuete ou ilz le menoiẽt / et qu'il fut beney du prestre melchisedech   ppii.

La respõse de ceste pmissiõ eue. abrahã s'en ptit ⁊ demoura en ung autre lieu en celle terre mesmes c'estassauoir de coste le chesne de mambre q̃ est oit en ebrõ. ⁊ apres cõe .v. roys se cõbatissẽt cõtre .iiii. ⁊ fussent vaincuz de sodome vaincu' de ceulx q̃ seur auoient couru suz. ⁊ lot le nepueu d'abrahã pris. il le deliura de iii.c. ⁊ viii. varlees qu'il mena pour le rauoir

Lesquelz firent les roys de sodome estre victoriens, et combien que le roy de sodome lui offrist toutes les despouilles, come a celui qui auoit vaincu: il ne voult riens prendre ne oster, mais fut lors pleinemēt beney de melchisedech qui estoit prestre de dieu le treshault. Duqʒ moult de choses et grandes sont escriptes en lepistre laql se aucuns dient estre de sainct pol, et au cuns la nyent. Quelz merueilles Car la apparut premierement le sacrifice qui est offert a dieu p les crestiens en toutes gens. Et est accomply ce qui long temps apres ce fait dist de iesucrist par le pphete qui auoit encoires a prendre chair humaine. C'est assauoir tu es prestre pardurable selon lordre de melchisedech, cest assauoir nompas selon lordre de aaron, leql ordre estoit a oster quant les choses apparurent: qui estoient prefigurees en ces choses couuertes.

¶ Exposicion sur ce chapitre.

En ce xvii. chapitre mōseigneur sainct augustin parle de la bataille qui fut entre les aspriens et ceulx de sodome, et comment les aspriens vainquirent et en emmenerent loth, et comment il fut rescouz par abraham. Comment melchisedech vint a lencontre, le benept. C'est une hystoire qui est traittee ou xiiii. chap. de genesis. Laquelle est celle q dit que en ce teps que abrahā habitoit en la vallee de mābre, Amraphel roy de sennar, arioth roy de pont, chodorlaomor roy des elamites, et thadal roy de gent, meurēt guerre cōtre bala roy de sodome: a cōtre bersa roy de gomorre, sennar roy de adame, semecher roy de seboym: a qui le roy de bale, cest adire de segor. Et cest ce que mōseignr sainct augustin dit q cinq roys se cōbatirēt cōtre quatre. La cause de ceste bataille met iosephus: car il dist, que ia pieca les aspriēs q tenoiēt toute asye, subiuguerēt les roys de sodome, et les firēt estre leurs tributaires, leql treu ilz payerēt paisiblemēt p lespace de xii. ans Et pour ce que a la xiii. annee ilz furēt refusās de payer ces quatre roys leur firēt guerre, a se vindrēt tout gastāt aspre iusques a sodome, et la se cōbatirēt et furent descōfiz ceulx p de sodome, en laquelle descōfiture, les roys de sodome a de gomorre sēfouyrēt, et loth fut pris sa gent et sa cheuāce, a fut emmene cōe chetif. Et tātost cōe il vint a la cōgnoissance dabrahā, il prit māsre, escol et aner, q estoiēt freres a ses aliez, auec iii. c. et xviii. ieusnes varles forte hardis, les poursuit tāt q̄ les attaignit, et les assaillit de nupt, lesqlz ne sen dōnoient de garde, et les poursuyuit iusques a soba et fenicen, q sōt pres de damas a senestre, et la les descōfist, et ramena loth son nepueu: les femes et les enfās de tous ceulx qlz auoiēt pris. Et en se retournāt le roy de sodome q sen estoit foup de la bataille de chodorlaomor en la Valee de sale q estoit la valee du roy sup dit alēcōtre, a le roy melchisedech q estoit roy de sale, et lui offrit du pain et du vin et le benept. Et cest ce q mōseignr sait augustin dit ql fut pleinemēt beney de melchisedech qui estoit prestre de dieu le treshault, et que la apparut premierement le sacrifice q̄ est offert a dieu p toutes les terres des crestiēs sa maniere de la benedictiō fut telle. Benoit soit abraham de dieu le treshault, p laide a deffēce duqʒ les ēnemis sōt en ta main Ioseph dit que quāt abrahā les assaillit les vngz estoiēt purcs, les autres endormis, ne ne se dōnoient garde de la venue dabrahā quant il les sourprit ainsi de nupt. et dit q ce melchisedech vault autāt cōe roy iuste: a pour ceste cause sās doubte estoit il prestre de dieu, de ceulx p de la cite sale: laqlle sicōe il dit fut depuis appelle ihrlm. et aucūs diet qlle eut a nō ieb⁹, a puis eut a nom sale. et depuis ces deux motz ioinctz ensemble fut appellee iebusalem, et depuis par corrupciō de nō fut appellee ierusalē

Ancoires dit iosephus que ceste benedicti
on qui fut faicte de melchisedech a abra=
ham fut faicte ainsi comme ilz mengoi
ent desviandes quil leur auoient dōnees
Ancoires est il assauoir que sicōme il est
dit en ce chapitre de la bible, abrahā don
na a melchisedech, q̄ estoit prestre de dieu
le treshault, sa disme de toute sa despouil
le, quil auoit apportee des assyriens, et
la furent les premieres dismes qui onc=
ques furent offertes. et abel offrit les pre
mieres premices Et dit encoires iosephus
quil donna a abraham et a ses gēs petis
dons, lesquelz le maistre des hystoires
dit que ce sont aussy comme vne maniere
destrines, lesq̄lz dōs cōuoitter est vne es
pece dauarice, et les refuser du tout est tres
cruelle chose et laide. Les hebrieux sicōe
dit encoires le maistre des hystoires, tiē=
nent que ce fut sem, laisne filz de noe, et
quil vesquit iusques au temps de ysaac:
et que tous les premiers nez depuis noe
iusques a aaron, furent tous prestres, et
faisoient les benedictions au peuple es
mengieres, et es oblacions, a auoient au
tres drois de antiquite, de quoy nous parle
rons cy apres. De ceste victoire, pour cau
se de la remission de ces chetifz cōmenca a
auoir sō principe le iubile, car iubal vault
autant comme remission Et comme no9
auōs dit en ceste partie. Annus iubileus
estoit de cinquante ans en cinquante ās,
et en tel an estoient les serfz affranchis,
et inde annus iubileus. id est remissiuus
pour ce que sen y faisoit remission. Et fut
fait pource que loth auoit lors .l. ans sicō
me on dit. et pource que cestoit le .l. an de
puis que nrēseigneur auoit parle a abra
hā en la vope ouquel il estoit pssu de char
ta Et pour ce quil dit que moult de cho
ses de melchisedech sont dictes en lepistre
ad hebreos laq̄lle il dit, q̄ aucūs tiennēt
q̄ sait pol les fist, et les autres q̄ nō. Il est
assauoir q̄ mōseigneur saīct pol en parle
moult cōuenablemēt ou .vi. et vii. chap.

Et q̄ suppose q̄ sen en fist doubte ou tēps
de mōseigneur sait augustin: toutesfois
les a il depuis dit estre declaire par leglise
q̄ mōseigneur sait pol la fist. et est scorpo
re ou corps de sa bible, cōme escripture es
prouuee et autenticque.

¶ De la parolle de dieu scte a abrahā, p
laq̄lle il lui fut promis q̄ sa posterite seroit
multipliee selon la multitude des estoil=
les du ciel, et q̄ en croyant il fut iustifie,
lup non estāt encoires circoncis   xxiii

Lors nrēseigneur pla a abra
ham en vision, auquel nostresei
gneur lui promist grāt loupe=
et grāt garde. Et comme il fust moult
desirāt dauoir lignee lui dist q̄ vng ieu
ne sergent appelle eliezer seroit son hoir,
puis qil nauoit nulz enfans. et nrēseignr
lui respondit incontinēt qil auroit hoir, nō
pas cestui qil disoit mais cestui qui ystroit
de lup. De rechief lui fut promise semēce
sans nombre. nompas sicomme le sablō
de la terre: mais sicōe les estoilles du ciel
en laquelle il semble mieulx q̄ sa posteri
te q̄ lui fut pmise, sut haulte de la celesti
enne felicite. Car tant comme il appstiēt
a pler de multitude: qlles choses sont les
estoilles du ciel au regard du sablō de la
terre, se ce nest q̄ aucūs diēt ceste cōparai
sō estre semblable en tāt que len ne peut cō
pter le sablō de la terre: neātplus ne peut
len compter les estoilles du ciel. car lē ne
doit pas croire q̄ lē les puisse toutes voir
Car de tant comme lē les regarde plus
fermement et plus entētiuement de tant
en veoit on plusieurs. et pour ce qi āt sen
les regarde plus pfaictemēt, lē cuide q̄l
en y ait aucūnes mucees, excepte les au
tres estoilles q̄ lē voit naistre et coucher en
lautre ptie du mōde q̄ est tres loig de no9.
Dernierement sil en y a aucūs q̄ se vātēt da
uoir opris le nōbre vniuersal des estoiles
sicōe arat' ou en ēdopius ou autres sil en
y a aucūs, lacteur de ce liure les cōfutte.

pour certain ceste sentence est cy mise la quelle sapostre recorde pour recommander sa grace de dieu laquelle est telle. Abraham dit il creut a dieu/ et il luy fut repute a iustice. ad ce q̃ circoncision ne fust glorifiee. et quil ne semblast quil neSouffist que les gens qui nestoient pas circoncis ne fussent accueillis en la foy de iesucrist Car quãt ce fut fait que la foy dabrahã quant il creut a dieu lui fut reppute a iustice, ancoires nauoit il pas este circõcis.

¶ Exposicion sur ce chapitre.

En ce .xpiii. chapitre mõseigneur sainct augustin parle dune autre promesse qui fut faicte a abraham en Vision: et neu prent que Vne ptie/ car lautre partie est ou chapitre ensuiuãt cestassauoir que dieu pmist a abrahã q̃l seroit son protecteur et deffenseur et quil lui donroit grant louper. et aussy q̃l lui donroit hoir. nompas eliezer ne son filz mais celui qui psseroit de lui / et est ceste chose prinse du .xv. chapitre de genesis. La cause rend iosephus en son premier liure qui dit. que pour ce quil auoit donne sa disme a meschisedech souuerain pstre de dieu de tout ce quil auoit rapporte des ennemis. Et que aussy bien que le roy de sodome lui offrist quil retint tout ce quil en auoit rapporte des ennemis excepte les personnes. il neyVoult riens prendre affin que len dist que le roy leust enrichy. fors seulement le Viure de ses gens. Et la partie des trois freres qui lui auoient aide a descõfire ses ennemis. cest assauoir escolaner. et mambre. Nostreseigneur louat la Vertu dabrahã dist quil ne pouoit pas se souper de si grant seruice. et que cestoit digne chose q̃l fust remunere de telz fais et quil trouuast grace en nostreseigneur. Car comme il neust enfant: ne ne tint q̃l en eust aucuns. pour ce que sa fẽme estoit briehaigne: et il estoit hõe tres ancien) Il demanda a dieu quelle grace il lui feroit / comme il neust nul enfant qui lui succedast, mais fust son hoir eliezer damasc° ou aumois le filz dicelui eliezer. N̄reseigneur lui respõdit que cestui ne seroit pas son hoir. mais celuy qui seroit engendre de luy en sarra sa femme seroit son hoir: et oultre lui promist quil multiplicroit sa semence. comme les estoilles du ciel. Et dit monseigneur sainct augustin que ceste promesse lui fut faicte lui estãt encores incirconcis. et q̃ pour ce q̃ abrahã creut la pmesse de n̄reseigneur: ce lui fut reppute a iustice.

¶ De la signification du sacrifice q̃ fut commande a offrir a abraham/ comme il requist quil fust enseigne des choses q̃l croiroit . xpiiii.

Comme n̄reseigneur parlast a abrahã en celle mesme Vision il lui dist aussy ces poles Je suis dist il dieu qui tay mis hors de la region des caldiens affin que ie te donnasse ceste terre. et que tu en soies hoir. Et cõment abrahã lui demanda selon quoy ou comment. il seroit de celle terre hoir. Nostre seignr̃ lui dist prens Vne Vache de trois ans/ Vne chieure de trois ans. Vng mouton de trois ans. et Vne teurtre. Vng coulon. lequel print toutes ces choses et les partit par le milleu, et mist chascune partie lune deca: lautre dela/ mais il ne partit pas les opseaulx ne les diuisast. et tãtost descendirent sicomme les escriptures dient les opseaulx / sur les corps qui estoient diuisez/ et abraham se assist auec eulx. Or aduit que enuiron soleilcouchãt abraham eut Vne fraeur. et Vne grande paour tenebreuse Vint sur lui. durant laquelle il fut dit a abraham en ceste maniere. Je Vueil que tu saiches certainemẽt que ou temps q̃ est a aduenir ta semence sera pelerine en terre qui ne sera pas sceue et serõt ramenez ceulx de sa lignee en seruitude p ceulx p lesqlz ilz seront menez. Lesquelz ilz tourmenteront p quatre cẽs ans, mais apres ie iugeray ces gens a q ilz auront este seifz, et apres ilz sen partiront et reuendront icy auecques grans richesses, et tu yras auec tes peres en bõ aage et en bonne vieillesse. Et en la quarte generacion ilz sen retourneront icy: car encoires ne sont pas accomplis iusques a cy ses pechiez et les mauuaistiez des amorreens. Et ces parolles ainsi dictes, ainsi comme le soleil se vouloit couchier, veey vne fournaise fumante: et vne lampe de feu ardante qui passerent par ces sacrifices deuisez, et en celle iournee nostreseigneur ordonna son testamẽt a abrahã en dysant. Ie donneray dist il a ta semence ceste terre du fleuue degypte, iusques au grant fleuue deufrates auecques ces gens Ceneos, et Tenezeos: et Cetmoneos, a Cetheos, et Ferezeos, et Raphain, a Amorreos, a Chananeos, a Eueos et Gergeseos et Iebuzeos. Toutes ces parolles furent faictes et dictes diuinement en vision, de toutes lesquelles choses enquerir ce seroit longue chose, et surmonte lintencion de ceste oeuure. Nous deuons doncques cõgnoistre et cest assez que depuis quil est dit que abraham creut les parolles de nostreseigneur et luy fut repute a iustice qil ne c eust ce que dieu lui auoit dit, par telle maniere quil dist les parolles qui sen suyuent. Sire qui as seigneurie sur tout par quelle maniere sauray ie que ie seray hoir de ceste terre. Car sa heredite de ceste terre lui estoit promise, ne il ne dist pas comment le sauray ie, ainsi comme sil ne se creust pas encoires: mais dist en quelle maniere le sauray ie. A ce que a celle chose quil auoit creue fust adioustee aucune sim litude, par laquelle la maniere de celle chose fust ẽgneue. Aussy cõme quant nostre dame demanda a lange qui luy

annonca comment ceste chose seroit faicte comme elle neust point congnoissance domme, mais fust vierge. Elle ne se dist pas pour ce quelle sen deffiast et qlle ne le creust bien. Mais elle demanda par quelle maniere ce seroit fait, car elle estoit certaine de ce qui estoit a aduenir, mais elle enqueroit la maniere commẽt il se feroit. Et comme elle leust demandé elle louyt. cestassauoir que le sainct esperit descendroit en elle, a les autres paroles qui sont en leuangille. Et pour ce fut icy ainsi baillee la multitude de trois bestes, cestassauoir de la vache, de la chieure et du mouton, et des deux opseaulx cestassauoir de la teurtre: et du coulon. Ad ce q selon ces choses il sceust ceste chose a aduenir, et ne doubtast plus quelle estoit a aduenir. Soit doncques q le peuple mis soubz sa seruitude de la loy soit signifie par la vache ou genice, ou ce mesmes peuple pecheur a aduenir p la chieure ou ce mesmes aussy a regner, et auoir seigneurie par le mouton. Lesquelles bestes sont dctes pour ce de trois ans: que cõme ilz soient trois nobles articles de temps cestassauoir dadam iusques a noe, et de noe iusques a abraham: a dabraham iusques a dauid lequel reprouue saul est nõme le pmier ou royaume du peuple disral et l eql fut fonde pla voulente de nreseigneur, et ce tiers ordre qui sestend dabraham iusques a dauid, ouquel temps ce peuple commenca a croistre et estre adolescent: aussy comme celuy qui estoit ou tiers aage. Soit que ces choses signifient plus conuenablemẽt aucunes autres choses. Toutesfois ne doubte ie en quelque maniere, que celle figure: ou vision, ne fussent prefigurez les gens espirituelz, par laddicion de la teurtre a du coulon. Et pour ce est il dit que abrahã ne diuisa pas ces oyseaulx pour ce que les gẽs charnelz sõt diuisez être eulx: mais les espirituelz ne sont diuisez ne differẽt en ql que maniere. Soit quil se traie arriere de sa conuersion ꝛ besoigne des hommes aussy comme sa teurtre: soit quilz demeurent entre eulz sicomme se coulon. Toutesfois est lun et lautre opseau simple, ꝛ sans faire quelque mal. Et signifie q̄ en ce peuple disrael auquel sa terre estoit a donner ses enfans de promission a aduenir estre concordez indiuisibles. ꝛ demourer comme homme du royaume permanable en sa pardurable felicite. Et les opseaulx qui descendoient sur les corps qui estoient diuisez ne signifient aucun bien: mais signifient les esperis de cest air. cest adire les diables qui quierent leur pasture des hommes charnelz diuisez, cest adire des pecheurs. Et ce que abraham se seist auecques ses opseaulx ꝑ ce signifie les crestiens loyaulx qui perseuerēt iusques en la fin mesmes, entre les diuisions de ces gens charnelz. Et ce que enuiron soleil couchant vne grant freeur vint a abraham et vne grant paour tenebreuse. Ce signifie grande perturbacion et grant tribulacion qui est a aduenir aux bons enuiron la fin du monde. de laquelle tribulacion il est dit en leuangile en ceste maniere. lors pour certain sera grant tribulacion telle quelle ne fut oncques si grande depuis le commencement du monde. Et ce qui est dit a abraham, Ie vueil que tu saiche certainement que ta semence sera si grande que on ne se pourra nombrer, et les ramenerons en seruitude et les tourmenterons par quatre cens ans. Ceste chose fut prophetisee tresappertement du peuple disrael, qui auoit a estre en seruitude en sa terre degypte. nompas que ce peuple deust demourer quatre cens ans soubz ces gens qui les auoient a tourmenter. Mais il fut prononce et annonce que ce aduendroit en ces quatre cens ans, car aussy comme il est escript de thare pere dabraham. Et furent les iours de thare en chara deux cēs ꝛ cinq ans. il nest pas dit pour ce quil demourast deux cēs ꝛ v. ans, mais pour ce quilz y furent acheuez et accōpliz. et aussy sont icy iterposees ces ꝑoles ꝛ les rameneront en seruitude et tourmenteront iiii. c. ās pour ce q̄ se nōbre fut accōply en celle affliction: nōpas qlz suffisent en seruitude ꝑ tout iceulx ꝑ iiii. c. ās sōt ditz iiii. c. ās pour certain pour sa plenitude du nōbre, cōbien qˡ y en y eust vng pou plus soit q̄ en cōpte de ce tēps q̄ celle ꝑmesse fut sēee a abrahā. soit q̄ se cōpte en tēps q̄ ysaac fut ne pour la figure dabrahā duql ces choses furēt annōcees. Car sicōe nous auons dit cy dessus, sl cōpte du loy S. an, dabrahā que sa premiere ꝑmesse luy fut sēee, iusqz a ce q̄ le peuple disrael yssit degipte. iiii. c. ꝛ ppp. ās. desquelz lapostre fait memoire en ceste maniere. Mais la loy dit il q̄ fut sēee iiii. ꝛ ppp. ās apres ne destruit poīt le testament cōferme de dieu, pour oster la ꝑmesse q̄ dieu fist a abrahā. Doncqz peut len nōmer desia ces iiii. c. ās pour ce qˡ nen y a pas grāment plˀ. et ꝑ plus forte raisō quātil ē ꝑa plusieurs passez, q̄nt ces choses furent demōstrees en visiō a abrahā ou quāt ysaac fut ne. vpS. ās apres la pmiere ꝑmesse sō pere estāt en saage de c. ās. Cōe ia en ces quatre c. ꝛ ppp. ās, en demourassēt iiii. ꝛ S. les qlz il louldt nōmer iiii. c. ās. Et ne doit nul doubter q̄ les autres ꝑoles qui sensuyuēt en celle ꝑmesse en pnōciaciō ꝛ appartiēnēt au peuple disrael. Mais ce q̄ est adiouste apres quātil dit ces ꝑoles. Et aussy cōe a soleil couchāt fut sēee vne flāme. Et veez vne fournaise fumant ꝛ lampes de feu ardant qui passerent ꝑ my le milleu des sacrifices dit les. Ce signifie q̄ en la fin du mōde les hōes charnelz serōt iugez ꝑ feu. Car aussy cōe lafflictiō de la cite de dieu est plusgrāde q̄ ōcqz ne fut la qlle lē espe qlle est a aduenir soubz ātecrist. ē signifiee ꝑ la paour tenebreuse qˡ eut enuirō soleil couchāt: cest adire la fin du mōde apꝑchāt a soleil couchāt

cest assauoir en la fin du monde est signi-
fie par ce feu le iour du iugement qui di-
uisera ceulx qui sont a sauuer par le feu
a ceulx qui seront damnez ou seu Apres le
testament fait a abraham declaire propre-
ment la terre de chanaam. Et la il nom-
me douze gens du fleuue degypte ius-
ques au grant fleuue de euffrates. Donc
que ce nest pas du grant fleuue degypte.
Cestassauoir de nyle, mais est du petit
fleuue qui fait diuision entre egypte et pa-
lestine: ou est assise la cite que len appelle
Pirocure

Epposicion sur ce chapitre.

En ce .xvjiii. chapitre monseigneur
saint augustin poursupt la pro-
messe dont mencion est faicte ou
chapitre precedent. Et pour ce que abrahã
demanda a nostreseigneur p quelle ma-
niere il sauroit que ceste promesse seroit ve-
rifiee, combien quil creust bien ce que no-
streseigneur lup auoit dit. Nostreseignr
lup auoit commande a faire le sacrifice
de la vache, du mouton, et du beuf, et de
la teurtre et du coulon. Et declaire que
toutes ces choses signifient, et sont les pa-
rolles de ceste promesse et des autres cho-
ses en sa plus grant partie prinse du cin-
quiesme chapitre de genesis, et est ce cha-
pitre deppendant du chapitre precedent.
Et quant au sourplus est tout cler, car
il se declaire de lup mesmes, fors tant q
la ou il dit que abraham se seoit empres-
ses opseaulx. Ou deuant il est dit ou qn-
siesme chapitre de genesis que abraham
les chassoit arriere, et quant il parle de la
postre, cest monseigneur sainct pol ad ga-
lathas tercio capitulo.

De agar chamberiere de sarre, laql-
le celle mesmes sarra voulut estre concu-
bine dabraham   xxv

Desormais sensupt les temps
des enfans dabraham, cest as-
sauoir de lun appelle hysmael
qui fu ne de agar sa seur, et de lautre ap-
pelle psaac quil eut de sarra sa femme,
laquelle estoit franche, desquelz nous a-
uons ia parle ou liure precedent. Mais a
ce qui appartient a la verite de lhystoire.
lē ne doit en quelque maniere mettre sur
crisme ne blasme, a abrahã de ce quil eut
hysmael de celle concubine. Quelz mer-
ueilles: il vsa delle affin dauoir lignee,
nompas pour accomplir aucune delecta-
cion charnelle, ne quil en requist agar.
Mais en obeyssant a sa femme: laquelle
cuidoit que ce fust soulas a sa sterilite se
elle pouoit faire sa chamberiere estre gros-
se, et en faire de sa voulente le fruyt sien,
pour ce qlle qui estoit brehaigne ne se pou-
oit auoir par nature, et quelle vsast da-
uoir enfãt dautrup femme quelle ne pou-
oit auoir de soy mesmes. En vsant de ce
droit dont monseigneur sainct pol laspo-
stre dit en ceste maniere. Semblablemēt
dit il femme na pas la puissance de son
corps, mais la femme. Ey na quelcon-
ques couuoitise ne delectacion de inconti-
nence: nulle laidure de mauuaistie. La
chamberiere fut baillee au mary pour sa
femme affin dauoir lignee, ne lyconti-
nece de la coulpe nest requise ne de lun ne
de lautre, mais est requis le fruyt de na-
ture et de lun et de lautre. Apres comme
la chamberiere quant elle se vit grosse
senorgueillist cōtre sa dame qui estoit bre-
haigne, et limputa plus a son mary, si
comme vne souppecon que femmes ont a
coustume a auoir. Abraham aussy demō-
stra la, quil namoit point le serf, mais
quil auoit este franc engendreur, et q en
agar il auoit garde a sarra sa chastete,
et lauoit prinse et nōpas requise. Et estoit
ale auec elle: mais il ne si estoit pas affi-
che, et quil auoit seme: et nōpas ame, ca
il dit a sarra sa femme en ceste maniere

Vecy ta chamberiere deuant toy, ie la met en tes mains. Vse delle ainsi cōe il te plaira. O hōme vertueux qui vse de femmes comme hōme fort et constant attrepeemēt de sa femme, de sa chamberiere, en obeyssāt, et de nules desatrempeemēt ou desordōneement par plaisance charneffe.

℟ Eppoficion fur ce chapitre.

EN ce xvj. chapitre mōseigneur sainct augustin ple cōment sarra qui estoit brehaigne requist q̄ abrahā couchast auec agar sa chamberiere affin dauoir lignee laquelle elle peust dire estre sienne, et est vne hystoire de la bible, q̄ est traittee ou .xvi. chap. de gen. Ou il dit q̄ sarra voyāt quelle estoit brehaigne, et quelle nauoit nulz enfans de son mary lui requist quil couchast auec agar sa chamberiere: ou sa serue: laquelle elle auoit prinse en egipte. Et fut dix ās apres ce q̄l cōmenca a demourer en sa terre de chanaam, q̄ sarra sa bailla a abrahā cōe sa fēme laquelle quant elle vit q̄lle fut grosse, q̄lle eut cōceu dabrahā eut sarra sa dame en despit. Et pour ce q̄lle cuida que ce fust par son mary abrahā elle lui dist q̄l ne se portoit pas bien enuers elle en disant. Je tay dist elle donne ma chāberiere et mise en ton apron laquelle pour ce quelle a veu quelle est grosse a q̄l se a conceu de toy: ma en despit et pour ce ie faitz iuge dieu entre toy et moy, cest assauoir sil faisoit mal ou selle se cuydoit mal. et pour ce abrahā qui se sentoit innocent et sās coulpe, cōe celui qui ne tenoit compte de sa chāberiere ne neust pour riēs touche a elle: se sa femme ne lui eust commāde. lui dist. Vecy dist il ta chāberiere ie la te laisse entre tes mains. Fait fay en faitz ce que tu vouldras. Laquelle sa batit et en batāt senfouyt, et sa trouua lange de n̄reseign̄r dencoste vne fontaine en

vng lieu destourne q̄ est ou desert de sur. lequel lui demanda ou, et en quel lieu elle aloit laquelle lui respondit quelle senestoit foupe deuant sarra sa dame. A laq̄l le lange de nostreseigneur dist, quelle retournast a sa dame et se humiliast deuāt elle, et lui dist quil multiplieroit sa serāce en telle maniere quelle ne pourroit estre nombree pour la grandeur delle. Et apres lui dist Vecy dist il que tu as cōceu vng filz, lequel tu appelleras par son nom ysmael pour ce q̄ dieu a veue tō afflictiō. Il sera fier homme et cruel, ses mains seront contre tous hommes, et les mains de tous seront cōtre lui. et pour ce elle appella le nom de nostreseigneur qui p̄loit a elle. Tu es dieu qui mas veue. Car elle dit pour certain: iay veu les dernieres p̄ties de celui qui me voit: cest adire quelle auoit veu les tēps a aduenir en ceste polle. et pour ce elle appella le nō de ce puys ou fontaine, ouquel dieu ou lange auoit parle a elle. Le puys de celui qui me voit et me voit. Et est ce puys assiz entre cades et garad: et ne se meueillent mis se cy et ailleurs nous mettons les hystoires au long, car nous ne le faisons pas pour ceulx qui entendent le vieil et le nouueau testament, mais pour ceulx q̄ nōt pas veu la bible, ou qui ne la peuēt pas auoir promptement sur chascun pas, et auffy pour les simples gēs et rudes qui nentendent pas le texte de monseigneur sainct augustin par labreuiaciō quil y a faicte. car il est abrege suspensif et cherge de sentēces. Ancoires est il a notter de ysmael, que ce fut le premier que nostreseigneur pnōca par son nom: car il dist quil auroit a nom ysmael. et ce que la bible dit quil seroit cruel et que ses mains seroient contre tout hōme. ⁊c. Les hebrieux en lieu de ce mot ferus ont fera qui vault autāt a dire comme asne sauuaige. Et pour ce dit methodius q̄l est dit q̄ les asnes sauuaiges, et les chieures du desert surmon

r i.

terent la raige des autres bestes, et confondront toutes bestes priuees debonaire car des filz dismael methodius dit en ceste maniere. Il est encoires a aduenir q̃ ces enfans dysmael ystront encoires vne fois et seront seigneurs de toute sa terre p̃ vii sepmaines dans, et sera appellee leur voye et leur chemin la voye dangoisse: pour ce q̃ dieu appella leur pere ysmael asne sauuaige: ilz tueront les prestres es eglises et es lieux saictz, et p coucheront auec leurs femes, et peront leurs cheuaux aux sepulcres des saitz, et ce sera p sa mauuaistie des crestiens q̃ lors seront. Lors sera accoply ce qui est dit p ezechiel le pphete: ou il est dit. Toy qui es filz de lhomme appelle ses bestes des champs, et les enhorte seur dy en ceste maniere. Venez auant et vous assemblez p ce que ie vo? fais grãt sacrifice. Mãgez les chairs des fors hommes, et succez le sang des hault hommes auec plusieures autres choses q̃ se peuent veoir en ce liure. Ancoires est il a notter q̃ se treuue in vita clementis q̃ abraham eut vng autre filz de agar, seq̃l fut appelle helpedios, duq̃l les perses prindrẽt leur commencement, sicõe dit le maistre des hystoires, et quant il parle de la fontaine, dõt il est parle oudit. xvi. chap, il sappelle en ce mesme chapitre vng puis. et dit le le maistre des hystoires que ancoires est appelle ce puis le puis agar, a q̃ se le mõstre aux passans. et quãt il allegue lap̃stre, cest ad corinthios. vi. cap̃

¶ Du tesmoignaige fait a abraham, par lequel dieu pmist a lui qui estoit ia viellard quil auroit vng filz de sarra sa femme qui estoit brehaigne, la foy de laquelle promesse fut signee et demonstree par le sacrement de la circoncision xxvi.

Apres ces choses ysmael fut ne de agar, en ce abraham pourroit cuider q̃ ce q̃ lui auoit este pmis fust accoply quãt il vouloit adopter son varlet eliezer, et nr̃eseigneur lui dit q̃ ce

lui ne seroit pas son hoir, mais celui qui ystroit de lui seroit son hoir. Dõt assin q̃ se ne cuidast pas q̃ ceste pmesse fust accomplie ou filz de sa chãbericre, cõe il fust ia de laage de. iiii. xx. et vix. ãs nr̃ eseignr̃ sappart a lui, et lui dist ces poles Je suis dieu: fais q̃ tu me plaises, et ne te debatz ne courouce de riens, et ie mettray mõ testament entre moy et toy, et si le enrichiray grandement. Et lors abraham enclina sa face cõe honteux, a nr̃eseigneur parla a lui de rechief et lui dist. De mecy saiches q̃ mon testament est auec toy, et seras pere de grant multitude de gens, et ne seras plus appelle abian: mais seras appelle abraham pour ce q̃ ie tay fait pere de moult de gens, et ystront roys de toy et de ta signee, et si ordõneray mon testamẽt estre toy et moy, et entre ta semence apres toy: a leurs generaciõs en testament pardurable ad ce q̃ ie te soies dieu a ta semence apres toy, ie te donneray toute la terre de chanaã en laquelle tu demeures en possessiõ pardurable ou eternelle: pour ce q̃ ainsi se dit le texte, et seray dieu a ta signee, et encoires dist nr̃eseigneur a abraham. Toutesfois dist il toy et ta semence en seurs lignees garderas mon testamẽt, a est tel mon testament, seq̃l tu garderas entre moy et toy et entre ta semẽce apres toy en ses generaciõs tous enfans masles q̃ tu auras serõt circõcis, et sera a chũn sa peau du bout de sõ membre oste, et ce sera le signe du testament entre moy et toy, et sera circõcis lenfãt au. viii. iour, et to? les enfãs masles chũn en sa lignee. Tous tes varletz iesnes a ceulx que tu auras achetez de tout hõe estrange q̃ ne sera de ta lignee serõt circõcis, et ce my testament sera testament pardurable en ta chair, et celuy q̃ ne sera circõcis au viii. iour, lame de lui sera perie de son lignaige pour ce quil a dissipe mon testament. et de rechief nr̃eseigneur dit a abiã. Sarra ta femme ne sera pl? ainsi appellee, mais sera appellee sarra

et ie la beneiray, et auras ung enfāt de le
quel ie beneiray, ⁊ sera grant en toutes
nacions, et de lui seront plusieurs roys
du peuple. Et lors abraham baissa sa chie
re, et commenca a rire et penser et dire en
son couraige telles parolles Auray ie en
fant a cent ans, et sarra ma femme aura elle
enfāt a quatre vingtz et dix ans Lors a
braham dist a nostreseigneur. Ie te prie q̄ hys
mael viue deuant toy, et nostreseigneur lui
respondit q̄ ainsi seroit il. Mais decy dist
il que sarra ta femme aura ung filz de toy
lequel tu appelleras ysaac, q̄ est interpre
te risus, et a cestui ie ordōneray mon testa
ment a lui estre son dieu perdurable, et a
sa semēce apres lui. ⁊ quāt est dysmael le
quel tu mas requis quil viue deuāt moy
saiches que iay exauce ta priere, et lay be
ney: et saccroistray et multiplieray grāde
ment. Il engendrera douze gens, ⁊ lui dō
ray grant seigneurie sur grāt gent, mais
ie ordōneray mon testamēt a ysaac, lequel
sarra enfātera en ce tēps en lannee aduen
nir. Ey sōt fetes plus apptes promesses de
laduocation des gens en ysaac, cest assa
uoir ou filz de pmission p lequel grace est
signifiee, et nōpas nature, pour ce q̄ filz
est pmis dōme vieil, et de femme vieille et
brehaigne. Car ia soit ce que dieu face le
cours naturel de peneracion. Toutesfois
ou soeuure de dieu est apparue nature ces
sant et vicice la est grace plus pleinement
entendue. Et pour ce q̄ nōpas p genera
ciō, mais p regeneracion ceste chose estoit
a aduenir. pour ce fut cōmandee sa circō
cisiō. Lors q̄ sen pmist a abraham qil auroit
enfant de sarra, et ce quil cōmāda, nom
pas seulemēt son filz estre circōcis: mais
aussy ses serfz et ses iouueceaux pa ceulx
qil auoit achetez, il demonstre q̄ ceste gra
ce appient a tous Quelle autre chose si
gnifie circoncision q̄ nature renouuelsee
ostee toute vieillesse, et quelle autre chose
signifie le viii. iour que iesucrist qui acco
plist sa sepmaine: cest a dire apres le sabat

resuscita. Les noms des parens, cest a
dire dabraham et de sarra sont muez. tou
tes choses reqerent nouuelletez ⁊ le nou
ueau testament est couuert du vieil, car
qlle chose est dicte le vieil testamēt, fors
loccultacion du nouueau. et quelle autre
chose est nouueau: q̄ la reuelaciō du vieil
Le ris dabraham signifie lesiouissemēt du
desirāt, nompas mocquerie de deffiance.
Et ses parolles quil dit en son couraige
cest assauoir sil auroit enfans a cent ans
et se sarra sa femme ēfāteroit a iiii. xx. et x
ans. ce ne sont pas polles dōme doubtāt
mais sont polles de admiracion. Mais
se aucun fait doubte cōment ces paroles
doiuent estre prinses, et cōment elles sōt
accōplies, ou selles sont encoires a accō
plir cest assauoir ou nostreseigneur dist a a
braham ces polles Ie te dōray ⁊ a ta lignee
aps toy la terre ou tu demeures, ⁊ toute
la terre de chanaā en possessiō eternelle
cōe q̄ cōquz possessiō terriēne ne peut estre
eternelle a chue gent: saiche celui q̄ fait tel
le doubte, que eternel est interprete des no
stres, ce que les grecz appellent eomon q̄
est diriue du siecle ou du monde. car eon
en grec vault autāt a dire comme siecle,
mais noz latins nōt oze dire cecy seculier
pour doubte quilz nenuoyassent ses de
ce mot trop en pfond et trop soing. Pour
ce quil est plusieurs choses seculieres qui
sont fetes en ce siecle, lesquelles se passēt
en brief tēps. mais ce qui est eomon, ou il
sestend iusques en la fin du monde, ou il
na point de fin

⁋ Expositiō sur ce chapitre.

En ce xvii. chapitre mōseignr
saint augustin recite les parol
les qui furent dictes a abraham
apres ce q̄l eut eu ysmael de agar sa chā
beriere: affin quil ne cuidast que ce q̄ dieu
lui auoit promis fust acomply en ce quil
auoit eu ysmael. et sōt toutes les polles

de ce chapitre du .pvi.chappitre de gene/
sis/ fors tant que sicomme nous auons
autreffois dit monseigneur sainct augu
stin ensuyt tousiours les .lpp. transla/
tateurs. Apres quant il pse de ce mot es
num, il baille sa declairacion a la diuisi
on qui est entre ineternum et in seculum.
Ancoires est il assauoir que ysmael fut le
premier qui fut prononce de dieu de son p
pre nom/ sicōme il appert par le.pvi.cha
pitre de genesis, et psaac le secōd duquel
est faicte mencion ou pviii. chapitre de ge
nesis, et sanson le tiers/ sicomme il appt
iudicum viii.capitulo. et iosias le quart
terau regu .viii. Et ou nouueau testamt
en a deux/ cestassauoir ihesucrist et mon
seigneur sainct iehan baptiste/ sicomme
il appt luce primo.c. a ge.pvii. De lenfant
masle/ lequel sil nest circoncis a.viii.iours
son ame est perdue/ pour ce quil a dissipe
ou despece le testament ou lordonnance
de dieu

¶ De lenfant masle lequel sil nest cir
concis au huyptiesme iour/ son ame est p
due pour ce quil a dissipe lordonnance de
dieu ppvii.

Apres len pourroit demander q
ment sont a entendre ces parol
les/ qui sont escriptes ou chapi
tre precedent ou il est dit Le masle qui ne
sera circoncis au.viii.iour/ son ame sera
perdue de son lignaige, pour ce quil dissi
pe mon testamt. Comme ce ne soit poīt
la coulpe de lenfant/ duquel dieu dist q
same perira ne il ne dissipe le testamt de
dieu. Mais ses peres parens et anciens
quil ne tindrent compte quil fust circōcis
se ce nest que lēvueille dire que aussy ces
enfans/ nompas selō la propriete de leur
vie/ mais selō la commune naissance de
lumain lignaige. tous dissiperent en ice
lui vng seul le testament de dieu ouquel
tous pecherent/ cestassauoir ou pechie ori

ginel. Car sen lift plusieurs testamens
estre de nostreseigneur: excepte ces deux/
cest assauoir le viel et le nouueau, lasql
le chose chascun peut congnoistre en lisāt
Mais le premier testamēt qui fut fait ou
premier homme fut tel. En quesconque
iour que vous mengerez du fruit de vie:
vous mourrez de mort/ dōt il est escript
ou liure qui sappelle ecclesiasticus Tou
te chair comme vestement enuieillira, car
se testament est tel des le commencemēt
du monde tu mourras de mort: car com
me la loy fust depuis baillee plus clere/
et lapostre dit/ ou il ny a point de loy, il
ny a point de preuaricacion: comment est
vraye ce q est feu ou psaultier ou il est dit
Jay cuide tous les pecheurs estre preua
ricateurs fors pour ce que vous ceulx qui
sont obligiez a aucun pechie: sont coulpa
bles du trespassement daucune loy. pour
laquelle chose suppose que les petis ēfās
lesquelz soubz sa vraye loy naissent pe/
cheurs: nompas propiement, mais origi
nalement, par quoy nous confessōs q la
grace de sa remissiō de leurs pechiez leur
est necessaire pour certain en telle manie
re quilz sont pecheurs, congnoist len aus
sy quilz sont preuaricateurs de celle loy
qui fut donnee en paradis/ a ce que lune
et lautre escripture soit vraye. Cest assa/
uoir et que tous les pecheurs de terre sont
preuaricateurs/ et que ou il ny a point
de loy, il nya point de preuaricacion. Et
pour ce que sa circoncision fut signe de re
generacion. Car sans la regeneraciō du
sacrement de batesme lenfant eut este p
du/ et nompas sans cause pour le pechie
originel, ouquel le testament de dieu fut
premierement dissipe, se sa regeneracion
ne len deliure. Ces mesmes paroiles di/
uines sont a entēdre en ceste maniere aus
sy cōme sil eust dit. Qui ne se fera rege/
nerer lame de celluy perira de sa lignee/
pour ce ql dissipa/ aussy le testament de
nostreseigneur quāt il pecha en adā auec

auec les autres. Car sil eust dit pour ce quil a dissipe ce mien testament/len ne se roit contrainct a entendre que ce fust q̃ de ceste circoncision. Mais maintenant pour ce q̃l ne exprime pas lequel testamẽt lenfant eust dissipe/len peut franchement entendre quil soit dit de cest testament duq̃l la dissipacion peut appartenir a lenfant. Mais saucun dit que ces parolles nont este dictes que de ceste circoncision/que lenfant ait dissipe le testament d̃ nr̃eseigñr en ce q̃l nest pas circoncis: Quiere autre maniere de parler/par laquelle on puist entendre sainement/que pour ce il ait dissipe le testament de nostreseigneur. Car ia soit ce quil ne soit pas dissipe p̃ lui toutesfois est il decise en lui. Et pour ce est il ainsi a considerer que lame de lenfant incirconcis ne peut estre perie p̃ quelconque negligence qui soit en soy/se ce nest par lobligacion du pechie originel.

¶ Epposicion sur ce chapitre.

EN ce xxviii. chapitre mõseigñr sainct augustin met vne doubte: la sould Cestassauoir pourquoy nostreseigneur dist a abraham que lame de celui qui ne seroit circoncis periroit de sa lignee/pour ce quil a dissipe/si comme il dist le testament de dieu/comme lenfãt ne lait point dissipe/mais ses parens qui lont laisse a circõcire. A quoy monseigneur sainct augustin respond et dit que sans ce testament la/ilz sõt plusieurs testamens/et pour ce il dit que ces parolles se rapportent au pechie originel car il ne souffist pas que homme soit ne/mais fault quil soit rene:cest a dire regenere. Et par ce la circõcision fut signe de sa regeneracion/et cest ce qui est dit en ce chapitre/et app̃t se demourant du texte clerement

¶ De la commutacion des noms de abraham et de sarra/lesquelz comme ilz ne peussent engendrer tant pour la sterilite de lun cõe pour la vieillesse de tous deux ilz acquirent le don dauoir lignee. xxviii.

LA promesse doncques faicte a abrahã si grande et si clere/auq̃l il fut dit si appertement en ceste maniere. Je tay fait dist dieu pere de maintes gens/et si taccroistray grandemẽt: et te feray grant seigneur/et ystrõt roys de toy/et ie te donray vng enfant de sarra ta femme/et le beneiray/et il sera beneẏ es nacions et en generacions/Et si aura plusieurs roys qui descẽdrõt de lui. Laquelle promesse nous entendõs a present estre appliquee et entendue de ihesu crist/deslors que ceste promesse fut faicte ces mariez abrahamxfarra ne furẽt pas plus nommez comme parauant ilz estoient appelles/cest assauoir abram/et sarray/lesquelz furent leurs premiere nõs. Mais furent appellez de tous/ainsi cõe nous les auons appellez parauant/cest assauoir abraham et sarra. Mais nous auons rendue la cause cy dess' pourquoy le nom dabraham fut mue qui parauant eut nom abram. Et fut la cause pour ce que nostreseigneur lui dist quil seroit pere de plusieurs gẽs.et cest ce que len doit entendre/que ce nom dabrahã signifie pour ce que ce nom abrã par lequel il estoit appelle auant/signifie grãt pere. Mais no' nauons point rendue de cause ou de raison pourquoy le nom de sarra fut mue. Mais selon ce que dient ceulx qui ont escript les interpretaciõs des nõs hebrieux qui sont soustenus en ceste saincte escripture. Sarra est interprete ma princesse. et sarray vault autant adire comme vertu.dont il est escript en lepistre ad hebrieus.xi.en ceste maniere. Et ceste sarra dit il/en soy print vertu pour getter semence ou pour auoir generacion/mais ilz estoient tous deux anciens: sicõme lescripture le tesmoigne/ et si estoit sarra brehaigne et si auoit ia perdu ses flux/par quoy elle ne pouoit conceuoir: ne enfanter. Suppose quelle ne fust pas brehaigne/ toutesfois se vne femme est de tel aage quelle est acoirre en ses flux suppose quelle soit ancienne. elle peut enfanter/ conceuoir et enfans auoir/de semence domme iesne mais elle ne se peut auoir domme anciẽ Combiẽ que cel anciẽ ou vieillart puisse ẽgẽdrer dune fille iesne. Aussy cõe abraham apres la mort de sarra sa fẽme peust auoir enfans de cethure sa deuxiesme femme/pour ce q̃ quant il lespousa il la trouua de iesne et de vif aage. et cest ce que la postre commande meruelsseusement/ et auquel il dit/ que son corps estoit ancoires mort. pour ce que en celui aage/ il ne peut pas engendrer de toute femme/laquelle fust ou dernier temps de son aage ouquel elle peust conceuoir et enfanter.

Car nous deuons entendre vng corps mort quant a aucũe chose/ et nõpas quãt a toutes choses. car sil estoit mort quant a toutes choses/ il sensuyroit q̃ la chair dun vieil homme/ne seroit plus la chair domme vif. mais la charongne domme mort. Ia soit ce q̃ len ait acoustũe de souldre en ceste maniere ceste question. cest assauoir que abraham/ engendra depuis de cethure/pour ce q̃ le don dengendrer q̃ lui fut donne de nostreseigneur/ lui demoura aussy apres la mort de sarra sa fẽme Mais il me semble que la solucion de celle question laquelle nous auõs ensuiuie soit a preferer/ pour ce que lors les hõmes de cent ans/ quant ilz viuoient encoires par si grant aage de cent ans ne se faisoient pas vieillard ou decrepit q̃l ne peust engendrer en quelque femme. Mais econtra que de nostre temps il est si decreppt quil ne peut engendrer de nulle femme.

) Exposicion sur ce chapitre.

EN ce. xxviii. chapitre mõseignr sainct augustin parle de la mutacion du nom de abram/ et de sarra/ qui pauant estoit appellee sarray et sõt toutes ces posses prinses du xxviii chapitre de genesis. Et est a notter ce que monseigneur sainct augustin dit en ce chapitre. Cestassauoir que vne femme/ suppose quelle soit ancienne/ peut conceuoir dun iesne homme/ puis quelle na pas encoires pdu ses flux. Mais elle ne peut conceuoir de vieil homme/ suppose quil puist engendrer en vne iesne femme/ sicomme il met lexemple dabraham q̃ eut enfant de cethure apres la mort de sarra pour ce quelle estoit iesne et tendre. Et oultre il dit que suppose que a present hõmes de cẽt ans/ne puissent engendrer en quelque femme/ len ne se doit pas traire a consequence du temps passe/ pour ce q̃ lors laage de cent ans nestoit aage decrepp/ne tel que homme fust repputte pour vieil a tel aage. et quant il allegue lapostre cest ad hebreos.xi.ca.

(De trois hommes ou aages/ esquelz len manifeste que dieu sappart a abraham au chesne dune valee appellee mãbre. .xxix.

DE rechief nostreseigneur sapparut a abraham au chesne d̃e mãbre en trois hõmes lesquelz len ne doit pas doubter que ce furent angee. cõe il appert par ce vers. Tres iuuenes vidit stans inde sub plice mãbre. Ia soit ce que aucuns pmaginent que lun deulx ce fust iesucrist/ lesquelz asferment q̃ mesmes auant quil print chair humaine fut visible pour certain. Il est en sa diuine puissance laquelle est de nature inuisible incorporee/ et icõmuable/ de soy apparoir aussy aux persones mortelz/ nõpas par ce quil est, mais par aucune chose qui est subgette a lui, mais quelle chose est qui ne soit subgette a lui. Toutesfois se ilz conferment que lun de ces trois fut ihesu crist, pour ce que ia soit ce que abraham en eut veu trois, il parla singulierement a dieu, et sadreça a lui, car il est escript en en ceste maniere. Veez cy que trois hommes qui estoient dessus abraham, lequel quant il les vit, courut alencontre de eulx de son tabernacle et adoura sur terre, et dist. Sire, se iay trouue grace deuant toy etc. et les autres motz de la bible qui sont ou. viii. chappitre de genesis. Pourquoy naduertissent ceulx qui dient aussy quil en vint deux pour destruire les sodomites, quant abraham parloit encoires a lun en lappellant seigneur, en lui deptiant quil ne perdist pas es sodomes le iuste auec les mauuais. Et loth receut les autres deux, en telle maniere que en sa maniere de parler a eulx ilz appellast singulierement son seigneur. Car comme il parlast a eulx en plusieur: en disant. Mes seigneurs veez la maison de vostre enfant ie vous prie que vous vous y hebergiez. et les autres parolles qui sont escriptes en ceste partie, toutesfois est il ainsi escript apres. Et les autres tindrent sa main, cest adire de loth, de sa femme et de ses deux filles. Pour ce que nostreseigneur auoit pourueu a loth a sa femme et ses enfans affin quilz ne fussent foudroiez auec les sodomites, et incontinent le misrent hors de sa maison, et lui dirent: sauue ton ame et garde que tu ne regardes derriere toy: ne ne demeure point en toute ceste region monte en la montaigne, et la te sauues: ad ce que tu ne soies compris ne attrappe de ceste pestillence q doit cheoir sur les sodomites. Et lors loth dit a ses anges qui le conduisoient et psa en personne singuliere en disant, telles parolles Pour ce q ton enfant a trouue misericorde en toy etc. Apres ces parolles nostreseigneur par

la a lui en personne singuliere, combien quil sapparut ou deux anges, en disant. Veey iay pitie de toy, parquoy cest trop chose pluscreable que abraham congnoissoit dieu en trois homes, et loth en deux Auquel il parloit en singulier nombre, mesmement quil cuidoit quilz fussent homes mortelz, et que come ilz administrassent leur reffection comme ceulx qui cuidoient quilz en eussent mestier. Mais pour certain il y auoit en eulx aucune excellence, combien quilz semblassent hommes, parquoy ceulx qui leur offroient lospitalite ne peussent doubter que dieu fust en eulx, si comme il est accoustume estre es prophetes, et pour ce les appella il aucunes fois dieu, et aucunesfois en plurier, Mais lescripture tesmoigne que ce furent anges: nompas en ce liure de genesis seulement, ou ces choses sont copiees auoir este faictes. Mais aussy en lepistre de monseigneur sainct pol ad hebreos. En laquelle comme len louast lospitalite, il dit ainsi Par ceste hospitalite dist il aucuns qui en estoient ignorans receurent les anges en leurs maisons. Comme doncques par ces trois hommes, ysaac fut de rechief promis a abraham de sarra sa femme, Ung tel respondz lui fut donne diuinement. Cest assauoir quil seroit en grant gent multipliee, et que en lui seroient benoys les gens de terre, et si lui furent promises tresbenignement, et trespleinement ces deux choses, cestassauoir le peuple disrael selon sa chair, et toutes gens selon la foy.

¶ Exposicion sur ce chapitre.

En ce, xxix, chap, monseigneur sainct augustin oste vne doubte de ce que aucuns disoient de ces trois hoes qui apparurent a abraham. Lun estoit iesucrist, et que auant qil print

r iiii.

chair humaine/il fut fait visible:z dient que ce furent trois anges. Et est assauoir q̃ cest vne hystoire de bible du .pviii. chapitre de genesis/ou il est dit que dieu apparut a abraham en la valee de mambre ou il se seoit a luys de son tabernacle ou chault du iour. et cõe il leuast ses yeulx trois hommes sapparurent pres de sui:z comme il les eut veuz/il courut alencontre deulz et seclina a terre/et les adoura en disant ces parolles. Sire dist il/ se iay trouue grace deuãt tes yeulx ne trespasse pas tõ seruiteur/mais dist il:ie võ' appor̃teray vng pou deaue/ et lauerez voz piez ꞇ vo' reposerez soubz cest arbre.et ie vo' apporteray du pain pour cõforter vr̃e cueur et puis vous en prez/car ie croy que pour ce estez vous icy venus. Lesquelz luy dirent fay ainsi comme tu l'as dit. ꞇ lors abraham se hasta daler a sarra sa femme et lui dist qlle cuisist trois gasteaulx en l'astre.et il sen ala au troppeau de ses bestes, et prist vng tresbon et tendre veau/et le fist tantost cuire p̃ vng varlet. Et quãt il fut cuit/il apporta du beurre et du lait et le veau/et le mist deuant eulx/ et il estoit de coste eulx dessoubz l'arbre. et quãt ilz eurent mengie: ilz lui demanderẽt ou estoit sarra sa femme.et il leur respondit quelle estoit en son tabernacle. Ilz dirent quil lui aast dire quelle auroit vng filz. Auquel il dist/ ie retourneray et vẽdray a toy en ce temps/ et ta fẽme sarra aura vng filz. Et qñt sarra ouyt q estoit derriere lups de son tabernacle/elle cõmença a rire/ car ilz estoient ia tous deux anciẽs et auoit sarra perdu ses flux/ et pour ce rist elle occultemẽt:en disant peurẽday ie incontinent/ et me mettray ie a delectacion charnelle depuis que ie suis vieille ꞇ ancienne. Et nostreseigneur demanda a abrahã pourquoy sa femme auoit rie/en demandãt selle auroit enfans en sa vieillesse: en lui disant que nulle chose nestoit forte a faire a dieu: ꞇ quil retourneroit en

e temps au terme quil lui auoit p̃mis/ et que en verite sarra auroit vng filz. Et sarra pour sa paour quelle eut nya qlle eust rie.et dieu lui dist ql nestoit pas ainsi ꞇ qlle auoit rie. ꞇ cõe ces hõmes se fussẽt leuez/ ilz tournerent leurs yeulx ꞇ leur veue/contre sodome/et abraham aloit auec eulz et les conduisoit ou menoit. ꞇ ce fait nostreseigneur dist / ie ne sauroye celer a abraham ce que ie vueil faire/ car ie scay bien ql sera ancoires estre tresgrãs et tressortes gens/ et en lui seront beneys toutes les lignees de terre. Car ie scay ql commandera a ses enfans et a sa lignee quilz gardent la voye de dieu/ et facent iustice et iugement.et lors nostreseigneur dist a abraham que la clameur de sodome et de gomorre estoit multipliee ꞇ leur pechie moult aggraue. Je descendray dist il et verray silz ont fait ce dõt la clameur est venue a moy/ou non. Et en plãt les autres sen partirent et alerent vers sodome.et abraham qui estoit ancoires deuãt nostreseigneur sapproucha de lui et dist ces parolles. Et ne perdras tu pas le iuste dist il/ auec les mauuais. et sil en y auoit dist il cinquante iustes en la cite ne pargneras tu pas aux autres. Auql nostreseigneur dist que sil y en trouuoit cinquante iustes quil espaigneroit tous les autres. voire.plv. voire.pl. voire.ppp. voire.pp. voire.p. voire.p.pourquoy sen peut voir quil ne nen y auoit nulz iustes. Leur pechie estoit si lait ꞇ si horrible quilz auoiẽt laisse loeuure naturelle de habiter auec les femmes/et abusoient des hommes ꞇ enfans

¶ De loth deliure des sodomites/ ꞇ lesquelz furent souldroyez de la flame du ciel/ et de abimelech sa couuoitise charnelle/ ou concupiscence duquel ne peust nuyre a sarra la femme dabraham   ppp.

Apres ceste promesse faicte a a=
braham / loth deliure de sodo=
me: τ que toute la region de tou
te celle mauuaise cite fut conuertie en cen
dre par feu et souldre qui fut enuope du
ciel. En laquelle region ce pechie dauoir
les hommes affaire lun a lautre / estoit
aussy commun / comme habitacion natu
relle des hommes et des femmes permi
ses par la loy. Pour certain ce tourment
quilz accreurent lors / fut figure ou ap=
probacion du diuin iugement qui est a ad
uenir. Car se nous pensions escheuer le
dernier iugement qui est a aduenir. dont
bient ce que len deffend a ceulx qui sont
deliurez des anges qui ne regardent der
riere eulx / se ce nest pour ce que len ne doit
auoir nulle boulente ne couraige de re=
tourner a la bie ancienne: De laquelle ce
lui qui est regenere est deliure par grace.
Apres la femme loth qui demoura ou el
le regarda derriere elle / et fut conuertie
en sel. Ce demonstra bng appareil aux
bons crestiens / par quoy ilz assauoient
aucune chose dont ilz puissent escheuer
cel epeple. De la abraham fist de rechief
en la cite de gerariσ / au roy de celle cite /
qui auoit a nom abimelech / ce quil auoit
fait de sa femme en egypte / laquelle lup
fut rendue sans estre attouchee en quelcō
que maniere. Cest assauoir quil fistent
tendant quelle estoit sa seur / et nompas
sa femme. Auquel abimelech comme il le
tecast / quil auoit dit quelle estoit sa seur
τ nompas sa femme. en adouant ce quil
pensoit adiousta les parolles qui sensui
uent. Elle est dit il brayement ma seur
de pere et non de mere. car de par pere el
le estoit seur dabraham duquel estoit sa
prouchaine. Et est assauoir quelle estoit
de si tresgrant beaute / que en laage dont
elle estoit / ce estoit grāt admiraciō a tous
de la beoyr

¶ Exposicion sur ce chapitre.

En ce trentiesme chappitre mon
seigneur saint augustin parle
de la destruction de cinq citez
de sodome / et cetera. Et aussy parle il
comment le roy abimelech print la fem
me dabraham / et la lui rendit depuis et
la restitua / et sōt deux hystoires de bible
dont lune est du pix. chapitre de genesis
et lautre est du tretiesme chapitre. τ pour
ce que ce sont deux matieres diuerses trai
tees en ce chapitre present. Aucūs sont de
ce chapitre deux selon les diuerses matie
res / ainsi comme ce sōt deux chapitres en
la bible. Mais monseigneur saint augu
stin pour escheuer la prolixite et soy abre
gier / et pour benir a la fin a laquelle il
tendoit / cest assauoir commēt toutes ces
choses estoient figurees a benir a ihesu
crist / comprint toutes ces deux hystoires
en bng chapitre. La premiere hystoire de
la subuersion de sodome et de gomorre /
est telle que apres ce que nostreseigneur /
eut parle a abraham / sicomme il est dit
ou texte. et en seppositiō / du chapitre pre
cedent deux anges bindrent a sodome /
a heure de bespres. Et quant loth qui se
seoit a la porte de la cite les bit / se leua /
τ ala a lécōtre deulx: et les adoura en soy
enclinant iusques a terre. et leur dist et
pria quilz demourassēt auecques lui celle
nupt et lauassent leurs piez. τ landemai
se pourroient ptir. Lesquelz lui respondi
rent que non feroient / mais demourroiēt
en la place. et toutesfois il les pria tant
quilz bindrent en sa maison. Ausquelz il
appareilla a soupper et mengerēt. mais
auāt quilz salassent coucher. tous ceulx
de la cite aduironnerēt sa maison τ grās
et petis. et appellerent loth et lui deman
derent ou estoient les hommes qui estoi
ent entrez de nupt en sa maison. Et luy
dirent quil les mist dehors en sa place /
affin quilz peussēt auoir affaire a eulx.
Ausquelz loth yssit et cloupt luys apres
lui / τ leur dist et pria quilz ne boulsissēt

pas faire ce mal/ en disant telles posles Jay dit il deux belles filles qui sont pucelles/ ie les vous amenray en sa place/ et en abusez sicomme il vous plaira. Mais que touteffois vous ne sacez mal a ces hommes qui sont entrez en ma maison en ma feurte &c. et soubz vmbre de mō nom. Auquel ilz respondirent. Datent legierement de cy/ tu es venu en ce pays cōme homme estrange/ et veulx tu maintenant estre nostre iuge. Se tu es si hardy que tu en parles plus/ nous te tourmenterons plus que eulx. Et comme ilz sefforcassent contre loth tresgrandement en telle maniere quilz estoient ia prez de rompre les portes de sa maison/ ces deux hommes qui sestoient hebergez en la maison de loth/ le prindrent par la main & le misrent en sa maison/ et fermerent luys apres/ et aueuglerent tous ceulx q̄ estoient dehors grans et petis/ par telle maniere quil ny auoit celuy qui peust trouuer luys de la maison. Et lors les deux hommes ou anges qui estoient venus/ demanderent a loth sil auoit sa nulz de ses filz ou de ses filles ou de ses gēdres et quil mist hors de la cite tous ceulx qui luy appartenoient/ car leur intention estoit de destruire celle cite/ pour ce que lorreur de leur pechie estoit venu iusques a dieu/ lequel les auoit enuoyez pour destruire ces citez et toute la region. Lequel loth le dist a ses gendres qui deuoient espouser ses filles. et pour ce quil leur sembla quil parlast ainsi comme par ieu & par esbatemēt/ ilz demourerēt toute la nuyt iusque a lendemain au matin que les anges se contraingnirent a partir disant a loth. Lieue toy prens ta fēme et tes deux filles/ affin que tu ne soies pery ou pdu ou peril de celle cite. Et comme il se dissimulast. ilz prindrent lui sa femme & ses deux filles, et les emmenerent hors de la cite, et parlerent a loth, et lui dirent quil se sauuast, et quil ne demourast en uiron

celle region/ mais se sauuast en la montaigne/ affin quil ne pas perist auecques les sodomites. Et lors loth requist quil se peust sauuer en vne cite qui auoit nom segor, laquelle chose dieu lui ottroya, en lui disant, que pour lamour de lui il ne la tresbucheroit pas/ mais quil se hatast dy aler/ pour ce quil ne pouoit riens faire/ iusques a tant quil y fust, lequel y entra ainsi comme a soleil leuant. Et tantost feu et souffre commencerent a cheoir du ciel sur ces citez et sur toute la region deuiron, qui ardit et tresbucha toutes ces citez/ et toute chose qui pouoit porter verdure. Ainsi comme celle region ardoit/ et feu et soffre cheoient et ardoient du ciel p toute celle region. La femme loth comēca a soy retourner/ et regarder derriere elle, laquelle fut tantost muee en sel. Josephus dit quil a veu cel ymaige de sel, & encoires y est elle. Et combien que la bible dist que segor est vne cite situee en vne montaigne/ en laquelle il se sauua. Josephus dit que ce fut vng petit chāp/ q̄ est appelle segor/ lequel les grecz appellent modicum. Ancoires dist iosephus q̄ loth estoit moult humain enuers les plerins et en ce cas dist il/ ensuyuoyt la benignite dabraham, comme son disciple. Mais les sodomites qui estoient esleuez et orgueillis dor et dargēt et de richesses ne tenoient compte de dieu ne de ses benefices mais faisans iniures aux pelerins, et a ceulx qui passoient le pays/ ne ne trouuoient quelque doulceur, ne quelque familiarite a eulx. Orose en son ormeste dit que ce quilz firent mal/ fut par labondāce des grans biens qui estoient en celle region/ et la cause des grans maulx quilz eurent. Car de labondance des biens vint leur luxure, et de celle luxure, vindrent les mauuaises delectacions chairnelles et puantes, par celle maniere quilz couchoient auec les masles/ sans quelcōq̄s vergoigne ou consideraciō de leurs condicions ou daages. Ancoires dist q̃ celle region est appellee sa region de cendre et que depuis quelle fut ainsi arse, elle fut couuerte de la mer salee et brehaigne qui est appellee la mer morte: pour ce que oyseaulx / ne poissons ny peuent viure, sicõe es autres mers, ne nul ny peut aser. et oultre dit, q̃ nulle beste viue ny peut enfõdrer, mais selle est morte, elle va au fons. Ceste merueille voult essayer vaspasien, lequel fist prendre des gens, & pez et les fist getter dedens cel sac de biẽ hault mais tantost ilz ressortirent: et ne peurẽt enfondrer, selon ce que dit le maistre des hystoires. Ancoires dit il q̃ le feu alume noe par dessus, et quant il estaind il enfondre. Il dit ancoires quil ya arbres qui portent pommes, lesquelles sont vertes iusq̃z a ce q̃lles soient meures. et quãt on les couppe en leur meurte, sen ne treuue dedens que flammesches. La secõde hystoire de abymelech, est du .xx. chapitre de genesis. et est lystoire telle: que apres ce q̃ les cinq citez de sodome, furent ainsi subuerties, abraham se partit de celle valee ou il auoit demoure, & sen ala en geraris dont cel abymelech estoit roy. Lequel abraham auoit dit a sa femme quelle dist quelle estoit sa seur, ainsi cõe il fist quãt il ala en egypte, laquelle fut tantost raupe par abimelech. et la nuyt quelle suy fut raupe nostreseigneur sapparut a lui en vision, & lui demanda sil vouloit mourir, et se dist pour ce quil auoit ainsi mauaisement ostee la femme dabraham, lequel sexcusa en disãt quil ne sauoit point quelle fust sa femme, mais lui auoit len dit quelle estoit sa seur, et pour ce il en estoit sans coulpe. Auquel nostreseigneur respondit quil sauoit bien quil sauoit dit par simplesse, et lui commãda qui la lui rendist, en lui disant que abraham estoit prophete de dieu et quil prieroit pour luy et que sil ne lui rendoit il mourroit mauaisement. Lequel tãtost se leua de nuyt et dist a ses gens la vision quil auoit heue lesquelz en furent moult espouentez. Et tantost manda abraham: & lui rendit sa femme, & lui dist: quil auoit fait grant pechie, de ce q̃l ne lui auoit dit la verite: & q̃l auoit mis lui & son royaume en grant peril. Auquel abraham respondit q̃l sauoit fait pour ce quil cuidoit que len ne doubtast point dieu en celle terre, et quil doubtoit que len ne le tuast pour la beaulte de sa femme, sil disoit quelle fust sa femme et pour ce sui auoie prie quelle dist que ce fust ma seur. Et lors abimelech lui donna beufz et brebis, serfz et serues, et lui abandonna sa terre, & si dõna mil deniers dargent a sarra, pour faire vne couverture sur sa teste et deuãt ses yeulx, affin que tousiours il lui souuint quelle auoit este prinse. et lors abraham pria pour abimelech, et pour sa femme affin quilz eussent enfans, pour ce que dieu les auoit concludz pour lamour de sarra. Joseph dit quil enuoya a abymelech vne si grãt maladie q̃l ne peut habitter a elle. et depuis furent aliances entre eulx, de non nuyre lun lautre ou temps aduenir, sicomme se treuue ou xxi. chapitre de gen. Vray est que monseigneur saint augustin, pour abreger sa matiere trespasse lystoire de loth et de ses filles pour plustost venir a la fin a laquelle il tend. Laquelle sicomme il me semble nest pas a passer soubz dissimulacion. Lystoire est telle que apres ce que loth se fut sauue en segor, pour ce quil faisoit escoires doubte q̃l ny fust pas seurement, se mist auecques ses deux filles en vne cauerne, ou en vne fosse. & lors ses filles commencerent a parler lune a lautre, et dist laisnee a sa seur maisnee. Nostre pere dist elle est ia vieil et ancien et en toute sa terre nest demoure vng seul hõe auql nous puissõs conioindre selon la loy et coustume de toute la terre. En purõs sap & couchõs auec lui affin q̃ nous puissõs auoir & garder lignee de nr̃e pere et ce dit:len pureret tellemēt que la plus ainsnee coucha auec lui celle nupt. et il habita a elle par telle maniere ql ne se donna garde/ne quāt elle se coucha: ne quāt elle se leua. Et lendemain:lainsnee dist a sa seur maisnee delle. Je couchay dit elle hyer auec mon pere en yurons sap aussy ceste nupt et lui donnons a boire du Vin: et tu dormiras auec lui/et ainsi fut fait: ne loth ne sentit quantelle se coucha/ ne quāt elle se leua. Toutes les qlles deux filles conceurent de leur pere/ et eut lainsnee Vng filz qui eut a nom moab/ q̃ fut pere des moabites. lautre en conceut Vng qui eut anom amō qui fut pere des amonites. Monseigneur sainct iherosme dit q̃ len peut excuser les deux filles loth/ de ce quelles coucherent auec leur pere / car elles se firent pour ce quelles auoiēt ouy dire que le monde deuoit finir par feu/ et pour ce quelles cuidoient quil fust aduenu et quelles eussent este reseruees/pour ressusciter lumain lignaige . aussy comme furent noe sa femme et ses enfans en larche ou temps du deluge/elles coucherent auec leur pere / a celle fin/ nom pas pour delectacion charnelle . Mais il dist que loth nest point excuse/pour ce que son infidelite fut cause de pechie que on appelle incestus. Strabus dit de ce mesmes/ que loth ne peut estre excuse de ce pechie/ pour deux causes . Lune pour ce quil ne creut pas aux anges quil peust estre saue en segor/ lautre pour ce quil sen yura et aussy suy pechie fut cause de lautre pechie. Vincent dit que loth pecha en quatre manieres. La premiere en ce quil bailla ses filles aux sodomites/ dont monseigneur sainct augustin dit que ce fut perilleuse compensacion de faire mal/affin que les sodomites ne se feissent plus grāt qui Souloient auoir a faire aux anges/ qui estoient heberges en sa maison/cuydans que ce fussent hommes. La seconde en ce quil ne creut pas les āges qui se menoient. La tierce en ce quil sen yura. et la quarte en ce quil eut affaire a ses filles q̃ fut crisme de inceste

¶ De ysaac qui fut ne selon la promesse que dieu auoit faicte/ lequel print son nom du ris du pere et de la mere   xxxi

Apres ces choses / abraham eut Vng filz de sa femme/ selō la promesse que dieu lui auoit faicte:lequel il appella ysaac/ qui est interprete ris. car son pere auoit ris/ quant il lui fut promis de la merueille ql auoit eue en celle iope Aussy auoit ris sarra sa femme quant il lui fut promis de rechief par les trois hōmes/ en faisant doubte en icelle iope/ ia soit ce ql lui fust reprouchie par lange Que suppose quelle risist de iope. toutesfois ne creoit elle pas pleinement. Apres ce fut cōferme par ce mesmes ange en celle foy/et de ce aussy lenfant print son nō Car pour monstrer que ce ris nestoit pas fait par mocquerie/ mais estoit pour demonstrer iope/ sarra le demonstra en telle maniere/ que tantost comme il fut ne/ elle lappella ysaac/et dist. Dieu ma fait dist elle rire iope:il se esiouyra auec moy Mais Vng pou de temps apres/ la chamberiere/ cestassauoir agar fut boutee hors auec ysmael son filz . et cy sont signifiez ces deux testamens/cest assauoir lē Vieil et le nouueau selō lapostre ad galathas quarto. ouquel nouueau testament:celle sarra pour ce represēte la figure de celle ierusalem souueraine cite/cest a dire la cite de dieu .

¶ Exposicion sur ce chapitre.

En ce xxxi.chapitre mōseigneur sait augustī pse de la natiuite de ysaac et comment ysmael fut boute hors de la maisō dabraham auec agar sa mere, et sōt ces deux choses du xxi. chap. de genesis. Et dit monseigneur sainct augustin qͥl eut nom psaac, pour ce qͥ sarra auoit ris qͥ fut arcōcis ou .viii. iour sicōe nrēseignͥ lui auoit cōmande, a cōme il est dit cy dessus ou xxvi. chap. pour ceste cause tous les iuifz circoncisent leurs enfās masles ou .viii. iour. Mais les arrabes ne circoncisent point leurs enfans iusques au .xiii. an, pour ce que ysmael duquel vindrent les arrabes fut circoncis en ce temps. Josephus en son premier liure des antiqtez dit qͥl alaicta trois ās (et au bout des iii. ās abraham son pere fist vng grant mengier pour ce que ce fut le premier iour quil vint a la table de son pere. Or est beoir que ysmael se iouoit a psaac et le blecoit. et pour ce sarra dist a abraham quil le boutast hors auec sa mere agar, lequel abraham ny vou fut pas bien obeyr pour sa premiere fois. La maniere de blecer fut telle, sicōe dit le maistre des hystoires, que sarra apperceut que ysmael qui estoit aisne commencoit a fouler sō filz psaac qui estoit maisne, et lui sembloit q̄ se abraham estoit mort il vouldroit auoir seigneurie sur luy, et pour ce elle dist a abraham quil le boutast dehors. Les hebrieux dient quil auoit fait ydoles de terre, et vouloit que psaac les adouraft. et pour ce dist sa mere a abraham quil boutast hors lui et agar. Laquelle chose despleut moult a abraham de les mettre hors, car il lui sēbloit quilz nauoient de quoy viure, ne auoir leur necessite. Mais sage lui dist quil creust sa femme et quil ne fit pas grant cōpte de se mettre dehors, car il lui accōpliroit toutes les pmesses quil lui auoit faictes, et q̄ en psaac seroit appelle sa semence, et le filz de sa chambriere, cest assauoir ysmael il seroit en grant gent pour ce que cestoit sa semence. Ces parolles ouyes abraham se leua lendemain au matin, et bailla a agar son enfant en ses bras, et lui baille du pain et vne cruchee deaue sur ses espaulles, et les bouta dehors, lesquelz sen alerēt ou desert. Et cōe leur eaue fust faillie, et se mourust ysmael par deffaulte, elle print son enfant, et le mist soubz vng arbre, et sen ala loing de lui le traict dun arc plourer, affin quelle ne le veist mourir, et commenca a braire et a plourer, et tantost lange de dieu sapparut a elle et lui dist Que fais tu dist il agar, naye point paour prens ton enfant, dieu a exauce la voix de ton enfāt du lieu ou il est. Et lors dieu lui ouurit les yeulx, et elle regarde vng puys duquel elle donna a boire a son enfant, et puis emplit sa cruche et sen ala, et demourerent en vne valee qui sappelle la solitude de pharē. Leqͥl ysmael creut et fut archier, et se maria a vne fēme de la terre degypte, dont sa mere auoit este nee, de laquelle il eut douze enfans qui furent princes de leurs regiōs et dont les chasteaux et contrees tiēnēt encoires les nostres. Lesqͥlz douze enfās iosephus nōme: et dit quilz tindrēt toute la terre deufrates iusqz a la rouge mer, et appellerent celle prouince nabachea, pour nabaioth, qui fut le premier ne des enfans disrael ou dismael.

¶ De la foy et obedience dabraham, par laquelle il fut esprouue par ce quil offrit son filz pour estre immole   xxxii

Entre ces choses qui seroiēt trop longues a recorder toutes. Nostre seigneur tenta abraham de immoler ou sacrifier son treschier filz psaac, ad ce q̄ sa vraye obedience fust prouuee, et quelle vint en congnoissance do resenauant aux gens qui seroient: et ne pasa dieu Et pour certain toute tentaciō nest pas a blasmer ne despriser. Car celle par laqlle len fait l'approbacion du cueur et de la psonne est a receuoir ioyeusemēt Et aduient souuent que l'umain courage ne se peut cōgnoistre, sainsi n'est ql es preuue ses freres p experiement de tentacion, nompas p poses, laquelle tētaciō responde en aucune maniere. Et ad ce quil requiert, et laisse cestui qui est tente ainsi congnoist ce don de dieu. Lors est il bon, lors est conferme, p fermete de grace, et n'est point enfle de vaine iactance. Certainemēt abrahā neust iamais creu que dieu se delitast en sacrifices qui luy fussēt faictes des creatures humaines, combien q len ne doyue desobeyr au commādement de dieu, et nompas disputer contre luy. Toutesfois est abrahā a louer de ce quil creut que tantost que sō filz psaac, seroit immole il ressusciteroit. pour ce dieu luy auoit dit, quāt il ne voult obeyr a sarra sa femme qui lui requeroit quil boutast hors de sa maisō agar sa chāberiere, & ysmael sō filz, que en psaac seroit appellee sa semence. et tātost apres les poses senssuyt q nreseigneur dist Et le filz de ceste chāberiere dit il: c'est assauoir ysmael ie se ray en grāt gent, pour ce que c'est ta semēce. Cōment doncques est il dit Ta semēce sera appellee en psaac, cōe dieu appelle aussy ysmael sa semence d'abraham, Mais l'apostre en exposāt ce que c'est a dire ta semence sera appellee en psaac, dist quil sentent: que nompas ceux p qui sont filz de la chair sōt filz de dieu, mais les filz de promission sont depputez en sa semence. et p ce les enfās de promission sōt appellez en psaac ad ce quilz soient semēce d'abrahā, c'est a dire qui sont assemblez en iesucrist p grace. Ce pere doncques de bonnaire ne doubte point q dieu ne peust rendre apres quil lui auroit sacrifie q lui auoit dōne enfāt ou tēps quil n'auoit pas esperāce de sauoir. car il conuenoit ceste p messe estre accōplie p celui q dieu commā doit estre occie, ainsi est il ētēdu, et ainsi est

il exppose en l'epistre ad hebr. xi. ou l'apostre dit ainsi. En mistere de la foy abrahā tēte preceda psaac, et offrit vng sien filz quil auoit, lequel abrahā auoit receu les promesses, et auq il fut dit en psaac sera appellee ta semence, pensant que nreseignr peust des mors aussy ressusciter semence pour ce l'apostre adiousta ces poles pour ceste cause samena il en similitude, duql fois de celui dōt l'apostre dit en p̄lāt en la psonne du pere telles poles. Leql dist il n'espargna pas a son ppre filz mais le bailla pour nous tous: c'est assauoir iesucrist. et pour ce aussy cōme nreseignr iesucrist porta sa croix, aussi porta psaac sur son col les busches, iusqs au lieu ou se deuoit faire le sacrifice. et ou il deuoit estre imole dernieremēt pour ce qil ne conuenoit pas occire psaac depuis q se deffēdit a sō pere abrahā qil ne se touchast. Qui est ce montō leql imole le sacrifice fust acōply p la significaciō du sāg du montō. certainemēt quāt abrahā le vit, il estoit empeschie p ses cornes entre les rōces et espines Quelle chose estoit doncqs p ce figure, fors ihesucrist, couronne des espines des iuifz auāt qil fust immole: c'est adire quil fust crucifie. mais oyons les diuines poles q l'ange dist a abrahā, car l'escripture dit que abrahā estendit sa main pour prendre l'espee affin d'occire son filz psaac. Et l'ange de dieu l'appella du ciel et lui dist Abraham. et il lui respōdit. Veez me cy Et l'āge lui dist. Garde dist il que tu ne gettes tes mains sur cest enfant, ne ne lui faiches quelconque chose. Car pour certain iay maintenant sceu et congneu que tu doubtes et craindz ton dieu. & que tu n'as point espargne ton chier enfant pour moy, il est dit, Je sçay sceu maintenāt ie say fait maintenant sauoir, car dieu n'auoit pas encoires a sauoir ceste chose. Apres ce montō immole pour psaac son filz, il se treuue que abraham appella ce lieu ou il fut immole. Dominus vidit.

cest adire nostreseigneur a veu: a ce q̃ toutes gens dient au iourdhuy q̃ nr̃eseignr̃ sapparut en sa montaigne: aussy cõme il est dit. Ie lay sceu de present, pour ce qui est dit. Ie lay fait sauoir de present, aussy est il dit icy. Nostreseignr̃ a veu pour ce qui est dit. Nostreseigneur sest apparu cest adire qui sest fait veoir. Et lange de nostreseigneur appella du ciel abraham seconde fois et lui dist telles parolles Iay iure par moy mesmes dist nostreseigneur pour ce que tu as fait ceste chose, et nas point espargne a ton chier enfant pour lamour de moy, ie te beneiray, et multiplieray ta semence, sicomme les estoilles du ciel, et sicomme le sablon qui est de coste la riue de la mer. et possedera ta lignee a heritaige les citez de tes aduersaires, et seront beneys en ta lignee toutes les gens de la terre, pour ce que tu as ouy ma voix et obey a mon commandement. par ceste maniere fut ainsi fermee ceste promesse de dieu par serment de lauocacion des gens en la semence dabraham. Apres par le sacrifice est signifie iesucrist, car il lauoit souuent promis, mais il ne lauoit oncques iure. Mais q̃lle chose est le serment de dieu fe vray: fors confirmacion de la promesse et vne increpacion des mescreans. Apres sarra trespassa en laage de cent et xxvii. ans. et de son mary cent et xxxvii. ans. car il auoit dix ans plus quelle, sicomme lui mesmes dist quant il lui fut promis quil auroit enfant de sarra en disant telles parolles. Me naistra il enfant a cent ans, et sarra ma femme enfentera a quatre vingz et dix ans. Lors abraham acheta vng champ ouq̃l il lenseuelit et enterra. Donques selon sa narracion de monseigneur sainct estienne, il fut mis en celle terre pour ce quil commenca lors a estre possesseur, cest assauoir apres la mort de de son pere, qui trespassa deux ans auant

℃Expositcion sur ce chapitre.

Cn ce. xxii. chap. mõseignr̃ sainct augustin ple cõment nr̃eseignr̃ tenta abraham de immoler son filz qĩl amoit tant, et est ceste hystoire. du xxii. chap. de gen. Et est dit q̃ apres ce cõmandemet, il lui dist qĩl alast sur vne mõtaigne qĩ lui mõstreroit. et celle mõtaigne est appellee mõs moria Et est vne petite mõtaigne: laq̃lle est plus haulte q̃ toutes les autres mõtaignes: et en laq̃lle petite mõtaigne dauid fist depuis vng teple selon iosephus. ce cõmandemet entendu: il se leua de nuyt et appareilla son asne: et print tout ce q̃ estoit necessaire a faire son sacrifice, et mena. ii. enfans auec lui: son filz ysaac et se print sans dire ce qĩl vouloit faire a femme ne a enfans. Et quãt il fut ale deux iournees au tiers iour il vit le petit mont ou il deuoit sacrifier. et icy errent selon le maistre des hystoires, ceulx q̃ dient qĩl habitoit entre hay, et bethel, car de la iusq̃s a celle mõtaigne na q̃ vne iournee. et quãt il vit au pie de la mõtaigne il descendit de son asne: et print les buches et les mist sur le col de son filz ysaac, et il print le feu et son glaiue et mõterent eulx deux en la mõtaigne en disãt aux enfans qĩlz les attendissent. et qñt ilz vindrent au lieu ou len deuoit faire le sacrifice ysaac demanda a son pere ou estoit la beste que len deuoit immoler, et abraham respondit que nostreseigneur la pourueoiroit. Et ce fait fist vng autel, et mist les buches dessus, et y pa son filz: et print lespee pour le sacrifier, et leust occis quant lange ainsi comme il auoit leue sa main pour le frapper print le glaiue, et lui deffendit quil ne lui touchast. et tantost abraham leua ses yeulx, Et derriere lui apparut vng mouton qui tenoit par les cornes aux ronces lequel il immola et sacrifia. Iosephus racompte les parolles que disoit abraham a son filz, et ce que son filz luy respondit. Les parolles que disoit abraham sont telles. O mon enfant pour leq̃l iay prie a dieu tant de fois qĩl le me donnast et qui depuis que tu fus ne/nest riēs que ie naye fait pour toy nourrissement/et qui ne me reputoie point pluseureux que de tant comme ie te feoye benir en aage dōme. et en mourant mesiouyssoie de ce q̄ ie te laissoie successeur de ma seigneurie/ie qui suis ton pere par la voulente de dieu te rendz arriere a lui par son plaisir et le faitz hardiement et de bon couraige car ie te laisse a dieu qui a daigne prēdre de nous cest hōneur/pour ce qui ma este tousiours debonnaire. et ma aide en tout et par tout. Mon enfāt meurs/nompas comme ceulx qui trespassent de ce siecle/en la maniere commune est accoustume: mais comme celui qui est offert a dieu pere de tous par ton propre pere/pour legitime sacrifice. Car ie croy quil nest pas ordōne que tu soies digne de partir de ce siecle par maladie/par bataille/ne par quelconque autre passion qui sceust aduenir aux hommes/mais croy quil veult receuoir ton ame auec les oblations a sa crifices. et neantmoins a retenir auecq̄z sui. Et dieu gouuernera doresenauāt ma vieillesse pour laquelle ie te nourrissoye principalement. et quant est des parolles de ysaac iosephus dit que ysaac q̄ regardoit son pere tresferme et trescōstant se delictoit en sa sapiēce. et perceuoit grāt delectatiō en ce que son pere lui disoit. En disant que ce ne seroit pas iuste chose que il eust este ne au commencement sil eust refuse le iugement de dieu et de son pere/ou sil ne se monstroit prest et appareille de obcyr a la voulente de tous les deux/car ce seroit chose iniuste sil nobeyssoit a la seulle voulente de son pere sil le disoit. & en ce disant ala a lautel pour estre imole Ancoires dit il que quāt son pere se voult immoler. il estoit de laage de xxv. ans. De la deliurāce de ysaac font feste les hebrieux chascun an le premier iour de septēbre et la font grant feste. et comment de buisnes. Et quant est de la sepulture de sara et du champ que acheta abrahā pour senterrer. Il est vray que abraham acheta le champ ou elle fut enterree. dun appelle etheon/et lequel champ fut appelle effrem qui parauant auoit nom ebron. et la fut enterree en la double vote ou estoient enterrez les anciens peres. Et print ce champ le nom du vendeur selon monseigneur saint iherosme/lequel accuse ephrō de la vente du champ. et de sa sepulture qui deuant fauoit baillee a abraham agreablemēt. Et excuse abraham de ce q̄ l acheta. pour ce q̄ l nacheta pas sa sepulture. mais le champ. Cōbien que les anciens peres. cest assauoir adam et les autres y fussent enterrez. Eusebe en sa cronicque dit/que ce fut le premier a qui n̄re seigneur sapparut en forme de psōne dōme. Ancoires est il assauoir quil auoit en ce champ vne double vote faicte naturellement ou par artifice. Et la estoient enterrez les hommes en la vote dessus/et les femmes en la vote de dessoubz

¶ De rebecca niepce de nachor laquelle ysaac print a femme   xxviii

Apres ce ysaac espousa rebecca/niepce de nachor sō oncle en laage de xl. ās. cestassauoir .iii. ās aps le trespassemēt de sa mere sō pere abrahā estāt en laage de cēt xl. ās. Mais quāt abrahā enuoya sō serf eleazar en mesopotamie pour ramener rebecca a ce q̄ sō filz lespousast. et lui fist mettre sa main sur sa cuisse. et le cōiura de p dieu seignr̄ du ciel et de la terre q̄ l ne prēdroit point pour son filz ysaac a femme/aucūe fille de la terre de chanaā. Quelle autre chose fut demonstree/fors que nostre seigneur dieu et seigneur de la terre. prendroit humanite en celle chair q̄ descēdroit de celle cuisse Cupdelen que ce soient petis iugemens de verite en ceste pronōciacion lesq̄lz noꝰ voyons estre accomplis en ihesucrist

¶ Expoficion fur ce chapitre.

EN ce xxiii. chapitre monseigñr saint augustin parle comment abraham enuoia son sergent eleazar en mesopotamie pour impetrer femme a psaac son filz rebecca la fille de bathuel, et est ceste hystoire du .xiiii. chappitre de genesis/ ou il est dit que abraham fist mettre a eleazar son sergent sa main soubz sa cuisse/et lui fist iurer quil ne prendroit point de femme a psaac son filz de ceulx de chananee/ mais de sa cognacion et de sa lignee/ laqlle iura. Et puis print dix chameaulx lesquelz il cherga dor et dargent et de ioyaulx/ Voire ce dist iosephus telz quil nen auoit pou ou nulz ou pays ou il aloit/ lesqlz il donna a la mere, au frere, et aux amis de rebecca, et que auant quil vint en charra ou demouroit bathuel, il sarresta a vng puys. et la fist sa priere a dieu q̃ celle q̃ sapparoistroit a lui et lui donroit de leaue a boire q̃ ce fust celle qlqroit/ et ainsi fut il. Car rebecca lui apparut premierement portant vne cruche deaue sur son col: auquel comme il lui demandast a boyre et lui en donnast/ et auffy en traist elle a ses chameaulx: alaquelle blasma les autres filles qui estoient venues a leaue auec elle de ce quelles lui en auoient reffufe/ sicomme dit iosephus. et ce fait lui fist eleazar aucunes interrogacions/ par lesquelles il cogneut q̃ cestoit celle quil queroit/ et tantost lup donna certains aneaulx es oreilles/ et autres ioyaulx/ et sen ala apres elle en sa maison. et auant quil mengast iosephus dit que ce fust apres soupper/ fist sa reqste laquelle lui fut ottroyee requis auãt le consentement de rebecca. et dit le maistre des hystoires que ce fut le p̃mier lieu ou le consentement de la femme fut reqs et depuis a este tenu a coustume. et apres print congie/ et en emmena rebecca. et ainsi comme ilz sen retournoient elle apperceut psaac en vng champ/ et elle demanda qui estoit celui qui venoit contre eulz et eleazar lui respondit que cestoit son seigneur. et tantost elle se couurit de son manteau. et psaac la prist et la mena en lostel de sa mere

¶ Quelle chose est a entendre en ce que apres sa mort de sarra abrahã print vne femme appellee cethure   xxxiiii.

MAis quest ce a dire que apres la mort de sarra sa mere, abrahã print vne autre femme appellee cethure. En laquelle chose ia nauiẽgne que nous croyons que abrahã le fist par incontinence: mesmemẽt considere son aage, et sa saincte vie dontil estoit et la vraye foy dont il estoit plain/ ou tendoit il ancoires auoir lignee. Comme len dist certainement que dieu lui auoit promis multiplier sa semence ou lignee en psaac sicõe les estoilles du ciel ⁊ le sablon de la mer. Mais pour certain ce agar et psmael signifierent, sicomme lapostre tesmoigne ses gens charnelz du Vieil testamẽt pourquoy ne signifient aussy cethure et ses enfans les charnelz quilz cuident q̃ appartiengne au nouueau testament. Quelz merueilles et lune et lautre/ cest assauoir agar et cethure sont concubines mais sarra ne fut õques appellee ne nõmee concubine. Car quant agar fut donnee a abraham, il est escript en ceste maniere. Et sarra la femme dabraham print agar legyppcienne sa chamberiere/ apres ce q̃ elle leut eue dix ans de la terre de chanaam/ et la donna a femme a abraham son mary. et de cethure que abraham print apres la mort de sarra sa femme, len list en ceste maniere. Mais abrahã en adioustãt print a femme vne qui auoit nom cethure/ Veez cy quelles sont toutes deux appellees femmes. Mais apres il se tieue en la saincte escripture q̃ lles sõt toutes

f i.

deux appellees concubines/ou il est dit en ceste maniere. Mais abraham donna a ysaac son filz toutes ses facultez/a aux enfans de ses cocubines il fist dons/et les separa et diuisa de auecques ysaac/en orient lui viuant ancoires en sa terre dorient. Les enfans doncques des concubines eurent aucuns dons/mais ilz ne prindrent pas ou royaume q̃ est promis/non sont les heretiques ne les iuifz charnelz/pour ce que nul nest hoir fors ysaac. Et ceulx q̃ sont filz de la chair/ne sont pas filz de dieu/ mais les filz de promission sont deputez et comptez en celle semence ou lignee dont il est dit. Ta semece sera appellee en ysaac. Ne pour certain ie ne voy point pour quoy cethure q̃ abraham print apres la mort de sarra soit appellee concubine se ce nest pour ce mistere. mais ne seroit pas celuy faulx accuseur dabraham q̃ ne vouldra prendre ceste chose en ses significacios. Et que veult len dire se ceste puision fut fcte contre les heritees qui sont a aduenir des secondes nopces/cest adire de ceulx q̃ se remarient/a ce que len demostrast en ce pere de moult de gens abraham, que soy remarier apres la mort de sa feme nest pas pechie. et abraham trespassa en laage de cent et lxxv ans/et laissa son filz ysaac de laage de lxx. ans. lequel il auoit engedre en laage en laage de cent ans

☞ Exposicion sur ce chapitre.

En ce xxv. chap. monseign̄r saint augustin pse commēt apres la mort de sarra sa feme/il print vne feme qui auoit nom cethure. a dit que suppose que len treuue en aucuns lieux que agar et cethure soient appellees ses femes toutesfois se treuue il apres en la saincte escripture quelles furent appellees toutes deux cocubines. a le monstre p ce que ysaac son filz succeda seul en son heredite/et aux enfans des autres il fist aucuns dons et les separa et diuisa de ysaac. Ceste hystoire est du xxv. chap. de genesis. les nos des enfans de celle cethure: a les enfans de ses enfans sont nomez en ce chapitre. si sont ilz en iosephus/lequel dit q̃z tindrent la terre a puince q̃ est appellee trogodite senice et arabie iusques a la rouge mer. Et que coe epher q̃ estoit filz de madian et filz de cethure eust fiche ses tentes en libe/ et les efans de ses enfans y habitassent. Ilz appellerent celle terre de son nom affricq. a espandre lappelle philostor q̃ vault autant coe congnoisseur de plusieurs hystoires: dist q̃ cledenius se pphete qui autrement est appelle malcus/et qui escript lystoire des iuifz si comme fist moyse/dist que abraham eut plusieurs filz de cethure: entre les autres il en nomme deux/ Cest assauoir affcram/a surin/a q̃ de iaphieu fut nomee la puince daffricq̃, et de surin la puice de sure/a que hercules lui dit en aide en libe/et quil appella vne des filles iafram qui auoit nom bea/en laqlle il engedra dodomin qui fut pere de foron/ dont les payens de celle cotree sont appellez sonophaty Ce phorum fut celui qui pmier bailla loix aux grecz/et ordonna le lieu ou len tedroit les plais/q̃ de son nom est appellee for. Autres cronicques dient q̃ ce foroneus fut filz dynachus/a de nyobes: a ainsi le dit mõseigneur saint augustin ou troisiesme chapitre du xviii. liure

☞ Quelle chose fut entēdue p sa diuine responce de dieu des enfās iumeaux q̃ estoiēt ecoires enclos ou vētre de seur mere rebecca xxv

Or voyos coment les teps de la cite de dieu precedēt p les successeurs dabraham/a prendre du pmier an que ysaac fut ne iusques au lx. an/auquel il eut enfans. Il est a notter a mettre en memoire que coe il eust deprie a nreseigneur q̃ sa feme q̃ estoit brehaigne: eust enfant/et nostreseigneur lui eust ottroye q̃l auoit demande. Et ainsi rebecca sa feme conceut de lui deux enfans, dont elle estoit grosse/et q̃ ancoires estoient en clos en son ventre ilz se debattoient ensēble Et comme elle souffrist grāt douleur de ce, elle demāda a nr̄eseigneur que cestoit Et il respondit quelle auoit deux gēs en son ventre, z que deux peuples seroiēt sepez de son ventre, et que lun peuple sourmōteroit lautre, et seruiroit le plus grāt au moindre. et a ceste response monseigneur sainct pol veult estre entendue grant enseignemēt de grace. Car auāt q̄lz fussēt nez, z quilz eussent fait ne mal ne biē, z sans aucunes bōnes merites ou dessertes: Le moindre est esleue, z le greigneur reprouue, quāt sans doubte au pechie originel ilz estoiēt to⁹ deux pareilz. et quāt a propre pechie ilz nen auoiēt aucun, mais la raisō de ceste oeuure, cōe iay ordōne a desmener, ne peut souffrir q̄ ien p̄se plusargement. Mais no⁹ auōs dit moult de choses ailleurs, mais ce q̄ est dit que le plus grant seruira au plus petit, nul des nr̄es ne la autremēt entendu, fors q̄ le peuple plusgrāt des iuifz seruiront aux crestiēs Et pour certain ia soit ce que ceste chose sēble auoir este accōplie ou peuple des ydoumeēs q̄ descendit du greigneur, cest assauoir de esau: leq̄l auoit deux nōs, cest assauoir esau, et edom, dont sōt venuz les ydoumeēs pour ce q̄ se deuoit estre sourmōtee du peuple q̄ estoit du mineur, cest assauoir au peuple disrael. ar q̄lz il deuoit estre subgect. toutesfois croit on plus cōuenablement que en ceste pphecie. cestassauoir que lun peuple surmōteroit lautre et que le greigneur seruiroit au moindre estoit entendue aucunesfois grant chose et que es ce fois ce qui est accomply clerement est in ifz et es crestiēs

¶ Exposicion sur ce chapitre.

En ce .xxv. chapitre mōseigneur sainct augustin p̄le de iacob, z de esau, lesq̄lz estans ancoires ou ventre de la mere se debattoient ensēble, et du respōs que sa mere eut de dieu en disāt quelle auoit deux peuples en son ventre et que le greigneur seroit subgect au plus ieune, et le seruiroit ⁊c. Parquoy et par ce qui est ou texte, sen peut dire selō aucūs que iacob fut sainctifie ou ventre de sa mere. et sont ces choses du .xxv. chapitre de genesis.

¶ De la posse de la benediction, laquelle ysaac print, nompas par autre maniere que par celle quil auoit acq̄se par sa desserte et par disection xxxvi.

Ysaac aussy receut vng tel response cōe son pere auoit aucūesfois fait, duq̄l respōs il est ainsi escript. Et il eut famine sur la terre sās celle qui auoit este du tēps dabraham. et ysaac sen ala en geraris: a abimelech roy des philistins, et nr̄eseigneur pša a suit lui dist. Ne descens pas en egipte, mais habite en la terre ou ie te diray, z demeure en ceste terre, et ie seray auec toy, et te beneiray. Car ie donray a toy z a ta semēce toute ceste terre, et si te ordonneray mon sermēt que ie iuray a ton pere abraham, et multipliray ta semēce cōe les estoilles du ciel, z serōt beneistes en toy toutes les gens de terre, pour ce que ton pere abrahā a ouy ma voix, et quil a garde mes commandemens, mes iustificaciōs ⁊ mes legitimes testamens, ce patriarche neust autre fēme: ne autre concubine. mais fut cōtent des deux enfās iumeaux q̄ sa fēme eut dune ventre. Pour certain il doubta aussy le peril de la beaulte de sa fēme cōe il habitast entre estranges gēs, z fist ce que sō pere auoit fait, car il dist quelle estoit sa seur et teust quelle fust sa fēme, car elle estoit sa pchaine z de par pere z de par mere. Mais aussy demoura elle sās estre attouchee des estrangiers quant ilz congneurent que cestoit sa fēme, ne pour ce quil neust q̄ vne fēme, ne nen ōgneut nulle autre que ceste, ne se deuons nous pas preferer a son pere. Car sans doubte ses merites sont trop plus grandes, z de foy paternelle et dobedience, en tant que pour sui nřeseigneur dist. que les biēs qľ feroit a psaac cestoit pour lamour de son pere, car nostreseigneur dist. En ta semē ce dist il seront benoptes toutes gēs de la terre, pour ce que tō pere abraham a oup ma Soip, et garde mes cōmandemens, et garde mes iustificacions et mes legiti mes testamens, et de rechief en vne autre respōse il dist. Je suis dit il le dieu dabra hā ton pere, ne doubtes riens ie suis auec top, et si tap benep, et si multiplierap ta lignee pour lamour dabraham son pe re. Ad ce que nous entendons commēt a braham fist chastement: a quil sēble aup incontinens et plains de mauuaistie, qui requierent auoir aide des sainctes escrip tures, que abraham le fist par incontinē ce et par lupure. Apres a ce congnoissons aussp comme les hommes ne doiuēt pas faire comparaisō entre eulz de leurs biēs mais que en vng chūn bien, nous deuons cōsiderer tous les autres, car il peut estre que aucun ait aucune chose en saVie et en ses meurs, par quop il surmōte vng au tre, et quil soit de trop plusgrant ercellē ce que nest ce dont vng autre se surmōte. Et par ce et par Siap iugement comme ī continence soit preferee a mariage: toutes fois Sault mieulp vng hōme lopal ma rie q ne fait vng deslopal cōtinent, mais vng deslopal homme nest pas seulemēt a moins louer, mais qui plus est fait a blasmer. Or prenons qľz soient to⁹ deup bons, cestassauoir le marie et le continēt Ancoires sil est ainsi pour certain Sault mieulp se marie treslopal et tresobepssāt a dieu que ne fait le continent qui est de moindre fop, et demoīdre cōtinēce. Mais se les choses sont pareilles, qui est celup qui doubte que le continēt ne doie aler de uant le marie.

¶ Erposicion sur ce chapitre.
En ce ppvi. chapitre monseignr sainct augustin parle, commēt pour la faim, psaac ala demou rer en gerariz en sa cite des philistis dōt abimelech estoit rop. Et comme il faind que sa femme estoit sa seur, sicōme auoit fait autresfois abraham son pere, et sont ces choses du pp Si. chappitre de genesis. Et est a notter, sicōme il est dit en icelup chapitre que psaac deuint si riche et si puis sant, que abimelech q estoit rop de ce licu lui dist quil se partist et quil estoit plus riche que lup, et que les bergiers de celle terre, emplirent de terre les pups que les serfz dabraham son pere auoient soupz pour auoir eaue. De rechief ilz souprent autres pups, que les philistins auoient empli apres la mort dabraham. et puis en souirent les serfz dpsaac vng autre en vng rupssel, et trouuerent eaue Viue, et la commencerent a tencer les pasteurs, cōtre les pasteurs dpsaac: en disant que leaue estoit leur. et pour ce il appella ce lieu la: inimitie, et apres en souprent ilz vng autre: lequel ne sut point debatu.
Apres mō seigneur sainct augustin veult dire que quāt lēp fait cōparaison de deup hommes selonVertu, se lun surmōte lau tre en vne Vertu, et lautre le surmonte en vng autre: celui est a preferer en louēge q surmonte en pluseccellente. Vertu. et a ce prouuer il admaine deup erēples. La premiere est que sōme lopal marie Vault mieulp que celui qui est continent et des lopal. La secōde erēple est, que treslopal marie Vault mieulp que le lopal cōtinēt et que se les choses se portent pareillemēt le continent est a preferer au marie, et ce fait contre ceulp q veulent preferer lestat de Viduite a lestat de mariage. Mais il est a considerer diligemment ce que lescri pture distīgue quatre degrez de biēs, cest assauoir les biens qui sont hors de nous qui sont les biens de fortune, et ceulp cp sont ditz trespetis biens qui ne sont poīt pour la grace deulz. Le second degre est des biens qui sont entour ou enuiron no⁹ cestassauoir les biens du corps, qui sont

auec nous/ sicomme force beaute z leurs semblables Et ses biens sont meilleurs pour ce que l'omme donne tout ce que il a pour garder la vie du corps Sicomme dist iob/ qui dist que l'ome donnera peau pour peau z tout ce que il a pour son ame cest adire pour sa vie. Et ce fut sa response de pandrasus roy de grece/ quant brutus se eut prins z qʼil luy demāda sa fille puogennese vitailles pour aller cōcquerir pays ou aultrement il mourroit. Et il respōdit quil nestoit riens qui vaulsist sa vie ne chose de quoy il ne la voulsist racheter/ sicōme dist guillermus monumetensis en lhistoire du brut. ¶ Le tiers degre est des biens qui sont dedens nous sicōme les puissances de lame z les vertus/ et ces choses sont meilleurs que les precedens/ pour ce que les choses espirituelles sont a mettre audeuāt des corporelles. ¶ Le quart degre est des biens qui sōt dessus nous/ sicōme dieu z son seruice z la reuerēce qʼ len luy doibt/ z ces biēs sont tresgrans Car les choses qui sont sur nature sont a preferer aux choses naturelles Et pour ce dist lactence en son liure qui est intitule de falsa et vera religione que l'ome doibt considerer quelle chose il est qʼelle chose il a dehors soy qʼ le chose dedens soy/ quelle chose dessus soy/ qʼ le chose contre/ quelle chose deuant/ quelle chose derriere/ z dit que bien cōtempler ces choses est souueraine felicite.

¶ Des choses qui sont prefigurees secretemēt en esau et iacob. xxxvii

Les enfans doncques de ysaac/ Cestassauoir Esau z Jacob/ crurent pareillement: lonneur laisnesse z la seigneurie du plus grāt fut transporte au moindre Cestassauoir en Jacob/ par accord z conuenance fait être

eulx pour ce que le greigneur Cestassauoir Esau, desatrēpe conuoita a auoir la viāde mesmes que son frere auoit appareillee pour suy a sup, z la luy vēdy pour son aisnesse que esau transporta par serment. En laquelle chose nous auons appris que vng chascun est a blasmer z a reprēdre/ non pas en la maniere de la viande mais en la mēger par hastiuete de sordonnee ou desatēpree, ysaac enuielly et perdit sa veue par vieillesse Il voulut benpr son filz aisne/ z au lieu de luy benept le plus ieune par ignorāce pour son frere aisne qui estoit velu, en mettant ses mains quil auoit couuertes dune peau de chieure dessoubz les mains de son pere aussi cōme portant les pechez des etrāges ou des aultres Et affin que sen cuidast q la fraude de iacob, en ce qʼil couurit ses mains de celle peʃ ne feust tenu pour fraude ou decepcion/ z ne demādast sen pas en ce se mistere dune grant chose. La saincte escripture a dit cy dessus telles parolles, et esau estāt homme dur aspre et rural q sauoit chasser aux bestes, mais Jacob estoit simple z qui demouroit a fostel. Et ces parolles aucuns des nostres ont interprete que iacob estoit sans fraude Mais soit que sen dye sans fraude ou simple, ou qui plus est que sen le dye sās fiction Laquelle chose est appellee en grec aplastos comment par fraude domme sās fraude a peu obtenir ceste benediction Quel fraude est ce domme simple, quelle fiction de celluy q ne meut en riens fors parfont mistere deuerite Mais quelle est celle benediction. Vecy dist il loudeur de mō filz aussicōme loudeur dun chāp plain lequel nostre seigneur a beney. Et dieu dist il te doient la rosee du ciel, z de la planctureusete de la terre z grāt habundance de fourment z de vin, z te seruent les gēs z les princes taourēt z soyes fait seigneur de ton frere, z les enfans de ton pere taourneront Celuy qui te maudira

sera maudit et celluy qui le benyra sera
benept. La benediction doncques de iacob
est la predication de ihesucrist, ceste chose
est faicte et demenee entre toutes gēs, ce
ste loy et pphecie en psaac. De celle est be-
nep aussi iesucrist par la bouche des iuifz
aussi come de non sachant pour ce quelle
nest pas sceue. Le mode est emply de lou-
deur du nom de iesucrist, aussi come vng
champ. Cellup est la bādiction de la rou-
see du ciel, cest adire des gresses diuines
et de la plantureusete de la terre, cest assa-
uoir de la congregacion des peuples, de
lup est ceste multitude de fourment et du
vin, cest adire la multitude que prent le
fourment et le vin ou le saint sacrement
de son trespecieux corps et de son pre ci-
eup sang et ses gens seruent a lup et les
princes aourēt. Il est seigneur de son fre-
re, pour ce que son peuple a seigneurie sur
les iuifz. Cest assauoir les crestiēs et les
enfans de son pere aourēt, cest assauoir
ses enfans dabrahā selon la foy. Car lui
mesmes est filz dabraham selon la chair
Qui se maudira il sera maudit et qui se
benyra il sera benept. Car nre seigneur
ihesucrist pse p la bouche des iuifz cōbiē
que ilz erient. Mais toutes fois en chan-
tant et racontant les loys et les propheci-
es est aussi benep. Cest adire est dit vray-
ement et il cuident beneistre vng autre q̄
attendent en leur folle erreur. Decy que
psaac soudainemēt apres ceste benedicti-
on promise sesbahist de laisne, et cognoist
que il a benep lup pour lautre, il sesmer-
ueille et enquiert que il est. et toutes voyes
ne se tient il pas deceu mais qui plus est
tantost come ce grāt sacrement a este re-
uele par dedēs en son cueur il eschewe sin
dignacion et cōferme la benedictiō. Qui
est doncques dist il cellui qui a chace et ma
apporte la venoison et en ay mēge de tou-
tes auant que tu benisses et lup ay dōne
ma benediction et il est benoist. Qui est
cellui q̄ au couroup de psaac ne attēdist sy

plus que ce ne feust malediction que be-
nedictiō se ces choses eussent este faictes
en sa maniere terrienne et nō pas par in-
spiraciō diuine. Choses faictes mais fai-
ctes en pphecie, en terre mais du ciel par
les hommes. Mais diuinemēt de toutes
ces choses qui sont plainemēt de tant de
misteres se assez sōt reuoluees, elles empli-
rōt moult de volumes. Mais la temp̄e
maniere que nous auons a ordōner ceste
euure nous cōtraint de nous hoster pour
aller aux autres choses

⁋ Exposicion sur ce chapitre.

En ce xxxvii chapitre mōseigr̄
saint augustin parle comment
esau vēdit a iacob son frere son
ainesse pour vne escuelle de viāde et blas-
me nō pas seulement la maniere de la vi-
ande: mais la desordōnee maniere de mē-
ger et en ce est la diference qui est entre le
gloutet le secherte. Car il ne chault au
glout qui mēgue soit chault ou froit tāt
est desordonne. Mais le secherte vcult as-
uoir sa viande biē estre appareillee, et est
ce chapitre prins du xxv et xxvii chapi-
tre de genesis, ou il est dit que quant re-
becque eust oy que psaac auoit cōmande
a esau que il allast chasser et prēdre de la
venoison pour lup apporter a menger et
que il lup dōneroit sa benediction. Elle
dist a iacob quil tuast deup tresbons che-
ureaulp, et elle les cuiroit lequel le fist et
ce fait le vestp de la bonne robbe de esau
et lup couurit les mais et le col de peaux
de cheureaup pour ressembler a esau qui
estoit hōme velu. Et quāt psaac eut mē-
ge il cuida que ce feust esau et le benept, et
auant il lui tasta les mains pour ce q̄ il
ne veoit pas bien cler, en disant q̄ la voix
estoit de iacob, et les mains de esau et que
a peine auoit il acomply sa benediction.
quant esau vint qui apportoit a son pe-
re a menger. Lequel fut moult esbahy sy

fut esau disãt que son frere lauoit deceu/ et pensāt en son cueur que son pere mour roit tantost ⁊ que il occiroit son frere ia cob Laquesse chose vint a sa cōgnoissan ce de rebecque qui tantost sen fist aller en mesopotamie de sprie en sostel de bathu el frere de sa mere pour prendre vne des filles de laban son oncle sicōme il se treu ue ou xxxviii chappitre de genesis. Les droiz daynnesse estoient telz que laisne auoit. Vi. prerogatiues. Premierement il auoit prerogatiue en ce quil auoit la rob be precieuse sacerdotale a offrir ⁊ admini strer es sacrifices. et quãt il deuoit recep uoir sa finale benediction. Secōdement recepuoit la benediction finalle du pere. Tiercement en ce quil faisoit la benedi ction es solēnitez et es mengers. Quar tement en ce quil estoit seigneur des au tres et alloit deuanteulx. Quintemēt en ce que au menger il auoit doubse porci on Et sa vi. en ce quil auoit aussi double heredite. a ces dignites daynesse eurent tous ses premiers nez iusques a aarō si cōme dist se maistre des histoires. Et ce ste benediction predit esau en allãt chasser Et qui en vouldra veoir beaup motz cō tre veneurs et chasseurs voye Johm ou Johānes salberi ou iiii tou v chappitres

¶ De ce que iacob fut enuoye en meso potamie pour prendre feme ⁊ de sa vision quil sōga en chemin ⁊ de ses iiii femmes comme il nen eust demande que vne. C. xxxviii.

Iacob fut enuoye de ses parēs en mesopotamie pour prendre feme Decy les parolles q̃ son pere qui sup euopoit lui dist Tu ne prēdras dist il point de femme des filles de chana nee Lieue toy sup va en mesopotamie en sa maison de bathuel pere de ta mere/ ⁊ piens a feme vne des filles de laban frere de ta mere/⁊ ie prie dist il a mō dieu quil te beneisse ⁊ q̃l te multiplie/ et tu seras en

cōgregacion de gēs ⁊ te doint la benedictiō de ton pere abrahā ⁊ a toy et a ta semence apres toy affin q̃ tu soyes hoir du lieu ou tu habiteras Leq̃l dieu dōna a mō pere abrahā. Nous entendons desia pey que la lignee de iacob est diuisee de lautre lignee dysaac laquelle chose fut faicte en esau. Car quant il fut dit. en psaac sera appel lee ta lignee/ laq̃lle pour certain apparte noit a la cite de dieu. Lautre lignee dabra hã qui estoit en la fille de sa serue fut sepa ree. ⁊ celle qui estoit aduenir es enfans de cheture Mais encoires estoit il doubte se celle bēdiction appartenoit a tous les deup enfãs iumeaulp de psaac ou a lun Et selle appartenoit a lun auquel il appartenoit Mais elle fut lors declairee quãt iacob fut en pphecie beney de sō pere ⁊ lui dist ces parolles Et seras en cōgre gacion de gēs ⁊ dieu te doit la benedictiō de tō pere abrahā. Jacob en allãt en meso potamie en dormāt eut vng diuin respōs du quel il escripst en ceste maniere Et ia cob yssy du puis de serment ⁊ sē alla en charā ⁊ vint en vng lieu ⁊ la sedormit car le soleil estoit couche ⁊ print des pier res de ce lieu ⁊ ses mist soubz sa teste ⁊ dor mit en ce lieu/⁊ sōga. Et vey que vne es chelle apput sur terre/ de laq̃lle se hault attaingnoit iusq̃s au ciel/⁊ les anges de dieu montoient ⁊ descendoiēt par icelle/ et nrēseigneur estoit couche dessus la ter re lequel lui dist Je suis dist il le dieu da brahã ton pere. Napes paour ie dōnerap a toy ⁊ a ta semēce la terre en laq̃lle ⁊ sur laq̃lle tu dors/⁊ sera ta lignee sicōme le sa blō de la terre/⁊ sera estēdue sur la mer/ ⁊ en africh ⁊ en aquilon ⁊ en ouēt Et toy ⁊ en ta semēce seront beneistes toutes les lignees de terre Et vecy q̃ ie suis auec toy. ⁊ te garderap en quelq̃ voye que tu pras ⁊ te remerrap en ceste terre. car ie ne te lairap point iusq̃s a ce que iaye fait toutes les choses que ie te ap promises. Et lors Jacob se resueilla lequel dormoit a dist. Nostre seigneur dist il est en ce lieu et ie ne le sauoye pas ⁊ eut paour et dist. Ha dist il cōme ce lieu est espouētable ce nest cy que la maisō de dieu ⁊ la porte du ciel Et iacob se leua ⁊ print la pierre quil auoit mise soubz sa teste ⁊ lassist ē hault ⁊ dreca en signe de ce ⁊ iecta de luille sur ceste pierre ou plus hault dicelle ⁊ appel la iacob celle place la maisō de dieu. Ceste chose appartient a la prophecie Ne il narousa pas celle pierre duille par maniere dydolatrie en faisant dicelle vng dieu ne adoura pas celle pierre ne lui fist sacrifice Mais pour ce que le nom de ihesus est dit du cresme/cestadire de loncti on de laquelle les crestiēs sont enoins. Pour certain aucue chose fut cy figuree/ laquelle appartient a grant sacrement. Mais il sentend que nostre seigneur no9 ramaine a memoire celle eschielle en leuangille/en laquelle cōme il eust dit de nathanael telles paroles. Vecy vng vray filz disrael auquel na aucue fraude pour ce que israel auoit veu ceste visiō Cestassauoir iacob. qui depuis fut appel le israel.et en ce mesmes lieu il dist ie vo9 dy dist il que vous verres le ciel ouuert/ ⁊ les anges de dieu montās ⁊ descendās sur le filz de lomme. Jacob doncques sē alla de sa en mesopotamie affin que la il prensist fēme de ce lieu Mais dont ce luy aduint que il eut quatre fēmes desquelles il eut douze filz ⁊ vne fille/comme il nen eust conuoite aucune solemēt sa sai cte escripture determie Quelles merueilles Car il est venu pour en prēdre vne p mariage/mais cōme len eust couche en son lit lvne pour lautre Cest assauoir lya pour rachel/il ne laissa pas celle de la quelle il auoit vse de nupt cōme ignorāt affin que len ne tenist qͥl se feust mocque delle. Et quāt affin de multiplier lignee nulle loy ne deffēdoit a auoir plusieurs fēmes ⁊ il prist celle que il auoit auant fi ancee Cest assauoir rachel Laquelle cōme elle fust brehaigne dōna sa chāberiere

a son mary affin quil en eust des enfans Laquelle chose sa seur ainsnee en supuāt sa seur fist pour ce quelle desiroit multi plier sa lignee/ia soit ce que elle eust des enfans de iacob Len ne list quelque part que iacob demādast onques que vne fē me/ne quil vsast de plusieurs se ne feust pour auoir lignee/en gardant le droit de mariage/ne que il leust fait se ses fēmes ne len eussent requis/lesquelles ont puis sance du corps de lōme. Il engendra dōc ques pii filz ⁊ vne fille de ses iiii fēmes

¶ Exposicion sur ce chapitre.

En ce xxxviii chapitre monsei gneur saint augustin parle cō ment iacob aprez ce quil eut re ceu la benediction paternelle pour doub te de son frere esau sen alla par le conseil de sa mere en mesopotamie/⁊ de leschel le que il veit en son dormāt/⁊ des anges qui y montoiēt ⁊ deuailloient cōtinuele mēt ⁊ aussi cōment il eut pii filz ⁊ vne fil le de quatre fēmes ⁊ sont toutes ces cho ses ou xxviii ⁊ xxix chapitres de gene sis ⁊ en partie du xxx Et sont assez cle res/ioincte lexposicion du precedent cha pitre Et appert cōment sainct augustin excuse iacob des quatre fēmes que il eut Car il dist que il ne demanda ne ne con uoita onques que vne/cest assauoir ra chel la fille de labay.

¶ Quelle raison y eut il par laquelle il fut ainsy nōme israel. C. xxxix.

Aprez il entra en egipte par son filz ioseph lequel fut vendu de ses freres qui auoient enuye sur luy ⁊ fut mene par ceulx qui sachete rent, ⁊ la fut mis en grant honneur par le roy pharaon qui lors regnoit en egipte Mais iacob si comme iay dit vng pou cy deuāt fut aussi appelle israel seul nom. le peuple qui descendit de luy tint plus et lui fut ce nom imposé de l'ange q̃ auoit luptté a lui ou chemin en retournãt de mesopotamie/lequel emporte en soy tresclerement la figure de iesucrist. Car ce q̃ iacob vainquit l'ange en volant/veritablemẽt que ceste chose figurast aucun misterexce signifie la passion de iesucrist/en laquelle il semble que les iuifz eussent la puissance sur lui/ et quilz seussẽt surmõtez vaincu, et touteffois il emporta la benediction de l'ange quil auoit surmõté et vaincu ainsi comme l'imposition de ce nõ disrael lui fust une benediction. Car israel par interpretacion vault autãt cõme voyant dieu/cõme il est contenu en ce vers. v. Je vir/reiqz videns/ dicitur esqz deus. laquelle chose sera en la fin/ le souper de tous les sainctz. Touteffois cel ãge toucha a iacob/ ainsi cõme sil fust vainqueur en sa cuisse et lui rompit vng nerf dont il fut boiteux. & aussi icelui a vng mesmes iacob fut boiteux ou beney en ceulx q̃ de ce mesmes peuple creurent en iesucrist. es boiteux et mescreans / car la largeur de sa cuisse signifie la multitude des lignees Quelz merueilles: il en ya plusieurs en icelle lignee/desquelz il estoit ãnonce en prophecie en ceste maniere. & ilz ont cloche de leur voye & de leurs sentes

¶ Exposicion sur ce chapitre.

En ce .xxxix. chapitre mõseigñr saint augustin parle comment ioseph le filz de iacob fut vẽdu p ses freres aux marchans qui le menerent en egipte/et commẽt il fut grãt maistre. ces choses sõt du .xxxvii. chapitre de genesis. Apres quãt il parle de l'ange qui se print par le gros de la cuysse/ c'est vne autre hystoire de bible / Laquelle est du xxxii chapitre de genesis / ou il est dit q̃ apres ce quil eut ordõne plusieurs dõs quil vouloit donner a esau son frere / et q̃ lui et deux de ses fẽmes, et deux chãbrieres auec ses .xi. filz eurẽt passé le guect qui s'appelle le guect iaboth il demoura tout seul. Et tãtost vint vng hõe q̃ gm̃ca a luitter a lui toute nuyt iusq̃z a lẽdemain au matı̃. et cõe il veit ql ne le peust vaincre/ il lui rõpit vng nerf de sa cuisse et il cõmenca a clocher. et tãtost cel hõe q̃ luittoit a lui/lui dist ql le laissast aller/ et il dist que nõ feroit sil ne se beneissoit. & il lui demãda commẽt il eut nõ/leql lui dist ql auoit nõ iacob. et il respõdit ql ne seroit pl' appellé iacob: mais israel. pour ce q̃ sil auoit esté fort cõtre dieu/p pl' forte raison il deuroit estre fort cõtre les hõmes. Et lors iacob lui demãda cõmẽt il estoit appellé, auql il respõdit pourquoy il le demãdoit. et tãtost le beneit en ce mesmes lieu/leql lieu iacob appella fanuel: en disãt iay veu dieu face a face: & p ce mõ ame est sauuee/nõpas ql veit dieu ppremẽt: mais il veit aucũe forme de celuy p leql il pla a lui . Et pour ceste cause quil eut le nerf treche ou casse/ses iuifz ne mẽguent point de nerfz/et ce souffise pour ce chapitre

¶ Cõmẽt est ce q̃ l'en racõpte ql ẽtra en egipte auec. lxxv. psõnes. cõe plusieurs de ceulx qui y sõt racõptez fussent nez depuis

L'en racompte que iacob ẽtra en egipte lui lxxv a le cõpter auec ses enfans/ouquel nombre l'en compte vne niepce et vne fille tant seulement. Mais ceste chose diligemment consideree/ il ne peut estre iuge quil y eust si grant nõbre de la lignee de iacob, le iour ou l'an quil entra en egipte. Quelz merueilles : l'en compte en iceulx les proneueux de ioseph qui ne pouoiẽt ãcoires lors estre nez en q̃lq̃ maniere/car lors iacob auoit. c. xxx. ãs/ & sõ filz ioseph. xxxix. le ql cõe il prist fẽme en l'aage de .xxx. ans & plus/comment peut il auoir pnepueux des enfans quil auoit euz de celle femme

Doncques comme effraim et manasses enfans de ioseph neussent aucuns enfãs mais les trouua iacob enfãs de neuf ãs: quant il entra en egipte/ p̃ quelle maniere sont cõptez en ces lxxv. q̃lz entrerent en egipte auec iacob: nõpas seulemẽt leurs enfans mais leurs nepueux Car la est racompte machir filz de manasses/ɔ nepueu de ioseph. et le filz de machir/ cest assauoir galath nepueu de manasses/ɔ pronepueu de ioseph. La est racõpte aussi ce lui que effraim filz de ioseph engendra/ cestassauoir Balaam/ qui estoit nepueu de ioseph. et edom filz Balaam/ pronepueu de ioseph. Les q̃lz ne peurent estre nez en nulle maniere. quãt iacob ẽtra en egypte/et trouua les enfãs de ioseph ses nepueux aisnez de ceulx cy: enfans moindres de neuf ãs daage. Mais quant la saincte escripture recorde le tẽps quil y ẽtra auec lxxv. hões/elle ne le cõpte pas pour vng iour ne pour vng an / ains est compte le tẽps que ioseph vesquit p̃ lequel il fut fait quilz y entretẽt/car de ce ioseph lescripture parle en ceste maniere. Et ioseph habita en egipte lui et ses freres/et toute sa lignee de son pere. et vesquit cent ɔ dix ans et vit ioseph les enfãs deffraim iusques a la tierce generacion Quelz merueilles il dist la tierce generaciõ/ son filz/ sõ nepueu et son pnepueu. Apres sesuit en la saincte escripture: et les enfans de machie filz de manasse furent nez sur la cuisse de ioseph/ et cestui mesmes est nepueu de manasses/ et pronepueu de ioseph/ mais ilz sont appellez en plurier. sicõe la saincte escripture sa accoustume/ qui appelle aussy vne fille de iacob en plurier/ filles: aussy cõe la coustume de la langue latine sa accoustume de dire en plurier/ enfãs supposé quil nen y ait que vng Cõe doncqz len presche la felicite de ce ioseph/ pource quil peut veoir ses pnepueux/ len ne doit croire en quelque maniere q̃lz fussẽt nez ou. xxxix. an de ioseph leur besayel quãt

iacob son pere vint a lui en egipte. Mais ce qui descript ceulx qui regardent mols diligemment ces choses / est pource quil est escript / quant il est dit en sa saincte escripture. Ce sont les noms des enfans disrael/ qui entrerẽt ensemble auec iacob son pere. car il fut dit pour ce ensemble auec lui. ilz sont cõptez .lxxv. personnes. nompas quilz y fussẽt ia tous ensemble quant il entra en egipte. Mais sicomme iay dit tout le temps que ioseph vesquit/ est prins pour son entree, par lequel il sẽble que ce peuple y entra

¶ Exposicion sur ce chapitre.

En ce pl. chapitre mõseigñr saint augustin demonstre comment les paroles qui sont dictes en la Bible, que iacob entra en egipte a tout les lxxv. personnes/ se doiuent entendre Et dist. quilz se doiuent entendre de tout le temps quil vesquit depuis quil entra en egipte. et nompas quilz y entrassẽt en cestui iour/ ne en cel an q̃l descendit en egypte

¶ De la benediction que iacob promist a son filz iuda.   pli.

Doncques se nous requerõs en sa lignee dabraham la chair de iesucrist pour le peuple crestien ouquel la cite de dieu, fait son pellerinage enterre ostez les enfans des cõcubines ysaac vient au deuãt/ se nous la requerõs en la lignee dysaac/ ostez esau q̃ est appelle edom/ iacob q̃ est aussy dit disrael vient au deuant. se nous la requerons en la lignee de cel ysrael/ ostez to9 les autres: iudas vient au deuãt pour ce q̃ iesucrist fut ne de la lignee de iudas. Et pour ce oyons q̃t israel se deust mourir/ɔ il beneit ses enfans comme il beneit iudas en prophecie. Judas dist il/ tes freres te louerõt Tes mais serõt sur le dos de tes ẽnemis

Les enfans de ton pere taoureront, iuda le faon du lyon. Mon filz tu es monte de generacion, et tes doimy en top couchant come ung lyon, et côe le faon du lyon. Qui est celui q̃ esueillera ou suscitera, le prince ne descendra pas de iuda, ne le duc de sa cuisse iusques ad ce que les choses qui sont mises en garde viennent, et il sera ce que les gens attendoiêt, en spât son asne a la vigne, et son petit asnon au serment, il lauera en vin son estole et son amict ou sang de la grappe Ses yeulx seront rougez meslez de noir pour le vin et ses dentz plus blâches que lait. Jay ces choses exposees en disputant contre faustus le manicheyen, et assez sicôe ie crop: tant côme la verite de ceste pphecie appt en laquelle la mort de iesucrist fut annôcee, en la parolle de la dormison, et que il souffrit mort de sa voulente par sa puissance, et nompas par necessite par le nõ du lyon, laquelle puissãce il preche en leuangille en disant. Jay puissance dist il de mettre mon ame, et si ay puissance de la reprendre de rechief. Nul ne me la oste mais ie loste de moy, et la reprens de rechief. Ainsi fremit le lyon en telle maniere emplist il ce quil dist a sa puissance appartient ce qui est adiouste de sa resurrection, ou il est dit quil se sueillera. Cest a dire que nul homme ne le peut ressusciter fois lui mesmes, q̃ dist aussy de sõ corps despecez dist il ce temple et ie le ressusciteray dedens trois iours. Mais celle maniere de mort, cest adire celle haultesse de sa croix, est entêdue en ung mot ou il dit Tu as monte, mais ce que il adiousta. Tu as doimy en top couchant ou en top clinant, seuangille expose ainsi ou il dit ces polles. Et le chief encline il rendit sõ esperit. Ou pour certain sa sepulture est en gneue en laquelle il se reposa en dormant et dôt nul ne le suscita, sicôe les pphetes en ont ressuscite aucûs: et lui mesmes aussy. Mais il se leua aussy côe de dormir, et

si laua son estole en vin, cest adire quil nettoia ses pechiez des crestiens de sõ sang duq̃l sãg ceulx q̃ sont baptisez, sceuent le sacrement dôt quât il adiousta apres lauait ou sang de sa grappe son amict, q̃lle chose est ce q̃ leglise. Et ses yeulx rouges meslez de noir pour le vin, ce signifie hões espirituelz q̃ sõt epurez de sõ breuaige, duquel châte le psaultier ou il est dit. Et ton galice enpurât: côe il est cler. Et ses dentz plus blâches q̃ laict, lequel faict selõ lapostre, les enfans boiuêt, ce sõt les paroles qui nourrissent ceulx q̃ ne sont pas âcoires côuenables a user de fermes viandes, cest adire de paroles subtilles et de haultes matieres. Cest doncques celui ouq̃l estoiêt mises en garde ces pmesses lesquelles iusques a tât quelles venissent, les princes, cest adire les roys disrael ne deffaillirent dicelle lignee, et il sera ce dit il, ce que les gens attendoiêt, la quelle chose est plus clere en voyant quelle ne seroit en exposant.

⁋ Exposicion sur ce chapitre.

En ce plii. chap. mõseignr sait augustĩ demõstre q̃ signifient les polles dõt la benediction de iacob q̃ est autremêt appelle israel, benept iuda quât il se voult mourir, et q̃l benept ses autres enfãs. Et aussy expose il les motz de celle benedictiõ, et sont ces motz pris du plix. chap. de gen. fois tât que la ou il dist. Mõ filz tu as mõte de la generaciõ, il est dit en la bible. Tu as mõte en la prarie, et ou il est dit, côe faon de lyõ: il dit côe une lyõnesse. et ou il est dit q̃ le prince ne fauldra pas de la lignee de iuda, iusq̃s ad ce que les choses q̃ sõt mises en garde viênet. Il est dit q̃ le ceptre ne sera pas oste de iuda, iusq̃s a ce que celui q̃ est a enuoyer viêne, et ce souffise pour lexposicion de ce chapitre, car monseignr sainct augustĩ expose assez pleinemêt.

⊂ Des enfans de ioseph lesquelz iacob benept en la transmutacion ou croisemēt de ses mains.   plii.

Mais aussy les deux filz dysaac/cest assauoir esau et iacob/baillerent la figure de deux peuples es iuifz et es crestiens/ia soit ce que quant ad ce qui appartient a lestude de la chair/ne les iuifz ne vindrent pas de lignee de esau/mais en vindrent les p dumepēs/ne les gēs crestiens de iacob/mais en vindrent auant les iuifz/car celle figure valut seulement a ce qui est dit Laisne seruira au moindre/ainsi fut il fait es deux filz de ioseph/car le greigneur porta la figure des iuifz/et le moidre porta la figure des crestiens. Lesqlz cōme iacob les benept/en trauersant ou cropsant ses bias/en mettant sa maī dextre sur le moindre qui lui estoit a senestre et la senestre sur le plusgrant qui luy estoit a sa dextre ce sembla griefue chose a leur pere. Et le admonnesta ainsi que en corrigant et reprenant son erreur en demōstrant leql estoit laisne/mais il ne voult muer ses mais/aincois dist. Je scay beau filz, ie scay bien que ie fais. Cestuy dist il sera en peuple/et cestuy sera exauce desfus ses freres. Le moindre sera greigneur de luy/et sa lignee sera en multitude de gēs Il demōstra aussy icy les deux testamēs pmie/car il demōstre celuy estre ou peuple/et cestuy estre en grant multitude de gens Comment peuēt estre plusappertement comprinses/que en ces deux promesses/le peuple de ceulx disrael/et tout le monde en la lignee dabraham/cest assauoir celui selon la chair/et cestuy selon la foy.

⊂ Exposicion sur ce chapitre.

En ce. plii. chapitre manseignr sainct augustin y le commēt iacob benept ses enfans/cest assauoir effraym et manasses/et cropsa ses mains: a mist sa main dextre sur la teste de effraim/et la senestre sur manasses. et comme son pere le blasmast/il respondit quil sauoit bien quil faisoit/et sont ces choses du. plviii. chapitre de genesis

⊂ Des temps de moyse et de iesunaue et des iuges/et apres des roys/desquelz saul pour certain est le premier/mais dauid le precede/et par sacrement/et par merite   pliii

Cest merueilles comment p les autres/cent et pliiii. ans apres la mort de iacob et de ioseph/ce peuple creut iusques ad ce quil yssit de la terre degipte. mesmement considere quil estoit tourmente de tant de persecucions en telle maniere que les egipciēs sesbahyrent et eurent en grant admiraciō ce quil croissoit merueilleusement. et pour ce fut vng temps quilz ordonnerent que tous les enfans masles qui naistroient fussēt occis. Lors moyse soubstrait et emble de ceulx qui occirent les enfans, vint en la maison du roy/auquel dieu appareilla grandes choses estre faictes par lui/leql fut nourry et adopte de la fille de pharaō leql nō de pharaō fut āciēnemt le nom de to⁹ les roys degipte/lequel deuint si grāt hōe quil getta le peuple disrael de si grāf et si griefz faitz quil portoit en egipte/ou qui mieuly est adire/dieu fist par luy ce quil auoit pmis a abraham. Quelz merueilles: car comme il sen fust fouy de egipte, pour ce que en deffendāt vng des enfans disrael, il auoit tue vng egipciē: dont il auoit eu grant paour/q̄ ne fust prins et mis a mort. Toutesfois y fut il depuis renuoie diuinement, et surmōta lesperit de dieu/les enchanteurs de pharaon: qui resistoient aux choses que moyse faisoit de p dieu. Lors furent apportees

par suz pũ playes notables sur les egip
ciens pour ce quilz ne vouloiẽt laisser al
ler le peuple disrael Cestassauoir leaue
muee en sãg les raines les mouchettes
q̃ len appelle rougeõs les grosses mou
ches que no⁹ appellons tahons ou guep
pes qui sont venimeuses, la mort des be
stes, les vecies la gresle, les locustes,
les tenebres sur terre⁊ la derniere la mort
des premiers nez. Dernieremẽt les egip
ciens ainsi cõme ilz poursupuoiẽt le peu
ple disrael lequel ilz auoient laisse aller
pour ce quilz auoient este tourmentez de
tant de plaies, furẽt mors ⁊ noyez en la
rouge mer. Quelles merueilles, car ain-
si cõme le peuple disrael se alloit la mer se
diuisa en deux ⁊ quãt les egipciens les
supuoient la mer se recloit ⁊ les noya.
Apres ce le peuple de dieu demoura soubz
le gouuernemẽt de moyses pl. ans ou de
sert quãt le tabernacle fut appelle, le ta
bernacle de tesmoingnage ou nostreseig-
neur fut adoure p sacrifices qui adnon-
coient les choses qui estoient a aduenir.
cestassauoir apres ce que la loy auoit ia
este donnee en la mõtaigne moust espou
entablemẽt. Pour certain la tresclere di-
uinite le tesmoignoit par signes merueil
leux. laquelle loy fut dõnee tantost aps
ce que il fut yssu degipte ⁊ quil cõmenca
a estre ou desert le .l. iour apres ce que ilz
eurent fait leur pasque par limmolaciõ
de laignel, lequel est en ceste maniere la
figure de nostre seigneur iesucrist qui de-
uoit par le sacrifice de sa passion passer de
ce mõde a dieu le pere. Quelles merueil
les car pasques en ebrieu, est iterprete pas
sement ad ce que desia quant le nouuel
testamẽt seroit reuele le .l. iour apres que
iesucrist nostre pasque fut imole. Le saint
esperit venist du ciel lequel est dit en leuã-
gile. le doy de dieu affin quil rappellast
nostre recordacion en la memoire du pre-
mier fait qui fut prefigure. car len racõte
que ces tables esqlles fut escripte la loy
estoient escriptes du doy nostreseigneur.

Apres la mort de moyses, iesunaue gou-
uerna le peuple disrael ⁊ se mist en la ter-
re de promission, ⁊ icelle il diuisa au peu-
ple. De ces deux ducz merueilleux fu-
rent faictes les batailles tresmerueilleu-
sement par lordonnance et voulente de
dieu, ne sa victoire ne vint pas tant au
peuple des hebrieux pour seurs merites,
cõme pour les pechez de ceulx ausquelz
ilz se combatoient. Ce peuple ia mys
en celle terre de promission, apres ces ducz
il peut iuges ad ce que ce pendant, cõmẽ
cast a estre rendue, la premiere promesse
faicte a abraham dune gent cestassauoir
hebree, la terre de chanaam, non pas de
toutes gens ⁊ de tout le monde Laquel
le chose laduenement de ihesucrist en la
chair, et non pas les obseruacions de la
vielle loy: mais la foy de leuangille a-
uoit a interiner ⁊ acomplir. De laquelle
chose la prefiguracion fut en ce que en la
montaigne de sinay auoit pris la loy de
dieu au peuple Mais iesus auql le nom
fut mis par commandemẽt en telle ma-
niere quil fut appelle iesus, mist le peu-
ple en la terre de pmission. Mais au tẽps
des iuges ainsy comme les pechez du
peuple, ⁊ en la misericorde de dieu se auo-
ient aussy se changoient les prosperitez
⁊ aduersitez des batailles. Apres le tẽps
des iuges sen vint au tẽps des roys des
quelz saul regna le premier lequel oppri
me et desconfit ⁊ mort par bataille, et sa
lignee reiectee ad ce que de luy ne venis-
sent ou succedassent aucuns roys, dauid
succeda au royaume duquel iesucrist est
dit filz. En laqlle chose vng article fut
fait, ⁊ en aucune maniere vng cõmence-
ment de la ieunesse du peuple de dieu: de
laquelle ieunesse aussy cõme vne adoles-
scẽce estoit menee de abraham iusques a
dauid. Ne pour certain mõseigneur saint
mathieu leuangeliste, ne recorde pas en
vain les generaciõs en telle maniere que
il recõmanda ce premier interuale de .xiiii.
generaciõs Cestassauoir de abraham

iusques a dauid. Quelles merueilles/ Car en adolescence cõmence hõme a engendrer. Cestassauoir a quatorze ans que lon appelle saage de puberte, (et pour ce print il sordre des generacions a abraham, lequel fut aussi constitue pere des gens quant son nom luy fut mue. Cestassauoir dabram en abrahã. Auant luy doncques, cest assauoir de noe iusques a abraham, Ce fut aussi cõme une enfance de ce lignaige de dieu, qui se appelle puericia, et pour ce fut trouuee la premiere langue cestassauoir hebree. Car a tel eage qui sappelle puericia, lomme cõmence a parler apres lenfance laquelle est ainsi appellee pour ce quil ne peult parler. Lequel aage pour certain ou bliance efface (et noye sicõme le premier aage de lumain lignaige fut par le deluge). Quans ne quelz trouueroit len, qui seussent recorder leur enfance. Cest adire ausquelz ilz souuenist du temps quilz ne pouoient parler. Et pour ce au cours de la cite de dieu aussi cõme le liure precedent cõtient ung mesmes aage en le premier aussi en contient cestuy cy ii. cest assauoir le second et tiers. Ouquel tiers aage pour la vache de trois ans, la chieure de trois ans, Et le mouton de trois ans, du fardeau ou colier de la loy fut impose et apparu labondance des pechez Et cõmenca le cõmencement du royaume terrien, ouquel les espirituelz ne desfaillirent pas desquelz le sacrement est figure en la turte ou au coulon.

¶ Exposicion sur ce chapitre.

En ce pliii. chapitre mõseigneur saint augustin parle commẽt apres sa mort de iacob et de ioseph, Le peuple disrael creut en la terre degipte, en telle maniere que le roy pharaon cõmanda que tous les enfans qui naissoient masles feussent occis, Et est ceste histoire du premier chappitre dexode, Et dit notablement monseigneur saict augustin en ce chappitre, q̃ anciennemẽt pharaon estoit le nom commun de tous les roys degipte pour ce que ce ne fut pas ce pharaon qui tãt ama ioseph Mais fut ung aultre qui puis regna long temps apres Car tant cõme ce pharaon qui tãt ama ioseph vesquit, le peuple disrael fut en paix et tranquillite dessoubz luy Apres quant il dit que moyses fut soustrait. etc. Cest une histoire du second chappitre de exode qui est assez commune, car il fut gette en leaue en laage de iii. mois en une petite foicelle pour ce que se pere et sa mere ne losoient plus garder, Lequel la fille du roy trouua qui se alloit lauer. Apres quant il dist quil surmonta diuinement en lesperit de dieu les enchãteurs de pharaon etc. Ces choses sont du viii. chappitre dexode. Apres quãt est des x ii. playes degipte, elles sont contenues au vii. chapitre et es ensuyuans iusqs au xii. Apres quant il parle cõment le peuple disrael passa la mer, et noya les egipciens Cest du xiiii. chapitre dexode. De la maniere du deptement de ce peuple, et comment il se partit degipte, et pour quelle cause il se treuue selon la bible en exode ou il est dit que nostre seigneur eut pitie deulz pour la grant affliction, dont ce peuple estoit tourmente par les egipciens. Justin en son xxxvi. liure, dit que il fut boute hors degipte, pour tigne et meselerie qui estoit en egipte, dont plusieurs estoiẽt entechez affin que celle maladie ne sestẽdist a plusieurs, et que ce fut fait par le respons des dieux, et dist que moyses fut fait duc et capitaine des exilliez, et que il embla les reliques des egipdẽs, pour laquelle chose ilz se poursuiuirent a armes: mais ilz furẽt cõtraintz a retourner en leurs maisons par tempestes qui sourdirent. Et cornelius catiuus selon orose ou dit v. chapitre, raconte que cõme il y eust en egipte vne maladie contagieuse/ sicōme seroit lepidimie. Vng roy appelle bachorim/ alla au temple des ydoles pour auoir responce de ceste chose Lequel eut en responce que ceste pestilence cesseroit. se len boutoit hors ceulz qui hayoient les dieux. & les enuoiast on en aultres terres. Ancoires dist orose en ce mesmes lieu, que ou riuage de celle mer au parfons tant cōme la mer se peult estendre. apparent ancoires les traces des roes des chairs. et que sil aduiēt que vent ou autre chose les empesche a veoir ou les efface, elles retournent arriere en leur fourme/ pour auoir tousiours recordacion de ce miracle. & cōbien que len lappelle la mer rouge, toutesuoyes nest elle point plus rouge que lautre mer/ mais cest pour le sablon du riuage qui est tel. Aprez quant il parle de la loy qui fut donnee moult espouentablement en la montaigne de sinay. Cest du xix. chappitre dexode Ou il dist que quant nr̄eseigneur descendit en celle montaigne pour bailler sa loy a moyses Len cōmenca a oyr tonnoirres et fouldres et sons de buisines & Vne grant nuee & espesse couuroit celle montaigne. & mōtoit fumee de celle montaigne aussi cōme dune fournaise et estoit tout ce mont espouentable/ & le son de ces buisines croissoit de plus en plus. Aprez quant il parle des aages dadolescence/ & denfance/ il est assauoir q̄ selon ysodore en son pi. liure des ethimologies ou ii. chappitre, Il ya vi. aages/ desquelz le dernier a ii. membres Cestassauoir enfance qui est laage ouq̄l vng enfant ne peult parler a droit. Le second est puericia qui dure iusques a xiiii. ans. Aprez ya adolescence/ qui dure iusques a xxviii. ans Et lors peult lomme engendrer/ & ya ieunesse q̄ dure iusques a xl. ans. Et sy ya laage dōme parfait qui dure en bonne prudēce iusques a lxx ans. & puis ya vieillesse qui dure iusques a sa fin de sa vie. & celle vieillesse a ii. mēbres car il ya senectus q̄ est la premiere partie de vieillesse. Et la seconde partie que nous appellons senium, Laquelle aucuns appellent aage decrepit dōt dauid dist ou psaultier. Vsque in senectam & senium deus ne derelinquas me. Et de ces aages il ya deux vers qui sont telz/ Infans inde puer/ adolescens post iuuenis vir/ Ciuitur inde senex postea decrepitus. Et est a noter ce. car monseigneur saint augustin dit, que en adolescence cōme peult engendrer/ & par consequent est fait pubes sans attendre que il ait lanuginé et q̄ il ait piili. ans acōplys. Et ce dist expressement ysodorus ou dit ii. chapitre, qui dist, que cest trescertaine chose que celluy qui est pubes, qui par sa disposicion ē ē son corps/ monstre que il peult engendrer.

¶ Cy fine le xvi. liure de mōseigneur sainct augustin de la cite de dieu.

Cy commencent les rubriches du xviii. liure de mõseigneur saint augustin de la cite de dieu qui contient xxiiii. chapitres.

Des temples des prophetes. Chapitre premier.

En quel temps fut acomply la promesse de dieu de la terre de chanaam, de laquelle le peuple disrael charnel print la possession. ii.

Des iii. manieres de significacions des prophetes lesquelles sõt rapportees maintenãt a la significaciõ terriëne maintenant a la significacion celestiëne, maintenant a lune et a lautre. iii.

De la cõmutacion du royaume disrael, et de la prestrise, et des choses q̃ anne a prophetisa, laquelle fut mere de samuel, portant ou representãt la persõne de leglise prophetisa. iiii.

Des choses que lomme de dieu par sa help le prestre en prophecie, en luy signifiant que la prestrise qui auoit este ordõnee selon aaron seroit ostee. v.

De prestrise et royaume des iuifz, lesquelz cõme lon les dye estre establis par durablement, ne sõt mais ad ce que par ce lon entẽde autres choses. vi.

De la disrupcion du royaume disrael, par laquelle est prefiguree la perpetuele diuisiõ disrael espirituel a israel charnel. vii.

Des promesses faictes a dauid en sõ filz salomon, lesquelles ne se demonstrẽt en quelque maniere auoir este acomplyes fors en iesucrist. viii.

Comment la prophecie de iesucrist qui est ou lxxxviii. pseaume, soit semblable aux choses qui es liures des roys sont prinses par nathã le prophete. ix.

Moult diuerses choses furẽt faictes ou royaume de la terrienne ierusalem a celles que nostreseigneur auoit promises a ce que len entẽdist la verite de ceste promesse appartenir a la gloire daucun roy et dautre royaume. x.

De la substãce du peuple de dieu laquelle est en iesucrist par la suscepcion de la chair, cest a dire de ce q̃l print chair humaine, lequel seul eut la puissãce doster son ame denfer. xi.

A la personne desquelz soit a entendre que celle requeste des choses pmises appartiennẽt desq̃lles il est dit au psaultier. Sire ou sont les anciennes miseracions. etc. xii.

Assauoir se la verite de celle paix q̃ fut pmise, puisse estre attribuee es tẽps esquelz salomon regna. xiii.

De lestude dauid en lordonnãce des pseaulmes. xiiii.

Assauoir se toutes les choses q̃ sõt p̃phetisees es pseaulmes de iesucrist et de leglise sont a adioindre a lordõnance de ceste oeuure. xv.

Des choses qui ou xliiii. pseaume appartenans a iesucrist et a leglise, sont dictes ou apptiennẽt, ou en figure. xvi.

Des choses qui ont S. et ix. pseaulmes sõt escriptes appartiennẽt a la prestrise de iesucrist, et des choses qui ou xxi. appartiennent a sa passion. xvii.

Du iii. pseaulme et du xl. et du xv. et

lxviii.esquelz la mort & resurrectiõ de nostre seigneur sont prophetisees. xviii.

¶ Du lxviii.pseaume/ou quel l'obstinee desloyaute des iuifz est desclairee. xix

¶ Du royaume dauid & de son filz salomon/& de sa prophecie que s'en treuue appartenir a iesucrist. ou es liures qui sõt acõpliz a ses escriptures ou en ceulz desquelz il n'est pas doubte que ilz sont de sup. xx.

¶ Des roys apres salomon soit en isra el soit en iuda. xxi.

¶ De Jeroboam qui par mauuastie & ydolatrie fist desuoyer de la loy/se peu ple a luy subgect. ouql toutesuoyes dieu ne defaissa pas & les prophetes a inspirer & garder plusieurs combien quilz fussẽt ydolatres. xxii.

¶ Du diuers estat de l'un & de l'autre royaume des hebrieux iusquez a tãt que l'un & l'autre peuple feussẽt menez en chetiuete en diuers temps rappelle apres iuda en son royaume/Lequel vint derniereme~t en la puissãce des rõmains. xxiii

¶ Des prophecies qui furent dernierement es iuifz, lesquelz l'istoire de l'euangille dist auoir este enuiron le temps de la natiuite de iesucrist. xxiiii

¶ Cy finent les rubriches du xviii liure.

Cy cōmence le xviii. liure de monseigneur sainct augustin de la cite de dieu.

Des temps des prophetes. C.i.

A cite de dieu courant par lordre des temps a demōstre cōment soiēt acōplies les pmesses de dieu qui furent faictes a abraham/ a la lignee duquel nous auōs apris/ a la gent disrael selon la chair a toutes gens selō sa foy estoient deues par la pmesse que dieu luy auoit faicte/ a pour ce que le liure precedēt a este poursuyui iusques a dauid lequel fait la fin dicelup. Il nous fault poursuyuir a predre depuis sō tēps les choses qui sensuiuēt tāt cōe il en sera mestier a ceste oeuure que nous auons entreprinse/ a ainsi le tēps que samuel cōmenca a prophetiser. Et aps iusqs ad ce que le peuple disrael fut mene en la captiuite de babilōne/ a depuis quilz furēt retournez lxx. ans aprez selō la prophecie de ieremie le prophete/ a que le tēps fut ozdõne au peuple dısrael. tout ce tẽps est du tẽps des ꝑphetes car ia soitce q̃ nous puissõs appeller ꝑphete/ et nõ pas sans cause ce patriarche noe/ou temps duq̃l toute la terre fut perie par le deluge/et les autres nõmez cy dessus et cy dessoubz ius ques au tẽps que les roys cõmencerẽt a regner sur le peuple de dieu pour aucũes choses en aucũe maniere adnõcez et par eulx signifiez aduenir/ lesquelz apptiẽ nent a la cite de dieu/et au royaume du ciel/mesmemẽt qͥl en y a aucũs q̃ sõt nõ mez pphetes qui ont nõ de pphete/sicõe abraham et sicõe moyse/toutesuoies sont prins pͥncipalemẽt les tẽps des ꝑphetes au tẽps que samuel cõmẽca a ꝑphetiser Lequel enoinct premieremẽt saul en roy et ycelui reprouue/cõsacra ou oignit ap̃s dauid/en roy p le cõmãdemẽt de dieu/de la lignee duquel toꝰ les autres roys se rõient iusques a ce quil les coũenoit auſſy succederẽt se ie ̃voulơie dõc racõter les cho ſes qͥlz ont dictes et adnõcees de iesucrist cõe la cite de dieu courut par ces tẽps en mourãt/ses mẽbres moꝛs et naiſſãs auec ceulx q̃ succedoiẽt. ce seroit aller auãt sãs mesure. Premieremẽt/car se celle escrip ture/laquelle sẽble estre occupee a racon ter/auſſy cõe p diligẽce distoire tous les roys p ơzdre/leurs faitz et ce q̃ est adue nu en leur temps est cõsidere et traicte a lap̃ de lesperit de dieu. Il sera trouue qͥl se est plus entẽtiue/ou aumois/nõ pas moins a adnõcer les choses a aduenir q̃ les choses passees. Et q̃ est celui qui pẽse ces choses ancoire moiẽnemẽt q̃ ne sache que ces choses enquerir en ꝑsecutãt/et le mõstrer en desclairãt/cõbiẽ est chose lõ gue et de grãt labour/cõbiẽ il fauldroit de volumes a escripre. Ap̃s pource que ces choses mesmes desquelles il nest pas doubte quelles apptiẽnent a ꝑphecie/ sõt auſſy de iesucrist et du royaume du ciel/ laquelle chose est la cite de dieu. Ce ou utir et desclairer est plus grãt disputaciõ

et y est plus grãt necessite que la maniere de ceste oeuure ne requert. Et pour ce se ie puis iatẽperay mõ stile, en telle manie re q̃ a lap̃ de dieu/en ꝑfaisãt ceste oeu ure ie ne dirap chose supffiue ne ie ne lais serap riẽs de ce qui sera a dire necessaire ment.

⁋ Eppʃiciõ sur ce chapitre.

En ce pBlii. liure mõseigneur sait augustin cõmence apourʃuiuir pͥncipalement les cours de la cite de dieu seõ deux aages/dont le premier aage est du roy dauid/iusques a la transmi graciõ de babilõne. Et le secõd est de la trãsmigraciõ de babillõne iusques a ie sucrist. Et dit monseigneur sait augusti que tout ce tẽps samuel cõmẽca a ꝑphe tiser et depuis iusques ad ce que le peuple disrael fut mene en la captiuite de babi lõne/et quil en fut deliure selon la ꝑphe cie de ieremie/et que le tẽple fut restaure/ tout est le temps des ꝑphetes/et mõstre toutes ces choses cõment enquerir et en sercher et apres les mõstrer et determiner il y fault auoir trop de volumes Car si cõe dit la saincte escripture/il y a trops sens. Cest asſauoir listoire selõ la lettre lespirituel et le mistique

⁋ En quel tẽps fut acõply̾e la ꝑmesſe de dieu de la terre de chanaan/ de laq̃lle le peuple disrael charnel prĩt auſſy sa possession. C.ii

Nous auõs dit au liure precedẽt que deux choses furẽt ꝑmises a abrahã des le cõmencemẽt des ꝑmesses q̃ lui furẽt faictes/cestaſſauoir lune que sa lignee possederoit la terre de chanaã Laquelle chose est signifiee ou il est dit y̾a en la terre que ie te demõsterap et ie te feray en grãt gent/ Et laultre pro messe fut plus grãde et pl̾ noble de trop. Laquelle fut de la lignee espirituelle/et nõ pas de la charnelle p laquelle ꝑmesſe il fut fait pere/nõ pas dune gent ou dun

f.iiii.

peuple disrael. Mais de toutes gens qui lesupuiroient a ses loyes La qlle chose comēca a estre pmise p ces posses/ τ toutes les lignees de terre dist il serōt bieneureez en toy/ τ depuis nous auōs monstre par moult dautres tesmoignages ces deux pmesses. La lignee dabrahā estoit donc ia en sa terre de promissiō. Cestassauoir le peuple disrael selō la chair nō pas seulemēt en tenāt τ possedāt les citez de leurs aduersaires mais aussy auoiēt ilz iā cōmēce a regner en ayant roys Les pmesses de dieu ia acōplies de ce peuple en grāt ptie/ nō pas celles q auoiēt este pmises a ces trops/ cestassauoir abrahā psaac/ Jacob τ qlcōques autres faictes en leurs tēps/ mais aussy p moyse/ par lequel ce mesmes peuple fut deliure de la seruitude des egipties/ τ p lequel toutes les choses passees furēt reuelees en sō tēps quant il menoit le peuple p le desert/ ne celle promesse de la terre de chanaā dun certai sleuue degipte iusqs au grāt sleuue deufrates nauoit pas este acōplie pce noble connestable ihesunaue/ par leql ce peuple fut mis en sa terre de pmissiō. Et sa diuisa aux pti.lignees a q ntreseignr cōmāde apz ce quil eut descōfis ses gēs du pays τ puis trespassa. Ne sen profetisoit pas sors ce q est aduenir/ mais attēdoit len q ce qui estoit pphetise seust acōply. mais il fut acōply p dauid τ sō filz salomō le royaume duql acreut tāt comme il estoit promis. Quelles merueilles/ car ilz subiugueret ceulz peuples τ les firēt tributaires La lignee donc dabrahā fut soubz ces roys cōstituee en celle terre de pmissiō selō la chair/ cestassauoir en la terre de chanaā ad ce ql ne demourast riens q celle tertiēne pmesse de dieu ne seust acōplye/ en laqlle saget hebriee en tāt cōe il apptiēt en la psperite tertiēne/ fut demouree en ferme estat iusqs a la fi de ce ciecle mortel/ se ilz eussent obey a ntreseigneur dieu ntre createur/ mais pource ql sauoit que celle gēt ne lacompliroit pas/ il ysa

desses aussy de peines tēporelles/ affin de exercer aucū pou des sies loyaulx, et admōnester ceulz q deuoiēt estre en toutes gēs/ ce ql leur conuenoit a admōnester/ esquelz reuele se nouueau testamēt il auoit a acōplir lautre pmesse par sincarnaciō de iesucrist.

⁋ Exposiciō sur ce ii.chapitre.

Onseigneur saint augusti dēmōstre cōmēt p la premiere pmesse q fut faicte a abrahā ii.choses luy surēt pmises/ τ cōment cōbien q iesunaue mist le peuple hebrieu en la terre de pmission/ en telle maniere q aprez ce qlz eurēt descōfit les ēnemys ce ihesu diuisa les heritaiges entre eulx τ qlz tenissēt τ occupassēt les citez de leurs aduersaires τ eussēt roys/ toutesfois nestoiēt pas encoires acomplies ces promesses ne ne furēt iusqs au tēps de dauid τ de salomō sō filz lesqlz les firēt tous tributaires/ τ dit q ces pmesses furēt acōplyes quāt a sa charnalite/ τ quāt aux biēs tēporelz τ quelle eust dure iusques a la fin du mōde silz ne sussēt espirez/ Mais pour ce que ntreseigneur sauoit biē qlz sepiroient il ysa deulz aussy cōe de peines tēporelles pour exercier aucū pou de biens q estoiēt a aduenir/ esquelz lautre pmesse le nouueau testamēt reuele est acomply p lincarnaciō de iesucrist/ τ sont ces poses quil repette de ces promesses du xvii. chapitre du liure precedēt. Outre mōseigneur sainct augustin dit que se ce peuple se feust tenu en son estat il fust demeure en celle terre de chanaā tāt cōe le mōde eust dure Mais pource que dieu sauoit q il ny demeuroit poīt il esleut aucuns loyaulx a exercer en celle terre τ a admōnester ceulz q apres estoiēt a aduenir en toutes gēs/ ce qui leur cōuenoit a admonnester.

⁋ Des trois manieres de significaciōs des prophetes lesquelles sōt rapportees maintenant a la significaciō tertiēne/ maintenant a la celestienne/ maintenāt a lune et a lautre. C.iii

Selon lesqlles choses aussy comme ces diuins respōs qui furent faiz a abrahā psaac τ iacob τ qͥ conques autres signes qui ont este faiz ou diz es sainctes escriptures precedētes toutes aiussy les autres pphecies qͥ ont este depuis le tēps de ces roys appartiennent en partie a la gēt de sa chair dabrahā. En partie en celle signee dicelluy, en laquelle toutes gēs sōt beneys, lesquelz sōt coheritiers de iesucrist par le nouuel testament a auoir sa vie pardurable τ le royaume des cieulx, dōcques appartiennent elles en partie a la chāberiere qͥ engedra en seruitude, cestassauoir a la terriēne ihrlm, laquelle sert auec ses enfans τ en partie a la cite de dieu, cestassauoir sa vraye ihrlm pardurable es cieulx, de laquelle ses filz des hōmes qui viuēt selon dieu sont peserins en terre. Mais en ces pphecies il y a aucunes choses qui sōt trouuees apptenir a lune τ a lautre, cest assauoir a la serue ou chamberiere ppiement τ en sa franche en figure, τ ainsy se treuue troys manieres de parler des prophetes, τ les aucūs apptiennēt a la terriēne ihrlm, aucūs a la celestiēne, τ aucūs a lune τ a lautre. Je voy q lē peult prouuer ce que ie dy par exēples. Nathā le prophete fut enuoye a dauid pour lorgueil de son grief peche, et pour luy anoncer les maulx qui en estoiēt a aduenir τ q en aduindrēt. Et qui est cesui q doubte que ces choses τ sēblables nappertenissent a la cite terriēne, quant vng chascun desyra auoir telz diuins respōs seust en publicq, cest a dire pour lutilite du peuple, fust en priue pour les choses priuees, se car ses quelz respōs lē cōgnoissoit aucūes choses a aduenir pour lusaige de sa vie tēporelle, mais sans doubte la souueraine ihrlm est prophetisee de laquelle dieu est le souuerain roper, τ la ou sauoir et estre

sie, cest le bien, τ le souuerain bien ou lieu ou lēn fist telles paroles. Decy dist nreseigneur q les iours viennēt τ ie acōpliray τ consumeray a la maisō disrael τ a la maisō de iuda mō testamēt nouuel, nō pas selō le testament que iay ordonne a leurs peres le iour q ie les prins pses mais pour les mettre hors de la terre degipte, τ pour ce qͥ lz ne demourerent pas en nre testamēt, les ay ie mis en nō chaloir dist nreseigneur. Car cestuy est mō testamēt que ie ordōneray a la maisō disrael aps ceulx iours ce dist nreseignr en leur bailleray mes loyx en leur pensee τ les escriray dessus leur cueur τ les verray, τ ie leur seray en dieu τ ilz me serōt en peuple. Mais ce que ihrlm est appellee la cite de dieu, ce appartien a lune τ a lautre cite, et en celle ihrlm est prophetise la maison de dieu auoir, τ sēble que celle pphecie fust acōplye, quāt le roy salomō edifia ce tresnoble tēple, car selō listoire ces choses aduindrēt en la terriēne ihrlm, τ si furēt figurees de sa ihrlm celestiēne. La qlle maniere de prophecie aussy cōe cōposee a mes see es liures canonicqs anciēs, esquelles sōt cōtenues les variaciōs des choses aduenues τ qͥ ont este faictes. Vault mieulx a exercer les engins de ceulx qui enquierēt τ encerchent les sainctes escriptures, q ce qui est a nōcer selō listoire, τ qͥ len list estre acōply en la signee dabrahā selō la chair. Lē enquiere aussy en la signee dabrahā, qlle chose elle signifie a estre acōplye par figure ou en figure, en tāt que il a sēble q riēs na este adnōce faire en ces liures ou faitia soit ce quil nait pas este adnōce, qui ne sēble que en aucunes choses il demōstre aucūe chose qui doype estre rapportee p significaciō figuree a la souueraine cite de dieu, τ a ses enfās qui sōt leur pelerinage en ce mōde. Mais sil est ainsy ces paroles des prophetes ne seront pas parties en trois, mais en deux τ qui plus est seront teues de toutes les escriptures qui sont appellees au nom du viel testament, car il ny aura riens la qui apptienne a la terriēne ihrlm se tout ce q̄ est fait ou acōply delle ou pour elle signifie aucūe chose. Laquelle en prefiguraciō alegoricque soit aussy rapportee a la celestiēne ierusalē, mais il y a tāt seulemēt deux manieres de pphecies, Lune q̄ appartiēdra a la frāche ihrlm. Lautre q̄ appartiendra a lune ē a lautre, mais il me sēble que aussi cōe ceulx erēt merueilleusemēt qui en ces manierees de parolles cuidēt q̄les ne signifiēt riēs fors les choses par les manieres quelles ont este faictes. Aussy sont moult hardis ceulx qui maintienēt q̄ toutes les choses qui sōt escriptes sōt ēuolopees de significaciōs allegoricques, cest a dire quil ny a riens ou il ny ait quelq̄ figure cōprise. et pour ce ie dy que ceste posse de pphete nest pas partie en deux mais en trois, a de ce cuide ie sās blasmer, toutesuoies ceulx q̄ peurēt traire de quelconque chose aduenue le sēs de lintelligēce ou entendemēt espirituel gardee, toutesuoies auāt toute oeuure la Verite de listoire est a croire. Mais qui est ce lui qui doubte que ceulx ne plēt en vain qui diēt que ces choses q̄ sōt ainsy dictes ne se puissēt accorder aux choses faictes ou a faire diuinemēt ou humainement. Qui est celui q̄ sil peult ne ramaine ces parolles a lētendemēt espirituel, ou qui ne confesse que elles y sōt a ramener aucunement par celui qui le peult faire

¶ Exposicion sur ce chapitre.

En ce iii. chapitre mōseignr saint augustin demōstre, cōment ilz sont troys manieres des paroles des pphetes car les auēs sicōe il dit appartiennēt a la ihrlm terriēne. Les autres a la ihrlm celestiēne, Les aultres a lune a lautre. Mais a la terriēne selon listoire. Et la celestiēne en figure, a fait iiii. choses en ce chapitre. Premieremēt il met sa posicion. Secōdemēt il la preu-

ue. Tiercemēt il argue au cōtraire. Et quartemēt il reprent sa conclusiō. La seconde partie se cōmence ou il dit. Je sçay que len peult prouuer. etc. La tierce cōmence ou il dist, mais sil est ainsy. etc. Et la quarte ou il dist. Et pour ce ie dy. acetera. Quāt a celle maniere q̄ appartient a la ihrlm terriēne, cest la ou dist Nathan le prophete, et est Vne histoire de bible. ii. Regum pi. et pii. capitulo. Laqlle est telle q̄ dauid auoit vng tresbō cheualier appellé Vrie q̄ auoit espouseVne fēme appellee Bersabee. Or est vray que vng iour dauid la veit de ses fenestres, ou elle se lauoit sicōe elles le faisoiēt anciennement. Et pour ce ql la veit belle il la couuoita a fist tāt quil eut a faire a elle, a puis fist occire sō mary Vrie, a lēuoya en vne bataille, a māda a Joab q̄ il le meist sy auāt en la bataille ql y fust occis, aīsi fut fait, a en ce cōmist homicide a adultere. Et lors nrēseigneur luy ēuoya nathan le pphete q̄ luy fist la questiō du poure q̄ nauoit que vne brebis, laquelle il auoit nourrie, a du riche qui en auoit plusieurs lequel riche auoit raui au poure la siēne dōt il nauoit plus, dōt dauid fist le iugemēt, a tātost nathā se retourna sur lui a luy dist q̄ cestoit il, a luy dist cōmēt le glaiue ne partiroit iamais de sa maisō, a q̄ lēfant ql auoit engēdre en bersabee mourroit. La secōde maniere de la posse de pphecie est ou il dist Mais sās doubte. etc. Et sōt ces posses escriptes ieremie xxxi. La tierce maniere laqlle apptiēt a lune a lautre, il preuue ou il dist Mais ce que etc. finablemēt il cōclud que se doit garder premieremēt la Verite de listoire. secūdemēt q̄ gardee a sauuee la Verite de listoire, celuy q̄ pourra riens extraire de listoire quil atrape le sēs de intelligēce espirituelle. Et tiercemēt que se aucunes choses sōt dictes en telle maniere quil nappertiēt pas a les entēdre selō la lettre, sē les doit ramener a lintelligence espirituelle.

¶ De la cõmutacion du royaume disrael/ ⁊ de la prestrise ⁊ des choses que anne la prophete laquelle fut mere de samuel portãt ou representãt la persõne de leglise prophetisa. C.iiii.

Doncques la cite de dieu vint aux rops/quant aprez ce q̃ saul fut reproche/dauid obtint premierement le royaume/en telle maniere q̃ ses successeurs regnassẽt aprez luy longuemẽt par succession en sa terrienne ih̃rl̃m. Ceste chose ainsy faicte dõna figure. laq̃lle signifiae⁊ adnonca la mutacion des choses a aduenir qui appartiẽt aux deux testamẽe/cest assauoir le viel ou le nouuel/ou le royaume ⁊ la prestrise furent muez par ce mesmes prestre⁊ roy nouuel pdurable qui est iesucrist Laquelle chose nest pas a delaisser ne a taire. Car aprez ce que hely qui estoit prestre fut reprouue samuel fut substitue en sõ lieu pour faire le seruice de dieu/⁊ vsa doffice de prestre ⁊ de iuge ensẽble/⁊ ce q̃ ie dy figurerẽt que saul deboute: Le roy dauid fut sõde ⁊ institue au royaume/il sẽble aussi que anne la mere samuel prophetise ou veuil le pphetiser autre chose/laq̃lle auoit este brehaigne/⁊ sesiouist aprez de ce quelle auoit conceu/⁊ en sesiouissãt rẽdoit graces a dieu/ aprez ce q̃l fut ne ⁊ seure elle se rẽdit a dieu p celle pitie par laq̃lle elle luy auoit voue. car elle dist ces pstles ⁊ fist ceste cãticque. Mõ cueur est conferme en nr̃eseigneur/⁊ mõ cueur est esleue en mõ dieu/ Ma bouche est descẽdue sur mes ennemps/⁊ ie me suys esioye en desirãt tõ salut/car ie scay bie̅ q̃l nest nul sainct si cõe nr̃eseign̅r/ne nul iuste cõe est nostre dieu/il nest nul sainct fors toy Ne vous veuillez glorifier ne pser haultes choses/ne de vostre bouche procede q̃sque mauuaistie/car dieu est seigneur des sciẽces/⁊ dieu est preparãs ses adinuẽcions. il a fait foible ou malade. larc des puissãces

⁊ les malades ou non fermes sõt plais de vertus. Ceulx qui estoient plains de gens sõt apeticez ⁊ ceulx qui auoiẽt faim sõt passez en terre/car la brehaigne en a eu vng. et celle qui en auoit plusieurs a este malade/nr̃eseign̅r mortifie ⁊ viuifie il maine en esfer/⁊ ramaine. nr̃eseign̅r fait le poure ⁊ lenrichist/⁊ lumilie ⁊ lessl̃ieue ⁊ lieue se poure de terre/⁊ eslieue le soufreteur de soidure/affin quel se mette auec ses puissãs ou peuple/en leur baillant a heritaige le siege de gloire/⁊ donnant au viuãt sõ veu/en beneissãt les ãs du iuste/car lõme nest pas fort en vertu. nr̃eseign̅r fait malade sõ aduersaire/nr̃eseign̅r est sainct/ne se glorifie pas lõme prudẽt/ en sa prudẽce/ne le puissãt en sa puissance/Ne le riche en ses richesses/Mais ait gloire de ce q̃l se glorifie/de entendre⁊ seruir dieu/⁊ faire iugement ou milieu de la terre/Nr̃eseign̅r mõte aux cieulx/⁊ iugera les dernieres pties de la terre car il est iuste ⁊ donne vertu a noz rops/⁊ a esleue le cor ⁊ le coing de sõ crist Mais cuidera lẽ que ces pstles soiẽt dũe femelette. soy esioissãt de ce quelle auoit eubng filz Est tant la pẽsee des hões cõtraire a verite/quelle ne sẽte q̃ ses moctz quelle dist surmõtent la maniere cõmune de pser de fẽme/toutesuoies celui qui est meu par les choses q̃ il a veues estre a cõply cõuenablement es choses qui sont encõmencees en ce pelerinaige terrien/ne cõsidere il pas/regard ⁊ cõgnoist p celle fẽme ainsi p lesperit de pphecie/ le nom de laq̃lle est aussi interprete grace/ la religiõ ⁊ foy de iesucrist/ ⁊ aussi la cite de dieu/de laquelle les orguilleux sõt estrãgies ab ce quil cheent/⁊ de laq̃lle les hũbles soient rẽplis ⁊ se lieuẽt. Ce que cest hymne dist principalemẽt/ ce nest que p aduẽture/aucũs dict que celle fẽme ne prophetisa riẽs/ mais que tãt seulemẽt elle auoit foe dieu en soy esioissãt du filz q̃ a uoit eu/duq̃l auoir elle lui auoit fait re queste. Que veult dōc dire ce quelle dist Il a faist larc des puissans malade/ales malades sont sains de vertu/ ceulz qui estoient plains de pains sont apeticez/ a les mourans de faim sōt passez en la terre car la brehaigne en a eu vng/ a celle qui habondoit en enfās est faicte malade/ et nen eust elle pas vng/ ia soit ce q̄ elle eust este brehaigne elle en auoit eu vng quāt elle dist ces choses/ a aussy nen enfanta elle pas depuis vng. ou de vi. desquelz samuel fut le vii. Mais trois masles et trois femelles. Apres cōe nul ne regnast en ce peuple. dont ce fut ce que elle dist au dernier des cāticques/ se elle ne prophetisoit ces parolles/ il donne vertu a noz roys a esliewe le cornet de n̄re crist. die dōc leglise de n̄re crist la cite du grāt roy plaine de grace. platureuse de lignee die dy ie ce que elle cōgnoist q̄ a este pphetise p la bouche de ceste doulce a debonnaire mere cest assauoir mō cueur est cōferme en n̄re seigneur/ a ma chair est esleuee en dieu le cueur est biē cōferme/ a le cor vrayemēt esleue pource que ce nest pas en soy: mais en dieu sō seigneur. Ma bouche est estendue sur mes ennemys pour ce que la parolle de dieu nest pas pee aux āgoisses des tribulaciōs/ ne nest poīt lye es adn̄o ceurs qui sōt lyez. Je me suis dist elle esioye. en attēdant ton salut cest ihesucrist. ce ihesus lequel sicō il est dit en lescripture Simeon ēbrassa le petit a le cōgneut grant/ a duquel il dist Sire tu laisses maītenant ton seruiteur en paix pour ce que mes yeulz ont veu ton salut. Cest a dire ce que ie attendoie a veoir. Et aussy dist leglise ie me suis esioy en ton salut/ en attendāt ton salut/ pour ce que il nest nul saīct sicō n̄re seigneur/ a sy nest nul iuste sicō est n̄re dieu/ aussy cōe saīct et sāctifiāt iuste a iustifiāt Il ny a nul saīct fors toy Car nul ne lest fait que par toy Apres sēsupt en celle canticque. Ne vous veuillez glorifier a ne veullez pler haultes choses/ ne p̄sent pas de voz̄tre bouche

mauuaises pol̄les/ car dieu est seigneur a maistre seigñr des sciēces il v̄o sert ou nulz ne vous sert/ car celui se decoit qui cuide q̄ il soit aucūe chose cōe il ne soit riē Ces choses sont dictes aux aduersaires de la cite de dieu appartenās a babilonne lesq̄lz presumēt de leur vertu a sen glorifient/ a ne se glorifiēt pas en n̄re seigneur/ desquelz sōt aussy les charnelz disrael terriēs a citoiēs de la terriēne cite de ih̄lm Lesq̄lz ygnorēt sicōe dist l'apostre La iustice de dieu/ saq̄lle dieu dōne aux hommes/ seq̄l seul est iuste a iustifiāt/ a voulāt iustifier la leur Cest a dire sicōme ilz eussēt acq̄s deulx mesmes/ a nō pas q̄lle leur seust dōnee de sui ne sōt pas subgetz de dieu/ pour ce q̄ en verite ilz sōt orgueilleux/ en cuidāt q̄lz puissēt plaire a dieu du leur/ a nō pas de ce q̄ est de dieu lequel est dieu des sciēces/ a p ce arbitre a iuge des cōsciēces en voyāt sa les pēsees des hommes pour ce q̄lles sont haines. Se elles sōt des hōmes a nō pas de luy/ a ordonnāt ce dist elle ses inuēcions/ q̄lles adin uēcions cropōs noue fois que les orgueilleux cheient a q̄ les humbles se esliewent Quelles merueilles/ elle poursuyt ses adinuēcions en disāt. larc des puissās est affoiblie/ a les malades ou les foibles sōt sais de vertu. Larc est malade ou foible cest assauoir lintenciō de ceulz ausq̄lz il sēble q̄lz sōt sy puissās/ q̄ par suffisāce humaīe sās le dō a aide de dieu/ ilz puissēt acōplir ses diuīs mādemēs ou cōmādemēs. Et ceulx q̄ sont sains de vertu desquelz la voix de pdedens est telle. Sire ayez mercy de moy/ car ie suis malade/ Ceulx dist elle q̄ estoiēt plains de pains sōt amēdris/ a ceulx q̄ estoiēt famīlseux sōt passez en la terre. lesq̄lz sōt a entendre plaīs de pais fors ceulx mesmes disrael. Ausq̄lz aussy cōe a gēs puissās lē a baille les parolles de dieu. mais en ce peuple le filz de la serue ou chāberiere fut amēdry ou apetice/ par laquelle polle exprimee mains suffisammēt en latin/ est il toutesuoies bien exprime, q̃ ilz sõt fais les mẽbres des peuples gras, car ces peines cest a dire les posses diuines, lesquelles ceulx disrael prndiẽt seulz de toutes gẽs ilz ne sentêt que choses terriennes: mais les gẽs ausqlz ceste loy nestoit pas donnee depuis quilz Bindrẽt a ces posses p se nouueau testamẽt. en ayant grãt faim passerẽt sa terre. pource que en ces paroles ilz ne assauouroiẽt pas les choses terriennes mais celestiẽnes. Et fut ditelle pour ce que sa brehaigne en a porte vii. et celle est malade et assoiblie qui en auoit plusieurs, en respõdant aussy cõme se le demãdast sa cause pour quoy il fut fait, Tout ce qui estoit a prophetiser demonstre psaictemẽt auq̃ cõgnoissãs se nõbre de vii. auquel luniuersal perfectiõ de leglise est signifiee. pour laqlle chose mon seigneur sainct iehan sapostre escript aux vii. eglises. En se dẽmõstrant pceste maniere a sa psenitude de vne esglise, a salomon en ses prouerbes. en presigurãt parauãt ceste chose, dist ces paroles. Sapiẽce dist il edifia a soy vne maisõ & sa substẽta ou soubstint de vii. colonnes. car sa cite de dieu estoit brehaigne en toutes gẽs Auãt q̃ celle porture q̃ no⁹ regardõs fust nee, cestassauoir nrẽseignr iesucrist. No⁹ regardõs aussi que ierusalẽ sa terriẽne, laqlle auoit grãt h̃abõdãce de filz est malade & apeticee. pource q̃ to⁹ ses filz de la frãche qui estoiẽt en ycesse estoiẽt de telle Bertu, mais a psent pour ce que sa lettre est sa, & q̃ lesperit ny est pas, elle est malade pour ce q̃ lle a perdu sa Bertu. Nostre seigneur dit elle mortifie & Biuifie. Cest a dire q̃l a mortifie celle q̃ h̃abõdoit en fãs, & a Biuifie ceste brehaigne. q̃ en a porte vii. Ia soit ce q̃ sẽy peust entẽdre plus cõuenablemẽt, q̃l a Biuifie ceulx mesmes, lesquelz il a mortifie, car elle se rapporte aussy cõe en adioustãt & disãt, Il maine en enfer & ramaine, car en Berite ceulx sõt salubremẽt mortifiez de nostre seigneur,

Ausqlz sapostre dist telles paroles Si vous estes dit il morz auec iesucrist, q̃rez les choses qui sõt en hault ou iesucrist est assiz a la dextre du pere Ausqlles paroles il adiouste & dit. Assauourez les choses qui sõt a en hault, nõ pas celles qui sõt sur terre, ad ce que ce soiẽt ceulx q̃ sõt passez en terre mourãs de faim. Vous estes dit il morz, Decy cõmẽt dieu mortifie salubremẽt Cest a dire ou salut de lame, apres sẽsuit. Et Vostre Bie ce dist mõ seigneur sainct pol sapostre est remise en dieu auec iesucrist. Decy cõment dieu Biuifie pceulx mesmes: mais ne les maine il pas en enfer, & les en ramaine. Certes lun & lautre sans nul debat de crestiens, sẽble mieulx y estre acõpl y en nrẽ chief. cest assauoir iesucrist, auec leql sapostre dist Nostre Bie est mise en dieu, car celuy qui nespergna pas a son propre filz, mais se baissa pour nous tous & pour nostre sauuement se mortifia. Pour certain en ceste maniere, & pour ce q̃l le resuscita de mort il se Biuifia de rechief. & pour ce q̃ sa Boix est cõgneue en sa prophecie, en laquelle il est dit. Tu ne seras pas mõ ame en enfer, il maine celuy mesmes en enfer, & le ramaine. Nous sõmes donc enrichis de ceste pourete, car nrẽseigneur fait les poures & sy les enrichist, & ad ce q̃ nous sachõs que cest: opõs q̃ sẽsuit. Apres humilie dist elle, & si esliue ou esauce pour certain Il humilie les orgueilleux, & si eslieue les hũbles. Car ce que sẽ fist ailleurs dieu resiste aux orgueilleux, & dõne grace aux hũbles tout ce est la posse de celuy le nom duql est interprete grace: mais q̃ est adiouste apz. cestassauoir q̃l eslieue ou restitue, se poure de terre. Ie ne sentens mieulx de nul autre que de luy. Cestassauoir de iesucrist lequel cõme il fut riche Il fut fait poure pour nous, affin que si cõme nous auons dit vng pou pcy deuant nous fussions enrichis de sa pourete, car il resuscita sy tost de la terre, ad ce que la chair ne veist corrupcion. Ne ie ne tairay pas ce qui y est adiouste/ a esleue dist elle le souffreteux de lordure. Quelles merueilles le souffreteux est cellui mesmes qui est poure: mais p̄ celle ordure de sa chie il fut esleue/ sont entēdus tres droituriercmēt les iuifz p̄secuteurs. Ou nōbre desquelz cōme sapostre se deist auoir p̄secute seglise. Il dist. Iay tenu dist il a dōmaige pour iesucrist. les choses q̄ me stoiēt a p̄sit/ a ne les ay pas seulemēt reputees a deceuemēs ou a pertes. Mais a ordure affin q̄ ie gaignasse iesucrist. Cessui dōcques est pour ce suscite de la terre qui est p̄ dessus tō⁹ les riches/ et ce souffreteux est esleue de celle ordure dessus tō⁹ les plus grās/ ad ce quil soit assis auec tous les plꝰ puissās du peuple/ cest assauoir les apostres/ ausquelz il dist/ Vous serez dist il sur vii. sieges/ a en leur donnāt a heritaige le siege de gloire Cest adire paradis/ ces apostres q̄ sōt appellez puissās auoiēt dit telles pa̓lles Vecy que nous auons tous laisse a sōmes allez apres toy. Ilz auoiet voue ce veu puissāmēt: mais dōt leur venoit ce fois de cellui duquel il est dit incōtinēt. En donnāt le veu dist elle a cellui qui voue/ ou autremēt/ ilz seroiēt de ces puissans desquelz larc est malade ou affoiblie. En dōnant dist elle le veu a cellui qui voue. car nul ne voueroit a dieu aucūe chose droituriercmēt/ se il ne prendoit de lui q̄ voueroit affin q̄lz viuēt auec lui sās fin auquel il est dit ainsi. Et ces ans ne defauldrōt point/ La sont les ans en estāt ou en vng estat: mais p̄ci passēt a q̄ plus est perissēt. car auāt q̄lz soiēt venꝰ ilz ne sōt poit. a quāt ilz serōt venus ilz ne serōt plꝰ pour ce q̄lz viennēt auec leur fin/ mais es deux choses q̄ dist cestassauoir en dōnant dist elle le veu au vouāt Et en beneissāt leurs ans du iuste il ya vne chose. q̄ noꝰ faisōs/ a vne autre laq̄l le noꝰ p̄nonos. Mais lun cest assauoir le

veu q̄ dieu donne nest pas pris/ se ce nest quāt il est fait premieremēt par sō ayde/ pour ce q̄ sicōe elle dist. lōme ne sera pas puissant en sa vertu/ Nreseigneur dist. Elle sera malade ou affoiblira son adversaire, cestassauoir cellui q̄ a euie sur cellui q̄ a voue a met empeschemēt, affin q̄l ne puisse acōplir sō veu/ a aussy pour le doubteux langaige grec peult il estre dit sō aduersaire. cestassauoir a dieu. car depuis q̄ nreseigneur noꝰ cōmenca a posseder pour certain cellui q̄ estoit nre aduersaire est fait le sië a sera vaincu de noꝰ non pas p̄ nos forces. car lōme nest pas puissāt en sa vertu. Nreseignr dōcques fera sō aduersaire malade ou foible. Nostreseignr q̄ est sainct ad ce q̄l soit vaincu des sains/ desquelz nreseignr q̄ est sait des sains fait sains/ a p̄ ce sicōe elle dist ne se glorifie pas le prudēt en sa prudēce Ne cellui q̄ est puissāt en sa puissāce. ne se riche en ses richesses: mais glorifie soy en cellui qui se glorifie en sauoir/ a entēdre dieu a faire iugement a iustice ou milieu de la terre/ cellui nentēt pas a sert nrēsei gneur en petite p̄tie q̄ entēt a scet que cessuy luy est dōne de nrēseigneur. Ad ce q̄l entēde a sache nrēseigneur car lapostre dist. q̄lle chose as tu que tu naye p̄ins a se tu la p̄rine donc de dieu pour quoy pres tu gloire/ aussy cōme se tu ne sayes pas pris/ cest a dire aussy cōme se cestoit de toy a nō pas de dieu ce dōt tu te glorifies Mais cellui fait iugement a iustice qui vit droituriercmēt Et cellui veit droituriercmēt qui obeist aux commandemēs de dieu/ a charite de pur cueur et de bōne cōscience a de foy q̄ nest pas saincte est la fin du cōmandemēt/ cest a dire la fin a quoy le cōmandemēt se rapporte/ toutesuoies est ceste charite de dieu/ sicōe monseignr saict iehā le tesmoigne faire dōc iustice est de dieu: mais q̄lle chose est au milieu de la terre. car ceulz q̄ habitētesfle de la t̄re doiuēt faire iugemēt a iustice. q̄ est celuy qui dist ce pour quoy y est donc ques adiouste ou milieu de la terre, laquelle chose se elle ny estoit point adiou stee/a len dist tant seulement faire iuge ment a iustice, ce grant commandemēt appartendroit aux ungs a aux autres hōmes/et a ceulx de la mer/a denuiron la mer: mais affin que aucun ne cuidast que apres sa fin de ceste vie, laquelle chose est demenee en ung corps, Il demourast aucun temps de residu pour faire iugement a iustice ce quil ne fist pas tant comme il fut en la char, cestassauoir tant comme il vesquit. Et par ce peult eschapper du iugement dernier a diuin, Il me semble que il fut dit tant que ung hōme vit au corps. Quelles merueilles ung chascun porte en ceste vie sa terre enuiron luy. La quelle quant il murt la terre cōmune recoit, a laquelle luy sera rendue quant il resuscitera. Et pour ce est iustice et iugemēt a faire ou milieu de la terre, Cest a dire tant cōme nostre ame est enclose dedens le corps terrien, lequel iugement et iustice nous puisse profiter au temps aduenir, quant ung chascun receupera ce quil aura fait par le corps, soit bien soit mal. Quelles merueilles car y le corps lappostre dist sa, par le tēps quil a vescu au corps. Car se aucun blaspheme cest a dire fait aucune chose cōtre nrēseigneur par mauuais entēdement a par pēsee ou cogitacion peruerse. Et ne se face pas p aucuns membres du corps Il ne sera pas pour ce a estre coulpable, pour ce quil ne la pas fait par le mouuement du corps, comme il lait fait par ce tēps ouquel il auoit a portoit le corps. Aussy peult estre entēdu cōuenablement en ceste maniere ce que len list au psaultier, cestassauoir mais dieu nrē roy auāt les siecles, a ouure ou fait salut ou milieu de la terre ad ce que nrēseigneur iesucrist soit prīs pour nrē dieu lequel est auāt les siecles Car par luy sont faitz les siecles./ Et si fist

nrē salut ou milieu de la terre, quāt la posse fut faicte char, cestassauoir le filz de dieu a qī habita en corps terrien. Et puis apres ce que anne eut pphetisé en ces poses Cōmēt doie predire gloire celluy q se glorifie Non pas pour certain en luy, mais en nrēseigneur pour sa tribulacio saqlle est a aduenir au iour du iugemēt, elle dist nrēseignr mōta aux cieulx a tōna. Il iugera les fis de la terre car il est iuste, pour certain il mist en tout a par tout sordre des ppiens, car nrēseigneur iesucrist monta au ciel, a de la descēdra pour iuger les vis a les mors. Car sicōme dist lappostre, qui est celsui q mōta, fors celsui q descēdit es basses pties de la terre, cest celsui q descēdit a q mōta au dessus de tos̄ ses cieulx affin qīl acōplist toutes choses Il tōna dōcques p ses nues, ses qlles il ēplit du saict esperit apres ce qīl fut mōte ou ciel: cestassauoir le iour de la pēthecouste q se saict esperit descēdit sur les appostres desquelles nues il est dit de la chāberiere de ierusalē, Cest a dire la signe ignate p psaye le prophete q nulle pluye chee sur elle cest a dire sur iuifz a mescreās. Se dōcques q est dit qīl iugera les fins a dernieres pties de la terre est aussi cōe sil dist q aussi iugera il les fins de la terre, car celsui iugera ses fins de la terre q sās doubte iugera tous hōmes: mais lē entēt mieulx les fins de la terre estre sa fin de lōme pour ce q lē ne iugera pas ses choses q sōt muees en mieulx ou en pis pēdāt ce tēps, moyennāt q lōme iugera Mais serōt iugees les choses esqlles il sera trouue en sa fin, Pour laqlle chose il est dit celsui sera sauue, q pseuerera iusqs en sa fin, cest a dire en bones oeuures, celsui dōcqs q pseuerera ou q en pseuerāt sera iustice a iugemēt ne sera pas dāpne quāt lē iugera les fis de la terre. Et dōne dist elle vertu a nos roys, il leur dōne vertu p laqlle ilz gouuernēt leur chair cōe roys a vaincquēt le mōde p celsui q pour eulx respādit sō precieux sāg

Ad ce qui ne les condempne en iugant. Et a essaucer dist elle la force de son crist. Qui est doncques le crist du crist si non nostre seigneur qui essaucera la vertu dun cha scun pprien. sicomme elle dist ces choses au commencement de ceste hymne ou elle dist Ma vertu est essaucee en mon dieu. Car nous pouons dire droiturierement tous ceulx estre crestiens qui sont enoinctz de son cresme, tout lequel corps toutesuoies est ung crist auec son chief. Ces choses p̄ phetisa anne mere de samuel saict homme et moult loué. En quoy pour certain fut lors figuree la mutacion de lancienne prestrise, laquelle est maintenant acomplye quant celle qui auoit plusieurs enfans est affoiblie et malade, ad ce que la briehai gne qui en a eu vii. eust nouuelle prestrise en iesucrist.

¶ Exposicion sur ce chapitre.

En ce iiii. chapitre monseigneur sainct augustin demonstre com ment leuacuacion du vieu te stament fut demonstre, et comment le nouuel se deuoit ensuiuir, et comment la prestrise et le royaume se deuoient muer, et deuoient faillir aux iuifz. Et ce demon stre il par hely le prestre et p̄ saul lesquelz furent reprouuez, et furent en leurs lieux samuel qui fut iuge et prestre et dauid qui fut roy. Aprez il se demonstre par la can ticque ou hymne de anne mere de samu el, il met premierement en ce chapitre. Et aprez seppose et declaire moult notable ment, et le ramaine a ihesucrist lequel est nostre souuerain prestre et roy, et au nou uel testament. Et est ceste cantique ou hymne du premier liure des roys du ii. chapitre, mais elle nest pas cy mise selon la translacion de monseigneur sainct ie rosme, mais selon les lxx. interpreteurs Car il y a variacion en plusieurs especia lement ou il dist que la briehaigne en eut

vii. Il est dit plusieurs foys en la bible sans nomer vi. ne vii. Et aussi ailleurs en plusieurs lieux se muent les parolles combien que tout ce se rapporte a ung par bon entendement, fois tant que en la can ticque ne sont pas ces parolles qui font mencion du veu que elle fist et comment nostreseigneur acomplyt son veu, car el le auoit voué a dieu pour ce quelle estoit brehaigne se elle pouoit auoir ung filz, elle le donneroit a dieu pour luy seruir en son temple tous les iours de sa vie, et ain si fut fait Mais sicomme dist monseignr sainctaugustin ceste canticque sapplicque a autre sens.

¶ Des choses que lomme de dieu par la a hely le prestre en prophecie, en luy si gnifiant que la prestrise qui estoit ordon nee selon aaron seroit ostee.   C.v.

Mais lomme de dieu qui fut en uoye a hely le prophete, dist et demonstra ceste chose plus cle rement, duquel lescripture taist le nom. Mais sans doubte par son office et serui ce sen ensuit que il estoit prophete. Il est ainsi escript, Ung homme de dieu vint a hely et lui dist. Nostreseigneur dist il dist telles parolles, come tes deuanciers et peres feussent en la terre degipte, et quilz seruoient en la maison de pharaon ie leur apparu en vision, cest adire aussy come en reuelacion, et esleu la maison de ton pe re cest adire la lignee dont tu es yssu, af fin que par dessus tous les grans disra el ilz me seruissent en lordre de prestrise, pour seruir et administrer a lautel et allu mer lencens pour lencenser, et portassent la robe sacerdotale: et si leur baillay pour viande tout ce qui estoit offert pour ardoir et sacrifier par les enfans disrael. Et dont vient ce dist nostreseigneur que tu as re garde sans honte et sans vergongne mon sacrifice et mon encés, Et as glorifie tes enfās par deſſus moy/a laiſſe beneiſtre en ma preſēce les premiers du nom de ſa crifice ou peuple diſrael, a pour ce noſtre ſeigneur qui eſt dieu diſrael diſt. Jay dit diſt il que ta maiſon a la maiſon de tō pere paſſerōt deuāt moy a touſiours mais ceſt a dire quilz ne ſerōt plus preſtres et leur oſterap. a de ſa lignee ceſte dignite/ ne il ne ſera pas ſicōe tu le cuides, mais ceulz qui me glorifirōt ie les glorifirap a ceulz qui me deſpriſeront ſeront deſpri ſez. Ocy diſt il que les iours viennent q ie mettrap a neant ta ligne a la lignee de ton pere. a ne auras iamais point de anciens en ta lignee a ſy te oſterap ſōme de mon autel Ceſt a dire que il ny aura plus de preſtre ne q ſerue a lautel ie me trap tout au neant, tellement quil ne ſe ra mais nouuelles/a ſil ya aucuns qui te ſeruēt/ilz ſeront tous occis a mourirōt tous par glaiue. a ce qui aduiendra ſur tes ii. enfās offny a phinees ſera la ſigni fiance de ce que ie te dy/ilz ſerōt dit le py phete a tous mors en vng iour/a me reſti tuera vng preſtre loyal qui acōplira to9 mes commandemens/a tout ce qui eſt en mon ame et en mon cueur. Je luy ediſſie ray vne maiſon loyalle/a paſſera deuāt mō criſt tous les iours de ſa vie/a ſil ad uient quil y ait aucun en ſa maiſon, qui te ſouruiēne ou qui ſoit le plus grant, il viendra a celui qui te ordōnera a eſtre ſur ſa preſtriſe pour luy faire offrende dune maille/a luy requerra que il le mette en vne partie de la maiſon de ſa preſtriſe et que la il puiſſe auoir du pain ā menger/ Jl ny a dont len die ceſte prophecie auoir eſte acomplye en ſamuel ou la mutaciō de ceſte vielle a ancienne preſtriſe/fut ſy manifeſtement adnōcee Car ia ſoit ce q ſamuel ne fuſt pas daultre lignee que de celle qui auoit eſte ordōnee pour ſeruir a lautel touteſuoies neſtoit il pas des ēfans narō La lignee duql eſtoit ordōnee pour prēdre les preſtres/a par ce en ceſte choſe

aiſy ſaicte fut couuerte celle meſmes mu tacion/ qui eſtoit a aduenir par nreſeignr ieſucriſt. a apptenoit proprement au viel teſtament a en figure au nouuel/a eſtoit ainſy ceſte propheci de fait nō pas de pa rolle. en ſigniſiāt de fait ce qui eſtoit dit a hely par parolle par le prophete/Car il y eut depuis preſtres au temps de da uid qui furent de la lignee de aaron/ſicō me ſadoch a abpathar/a autres depuis auant que le tēps veniſt/ouquel il eſcou uenoit que ces choſes qui auoient eſte di ctes/tant des temps auant de la preſtri ſe muer fuſſent faictes a acomplyes par nreſeigneur ieſucriſt. Qui eſt doncques celui qui conſidere ces choſes vrayement a loyalemēt/ne voy pe que ces choſes ſōt acomplies/quant il neſt demoure nul ta bernacle nul tēple, nul autel, nul ſacri fice/a par ce/nul preſtre, aux iuifz auſ quelz ilz auoit eſte commande, que en la loy de dieu il fuſt prins a ordōne de la lignee de aaron/Laquelle choſe eſt cy ra mentue quant ce prophete diſt ces parol les/ Noſtreſeigneur diſt il dieu diſrael/ diſt en ceſte maniere, Jay dit diſt noſtre ſeigneur que ta maiſon a la maiſon de tō pere paſſeront deuant moy a touſiours mais. a apreſent mēſeigneur, dieu diſt/il ne ſera pas aiſy Mais ceulz q me glorifi ront, ie les glorifirap/a ceulz qui me deſ priſeront ilz ſeront deſpriſez/Car les cho ſes quil a dictes deuant demonſtrent que quant il nommoit la maiſon de ſon pere il ne lentēdoit pas de ſon pere ſans moy Mais le diſoit dicelluy aaron lequel fut inſtitue le premier preſtre/duquel ſe de uoit continuer la preſtriſe/a ce appert ou il diſt. Je fus reuele a la lignee de tō pere quant ilz eſtoient en la terre degipte a qlz eſtoient ſerfz en la maiſon de pharaon/a eſleu que deſſus tous les plus grās diſ rael la maiſon de ſon pere me ſeruiroit en loffice de preſtriſe/mais qui eſt le pere en ceſte ſeruitude degipte/delaquelle quant ilz furent deliures fut esleu a la prestrise fors aaron/ Il dist donc en ce lieu que le temps vendroit que il ny auroit plus nulz prestres/ et de celle lignee daaron laquelle nous veons ia acomplye en sacïenne loy Les choses sont prestes/ sen les voit, sen les tient/ et sy se mettent deuãt les yeulx de ceulx qui les veullent veoir. Decy dist il que les iours viennent esquelz ie destruiray ta lignee et la lignee de ton pere Et nauras iamais ancien en ma maison/cest a dire qui ait loffice de prestrise/ Laquelle appartenoit fors au plus ancien/ et sy te destruiray lomme de mon autel, ad ce q̃ ne voye point et que son ame luy defaille Decy que le temps qui estoit anõce est aduenu, car il ny a nul prestre selon lordre daaron to9 ceulx q̃ sont de sa lignee, quant ilz veoient le sacrifice des crestiens reluire en toutes terres, et que telle grant honneur leur est ostee leure peulx defaillent et leur ame sen va p force de plorer, mais ce qui sensuit appartient propremet a la lignee de helÿ, auquel sen disoit ces parolles, et tout homme de ta lignee qui te seruira mourra par glaiue, et ce qui aduiendra sur tes deux enfans offny et phinees sera signe et demonstrance de ce que ie dy/ Ilz mourront to9 deux en vng iour Ce signe fut donc fait pour muer sa prestrise de sa maison helÿ, et de sa lignee par lequel signe fut signifie, que sa prestrise se mueroit de la lignee daarõ Quelles merueilles/ La mort des enfãs de helÿ signifioit la mort nõ pas d eshommee/ mais de la prestrise des enfans daarõ. Mais ce qui sensuit appartiet desia a celui duquel samuel portoit la figure en succedant a pce luy helÿ/ et pour ce les parolles qui sensuiuent sõt dites de iesucrist le vray prestre du nouuel testamẽt/ lesquelles sont telles E' susciteray dist ila moy vne loy au prestre, q̃ face ou fera tout ce que iay en mon cueur et en mon ame/ et a lui ie feray vne loyalle maisõ/ cestassauoir la souueraine iherusalem laquelle est paradis/ et passera dist il deuant mon crist, cest a dire couersera si cõe il auoit dit dessus de sa maisõ aaron et de sa lignee/ quãt il dist Jay dit que ta maison et la maison de ton pere passeront deuãt moy a tousiours mais ce quil dist apres, cestassauoir deuãt mõ crist. Vraiement cest a entẽdre de celle maison, et non pas de ce prestre mediateur et sauueur. le quel est iesucrist Et quãt il dist q̃ sa maison ou lignee passera deuant luy. Pour certain ce mot passera deuant luy, peut estre entendu quil passera de mort a vie p tout le temps de ceste mortelle vie, mais quãt il adiouste et dist que celui q̃ ordõnera ou a ordõne, fera toutes les choses qui sont en son cueur et en son ame Nous ne deuons pas cuider q̃ dieu ait ame cõe il soit createur de lame mais est ceste chose dicte de dieu en figure, nõ pas propremẽt, sicõe len dist les piez et les mains et les autres mẽbres du corps, et affin que len croye que lõme soit et forme de celle chair/ soit fait a similitude de dieu lẽ ya coustume de lui adiouster elles, desquelles lõme na aucunes, et de ce lẽ dist a nostre seigneur. Sire garde moy soubz son ire de tes eles/ ad ce que les hommes attendent q̃ ces choses sõt dictes de celle nature Lesquelles ne peult estre recellee par parolle q̃ sont dictes nõ pas en propres motz ou parolles des choses, mais sont transportees ou tran̄slatees/ Mais ce qui est adiouste a ceste prophecie ou il dist. Et sera celui qui suruiẽdra en ta maison se viendra adourer Nest pas dit propremẽt de la lignee de helÿ, mais de la lignee de aaron De laquelle demourerent gens iusques a laduenement de nostre seigneur iesucrist du lignaige duquel ilz ne defaillirent pas ancoires a present, car de la maison de helÿ il estoit dit cy dessus en ceste maniere, et tout homme de ta maison qui desmourra sera occis par glaiue des hommes Cõment donc peult estre dit veritablement que celui qui demouroit hendroit a luy pour luy adourer se ce est vray qͥl n'en demoura nul q̃ ne fust occis par glaiue/ se ainsy n'est que pour ce il ne veult estre entẽdu ceulz qui appartiennent a la lignee Mais de toute celle prestrise selon l'ordre d'aarõ. Se dõcques il est entẽdu de ces predestinez qui sõt demourez/desq̃lz l'autre pphete dist/ q̃ se remenãt seroit sauue Dont l'apostre dist telles polles. En ceste maniere dist il ceulz qui sõt demourez sõt sauuez. En ce tẽps p election de grace car par ces remenãs se entend bien estre/ ce de quoy il est dit/qui demoura aussy de demourant de sa maison Pour certain celui croit en iesucrist/ ne il n'est pas quil ait aucũ de present qui le croiẽt ia soit ce q̃ ilz soiẽt en trespetit nõbre/ et est acõply en celui/ce q̃ celui hõme de dieu/il adiouste incõtinent. cest assauoir/quil luy viedra adourer d'une maille d'argẽt, mais auq̃l adourer fors a ce souuerain prestre qui est dieu Mais ce que il dist ne q̃l veult entẽdre par celle maille d'argẽt se ce n'est/p la brieute de sa polle de la foy/dont l'apostre recorde que il est dit en ceste maniere. Nostreseigneur dist il fera sa parolle sur terre/ cõsumant et abregãt, mais que l'argent soit prins pour polle, le pseaume le tesmoigne ou il est dit et chante q̃ les polles n'reseigneur/ sont polles de chastete et cõe l'argent q̃ est esprouue au feu. Quelles choses dist dõc celui qui vient adourer au prestre de dieu et a dieu le prestre/ mets moy dist il en vne ptie de ta prestrise pour auoir du pain a menger/ Je ne veuil pas estre mis en foneur en laq̃lle estoiẽt mes peres laquelle chose est nulle/ Je ayme mieulx estre deiete en la maisõ de n'reseigneur/ ie desire que ie soie q̃lque petit mẽbre en la maison de ta prestrise. Quelles merueilles il dist cy ce peuple estre le sacrifice/duquel peuple tel hõme mediateur de dieu et des hõmes n'reseigneur iesucrist est prestre/auq̃l peuple mõseigneur saict

pietre dist q̃ cest le sainct peuple et le sacrifice royal ia soit ce que aucũs saiẽt interprete de son sacrifice/et nõ pas de sa prestrise/ laquelle chose toutesuoyes signifie ce mesmes peuple crestien/ dõt mõseigneur saict pol l'apostre dist/ q̃ nous qui sõmes plusieurs sõmes vng pain et vng corps/ et de rechief il dist. demonstrez hoc corps estre vif sacrifice/mais ce qͥl dist apres ce quil a dit quil regnera quil mette en vne partie de sa maisõ et dist ces moctz pour menger du pain il exprima aussy expressement celle maniere de sacrifice/ duquel sacrifice ce prestre iesucrist dist en telle maniere Le pain dist il que ie vous donneray est chair pour sa vie du mõde/ ce sacrifice est le sacrifice qui est selõ l'ordre de melchisedech/ et non pas selõ l'ordre de aaron. Et les entẽde celui qui list ces choses/ et aisy ceste cõfessiõ de briefue et hũble pour le salut de l'ame/en laquelle l'en list quil mette en vne ptie de sa prestrise pour menger du pain/ Il est la maille d'argent pource que la parolle de nreseigneur est briefue et demeure au cueur de celui qui croist en luy/car pource que il auoit dit cy dessus que il auoit donne a la lignee de aarõ des oblaciõs du vief testament/ou lieu ou il est dit cy dessus q̃ il auoit donne a la lignee de son pere a menger toutes les choses qui estoient offertes par les enfans d'israel/pour estre arses et sacrifiees par feu car telz estoiẽt les sacrifices des iuifz pour ce a il dit cy pour menger du pain/ Laquelle chose est au nouuel testament le sacrifice des crestiens.

⁋ Expposicion sur ce chapitre.

En ce v.chapitre mõseigneur saict augustin demõstre commẽt la vielle prestrise fut muee en nouuelle prestrise. Cest assauoir au souuerain vray prestre.lequel est iesucrist. Et pre
v.ii.

mierement il met l'istoire cōment l'homme de dieu vint a hely/ ⁊ les paroles que il dist/ cōment nostreseigneur exterminer roit ⁊ mettroit au neāt sa prestrise ⁊ que elle ne seroit pas en sa lignee. ⁊ susciter roit a soy ung loyal prestre. ⁊c. Et sont ces paroles du secōd chapitre du premier liure/ Jusques la ou il dist. Il ny a donc ⁊c. ou applicque ces paroles a son ppos Car sicōme dist monseigneur saint au gustin/ il ny a en toute ceste prophecie cho se par quoy len puisse dire quelle soit a complie en samuel en la mutaciō de ceste vieille prestrise ⁊ est adnonce sy apperte ment ⁊ par sy grāt manifestaciō Car sa muel ne fut point de la lignee de aaron/ de la lignee duquel auoit este ordōne q ses prestres seroient prins. ⁊ p consequēt il couuient entendre que ceste mutaciō en la personne de samuel fut figuree/ ou sa figure au regard de nostreseigneur iesu crist le vray prestre lequel estoit promis en la loy. Et quant monseigneur sait au gustin dist. Ja soit ce que samuel ne fut pas dautre lignee que de celle laquelle estoit ordonnee de seruir a lautel. ⁊c. Il nest pas pour ce a entendre que il fust de la lignee de leui laquelle estoit de la pres trise, car ce seroit cōtre la glose qui dit q samuel auquel fut transportee aussy cōe en figure la prestrise. nestoit pas de la li gnee de leui mais est de la lignee desfrai mais est a entēdre/ Ce ia soit ce. ⁊c. pour supposer sans affermer quil fust de celle lignee, ⁊ ainsy sen aura le vray entende mēt. cestassauoir q suppose que il y fust ainsy. cestassauoir quil fust de la lignee de laquelle se deuoit prendre la prestrise sans affermer q il en fust. ⁊c. Apres quāt il dist car il y eut prestres. ⁊c. Il argue se condement ⁊ demonstre que ceste prophe cie ne peult estre acōplie en la mutacion de hely ⁊ dist ainsy Apres ceste mutaciō de hely en samuel, il y eut prestres de la lignee de aaron/ sicōme sadoch ⁊ abrach

regnant dauid ⁊ autres depuis / sicōe il appert par le tiers liure des roys/ Jus ques adce que nostreseigneur iesucrist de scēdit en terre Mais depuis ce quil fut ve nu en terre La prestrise qui estoit pmise a aarō fut ⁊ a este abolye ⁊ exterminee du tout/ car ilz nont ne tabernacle ne tē ple ne autel ne sacrifice/ ⁊ par cōsequent nul prestre sicōme il est dit primo regū. ii. capitulo/ ⁊ par cōsequent ceste prestrise fi guree en samuel est a entendre estre acō plie en ihesucrist. sicōme il est dit ou chapi tre pcedēt quāt il dist que celle qui estoit brehaigne en auoit eu vii. ⁊ celle qui en a uoit plusieurs est malade ⁊ affoiblie/ Apres quant il dist laquelle chose est pey recordee quāt le pphete dist. ⁊c. il demō stre cōment le sacrifice de aaron estoit a abatre ⁊ a exterminer par les paroles du prophete car il dist que nostreseignr se reuela en la lignee de sō pere en egipte quāt ilz estoiēt en seruitude soubz le roy pharaon, ⁊ quil esleut de tous les nobles disrael la lignee de sō pere pour seruir a luy en loffice de prestrise quāt il les deliura de celle seruitude Or nest il pas doubte q lors aaron estoit de loffice de prestrise/ Et par cōsequent est a entēdre de la pres trise de aaron ⁊ nō pas du pere de hely/ qnt il dit q il exterminra la lignee de sō pe re. ⁊ sy te exterminera sicōme il dist lōg de sō autel affinq ses yeulz deffaillēt/ ⁊ que sō ame decoure. Apres quāt il dist, mais ce qui sēsuit appartiēt pprement a sa li gnee de hely ⁊c Il argue tiercemēt a prou uer sō intēciō, il dit ainsy que ces chos es qui sēsuiuēt appartiēnent pprement a sa maisō de hely cestassauoir que tout hōme qui demourera de ta maisō sera oc cis par glaiue de fors hōes/ ⁊ que ce sera le signe qui viēdra sur ces deux enfans, ofny ⁊ phinees qlz mourrōt tous deux en iour. Mais ce signe de la mort de ces enfās de hely signifia la mort nō pas des hōes mais de la pstrise des enfās daarō sicôme il appert par ce quil auoit p auāt dit q̄ il extermineroit sa lignee de son pere/ q̄ les auoit mis hors de la terre degipte/ lequel fut aaron/ sicomme il est dit cy dessus/ mais ce quil sensuit ou il dit Et susciteray a moy vng loyal prestre q̄ sera toutes choses que iay en mō cueur τ mō ame/ τ luy edifieray loyalle maison Ces choses sont ia acōplies en nr̄eseign̄r iesucrist/ leq̄l est le vray prestre du nouuel testamēt/ τ par cōsequent ceste mutacion de la prestrise daaron qui est figuree en la mutacion de hely est acōplye en nostreseigneur iesucrist. Apres quant il dist Et passera deuāt moy a tousiours. τc. Il oste vne doubte/ car quāt il dist apres deuāt mon crist/ il sēble quil vueille dire q̄ iesucrist passera deuant soy mesmes/ Et pource il dist passera Cest a dire conuersera Mais quāt il dist passera. τc. Le mot passera est a entēdre de la maison du pere qui est iesucrist. En appellāt ceste maison le peuple crestien. Car il auoit dit de crist q̄l edifieroit vne maisō loyalle. Laq̄lle est a entēdre leglise. Et aprez en cōtinuāt de ceste maison il est dit q̄ la maison de crist passera deuāt son crist/ Cestassauoir le peuple crestien q̄ adourera iesucrist/ τ nō pas que nr̄eseigneur iesucrist passera deuāt soy mesmes Et est assauoir q̄ le mot passera est biē entēdu de ceste maison de nr̄eseigneur/ car le peuple q̄est de sa maison de nr̄eseigneur ihesucrist passera de mort a vie/ τ par tous les temps de ceste vie mortelle iusques a sa fin du monde/ τ ne mist ce qui est adiouste apres/ cestassauoir qui sera tout ce q̄ fait en mō cueur τ en mō ame. τc. Car sicō dist sainct augustin len ne doibt pas cuider q̄ dieu ait ame/ cōme il soit faiseur τ createur de lame Mais il est dit en figure/ τ nō pas p̄prement aussy cōme len dist les mains τ les piez/ τ les autres mēbres Aprez quāt il est dit. mais ce qui est adiouste a ceste prophecie. τc. Mōseigneur sainct augusti

retourne a son principal/ cestassauoir a monstrer/ q̄ la prestrise de aarō est muee τ quelle est acōplie en nr̄eseigneur iesucrist. Car quātil dit/ τ sera que celui q̄ sera de demourāt en ta maisō viēdra adourer au prestre. ces parolles ne sentendēt pas proprement de la maison decelui hely Car il a ia este dit de la maisō de hely q̄ tout hōme de sa maisō qui se surupura mourra par glaiue par quoy len ne luy pouoit faire offrende/ Apres il adiouste τ demonstre que ia soit ce que ces choses peussent appartenir a la maisō de aarō pource que plusieurs se sont conuertis a iesucrist. de quoy lautre prophete dist que les remenans serōt sauuez/ τ par ce pouoient estre prestres τ adourez/ Toutesfois ne seront pas acōplis en eulz/ mais ou prestre nr̄eseigneur iesucrist/ les paroles qui sēsuiuent/ car apres ces parolles le prophete dist ainsy. Et celui dist il q̄ suruiura viēdra aourer au p̄stre dune maille dargent. Or est il ainsy que durant la prestrise daaron/ les hōmes ne venoient pas aux temples ne a lautel de dieu pour adourer le prestre dune maille dargent/ Mais viennēt adourer le prestre iesucrist en ceste maniere. car les vrays crestiens de ihesucrist laourent/ nō pas par multitude de cerimonies/ sicōme len faisoit ou tēps daaron. mais ladourēt en brief chemin de foy/ par lequel len croist de cueur a iustice en adourant iesucrist/ non pas en figure Mais par espirituelle intelligēce du sainct esperit. Mais quest ce que il dist/ quil adourera dune maille dargēt fors la briefuete de la parolle de sa foy/ De laquelle mōseigneur sainct pol recorde que nr̄eseigneur sera sur terre parolle consōnāt τ abregant lequel argent selon le psaultier est prins pour la parolle ou pseaume/ ou len chante que les parolles de nr̄eseigneur sōt chastes τ sont largent examine par le feu/ τ par ce il sēsuit que ce qui est dit/ que celuy qui demourra de

b. iii.

ta maisõ Biedra adourer au pꝛestre d'une maille d'argẽt/ est a entẽdꝛe de celle ado/ racio ou offrẽde q̃ se doibt faire a iesucrist le bꝛay pꝛestre/ Apꝛez quãt il dist. Quelle chose dist dõc celui.ꝛc. il cõferme ce q̃l a dit/ car il e dit q̃/ celui q̃ biẽdra adourer dira q̃ il se gette en une ptie de sa maisõ pour mẽger du pain/ Oꝛ est il ainsy que le peuple du pꝛestre iesucrist/ duq̃l monseigneur saint pierre dist/ que c'est le peuple sait/ ꝛ le sacrifice royal bient a l'autel de iesucrist pour mẽger ce pain/ duquel ce pstre iesucrist dist Et le pai q̃ ie dourray est ma chair pour la bie du siecle Et par cõsequẽt ces poꝛtes de ceste adoraciõ dõc sõt a faire a ce pꝛestre iesucrist. Dꝛap est que quãt il pꝛle de la moꝛt des enfãs de heli/ c'est assauoir osny ꝛ phinees/ il est cer- tai q̃lz mourirent to⁹ en ung iour/ sy fist heli seur pere/ sicõe il se treuue ou iiii. cha pitre du pꝛemier liure des roys Ou il est dit q̃ quãt l'arche fut pꝛinse par les phili- stins/ osny ꝛ phinees qui estoient auecq̃s l'arche furẽt moꝛs en la bataille/ ꝛ quãt ces choses furẽt rappoꝛtees a heli/ il tres- bucha a reuers d'une selle ou il se seoit et se rompit le col/ sicõe il est cõtenu en ces deux petis bers q̃ s'ẽsuiuẽt. Funere crude- li fractis ceruicibz heli. Coꝛruit a sella tristi referente nouella. Et quãt est de la cause de sa moꝛt/ c'est une hystoire qui est touchee au ii. chapitre du pꝛemier liure ou il est dit q̃lz tiroiẽt la chair a ung ha uet. des chaudieres ꝛ des chauderõs/ des bestes q̃ auoiẽt este imolees/ ꝛ qui plus est auãt q̃lles fussẽt offertes/ ne que les sacrifices feussẽt faitz/ ilz les demãdoiẽt auoir creues a ceulz q̃ les appoꝛtoiẽt Et quãt ilz leur disoiẽt q̃lz attẽdissẽt que le sacrifice fust fait/ ilz disoiẽt q̃ s'ilz ne leur bailloiẽt ilz les leur osteroient par foꝛce/ ꝛ sy couchoiẽt auec les femes q̃ gardoiẽt l'ups du tabernacle du peuple/ ꝛ cõbiẽ q̃ l'ẽ rappoꝛtast ces choses a heli/ affin q̃l les coꝛrigast/ Neãtmoins il en fut remis

ꝛ negligẽt/ ꝛ pour ce tresbucha il de sa sel le/ aisi partit l'a pꝛestrise de p̃celle lignee Mais pour ce que mõseigneur saint augu stin ensuit la trãslaciõ des lxx. translateurs/ il y a aucune diuersite en ceste ꝓphe sie. selõ la trãslaciõ mõseigneur saint ie- rosme/ ꝛ ce peult lẽ beoir au ii. chapitre dessus allegue. Et quãt il dist q̃lz nõt ne tabernacle ne autel ne teple.ꝛc. Il est assauoir q̃ tout ce fut oste ꝛ destruit quãt titus ꝛ bespasien/ gasterent ihrlm ꝛ ardi- rẽt le teple ꝛ la cite de ihrlm/ ꝛ q̃lz firent la grãt descõfiture des iuifz dõt iosephꝰ pꝛle en sõ liure des anticꝛs/ Dꝛap est q̃ long tẽps pauant ilz perdirent la robbe sacerdotale/ ꝛ l'auoit herode deuers luy Ne ilz ne l'a pouoiẽt auoir se ilz ne sa sou vient de luy/ sicõe dit eusebius. In eccle- siastica hystoira ou pꝛemier liure.

¶ De la pꝛestrise ꝛ royaume des iuifz/ lesq̃lz cõe l'en scet die estre establis pardu rablement/ ne sont mais ad ce que par ce s'ẽ entẽde aultres choses. ¶ vi.

Comme dõcques ces choses fussẽt loꝛs adnõcees p̃ si grãt hault fes se cõe elles apperẽt maintenãt manifestemẽt. toutesuoyes peult aucun estre esmeu ꝛ non pas sans cause/ ꝛ dire cõment aurõs fiãce que toutes ces choses aduiẽnent qui sont adnõcees a aduenir en ces liures/ se ce mesmes qui est dit la diuinement/ c'est assauoir ta maisõ ꝛ la maisõ de tõ pere/ passerõt deuant moy a tousiours mais ne peult auoir aucun ef- fect/ car nous beõs celle pꝛestrise muee/ ꝛ ce qui fut pꝛmis a ceste maison/ ne nas uõs esperance q̃lle soit acõplie en quels que tẽps/ car celle mesme pꝛestrise q̃ suc ceda a celui repꝛomis q̃ mue/ est plus di cte a remuer a tousiours mais/ celui qui dist ainsy n'entend pas ancoires/ ou ne suy souuiet q̃ aussy celle pꝛestrise selõ l'oꝛ dꝛe de aarõ fut oꝛdõnee ꝛ cõstituee aussy cõe une ẽbꝛe de la pꝛestrise pdurable a aduenir/ ꝛ pour ce quãt pardurablete sui est pmise/ce qui est pmis nest pas pmis a telle vmbre a figure, mais adce que p celle vmbre estoit figure a secrete, mais adce que se cuidast que telle vmbre deust demourer pour dost. sen a aussi pphetise sa mutacio̅/a aussi par ceste maniere le ropaume, de ce saul q̅ pour certain fut reprouue a regette estoit sōbre du ropaume a aduenir, lequel deuoit demourer a tousiours Quellez merueilles Celles huiles dont il fut oinct/a de cresme dont il est dit crist, e̅ a prēdre figureemēt/a peust a entēdre grant sacremēt A laq̅lle onctio̅ dauid porta sp grant reuerēce que il fut feru en cueur/a sesbahit, quāt il couppa a saul tout bellemēt vne ptie de sa robbe par derriere en vne cauerne obscure/ou il sestoit muce pour paour de saul/en laq̅lle saul estoit aussi entre pour faire sa necessite/affin quil lup peust mōster cōmēt il lui auoit espargnie cōbien quil le peust occire/a que il ostast le soupeco̅ que il auoit contre le saint dauid leq̅l il persecutoit formēt, pour ce quil cuidoit q̅l fust son ennemy Affin dōcques que il ne fust coulpable de sy grāt sacremēt de saul, il eut paour, car il est ainsi escript/a n̅reseigneur toucha le cueur de dauid sur ui pour ce quil auoit oste sa partie de sō mātel, mais qui plus est aux hōmes q̅ estoiēt auec lup/a qui lup admōnestoiēt que il tuast saul, lequel ilz lup auoient mis en ses mains/il respōdit en ceste maniere Ja dieu ne plaise dist il que il maduiēgne q̅ ie face telle chose a mōseigneur lequel est crist de n̅reseigneur/q̅ ie mette les mains en lup, car pcelui est crist de n̅reseigneur Sy grāt hōneur dōcques estoit portee/a sy grāt reuerēce/a telle vmbre a aduenir, nō pas pour elle, mais pource quelz se prefiguroit, pour laq̅lle chose a ce que samuel dist a saul en ceste maniere, pour ce dist il que tu nas pas garde mō mandemēt lequel n̅reseigneur ta uoit mande tout ainsi cōme n̅reseigneur auoit ordōne tō ropaume a tousiours sur le peuple dis-

rael/aussy ne te durera pas tō ropaume a sy querra n̅reseigneur hōme selon son cueur/a lup mandera n̅reseigneur a estre prince dessus son peuple/pour ce que tu nas pas gardees les choses que nostre seigneur ta mandees/Nest pas a aprēdre en telle maniere que n̅reseigneur eust ordonne que saul regneroit a tousiours a que apres il ne leust pas voulu/pour ce quil auoit peche/ne pour certain il ne estoit pas ignorant que saul ne deust pecher/mais il auoit ordōne son ropaume ouquel fut sa figure du ropaume pardurable/a pour ce p adiousta ces parolles a maintenant dist/Ton ropaume ne te durera pas/dōcques demoura a demeure. ce qui est signifie en celui/pour ce quil ne deuoit pas regner pardurablemēt ne sa lignee. adce que a tout le moins p les successions succedēs lun apres lautre, ce semble estre acomply ou il est dit/a tousiours ou pardurablemēt. a se querra dist n̅reseigneur hōme/en signifiant ou dauid/ou ce mediateur du nouueau testament/lequel estoit signifie aussi ou cresme, duquel dauid fut enoict/ne dieu ne quiert pas hōme aussi cōme se il ne sauoit ou il fust, mais par lōme il parle selon la coustume des hommes/car nous nestions pas seulemēt congneus a dieu le pere, mais aussi a sō seul filz n̅reseigneur iesucrist qui vint querre ce q̅ estoit pery/Adce que nous fussions esleuz en lup, auant la constitution du monde, il querra doncques dist il/cest a dire que il aura a sicy, dont en la langue latine, ce mot quiert acquiert proposicion/a Sault autāt cōe acquiert/Laq̅lle chose q̅l signifie est assez clere, ia soit ce que a sās p adiouster prepositio̅ par querre soit entendu acquerir/de quoy les gaignes a les pour chas ont prins leur nom.

¶ Exposicion sur ce chapitre.

En ce vi. chapitre mōseigneur saint augustin preuue la mutacio̅ de la vieille prestrise en ihesucrist/
B.iiii.

par ses pphecies de la mutacion du royaume a mostre premierement q̄ sa mutacion a la premiere promesse de la pardurableté de la prestrise, laq̄lle estoit figuree ou en figure, sont coparables a se peuent estre ensemble, a se peuent entresouffrir. Et premierement il meust la question disant cōe dieu eust dit a help telles poles en parlāt de la prestrise daarō. Ta maison a la maison de tō pere, passerōt deuāt moy a tousiours, cest a dire couersera. &c. Cōment peult celle chose estre pphetisee puis que la pmesse de celle pdurableté a de la prestrise pardurable, estoit a muer A quoy il respōd a dit, que ceste promesse de pardurableté fut vne figure au regart du sacrifice qui estoit a aduenir, et par cōsequent, quāt telle eternité ou pardurableté fut pmise a cel vmbre ou figure, ap̄s fut pmise a celuy qui par celle pmesse estoit figure ou en vmbre, a pour ce affin que sen ne cuidast que tel vmbre deust demourer a tousiours, doibt sen aussy pphetiser la mutacion de celle prestrise, a par consequēt celle eternite ou pdurable doibt estre entēdue quant a la vraye prestrise, laquelle estoit a aduenir Laquelle estoit figuree par celle figure ou vmbre. Aprez quāt il dist, Et aussy par ceste maniere. &c. qui en aucūs liures est le cōmencement dun chapitre. Mōseigneur saint augustin cōferme sa responce, car sicōe il dist, saul fut la figure de nr̄seigneur iesucrist, car il fut oinct duile ou de cresme, a ce cresme est dit iesucrist car crist l̄ ault autāt cōme enoinct, de rechief cōme il dist, saul fut honore soubz a ou nom de crist, car dauid ne voulst toucher a luy ne luy mal faire, pour ce q̄l estoit crist de nr̄seigneur, cest a dire oinct a affin quil se peust rappeller de ce quil se persecutoit sans cause, a que il se peust remettre en bōne voye, et par ce cōsiderāt q̄ se royaume disrael estoit ia ordōne a estre mis hors de sa lignee saul, La reuerence dauid luy portoit nestoit pas pour luy

q̄ nestoit que lūbre ou sa figure, mais celui de qui il auoit lumbre a qui estoit par luy figuree. Est cy touchee vne histoire laq̄lle est du xxiiii. chappitre du premier liure des roys, laq̄lle cōme dauid eust poursuiuy ses philistins en sen retournāt ou il opt nouuelles, que dauid sestoit retrait aux deserts de engady, sy ordonna tantost de le poursuiuir, a en le poursuiuāt entra en vne cauerne pour faire son aisemēt a pour purger nature, en laq̄lle dauid sestoit retrait luy a ses gēs, a cōe ses gēs luy dissent q̄ se iour estoit venu, auquel nr̄seigneur luy auoit dit q̄ il luy bailleroit son ennemy en sa main et en seroit a sa volūte, il se leua, a luy couppa le bout de sō mantel tout copemēt p̄ derriere, en disāt a ceulx qui estoiēt auec luy a q̄ l'admonestoient doccire saul dist. Ja dieu ne plaise q̄ ie face ce q̄ madmōnestes a mōseigneur q̄ est crist, cest a dire eoinct a cōsacre ne q̄ ie gette ma main sur luy, Se ainsy nest q̄ il soit occis p nr̄seignr̄ ou quil soit mort de sa mort naturelle ou que il soit mort en bataille. Mais q̄ plus est il retrait ses gēs p belles poles adce q̄ ilz ne courissēt sur saul, a quāt saul eut fait soy, aisemēt, a q̄l fut pssu de celle cauerne, dauid lescria, a luy mōstra la piece q̄l luy auoit couppee de son mantel Et luy dist, cōment il auoit este en sa puissance de le occire se il eust voulu. Mais il ne sauoit voulu faire, pour ce q̄l estoit roy enoinct, a aussy affin q̄ il se peust retraire de la mauuaise voulēte quil auoit enuers luy sans cause, a non pas a celle fois seulemēt espargna dauid a saul, mais vne autre fois lespargna il, sicōe il se treuue ou xxvi. chappitre de ce premier liure des roys, ou sen sist q̄ cōe saul pseutust dauid, a eust entēdu quil estoit en la mōtaigne dacilet Saul vint au desert de zipf, a mist la ses tētes a pauillōs, a se loga la pour courir sus a dauid Lendemain ceste chose vint a la cōgnoissance de dauid, par cheuaucheurs quil y auoit enuoyez, a tantost il bint sa sup achimelech, a abisay freres de ioab, et trouua q̃ saul dormoit en sa tête a abner auec lui q̃ estoit son connestable, a auoit son glaiue, a son heaume en son chief, a ses gēs estoiēt logez enuirō lup, a se dormoient t9, a lors abisay dist a dauid telles paroles, Nr̄eseignr̄ a au iourdup mis ton ennemp en tes mains, laisse mop aller dist il, a ie se percerap de ceste sace, Auq̃l dauid se deffendit, a dist q̃ ia ne mettroit la main en lup q̃ estoit crist de nr̄eseignr̄, cest a dire cōsacre rop a enoinct, mais lui dist que il ostast de delez son chief sa lance a son hanap lequel se fist ainsp, a quant il eut ce fait, a il fut vng pou eslōge il cōmenca a escrier abner, a lup dist que lup ne les autres nestoiēt dignes de viure, q̃ gardoiēt ainsp mauuaisemēt leur rop, en lup disāt q̃l regardast ou estoit la lance ou le heaume du rop, a q̃ gens sōt entrez en sa tente q̃ se boulsiēt occire. Apres quāt saint augustin pse des poles que samuel dist a saul, cest vne autre hpstoire du viii. chappitre de ce premier liure des rops, ou il est dit q̃ pour ce q̃ saul laissa le peuple disrael sop respandre ca a la, lequel estoit assēble contre les philistins q̃ estoiēt en gabaa, par quop il ptit a sop cōbatre cōtre eulz, a a les desconfire. Samuel lup dist q̃l auoit solemēt ouure, et quil nauoit pas garde les cōmādemens de dieu, selō ce q̃l lup auoit cōmāde, a q̃ se il leust fait, nr̄eseignr̄ lup eust ordōne son ropaume sur israel a tousiours, mais pour ce q̃ il ne lauoit pas fait, son ropaume ne lup dureroit plus, aq̃ dieu auoit q̃s hōe selō son cueur, auq̃l il auoit ordonne q̃l fust gouuerneur de son peuple, a par ceste epepse ou hpstoire, saint augusti argue, q̃ pces paroles cp Pour ce q̃ tu nas garde les cōmādemēs, a, auspp cōe il ta uoit ppare tō ropaume a tousious sus israel, aussi maintenātne te demoura il pas. Il sēsuit q̃ la mutaciō de la pstrise, a la pmiere pmesse de la pdurablete di-

cesse en figure se pēuent entresouffrir, car la pmiere fut pmise en saul cōe en figure a en ūbre, a fut acōplp en iesucrist cōe en chose figuree ou a vmbree, a mesmemēt cōsiderees les poles ensuiuātes esq̃lles il dist, Et se quera nr̄eseignr̄ hōe se son son cueur. Nō pas ce dist saint augustin q̃l ne sceust biē ou il estoit, mais cest vne cōmune maniere de pser, car nr̄eseigneur ihesucrist cōe hōme ne nous auoit pas a querir aussi cōe celui qui fait aucū gaing, ou acquiert aucune chose.

¶ De la disruption du ropaume disrael, par laquelle est pfiguree sa perpetuelle diuisiō disrael charnel a psrael espirituel. C. vii.

De rechief saul pecha p inobediēce, a pour ce samuel lup dist de rechief de p iesucrist ce q̃ sēsuit. pource dist il q̃ tu as eu en despit la pole de nr̄eseignr̄ Nr̄eseignr̄ ta aussi en despit a ce que tu ne soies plus rop sur psrael, a cōe il lup eust cōfesse ce peche, a lup en eust req̃s pardō, a pria samuel q̃l retournast auec lup pour depier nr̄eseignr̄ assi de lappaiser il lup dist de rechief, ie ne retournerap pas dist il auec top, a pour ce que tu nas tenu cōpte de la pole de nr̄eseignr̄, nr̄eseigneur na cure de top, ne ne veult que tu soies sur psrael, a en ce disāt samuel tourna son visaige pour sen aller, a saul tātost lāresta par son mātel, a lup descira et rompit, a lors samuel lup dist, Au iourdup dist il nr̄eseignr̄ a oste de ta main le ropaume disrael, a le dourra a ton prochain lequel est bō par dessus top, a sera psrael diuise en deup, a ne sen retournera ne ne sen repētira pas. Pour ce quil nest pas si cōme vng hōme, a ce quil se repēt de aucūe chose, cest a dire sō me menasce a ne sarreste pas ne ne demeure en vng estat, Celui a q̃ furēt dōees ces poles nr̄eseigneur ta gette amere de lui a ce q̃ tu ne soies rop sur israel, a au iourdup mseigneur a rōpu de ta mai le ropaume est saul qui regna pl. ās sur le peuple d'israel/c'est assauoir autāt de tēps cōme dauid/τ s'y eut ces parolles au premier tēps de sō royaume. A ce que nous entēdons que ce lui fut dit, pour ce q̄ nul de sa lignee ne regneroit apres luy/τ regardoit a la ligne de dauid/de laquelle fut ne/selon sa chair/hōe iesucrist moyēneur de dieu τ des hōmes. mais l'escripture na pas dit ce que s'ensist en plusieurs liures latins/c'est assauoir/n̄reseigneur a auiourduy rompu le royaume d'israel de ta main/mais il est trouue es liures des grecz par la maniere q̄ nous l'auōs mis/c'est assauoir n̄reseigneur a auiourduy rōpu de ta main le royaume d'israel. A ce que ce qui est dit de ta main/s'entēd du peuple d'israel lequel il tenoit en sa main/c'est hōme dōc portoit en figure la persōne de ce peuple/lequel peuple deuoit prendre ce royaume par l'aduenement de nostreseigneur iesucrist/lequel deuoit regner espirituelemēt/τ nō pas charnelement/duquel royaume quāt il est dit/τ se dourra a ton prochain/car iesucrist selon la chair fut du peuple d'israel/duq̄l saul fut pareillement/mais ce qui y est adiouste/c'est assauoir bon par dessus toy peult pour certain estre entēdu meilleur sur toy, car ainsy l'ont aucūs interprete/mais il est mieulx dit bon sur toy, aussi cōe s'il voulsist dire/pour ce que il est bō il sera par dessus toy, selon celle parolle du p̄phete ou il est dit/iusques a ce que iay mis tes enemis soubz tes piez/esq̄lz est τ israel/Auquel qui estoit son persecuteur iesucrist ostast le royaume/ia soit ce quil eust la vng israel/ouquel nauoit aucune fraude ou mauuaistie/aussy cōme le fourment de les pailles. Car sans doubte de sa/c'est assauoir de tel israel ouquel nauoit aucune fraude. estoient les apostres/de la estoient les martirs/desquelz monseigneur sainct estienne est le premier/de la estoient tant d'eglises manifians le nom de nostreseigneur/Lesq̄lles monseigneur sainct pol raconte en sa

conuersacion. De laquelle chose ie ne fais point de doubte que ce qui sensuit/c'est assauoir/τ sera diuise en deux. C'est assauoir en ysrael qui est ennemy de nostre seigneur iesucrist/τ de ysrael adherant a n̄reseigneur iesucrist/en ysrael appartenant a la chamberiere/en ysrael appartenant a la frāche/car ces manieres estoient premierement ensemble/aussy comme abrahā ioingnist ancoires a agar sa chamberiere/iusques a ce que sa femme qui estoit brehaigne fust grosse/τ tenant par la grace de dieu chastete/en disant telles parolles. Boute hors la chamberiere τ sō filz/pour certain nous sauōs que pour le peche de salomon regnant sō filz roboam/ysrael fut diuise en deux/τ eut chascune partie ses roys/τ perseuera iusques a ce que toute celle gent fust gastee destruite τ transportee par les caldiens/mais q̄ appartient celle chose a saul cōme se len deust auoir aucune telle commutaciō/elle deust mieulx auoir este faicte a dauid/duquel salomō fut filz. Dernierement les gens hebrieux ne sont pas diuises entre eulx, mais demeuret respādus par toute terre/en ler̄eur de celle cōpaignie/mais celle diuision de laquelle n̄reseigneur menaca ce peuple/τ le royaume en la persōne de saul/qui portoit la figure de ce peuple τ de ce royaume fut signifie estre immuable τ perpetuelle par ce qui y fut adiouste quant il est dit. Et ne se conuertira/dist/ne ne sen repentira car il nest pas/sicōe hōe a ce quil se repēte/il menasse τ ne demeure poīt/c'est a dire q̄ hōme menasse τ s'y nest poīt arreste/mais dieu est arreste q̄ ne se repēt pas/si cōe lōme/car ou se lisit q̄l se repēt, ce signifie mutaciōs de choses demourāt elimmuable prescience de dieu/et par consequent ou il est dit que il ne se repent pas/Il sentend que il ne se mue pas en riens. Par ces parolles nous h̄ōs du tout en tout ceste sentēce. De laquelle diuisiō du puple d'israel auoir este p̄nūcie diuine mēt/ z quelle est du tout perpetuelle/car tous ceulz q̄ de sa sōt venus ou passez a iesucrist/ou passēt ou passeront/ne sont pas venus ou a aduenir de la selō la prescīēce diuine/mais selon vne mesmes nature de sumain signaige/cest adire q̄ supose que la p̄escience diuine face toutes choses/toutesuoies telles mutacions ne se font pas par sa prescience diuine/mais se fait par franc arbitraige/z par frāche voulente. Sans doubte tous ceulz du peuple disrael qui en eulz adherās a nr̄e seigneur iesucrist/perseuerēt en luy/ne seront iamais auec ceulz disrael qui sōt diuinement ennemys de iesucrist/iusques a la fin de ceste presēte vie/mais demourront perpetuellement en sa diuisiō. La q̄lle est cy adnōcee par le vieil testament Lequel engēdre en la mōtaigne de sina ou sinap/en seruitude ne proffite en riens se ce nest pour ce quil dēmōstre tesmoignage du nouuel testamēt ou autremēt tant cōe lēy list le liure de moyse. Le cueur est couuert aussy cōme dune couuerture Mais quāt sen passe de sa a iesucrist/celle couuerture est ostee. Quellez merueilles celle intēciō de ceulz q̄ passent/se mue du vieil testamēt au nouuel/en telle maniere q̄lz nentēdēt plus/a p̄ēdre sa charnelle bienneurte/mais sa spirituelle/ pour laquelle chose/ce grant p̄phete samuel auant que il oingnist saul le roy/ quant il depria a nostreseigneur pour le peuple disrael/z quil exauçast sa priere/ cōe il offrist son sacrifice ainsy cōme les estragiers/cestassauoir les philistins se noient en bataille cōtre le peuple de dieu nr̄eseigneur tōna sur les ēnemis/z tantost ilz furēt confus z furēt vaincus par le peuple disrael qui les surmōta Il prist vne pierre z la mist ētre le vieil z nouuel masphat/q̄ estoiēt deux villes ou citez Et appella le lieu ou il mist celle pierre/ abennezer/q̄ est a dire en latin la pierre dayde/z en la mettant dist telles polles Nr̄eseignr̄ dist il nous a apde iusques

cy/masphat est interprete intēciō/z ceste pierre dayde/le moyen de nr̄eseigneur par lequel moyen ou mediateur il fault passer de masphat la vieille a la nouuelle masphat/cest a dire q̄ fault passer de lintenciō par laq̄lle lēy entendoit en ce royaume charnel/la faulse bieneurte charnelle/a lintēciō par laq̄lle lēy attend/p̄ le nouuel testament ou royaume des cieulx/la tresurape bienneurte espirituelle/par laquelle pour ce q̄l nest riens meilleur/nr̄eseignr̄ iusq̄s cy no⁹ a aide

¶ Expossicion sur ce chapitre.

En ce vii. chapitre monseignr̄ sait augustin descend a sa p̄ī cipale cōclusiō/z preuue que par ce/le royaume disrael charnel lequel estoit p̄mis a saul luy fut oste/que ce fut la figure que nr̄eseigneur deuoit regner espirituelmēt sur psrael/z fait vii. choses en ce chapitre. Premierement il met listoire en brief pour quoy le royaume lui fut oste z les poles q̄l dist a saul/z argue a puuer les parolles du p̄phete. Secondement il preuue sa proposiciō/cest a dire que iesucrist a regne sur le peuple disrael espirituellement. Tiercement il demōstre que ces choses sōt acōplies en iesucrist p̄ les motz de sa diuisiō. Quartemēt il oppose cōtre loppositiō de ceste diuisiō en deux Quintement il respond a son obiection. Sixtemēt il retourne a prouuer sa principale p̄position. Et dernierement il demōstre/ q̄ ceste chose fut signifiee p̄ la pierre q̄ mist samuel entre la vieille z la nouuelle masphat. La seconde ptie se cōmēce ou il dist. Duq̄l royaume quāt il est dit. z̄c. La tierce se cōmēce ou il dist. mais q̄ appetiēt ceste chose a saul. La v. se cōmēce ou il dist. Dernierement les hebrieux z̄c. La vi. se commēce ou il dist. Car le vieil testamēt. z̄c. Et la vii. pour laq̄lle chose ce grāt p̄phete samuel. En sa premiere partie il met les parolles de samuel/lesquelles il luy dist de par dieu/pour ce q̄l nauoit pas obey a son cōmandemēt

Et sont ces parolles du xv chapitre du premier liure des roys, et est listoire telle que apres ce que saul fut enoinct en roy a que il eut comis sa negligence dont parle est sur le chapitre precedent, il pecha de rechief par inobediece. Car come nostre seigneur luy eust mande par samuel le prophete quil assaillist la cite de amalech laquelle auoit este rebelle au peuple disrael, quat il retourna de sa chetiuoison degipte, et que il mist tout a mort gens et bestes sans riens excepter, et mist tout en feu et en cendres, sans riens retenir, de tous les biens de sa cite. Neantmoins il prinst le roy de celle cite q auoit nom agag sas le tuer, et ainsy retint des bestes des plus grasses et les plus riches biens de sa cite. Et ne ardit q les meschātes choses lesqlles nestoiēt nulles ou de petite vasseur, pour laquelle chose nreseigneur sui mā da par le prophete les parolles qui sont escriptes au comencement de ce chapitre iusques ou il dist Celui a qui furent dictes ces parolles. etc. Mais ou il dist que le prophete luy dist, apres ce quil eut desfaire son mateau. Au iourduy nostreseigneur a derompu de ceulz disrael le royaume de ta main, et le done a ton prochain bon sur toy. etc. Cest la premiere partie ou il argue par ceste maniere, ces poses dist il de perdre le royaume, ne peuent estre entēdues de la persone de saul car en ces parolles est dit ce mot Au iour duy. etc. Or est il certain que ces parolles luy furēt dictes au premier teps de son royaume Et toutesuoies regna il depuys xl ans sur le peuple disrael, cestassauoir autāt come dauid. Pour quoy il est a entendre non pas de luy, mais q nul de sa signee ne debuoit regner et pour ce ne dist pas le texte, au iourduy dieu a oste de ta maise royaume disrael, cest a dire de ta signee Mais dist nreseigneur, a derōpu de ysrael au iour duy le royaume de ta main, Adce que len entend de ces parolles, nostreseigneur a derompu le royaume disra

el de ta main, qui est a entēdre du peuple disrael, Mais non pas de tout le peuple disrael, car il ne sentendit pas de dauid de sa signee duquel nreseigneur fut ne, Lequel auoit a regner espirituellement sur le peuple disrael Apres quant il dist Duquel royaume, quant il eust. etc. Cest la seconde partie en laquelle il preuue sa proposicion, cestassauoir que nreseigneur iesucrist auoit a regner espirituelement sur le peuple disrael, car en celle pphecie ou parolles de samuel il sensuit, et dourra le royaume a ton prochain bon sur toy ou par dessus toy pour ce que il est bon Et lautre translacion, a milseur de toy Cestassauoir la translacion de monseigneur sait iherosme, et pour ce a il dist sur toy Or est il ainsy que nostreseigneur iesucrist fut prochain de saul, car quant a sa signee et cognacion charnelle, ilz furēt dune mesmes gent, et pour ce dist le prophete samuel de iesucrist, Adce quil soit pcy, selon ce qil est dit au psaultier. Siez toy dist nostreseigneur a ma dextre, iusques adce que ie nettoye tes enemies, donc ces parolles, Et dourra nreseigneur le royaume a ton prochain qui sera bon sur toy, sont a entendre de nostreseigneur iesucrist Apres quant il dist Esquelz est de monstre. etc. Cest la tierce partie en laqlle il demonstre que toutes ces choses sōt acōplies en nostreseigneur iesucrist. Et quāt le prophete eut dit a saul, quil bail feroit le royaume disrael a son prochain il y adiousta telles posses, et sera ysrael diuise en deux, cestassauoir en ysrael ennemy de iesucrist, et en ysrael soy adioingnāt a iesucrist. Or est ainsy q ces choses sont ia acōplies, car le prestre iesucrist regne sur ysrael, mais il est diuise en deux car il est diuisees apostres et es martires et plusieurs autres du peuple disrael, lesquelz croiēt en iesucrist, et es ennemis de iesucrist q persecutēt les crestiēs. Mais q plus est, a le prendre selon le sēs de listoire Ancoires est il vray ql est diuise en deux

Et eurent chascune partie leurs roys, iusques ad ce que toute celle gent fut menee en chetiuoison par les caldiens et tout leur païs gaste. Apres quant il dist. Mais que appartient ceste chose a saul. Cest la quarte partie en laqlle il argue contre celle expoſicion de celle diuiſion en deux. Car ſicõe il dist, celle diuiſion de royaume diſrael dont ſaul fut menace nauint en ſon temps. Mais ou temps de la lignee de dauid, cest aſſauoir de roboam, et par conſequent ſe len deuſt auoir fait aucune menace de celle diuiſion, elle deuſt mieulx auoir eſte faicte a dauid q fut pere de ſalomõ. Apres quant il dist dernierement les gens hebrieux. etc. Cest la v. partie en laquelle il reſpond a ſon obiection. car premierement il diſt q le peuple des hebrieux neſt pas diuiſe mais demeure indifferamment en celle erreur, en vnion et compaignie ia ſoit ce ql ſoit eſpars parmy la terre. Et ceſte reſponſe eſt quãt a ſoy me ou quãt aux hommes. Secondement il y reſpond quantum ad rem. Cest a dire quant a la verite. car il eſt dit q ſamuel le ppheté parloit de la perpetuele diuiſion eſpirituele ſicõe il appert par les poſſes ql y adiouſta apres en diſant. Et ne ſe conuertira ne ne ſen repentira pas pource ql neſt auſſi cõe home q ſe repête etc. Car ou ſen liſt quil ſe repend, ce ſignifie mutacion des choſes demourãs ſimmuable preſcience diuine, et par conſequent ou ſen diſt quil ne ſen repentira pas, il ſentend ql ne ſe muera pas. Or eſt il aiſy que ceſte mutabilite de dieu eſt cy acompſpe en ceſte diuiſion diſrael, car iſrael paſſãt des enemis de iheſucriſt et ſoy adioignãt a ieſucriſt demeure en ſa vie pardurable ſelon la preſcience de dieu. Et en arguãt au contraire, pſrael ennemy de ieſucriſt, et demourãt en ycelle innamitie, demeure ſelõ ycelle preſcience en la dãpnacion pardurable. Apres quant il diſt, car le viel teſtament. etc. Cest la vi. partie laquelle il argue de rechief pour ſa principale propoſicion. Car il diſt que la preſ

triſe laquelle engendre en ſeruitude et laqlle met couuerture ſur le cueur de ceulz qui croient a charnelle felicite eſt a muer et a bonne cauſe en la franche preſtriſe, en oſtant la couuerture du cueur de ceulz qui croient en ieſucriſt, et qui tendent a la bienneurte eſpirituele. Or eſt ainſy que la vielle preſtriſe eſtoit ſoubz ſeruitude car elle ſeruoit a dieu ſoubz la couuerture des cerimonies charnelles, et en intencion des biens charnelz ou temporelz, et ſy eſt choſe notoire que la nouuelle preſtriſe de ieſucriſt ne ſert point a dieu mais ſert par franche charite et ſoubz ſpirituele intelligence des eſcriptures, et en intencion dacquerir felicite ou bienneurete eſpirituele. Par quoy il appert q la vielle preſtriſe eſt muee en la nouuelle. Apres ou il diſt pour laquelle choſe etc. Cest la vii. et derniere partie en laquelle il demoſtre que ceſte choſe fut ſignifiee par ſamuel par la priere laquelle il miſt entre la nouuelle et la vielle maſphat. Et eſt vne hiſtoire du vii. chapitre du premier liure des roys. Laquelle eſt telle. Ceſt aſſauoir que apres ce que larche qui auoit eſte priſe par les phiſiſtins, fut laiſſee aller, et quelle fut en gabaa, en la maiſon de aminadab, ainſy cõme ſamuel fiſt ſa priere a noſtre ſeigneur, ad ce ql vouſſiſt garder le peuple diſrael de la main des phiſiſtins, et fiſt ſon ſacrifice et oblacion, ſicõme les phiſiſtins venoient courre ſus au peuple diſrael. Noſtre ſeigneur les eſpouenta par foudres tonoirres et tempeſtes tellement q ifz furet vaincus de ceulz diſrael, et lors ſamuel veãt ce q ñreſeigneur auoit fait pour le peuple diſrael prinſt vne pierre et la miſt entre la vielle et la nouuelle maſphat, La bible dit entre maſphat, et ſen. Et appelle ce lieu la pierre dayde, et le remenãt eſt aſſez expoſe par le tepte, et qui vouldra veoir ceſte matiere de ſaul noblement demenee, Et comment il fut negligent premierement, et apres inobedient,

Aprez rebelles et dernierement cōtinuau sp̄/
poie Johēm salberiensem au ix.viii.cha/
pitre du second liure.

⸿ Des promesses faictes a dauid en son
filz. Lesquelles ne demonstrent en quel/
que maniere auoir este acōplies en salo/
mon, mais sont trouuees auoir este acō/
plies en ihesucrist.   C.   viii.

Or soy ie a present quil est temps
de demonstrer q̄lle chose nostre
seigneur promist a dauid en tāt
comme il peult appartenir a la matiere
presente. Lequel succeda a saul ou royau/
me par la mutacion duquel celle finable
mutaciō fut figuree, pour laquelle tou/
tes les prophecies qui ont este dictes. Il
est vray que cōme toutes choses fussent
bien venues a dauid il pensa quil feroit
a dieu vne maison. Cestassauoir ce teple
qui fut sy excellentement renōme, et le/
quel fut fait depuis par salomō son filz.
Ainsy cōme dauid pēsoit en ce nostresei/
gneur dist certaines parolles a nathā le
prophete. Lesquelles il luy cōmanda que
il rapportast a dauid qui estoit roy, esq̄l/
les comme nr̄eseigneur luy eust dit, que
celle maison ne luy seroit pas edifiee par
dauid, ne par tant de temps neust mande
a aucū de son peuple, que celle maisō ou
teple de cedre luy fust faicte. il dist a na/
thā telles parolles. Tu diras dist il a
dauid mon seruiteur telles parolles. No
streseigneur le tout puissāt dit ainsy. Je
tay dist il pmis et esleu du tropel de mes
ouailles, adce que tu fusses duc, et chieue/
tain sur mon peuple disrael, et ay este auec
toy par tout ou tu aloyes, et ay confondu
tous tes ennemis deuāt toy et deuāt ta fa/
ce, et sy tay fait hōe renōme entre les plu/
sieurs seigneurs qui sont sur terre, et met
tray lieu a tōpeuple et sa plāteray, et ha/
bitera hors des autres peuples apart, et
ne se soustiendra doresenauant ne ne luy
pourra nuire ne humilier le filz diniqte,
aussy cōme au cōmencement quāt ie ordōs/

nay iuges sur mon peuple disrael, et te met/
tray en repos de toꝰ tes ēnemys, et tanc/
cera nr̄eseigneur que tu luy edifieras sa
maisō, et sera quant tu auras vescu ton
aage, tu dormiras auec tes peres, et ie su/
sciteray ta lignee ou semēce apres toy, la/
q̄lle sera de tō ventre et ie pparerey son roy/
aume. Celui me edifiera maisō en mon
nom, et ie gouuerneray son trosne et sa sei/
gnourie. A tous ie luy seray en pere, et il
me sera en filz, et se son iniq̄te vient ie le cor/
rigeray en la verge des hōes, et es atou/
chemēs des filz des hōes. Toutesuoyes
ne osteraige pas ma misericorde de luy
ainsy cōme ie lay ostee de ceulz desq̄lz iap
destournera face, cestassauoir saul et
sa maisō, et me sera loyal, et son royaume se
ra deuant moy a tousiours, et son trosne
sera esseue pardurablement. Celuy erre
moult grademēt qui cuide q̄ ceste sy grāt
pmesse fust acōplie en salomō, car il cō/
sidere ce qui est dit en celle pphecie, ou il
est dit, celuy me edifiera maisō, et ne con/
sidere pas les postes q̄ sensuiuent. Apres
quāt il est dit sa maisō sera loyalle et son
royaume a tousiours deuāt moy, consi/
dere dōc ce fol cuideur, et regarde la mai/
sō de salomō qui fut pleine de femes, les/
q̄lles adouroient les ydoles et les faulx
dieux. Et leur sage roy q̄ aucuefoys fut
deceu et gette en celle ydolatrie. et ne soit
pas sy fol q̄ cuide q̄ il eust pmis ou cuide
pmettre ces choses cōtre verite, ne que en
les pmettāt il en eust voulu mētir ouq̄l
ne peust auoir prescience que salomō et sa
maisō deussēt estre telz ou temps aduenir
Mais noꝰ ne deuerions pas doubter de
ce, ce suppose q̄ nous veissiōs ces choses
estre ia acōplies en nr̄eseigneur iesucrist,
leq̄l selō sa chair fut de la semēce de da/
uid ou de sa lignee. Adce q̄ noꝰ ne querōs
vainement et folemēt aucū autre, aussi
cōme sont les iuifz charnelz, en tant que
quāt celuy leur est apparu et declaire par
sy grāt manifestaciō, ilz dient que ilz en

attendent ancoires vng autre tant sont manifestement adueuglez, car ilz nentendent pas iusques a cy. Pour certain aucun pmage ou figure, de chose a aduenir fut faicte en ce salomon, par ce quil edifia le temple & quil eut paix selon ce que son nom se denote. Quelles merueilles Salomon en grec vault autant comme paisible en latin. Et se fist aorer & recommander merueilseusement au commencement de son royaume, mais par sa mesmes persone il aduenoit par vmbre de ce qui estoit a aduenir a nostre seigneur iesucrist, mais il ne le demonstroit pas. Dont de luy sont escriptes aucunes choses en ceste maniere aussi comme se elles fussent adnoncees de lui, quant sa saincte escripture prophetisant mesmes es choses passees declaire en ce aucunement la figure des choses qui sont a aduenir. Car hors les liures de pseaume intitule en son nom. Cestassauoir le lxxi. ouquel il ya tant de choses dictes lesquelles ne luy peuent appartenir. Mais elles appartiennent tresclerement a nre seigneur iesucrist. A ce quil appere euidement q en salomon quel que figure fut a vmbre. & que en nostreseigneur iesucrist la verite soit presentee il est chose notoire iusques a quelz termes le royaume salomon sestendit. Et toutesuoyes en ce mesmes pseaume affin que ie me taise des autres choses qui y sont contenues, len fist en ceste maniere. Et seignoura de la mer iusques a la mer, & du fleuue ou de liaue iusques a la fin des terres. Laquelle chose nous veons estre en ihesucrist. Quelles merueilles. il prist le commencement de la seignourie du fleuue ou il fut baptise par monseigneur saint iehan, et en se demonstrant il comenca a estre congneu de ses disciples lesquelz sappellent non pas seulement maistre, mais aussi sappellent il seigneur. Ne salomon ne commenca pas a regner pour autre cause vinant ancoires son pere dauid, ce quil nadvint onques a nulz de ces roys disrael,

fois que ce nestoit pas celui que celle prophecie signifioit, laqlle estoit dicte, & par loit a son pere en disant, & sera quant tes iours seront acomplys, tu dormiras auec tes peres. & ie susciteray ta semence apres toy laquelle sera de ton ventre. & ordonneray & prepareray son royaume. Comment doncques cuidera len que ce salomon fust prophetise par les parolles qui sensuiuent. apres a celle prophecie. Cestassauoir celui me edifiera maison que len ne doybt mieulx croire par ce qui va deuant ces parolles. Cestassauoir quant tes iours seront acomplys, & dormiras aueques tes peres, ie susciteray ta semence apres toy come vng aultre soit entendu promis, lequel est adnonce ou prononce, & estre suscite non pas auant la mort de dauid, mais apres sa mort, car en quelque temps que nostreseigneur ihesucrist venist apres sans doubte, il estoit conuenable que fust apres la mort de dauid auql il estoit promis. Lequel edifieroit vne maison a nreseigneur, & non pas de fust ne de pierres, mais de hommes. Et dont nous nous esioyssons que il la faicte telle. A ceste maison dist lapostre. Cest a dire aux vrays crestiens & lopaulx de ihesucrist. Le temple de dieu est sait, laqlle chose vous estes.

¶ Exposicion sur ce chapitre.

En ce viii. chapitre monseigneur saint augustin demonstre que nostreseigneur ihesucrist est venu, & qil a mue la vielle prestrise en nouuelle, & que ycelle est acomplye par la figure de salomon, laquelle est acomplye en nostreseigneur, et fait deux choses en ce chapitre. Premierement il met les parolles que nathan le prophete dist en pphecie a dauid de par nreseigneur, lesqlles durent iusqs la ou il dist. Celui erre moult q cuide &c. Secondement il demaine ceste pphecie, & prueue que les parolles contenues en ycelles ne peuent estre entendues de salomon, Et le prueue par iiii. raisons.

La premiere se commence au liure dessus dit Et il dist q̃ celui erre moult qui cuide ⁊c. La seconde ou il dist Pour certain aucun ymage ⁊c. La tierce ou il dist. Car hors les liures de sa diuine histoire ⁊c. La quarte ou il dist Ne salomon ⁊c. Quãt a la premiere partie/il est assauoir q̃ les parolles de ce chapitre sont du vii. chapitre du second liure des rops/⁊ furent dictes ces parolles a dauid par nathan le prophete/apres ce que il eut ramene larche en sa maison/⁊ que il eut leuee de chez aminadab/⁊ depuis/de chez obededom Et quant est de la seconde partie mõseigneur sainct augustin monstre que ces choses ne furent point dictes de salomon ⁊ q̃ celui est fol qui le cuide Car le texte de lescripture dit que sa maison lup sera loyal ⁊ son ropaume deuant lup a tousiours Laquelle chose ne peult estre dicte de salomõ ne que elle soit acomplye en lup/car sicõme il dist Nous trouuons q̃ la maison de salomõ fut toute de femes estranges lesquelles estoient ydolatres ⁊ qui adoroient les faulx dieux/Et que ce mesmes salomon qui aucunesfois auoit este saige fut deceu ⁊ deiecte en ycelles mesmes ydolatrie. Mais ceste chose fut acomplie en nostreseigneur ihesucrist Car le peuple crestien de ihesucrist ⁊ son eglise/perseuere deuant dieu/Et sy est escript de la prestrise par linformacion et serment de dieu nr̃eseigneur en ceste maniere en ṽng pseaume. Monseigneur dist il a iure. ⁊c. Tu es dist il prestre a tousiours selon lordre de melchisedech lequel fut prestre ⁊ rop de salem qui depuis fut appellee ih̃rlm̃/⁊ quãt il offrpt a abraham pai ⁊ Vin/pour recouurer sõ nepueu loth dont nous auons parle cp dessus/par quop il appert que nostreseigneur tint/⁊ le Viel sacrifice ou prestrise/⁊ que elle est acomplie en sa nouuelle prestrise/Apres ou il dist. Pour certain aucune ymage ⁊c Il conferme sa raison/car sicõme il dist

Ce salomon qui auoit a edifier la maison de dieu/estoit interprete paisible Or est ainsp que nr̃eseigneur est dit ⁊ nõme tresgrandement prince ⁊ seigneur de paip sicõme il appert au pseaume ou il est dit. En son temps naistra iustice ⁊ habondãce de paip/⁊ par consequent salomon en ceste partie lequel est interprete paisible fut la figure de nostreseigneur ihesucrist Apres ou il dist. Car hors les siures ⁊c. Cest sa tierce raison Et argue de rechief/⁊ dist ainsp/Il est dit/dist il en ce pseaume en telle maniere. Cestassauoir ou se comence. Deus iudicium Et aura seigneurie de la mer iusques a la mer/Et du fleuue iusques aux fins de la terre. La quelle chose ne peult estre entendue de salomon/car il est certain que il ne fut pas seigneur de tout le monde/Mais fut sõ ropaume limite de certais termes Mais cecp est acomplp en nostreseigneur ihesucrist. Car tout le monde est soubz mis a la predicaciõ de iesucrist ⁊ aux prescheurs qui preschent la fop/sicõme il appert par le pseaume ouquel il est dit/que leur son ⁊ leur predicacion est pssue en toute la terre/⁊ leurs parolles iusques es fins de la terre/⁊ semblablement leglise print son cõmencement du fleuue quant nostreseigneur ihesucrist fut baptise/par monseigneur sainct iehan/⁊ consacra les eaues en nostre baptesme par latouchement de sa trespure ⁊ nette chair Pour quop il appert que nostreseigneur ihesucrist est venu a sa prestrise/Apres quant il dist/Ne salomon ⁊c. Cest la quarte raison a prouuer son intencion/⁊ argue ainsp. salomõ ancoires Viuant dauid cõmenca a arguer/ce que nul autre des rops disrael ne a uoit fait. Quant doncques nostreseign̄r dist a dauid telles parolles. Quant tes iours seront acomplis ⁊ dormiras auec tes peres/Je resusciterap ta semence aps top/laquelle sera de ton Ventre/⁊ ie lup ordõnerap son ropaume/⁊ celui me edi

fiera maison/ elles ne peuent estre enten
dues de salomon/ mais de lautre paisible
lequel ne estoit pas auant la mort de da
uid/ mais estoit de sa lignee et apres luy
Or est il ainsy que nostreseigneur iesucrist
fut ce paisible/ lequel estoit promis de la li
gnee de dauid/ lequel vint apres salomon
et sy edifiera la maison de nostreseigneur
cestassauoir leglise des crestiens/ De la
quelle lapostre dist aux bons crestiens de
nostreseigneur les parolles contenues ou
texte/ et suffist pour la declaracion de ce
chapitre.

¶ Comment la prophecie de iesucrist q̄
est ou .lxxxviii. pseaume soit semblab
ble aux choses qui es liures des roys sont
promises par nathan le prophete.

Pour laqlle chose ou lxxxviii. et viii
pseaume lentendement de etha
disrael/ sont recordees les pro
messes de nostreseigneur faictes a dauid
Et la sont dictes aucunes choses sembla
bles a ses parolles cy mises lesqlles sont
du liure des roys/ sicõme est ce qui sensuit
Jay iure a dauid mon seruiteur que ie or
donneray et prepareray sa semence iusqs
a tousiours/ et de rechief tu parlas lors a
tes enfans/ deis/ iay mis ayde sur le puis
sãt/ et ay essauce celui que iay esleu de mõ
peuple/ iay trouue dauid mon seruiteur
et lay enoinct de saincte huille ou de sain
cte onction/ ma main luy sera en ayde/ et
mon bras le confortera/ son ennemy ne pr
fitera riens en luy/ et le filz diniquite nau
ra puissance de luy nuyre/ et feray trebus
cher ensemble ses ennemys deuant luy/
et chaceray pceulz qui lauront en hayne/
et ma verite et ma misericorde est auec lui
et sera essaucee sa puissance en mon nom
et mettray sa main en la mer/ et sa dextre
mettray es fleuues/ il ma appelle en di-
sant/ Tu es mon pere et mon dieu/ et celui
qui recois mon salut/ et ie le mettray le pre
mier ne/ et le plus hault entre les roys de

la terre. Je luy garderay ma misericorde
a tousiours/ et sy luy sera mon testamēt
ou ma puissance loyal/ et mettray sa li-
gnee ou siecle des siecles/ et son trosne auf
sy comme les iours des cieulx Toutes
lesquelles choses sont entendues de nostre
seigneur iesucrist quant elles sõt a droit
entendues soubz le nom de dauid pour
raison de la fourme de serf/ Laquelle ce
mediateur de dieu et des hõmes prinst de
la vierge marie laquelle estoit de la li-
gnee de dauid/ sensuit aussi en ce pseau-
me incontinent Vne telle chose des pechez
de ses enfans/ cõme il escript ou liure
des roys/ et est prins le plus entētiuemēt
aussy comme de salomon/ car en ce liure
des roys est ce qui sensuit. Et se son ini-
quite vient/ ie le redargueray en la verge
des hõmes/ et aux attouchemēs des filz
des hões/ mais ie ne osteray pas ma mi
sericorde de luy/ en signifiant par ces at-
touchemēs les plaies de correctiõ. Pour
laquelle cause len dist telles parolles/
Garde que tu ne touches mes crist/ cest
a dire les crestiens que vous ne les bles-
cez/ Mais au pseaume/ quant il parloit
ainsy cõme dauid/ Adce que il dist aussi
aucune telle chose/ il dist ainsy Se ses
enfans dist il delaissent ma loy et ne pro
cedēt ou vous en mes iugemens/ ie visi-
teray leur iniquite/ en la verge de leurs
delictz es vons des verges/ mais ie ne
osteray pas ma misericorde de lui/ il ne
dist pas deulx/ quãt il parloit de ses filz
non dist il de soy/ cest a dire de son pro-
pre corps ou de ses propres membres mais
dist des membres de lui/ cest assauoir de
son peuple duquel il est chief/ Laquelle
chose bien entendue Vault autant car de
ce iesucrist/ lequel est chief de leglise/ len
ne pourroit trouuer aucuns pechez/ les
quelz gardee la diuine misericorde/ il fust
mestier de contraindre par correctiõs hu
maines/ Mais sõ le trouueroit bien en sõ
corps et en ses membres/ Lesquelles cho-

p.i.

ses son peuple est, et pour ce ou liure des rops, il est dit liniquite de luy au psaltier, il ya de ses filz, adce que nous entendons ce qui est dit de son corps, estre dit en aucune maniere de soy, pour laquelle chose comme saule, cestassauoir monseigneur sainct pol auant quil fust couerti persecutast son corps. Laquelle chose est a entendre de ceulx qui estoient des bons crestiens et loyaulx. Il dist en une voix que sint du ciel ces poles, saule dist il saule pour quoy me persecutes tu. Apres ces paroles qui sensuiuent en ce pseaume, il dist ainsi. Ne ie ne luy nuiray pas en maverite, ne ie ne enfraindray pas mon testament, et ne reprouueray pas les paroles qui sont yssues de ma bouche. Iay dist il iure une fois a mon saint, se ie mentiray a dauid, cest a dire que ie ne suy mentiray pas, car ainsy parle lescripture en prenant si pour non, sicome au dernier vers du pseaume de Venite exultemus, ou il dist. Si introibunt in requiem meam, car la est pris aussy sy pour non. Mais en quoy il ne ment pas, il adioint et dist sa lignee dist il demoura a tousiours, mais en son siege sera comme le soleil deuant moy, et aussy comme la lune parfaicte a tousiours, et sy sera loyal tesmoing ou ciel a tousiours.

℅ Exposicion sur ce chapitre.

En ce ix. chappitre monseigneur saint augustin demonstre que nostreseigneur iesucrist est venu, et le preuue par les paroles contenues au iiijxxviii. pseaume, lequel comence. Misericordias dni. &c. Et dit que ce pseaume est intitule lentendement. Ethan disrael, pour lentendement de laquelle chose il est assauoir, que ethan fut ung homme qui estoit ordonne, auecques autres par dessus les chantres qui estoient ou tabernacle de nostreseigneur. Et fault

autant a dire ethan come fort et puissant, que en ce pseaume de Misericordias dni. &c. il fait vi. parties. Car premierement il promet a chanter la verite et misericorde de dieu. Secondement il descript par diuerses manieres, les louenges et la puissance de nostreseigneur, et celle seconde partie se comence ou il dist. Confitebuntur celi. &c. Tiercement il met, les promesses de dieu le pere a iesucrist, et cest ou il dist. Tunc locutus es. &c. Quartement il dist choses aduerses a ces promesses, et cest ou il dist. Tu vero repu. &c. Quintement il dist en quoy sont acomplies ses promesses, et cest ou il dist. Vbi que quondam. &c. Et siptement et dernierement il demonstre que mesmes es membres ces promesses sont acomplies espirituelement et non pas temporelement, et est ou il dist. Vbi sunt misericordie tue. &c. Mais a present monseigneur sainct augustin ne parle pas en ce chapitre des ii. premieres parties, non fait il des dernieres, mais il en parle aux subsequens chapitres et pource il se fault arrester en ce chapitre. Adce monseigneur saint augustin dit des moyennes parties, cestassauoir du tiers et quatriesme chappitres. Monseigneur saint augustin doncques en prenant la tierce et quarte partie dudit pseaume, demonstre coment les paroles qui y sont contenues se rapportent a iesucrist et non pas a dauid ne a salomon, car apres ce que il a descrit par plusieurs et diuerses manieres les louenges de dieu, Il met les promesses faictes de dieu le pere a iesucrist son filz, en disant, iay dist il mie mon aieur, cestassauoir des hommes en homme puissant, cest a dire en iesucrist, et en dela tant qui est ce puissant dist. Et iay esleue ou essauce de mes gens. Voire sur tout home, cest a dire sans pareil, sicome fut nostreseigneur iesucrist, lequel est et fut de mon peuple, cest assauoir de la lignee des iuifz ou de dauid, lequel est iesucrist, lequel descendit de la lignee de dauid,c'est ce qu'il dit ou ver ensuiuant quant il dit/iay trouue dist il dauid.&c. C'est a dire nostreseigneur iesucrist pource que dauid est interprete homme fort. Mon seruiteur dist il, c'est a dire obeissant a moy, & pource est il dit puissant/sequel il enoinct de saincte huile,c'est a dire de huille de exultacion, et pource sera il puissant. & pource ma main luy aydera,c'est a dire que dieu qui est la parolle ouurra auecques luy,selon ce qu'il est homme en ses oeuures & en ses passions, & mon bras c'est a dire ma parolle, laquelle est la fortitude sa confermera contre les choses aduerses, affin que il peust acheuer ce qu'il a commencé. & quant il dist son ennemy ne proffitera en riens sur luy. C'est a dire le deable, de quoy il est dit le prince de ce monde est venu & sy na riens en moy. Et le filz de iniquité ne sefforcera plus de luy nuire ce'st a dire iudas apres la resurrection de iesucrist, car il ne adioustera pas de affection de mauuaise voulente apres la resurrection de ihesucrist, aussi comme il le trait & vendit aux iuifz, luy estant homme pour souffrir mort & passion, ou il peult estre entendu du deable qui fera ce qui en luy est, mais il ne luy pourra nuyre.Et feray tresbucher ensemble ses ennemis deuant luy, c'est a dire qu retraieront petit a petit de leurs mauuaises erreurs & croieront a iesucrist, & du remenant de seppoficion nous nous passons pource qu'il y a diuerses expositions, & sy se peuent rencontrer en plusieurs lieux sur sepposicion de ce pseaulme. Misericordias dni. Fors tant que quant il dist. Se ses enfans delaissent ma loy.&c. Je visiteray leur iniquité en la verge.&c. Il appert que ces choses sont accomplies en nostreseigneur iesucrist qui est le vray prestre, par ce que chascun iour, il corrige les pecheurs de peines & de penitances, par quoy il appert qu'il est venu, mais encoires appert il quant il dit ces parolles,

Mais ie ne osteray pas ma misericorde de luy, que ce pseaulme qui semble parler de salomon & de dauid, il se fault entendre de nostreseigneur iesucrist, lequel est promis en la loy, car quant il dist, Je visiteray en la verge leurs iniquites, il se dist de leglise vniuersal ou de tous, mais il adiouste apres, que il ne ostera pas sa misericorde de luy, ne que il ne luy nuyra, c'est a dire qu'il ne souffrera que aucun luy nuyse. Or est il ainsy qu au seul bras dieu nostreseigneur iesucrist compete & est propre, non pouoir nuire de quelque peche Car de luy il est dit singulierement ou pseaulme que lennemy ne profitera en riens en luy, & que le filz diniquite ne sefforcera plus de luy nuyre, par quoy il appert clerement, que ce pseaulme, quant a ces parties sentend & doibt entendre de nostre seigneur iesucrist, & que il est venu, et le surplus de ce chapitre monseigneur sainct augustin declaire assez en son texte.

¶ Que diuerses choses furent faictes au royaume de la terrienne iherusalem a celles que nostreseigneur auoit promises à ce que len entendist la verite de ceste promesse appartenir a la gloire daultre roy & a autre royaume. C. p̄

Mais affin que apres les confirmacions de si grandes promesses, len ne cuidast quelles fussent acomplies en salomon, aussy comme le peult ou entendist & ne le trouuast len pas, il dist en ceste maniere, mais tu las dist il reboute & ramene a neant. Quelles merueilles, ceste chose fut faicte du royaume de salomon en ses successions, iusques au trebuchement de la terrienne iherusalem laquelle fut le chief de son royaume, & mesmement iusques a la destruction du temple, lequel auoit edifie par salomon, mais affin que len ne cuidast que nostreseigñr eust fait ces choses contre sa promesse/il y adiousta ces parolles/tu as dist il differe ou delaye tō crist ce ne fut pas doncques ce salomon non fut ce dauid se se crist de nostreseigneur est differe/car ia soit ce que tous roys enoinctz fussent dictz les cristz pour raisō de ce diuin ou sacre sacrement/ce sassauoir du cresme dont il estoit consacre/a prendre/non pas du temps de dauid et depuis/mais du temps de saul/lequel fut ordōne auant luy a regner/& fut enoinct roy sur ycelluy peuple/car dauid mesmes sappelle le crist de nostreseigñr Toutesfois estoit il ung vray sauueur ihesucrist/duquel ilz portoient sa figure en ceste onction prophetisee/lequel selon loppinion des hommes quil cuidoient q̃ il fust entendu en dauid ou en salomon estoit differe en plus long tēps selon lor donnance de dieu. En dementiers q̃ ycelluy sauueur diffra tant aduenir/quel se chose fut faicte ou royaume de sa terrienne iherusalem/En laquelle sen attēdoit quil regnast. Jl sensuit au psaulme dessus allegue/& y fut adiouste ce qui sensuit. Tu as trebuche mon testament/cestassauoir les promesses faictes a ton seruiteur/& sy as souille ou prophane son saintuaire/Tu as destruitz tous ses murs & ses hayes/& sy as mises toutes ses garnisons en paour. tous ceulx sont derompu qui passoient la voye/& est fait en reproche a tous ses voisins/tu as eshaulce la dextre de ses ennemis/tu lui as destourne layde de son glaiue/& sy ne lui as pas ayde en bataille/sas casse ou brise de tout netoiement/& sy as abbatu son siege en terre/tu as diminue les iours de son siege & de son honneur/& las empli & arouse de confusiō/toutes ces choses vindrent sur la chāberiereiherusalem, en laquelle regnerēt ennemis des roys/lesquelz estoient enfans mesmes de la frāche/lesquelz tiennēt ce royaume en sa dispēsaciō des choses tēporelles/mais ilz auoient le royaume. de la celestienne iherusalem/de laquelle ilz estoient filz en vraye creance/& auoient vraye esperance au vray ihesucrist nostresauueur. Mais cōment ces choses vindrent sur ce royaume/sicomme len list listoire des choses q̃ sont aduenues/elle en sera.

¶Exposicion sur ce chapitre.

En ce v.chapitre monseigñr saint augustin poursuit son psaulme/& monstre que ce qui est dit est entendu du vray ihesucrist. car se prophete dit. Tu as dist il reboute & ramene a neant ton crist. Or est il ainsy que ce quil dist que le royaume disrael fut ramene a neant/fut fait royaume/& ce fait du royaume de salomō en ses successeurs par telle maniere que celle terrienne iherusalem fut arse & trebuchee/dont salomon auoit este roy/& mesmement ce temple qui fut trebuche/lequel auoit este edifie par salomon. Doncques affin que lē ne cuidast/que dieu qui auoit promis a dauid/que sa lignee demourroit a tousiours/& que son trosne seroit cōme le soleil.&c. eust fait cōtre ses promesses/il adiousta incontinent ces parolles/Tu as dist il differe ton crist/& par consequent ce crist dont il parle en ce psaulme/ne estoit salomon ne dauid. Mais fut differe du crist de nostreseigneur iusques a sa venue de nostreseigneur ihesucrist/& note yey moult monseigneur saint augusti ce quil dist. Tu as differe ton crist/car suppose sicōme il dist/que tous les roys non pas seulement a commencer a dauid/& ses successeurs feussent appellez crist de nostreseigneur pour raison de celle unction de cresme/duquel ilz estoient enoinctz par mistere/mais a prēdre mesmes a saul lequel fut le premier roy en oinct sur ce peuple, il sensuit que celuy q̃ il appelloit son crist, mais differe estoit vng vray sauueur ihesucrist, lequel selõ loppinion des hommes qui lentendoiẽt de dauid ou de salomõ, estoit differe en long temps. Apres quant il dist. En dementiers que pcelui. ꝛc. il preuue ce mesmes, car sicomme il dist, pendant ce q̃ ce royaume du vray ihesucrist, fut differe le royaume terrien de iherusalem, fut merueilleusement opprime et confus. Et pour ce sensuit ou pseaulme, tu as trebuche dist il le testament de ton sergent. ꝛc. Tu as descire toutes ses hayes. ꝛc. iusques la ou il dist, tu las dist il emply ou arouse de toute confusion. Et apres le prophete dist iusques a quant sire te retournes tu en la fin, mais quil dist, auertis, peult estre entendu selon ce quil a dit deuant ou il a dit, tu as retourne la misericorde que tu auoies promise a dauid, mais par ce quil dist, en la fin, len peult conuenablement entẽdre le temps dernier, auquel seglise des iuifz croira au vray sauueur ihesucrist, lequel estoit lors differe, et mis en delay.

¶ De la substance du peuple de dieu, laquelle est en iesucrist par la succession de la chair, cest a dire quil prist chair humaine, leql seul eut la puissance de oster son ame denfer. ℂ pi.

a Pres ces vers. Misericordias dñi, cõtenuz es chapitres precedens, le prophete se retourne a deprier nostreseigneur, mais sa priere est vne prophecie et dit ainsy. Iusques a quant sire te retournes tu en la fin sy lõguement, cest a dire ta face aussy cõme il est dit ailleurs. dõt iusques retournes tu ta face de moy, et pour ce aucũs liures nõt pas ce mot Auertis qui est a dire tres

tourner, mais ont, Auerteris, qui emporte la face, ia soit ce que len peult entẽdre ces parolles, cestassauoir, pour quoy ostes tu ou tresfournes ta misericorde q̃ tu as promise a dauid, mais ce quil dist en la fin, q̃ est ce a dire quelle aultrechose, fors que en la fin, laquelle fin est a entendre le temps dernier, quant celle gẽt croira en nostreseigneur iesucrist. Auãt laqlle fin il fauldra faire ces choses, lesquelles il a dessus deploure cõe chetif et meschant, pour laquelle il sensuit incõtinent en ce pseaulme. Se eschauffera toy pre comme feu, souuiẽgne toy, quelle est ma substance, Nulle chose nest cy mieulz entendue, la substãce de son peuple que nostreseigneur ihesucrist, duquel la nature est de sa chair, car il dist. Tu nas pas dist il cõstitue en vain tous les filz des hõmes, car se vng filz de lõme nestoit la substance de ysrael, par lequel filz de lõme plusieurs filz des hommes fussent deliurez. Pour certain tous les filz des hõmes eussent este constituez en vain, mais a present pour certain toute nature humaĩe pour le peche du premier hõme, est cheue de verite en vanite, pour laquelle chose lautre pseaulme dist, lõme est fait sẽblable a vanite, et ses iours passent cõe fait lõbre, mais dieu na pas constitue tous les filz des hõmes envai, car il en deliure plusieurs de vanite par le moyenneur ihesucrist, et ceulx que il a presceu qlz ne seront pas deliurez, mais dãpnez, il les a ordõnez au pffit de ceulx qui sont a estre deliurez, Et pour la comparoison des deulz citez contrairez lune a lautre, en la tresbelle et tresiuste ordonnance, de toute creature raisonnable, et non pas pour certain vainement, Apres sensuit en ce pseaulme, q̃ est dist il lõme qui viura et ne verra pas la mort, et eschapera son ame quelle ne voise en enferQui est celui fors iesucrist, lequel est la substance disrael de la lignee de dauid duquel l'apostre dist/ Que luy resuscite il ne mourra plus, ne la mort naura pl⁹ de seignourie sur luy, il Viura dist il ainsy, et ne verra pas la mort. Combien que toutesuoies il ait esté mort, mais il ostera son ame denfer, ouquel il estoit descēdu pour deslier les liens dancūs, mais il en auoit mis hors par celle puissance de laquelle il dist en leuangille, iay dist il puissance doster mō ame, et jy ay puissance de le reprendre de rechief.

¶ Exposicion sur ce chapitre.

En cest pi. chapitre monseigneur saint augustin poursuit encoires son psaulme et demonstre que il parle du vray ihesucrist et le preue par trois manieres et par trois raisōs. La premiere est ou il dit. Sire recorde toy, quelle est ma substance. La seconde ou il dist, Tu nas pas dist il. &c. Et la tierce ou il dist, Apres sensuit en ce psaume. &c Et ce appert clerement par le texte

¶ A la personne desquelz soit entēdue que celle requeste des choses pmises, appartienne desquelles il est dit ou psaultier. Sire ou sont tes anciennes miseracions.   C.   pij

L'en peust demāder et nō pas sans cause assauoir se les autres paroles de ce psaulme ou il est dit en ceste maniere. Sire ou sont les anciēnes misericordes ou miseracions. Lesqlles tu iuras a dauid par ta verite. Sire souuiēne toy du reproche de tes seruiteurs, lequel iay retenu en mon sain plusieurs gens, lequel sire tes ennemis ont blasme et diffame, en ce quilz ont blasme la comunicacion de ton nom crist, soīt dictes de la personne de ceulx disrael, q desiroient que la promesse faicte a dauid leur fust rendue et a cōplye, ou des cresti

ens qui sont du peuple disrael, selon lesperit et non pas selon la chair. Quelles merueilles Toutes ces choses furent dictes ou escriptes au temps de ethan, duquel ce pseaulme prinst son nom, et en ce mesmes tēps auquel dauid regna, et par ce sen ne diroit pas ces paroles. Sire ou sont tes anciennes miseraciōs, lesquelles tu iuras a dauid en ta verite se ainsi nestoit que la prophecie transfiguraft en soy, sa persōne de ceulz qui estoient auenir long temps apres Ausquelz quant ces choses furēt promises au roy dauid ce tēps seroit ancien mais lē peult entendre plusieurs gens quant ilz psecutoient les crestiens en blasmāt reprochāt et diffamant la passion nostreseigneur iesucrist. Laquelle la saincte escripture appelle cōmutacion, pour ce que en mourāt il fut fait immortel, Autremēt len peult prendre ceste cōmutacion de iesucrist estre repronuee a ceulz disrael, cest a dire selō sa chair, car cōme ilz esperassēt vng crist nostreseigneur iesucrist vint qui fut occis des gens, et par ce plusieurs gēs qui croient en luy par le nouueau testamēt ilz reprochent aux iuifz ce que ilz sōt desmoutez au vieil testament. Cest a dire que depuis q nostresauueur est fait crist cest a dire roy et seigneur des gens. Les gens qui demeurent en luy peuēt blasmer et diffamer ceulz qui ce voient, et ne croiēt pour ce que nostreseigneur est mue de ceulz cest a dire estrāge, et est venu es gens cest a dire es gens crestiens, Aussy comme monseigneur sainct pol quant il veit que les iuifz obstinez, ne tenoient conte de sa predicaciō retourna sa parolle aux payens en disant. Ecce cōuertimur ad gentes. Tenant que les iuifz nestoient pas dignes destre mis au nōbre des gens qui ne vouloient escouter la parolle de dieu, Adce que len die et r oy pas sans cause. Sire souuiēne toy de la villēpe que len dist, et reprocha a tes seruiteurs,

Car non pas pour ce que tu les ayes oubliez/mais qui plus est pource que tu as estēdu sur eulz ta misericorde. Aprez toutes ces parolles et confusions/ilz croient en toy/mais lentendemēt que iay mis le premier me sēble le plus couuenable/car ceste pollecy. Sire souuiēne toy des villennies/q̄ len dist de toy a tes seruiteurs ne se ioinct pas bien ou accorde aux iuifz ausquelz len reproche et dit len les laidures/de ce que nostre seigneur iesucrist en passant aux papens les ait laissez/car telz iuifz ne doibuent pas estre appellez seruiteurs de dieu/mais quāt ilz souffreroient griefues persecutiōs pour le nō de nostre seigneur iesucrist/ilz se pouoiēt recorder du treshault royaume qui auoit este promis a la lignee de dauid/et leur appartenoit lors a dire par desir et affection/non pas en desesperāt/mais en demādant en querant/et en heurtant ces paroles/Sire ou sont tes anciennes miserācions que tu iuras en verite a dauid. Sire souuiēne toy des laidures de tes seruiteurs/Laquelle chose iay retenu en mon cueur de maintes gens/cest a dire que iay souffert paciāment par dedens moy/ce q̄ tes ennemis ont blasme/en ce que ilz ont vitupere/la cōmutacion de ton nom crist. Lesquelz ne cuidoient pas que ce fust cōmutacion/mais consummacion. Mais quest ce a dire. Sire souuiēne toy/fois que tu en ayes mercy/et que pour ma persecutiō/laquelle iay souffert paciēmēt tu rendes la haultesse du royaume que tu promis a dauid/mais se nous assignons ou appliquons ces paroles aux iuifz/pceulz seruiteurs de dieu qui cōbastue et vaincue la terriēne ierusalem auant que nostre saueur iesucrist prinst nostre humanite/et quil naquit de la vierge marie/furent menez en captiuite/peuent dire ces parolles/lesquelz entendoient ceste cōmutacion de ihesucrist/et pour ce que par luy nentend dist il pas la terrienne et charnelle felicite/siē̄ celle qui apperoit a salomon/et laquelle luy dura pou de temps/mais que len deuoit entendre la celestienne et perpetuele felicite/laquelle quant ce peuple mescreant se sioit soit du peuple de dieu qui estoit en captiuite/et luy disoit des villenies a plante. Quelle autre chose est ce/que il qui nen sauoit riens/reprouuoit et blasmoit ceste cōmutacion de ihesucrist/mais cestoit a ceulz qui le sauoient/et pour ce/ce qui sen suit en la conclusion et fin de ce pseaulme ou il dist. Benoist soit nostre seigneur a tousiours pardurablement. Soit fait soit fait apptient et se accorde assez a tout le peuple de dieu/appartenant a la celestienne iherusalem/soit en ceulz lesquelz estoient mucez et latēs ou vieil testamēt soit a ceulz qui aprez la grāde reuelaciō du vieil testament/sont demonstrez manifestement appartenir a nostre saueur iesucrist. Quelles merueilles la benediction de dieu en sa lignee de dauid/nest pas a esperer pardurablement et a tousiours/en laq̄lle len dist trescertainemēt Soit fait/soit fait. Car la repeticion de ce mot fait/est la confirmacion de celle attendue et esperance pardurable. Dauid doncques entendāt ces parolles dist ainsy/ou second liure des roys/duquel nous sommes venus a ce pseaulme/et a parle distil de la maison de ton seruiteur de loinges/et pour ce vng pou aprez il dist Cōment ce dist il maintenāt a beney la maison de ton sergent a tousiours/et les autres parolles qui sensuiuēt aprez/car alors il auoit a engendrer vng filz/du quel sa lignee fust menee iusques a ihesucrist par seq̄l sa maisō pardurable a aduenir estoit et laq̄lle mesmes fust la maison de dieu/car cest la maisō dauid/pour la lignee de dauid. Mais celle mesmes maison est la maison de dieu pour le temple de dieu/lequel nest pas fait de pierres mais dommes/ouquel tēple son peuple habite a tousiours auec dieu et en son dieu et dieu habite en son peuple auec son peuple/ en ycelle maniere que dieu soit acomplissant son peuple/ et que son peuple soit plain de son dieu. quant dieu sera toutes choses en toutes choses cest assauoir quil sera leur soyr en paix/ lequel a este leur force et leur vertu en bataille et en leurs persecutions/ Pour ceste cause quantes parolles de nathan le pprophete/ il est dit/ et te adnoncera nostreseigneur que tu luy edifieras une maison/ il est dit apres es parolles dauid en ceste maniere/ pour ce que toy sire tout puissant/ dieu disrael as reuele es oreilles de ton seruiteur en disant Je te edifieray une maison/ pour certain nous luy edifions celle maison en viuant bien/ et dieu a nous aydant en ce que nous viuons bien/ car se dieu ne edifie la maison/ ceulz se trauaillent en vain qui ledifient/ De laquelle maison quant la derniere dedicacion sera uenue/ lors sera fait ce que nostresauueur dist par nathan le prophete/ ou il est dit en ceste maniere Et mettray dist nostreseigneur lieu en mon peuple disrael/ et le planteray et habiteray apart arriere des autres/ et ne se soucieront plus doresenauant ne nesui pourra nuyre le filz diniquite/ ne ne se pourra humilier aussy comme au commencement que iay ordonne iuges sur mon peuple disrael.

¶ Exposicion sur ce chapitre.

En ce pii. chapitre saint augustin demonstre par la fin du pseaulme/ que nostresauueur iesucrist est venu par la finale benediction/ et fait v. choses en ce chapitre. premierement il met une question. Secondement il y respond par une maniere. Et celle seconde partie se commence ou il dist/ mais len peult entendre. tc. Tiercement il y respond par autre maniere/ et cest ou il dist/ mais quant ilz souffreroient griefues persecutions. tc. Quartement il demonstre quil sensuit des promesses que nous croyons

au vray sauueur iesucrist. lequel estoit promis en la loy/ et cest ou il dist/ et pour ce quil sensuit a la conclusion. tc. Et quintement et dernierement il demonstre que le seruice que len fait a nostreseigneur iesucrist est la vraye benediction/ et cest la ou il dist. Dauid doncques entendant. tc. et sont ces parolles ou vii. chapitre du second liure des roys/ et par ceste diuision len peult clerement entendre ce chapitre/ quelque prolixite quil y ait.

¶ Assauoir se la verite de celle paix que fut promise puisse estre attribuee aux temps esquelz salomon regna. C. piii.

Quiconcques attend en ce siecle/ et en ceste terre/ ce bien qui est sy grant/ il sentend folement. Sera il aucun qui cuide que ceste chose soit acomplye en la paix du royaume de salomon/ laquelle il eut tant come il regna Quelles merueilles. celui qui croit te recomande par excellente predicacion celle paix escripte en lombre de ce qui est a aduenir/ mais a celui qui veille et regarde diligemment/ celle escripture/ il luy vient au deuant toute celle soupecon/ quant apres ce qui est dit en ce lieu/ et le filz diniquite ne luy pourra plus nuyre ne le humilier. Il est adiouste incontinent a ces parolles telz motz/ aussy comme au commencement des iours/ esquelz ie constitue et ordonne iuge sur mon peuple disrael/ car il y eut iuges ordonnez sur pstrael/ auant que il y eust roys ordonnez sur luy/ des le temps quil entra en la terre de promission/ et neantmoins pour certain le filz diniquite/ luy nuiroit/ cest a dire les ennemys estranges par interuale de temps par lesquelz len list que ilz auoient une foys paix/ autresfoys estoient en guerre et sy treuue len quil fut en paix par trop plus long temps que salomon ne regna

en paix lequel regna pl’ ans. Car il se treu
ue que il fut en paix soubz ce iuge qui a-
uoit nom apoth.iiii.xx.ans. Ja naueni-
gne doncques que len croye que en ceste p-
messe soient adnoncez les temps de salo-
mon/ et par plusforte raison moins de qu’-
conques autre roy/ car il nen y eut onc-
ques aucun deulz qui oncques regnast
en si grant paix comme il fist/ ne oncques
telle gent ne tint le royaume en ceste ma-
niere/ quelle ne fust ententiue/ a ce quel-
le ne fust soubz mise aux ennemis/ Car
en si grant muabilite des choses humai-
nes/ ne fut oncques octroie a quel peu-
ple si grande seurete/ qui en ceste vie ne
doubtast les assaulz et courses des enne-
mis/ Ce lieu doncques qui est promis de
si ferme et seure habitacion est pardura-
ble/ et est deu a ceulz qui sont pardurables
en franche mere iherusalem/ cest a dire en
paradis/ en laqlle le peuple disrael sera
heritablement/ car cest israel est interpre-
te voyant dieu/pour le desir duquel lop-
er/ la saincte et debonnaire vie/ est a me-
ner par soy en ce pelerinaige plain dan-
goisses et de douleurs.

¶ Expposicion sur ce chapitre.

En ce.xviii.chapitre sainct augustin
exppose ces paroles du pseaul-
me de Misericordias/ ou il est
dit/ Et le filz diniqte ne luy pourra pl’
nuyre/ Laquelle chose sentend non pas
de la paix terrienne/ mais de la celestie-
ne et pardurable par ihesucrist/ car incon
tinent il adiouste et dit/ Aussy dist il come
au comencement des iuges.cc. Et demo-
stre que ilz neurent oncques paix parfai-
cte en terre.

¶ De lestude de dauid en lordonnance
des pseaulmes.   C.   xviii.

La cite doncques de dieu courrait par
les temps/ dauid regna premier
en lombre de ce qui estoit a adue
nir/ cestassauoir en la terriene ih’rl’m/ da

uid estoit apprins et endoctrine en cantiqs
et ama larmonie et musicque/ et non pas
par comune delectacion/ mais par bone
et loyalle voulente/ et dicelle seruit a son
dieu/ lequel est vray dieu en figure secre-
te de grande chose/ car le chant raisonna
ble attempre de diuers sens insinue lunit-
te dune cite bien ordonnee laquelle est fai-
cte et ordonnee de diuerse concorde/ et de re
chief toute sa prophecie est a peine es pse-
aulmes/ dont il y a C.et.l.lequel est ap-
pelle des chans des pseaulmes Lesquelz
pseaulmes aucuns ont voulu dire que da
uid fist seulement/ lesquelz sont intitulez
en son nom/ et si en ya aucuns qui cuidēt
quil ne ny eust nulz faitz de dauid/ fors
ceulz qui sont prenotez de dauid/ Et que
ceulz qui sont intitulez a dauid furent
faitz par autres/ mais ilz furent aplic-
quez a la personne de dauid/ laquelle op-
inion est reprouuee par la voix de leua-
gille de nre sauueur iesucrist/ ou il est dit
que ce dauid en esperit de nre sauueur ie-
sucrist estoit son seigneur/ car le cent et ix
pseaulme se commence en ceste maniere/
Dixit dominus dno meo sede a dextris
meis Donec ponā inimicos tuos: scabel-
lū pedū tuorum. Cest a dire nre seigneur
dist a monseigneur/ sie toy a ma dextre
iusques adce que iaye mis tes ennemys
dessoubz tes piez cōe vne scabelle/ Cest
a dire vng petit siege qu’ len met dessoubz
les piez/ Lequel pseaulme pour certain
nest pas intitule de dauid/ mais est inti-
tule a dauid/ mais il me semble que ceulz
y maginēt trop mieulz a dauid/ qui at-
tribuēt a dauid loeuure de ces C.et.l. pse
aulmes/ et qui diēt qu’ il en intitula aucunes
soubz aultres nōs lesqlz figurerēt aucu-
nes choses qui appartenoiēt a aucunes cho-
ses qui estoiēt contenues en ces pseaulmes
et que ce que les autres pseaulmes/ il ne vault
estre ititule des nōs daucūs hōes il le fist
cōe dieu li spira/ lordōnāce de ceste variete
laqlle combiē qlle soit occulte et la teste tou

tesuoies nest elle pas venue/ne ne doibt mouuoir aucun a le non croire/ce que len treuue aucuns pseaulmes estre intitulez daucuns prophetes qui furent long temps apres le temps de dauid/a que il semble que les choses qui y sont dictes soient dictes aussy come de eulx, car lesperit de prophecie peult reueler aussy a dauid, quant il pphetisoit les noms des pphetes q estoient a aduenir/Adce que len chantast aucune chose qui appartenist a leur persone, ainsy come le roy iosias, lequel a naistre et a regner plus de trops cens ans apres, fut reuele auecques son nom a vng prophete lequel adoncques aussy ses faitz a aduenir.

¶ Expposicion sur ce chapitre.

En ce viii. chapitre monseigneur sainct augustin demonstre encoires par les prophecies de dauid, q fist tous les pseaulmes du psaultier, par combinacion de diuers pseaulmes que nostre sauueur ihesucrist est venu, a est le chapitre tout cler/a quant il parle de larmonie/a lapplicque a vne cite bien ordonnee/a assemblee de diuers elemens. Qui vouldra veoir ceste matiere bien traictee vope Alanum de complantu nature, Tullium in principio rethorice/a iulium florum in epithomate.c.p. Et sil luy plaist ce que vng petit liure qui sappelle Compendium morale, de re publica, sur la declaracion dune preposicion de macrobe, de Sono scipionis pris du .vi. liure de tulles de re publica, laquelle se comence ainsy Sed quo sis alacrior, a par especial vope le liure de politiques que fist aristote, cel excellent philozophe, a boece au comencement de son arismetique.

¶ Assauoir se toutes les choses q sont prophetisees, es pseaulmes de ihesucrist a de leglise, sont aioindre a lordonnance de ceste oeuure. C. viii.

Or me semble il ql est temps de present que en ce lieu de ce liure ie declaire quelle chose dauid pphetisa es pseaulmes de nostre sauueur iesucrist ou de son eglise/mais ie suis plus empesche par habondance que par deffaulte, Adce que ie le face par sa maniere que la chose le requiert, Combien que ie saye ia fait en vng pseaulme, car il mest deffendu de tout mettre affin descheuer prolixite, mais ie me doubte quant ie auray esleu aucunes choses quil ne semble a plusieurs q les connoistront, que iaye delaisse les plus necessaires, a en apres pour ce q le tesmoignage que len prononce doibt auoir confort de lordonnance de tout le pseaulme, Adce que suppose que il ny ait riens qui y ayde, que ainsy ny ait riens qui y repugne, affin quil ne semble que a la chose, de laquelle nous voulons traicter nous vueillons detraire des vers a sa maniere des centones, aussy come dun grant dicte, lequel len treuue estre escript, non pas de ceste chose, mais dautre plus loingtaine de trop, mais adce que se puist monstrer en chascun pseaulme, ce de quoy il traicte, il estoit a epposer, laquelle chose faire couuient, cest chose penible a de grant labour, les liures des autres, a les nostres esquelz nous auons fait ces choses a traictees, se iugent assez, lise les donc celui qui vouldra, a pourra, a il trouuera quantes a quelles choses Le roy dauid a pphete a prophetise de nostre sauueur iesucrist a de leglise, cestassauoir du roy a de la cite quil ediffia.

¶ Expposicion sur ce chapitre.

En ce xv. chapitre saint augusti se excuse de la prolipite de ceste oeuure, a y assigne deux raisons Lune quant il dist ql se doubtoit q quant il aura esleu aucune chose il semblera a aucuns qui les cognoistront quil ait delaisse, les choses plus necessaires a prouuer sa conclusion, pour venir a son intencion, a est touche ou il dist, Mais ie me doubte. acc

L'autre pour ce quil dit que ce que sen tesmoigne, dun pseaulme & de sordonnance dicelluy doibt estre conforte & secouru de toute le pseaume, & rend sa raison pour quoy. Et celle seconde partie se commence ou il dist & en apres pour ce.&c. Et tiercement il met exemple des cencones et celle partie se comence ou il dist. affin que la chose de laquelle nous voulons traicter.&c. Quelles choses sont centones il est assavoir, que Viergille qui fut sy grant poete fist trois liures excellens entre les aultres, cest assavoir, Eneydos Georgiques & Bucolliques. Or aduint que long temps apres, une saincte femme appellee proba Valeria, a laquelle monseigneur sainct augustin escript plusieurs epistoles & laquelle il appelle proba, & de nom & de fait prinst plaisance a estudier ces trois liures, en prenant ung mot ca & laultre la, puis la fin du ver, puis le comencement, puis dun liure puis dun aultre. Elle fist ung petit liuret tout versifie ouql traicta de loeuvre de si iours de la creation du monde du desuge, de laduenement de nostre sauveur ihesucrist des euangilles, de la passion, & de la resurrection de son ascension, & de sa mission du saint esperit, & plusieurs aultres choses, & semble que ilz ne soient extraictz de quelconques liures, mais que ce soit ung liure copile de soy mesmes par elle, Et ce liure sen appelle, centones virgilii pour ce qlz sont extraitz des vers de viergile, & cest ce dont monseigneur saint augustin fait mencion en ce chapitre.

¶ Des choses qui au pliiii. pseaulme, appartenans a ihesucrist & a leglise, sont dictes ou appertement ou en figure.

℃ pvi

Car ia soit ce que de quelconque chose soient propres & manifestes de parler en pphecie, toutesvoies est il necessaire, que elles soient ainsy meslees en figure, a celles qui par especial pour ses pour tardiues prophecies apportent aux bons docteurs besoigne peuble de disputer & dexposer toutesvoies il y a aucunes manieres de parler, lesqlles de primeface, tantost comme len les dit demonstrent ihesucrist & leglise, Et suppose que par ociosite ilz demeurent a exposer les choses qui sont dedens en sont moins entendues, sicomme est le pseaume qui est en ce liure des pseaumes ou des chaps, lequel est tel. Mon cueur a prononce bonne parolle, & pour ce ie dy mes parolles au roy, ma langue est comme la plume de lescripuain qui escript tost & hastiuement, tu es beau pardessus tous les filz des hommes, Grace est espadue en ta bouche, & pour ce ta beney dieu parduablement, ceaings toy de ton espee tres puissamment pardessus tes cuisses, cest a dire sur tes rains, entenduz a prosperite prede, & regne pour ta fourme & pour ta beaulte, & ta dextre te conduira merueilleusement, pour verite douleur & iustice, tes sagettes sont agues, & pour ce les peuples cherront sur toy es cours des enemis du roy. Sire dieu ton siege & ta seigneurie, sera au siecle des siecles, cest a dire demourera pdurablement, la verge de ton royaume sera la verge dadresace & de conduisement, Tu as ame iustice & hay iniquite, & pour ce ta dieu enoinct de huille de leesse, pardessus tous ceulx qui participoient avec toy, Mirregutte & casse sont en tes vestemens qui sont venus des maisons diuoire, desquelz les filles des roys esioies & delectees sont en ton honneur. Qui est celui qui ne recongnoisse cy nostre sauveur iesucrist, lequel nous preschons, & ouquel nous creons, combien quil a tarde a venir. Quant il ost dieu duquel le siege est ou siecle des siecles estre pour certain enoincts de dieu en la maniere que dieu enoinct, non pas de cresme visible, mais espirituel et entendible, et qui est celuy qui est tant rebelle &

rude en ceste religion/ ce sy sount/ qui contre sa renõmee respandue sy loings a sy large ne congnoisse que iesucrist soit ainsy appellee de cresme cest a dire de celle vnction Mais congneu pcellup iesucrist roy celui qui est subgect a celuy qui regne pour verite doulceur a iustice enquiere de soy par grace ses choses qui sont cy dictes en figure/ceslassauoir comment il est beau de forme par dessus tous les filz des hõmes/dune beaulte/laquelle est tãt plus a amer a esmerueiller cõe elle est moins corporelle/regarde apres leglise/laquelle est cõioincte a son mary a espoux tel a sy grant par espirituel mariage/a par diuine amour/de laquelle il est dit es choses qui sensuiuent en ceste maniere/la royne estoit a ta dextre en vestemens dorez environnee de moult diuerses choses/ fille oy a voy/a encline ton oreille a oublie tõ peuple a la maison de ton pere/car dieu a couuoitie ta beaulte/pour ce quil est tõ dieu a seigneur/ a les filles de thir ladourent en dons/Tous les riches du peuple deprieront ta face/toute sa gloire est de sa fille du roy par dedens en franges dorees couuerte tout a lenuiron de diuers paremens/ Les Vierges seront amenees au roy apres elle/a ses plus prochaines te seront aportees/elles serõt amenees/ en grant ioye a en grant leesse/ elles seront amenees au temple du roy/tez enfãs te sont nez pour tes peres/tu les constitueras princes sur toute la terre/ilz auront memoire de ton nom en toute generaciõ. Et pour ce tous les peuples te recõgnoistront a te confesseront a seigneur par durablement/ a ou siecle des siecles/ Je ne cuide pas quil soit aucun sy forcene qui croie que sen presche ou descriue/ aucune famelette/ceslassauoir qui soit femme de celui de q il est dit dieu tõ siecle est ou siecle des siecles/la verge dadrecement est la verge de ton royaume/tu as ame iustice a hay iniquite/a pour ce dieu celui qui est

ton dieu/ta enoinct duisse de sessee par dessus ceulz q sont participans auec toy Cestassauoir ihesucrist qui est pour certain par dessus tous les crestiẽs/pceulz crestiens participent auec luy. De lunion a concorde desquelz ceste royne est faicte en toutes gens/sicomme sen sist delle en vng autre pseaulme ou il est dit. La cite du tresgrant roy est a parler espirituelment Syon/lequel nom en latin est interprete speculacion/car il aduise le grãt bien du siecle a aduenir/pour ce que la se adrece son intencion/ a celle cite est mesmes iherusalem a le prendre en celle mesmes maniere espirituelment/de laquelle nous auõs ia dit moult de choses. La nemie de celle cite est la cite du deable/laquelle est babilõ appellee/laquelle est interpretee confusion/ de laquelle babilon toutesuoies ceste royne est deliuree en toutes gens par regeneraciõ/ a passe du tres mauuais roy au roy adopte/cest a dire du deable a ihesucrist/pour laquelle chose il est dit a ceste royne. Oublie ton peuple a la maison de ton pere/ de laquelle desloyalle cite sont partie ou portion/ et ceulz disrael qui sont selon la seule chair a non pas selon la foy/ a aussy les ennemis de ce grant roy a de sa royne. car nostre sauueur ihesucrist. Venant a eulz et occis par eulz fut plus seigneur dautres lesquelz il nauoit pas veus en chair/cest a dire luy estant hõme quil ne fust deulz Et pource pcelui ihesucrist nostre roy/p la prophecie dun pseaulme dist ainsy/tu me deliureras des cõtradicions du peuple et me constitueras en chief/cest a dire seigneur des gens/Le peuple seql ie nay pas congneu ma serui a entendu mes cõmandemens par ce quil les a oys raconter. Et peuple doncques des gens/seql nostre sauueur ihesucrist ne cõgneut pas par presence corporelle/ouquel toutesuoies il creut/quãt il fut adnonce A ce q se puisse dire de lui/ a bõ droit il ma obey pour ce quil a ouy tous mes commandemens/pour ce que foy profite de ouyr. Ce peuple adiouste aux vrais pfraelites de chair et de foy, cest la cite de dieu, laquelle aussy selon sa chair enfanta nostre sauueur iesucrist, quant il fut en ces seulz pfraelites, car de la estoit la benoiste vierge marie de laqlle ihesucrist prinst chair affin que il fust homme, de laquelle cite est dit en ung autre pseaulme en ceste maniere. Mere de syon ce dist lomme, et homme fut faict en ycelle, et le treshault la fonda. Qui est le treshault fors dieu, et par ce iesucrist dieu, auant quil fust fait homme en celle cite par la vierge marie ycelui la fonda aux patriarches et aux prophetes.

¶ Exposicion sur ce chapitre.

En ce xvii. chapitre monseigneur sainct augustin, monstre que ia soit ce que en la saincte escripture, et en plusieurs prophecies, soient dictes plusieurs choses de ihesucrist, lesquelles sont cleres et manifestes, toutesuoies en y a il aucunes, lesqlles il fault prendre aussy come en figure, et lesquelles quant elles sont bien entendues de prime face, demonstrent ihesucrist et leglise, et pour ce prouuer il admaine le pseaulme de Eructauit cor meum, Verbum bonum, etc. Et monstre, que ce pseaulme iusques la ou il dist. Regarde apres leglise, etc. Demonstre en figure leglise, laquelle est conioincte a ihesucrist par singuliere amour. Et monstre premierement quil nest nul tant soit sourt ou fol, sil est bon crestien, qui ne croye que ihesucrist fut ainsy appelle pour raison du cresme et onction, et puis il monstre apres comment son glaiue, et ses sayettes sont a prendre figureement et non pas a la lettre, et apres depuis ce mot Astitit. regina a dextris tuis. etc.

Il monstre que il fault entendre ces parolles de leglise conioincte a ihesucrist, et non pas dune petite femme commune. Aussi comme elle est cy appellee royne, elle soit appellee ailleurs cite de dieu, et syon et iherusalem. Aussy comme la cite du deable est appellee babilon, et ces choses apperent par le contenu du chapitre.

¶ Des choses qui au C.ix. pseaulme appartiennent a la prestrise de ihesucrist. Et des choses qui ou xxi. appartiennent a sa passion. C. xvii

Comme doncques il soit dit par prophecie a celle royne cite de dieu long temps parauant ce que nous veons ia estre acomply. Cest assauoir tes enfans te sont nez pour tes peres, tu les constitueras princes sur toute la terre. Quelles merueilles, car de ses enfans sont proposez par toute la terre, et les peres delle. Comme les peuples la recongnoissent, courans a elle par confession de louege pardurable au siecle des siecles. Sans doubte tout ce qui est cy dit obscurement par parolles figurees se doibt accorder a ces choses sy manifestes et appertes, sicome aussy en ycelui pseaulme, ou se presche nostre sauueur ihesucrist, estre prestre par telle maniere, comme il est en cestuy demonstre tresaptement roy, auquel il est dit, Dixit dominus domino meo, etc. Cest a dire nostre seigneur a dit a monseigneur Sie toy a ma dextre iusques a ce que iaye mis tes ennemys dessoubz tes piez. Len croit que ihesucrist siet a la dextre de dieu se pere, mais len ne se voit pas, et sy nappert pas que ses ennemys seront encoires mis dessoubz ses piez, ceste chose doncques apperra en la fin, et ce aussi q len ne croit pas de present len se verra apres, mais ce q sensuit aps en ce pseaulme

cestassauoir nostreseign̄r gettera de spon
la verge de sa vertu/adce que tu ayes
seignourie ou milieu de tes ennemis/est
sy cler que celui qui se nye ou veult nyer/
ne se nye pas desloyaument a maleureu
sement seulement/mais aussy il se nye
sans honte & sans vergongne. & ses en-
nemys mesmes/confessent que de sy fut
enuoye la loy de nostresauueur iesucrist
Laquelle chose nous appellons seuāgil
le, & sy congnoissons quelle est la verge
de sa vertu, mais ce qui est dit que il sei-
gnoura ou milieu de ses enemys/iceulz
mesmes entre lesquelz il a seignourie ou
sur lesquelz il seignourist, le tesmoigne̅t
en estraingnant les dens/lesquelz nont
aucune puissance enuers luy/apres ce q̄l
dit vng pou apres/cestassauoir que nos
treseigneur a iure & ne sen repentira pas
Esquelles parolles il signifie/que il est
a aduenir immuable/ce qui est adioinct
apres/cestassauoir/tu es prestre pardu
rablement selon lordre de melchisedech/
qui est celui a qui sen seuffre q̄l face doub
te/duquel il est dit/par ce quil nest plus
aucune prestrise ou sacrifice selon lordre
de aaron/& que sen offre par tout soubz
le p̄stre iesucrist/ce que melchisedech mist
deuant abrahā quant il se beneyt/& ainsi
a ces choses sy manifestes/se rapportent
les choses qui sont mises plus obscure-
ment vng pou pauant en ce mesmes pse
aulme/quant elles sont a droit entendu
es/lesquelles choses nous auons ia fait
en noz sermons communs/pareillement
aussy se demonstrent elles en ce pseaul-
me ou nostreseigneur ihesucrist parle de
la prophecie de lumilite de sa passion/en
disant ilz ont dist il perce mes mains et
mes piez/ilz ont conte tous les os mais
ilz mont considere & regarde. Esquelles
parolles pour certain il signifie son pre-
cieux corps estendu en larbre de sa croix/
par ses mains & par ses piez qui y furent
atachez & percez a force de cloux/& que en

ceste maniere il se monstra comme specta
cle en lieu publicque/a ceulz qui le consi-
deroient & regardoient/en adioustant aussi
Ilz ont dist il pty a eulx mes vestemens
a chascū sa piece, & si ont mis sort sur ma
robe pour sauoir a qui elle seroit/pour ce
q̄ cestoit vne cotte tissue & faicte a lesguil
le, laquelle ne se pouoit diuiser ne depar
tir/ laquelle prophecie comme elle soit a
complye/ sy stoire de seuangille raconte
lors pourcertain sont a droit entendues/
ses aultres choses qui sont la descsairees
moins appertement/quant elles saccor-
dent & raportent a telles qui se apperent
sy parfaictement/& par sy clere manife-
stacion. Mesmement comme les autres cho
ses que nous ne tenons pas estre passees
mais les regardons estre presētes aussi
comme len fist en ce pseaulme/que elles
ont este adnoncees sy long temps para-
uant/tout ainsi regardesen que elles sōt
demonstrees en toutes terres Car vng
pou apres ces parolles racontees cy des
sus de ce pseaulme. Deus deus meus re
spice in me Il est dit en ceste maniere/tou
tes les fins de la terre se racorderont, et
se conuertiront a nostreseigneur/& adou
reront en sa presence toutes manieres de
gens/pour ce q̄ le royaume est de nostre
seigneur & il aura seignourie sur les gēs

(Exposicion sur ce chapitre.

En ce xviii. chapitre lequel selon
aucuns est encoires du chapi-
tre precedēt iusques la ou il dist
Sicomme aussy. &c. Monseigneur saīt
augustin preuue que nostreseigneur ihe-
sucrist est venu qui est sa conclusion prī-
cipale, car en la fin du pseaulme len con
clud de leglise ihesucrist en ceste maniere
Ces enfans dist il te sont nez/pour tes
peres/Lesquelles choses sont acomplies

notablement en leglise de ihesucrist, car en lieu des peres de lancien testamēt sõt nez les apostres et autres, qui sont propo sez en leglise de iesucrist, soubz lesquelz cõme soubz princes divers peuples afflu ent en leglise iesucrist, par confession de louenge, en confessant nostre sauueur ie sucrist par quoy il appert quil est venu. Apres quant il dist, sicomme aussy. etc. Il argue dun pseaume a lautre, et cõmēt aussy comme au pseaume precedent, il a este mõstre que il est roy, aussy est il de mõstre par ce pseaume. Dixit dominus dño meo. etc. que il est prestre pardurable et pour ce ait dit ung pou parauant, que toutes les choses qui sont dictes en figu res, par paroles obscures en quelque ma niere quelles soient entendues, elles se doiuent rapporter et accorder a ces choses manifestes, car fors len preuue quelles sont aduenues quant elles apperent ma nifestement en effect, et pour ce ia soit ce que nous ne les voyons pas en effect ac complies en ces paroles. Sede a dextris meis. etc. Toutesuoies nous croyons que nous les verrons au tēps aduenir Mais ce qui sensuit apres au pseaume, ou il est dit. Nostreseigneur mettra hors sa ver ge de sa vertu. etc. est sy cler sicõme dit monseigneur saint augustin que lē ne le peult nyer, quil ne soit dit de iesucrist, cõ fessant que la loy de iesucrist fut enuoiee de syon, laquelle loy nous appellons leuangille, et sy congnoissõs aussi la ver ge de sa vertu, car nous veons que iesu crist nous gouuerne par la loy de leuan gille, et sy voient les iuifz qui sont ses en nemis, quilz seignourist ou milieu deulz cestassauoir es lieux ou ilz habitent Et de ce ilz fremissent des dens, et se achar gonnissent et sechent sicõme il est dit au pseaume qui se commence. Beatus vir qui timet dñm. etc. Par quoy il appert q̄ nostreseigneur iesucrist est venu apres ou il dist ou pseaume. Tu es prestre selon

lordre de melchisedech, il est certai que les iuifz voyent la chose estre acõply en iesu crist par droit effect, car ilz voyent que lē fait offrande et sacrifice a iesucrist, en sõ eglise de pain et de vin, Aussy cõme mel chisedech roy de salem, fist a abrahã quāt il retourna de poursuiuir ceulz qui auo ient desconfitz les roys de sodome, q̄ auo ient enmene loth son nepueu par quoy il appert clerement que nostreseigneur ie sucrist est venu Apres ilz voiēt que la pro phecie de sa passion, est acomply par ce pseaume, ou il est dit. Ilz ont perce mes mains et mes piez. Lesquelles paroles sont du xxi. pseaume qui se commence. Deus deus meus respice in me. etc.

C Du iii. pseaume et du xv. et du xxi. et pl. xxii. Esquelz la mort et la resurrection de nostreseigneur, sont prophetisees.

C xviii

Les choses dõcques prophetisees aussy du psaultier, ou pseau me, ne se teurēt pas de sa resur rection, car quelle autre chose est ce que lē chāte fors sa resurrection ou iii. pseaume de la personne duquel il est dit. Iay dor my et prins somme, et suis resuscite, pour que nostreseigneur ma receu, ou par ad uenture qui est celui qui est sy non sachāt quil cuide q̄ le pphete nous eust voulu de monstrer, ou signifier aussi comme une grande chose, ce quil a dormy et est resusci te, se ce somme nestoit sa mort, et la veil le de sa resurrection, Laquelle estoit aisy a prophetiser, de nostre saulueur iesucrist Car ceste chose est dmonstree trop plus appertemēt, ou xv. pseaume, ou quil les choses len prophetisoit, comme choses a aduenir, sont racontees a estre passees de ce mediateur de dieu et des hommes iesu crist en sa maniere qui estoit acoustu mee, pour ce que les choses qui estoient a aduenir, estoiēt ia aussy cõe faictes en la prescience de dieu/pour ce quelles estoiēt certaines/mes ennemis dist il diēt mal contre moy/quant mourra & perira son nom/& se il entroit pour veoir/il parloit vainement. son cueur assembloit iniquite a lui/ilz yssoient hors/& parloit Tous les ennemis murmuroient ensemble contre moy/& sy penssoient mal contre moy ilz ordonnerent parolles desloyallez cōtre moy. Celui qui se dort ne adiousteraitil pas ad ce quil resuscite/pour certaines ces paroles sont cy mises en telle maniere/que len nentende quil dist autre par y celles que se il dist. Celui qui se meurt ne mettra il pas peine/adce que il reuiene. Quellez merueilles/car les polles procedentes/demonstrent que ses ennemys auoient pensé & ordonné sa mort/& ce fut fait par celui qui entroit ad ce quil veist & quil yssoit hors/adce que il le trahist/ mais qui est celui a qui ne viengne au deuant. Judas lequel cōme il fust fait son disciple fut fait son traictre pour ce donc que ilz auoient a faire/ce que ilz sefforçoient de faire/& a quoy ilz sordonnoient/ cestassauoir de loccire en demonstrāt que il auoit a resusciter/& que ilz loccīroient sans cause par vain & mauuaise malice/ il adiousta ce ver par ceste maniere, aussy cōme sil dist que faictes vous vaines gens/quel sera vostre peche/le sōme sera mien/celuy qui se dort nadioustera il il pas adce/que il resuscite/& toutesuoies es vers ensuyvans il demonstrent que ilz ne deuoient pas faire sy grant mal sans pugnicion en disant ainsy/& pour certain dist il lomme de ma paix en qui iauoye esperance/lequel mengoit mes paines auecques moy sest efforcé de moy defouler/ mais toy dist il. Sire dieu ayes pitié de moy et me resuscite & ie leur rēdray Qui est celui q desia nye ceste chose. Ou aprez la passion & la resurrection de nostreseigueur iesucrist/veoit les iuifz esragez & du tout mis hors de leurs sieges/par batailles & desconfitures/car pcelui nostr sauueur iesucrist fut occis par eulz/& sy resuscita/& leur rendit ce pendant tēporelle discipline/excepté quil garde ceulz qui ne se sont voulu corriger quant il iugera les mors & les vifz/car nrē sauueur iesucrist es demonstrāt ce iudas estre son traictre, par le pain quil mist deuant ses apostres/fist memoire du ver de ce psautier/& dist quil estoit acomply en luy/en disant/celui dist il qui mēgoit mes pains cest efforcé de moy deffouler aux piez/ mais ce que il dist/cestassauoir ouquel iay eu esperance nappartiēt pas ne ne se rapporte au chief/mais au corps/Car pour certain nostreseigneur iesucrist nestoit pas ygnorant de luy/duquel il auoit ia dit parauant/L'un de vous est diable/mais il a acoustume de transporter en soy la personne de ses membres/& de atribuer a soy ce qui est leur/pour ce que le chief & le corps est vng nostresauueur iesucrist/dōt il est dit en leuangille en ceste maniere/iay dist il eu faim/& vo' mauez donné a menger/en exposant la quelle parole il dist. Quant vous le feistes a vng de mes trespetis vous le feistes a moy/il dist doncques que il esperoit de iudas/ce q lors ses disciples esperoient de luy/quant il fut mis ou nombre des apostres. Mais les iuifz nesperoient pas que iesucrist quilz attēdent ou espēt doye mourir/& pour ce ilz ne cuidēt mie que celui soit nostreseigneur iesucrist q les loix & prophetes ont adnōcé/mais faignent ie ne scay ql autre leur/Lequel ilz dirent & faignirent quil ne souffrera pas la mort/& pour ce ilz dient par vne merueilleuse vanité/& cōme adueuglez que les parolles que nous auons mises ne signifient pas la mort et resurrection/ mais signifie sōme & esueillemēt. mais le xv. pseaume crie aussi contre eulz Ou quel il est dit en ceste maniere/Pour ce cest esioy mon cueur/& ma lāgue esleuee.

Mais qui plus est ma chair se reposera en esperance pour ce que tu ne laisseras pas mon ame en enfer, ne ne douzras veoir a ton sainct corrupcion. Qui est celuy qui diroit sa chair reposer en celle esperance que il ne delaissast pas son ame en enfer: mais tantost reuesquist pcelle retournant a luy. ne ne fust corrūpue: sicomme les charoignes qui sont acoustumees a corrūpre fors celuy qui resuscita au tiers iour. Laquelle chose il ne peurent dire en quelconque maniere de dauid, lequel fut et trop pphete Et le lxvii. pseaulme crie et dit aisy. Nostre dieu de faire les saulx et lissue de la mort, est lisse de nostreseigneur. Quelle chose pourroit lē dire plus appertement, car nostreseigneur iesucrist est dieu pour faire les saulx, cest a dire de sauuer les gens, lequel nom de ihesus est sauueur ou salut, car sa raisō de ce nom iesus fut rendue, quant auant ce quil naquist de la benoiste vierge marie, Il fut dit en ceste maniere, Elle engēdra ung filz, et tu lappelleras par son nom ihesus, car il sauuera son peuple et fera saulx de leurs pechez, En la remission desquelz pechez, pour ce que son sang fut respandu, il nappartient pas que il eust autre yssue de ceste vie fors que la mort. Pource qt il est dit. Nrē dieu, dieu a faite les saulx ou les sauuez nrēseignr ē adioict īcontinent. Et lissue de la mort est lissue de nostreseigneur, ou de nostreseigneur est lissue de la mort, affin que len demonstrast que en mourant il auoit a sauuer les perdus. Mais en esmerueillant il est dit, et de nostre sauueur aussy, cōme se len dist telles polles. Ceste vie des creatures mortelles est celle que mesmes nostreseigneur iesucrist niyspt pas dicelle fors par la mort.

⁌ Expposicion sur ce chapitre.

En ce pxviii. chapitre monseigneur saint augustin aprs quil a prouue par le psaultier et p les dictz des prophetes, et autrement, que nrēsauueur iesucrist est venu, encoires se preuue il par les parolles du prophete dauid, par lesquelles est prouue sa benoiste resurrection, et se preuue premierement, per locū a minori. Et prouue sa resurrection toutes ses autres choses sont legieres a croire, sicomme sa natiuite, sa conuersacion et passion, q sont de trop moindres a croire. Premierement il preuue sa resurrectiō par le pseaulme allegue en la rubriche ou il dit, entre les autres choses, iay dormy et prins somne, et suis resuscite, par ce que nostreseigneur ma receu, et affin que aucun ne dist que quant le prophete parloit de ceste resurrection, il entendoit de lesueillement de dormir. Monseigneur saint augustin argue et monstre le contraire, car sicomme il dit, dauid le prophete veult dire aucune grant chose de nostreseigneur iesucrist en disant ces parolles, Or nest il pas daubte que soy esueiller de somne, ce nest pas grāt chose, mais est chose commune. quare et Aprez ou il dit car ceste chose est demōstree trop plus appertement. et c. Il le monstre par vne autre raisō, car sicomme il dit, Les choses qui estoient a aduenir estoient racontees par les prophetes aussi cōme choses passees, Pour ce que les choses qui estoient a aduenir, estoient ia comme faictes en predestinacion et prescience de dieu, pour ce quelles estoient certaines, car il est certain que ce qui est dit ou pseaulme p maniere de preterit, quant il dist. mes ennemis ont dit mal de moy, iusques la ou il dist. Celuy qui dort, ne adioustera il pas adce quil resuscite. Le prophete parle de la dormicion de la mort, et par consequent il est a entendre que le sourplus est a entendre sa mort, laquelle est la mort de iesucrist, car cōme il auoit deuant dit.

Mes ēnemis ont dit mal de moy/ en disant quant mourra il. et perira son nom et la memoire de luy/ Adce saccordēt les parolles qui sensuiuent/ apres ou pseaulme qui parle tant du propos des iuifz de occire nostreseigneur/ cōme de la traison de iudas/ car il est certaī que iudas alla aux iuifz pour trayr nostreseigneur/ et les iuifz auoient propose de loccire et mettre a mort/ Or est il ainsy q̄ de celle trayson et boulēte tant de iudas comme des iuifz/ il est dit ainsy ou pseaulme. Et se il entroit pour veoir il parloit vainemēt son cueur assembloit iniquite a soy mesmes/ et du propos et boulente que auoiēt les iuifz de mettre iesucrist a mort/ et aussy de la traison de iudas/ il sensuit apres en ce pseaulme. Il yssoit hors et parloit Tous mes ennemys murmuroient ensemble contre moy/ et sy penssoient mal contre moy. Ilz ordonnerent parolles mauuaises contre moy. Et apres en concluant dirent. Celuy q̄ dort ne adiousteca il pas adce quil resuscite. Pour quoy il appert que le prophete parloit de nostre seigneur iesucrist/ et que il resusciteroit de mort a vie/ Apres quant il dist. Et tous tesuoies. etc. Il demonstre que par ses parolles du prophete/ et iudas qui le trayt et les iuifz qui le mirent a mort sans cause/ ne se deuoient pas passer de sy grant crisme/ et sy desloyal sans punicion/ Laquelle punicion fut prinse par telle maniere/ que iudas/ apres ce quil se eut vendu et trahy/ se pēdit. Et les iuifz qui loccirent/ et mirent a mort sans cause/ furēt tous boutes hors de leurs sieges et de leurs lieux par batailles et par desconfitures/ Laquelle chose nulz iuifz ne peuent nyer/ Apres quant il dist/ car nostresauueur iesucrist. etc. Il demonstre que quant nostreseigneur iesucrist parloit de iudas il ne se disoit pas de son chief/ ne de sa personne. Car il nestoit ygnorant que il ne fust traitre. Mais aussy comme de ses apostres/ en transportant aussi comme en soy sa persōne de ses membres/ comme il soit leur chief/ Et ce appert par le texte/ Apres quāt il dist. Mais les iuifz ne esperent pas. et Monseigneur sainct augustin monstre que ces parolles ne se peuēt entendre de dormicion ne de veille/ mais sont a entendre de mort et de resurrection par les parolles de dauid mises ou texte Car sicomme il dist/ dauid souffrit corrupciō en sa chair/ et ce appert psal. xvii. ou il dist. Ecce saluator venit. etc. Cest a dire/ Vecy que nostre sauueur est venu/ et apres sensuit ou chapitre. xviii. Quis est is qui venit de edon. etc.

¶ Du xviii. pseaulme/ ou quel lobstinee desloyaulte des iuifz est declairee.
C   xix.

Mais adce que les iuifz ne croiēt aux tesmoignages sy clers de ceste prophecie/ mesmemēt aux choses qui sont venues/ a sy certain et sy cler effect/ pour certain cest acomply en eulx qui est dit ou pseaulme qui ensuyt le precedent. cestassauoir le svviii. pseaulme. Car comme sa fussent racontees en prophecies de la persōne de iesucrist/ les choses qui appartiennent a sa passion/ Len y recorde aussy ce qui est escript/ en leuangille/ cestassauoir ilz ont donne fiel en ma viande/ et sy mont donne vinaigre en mon benurage/ et aussy comme apres tel meger/ et telles viandes et bruuaiges a luy baillez. Il dist telles parolles. Leur table disoit il leur soit faicte cōme vng las en retribucion et en esclande/ leurs yeulx soient obscurcis adce quilz ne voient/ et leurs dos soient tousiours courbes contre terre/ et les autres parolles qui sōt dictes/ non pas en disant/ mais qui sōt adnoncees en prophetisant/ par maniere de desir. Quelles merueilles. silz ne voyēt ces choses qui sont sy cleres et manifestes quant ilz ont les yeulx obscurcis/ adce q̄ ilz ne voient quelles merueillez sont ce silz ne voient les choses celestiēnes/ lesquelz adce quilz soient enclins es choses terriēnes/ ont tousiours le dos courbe/ car par ces vices transportez du corps sont signifiez les vices du couraige ou de la pēsee/ Et adce que nous prenons aucune mesure en nous/ Ces choses que nous auons dictes/ de la pphecie du roy dauid/ souffisēt a ceulz qui liront ceste oeuure/ et ceulz qui ces choses liront et les sauront toutes pardonnent nous ce que nous en auons dit/ et ne se plaignent ceulz qui tiennent ou entendent que iaye laissees par aduēture/ les plus fermes/ et plus fortes choses.

¶ Exposicion sur ce chapitre.

En ce xix. chapitre monseigneur sainct augustin respond a vne doubte que lē pourroit faire/ la q̄lle est telle/ cestassauoir pour quoy les iuifz qui sceuent la loy et les pphetes/ ne crurent pas la resurrectiō de nostreseignr iesucrist/ A laquelle doubte il respond et dist/ que par le pechie que ilz firēt sy tresgrant et sy detestable/ comme le mettre a mort sans cause/ ilz deseruirent a ainsy estre adueuglez et occis. Quelles merueilles ce distil/ se ceulz ne recoiuēt pas les choses celestiēnes/ qui sōt sy enclins aux choses terriēnes/ que ilz ont tousiours le dos courbe/ car quāt ces vices/ sicomme il dist viennent/ et se partent du corps ilz signifient les vices du couraige et de la pensee/ et ce suffise pour la declaracion de ce chapitre.

¶ Du royaume dauid et de son filz salomon/ et de la pphecie que len treuue appartenir a iesucrist/ ou es liures qui sont acomplis a ses escrips/ ou en ceulz desquelz il nest pas doubte que ilz soient de luy. C xx.

Dauid doncques regna en la terrienne ierusalem/ lequel fut tesmoigne par plusieurs sainctes escriptures/ estre filz de la celestienne iherusalem Car la penitence quil fist si doulcement et si humblement/ surmonta par telle maniere les pechiez q̄l auoit faitz et cōmis q̄ lē peult dire en tout et p tout/ q̄l est de ceulz desquelz il est dit ou psaultier Benoitz soient ceulz/ desquelz les iniquitez sont pardōnees/ et desq̄lz les pechez sont couuers/ cest a entendre par penitāce repentance/ contriction/ confession et satiffacion/ et remission/ Apres ycelup dauid regna sur tout le peuple son filz salomon/ lequel sicomme nous auons dit cy dessus cōmenca a regner viuant son pere. Cestup eut bons cōmencemēs/ mais il eut mauuaise fin/ Quelles merueilles/ car prosperitez qui sont des biens de fortune/ qui troublent et lachent les pēsees des saiges. luy nuirēt plus que la science ne luy profita. Laquelle des lors et depuis/ a este de sy grant memoire/ et fut louee en long et en large, len treuue aussi que il prophetisa en ses liures/ desquelz leglise en recoit les troys. par lauctorite canonique ou de canon/ cestassauoir les prouerbes ecclesiastes/ et cantica canticorum. Et les autres deux/ desq̄lz lun est appelle le liure de sapiēce/ et lautre ecclesiasticus/ len a acoustume aussy de dire quilz soient de salomon/ pour aucune similitude de langaige/ mais les docteurs ne doubtēt pas quil ne les fist cōbien que les eglises de la partie occidentale recoiuent pces deux liures. cōme autentiques/ desquelz lun est appelle la sapience de salomon/ auquel la passiō de nostre benoist sauueur. est euidēment demonstree par maniere de prophecie quāt il est dit en cestuy liure. des miserables iuifz q̄ crucifierent nostreseigneur. Auironnons le iuste car il nous est grief a regarder: et est contraire a noz operations. Il nous

reproche les pechiez de la foy/ τ les trans
gressions dicelle par infamaciō. Il se pre
sume auoir la sciēce de dieu τ se nomme
filz de dieu. τ veult discuter nos pensees
τ cogitacions. Et tant seulement nous
est grief a le regarder/ car sa vie τ conuer
sacion est totalement differente de la vie
cōmune des autres τ sa maniere de viure
nous est moult estrange Nous sommes
reputez deuant luy comme folz τ mensō
giers/ τ fuyt nostre compaignie comme
ordure ou corrupciō. il profere τ demōstre
la fin des iustes/ τ se glorifie auoir dieu
pour son pere. Veons τ considerons se
ses sermons sont veritables τ experimē
tōs ses choses qui luy sont a aduenir/ τ
par ce nous serons la fin dicelluy/ car se
il est iuste τ filz de dieu. il se recepuera et
le deliurera des mains de ses persecuteurs
Soit doncques examine par contume
lie .peine/ affliction/ τ experimentons
sa reuerence τ pacience / τ a mort treshor
rible τ deshonneste se condāpnons/ car
par ses sermons nous sōmes diffamez.
Decy que ont pense τ delibere les mau
uais/ τ ont grandemēt erre/ car leur ma
lice les a aueugliz. Mais au liure de les
clesiastique la foy aduenir des payens
est pfiguree en ceste maniere Createur du
ciel τ de la terre/ τ dieu de toute creature.
Vueilles auoir mercy de noꝰ: τ noꝰ vueil
les enuoier ta crainte filiale. Esleue ta
main sur les gens estranges/ τ obstinez
pour experimenter ta puissance. A ce que
tout ainsy que quant a eulx tu es saincti
fie en nous/ ainsy quāt tu les auras hu
mil pez /nous te donōs gloire τ louēge
Adce que ilz puissēt congnoistre ta puis
sance τ bonte infinie comme nous lauōs
congneu/ car sans nulle doubte/ en ciel
ne en terre nest autre dieu que toy. τ tout
cecy soubz vmbre de pphecie. Veons estre
acōply en nostre benoist sauueur. mais
pour tant q ilz ne sont pas canonicques
quant aux iuifz/ ilz ne sōt pas de sy grā

de auctorite cōme les aultres/ pour obi
cier aux impugnateurs de la foy Les au
tres trois liures lesquelz salomon a cō
pile/ sont du nombre des canoniques en
tre les iuifz/ τ appartiennent principa
lement au benoist sauueur iesucrist/ τ a
leglise/ mais cōment ou par quelle ma
niere/ seroit moult labourieuse a descla
rer. Toutessops ce quon lit es prouer
bes que les mauuais ont dit aīsi debou
tons occultement en terre le iuste/ iniuste
mēt deuorons le tout vif comme vng en
fer/ τ effacons sa memoire de la terre/ et
prenons toute sa riche possession. Tout
ce sans doubte apartient au benoist sau
ueur du monde τ aux apostres/ mais p
quelle maniere seroit longue a exposer.
Semblable chose par parolle demōstre
nostre benoist sauueur en leuangille/ en
parlant des iuifz qui auoient la cōmis
sion de edifier la vigne de dieu/ comme
le pere de famile eut enuoye sō filz ilz di
rent. Vecy le heritier. metōs le a mort a
ce que nous ayons son heritage. Item ce
q nous auons dit par auant/ quant noꝰ
parlasmes de la brehaigne ou sterile qui
engendra vii. enfans/ ce ne se peult entē
dre sy non de ihesucrist τ de leglise entre
ceulx qui congnoissēt que le sauueur du
monde est la sapience de dieu/ car ce liure
ecclesiastique dit ainsy. Sapience a edi
fie vne maison/ τ pour fondemēt a mys
vii. colūpnes/ τ a offert ses sacrifices/ et
a ppine ou verse sō vin en vng vaissel
pur et net / et mis la touaille sur la ta
ble/ τ a enuoie ses seruiteurs par excellē
te predication pour inuiter tout le monde
disant ainsy. Sil ya aucune de vous
ignorant ou familleux viēne a moy mē
ger de mon pain τ boire de mon vin. que
desia ay tire τ verse/ Certainement pey
congnoissons nous la sapience diuine/
qui est le verbe du pere coeternel/ edifiāt
vne maison cest a dire vng corps humai
ou ventre virginale/ τ cōe au chief les mē

ßres estre conioinctz par foy et charite, et les sacrifices offerts cest a dire les corps des apostres et martires par effusion de sang et douloureuse passion. Car il appert euidemment selon lordre de loffice sacerdotale de melchisedech, les simples et ignorans estre appellez pour confondre la prudence et force des mondains, comme dit lapostre de dieu saint pol. Ausqlz simples et ignorans est dit ainsy, laissez vostre folie pour bien viure, et aquerez prudence pour viure eternellement, et estre participant de sa table, cest a dire souffrir la mort corporelle pour iustice et verite, est commencement de la vie eternelle. Item ou liure q̄ sapelle ecclesiastes la ou il est dit, quil nest riens meilleur a lomme en la vie presente que boire et menger ioyeusement, quelle chose est a entendre plus conuenablement si non estre participant de la table de nostre benoist sauueur ihesucrist par participacion du saint sacrement de lautel du souuerain prestre iesucrist mediateur de dieu et des hommes selon lordre de melchisedech. Pour certain ce tresnoble sacrement, a este prefigure en tous les sacrifices vmbratiques de lancien testament, et pour tant nous congnoissons la voix du vray mediateur parlant par la bouche du pphete ou pseaulme trenteneufuieme la ou il est dit ainsy. Tu nas point voulu oblacions ou sacrifices, mais mas ordonne vng corps passible et mortel leql te sera offert et sacrifie pour tous ceulx q̄ sont et seront predestinez en la vie eternelle, et nonobstant que ce sup liure qui est appelle ecclesiastes souuent face mencion de boire et menger par maniere de conseil ou ephortacion, touteffois il nentēt pas parler de viandes charnelles ou voluptes sensuelles et ql soit ainsy il se preuue par ce qui sensuit apres quant il dist. Il vault mieulx aller aux maisons de douleurs et gemissemens, que daller au conuis des pompeulx et mondains. Item tantost apres, les cueurs des sages sont en douleurs et gemissemens, et les cueurs des folz mondains es ioyes temporelles, et esbatemens. Et encoires est a considerer que ce liure de ecclesiastes euidemment fait mencion de deux citez, cestassauoir de dieu et du dyable quant il dist. Maudite soit la terre dont le roy est adolescete ou ieune et les princes dicelle cite mēguent bien matin et souuent. Benoiste soit la terre dont le roy est filz de tresnobles gens, dont les princes menguent en temps et en lieu et sobrement et non pas en confusion p le ieune adolescent, veult entendre le dyable pour son outrecuidance orgueil et presumpcion et autres vices charnels desquelz ceste aage est entachee. Et par les tresnobles qui sont parens du roy ihesucrist, sont entendus les patriarches, par lesquelz est descendu a nous quant a lumanite. Les princes de la cite terriene menguent bien matin en tant qlz prennent leur felicite en ce monde present, car ilz prennent fruition es biens caduques et transitoires, desquelz sobrement deuoient ser a la gloire de dieu. Mais les princes de la cite de dieu ne menguent pas en confusion, mais sobrement en esperance de la vie eternelle de laquelle esperance dit sainct pol Esperance ne confond point sa creature Cest a dire ceulx qui ont ferme ou parfaicte esperance en dieu, iamais ne sont priuez de leur intencion. Le liure qui sapelle cantique des cantiques contient la delectacion mentale du mariage espirituel du roy de et la royne, cest a dire de dieu et de lame deuote en leglise militante, laquelle coniōction on embrasement damour espirituelle ou delectacion mentale tant et sy longuement que lame sera en son corps passible et mortel, est enuelopee de couuertures allegoricq̄s, a ce que pcelui soit pl⁹ ardamment desire et plus ioyeusement regarde des yeulx de la pensee de lame cree a lymaige de son gracieux espoux, duql

p.iii

il est dit en ce mesmes canticque. Justice ou equite te ayme/ espouse qui est tousiours escoutât nouuelles de son espoux dit. Amour charite sont en tes delices. Nous passons moult de deuotes meditacions a cause de paruenir a sa fin de ceste oeuure.

¶ Expposicion sur ce chapitre.

En ce xxii.chapitre saint augustin preuue que nr̃e sauueur iesucrist est venu/ le preuue par les liures lesq̃lz sõt appellez les liures de sapiéce/ desq̃lz il en y a trops q̃ fist salomõ Cestassauoir le liure q̃ sappelle puerbia ecclesiastes/ cãtica canticorũ/ les deux autres sui sont attribuez/ pour ce q̃lz ont aucũe similitude aux autres trois liures cestassauoir ecclesiasticꝰ/ le liure de sapience/ dit sait augustĩ/ q̃ ou liure q̃ sappelle de sapiéce/ sa passiõ de iesucrist y est apptemēt pphetisee/ cest ou il recite ces polles. Circonuenõs.c. aussy le preuue il p les polles q̃ sõt cõtenues ou liure qui sappelle ecclesiasticꝰ/ ouq̃l est cõtenu la cõuersion des payens en la fin. Mais pource que les iuifz ne recoiuēt pas ces deux liures ē auctorite/ il se preuue p se liure/ q̃ est intitule des puerbes de salomõ/ seq̃l est autentiq̃ ouq̃l il est dit/toutesuoies/ ce que sen dist q̃ les dessoyaux dient.c. Et a ce premier amaine la parabole de iesucrist cõtenue en seuãgille/ ou il parle des mauuais fermiers q̃ pmaginēt a occire les filz de leurs seigneurs a fin dauoir leritaige/ car sa precieuse possession q̃ les iuifz sefforcent doster/ cest leglise des bõs crestiēs.par iesucrist sa benoiste passiõ resurrectiõ.par quoy on peult cõclure q̃ il est venu/ que les polles cõtenues oudit liure des puerbes de mettre a mort lõme iuste sãs cause.c. sentendēt de iesucrist/ aussy cõme les mauuais fermiers q̃ voulorent occire le filz hoir de leur seigneur sãs cause/ afin dauoir leritage. Apz il repreuue sa cõclusiõ

p ce mesmes liure/ou il dist. Sapience ediffia vne maisõ.c. En faisãt cõparaisõ des polles de anne/ contenues ou iiii. chapitre de ce liure. Aprez il se preuue de rechief par le liure de ecclesiasticus/ cest ou il dist. Mais le cõmencement dauoir vie.c. Et ce souffise/ pour lexposiciõ de chapitre, car les autres choses sõt haultes subtilles de grãt poix/ pportent grant mistere grãt sentēce/sicõe il est de la percepciõ du corps de iesucrist/ de sõ precieux sãg/ laq̃lle chose chiet en grape soy a toꝰ bõs crestiēs/ nẽ est nulle plus haulte/ aps les relacions de la benoiste trinite/ sicõe il nous sēble/ pour ce noꝰ nous en passõs legieremēt/ selõ ce q̃ noꝰ lauõs tousiours pmis en nos plogues.

¶ Des roys aprez salomõ soit en pisrael soit en iuda.   C   xxiii.

A peine lit len aucũ des roys des hebrieux q̃ furēt aps salomon qui p aucũes obscures figures/ ou representacions de leurs dictz/ou de leurs faitz apēt aucũe chose pphetisee q̃ apptienne a iesucrist a leglise. soit en psrael ou en iuda/ car ainsi furēt appellees les pties de ce peuple/ depuis ce q̃ il fut diuise pour la vēgence q̃ dieu print du pechie de salomon/ Laq̃lle diuision fut ou tēps de roboã sõ filz/ de la en auãt Cõbiē q̃ psrael fust le nõ cõmũ de tout le peuple/ toutesuoies les dix lignees de ieroboan seruãt de salomon seq̃l fut ordõne leur roy en samarie/ furēt ppremēt appellees psrael/ mais aux deux lignees/cestassauoir iuda beniamin/ q̃ estoiēt demourees pour lamour de dauid/ affin q̃ le royaume ne fust du tout efface/ destruit lesq̃lz estoient subiacens a ierusalē. elles eurēt nõ de iuda/ pour ce q̃ cestoit de celle lignee dõt estoit dauid/ lautre lignee de beniamin appartenoit/ sicõe iay dit a ce mesmes royaume/ de laq̃lle fut saul/ seq̃l fut roy deuãt dauid. mais ces deux lignees ensēble sicomme dit est/ estoient appellez iuda/ et pce ne estoient diuisees et sepees dysrael. par lesql nõ de ysrael estoient pprement appllees les dix lignees les qlles auoiẽt leur roy/cestassauoir ieroboã/car la lignee de leui pour ce qlle estoit de la prestrise fut prise a part pour seruir a dieu et nõ pas aux roys/ et estoit cõtee la xiii.lignee. Quelles merueilles/car ioseph lesql fut vng des xii. auec les filz dysrael/ ne fist pas vne lignee aussy cõe les autres en firẽt chascun vne/mais en fist deux lignees/cestassauoir effraim et manasses Toutesuoies aussi apptenoit la lignee de leui plus au royaume de ierusalẽ ou estoit le temple ou celle lignee seruoit Le peuple donc diuise: roboam filz de salomon regna premier roy de iuda en ihr̃lm̃. et ieroboã seruiteur de salomõ roy dysrael regna en samarie/ et comme ieroboã voulsist poursuiuir p bataille roboã/ aussy cõe pour la tirãnie de celle ptie diuisee/il fut deffẽdu au peuple q il ne se cõbatist cõtre ses freres/ et luy dist dieu p le pphete q ce auoit il fait/ p quoy il apput que ce ne auoit este le pechie du roy dysrael ne du peuple mais q la voulẽte de dieu q auoit voulu faire sa vengẽce estoit acõplie. Laqlle chose cõgneue chascũe ptie saccorda/ et se tint en paix. pource que la diuisiõ nauoit pas este faicte de la religion/mais du royaume.

¶ Expposicion sur ce chapitre.

En ce xxi.chapitre sainct augustin apres ce qlz a mis es chapitres precedẽs et declaire plusieurs propheties tãt du psaultier cõe du liure des roys/ et aussi des liures de salomõ/ et autres q sõt appellez les liures de sapiẽce.il demõstre q depuis salomõ/ il na este aucũ roy iusqs a laduenemẽt de ihesucrist/ soit de iuda ou dysrael/ q ait pphetise aucũe chose q apptiene a iesucrist ou a leglise p aucũes figures obscures ou representaciõs de leurs dictz ou des choses q par eulz ont este faictes en leurs tẽps/ et semble q ce xxi.chapitre et les autres trois en suiuãs se cõtinuẽt et qlz poursuiuẽt/ aussy cõme vne mesmes matiere/ et a en ces trois chapitres ensuiuãs xii.histoires abregees dont il en y a iiii. en ce chapitre ii. ou xxii.iii. ou xxiii. et ii. ou xxiiii.

¶ La premiere de ce chapitre est que de toꝰ les roys q succederent a salomõ soit de iuda soit disrael/ a peine en treuue len vng iusqs a laduenemẽt de iesucrist. qui p polles obscures ou p faitz/ ait dit ou phetise aucũe chose q apptiene a iesucrist ou a leglise. La secõde est q pour le pechie de salomõ le royaume fut diuise ou tẽps de sõ filz p la vẽgence q dieu en print, car ieroboã eut x.lignees sur lesquelles il regna en samarie/ et les deux demourerent en ierusalẽ. affin q̃l ne sẽblast que tout le royaume fust extermine de la lignee de dauid/ et fut appelle le royaume de iuda dõt la lignee de bẽiamin fut lune de laqlle fut saul lesql regna auãt dauid La tierce est pource q la lignee de dauid/ estoit du nõble et de lordre de sa prestrise/ elle fut mise apart/ et ordõnee p seruice a leglise/ et nõ pas aux roys/ et fut la xiii. lignee/car ioseph q fut vng des xii. filz disrael ne fist pas vne lignee seulement cõme firẽt les autres mais en fist deux/ cestassauoir manasse et effrai. La quarte est que le peuple diuise. roboã filz de salomon roy de iuda/regna premier en ierusalẽ. et ieroboã q estoit seruiteur de salomõ regna en samarie/ sur le peuple disrael, et cõe ioroboã eust voulu faire guerre a roboã. pour la tirãnie ql faisoit sur la partie q luy estoit diuisee et ordõnee lẽ fut deffendu au peuple qil ne se cõbatist cõtre ses freres/ et leur fut dit de p dieu. ql auoit ce fait/cestassauoir celle diuisiõ Par quoy il apput q en la diuision de ce royaume de salomõ/ il ny auoit quelque peche ne quelq coulpe ne de la partie du roy/ne aussy de tout le peuple disrael/ mais que la voulente de dieu qui auoit voulu faire celle vengẽce estoit acõplie/ Et pour ce q ce vint a leur cõgnoissance a a lune partie τ a lautre/ilz sapaiserent τ se tindrent en paix/ car ilz veirent que celle diuisiõ ne estoit pas faicte de sa religiõ mais du royaume/ τ sy peult len prendre vng enseignemẽt politicque/ cest assauoir que il est licite au peuple soy rebeller contre vng tirant pource que celle rebellion fut iugee estre sãs peche pour celle tirãnie de roboã.

(De ieroboam qui par mauuaistie de ydolatrie fist desuoier de la loy le peuple a luy subgect/ ouquel toutesuoyes dieu ne laissa/ τ les prophetes a inspirer/ τ a engarder plusieurs/cõbien que ilz fussẽt ydolatres.   C   xxii.

Ais ieroboam roy disrael par mauuaise pensee/ τ nõ creant en dieu/ lequel il auoit trouue τ esprouue veritable du royaume que il luy auoit promis τ dõne/ se doubta que en venant au tẽple de dieu/ lequel estoit en ierusalẽ τ ouquel toutes gens selõ la loy diuine deuoient venir pour sacrifier/ le peuple ne fust seduit de luy. τ que il ne fust subget a la lignee de dauid/ cõe a sa lignee royal/ il institua lydolatrie en sõ royaume/ τ decheut son pere par des loyaulte/ celle qui nest pas a recorder au seruice de ces ydoles a quoy il estoit lye et estraint/ τ toutesuoies ne se cessa pas nostreseigneur du tout/ de reprendre τ arguer p les prophetes luy τ sõ peuple/ mais aussy ses successeurs τ aussi ceulz qui en suiuoiẽt ceste desloyaulte/ car la estoient ces grans τ solẽnelz prophetes. helye et helyseus son disciple/ Lesquelz firẽt aussy moult de merueilles τ de miracles/ a helye aussy qui disoit de ce peuple a nre seigneur telles parolles Sire ilz ont occis tes prophetes/ ilz ont tresbuchie tes autelz/ τ ie suys laissie tout seul/ τ ilz quierent mon ame/il fut respõdu/ que il auoit la vii.mille hõmes/qui oncques ne

sestoient agenouilliez/ne flechi leurs genoulz contre lydole de baal.

(Exposicion sur ce chapitre.

En ce xxii. chapitre monseigneur sainct augustin poursuyt les deux autres. Lune qui est la v. Et est comment ieroboã. apres ce que par lordõnance de dieu τ selõ la promesse veritable que il luy en auoit faite fut constitue τ ordõne roy sur les x. lignees en samarie/pource quil doubta que son peuple ne se laissast en venãt au temple qui estoit en ierusalẽ/ou tous deuoient venir pour sacrifier selon la loy diuine/ τ se tenist a la lignee de dauid cõe a la lignee royalle. Il ordonna en son royaume lydolatrie par mauuaise creance/ τ decheut son peuple par telle maniere que il se lya au seruice des ydoles aussy cõe il y estoit lye/ Lautre laquelle est la vi. est que nõ obstant celle ydolatrie/toutesuoies ne se cessa pas du tout nreseigneur darguer τ reprendre le roy par les prophetes/mais aussy ses successeurs/ τ ceulx qui sensuyuoiẽt/ τ aussy le peuple/ car sicõe il dist au texte/la estoient helye τ helyseus son disciple qui faisoient plusieurs miracles τ plusieurs choses merueilleuses.

(Du diuers estat de lun τ de lautre royaume des hebrieux iusques a tãt que lun τ lautre peuple furent menez en chestiuete en diuers temps appelle apres iuda en son royaume/ lequel vint dernierement en la puissance des rõmains.
          C   iii.

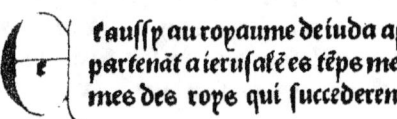

Et aussy au royaume de iuda appartenãt a ierusalẽ es tẽps mesmes des roys qui succederent a roboã/ ne faillirent pas les prophetes sicõe il plaisoit a dieu de les enuoier/ ou pour adnõcer ce qui estoit a faire/ ou corriger leurs pechiez/ & commander a faire iustice/ car suppose que il y eust moins de roys de trop ou royaume de iuda que en celui disrael. toutesuoies y eut il des roys qui par leurs mauuaistiez courouceret griefuemẽt nrĩseigneur/ & qui auec leurs peuples souffrirent attempres corrections/ & aussy pour certain sont recõmandees/ les merites des bons roys, lesqlz ne sont pas petites/ mais les roys disrael nous les ypsone tous mauuais/ mais les vngs plus et les autres moins/ L'us ne partie & l'autre doncques selon ce que la diuine prouidence le souffroit ou commandoit estre esleuee en prosperite & subiugues par aduersitez/ & ainsy estoient ilz tourmentez non pas seulement p batailles d'estrangiers/ mais aussy de batailles ciuiles entre eulz/ affin que sa misericorde & son pre´ sapparust par certaines causes iusques adce que sindignaciõ nostreseigneur creut par telle maniere/ q toute telle gent fust par les caldiens qui les combatirent trebuchiez/ non pas seulement en leurs propres sieges/ mais q plus est fut transportee cõme chetiue en la terre des assiriens, c'est assauoir premierremẽt celle part qui estoit appellee les x. lignees d'israel. & apres aussy la lignee de iuda/ & que Ierusafẽ & son noble tẽple, furent ars & trebuchiez/ & dura celle chetiuoison, ou captiuite en ces terres par lxx. ans. Apres lequel temps elle fut laissee aller/ & redissia le tẽple qui auoit este trebuche. Et combien que plusieurs demourassent en terres estrãges ou d'estrãgiers toutesuoies ne eut pas ce peuple deux parties de royaumes/ ne deux roys diuers en chascune partie/ mais estoit vng seul leur prince en iherusalem/ & la venoient tous au tẽple de dieu q̃ estoit la en qlque lieu ne de quelque lieu que ilz fussent/ &

dont ilz y pouoiẽt venir par tout le tẽps apres/ mais encoires lors ne furent ilz pas sans ennemis estrangiers qui les cõbatoient/ car quant nostreseigneur nasquit de la vierge marie/ il trouua que ilz estoient ia tributaires des rommains/

¶ Exposicion sur ce chapitre.

En ce xxiiii. chapitre mõseigneur saĩt augustĩ poursupt les trois autres histoires/ & dist que mesmes au royaume de iuda lequel appertenoit a ierusalem/ & es temps des roys succedens, ne deffaillirent pas les prophetes, sicomme il plaisoit a dieu a les ẽuoier ou pour adnoncer ce qui est a faire ou a corrigier. &c. Et c'est la vii. histoire abregee. La viii c'est que ia soit ce que apres la chetiuoisõ fut respandu en plusieurs & diuers pays des'trangiers Toutesuoies depuis la en auant, il n'eut pas deux parties de royaumes de diuers roys chascun en sa partie/ mais auoient vng seul leur prince, lequel estoit en ierusalem ou estoit le tẽple de nostreseigneur/ & cy a deux choses notables. L'une que de tous les roys d'israel apres la diuisiõ il nen eut nulz bons mais de ceulz de iuda en y eut aucũs bõs & aucuns mauuais. La seconde que apres le temps prins, les iuifz furent lxx. ans en captiuite. La ix. est que l'un peuple et l'autre estoit maintenant esleue en prosperite, maintenant tresbuche en aduersite non pas seulement par batailles d'estrangiers, mais de batailles ciuiles etre eulz mesmes/ selon ce que la diuine prouidence le commandoit ou souffroit/ iusques adce que ilz courroucerent tellement nostreseigneur que ilz furent tresbuchez par les caldiens et menez en tresgrant captiuite.

⁋ Des prophecies qui furent dernierement es iuifz/ lesquelz listoire de leuāgille dist auoir este enuiron le tēps de la natiuite iesucrist. ⁋ xpiiii

Ais depuis tout ce tēps que ilz retournerent de sa captiuite de Babilōne apʒ malacie aggeus z zacharie qui pphetiserent z esdras. ilz neurent aucuns prophetes iusques a lad uenemēt de nostre sauueur iesucrist fors lautre zacharie qui fut pere de mōseignr saint iehā Baptiste/ z helizabeth sa fēme pres de sa natiuite nostreseigneur/ z apʒ sa natiuite/ simeō sāctē/ z anne la besue ia ancienne z monseigneur sainct iehā Baptiste/ lequel en ieune aage adnōca no stresauueur iesucrist non pas a aduenir/ car il estoit ia en ieune aage. mais toutes uoies combiē quil fust mescongneu, il se demōstra par cōgnoissance de prophecie. pour laquelle chose nrēseigneur dist ces paroles. les loix z les prophetes ont dure iusques monseigneur sainct iehā/ mais sa prophecie de ces B. nous est clere/ par leuāgille/ ou len treuue aussy que la benoiste Bierge marie mere de nrēsauueur iesucrist/ prophetisa auant monseigneur sainct iehan/ mais les dessoupz iuifz ne recoiuent pas celle prophecie de ceulz cy/ mais pceulz singulierement receurz qui sās nōbre crurent a leuangille/ fors pour certain psrael fut brayement diuise en deux/ par celle diuisiō qui auāt auoit este adnoncee par samuel le prophete a saul estre immuable, mais les iuifz reprouuez ont les dernieres malachias aggeus/ zacharie z esdras/ lesquelz leglise a receuz z approuuez cōe canonicques. car leurs escriptures sōt aussy cōme des autres qui en grandes multitudes de pphetes en trespetit nombre escrirent les choses lesquelles eussent auctorite de canon cest a qui fussent canonisees z approuuees des dictz z prenonciaciōs z prophecies desquelles qui appartiennent a iesucrist z a leglise. il me semble ḡ aucunes choses en sōt a mettre en ceste oeuure/ laqlle chose a layde de dieu/ sera faicte plus proffitablement ou liure ensuiuant/ affin que nous ne chargons plus cestuy qui est sy long z sy prolix.

⁋ Expposicion sur ce chapitre.

En ce xpiiii. chapitre/ saint augustin met deux autres histoires abregees. cestassauoir/ la p. z xi. desquelz la p. est que apʒ malachias aggeus z zacharias/ qui prophetiserent fors z esdras. ilz neurent nulz prophetes iusques a laduenemēt de nrēseigneur iesucrist fors zacharie pere de mōseigneur saint iehā Baptiste/ z les autres qui nomme au tept z la benoiste Bierge marie laquelle prophetisa auant que mōseignr saint iehan/ sicōe il appert par le pseaulme de magnificat ala mea dñm. zc. Et aussy sen a la principale conclusion/ cest assauoir que les prophetes deffaillans par le tēps du Bieil testament a prophetiser de iesucrist les nouueaulz Bindrēt qui prophetiserent en lieu deulz/ sy fist sebille crittea qui prophetisa de iesucrist. sicōe il appert par le xpiii. chapitre ensuiuant z de ce chapitre sen peut noter que esdras fut prophete. z pource ia soit ce que sa prophecie ne soit pas receue au canō, toutesuoies sēble elle estre autētique/ z peult len cōfermer celle oppiniō par ce que sait ambroise lalegue cōe autētique/ en prenant ledit de celle prophecie qui est tel/ Mō filz iesus mourra z le siecle se conuertira. Le pi. z dernier des histoires abregees/ est que fors fut psrael heritablement diuise en ii. pties dicelle diuisiō/ laquelle samuel le prophete auoit adnōcce a saul estre immuable/ laquelle chose a este desclairee au Bii. chapitre de ce liure.

⁋ Ey finist le xBii. liure de monseigneur saint augustin de la cite de dieu.

¶ Cy commencent les rubriches du xviii
liure de monseigneur sainct augustin de
la cite de dieu/ lequel contient liiii. chapi
tres come il appert.

¶ Des choses q̃ sont disputees es xvii
liures precedens iusques au temps de no
streseigneur iesucrist.   C   i.

¶ Des roys de la cite terriene et de leurs
temps/ esquelz de la natiuite dabraham
les temps des saincts comptez sont acorda
bles.   C   ii.

¶ Quelz roys regnoient sur les assi-
riens et sur les saponiens/ quant abraham
en laage de cent ans eut ysaac son filz se
lon la promesse que dieu luy auoit faicte
Ou quant ysaac en laage de lx. ans eut
deux iumeaulx de Rebecque sa femme cest
assauoir esau et iacob.   C   iii.

¶ Des temps de iacob et de ioseph son
filz.   C   iiii.

¶ De apis roy des argiues/ lequel les
egipciens appellerent serapin/ et lequel ilz
voulurent estre honore des diuines hon-
neurs.   C   v.

¶ Quel roy regnoit sur les assiriens
et sur les egipciens quant iacob trespassa
en egipte.   C   vi.

¶ Ou temps des quelz roys ioseph fut
mort en egipte.   C   vii.

¶ En laage desquelz roys moyse fut
ne/ et de quelz dieux adourer sourdit lors
la religion.   C   viii.

¶ Quant la cite dathenes fut fondee
et quelle raison varro met pour quoy elle
fut ainsy appellee.   C   ix.

¶ Quelle chose varro dye de ce nom
de ariopagus et du deluge de deucalion
   C   x.

¶ En quel temps moyses mist hors le
peuple de dieu degipte/ et ou temps de
quelz roys iesunaue qui luy succeda fut
mort.   C   xi.

¶ Des temples des faulx dieux que les
roys de grece instituerent en ces temps q̃
len conte de lissue disrael degipte iusqz
a la mort de iesunaue.   C   xii.

¶ Desquelles len comença a faire les
fictions en ce temps que les hebrieux co-
mencerent a auoir iuges.   C   xiii.

¶ Des poetes theologiens.
   C   xiiii.

¶ De la fin du royaume des argiues
ouquel temps picus qui fut filz de satur-
ne print premier le royaume des laurentes.   C   xv.

¶ De dyomedes qui apres la destructi-
on de troye fut tenu pour dieu/ les com-
paignons duquel len dist estre conuertis
en oyseaulx.   C   xvi.

¶ Quelles choses varro die des non
creables commutacions des hommes.
   C   xvii.

¶ Quelle chose est a croire des trans-
formacions qui semblent auenir aux hom
mes par lart du dyable   C   xviii.

¶ Que enee vint en ytalie en ce temps
quat labdon estoit iuge sur le peuple des
hebrieux.   C   xix.

¶ De la succession de lordre du royau-
me de ceulx disrael apres les iuges.
   C   xx.

⁋ Des roys qui regnerent en l'aage desquelz enee qui fut le premier, ⁊ aduentinus le pii. furẽt faitz dieux. C. xxi.

⁋ En quel temps romme fut edifie, et quant le royaume des assiriens cõmēca ezechias regnoit en iudee. C. xxii

⁋ De sebille erutree laqlle fut cõgneue et de grant renommee entre les autres se billes C. xxiii

⁋ Que regnãt romulus les vii. sages furent en auctorite, ouquel temps les x. lignees qui estoient appellees ysrael, furent misees en chetiuoison par les caldieux. Et ce romulus mort, len lup attribua les diuines hõneurs, ⁊ fut tenu pour dieu. C. xxiiii.

⁋ Que les philosophes furent en auctorite regnant a romme, tarquinus priscus ⁊ sedechiel sur les hebrieux quãt iherusalem fut prinse ⁊ le temple trebuchie. C. xxv.

⁋ Que ou temps aprez lxx. ans, aprz que les iuifz furent mis hors de la chetiuoison, Les rommains furent aussy desliurez de la seignourie dauoir roy. C. xxvi

⁋ Du temps des prophetes desquelz len a les prophecies es liures, lesquelz dirent moult de choses de la vocacion des gens, quant le royaume des rommains cõmenca, ⁊ que celui des assiriens defaillit C. xxvii

⁋ Quelles choses amos ⁊ ozee pphetiserent des choses qui appartiennẽt a leuangille de nostre sauueur iesucrist. C. xxviii.

⁋ Quelles choses furent adnoncees par ysaye de nostresauueur ihesucrist, et de seglise. C. xxix.

⁋ Quelles choses micheas le pphete ⁊ iohel pphetiserent qui apptient au nouuel testament. C. xxx.

⁋ Quelles choses soient trouuees en Abdyas naum ⁊ abacuch du salut du monde en iesucrist C. xxxi.

⁋ De la prophecie qui est contenue en loraison ⁊ cantique dabacuch. C. xxxii.

⁋ Quelles choses ieremias ⁊ sophonias. ayent dit par esperit de prophecie, de nostresauueur ihesucrist, ⁊ de la vocacion des payens C. xxxiii

⁋ De la prophecie de daniel ⁊ de ezechiel, laquelle saccorde a iesucrist ⁊ a leglise C. xxxiiii.

⁋ De la prophecie des trops prophetes cestassauoir aggeus zacharie ⁊ malachie. C. xxxv.

⁋ De esdras ⁊ des liures des machabees. C. xxxvi.

⁋ Que lauctorite de prophecie est trouuee plus ancienne que quelconque naissance de la philosophie des payens. C. xxxvii.

⁋ Que le canon de seglise na pas receu aucunes escriptures des sains, pour ce que elles estoient trop anciennes adce q̃ pour loccasion dicelles les choses faulses ne fussent meslees auec les vrayes. C. xxxviii.

⁋ Des lettres des hebrieux lesquelles ont tousiours este en la propriete de leur langaige C. xxxix

⁋ De la tresmẽteresse vanite des egipciens, Laquelle donne a lanciennete de leur science. Cent mil ans. C. xl

⁋ De la discencion des philosophes, ⁊ de la concorde des escriptures canoniq̃s qui est en seglise. C. xli.

⁋ Par quelle prouidence de la dispẽsacion ⁊ ordonnance de dieu, Les sainctes escriptures de lancien testament, ayent este trãslatees de hebrieu en lãgaige grec affin q̃ elles apparussẽt a toutes gẽs ⁊ q̃ elles venissẽt a leur cõgnoissãce. C. xlii

(Que l'auctorite des lxx.interpreteurs/lesquelz sauue l'onneur de sa langue hebree est a preferer a tous autres interpreteurs.   C.   pliiii.

(Quelle chose est a entendre du menace de la destruction de niniue de laquelle saint ierosme & lxx.interpreteurs parlẽt differẽmẽt quãt au tẽps dicelle.
    C.   pliiii.

(Que aprez ce que le tẽple fut reedifie/les iuifz neurent aucunes prophecies Et que de la iusques a la natiuite de nostre seigneur iesucrist ilz furent tourmentez de continuelles aduersitez/ affin que on peust trouuer par la voix des prophetes/ que l'edificacion d'un autre temple estoit promise.   C.   plv.

(De la natiuite de nostre benoist sauueur ihesucrist selon ce que la parolle fut faicte chair/ & de la perdicion des iuifz en toutes gens selon ce que il auoit este prophetise.   C.   plvi

(Assauoir se auãt le temps de nostre sauueur ihesucrist furent aucunes gens hors la lignee d'israel/ qui appartenissẽt a la compaignie de la celestienne ih'rlm̃.
    C.   plvii.

(Que la prophecie de aggeus par laquelle il dist q la gloire de la maisõ de dieu qui estoit a aduenir/ seroit plus grande quelle nauoit este premierement/ fut accõplie en l'eglise de nostre sauueur iesucrist & non pas en la reedificacion du temple.   C.   plviii.

(De l'incertaine multiplicacion de l'eglise/en laqlle plusieurs mauuais sont meslez auec les bons en ce siecle.
    C.   plix.

Decimus octauus.

(De la predicacion de l'euangille laqlle a este faicte plus clere & pl' puissãte par les passions de ceulz qui la preschoient   C.   l.

(Que aussi par les discencions des hereses la foy catholique soit confermee.
    C.   li.

(Assauoir se il est a croire ce que aucuns cuident/ C'est assauoir se acplyes les persecutions qui ont este/ il en ya aucũes de demourãt/excepte la xi.laquelle est a aduenir en ce temps dantecrist.
    C.   lii.

(Du temps occulte de sa derreniere persecution/ c'est a dire lequel nous ne pouons sauoir.   C.   liii.

(De la tresfausse menterie des papes par laquelle il faignirent que la religiõ crestienne ne deuoit point demourer oultre trops cẽs lxv.ans   C.   liiii.

C y finent les rubriches & commencent les chapitres.

Cy cōmence le pbiiij.liure/ des cho
ses qui sont deputees es pbij. liures pre
cedens/ iusqs au tēps nreseignr iesucrist

Iay promis a es
cripre de la naissan
ce du cours a sin
deues des deup ci
tez/ desqlles lune
est de dieu/ a lau
tre de ce siecle/ en laqlle ceste est pelerine
en tant cōme il appartiēt a la lignee des
hōes/ Aprez ce que iay premierement de

boute a layde de dieu/ les ennēmys de la
cite de dieu/ qui mettoient leurs dieup a
uant ihesucrist createur de ceste cite/ a qui
par leur tresmauuaise enuie/ ont enuie
sur les crestiens:laquelle chose iay faicte
es dip bolumes precedens/ mais de ceste
moiēne pmesse que iay recordee mainte
nant/ laquelle est partie en trois/ Iay de
mene sa naissāce de ces deup citez/ou p.
liure/ a es quatre subsequens/Aprez iay
demene le cours dicelles/ a predire du pre
mier homme iusques au deluge en bng
liure lequl est le pb.liure/ a de la iusques

a abrahã aussi cõe les deuy ont couru en tẽps/aussy ont elles couru en nos liures Mais depuis abraham iusqs aux roys disrael ou nous auons acomply le xvii. liure. Et de la iusqs a laduenement de iesucrist/ȝ quil prinst chair en la Vierge marie/iusques a quel temps le xviii. sestent/il semble par mon stille que la seule cite de dieu ait couru par ce temps/ia soit ce que elle nait pas seulle couru en ce siecle/mais aient couru pour certain les deuy citez en lumain lignaige/ainsy cõme il appert par le tẽps/lesquelz racontetent quelles onteu cours ensemble des leur cõmencement/mais iay ce fait pour ce que premierement depuis que les promesses de dieu cõmencerent a estre plus cleres/iusques a sa natiuite/ouquel estoient acomplies les choses qui estoient promises sans interpolacion/affin que ceste belle cite de dieu qui fait son cours/apparust plus distinctement au contraire de lautre cite/ia soit ce que elle na fait son cours en clarte/mais en ombre/iusques a la reuelacion du nouueau testament/ Je voye doncques/que ce que ie auoye en trelaisse/esta faire/ȝ que ie attende assez ȝ tant quil souffrira. Cõment celle cite a aussi couru depuis le tẽps dabraham/ adce que par la consideracion des lisans elles puissent estre cõparees/entre elles.

¶ Exposicion sur ce chapitre.

En ce xviii. liure sainct augustin entend principalemẽt a cõtinuer le cours des deux citez/iusques a lincarnaciõ nostreseigneur/ȝ a mõstrer les mauuais qui coururẽt durant ce tẽps auec les bons/affin quil monstre les deuy citez estre entremeslees/ȝ contẽpoyse le temps/ainsy cõme il a fait aux liures precedens/sicõe il est dit en ce chapitre par maniere de recapitulacion Car ou xv.liure il a traicte des mauuais qui coururẽt auec les bons/du cõmencemẽt du monde/iusques au deluge/sicomme

Cain ȝ sa lignee qui fut mauuaise laqł appartient a la cice terrienne/ȝ dabel et de seth son frere/ȝ leur lignee qui fut bõne/lesquelz appartiennent a la cite celestienne iusques au temps dabrahã dużl nostreseigneur deuoit descendre/ȝ maintenant en ce liure cõme dit est il poursuit dabrahã iusques a la natiuite de nostre seigneur/en contemporisant. ȝc.

¶ Des roys de la cite terriẽne ȝ de leurs temps. Esquelz de la natiuite dabrahã les temps des sains contes sont accordables. C. ii.

La cõpaignee doncques des creatures mortelles respandue par toutes terres/ȝ en quelque diuersite de lieux liee/Toutesuoies dune cõmunion/ȝ dune mesmes nature/lesqłz poursuiuent chascun ses couuoitises/ et les profitzquant len appette ce qł ne souffist a nulsui ou a tous pource que ce nest pas souuẽtesfois/est diuisee contre soy mesmes/ȝ la partie qui est plus forte oprime lautre/car la partie qui est vaincue est subgette a celle qui vaint. Cestassauoir en preferant quelconques paix et salut a dominacion ou a liberte/par telle maniere que sen a euen grant admiracion ceulx qui amoient mieulz mourir ą a demourer en seruitude/car a peine en toutes gens la voix de nature a tenu ą ceulx ą ont este vaincus amoient mieulz estre subgetz aux vanicqueurs quilz fussent destruis du tout en tout par batoilles. De ce est venu et non pas sans la p uidence diuine/en la puissance duquel il est que vng chascun subiuge ou soit subiugez/que il y en peut aucuns qui fussent proposes aux royaumes/ȝ aucuns qui fussent subgectz a ceulz qui regnoient/ mais entre plusieurs royaumes terriẽs/ esquelz la compaignie est diuisee pour cause de terrienue vtilite ou couuoitise/ Laquelle par mot general ȝ vniuersal/ nous appellons la cite de cestuy monde.

Nous regardons deux royaumes estre venuz lesquelz ont este de trop plus nobles des autres, cestassauoir premierement celuy des assiriens, & apres celui des rōmains, lesquelz aussy comme ilz ont este ordonnez & distintez de temps, aussi sont il este de lieux, car aussy comme celui des assiriens fut premier, & celuy des rommains le dernier, aussy cōmenca cestuy en orient, & cestuy en occident. Apres en la fin de celui, cestuycy eut son commencement tantost adce que ie dye q̄ les autres royaumes & les autres roys apparēt este aussi cōe dependans de ceulz cy. Nynius dōcques qui auoit succede a Belus son pere qui fut le premier roy de ce royaume, estoit le second qui auoit regne sur les assiriens, quāt abraham fut ne en la terre de caldieux, mais en ce tēps le royaume des sicconiens estoit merueilleusement petit, auquel royaume aussy comme de temps ancien, ce tressaige hōe marcus Varro de quelque lieu que il fust ne, cōmenca en escripuant de sa gent du peuple rōmain. Car des roys des dicconiens, le royaume vint aux atheniensiens & de la aux latins, & depuis aux rōmains. Mais len raconte que auant que romme fust fondee, ces royaumes estoient trop malement petis au regard du royaume des assiriens. Ja soit ce que salustin qui fut hystorien rommain confesse que ceulz dathenes en grece, furēt de grande aucto rite, plus toutesuoies de renōmee que de fait, car en plant deulx il dist ainsy Les choses dist il que firent ceulx dathenes, furent sicomme ie cuide assez grandes et assez nobles, mais elles furēt vng pou mēdres que len ne les racōte. Mais pour ce que il y auoit la escripuains de grāt engin, len tient les fais de ceulz dathenes pour tresgrans par toutes terres, & pour ce la vertu de ceulz qui firent les faitz, est faicte sy grāde comme les tresnobles engins de ceulz qui escrirent ces choses les peurent essaucer par parolle. Et sy fut aussy celle cite dathenes moult renōmee & de grant louenge par les escriptures & par les philosophes pour ce que la estoient ces choses en vertu sur toutes autres, mais en tant quil appartient de passer dempire & de royaume. Il nen ny eut nulz es premieres temps plus grans de celuy des assiriens ne qui sestendist sy longne sy large. Quelles merueilles. Car len raconte que Ninus qui fut filz de Belus, conquist toute aspe, iusques aux fins de libe, qui a conter les parties du monde fait la tierce partie, & en grādeur fait la moictie, toutesuoies en sōt a excepter les yndes qui sontes parties dorient, sur lesquelz il nauoit pas seigneurie, lesquelz toutesuoies apres sa mort, Semiramis sa femme combatit. Et lors il nestoit q̄l conquees peuple et roy en ses terres qui ne fussēt en seur subgection, & faisoiēt tout ce quil leur commandoient. Abrahā docques fut ne en ce royaume, entre les caldieux ou temps de nynus, mais pour ce que nous auons plus grant congnoissāce des faitz des grecz que des assiriens et par les grecz aux latins & de la aux rōmains, lesqlz sōt latis et demenerent lordre des temps, & qui escrirent lancienne naissance du peuple rōmain. Pour ce est il que nous deuons recorder les roys des assiriens ou il en est besoing. Adce que il appaire cōmēt Babilōne aussi cōe vne premiere. Pōe face sō cours en ce mōde auec la cite de dieu, laqlle est pelerine ou fait son pelerinaige en ce monde, mais nous deuons prendre plus des grecz & des latins, ou celle romme est aussi cōme sa seconde Babilōne, les choses q̄l fault mettre en ce liure pour les comparaisons de lune & de lautre cite, cestassauoir de la terrienne & de la celestienne. Quant doncq̄s abrahā fut ne, les secōdz roys estoiēt cest assauoir Ninus qui regnoit sur les assiriens, & europpe, car il y auoit eu par deuant eulz deux roys qui auoient regne cestassauoir Belus qui fut le premier roy ou royaume des assiriens, et agialius sur les sicimiens/ mais quant apres ce que abraham fut parti de babilonne, nostre seigneur luy promist que de luy descendroit grant gent, et que en sa semence toutes gens seroient beneys/ Les assiriens auoient le quart roy, et les sicimiens se quit, car le filz de nynus regnoit sur les assiriens apres sa mere semiramis: laquelle len raconte quil tua, pource quelle fut sy oultrecuidee quelle se fist coucher auec elle, et auoir affaire a luy charnellement. Aucuns cuident que ce fust celle qui redifia et fist refaire babilonne. Laquelle pour certain elle peult faire de nouuel, mais quant au commencement quelle fut faicte nous lauons dit au xvi. liure/ toutesuoies aucuns appellent le filz de nynus et de semiramis, lequel succeda a sa mere ou royaume aussy come son pere nynus et aucuns par diuision du nom de son pere lappellet nynia, et lors regnoit sur les sicimiens ung appelle tellepion regnaleque au commencement le temps fut sy ioyeulx et sy doulz, que quant il fut mort ilz ladourerent come dieu, en luy faisant sacrifice, et aussy en celebrant et faisant les ieux que ilz dient que ilz luy furent premierement instituez.

Expposicion sur ce chapitre.

En ce ii. chapitre monseigneur saint augustin monstre que au temps de la natiuite dabraham le royaume des assiriens estoit en auctorite, et le plus puissant de tous les autres royaumes, et ce dist il notablement pour le royaume des sicimiens, lequel combien que il fust grant lors, et que de luy descendissent les atheniensiens les latins et dernierement les romains, toutesuoies fut celui des assiriens plus grant sans comparaison, mais il veult monstrer en ce chapitre que aussi comme en orient, Babilone fut la principale cite des assiries, Laquelle est comparee a la cite terrienne pour ce que babilone vault autant comme confusion/ Laquelle cite et royaume estoit en orient. Tantost come ce royaume deffailly vng autre commeca en occident, cestassauoir romme. laquelle fut la seconde babilone, pour monstrer coment tousiours ces deux citez ont couru ensemble, et toutesuoies combien que monseigneur saint augustin face en ce chapitre mencion du royaume des assiriens, come le plus excellent, ouquel nynus le filz de belus regna le premier. Il dist ces choses en recommandacion de grandeur de royaume et de puissance, et pource que ce fut le premier qui courut sus a ses voisins, et non pas le premier royaume ouquel furet les premiers roys qui gouvernerent paisiblement, car sicome dist Justin en son premier liure, Es premiers len ne nommoit pas de telle seignourie ne de telle maistrise, mais estisoit les roys qui estoient hommes vertueux, et de bonnes meurs et qui ne vouloient que paix et amour a leurs voisins, et suppose que ilz voulsisset acquerir ou faire guerre, sy ne se faisoiet ilz pas a leurs voisins, mais alloient conquerre terres et seignouries en loingtain pais, et leur suffisoit la victoire sans gloire ne seigneurie mais la queroient pour leur peuple, et sy furent trop plus anciés et en royaume et en temps que ne fut nynus, sicomme fut vezoses qui fut roy degipte, et tanais qui fut roy des saites. Et combien que monseigneur saint augustin nomme ces deux royaumes, cest assauoir des assiriens et des sicimiens, il le dist pource que ce furent les plus excellens pour lors, mais toutesuoies estoit des lors le royaume degipte et sy nestoit pas le royaume des sicimiens

z.i

subgect aux assiriens/pource quil estoit en europe & non pas en aspe/ mais celuy degipte estoit en aspe/ & par consequēt subgect aux assiriens. & toutesuoyes selō ce que dist Justin en son second liure/encoires fut le royaume des scites/plus ancien que celuy degipte/car les hommes des siciens qui firent le royaume des pathes/ & des bactriens. & les femes firent le royaume des amasones/ que len appelle comunement le royaume de femenie/desquelles & de leurs proesses nous auons parle en la premiere ptie de ceste oeuure. Apres quant monseigneur saint augustin parle du royaume des assiries/& dit que nynus tint & occupa toute aspe/ Laquelle quant au nombre des parties est la tierce. & quant a grandeur est la moictie du monde/il veult dire que a diuiser le monde en deux parties Cestassauoir en orient & en occident. Aspe fait la moitie du monde pource quelle est en orient/ & europe & affricque/qui sont les autres parties/& sont en occident/font lautre car aspe vient de midy p orient/ & va iusques septētrion & va iusques a occident Et affricque va doccident iusques a midy/ & ce fait la grāt mer que len appelle mer occeane qui les diuise/ mais a diuiser le monde en troys parties sicomme on les diuise communement/cestassauoir Aspe europe & affricque/cene seroit que la tierce partie en nombre & non pas en quantite/ Et pource est il dit notablement/ que nynus conquist aspe/non pas celle partie qui est diuisee contre les deux autres parties/ Mais toute aspe/a prendre toute sa partie dorient contre celle doccident & par ce dist iusti/ que il subiuga tous les peuples dorient/ Et pour prouuer nostre conclusion/cestassauoir que auant fut le royaume des sithiens que celuy des assiriens il appert/ car iustin dit en son premier liure/que la premiere bataille que il eut/ce fut contre zorastres roy des bactriens/ Lequel aucuns voulurent dire quil auoit este de nembroth/lequel fut le grāt astronomien/& grant nygromancien/ et dit aucuns quil trouua ces mauuaises sciences. Apres quant il parle de semiramis/laquelle fut femme de nynus/ il est assauoir que sicomme dit iustin en sō premier liure/ ce fut vne puissante femme & de grant couraige/car elle ne fut pas cōtente de ce que son mary luy auoit conqs Mais adiousta a son empire les ethiopiens/& sy entra en inde & leur fist guerre qui oncques nulz fors elle & alexandre/ nauoiēt oncques entre leurs temps/ elle ferma babilonne de murs & de fossez, et est ce q̄ mōseigneur saint augustin veult dire quant il parle delle/sur la redifficacion de babilone/quant il dist que elle redifia de nouuel/ Apres quant il parle du filz de nynus/ & de semiramis sa mere/ & dist quil fut le quart roy des assiriens Il se dit pource que sicomme dit Justin en sō premier liure Nynus apres sa mort laissa vng filz moindre dans: lequl estoit appelle nynia selon aucuns/ & selon aucuns nynus/ & selon autres fut appelle zameis/ Et pource fut sa mere samiramis/ doubtant que il neust deffaulte au gouuernement du royaume/ et que elle estoit aussi comme de son estature & de sa semblance/ Elle se vestit en guise de home/faignant que ce fust son filz nynus & son filz elle se vestit en guise de femme & regna sy puissāment que len la tenoit plus puissante que oncques roy qui eust este. Ce fut celle qui se arma/ pource que on lui apporta que ceulx de babilone sestoient rebellez contre elle/ & en celuy estat les alla combatre/ & les mist en son obeissance/ Apres quāt mōseigneur sainct augustin dit que quant la promesse premiere fut faicte a abraham/ les assiriens auoiēt le quart roy/ Il se dit pource que il conte semiramis pour le tiers roy Aps quant il dit que ce nynia occist sa mere semiramis. C'est du premier liure de iu∫tin. Et la cause pour quoy il l'occist fut telle. c'est a sauoir qu'elle fut merueilleu∫ement luxurieuse/ & faisoit plusieurs hōmes couchier auecques elle, & quant ilz auoient couche auec elle, & eu affaire elle les faisoit tous mourir. Or aduint que elle enhorta tant son filz/ quil eut affaire a elle cōme dit est/ & pource quil doubta que sa mere ne le fist mourir ainsi cōme elle auoit fait les autres/ il s'ama mieulx a l'occire Elle ordonna en son pays pour sa puterie couurir/ que tout hōme couchast auec quelque femme quil Bouldroit sans reuerence de sexe Elle cōmanda que toutes gens se Bestissent long, iu∫ques aux piez/ & couurissent leurs testes dun chapel que l'en appelle thiara/ pour couurir le sexe, & affin que l'en ne sceust lequel estoit homme ou femme/ & quāt est de nynus ou nynia son filz, il est d'ray q̄ il ne conquist onc riens/ mais demoura tousiours en chambre auec les femmes/ & ainsy fina sa Bie Ainsy comme sil eust mue son sexe/ quil fust mue en femme ne il ne se monstroit pas, ou pou deuāt les hōmes, & de la Bint la coustume que l'en ne parloit pas aux roys de perse/ fors p̄ tierces p̄sōnes. Certulphus qui fut ung grant historiographe/ & qui contempori∫a des le commencement du monde, iu∫ques a la natiuite de nostreseigneur. dist que ou xxxiii. an de ce nynus ou nynia/ fut le premier an de la repromission faicte par abraham/ Apres quant monsei∫gneur saint augustin parle de telxion ou telxipon/ qui fut le B. roy des sicimiens/ & que il fut apres aussy comme deifie/ apres sa mere/ Ces choses sont prinses des liures de Baro/ lequel sicōme monseignt saint augustin a dit cy deuant en ce cha∫pitre escript les faitz des roys des sicimi∫ens/ sicōme dit trauet pource que l'en ne les treuue pas en autres liures.

¶ Quelz roys regnoient sur les assiri∫ens/ & sur les sicimiens/ quant abraham en l'aage de cent ans eut psaac son filz/ se∫lon la promesse que dieu luy auoit faicte Ou quant psaac en l'aage de lxx. ans eut deux iumeaulx de rebecque sa fēme c'est a sauoir esau & iacob. C. iii.

Des temps mesmes de ce telsipō Abraham selon la promesse de nostreseigneur en l'aage de cēt ans/ eut son filz psaac de sare sa femme laquelle estoit ia Bieille & brehaigne/ Et laquelle nauoit plus quelconque esperance q̄ iamais elle deust porter. Et lors argus le quint roy, regnoit sur les assiri∫ens/ & psaac en l'aage de lx. ans eut deux enfans iumeaulx, c'est a sauoir esau & ia∫cob, lesquelz il eut de rebecque sa fēme Bi∫uant encoires abrahā leur ayeul/ lequel estoit de l'aage de C. & lx. ans & le ql tres∫passa en l'aage de C. lxxv. ans Ou tēps q̄ le plus anciē perces qui estoit aussy ap∫pelle Baleus regnoit sur les assiriens/ thuriatas/ ou selon aucune thurimatus sur les sicimiens lesquelz estoient les Bii roys/ mais le royaume des argiues eut son commencement/ ou temps que les nepueux d'abraham nasquirēt/ Ouquel royaume ynach⁹ regna le premier/ mais pour certain il n'estoit pas a delaisser ce que Baro raconte c'est a sauoir q̄ les sici∫miens sacrifierent au sepulcre de ce Bii. roy appelle thuriatas, mais regnās les Biii. roys/ c'est a sauoir armamottes sur les assiriens & leothipus sur les sicimies Et pnachus premier roy des argiues/ Nostreseigneur parla a psaac, & luy pro∫mist ces deux mesmes choses, lesquelles il auoit promises a abraham son pere/ c'est a sauoir que il donneroit a sa lignee la terre de chanaam/ & que toutes gens se∫roient benoistes en sa lignee/ Ces me∫∫mes choses furent promises a son filz/ q̄

fut nepueu dabraham/Apres fut appel
le psrael ou temps que Belsocus se ix. roy
regnoit sur les assiriés/a phoroneus filz
de ynachus regnoit le second sur les ar-
giues/regnant encoires scotipus sur les
sicimiens. En ce temps grece fut plus no
ble a en plus grant auctorite soubz ce roy
phoroneus/roy des argiues/ Pour au-
cune statue quil fist de soy/a des iuge-
mens Toutesuoies come son frere ainsne
appelle phegoris fust mort/Len fist ung
temple ou lieu ou estoit son sepulcre adce
quil fust adoure comme dieu/len lui fai-
soit sacrifice de beufz. Je croy quilz cuide-
rent quil fust digne de sy grant honneur
pource que en sa partie de son royaume a
pres ce que leur pere/leur eut diuise a bail
le ses lieux ou chascun regnoit/ il auoit
fait/aediffie plusieurs petis temples pour
adourer les dieux/a leur auoit apris a
enseigne a garder les temples p les moys
a par les ans p lesquelz ilz mesureroient
a conteroient ce quil leur appartiendroit
a copter ou a mesurer/a les hommes qui
estoient encoires ruddes/tindrent a mer-
ueilles ce quilz veoient en lup/a pource
ilz voulurent quil fust dieu/ou ymagi
nerent quil lestoit/ Car len dist que la
fille de ynachus laquelle fut depuis ap-
pellee ysis/fut adoree comme une grat
deesse/en egipte/combien que les autres
dient quelle vint dethiope en egipte com
me royne/a que elle seignourit sur eulx
iustement a largement/a leur fist plusi-
eurs grans proffiz/a leur bailla les let-
tres a lordonnance dicelles/ A laquelle
ilz firent tel honneur que il sa tindrent
pour deesse/a sy grande que ilz deffendi
rent/que nulz sy hardy sur peine de la
teste dist que il eust este homme ou fem-
me.

¶ Exposicion sur ce chapitre.

En ce tiers chapitre monseigneur
saint augustin poursuit sa ma
tiere des deux citez/a monstre
ces deux citez. Cestassauoir la terrienne
a la celestienne estre concurrantes enseble
Car il dist que ou temps q tessixion re
gnoit sur les sicimiens/ nostreseigneur
promist a abraham/car il lui donna psaac
selon la promission quel lup auoit fai-
cte/sup estant en laage de C. ans/Et sar
re sa feme en laage de iiiixx. a. x. ans/Et
psaac eut iacob a esau en laage de lx. ans
Et est pour mostrer q les bons regnoiēt
auec les mauuais/car les sicimiens adou
roient en ce temps/come dieu tessixion/a
estoient purs ydolatres/ sicomme il ap-
pert par le chapitre precedent/a pource q
en ces temps les commencemens furent
iopeulx a lpes a viuoient en paix a en iope
a en tranquilite soubz lui/ Apres quant
il parle de argus a dit quil estoit le v.
roy sur les assiriens/cest vice descripual
car il ny eut pas de v. roy qui eust nom
arg⁹. mais fut leur v. roy appelle arius
sicomme il appert par eusebe en sa cronic
que/ par hugues de saint victor/a plusi
eurs autres cronicqurs/ Et fut ne psaac
au v. an de son royaume/ sicome il appert
par les cronicques deusebe/ lequel regna
xxx. ans/ Auquel succeda le vi. roy ap-
pelle Arabius. lequel regna. l. ans ou
au v. an duquel psaac estant en laage de
xxv. ans nostreseigneur tempta abraham
A ce roy arius succeda perses/ lequel aus
tremēt est appelle baleus/ou temps du
quel abraham fut mort/ en laage de C.
lxxv. ans/ a la fut le v. an de la promis-
sion dabraham/ ou xv. an de ce roy/ leql
roy regnant/ iacob se partit de mesopota
me/ pour la doubte deesau son frere Et
au comencement du royaume de ce perses
appelle balseus/ eut son commencement
le royaume des argiues qui est une par-
tie de grece/ ouquel royaume regna pre-
mierement ynacus/ lequel regna. l. ans

Apres succeda au royaume des sicimiens le vi. roy qui eut nom egrious, qui regna xxxiiii. ans Apres lequel regna churmatus, lequel aussy ilz deiffierent, et firent dieu sicomme dit Varro. Apres quant il parle de armomotres, il est assauoir que aucuns en font le iiii. chapitre et dist monseigneur saint augustin que au v. an de celui armomotres qui fut le viii. roy apres perses sur les assiriens, regna xxxiiii. ans Et au premier roy de seocipus, qui fut aussy le viii. roy des sicimiens, et lequel roy regna liiii. ans. psaac estant en l'aage de L. ans. Nostreseigneur parla a luy et luy fist la pareille promesse que il auoit faicte a son pere abraham. De rechief il est assauoir que au tiers an de Belochus qui fut le ix. roy des assiriens lequel regna xxxv. ans, et ou xxi. an de phoroneus filz ynacus second roy des argiues, et ou xxxi. de seucipus qui fut le v. roy des assiriens. Nostreseigneur fist la promesse a iacob en l'aage de lxxvii. an, en la Loye de mesopotamie. Apres quant il dist que au temps de phoromeus qui fut filz de ynacus et de nyos grece florit. Et fut recommandee pour aucunes loix, et ordonnances de iugemens qu'il fist. Ce fut celuy qui premierement bailla loix aux grecs. Et petrus ordonna le lieu ou l'en tiendroit les plais. Et fut ce lieu appellé selon le maistre des histoires for de phoroneus, et encoires y a il plusieurs lieux qui ont retenu ce nom, mais encoires y peust l'en assigner une autre raison par laquelle l'en le peult appeller for, c'est asçauoir pour les marchiez et foires qui en latin sont appellees phora, et il est bon selon ce que dient les droiz In iudicio quare contrahimus, Et ce qu'il parle en ce chapitre de son frere plegeus, et de la deificacion il semble qu'il fut pris des liures de Varro. Et quant est de yo, laquelle fut fille de ynacus, Le maistre des histoires dit qu'elle vint par mer en egipte, et leur

apprint a faire certaines grans lettres, et sy leur apprint comment l'en deuoit labourer terres, Et que comme elle fust appellee yo, ilz appellerent ysis qui vault autant comme terre en leur langaige, et quant monseigneur saint augustin parle de sa deificacion, et de la forme de son ydole, et de la peine qui y estoit, aucun estoit sy hardy de dire qu'elle eust este creature humaine Ces parolles sont de Varro sicomme il pourra apparoir en procedant. Vray est que ce phoroneus eut ung autre frere que plegeus, lequel fut appellé Leonce. Auql il dist au lit de sa mort que riens ne luy deffaulsist et vraye bien neurete, s'il n'eust oncques espouse femme Auquel quant il luy demanda sa cause il respondit que tous mariez le sauoient par experience, et que s'il le sauroit bien quant il seroit marie, sicomme dist Valerius en son liure qui est de dissuasione matrimonii ad rufinū Ja soit ce que l'en ne le doie pas croire du tout, et a bonne cause, car il ne les auoit pas toutes essayes, car se il eust espouse melix laquelle paissoit son mary en estudiant, ou la femme duelli, Laquelle il blasmoit de ce que elle ne sauoit acointee de ce qu'il pouoit. Laquelle en soy excusant luy respondit qu'elle luy eust dit, selle ne cuidast, que tous fussent de celle condicion et plusieurs autres, desquelles ie me tais, Il n'en eust pas parle sy largement Encoire est il assauoir que regnant ces mamotes sur les assiries ou L. xv. an de la repromission faicte a abraham. Jacob retourna de saba qu'il auoit serui xiiii. ans pour ses deux filles, son pere en mesopotamie, et en ce temps estoit la xvii. dinastie d'egipte, qui dara autant comme souueraine poete, Laquelle auoient tenu ceulz de thebes, par C. iiii. xx. x. ans. Auquel temps commencerent a regner ceulz que l'en appelloit les pasteurs C. et trois ans. Et de cela ceulz qui regnerent en egipte furent appellez pasteurs

& furent appellez dyapoliceurs/ Ainsy dictz comme seigneurs de sa cite/ pource que polis en grec vault autant comme cite/ & y regnerent ৫.trops ans/ Jusques au premier roy qui fut appelle amosis/ lequel regna pv8.ans Et commenca a regner au vi.an de la grant famine qui fut en egipte Et combien que nous apos dit cy dessus/que yo fut fille de pnachus & de nyobe. Toutesuoies ont aucuns tenu que celle nyobe fut femme de pnachus/ Et diceulz/ cestassauoir de pnachus et de nyobe/parle platon. Inthimeo comme de temps tresancien/ Et aussy comme en voulant recorder les choses qui estoient venues es citez anciennes racompte que nyobe fut la premiere de toutes les femmes qui coucha auec iupiter/sicomme dient les grecz/ De laquelle il eut apis/qlz appellent/Siripim/ Toutesuoies est la commune oppinion que nyobe fut sa femme/ Encoires est il assauoir que en ce temps les thesaliens/ & les chariasiés se combatirent contre seroneus roy des argiues/ & contre les palpasiens/ qui eurent entre eulz une maleureuse guerre/ Car aucunesfois ilz vainquoient aucunesfois estoient vaincus/ & toutesuoies furent ces celtisiens vaincus/ & sen fuirent/ & come ceulz qui se vouloient soustraire de toute communicacion terrienne/ nagerent tant que ilz arriuerent en lisle de roddes Laquelle parauant estoit appellee ophinisse/ Et la habiterent comme ceulz qui cuidoient estre assurez en lieu si estrange que nulz ne sceust/ou il demourassent/ sicomme dit orose ou premier liure de son ormeste. Et lors regnoit aussy thesalus en thessale qui est une partie de grece/ duquel celle partie print son nom/ lequel thessalus fut filz de grecus/ dont grece print aussy son nom/ Et quant est de yo/ laquelle les grecz appellent ysyo/ & laquelle ilz deiffierent sicomme dessus est dit les poetes en firent maintes fixions/ & par espe

cial ouide qui sappelle en son premier liure methamorphoseos/ auquel il faint q̃ celle yo fut fille dune femme qui est appellee ynachus/ laquelle iupiter couuoita & ama pour sa beaute/ Et comme elle sen fuit de luy pour garder sa chastete/ Jupiter regardant que le iour estoit bel & cler le couurit de nues & lo scurcyt affin quil la peust rauir & en faire sa voulente/ & quil ne fust cogneu de sa femme iuno ne dautres/ & par ce accomplit sa voulente. Et iupiter sen fuit affin que iuno sa femme ne les trouuast ensemble/ sicomme celle auoit autres fois fait:& a ceste cause eust obscurcy le soleil/ come dit est pour mieulz couurir sa puterie. Il mua yo en une vache/ Laquelle quant iuno la veit elle la couuoita pource quelle estoit belle & reqst a iupiter quil la luy donnast lequel pour doubte quelle ne sapperceust de sa puterie la luy donna/ laquelle la fist garder a ung vachier saige & caut nõme argus/ qui auoit cent yeulz/ dont il ny en y auoit en nul temps que deux qui dormissent. et tous les autres veilloient/ & sy en y auoit autant derriere comme deuant. Et neantmoins fut il occis/ par mercurius filz de iupiter lequel contrefist le pasteur & sen dormit sy doulcement aup chalemeaulp/ que il luy coupa la teste & en deliura yo Laquelle deliuree sen fuyt a la riuiere de son pere ynachus/ & en regardant en la riuiere, elle veit quelle auoit cornes comme une vache & quelle auoit perdue sa beaute & mugissoit comme une vache quant elle cuidoit parler dont elle fut fort espouentee/ Et quant son pere la veit en celuy estat/ il fut moult dollent/ & par compassion il commenca a plourer & cryer sa fille/ pource quil disoit quil cuidoit auoir lignee delle qui regnast apres luy/ & il nen auroit que toreaulx/ Et adoncques alla au fleuue dune ysle:& la sagenoilla yo/ & fist sa priere a iupiter/ & luy requist quil luy voulsist oster la semblance de bache a la boussist re mettre en sa premiere forme, lequel le fist, mais ce fait encoires ne seut esse parser pour doubte qͤ le ne mugisist/ a finablement iupiter en fist vne estoille au ciel/ a cest la fable/ Mais la verite est que ynachus qui fut roy des argiues, eut vne tresbelle fille q̄ auoit nom yo Lequel demouroit en vng lieu tres delectable a coste dune riuiere ou il auoit boys a prairies/ laquelle iupiter qui estoit roy de crete couuoita a fist tāt que il en fist sa soulente, a tantost ap̃s elle fut sy putte q̄lle sabandonna a tout homme, ne son pere ne sa peut retraire/ a seoit au bordeau comme vne femme cō mune. Et quant elle fut vieille elle fut macquerelle/ Apres fut saige a malicieu se/ Et par son sens a par le clergie quelle auoit, eut grant puissāce a grāt seignou rie en egipte/ sicomme nous auons dit cy dessus/ Les autres dient que argus qui fut roy des argiues, auoit pres de ce lieu ou ynachus demouroit, vng cha steau ou il auoit cent tours/ a auoit mer ueilleusement grāt vacherie, mais mercurius le adueugla tellement que il loc cist a print sō chasteau a sa vacherie. Ce ste fable ou histoire soit fausse ou vraye ē morale moult grandemēt/ a figuree, tāt par celui qui moralisa ouide/ Comme par thomas valensie qui la moralisa en autre maniere/ a lamena en autre ppos a en autre maniere a laplicqua a autre ses que celui qui fist les moralitez en frācois combien que chascun labourast tresgrā dement. De toutes lesquelles choses no⁹ nous passerons/ tant pour la prolixite de ceste oeuure, comme pource que ces cho ses ce peuent assez trouuer/ a sy sont cho ses qui se peuent assez moralifer/ par hō me qui a bon entendement. Dray est q̄ quant sa fable parle des peulx que iuno osta a argus son vachier, et quelle les mist desoubz sa queue de son oyseau, il est dit notablement pource que les poe tes attribuerent le paon a iuno/ a ce suf fist pour lexposicion de ce chapitre.

¶ Des temps de iacob a de ioseph son filz.   C. iiii

Regnant le v. roy des assiriens appelle baleus a le ix. des siciomiens appelle messapus/ lequel aussy aucuns appellent cephisos/ Se toutesuoies en homme eut deux noms/ a ne cuiderent pas ceulx qui se mirent en leurs liures mettre pour vng nom vng autre nom/ En ce temps que apis le tiers roy des argiues regnoit, psaac mou rut en laage de ix. xx. ans Et laissa ses enfans iumeaulx/ Cestassauoir esau a iacob de laage de vi. xx. ās Desquelz le me dre cestassauoir iacob, lequel appartenoit a la cite de dieu/ Delaquelle nous escripuons son aisne frere. Cestassauoir Esau deboute et reprouue auoit xii. en fans/ desquelz, leur ayeul psaac encoires viuant, les freres vendirent aux marchans degipte qui passoient par la, lun lequel estoit appelle Ioseph, mais il estoit de laage de xxx. ans. quant il fut de uant pharaon et il fut essauce. pour ce que il interpreta par diuine reuelacion le songe que auoit songe le roy pharaō les vii. ans plantureux qui estoiēt a ad uenir/ a les vii. ans apres, esquelz deuoit auoir deffaulte de tous biens, et esquelz seroient consumez a gastez tous les biēs qui auoient creu es vii. ans precedens, et pour ceste cause le desiura de prison, il le preposa en egipte/ en laquelle sa vraye a entiere chastete sauoit gette. Laquelle il garda fermement/ quant il resista a sa dame, laquelle lamoit de mauuaise a mour/ quant elle le print par le mantel a le tira a soy adce qͤl eust affaire a elle lequel ne sy voulut consentir/ Mais laissa aller son mantel/ a elle rapporta a sō

z.iiii

mary cõtre verite/ quil sauoit voulu prẽdre a force/ ⁊ il la creut ligierement. En la seconde annee des vii. ans de sterilite/ Jacob en laage de C.xxx.ans/ vint en egipte auec tous ses enfans ⁊ gens/ sicõ il le tesmoingna au roy qui luy demandoit de son aage/ comme ioseph son filz fust en laage de xxxix.ans cestassauoir adioustez aux xxx.ans/ quant le roy le mist en honneur. les vii.ans de liberte/ ⁊ deux de sterilite ou de famine.

¶ Expoſicion ſur ce chapitre.

En ce iiii.chapitre/ lequel selõ aucunes liures ⁊ selon aucuns docteurs est tenu pour le v. chapitre/ Combien que il ne se puisse bonnement accorder veue la rubriche/ sauue la reuerence de ceulx qui parauant nous exposerent. Monseigneur sainct augustin poursuit sa declaracion deux citez/ ⁊ mõstre comment/ au temps du p.roy des asiriens. appelle baseus ⁊ du ix. des siciniens appelle messapus/ auquel il bailla le double nom/ cõbien que nous ne ayõs trouue celuy autre nom/ en quelque cronicque dõt nous en auons leu plusieurs Et ou temps de apis qui fut le tiers roy des argiues/ ysaac trespassa en laage de ix.xx.ans/ ⁊ laissa iacob ⁊ esau ses enfans. Et dit notablement monseigneur saît augustin en ce chapitre/ que esau aisne reprouue. Jacob q̃ estoit le maisne eut xii. filz En touchant briefment la parolle de la saîte escripture/ qui dit/ Jay ame iacob/ ⁊ sy ay tousiours eu en hayne esau Et ce dist il notablement pour monstrer le cours de ces deux citez esquelles iacob estoit citoien de la celestienne/ ⁊ esau pelerin de la terrienne/ ⁊ met ey monseignr̃ saint augustin/ trois hystoires en brief/ Lune comment ioseph au temps dessus nõme fut vendu par ses freres aux marchans qui alloient en egipte/ laquelle hystoire est du xxxvii.chapitre de genesis La seconde hystoire laqlle contient deux parties/ est comment luy venu en egipte pource que il estoit beau ⁊ doulx/ sa dame lama/ ⁊ le pipa p plusieurs foys dauoir sa cõpaignie dont il ne voulut riẽs faire pour deux causes/ Lune pour garder sa continence ⁊ virginite/ La secõde pour tenir loyaulte a son seigneur. Et finablement sa dame le print en ung destroit par le manteau/ ⁊ le cuida traire a elle/ ⁊ il despoula son mãteau ⁊ luy laissa ⁊ sen fuit. Et quant elle se veid ainsy confuse/ elle se alla a son seigneur a tout le mãtel ⁊ luy dist que ioseph lauoit voulu predre a force/ lequel comme fol ⁊ trop creduse/ le fist mettre en prisõ. Or est voir que en ce temps le roy auoit euope deux de ses officiers en prison/ cestassauoir son pennetier/ ⁊ sõ bouteillier/ Lesquelz pour ce que len disoit que il estoit exposeur de songes/ luy requirent que de deux songes dont ilz auoient songe chascun le sié lesquelz no passons pour briefte ⁊ pource quilz sont assez notoires il leur voulsist exposer/ lequel les leur exposa veritablement. en disant que le songe du bouteiller signiffioit que il seroit deliure. Et le songe que le pennetier auoit sõgie/ signifioit que il seroit pendu ⁊ ainsy aduint/ Or est vray ⁊ cest la seconde partie que en ce têps le roy pharaon auoit songie ung songe merueilleux/ cestassauoir qil veit vii. beufz gras ⁊ vii. beufz maigres leql sõge nul ne luy sauoit exposer/ sy aduît q̃ lẽ luy dist/ q̃ ioseph q̃ estoit prisonnier/ auoit expose le sõge de ses deux officiers Lequel le demanda pour exposer son sõge/ ⁊ tantost luy exposa/ ⁊ luy dist/ que les vii. beufz gras que il auoit veu/ signifioient que par les vii. ans deuoit auoir en son pays grant plante ⁊ habondance de biens/ ⁊ les vii. beufz maigres sy signifioient/ la sterilite du temps des vii. ãs en supuans/ & tantost il le fist deliurer de prison/ & lordōna a estre gouuerneur de gipte/ & le premier apres luy/ sicomme il se treuue ou xxxix.& xl.chapitres de genesie/ & cest ce que ce chapitre contient en substance/combien que mōseigneur saint augustin en ce pviii.liure/face plusieurs contēporisaciōs/toutesuoyes ne les met il pas toutes pource que len peult largement veoir ce quil a delaisse au pv.pvi. & pvii.liures precedens/ & pource nous nous en passons plus briefuement/ Et pource que aucuns tiendroient que nous voulsissiōs dilater ceste matiere/ & a aultres sembleroit/ que ces choses tractier seroit hors de la matiere.

¶ De apis roy des argiues lequel les egipciens appellerent seraphin/ & lequel ilz voulurent que il fust honnore de toutes honneurs. &c. v.

En ce temps. Apis roy des argiues vint par nauire en egipte/ & comme il trespassast la. ilz lappellerent serapis/ & se firent le tresgrāt dieu des egipciēs. mais pour quoy apres sa mort il fut appelle Serapis et non pas apis Uario en rend vne raisō tresligiere. La raison est telle, car il dist que le coffre ou sen met celuy qui est mort lequel toutes gens appellēt en latin sarcofague/ cest adire vng cercueil & est appelle Scors en grec. Et la commencerent a honnourer ainsy enterie/ & enseuely auant qui ilz luy eussent fait vng temple/ aussy comme Sonorapis/cest a dire le cercueil de apis/ & lappellerent premieremēt/ sarapis. Apres vne lettre mue ainsy comme len a acoustume de faire/ il fut appelle serapis/ Il fut ainsy ordōne de luy sicomme il auoit este de ysis sa fille de ynachus: que quiconeques diroit que il eust este homme il perdroit sa teste. Et pource que a peine en tous les tēples la ou ysis estoit aouree/ aussy y estoit adouree Serapis Il auoit aussy vng doye qui tenoit son doy en sa bouche/ aussy comme se on voulsist dire/ que on se teust de eulz. Uario dist que ceste chose signifioit que on se teust quilz eussent este hōmes. Mais ce beuf lequel egipte deceue par merueilleuse vanite nourissoit en sōneur de luy comme il eust grant habondance de biens/ pource quilz sauoroient vif. Ce coffre estoit appelle serapis, & non pas apis/ lequel beuf mort pource que se queroit & trouuoit vng veau de celle mesmes couleur/cestassauoir tachee de aucunes taches blanches/ comme estoit ce beuf/ Ilz tenoient que ce estoit chose merueilleuse/ & que elle leur venist par vertu diuine/ car pour certain ce nestoit pas grant chose aussy aux dyables pour les decepuoir mōstrer a vne vache, qui vouloit concepuoir vng tel taurel/ en ymaginaciō quant elle vouloit concepuoir duquel elle eust vng tel beuf ou thorel/ & que la delectaciō de la mere se trait ad ce. Aussy cōme iacob fist par les verges muees lesquelles il mist deuant les brebis/ & deuant les chieures adce que elles eussent aigneaux de diuerses couleurs/ Car ce que les hommes peuēt demōstrer par vrayes couleurs & par vrais corps: ce peuent les dyables par faintes figures demonstrer aux bestes concepuans tresligierement.

Exposicion sur ce chapitre.

En ce v. chapitre mõseigneur saint augustin monstre encoires ydolatrie des egipciens laquelle depend encoires du chapitre precedent pour demõstrer ses deux citez estre differétes Cestassauoir la cite terrienne τ sa cite celestienne/ τ se monstre par apis/ lequel ilz tindrent le souuerain dieu degipte ou des egipciens. Et pource quil dist que il vint par nauire en egipte/ Il estassauoir que ce fut apres ce que il eut fait son frere Egyaleus roy de athaie qui est vne prouince de grece/ Laquelle aucuns appellent la moree/ Apres quant il parle du beuf ou thorel que les egipciens adouroient lequel ilz appelsoiẽt apis/ plini' dit que il la veu et que cest vng thoreau qui yssoit soudainement de la riuiere/ lequel auoit en sa dextre espaule vne taiche blãche en maniere dung croissant/ Auquel le peuple degipte venoit tantost comme il sauoit que il estoit yssu/ auec toutes manieres de iougleurs/ τ de ioueurs de instrumens/ lequel se leuoit en lair/ τ selõ ce ql sarrestoit ou mouuoit ses pstres sarrestoit τ chantoiẽt. Aps quãt il parle de iacob τ des verges par lesqlles il faisoit les chieures τ les brebis concepuoir aigneaulx τ cheureaux de diuerses couleurs/ Cest vne histoire de bible du xxx. chapitre de genesis/ ou il est dit, que labã baillã a iacob pour son salaire toutes les brebis τ chieures qui naistroient de diuerses couleur/ τ pource quant les brebis vousoient concepuoir iacob mettoit deuant elles verges de pouplier/ lesquelles il auoit reosees au ruissel ou elles buuoient affin quelles conceussent bestes tauelees.

℣ Quel roy regnoit sur les assiriens/ τ sur les egipciens/ quant iacob trespassa en egipte.   C   vi.

Apis doncques roy des argiues τ non pas des egipciens mourut en egipte/ auquel succeda son filz appelle argus/ du nom duquel ceulx du pays furent appellez argiues/ Car ou temps des roys precedens ne le lieu ne les gẽs nauoient ce nom. Regnãt pcelui argus sur les argiues. τ Eracho sur les sicimiens/ Baleus encoires regnant sur les assiriens/ Jacob mourut en laage de C.xlvii. ans/ Apres ce que il eut beney quant il deut mourir ses enfans/ τ ses nepueux enfans de ioseph/ τ que il eut prophetise tresappertement nostreseigneur iesucrist en sa benepcon de iuda. En disant le prince de iuda ne le duc de sa cuisse ou lignee ne deffaudra iusqs adce que les choses viennent qui sõt mucees τ raportees a luy/ τ il sera celuy que les gens attendẽt. Celuy argus regnãt grece commenca a vser de ses grains. τ auoir des bledz par labouraiges des semences/ lesquelles furent apportees dautres pays. Et fut celuy argus tenu pour dieu apres son decez: τ fut honnore par temples τ par sacrifices/ Laquelle honneur fut faicte auant luy, luy viuant a vng autre petit homme priue/ pource que il auoit este le premier qui auoit iouinct les beufz pour traire sa charue.

℣ Exposicion sur ce chapitre.

En ce vi. chapitre monseigneur saint augustin demonstre/ comment nostreseigneur iesucrist voulut que iacob duquel il deuoit descẽdre/ fist son cours auec les mauuais hõmes de ce temps, car ce mesmes iacob pphetisa de nostreseigneur ihesucrist en la benepcon de ses enfãs τ de ses nepueux/ si comme il appert par le texte, τ sy appert cõme celuy argus qui estoit payen τ ydolatre fut deiffie apres sa mort/ τ honno-

de temples & de sacrifices/ Et sy est a noter en ce chapitre que auant le temps de argus il y auoit eu ung autre petit homme qui auoit este deiffie pource que il auoit premierement ioinct les beufz pour trainer la charue/ ia soit ce que len tiengne que le premier qui les y iongnit fut pelle heritonpus.

¶ Au temps de quelz roys ioseph mourut en egipte. C. vii.

Regnant mamiette, lequel fut le vii.roy des assiriens/ & pi. des sicimiens appelle plempneus Et argus encoire demourant en arge/ Joseph mourut en egipte en laage de C. x.ans. Apres sa mort duquel le peuple de dieu en croissant merueilleusement/ demoura en egipte en paix. C. & plus. ans. iusques a ce que ceulx furent mors q auoient congneu ioseph. Apres ce pource que len auoit grant enuye sur ce que il croissoit ainsy/ & estoit souspesonneux iusques a ce qi fust deliure degipte/ il estoit persecute de persecutions de labours/ & de seruitudes intollerables: Entre lesquelz labours & persecucions il croissoit & multiplioit grandement par la grace de dieu Et lors par ce temps es assiriens & aux grecz estoient ces mesmes royaumes.

¶ Expposicion sur ce chapitre.

En ce vii. chapitre monseigneur saint augustin dist que regnāt Mamiette le vii. roy sur les assiriens/ & Plempneus vi. sur les sicimiēs Argus estant encoires roy des argiues/ Joseph mourut en egipte/ en laage de C. x.ans/ lequel est recommande/ & par la saincte escripture & par les docteurs/ de saincte eglise sicōe orose/ & par les escriptures des payens/ sicomme iustinus pōpeius & autres/ Mais nous nous en passons pource que nous en auōs parle sur lexposicion du iiii. chapitre/ de ce liure/ et aussy en plusieurs autres lieux en ceste oeuure/ fors tant que iustinus dist en sa recommandacion que tout aussy comme il estoit beau & de grant lignaige & representoit son pere par science/ aussy estoit il a recōmander de beaulte de corps/ car qui vouldroit parler de sa science & de sa prudence/ il est vray quil acquist a pharaon lauoir de tous ceulx degipte/ toutes leurs bestes toutes leurs terres/ & tous les cens & rentes par sa grant prouision que il auoit faicte de graines/ il leur en dispensa & ordonna tellement pour semer/ que il eut franchement la quinte partie des fruis de toutes leurs terres auec plusieurs autres choses merueilleuses quil fist. desquelles nous nous passons pour ce que nous en auons ple en ceste oeuure/ Apres quantil parle des persecutions q ilz eurent par les egipciens/ apres ce que len eut oublie le nom de ioseph/ il le dit pource que quant pharaon ordōna a faire ses greniers il failloit q ilz se que rissét paille/ & fuilleaulx/ & quil cuisissēt ce que lē auoit acoustume eulx bailler parauāt Et neantmoins croissoit tousiours le peuple de dieu/ ia soit ce que il eust este commande que len tuast tous les masles q naistroient/ Sicomme ces choses apperent/ par le premier & second chapitre de exode.

¶ En laage desquelz roys moyse fut ne/ & de quelz dieux adoure sourdit lors la religion. C. viii.

Mais comme Saffrus le viiii. roy regnast sur les assiriēs/ & orthopolis vii. sur les sicimiēs

Et Girasus .iiii. roy sur les argiues/ Moyse fut ne en egipte par lequel le peuple disrael fut deliure de la seruitude des egipciens/ en laquelle deliurance il escouuenoit aussy a eperser et desirer layde de son createur. Aucuns croient que regnans ces mesmes roys lesquelz nous auons recorde cy dessus fut prometheus/ lequel len dit quil forma les hommes de boe ou de terre/ pource quil estoit homme de tresgrant sapience/ et toutesuoies len ne monstre pas quelz sages hommes furent en son temps/ Len dist que son frere athlas fut grant astronomien/ et pour ceste cause len faint selon les fables/ que il portoit le ciel/ ia soit ce que il y ait vne montaigne appellee de ce nom/ Laquelle pource que elle est sy haulte len tient/ que elle soustient le ciel/ selon loppinion du commun/ et de la en auant len commenca a faindre fables/ et iusques a cicrops roy des atheniensiens/ ou temps duquel celle cite print ce nom/ et lequel regnant nostreseigneur mist hors son peuple degipte par moyse/ Aucuns qui estoient mors furent mys au nombre des dieux/ par la vaine et aueuglee coustume des grecs/ entre lesquelz ou esquelz furent. Melaconite femme du roy appelle/ Girasius/ et forbas leur filz/ lequel apres la mort de son pere fut le vi.roy/ et Iasus filz de tyrope le vii.roy. Et scelenas ou ystenesleus ix.roy pource quil se treuue diuersement en diuers aucteurs. ¶ En ce temps fut aussy mercurius/ lequel fut nepueu dathlas filz de maya sa seur/ sicomme les plus comunes escriptures le tesmoignent/ il fut expert en plusieurs ars et en plusieurs sciences/ lesquelles il enseigna et apprint aux hommes/ pour laquelle chose il voulurent quil fust dieu apres sa mort/ ou ilz crurent que il le fust/ Len tient que hercules vint apres/ lequel len dist quil fut au temps des argiues/ ia soit ce que aucuns le mettent auant mercurius. lesquelz ie cuide estre deceus/mais en quelque temps quilz fussent nez/ Il est certain par les notables historiographes qui mirent en escript ces choses anciennes quilz furent hommes tous deux/ et que pource que ilz donnerent plusieurs enseignemens aux hommes mortelz a mener ceste vie plus proffitablement. ilz desseruirent de auoir deulz les honneurs diuines. Mais mynerue fut de trop plus ancienne/ et auant que eulz/ Car elle se apparut en aage de pucelle ou de Egigi en vng lac. qui est appelle tritone. Pour laquelle chose elle fut appellee tritonia/ Pour certain elle trouua moult de sciences et dars/ et de tant fut len plus enclin a croire quelle estoit deesse/ comme se sauoit moins q elle estoit: et dont elle estoit Car ce que len chante que elle fut nee de la ceruelle de iupiter/ len se doit attribuer aux poetes et aux fables/ non pas a vrayes histoires ne quil fust ainsy en verite. ia soit ce que ceulx qui ont escript les histoires ne soient pas a accord/ en quel temps fut celuy egigus/ ou temps duquel fut aussy ce grant deluge/ Non pas ce tresgrant duquel nul homme ne eschappa/ fors ceulx qui furent gardez en larche de noe. Mais il fut plus grant q celuy qui fut apres au temps de deucalion:car de ce fist Varro vng liure duquel iay fait mencion cy dessus/ et toutesuoies ne propose il riens plus ancien pour venir aux faitz des rommains. que se deluge de gigus. cest a dire quil fut fait au temps de celuy egigus. Mais les nostres qui escriret les cronicques. Cestassauoir premierement Eusebius/ et en apres Ieronimus Lesquelz pour certain ensuyuirent en ceste oppinion/ aucuns historiographes q les precederent/ racontent que le deluge de egigi/ fut plus de iii.C.ans apres/ regnant ia le ii.roy des argiues appelle foroneus mais en quelq temps q il fust toutesuoies estoit adouree mynerue come deesse regnant cytrops sur les atheniensiens/ soubz lequel roy ilz dient que celle cite fut faicte ou estoree.

℄ Exposicion sur ce chapitre.

En ce viii chapitre monseigneur saint augustin monstre encoires que quant moyse fut ne/ Lequel fut sy vaillant & sy preudomme/ sicomme la saincte escripture le tesmoigne/ Et lequel delivra le peuple disrael de la servitude degipte/ selon lordonnance de nostreseigneur/ furent plusieurs ydolatres & commencerent a naistre sicomme il monstre en procedant/ Apres quant il parle de prometheus qui premierement fist les hommes de terre & de boe. Cest une poetrie q̃ est traictee assez longuement & exposee par albericum Eudonien. sintilatio poetarum/ & perfulgente/ in libro mithologiarum. La fable est telle/ que prometheus fist ung homme de terre sans ame/ & insensible dont Mynerue fut sy esmerueillee de son œuure/ quelle luy promist ce quil vouldroit auoir des dons celestiens pour acomplir son œuure/ Lequel respondit/ quil ne sauoit quelz biens il y auoit es cieulx/ Mais se len pouoit tant faire que il y fust monte/ & esleue/ il esliroit ce qui luy seroit bon a acomplir son œuure laquelle le fist monter/ & comme il veit les corps celestiens auoir vie aussy come ame par les vapeurs de la flamme du feu & de la chaleur/ il se trait a part, et adiousta ung petit brandon de la roe de phebus/ cest a dire du soleil lequel tantost se aluma/ & il le toucha au pie de lhomme & tantost mist la vie au corps quil auoit fait/ Et ce fait lya a son ymage le cueur duny voultour affin que il fust perpetuel. Fulgence saccorde adce. & dit que prometheus vault autant a dire comme la sapience de dieu/ Et mynerue est interpretee sapience du ciel: & lame le feu divin par quoy il appert que par la providence divine/ Mynerue qui est deesse de sapience/ regardant lomme estre forme saigemẽt/ veit quil estoit chose necessaire quil eust ame/ affin qͦl besquist/ laquelle luy inspira/ aussy comme traicte du ciel divinement/ & nest pas dit sans cause/ quil aluma son brandon a la roe du soleil/ pource que selon les philosophes suppose que nous ayons plusieurs benefices des autres planettes/ Toutesvoies nous auons la vie du soleil. Mais ce quil dist que le voultour luy mengoit le cueur/ il se prent pour la fourme & figure du monde pource que le monde tourne et retourne hastiuemẽt/ & sy se paist des charongnes qui naissent & meurent/ aussy comme continuellemẽt et a tousiours/ toutesvoies le dit scrupus en autre maniere/ Car il dit que puis que prometheus eut fait les hommes de terre/ Il monta au ciel/ par layde de mynerue/ & print ung brandon lequel il adiousta a la roe du soleil/ & enseigna aux hommes comment il auoit emble ce feu pour laquelle cause les dieux furent courouces/ sicomme il dist. Et mirent maigreur & maladie en terre/ sicomme Sapho/ & Esiodus se recordent. De ce fait orace mencion en touchant ceste matiere qui dit ainsy. B. Post ignem etherea domo subductum. Macies & noua febrium terris incubuit cohors. &c. Et ce que len dit/ que il est lye a une pierre par mercure/ au mont qui est appelle/ caucasus & que il ya ung aigle qui surmonte son cueur/ Ceste chose est mise sicomme il dit a bonne cause/ et il dit bien/ pource que cest la vraye hystoire/ Car prometheus est dit de promethias en grec. cest a dire de prudẽce/ car ce fut le premier q̃ enseigna la science de astronomie/ aux assiriens laquelle il apprint en ce mont/ Caucasus par grant cure & par grant entente/ pource que celle montaigne qui est pres des assiriens/est sy haulte quil sëble que elle ioigne aux estoilles/ & pource demõstre celle mõtaigne les estoilles plus grandes/ & signifie diligemment leurs cours & leurs naissances. Et quãt est des autres ethimologisacions/soit en fable soit en figure ou autrement, qui en vouldra veoir largement & plainement voye les aucteurs dessus alleguez auec ouide & celui qui se glosa ou moralisa/& aussy pres migium in cõmento Et sa pourra veoir toute ceste matiere declairee/ & sy en auõs parle ailleurs/ & monseigneur saint augustin mesmes en ce chapitre monstre en briefues parolles/ l'entendemēt de la poetrie/ combien que il semble que veue la poetrie & l'entendement dicelle/ il ne semble pas quil fust besoing quil dist que sē ne monstra pas/ quelz saiges hommes estoient ou temps de ce prometheus/ car puis que il les forma de terre/ c'est a dire que il leur apprint science/ dont ilz ne sauoient riens/ Il les forma de boe/c'est a dire que il les fist saiges/ceulz qui estoient tous terriens & mondains/ Ceste fable est fort briefment mise/ & traictee ou premier liure de ouide vers le commencement/ & peust estre entendue & prinse pour la creacion de l'omme selon ce quil est dit en la bible ou liure genesis/ Ou il est dit/ que apres ce que nostreseigneur eut forme l'omme du lymon de la terre/ il lui inspira l'esperit de vie en l'ame/ Car aucuns ont voulu dire/ que prometheus vault autant a dire/ comme dieu qui est le premier/ non pas quil ait commencement/ lequel est dit de prothos/ quod est primus & theos qu'est deus C'est assauoir dieu le premier non pas quil fust ou soit cree/ mais est sans commencement createur de toutes creatures/ Et ce suffist quant a celle fable exposer Apres quant il parle de Athlas son frere lequel il dist quil fut grãt astronomien/ luy mesmes met la fable que faignent les poetes/ et s'expose. Car les poetes faingnēt que il portoit le ciel/ pource que il estoit sy grãt astronomien que il congnoissoit tout le cours du ciel & des estoilles/ & de lui prist la mõtaigne son nom en laquelle il estudioit, Apres quant il parle de hercules & de mercuriº qui furēt nepueux de athlas filz de sa seur/ appellee Maya/ Il monstre que plusieurs furent lors deiffiez/ et tenus pour dieux/ pource que ilz estoient grans clers & saiges/ & hommes vertueux & puissans/ & enseignoient les hommes rudes ce qui ne sauoient parauant/ Apres quant il dist que celuy hercules fut apres mercure combien que aucuns le mettent auant/lesquelz il dist toutesuoies que ilz faillent/ il est assauoir que celuy hercules de qui il parle cy/fut ou temps de forbas qui fut roy des argiues selon les communes cronicques/ mais selõ les autres cronicques/ il fut ou têps de Tirope vii.roy des argiues/ Les poetes faingnēt/ que celuy hercules se combatit contre antheus roy de lybe/ lequel hercules desconfist/ dont les poetes faingnent vne fable. Et quãt monseigneur saint augustin dist que prometheus fut selon ce que aucuns dient ou temps des roys dont mencion est faicte en ce chapitre/ Toutesuoyes se treuue il selon les cronicques que prometheus fut ou temps de altheodes qui fut le xi.roy des assiriens Et athlas fut aussi comme en la fin de mamichus roy des assiriens/ ouquel royaume althades regna xxxii.ans/ et mamichus xxx. De rechief il est assauoir quant il parle de Ogigus que ce fut vng roy qui tint vne partie de grece/ & fonda vne cite que l'en appelle enleusme/ en laquelle il regna/ Et que en son têps eut vng grãt deluge en grece/ en la partie de achaye que aucuns appellēt la moree/ duquel deluge orose fait mencion en son premier liure de son ormeste ou ix.chapitre/ a met notablement monseigneur saint augustin ce deluge particulier/ a la difference du deluge vniuersal qui fut ou temps de noe, car il y eut trois deluges particuliers deux deaux a vng de feu/ Lun fut celuy dont il parle en ce chapitre, lautre fut soubz le roy deucalion, lequel fut en thessalie q est vne autre partie de grece/ a le tiers fut de feu/ et celuy fut en ethioppe, qui gasta aussy cōme toute la contree, sicōme il se treuue en platon/ a quant il parle de mynerue, laquelle fut adource cōme deesse/ nous en auons parle en ce liure a ailleurs en ceste oeuure/ a pource nous nous en passons Vray est que monseigneur saint augustī rapporte a met dicte celle mynerue ou nombre des deesses, que les egipciens adouroient lors/ aussy cōme il en a mys plusieurs autres en ce chapitre/ dieux et deesses/ a le fait pour monstrer le cours des deux citez a q les bons regnoient auec les mauuais/ a ce souffise a sexposicion de ce chapitre/ pource que nous en auōs parle ailleurs en plusieurs lieux de ceste oeuure/ a par aduenture en parlerōs encoires en procedant/ selon ce quil eschetra en la matiere.

¶ Quant la cite dathenes fut fondee a quelle raison varro met pour quoy elle fut ainsy appellee. C ix

La cause pour quoy Athenes est ainsy appellee, lequel nom pour certain est diriue/ de Mynerue/ laqlle est appellee en grec/ Athena/ Varro en rent telle raison/ a dit/ que cōme en ce lieu fust apparu soudainement vng arbre appelle oliue/ Et dautre part fust source vne eaue ou vne riuiere/ ces prodiges/ cest a dire ces choses nouuelles q len ne auoit pas acoustume a veoir, esmeurent le roy cytrops/ a lors il enuoya au temple de appollo lequel estoit adoure en lisle de delphos/ a pource estoit appelle appollo delphicus/ pour sauoir et enquerir que len deuoit par ce entēdre ou faire/ Lequel appollo respondit que loliue significoit mynerue/ a leaue significoit neptune/ a q il estoit en la puissance des citoiens/ du nom duquel les dieux dont ilz auoient veues leurs figures celle cite seroit appellee. Aprez ce q le roy cytrops eut oy ces responses du dieu appollin, il assembla tous les citoiēs hommes a femmes, a ce que ilz luy aidassēt en ceste besoigne a eslire/ Pource que sa coustume estoit lors telle, en ces lieux que les femmes estoient aussi bien appellees comme les hommes en conseilz cōmuns. Iceulx aussy assemblez, ilz eurent consultacion entre eulx en telle maniere que les masles donnerent sentence pour neptunus/ a les femmes la donnerent pour mynerue/ a pource que il y eut plus de femmes que il ny eut de hommes Mynerue vainquit. Lors neptunus fut sy courouce que il fist surmonter ou subunder la mer/ a aller par toutes les terres dathenes/ a pcelles gaster Laquelle chose nest pas forte a faire aux dyables/ de respandre aussy les eaues/ a subunder en vng pays/ a affin que len peust appaiser son couroux/ ce varro dit que les atheniensiens ordonnerent que les femmes seroient tourmētees de trois tourmēs Le premier q elles ne seroiēt plus aux cōseilz publiqs. Le secōd q nul a sa naissāce, ne prēdroit le nō de sa mere. a le tiers q nulles delesne seroiēt appellees atheniēsiēnes a aussy celle cite laqlle fut mere a nourrisse des sciēces liberaulx, a de telz philosophes

Et sy grans que grece ne eut oncques sy nobles choses ne sy grans/ print son nõ dathenes/ par les iudifications et decepcions des dyables qui se debatoient de leurs dieux masles et femelles/ et de la victoire que les femmes auoient eue de la femme deesse/ et pource quelle se sentit grieuee et blecee par celui qui estoit vaincu Elle fut constraite a pugnir la victoire de celle qui auoit vaincu/ et en ce doubta plus les eaues de neptunus. quelle ne fist les armes de mynerue/ Car en mynerue laquelle auoit vaincu/ fut vaincue en la punicion des femmes qui auoient ꝯgie pour elle/ ne elle ne secourut pas a celles qui sauoient aydee a eslire/ adce q̃ les qui perdue auoient la puissãce destre aux conseilz publicques/ et les enfans priuez des nõs de leurs meres que aux moies elles peussẽt estre appellees athenes ou atheniensiẽnes/ et q̃ elles peussẽt auoir desserup le nom de celle deesse/ La quelle les hõmes de dieu/ en portant ay de et cõfort auoiẽt fait venir ꝗne. Quelles et quantes choses pourroit on dire de ce se nostre sermon ne se hastoit pour dire autre chose.

⟨ Exposicion sur ce chapitre.

En ce ix. chapitre monseigñr saît augustin/ met la cause cõment athenes fut ainsy appellee/ selõ loppiniõ de vario/ laq̃lle chose est assez clere par le texte. Tant y a que len tient que ce fut vne fiction/ et que la verite de listoire pour quoy elle a nomathenes est telle. Il est vray que mynerue qui vault autant cõme sapience est appellee en grec athena. Or est il ainsy que celle ville dathenes estoit peuplee de deux manieres de gens/ cestassauoir de marchans et de clers/ et pource que les marchãdises võt voulentiers par mer et par eaues/ Espe cialement les plus grosses marchãdises et les marchans/ et par loliue qui y sourdit/ estoit signifie/ le clergie et la grãt philosophie et les grans clers qui y regneriẽt et cõme il y eust debat/ entre les marchãs et le clergie/ pource que chascun vouloit seignourir/ Le clergie obtint comme la plus noble partye/ A ce saccorde Justin en son second liure/ qui dist/ que celle cite fut plus noblement fondee que nulle autre/ car elle ne fut fondee ne de pelerins ne de estrangiers/ mais furent mesmes ceulx qui la fonderẽt nez en ce lieu/ et furent premierement ouuriers de laine/ et de lanifices de faire huiles et aussy de plãter vignes/ et de faire le vin/ et de semer les fourmens/ et arer les terres/ laquelle chose il apprindrent a ceulx q̃ parauant viuoient de glans/ et oultre dist aussy que de science que de discipline et de faconde/ en fut aussy comme le temple et premier fondement/ et fut le premier roy qui y regnast appelle cytrops/ et fut ainsy cõme il dist auant le temps de deucation seq̃l cytrops est appelle aussy deiffie ou pour sa grandeur de son corps/ ou pource quil auoit este auec ceulx degipte/ et par ce il sa uoit de lune et de lautre langue. Il fonda celle cite en vne region qui sappelloit euboea. en vng lieu qui se disoit ateen/ Ceulx de celle region qui estoient appellez euboyens/ sappellerent circoumenon Et ce lieu appelle euboye fut ou apius fut mort qui par les respons des dieux/ alla pour fuyr la bataille ciuille/ Les autres dient que celle region eut nom athenes/ pour atis/ laquelle fut fille du se cõd roy/ appelle Graneus ou Craneus Sicõme iustin qui dist oultre ce que dessus est dit. que amphitrioniꝺes qui fut le tiers roy des atheniensiens/ fut celui qui premierement consacra sa cite a Minerue et luy donna ce nõ dathenes. et ce se peult assez accorder/ A ce que athena en grec/ vault autant a dire comme Mynerue/

Et ce suffise pour lexposicion de ce cha-
pitre.

¶ Quelle chose Barro die de ce nom de
Ariopagus du deluge de deucalion
C.   p.

Toutesuoies marcus Barro ne
boulut pas que lon adioustast
foy en telles fictiõs fabuleuses
ne que lon en sente aucune chose indigne
de la dignite de leur maieste, ҁ pource il
ne boulut pas que ce lieu ariopagus ou
monseigneur sainct pol disputa contre
ceulz dathenes, pour raison duquel lieu
les curiaux dicelle cite, sont appellez a-
riopagitez que ilz ayent prins de ce leur
nom. Pource que mars qui en grec est ap
pelle arre, comme il fust accuse de cri-
me homicide, ҁ il fust au iugement des
pii. hommes fut absoulz par la sentence
des bi. en ce lieu qui est appelle pagus,
pource que ou il auoit pareil nombre de
iugens, lon saccordoit a ceulz qui tendo-
ient a absolucion, ҁ non pas a ceulz qui
tendoient a condēpnacion, mais contre
celle oppinion laqlle chose a este de trop
plus grant auctorite, il sefforce de mettre
une autre bõne cause de ce nõ de la cõ-
gnoissance de lobscurite des lettres Ad ce
que lon ne cuide que les athenīesiens, ay
ent nomme ce nom de ariopagus: du nõ
de mars, affin que lon ne fist iniure aux
dieux pour les debatz aux plays ҁ aux
iugemens, desquelles choses il tient qlz
sont tous estrangiers, en affermant ce q̃
nest pas nom faulx de Mars que ce que
lon raconte que du debat ҁ conuersie qui
fut entre Juno Minerue ҁ Venus dauoir
la pōme dor. Laquelle chascun contēdoit
a auoir pour sa beaulte, Lon sen rappor-
ta a paris pour en faire le iugement. Et
lesquelles choses sont chantees ҁ dance-
es entre les festes des theatres pour ap-

paiser leurs dieux par ieux, lesquelz se
delictēt en telz leurs crismes soiēt vrais
ou faulx Varro ne croit pas ces choses
affin quil ne croie choses qui ne soient af
ferans a la nature ou aux meurs des
dieux. Et toutesuoies en rendant la rai
son du nom dathenes, non pas fabuleu-
se, mais selō listoire il met en ses liures
ҁ escrit sy grant debat de Mynerue et de
Neptune, duquel des deux elle prenoit
son nom. Combien que chascun voulsist
quelle eust son nom selon lapparicion sou
daine qui estoit apparue a chascune par-
tie ilz nen oserent iuger, non fist appolo
auquel ilz enuoyerent pour en auoir con
seil. Mais lenuoyerent aux hōmes pour
iuger aussy comme iupiter enuoya a pa-
ris a iuger le debat des trois deesses ou
minerue vainqt par ses aydes ҁ fut vai
cue en la presence de celles qui lauoient
aydee a iuger, laquelle peult tenir athe-
nes es hommes ses aduersaires, ҁ sy ne
peult auoir les femes dathenes ses amies

¶ En ce temps regnas a athenes Cra
neus qui fut successeur de Cicrops: ҁ lui
encoires regnant, sicomme dit eusebius
ҁ monseigneur saint ierosme, regnāt en
coires ce mesmes roy citrops fut le delu
ge lequel fut appellee le deluge, deuca-
lion, pour raison de ce que il regnoit ax
parties ou il fut le plus grant, mais ce
deluge ne vint pas en egipte ne es pais
prochains ou voisins.

¶ Exposicion sur ce chapitre.

En ce .p. chapitre monseigneur
saint augustin dit que Barro ne
saccorde pas a sa cause que rēd
monseigneur sainct augustin en ce chapi
tre, du nom ariopagus, pource quil dit
que cest une fable, mais se efforce dy met
tre une autre bōne cause, laquelle il ne
met pas. Et quant il parle du debat q̃

fut entre les troys deesses/pour raison de la pōme dor/cestassauoir iuno pasas/et ben⁹/ceste matiere est traictee au iii. chapitre du premier liure/& aussy lauōs n⁹ traictee a plain sur sepposicion du xxv. chapitre du tiers liure/ Et pource nous nous en passons/ Apres quāt il parle du deluge qui fut au temps de deucalion/& dit varro que il fut au tēps du roy Cranaus qui succeda a citrope/& eusebe met que il fut au tēps mesmes de citrope. Il est assauoir q̄ iustin en son ii. liure se met dessoubz amphitrionides. qui fut le tiers roy dathenes/ Apres quant il dist que ce deluge nalla pas iusq̄s en egipte il dist vray/ mais il peut ūng autre deluge de feu en ce mesmes temps. qui a peine consōma toute egipte. Sicomme dit orose au p. chapitre du premier liure de son ormeste/ & dit que platon se tesmoigne. Et fut ce deluge celuy que sen dist de pheton dont les poetes faignirent sa fable en disant que pheton sefforca de mener les cheuaulx sō pere en sō char/ & ce suffise pour ce chapitre.

¶ En quel temps moyses mist hors degipte le peuple de dieu/ & au temps desquelz roys iesus/ naue qui luy succeda fut mort.   C.   pi.

Donc q̄s mist hors degipte moyses le peuple de dieu en la fin du roy Citrops roy dathenes/ Ascatides regnant sur les assiriens Maracus sur les sicimiens/& Triopas au royaume des argiues. mais ce peuple ainsy mis hors degipte. Moyse luy fait sa sa loy quil auoit prinse diuinemēment en la montaigne de sina. laquelle est appellee le vieil testament. pource que en ycelluy vieil testament sont contenues les promesses terriennes. & par nostreseig͠r ihesucrist/ est le nouueau testament a ad-

uenir/ Car il faissoit garder cest ordre/ aussy comme en ūngchascun hōme qui profite en nostreseigneur iesucrist/ ce cest fait ce que dit monseigneur saint pol lapostre. A ce q̄ ce qui est espirituel ne soit pas premierement. mais ce qui est bestiel premierement. & puis apres lespirituel. car sicomme il dit/ & il dist vray/ le premier homme fut terrien de terre/ & le second/ fut celestien du ciel. Moyse gouuerna le peuple au desert. xl. ans/ & trespassa en laage de vi.xx. ans. Cōme il eust aussy prophetise iesucrist par les figures des obseruacions charneles au tabernacle & en sa prestrise & en sacrifices & autres plusieurs mandemens secretz ou diuins A moyse succeda iesunaue. lequel descōfist les gens qui tenoiēt les terres de promission: par sauctorite diuine/ & y mist le peuple. lequel il y auoit admene. lequel aps ce que il eut gouuerne le peuple aps la mort de moyses xxvii. ans. trespassa aussy regnant sur les assiriens. le xviii roy appelle aumitas ou aumites. Oras ce le xvi. sur les sicimies & danaus v. sur les argiues/ & le quart sur les atheniens appelle Erithonius.

¶ Epposicion sur ce chapitre.

En cest pi. chapitre est a noter. q̄ au temps de cytrops lequel regna. l. ans. Cestassauoir au plv. an de son royaume. Moyses mist hors degipte le peuple disrael. & au v. an de astathades qui fut le xvii. & regna xl ans. Et au xviii. an de marach ou marathias roy des sicimiens qui fut le piiii & regna xxx. ans/& au viii. an de triope qui fut le viii. roy des argiues. Duq̄l triope il a este parle cy dessus au viii. chapitre. Apres quant il parle de iosue/ qui vault autant a dire comme iesunaue/&

dit q̇l gouuerna le peuple disrael xxviii. ans Eusebius sacorde a ceste computacion/ Mais Beda nen dit que xxvi.⸿ Et en rend la cause Thomas Valesis en ses cronicques

⸿ Des temples des faulx dieux que les roys de grece instituerent/ en ces temps que len compte de lissue disrael degipte iusques a la mort de iesunaue.

Les temps/ cestassauoir de lissue degipte ouquel le peuple disrael en fut mis hors iusques a la mort de iesunaue/ par lequel ce peuple print τ occuppa sa terre de promissiō Les temples τ sacrifices furent faitz τ instituez aux faulx dieux p̱ les roys de grece/ lesquelz par grant solennite recordoient la memoire du deluge τ de la deliurāce des hommes/ τ de leur vie/ leur meschance τ chetiuete/ qui maintenant montoient es montaignes/ τ maintenant descendoient es vales ou es plaines. Car ilz interpretent les ieux qui sappellent supercalz/ en montant τ descendant par la voye sacree En telle maniere que par ce ilz dient que ilz signifioient les hommes au plus hault des montaignes pour la inundacion des eaues de ce deluge/ et descendirent arriere es vallees/ quāt les eaues sarresterent ou furent retraictes/
⸿ En ce temps dionisius/ qui est aussi appelle liberpater/ τ qui fut pour dieu tenu/ Apres sa mort monstra en athenes a vng sien hoste la vingne/ cest adire la maniere de labourer/ lors furent instituez τ ordonnez a appolo delphicus/ les ieux de musicque pour appaiser son couroup/ par lequel len cuidoit que les regions degipte fussent tourmentees de sterilite/ pource quilz nauoient pas trop bien

deffendu son temple/ ⸿ Lequel le roy darnaus ardit quant il guerroya le pais/ Mais ilz furent admonnestez par son respons q̇ ilz instituassēt ces ieux mais le roy Eulonivos les institua premierement en sa region dathenes/ τ non pas seulement a sup̄/ mais a mynerue/ auquel lieu se couronnoit les vaincqueurs de rameaulx doliues pource que mynerue se trouua premierement/ Ainsy cōme len dit que liber trouua premierement le vin ou la vigne/ ⸿ Par ces mesmes temps ou ans len dit que europe sustrauspe du roy de crete appesse Pantus/ lequel sen treuue selon aucunes autres q̇ a autre nom/ τ que delle furent nez/ Fadameuchus. Serperdon τ Minos/ Lesquelz sen tint plus communement quilz furent enfans de iupiter de ceste femme/ Mais ce que nous disons de ce roy de crete/ ilz tiennent que lhistoire est telle en verite Mais ce que les poetes chantēt de iupiter es theatres/ τ que les peuples celebrient ilz le reputēt a la vanite des fables Adce quil y eust aucune chose dont se fist le ieu pour apaiser les dieux mesmemēt de faire crismes a eulx imposez. ⸿ En ces temps hercules estoit de grant renommee en Eurpe non pas celui dont nous auons parle cy dessus/ mais vng autre Et ce nest pas merueilles. Car par vne histoire plus secrete τ plus singuliere/ il se treuue quilz furent plusieurs qui furent appellez hercules/ τ plusieurs qui furent appellez lyberpater/ mais pour certain celuy hercules duquel ilz racontent ces plꝰ grans faitz τ plꝰ victoires/ entre lesq̇lz ilz ne racontent pas la mort de antheus qui fut dafricque pource que ceste appartient a lautre hercules/ ilz dient quil se ardit en la montaigne qui sappesse Octa/ pource q̇ il neut pas sy grāt vertu ne sy grant puissance/ de souffrir τ soustenir sa maladie de laquelle il soutenoit/ comme il auoit eue a subiuguier ceulx quil auoit submis a soy. ¶ En ce temps fut ce roy/Ou qui mieulx est a dire tyrant appelle Buziris/lequel sacrifioit ses hostes a ses dieux/Lequel il tesmoigne que il fut filz de neptune/¶ que sa mere fut de libie/dun appelle Sposphus. Toutesuoies ne croye que neptunus fist cest adultere affin que len accuse les dieux de telles choses/mais soient attribuez aux poetes ¶ aux theatres/a fin quil en y ait aucune chose dont len puisse appaisier ¶ Len dit aussy q̃ au te̅ps de Erithonius roy dathenes/en la fin du royaume/duquel sen dit que iesunaue mourut. Vulcanus ¶ mynerue furent mariez ensemble/mais pource que ilz voulurent dire que mynerue fut vierge/¶ qlle ne voulut souffrir quelle fust despucellee par ce villain vulcanus Il y eut debat entre eulx deux/¶ en ce debat ilz dient que il espandit sa semence en terre/Et que de sa fut ne ung homme au quel len baissa ce no̅ de Erithonius pour ceste cause/Car en la langue ou langaige grec/Eris fault autant comme contencion ou debat/¶ Eton fault autant adire comme terre/Desquelz deux ce no̅ de erithonius fut compose/Toutesuoires les plus saiges qui treuuent ceste oppinion estre fabuleuse/dece que au te̅ple de vulcanus ¶ de mercure/lequel estoit venu a eulx deux a athenes/Ung enfa̅t fut expose/¶ gecte enueloppe dun serpent ¶ dragon/Laquelle chose signifioit quil seroit grant homme au temps aduenir/¶ pource que leur temple estoit commun ¶ que len ne sauoit qui estoit le pere ou sa mere/len dist quil estoit filz de vulcanus ¶ de mynerue/mettent ceste oppinion arriere de leurs dieux ¶ la reboutent/combien quelle soit/toutesuoies ceste fable de note plus de son nom/quelle ne sait ceste histoire/mais que nous fault il se ceste chose introduise les hommes religieux en vrays liures/¶ cesse la face disectatio̅

aux mauuais dyables en leurs ieux plains de falaces ¶ Ceulx toutesuoies qui adourerent ces dieux comme religieux/quant ilz nyent ces choses de leurs dieux ne les peuent purgier de leur crisme/Pource quilz leur font leurs ieux quant ilz le requiere̅t. Esquelles so̅t faictes les choses laidement/Lesquelles so̅t nyees aussy comme saigement/Et sont les dieux seruis ¶ appaises de ces choses faulses ¶ laides/Esquelz ieux suppose que la fable chante ¶ dit/faulx crismes des dieux toutesuoies est le crisme vray soy desliter de faulx crismes.

¶ Exposicion sur ce chapitre.

E̅ ce vii. chapitre monseigneur saint augustin demo̅stre encoires en poursuiuant ces deux citez estre contremeslees de bons ¶ de mauuais/¶ le monstre par iesunaue ¶ le peuple disrael/¶ par les temples qui en ce te̅ps furent instituez aux faulx dieux/¶ par les aultres ydolatries ¶ mauuaistiez q̃ furent faictes en ce temps/¶ cest sa principale conclusion/laquelle il poursupt ¶ a poursupui des le commencement de ce liure ¶ Et apres il mo̅stre par les ieux qui furent instituez pour auoir memoire du deluge qui fut soubz deucalion/¶ so̅t a proprement parler/ces supertales les prestres du pain/Desquelz les temples sont appellez ainsy/¶ les lieux ou le faisoit ces ieux aussy comme en theatres ou en boys so̅t appellez supercalz ou la fosse des ieux des pasteurs ¶ Apres qua̅t il parle de dionisius: qui est appelle liber pater/Le maistre des histoires dit que cestcel q̃ fut appelle bachus/lequel fist ¶ ediffia sa cite/laqlle fut ¶ est appellee argos a desus nous auons parle en la premiere partie de cest oeuure. Toutesuoies dient les autres que il trouua en actiũ le filz deucaliõ a que la il trouua la vingne a la mõstra a ung sien hoste appesse senatus. a quil donna la peau de la chieure a sa fille pource que par auenture la chieure commenca a ronger pource q̃lle ronge a monte doulentiers. Apres quãt il parle du temple appolin qui fut bruile a ars par le roy danaus. Il est dit es cronicques que il fut ars par ung appesse flegeton au xxii. an de ce roy danaus, mais peult estre q̃ danaus le commenca a ardoir, a que flegeton l'ardit p son cõmandement. mais ce quil dist pcy de ces ieux instituez au dieu appolin dõt nous nauons pas leu autre part. Nous creons que il se print de varro, aussi comme les autres choses qui appartiennent au seruice a sacrifice des dieux. Apres quãt il parle de europe qui fut raupe du roy de crete appelle panthus, a des enfans nommez au texte, lesquelz il dist que il eut delle. Il est certain que ouide en son second liure de transformatis, dit que iupiter la rauit en semblance de thorel et la transporta en crete, mais toutesuoies il est plus vray semblable que ilz furent enfans de pathus roy de crete, lequel est autremẽt appelle asterpus, toutesuoies dit on, que la verite de ceste fable est telle q̃ iupiter qui estoit roy de crete demanda a auoir par mariage, la fille de agenor roy daffricque, a comme il la luy eut reffusee, il fist faire une tresbelle nef ou front deuant, en laquelle auoit ung thorel figure, qui signifioit la noblesse de la nef, laquelle il emplit de grans ioyaulx a nobles marchandises, a la fist arriuer en affricque. Et quant la fille du roy le sceut, elle alla a entra en la nef, pour veoir la belle marchandise, a tantost il la fist singler en crete, sicomme il auoit enseigne a ses sergens, ace suffise. Car

no⁹ en auons ailleurs parle en ceste oeuure. Et sy est ceste fable traictee en la fin du secõd liure de ouide. Apres quant il parle de hercules, a dit que la mort de antheus le iayant n'est pas racõptee oultre les vii. faitz notables dicelui p ceulx q̃ escriuirẽt fors les faitz dicelui. Il est assauoir sicomme dit monseigneur sait augustin quilz furẽt plusieurs hercules a plusieurs liberpater. Et toutesuoies Ouide en son ix. liure de transformatis Et Boece en son iiii. liure de consolacione entre les grans faitz de celui hercules, racontẽt la mort de celui antheus ou antheon. Toutesuoies est il certain que de celui hercules Seneque fist deux tragedies. L'une qui sappelle hercules fureus cest a dire forcenant, et est la premiere tragedie en laquelle il monstre comment par droicte forsennerie, il occist sa fẽme a ses enfans. L'autre est de hercules creteus, en laquelle il demonstre, comment par une grant douleur de maladie il se ardit par inpaciẽce de douleur. Apres quãt il parle de buziris le tyrant. Il est assauoir que hercules l'occist pour sa tyrannye, a met ce fait ouide en sõ liure de trãsformatis. Le premier entre les grans fais de hercules, en disant en vers. Ergo ego sedantem peregrino templa cruore buziris. Apres quant il parle de Erithonius, a de sa generacion, il est certain que il en parle maintenant par maniere de fable, a maintenãt le allegue par maniere de histoire selon varro. Ce fut selõ le maistre des hystoires, celui q̃ ioingnit premierement en grece la charue ou charrette.

Desquelles len commẽca a faire les fictions en ce temps que les hebrieux cõmencerent a auoir iuges.

f.iiii.

Apres sa mort de Jhesu naue, qui vault autant adire comme Josue Le peuple de dieu eut iuges esquelz temps ilz estoient aucunesfois humiliez pour leurs pechiez, aucunesfois confortez en prosperite pour sa misericorde ou miseracion de nostre seigneur. ¶ En ces temps furent faintes les fables premierement de tritolameus, qui par le commandement de ceres, fut porte par serpens et en vollant donna le fourment et les grains aux souffreteux. ¶ De celle beste appellee Mynotaurus qui fut vne beste enclose dedens la maison dedalus, de laqlle quant les gens y estoient entrez ilz ne pouoient yssir par vne enuelopee centriquee cueur. ¶ Des Centaures qui estoient moytie homme et moytie cheual. De Cerberus le chien denfer qui est treple, Cest adire qui a trops testes De phixo et de helles q portes sur vng mouton volserent. ¶ De gorgone comment elle estoit tresfee ou auoit ses cheueux de serpent et laquelle transmuoit tous ceulx qui la regardoient en pierres. ¶ De belorofon qui fut porte sur vng cheual vollant, lequel estoit couuert de plusmes, lequel cheual fut appelle pegasus. ¶ De amphyon qui par la doulceur de sa harpe et de son ieu adoulcissoit et attrapoit les pierres a soy. ¶ Ou feure dedalus et de son filz ycarus qui se firent eles et volserent. ¶ Et de edipus qui constraignit vng monstre a soy tuer qui estoit appelle Spinga, lequel auoit face domme et quatre piez, pource quil solut la question quil luy auoit proposee, laquelle ce monstre tenoit quelle estoit insolubble.

¶ De antheon que hercules tua, lequel len disoit estre filz de la terre, pource que quant il cheoit a terre il se releuoit plus fort, et les autres fables se ien ay par adventure aucunes delaissees. Ces fables iusques a la Bataille de tropes ou marcus varro acomplit son second liure, du peuple rommain pour raison des histoires, qui contiennent la verite des choses qui ont este faictes sont par telles manieres faintes es engins des hommes, que elles ne sont pas atachees au blasme ou reproche des dieux. Toutesuoies tous ceulx qui faingnirent que ce bel enfant ganimedes, fut raup p iupiter pour coucher auec luy, Laquelle mauuaistie le roy tantalus fist, et la fable attribuee a iupiter, ou que iupiter eust desire auecques danes par sa pluye doren laquelle chose len entend que la chastete de celle femme fut corrumpue par or. toutes choses qui furent fainctes ou faictes en ce temps ou faictes par aucuns ou faintes de iupiter, Len ne peult dire ne recorder, que grant mal ilz presumerent des cueurs des gens, adce quilz peussent souffrir paciemment ces menteries et ces fables, Lesquelles mensonges et menteries ilz embrasserent aussy voulentiers, Lesquelz pour certain de tat quilz adoroient plus deuotement iupiter doiuent ilz pugnir plus cruellement ceulx qui estoient sy hardis de dire telle chose de luy. Mais a present ilz ne sont pas couroucez seulement a ceulx qui faingnirent ces choses, mais qui plus est adce quilz fissent ces fictios mesmes et theatres ilz se doubterent silz ne le faisoient que les dieux ne fussent couroucez contre eulx. ¶ En ce temps la tona enfanta appolin, Non pas celuy a qui on alloit a son temple pour auoir response, duquel nous auons parle cy dessus, mais celui qui serupt admety auec hercules, lequel toutesuoyes len creut qel fut dieu, en telle maniere que plusieurs a peine que tous cuident, que ce fust vng mesmes appolo ¶ Lors aussy liber pater se combatit en inde, lequel eut plusieurs femmes en son ost, lesquelles furent appellees battes. Lesquelles toutesuoyes nestoient pas sy nobles de vertu comme de fureur ou de forcennerie. Au cuns dient que liberpater fut vaincu et s’pe, et aucuns dient quil fut vaincu de perseus et occis par bataille, ne il ne se taisoit pas du lieu la ou il fut enterré. Et toutesuoyes aussy comme dun dieu luy furent instituez par ses ors deables, les ieux qui sappellent les sacrifices ou sacrileges qui sappellent bacanalia, cest a dire du vin desquelz ieux le senat de romme aps plusieurs ans passez eut sy grant horreur que il deffendit que ilz ne fussent faitz a romme. ¶ Par ces mesmes temps ilz cuiderent que perseus et andromeda sa femme, apres ce quilz furent mors, fussent transportez ou receuz au ciel, par celle maniere quilz neurent pas honte, ne ne doubterent de signer leurs ymaiges ou figures a estoilles, et les appellerent de ces noms.

¶ Exposicion sur ce chapitre.

En ce viii. chapitre monseigneur saint augustin pour continuer le cours de ces deux citez, met que au temps que le peuple disrael eut iuges apres la mort de ihesunaue, furent plusieurs fables trouuees et plusieurs ydolatries, dont les poetes firent leurs fables et leurs fictions, et par especial il en met pi. en ce chapitre. ¶ La premiere est de tritholameus, qui par le commandement de Ceres, par le vol de deux serpens fut porté en son char et par lair porta des fourmens par tout et administra a ceulx qui en auoient besoing. ¶ La fable est telle, que Ceres quant elle eut perdue sa fille appellee Proserpine, fist auoir toute sterilité en terre, de bledz et dautres graines: affin quelle peust recouurer sa fille, et lenuoya querre par tout laquelle fut trouuee en certaine terre ou elle lenuoya querre cestassauoir en scite ou il ya toute poureté. Et quant elle eut trouuee sa fille, elle renuoya a celuy tritholameus son char pour remettre sur les labouraiges, et pour semer par tout lequel fut porte en ce char iusques en scite par lair, et luy venu la voulut faire son office et semer ses semences, mais le roy sathaus pour qui il estoit la venu, le voulut faire occire en dormant, mais elle se fist muer en une louue ceruaine, et deliura tritholomeus du pays. ¶ La verité est telle selon aucuns que tritholomeus fut ung tresgrant philozophe, et si estudia a athenes a apprendre la maniere de semer bledz et bien cueillir. Et pource dist len que ceres luy bailla les deux cheuaulx qui auoient eles, pource quelle alla en ce pais de grece et dathenes ou len cueilloit deux foys ses fruitz, mais le roy du pays ne se voulut aussy recepuoir. Cest adire que le pais estoit sy chault, et sy meschant ou il semoit ce ble que chose que len y semoit ny pouoit venir, sicomme ces choses apperent par ceulx qui exposerent ouide. ¶ La seconde fable est de mynotaurus, laquelle fable se neque touche en partie en sa tragedie de ypofite ou second dictie cestassauoir que pasiphe fut femme de Minos, et fille du soleil, selon ce que les poetes faingnent, laquelle se alloit voulentiers esbatre es boys, et la elle veit ung tresbeau thorel, que neptunus auoit donne a mynos pour sacrifier pour sa beaulté. Et la royne le veit sy beau, quelle sama et fist tant quil eut affaire a elle, et engendra en elle une merueilleuse beste et obscure, laquelle fut moytie homme et moytie thorel, selon creut a deuint beste moult merueilleuse/ Et pource que cestoit chose perilleuse et deshonorable a tout le lignaige. Ce roy mynos manda dedalus qui estoit vng charpentier lequel lenclost en une maison de fust quil lui fist, laquelle estoit sy mirifique a ineptricable que quant sen y entroit len nen sauoit yssir. Et ce monstre estoit sy merueilleux que len disoit que il mengoit les gens/ a par especial ceulx dathenes qui estoient subgectz a ce roy Minos/ a finablement theseus fut enuoye pour le desconfire/ lequel par le conseil Adriana/ fille de ce roy mynos/ Laquelle il acointa a emmena/ le desconfist par telle maniere, que il print en vne maniere vng sinseau de fil a latacha a lentree de celle maison que len appelle la maison dedalus, a en lautre il print vng monceau de poix/ a sen alla traynant son fil/ iusques au sieu de Mynotaurus. Et quant il veit que celle beste venoit contre luy la gueulle beeil luy gecta ce grant monceau de poix dedens la gueulle/ a comme il commenca a mordre et a mascher a ne se pouoit despecher il se tua a sen retourna sain a sauf en tenant la bout du fil qui sauoit conduit. Il y a bien vne autre maniere de mettre celle fable, Laquelle nous mettrons cy apres soubz sepposicion de dedalus. La tierce fable est des Centaures lesquelz sen disoit estre moytie cheual a moytie homme/ a est la fable telle que les poetes faignent que ypion voulut coucher auec iuno/ a elle mist en lieu delle vne nuee, en laquelle comme ypion eust respandu sa semence ou germe, il engendra ces hommes qui estoient moytie cheual a moytie homme. La verite de ceste fable est telle q ypion fut roy de thessaile, q premierement ordonna cent cheualiers armez a montez a cheual/ lesquelz estoient sy preux a sy vistes que les gens simples a rudes quant ilz les veoient, sy legierement tour

ner a retourner cuidoient du cheual et de lomme que ce ne fust que vne beste/ et disoient quilz estoient moytie cheual a moytie homme. a pource furent ilz dictz Centaures. Et cest ce que ceste fable contient en substance. Tant ya que les laphites sicomme sen dit/ furent les premiers q maistrierent cheualx y/ a qui leur firent frains a brides pour les mener a boute/ La quarte fable est de Cerberus lequel len faint auoir trops testes/ a est appelle le chien qui garde la porte denfer lequel hercules quant il descendit en enfer spa de trops chaines lesquelles len disoit estre dapemant, sicomme le met oui de en son vii. liure de transformatis/ a tira ce cerberus iusques hors denfer/ a est dit qil a trois testes pour les trois aages de lomme/ Cestassauoir/ enfance, ieunesse, a vieillesse, par lesquelles homme decline a la mort/ a de ce se pourra veoir en fulgence au premier liure de ses mithologies, La quarte fable est de fripus a de helles sa seur, Lesquelz len faint quilz sen volerent par lair sur vng mouton/ La verite est telle, fripus a sa seur estoient en vng peril destre attrappez pour certaines embuches que len auoit faictes contre eulx, lesquelz pour eulx sauuer a garantir/ se mirent en vne nef, ou bec deuant de laquelle auoit figure vng mouton par quoy ilz eschaperent ce peril/ mais ilz en trouuerent vng autre, car helles fut noyee par tempeste de mer a fripus eschappa dont celle mer ou elle fut noyee retint son nom/ a fut appellee la mer de helles Et cest ce que nous appellons hellespontus cestadire la mer de helles. La vi. fable sy est de gorgone, de laquelle ouide faint la fable en son quart liure de transformatis qui dit que cestoit vne moult merueilleusement belle femme/ a par especial auoit le plus beau chief que len peust trouuer. Or aduint que neptunnus eut a faire a elle au temple de mynerue dont elle fut tellement doffense quelle fist muer ses cheueulx en couleuures et faingnent les poetes qlles furēt trops seurs qui furent appellees gorgones/ lesquelles nauoiēt que vng oeil pource quelles estoient sy tresbelles que sen ne sauoit eslire lune de lautre. Et en telle maniere q ceulz qui ses regardoient estoient sy esbahis quilz ne se pouoient remouuoir. Et pource faint la fable que ceulx qui les regardoient se muoient en pierres/ pource que ilz ne se remuoient non plus que pierres ¶ La verite de ceste fable est telle sicōme raconte Seruius/ que sortus eut trops filles cestassauoir/ tegno ou stenus Euriale. et medusa. Et pource quelles estoient dune beaulte et dune richesse sē disoit qlles nauoiēt quēvng oeul pource quelles tendoient a vne mesmes conclusion et furent appellees gorgones de ge. qui vault autant a dire comme terre et origia qui vault autant adire comme labour ou cultiuement. et de la georgie ou gorgone/ aussy comme Virgille intitule son liure de georgicques/ cest adire du labour des terres Medusa fut naissuee de ses seurs/ et succeda au royaume. Et pource quelle fut plus hardie et plus entreprenante que ses seurs/ les poetes faingnētq sō chief estoit teste de serpent Pource que le serpent est cault et malicieulx/ sicomme il est dit au liure de genesis. ou il dit. Erat autem callidior serpens. Et ce que sen dist que ceste medusa fut occise par perseus et quil lup coppa la teste/ et que par ce il fut plus riche que il nestoit parauant/ cest adire que il luy osta toute sa substance/ et par ce fut fait encoires plus riche quil nestoit comme il fust riche pauant et tenist toute aspe. Et ce q les poetes faingnent que il pour suiuit ceste meduse envng escu de cristal Il senteñd q p les espies et explorateurs ql enuoiet souuēt contre elle quant elle sen fuioit. il lup rompit par plusieurs fops son chemin par ou elle sen fuioit/ et par ce la desconfist. Fulgēce de sa mort et occision de ces gorgones traicte aultremēt et plus subtillement ce semble. Car il dit que gorgone vault autant, adire comme terre. et pource il dist que ces trops gorgones/ sont aussy comme trops manieres despouentemens ou desbahissemens Lesquelz sont signifiez par les noms de ces trops gorgones. Desquelles la premiere appellee stenuo. vault autant cōme debilite en grec. Cest adire commencement desbahissement qui desia espoueñte sa pensee ¶ La seconde Euriale qui vault autant adire comme large et parfonde Cest adire esbahissement ou forsenerie qui respāt ou arouse la pēsee Aussy comme dune erreur ou esbahissemēt. Meduse qui est sa terre. vault autant comme oubliance. Laquelle ne trouble pas seulement se regard de la pensee. Mais y met aussy comme vne chaleur ou atise mēt de veue et ces choses metēt erreur ou esbahissement es pensees des hommes. Ces choses doncques considerees. il appert/ que perseus est prins en figure pour vertu. Ce perseus doncques par lapde de mynerue qui vault autant comme sapience/ occist ces trops gorgones. Cest adire ces trops terreurs/ ou au contraire/ pource quelle ne regarde pas/ ne na consideracion a terreur ne a esbahissement/ Et sy porte lescu de mirouer ou de figure/ pource que toute terreur separt/ Non pas seulement du cueur mais aussy de toute figure. et de toute ymaginacion.

¶ Et ce que sen dit que le cheual pegasus fut ne de vertu. par ce quil est ainsy dit/ sen entend que en figure. il vault autant adire comme renommee. et sa cause p est/ car quant vertu a surmonte toutes choses/ et a oste toute paour et toute terreur elle engendre tresbonne renommee. et pource est il dit q ce cheual volle/ pource que renommee va par tout legieremēt aussy comme se elle volast. Et ce suffist quant a present. Car qui en vouldra plus veoir, voye Albertum ludouien. in scintillario poetarum. ¶ La ij. fable est de Bellerofus. La fable est telle q̃ les poetes faingnent que vng appelle pretus eut espouse vne femme qui eut nom Anthia. Laquelle ama ce Bellorofus, et pource quil ne se voulut consentir a elle sen cusa vers son mary, disant quil la uoit requise damour, lequel fut enuoye pour occire vng monstre que sen appelloit chimere, lequel monta sur ce cheual appelle pegasus, et se tua. Ceste chimere selon les poetes estoit vne beste qui auoit la teste de lyon, les piez de chieure et la queue de serpent. Listoire est telle a la verite selon ce que dit sconius, que ce pretus auoit espouse vne ribaulde, laquelle requist ce Bellorofus qui estoit moult bel dauoir sa compaignie. Et pource q̃l ne se voulut faire elle donna a entendre a son mary quil sauoit requise damer p amours, et pource son mary pretus en fut tellement indigne, que il senuoya hors de sa maison aussy comme en exil. Et il sen alla comme celui qui ny osa plus demourer, et sen alla en vne montaigne qui estoit en secille, laquelle estoit appellee Chimera. En verite de laquelle encoire ist feu du plus hault de ceste montaigne. Ou plus hault dicelle auoit lyons, au milieu ou au pendant dicelle auoit chieures en pasturaige, et au plus bas lieu estoient serpens, et sa assa sur le cheual appelle pegasus, et ceste chose descrit asses cuiusdemetamorphoseos cõbien quil le mette par meaniere de fable ou il dist. Quo q̃ chimera iugo mediis i partibus igne etc. De ce pegasus parle ouide en son iiij. liure de transformatis, qui faint que cõme perseus eust tue ces gorgones et leur eust coppe la teste en dormant, du sang qui cheit de leur chief en terre, nasquit ce cheual appelle pegasus. ¶ La viij. fable est de Amphion qui fut sy bon menestrel, et iouoyt sy bien de la herpe que il fist les murs de thebes, et faisoit la venir les pierres par son beau chant. De laquelle fable sen peult dire que la verite est, que ceulz du pais denuiron thebes, qui nauoient oncques mais veu telz instrumens, pour se veoir iouer, ouuroient les cacieres et admenoient les pierres pour fermer la cite. ¶ La ix. fable est de dedalus, laquelle met ouide en son viij. liure de transformatie. En disant que cõme dedalus et son filz ycharus fussent en exil en crete et ne se peussent partir ne par mer ne par terre. Il se fist vnes eles pour voler et vnes autres a son filz, dont il a tacha ses plumes a cire, et luy commanda q̃ se suyuist, et ne volast ne trop hault ne trop bas, lequel ne fist pas son commandement. mais vola sy pres du soleil que il fondit sa cire, et cheurent ses plumes par quoy il trebucha en la mer et fut noye. Et de sa puint son nõ celle mer appellee mare pchareum. Aucuns dient que mynos qui estoit rop decrete apres ce que il eut vaincu les athenienses et pris plusieurs hetifz il puint entre les autres dedalus qui estoit vng subtil charpentier Or aduint que vng appelle mynotaurus, duquel nous auons parle sur sa seconde fable, qui estoit secretaire de ce roy Mynos acointa sa royne et eut affaire a elle. Laquelle chose vint a la congnoissance du roy Mynos qui tantost le fist empuisonner. Mais la royne fist tant a dedalus que il fist deux petites nefz ligieres, lesquelles sembloit quelles volassent, En lune desquelles il se mist luy et ce minotaurus, et en lautre il mist son filz, et luy cõmanda que il le suyuist sans monter en haulte mer ne trop hault, ne trop bas lequel ney fist riens. Mais monta en haulte mer, et parce fut noye. ¶ La x. fable est dvng nõme Edipus et du serpent que il occist. La fable est telle que edipus apres ce que il fut party de sa court du roy darcade appelle polli bus pour aucunes parolles iniurieuses qui luy furent dictes pour lenuye que sē auoit sur luy pour sa pesse & pour sa vail lance sen partit. Et en cheuauchant cheit en vng pas ou il trouua vng serpent ap pelle Spius ou spigna leql len faint ql auoit visaige domme/ & reperoit en vng creux dune montaigne ioingnant de la mer/ lequel proposoit questions aux gēs qui passoient. en disant/ quil auoit deux piez & quil en auoit quatre/ & que len dist que cestoit a dire/ & quiconques ne sauoit souldre ceste question il loccisoit. ¶ Or aduint que edipus luy solut la question & loccist. & le getta en la mer ¶ La vi. fa ble est de antheus/ lequel sicomme enseiꝑ gnēt les poetes/ fut filz de la terre sa me re. & lequel toutesfois qui cheoit sur elle/ sesleuoit plusfort/ lequel hercules occist & vainquit/ duquel hercules a este parle au viii. chapitre de ce liure. Fulgence au se cond liure de ses mithologies dit/ que les poetes en mettant ceste histoire ou ceste fi ction voulurēt monstrer que tousiours les vertus vainquent les vices. pource que antheon en grec/ vault autant cōme contraire en latin/ & est dit de anthi/ quod est contra & inde anthion/ quod est cōtra rium Et pource est il dit & figure en ma niere de volupte ou de delectacion char nelle. / & hercules est dit quasi heracles/ idest virorū forcium fama Cest a dire la renommee de fort hōme & vertueux/ dōt vait vertus les vices par bien resister/ & ce que len dist que celuy antheon fut ne de terre/ il est dit. pource que sa seule volup ou delectacion charnelle est conceue de sa chair/ Et quant len dist que quāt il cou choit sur sa terre de tant sen leuoit il plꝰ fort & plus aigre Cest pource que quant volupte & delectacion charnelle/ se con ioinct plus aux choses terriennes de tant sesficue elle plus fort en mauuaistie & en

dessoupaulte/ & quant elle est surmontee ꝑ vertu/ & que les choses terriennes qui luy sont denyees a atoucher sōt perdues elle se meurt/ ne ne se peult estre plus secourue par la terre. Cest a dire par les choses terriennes/ & aussy lentend fulgē re & le met en plusieurs lieux en son secōd liure/ par tout ou il parle de hercules tāt au paragraphe qui se cōmence Quid pu erilis/ aut mulieribz/ secessus. &c. Ou il parle de orphale/ ou orphala/ laquelle ce hercules ama & au paragraphe ensuiuāt commence. Sic funum fores eructant ou il parle de cacus qui embla les beufz dercules & les mist en sa cauerne a recu lons/ en toutes lesquelles deux parties hercules est repute pour vertu/ & pource que nous en auōs parle autresfois en ce ste oeuure nous nous en passons/ Apres quant il parle du bel enfant ganimedes Lequel les poetes faingnirent quil fut rauy par iupiter/ laquelle chose sainct augustin dit estre faulse/ mais dist quil fut rauy en verite par le roy tantalus. de ce se pourra veoir par ouide/ au p. liure de trāsformatis/ & au xxv. chapitre du iiii. liure de ceste oeuure/ Toutefuoyes la verite fut telle/ comme dient aucuns Cest assauoir que iupiter qui fut roy de crete eut guerre contre le roy plus qui fut roy de trope/ du nom duquel plion print son nom/ & en celle guerre print sō filz ap pelle ganimedes/ & pource quil portoit laigle en sa baniere/ les poetes faingnēt quil fut rauy par lange/ les autres tien nent quil fut rauy ꝑ iupiter & mis en vne nef/ en laquelle laigie estoit paint en fi gure au bec deuant/ sicomme len dist ql raupt europe en sa forme dun thorel. Apꝑ quāt il parle de dane que iupiter corrum pit par pluye dor/ Nous en auons par le aussy/ au dit xxv. chapitre du quart li ure/ ql ouide ple au quart du liure de trā sformatis. Apres quāt il parle de lanto na qui auoit deux enfans iumeaulx/

Cestassauoir appolo & dyane, cest vne fable que met ouide, ou .xi. liure de transformatis: & met que appolo seruit au roy admethus, en guise dun pasteur ou dun bergier, pource que il amoit sa fille dont ouide en adrecant ses parolles ad ce iupiter, fait mencion en son liure de transformatis, en disant ainsy en deux vers. Illud erat tempus quo te pastoria pellis, tepit. Onusq3 fuit bacusus siluestris oliue. Apres quant il parle de liber pater il semble quil p eust vng autre liber pater qui fut appelle dionisius, duquel il a este parle cy dessus ou pii. chapitre, et que lautre liber fut au temps de moyse selon aucuns, & que cestuy fut au temps de aoth, qui fut iuge sur le peuple disrael, duquel comme sen neust pas les sacrifices agreables. Ouide faint en la fin de son tiers liure, & au comencement du quart, quilz en furent griefment pugnis ou il met exemple de antheus qui fut couertiz en vng senglier, lequel fut desire p ses femmes appellees batte Auquel sa mere courut sus premieremet Apres quat il parle de pseus & de audiomeda sa femme. Il est assauoir que ce perseus fut filz de iupiter & de daue, & fut conceu par la pluye dor, cest adire par ce quil sa corrompit par or & par argent quil luy donna, duquel perseus les poetes faingnent, q il deliura celle audiomeda, qui par vng monstre estoit lyee a vne pierre en la mer & puis lespousa, & que quant ilz furent mors Jupiter les stellifia. Cest a dire qil les mist au ciel come deux estoilles dorees, dont senecque en sa premiere tragedie, dit que perseus a ses estoilles dorees

Des poetes theologiens.
℟   piiii

Par ces mesmes interuales de temps furent certains poetes Lesquelz furent appellez theologiens, pource quilz faisoient les chanteurs & les dicties des dieux. Mais ce fait a telz dieux, ia soit ce que ilz eussent este grans hommes, toutesuoies furent ilz hommes ou elemens de ce monde lesquelz le vray dieu fist ou ordona p leurs merites, & selon la voulente du createur en leurs seignouries & puissances. Et sil dient aucune chose dun vray dieu, entre moult de choses vaines & fausses, en atourant auec luy ceulx qui nestoient pas dieux, & en leur faisant seruice & reuerence Laquelle chose est deue a vng dieu tat seulement pour certain ilz ne se seruoient pas a droit ne luy portoient bonne reuerence, ne aussy orpheus museus & linus ne se peurent taire de la mencongerie, et deshonneur de leurs dieux. Toutesuoyes ces poetes theologiens adourerent ces dieux, & sy ne furent pas adourez come dieux, Ja soit ce que la cite des mauuais & desloyaulx, ait acoustume a mettre auant, orpheus entre les sacres ou sacrileges denfer. Mais la femme du roy appellee ihamautye, laquelle estoit appellee yno, & son filz, mereficercee se getterent en la mer & se noyerent de leurs voulentez & furent tenus comme dieux pour loppinion des hommes, sicomme les autres hommes de leurs temps. Cestassauoir castor polus, & la mere de ce merelicercee, les grecz appellerent lenthoroam & les latins lappellerent matriam, Et toutesuoies tindrent les vngs & les autres que elle fust deesse.

¶ Exposicion sur ce chapitre.

En ce piiii. chapitre monseigneur sainct augustin poursuit encoire sa matiere pour monstrer co ment il eut de mauuais qui regnerent a uecques les bons/ τ dit que en ce mesmes temps/ furent les trops poetes theologi ens/ cestassauoir/ orpheus museus τ si uius/ Orpheus selon les poetes descen dit en enfer pour auoir sa femme proser pine/ laquelle ditis q est tenu le dieu den fer auoit raupe/ τ sauoit sa emmenee/ le quel fist tant par son doulx chant/ pour ce quil iouoit sy bien de la harpe/ quil sa luy promist a rendre/ τ sa luy rendit de fait/ par telle condicion que il ne regarde roit pas derriere luy tāt quil seroit hors denfer/ τ que se il se retournoit il sa per droit lequel ne sen peust tenir/ τ pource sa perdit. ¶ Et semblable figure auōs nous de la femme loth qui fut muee en vne statue de sel/ pource quelle se retou rna contre le commandement de lange/ ¶ Apres quant il parle du roy athan τ de yo sa femme/ Cest vne poeterie que fait ouide ē sō iiii liure q sappelle metha morphoseos/ laquelle est telle que il dist que iuno fut courocee contre eulx pour ce quilz ne gardoient pas bien les festes τ solennitez du dieu bachus/ Et appella vne des forcenneries denser/ laqlle mist le roy et sa femme hors du sens/ en telle maniere que ce roy athamas tua son filz appelle learcus/ τ sa femme athamas sen fuyt auec vng sien autre filz appelle meliserthus qui dune grant mōtaigne ou dūe roche se laisserēt cheoir en la mer lesquelz neptunus deiffia par lordonnā ce de Venus τ a sa requeste/ τ yo faicte deesse fut appellee Lencontones en grec/ mais elle est appellee en latin/ sicomme appert Mautua/ cest adire aurora/ qui vault autant adire comme le point du iour ou leure du matin ¶ Apres quant il parle de castor τ polus/ il est assauoir que ilz furent freres de helene femme du roy menelaus/ laquelle paris raupt/ les quelz en sa poursuyuant pour sa ramener furent noyez par fortune de mer/ et

pource furent translatez auecques les dieux sicomme il appert par les poetes/ τ par daires frigius qui fist lystoire de truf.

¶ De la fin du royaume des argiues ouquel temps picus qui fut filz de satur ne print premierement le royaume des laurentes. C. pb.

E n ce mesmes temps fina le roy aume des argiues τ fut transporte es micenes dont fut aga menon/ τ cōmenca le royaume des lau rentes/ auquel regna premierement pic' le filz de saturne/ τ fut en ce temps que vne femme appellee delbora estoit iuge sur le peuple des hebrieux/ mais cestoit lesperit de dieu qui faisoit ce par elle, car elle estoit aussy prophete ¶ La prophe cie de laquelle est sy pou ouuerte ou sy pou clere que sans grande exposicion/ τ continuelle nous ne pouons le demon strer comme elle parle de iesucrist. ¶ Les laurentes doncqs regnoient ia en ytalie desquelz sem nomme plus clerement la naissance des rommains apres les grecz. Et toutesuoyes duroit encoires le royaume des assiriens, auquel le xxiii. appelle sampares, quant pichus commē ca a regner premierement sur ses lauren tes voiant τ consideratz ceulx qui adou rent telz dieux/ que ilz sentent de satur nus/ lequel fut pere de pichus/ lesquelz npent que il fust homme duquel les au tres escrirēt que il regna en ytalie auāt pichus sō filz/ sicomme virgille lescript en ses lettres plus cōgneues qui dit ain sy que saturne ordonna τ ramena a bon ne vie τ a bonnes meurs les hōmes ru des τ qui estoient sans quelconque sci ence ou doctrine/ τ qui estoient par les

mõtaignes lune ca lautre sa/ã seur bail
sa soiy/ã maniere de viure bien/ã ordon
neement ã sesõ bonnes meurs/ã ama
mieulx appesser ce lieu latium. pourceq̃
en ces parties de pardeça il sestoit muce/
ã mps a garand ã a sceurete. ¶ Et tes
moignent que soubz ce roy, les siecles fu
rent dor ou dorez/mais ilz doiuent tenir
ã pmaginer que ce sont fictiõs de poetes
Et qui plus est asserment que ung ap
pesse, Sterten fut pere de picus duquel
qui fut tressaige saboureur, fut trouue, si
comme ilz diẽt que sen engressast les ter
res de siens de bestes, Lequel fut appes
se stercus ou sterces/cest adire fiens de ce
nom/ã aucune dient que il fut appesse
Stercutus, mais pour quelque cas se
quilz ayent voulu appesser, Saturne,
toutesuoies pour certain firent ilz et non
pas sans cause, ce stercon ou stercutus/
dieu des saboureurs des terres, Et sem
blablement mirent ilz picus son filz au
nõbre de telz dieux, lequel ilz affermẽt
auoir este tresnoble adeuineur ã bataisl
seur, Ce picus engendra fanus, qui fut
le second roy des saurentes lequel fut ou
est aussy seur dieu.

¶ Epposicion sur ce chapitre.

En ce pv. chapitre monseigneur
saint augustin poursuit enco-
res sa matere pour sa contem-
porisation des temps ã des personnes, es
quelz temps les bons et les mauuais cõ
t.nuoient en demonstrant clerement sa p
plexite de ces deux citez/et le mõstre par
ce quil dit que en ce temps se royaulme
des argiues fut transporte es mirenes/et
que en ce temps desbora determinoit les q̃
stions du peuple, saquesse faisoit ce quel
se faisoit par sesperit de dieu, cest adire p
prophecie/ pour laquesse chose il est assa-

uoir que acrisius fut se derrenier roy des
argiues, lequel perseus occist dont le roy
aulme fut translate aux micenes.Et est
vray que en icesui temps desbora,ã barath
son mari estoient les iuges sur le peuple
disrael, mais desbora estoit plus femme
asseuree que nestoit barath son mary, et
pour ce fut mise toute la puissance en sa
main de celle desbora. Et en ce royaulme
des argiues regna premierement perseus
sept ans, secondement eriteus plvii. ans/
tiercement aticus et trestes regnerẽt plv.
ans/et quartement p regna agamenon
filz de datieus, duq̃l agamenon est faic-
te mencion en ce chapitre.Cestui agame-
non cõmenca a regner ou xxiii.an de tho
la qui fut iuge disrael, lequel en fut oste
se derrenier an de son royaulme. Et com
bien que monseigneur sait augustĩ die en
ce chapitre q̃ picus fut se pmier q̃ regna
ou royaulme des saurentes, toutesfois tes
moignẽt bede ã eutrope q̃ auant ce picus il
y eut dautres roys, cest assauoir ia.nus q̃
fist ianicule a romme, et apres saturnus
que son filz chassa hors de crete, qui edifi-
fia une petite cite, laquelle il appella sa-
turmenie es parties de turquie, et tosquẽ
ne pres de sa cite, dont sicomme dit eu-
trope appert encores sa vielle muraille, ã
apres sui regna ce picus dont mencion est
faicte en ce chapitre.Apres quant il parse
du roy sampares q̃ estoit se xxiii. du roy
aulme des assiries, ou temps que picus
commencoit a regner sur ses saurentes.

¶ Jl est assauoir que il commenca a re
gner ou sxxvii.an de aoth sequel regna
iiii.xx.p.ans seson hug ã regna ce sam-
pares xxx.ans ¶ Apres monseigneur
saint augustin monstre que saturne fut
pere de pitus/ã quil fut homme, ã non
pas dieu/ã quil regna en ptasie, ã appel
le celle region latium a satendo pource
que sa il semuca/quant il sen suyt de cre
te pour doubte de iupiter son filz qui sen
bouta hors/ã quant est des parosses qu-

sont mises en ces vers, esquelz vers il est dit, commēt il enseigna ses peupples rudes, de ce parle Tusses au commencement de sa rethorique, Et eutrope en son premier liure ou premier chapitre, et pour ce que nous en auons parle ailleurs en ce liure, et que sen y pourra veoir plus a plain, nous nous en passons. Ce picus selon ses poetes fut merueilleusement ame dune enchanteresse, appellee circes, Laquelle pour ceste cause se mua en vng opseau de ce nom. Les vers de virgile sont telz en latin. Is genus indocile id ipsum montibus artis cōposuit. Legesqz dedit, satiumqz vocari maluit, hiis qm satuisset tritus in horis. Apres quant monseigneur saint augustin dit q̄ soubz ce roy saturnus, furent les siecles dorif le dist pource que en ce temps les tēps furent meilleurs quilz ne furent oncqs puis. Tout aussy comme lor est plusnoble de tous autres metaulx, sicomme il appert par sa description des iiii. aages que fait ouide en son premier liure de trāsformatis, Apres monseigneur saint augustin monstre comment nous deuons dire et maintenir que saturne fut pere de picus que ce nest q̄ fiction et poetrie, mais dit expressement que vng appelle sterien, fut son pere, qui fut vng tressaige laboureur, et qui trouua premierement a fumer les terres, ce est dit a stercore. Vel simo qui vault autant adire comme siens, et dit que ilz deifierent ce saturnus et picus pour monstrer sydolatrie des payēs et les temps concurrens auec les iuges disrael qui estoient sainctes personnes, Et ce suffist pour la declaratiō de ce chapitre fors tant que de ces dieux picus et fanus, nous en auōs parle ailleurs en ceste oeuure, et cōment ilz furēt dieux des montaignes, et comment sen les adouroit, et la feste que sen leur faisoit, sicome il appert par ouide en son liure de fastis, et de ces deux noms, auons parle largement en ceste oeuure.

¶ De dyomedes qui apres la destruction de trope, fut tenu pour dieu, les cōpaignons duquel, sen dist estre conuertis en oyseaulx. ¶ pvi.

Ilz porterent ces honneurs diuines aux hommes mors auāt la bataille de trope mais trope tresbuchee et destruicte par celle destructiō. laquelle est sy notoire que les enfās la chantent par tout, et sy renōmee quelse est escripte et publiee pour sa grandeur delle par les solennelz histories par chascun en son langaige venant ia latin filz de fannus, duquel le royaume des latins print son commencement, et que celui des laurentes cessa. Les grecz qui auoient laisse trope comme deserte et retournāt en seur pays, furent mors et destruis par diuerses et horribles batailles et desconfitures, et toutesuoyes accrurent ilz eulx mesmes le nombre de leurs dieux. Car ilz firēt dyomedes dieu, lequel ne retourna pas en son pays, par ce quil fut puny de son peche par lordonnance de dieu et ses compaignons furent muez en oyseaulx, sicomme eulx mesmes le tesmoignent, non pas par menteries fabuleuses ou poetiques, mais dient que cest vraie histoire, sicomme ilz cuidēt, ne les peult ramener a nature humaine, ou pour certain il impetra, et aussy cōme nouuel cestien de sō dieu iupiter. Mais qui plus est ilz dient, que son temple est en lisle appellee lysse dyomedes, laquelle est puis pres de lisle du mōt de gargan, et que ces oyseaulx volent enuiron ce temple, Et

par merueilleux seruice/ se plent et arou-
sent deaues/ et que se la il vient aucuns
grecz/ Ilz ne sont pas la paisiblemēt tāt
seulement/ mais qui plus est/ tres ami-
ablement applaudissent/ Et se autres gens
y arriuent ilz leur courent sus/ et les fra-
pent tresgriefuemēt par la teste/ et les na-
urent ou tuēt aucunesfoys/ Car len dit
que ilz ont becz grans/ dont ilz sont ain-
sy comme armez pour eulx combatre

Exposicion sur ce chapitre.

En ce pvi. chapitre monseigneur
saint augustin/ en continuant
sa matiere mōstre encoires les
fictions et ydolatries qui se faisoiēt pour
le temps de lors. Et se demonstre tant p
dyomedes qui fut tenu pour dieu/ com-
me par ses compaignons qui furēt muez
en oyseaulx/ sicomme leurs fables et fi-
ctions le tesmoingnent/ et que il appert p
le pviii. chapitre de ce liure/ et pource quil
a parle de la destruction de trope/ Il est
assauoir que selon eusebe. qui ensuyt les
lxx. trāslateurs ou interpreteurs/ Elle
fut destruicte ou tresbucher au tiers an
de abdon qui fut iuge disrael/ et selon les
autres au temps de iepte en son xxviii.
an. Apres il est assauoir que les poe-
tes faingnent que pallas fut couroucee
a eulx/ et pource elle poursuyuoit les ar-
giues qui retournerent de la bataille de
trope/ cest a dire les grecz/ par telle ma-
niere quelle brusla leur nauire et les noya
en la mer dont Virgille fait menciō assez
pres du commencemēt/ au pumier liure
ou il prent sa narracion au lieu la ou il
dit. Dix conspectu titulse/ tessurie/ ou
il dit telles parolles au milieu du ver se
quel se cōmence. Quippe hetor. et. classe

pallas ne expcerceret classem Argiuorum
atqz ipsos potuit submergere pontho. etc.
Esquelz vers depuis le ver allegue/ ius-
ques a lautre paragraphe qui se comme-
ce talia flāmator/ Il demonstre le cou-
roup de iuno. Et comment pallas ardit
les nefz des grecz. Et ce suffise pour ce
chapitre.

Quelle chose varro die de non crea-
bles commutacions des hommes.
C.   pvii.

Ces choses recorde varro adce que
afferme autres choses q ne sōt
pas moins creables/ sicomme de celle fe-
me enchanteresse tresrenommee/ appel-
lee Circes/ laquelle mua les cōpaignōs
de Vlixes en bestes/ Et des archades/ q
par enchantemēt passoient a vng riuier
Et la estoient conuertis en loup/ et la vi-
uoient par les desers de celle region auec
les semblables bestes sauuaiges/ Et se
ainsy estoit quilz ne mengassent ne ves-
quissent pas de chairs humaines/ apres
ix. ans passez/ Ilz retournoiēt derechief
en nouant oultre cest estanc. et estoient re-
formez en forme dōmes/ Il raconta aus-
sy dun quil appella demeretus par son
nom/ Lequel menga du sacrifice que les
archades souloient faire a leur dieu ap-
pelle liceus/ en luy immolant ou sacrifi-
ant vng enfant/ et que pour celle cause
il fut mue en lou/ et au x. an ensuiuant
il fut restitue a sa propre semblance et fi-
gure et raconta que il sestoit cōbatu com
me champion/ et auoit vaincu en champ
de bataille/ ne il ne cuidoit pas que en ar-
cade/ ce nom liceus fust baille a pin et a
iupiter fors celle mutacion qui se faisoit
dōmes a loup/ Laquelle chose les arca-
des ne cuidoient pas quelle se peust faire
fors par sa force et vertu diuine/ car leu

est appelle en grec spos/ dont il appert que le nom de spons est diriue ⁋ Il dit aussi les rommais estre appellez supercos/ aussi comme neez de la semence des misteres diceulz/ Mais ceulx qui lisent ces choses attendet quelle chose nous disons ou devons dire de telle ⁊ sy grāt lustification des dyables/ ⁊ quen dirōs nous fors tant que len sen doibt fuir du milieu de Babilone/ Lequel commandement prophetique ou du prophete est ainsi a entēdre a parler espirituellement/ que nous devons fuir ceste cite terrienne/ou du siecle par soy/ ⁋ Laquelle euure en ung lieu par dilection en profitant/ laquelle cite pour certain est en la compaignie des anges ⁊ des mauuais hommes/ Quelles merueillez/car de tant comme nous veons en ceste une cite/la puissāce des dyables estre plus grande/de tant se doit len plusfort aioindre a ce mediateur nostre sauueur Iesucrist/par lequel nous montons de bas en hault/ ⁋ Car se nous disons que ces choses ne sont pas a croire/Aussi ne defaillent pas a present aucuns qui afferment que ilz ont oy aucunes de ces choses ou estre trescertales ou qui les ont aussi esprouuees/ Car nous mesmes estans en ytalie/ nous oymes telles choses dune region de ces parties ou ilz disoient que il y auoit certaines femes qui estoient introduites en ces mauuais ars/ ⁊ auoient acoustume de dōner ie ne scay quelles choses en fourmaiges aux trespassās/ ausqlz quilz vouloiēt ou pouoient/ lesquelz estoient tantost conuertiz en iumens/ ⁊ portoient toutes choses qui estoient necessaires/ Et apres ce que ilz auoient accomply le voyage en ce que on leur auoit chargie ilz retournoient arriere a eulx mesmes ⁋ Et toutesvoyes ne avoient ilz pas eu en eulx pensee de beste mais auoient tousiours lumaine ⁊ raisonnable pensee/ sicomme appuleyus de monstre ou fait en ses liures/que il intitula de lasne dor ou dore/ou il dit que pour certain venin q̄ il prit demourāt lumain couraige/ il deuint asne.

⁋ Expposicion sur ce chapitre.

En ce xviii. chapitre monseigneur saint augustin poursuyt encoires sa matiere de contemporisacion/ ⁊ monstre comment en ung mesmes temps en y auoit de bons ⁊ de mauuais/ ⁊ le monstre par especial par Circes/ qui mua en pourceaulx les compaignons de Vlixes/par ung breuaige quel leseur donna a boere. ⁋ De ceste chose met Ouide la fiction en son xiiii. liure de transformatie qui dit/ q̄ Vlixes/ enuoya ses compaignōs par devers Circes qui estoit une grant enchanteresse/ sicomme on dit/ Cestassauoir/ machareus polite ⁊ eurilocus/ ⁊ que les deux premiers beurent ung breuaige que circes leur donna a boire/ ⁊ tantost furent muez en truyes Et le tiers/ cestassauoir Eurilocus eschappa pource quil nevoulut boire. Et Vlixes aussi sen eschappa par une fleur quil enuoya a circes par le conseil de mercure/ ⁊ par ce quil nevoulut boire de ce q̄ le luy offroit ⁋ Et combien quelle luy adoucist les cheueux dune verge quelle portoit/ il y resista/ ⁊ la menaca de son espee/ ⁊ par sō beau parler/ ⁊ par saigemēt proceder/fist tant quil coucha auec elle ⁊ deliura ses compaignons/ ⁊ leur fist auoir leur premiere fourme/ ⁊ cest la fable ou fiction/ Mais la verite est telle que celle Circes fut une feme folieuse merueilleusement belle/ laquelle atraoit les gēs a samour pour sa beaulte/ dont les aucuns sen orguillisoient/ et demouroient fiers cōme lyons/ Les autres menoient

ordre Vie ⁊ l'aide/cõe trupes ⁊ pourceaulx les autres rauissoient comme leup. Or aduint que Vlires Vint la ⁊ se porta saigement sans riens despendre ne gaster du sien/⁊ coucha auec elle ¶ Et quant ses compaignons s'apperceurent ilz se retirerent petit a petit de leur erreur/⁊ se confoirmerent a lup. Et par ce reuindrent en leur premiere force ⁊ en leur premier estat
¶ Apres quant il parse de pan/c'est le dieu des supercas/⁊ que pource est il surnomme desicteus/⁊ ses prestres sont appellez de ce surnom superry. ¶ A propriement parler ce pan est le dieu des pasteurs/⁊ est supercas le temple du dieu de pan/ Et supercas ce sont les prestres qui seruent a ce temple/ ⁊ sont dictz ces supercales/ de lupus ⁊ arces/pource q͛ilz contraignent les leup/ ¶ De ces musacions ⁊ de ces enchanteurs ⁊ enchanteresses ⁊ de ces sortileges/ qui en Vouldra Veoir sy regarde le decret. ppVi. q. V. au chapitre nec mirum/ ⁊ que dieu tollere raisonnablement ces choses/ ⁊ la pourra se Veoir moult de choses/ De ce dieu pan ⁊ de ces supercas nous auons parle sur le pii. chapitre de ce liure/ Et pource nous nos en sommes cy passes plus legierement

¶ Quelle chose est a croire des transformations qui semblent aduenir aux hommes par l'art du dyable.
C pViii.

Ces choses ou elles sont fausses ou sy desacoustumees que l'en ne les doibt pas croire ⁊ a bon droit Toutesuoies doibt l'en tenir tresfermement que dieu le tout puissant peult faire toutes les choses quil Veult soit en Vengãt soit en prestant/ ⁊ que les dyables ne peuent riens ouurer selon la nature de leurs puissances/ pource que celle nature est angelique creature/ ia soit ce q̃ elle soit mauuaise pour son ppre Vice/ se ce n'est ou que celup seur souffre a faire/ duquel plusieurs ses iugemens sont obscurs/⁊ sy nen y a nulz desraisonnables ne pour certain les dyables ne creerent pas les natures se il fõt aucune telle chose/ de telz fais cõe ceulx desquelz est ceste question/ mais cõment par espece et par semblance/ les choses qui sont crees du Vray dieu/ affin quil appere estre ce quilz ne sont pas ¶ Et pource ie ne crop pas que par quelconque raison ne par quelcõques art ou puissance des dyables non pas seulemẽt de couraige ou pensee de lõme/ Mais que en son corps puisse estre couertp Vrayement en mẽbres ou forme de Veste/ Mais que la fantasie de lõme laquelle sy Varie/ aussy en pensãt ou en songant par genres ou especes de choses sãs nõbre/ ⁊ ia soit ce que ce ne soit pas corps Toutesuoies prent il semblablement forme de corps par merueilleuse celerite/ et que les sens corporelz de lõme endormis ou epressez/ Ilz peuent estre menez a ses dautres par figure corporelle/ Car ie ne scap quelle maniere qui ne peult estre recordee par telle maniere que pceulx corps des hões gisent en aucuns lieux Viuãs Toutesuoyes plus griefuemẽt ⁊ plus hastiuement/ q̃ quant ces sens sont estoupez par sõme ⁊ aux sens estrangiers/ ceste fantasie ou fantastique pmaginaciõ appert aussy corporelle ou la figure daucune Veste/ ⁊ que Vng hõe se semble aussy estre tel/ cõme il se pourroit Veoir estre tel en dormant. Et pource les fardeaux lesquelz se se sont Vrays corps sõt portez p les dyables/ affin que se se mocque des hões qui regardent les corps de ces fardeaux/ ⁊ en partie les corps de ces iumes estre faulx/ Car Vng qui auoit a nom prestancius/racõta ce qui estoit aduenu a son pere/ C'est assauoir que par Vng Venin quil auoit mẽgie en fourmaige en sa maisõ/ il s'estoit couchie au lit/ aussy cõe sil dormist, lequel toutesfois ne se pouoit esueiller en quelque maniere de son somme et que apres aucuns iours il dist quil se sueilla, et racompta ce quil auoit souffert aussy comme en dormant. Cestassauoir quil estoit vng cheualet deuenu, et que auecques ses autres iumens il auoit porte les bledz et viures aux cheualiers, laql se sappelle requa, pour ce quelle est portee en telles choses, laquelle chose fut trouuee auoir este ainsi faicte, comme il sauoit racomptee, et toutesfois lui sembloit il q̃ ce fussent songes. Il dit ancoires autre chose, cestassauoir quil auoit veu venir a lui en sa maison auant que il se reposast vng philosophe qui estoit tres son accoint et quil auoit expose aucunes choses de la science de platon, lesq̃lles choses il ne luy auoit voulu exposer parauant, combien q̃l sui en eust prie et requis. Et comme len eust demande a ce philosophe pourquoy il auoit ce fait en la maison dautruy qui ne sauoit voulu faire en sa maison, combien quil en eust este requis. Il respondit Ie ne say pas dit il fait, mais ie say songe que ie sauoie fait. Et ainsi fut demonstre par pmaige fantasticque a celuy qui veilloit ce que lautre veit en dormant.

Nous ne reputerions pas chose indigne quant a nous, de non croire quelque chose a quelconques qui les diroit. Mais elles sont venues a congnoissance a ceulx qui les ont ouys racompter, lesquelz nous ne cuidons pas quilz nous eussent menty. Et pour ce les choses que len dit et q̃ sont escriptes es liures, cestassauoir q̃ les hommes ont accoustume a estre conuertiz en loups p les dieux ou dyables darcade. et que celle circes mua les compaignons de vlixes par son enchantement, peut estre fait p ceste maniere que iay dicte. Se toutesfois il fut fait, cestassauoir p yma ginacion fantasticque. Mais ce que len demonstre ou tesmoigne des oyseaulx de dyomedes, que leur lignee dure par succession de lignee ie croy que ce fut fait par telle maniere que les hommes ne furent pas muez, mais ces hommes furẽt soub straiz, et ces oyseaulx mis en leur lieu, aussy comme a cerue qui fut trãslatee, & mise ou lieu de effigeine, Laquelle estoit fille du roy agamenon. ne ces illusiõs ne peurent estre fortes a faire aux dyables, auxquelz il estoit permis par le iugement de dieu, mais il fut congneu assez clere mẽt que celle cerue fut mise ou lieu de celle effigeine, par ce que celle vierge fut depuis trouuee ailleurs toute viue, mais ce que les compaignons dyomedes furẽt perdus soubdainement & ne comparurẽt pas, et apres napparurent en quelq̃ lieu par les mauuais anges qui les noyerent et perdirent: Len croit quilz furent couer tiz en ces oyseaulx, et quilz furent apor tez dautres lieux ou ces oyseaulx ne sõt pas cõgneuz et mis. et supposez soubdai nement en lieu diceulx. Et ce quilz appor tent en leurs becz de leaue, ou temple de dyomedes et sen arousent, et quilz sestoi ent les grecz, et queilz courent sur aux estrangiers, ce nest pas chose merueilleu se que ce ne se puisse faire par art de dya bles, auxquelz il appartient a admonne ster et esmouuoir, que dyomedes soit fait dieu pour deceuoir les hommes, ad ce que en faisãt iniure a nostreseigneur, ilz adourent plusieurs dieux, et seruẽt aux hommes mors, que tantcomme ilz vesq̃ rent, ne vesquirent oncques vrayement, ne sainctement de temples dautelz de sa crifices et de prestres. Lesquelles choses quant elles sont faictes a droit, ne sont deues fors a vng seul dieu vray et vif.

⁋ Exposicion sur ce chapitre.

q iiii

En ce dixhuytiesme chapitre monseigneur saint augustin demonstre ancoires en poursuyuant sa matiere/comment les bons regnoient auecques les mauuais/et le monstre tant par les transmutacions a les autres choses qui se faisoient fors/comme par ce q̃lz deifierent dyomedes/et par appuleyus q̃ se dit auoir este mue en asne/et aussy par prestancius qui dit que son pere fut mue en cheual et qui portoit les fardeaulx/a par les autres choses qui sont contenues ou chapitre. Toutesfois est a noter diligẽment en ce chapitre/la maniere de la possibilite/que monseigneur saint augustin fait en la transformacion ou transmutacion des hommes et des bestes/ Car elle semble forte a entendre a ceulx qui nont pas bien estudie la matiere. Toutesfois sans nous Banter destre bon estudiãt ou de auoir bien estudie en ceste matiere / ne en autres/a laide de dieu et des docteurs qui en ceste partie ont laboure et trauaillie, no⁹ en dirons aucune chose. Et pour lentendement de ce chapitre. est assauoir que monseigneur sainct augustin apres ce quil a dit que ses choses si sont tresfaulses ou tellement desacoustumees que len ne les doit pas croire/il rend la raison cõment ces choses se peuent faire/ et celle partie se commence ou il dit. Toutesfois doit len tenir tresfermement Car premierement il dit / que cõbien que les dyables soient creatures ne peuent ilz creer telles manieres de choses/mais que se ilz font aucũes telz choses elles se fõt p̃ ymagiacion ou par specificaciõ p les choses crees dun Brap dieu/ad ce quilz apperent estre ce quilz ne sont pas. Apres quant il dit. Et pour ce ie ne croy pas/il conferme ce quil a dit/cestassauoir que nompas seulement les couraiges ou la pensee de lhõme/mais nompas se corps/ ne peut p̃ tel art ou illusion de dyable/ estre conuerty Brayement en telles bestes / ne prendre

leurs corps ne leurs membres/ mais la fantasie des hõmes Boit en Beillant soit en dormant ou en Beillant/fantasient aucunesfois et pmaginent les corporelles figures de ces corps. Et lors au sens de lõme par dehors que aussy comme aucune chose corporelle est fantasie/que cest la beste de celle semblance qui est fantasiee/ p̃ telle maniere quil lui semble / que il soit autel cõe ce q̃l a fãtasie/ selõ ce q̃l ce peut auoir Beu en dormãt a porte les fardeaulx p̃ lesq̃lz fardeaulx p̃ se ilz sont Brays corps/ sont portez des dyables/ affin que ilz se mocquent et derrisent des hommes. ie dy des hommes regardant en ptie les Brais corps des hommes/ et en partie les faulx corps des iumens. Nous disons aussy q̃ ceste fantasie peut imprimer ou sens par dehors que nous appellons sensum exteriorem Ad ce quil appt ou sens de dehors qui est fãtasie/ sicomme auicene se demõstre. sep̃to naturalium/parte quarta. capitulo primo / pour ceste matiere fait le chapitre. du decret. xxBi. questione quinta. Apres quant il parle de prestancius / pour ce que len pourroit dire que aBng homme qui fantasie/ peuent apparoir telles choses cõme il a fantasiees/ et toutesfois nest il pas dit que ilz apprent telles aux autres/ pour ceste cause demonstre monseigneur sainct augustin/ que les choses quil semble a aucun par fantasie en dormant/ apperent ainsi estre aux aultres en Beillant. Et se preuue par ce prestancius qui dit ainsi/ que son pere luy auoit dit quil auoit prins ce Benin en sa maisõ par fourmaige/Et comme il fust en son lit aussy comme en dormant/ lequel toutesfois ne se pouoit en quelque maniere esueiller: Il disoit que apres aucuns iours il sestoit esueille/et auoit racompte aussy comme songe ce que il auoit souffert/ cestassauoir que il auoit este mue en cheual/ et porte des autres fardeaulx auecques iumens/laquelle chose fut trouuee exaple/combien quil semblast que il son gast/cest assauoir que par la fantasie de ses sens de dehors/les sens de par dedēs enclos et endormis/combien que sa forme et sa nature ne fust oncques muee/il ymagina et fantasia que il estoit deuenu vng cheualet/et se print a porter ses choses auecques autres cheuaulx/et ad ce propos mesmes il racompte du philosophe. Apres quant il dist. Et pour les choses que len dist et c. Il respond ad ce que Circes mua les compaignons de Vlixes en loups. Et dit que ce furent fantasies des hommes et illusions q̄ veoient les corps qui apparoient seulement a la semblance de ces bestes. pour ce que aucuns pourroient faire doubte de la maniere de ces bestes qui sont fantasticques quāt a nos. et peuent apparoir aux aultres/ monseigneur sainct augustin y respond. Et ceste response est dicte .xxvi. questione quinta ou chapitre. Nec mirum ou paragraphe. Insunt autem. Ou il est dit que ceste chose est faicte aucunesfois par subiffication et illusion des dyables. Car es choses sont aucunes raisons seminables/les quelles les dyables peuent ramener a effect/et en fair sont plusieurs fourmes diuerses/et illusoires en puissance/selō les quelles en maintes manieres et en maintes formes de membres cel air peut estre espessy et figure. Et pour ce en figurant lair en diuerses manieres/et ses autres elemens ilz peuēt euocquer les hommes en diuerses manieres/et peuent en leurs corps ainsi ordōnez et faintz causer mouuemens/sicomme des archades qui passerent le Riuier ou lestanc dont il est fait menciō en ce chapitre/et mouuoir les mēbres ainsi comme silz māgassent ou beussent. Et des oyseaulx de dyomedes a porter les fardeaulx/sicomme le pere de prestancius racompta. Car ses organes ou conduitz de sens de dehors/ilz peuent produire de lair/lequel est deuant les yeulx

des gens en especes ou similitudes de diuerses bestes/moyennant lesquelles especes ou figures sen voye ou opeces choses. Ces especes ainsi engendrees et procrees es sens par dehors/peuent esmouuoir telle fantasie que en celle fantasie sil appert que les bestes soient telles/ia soit ce que elles ne le soient pas/sicomme auicēne le met septo naturalium/ptē quarta capitulo primo qui dit/ que quāt vng homme se meult et tourne tout entour soy quant son cerueau est esmeu/ ouquel est fichee la fātasie/il semble que la maison tourne tout entour lui/ia soit ce quelle ne se meuue. Et semblablement/sicomme dit agazel in phisica tractatu quinto capitulo octauo. La fantasie du craintif ou doubteux voit et oyt les formes/les quelles il doubte/ia soit ce quelles ne soient pas. Et de ce parle monseigneur sainct augustin super genesim/mais comment selon ces choses/les miracles qui se font diuinement sont diuers des choses qui se font par art de dyable. Len peut respondre que les choses qui se peuent faire par natures ou par art/ne sont pas miracles mais p sciēce naturelle et p logue et naturelle experience des choses/les diables oeuurēt et font ces fictions de leurs puissances a eulx permises/sicomme il appert par monseigneur sainct augustin in libro de diuinatione demonum. Et se treuue semblablement Vicesima septa questione quarta capitulo. Sciendum. Mais les disciples du dyable oeuurent par art dyabolicque. Vicesima septa questione tercia capitulo. Igitur. et Vicesima septa questione quinta capitulo. Nec mirum. Mais les choses qui se font en lonneur et a la reuerence de dieu/comme ceulx qui adourent dieu. Comme les miracles fais par ihesucrist par moyse/et par les autres sainctes personnes. Et par ceulx qui viuent purement et sainctemēt selō la sciēce et la reuerēce de dieu ne sont pas fctēs p nature mais sont faictes par nostreseigneur ihesucrist sans autres supersticions ou caracteres sicōme il est dit.xxvi.questione.v. ou chap. Nonliceat.ꞇ ca.nōob.ꞇ q̄stiōe.iii. ou chapitre. Illud q8. Car les intelligēces produisent leurs effectz naturelz/ nō pas seulement par le mouuement par le quel ilz maintiennent les cercles / mais ordonnent toutes leurs actions: et tous leurs faiz en sa fin de seur premier cōmēcement . Sicomme dit aristote .xii. methaphisice. Et pour cest ordre que ilz tiennent et gardent seruent ilz vrayement a dieu. et par semblable raison les choses q̄ les saintz sont par vraye science ꞇ par vertu diuine sont vrays miracles. Doncqz au contraire de ces fictions ou fantasies des dyables/ia soit ce quilz les facēt par engin naturel/ pour ce que lors ilz errent en sa droitte ordonnāce qui est en dieu sōt ilz tenus pour faulx et supsticieux adourans. Et par celle mesme raison ne leur oeuures ne celles de leurs disciples/ les quelles ilz font pour deceuoir les hōmes ne sont pas vrays miracles Toutesfois les choses doncques que les hommes sōt nompas par nature ne par le vray seruice de dieu/sont oeuures supersticieuses et dyabolicques/sicomme il appert .xxvi: questione.ii.caz. Illud quod.ꞇcet. Apres quant il parle des oyseaulx de dyomedes/ il met vne autre maniere par laq̄lle les hommes sont mocquez.en disant que aucunesfois les hommes sont mocquez. Laquelle chose sappelle proprement ludification/quant sen suppose et met en aucun lieu aucune chose sainte:par ce que sen oste ce qui est de verite / aussy comme les dyables peuent soubstraire les hommes et mettre en lieu deulz aucūes choses qui semblent estre oyseaulx / et par ce deceuoir ceulx qui les regardent/aussy comme la cerue qui fut mise pour effigenia / laquelle fut trouuee toute viue ailleurs. Et semblablement met il exemple pour

monstrer la continuacion des choses supposees ꞇ mises en lieu dautres par la mutacion des compaignons de ce dyomedes qui furent perdus soubdainement/ ꞇ ne furēt puis veuz de quelque part/ou lieu desquelz les dyables apporterent ces oyseaulx ou temple de dyomedes .La verite fut telle/que les dyables emporterēt dyomedes et ses compaignons/ et furēt noyez en sa mer.Mais par ladmonnestement des dyables les grecz en firēt vng dieu et lui firent vng temple/et lui ordōnerent prestres sacrez et sacrifiez/ꞇ affin de plus deceuoir les grecz en lieu des cōpaignons de ce dyomedes/ilz apporterēt oyseaulx ou les dyables mesmes qui se uoiēt en guise doyseaulx vidrēt en ce temple et furent mis en lieu deulz/ lesquelz pour les plus assoter festoiēt les grecz q̄ aloiēt a ce temple/ et dit que ce nest pas merueilles a croire de dire q̄ les dyables ayent ce fait / car aussy bien le peuent ilz faire au pourchatz ꞇ admoniciō des diables/ quilz firent ce dyomedes dieu/ affī de deceuoir ce peuple. Et qui vouldra veoir de ces transformacions/voye mōseigneur saint thomas in secunda secūde iohannem belet in summa sua/ꞇ guillermū parisiēsē in tercia parte de vniuerso et iohannem in policraticū.

¶ Que enee vint en ytalie en ce temps ouquel apidon estoit iuge sur le peuple des hebrieux   xix

En ce temps apres ce que trope fut prinse et deserte eneas vint en ytalie/auecques.xx.nefz/esquelles le portoit les reliques ou ramenant des trojes regnāt la le roy satin metheus sur les atheniensiens/Pollisides sur les sicimiens . Antane sur les assiriens.

Et en ce temps estoit sapidon iuge des he
brieux/mais le roy latin mort. Eneas
regna en ytalie iii. ãs Ces mesmes roys
dessus nommez regnãs encore es lieux des
susdictz fors tant que pelasus estoit ia
roy des sitimiens/a saison estoit iuge sur
le peuple des hebrieux. Lequel comme il
fust merueilleusement fort len cuida que
ce fust hercules. Mais pource que ene=
as quant il fut mort ne sapparut en quel
que lieu. les latins en firent vng dieu/
¶ Les Sabins aussy firent leur pre=
mier roy dieu/lequel selon aucuns estoit
appelle sancus ¶ En ce mesmes teps
Codrus roy des atheniensiens, sexposa
a mort cõme hõme estrangier/aux pelo
ponensiens. qui estoient ennemys de cel
le cite dathenes. a ainsy fut fait, cest assa
uoir quil fut mort. Ilz dient que il desi
ura le pays par ceste maniere. Cest assa
uoir que les peloponensiens/auoient eu
en response de leurs dieux, que ilz vain
quiroient les atheniensies. mais que ilz
ne tuassent leur roy. Et pource firēt cri
er en leur ost que nul ne fust sy hardy de
toucher Codrus roy des atheniensiens
mais ilz furent deceuz. car le roy codrus
qui fut de ce acointie. affin que son peu
ple eust la victoire se embla de son ost ãse
mist en vng poure habit dung boscheron
portant vng fardel de busches a son col
Et sans soy faire congnoistre se mist au
milleu de ses ennemis/et cõmēca a mou
uoir riote et noyse puis a vng puis a lau
tre et tant quilz loccirēt. Et par ce ses gēs
vainquirent/dont Virgille dist en sa fin
du Ver. Et iurgia codri: cest adire a les cõ
tencions de codrus. Cestui apres sa mort
honnourerent les atheniensiens/comme
dieu damours de sacriffices. Regnant le
quart roy latin appelle siluius/leql fut
silz de enee que nous appellons postume
Et regnant le xxix. roy des assiriens
oneus/le xvi. des atheniensiens appelle
melancus. Et Hely le prestre estant iuge

sur le peuple des ebrieux. Le royaume des
sitimiens faillp/lequel ilz dient quil du
ra ix. cens lix. ans.

¶ Opposition sur ce chapitre.

EN ce xix. chapitre mõseigneur
saint augustin demonstre com
ment les bons continuoient a=
uecques les mauuais. Et comment les
payens firent plusieurs dieux de leurs
roys. Et est a noter que troye fut destrui
cte et trebuchee regnãt menetheus qui fut
le vnsiesme roy des atheniensiens/et en
celui an quelle fut destruitte il trespassa.
Et posisides estoit le xxiiii. roy des sici
miens/et fut trebuche ou xxix. an de son
royaume. et autanes qui autrement est
appelle tantanus/et selon les autres ta
nais estoit le xxvi. roy des assiriens/et
dit que en ce temps regnoit sapidon sur le
peuple des ebrieux/leql nous appellons
abdon. Et combien que aucuns mettent
que ou temps de celui abdon troyes fut
trebuchee/toutesfois semble il a aucuns
quelle fut trebuchee ou temps de iepte qui
fut iuge du peuple disrael. Apres il sem
ble que monseigneur sait augustin se des
corde en sa computation de celle de eusebe
Selon laquelle le roy latin mort. Le xii
roy des atheniensiens appelle demophon
regna et fut celui qui deceut philis/car
selon eusebe le royaulme des sitimiens
ne deffaillit pas seulement, mais aussy
fut mue celui des atheniensiens/toutes=
fois met hug en sa cronicque de demophõ
le xii. roy. Apres quant il dist que enee re
gna ou temps de sasõ/il se dit en ēsuiuāt

Eusebe q̃ensuyt la translacion des lxx translateurs/mais ceulx qui ensuyuent la computacion selon la translacion mõseigneur saint ierosme diĉt que Enee cõmenca a regner au premier an de Abezã ou dabesau/qui fut iuge du peuple disrael/Apres quant il parle de la deificacion de Enee/τ que les latins en firent vng dieu il en a este parle au S.chapitre du p.liure ¶ Apres quãt il parle de saucus lequel monseigneur saint augustin appelle sanctus/Il ne se treuue pas es liures cõmuns/Et pource nous tenõs q̃ monseigneur saint augustin lait prins des liures de Varro/τ quãt est de codrus qui fut roy des atheniensiens. Ceste histoire fut prinse du second liure de iustin τ pource nous en passons plus legierement Nous lauons declaire le plus que nous auons peu en translatant le texte fors tant que iustin dit que quãt les peloponensiẽs apperceurẽt le corps de codrus roy des atheniensiẽs qui estoit mort/ilz sen partirent sans donner bataille/Et dit que ce fut le dernier roy que les atheniensiens eurent.τ que la chose publique depuis la en auãt fut gouuernee par magistras/τ fut au temps que solon baillala les loix a ceulx dathenes ¶ De sa mort parle Virgille/in Bucolicis egloga V.ou il dit telz motz/Iurgia codrp/cest adire que sup mesmes esmeut la riothe contre les peloponensiẽs affin de soy faire tuer.Apres il est a noter que des rops latins/Le premier fut appelle latin/Le second Enee/Le tiers Astanius/lequel fut appelle iulus/lequel astanius engendra de creuza sa femme/laquelle fut de trope/Le quart fut silui9 qui fut ainsp appelle/pource quil fut ne dauenture en vng boys/dõt les autres rops qui furent apres lup furent appellez siluii a locis siluaticis/Il fut aussp appelle postumus pource quil fut ne apres la mort de son pere/Enee engendra ce postumus

de lauine fille du roy latin ¶ Apres il est a noter/que ce roy des assiriens quil appelle oueus.est selon les croniques appelle thineas au Vii.an du royaume du quel seusipus qui fut le roy dernier des sicimiẽs/mourut/Auquel melopus/ou mezampus/commenca a regner sur les atheniensiẽs le Vi.roy/τ lequel estoit pere de codrus ¶ Apres ce que il dist que au temps de hely prestre τ iuge des hebrieux/Le royaume des sicimiens desfaillit/il sacorde a la computacion de eusiebe Mais les aultres qui ensuiuent la computacion de monseigneur saint ierosme/en leurs annotacions/dient que ces choses aduindrent au temps de sanson.

¶ De la sucession de lordre du royaume de ceulx disrael apres les iuges

C pp.

Les rops regnans par les lieux et ropaumes dessusditz/Les temps des iuges fine/incontinent le roiaume disrael prĩt son cõmencement a saul/auquel temps samuel le prophete regna ¶ Ces rops doncques latins commencerent de ce temps/lesqlz ilz surnommerẽt silmos/Quelles merueilles/car du premier filz de Enee lequel fut appelle siluius sen mettoit nom a ceulx qui vindrent apres/Mais ce surnom de siluius ne leur faillit pas/Aussi comme long temps apres/ceulx qui succederent a cesar auguste/furent surnommez cesar/mais saul repreuue suy moit adce que nul de sa lignee ne regnast apsulp David succeda au royaume apres ce que saul eut regne pl.ans/fors les atheniensiens apres la mort de vng nomme Codrus ilz se cesserent de auoir rops/

et cōmencerent a auoir officiers qui estoient magistras pour gouuerner la chose publique Apres la mort de dauid/lequel regna pl̄. ans/aussy comme saul auoit fait/son filz salomon fut roy sur le peuple de disrael/lequel ediffia et fist ce tresnoble temple en ierusalem/au temps duq̄l la cite dalbe fut fondee et faicte/Auquel lieu toutesuoyes lequel estoit appelle lacium/Les roys commencerent a estre appellez les roys des albis/et non pas des latins. A salomon succeda son filz roboan/soubz lequel ce peuple disrael fut diuise en deux royaumes/et cōmenca chascune partie a auoir ses roys

¶ Expposicion sur ce chapitre.

En ce xv. chapitre monseigneur saint augustin poursuyt encoires la matiere de quoy il parle cy dessus es chapitres precedens/et la q̄l le il poursuyt en ce liure. Et quant il dit que incontinent ces roys regnās par les lieux dessus nommez. &c. Il le dist p aduenture/en soy concordant a Eusebe/ toutesuoyes ceulx q̄ ensuyurent la trāslacion de mōseigneur saint ierosme/mettent que saul cōmenca au pix. an de Ortusus qui fut le xxx. roy des assiriens/ lequel hug en sa cronique appelle dergilius et serculphus/Au finable chapitre de son secōd liure lappelle eupalles. regnās sur les latins. siluius le v. roy a prēdre de Enee/et codrus sur les atheniensiens

¶ Apres il est a noter en ce chapitre/ce que monseigneur sait augustin veult dire que saul regna pl̄ ans/Dauid luy succeda a lempire cōme Eusebius ne luy en attribue que xl. et le liure des roys xxii tant seulement. Mais ce quil dist apres

que albe fut cree au temps de salomon/ Se semble estre merueilles/car selon titus liuius/Albe fut cree grant temps a pres ce que Enee fut constitue roy/et de la fondacion de lauine laquelle fonda astanius ¶ Cōme doncques monseigneur saint augustin au precedent chapitre die que astanius regna deuant siluius/Il fault que albe fust cree/auant que siluius regnast/comme doncques ce siluius regnast au temps de hely/Il sensuit q̄ albe fut fondee deuant le temps que semet estre hely du temps de ce royaume Laquelle chose ne se peult accorder a ce que len dist que albe fut ediffiee au teps de salomon/mais de ceste creation de albe cree par astanius/Titus liuius Eutrope/et Eusebe et les aultres docteurs que nous auons veu sy accordent.

¶ Des roys qui regnerent in lacium/ desquelz Enee qui fut le premier/et auentinus qui fut le xii. furent faitz dieux
C xxi

LE lieu appelle lacium apres Enee lequel ilz eurent fait dieu, eut xi. roys/desquelz il nen y eut aucun qui fust fait dieu. Mais auentin qui fut le xii. roy apres Enee/lequel cōme il fut mort en bataille et enterre/ en la montaigne laq̄lle est appellee le mōt auentin de son nom/il fut adiouste au nombre de leurs dieux/ telz comme ilz les faisoient ¶ Les aucteurs ne voulurent pas mettre en escript/quil fust mort en bataille/mais dient quil nestoit pas apparu/cest a dire quil estoit esuanuy/et que ce mont aduentin ne print pas son nom de luy/mais le print par laduenement des oyseaulx qui apparurent en ce lieu/quāt vng nōme romulus y monta pour augurer lequel seroit roy/ ou lup ou remus son frere/ ⁋Apres cestuy n'eut fait nul dieu en ce lieu latin/ iusques a romulus qui fonda romme/ mais oultre cestui a lautre se trouuerēt deux roys desquelz le premier a a nom procas/ sicōme Virgille met en ung vers duql ie vse lequel est tel. Proximus ille procas troiane gloria gentis/ cest adire que procas fut le plus prochain a cestui/ lequel fut la gloire a lonneur de la gent de troye/ Au temps duquel pource que romme commencoit ia en aucune maniere a naistre/ Le royaume des assiriens qui auoit este le tresgrāt royaume sur tous les autres a qui auoit tant dure print fin/ comme il fust translate aux medes/ Cōme apres mil CCC.v. ans Adce que len compte aussy se tēps de belus qui engendra. Nynus/ a qui fut le premier roy qui regna en ce royaume lequel auoit en despit de ce quil estoit sy petit/ mais procas regna deuant/ amulius/ a amulius cōsacra nōnain au temple de veste ream la seur de son frere Munitor/ laquelle estoit aussy appellee ylya/ a qui fut mere de romulus Laquelle ilz veulēt dire/ quelle cōceupt de mars deux enfans iumeaulx/ Cest assauoir remus a romulus/ En honnorant par telle maniere sa putterie/ ou en le excusant/ en adioustant ung tel argument/ quil soit ainsy pource sicomme ilz dient que quant ilz furent gectez une loue les alaita/ car ilz tiennēt que ceste maniere de beste/ appartiennent a mars/ et que pour ceste cause len doit croire que la louue les alaita pource quelle congneut les enfans de mars son seigneur/ ia soit ce que il en y ait aucuns qui dient/ que quant les enfans furent nez/ il furēt premierement trouuez de ie ne scay quelle rībaulde/ a que ce furēt les premieres mamelles quilz les alaiterēt pource que ilz appellent femme folieuse louue nōmee laurence dont encoires de present ces li-

eux de dissolucions sont appellees/ lupanaria. Et que apres ce ilz vindrent a cōgnoissance a ung pasteur appelle faustulus/ a furent nourris par sa femme laquelle estoit appellee acta/ ia soit ce q̄ se pout reprendre celuy homme roy qui auoit commande par grāt cruaulte que lē les gettast en la riuiere du thybre dieu voulut secourir a ces enfans par la beste sauuaige qui les alaita a les voulut desliurer de leaue par sa vertu diuine par lesquelz sy grāt cite estoit afaire/ Quelle merueille/ est ce/ Adce amulius succeda au royaume des latins son frere apol de romulus/ Au premier an/ duquel Munitor romme fut fondee/ a par ce il regna depuis la en auant auecques son nepueu romulus/

⁋Exposicion sur ce chapitre.

En ce xxi. chapitre monseignr̄ saint augustin pour suptencoi res sa matiere/ Car quant babilone fut destruite/ a que son royaume fina/ celuy des rommains cōmenca aussy comme une autre fille de babilone/ par lequel tout le monde fut tourmēte par batailles/ a le dist notablemēt pour ce que babilone vault autant adire comme confusion/ Et quant il dist que au temps que romme fut fondee le peuple disrael auoit demeure en la terre de promission.vii.c.a xviii. ans/ Il le dist en ensuyuant les lxx. translateurs/ mais selon la cōputacion de monseigneur saint ierosme il est autrement/ Toutesuoyes du lieu ou romme fut fondee/ a quant a par qui/ Solin en parle en son premier liure qui sappelle de mirabilibz mūdi.

Et orose au iiii. chapitre du second liure de son ozmeste/ & aussy en auōs parlé largemēt & diffusemēt/en la premiere partie de ceste oeuure/ou tiers & ou quart liure/& pource nous nous en passons. Et aussy nous passons nous de la computacion des ans pource que nous nous en sōmes deliurez au vii. liure de ceste oeuure sur le xiiii chapitre/& qui en bouldra veoir la controuersie soye euseue saint ierosme/& orose/en ces annotacions/ auec la computacion des lxx translateurs.

¶ Que la cite de rōme fut edifiee. du tēps que le royaume des assiriens auoit son cours. regnant ezechias en iudee. C xxii

En ce temps fut cōstruicte & edifiee la noble & souueraine cite de rōme. cōme vne autre babilone & cōme la fille de la premiere babilone/par laquelle il a pleu a dieu subiuguer & humilier toute la terre habitable par force darmes & de batailles/adce que tout fust redupt en societe & compaignie paisible au profit & vtilite du bien cōmun. En celuy temps toutes naciōs de gens estoient moult exercitees en fait darmes/et pourtant les rommains par subtille industrie & labours inestimables & en danger de leurs corps mis drēt pres que tout le monde en leur subiection/car quantilz royaume des assiriens subiuga & cōquist la plus grande partye daspe: combiē que ce fut p force darmes toutesfois ny eut il pas sy grāt labour. pourtāt que en celuy temps le mōde nestoit pas sy peuple/ne sy fort exercite en fait de guerre cōme au temps des rōmains. ¶ Il est certain que du temps du tresgrant deluge vniuersel quant en larche de noe. viii. creatures humaines tant seulement furēt sauuees mille ans apres ou enuiron. le roy Nynus conquesta tout le pays daspe/ excepté le pays de inde. Mais les rommains qui tant de diuerses nations de gens de la partye orientale & occidentale ont subiugue soubz le pouoir de lēpire rommain ne lont pas fait legieremēt/mais petit a petit ont resiste a tout le mōde par tres belle pollice. Item au temps que rōme fut construicte ou edifiee/ le peuple disrael auoit demeure en la terre de promission viii. cens & xviii. ans desqlz les xxvii coururent soubz la iurisdiction de ihesu naue/& trops cens & xxix. soubz les iuges disrael/& depuys que les roys commencerent a regner sur le peuple disrael y auoit trops cens. lxii. ans/ & en ce tēps regnoit en iudee le roy achaz. Auquel cōme aucuns veulent dire succeda le tresbō & debōnaire roy Ezechias/ auquel tēps regnoit romulus/ En ce mesmes tēps sur le peuple des hebrieux en la partie q sappelle psrael. commenca a regner osee le prophete

¶ De sebile eritree laquelle est cōgneue & de grant renōmee entre les autres sebilles. C xxiii

Plusieurs diēt que sebile eritree fut en ce mesmes temps/ La quelle fut vaticinatresse ou prophete. Mais barro dit/ que ilz furēt plusieurs sebilles et non pas vne/ ceste sibille escript aucune chose manifeste de iesucrist/ Laquelle chose nous auons veu en langue latine par mauuais vers en latin & qui ne se peuent soustenir par lipérite de ie ne scay quel interpreteur/ si cōme nous lauons depuis congneu/ car flactianus hōme tressaige & tresnoble/ & qui fut aussy consul de rōme hōme de legiere faconde & de grant doctrine ainsy cōe nous parliōs ensēble de iesucrist. mist auant vng liure en grec/ lequel il disoit estre les dictiez de sebille erithree & monstra en ung lieu au chief des vers for dre des lettres/Laqlle se auoit par telle maniere que en pfui ordre sen lisoit ces parolles.yos/theu/sother/qui est adire en latin/Jhesus cristus dei filius saluator Et en francoys iesucrist filz de dieu sauueur/Mais ces vers desquelz les premieres lettres rendent ce sens que nous auons dit/ lesquelz on interpreta en vers latins. sont tieulx

Judicii signum/tellus sudore madescet
E celo rex adueniet per secla futurus
Scilicet in carne presens Et iudicet orbē
Inde deū cernent incredulus atz fidelis
Celsū cū sanctis eui iā termino in ipso.
Sic aīe cū carne aderūt qua iudicet ipe
Dū iacet incult9/ densis in veprib3 orbis
Deiciet simulacra viri cuncta quoz gasā
Epuret terras ignis ponthūq3 posūq3
Inquirens tetri portas effringet auerni
Sanctoz. sed eī cuncte sup libera carni
Tradetur. sōtes eterna flāma cremabit
Occultos acł retegens tunc q̄sq3 loq̄tur
Secreta/atq3 de9 reserabit/ pectora luci
Tūc erit & luct9 stridebūt dētibus omēs
Voluetur celū lunaris splēdor obibit/
Eripitur solis iubar/& chor9 iteritt astris
Deiciet colles/valles extollet ab ymo
Non erit in rebus hoīm sublime vel altū
Iā equātur cāpis mōtes/& cerula ponti
Omia cessabunt/tellus cōfracta peribit
Sic. pariter sōtes torretur. fluiaq3 igni
s3 tuba tūc sonitū tristē demittet ab alto
Orbe gemēs facinus miserum varioq3
labores. Tartareumq3 chaos monstrabit/terra dehiscens. Et corā hic domio reges sistentur ad vnum. Pcidet at torrens ignis quoq3 sulphuris amnis

¶ Cest adire le signe du iugement sera tel que la terre sera moiste/ aussy comme celle suas͞t/ le roy q̄ regnera a tousiours descendra/cestassauoir que il sera la pre sentemēt en chair/laquelle il print de la vierge marie pour iuger le monde/dont

il aduiendra que les crestiens & mescreans regarderont dieu le hault auecques ses sains/ adce terme qui est ordōne a ce/ La seront les ames/ lesquelles aurōt reprins leurs corps lesq̄lles il iugera quāt len cessera a labourer/pour laduenemēt du iugemēt & pour la grant frayeur des choses que len verra & craindra/ & que tous les champs & tout le monde sera plain de ronces & despines/ Lors les gens bouterōt arriere toutes leurs ydoles & toutes leurs richesses/ Le feu ardra les terres le ciel & la mer/ Il brisera les portes denfer & en deliurera les bons/& mettra en repos perpetuel. Les mauuais ardront de flamme perpetuelle. Lors vng chascun dira & recordera les maulx couuers quil aura faitz & tenus en son cueur/ comme secretez/& monstrera en clarté tout ce q̄lz auront garde en leur cueur. ¶ Lors y aura pleurs & gemissemēs & estraindrōt tous leurs dens Le soleil perdra sa clarte/& le cercle qui maine les estoilles perira/ Le ciel se retournera & la clarte de la lune se perdra/ Il abaissera les montaignes & les eaues de la mer/ & se seuerōt les vallees du plus en hault/ il naura riens en terre ne es choses des hommes q̄ soit hault ou esleue/les terres les mōtaignes les eaues de la mer verdoiant seront tout aplain vnyes/toutes choses cesseront & la terre comme cassee & brisee perira/ & ensemble les fontaines et les fleuues seront ars au feu/ Et lors la buysine gettera denhault vng horrible son q̄ plaindra en terre les pechiez des chetifz & leurs diuers tourmēs & aboure La terre qui se ouurera monstrera enfer & la deuāt n̄reseigr̄ sarreseront to9 les rops ensemble/ du ciel cherra le feu & les ruisseaulx ou riuieres de souffre/ En ces vers translatez de grec/sen ne peult trouuer quelque part ce sēs/ lequel il est quāt les lettres q̄ sōt au cōmecemēt des vers sont acouplees ensemble auec ceste lettre p̄/ laquelle est mise en grec/ pour ce que len ne peut trouuer motz latins q̄ cō mencassent par celle lettre p̄/ et qui peus sent emporter bonne sentence. Et de ces vers qui se commencenten grec/ par celle lettre p̄. il en ya trois/ cest assauoir le.v.le pviii.et le pix. Et pour ce de ces commē cemens de lettres de ces vers qui ainsi se lpent/ nous ne prendrions pas les pmie res lettres de ces trois vers. mais que en lieu de celles qui p̄ sōt mises/ nous reprē drions celle lettre p̄/ aussy cōme selle fust mise en ces lieux q̄ len expise en cinq motz Jesus cristus dei filius saluator/ Mais cest quant len se dit en grec/ et nompas en latin. et ya ppv. vers/ lequel nōbre rend le nombre ferme quatre/ Car trois fois cōptez trois fois sont.ix.et se iceulx neuf sont cōptez trois fois tellement que la fi gure du sarge se monte en hault/ ilz vien nēt a.ppvii. mais se tu iointz ces premie res lettres de ces cinq motz grecz. Jesus cristus theu pos sother. Qui est adire en latin iesus cristus filius dei saluator. Ce sera pctis/ cest adire poisson/ ouquel a le prendre diuinement est entendu iesucrist/ pour ce que en ceste abisme de mortalite/ aussy comme en la parfondite des eaues il peut estre vif / cest adire sans pechie. Mais ceste sebille soit erithrea/ ou sicom me aucuns le croyent micuspcumana/ na riens en tout son dictie duquel cestepe tite partie est/ qui appartienne au seruice des faulx dieux ou fais. Mais qui plus est parle aussy contre eulx/ et cōtre seurs seruiteurs/ par telle maniere quil semble quelle doit estre mise ou nombre de ceulx qui appartiennent a sa cite de dieu Lacte ce aussy met en son oeuure aucunes pphe cies de sebille/ ia.soit ce quil ne dye pas de laquelle/ mais les choses quil mist ordō neement et distincteement/ iay tenu q̄ len doit conioindre aux precedens aussi cōme se ce ne fust q̄ vne chose estendue ou plixpe/ desq̄lles il en recorde plusieurs et briefues.

Il vendra dist elle es mains des desloyaux et de leurs faulses mais douronrt les buf fes a nr̄eseignr̄/ et de leurs ordes bouches lui cracheront leurs crachas enuenimez: et donra son sainct dos pour estre batu/ et se taira quant len lui dōra buffes et col lees/ affin que len ne saiche q̄il est ne dōt il vient. Ad ce quil plē au plusbas et soit couronne despines/ilz luy donneront fiel en sa viāde/ et fiel en son breuaige/ilz luy monstreront ceste table de inhospitalite/ Tu cōe folles gens ne congneuz ton sei gneur/ qui apportoit ioyes aux pensees des personnes mortelles/ mais se courōnas despines/ et lui meslas fiel horrible/ et le voile du temple fut trenchie / et ou milleu du iour la nuyt sera trop obscure ou tenebreuse par trois heures/ et moura de mort en prenant somme p trois iours et lors lui retourne denfer/il vendra a la lumiere cōme se premier rappelle demōstre le cōmencement de sa resurrection. Ces tesmoignaiges de sebille adiousta lacte ce distincteement/ et par les parties de sa disputacion/ sicomme il lui sembloit: que les choses quil entendoit a prouuer le req roient. lesquelz tesmoignaiges sās p̄ ries interposer/ metz en le mettant cōe iointz en vne ordre. Nous auons mis peine a di stinguer par les seulz commencemēs des vers/ se ainsi nest toutesfois que doresena uant les escripuains ne soient negligens de regarder ces choses. Vrayement au cuns escripuent que ceste sebille erithree ne fut pas ou temps de Romulus/ mais q̄ el le fut ou temps de la bataille de troyes.

¶ Epposicion sur ce chapitre.

En ce ppiii. chapitre mōseigneur sainct augustin demonstre que nr̄eseigneur veult pourueoir p especial de sebille erithree en ce mauuais tēps/ ouq̄l regnerōt ces mauuaises gens laq̄lle pphetisa de iesucrist de sō aduene
ā i.

ment de sa passion de sa resurrection, et du iugement dernier, et met le temps de ceste sebille, car il dist quelle fut ou temps du roy ozias qui fut ou temps de romulus duquel il parle en la fin du chapitre precedent. Et met monseigneur sainct augustin sa prophecie, en disant que comme il eust veu les vers de sebille translatez en latin par vng interpreteur non sachant, il commenca a conserer de ihesucrist auec vng vaillant homme nomme ou texte, lequel attaint et lui mostra vng liure en grec, ou sen lisoit ces motz. Jesus cristus dei filius saluator cest adire iesucrist filz de dieu sauueur. Et lui iterpreta ce liuret de sebille par motz en latin, les motz de mourans en terre, comme ilz sont contenus ou texte. Mais pour ce quil dit q̃ len ne peut trouuer le commencement p celle lettre grecque p, quilz feissent bonne sentence, len les doit oster et p mettre celle lettre p, et len aura les motz Jesus christus etc. en les sysant en grec et no pas en latin.

Pour auoir lentendement de ces vers et leffect de celle prophecie de sebille q̃ sõt du iugement aduenir p nr̃eseigneur iesucrist qui print chair en la benoiste vierge marie, en sauuant les bons, et en pugnissant les mauuais. Le pmier vers est vng pambule general du rigoureux aduenement du filz de dieu au iugement, car il dit ainsi en ce vers. Judicii signũ etc. Le second le tiers et le quart, sont de laduenement du filz de dieu en chair visible ou visiblemẽt, et pour ce est il dit ainsi en ces trois vers. De celo rex adueniet etc. Cest adire que iesucrist qui est roy et regnera perpetuellemẽt et descẽdra du ciel en chair humaine pour iuger le monde, tellement q̃ bõs et mauuais le verrõt visiblemẽt en chair. Le cinq et le vi. sont de laduenement au iugement, et de la resurrection des mors en corps et en ame, et pour ce est il dit ainsi. Telsũ cũ sctis qui ia eui termino ĩ ipo etc. Le vii. est du cultiuemẽt et labour des terres apres le iugement, en voulãt dire ique p tout aura espines et ronces et quil ny aura riẽs laboure, et est dit ainsi. Cũ ia cet incultus densis ĩ vepribus orbis etc. Le viii. est du cõtemnemẽt des ydoles, et des richesses, et qui lors sera tout chasse arriere, len nen tẽdra compte, et pour ce est dit. Deiicient simulacra etc. Le ix. du feu par lequel le monde sera purgie, et pour ce est il dit. Spuret terras etc. Le x. xi. et xii. est cõment nr̃esauueur iesucrist rõpra les portes denfer, et en desiurera les bons et les iustes, et cõment les mauuais ardrõt p petuellement, et cest ou il est dit. Inghene tetri portas etc. Le xiii. et le xiiii. sont de ce que les choses que les hommes auront gardees en leur cueur, ne ne les au ont voulu reueler p vraye confession, seront lors reuelees, et apperront manifestemt et cest ou il est dit. Occultos actus retegens etc. Le xv. de la distinction des peines et tourmens des dãpnez, et cest ou il est dit. Tunc erit et luctus etc. Le xvi. et xvii. est de la destruction des corps celestes, et de leur clarte et lumiere, et cest ou il est dit. Eripitur solis iubar etc. Le xviii. xix. et xx. sont commẽt le monde sera fait tout plain et tout ony, et cest ou il est dit. Peiiciet colles etc. Le xxi. et xxii. sont de la cessacion du ciel et de la terre et de la mer. Ola cessabunt etc. Le xxiii. xxiiii. et xxv. sont de la busine qui vẽdra du ciel du gemissement et lieu des dãpnez, et cest ou il est dit. et corã hic dño reges etc. Le xxvi. est du feu et du souffre qui descendra du ciel cõme vng fleuue ou vng rupsseau, et cest ou finable vers ou il est dit. Pecedet e celo ignis etc. Et ce souffise pour la declairacion des vers. Par maniere dune cordãce, il est assauoir que monseigneur sainct iherosme dit q̃ les liures annuelz des hebrieux, cest adire q̃ se faisoiẽt des choses q̃ aduenoiẽt chũ an il trouua xv signes, q̃ doiuẽt aduenir en xv. iours auant le iour du iugemẽt. Mais il ne exprime pas silz seront continuelz ou interpaulez Le premier iour sicõme il dist. La mer seseuera en hault par dessus toutes montaignes .pl. codes/ sans soy esmouuoir de son lieu/ et se tendra aussy haulte cõme se ce fust vng hault mur. Le secõd iour elle descendra si bas que a peine len la pourra veoir. Le tiers iour les grans balaines apperront sur la mer/ et dõrõt grans mugissemens/ lesquelz yront iusques au ciel. Le quart iour la mer ardra et toutes les eaues. Le .v. iour les herbes et les arbres/ getteront sang aussy cõe par maniere de rousee. Le .vi. tous les edifices et massonneries trebucheront. Le .vii. les pierres se entreheurteront/ et combatront les vnes contre les autres. Le .viii. toute la terre tremblera Le .ix. toute sa terre sera onnpe/ et ny aura ne montaignes ne valees. Le .x. les hommes ystront des cauernes et prõt cõe hors du sens/ ne ne pourront parler les vngz aux autres. Le .xi. les oz des mors ressusciteront auecques les mors. Ou .xii. les estoiles cherrõt du ciel. Ou .xiii. toute creature viuãs mourront et resusciteront auecques les mors. Ou .xiiii. le ciel et la terre ardront/ cest a dire sa superfice de la terre et de sair. Ou .xv. sera fait ciel nouueau et nouuelle terre et ressusciteront tous. Et adiousta ancoires en disant ainsi. Tout ainsy dit il cõe la foudre qui yst dorient et appert iusques en occident, tout ainsy venra le filz de dieu soubdainement et a grant resplendisseur. et lors apperra le signe du filz de lomme ou ciel/ cest adire en lair. Car nre sauueur iesucrist appra en lair sur le lieu dont il monta es cieulx/ et deuant lui seront les instrumens de sa mort/ aussy cõme les banieres ou signes de sa victoire ou triumphe. Cestassauoir sa croix/ les cloux/ et la lãce/ et en sa chair serõt veues les traces de ses playes/ pour veoir en quelle personne ilz mirent leurs mains Et en la valee de iosaphat seront iugiez

tous hões/ lesqlz les anges assẽbleront tous la. Apres quãt mõseigneur saict augustin ple de lactence/ et dist ql mist plusieurs choses de sebile en son oeuure Il est assauoir que Voirement met il plusieurs choses tãt de celle sebile cõe dautres en son liure q sappelle/ de falsa et vera religiõe et par especial ou .ii. liure .iiii. et ou vii. plus largemẽt q ailleurs/ mais le plus il nõme sebile erithree especialemẽt es haultes matieres. Et en effectz il met toutes les paroles tãt de celle sebile cõme dautres en grec, parquoy len ne peut pas auoir si grant cõgnoissance. Et est encoires assauoir que le nom de sebile est nom cõmun a toutes celles vaticineresses/ ou q auoient esperit de pphecie et en p eust p. Desqlles nous auõs nõme les nõs et dõt elles furent/ en la premiere partie de ceste oeuure/ et quãt est du sourplus le chapitre est tout cler.

¶ Que regnant romulus les .vii. saiges furẽt en auctorite/ ouql tẽps les .x. lignees q estoiẽt appellees israel furẽt menees en captiuite ples caldiens/ et ce Romulus mort sen sui attribua les diuins hõneurs/ et fut tenu pour dieu xviii.

L'en tesmoigne q en ce mesmes tẽps romulus thales milesius vng des vii. saiges/ lesql apres les poetes theologiẽs/ entre lesquelz orpheus fut de plus grãt noblesse, et de plus grãt auctorite furẽt appellez sephien grec qui vault autãt cõe saiges en latin. par ce mesmes tẽps les .x. lignees qui en la diuision du peuple hebrieu furent appellez disrael furent assaillis et combatus/ et furent menees en caldee en captiuite/ et les deux lignees demourerẽt en iudee/ lesql les estoiẽt appellees les lignees de iuda et les qlles deux lignees tenoiẽt leur siege et leur habitacion en iherusalẽ. Quãt romulus fut mort et ne se cõparut quelq part/il est chose notoire et commune que les rommains en feirent vng dieu/ laql̃ se chose sen auoit ia desaisse a faire ne ne firent depuis/ se ce ne fut ou tẽps des empereurs non en errant/ mais en flattant ad ce que tulles sattribue es grans louẽges de romulus/ quant il dist quil desseupt a auoir ces hommes/ nõpas ou tẽps que les gens estoient rudes et mal apr̃s ou sans science: mais les eut ou tẽps que ilz estoient ia saiges et enseignez. Ia soit ce que ancoires ne sust pas en cours ne accreu le subtil et agu languaige des philosophes/ mais se les tẽps subsequens nor donnerẽt aucũs hões mors a estre dieux touteffois ne desisterẽt ilz pas dauoir et adourer cõe dieux ceulx q̃ estoiẽt institu ez cõme dieux par les anciens/ mais qui plus est augmenterent cest admonnestemẽt en decepciõ de ceste vaine et deslop ase supersticion/ laquelle epposoient les or̃dz dyables en leurs cueurs/ et qui les deceuoient par respõs deceptifz ou deceuables ad ce q̃ ses faulx crismes des dieux lesquelz nestoient pas faintz a ceulx q̃ estoient plus courtois fussent touteffois fais laidemẽt/ en la reuerence des faulx dieux. Apres regna Numapompilius apres romulus/ lequel cõe il cuidast guarnir ceste cite de si grant nõbre de dieux q̃ il fut mort/ il ne peust desseruir a estre mis en celle grãt tourbe des dieux/ aussi cõe sen cuidast quil eust par ẽps pa estoupe le ciel de celle multitude ou des dieux ou des diables quil ny peust trouuer lieu Regnant ce romule a rõme/ et ou cõmencement du royaume de manasses/ qui regna sur les hebrieux/ par lequel roy desloyal/ sen demonstre que ysaie le p̃phete fut occis/ ilz dient q̃ sebile laquelle estoit appellee sampa estoit en ce tẽps

¶ Exposicion sur ce chapitre.
En ce xpiiii. chapitre mõseigneur saint augustin dit q̃ thales milesius qui fut vng des .vii. saiges ges de romme fut ou temps de romulus desq̃lz vii. saiges touteffois/ la cõmune a la plus grãt renõmee fut. C. a plviii. ãs apres la cõstruction de rõme. Et cõbiẽ que fors seul renõmee p ce que dit valerius maximus en son quart liure de dictis et factis memorabil̃z/ou chapitre de moderatione/ ou il racõpte que vne table dor fut trouuee par les pescheurs en sa mer si cõe ilz peschoient/ laqlle fut offerte a thales milesius lequel la reffusa/ et quant il leut reffusee elle fut portee aux autres cinq saiges chũ lun apres lautre/ lesqlz tous la reffuserent/ et de la fut p̃sẽtee a solon lequel la consacra au dieu apolin/ par quoy il appert quilz furent tous en vng tẽps. Ce solon qui fut vng des sept saiges de rõme/ recõmande iustin en son ii. liure. a dit quil bailla les loix a ceux p̃ dathenes si attrempees et si bonnes quil sembla quil seust fait p̃ inspiraciõ diuine Et les attrempa telsemẽt entre le senat et le peuple que chũ se tint cõtent/ ne ne vouloit lun riens entreprendre sur lautre Il fist moult de choses notables/ et ẽtre les autres choses racõpte de luy iustin/ en ce mesmes lieu/ que entre les athenien siens et les megarenciens auoit eu guerre et debat et qui auoit aussy dure par tant dãnees pour raisõ de la pprieté de lisle de salamie que chũ cõtendoit a auoir q̃ les atheniẽsiés furẽt si affoiblis cõe iusques a tout pdre. Et tãt quilz feirent crier q̃ sur la teste que nul ne fust si hardy de parler d̃uahir doresenauãt lisle de salamie. et de ce feirent et cõstituerẽt vne loy/ mais ce solon fist ressusciter celle guerre p bõne maniere du cõsentemẽt de tout le peuple et acquist celle ysle aux atheniensies Et quãt est de romulus et cõment il fut fait dieu/ nous en auõs ple en lexposiciõ du pẽ. chapitre du .ii. liure/ et semble que ces poetes quil racõte de tulles sont en sõ liure de re publica/ ou il racõpte et fait mẽ ciõ de leclipse q̃ aduit ou tẽps de la mort

romulus. Apres quant il parle de numa pompilius qui fist tant de dieux de temples et de sacrifices et trouua tant de cerimonies/ nous en auons parle en la premiere partie de ceste oeuure/ et aussi en pse sargement Tytus liuius ou premier liure de sa premiere decade qui est de origine Bibis Et pour ce dist cy mōseigneur saint augustin que il cuidoit guarnir la cite de romme pour y mettre si grant quātite de ces faulx dieux. Apres quāt il parse de sebise appellee sampa/ et dist quelle fut ou tēps de romulus et de manasses: il est assauoir que maistre nicole trauet/ en ses cronicques met que ce manasses 9 meca a regner ou .xiiii. an de numa pompilius.

¶ Que les philosophes furent en auctorite regnant a rōme tarquinus priscus et sedechias sur les hebrieux/ quāt iherusasem fut prinse & le tēple tresbuche. xx⁵

Ais regnāt sedechias sur les hebrieux/ et tarquinus priscus lequel auoit succede a anc° marcus sur les rommains/ ierusalem fut prise et tresbuchee/ et le temple que auoit edifie salomon et le peuple des iuifz/ cestassauoir les deux lignees de iuda q̄ estoiēt demourees en iherusalem furent menees en captiuite en babilone. Ces choses leur auoient annōce ces prophetes a aduenir en les blasmant de leurs mauuaistiez & iniquitez/ et par especial iheremie le prophete qui leur descript et diffinit le nombre des ans/ esquelz ces mescheances leur deuoient aduenir. En ce temps fut pictacus mitileneus/ lequel sen dit que il fut vng des autres sept saiges/ et les autres cinq en ce que nous en comptons sept. est adioustez thales/ dont nous auōs fait dess⁹ mēcion ou chapitre precedent/ & dece pictacus Et dist euseBe que ce fut ou tēps que le peuple de dieu estoit en babilone.

Les noms de ces sept saiges sōt telz/ cest assauoir solon atheniensis/ chilon lacedemonius/ periandrus corinthius/ oleobolus lidius/ bias prieneus/ ces sept sōt appellz saiges et furent de grant auctorite pour ce quilz estoient preferez deuāt tous hommes par vne maniere de Biure qui estoit a recommander/ et si comprindrent en briefue sentence aucunes cōmandemēs pour les introduire en bōnes meurs/ toutesfois laisserent ilz pou de choses par escript a ceulx qui Vindrēt apres eulx fors tant que sen monstre que solon baissa aucunes loix a ceulx dathenes/ et que thales qui fut prophete / laissa les liures de ses enseignemēs. En ce temps de ceste captiuite des iuifz/ Anaximander et anapimenes et zenophenes furent de grāt renommee/ et lors fut pithagoras/ lequel sen commenca a appeller entre les philosophes

¶ Exposicion sur ce chapitre.

En ce xx⁵. chapitre monseigneur saint augustin racompte que regnant tarquinus priscus le peuple des iuifz fut mene en captiuite en babilone: Cest assauoir la lignee du peuple de iuda/ sur laquelle regnoit zedechias/ laquelle chose dit trauet en ensuyuāt mōseigneur sainct iherosme/ & ce dist estre aduenu ou quatriesme an de seruius tussi⁹ lequel succeda sans moyen a priscus tarquinus. Apres il fait mencion des Vii. saiges lesquelz eusebius Veult mettre soubz se temps de ceste captiuite/ combien quilz nayēt pas este sicōme il dist en vng tēps et de ce nous auons parle ou chapitre precedent. Apres il dist que solon dōna loix aux atheniensiēs/ pour lesquelles auoir les rommains enuoyerent a athenes/ si comme il appert par tytus lyuius en sō premier liure q̄ est de la creation de rōme

ā .iii.

ou troisiesme chapitre, et de ce soit ilz extrairent les loix des douze tables desquelles nous auons parle en la premiere partie de ceste oeuure. Et si se treuue digestis de origene iurie apres quant il parle en ce chapitre de thales sicomme il dit est ou huytiesme liure de la premiere partie anaximander. et quant est de zenophanes Thomas dist quil ne trouua de ces dix dont il est memoire, fors tant quil dist q̃ tulles en son premier liure, de natura deo rũ dist ainsi, qui Bouluit estre dieu de toute chose laquelle adioincte a la pensee estoit infinie, et quant il parle de pithagoras il dist quil fut ou temps Cambises lequel succeda a cyrus. Et aussy par les ditz de solin: il semble qͥl fust ou temps de Brutus seqͥl fut le premier consul apres ce que les roys des romains furent boutez hors de romme.

¶ Que ou temps apres lxx. ans que les iuifz furent mis hors de la captiuite les rommains furẽt aussy deliurez de la seigneurie dauoir roy.

En ce mesmes temps de Cyrus roy de perse, lequel aussy tenoit lempire des caldiens et des assiriens, fut relachee aucune captiuite des iuifz, et en fist retourner cinquante mil, pour edifier le temple par lesquelz fut fait lautel et les premieres fondemens cõmẽcez tant seulement, mais ilz ne peurent aler oultre a edifier leur temple pour les ennemis qui leur couroient sus, et fut delayee la besõgne iusques au temps de darius par ce temps aduindrent les choses qui sont escriptes ou liure de iudich, seqͥl liure pour certain sen dist que les iuifz ne recoiuent pas ou canon des escriptures. Soixante et dix ans doncques acõplis soubz darius roy de perse, lesquelz iheremie le prophete auoit annonce, les iuifz furent deliurez de leur captiuite, et leur fut rendue leur frãchise et liberte, regnãt tarquin le Bii. roy des rommains, lequel boute hors, ilz commencerẽt a estre frãcz de la seigneurie de leur roy. Jusques a ce temps le peuple disrael eut prophetes: desquelz cõe il y en eust plusieurs, toutesfois et deuers nous et deuers les iuifz a il pou descriptures canonicques deulx, desqͥlz prophetes ie promis que ie diroye aucune chose en ce liure quãt ie acheuay le pcedẽt laquelle ie Boy quelle est a faire de present

¶ Exposicion sur ce chapitre.

En ce. xxBii. chapitre mõseigneur sait augustin dit que apres lxx ans acomplis, la dicte captiuite fut relaschee, selon ce que lauoit pphetise iheremie le prophete. En ce pendãt furent enuoyez en ierusalẽ cinquãte mil iuifz pour reedifier le temple, lesquelz nepeurent faire que les fondemens, pource qͥlz furent empeschez par les ennemis, et fut la besoigne delayee iusques au temps de darius roy de perse, pendant lequel tẽps aduindrent les choses qui sont escriptes ou liure de iudich, laqͥlle chose les iuifz ne recepuoient en ses scripture canonicque. Et sont a entendre ces choses de darius qui fut filz de ptapsis, et en sõ temps acõplys les lxx. ans, ilz furent deliurez a plain de toute la captiuite selon ce que iheremie lauoit prophetise. Regnant le roy tarquinus Bii. roy des rommains, par quoy aucuns ont Boulu dire que ce roy q̃ sen appelloit nabugodonosor duquel holofernes fut cõnestable et prince de sa cauaterie fut le roy cyrus qui fut roy de perse et de babilone, pource que en son temps aduint le miracle. Et dist franciscus de maronie que aucuns cuident quil fut filz du roy assuerus et de hester

¶ Des temps des prophetes desquelz sen a les pphecies es liures, et lesquelz dirent moult de choses de la vocacion des gens, quant le royaume des rommains commenca, et que celui des assyriens deffaillit. xviii.

Affin doncques que nous puissons considerer leur temps, il nous fault retourner ung pou plus hault. Ou commencement de ozee le pphete, lequel est mis le premier des xii. pphetes est ainsi escript. Cest la parolle de nostreseigneur laquelle fut faicte a ozee ou temps de ozie, et ioachin, et achas, et ezechias roys de iuda. Amos aussy dist quil prophetisa es temps du roy ozie, et y adiousta aussi ieroboam roy disrael, lequel fut en ce mesmes temps, et aussy y adiousta il ysaie filz de amos le prophete, seql nous auons dessus nōme, ou qui plus est dun autre appelle de ce nom, seql ne fut pas pphete. Et ces mesmes quatre roys quil nōme, il a mis ou commencement de son liure, es iours desquelz il dist ql pphetisa. Michee le pphete recorde aussy ces mesmes temps, esquelz il dist quil pphetisa apres ce que ozee fut trespasse, car il nōme les trois qui viennent apres lesquelz ozee auoit nōmez, cestassauoir ioachin achas et ezechie, ce sont ceulx lesquelz se treuue pluseurs escriptures ql ont pphetise en ung mesmes temps, len adioinct a ces pphetes ionas, regnant ce mesmes roy iozias et iohel cōme ioachin qui succeda a ozie cōmenca it ia a regner. Mais nous nauons peu trouuer les temps de ces deux pphetes en leurs liures, pour ce qlz se taisēt du temps ouquel ilz furent, mais nous sauons trouue es cronicques. Et ces temps sestendent puis le temps du roy des latins appelle procas, ou de auentin qui regna auant luy, iusques a romulus qui ia estoit roy des romains, ou aussy iusqz au commencement de numa pōpilius seql fut successeur de romulus. Quelz merueilles, car ezechias qui estoit roy de iuda regna iusques a ce temps, et p ce il appt q ces pphetes ouurerēt ēsēble en ce temps p ce temps, aussi cōme les fontaines des pphetes, quāt le royaume des assyriens deffaillit, et celui des rommains cōmenca, en telle maniere q tout aussy comme le royaume des assyriens fut es premiere temps dabrahā ouql furēt faictes les trescleres pmesses de la benediction de toutes gens en sa lignee, tout aussy au cōmencemēt de babilone occasdēt, laqlle seigneurissāt iesucrist estoit a aduenir, ouql ces choses qui estoiēt pmises estoiēt a aduenir, les bouches des pphetes nōpas ceulx qui ploient, mais certes ceulx qui escripuoiēt furent deslieez, pour porter tesmoignaige de si grāde chose qui estoit a aduenir. Car cōme il y eust tousiours pphetes ou peuple disrael, ne ne fussent pas a peine deffaillis, depuis quilz cōmencerēt a auoir roys, ilz furēt tant seulemēt en lusaige deulz, et nōpas des papēs ou des gēs, mais quāt le scripture des prophetes fut declairee plus aptemēt, quāt elle proffiteroit aux papēs il faillit lors cōmencer quāt se faisoit cesse cite laqlle auoit seigneurie sur ses gens.

Exposicion sur ce chapitre.

En ce xviii. chapitre appert p les ditz de mōseigneur sainct augustin que procas qui fut filz daventin, pere de romulus, et cōmenca a regner ou quinziesme an dozie roy de iuda, ou temps duquel commencerent premieremēt les prophetes a regner, lesquelz prophetisoient nompas seulement ou peuple disrael, mais aussy prophetisoient ilz le salut a toutes manieres de gens payens et autres. Et toutesfois dist il que combien

a .iiii.

quilz feussent plusieurs prophetes en pa
il pou dont les escripz soient receuz en les
cripture canonicq / et est a noter que tout
le royaume des assiriens fina ou.xxviii.
an du roy auentin.

⸿ Quelle chose amos et ozee propheti
serent des choses qui appartiennent a le
uangille de nostre saueur ihesucrist.
C.xxviii.

De tant doncques comme ozee le
prophete parla plusparfondement, de tant oeuuretilz plus
penetramment, mais nous deuōs prendre aucune chose de sa prophecie, et la de
uons cy mettre selon ce que nous auons
promis / et sera dit ou lieu / ouquel il est
dit a eulz / Nompas mon peuple vous /
icculx seront appellez filz de dieu le vif.
Les apostres entendirent aussy le tesmoi
gnaige de ce prophete / de la vocacion du
peuple des gens / cest adire des payens /
lequel nappartenoit pas parauāt a dieu
et pour ce que ce peuple des gens estoit es
piritucllement es filz dabraham / et par
ce est dit droituriermēt israel, pour ce sē
suyt en ceste prophecie et dit ainsi. Et serōt
assemblez dit il les filz de iuda et disrael
en lui mesmes, et bailleront a eulz mes
mes vng prince et vne seigneurie, et mon
terons de terre Se nous voulōs acoire
exposer ceste parolle / nous destruirons
la saueur de la parole de ceste prophecie.
Toutesfois souuiēne nous de ceste pie
re q est en vng bouts des deux murs lun
des iuifz / et lautre des payens / ou nom
des enfans disrael / ensuyuāt en soy mes
mes vng seur prince / et soient congneux
par mōtāt de la terre / mais ces charnelz
qui a present ne veulent croire ihesucrist,
et qui apres y croiront / cestassauoir leurs
enfans et lignee, pour ce que ceulx cy sās

doubte passeront en leur lieu en mourāt.
Ce mesme pphete le tesmoigne, en disāt
pour ce dist il que les enfans disrael se
ront plusieurs iours / sans roy / sās prin
ce / sās sacrifice / sās autel / et aournemēs a
ce / sans prestre, et sans manifestacion / q
est celui qui ne voye maintenant que les
iuifz sont ainsi / mais opons ce quil ad
ioint a ceste prophecie. Et apres ce dist il
retourneront les enfans disrael et qrrōt
dieu leur seigneur et dauid leur roy, et ses
bahiront en nostreseigneur, et en ses biēs
es dernieres iours. Riens nest plus appert
ne plus manifeste de ceste prophecie, la
quelle nostreseigneur iesucrist est entēdu
signifie par le nom du roy dauid, lequel
sicōme dit lapostre fut fait selon sa chair
en la semence de la lignee de dauid. Ce p
phete denonca la resurrection de iesucrist
laquelle estoit a aduenir au tiers iour en
la maniere quil conuenoit annōcer p la
haultesse de pphecie, la ou il dist. Il nous
garira dist il apres deux iours, et ou tiers
nous resusciterons. Car selon ce q lapo
stre nous dit. Se vous estes dist il resu
scitez auecques nostreseigneur ihesucrist
assauourez les choses qui sont en hault.
Amos le prophete pphetisa aussy de tel
les choses en ceste maniere Appareille toy
dit il ad ce que tu appelles et requieres tō
dieu disrael, car ie suis celuy qui ferme
les tonnoirres et cree lesperit, et qui annō
ce es hōmes leur crist, cest adire leur sau
ueur, et en autre lieu il dist en ceste manie
re. En ce iour dist il ie ressusciteray le ta
bernacle de dauid, lequel a este trebuche
et reedifieray les choses qui en sōt cheues
et resusciteray les choses qui ont este des
truictes, et reedifieray aussy comme les
iours du siecle p telle maniere q le rema
nant des hommes le requierent et reque
ront et toutes gens esquelz mon nom est
appelle sur eulz se dist nostreseigneur fai
sant ces choses seront sauuez

⸿ Exposicion sur ce chapitre.

En ce xxviii. chapitre monseigneur sainct augustin descend a prouuer sa principale conclusion, cest assauoir que nostre sauueur ihesucrist est venu, et se prueue premierement par les ditz dosee le prophete. premierement il le prueue par sa conuersion des payens qui sont retournez a la foy crestienne. Et se prueue par les ditz dozee en son premier chapitre ouquel en adressant ses parolles, ausquelz aussy comme en sa figure et en la personne de nostreseigneur il leur dit ainsi. Vous nestes pas dist il filz de mon peuple, car et ceulx seront appellez filz de dieu. laquelle parolle il entend des crestiens qui depuis ont este fais des payens car le tesmoignaige de ceste vocacion est proprement a entendre des payens. Ceste chose il prueue par deux raisons. La premiere par ce quil dist que les apostres sen tendirent ainsi. Car ad romanos nono monseigneur sainct augustin allegue ceste auctorite dozee pour les conuersions des payens a ihesucrist. Or est il vray que ceste conuersion est faicte, et par consequent est a tenir, que nostreseigneur iesucrist est venu. La seconde raison est telle. Car il fault entendre ces choses espirituellement: pour ce que le prophete parle sa contre lespirituelle fornicacion des iuifz, et par consequent contre lespirituel mariage des gens cest adire des payens. Et ainsi parle lapostre ad romanos nono per totum. Et par consequent ce qui sensuyt ou texte, cest assauoir. Et se assembleront les filz disrael et les filz de iuda. Car il fault entendre icy les filz de iuda espirituellement non pas charnellement, sur lesquelz regna roboam, car par les dix lignees disrael sur lesquelz regna roboam, et par ceulx disrael sont a entendre tout le peuple qui descendit dabraham, et le peuple des gens, cest adire des payens. Or est il certain que ad present les iuifz qui viuent selon lesperit, et les payens qui sont conuertis sont deux parois en deux murs en leglise espirituelle de ihesucrist, et par consequent il appert quil est venu. Apres quant il dist. Pour ce que les enfans disrael seront plusieurs iours et cetera Et apres ce reuendront et cetera. Monseigneur sainct augustin argue et dit que il appert clerement quil parle de la prestrise de iesucrist Car quant il dit. Et querront dieu leur seigneur, et dauid leur roy et cetera. Ce ne peut estre entendu de la personne de dauid, tant par ce quil nestpas dieu, comme par ce que on ne sent ou pas a aduenir et par consequent estoit a entendre de ihesucrist, lequel auoit a prendre chair de la lignee de dauid quant et cetera. Apres pour venir a ceste mesmes conclusion, monseignur sainct augustin passe oultre, et monstre par celle prophecie que nostreseigneur iesucrist deuoit ressusciter au tiers iour, lesquelles parolles sont ou il dit. Tu nous guariras apres deux iours et cetera. Mais nostre resurrection presuppose la resurrection de ihesucrist selon ledict de lapostre quil allegue ou il dit. Se vous estes resuscitez en ihesucrist. Or est il chose notoire que les filz charnelz si soient sans iesucrist leur prince sans son sacrifice espirituel sans manifestacion ou accomplissement de la loy de ihesucrist, lesquelles sont mises mathei quinto et septo. Mais les iuifz et payens espirituelz, lesquelz sont conuertiz a la foy crestienne, si soient auecques ihesucrist leur prince, par quoy il appert par lacomplissement de la prophecie que ihesucrist est venu. Apres il prueue ceste mesmes principale conclusion par amos le prophete. Car en son quart liure il dist Les parolles alleguees ou texte, lesquelles apperront estre dictes de ihesucrist

¶ Quelles choses furent annoncees par psaie de nostreseigneur iesucrist et de leglise. i xxix

Ysaie ce prophete nest pas ou liure des douze pphetes, lesqlz sont appellez petis, pource que leurs parolles sōt plus petites au regard de ceulx q̄ sont appellez plusgrās, pour ce quilz feirent grans volumes et longz desquelz cest psaie est, lequel ie adioindz aux deux prophetes dessusdis, pour vng mesmes temps de prophecie. Isaye donc ques entre les choses mauuaises que il reprend, et les choses quil recommande, et les maulx quil ānōca a aduenir au peuple pecheur prophetisa aussy de ihesucrist et de seglise, cestassauoir du roy ā de celle cite. Qui fist trop pl⁹ de choses q̄ les autres prophetes, par telle maniere q̄ aucuns disoient quil estoit mieulx euangeliste que prophete, mais pour raison dascheuer ceste œuure, ie mettray cy plusieurs de ses ditz. Quelz merueilles, en pfāt de la psōne de dieu le pere il dit Veez cy dit il que mon enfant entendra et sera essau ce ou esseue ou gloriffie grandement. tout aīsi comme plusieurs sesbahyrōt sur toy tout ainsi sera priuee ta face des hommes p telle maniere sesmerueilleront plusieurs gens sur luy, et ses roys contendrōt leur bouche pource que ceulx ausqlz il na pas este annonce de lui le verront, ā ceulx q̄ ne sont pas ouy sentendront. Sire q̄ est celui qui a creu a ce que nous auons ouy ā a q̄ a este reuele le bras de nostreseigneur. cest adire sa force et sa puissance nous anoncasmes deuant lui comme enfant, ā comme la racine qui est en terre, laquelle a soif. Il na en lui ne gloire ne beaulte, et nous le veismes, et il nauoit en lui ne force ne beaulte, mais estoit sa forme sās honneur deffaillāt deuāt to⁹ hōes, hōe mis en playe, cest adire en douleur, ā sachāt porter ēfermete ā maladie, pour ce ql a sa face tournee, est il nō honoure, ne ne tiēt on pas grāt cōpte de lui ne q̄ ce soit grāt chose Celui porte noz pechiez, et se deust pour nous ā no⁹ le cuidasmes estre en douleur

et en playe ā en afflictiō ā il est naure pour noz mauuaistiez et iniquitez, ā est mala de pour noz pechiez Lenseignemēt de nre paix est en lui, nous sommes guaris par la playe de lui, nous auōs erre cōe brebis homme a erre de sa voye, et nostreseignr la baille pour noz pechiez, et il ne ouurit oncques sa bouche pour laquelle chose il fut tourmente. Il fut mene et sacrifie cōe vne brebis, et comme aigneau qui sās cry ne sans brait est mene deuāt celui qui se doit tondre, Tout ainsi ne ouurit il pas sa bouche, son iugement fut oste en humilite, qui sera celui qui racōptera sa generacion, car sa vie nest pas ostee de terre, il est mene a mort pour les iniquitez de mō peuple Et ie dōray les mauuais pour sa sepulture, et riches pour sa mort, pource quil na pas fait de iniquite, ne fraude na pas este trouue en sa bouche, et nostreseigneur le veult purgier de sa playe. Se vous donnez vre ame pour pechie vo verez longue lignee. Et nreseigneur veult oster sō ame de douleur ā lui mōstrer lumiere et former son entendemēt, iustifier le iuste qui sert bien a plusieurs, et icelluy portera leurs pechiez, et pour ce il en heritera plusieurs, et departira ses despouillez des fors pour laquelle chose son ame est baillee a sa mort, et est repputee entre les desloyaulx. Et il portera les pechiez de moult de gēs, et est baillee pour leurs pechiez Ces choses sōt de iesucrist, mais ou pons aussy ce qui sensuyt, apres de seglise. Esiouys toy dist il toy q̄ es brehaigne, et qui nenfantes pas, effoice toy et crye tu qui nas point denfant, car il y aura plus denfans de celle qui sera deserte que de celle qui a hōme. Dissate ou essar gy le lieu de tō tabernacle, et fiche le lieu de tes bergeries, gardes bien que tu nes pargnes a nully, Eslonge tes cordes et ō ferme tes pieux, estes toy encoires en la dextre ā senestre ptie, ā ta semēce en ligne hereditera les gēs ā hitueras ce citez desertes ne te doubtes pas se tu es en cōfusion ou confuse ne reffuse pas se tu es diffame / car tu oubliras sa cōfusion ppetuelle. et si ne te souuendra de la honte de ta viduite/ pour ce que dieu qui ta fait est nostre seigneur qui est appelle sabaoth. et celuy qui ta deliure sera appelle le dieu disrael de toutes terres auec plusieurs autres paroles qui sont en ceste prophecie. Ces choses touteffois / et en icelles il ny a aucune chose a exposer / mais ie croy que les choses qui sont ainsi appertes souffisent ad ce que les ennemis aussi soient malgre eulx contraindz de les entēdre

¶ Exposicion sur ce chapitre.

En ce xxix. chapitre monseigneur saint augustin poursuyt ancoires son intencion/ a monstrer q̄ nostreseigneur ihesucrist est venu/ Et le preuue par ysaie le prophete. Et dist que il nest pas cōpte ou nōbre des douze petis pphetes qui sont pour ce appellez les petis / pour ce que leurs parolles sont brief ues au regard de ceulx qui sont appellez plus grans pour ce quilz feirent plus longues escriptures desquelz ysaie est vng. En telle maniere que aucuns ont creu q̄ il fut plus euangeliste que prophete/ Et sont les parolles quil alegue icy pour ve nir a son propos du. lv. chapitre de ysaye

¶ Quelle chose micheas et iohel prophetiserent qui appartiēnēt au nouueau testament. xxx

Micheas le prophete en mettant nostreseigneur ihesucrist / en la maniere dune grant montaigne dist ces parolles. Es dernieres iours dit il sera manifeste ou manifeste le mōt de nostreseigneur/ lequel sera appareille sur les haultesses des mōtaignes/ et ser essauce sur les boutz des montaignes/ et la sauanceront daser ses peuples/ et prōt moult de gens et diront. Venez diront ilz montons en la montaigne de nostre seigneur/ et en la maison de iacob/ Et il nous monstrera sa voye / et nous prons en ses sentiers/ car sa loy procedera de syon/ et sa parolle de nostreseigneur procedera de iherusalem/ et iugera entre plusieurs peuples et redaiguera les gēs puissans iusques a bien a loing. Ce prophete aussi en annonçant le lieu ou nostresauueur ihesucrist fut ne. Et tu dit il Bethlēe la maison deffrata/ tu nes pas la moindre ou la trespetite/ a ce que tu soyes comptee es princes ou es cheualiers de iuda/ car de toy me vendra vng qui sera prince et son yssue et naissance sera des le cōmencement et des iours ou temps ancien / et pour ce il les donra iusques au tēps que celle enfantera/ et aura enfās et leurs freres qui demourront se cōuertirōt aux enfans disrael / et il sera en vng estat et verra et paistra son peuple en la vertu de nrēseigneur/ et serōt en lonneur de nrēseigneur leur dieu/ pour ce q̄l sera manifie au plus hault de la terre. Jonas aussi le pphete nōpas tāt p parolles/ mais aussi p passiō q̄l souffrit/ pphetisa pour certain iesucrist plus aptemēt q̄ sil criast ou dist p voix humaine sa passiō et sa resurrectiō car pourquoy fust il receu ou ventre de la balaine ou il demoura trois iours/ et au tiers en yssit tout sain / se ce ne fust pour signifier iesucrist q̄ au tiers iour retourna du pfōd denfer ou il estoit alle pour les siēs deliurer. Johel le pphē dit q̄ on expo se p moult de sortes les choses q̄l pphetisa ad ce que les choses qui appartiennent a nostreseigneur ihesucrist / et a seglise apperent plus euidentement. Touteffois ne delaisseray ie pas vne chose que les apostres dient et recordent / quant le benoyst saint esperit vint descendit sur ses disciples qui estoiẽt assemblez en ung lieu/comme ceulx qui croient en lui/en la maniere/de nostreseigneur iesucrist leur auoit pmise. Et sera dist il apres ces choses que ie respandray de mon esperit sur toute chair/cest adire sur toute creature humaine. et voz filz et voz filles propheti seront. et voz plus anciens songerõt son ges/et voz iouuenceaulx verront les vi sions. Et pour certain ie respandray de mon esperit en ce temps en mes serfz/et en mes chamberieres.

¶ Exposicion sur ce chapitre.

En ce trentiesme chapitre mõsei gneur saint augustin preuue sa principale conclusion p les ditz de michee le prophete, qui compare nostre sauueur ihesucrist a une grant montaigne/et sont ces parolles du cinquiesme chapitre. Apres il se mostre par ionas le prophete/lequel il dit quil fut trois iours ou ventre de la balaine/et ou tiers iour il yssit hors. En laquelle chose fut figuree la passion/et la resurrection de nostre seigneur. Et est lhystoire telle que nostre seigneur sapparut a ionas/et luy commã da quil alast prescher en la cite de niniue le peuple laquelle cite auoit pechie con tre nostreseigneur/lequel ne le fist pas/ mais senfuyt deuant nostreseigneur/ et sen cuida aler en tharse/et pour ce faire se mist en une nef auecques autres gens/et tantost une grant tempeste de mer comẽ ca. Et quant ceulx qui estoient en la mer veirent ce/apres ce qlz eurent alegee leur nef/et getté en la mer tous les ioupaulx quilz portoient/et quilz eurent veu que ce ne leur prouffitoit riens/ilz getterent leur sort en eulx/et cheyt sur ionas/lequel ilz getterent en la mer/de son consentement ad ce que la tempeste cessast/lequel une balaine engloutist/et fut .iii. iours et trois nuys en son ventre/et au tiers iour la ba

laine le vomist/et mist hors sur la riue de la mer/et de la sen ala prescher en la ci te de niniue selon le commandemẽt de no streseigneur. Apres il preuue par iohel le prophete/et monstre comment la figure quil met/fut la figure que le saint esperit descendit sur les apostres le iour de la pẽ thecouste.

¶ Quelles choses soient trouuees en abdyas naon et abacuch du salut du mõ de en iesucrist. xxxi

Les trois des moindres prophetes cestassauoir abdyas/naon et a bacuch/ne ilz ne diẽt leurs tẽps ne ilz ne se treuuent es cronicques de eusebe/et de saint iherosme quant ilz ppheti serent. Car ilz mettent abdyas auecqs micheas, mais ilz ne le mettent pas en ce lieu ouquel on raconte les temps esqlz micheas prophetisa/sicomme il appert p ses escriptures laquelle chose ie ymagine quelle est aduenue par lerreur de ceulx q descriprent negligemment, les labours des autres/cestassauoir les choses quilz ont faictes a grant diligẽce. Mais nous nauõs peu trouuer les deux autres dõt dessus est faicte mencõ es liures des cro nicques que nous auons veues/mais pour ce quilz sont contenus et comprins ou ca non/il nappartiẽt pas que nous les tres passons. Quant a auoir regard a lescri pture de abdyas/lequel fut tresbrief de tous les prophetes/il ple contre ydumee cestassauoir la lignee de esau/lequel com bien que il fut laisné des deux enfans de ysaac nepueu dabraham/Toutessois se nous prenõs ydumee estre mise pour ses gens ou payens/par la maniere que len prent le tout pour partie/nous pourrõs veoir et congnoistre de ihesucrist ce que il dist entre aultres plusieurs choses.

En la montaigne dist il de spon sera le salut, et ce sera dist il chose saincte. Et vng pou apres en la fin de sa prophecie il dist en ceste maniere. Et ceulx dist il qui serōt sauuez monteront de la mōtaigne de spon/a ce que ilz descendent la montaigne de esau et ce royaume sera le royaume de nostreseigneur. Quelz merueilles/ceste chose appert estre acomplye/ quāt ceulx qui ont este sauuez de la mōtaigne de spon/cestassauoir de iudee croyans en iesu crist/lesquelz on congnoist sur toꝰ autres que ce sont les apostres qui mōterēt pour descendre le mont de esau. Comment se descendroient ilz se ce nestoit en sauuant ceulx qui ont creu par la predicacion de leuangille/ et quilz puissent estre ostez de la puissance des dyables/et feussent trās portez ou royaume de dieu/ cestassauoir en paradis/ laquelle chose il adiousta cō sequamment en adioustāt telles polles. Et le royaume dit il sera a nr̄eseigneur/ car la montaigne de spō signifioit le peuple des iuifz/ ouquel leur salut estoit annōce a aduenir/ et le saint esperit lequel est nostresauueur iesucrist. Mais la mōtaigne de esau est pourmee par laq̄lle est signifiee leglise des gens/ cest adire des payens qui se sont conuertis a la foy crestienne/ laquelle deffendirent ceulx q̄ ont este sauuez/cest adire regenerez par bap̄tesme/ affin que ce royaume fust a nostre seigneur. Ceste chose estoit obscure auant quelle fust faicte: mais quant elle fut faicte/ qui est chrestien ne qui ne sa cōgnoisse. Et naon le prophete/ et qui plus est nr̄e seigneur par lui dit telles parolles. Je en termineray dist il les ydoles qui sont instituees/ et veez cy que les pies legieres et hastifz de celui qui euangelise/ et annōce la paix sōt sur les mōtaignes. Celebre les iours de tes festes et de tes solennitez Pē d tes veuz/ car desia ilz ne passeront pas: ad ce quilz enuieillissent ou passent en vieillesse/ tout est consomme et oste

Celuy qui a inspire en ta face/ est monte en toy deliurant de toute tribulacion/ il souuient a celui qui recorde leuangille q̄ est celuy qui monta denfer et insuffla en la face de iuda/cestassauoir des iuifz disciples de nostreseigneur le sainct esperit car ces choses appartiennēt au nouueau testament/ desquelz les festes et solennitez sont inuocees/ es cieulx espirituellement tellement quelle ne pouoient enuiellir. Mais qui plus est nous voyons par leuangile/ q̄ les ydoles des faulx dieux forgees et molees sont exterminees / et mises en oubliance/ aussy comme selles fussent oultrees et enseuelies. Et si congnoissons ia ce estre prophetise / et auoir este acomply en ceste chose

¶ Exposicion sur ce chapitre.

Ence xxxi. chapitre na pas depposicion/ pour ce quil sexpose de soy mesmes.

¶ De la prophecie qui est contenue en loraison et canticque dabacuth xxxii

De quel autre fois de laduenement nostreseigneur ihesucrist lequel estoit a aduenir entend len que abacuth parlast quant il dist telles parolles. Et nostreseigneur dist il me dist et respondit. Escrips dist il ceste visiō appertement ou bois/ affin que celuy qui lyra ces choses qui sont escriptes / en ait vraye congnoissance / et en prengne vray entendement / Car ceste diuision est ancoires differee ou tempz/ et naistra en la fin/ et ne sera pas en vain. Se il demeure a aduenir/ soustien le et deporte/ Car il vendra en venāt/ et ne demourra pas

Mais en son oraison ou priere laquelle est aussy par maniere de cantique/au quel autre dist il ces parolles fois a nrē seigneur ihesucrist. Sire dist il iay ouy ta parolle et ay eu paour. Sire iay considere tes parolles et me suys esbahy. Car quelle chose est ce fois admiracion/ laquelle ne peut estre recordee du nouueau: soubdai salut des hommes lequel a este parauāt congneu et annonce. Tu fus dist il congneu ou milieu des deux bestes/ quelle chose est ce fois deux testamens/ cest assauoir du vieil et du nouueau: ou des deux larrons ou milieu desquelz il fut crucifie/ ou au milieu de moyse et de helye lesquelz parloient auecques lui en la montaigne. Ne ce qui est dit apres na mestier dexposer/ ou il dist. Tu seras congneu quant ces iours approchent ou approcheront/et seras mōstre quant le temps vēdra. Apres quant mon ame sera cōturbee en lui/il te souuendra par dedens de misericorde. Quelle autre chose est ce fois/ ce qui transfigura en soy les iuifz de la gent/ desquelz il estoit selon sa chair/ lesquelz comme ilz crucifioient nrē sauueur ihesucrist par tresgrant pre/ icelui nostre seigneur iesucrist ayāt memoire de sa misericorde en sadressant a dieu le pere/ dist ces parolles. Pere pardonne leur/ car ilz ne sceuent quilz font. Apres et le saint esperit vendra de la montaigne/ espesse et pleine dombre/ ce qui est cy dit qui vēdra de themon/ les autres sont iterprete dauster ou dauffricque/ p laquelle chose midy est signifie/ cest assauoir de charite/ et la resplendeur de verite. Mais ia soit ce que on puist entendre en maintes manieres celle montaigne espesse/et pleine dōbre/ toutesfois ie prendz plus voluntiers en ceste pphecie la haultesse des diuines escriptures p lesqlles iesucrist fut ppheti se. Quelz merueilles/ car en ces diuines escriptures de ses faitz et de ses ditz/et cōe familieux mēgoiēt le pain de sa doctrine

occultemēt pour la crainte des iuifz sicōe leuangile le met auāt. Et tes dist il enuoietes cheuaulx en la mer/troublans plusieurs eaues/ lesquelz ne sont autre chose que grant multitude de peuple/ car se tous nestoient troublez les vngz ne se conuertiroient pas par paour/ne les autres ne seroiēt pas persecutez par fureur. Iay dist il ces choses gardees/ et par la voix de loraison que iay proferee de ma bouche mon ventre sest esbahy et paour est entree dedēs mez os. et mon habitacion est trouble dessoubz moy. Abacuth en ceste partie met sentence es choses quil disoit q est esbahy en son oraison/ laquelle il disoit en pphecie et en sacqlle il regardoit toutes les choses q estoient a aduenir/ car quāt plusieurs peuples furent troublez p imminentes tribulacions de leglise/incontinent il congneut quil estoit membre de leglise/et dist telles parolles. Je me reposeray dist il au iour de la tribulaciō/ ausy comme celuy qui appartenoit a ceulx qui sesiouyssoient en esperance/ et sont paciens en tribulacion/ ad ce dist il q ie mōstre au peuple de ma peregrinacion/ en soy departant du tout en tout du mauuais peuple charnel de sa generacion lequel ne faisoit pas son pellerinaige en ceste terre: cest adire au monde/ ne ne requeroiēt le souuerain pays/ cest adire paradis. Car le figier dist il napportera pas le fruyt/ et es vignes naura aucun fruyt/ Les oeuures de loliue si mētiront/ et les champs ne feront pas de viandes. les brebis deffauldrōt aviande/ et si naura nulz beufz es craiches. Abacuth en disant ces parolles veit celle gent laqlle deuoit occire mē seigneur ihesucrist qui auoit a perdre/ la largesse des biens espirituelz/ lesquelles choses il figura en maniere de prophecie: par labondance des choses terriennes. Et pour ce que celle gent laquelle estoit ignorante et non sachant de la iustice de dieu/ en voulant constituer la sienne/

pour laquelle chose elle souffrit ceste pre de nostreseigneur incontinent dist telles posses. Mais ie dist il messauceray a nre seigneur et me esiouiray en dieu mon sau ueur nostreseigneur. Mon dieu et ma ver tu dist il a mis mes pies en ma consoma cion, il me mettra es haulx lieux et ie vain cray en sa canticque, cest a dire en celle can ticque, de laquelle aucunes choses sem blables sont dictes ou psaultier en ceste ma niere. Il a estably mes pies sur sa pierre, et a dreee mes pas, et a mis en ma bouche nouuelle canticque, laquelle est chanson ou dictier de nostreseigneur. Celui doncq sainct en sa canticque de nostroseigneur qui plaist en sa louenge de lui, nompas en sa sienne. Ad ce que celui print gloire, ou se glorifie en nostreseigneur, mais il me semble que en aucuns liures il est es cript. et mieulx. Je mesiouiray en iesus mon dieu. que en ceulx qui ont voulu ce mettre en latin quilz ne mirent pas ce no lequel nom nous est plus doulx et plus amiable a nommer de bouche et du cueur sauourer.

§ Exposicion sur ce chapitre.

En ce.xxii.chapitre fault pou dex posicio, pour ce que monseigneur sainct augustin expose ceste can ticque selon les vers du texte. Tant pa sicome autresfois nous auons dit: il met ceste canticq selon la translacion des lxx translateurs, et nompas selon sa transla cion de monseigneur saint iherosme. An coires est il a sauoir que cel abacuth le pro phete fut celui a q nostreseigneur enuoya son ange en iherusalem pour porter la via de quil auoit appareillee a daniel le pro phete en babilone pour repaistre, lequel balthazar auoit fait mettre auecques ses lyons, et comme il dist quil ne sauoit ou estoit babilone ne se sac des lyons, il se print par les cheueulx de la teste, et se por

ta sicomme il appert plus pleinement par le dernier chapitre de daniel

§ Quelle chose iheremias et sophonias ayent dit par esperit de prophecie de nostre saueur ihesucrist, et de la vocation des payens. xxxiii.

Iheremie le prophete est des plus grans prophetes aussy come ysaye et nompas des moindres, sicom me les autres des escriptures, desquelz iay ia mis aucune chose. Il prophetisa re gnant iosye en iherusalem, et ancus mar cus sur les rommains, ia approchant la captiuite des iuifz, sicome nous se trou uons en ces liures. Mais sophonias q est vng des moindres prophetes est adioint a iheremie, car lui mesmes dit quil pphe tisa Iheremie doncques prophetisa, nom pas tant seullement ou temps de ancus marcus, mais aussy ou temps de tarqui nus priscus, lequel fut le.v. roy des ro mains, car il auoit ia commence a regner quant ceste captiuite des iuifz fut faicte, Mais iheremie prophetisa de ihesucrist en ceste maniere L'esperit dist il de nre bouche nostreseigneur ihesucrist est prins en noz pechiez en demonstrant briefuement p ce ste maniere, et q nreseigneur est iesucrist et quil est mort pour nous. De rechief en vng autre lieu il dist telles parolles. Ce stuy dist il mon dieu, et ne cuidera pas nul quil en soit pas deuant au regard de luy lequel a trouue toute voye de prudence, et la donne a iacob son enfant a a son amy ysrael. Apres ces choses dit il, Il fut veu en terre et couersa auecques les hommes Aucuns attribuent ce tesmoignaige de pro phecie, nompas a iheremie, mais a son escripuan qui estoit appelle baruch, mais la plus creable et la plus vraye oppinion est quelle est de ieremie. De rechief ce mes mes prophete dit de luy telles parolles.

Veez cy ce dit il que nostreseigneur dist que les iours viennent, et ie susciteray dauid iuste germe et il regnera roy et sera saige et fera iugement et iustice en terre En ce temps sera sauue iudas, et israel habitera seurement, et le nom par lequel ilz lappelleront sera tel, cest assauoir nostre seigneur iuste. De la vocacion des gens cest a dire des payens qui estoient a aduenir, et laquelle chose nous voyons maintenant acomplye, il parle en ceste maniere et dit. Nostreseigneur qui es mon dieu et mon refuge ou temps des maulx, les gens venront a toy, cest a dire les payés des fins et dernieres parties de la terre, et diront vrayement, noz peres ont adoure mensonges simulachres et ydoles, et navoit en eulx nulz proffitz. Mais pour ce que les iuifz par lesquelz il conuenoit quil fust occis ne se deuoient pas congnoistre, ce mesme prophete lenseigne en ceste maniere. Grief cueur dit il par tout, et il est dit il homme: et qui est celui qui le congnoist. Ce mesmes est aussy ce que iay mis ou xvii. liure du vieil testament duquel ihesucrist est mediateur. Quelles merueilles se iheremie dit telles paroles. Veez cy dit il que les iours viennent dit nostreseigneur, et ie consummeray nouueau testament sur la maisõ de iacob, et les autres parolles que on list la. Je mettray aussy les parolles de sophonie le prophete qui pphetisa auecques ieremie les choses dessusdictes de iesucrist aucune chose ce pendant, et sophonie dit ainsi. Atendz moy dit nostreseigneur au iour de ma resurrection ou temps auenir car mon iugement sera ad ce que ie assemble ces gens, cest a dire les payens, et que ie sye ensemble les royaumes. Et derechief en parlant des ydoles et de ceulx q̃ les adourent il dit ainsi. Nostreseigneur dit il est horrible sur ceulx, et il epternie ra dit il tous les lieux de la terre, et lhomme le adourera de son lieu, et toutes les

ydoles des gens. et vng pou apres il dit telles paroffes Lors dit il ie retourneray ma langue es peuples et en leurs lignees ad ce que tous requierent le nom de nre seigneur, et seruent a lui soubz vng iour Ilz mapporteront dit il les hosties des fins des fleuues de europe, en ce iour tu seras confondu de toutes tes adinuencions lesquelles tu as faictes faulsement en moy. car lors ie osteray de toy les mau uaistiez de ton iniure, et ne tauanceras plus ad ce que tu soyes magnifie sur ma montaigne et soubz delaisseray en toy peuple doulx et humble, et ceulx qui seront du remanant du peuple disrael por teront reuerence au nom de nostreseigñr Ce sont les remanans desquelz il est pro phetise autre part, laquelle chose lapostre recorde aussy en disant Se le nombre dit il des enfans disrael, est aussy comme le sablon de la mer, les resicques ou remanans seront sauuez, car ces resicques ou remanans de celle gẽt croiront en nostre sauueur ihesucrist.

¶ Exposicion sur ce chapitre.

EN ce xxxiii. chapitre mõseigñr saint augustin poursuyt ancoires sa principale conclusion, et preuue que nostre sauueur iesucrist est venu tant par les ditz de iheremie comme par les ditz de sophonias, lesquelz pphetiserent en vng mesmes temps Et quãt il dit, lesperit de nostre bouche &c. Ces parolles sont de la fin du .iiii. chapitre des lamentacions de iheremie, lequel sappelle liber trenorum. Et quant est du sour plus du chapitre, il est tout cler.

De la prophecie de daniel ⁊ de ezechiel: la q̃lle sacorde a iesucrist ⁊ a leglise. xxxiii

Toutesfois en icelle captiuite de babilone/ prophetiserent auant deux autres prophetes des plus grās/ cest assauoir daniel et ezechiel/ desquelz daniel diffinit aussy par nōbre des ans/ les temps esquelz iesucrist deuoit descēdre et venir en terre/ et esquelz il deuoit souffrir mort/ laquelle chose est cōgneue et demonstree en comptant et si a este fait par plusieurs ainsi nous p̄ autres/ mais il parle en ceste maniere de sapience et de leglise. Je voys dist il en la vision de la nupt (t veez cy quil y auoit aussy venant comme le filz de lōme auecques les nues du ciel/ et celui ataint iusques a aage ancien/ et fut mis deuant luy en sa presence/ et a icelup fut donne seigneurie et royaume et honneur et tous les peuples/ et toutes les lignees/ et toutes les langues seruēt a luy/ car sa puissance est puissance perpetuelle laquelle ne fauldra pas/ ne ne passera et son royaume/ ne sera pas corrōpu. Ezechiel aussy dit ce en la maniere de pphetes en signifiāt iesucrist p dauid le pphete pour ce ql prit chair de la lignee de dauid pour laquelle forme de serf par laquelle il fut fait hōme. ce mesmes filz de dieu est aussy appelle serf de dieu (t le nōce aussy en pphetisant en la p̄sonne de dieu le pere. Et ie susciteray mō seruiteur dauid pasteur sur mes bestes qui les paistra/ et icelui les paistra/ (t il leur sera pasteur. mais ie qui suis seigneur leur seray en dieu et dauid mon sergent sera prince ou millieu deulz/ ie ditz n̄reseigneur ap dit ces poroles. Et en vng autre lieu il dit telles parolles. (t vng roy dist il sera cōmādant a to9 ou qui aura seigneurie sur tous/ et ny aura pas dorsenauant deux gens/ ne ne seront diuisez en deux royaumes/ ne ne seront plus soulliez en leurs p̄dolles ne en leurs abhominaciōs/ (t en toutes leurs iniquitez/ (t les sauueray de tous leurs sieges ou ilz ont pechie. (t les netoyerap/ (t ilz serōt mō peuple (t ie seray leur

dieu. Et dauid mō sergēt sera vng roy (t pasteur de tous eulz

De la pphecie de trois pphetes/ cest assauoir aggeus/ zacharie/ et malachie xxxviii

Or demeurēt les trois moindres pphetes/ lesqlz pphetiserēt en la fin de la captiuite/ cest assauoir aggeus zacharie (t malachie/ desqlz aggeus pphetise p ceste briefue sētēce pl9 appertemēt de iesucrist (t de leglise. Le seigneur dist il des ostz (t des cheuauchees dit ces choses. Ancoires pa il vng pou de tēps a aduenir/ et ie esmouueray le ciel/ la terre/ la mer/ (t mouueray toutes gēs (t vendra celui qui est desire de toutes gēs. Len veoit que ceste pphecie est acōplie en ptie/ et en ptie on espere quelle sera acomplie en la fin. Car il vint en la vierge marie/ il vint sur terre p grant miracle p cel enfant de la vierge il dit en la mer quant iesucrist est annōce et es ysles (t en tout le mōde/ Nous voyōs toutes gēs aussy esmouuoir a soy/ mais ce q̄ sesuyt. Et vendra celui qui est desire de toutes gēs/ on lentend de son dernier aduenemēt/ car affin quil fust desire de ceulx qui latendoiēt cōuint quil fust amē. premieremēt de ceulx q̄ le creopēt. zacharie pphetise de lui en ceste maniere de dieu et de leglise. Esioups toy dit il grādemēt toy fille de syō et de ierusalē/ veey ton roy qui viēt a toy iuste et sauueur/ celup est poure volūtaire seant sur vng asne ou sur le poulain dune asnesse. La puissance dicelui est duy bout de la mer iusques a lautre/ (t depuis le commencemēt des riuieres iusques a la fin de la terre habitable. Que tout cecy ait este acōplp en n̄re benoist sauueur iesucrist la saincte euangile le tesmoignaige en laq̄lle ceste pphecie en ptie est recitee en tant q̄ souffist au mistere de sa douloureuse passion. Item cestup mesmes pphete zacharie en esperit de pphecie p̄dīt de la remissiō des pechiez par leffusion du precieux sāg de iesucrist dit en ceste maniere. Top dist il par le precieux sāg de ton testament as deliure tes prisonniers du lac ou abisme auquel nauoit point deaue. Quelle chose est entendue par le lac ou abisme on la peult epposer en plusieurs manieres selon la Herite de la foy crestienne. mais selon ma petite capacite ie nentens riens plus conuenable. que la seche et sterille profundite de la misere humaine. la ou default leaue de iustice et bonte. et abonde la boe de pechie et diniquite de ce lac pareillemēt est escript au psaultier. Le benoist filz de dieu ma tire hors du lac de misere/ et de la fāge ou boe. et de spe. Item malachias le prophete parlant par lesperit de prophecie de leglise militante laquelle nous Heons par epperiēce par nostre benoist saueur estre engēdree en la persone de dieu dit ainsi eppressemēt aux reprouuez iuifz Ma Boulēte nest pas en Bous acomplie et pourtant ie ne receuray pas sacrifices ou oblacions de Bos mains/ depuis oriēt iusques en occident mon nom est grādement honore entre les payēs et en tous lieux du monde on me fait sacrifice. et est offerte Bne trespure oblacion/ car ie suys fort honnore entre les payens. ce dit nōstre seigneur. Considerōs ce tresepcellent sacrement ou sacrifice estre offert. tant en oriēt cōme en occidēt. cest adire par tout le monde Bniuersel. et en tous lieux par la prestrise de iesucrist selon lordre de melchisedech. Mais le sacrifice des iuifz auquelz nostre benoist seigneur dit par la bouche du prophete. ma Boulēte nest pas en Bous acomplie. et ie ne receuray point sacrifices ou oblacions de Bos mains ne peuent nper estre casse ou abolp. lesquelz attendent encoires Bng autre messpas/ combien que ce qui lissent estre prophetise et desia le Boient estre fait na peu estre acomply sy non par nostre benoist saueur iesucrist/ cestuy prophete malachias

Bng petit apres dit ainsy en parlant en la persōne de dieu le pere Mon testamēt sera en lui de Bie et de pais. et luy ap commande qui me craigne dune crainte filiale et quil portast honneur et reuerēce a mō nom/ La loy de Herite sera en sa bouche en adrecant les mauuais a la bonne ptie il cheminera auec moy. et sera retourner moult de gens de leur iniquite. car les leures du prestre garderont sciēce. et serche ront la loy de la bouche dicelup/ car cest lange de dieu le tout puissant. Et ne se fault pas esmerueiller se le filz de dieu est appelle ange de dieu/ Tout ainsy ql est appelle seruiteur pourtant quil a prise forme de seruiteur entre les hōmes. ainsi est il apelle ange pourtant quil a denūce la sainte euangille aux hommes/ car sy nous Boulōs selon lesgrec interpreter euāgeliū signifie bonne nouuelle. et angelus messagier. Cestui mesmes prophete en parlant de nostre seigneur iesucrist en la persōne du pere dit ainsy. Regardez ienuoyeray mon ange et regardera le chemin deuant ma face et subitement Biendra en sō temple le seigneur que Bous queres et lāge du testament que Bous desires. Tantost il Biendra se dit le seignr dieu tout puissant. et qui soustendra le iour de son ētree ou qui pourra regarder en lup. En ce lieu le prophete malachias denunce le premier et le second aduenemēt de nostre saueur iesucrist. Le premier quant il dit Nostreseigneur Biendra subitemēt en sō temple cela sentent de son corps quil prīt pour nous passible et mortel. duquel dit ainsy en leuangille. Deslpesce temple icy et en trops iours ie le resusciteray. Mais en parlant du second aduenement dit ainsy. Decy Benir nostreseigneur tout puissant et qui soustiendra le iour de son ētree ou qui pourra persister en son regard/ et ce que il dit le seigneur que Bous demandez et lange du testament que Bous desirez par ce Beult aussy nostreseigneur en tédre les iuifz lesqlz selõ les escriptures q̃ lisent desirent & quieret nreseigneur mais plusieurs dentre eulx sont cerche & desire & toutesfoys quant il est venu ilz ne lont point congneu cõme aueugliz & obstinez en leur cueur pour leurs precedes pechiez & demerites & quant il parle pep du testament ou ung petit pauant quãt il dit mon testamẽt sera auec eulp, ou pep quant la psonne du pere appelle son filz lange du testament par ce nous pouons entendre le nouueau testament auquel sõt pmises choses eternelles car au vieil testament sont promises tantseulement choses temporelles & pourtant que plusieurs imparfaitz en considerant que cõmunement les mauuais habõdent plus es biens de fortune que les bons & pour ceulx acquerir & impetrer sont contens de seruir a dieu lesditz imparfaitz sont aucunement perturbez par maniere daminiracio. pour ceste cause le prophete malachias, a ce quil fist distinction des fins differétes du vieil & nouueau testament car au vieil testament sont promis tant seulement les biens de fortune, lesquelz sont cõmunement donnez aux mauuais & au nouueau testament est promise la beatitude eternelle, laquelle tant seulement aux bons sera donnee, dit en ceste maniere. Vous auez murmure & contredit a mes parolles & puis me replicquez en quoy auons nous contredit a tes parolles vous auez dit. Il est fol & vain q̃ sert a dieu, & quelles choses auons nous dauantaige dauoir garde les cõmandemens de dieu & faitz plusieurs abstinences, & penitances puis côme nous veons par experiéce, que les mauuais ont plus de hõneurs & de biens mondains q̃ nous nauons. Et souuent auient que ceulx q̃ long tẽps ont perseuere en leurs pechiez & iniquitez, finablement par momentaine penitance sont sauuez. Ces argumés ont discute les ungz aux autres ceulx q̃

se disoient auoir la craîte de dieu, & pour tant le filz de dieu consideràt toutes ces controuersies a escript ung liure de memoire pardurable deuãt soy a ceulx qui ont la crainte de dieu filiale, & ont honneur & reuerence a son nom, par lequel liure veult estre signifie le nouueau testament, au quel est promis aux perseueras de bien en mieulx la gloire eternelle. Et pourtant opons & entendons ce qui sensuit. Le iour de mon acquisicion, cest adire au grãt iugemẽt general ie esliray les bons des mauuais cõme fait le pere ses enfãs entre ses seruiteurs ce dit le benoist createur tout puissant, & pourtant vous qui presentement murmurez, & les argumens dessusditz recitez, a ceste heure la verrez la difference des bons & des mauuais, cest adire de ceulx qui sont vrays crestiens par foy formee de charite, & de ceulx qui sont crestiens de nom & nõ pas doperacion, car ycy le iour qui viẽdra ardant comme une fournaise, & bruslera cõme estouppes, tous ceulx qui mourrõt en pechie mortel au feu denfer eternellement ce dit dieu le tout puissant, & ne demourera memoire racine ne souuenance diceulx obstinez, mais entre vous qui auez la craente de dieu filiale, surra le soleil de iustice, & aurez sante de ame & de corps perpetuelement, & vous saudrez de hors, cest adire vous aurez liberte daller ou vous vouldrez & vous estouprez aussy cõme les veaulx desliez de leurs lieux, & desirez les mauuais, & ilz serõt cẽdre dessoubz les piez, en ce iour que ie fais ce dit nostreseigneur le tout puissant. Ce iour est celui lequel est appelle le iour du iugement, duquel nous parlerons plus largement en son lieu se il plaist a dieu

¶ De esdras & des liures des machabees C xxxvii
ẽ ii.

Apres ces trois prophetes, cestas
sauoir aggeus zacharie et mas
lachie par ce mesmes temps que
le peuple des iuifz fut deliure de la serui
tude de babilone, escript aussy esdras, le
quel semble mieulx estre escripseur des
choses qui lors aduenoient que prophete
sicomme est le liure qui est appelle hester,
duquel sen treuue listoire en la loenge de
dieu assez pres de ce temps, se ce nest par
aduenture que on entende que il propheti
sast iesucrist, en ce que la question qui se
meut entre aucuns iouuenceaulx, lasql
le chose estoit trespuissant a lun eust respon
du que cestoient les roys. Le second que
le Vin, et le tiers que les femmes pource
que elles seignourioient aucunesfois les
roys. Ce tiers mesmes toutesuoies des
monstra, que sur toutes choses Verite Vain
quoit, car quant nous auons entendu les
uangille, nous auons congneu que iesu
crist est Verite. Doncques ce temps, se te
ple rediffie, les iuifz neurent nulz roys,
mais eurent princes iusques a aristobo
lus, le temps desquelz nest pas compte
es sainctes escriptures qui sont appellees
canonicques, mais on le treuue en autres
escriptures entre lesquelles sont les liures
des machabees, lesquelz les iuifz ne rece
uoient pas. Mais leglise les a et tient pour
canonicques pour les Vehementes et mer
ueilleuses passions de aucuns martirs
Lesquelz auant que iesucrist print chair
en la benoiste Virge marie, se combatirent
iusques a la mort, et souffrirent tresgriefz
maulx et horribles pour soustenir garan
tir et deffendre la loy de dieu.

¶ Exposicion sur ce chapitre.

Ceste histoire que met cy monsei
gneur saint augustin des trois
iouuenceaulx, est du ix. chapi
tre du pmier liure de esdras, et fut le tiers
zorobabel, et fut au temps de darius, si
come il appert par ledit chapitre. Et quant
il parle de la reedifficacion du temple, Ce
fut au temps de cedarius qui leur donna
congie de rediffier, et fist deliurer or et ar
gent sicome il appert par le pi. chapitre du
dit liure. Et de ce nous auons parle au
xxvi. chapitre de ce liure.

¶ Que lauctorite de prophecie est trou
uee plus ancienne que quelque naissance
de la philozophie des payens   xxxvii.

Au temps doncques de nos pro
phetes, desquelz ces escriptures
sont ia Venues a la cognoissan
ce de toutes gens, et par plus forte raison
furent apres eulx les philosophes des pai
ens lesquelz furent appellez de ce nom,
laquelle chose comenca a estre congneue
et excellent au temps que les iuifz furent de
liurez de la captiuite de Babilone. Par
plus forte raison doncques on treuue que
les philozophes furent apres les pphes
tes, car et socrates dathenes lequel fut
maistre de tous ceulx qui en ce temps estoi
ent en auctorite, et qui auoit la seignourie
en celle partie de philosophie qui sappel
le moralle ou actiue se treuue es cronic
ques auoir este apres esdras. Vng pou
apres aussy fut ne platon qui passa tous
les disciples socrates ausquelz nous ad
ioustons aussy les Vii. saiges qui nestoi
ent pas appelles philozophes, et aps les
philozophes qui succederent a thales les
quelz ensuiuirent son estude pour enque
rir la nature des choses, cestassauoir a
naximedrus, anaximenes et anaxago
ras. Et aucuns autres auant que pita
goras sappellast premierement philozo
phe, ne ilz ne precedent pas nos prophe
tes par anciennete de temps, quant pour cer
tain ilz dient que thales aps lequel furent
les autres philozophes, comenca a estre
en auctorite, regnant romulus, quant se
sleuue des prophecies, yssit des fontaines
disrael es escriptures qui sont racontees
par tout le monde. Les poetes donc theo
logiens seulement, cestassauoir, orpheus
lynus et musceus Et se il en y eut aucun

telz en grece sont trouuez precedens en âs ou plus anciés de ces prophetes hebrieux desquelz nous auons les liures en aucto rite. mais ilz ne precederent pas en teps nostre grap theologien moyse. Lequel prescha veritablement/ z adnonca ung grap dieu. Les liures duquel sont premiers en lauctorite de lescripture canonique. Et par ce en tant come peult auoir regard aux grecz ou au langaige/ Desquelz les lettres diceulz furent en auctorite sur tous autres langaiges ilz nont riens dont ilz se doiuent banter de leur sapience/ par quoy au moins elle semble estre plus anciène/ de nostre religion/ en laquelle est grape sapience. suppose que elle ne soit pas dessus elle. Toutesuoies est il a confesser que non pas seulemēt en grece. mais aussy es gens barbarins ou payens/ sicomme en egipte auoit ia este aucune doctrine deuant moyse/ laquelle estoit appellee la sapiēce diceulx. Ou au trement il ne seroit pas escript es saintes escriptures que moyse eust este introduit en toute la sapience des egipciens/ quant il fut ne en egipte nourry z adopte de la fille de pharaon/ z introduit aussy aux sciences liberaux/ mais la sciēce des egipciens ne peult aller deuant la sapience de nos prophetes. quant pour certain nous creons z que abraham fut prophete. mais quelle sapience peult il auoir en egipte auant que ysis seur baillast leurs lettres. Laquelle morte ilz cuiderent que on la deust adourer come une grāt deesse/ tou tesuoies dist elle que pcesse ysis fut fille de pnachus lequel comenca a regner prenuierement sur les argiues en ce teps au quel on treuue que les nepueux dabraham estoient ia nez.

¶ Que le canō de leglise na pas receu aucunes escriptures des sains pource q̄ elles estoient trop anciennes adce q pour loccasiō dicelle/les choses faulses ne fussēt meslees auec les grapes xxxviii.

e nous considerons le temps plus ancien/ Nous trouuerōs q auant ce grant deluge estoit sās doubte noe le patriarche/ lequel aussy iay dit que il fut pphete/ z nō pas sās cause. Car pour certain larche que il fist z en laquelle il fut sauue auec les siens fut la prophecie de nos temps. Que fut enoc le vii. aps adam ne dit on pas aussy en la canonicque epistre de iuda que il prophetisa les escriptures/ desquelz trop grant anciēnete a fait que elle nest receue en auctorite ne enuers no⁹ ne enuers les iuifz. Pour laquelle chose il sēbloit que on les debuoit tenir pour suspectz affin que on ne mist auant chose faulse pour grape car on met aucunes choses que on dit estre deulx/ par ceulx qui en croient ce que ilz veulent selon leur sens/ mais la chastete ou sainctete du canon na pas receu ces choses/ non pas que lauctorite de ces hōes qui ont pleu a dieu soit reprouuee. mais pource que on ne croit pas que les choses que ilz recitent soient diceulx/ Et ce ne doibt pas estre chose merueilleuse. se on a telles escriptures suspectes/ les quelles sont racōtees de sy grant ancienete/ quāt pour certain mesmes en lhistoire des roys de iuda et disrael laquelle cōtient les choses qui ont este faictes/ desquelz nous adioustons foy a lescripture canonicque est faicte mēciō de plusieurs choses qui ne sont pas expliquees/ z les quelles on dit que on treuue aux autres liures que les prophetes escriprent. Et sy ne teut len pas en aucūs lieux les noms des prophetes/ ia soit ce que ilz ne soient pas trouuez au canō q̄ le peuple de dieu a receu/ laquelle chose ie confesse que la cause nest pas venue a ma congnoissāce fors tāt que ie cuide/ que ceulx aussy aus quelz se fait esperit reueloit veritablemēt peurent escripre les choses qui deuoient estre en lauctorite de la religion crestiēne les unes par diligēce dhistoire sicōme les hões, les autres par inspiracion diuines sicõe les prophetes, et par ce ainsi auoir este distinctes. En telle maniere que celles qui seroient faictes par les hommes sussent iugees estre attribuees a eulx et cestes a dieu/cestassauoir celles qui seroient faictes par les prophetes/et ainsi celle, cestassauoir la diligence des histoires mettre en escript a racompter appartiendroit a luberte de la cognoissance des choses/ et ceste cestassauoir la prophecie laquelle appartiendroit a lautorite de la religion/en laquelle autorite on garde le canon/hors le quel se on raconte ou met auant aucunes escriptures soubz le nom des prophetes/ilz ne vallent riens a la coppie dicelle science, car il est chose incertaine se elles sont de ceulx desquelz on dit que elles sont/et pour ceste cause on ny adiouste pas de foy mesmement a pcelles escriptures esquelles on lit aucunes choses qui sont contre la foy ou verite des liures canonicques/par quoy il appert que elles nen sont pas en quelq̃ maniere autentique.

¶ Des lettres des hebrieux/lesquelles ont tousiours este en la propriete de leur langue.   C   xxxix.

Et pource nest pas a croire ce que aucuns cuident/ que la langue hebrieue fust gardee par celui qui estoit appelle heber/dont le nom des hebrieux prist son nom/ et que de sa esse fust venue a abraham, et que les lettres hebrieues commencerent a la loy qui fut donnee a moyse/mais est plus a croire que celle lãgue hebriee auecques ces lettres fut gardee par celle succession des peres/ et que apres moyse ordonna ung peuple qui seroit dessus les autres/pour apprendre ces lettres/auant que ilz cognueussent quelsconques lettres de celle loy diuine/lescripture appelle ceulx grammairiens/ en grec gramatizagos lesquelz peuent estre dictz en latin enduiseurs ou entroduiseurs de lettres. pource q̃ ilz enduisent/cestassauoir

q̃ ilz introduisent aucunement ces lettres es cueurs de ceulx q̃ les apprendent en ces lettres. Nulles gens donc ne se vãtent par vanite dancienete de sa sapience, q̃ dessus nos patriarches et prophetes esquelz estoit diuine sapience/quant on ne treuue pas que egipte/laquelle faulsement et vainement se a acoustume a glorifficr de lancienete de ses doctrines/ait preuenu en temps par quelconque sienne sapience/la sapience de nos patriarches. Car nulz deulx noseroit dire que ilz eussent este tressaiges et tresepers de merueilleuses disciplines auant que ilz cogneussent les lettres. Toutesuoies quelle chose estoit celle leur doctrie dont on a memoire et qui fait a recorder/ laquelle est appellee sapience fors astronomie par especial et autres disciplines se il en ya aucunes telles/laq̃lle seule peust savoir tant a exerciter les engins des hommes que a enluminer les pensees de vraye sapience/car en tant cõe il appartient a philosophie/laquelle confesse que elle enseigne aucune chose/par quoy les hommes sont faitz bienneureux Les estudes dicelle philosophie furent en autorite enuiron le temps de mercurius lequel ilz appellent trimegisterus/long temps auant les saiges ou philozophes de grece/Mais toutesuoies apres abraham ysaac iacob et ioseph voire apres moyse. Quelles merueilles/car en ce temps auquel moyse fut len treuue que ce grant astronomien appelle athlas fut/ lequel fut frere de promotheus ayeul de par sa mere/du grãt mercurius/duquel ce mercurius trimegistrus fut nepueu.

¶ Exposicion sur ce chapitre.

En ce xxxix. chapitre monseigneur saint augustin fait mencion de ysis laquelle fut fille de ynachus/ et aussi de athlas et de son frere promotheus/lesquelz aucuns dient auoir este au iiii. an de la natiuite de moyse/et les autres dient quil fut enuiron le lii. an de la seignourie de ioseph. toutesuoyes dit

hugo floriacensis que ce secōd mercurius succeda amuseus. leq̄l estoit successeur de platon
¶ De la tresmēteresse Banite des egipciēs/laquelle dōne a lanciennete de leur sciēce Cēt mil ans. ❡ pl

Et pource que aucūs dient que on cōpte plus de cēt mil ans depuis que egipte cōprint la raison des estoilles. se decoiuēt folemēt p̄ tresuaine presūpcion/car en q̄lz liures ont ilz trouue ce nōbre.q̄lz apr̄dr̄et les lettres de leur maistresse ysis. nō pas auāt moult deux mil ans/Car Barro nest pas en ce de petite autorite qui racōte ceste chose en son histoire/laquelle aussy ne se discorde pas de la Berite des lettres diuies, car cōme depuis le premier hōe q̄ fut appelle adam ne soiēt pas encoires acōplys six mil ās Cōment ne sōt ceulx cy plus a rebouter & a moquer q̄ se efforcēt de admōnester sy diuerses choses & sy cōtraires a ceste Berite epuise de lespace ou nōbre des tēps Car auquel creōs nous mieulx de ceulx qui racontēt les choses passees que a celuy qui anōca les choses aduenir lesq̄lles nous Beōs ia presētes/car la diuersite & dissonance qui est des histoires entre eulx nous enseigne/que nous doyōs pl̄9 croire a celui q̄ ne repugne pas ala diuine histoire laq̄lle nous tenōs. Mais toutesuoies les cytoiens de la desloyase cite respādus p̄ toutes terres, quāt ilz lisēt que les tressaiges hōes, desquelz ilz ne sēble pas q̄ lautorite daucūs deulx doye estre condēpnee. sont a descord entre eulx des choses q̄ ont este faictes/& treslōg tēps auāt nr̄e aage, ilz ne trouuerēt pas auq̄l ilz doiuēt mieulx croire. mais nous qui sōmes aydiez de lautorite diuie,en lautorite de nr̄e religiō/no9 ne doubtōs pas q̄ q̄lcōq̄ chose qui y resiste ne soit tresfausse en quelque maniere se aiēt les autres choses entre eulx es lettres seculieres/ lesquelles soit q̄ elles soiēt Brayes/soit que elles soient fausses nappo̱rtēt q̄ sq̄ momēt

p elles Biuiōs ne biē ne droituricrement.
¶ Exposicion sur ce chapitre.

En ce pl̄.chapitre saint augustin admaine le dict de ceulx q̄ misrēt que il auoit Cent mil ans passez, depuis que les egipciens auoient cōprins la raisō & sciēce des estoilles. toutesuoies marcanius au prologue de son astronomie. laquelle est tresforte a trouuer. par la plus courtoisemēt car il dist q̄ sciēce regna en egipte & fut en Bertu par pl̄ mil ans/ceste fiction repreuue mon seigr̄ saict augusti plus tesmoignage de Barro. q̄ met deux mil ans. depuis que ysis Bint en egipte laquelle leur apprint les lettres & lesquelz ne pouoient estre saiges auant q̄ ilz les eussent apprinses
¶ De la dissencio̱ des philosophes & de la cōcorde des escriptures canonicq̄s qui est en leglise ❡ pli.

Mais adce que no9 laissōs desia la congnoissance de lystoire/ peeulx philosophes desquelz nous sōmes Benus aces choses, & lesq̄lz il ne sēble pas q̄ ilz ayēt laboure en leurs estudes. fors affin que ilz trouuassēt cōment on deuoit Biure pfitablemēt pour desir dacquerir bienheurete pour quoy furētilz a descord en leurs sentēces & oppinio̱s,& les disciples des maistres & les disciples entre eulx fors pource que ilz q̄rent ou enquierēt ces choses cōe hōmes p̄ sens humais & p̄ argumentations humaines, en laq̄lle chose ia soit ce que il y peust auoir en estude affin dauoir gloire p̄ laq̄lle Bng chascū desira estre Beu plus saige plus agu ne ne sēble pas que il en supute aucunement la sētēce des autres/ Mais que il ait trouue sa sciēce & ses oppiniōs. lesquelles il enseigne aux autres/ toutesuoies adce que ie confesse que il ya aucū ou plusieurs deulx lesquelz amour de Berite a separe de leurs docteurs pour apprēdr̄e a leurs cōpaignōs adce que ilz se cōbatissēt pour celle partie laquelle ilz cuident estre Beritable/ soit que elle fust

ē iiii.

aucūe/soit que elle ne se fust pas. Que fait la maleurte humaine ou en quel lieu ou en quelle ptie sestend elle pour paruenir a bienneurte se sautorite diuine ne sa maine. Et derechief ia nauiegne q̄ nos aucteurs esquelz est fichie et termine le canō de la saīte escripture et nō pas sās cause se descorde neut entre eulx p quelcōques raisō. Et pource et nō pas sās cause quāt ilz escripsoient ces choses. Les peuples nō pas en petite quantite/mais tant et sy grāt nōbre en leurs escolles et places publicques p celles disputoisōs sitigieuses auss̄y cōe en glēgant et deputāt de la matiere/ mais aussy es champs et citez auec les folz et les saiges/creurent que nresseigneur plast a eulx ou il plast par eulx/ pour certaī pceu̇ p nos aucteurs deurēt estre en petit nōbre/ affin que ce qui deuoit estre chier par sa religion crestiēne ne fust tenu en vilite par la multitude des aucteurs et prophetes. Et toutesuoies ne furent ilz pas sy pou ne en sy petit nombre que leur cōsōmance et accord ne fust a esmerueiller/car neys en la multitude des philosophes lesquelz sefforcent destudier et de mettre leur sciēce en escript et de laisser leurs ēseignemēs a leurs successeurs on ne trouua pas legieremēt entre lesq̄lz saccordēt toutes les choses quilz sentiēt Laquelle chose est lōgue a demener en ceste euure. Mais qui est celuy aucteur de quelcōques secte. sy approuue en celle cite du dyable/ que tous les autres qui ont senty choses diuerses et aduerses fussent reprouueee. Nestoiēt pas les epicuriēs en grāt autorite a athenes affermās que les choses humaines nappartiennent pas a la cure des dieux. Et les stoiciens qui se toiēt le cōtraire deputoiēt q̄ elles estoiēt gouuernees ou gardees et garnies les dieux estās leurs tuteurs et aideurs. Dōt ie mesmerueille pour quoy anaxagoras fut condēpne/pource que il dist que le soleil estoit une pierre ardāte/et lequel nyoit en tout et par tout que il fust dieu/cōe en celle cite/epicurus/floii en grāt gloire et vesquit seuremēt/et lequel ne creoit pas seuremēt q̄ le soleil ne quelcōques estoil/ se fust dieu/ mais contendoit que iupiter ne quelconques autre dieu ne habitoit en terre auq̄l benist les prieres et supplicacions des hōmes/nestoiēt pas en celle cite deux nobles philosophes/ et aristote dit que il estoit gouuerne p pēsee diuie/sicōe platō/les autres quil estoit gouuerne p fortūe et p cas aduētureux/sicōe anapimāder/Les autres que les ames estoiēt mortelles/sicōe epicurus Les autres que elles estoiēt īmortelles sicōe les platoniciēs Les autres que elles estoient muees en bestes/ sicōe les pitagoriēs. Les autres quil ne nestoit riēs/ sicōe les porphiriēs/ Mais de ceulx qui mettēt viure lame aps le corps p aucū tēps ou nō pas tousiours. Maistre nicole trauet dit que il ne luy sēble pas que il nē ait leu quelq̄ part ne nous aussi/ Les autres q̄ cōstituoiēt la fin du biē au corps/sicōe aristipus Les autres en lame ou en la pensee sicōe anciscenes Les autres en lun et en lautre/ sicōe epicurus/sicōe il appert p senecque en sa pīi.epistre. ad lucillum. Les autres que ilz seruēt tousiours au sēs du corps sicōe les stoiciēs q̄ ne mirēt autre maniere de cōgnoissāce que la maniere sensitiue. Les autres disoiēt que il nestoit pas tousiours/ sicōe/on se tiēt cōmuncment/ Les autres qui tenoient que on ne les deuoit pas croire/sicōe ceulx q̄ ne mettent pas de difference entre dormir et veiller/ De ces philosophes nous en auōs plē au ii. et iii.chapitres de ce viii.liure/et pource nous nous en passons.

¶ Par la q̄lle puidēce et la dispensaciō et ordōnāce de dieu les sainctes escriptures de sācie testamēt/ ay ēt este trāslatees de hebrieu en lāgaige grec/ affin que elles apparussent a toutes gens/et que elles veniss̄ent a leur congnoissance.

Et aussi ces ptholomees qui furēt roys des egiptiens/sestudioient de congnoistre et auoir ces sainctes escriptures / car aps sa merueilleuse puissace et pou durable du roy alixandre de macedoine / lequel aussi fut surnomme le grat alexadre pour tāt que il auoit mis en sa subiection toute aspe / mais q̄ plus est en ptie tout le mōde p armes. Et en ptie p esbahissemens et terreurs quant entre les pties douent il entra aussi en iudee et lobtint. Lui mort cōme ses cōpaignōs et successeurs eussēt diuise ce royaulme tressarge entre eulx / pource que ilz ne se pouoient tenir paisiblemēt / mais q̄ plus est se discipassēt en gastāt toute chose p batailse. Egipte cōmenca a auoir roys q̄ furēt appellez ptholomey / desquelz le premier q̄ fut filz de ptholomeus filz de largus transporta en egipte plusieurs chetifz de ceulx de iudee ou du peuple des iuifz / Mais a peelui succeda ung autre tholomeus lequel fut appelle philadelphus / lequel laissa retourner frāchemēt en iudee tous ceulx lesquelz ce premier tholomeus auoit amene & mis en sa subiectiō Qui plus est il ēuoya au tēple dōs telz cōe il appartenoit a dōner a roy. Et requist a eleazarus / lequel estoit lors euesque des iuifz que il luy dōnast ces escriptures lesquelles il auoit oy estre faictes & diuisees p la cōmune renōmee q̄ ainsy se disoit & pscheoit. & pource il desiroit auoir en sa tresnoble librarie que il auoit faicte Et cōme celui euesque eleazarus les luy eust enuoyees escriptes en hebrieu / il reqit apres que on luy enuoyast interpreteurs pour les entendre / & lors on luy enuoya lxx. de chascune lignee pii. hōes anciens tressaiges / de lune & de lautre lignee. cest assauoir de hebree & de la grecque. Linter pretaciō desquelz sa coustume a obtenu que elle soit appellee / linterpretacion des lxx. interpreteurs. pour certain on met que auāt que il eust tel accord sy merueilleux & sy esbahissable & sy diuin en leurs polses que cōe ilz fussēt assez chascū sepa

remēt en seurs celes & estudes a faire ceste euure cōe il eust pleu a tholomee de prouuer leur foy / & se ilz estoiēt cōcordables / il ne trouua en quelcōques mot fustē en ordre de parolle ou autrement / que lun se discordast de lautre / quil ne signifiast le mesmes ou bausist autāt / mais que aussy cōe se il ny eust que ung interpreteur / & ne fust que une chose / pource que pour certaī ung seul esperit estoit en tous eulx Et pource auoiēt ilz pris ce merueilleux dō de dieu adce que aussy lautorite de ces escriptures fust recōmādee p cesse maniere / nō pas cōme de creatures humaines / mais sicōe elles estoiēt aussy cōe de choses diuines pour pfiter aucunesfois es gēs q̄ auoiēt a croire en n̄reseigneur iesu crist / Laquelle chose nous beons ia estre faicte ou acomplie.

Exposition sur ce chapitre.

En ce plu. chapitre mōseigneur saint augustin demonstre que toutes les condicions q̄ il amises ou chapitre precedēt sōt vrayes. Et p micrement que les sainctes escriptures et pphetics ne se discordēt en riens et se mōstre p ses lxx. interpreteurs. Et est assauoir q̄ monseigneur saīt augustin quant il dist ung des ptholomees / il se dist notablemēt a sa difference de lautre ptholomee q̄ se preceda q̄ fut filz de lagy / lequel fut ung persecuteur des iufz / et tellemēt quil emmena plusieurs des iuifz prisonniers en egipte / lesquelz ptholomeus aps sa mort / lequel fut appelle ptholomeus philadelphus renuoia franchemēt en iudee Et requist a eleazarus q̄ estoit lors euesque de sa loy les escriptures lesquelles il auoit oy dire cōmunemēt que elles estoient faictes & diuines / Et cōe eleazarus les lui eust ēuoiees escriptes en hebrieu / il requist apres que il luy ēuoyast gēs pour les interpreter / lesqt luy ēuoya pii. de chascūe lignee des pl9 aciēs & pl9 saiges & pl9 entēdās & q̄ sauoiēt & lūe & lautre lāgue

L'interpretaciõ on a acoustume a appeller/les lxx interpreteurs/Et quant mõseigneur saint augustin dit que cest chose merueilleuse/cõment ilz pouoiẽt estre sy dun accord/cõsidere que ilz estoient en diuers lieux a sy separeement/ Monseigneur saint ierosme au prologue de la Bible qui se cõmence desiderii reprouue ceste oppinion/ Mais qui plus est dit que ilz estoiẽt tous ensẽble en vne eglise. a aussy le dit ce sẽble mõseigneur saint augustin sicõe il appert par le pliii. chapitre du vS. liure/mais on peult dire q monseigneur saint augusti en ce chapitre/a au chapitre subsequẽt argue principalemẽt/ pour demõstrer que les aucteurs de la saincte escripture saccordent en vng/a par ceste oppiniõ que ces lxx.interpreteurs fussẽt separez

¶ Que l'autorite des lxx.ĩterpreteurs lesquelz sauue sõneur de la lãgue hebriee est a preferer a tous autres interpreteurs

C pliii

ar cõe il y eust eu dautres ĩterpreteurs qui ont trãslate les diuines escriptures de hebrieu en grec/sicõe aquilla simacus/a theodochiẽ sicõe aussy est celle interpretaciõ/ de laql le on ne treuue pas l'autorite/ Et pource sãs nõ de interpreteur elle est appellee la quinte edicion. Toutefuoies l'eglise a receu celle qui est des lxx. a en vsent en telle maniere les peuples crestiẽs grecz/aussy cõe selle fust seule desquelz il en ya plusieurs q ne sceuẽt se il ne y en ya pas dautre/de celle interpretacion de ces lxx. fut faicte l'interpretaciõ en la lãgue latine/la quelle les eglises latines tiennẽt/ia soit ce q en nre tẽps/nest pas deffailly sait ierosme prestre/hõe tresenseignie a tresepert de toutes les trois lãgues/leql trãslata ces mesmes escriptures/nõ pas de grec/mais de hebrieu en latin/ Mais ia soit ce que les iuifz cõfessent le labour dõ me sy lettre estre heritable/a q ilz dient q

les interpreteurs ayent erre en plusieurs choses Toutefuoies les eglises de iesucrist iugent que nul nest a preferer en lautorite de tant dõmes esleuz a ceste sy grãt euure par Eleazarus lors euesque de la loy. Car a se vng esperit ne fust apparu en eulx/ lequel esperit sãs quelconques doubte estoit diuin/mais euffẽt cõfere entre eulx ces lxx. saiges/les parolles de leurs interpretaciõs sicõe hões, affin que ce qui eust pleu a tous demourast nul interpreteur ne doibt estre mis deuãt eulx/ Cõe dõcques grãt figure de diuinite apparust en eulx/pour certain quicõques est vray interpreteur de ces escriptures de Dieu en quelconques autre langaige il saccorde a ces lxx. interpreteurs. Ou se il sẽble que il ne saccorde pas on doit croire que cest haultesse de prophecie Car se saint esperit qui estoit es prophetes quãt ilz dirẽt ces choses/ cesty mesmes estoit es lxx. hõmes quãt ilz interpreterent ces choses/ lequel esperit peult pour certain dire autre chose par l'autorite diuine. Aussy cõe se ce prophete eust dit a l'un a l'autre/pource que mesme esperit eust dit et l'un a l'autre. Et ce mesmes se peult dire autremẽt, affin que suppose q les parolles ne fussẽt pas pareilles, toutesuoires apparut ce mesmes sens aux biens entẽdus. Et sy peult aucune chose delaisser a aucũe chose adiouster pour demõstrer que humaine seruitude ne fust pas en celle euure/ Laquelle l'interpreteur deuoit aux parolles/mais qui plus est la diuine puissance, laquelle remplissoit a gouuernoit la pensee de l'interpreteur. Mais aucuns cuiderent que on deust corriger les liures grecz interpretez par les lxx. des liures hebrieux. Et toutefuoies noserent ilz oster ce que les hebrieux nauoient pas/a que les lxx. y auoient mis Mais adiousterent seulement ce que ilz trouuerent aux liures hebrieux qui ne sõt pas aux liures des lxx. interpreurs

Et ce que ilz adiousterēt ilz nosterēt pas aucuns signes faitz en maniere destoilles/ a les mirēt au cōmencemēt des Vers que ilz y adiousterēt/ lesquelz signes ilz appellēt astericos. Et les choses que les hebrieux nauoiēt pas/ et que les lxx. iterpreteurs auoiētilz signerēt/ sēblablemēt au cōmēcemēt des Vers par Vergettes gesās p̄ la maniere que on escript les onces et moult de liures q̄ ont ces notes/ sōt diffus de toutes pars/ et sont latins/ Mais les choses qui ne sont delaissees/ ou adiousetees en ces liures/ mais sōt dictes autremēt/ soit que elles facēt autre sens/ q̄ nest pas cōtraire adce mesmes sens/ soit que il demōstre a expliquer ce mesmes en autre maniere/ on ne les peust trouver se on ne regarde les vngs liures et les autres. Se doncques nous ne regardōs autre chose en ces escriptures sicōe il escouuiēt a faire/ fors quelle chose lesperit de dieu dist par les hōes tout ce qui est es liures des hebrieux et nest pas es liures des lxx īterpreteurs/ lesperit de dieu le voulut dire par pceulz prophetes et nō pas p̄ ceulx cy. Et tout ce qui est es liures des lxx interpreteurs et nest pas en ceulx des hebrieux/ celuy esperit l ama mieux dire par ceulx cy que par ceulx la/ en demonstrāt p̄ ceste maniere que les vngs et les autres estoient prophetes/ car p̄ ceste maniere que les vngs et les autres estoient prophetes/ car par ceste maniere dist il/ et voulut dire autres choses par ysaye/ autres choses par ieremie. autre chose p̄ vng autre. et vng autre chose par vng et autre prophete/ et vne mesme chose/ autrement par lun/ autremēt et p̄ lautre/ toutesuoies quelcōques choses que on treuue auec les vngs et les autres/ vng esperit et celuy mesmes le veult dire p̄ les vngs et p̄ les autres/ Mais toutesuoies par celle maniere que ceulx la prophetassēt en pphetisant/ ceulx cy les ensuiuēt en les interpretant par pphecie/ car tout aussy cōe vng

esperit de paix fut en ceulx cy qui ne conferoiēt pas lun auec lautre/ Et toutesuoies interpretoiēt ilz tout ce que ilz iterpretoiēt aussy cōe par vne bouche.

¶ Expposicion sur ce chapitre.

En ce pliii. chapitre monseigneur saint augustī poursuit en especial/ que leglise de iesucrist na pas de discensciō ou de differēce es saictes escriptures/ car sicōe il dit/ cōe il eust interpreteurs/ cōe simachus aquilla/ et les autres que il nōme au tepte/ lesq̄lz trāslaterēt les saictes escriptures/ Cestassavoir la bible de sague hebree en grec/ toutesuoies recept leglise de grece/ celle des lxx. interpreteurs/ Laquelle ne se discorde en riēs des autres translaciōs ou iterpretaciōs/ Apres quant il dit que il y en ya plusieurs qui ne sceuēt se il ny en ya pas dautre/ il demonstre la secō de condiciō/ cestassauoir que les crestiēs contienēt pure verite/ car sicōe il dit mōseignr̄ saīt ierosme fut en sō tēps/ hōe tressaige et qui sauoit les trois sāgaiges/ cestassauoir grec/ ebrieu/ et latin/ Lequel translata ces mesmes escriptures nō pas de grec Mais debrieu en latin/ La translaciō du quel les iuifz tiennēt a vraye/ et dient que les lxx. trāslateurs errerēt en plusieurs lieux/ Or est il aisy que leglise tiēt la trāslaciō de mōseignr̄ saīt ierosme/ quare. et Ne les iuifz ia soit ce que ilz ne repreuuēt pas mōseigneur saīt ierosme/ toutesuoies ne se veulēt ilz pas mettre auant les lxx. trāslateurs/ Et pource sēsuptil au tepte Toutesuoies les eglises de iesucrist et. et fait ceste raison/ car se eulx chascun estāt en sō siege qui esta entēdre separemēt/ vng diuin esperit ne leur fut apparu/ Mais eussent cōfere ensēble cōe font les saiges hōes/ adce que ce qui eust pleu aux hōes demourast/ toutesuoies celle collaciō supposee nul interpteur ne doit estre mys audeuant deulx. ¶ Apres quant monseigneur saint augustin dit.

Comme doncques sy grant signe. &c. Il respond a une question que l'en pourroit faire/ c'est assauoir que se monseigneur saint ierosme ou autre y a aucune chose adiouste ou delaissie a ces lxx. interpreteurs ou aucune chose mue ou autrement mise/ C'est assauoir se on y doit adiouster foy. Et dit que en tel cas celui peult estre aduenu par la haultesse de l'esperit qui luy est donnee & par consequent que il en est a croire. Or est il ainsy que les iuifz confessent que monseigneur saint ierosme fut uray translateur, & aussy sont les crestiens, & par consequent il y peult aucune chose adiouster par la haultesse de ce mesmes esperit. quare. &c. Et ce il preuue, car sicomme il dist. L'esperit qui estoit es pphetes quant ilz prophetiserent et es lxx. interpreteurs. quant ilz interpreterent celui mesmes peult estre auec monseigneur saint ierosme, & communicquer auec luy par sa ctoire diuine, come les iuifz le confessent estre uray interpreteur, & peult dire aucune chose autre, sicomme le bon prophete eust dit l'un & l'autre & ce mesmes que le prophete dist/ peult ce mesmes esperit dire par autre maniere a monseigneur saint ierosme, affin que suppose que ce ne fust pas par une mesmes parolle/ que ce ne fust ung mesmes sens, a ceulx qui bien estudieroient. Apres quant il dist aucuns toutesuoies cuiderent. &c. Il recite que les liures des grecs & ceulx des hebrieux & les lxx. interpreteurs ont aucunes condicions & aucunes subsfractions, & que les ungs concepuoient autrement q̃ les autres. Et ce fait il pourroit prouuer son intencion. Et cobien que il plaise a monseigneur saint augustin de preferer les lxx. translateurs a tous autres translateurs & interpreteurs/ toutesuoies est il certain que toute l'eglise latine se tient a la translacion de monseigneur saint ierosme & en use come approuee, car cobien que saint ierosme au prologue de la bible, q̃ se comece desiderii face

prestacio q̃ il ne vueille riens adiouster de nouueau en lieu des anciennes choses ne diminuer de l'interpretacio des lxx. & que il ne les dampne ne se les reprent, toutesuoies semble il q̃ sa trãslacio est a preserer a tous autres. quant a s'exposicio des choses q̃ appartiennent a nre foy, lesquelles nous sot venues a cognoissace par luy. Car les lxx. teurët moult de choses qui appartenoiët a iesucrist & a l'unite de la trinite, lesq̃lles sot cotenues en hebrieu et le firët a ce que il pleust au roy tholomee qui ne sauoit q̃ c'estoit de la trinite, mais adouroit l'unite tant seulemët. Lesquelles monseigneur saint ierosme mist non pas come faisat nouuelle oeuure, mais en suppliat ce q̃ ilz auoiët delaissie & pourtãt est il a preferer aux lxx. interpreteurs & q̃ plus est monseigneur saint ierosme ne supplia pas tant seulemët ce que les lxx translateurs auoient delaisse, lesquelz firent leur iterpretation ou translation log tëps auãt l'aduenemët de iesucrist, mais aussy corriga il sa traussacio des grecz q̃ translaterët la nouuelle foy/ car il y eut aucuns interpreteurs q̃ n'estoiët pas bõs crestiës q̃ errerët en la translacio de ceste nouuelle foy, sicõe il appert p son plogue desiderii. &c. Et p cõsequët s'il qui ses trãsfata est a pferer a tous, & n'est pas merueilles se ses dictz des apostres sot a preferer a tous iterpreteurs, car il est escript deulx Anüciauerüt opa dei, & facta eius intelleperüt, c'est adire que ilz anücerent les oeuures de dieu, & entëdirët ses faitz. Toutesuoies n'a nul ose opposer ne corriger l'interpretacio des lxx. mais se il y a este aucune chosse faicte ce a este par la maniere contenue au texte.

⁋ Quelle chose est a entendre de la distinction de Niniue, laquelle selõ les hebrieux fut denoncee, pl. iours auant Et les lxx. dient que il n'y eut que iii. iours de iteruale ëtre la denõciacio & la destruction. C pliiii.

Mais aucun dira/comment sau
ray ie que ionas le prophete/
dist a ceulx de la cite de Nini
ue/ Assauoir se il leur dist/ que Niniue
seroit subuertie apres trois iours/ ou a
pres pl'.iours/ Car qui est celuy qui ne
voye que le prophete ne peult dire lun a
lautre/ qui auoit este enuoye pour esba
hir sa cite par menace de destruction emi
nente.laquelle se elle deuoit estre destrui
cte au tiers iour.ce ne pouoit estre en quel
que maniere. au pl'. iour/a se cestoit au
pl'.iour ce ne pourroit estre au tiers. Se
on me demande doncques lequel de ces
deux ionas dist, ie croy mieulx ce que on
list en hebrieu/cestassauoir que apres pl'.
iours Niniue seroit destruicte. Quelles
merueilles, car les lxx. qui interpreteret
long temps apres peurent dire autre cho
se.laquelle chose toutesuoies appartenist
a fust conuenable a la matiere, en ung
mesmes sens, ia soit ce que elle fust soubz
autre signignification a admonnester le
liseur. regecter lune a lautre auctorite, et
se esseuer a requerir ses choses/pour les
quelles signifier pcelle histoire estoit escrip
te. Car ces choses furent faictes en celle
cite de Niniue/ mais elle signifie aussy
autre chose. laquelle exceda la maniere
de celle cite. sicome ce qui aduint de ce p
phete mesmes ionas, lequel fut trops io
urs au uentre de la balaine/ a toutesuoi
es significa ceste chose ung autre qui est
seigneur de tous prophetes/cestassauoir
nostreseigneur ihesucrist qui a este trops
iours au parfons denfer. Et pource par
celle cite se prent droituierement leglise
des gens ou payens figure par prophete
estre trebuchee. Cestassauoir par peni
tance adce que elle ne fust plus que elle a
uoit este. pource fut fait en leglise des pai
ens ou des gens duquel la cite de Nini
ue portoit la figure/ ¶ Icelup mesmes
signifie iesucrist soit par pl'.iours/ soit p
trois iours/ Car par quarante iours co
uersa il auec ses disciples/ apres ce quil
eut resuscite. a puis monta au ciel. a par
trois iours pource que il resuscita au iii
iour, Les interpreteurs a aussy les pro
phetes exciterent aussy come de dormir ou
de somme se liseur qui ne desiroit autre cho
se que soy adioindre a listoire des choses
qui auoiet este faictes affin denquerir la
hautesse de la prophecie, a dirent aucune
mēt ces parolles Quiers le en pl'. iours
en quoy tu pourras trouuer trois iours/
Cestassauoir que tu trouueras les pl'.
iours en son asencion. Pour laquelle cho
se il peult estre tresnotablement signifie
en lun a en lautre nōbre, desquelz lun fut
par le prophete ionas, a lautre par la p
phecie des lxx.interpreteurs/ Mais tou
tesuoies ung mesmes esperit dit ces cho
ses ¶ Je fait prolipite adce que ie mon
stre ces choses par moult dargumens/
esquelles on cuide que les lxx tranllate
urs se discordēt a la uerite hebree, a quāt
ilz sont bien entēdus, ilz treuuēt que ilz
sont concordables/a pource en ensupuāt
de mon petit pouoir les uoyes des apo
stres, Je cuide que ie doye auoir use des
ungs a des autres, pource que lune a lau
tre escripture est une a sy est diuine/ pour
ce que pceulx apostres mirēt tesmoinnai
ges de pphecie des ungs a des autres/
cestassauoir a des hebrieux/a des lxx. in
terpteurs/ mais ētēdos dorsenauāt sicō
pouos acheuer les choses qui restēt a dire
¶ Que aps ce que le teple fut reedifie
les iuifz ne eurēt aucunes pphecies/ Et
q de la iusqs a la natiuite de nreseignr
iesucrist, ilz furēt tourmētez de cōtinuel
les aduersitez, affin q on peust trouuer
par la uoix des pphetes/ que ledifficacio
dun autre teple estoit pmise.   C. pl8.

Depuis ce q les iuifz cesserēt a a
uoir prophetes sās doubte ilz
commencerent a estre pires/
Cestassauoir que en ce teps apres la tres
grāt captiuite qui fut en Babilone a q se

temple fut refait, ilz esperoient que ilz deuoient estre meilleurs que auant. Quelles merueilles/car ce peuple charnel entēdit ainsi ce qui estoit dit par aggeus le pphete, ou il dit telles parolles, La gloire de ceste maison derniere sera grande plus que de sa premiere laquelle chose ce prophete demonstra vng pou parauant en sa pphecie que elle estoit dicte du nouueau testament, ou en promettāt nostreseigneur iesucrist il dist appertement telles parolles Et ie esmouueray dist il toutes gens a celui viendra qui est desire de toutes gens, ouquel lieu les lxx translateurs par auctorite de prophecie dirēt autre sens, sēql appartenoit plus au corps que au chief, cest adire a leglise que a ihesucrist, en disant telles parolles Les choses de nostreseigneur qui sōt esleuees de toutes gens verront, Cest adire les hōmes desquelz nostreseigneur iesucrist dit en leuāgille, il en ya dit il grant plante dappelles a pou desleuz, car a telz esleuz est edifiee la maison de dieu de viues pierres plus glorieuses de trop. que ne fut ce tēple que fist salomon a lequel fut restaure a refait apres sa captiuite de babilone. Pour ceste cause doncqz affin que ilz ne cuidassent que ceste prophecie daggeus fust acomplye quant le temple fut refait ne cesse gent des iuifz depuis lors ne eut prophetes. Et sy fut tourmente de plusieurs batailles par roys estrangiers, et par les rōmains. Car non pas moult de tēps apres elle fut subiuguee a la venue dalexādre, quāt ia soit ce que elle ne fust pas gastee, pource que elle nosa resister, Et pource se receurent treslegieremēt cōme ceulx qui estoient subiuguez, toutesuoies nestoit pas la gloire de celle maison sy grande cōme elle auoit este, a fut en sa franche puissance des roys. Pour certain alexandre sacrifia au temple de dieu hosties, non pas que il fust cōuerty au seruice de dieu par vraye pitie/mais par desloyale vanite, cuidāt que on deust aourer dieu auec les faulx dieux. Aps vint ptholomee le filz de lagy, lequel apres sa mort dalexandre transporta en egipte a mist en captiuite les iuifz, lesqlz son successeur appelle ptholomeus philadelphus delaissa aller, a renuoya tresbenignement par lequel fut fait ce que iay raconte vng pou cy deuāt, cest adire que par luy nous eusmes les escriptures des lxx interpreteurs. Apres ilz furent tourmentez de batailles, lesquelles sont declairees es liures des machabees Apres ce ilz furent prins du roy alexandre appelle ptholomeus epiphanes. Apres ilz furent contrains par tresgriefz maulx dāthiochus roy de Sirye a aourer les ydoles, a fut tout leur temple remply de sacrifeges a supersticions des payēs. Laquelle chose iudas leur duc trescheualereux, lequel est aussi appelle machabeus nettoya de toute celle ordure didolatrie, a bouta hors tous les gens danthiocus. Vng pou apres vint vng appelle aschinius, lequel cōme il ne fust pas de la signee des prestres par ābicion fut fait euesque de la loy qui est chose detestable. De la enuiron cinquante ans apres, esqlz toutesuoies ilz neurēt pas de paix ia soit ce que ilz fissent aucunes choses qui leur venissent eureusement, Aristobolus prīt se dyademe, a fut le premier qui fut roya euesque entre eulx. Quelles merueilles Car parauant depuis que ilz estoiēt retournez de la captiuite de babilone, a que le tēple auoit este restaure, ilz nauoient eu nulz roys, mais auoient eu ducz a princes, ia soit ce que le roy puist estre dit prīce pour la seigneurie que il a de commāder, a duc, pource que il gouuerne a maine les ostz a les cheuauchees a les batailles, Mais ceulx qui sont ducz a princes ne peuent pas aussy incontinent estre roys, Ce que fut vng nōme aristobolus Auquel succeda alexandre, lequel fut aussy roy ou euesque, a lequel, on dit que il regna seulement sur eulx. Apres luy sa femme nõmee alipadre fut royne des iuifz, depuis le temps de laquelle de la en auãt ilz souffrirent plusgriefz maulx ¶ Quelles merueillez, car hircaniꝰ a aristobolus q̃ furent enfans de alipandre, se cõbatirent lun contre lautre, affin dauoir lempire a seignourie des iuifz, a requirent les rõmains pour estre en leur ayde contre les iuifz, Car hircanius requist leur ayde contre son frere ¶ Lors auoit ia mis rôme affricque en sa subiection. Elle auoit subiugue grece, a en sei gnourisant aussy en long a en large les autres parties du monde, a cõme celle q̃ ne se pouoit entresouffrir elle sapetissoit aucunement pour sa grãdeur. Quelles merueillez, car elle estoit iaßenue aux griefues discordes domestiques a priuees a de sa auy batailles socielles, a de la in cõtinẽt aux batailles ciuiles, a sy sestoit sy appeticee a sy tourmentee quil est lõg a raconter. pompee donc tresnoßle prince des rõmains, entra en iudee auec son ost, print la cite de ierusalem a ouurit le temple, non pas cõme celuy qui y uoul sist faire suplicacions a prieres mais cõme uictorien, a entra au lieu qui sappelle sancta sãctorum, auquel lieu il ne estoit licite a aucun a entrer excepte le souueraĩ prestre, non pas cõme pour se honnorer, mais le prophaner a despriser. Et quãt il eut conferme hircanius cõme euesque, et que a celle gent q̃ il auoit mise en sa subiection il eut mis pour garde le pays de antipater, lesquelz ilz apelloient lors p cureurs, il en emena auec luy aristoboluꝰ tout lie, a deslors cõmencerent les iuifz estre tributaires des rommains. Apres cassius despouilla a pilla le temple Apres ilz desseruirent en pou dans ensuyuans a auoir herode a roy, lequel estoit dautre nacion, regnant lequel ihesucrist fut ne, car ia estoit uenue la plenitude du tẽps laquelle estoit signifiee par la bouche de iacob le patriarche par esperit de prophecie, ou il dist telles paroßes ¶ Le prin ce distif de iuda ne deffauldra pas, ne se duc de sa cuisse, iusques adce que celuy uiendra auquel il est mys en garde, Et celuy sera lexpectacion des gens, Donc aucun prince des iuifz ne deffaillit iusqͥs a cest herode, lequel ilz eurent premierement roy estrangier, Le temps doncqͥs estoit ia que celui uenist, auquel ce estoit mis en garde, qui estoit promis au nou uel testament adce que il fust celuy que les gens attendoient, mais il ne peult estre que les gens lattendissent a adue uenir, sicomme nous regardons que on le doibt attẽdre aduenir, adce que il uiegne pour faire iugement en la clarte de sa puissance, siz neussent auant creu en luy quant il uint pour souffrir iugemẽt en humilite de pacience.

¶ Expposicion sur ce chapitre.

En ce plꝰ. chapitre monseigneur saint augustin monstre que on doibt croire fermement en nre sauueur ihesucrist, car celle prophecie de aggeus, qui dit La gloire de ceste maisõ ꝯc. fut acomplie par ihesucrist a le preuue par ceste maniere, car il dit que le peuple des iuifz entendoit par celle prophecie q̃ celle maisõ ou temple qui fut refait apꝭ la captiuite de babilone fut plus grande que la premiere, laquelle chose est a entendre, que quant il disoit ces paroßes, il estoit a entendre de la maison espirituele Cestassauoir du nouueau testament es gens ou payens, car les lxxii. interpreteurs ont dit en ceste maniere les choses qui sõt esleues de nostreseigneur uendrõt de tou tes gens ¶ Or est il ainsy que ceste gloi re de election, laquelle appartient aux hõmes, a de laquelle nostreseigneur par le en leuangille, quãt il dist que il en ya moult dappellez, ꝯc. est espirituele, mais ceste gloire de ceste maisõ laqͥlle ẽ le election nompas seulement des iuifz, mais aussy des payens est acomplie en ceulx qui croient en ihesucrist par le nouueau testament. Et ceste election est plus glorieuse que ne fut celle de synagogue en ancien testament, car elle fut plus vniuerselle, et plus espirituelle, p quoy il appert a prendre ceste escripture soubz ce ses espirituel que nostre saulueur ihesucrist est venu. Item cest faulx a dire q celle seconde maison fust plus glorieuse que la premiere suppose que on le vueille entendre de sa maison corporelle, car apres le retour de ceste captiuite, ilz furent plus tourmentez des trangiers quilz nauoient este parauant sicomme il appert par le texte. et qui vouldra veoir largement de ses persecutions voye iosephus in antiquitatibus, & regispum de cladibus iudeorum. Mais ce semble estre chose merueilleuse a dire ce quil dit que apres le retour de leur captiuite ilz eurēt aristobolus a roy, et les autres subsequens apres lui, car ses enfans de iohannes hircanius, cest assauoir aristobolus, et ses aultres furent de la lignee des prestres aussy comme leurs peres, si comme il appert p lystoire en la bible des poures. Et ainsi suppose quilz eussent regne, il nest pas doubte que le septre eust este oste de la lignee de iuda, ne le duc de sa cuisse comme ne mathathias ne aucun de ses successeurs ne fussēt de la lignee de iuda, a quoy on peut respondre que ia soit ce que apres leur retour ilz neussent nulz roys, mais ducz seulemēt sicomme il est dit aggei.i. Toutesfois apres aristobol° et ses successeurs prestres nestoiēt pas dessus les autres comme prestres seulemēt mais menoient le peuple en bataille sicōme les roys ont acoustume de mener en batailles, et pour ce en prenant largemēt ce nom, ilz les appelle roys, ia soit ce qz napent pas le septre royal. Apres cest merueilles comment il expose ces parolles. Non auferetur sceptrum de iuda. Et dit

que tousiours il y eut prince des iuifz iusques a cel herode, lequel ilz eurent pmier roy estrange. Car long temps auāt, cest assauoir ou temps de nabugodonosor le peuple des iuifz fut mene en babilone, et la fut tenu en captiuite. car sedechias fut prince du sceptre et du royaume et de ses enfans, pour ce quil se pariura et quil se rebella, et cessa lors le royaume des iuifz sicomme il appert par le piiii. et pv. chapitres du liures des roys. & ou plogue super aggeus, et esdras. Mais on y peut aussi respondre et dire que quant il dit quilz eurent le premier roy estrangier herode, il sentend du premier roy qui leur fut dōne de pompee qui estoit roy des rommains sicomme il appert par ce chapitre, & par le subsequent. Et quant monseigneur saict augustin parle des batailles domesticqz et priuees socielles et ciuiles, no° en auōs parle en sa premiere partie de ceste oeuure en plusieurs lieux, et pour ce nous nous en passons

¶ De la natiuite de nostre benoist saulueur ihesucrist selon ce que sa parolle fut faicte chair, et de la perdicion des iuifz en toutes gens selon ce quil auoit este pphetise. .pLvi.

Regnāt dōcqz herodes en iudee & lestat de la chose publiq iam vee regnant cesar auguste, et tout le monde appaise par lui nostre saulueur ihesucrist fut ne selon la prophecie procedant en bethleem de iudee homme manifeste, domme vierge, dieu occulte de dieu le pere, car sa prophecie sauoit ainsi dit p telles parolles Veez cy dit il que la vierge conceuera en son ventre, et enfantera vng enfant, et son nom sera appelle emmanuel, laqlle chose est interpretee dieu auecques nous, lequel a ce quil mōstrast en sop q̃ il estoit dieu fist plusieurs miracles/ desquelz lescripture de leuāgille en raconte aucunes ⁊ contiēt ⁊ tant q̃l sēble que il souffist a prescher ou a adnoncer/ desq̃lz le premier fut si merueilleusemēt ne/ et le dernier que lui resuscite auec son corps il monta ou ciel mais les iuifz qui le mirent a mort/ et ne vouldront croire en lui/ pour ce quil conuenoit q̃l souffrist mort/ et quil resuscitast/ lesquelz furent gastez et tresmerueilleusement des romains et mis hors et desracinez de tous pointz de leur royaume et dispers p tou̅tes terres/ et ou desia les estrangiers seigneurissoient quant pour certain / ilz ne deffaillent pas par tout. ilz nous sōt tesmoings par leurs escriptures que nous nauons pas faint la pphecie de iesucrist Lesquelles plusieurs deulz considerans et auant sa passion/ et par especial apres sa resurrection creurent en lui: desquelz il dit par telles polles. Se le nombre des filz disrael. est sicōme le sablon de la mer Les demourans serōt sauuez/ mais les autres seront aueugles/ Desquelz il est dit ⁊ anuuce en ceste maniere/ leur table soit faicte deuant eulx cōme vng las/ ⁊ en esclande/ ⁊ en retribucion. leurs peulx soiēt tellement obscurcis/ que ilz ne veoient goutte/ ⁊ leurs dos soient tousiours courbes/ ⁊ pource quant ilz ne croient a nos escriptures/ les leurs sont acōplyes en eulx lesquelz ilz lisent cōme aueugliz affin que se ilz dient les prophecies de iesucrist ou autres se il en ya aucunes/ cōe de sybille/ Lesquelles nappartiēt pas es peuple des iuifz/ pour certain pclles escriptures nous souffisēt lesquelles nous trayons des liures de nos ennemis/ lesquelz liures nous congnoissons pour ce tesmoignaige/ lequel malgre eulx il no' demōstrent lesquelz ilz ont ⁊ les gardēt Et par ce quilz sōt espars par toutes terres/ ⁊ que leglise de iesucrist sestend quelque part que on se tourne, car es psealm

mes que ilz lisent/ est mise auāt la pphecie de ceste chose ou il ē escript/ en ceste maniere/ mon dieu ta misericorde me preuendra/ mon dieu se ma demonstre a mes ennemie/ ne les occis pas/ affin que en aucun tēps ilz noublient ta loy/ espars les en ta vertu/ Nostreseigneur dōcques demonstra a leglise des iuifz ses ennemys la grace de sa misericorde. Car sicōme dit lapostre/ leur peche est le salut aux gēs ou aux payens/ et pource il ne les occist pas Est adire q̃ il ne perde rien en eulx pource que ilz sont iuifz ia soit ce que ilz fussent vaincus ⁊ opprimes des rōmains affi que se ilz eussēt oublie la loy de dieu ilz ne vausissēt riēs a ce tesmoignaige de quoy nous traictōs/ Et pource il eust poy dit quant il dist ne les occis pas a ce que en aucū tēps ilz noublient ta loy/ se il ny eust aussy adiouste ces motz de parler/ Car se ilz ne fussēt pas par tout respandu/ mais fussent tant seulement en leur terre auec ce tesmoignaige des escriptures. Pour certain leglise qui est par tout/ ne les peust auoir tesmoīgs en toutes gens des prophecies/ lesquelles sont adnoncees de iesucrist.

¶ Exposicion sur ce chapitre.

En ce plvi. chapitre monseigneur saint augustin argue a son principal. a confermer ce que il a dit au chapitre precedent/ car il dist apres ce que nostreseigneur iesucrist fut ne de la benoiste vierge marie/ sicōme il estoit adnonce par psaie le prophete/ il fist moult de miracles affin qui les peust sauoir et congnoistre que il estoit/ mais les iuifz qui le mirent a mort/ et le crucifierent/ et quilz ne voulurēt croire en lui/ furēt gastez des rōmains plus maleureusement que auant. ⁊ chacez hors de leur royaume/ Et lequel fut ⁊ est habite par estran

ii.

giers a sõt espars par toutes pars ne nõt seignourie pape ne royaume. mais sont en reproche a tous a tributaires a comme serfz. Et par consequent il appert que la seconde eglise de iesucrist est de plus grãt gloire que ne fut la premiere des iuifz. Apres quant il dist apource quant ilz ne creirent. ꝛc. Ilz monstrent que ilz ne peuẽt dire que ces choses ayent este faictes p les crestiens. Car leurs liures mesmes des iuifz, lesquelz sont ennemis a aduersaires de nostre foy contiennẽt ces choses Cestassauoir la cõuersacion des gens, a la dispersion des iuifz. Car le prophete dit Mon dieu ta misericorde me preuẽdra a les autres parolles contenues au texte, par quoy il appert que ces choses sont beriffiees en la conuercion des gens ou payens. car sõs sicõe dit monseigneur saint augustin ntre sauueur demõstra a leglise des iuifz ses ẽnemis la grace de sa misericorde, a le preuue par le dit de lappstre quãt il dit. leur peche sera le salut des gens. Semblablemẽt ceste chose est beriffie en la dispersion des iuifz. car ce fut don de la bertu de dieu ce que il ne les occist pas. Mais ama mieulx q ilz demourassent ainsy dispers par tout le monde. Car sicõe il dit se ilz fussent en leur terre tant seulement, a ne fussent respãdus par tout. Pour certain leglise qui est par tout ne les peult auoir tesmoings en toutes gens, des prophecies qui sont promises de iesucrist.

Assauoir se auãt le temps de nostre sauueur ihesucrist furent aucunes gens hors la lignee disrael, qui appartenissẽt a la cõpaignie de la celestienne iherusalem. C plbii.

Et pource ce len dist que quelcõques estrangiers qui ne sõt nez de la lignee disrael ne de ce peu ple qui estapprouue a receu en canon des sainctes escriptures, ait prophetise aucũe chose de nostre sauueur ihesucrist. se il est benu ou benoit a nostre congnoissance. nous le pouons recorder cõe habundant a a comble, non pas que il soit necessaire suppose que il deffaille autres hommes ausqlz ce mistere a este reuele, a qui aussy ont este constrains a dire ces choses, fust que ilz fussent participans dicelle mesmes grace. fussent que ilz nen sceussent riens, mais les mauuais anges les leur eussent enseignie, lesquelz nous sauons que ilz confesserent aussy ihesucrist present lequel les iuifz nyoient, ne ie ne cuide pas que les iuifz osent debattre ou contendre que nul appartenist a dieu fors ceulx disrael duql la lignee disrael prĩt son cõmencement. Cestassauoir iacob reprouue son frere aisne esau. Car pour certain il ny eut autre peule qui fust proprement appelle le peuple de dieu, mais ilz ne peuẽt nyer quil ny ait aucũs hommes appartenãs aux brays ysraelites citoiẽs de la souueraine cite au pays, cest assauoir paradis. nõ pas par terrienne mais par celestienne societe. Car se ilz le nyent ilz sont tresslegieremẽt conuaincus de ce saint a merueilleux hõme Job, lequel ne fut pas la ne ne il ne bit demourer la auecques eulx, mais fut du pays dydumee, a y fut ne a la mourut. lequl est tant loe par les sainctes escriptures q nul de son temps nest cõpare a luy en iustice ne en pitie. Les temps duquel ia soit ce que on ne les treuue pas par cronique. Toutesuoies en son liure lequel pour le bien de luy, ceulx disrael ont receu en auctorite canonicque, il appert auoir este dernier q israel en la tierce generacion, mais ie ne doubte pas que ce fust pourueãce diuine, affin que par celuy hõme nous congnoissons que aussy peult il estre ainsy par les gens appartenans a lespirituelle iherusalẽ, lesquelz pleurent a dieu, et

Desquirent selõ luy/Laquelle chose nous ne deuõs croire/que elle ait este octroyee a quelcõque fois a celuy vng mediateur de dieu et des hões hõme iesucrist, c'est reuesle. lequel estoit adnõce a venir en chair par telle maniere cõme il nous est adnõce que il est venu/A celle fin que par luy vne mesmes foy mene les predestinez a dieu en la cite de dieu en la maisõ de dieu au tẽple de dieu/mais quelcõques pphecies dautres sont preferees de la grace de dieu par iesucrist on peult cuider que elles soient saintes par les crestiens et pour ce conuaincre quelcõques estrangiers, se ilz se debattẽt de ceste chose/et a faire les nostres se ilz sentent seuremẽt/Il nest riens plus seur ne plus ferme/que ce que ces choses diuines/que nous auons dictes de iesucrist nous les dyons de choses qui sont escriptes es liures des iuifz lesquelz ostez de leurs propres sieges/et pour ce tesmoignage espars par tout le monde/ leglise se voit en tout et par tout

¶ Que la prophecie de aggeus pla quelle il dist que la gloire de la maison et habitaciõ de dieu qui estoit aduenir seroit plus grãde quelle nauoit este premierement/ fut acõply en leglise de nře saueur iesucrist et nõ pas de la reedifficaciõ du temple. ℂ ph'viii

Este maison de dieu est de plus grãt gloire que nauoit este celle pmiere laquelle auoit este edisfiee de fust de pieres et de mettaulx et autres choses precieuses/et pour ce la pphecie de aggeus ne fut pas acomplye en linstitutiõ de ce temple/ Car depuis que il fut edifie on ne demõstre pas que il eust sy grant gloire comme il eut au temple du saige salomon/ mais qui plus est on demonstre que la gloire de ceste maison fut diminuee premieremẽt par la cessacion de prophecie/ et apres par la meschance de ces gens sy grande/iusques a la derniere destruction et trebuchement dicelles laquelle chose fut faicte par les rõmains/ sicõe les choses qui ont este recordees cy dessus se recitent/ mais ceste maison laquelle appartient au nouuel testament est de tant plus grãt gloire en tout et par tout comme des pierres viues desquelles elle est edisfiee/sont meilleures a ceulx qui croient et qui sont renouuelez cest adire regenerez par baptesme/ mais celle est signifiee par linstauracion de tel edifice signifie en parolle de prophete vng autre testament/lequel est appelle le nouuel/ Ce doncques nostre seigneur dit/ il dourra dist il paix en ce lieu par celuy signifiante lieu est a croire ou a entendre celuy q̃ estoit signifie par ce lieu affin que pource que par celuy edifice est signifiee leglise de dieu/laquelle deuoit estre edifiee par nře saueur ihesucrist on ne prengne autre chose en ce qui est dit Et ie dourray paix en ce lieu/que ce lieu signifie pource que toutes choses qui signifient aucunes choses/sẽblent aucunement soustenir ou representer/les persõnes des choses esquelles elles signifient sicõe il est dit par lapostre La pierre dist il est iesucrist/ pource que celle pierre/de laquelle ceste parolle fut dicte/signifioit en tout et par tout iesucrist/ Sans doubte la gloire de ceste maison du nouueau testament/ est greigneur que la maison du premier testament ancien/ et lors apperra elle plus grande quant elle sera dedicee, car lors viendra celuy qui est desire de toutes gens/car ilz ne sauoiẽt lequel ilz deuoient desirer/auquel ilz nauoient pas creu/ Lors viendront aussy selon les lxx.interpreteurs. Les choses qui sont esleues de nostreseigneur de toutes gens pource que ce sens est aussy propheticque ou du prophete/ Car lors ne vauldront vrayement fors les choses esleues, des

i ii.

quelles lapostre dit telles polles. Ainsi cōe il nous a esleuz auant la constitucion du monde. Quelles merueilles/ car cel ediffieur qui dist que il en y auoit moult dappellez et pou desleuz/ Voulut demonstrer que celle maison nestoit pas ediffiee de ceulx qui appellez vindrent en ceste maniere/ que incontinent ilz fussent gettez arriere/ mais que elle estoit ediffiee des esleuz/ Laquelle maison ne doubteroit de la en auant quelque ruyne, mais maintenant quāt ceulx remplissent les eglises/ lesquelz il separa aussi cōme le vēt souffle et gette arriere la paille/ la gloire de ceste maison nappert pas si grande cōme elle apperra lors/ car quiconques sera sail/ il y sera a tousiours.

⁋ De lincertaine multiplicacion de leglise en laquelle plusieurs mauuais sōt meslez/ auec les bons en ce siecle.   p.lix.

En ce mauuais siecle en ces mauuais iours ou par presente humilite/ leglise achette la haultesse qui est a aduenir/ et est enseignie par aguillons de paour par tourmens de douleurs p trauaulx de labours/ par perilz de temptacions/ en sesioissāt en seule esperance quant elle sesioist sainemēt, mais ses mauuais sont meslez auec les bons/ et sōt recueilliz les vngs et les autres aussi cōe en vng roiz euangeliq ou de seuangille/ Et noent en ce monde les vngs et les autres aussi cōe en vne mer sans separacion enclos en vne roiz iusques ace q elle vienque a la riue ou les mauuais seront separez des bons/ et que nostreseigneur iesucrist sera es bōs aussi cōme en son tēple toutes choses en tous/ et pource nous congnoissons de present la voix de celuy estre acōplye qui parloit au psaultier et disoit telles paroles/ cestassauoir dauid/ ilz sont multipliez oultre le nombre/ Et ca este fait de present depuis quil

adnonca de la bouche de son precurseur mōseigneur saint iehan baptiste/ et apres le dist par sa bouche en disant telles parolles/ faictes dit il penitāce/ car le roy paume des cieulx approchera/ Il esleut disciples lesquelz il nōma aussi apostres nez de humble et de petite parēte sans hōneur et sans lettre/ Ace que quelque chose que ilz fussent grās et fissēt grans choses il se fist et fut en eulx/ Il en y eut vng autre deulx qui fut mauuais, duquel en vsāt bien il acōplissoit ce qui estoit ordōne de sa passion/ Et sy demōstrerent exēple a son eglise de tollerer les mauuais leuangille semee toutcōe il escouuenoit par sa presence corporelle/ Il souffrit passiō/ et fut mort et resuscita/ en demōstrāt par sa passion quelle chose nous deuons soustenir pour verite/ et par sa resurrectiō quelle chose nous deuons esperer en eternite/ except la haultesse du saint sacrement/ en laquelle son precieux sang fut respandu en la remission de nos pechies/ Il conuersa en terre pl. iours auec ses disciples/ et eulx veans il monta au ciel/ et v. iours apres leur entroya le saint esperit que il leur auoit promis/ Le signe du quel qui vint en ceulx qui creoient/ estoit lors tresnecessaire/ cestassauoir que vng chascun parlast biē tous les langaiges/ en signiffiant par ceste maniere lunite de leglise catholicque a aduenir par ca toutes gens ainsi a parler de toutes lāgues

⁋ De la predicacion de leuangille/ laquelle a este faicte plusclere et pluspuissāte par ses passiōs de ceulx qui la preschoient.   C. l.

Apres selon celle prophecie en laquelle il est dit la loy viendra de syon et la parolle de dieu de ierusalem/ et selon les choses deuant dictes de nostreseigneur iesucrist/ ou leglise sespandit premierement/ dilatee de ihrusalē. ⁋ Et apres sa resurrection, car cõe ses disciples fussent esbahys/ il leur ouurit le sens/ adce que ilz entendissent les escriptures/ & leur dist a tous telles parolles/ Il est dist il ainsy escript, & aisy escouuenoit il que ihesucrist souffrist mort & que il resuscitast au tiers iour, et prescher en son nom penitance en remission des pechiez en toutes gens/ en commencant en ierusalê/ Et de rechief il suy demanderent du dernier aduenement/ & il leur respondit & dist par ceste maniere Il ne Vous appartient pas dist il a sauoir les temps lesquelz dieu a mys en sa puissance/ mais Vous prendrez dist il la vertu du sainct esperit qui descendra en Vo⁹ & Vo⁹ me serez tesmoing en ierusalê & en toute iudee & en samarie/ & iusques es fis de la terre/ & cõme plusieurs eussent creu en luy en iudee/ & en samarie/ on alla a autres gês & adnoncerêt leuãgille, ceulx lesquelz il auoit appliqz par possez aussi cõe lumieres ses auoit alumez ou establez du saint esperit, car il leur auoit dit en ceste maniere. Ne doubtez pas ceulx qui occient le corps/ mais ilz ne peuent pas occire lame, lesquelz adce que ilz ne se reffroidassent ou fussent frois par pa our, ardoient de feu de charite, & nõ pas seulement par ceulx qui sauoient oy par auant sa passion & sauoiêt Veu apres sa resurrectiõ/ mais aussy apres leur mort par leurs successeurs fut presche leuãgille par tout le monde, entre tant de persecutions horribles & diuers tourmens, et mors de martirs par iesucrist qui leur ardoit par signes de present & a aduenir/ & par diuerses vertus & miracles & dõs du sait esperit/ adce que les peuples des gês qui creoient en celuy qui auoit este crucifie par leur redêpcion/ ilz hõnourassent porta sent hõneur au sang des martirs par honneur crestienne/ Lequel sang il auoit respãdu par fureur de dyable dens fer ou dyabolicque/ Et que les roys pses loix desquelz leglise estoit gastee fus

sent subgectz & se submissent a leur saluacion ou nõ de celuy lesquelz ilz sestoient efforcez cruellement doster de sa terre Et cõmencassent a persecuter ses faulx dieux/ a la cause desquelz ses seruiteurs du vray dieu auoient parauant este persecutez.

¶ Que aussy par les dissencions des herezes/ la foy catholicque soit cõfermee
C li.

Lis le dyable voyant que on delaissoit les têples des dyables/ & que lumain linaige couroit au nom du mediateur & deliureur nre sauueur iesucrist, il esmeut les hereticques q soubz le nom de crestien resistoient a la doctrine crestienne/ aussy cõme silz peussent estre indifferãment en la cite de dieu sans aucune correction/ aussy cõme la cite de confusion eut indifferãment philozophes/ qui sentirêt entre eulx choses diuerses & contraires/ ceulx dõcques qui en leglise de iesucrist sentent aucune chose mauuaise & malade cest a dire contre la foy & sainte escripture/ se quant on les corrige, adce que ilz sentent sainement et droituierement/ il resistent orguilleusement/ & ne Veullent corriger ne amender leurs têpestueux & mortelz êseignemes mais perseuerent a les deffendre ceulx sont hereticques & en allãt hors de la foy sont mys auec les ênemis de la foy Et desia par ceste maniere/ ilz profitent de leur mal a ces Vrais crestiens mêbres de iesucrist quant & nre seigneur Vse bien des mauuais/ & que a ceulx que il ayme toutes choses sont tournees en bien. Car toz les ennemis de leglise de quelque erreur que ilz soient adueuglez ou empirez de malice/ se ilz prennent la puissãce de tourmenter aucun temporellement ilz exercent sa sapience/ & se ilz en sentent mauuaisement & sont contraires ou contrairent seulement ilz exercent/ sa sapience Mais adce que les ennemys soient aussi

l iii.

ilz exercent la beniuolence et bonte dicel
luy/soit que on contende auec eulx p̄ do
ctrine admonnestant/ou par espouenta
ble discipline. et par ce on ne seuffre pas q̄
le dyable qui est prince de ceste desopasse
cite/en esmouuāt ses propres vaisseaulx
contre la cite qui fait son pelerinaige en
ce monde puisst nuire en riens a celui au
quel sans doubte par sa prouidence diui
ne a este procure/que il ait cōsolacion es
prosperitez par telle maniere que il ne
rompe pas es diuersitez et exercitacions
es choses aduerses. adce que il ne soit cor
rompu des prosperitez/ Et ainsy luy et
lautre est attrēpe de luy et de lautre/ Ad
ce que nous congnoissons que celle voix
du psaultier nest dautre lieu laquel
sauoir ou parolle est telle/selon la mul
titude de mes douleurs en mon cueur/
tes consolacions ont esioy mon ame/
De la aussy est celle parolle de laposte
esioissant en esperance/ pacient en tribu
lacion/ car on ne doit pas croire q̄ ce q̄ ce
mesmes docteur dit/puisse deffaillir en
nul tēps/ou il dit. Tous ceulx qui veul
lent viure de bonnairemēt en ihesucrist/
seuffrent persecutions/ car et cōme ceulx
q̄ sont dehors/ et qui ne se courousent pas
il semble que il y ait paix et tranquilite
et sy est il en verite/ et qlle apporte moult
de consolacions mesmement aux mala
des/toutesuoies ne deffaillēt pas/mais
ya plusieurs par dedens qui tourmen
tēt p̄ leurs mauuaises meurs les cueurs
de ceulx qui viuent sainctemēt pource q̄
le nom crestien et catholicque de tant cōe
il est en plusgrāt chierte a ceulx qui veul
lent viure sainctement et doulcement en
iesucrist/ de tant se deullent ilz plus/ de
ce que par les mauuais qui sont par de
dens il est fait que pcesui nostre sauueur
iesucrist soit moins ame/que les pensees
et couraiges de ces bons crestiens ne se de
sirent amer/ Et quant on pensse que ces
hereticques ont le nō de crestien et les sa

cremens crestiens/et les escriptures et sa
profession et cōfession. Cest adire que ilz
se dient ou confessent telz ilz sont et met
tent grans douleurs es cueurs des bons
crestiens pource que plusieurs qui veul
lent estre crestiens sont contrains a dou
ter pour leurs discencions/ Et sy en y a
aussy plusieurs mesdisans entre eulx q̄
tiennent matierre de blasmer le nom cre
stien/ pource que en quelque maniere ilz
sont appellez crestiens par ces mauuai
ses meurs et erreurs des hōes/ et sembla
bles seuffrent persecutions/ceulx q̄veul
lent viure sainctement en iesucrist ia soit
ce q̄ nul ne les moleste ne trauaille leurs
corps Quelz merueilles. ilz seuffrent ce
ste persecution es cueurs et non pas aux
corps. dont celle parolle qui sensuyt est
dcte. selō la multitude de mes doleurs q̄
iay en mon cueur/ car il ne dit pas en sō
corps/ mais derechief pource que on pēse
les choses muables diuines qui sont pro
mises/ et que lapostre dist. quātil dit no
streseigneur dit il congnoist les choses q̄
sont seues ou qui sont de luy. car nul de
ceulx ne peult perir/ lesquelz il a presceu
et predestine estre conferme de limaige de
son filz/ Et pource sensuyt il au pseau
me/toutes ces cōsolacions ont esioy mō
ame. Mais la douleur qui est faicte es
cueurs des bons crestiens/ lesquelz les
mauuais crestiens ou faulx persecutēt et
proffitent aceulx q̄ se deulent pource q̄ ce
se descend de charite/ par laquelle ilz ne
veulent pas que ilz soient perdus/ne ne
veulent empescher le salut des autres/
Par ceste maniere du nōbre en ce siecle en
ces mauuais iours fait leglise son cours
en faisant son pelerinaige entre les perse
cutions du monde et les consolacions de
dieu. nō pas du tēps que nostreseigneur
fut presentemēt en terre/ et q̄ il print corps
humain et de ses apostres mais des le tēps
dabel le iuste/ lequl son frere desloyal Cain
occist et iusques en la fin du monde.

¶ Assauoir mon se il est a croire ce que aucuns cuident/ cestassauoir se acōplyes les persecutiōs qui ont este/ Il en ya aucunes de demourant excepte la pi. laqlle est a aduenir en ce temps dantecrist.

C lii.

Et pource ie ne croy pas fole ment que on puist dire ou croire ce que il a semble a plusieurs/ Cestassauoir que leglise ne souffrera aucunes persecutions iusques au temps de antecrist fors celles que elle a souffertes Cestassauoir x. persecutiōs adce que la pi. ou la derniere soit de antecrist: Quelles merueilles. ilz content la premiere qui fut faicte de neron. La seconde de domicien/ La tierce de trapan/ La quarte de anthonius/ La quinte de seuerus/ La vi. de maximius La vii. de decius/ La viii de Valerius/ La ix. de aurelius/ La x. de diocletianus & maximianus/ car ilz cuident que on doye rapporter a cest entendement les playes de egipte Pource que il en y eut x. auant que le peuple dieu cōmencast a yssir de la. Adce que la derniere persecution dantecrist. seble estre seblable a la pi. playe. par laquelle les egiptiens qui poursuyuoient come enemis les hebrieux furent perilz/ quant le peuple de dieu passoit la mer rouge a sec. mais ie ne croy pas que par ces choses qui furent faictes en egipte. Ces persecutions fussent signiffiees en prophecie Ja soit ce que par ceulx qui ce cuident. Vne chascune des playes degipte semble estre comparee a vne chascune de ses persecutions p grāt engin/ & par grante execucion/ non pas p esperit de prophecie/ mais par coniecture de pensee humaine/ laquelle attaint aucunesfoys a la verite/ & aucunesfoys est deceue. car que diront ceulx qui tiennent ceste oppinion/ de la persecution par laql le nre sauueur ihesucrist fut crucifie en ql nombre le mettrontilz/ Mais se ceste psecution exceptee ilz cuident que on doye cō pter celles qui appatiēnēt au corps. cest adire a leglise/ & nō pas celles qui appartiennent au chief/ cest adire a ihesucrist p laquelle pcelui chief fut persecute et occis

¶ Que diront ilz de ceste persecution qui fut faicte en ierusale depuis ce que nostre seigneur monta es cieulx ou monseigneur saint estienne fut lapide/ ou monseigneur saint iacques frere de mōseignr saint iehā fut occis de glaiue. ou monseigneur saint pierre fut mys en prison affi de le mettre a mort. & fut deliure par lāge/ ou saulus q depuis fut appelle paulus & fut apostre qstoit leglise/ ou luy mesmes en euangelisant sa foy laquelle il auoit psecutee en iesucrist preschoit tres fermemēt. fust par iudee fust par autres gens par tout/ souffrit mort aussy cōme il auoit fait souffrir aux autres/ Pour quoy leur semble il dōcques que on doye cōmencer a neron cōme leglise fust paruenue en croissant entre trescruelles persecucions/ Lesquelles seroient trop longues a toutes dire & racōter. Et se ilz cuident que on doye compter les persecutiōs faictes par les roys/ il y eut herode/ seql apres lascension nre seigneur fist aussy tresgriefues persecutiōs. Apres que respō dent ilz de iulien lappostat/ lequel ilz ne cōptent pas es x. persecutiōs/ nest ce pas celui qui persecuta leglise/ lequel defendit aux crestiens que ilz ne appreissēt ne enseignassent les ars liberaulx/ soubz lequel fut le grant Valentinien/ qui pource que il confessa la foy crestienne fut priue de cheualerie/ lequel fut le tiers empereur aps iulien. Adce que ie delaisse ce que il auoit cōmence a faire en Anthioche. excepte ce que il auoit en horreur. en soy esmer ueillant dun iouuenceau tresbon crestien & trescrestien/ lequel quāt on en print plusieurs. affin q ilz fussent tourmentez fut le premier tourmente par tout vng iour & entre les tourmens que il souffroit & les roes defer. dont onluy derompoit sa

i iiii.

chair chastoit sa franchise et lcesse, et doubta que il neust greigneur bergoigne en ceulx qui estoient a tourmenter apres luy. Et ilz neussent encoires greigneur constance que luy. Dernierement du temps dont nous auons memoire ne gasta pas leglise catholicque es parties derreur par grant persecution. Valens frere de Valentinien, duquel nous auons fait memoire cy dessus, Le quel fut arrien, mais quelle chose est ce que on ne considere pas que leglise qui chascun iour fructifie et croist ne puist souffrir persecutions en aucunes gens. Et quant est que elle ne se seuffre pas en autres, se ce nest q̃ par aduenture on ne doibt pas compter sa persecution quant le roy de gothie en ce pais de gothie mesmes persecuta les crestiens par merueilleuse cruaulte, come il ny eust sa fors crestiens, desquelz plusieurs furent martirs et couronnez come martirs, si come nous auons oup daucuns freres qui fors auoient este la en leur enfance. Et recordoient que sans doubte ilz auoient veu ces choses. Quelle chose eut il maintenant en perse, ny fut pas la persecucion sy grande, se toutesuoies elle estoit encoires cessee, que plusieurs sen fuirent dela, et vindrent iusques aup chasteaulx des romains pour euiter les persecutions. Quant ie pense ces choses et autres il ne me semble pas que on doye diffiner le nõbre des psecutiõs par lesq̃lles il escouuient que leglise soit excercee, mais ce nest pas mendre folie affermer que il ya aucunes persecutions aduenir des roys sans ceste derniere, de laquelle nul crestien ne fait daubte, et pour ce nous nous arrestons sans determiner ceste question sans confermer ne destruire ne lune ne lautre partie, fors tant que nous ne voulons pas estre sy presumptueulx que nous vueillons affermer ne lune ne lautre partie. Vrayement nostre seigneur iesucrist estaindra par sa presence ceste derniere persecution, Laquelle est aduenir par antecrist, car il est escript que il loccira en lesperit de sa bouche et le destruira par lenluminement de sa presence. On a acoustume cy a demander quant ce sera, mais sans doubte ceste folle demande, se se ce fust nostre proffit de le sauoir, de q̃ eust il este mieulx dit que de dieu quant ses disciples luy demanderent ceste question lequel estoit leur maistre Car ilz ne se teurent pas, mais demanderent luy present estant en disant, Sire ne restauras tu pas le royaume disrael en ce temps Ausq̃lz il respondit Il ne vous appartient pas de sauoir le temps que dieu le pere a mys en sa puissance, Pour certain quant ilz eurent ceste response, ilz ne linterroguerent pas de leure du iour ou des ans, mais sinterroguerent du temps. Nous nous efforcons doncques en val de compter ou diffiner les ans qui escoires restent de se siecle iusques a la fin, come nous opons dela bouche de dieu lequel est verite que ilz ne nous appartient pas a la sauoir, ia soit ce q̃ aucuns ayent dit que iusques a son dernier aduenement ilz puissent estre acomplis en iiii.c. ans Les autres v.c. Les autres mil. a predre du temps que nostre seigneur monta es cieulx. Mais comment vng chascun preuue et afferme son oppinion, cest longue chose a monstrer et non pas necessaire, Quelles merueilles, ilz vsent de coniectures humaines, mais ilz ne dient riens de certain qui viengne de lauctorite de lescripture canonicque, cest adire des sainctes escriptures approuuees.

(Expposicion sur ce chapitre.

EN ce lii. chapitre monseigneur saint augustin reprouue loppinion de plusieurs qui vouloient ramener les x. persecutions des crestiens lesquelles il nõme au temps auoir este faicte soubz x. empereurs precisement es x. plaies degipte. Et aussy la pi. quilz dient qui sera dernieremēt au tēps dantecrist ilz sefforcent de ramener a sa pi. pl ape de gipte. laqlle ilz dient auoir este/ quant pharaon & ses gēs furēt nopez en la rouge mer quāt ilz poursuyoient le peuple disrael Ceulx qui voulurēt ramener ces p. persecutiōs aux p. plaies degipte ce furent rufin9/ & Eusebius in ecclesiastica historia Et orosius en son viii. liure de ormesta mūdy ou pliii chapitre/ Aps quāt il parle de neron & des autres ip. soubz lesquelz il met ses persecutiōs de leglise & des crestiens/ nous auōs parle deulx tous en la premiere partie de ceste oeuure & pource nous en passōs plus legieremēt Et toutesuoies en disons nous aucūes choses/ premieremēt quāt est de neron/ q̄ fut le v. empereur aps cesar auguste du quel oroze au lieu dessus allegue dist q̄ ce fut le plus malentechie/ mauuais de toutes mauuaises taches/ Ce fut le premier qui persecuta les crestiens a romme & nō pas seulemēt a rōme/ mais p tout ou estoit cōgneu le nō crestiē/ & fist mourir saint pierre & saint pol qui estoiēt docteurs de saincte eglise & les deux princs paulx pilliers Apres quāt il parle de domicien Ce fut le ix. aps auguste/ seql fut aussy mauuais cōme neron ou plus. Car il sefforsa tant cōe il peult dēuoyer par tout pour destruire crestiens/ & denuoier persecuteurs pour les destruire/ Il mōta de la en sy grant orgueil/ que il se fist dieu/ & cōmāda que on ladourast cōme dieu/ Il tua & fist tuer par sa couuoitise plusieurs senateurs a rōme publiquemēt/ & les autres enuoya en epil/ Il fut tue par sa mauuaistie par ses gēs en son palais/ Et puis fut porte honteusement par deux ribaulx qui faisoient les fosses en vne ciuiere ou cercueil en quoy on portoit en terrer les gēs sicōme dit oroze au piiii. & pv. chapitres de son vii. liure/ Et paulus cassiniencis au final chapitre de son vii. liure. Et quant est de tropan qui

fut le pi. apres cesar auguste/ & le tiers q̄ persecuta les crestiēs. apres celui cōtranit les crestiēs a ydolatrie & a adourer les ydoles & tous ceulx qui ne le vouloiēt faire il les faisoit mettre a mort/ toutefuois es satempra il a la reuelaciō de pluuius lequel estoit vng des persecuteurs des crestiens ordōnez de par luy. ¶ Et quant est de marcus anthonius qui fut le piiii. Ce fut le iiii. qui fist les persecutiōs aps neron. car il recōmanda les persecutiōs en aspe & en galle/ & cōmanda a faire ces persecutiōs sur les crestiēs/ En laquelle persecution en peut plusieurs martirs/ Apres seuerus fist la v. persecution & fut le pvii. apres cesar auguste/ qui fist persecutions es crestiens, car il en fist occire plusieurs & en diuers prouinces/ sicōme dist oroze en sō ormeste au xpii. liure. Il fut premierement aduocat du prince & de la monta doffice en office/ tant quil fut empereur, & fut tenu pour dieu apres sa mort selon paulum cassiniensen au ix. chapitre de son viii. liure/ Maximin9 fut le xxii. apres neron qui fist la vi. persecution des crestiens, il se fist empereur de sō autorite & fut tue au tiers an de son empire/ par vng appelle pupianus/ sicōe dit oroze/ au viii. chapitre du liure dessus allegue, & par especial pour la famille ou lignee crestienne dalexandre, auquel il auoit succede & amenee sa mere/ auoit il enuoye faire ceste persecution es crestiens & es clers/ cest adire es aucteurs de saincte eglise/ & par especial pour origenes q̄ fut docteur de saincte eglise. Decius fist la vii. persecucion/ qui fut le xxv. apres auguste. Car il fist vng edit/ tresmerueilleus. Lequel il fist crier par tout que on mist amort tous crestiens. Ce fut celui qui fist mettre a mort monseigneur saint laurens. Valerius qui regna auecques galienus/ fut le xxvii. apres cesar auguste Et fut le huitiesme qui tourmenta les crestiens/ Et contranit par tourmēs a ydolatrer ⁊ a renyer la foy il les cōmādoit occire/⁊ en fist occire a merueilles/sicōme dit orose au xxpiiii. chapitre/mais il dist que gali en fist satiffacion ⁊ paix auec les eglises/de la paour q̄ il eut. Aurelianus qui fut le xxxix. apres auguste/fut le ix. qui persecuta les crestiens/sicōme dit orose/au xxxbi.chapitre ⁌ Quant est de dyoclecien ⁊ maximien/qui furent les xxxiii.empereurs aps auguste,ilz firent la x.persecutiō des crestiens. Orose en son pl. ⁊ xli.chapitre dit que dioclecien en orient/ Et maximien qui estoit appelle herculius en occident cōmencerent a gaster les eglises/ ⁊ cōmanderent a tourmenter ⁊ occire les crestiens Et fut ceste persecucion plus grāde ⁊ pl⁹ longue a peine que toutes les autres paauant. Celle dura par x.ans cōtinuelz par tous lesquelz x.ans on ne fina dardoir eglises/de banir innocens ⁊ doccire martirs sans cesser en quelque maniere/ Apres monseignr saint augustin reprouue ceste oppiniō de dire/que il ny eut que x.persecuteurs/⁊ monstre cōment il en y eut plusieurs autres desquelz il met les exemples/ La premiere est de iulien qui fut le xxxi. apres auguste/ duquel raconte orose au xliii. chapitre du. Bii. liure de son ormeste/ que il sefforca plus part que par puissance/affin que les crestiens renyassent la foy de ihesucrist/⁊ que ilz reuenissent a ydolatrie. Et sestudia plus a les y attraire par honneurs que contraindre par tourmēs/mais ilz amerent mieulx a renoncer a leurs offices q̄ renoncer a sa foy crestienne ⁌ Ce iuli en eut vne guerre contre les partes/⁊ assembla toute sa puissance tant des rōmains que dautres/⁊ voua que se il venoit a victoire de la bataille/ q̄ il mettroit a mort tous les crestiens ⁊ sacrifiroit aux dieux de leur sang ⁊ persecuteroit toutes les eglises/ Et pour demonstrer son intenciō fist edifier en iherusalē vng amphiteatre auquel quant il seroit retourne des partes il mettroit tous ses moisnes ⁊ sainctes pssonnes/⁊ les bailleroit a deuorer aux bestes trescruelles ⁊ les regarderoit deuorer ⁊ desciter de ses bestes. mais il ne lacōpsit pas pource que il mourut, auant q̄l retournast/ ⁊ de sa mort est parle en sa premiere partie de ceste oeuure/⁊ pource nous nous en passons/ Le second est Balentinien dont orose fait mencion au lieu dessusdict. Lequel cōme il fust vray cheualier ⁊ champiō deglise cōme bon crestien ⁊ de vraye foy/⁊ fust tribun de ceulx q̄ portoiēt ses armes/cheualiers ⁊ escuiers et il fust contrainct de iulien ou de sacrifier aux ydoles/ou delaisser sa cheuallerie il ama mieulx se deppartir que de sacrifier aux ydoles/ Saichant que les iugemens de dieu estoiēt plus griefz ⁊ pl⁹ eppouētables/⁊ pource se departit de sa voulente/⁊ vng pou apres ycelluy iulien fut occis/⁊ incontinent iouinien mort celui q̄ auoit perdu son office pour lamour denostre seigneur iesucrist, ntēseigneur le resuscita/ ⁊ le mist au lieu de son persecuteur/ ⁊ tint lempire xxxbiii.ans. mais quant est des faitz de ce iulien que monseigneur sainct augustin dit que il fut en antioche/maistre Nicolas trauet dit que il ne sa beu nulle part que cy/ Toutes voies dit paulus cassinien au v.chapitre du xxii.liure de son histoire que il fut en la bataille des partes auec luy/ ⁊ de plusieurs choses/sicōme tu le pourras veoir en ce chapitre qui est le finable chapitre du xii. liure/ lequel fist eutropius cōbien que paulus y mist addicions ⁌ Et quant est de Balent frere de Balentinien lequel regna apres son frere Balentinien le xxx. apres cesar auguste dit orose au xlbii.⁊ xlbiii.chapitres dudit Bii. liure/ que Biuant son frere Balētinien il fut esleu compaignon de lempire.⁊ fut baptise dun euesque arrien qui auoit nom epodius/ duquel il apprint/ ⁊ fut introduit en

telle secte arrienne/ en laquelle il persecu
ta long temps les crestiens/ a ne sosa de
mõstrer tant cõe son frere besquit, mais
quant son frere fut mort a que il ne crain
gnit nullup q̃ il ne peust faire a sa bou
lente, tantost fist une lop a ung edit par
lequel il ordonna que ses moisnes cest a
dire les crestiens, lesquelz ostees les oc
cupaciõs seculieres sestoient retrais aup
deserz, fussent contrais a deuenir bons
gens darmes/ a que ceulp qui estoient
ainsi retraitz que on les tourmentast par
tribuns a cheualliers affin que ilz chan
gassent leur bocacion/ dont il p en p eut
plusieurs martirez pour le nom de nr̃esei
gneur lesquelz ne bouloient pssir hors de
leurs monasteres. Apres monseigneur
saint augustin touche deup particulie
res persecutiõs qui aduindrẽt en son tẽps
Cestassauoir lune en gothie a lautre en
perse, lesquelz nous nauons pas beues
se ce nest par aduenture que ilz soient cõ
prinses es generalles persecutions qui se
firent sur les crestiens.

¶ Du temps occulte de la derniere per
secution/ cest adire lequel nous ne pouõs
sauoir.   C   liii.

Ais celup qui dit il ne bous ap
partient pas assauoir les tẽps
que dieu le pere a mis en sa puis
sance/ a detourner les doiz de tous ceulp
qui sentremettent a cõpter le tẽps de ceste
chose/ a leur cõmande que ilz sarrestent
sãs cõpter/ mais pource q̃ plus ceste sentẽ
ce est de leuangille. Ce nest pas merueil
les/ se ceulp qui adouroient les faulp
dieup ne furent pas bien restrains par
pcelle/ que ilz ne refraingnissent par les
respons des dyables/ lesquelz ilz adou
roient cõme faulp dieup/ de determiner
par combien de tẽps deuoit durer la fop
ou religiõ crestiẽne/ Car cõe ilz beissent
que elle ne pouoit estre consõmee p tãt de
psecutiõs. Mais qui plus est par ycelles
elle croissoit merueilleusemẽt. Ilz pours

penserẽt ie ne scap quelz bers en grec qui
furent gectez a ung aussp cõe se il requist
a auoir diuis respõs de ceste chose esquelz
ilz sõt iesucrist innocẽt/ de ce crisme qui
pour certain est aussp cõme de sacrilege/
Mais ilz diẽt q̃ sait pierre p enchãtemẽs
fist a trouua, que le nõ de iesucrist seroit
adoure p iii.c.l.p b. ans/ a que apres ce nõ
brie acõplp/ la religiõ crestiẽne prendroit
fin sãs demeure. ⊙ cueurs dõmes saiges
⊙ egins lettres dignes de croire ces cho
ses de iesucrist que ne boulez bous croire
en iesucrist/ q̃ sõ disciple saint nait pas a
prins de lup les ars magicques a deffen
dues/ mais que lup cestassauoir iesucrist
estant innocent/ saint pierre toutesuoi
es sõ encheteur cõe bous dictes/ a que il
ama mieulp que le nõ de iesucrist fust a
doure que le siẽ p ses ars magicq̃s a grãs
labours a a ses grãs perilz/ a derniere
ment aussp p ce que il respãdit son sang
pour lup/ Se saint pierre p ses enchãte
mens fist que le mõde amast ainsi iesu
crist. quelle chose fist ihesucrist qui estoit
innocent/ adce que saint pierre lamast p
celle maniere/ respondent donc pceulp a
eulp mesmes/ a entendent se ilz peuent
que ce fut fait par celle souueraine grace
par laquelle il fut fait que pour la bie p
durable/ le mõde amast nr̃e sauueur ihe
sucrist. Et que mõseignr̃ saict pierre la
mast pour auoir de lup la bie pdurable
a iusques a souffrir la mort temporelle
pour lup/ Apres qui sõt ces dieup sp sub
gectz a ung enchãteur a a ung cruel ma
gicien/ p lequel ung enfant dun an fut oc
cis a descire sicõe ilz dient a enseuelp bi
tupablemẽt/ a sp ne peurẽt cõsiderer que
ilz souffrirent croistre p sp lõg tẽps la sec
te laquelle leur estoit aduersaire. Cest a
dire la fop crestiẽne/ a surmõter non pas
en resistãt mais en souffrãt les horribles
cruaultez, de telles a toutes psecutions
et que ilz beniffent iusques au trebuche
ment de destruction de leurs simulacres

temples & sacres & de leurs respōs/ Der=
nierement qui est en sa cite de sy grāt cri=
me ou cōtraintia ces choses dōner pour
certain ce nest pas nr̄e dieu/mais le seur
Car ces Sers ne dient pas que monsei=
gneur saint pierre eust determine par art
magicq̄/ces choses a aucū dyable/mais
a dieu

⁋Epposicion sur ce chapitre.

En ce liii. chapitre monseigneur
saint augustin met lautre faul=
ce oppinion/laquelle mist au=
cuns Sers en grec/lesquelz estoient fais
par art magicque/de ceulx qui aouroiēt
les faulx dieux/& mettent sur ces Sers
mōseignr̄ saint pierre & disoiēt ces Sers q̄
la religion crestienne dureroit par iii. c. et
lxS. ans/& que pceulx acomplis elle fi=
neroit sans desap. Apres quāt il dist. Eu
ures dōmes saiges. &c. Il argue contre ce
que ilz dient des ars magicques/car ilz
font ihesucrist innocent de ces ars ma=
gicques/& par consequent monseigneur
saint pierre/cōe il fust sō parfait disciple
& souffrit pour lui plusieurs perilz/& der
nierement fut mys a mort/pour lamour
de nr̄e sauueur iesucrist/& aussy lama il
trestendrement. Monseigneur saint au=
gustin ne met pas en ce chapitre les Sers
mais il est certain que anciennemēt telz
respons des dieux ou des dyables se dōs
noient en Sers/sicōme il appert par les
respōs dappolin/& dit trauet/que ces iii.
cens & lxS. ans estoient comptez selon le
nōbre des iours qui sōt cōptez en lan du
soleil/qui en latin sappelle ānus solaris

⁋De la tresfaulse menterie des payēs
par laquelle ilz faignirent que la religi
on crestiēne ne deuoit pas demourer oul
tre troys cens soixante & cinq ans
E f:iiii

E assēblerope ces choses & plu=
sieurs autres telles se celuy an
ne fust passe/lequel cest adeui=
neur pmist. & par la Sanite creut/mais
puis iii.cens & lxS. ans sont acomplis
depuis que le seruice de nr̄eseigneur iesu=
crist fut institue par sa presence en chair/
& par ses apostres auāt aucuns ans/q̄l=
le chose querons no9 outre pour rebouter
ceste faulsete/car affin que nons ne pre=
nōs le cōmencemēt de ceste chose en la na
tiuite de iesucrist/pource que il estoit en=
fant & nauoit nulz disciples/toutesuoi=
es quant il les cōmenca a auoir/lors sās
doubte Sint a congnoissance par la pre=
ce de son precieulx corps/la doctrine et
la religion crestienne/cestassauoir apres
ce que il fut baptise au fleuue de iourdaī
par le seruice de mōseigneur saint iehan
baptiste/car pource auoit auant este cel=
le prophecie/en laquelle il estoit dit/il sei
gnouria de la mer iusques a la mer/Et
du fleuue iusques aux termes de la terre
ou du monde/mais pource que auant q̄
il eust souffert mort & passiō encoires ne
stoit pas la foy determinee a tous/car el
le fut determinee en sa resurrection/ car
ainsy par mōseigneur saint pol lapostre
a ceulx dathenes en disant il a adnonce
ia de present aux hōmes que tous facent
penitance par tout/ pource que il a ordō
ne certain iour pour iuger tout le mōde
en equite en Sng hōme/auquel il a deter
mine sa foy a to9 en le resuscitāt de mort
aBie. Pour ceste cause nous prendrōs mi
eulx le cōmencemēt de sa pour souldre ce
ste question/mesmement que lors fut dō
ne aussy le sainct esperit/ainsy comme il
escouuenoit donner apres la resurrection
de nr̄e sauueur iesucrist en celle cite/de la
quelle deuoit commencer la seconde loy
Cestassauoir le nouuel testamēt. mais
de celle loy laquelle estoit a donner par
iesucrist il fut dit auant/la loy precedera
de syō/& la parolle de dieu de ih̄rl̄m dōt

il dist & adnonca/que il esconuenoit prescher penitance en son nom par toutes gēs Mais toutesuoies conuenoit il que ilz cōmençassent a ierusalē/Lá doncques prist son cōmencement le seruice de ce nō adce que on creust en iesucrist lequel auoit este crucifie. celle foy seschauffa par si nobles cōmencemens/Adce que aucuns milliers dōmes cōuertis ou nom de iesuceist par merueilleuse hastiuete vendus leurs biens/affin que ilz fussēt distribuez aux poures par sainct propos & tresardante charite/Venissent a voluntaire pouvrete/ & sappareillassēt a eulx cōbatre pour verite iusques a sa mort/entre les iuifz fremissans & desirans le sang des crestiēs Non pas par puissāce darmes mais par feruente amour/laquelle surmontoit et qui estoit plus puissante/Et ce cy fut fait sans aucunes ars magicques ou contrainte/Pour quoy doubtoiēt ilz de croire que ce peult estre fait par tout le monde par celle vertu diuine par laquelle ce cy fut fait/mais ce adce que sy grāt multitude/apres ce que elle sauoit prins/sauoit fiche en la croix/ou sestoit mocquee de luy/Apres ce que elle seut crucifie/mōseigneur saint pierre auoit ia fait ce malice/il fault demāder quant a prendre de ce luy an iiii.c.lxb.ans furent acomplis. nostreseigneur doncques fut mort en la viii.kalēde dauril/estans a rōme/deux consulz iumeaulx il resuscita au tiers iour/sicōme les apostres se promirēt par leurs sēs. Depuis apres pl.iours/il mōta au ciel.x.iours apres/cestassauoir ou l.iour apres sa resurrection/il enuoya le saint esperit/Lors par la predicaciō des apostres mil hōmes creurent en luy/Et lors print cōmencement le seruice de son nom/sicōme nous creons/& verite eut le fect du saint esperit aussy cōe desloyalle sanite la saigt ou cuida par les ars magicques de saint pierre. Apres vng signe merueilleux qui fut fait cinq mille hōes creurent en nrēseigneur/quant a la parolle dicelui mōseigneur saīt pierre/vng poure mēdiant qui estoit boiteux de natiuite par telle maniere que il se failloit porter/& que il fust mis a la porte du tēple pour demander laumosne/se leua tout sain ou nom de iesucrist/Et depuys par autres actes leglise creut & fut augmētee/& par ce on prent aussy le iour/du quel lan print son cōmencemēt/cestassauoir quāt le saint esperit fut enuoye/cest adire le iour auāt les kalendes de may Et pource a cōpter les consulz de rōme ont trouue par ces mesmes Ides que iiii. cens et lxb.ans sōt acōplis au consulat de honorius & de euthicien/mais au second an maulius theodorius estant consul, quant desia selon les respōs des dyables ou fiction des hōmes il ne debuoit pas estre de religion crestienne/il ne fut pas necessite dēquerir quelle chose fut faicte par les autres parties de la terre/& sy racontons ce que nous sauōs/cestassauoir que ce pendāt les cōpaignōs de honorius & de iouiniꝰ tresbucherent/Les tēples des faulx dieux depecerent leurs ydoles en la xiiii.kalende dauril/en celle cite de carthaige daffricque sy excellēte & sy renōmee par quoy qui est celuy q ne sope cōment le seruice de nrēsauueur iesucrist est creu iusques a ce tēps par biē xxx.ans/mesmement depuis que plusieurs diceulx furēt faitz crestiēs lesquelz se retrairent de la foy pour celle diuinacion aussy cōe selle fust vraye/& qui le nōbre de ces ans acōplis ont veu/que ceste diuinacion estoit chose vaine/& que on se deuoit mocquer/ Nous doncques q sōmes crestiēs & qui sōmes telz appellez ne creons pas en saint pierre/mais en celui que saint pierre creut/qui sōmes edifices de iesucrist:par les predicacions de saīt pierre/nō pas enuenimez denchantemēs ne deceuz par malefices mais nꝰ sōes aidiez p ces bnfices/celui est nrē maistre

Cestassauoir iesucrist qui fut maistre de saint pierre en sa doctrine/ laquel e meine a la vie pardurable/ mais concluons z acheuons ce liure que iusques a cy nous a desclaire z demonstre tant quil nous a semble que il suffise quel soit le cours de ces deux citez/ du comencement iusques a la fin/ cestassauoir de la celestiene z de la terriene/ z tant come elles sontentremesleez durant le cours de ceste mortelle vie/ Mais celle cite celestiene laquelle fait sō peleriaige en terre nest pas scēdes faulx dieux/ mais elle est faicte du vray dieu/ duquel elle est vray sacrifice. Toutesuoyes toutes ces deux citez ou elles vsent ensemble des biens temporelz/ ou elles sont enseble tourmēteez des maulx par diuerse esperance par diuerse foy par diuerse amour. iusques adce que elles soient separees au dernier iugement. z que vne chascune receuera sa fin. de laquelle il nest nulle fin/ desquelles fins de toutes pcelles deux citez/ il fault parler doresenauāt.

¶ Exposicion sur ce chapitre.

En ce liiii. chapitre z final mōseigneur saint augustin demonstre que celle fiction faicte pcelle enchāterie ne se peult soustenir/ Et le preuue par ceste raison incōbinable/ car il dit que les iii.c.svb. ās estoient acōplis de sō tēps/ Et pour oster tout scrupule/ il ne cōpte pas le tempe que nrēseigneur fut ne/ ne q il fut sās disciples ne le tēps de sa predicacion/ Mais cōmence au tēps de sa resurrection. Et encoires pour oster tous doubtes/ il prēt son cōmencement au temps que le saint esperit fut enuoye sur les disciples de nostreseigneur/ Car il dist que puis le tēps de ces kalendes dautril. auquel tēps nrēseigneur iesucrist souffrit mort estans ces deux iumeaulx consulz lesquelz il ne nomme pas/ et le iour auql celui ay print son cōmencemēt

Cestassauoir le iour auant les Ides de may que le saint esperit descendit. en cōptant par ces mesmes Ides/ on treuue iii. cens svb. ans du tēps du consulat de honoriº z de euthicio. Et est assauoir que par ce il appert que il souffrit passiō au tēps de thiberius lempereur/ ou xvii. an de son empire. qui estoit vii. cens iiii xx. z v. ans apres la constitution de romme/ paulus cassinesis/ met q ce fut au. xviii Apres il appert que monseigneur sainct augustin fait sa numeraciō par consulz Laquelle chose on na pas acoustume a cōpter depuis quil y eut empereurs/ selō laquelle cōputacion. iiii. cens svb. ans furent acōplis au second an darchadius et de honorius qui tindrent ensemble lempire. car le saint esperit fut enuoye au xviii an de thyberius. Et lors auoit de la construciō de rōme iusques la vii.c. svb. ās Ausquelz se nous y adioustons. iii. cens svb. Nous aurōs mil cent z cinquante/ Et honorius z archadius/ cōmencerent a regner Mil cent plus ans. apres la cōstruction de rōme par quoy il appert que au second an de archadius z de honorius furent aconplis. Mil cēt l. ans/ z par cōsequēt iiii.c.svb. ans depuis que le sainct esperit fut enuoye es tans consulz. ceulx qui sont nōmez au tezte Et au tiers an de cesuy archadius z honorius fut fait a carthaige ce que mōseigneur saint augustin racōte en ce chapitre par gaudencius z iouiniº cōpaignōs de lempereur honorius. Apres quant mōseigneur saint augustin parle de celle multitude de iuifz/ qui prindrent nrēseigneur z le crucifierēt z luy crucifie se mocquerēt de lui il le dist notablemēt pour mōstrer leur inhumanite z leur mauuaistie par deux raisōs Lune car il estoit iuif z circūcis cōe eulx. Lautre car il estoit hōme. z suppose que il eust deseruy mort ce que non. endeuoient ilz auoir grant pitie et compassion selō leurs escriptures mesmes ou il est dit

Decimus octauus.

¶ Corripiet me iustus in misericordia cest adire q̃ le iuste doibt pugnir se mauuais en misericorde/ ⁊ ailleurs/ Or peccator corripe, quia homo miserere/ Mais ilz nen auoient ne pitie ne misericorde, ⁊ toutesuoies furent les papes esbahis en sa mort quant ilz veirent les tenebres/ et les eclipses/ dont monseigneur saint denis qui estoit a athenes dist quant il veit leclipse/ que ou le dieu de nature souffroit ou tout le monde periroit/ ⁊ dreca dessors lautel de dieu mescongneu/ Ceste chose noublia pas gauffridus en poeterie/ qui en vng ver demonstra leur mauuaistie en disãt. Dosa deum risit, morientem nacio praua/ Cest adire que sa seule mauuaise nacio ou generaciõ des iuifz se mocqua de dieu quãt ilz seurent mis en croip

Cy fine le xviii. liure de monsei
gneur sainct augustin de la cite
de dieu En apres sensupt le xix.
liure en ensupuant la matiere.

¶ Ey commencent les rubriches du xix: liure de monseigneur saint augustin de la cite de dieu / lequel contient xxviii. chap.

¶ Que marcus varro aduisa quil auoit deux cens quatre vingz et huit sectes en la question laquelle la disputacion des philozophes demena des fins des biens et des maulx. i.

¶ Comment varro vint a la diffinicion du souuerain bien partie en trois / desquelles lune est a eslire en ostant toutes les differences lesquelles ne font pas sectes. mais questions. ii

¶ Laquelle des trois sectes en querant le souuerain bien de lomme varro determine que on doit esleuer en ensupuant la sentence de lancienne philozophie des academiens / de laquelle anthiocus fut aucteur. iii

¶ Quelle chose les crestiens sentent du souuerain bien et du souuerain mal contre les philozophes qui ont dit le souuerain estre a eulx en eulx mesmes. iiii.

¶ De la vie compaignable laquelle est troublee par maines empeschemens combien quelle soit apperte. v.

¶ De lerreur des iugemens humains quant la verite nest pas sceue. vi.

¶ De la diuersite des langues par laquelle la compagnie des hommes est deffaite et de la maleurete des batailles / lesquelles ancores sont dictes iustes. vii.

¶ Que lamistie ne peut estre sceure quant elle est necessairement mise en doubte des perilz / lesquelz sont en ceste vie. viii.

¶ De lamistie des sains angeles laquelle ne peut estre manifestee a homme en ce monde pour la falace des dyables en laquelle sont encheuz ceulx qui ont cuide quilz deuoient adourer plusieurs dieux. ix.

¶ Quel fruit soit engendre aux sains de ce quilz ont vaincu la temptacion de ce monde. x.

¶ De la bieneurete de la paix pardurable en laquelle la fin est aux sains / cestadire vraye perfection. xi.

¶ De la cruaulte aussi de ceulx qui bataillent et tous les dyables des hommes desirent venir a la fin de paix sans le desir de laquelle nulle nature nest. xii.

¶ De la paix vniuerselle laquelle ne peut estre priuee de la loy de nature entre quelsconques perturbacions quant chascun vient par ordonnace soubz iuge droitturier a la chose laquelle il a desseruy par voulente. xiii.

¶ De lordre de la loy soit terrienne ou celestienne / par laquelle on conseille a humaine compaignie en seignourissant & p laquelle on sert en conseillant. xiiii.

¶ De la franchise naturelle et de la seruitude de laquelle pechie est la cause premiere pour ce que se mauuais homme de sa voulente nest serf dautre homme si est il serf de sa propre delectacion. xv.

¶ Du iuste droit du seigneur. xvi.

¶ De quel part la compagnie celestien ne ait paix et de quel part elle ait discord auec la cite terrienne. xvii.

¶ Combien la doubte nouuelle de la philozophie achademicque soit differente a la constance de la foy crestienne. xviii.

¶ De labit & des meurs du peuple crestien xix.

AAi.

Lib 10.

(Que les cytoyens des sains sont bien eurez par esperance ou temps de ceste vie   xx.

(Assauoir se la chose publicque qui de rõme ait oncqs este selon ses diffinicions de scipion/esquelles sõt ou dialogue de tulle   xxi.

(Assauoir se dieu est vray auquel les crestiens seruent et auquel seul on doyt sacrifier.   xxii.

(Quelles responces porphire dist de iesucrist p̃ les aduenemens des dieux. xxiii.

(Par quelle determinacion il soit vray que non pas seulement les rommains/mais aussi les autres royaumes peuent attribuer a eulx droitement nom de peuple et de chose publicque.   xxiiii

(Que les vrayes vertus ne peuent estre la ou vraye religion n'est pas.   xxv

(De la paix du temple estrange de dieu de laquelle le peuple de dieu vse a debonaireté tãt cõe il est pelerin en ce mõde. xxvi

(De la paix de ceulx qui seruent dieu de laquelle la tranquillite parfaicte ne peut estre cõprinse en ceste vie mortelle. xxvii

(En quelle fin est aduenir l'issue des mauuais.   xxviii

(Ey fine la table des rubrices du xix. liure de monseigneur saint augustĩ de la cite de dieu.

(Ey commence le xix. liure de monseigneur saint augustĩ de la cite de dieu.

pip.

¶ Que marcus Varro aduisa quil auoit
deux cens quatre vingz sectes en la q̃stion
laquelle sa disputacion des philosophes
demena des fins des dieux & des maulx
 i.

Our ce quil semble que
iay a disputer dorsena
uant des fins deues de
lune et de lautre cite /
cestassauoir de la terri-
ene et de la celestienne les argumens des

hommes mortelz par lesquelz ilz se sõt ef
forcez faire a eulx mesmes bieneurete en
la maleurete de ceste vie sõt premieremẽt
a expoſer tant cõme la rayson de ceste oeu
ure laquelle est a parfaire se soeuffre / af-
fin quil appere / non pas seulement par
lauctorite diuine mais aussi par rayson
telle cõme nous pouons adiouster pour
les desspauv / combien que nostre esperã
ce laquelle dieu nous a dõnee et icelle cho
se cestassauoir vraye bieneurete laq̃lle il
nous dõnera differẽt des choses vaines di
ceulx. Car les philozophes ont disputé
AA ii.

entre eulx moult de choses et en moult de manieres des fins des bons et des mauuais en laquelle question demenant par tresgrant entente, pceulx philozophes se sont efforcez de trouuer quelle chose face homme bieneure. Car celle chose est en la fin de nostre bien, pour laquelle ses autres choses sont a desirer, mais celle chose est desirer pour elle mesmes. Et celle chose est la fin de nostre mal. Pour laquelle les autres choses sont a escheuer, mais icelle chose est a escheuer pour elle mesmes. Nous disons doncques orendroit la fin du bien, non pas celle chose laquelle est finee en telle maniere quelle ne soit pas mais laquelle est parfaicte en telle maniere que elle soit plaine. Et nous disons la fin du mal, non pas par laqlle il delaisse a estre, mais laquelle il ne maine en nuysant. Et aussi les fins de bien et de mal sont cestes, cestassauoir le souuerain bien et le souuerain mal, desquelles fins trouuer et du souuerain bien acquerir & du souuerain mal escheuer en ceste vie, ceulx qui ont maintenu lestude de sapience en la vanite de ce siecle ont moult traueillie sicomme iay dit, ja nature ne les a pas laissez tant desuoier de la vope de verite que ilz ne meissent les fins des biens et des maulx les vngz en lame, les autres en corps, et les autres en lun et en lautre, de laquelle diuision partie en trois aussi comme des sectes generalles icelluy philozophe marcus varro en enchercant dilligamment & soubtiuement auisa au liure des philozophes tant grandes diuersitez de doctrines affin que en adioustant aucunes differences il venist tresfegierement a deux cens quatre vingz et huit sectes, non pas lesquelles fussent fors, mais lesquelles pourroient estre, laquelle chose affin que le monstre briefment il conuient que ie commence a ce que icelluy varro auisa et mist ou liure deuant dit, cestassauoir que ilz estoient quatre choses lesquelles desirent aussi comme naturellement sans maistre sans aucune ayde de doctrine sans estude ou art de viure lequel art est dit vertu, et sans nulle doubte est apris. Icelles quatre choses sont ou delit par lequel sentement du corps est esmeu delictablement ou repos, lequel fait que aucun ne souffre aucune moleste de corps ou lun et lautre, lequel toutesfois icelluy philozophe epiturus appele par vng nom de voluptuosite ou delectacion. Ou generalement les choses que homme appette naturellement que on appele prima nature ausq̃lles icelles choses sont et autres. Aussi cestassauoir ou corps, sicomme la perfection des membres et le salut et la sante dicelluy corps ou en lame, sicomme sont pcelles choses, lesqlles sont trouuees ou grandes ou petites aux engins des hommes. Doncques ces quatre choses, cestassauoir delectacion repos lun lautre, et les commencemens de nature sont en nous en telle maniere que vertu laquelle doctrine embat apres en nous soit a desirer pour icelles choses ou icelles choses soiẽt a appetter pour vtu pour soy mesmes, & icelles choses pour elles mesmes. et pce de ce fõt douze sectes Car par ceste rayson chascune est partie en trois, laquelle ne sera pas forte chose a trouuer aux autres quatre ie lauray demonstrer en vne. Quant doncques le delict du corps ou delectacion est soubmis ou est auant mis, ou est conioinct a la vertu de lame, il est aduise ou varpe par diuersitez de sectes parties en trois, mais icelle delectacion est submise a vertu quant elle est prise en lusage de vertu, car a loffice de vertu appetit estre & viure en son pays et engendrer enfans pour son pays, desquelz lun ne lautre ne peut estre fait sans delectacion du corps. Car viande ne beuurage prins pour viure ne complanction n'est faicte pour peupler generacion sans celle delectacion ou delict, mais celle delectacion est mise auant vertu et est appetee pour soy mesmes, & on croit que vertu soit prinse pour icelluy delict, cestadire que vertu ne face rien fors pour acquerir ou garder la delectacion du corps laquelle

Vie certes est sapde. ¶ Quelz merueilles est sapde quant vertu apde a delectacion qui seignourist/ iassoit ce que icelle ne doie pas estre dicte vertu en quelque maniere/ mais touteffois ceste sapdure a aussi en aucuns philozophes ses patros et deffenseurs/ mais la delectacion est adioincte a vertu quant le delict ne la vertu ne sont pas deniez l'un pour l'autre. ¶ Mais sont tous deux deniez pour eulx mesmes: pour laquelle chose le delict ou delectacion soubmis ou auant mis ou adioinct a vertu sont trois sectes. Aussi troeuue on que aussi l'un et l'autre et aussi les commencemens de nature sont trois autres sectes triples. Car iceulx repos sun et l'autre/ et les commencemens de nature sont aucunesfois soubmis aucunesfois auant mis. Aucunesfois sot adioictz a vertu p la diuersite des oppinions humaines/ et aussi on vient au douzieme nombre des sectes mais ce nombre douze est aussi double en y adioustant vne difference/ C'est assauoir de vie compaignable pour ce que celluy q ensupt aucunes de ces douze sectes fait celle chose tant seulemet ou pour soy ou pour son compaignon/ aussi auquel il doit vouloir ce quil veult a soy mesmes. Et pour ce il y a pii sectes de ceulx q cuidet que on doye tenir que vne chascune dicelles tant seulement pour soy/ et douze autres sectes de ceulx qui iugent a viure philozophamment ou ainsi ou autrement/ non pas tant seulement pour soy/ mais aussi pour les autres desquelz ilz desiret le bien sicomme le leur/ mais ces xxiiii. sectes sont ancores doublees en adioustat la difference des philozophes achademicques nouueaulx/ et sont pl viii. Car chascun peut tenir a deffendre chascune de ces xxiiii. sectes certaines aussi comme les philozophes stopciens deffendirent seulement en la vertu de l'ame. ¶ Et vng autre peut tenir et deffendre chascune de ces xxiiii. sectes cōe incertaine, sicōe les philozophes achademicq nouueaulx deffēdiret la chose. laqlle selle ne leur sēbloit certaine/ touteffois leur sembloit elle vraye semblable. ¶ Il y a doncques xxviii. sectes faictes par ceulx qui cuident que on les doiue ensuiuir pour ce que il est semblable a veoir que elles soient certaines par vraye similitude/ iassoit ce quelles soiēt incertaines. ¶ De rechief pour ce que chascun peut ensuiuir vne chascune de ces quaranteethuit sectes et l'abit des autres philozophes/ et de rechief vng autre ses peut ensuiuir et l'abit des philozopes ciniciens Ancores sont elles doublees par celle difference/ et sont quatre vingz et xvi. sectes ¶ Apres pour ce que les hommes peuent deffendre et ensuiuir vne chascune dicelles quatre vigz et xvi. sectes a ce q'l aimēt la vie oyseuse/ sicomme ceulx qui tāt seulement ont voulu et peu vaincre aux estudes de doctrine/ ou a ce que il auient la vie occupee aux besongnes/ sicomme ceulx qui ont este tresoccupez en l'administration de la chose publicque et au gouuernement des choses publicques/ combien que ilz entendissent a philozophie ou a ce que ilz ayment la vie attempree de l'une et de l'autre maniere/ sicomme ceulx qui ont donne le temps de leur vie aucunesfois en partie a oyseusete en doctrine aucunesfois en partie en besongnes necessaires. Icelluy nombre de sectes/ c'est assauoir quatre vingz et seize peut estre party en trois par icelles differēces et estre mene a deux des quatre vingz et huit/ J'ay mis ces choses dicelluy Varro le plus briefment et clerement que iay peu en expliquant ses sentences par mes parolles/ mais c'est longue chose a monstrer du tout comment ycelluy Varro en refusant les autres sectes en eslise laquelle veult estre sa secte des philozophes anciens achademiens/ lesquelz il dit estre instituez de ce philozophe platon iusques a ce philozophe posemon qui tint les colle d'ycelluy platon le quatriesme apz luy laqlle escolle fut dicte achademicque/ et lesquelles il veult estre seurz en certains enseignemens/ et p ce les deptētles achademiēs nouueaulx ausquelz toutes choses sont incertaines/ sa elle maniere de philozophie tit archesi sa successeur de polemon. Et aussi est ce longue chose a monstrer comment icessui Varro cuide que celle secte, cestassauoir des achademicques anciens soiet du tout sans erreur aussi comme elle est sans doubtance, et toutessois nest pas a laisser du tout il oste doncques premierement toutes differences, lesquelles ont multiplie le nombre des sectes, desquelles il cuide estre a oster pour ce que la fin du bien nest pas en elles. Car ilz ne cuide pas que aucune secte doie estre dicte secte de philozophes se elle ne differe des autres par ce quelle fait diuerses fins des biens et des maulx. car pour certain homme na cause destre philozophe fors a celle fin que il soit bieneure. Est la fin du bien, pour laquelle chose nulle philozophie nest a ensuiuir, laquelle neussent nulle fin de bien. ¶ Doncques quant on demande de la Viecompaignable, assauoir se le sage se doit tenir, affin que il Veille ou entende au souuerain bien par lequel homme est fait bieneure, aussi bien pour son amy comme pour soy. Ou affin quil face tout ce quil fait pour cause de sa bieneurete tant seulement. ¶ Ceste question nest pas dicessuy bien, mais est question de prendre ou non prendre compagnon a la participacion dicessuy bien, nō pas pour soy mesmes, mais pour cessuy mesmes copaignon assi qsseiouisse du bien dicessuy aussi cōe il sesiouist du sien. De rechief quant on demande des philozophes achademicques nouueaulx. ausqlz toutes choses sont incertaines, assauoir se les choses lesquelles on doit Viure comme poilozophes doiuent estre prinses ainsi, cestassauoir sicomme incertaines, sicōme il a pleu aux autres philozophes, on ne demāde pas quelle chose est a ensuiuir en sa fin, mais on demande de la Verite dicessuy bien, seql il semble que on doit ensuiuir, assauoir se on en doit doubter ou non cest adire a ce que ie suy die plainement assauoir se icessuy bien est a ensuiuir en telle maniere que cessuy qui sensuit die icessuy bien estre Vray ou que cessuy qui lensuyt die que icessuy bien luy semble estre, iassoit ce que pauenture il soit faulx, et toutessois suy a lautre ensuiuelt Vng seul a Vng mesmes bien. ¶ On ne demande pas aussi en icelle difference, laquelle est adiouste de labit ou coustume des philozophes cinicques quelle est la fin de bien, mais on demāde se celuy q ēsuit Vray bien doie Viure en icessuy habit et en celle coustume que lq Bien q suy sēble estre Vray et a estre ensuiuy. Depuis furent aucuns lesquez cōme ilz en suiuissent diuers biens finaulx, cest assauoir les Vngz Vertu les autres delectacion, toutessois ilz tenoient Vng mesmes habit et Vne mesmes coustume de laquelle ilz estoient appellez cinicques, ainsi icelle chose quelle q̄ elle fust p laquelle les philozophes cinicques estoiēt diuisez des autres, icelle chose certes ne Vouloit rien a essire et tenir le bien par lequel ilz fussēt fais bieneurez. car se icelle chose appartiēt aucunemt a ce Vng mesmes habit cō strait droit a ensuiuir Vne mesmes fin, a diuers habis ne soufferoit pas suiuyr Vne mesmes fin.

¶ Exposicion sur ce chapitre.

En ce xix. liure de la cite de dieu pour ce que monseigñr saint augustin aux liures precedens a acomply son traictie des choses qui appartiennent a la naissance et cours des deux citez. Il commence a traicter des fins deues, laquelle matiere est traictee en ce xix. liure a aux trois subsequens. ¶ Et premierement en ce premier des quatre repreuue ses oppinions faulses de ses fins, il enseigne q sa fin de la cite de dieu est la Vie pardurable, et sa cite du dyable sa mort et damnacion pardurable. En ce chapitre il fait six choses. ¶ Premierement il met comment les phi lozophes sefforcerent de trouuer q̄lle chose cestoit que faisoit sōme bieneure/ et dit quilz trouuerent que bieneurete est ou la fin dēmōstre bien ⁊c. Et dit que souuerain bien et souuerain mal sont les fins. Secondement il dit que les philozophes en parlant dacquerir le souuerain bien et de escheuer le souuerain mal. les Vngz mirent sa fin des bons et des mauuais en lame. sicōme antistenes. les autres ou corps sicōme aristipus/ les autres en lun et en lautre/ sicōme epicurus/ sicomme il app̄e par le pr̄i. chapitre du p̄viii. liure. Tiercement il met comment marcus Barro disoit que de ceste generale diuision de sectes partie en trois il auoit trouue comment il Biedroit iusques au nombre de deux cēs quatre vigz ⁊ viii. sectes. non pas quelles fussent ia ⁊c. ¶ Quartement il met en general la maniere de la diuisiō des sectes. Quintement il met en especial la diuisiō de ses sectes. Et septemēt il reprouue toutes les sectes. Et met q̄ la fin du bon fait la bieneurete. La seconde partie se cōmence ou il dit. Desquelles fins trouuer ⁊c. La quarte se cōmence. Laquelle chose ace quil la monstre ⁊c. La cinquiesme doncques/ ces quatre choses ⁊c. La vi. se cōmence ou il dit. Iloste doncques ⁊c. Et quant il parle de ces motz prima nature/ et ce sont les choses que vng hōme appete naturellemēt/ sicōme procreer enfās amer son pays et autres sēblables.) Apres quant il dit que polemon fut le quart de platon qui tint lescolle des achademiens il le dit pour ce que platon succeda sans moyē senyppus. A senyppus succeda zendcrates/ et a zenocrates succeda polemon qui tint lescolle des achademiens/ a ce polemon succeda en lescolle des achademiens archezilas/ lequel on dit quil fut aucteur de la nouuelle secte des achademiens.

¶ Commēt Barro vint a la diffinicion du souuerain bien partie en trois/ desq̄lles

toutesfois lune est a eslire en ostant toutes les differences lesquelles ne sont pas sectes/ mais questions. ii

Mais quant on demāde en ces trois manieres de vie. cestassauoir lune nō pas paresceusemēt/ mais opseuse en contemplacion ou inquisicion de verite/ lautre en besongnee en gouuerner les choses humaines. La tierce attempree de lune ⁊ de lautre maniere/ laquelle dicelles manieres on doit eslire. Ceste demande na pas le debat de la fin de bien/ mais en ceste question est demenee. laquelle de ces trois manieres soit la plus forte ou le plus legiere a acquerir ou retenir sa fin de bien. Car la fin de bien fait tantost cellup bieneure a q̄ elle vient mais chascun nest pas bieneure tātost soit en oiseusete lettree ou en la chose publicq̄/ ou quant lune et lautre est demenee puis lune puis lautre. ¶ Quelz merueilles. car plusieurs peuent viure en chascune de ces trois manieres/ ⁊ errer en desirant la fin du bien par lequel homme est fait bieneure/ laq̄lle question doncques est autre des fins des biens et des maulx/ laquelle fait vne chascune secte des philozophes et les questions sont autres de la vie compaignable de lenqueste des philozophes achademicques de la vesture du viure des philozophes cinicques des trois manieres de viure/ cestassauoir opseuse ou besongnee ⁊ la modifiee de lune ⁊ de lautre/ en aucune desquelles il nest traicte des fins des biens et des maulx. Apres pour ce que marcus Barro en adioustant quatre differences/ cestassauoir la vie compaigne des philozophes achademicques nouueaulx des philozophes cinicq̄ et de ceste maniere de vie ptie en trois vint a ii. cēs iiii. xx. ⁊ viii. sectes/ et se aucunes autres peuēt estre adioustees sēblablemēt icellup Barro en vstāt toutes icelles sectes pour ce quelles nō mainent aucune question dē suiuir le souuerain bien/ ⁊ pour ce ne sōt elles pas sectes

AAiiii.

ne ne doiuent pas estre appellees sectes il retourne par ces douze sectes par lesquelles on enquiert qui est le bien de lõme par lequel sil la il est fait bieneure affin que dicelles xii. sectes il en demonstre lune estre vraye et les autres faulses. Car en ostãt icelle maniere de vie ptie en trois les deux pars dicelluy nombre de sectes sõt ostees et demeurent quatre vingz a seize sectes. Doncques en ostant la difference adiouster des philozophes cinicques icelles iiii. xx. e vi. sectes sont ramenees a la moitie et demeurent pl viii. Ostons aussi ce qui est adiouste des philozophes achademicques nouueaulx/ de rechief la moitie demeure/ cestassauoir xxiiii. Et ainsi soit oste semblablemẽt ce qui estoit adiouste de la vie ꝑpaignable/ il en demeure xii lesquelles icelle difference de la vie cõpaignable auoit doublee a ce quelles fussent xxiiii. Dõcqs on ne peut riẽ dire de ces xii sectes pourquoy elles ne sõt dictes sectes. Quelz merueilles. car on ne quiert autre chose en icelles fors sa fyn des biens et des maulx/ mais les fis des maulx trouuez pour certain au contraire les fins des biens sont trouuez. Et a ce que de ces choses soiẽt faictes xii. sectes sẽ tiercie ces iiii choses. cestassauoir delict repos lun a lautre et les cõmẽcemẽs de nature lesqlz Varro appele primogenia nature. Quelz merueilles. ces iiii. choses rendent le nõbre de quatre tiercie a viẽnet a xii. sectes quãt aucunefois chascune par soy ou submises a vertu ou a ce quelles doiuent estre defirees/ non pas pour soy mesmes/ mais pour acquerir loffice de vertu ou que elles sont preferees en vertu a ce que on cuide que vertu soit necessaire/ non pas pour soy mesmes/ mais pour acquerir ou garder icelles choses ou sont cõioinctes a ce que on cuide q̃ vertu soit appetee pour soy mesmes a ces choses pour elle mesmes. mais de ces iiii. choses Varro en oste trois. cestassauoir delict repos a lun a lautre. non pas ql les repreuue. mais pour ce que les cõmecemẽs de nature ont en eulx et delict et re-

pos: Quel mestier est il dõcques de faire de ces deux choses trois. cestassauoir quãt iceulx delict a repos sont appetez chascun par soy/ et le tiers quãt ses deux sont appetez ensemble quãt pour certain iceulx commencemẽs contiennẽt iceulx delit a repos et auec ce plusieurs autres choses sans celles. Il plaist dõcques a Varro que on traicte dilligãment laquelle de ces trois sectes on doit mieulx eslire/ car vraye raison ne seuit pas fors quil en soit vne vraye soit ou icelles trois ou en quelconque part ailleurs laquelle chose nous verrons apres. Cependãt disons si briefmẽt a appetmẽt cõe nous pouons cõment Varro eslit lune de ces trois/ car ces trois sectes sõt faictes par telle maniere/ cestassauoir quant les cõmecemẽs de nature ou lun a lautre. cest assauoir vertu et ses cõmencemens de nature sont a appeter pour eulx mesmes.

¶ Expposicion sur ce chapitre.

Aucuns prẽnent le cõmencement de ce chapitre second ou premier chapire ou il dit: Ja mis ces choses acel. Et se contient iusques au iiii. chapitre. pour ce que il cõmence ces deux cens iiii. xx. a viii sectes, et les ramener a vne. Toutesfois veue sa rubrice il semble quil se doiue commẽcer ou nous lauons cõmence. En ce ii. chapitre dõcques repreuue toutes les ii.c. iiii. xx. a viii sectes a les ramaine a trois selon les dictz de marcus Varro. combien que monseignr̃ saint augustin die quil nẽ y ait que vne vraye selon vraye raison/ et pour ce dit il q̃ Varro veult que on traicte dilligãmẽt laquelle de ces trois est plus a eslire

¶ Laquelle des trois sectes en querant souuerain bien de lõme Varro determine? q̃ on doit esleuer et ensuiuir la sentence de lancienne philozophie des achademiẽs de laquelle anthiocus fut aucteur.   iii

Celluy Varro doncques sefforce de monstrer en ceste maniere. Laquelle dicelles trois choses sont viues a laquelle on doit ensuiuir/ ie cuide que on doie enquerir premieremẽt q̃lle chose est hōe pour ce que le souuerain bië dun arbre ou dune beste ou de dieu/ nest pas en quis en philozophie/ mais le souuerain bië de lōme. Quelz merueilles icelluy Barto scait q̄l ya deux choses en la nature de lōme/ cestassauoir le corps et lame et ne doubte pas q̄ lame ne soit la meilleure et la plus ferme chose dicelles deux/ mais assauoir se lame seule est hōme en telle maniere q̄ le corps se rapporte a elle/ sicōme le cheual a celluy qui cheuauche/ car celluy q̄ cheuauche nest pas hōme et cheual/ mais est hōme seulement/ et toutesfois est il dit cheuau-cheur pour ce quil se rapporte au cheual au cunemēt/ ou se le corps est seul hōme app tenāt aucunement a lame/ sicōme le calice au beuurage q̄ est dedens/ car le calice et la potion q̄l contiēt ne sont pas appellez beuurages et calice/ mais calice seulemēt pour ce quil est ordōne a contenir la pociō ou beuurage. Ou assauoir se lame seule nest pas hōme ne le corps seul aussi/ mais lun et lautre ēsēble soiēt hōme. du q̄l lame soit vne ptie et le corps vne ptie. mais soit cōpose tout de lun et de lautre a ce q̄l soit hōme si cōme deux cheuaulx attelez en vng char ensēble. desquelz ou le dextre ou le senestre est ptie du char/ et toutesfois nous ne disons pas q̄ lun diceulx soit char en quelq̄ maniere q̄ se porte lū enuers lautre. mais nous disons les deux ensēble char/ mais Barro esleut de ces oppiniōs la tierce. et tiēt q̄ non pas lame seule ne le corps seul sont lōme/ mais lame et le corps ensēble. pour ce dit il q̄ le souuerain bien de lōme p lequel il est fait bieureux est de lun et de lautre/ cest assauoir de lame et du corps/ et p ce il tient que les cōmencemēs de nature sōt a appeter pour eulx mesmes/ a celle vertu laquelle doctrine y met ainsi cōme lart de viure seq̄l est aux biens de lame il tient q̄ cest tresexcellent bien pour laquelle chose icelle vertu/ cestassauoir lart de maintenir la vie quāt icelle vertu aps ses cōmencemēs de nature lesq̄lz estoiēt sās elle/ mais toutesfois estoient ilz quant doctrine leur deffailloit ancores icelle vertu appete toutes choses pour soy mesmes/ et appert aussi sey mesmes ensēble a vse de toutes choses et de soy mesmes ensemble affin quelle se delitte en toutes choses et en vse plus et moins. sicōme chascunes choses sōt entre elles plus grās et moindres en soy esiouissant. toutesfois en toutes et en desprisāt aucunes moindres se mestier est pour acquerir et retenir les plus grandes/ mais vertu ne met auāt en quelque maniere rien de tous les biens ou de lame ou du corps/ car elle vse bien et de soy mesmes et des autres biens lesq̄lz sōt lōme bieneure. mais cōbien que plusieurs soient ou elle nest pas ilz ne sōt pas a biē dicelluy a q̄ il sont/ et par ce on ne les doit pas lors appeler les biens dicelluy a qui ilz ne peuent estre prouffitables quāt il en vse mal. Doncques celle vie de lōme saq̄l le vse de vertu et des autres biens de lame et du corps sās lesquelz biēs vertu ne peut estre/ icelle vie est dicte bieneuree/ mais se elle vse dautres biēs aucūs ou plusieurs sās lesquelz vertu peut estre/ elle est plus bieureree/ et se du tout elle vse de tous biēs en telle maniere/ quelq̄ biē soit de lame ou du corps ne luy deffaille en quelque maniere/ elle est tresbieneuree. Car la vie nest pas ce q̄ vertu est pour ce q̄ toute vie nest pas vertu/ mais vie sage. Et toutesfois aucune vie peut estre sans aucune vertu/ mais vertu ne peut sans aucune vie/ aussi dy ie de la memore de la raisō et de quelq̄ doctrine/ mais aucune doctrine ne peut estre sans icelle/ et par ainsi vertu laquelle pour certain est aprinse ne peut estre sans icelles choses/ cestassauoir memore et rayson/ mais biē courir estre beau de corps estre puissāt en grans forces et autres choses de ceste maniere sōt telles q̄ vertu peut estre sās icelles/ et icelles peuēt estre sās vertu et si sont elles bōnes sans vertu/ et toutesfois selon les philozophes vertu aime ces choses pour elles mesmes et vse dicelles, si comme il en appartient a vertu a en vser. Ilz tesmoingnent aussi que la vie cōpaignable est vie bieneuree laquelle aime les biēs de ses amis pour iceulx mesmes biēs

Et veult a ses amis pour eulx icelle chose laquelle elle veult a soy soient ses biens en maison sicõme mariez et enfans et quelconcques choses domesticques ou en lieu ou sa maison est/ aussi cõme sa cite sicõ ceulx qui sont appelez citoiens ou en tout le monde/ sicomme sont les gens/ lesquelz compaignie humaine si conioinct ou soit en cellup monde qui est entendu p se nom du ciel et de sa terre sicõme iceulx philozophes diẽt estre les dieux lesquelz ilz veulent dire quilz sont amis a sõme sage lesquelz nous disons plus familierement estre aigles/ mais ces philozophes nient que on doie faire doubtance aucunement des fins des bons/ ne au contraire des fins des mauuais et afferment ceste difference estre entre eulx et les nouueaux achademicques ne ilz ne sont pas de difference quelcõques en icelles fins. lesquelles ilz cuident estre vrapes soit en habit et en viures et en la maniere des philozophes cinicques ou dautres/ mais ces trois manieres de vie cestassauoir opseuse ẽbesongnee qui vault autant cõme contẽplatiue et actiue/ et celle qui est composee et de lune et de lautre ilz afferment que ceste tierce maniere leur plaist. Varro afferme q̃ les philozophes achademicques anciens ont sentu et enseigne ces choses par lauctorite de ce philozophe athiochus qui fut maistre de ce philozophe tusse et se sic lequel antioche pour certain tusse vault mieulx sẽbler auoir este en plusieurs choses philozophe stoicie q̃ acien achademich mais que en appetient il mieulx a nous q̃ deuons mieulx iuger de ces choses q̃ pour grande chose sentir des hõmes quelle chose chascun ait sentu.

℄ Epposicion sur ce chapitre.

En ce iii. chapitre monseigneur sait augustin poursuit ãcores ses dictz de varro et repreuue son oppinion quil a dicte ou chapitre precedent/ et monstre qu ne peut estre q̃ vne vrape secte p vrape rai

son/ et en sa fin il parle des trois sectes. cest assauoir de lopseur sestre de cellup q̃ sẽbe songne ou gouuernemẽt de la chose publique et dicellup qui est compose des deux alternatiuemẽt/ et dit que les anciens achademiens essirent ceste derreniere entre lesquelz il allegue anthiocus/ lequel varro dit que cestoit son maistre et de tusse/ et lequel tusse dit quil estoit plus stopcie que achademien. ℄ Quil soit vrap il appert par tusse de achademicis questionibz/ ou premier liure de natura deorũ. Et aussi est faicte mencion de cellup anthiocus ou v. liure de tusse de finibz bonorum et malorum au cõmencement.

℄ Quelle chose les crestiens sentent du souuerain bien et du souuerain mal cõtre les philozophes q̃ ont dit le souuerain bien estre a eulx en eulx mesmes.

Doncques se on nous demãde q̃ le chose la cite respõdra quãt on lup demãdera de chascune de ces choses. Et premieremẽt elle sent des fins des bons et des mauuais/ elle respondra q̃ la vie pdurable est le souuerain bien et la mort pardurable est le souuerain mal. pour ce deuõs nous viure droitturieremẽt pour acquerir ceste vie pdurable et pour escheuer la mort pdurable/ pour laqlle chose il est escript le iuste vit p soy/ et pour ce q̃ nous ne seons pas ancores nostre bien. et pour ce il cõuiẽt que nous le querõs en creant ne ce droitturieremẽt viure nest pas en nous de par nous se cellup qui donna celle foy par laquelle nous creons que nous sõmes aidez de lup/ ne nous aide en croiãt et en priãt. mais ceulx qui ont cuide q̃ les fins des bons et des mauuais sont en ceste vie en mettãt le souuerain bien ou en corps ou en same ou en lun et en lautre ensẽble ou en repos ou en vertu ou en lun et en lautre ensemble ou aux commencemẽs de nature ou en vtu ou en lun et en lautre ensẽble

Iceulx qui ont voulu par vanite merueilleuse estre si bieneurez et estre fais bien eurez deulx mesmes verite les a mocquez par le prophete qui dit ainsi. ☞ Nostre seigneur a cōgneu les pensees des hommes que elles sont vaines / ou si comme lapostre mist en tesmoingnaige en disant. Nostre seigneur a cōgneu les pensees des sages car elles sont vaines. Car qui est cellup qui souffit a monstrer par quelque grant habondance de parolles les maleureux de ce monde. lesquelles icellup philozophe tulle en soy complaingnant ca mentoit si comme il peut en sa consolaciō de la mort de sa fille, mais combien grāt chose est ce que il peut. ¶ Quelz merueilles. car ces choses lesquelles sōt dictes les commencemens de nature quant en quel lieu et cōment se peuent elles si bien auoir en ceste vie quelles ne se debatent soubz auentures incertaines. Car qui est la douleur contraire a delectacion, qui est le trauail contraire a repos qui ne puist auenir au corps domme sage. Certes trencer ou la foibsoier les membres empeschent la beaute, maladie / debilite / ou foiblesse empesche, trauail empesche, sa force paresse ou esbahissement empesche legierete. Et laquelle est ce de toutes ces choses qui ne se puisse emabtre en sa chair domme, les estas et les esmouuemens du corps quāt ilz sōt cōuenables et auenās, sont cōptez entre les commencemēs de nature, mais que dirons se aucune mauuaise maladie fait trambler les membres dun homme / Que dirons nous aussi se lassay du dos est courbe iusques a mettre les mains a terre. Et face lomme aussi comme a quatre piedz. Ne peruertira elle pas toute sa beaute de lestat et du mouuemēt du corps quelles choses sont primigena de lame ou de la pensee, lesquelz sont appelez les biens ou il mettent deux commencemens par lapprehencion et precepcion de verite. Cestassauoir sens et entendemēt / mais a ce que ie taise les autres choses se homme deuient sourt et aueugle quel et combien grant demeure le sens / mais se homme deuient hors du sens par aucune maladie ou deluy se pura ou endormira la rayson et

sentendxment. Car ceulx qui sont en frenesie dient ou font moult de choses coquardes lesquelles sont souuent estranges de leur bon propos et de leurs meurs / mais qui plus est sont contraires a leur bon propos et de leurs meurs. soit q̄ nous les pēsons ou les voyons se nous les considerons iustemēt apeines nous pouōs nous ou parauenture ne pouons tenir de plourer. Que diray ie de ceulx qui seuffrent les assaulx des dyables / en quel lieu ont ilz sentendement muche ou enchace quāt le mauuais esperit vse a sa voulente et de lame et du corps diceulx. Et q̄ est cellup qui se confie que ce mal ne puisse auenir en ceste vie a homme sage. ¶ Apres quelle est et combien grande est la precepcion de verite en ceste chair quant le corps corrompable agrieue lame et labitacion terrienne eschace le sens qui pense plusieurs choses / si comme nous lisons en vrais liures de sapience, mais le mouuement ou sapetit de laction selle est appelee en ceste maniere droitement en latin, laquelle les grecz appellent ormen pour ce quilz sattribuēt aux poures biens de nature. ¶ Icellup mouuemēt ou appetit nest ce pas icellup p̄ lequel icellup mouuemēs dehors du sens est perie et sa rayson endormie, toutefois celle vertu laquelle nest pas entre les commencemēs de nature pour ce quelle leur souruient apres par doctrine laquelle sintroduit icelle vertu laquelle est nommee en grec sophrosine et en latin attimprance desquelles les delectacions charnelles sōt reffrenees affin q̄lles ne traient la pensee p̄ consentement en quelque peche. Icelle vertu dy ie cōe elle attribue a soy la haultesse des biens humais q̄lle chose fait elle fors batailles auec les vices / non pas vices p̄ dehors, mais p̄ dedēs, z̄ nō pas estrāges mais nostres z̄ propres. car quāt sa chair couuoite encōtre lesperit si cōe dit lapostre cest aucun vice. ¶ Aussi vice vertu est contraire quant lesperit couuoite encontre la chair si cōme icellup mesmes apostre dit. Car iceulx dit il, cestassauoir lesperit et sa chair sõt cõtraires lun a lautre a ce que vous ne facez les choses lesquelles vous voulez/mais quant nous voulons estre parfais en la fin du souuerain bien quelle chose vouldõs nous faire fors que sa chair ne couuoite point contre lesperit et que ce vice ne soit en nous lequel esperit couuoite laqlle chose pource q̃ nous ne la poũos faire en ceste vie. cõbiẽ que nous ne se vou lons aincois faisons icelle chose en leide de dieu q̃ en mettant lesperit au dessoubz nous ne donnons lieu a la chair/laquelle couuoite lesperit et que nous soions at= trais a faire peche par consentement/ ia nauiengne doncq̃s que nous creons auoir acquise la bieurete a laquelle nous vou lons venir par vaincre tant comme nous sommes en ceste bataille enclose dedens nous ⁋ Et qui est celluy qui est sage iusques a ce que il nait quelque debat encontre delectacion Quelle chose est ceste vertu/laquelle est nommee prudẽce ne sapareille pas de toute sentence les biens des maulx affin que aucun erreur ne sa de= coiue en appetant les vngz ⁊ en acheuant les autres/Et par ce elle tesmoingne que nous sommes aux maulx ou que les maulx sont en nous. Car elle enseigne que consentir a delectacion pour pecher est mal et que non consentir a delectaciõ pour pecher est bien. Toutesfois ne prudence ne attemprance ne toult a ceste vie celluy mal. Car prudence nous enseigne non consentir auquel attemprance nous fait non consentir. ⁋ Quelle chose est iustice laquelle de don est rendre a chascun ce qui est sien/dont vng ordre droiturier de nature est fait en icelluy homme a ce que lame soit subiecte a dieu et le chair a lame. Et par ce et lame et la chair soient subiectes a dieu icelle iustice ne demonstre elle pas mieulx que elle laboure ancores en ycelle oeuure que elle se repose ia en la fin dicelle oeuure. ⁋ Quelz merueilles tant est la me moins subiecte a dieu de tãt cõme elle concoipt moins dieu en ses pensees et tãt est la chair mois subiecte a lame de tãt q̃l

le couuoite plus en contre lesperit. Donc ques comment oserons nous dire ia sauues/⁊ si non sauues comment nous osõs nous dire ia bieneurez de celle bieneurete finale tant comme ceste confermete/ceste pestilence et ceste langueur est en nous/ Mais celle vertu laquelle est dicte force en quelconqs grandz sapience est ia tesmoig tres euident des maulx humains. Des quelz paciẽce est cõstraicte a tolerer/les q̃lz maulx ie me merueille par quelle folle hardiesse ces philozophes stoyciens con= tendent que ilz ne sont pas maulx/ pour lesquelz ilz confessent que somme sage ne les peut ou ne les doit soustenir que il se puist constraindre a soy occire et ainsi tres passer de ceste vie/mais il a si tres grant esbahissement dorgueil en ces hommes q̃ cuident que ilz apent pcy la fin de bien/ et estre bieneurez deulx mesmes que se sage deulx cestadire celluy que ilz dient estre sage par vanite merueilleuse soit que icel luy sage deuiẽne aueugle sourt muet ou soit affoibl ope de mẽbres ou tourmẽte de douleure. Et se aucũ autre de telz maulx peut estre dit ou pense auiengne a cellup lequel soit constraint a soy occire que icel luy sage nait pas hõte dappeler icelle vie bieneuree laquelle est establie en pceulx maulx ou vie bieneuree laquelle demans de se pde de la mort a ce que elle finisse/elle est bieneuree demeure on en icelle. Cõ ment ne sont ces choses mauuaises les q̃l les vainequent le bien de force et constrain gnent icelle mesmes force/non pas seule= ment soy departir/mais ancores forsener tellement que elle die celle mesmes vie es tre bieneuree et amonneste icelle estre eschee uee. ⁋ Qui est celluy qui est si aueugle qui ne voit que elle ne fust pas a escheuer se elle fust bieneuree/mais ces philozo= phes stoyciens confessent par voir apper te de enfermete que icelle vie est a escheuer. Quelle cause est ce doncques pourquoy en froissãt leur orgueil effrõte ilz ne cõfes sent aussi que ceste vie est maleureuse. Dy moy ie tẽ prie se icelluy cathon se tua par pascience ou que plus est par impacience. Car il ne se fust pas tue se il neust souffert ipaciamment la victoire de cesar ou est la force pour certain/ elle se rendit/ elle fut vaincue/ elle fut sourmontee par telle maniere que elle deguerpit laissa et fouit sa vie bieneuree/ ne nestoit elle pas adõc bieneuree/ dõcques estoit elle maleureuse. ⁋Comment doncques nestoient ces choses mauuaises lesquelles faisoiẽt la vie maleureuse et laquelle estoit a fouir pour laquelle chose aussi ceulx qui ont cõfesse ces choses estre mauuaises parlent ancores plus raysonnablement sicomme font les philosophes peripateticques desquelz varro deffent la secte/ mais certes lerreur diceulx est maleureux/ pour ce q̃ touteffois ilz comptent que la vie bieneuree en iceulx maulx/ iassoit ce quilz soiẽt si griefz que icelluy qui les soeuffre les doiue escheuer p soy mesme occire/ les tourmens dit icelluy varro (les angoisses de corps sont mauuais/ et de tant sont ilz pires sicomme ilz peuent estre plus grans pour les escheuer on doit fuir ceste vie. Dy moy ie te prie (sse vie dist il sasse est a greuer de tant grans maulx. Certes doncques est icelle vie bieneuree laquelle en iceulx maulx laquelle tu dis que elle est a escheuer ou tu las dit bieneuree pour ce que il te conuient departir de yceulx maulx par la mort. ⁋Que seroit ce doncques se tu estoies tenu en yceulx maulx par aucun iugement de dieu/ et ne te laissast on pas mourir ne ne fusses iamais que tu neusses iceulx maulx. Certes au moins diroit tu adonc nest elle pas dicte non maleureuse pour ce selle estoit delaissee tost quant pour certain elle est iugee maleureuse sans soy/ et soit ancores par durable. Et ainsi maleurete ne doit sembler nulle pour ce que elle est briefue/ ou quist plus grant inconuenient/ maleurete ne doit pas estre appelee bieneuree pour ce selle est briefue. ⁋Grande force est en ces maulx lesquelz selon iceulx philosophes constraindẽt lomme ancores sage a

oster a soy mesmes ce quil est homme cõmelz dient. et ilz dient verite. Et celle est aucunement la premiere et sa tresgrant voix de nature que homme donne conseil a soy a ce que il veulle et appette fortement a estre beste et viure en ceste coniunction de corps et dame. ⁋Grande force est en ces maulx/ par lesquelz cestuy sens de nature est vaincu par quoy on eschieue la mort en toute maniere par toutes puissances et par tous efforcemens et est vaincu par telle maniere que la mort que on sÿpt soit desiree/ soit appetee et soit embatue dicelluy homme a soy mesmes celle ne peut venir dailleurs. Grande force est en ces maulx lesquelz font celle vertu force estre omicide/ se touteffois doit ancores estre dicte force laquelle est vaincue en iceulx maulx tellement que elle ne puisse par pascience garder homme lequel comme vertu elle a receu a gouuerner et deffendre/ aincois oultre soit constrainte a le occire. ⁋Certes doit ancores homme sage souffrir la mort paciamment/ mais que ce soit celle laquelle vient dailleurs que de soy. mais selõ les philosophes se cestuy homme est constraint a soy donner la mort/ pour certain ilz confessent que iceulx maulx ne sont pas seulement maulx. mais ancores impossibles a souffrir/ lesquelz constraingnent icelluy homme perpetrer icelle chose. ⁋Doncques la vie laquelle est pressee de si grans charges ou subiete aux auentures des maulx si grans et si griefz ne seroit pas dicte bieneuree en quelque maniere se les hommes qui se diẽt cõme vaincus donnent place a maleurete quant ilz se occlent par maulx qui sengreignent quant ilz quierent la vie bieneuree vaincus par certaines raysons de sa fin du souuerain biẽ en ceste mortalite ou ces vertus desquelles pour certain rien nest ycy trouue meilleure chose ne plus prouffitable en homme/ dy ie de tant sont plus soyaulx tesmoingnages des maleuretez de tant q̃lles sõt plus grãs ap dent cõtre la force des perilz des labeurs et des douleurs

Car se les vertus sont vrayes lesquelles ne peuent estre fors en ceulx ausquelz foy vraye est, elles nafferment pas quelles puissent faire q̃ ses hõmes ausquelz elles sont ne seuffrent aucunes maleuretez: Car les vrayes vtus ne sõt pas menssõgieres a ce que elles le confessent, mais afferment que la vie humaine laquelle est constrainte a estre maleureuse par tãt q̃ si grant mauly de ce siecle soit bieneuree sicomme elle est sauue en lesperance du siecle auenir. Car comme est icelle vie bieneuree laquelle nest pas ancores sauuee, dont monseigneur saint pol lapostre parlant, non pas des hommes folz impaciens non attempiez et mauuais, mais de ceulx lesquelz viuroient selon vraye foy et pour ce les vertus lesquelles ilz auroient vrayes dit ainsi. Certez dit il nous sommes tous sauuez par esperance, mais lesperance laquelle on voit, mais se nous esperons ce q̃ nous ne veons pas nous lentendons par pascience. Doncques nous sommes bieneurez par esperance sicomme nous sommes sauuez par esperãce. Et ne tenons pas bieneurete ancores presente, mais lattendons auenir, et cest par pasciẽce car nous sõmes auy maulx lesquelz nous deuons souffrir paciamment iusques a tant que nous venons a iceulx biens ou toutes choses seront ausquelles nous nous delittons si grandement quil ne peut estre recorde, mais rien ny sera que nous doyons adoncques endurer tel sauuement lequel sera au siecle auenir, sera aussi celle bieneurete finalle laquelle bieneurete yceulx philozophes ne veulent croire pour ce quilz ne la voyent pas sefforcent de la forger a eulx tresfausse par vertu plus menssongiere de tant quelle est plus orgueilleuse.

Exposicion sur ce chapitre.

En ce quatriesme chapitre monseigneur saint augustin en reprenãt la bieneurete que auoit mise varro poursuit que est la vraye bieneurete laquelle nostre seigneur iesucrist mist. Car se on demande a vng crestien des fins des bons et des mauuais il respondera sicomme il dit que la vie pardurable est le souuerain bien Et que la mort pardurable est le souuerain mal. Et pour ce dit q̃ pour celle auoir et pour celle escheuer nous deuons viure droituierement en foy sicomme il dit par le dict de lapostre. Et fait six ou sept choses en ce chapitre. ¶ Premieremẽt il met ceste conclusion laquelle nous auons recite incontinent et la poursuit iusques la ou il dit, mais ceulx qui ont cui de acet. ¶ Ou secondement par ce quil a dit il preuue le dit de varroen mettant la maniere de bieneurete. Car il monstre que se il estoit ainsi cõme il dit les hõmes pourroient estre bieneurez deulx mesmes laquelle chose est vanite, tesmoing le prophete dauid qui dit que verite se mocque de celle vaine cogitacion. ¶ Tiercement quant il dit. Car qui est cellup qui souffist acet. ¶ Il repreuue ce mesmes par vne autre raison, il est certain que bieneurete exclud toute misere. Or est il ainsi que de quelconcques vertu soient enfermez les commencemens de nature. Toutesfois ont les hõmes deulx mesmes plusieurs miseres en leurs corps. Et ces douleurs il commence a racompter ou il dit. Car qui est la douleur acet. ¶ Combien que sapience soit plus grande entre les vertus sicomme aristote le dit septo ethicorum: Et apres ce que il a racompte grant plente de miseres du corps, il demande qui est cellup qui confesse que ce ne peust auenir a vng homme sage aussi cõme sil voulsist dire que si fait, et le monstre par plusieurs exẽples par quoy il monstre ne q̃ par nature ne par les cõmencemẽs de nature ne peut estre fait bieneure. Aps il mõstre quartemẽt q̃ ne lame ne son cõpost ne peuẽt estre bieneurez par les vertus. Car sicōme il dit. ¶ Les hommes vertueulx deulx mesmes ont maintes miseres et seuffrēt en lame et en tout ce q̄ est cōpose de lame et du corps. car sicōme il dit ses ꝯentendemēt sont des plus grans biens de lomme. Or nest il pas doubte quil ne saura ia estre si vertueulx quil ne puisse deuenir sourt et aueugle et ainsi des autres sens. Et aucunesfois il pert rayson et entendement et qui plus est hors du sens ou frenetiq̄s et fait tout ce quiest contre raison. pour lesquelles choses il dist quil est dit ou liure de sapience que le corps agrieue lame ꝯcetera. Et par consequent il appert que par vertus les hommes ne peuēt estre fais bieneurez par eulx mesmes Quintemēt il preuue ancores ceste conclusion. car sicōme il dit se les hommes pouoient estre bieneurez deulx mesmes il sembleroit que ce fust par les quatre vertus cardinaulx, lesquelles souruiennent et parfont les cōmencemens de nature/ mais ce ne peut estre sicōme il se dēmōstre en decourant p̄ toutes les vertus. ¶ Premierement dat̄epriace il le demonstre ou il dit. ¶ Toutesfois celle vertu ꝯcet. ¶ De prudence ou il dit. Quelle chose est celle vertu ꝯce. ¶ De iustice ou il dit. Quelle chose est iustice ꝯc: De force ou il dit. Mais celle vertu laq̄lle est dicte force ꝯcet. ¶ Par lesquelles choses il cōclud que cest grant orgueil de dire que les choses aient p̄ p̄ le bien final et q̄ilz soient bieneurez deulx mesmes/ ꝯ cest ou il dit. A si grant esbahissement ꝯcet. Apres ou il dit. ¶ Quiers vie bieneuree que les stopciens ont mal dit en disant pour fuir quelconques maulx homme se doit occire Et par consequent que on y doit demourer. ¶ Ergo a contrario sensu/ qui est celle vie bieneuree. laquelle affin quelle finisse quiert laype de sa mort auec autres argumens qui sont ou tepte. ¶ Apres quant il dit. Je te prie ꝯcet. ¶ Il parle de cathon qui soccist par impascience pour ce que iulius cesar auoit eue la victoire contre pōpet de la partie dont il estoit. Et par con-

sequent il ne fut pas bieneure/ ne par sa vertu de force ne de nulle des autres. et p̄ cōsequent appꝛt q̄ soy occire nest pas auec la vie bieneuree. Apres ou il dit. Pour la quelle chose ceulx ꝯcet. ¶ Il argue contre varro qui deffent ceste secte sicomme les pꝛtipateticiens et les anciens academiens a ce appert par le tepte. ¶ Apres ou il dit. ¶ Ou se dist tu pour ce bieneure ꝯcetera. Il reboute une responce que on pourroit faire en disant que la vie vertueuse/ iaссoit ce que elle soit agreuee de plusieurs maulx/ toutesfois est elle bieneuree pour ce quil est chose conuenable a homme vertueulx a soy occire affin quil se departe de ses maulx. Et commence a arguer ou il dit. ¶ Que seroit ce doncques ꝯcet. Apꝛs quant il dit. ¶ Grant force est. ¶ Il se dit par maniere de derrision et de mocquerie Et argue contre la conclusion en soy/ et dit que il est conuenable a ung homme a soy occire affin q̄l se departe des maulx Et sont les argumēs tous clers ou tepte ¶ Apres ou il dit. ¶ Doncques la vie laquelle ꝯcet: ¶ Il conclud principalement que ceste vie quil met en soy si grans et si intollerables maulx comme la mort ne peut estre dicte vie bieneuree/ pour ce que sicomme il dit il na riens en sōme meilleur ne plus prouffitable que les vertus, pour ce q̄ se sōt tresgrādes aydes ꝯc. Auec ses autres raisōs touchees ou tepte. Apꝛs ou il dit. Mais a ce q̄ la vie humaine ꝯc. Il conclud secondement que celle est la vie des crestiens de present. Et dit que selon lapostre cest celle par laquelle nous sommes tous sauuez en esperāce selon la modification du tepte. ¶ Et pour ce que mō seigneur saint augustin parle en ce chapitre du don de iustice/ par lequel est rendu a ung chascun qui est sien ꝯcet. Parquoy est fait en homme ung iuste ordꝛe de nature a ce q̄ lame soit subiecte a dieu et le corps a lame/ et lun et lautre a dieu. ¶ Toutesfois est il a entendꝛe selon les dictz de monseigneur saint augustin en ce chapitre que il y a quatre degrez de iustice:

Le premier est appelé iusticce monesticque laquelle est dun mesmes a soy. Et selon ceste le corps et le gouuernemēt par lame. Le second est appelé iustice pconomicque selon laquelle vng homme gouuerne les choses qui appartiennent a sa maison, lequel nous disons en latin. paterfamilias. ⁋ Le tiers est appelé iustice politique selon laquelle les loix gouuernēt la chose publicque. ⁋ Le quart est appelé iustice ieraticque laquelle se fait selon la disctrucio. ⁎ selon ceste lame est subiecte a dieu. Et quant monseigneur saint augustin parle en ce chapitre des miseres et chetiuetez dont tulle fait mencion en sa consolatoire de la mort de sa fille. Ce fut vng cte que fist tulle lequel aucuns appellēt liure auquel il raconte des miseres sans nombre qui auiennent a creature humaine en ceste mortelle vie lequel traictie est singulier et pou trouue, et touteffois nous semble il que des miseres et chetiuetez de la vie et condicion humaine traicta haultement et grandement innocent le tiers en son liure quil fist, de miseria cōdiciōis humane. ⁋ Ceste matiere est legiere a deduire de ces miseres et chetiuetez qui sont en ceste vie humaine et pelerinage de ceste cite terrienne. ⁋ Car elle commēca a noz premiers peres par le peche dinobedience et se cōtinua et est continuee ⁎ accreue par la racine de tous les pechez mortelz. Aps quāt il parle de chatoy et demande sil socist par pascience ou par ipascience. Ceste matiere a este traictee ou .i. liure de ceste euure ou piiii. chapitre, car il nest doubte q̄ ce fust par impascience pour ce quil soustenoit la partie de pompee contre iulius cesar lequel iulius cesar desconfit. Et pour ce q̄ la matiere est assez cōmune ⁎ q̄ nous en auons parle au liure dessus allegue pour ce nous nous en passōs. En ce chapitre a deux ou trois proposicions notables. ⁋ Lune que attemprance est vne vertu tresague et tressententiue pour ce quelle a batailles continuelles et tres grandes contre les vices. ⁋ Et pour ce dit nostres seigneur iesucrist: ⁋ Qui potest capere capiat acet. ⁋ La seconde que force est tesmoing des maulx humains laquelle cōstraint homme sage a tollerer les maulx. Et la tierce est que riens ne se treuue meilleur ne plus prouffitable en sōme que vertu laquelle de tant cōme elle est et de plus grant apde contre les perilz de tant est el se plus certain et loyal tesmoing des miseres qui sont en ce monde. Quartement que en ceste vie ne peut estre aucune vertu parfaicte et heroycque, pour ce monseignr saint augustin dit que pour rayson des batailles et des debas de telles passions nul ne peut estre bieneure en ce siecle. Et touteffois que les heroes sont desiurez de toutes telles passions. Quelle chose sōt heroes nous en auons parle en la premiere partie de ceste oeuure, et pour ce nous nous en passons.

⁋ De la vie compaignable laquelle est troublee par mains empeschemens combien quelle soit a appeter. B.

Ais nous approuuons trop plus ce que ces philozophes vculsēt que la vie socielle soit vie dōme saige, car se la vie des saints nestoit sociesse ou doncques prendroit fin ceste cite de dieu, de laquelle nous tendō orendroit en noz mains le pix. liure de ceste oeuure. Mais qui est celluy qui puisse nombrer, ou qui souffisist a estimer de quant et cōbien grans maulx habonde humaine cōpaignie en la meschance de ceste mortalite. O nyent ces philozophes par ceulx q̄ escriprent leurs comedies, homme par le sentement et commencement de tous hōmes dire en ceste maniere, iay espouse femme quelle maleurete ay ie veu enfans sont nez, veez cy vne autre entente. Quelles choses sōt aussi ces vices lesquelz luy mesmes therencius recorde est en amours cestassauoir iniures souppecons ennemistiez batailles/ τ puis paix nont pas ces choses remply par toutes les choses humaines/τ ces choses nauiennēt elles pas souuent aux amours honnestes des amis/ne sont pas les choses humaines plaines de toutes pars de ces choses ou nous sentons iniures et souppecons/ennemistiez batailles lesqlz sont maulx certais. mais paix est bien nō certai pour ce q̄ nous ne cōgnoissons pas les cueurs diceulx auec lesqlz nous voulons tenir ceste paix/et se nous les pouons congnoistre huy. si ne saurions nous quelz ilz seroiēt demal/ mais q̄ sōt ceulx q̄ seusēt ou doiuent estre plus amis entre eulx que ceulx qui demeurent en vne maison. Et touteffois qui est cellup qui est seur par ce comme tant grās maulx aduiennēt souuent par les agaitz celez, et de tant sont plus amers comme la paix fut plus douce laquelle on cuidoit estre vraye. combiē quelle fut fainte tresmalicieusemēt. pour laqlle chose ce q̄ tulle dit attait si le cueur de tous quil les constraint a gemissemēt lesqls dit ainsi Nulz aguetz ditil ne sōt pl⁹ mucez que ceulx qui sont couuers en simulacion ou faintise de seruice ou en aucun nom damistie/ car tu peus legieremēt escheuer cellup q̄ est ton auersaire en appert en toy gardant de luy/mais ce mal institue ou priue nest pas seulement mal/ aincois deffoule et confont auāt que tu saies peu veoir et diuiser/ pour laquelle aussi on oit icelle voix diuine a grant douleur de cueur/cestassauoir que ceulx qui sont priuez de homme sont ses ennemis Car suppose que aucun soit si fort quil endure egalement ou soit si auise qls se pourvoye par sage conseil contre ses autres choses/ lesquelles amistie fainte ordonne contre lup.. Touteffois sil est bon il est chose necessaire quil soit tourmēte pour le mal de ces hommes dessopaux quant il se scait estre tresmauuais soit quilz aient tousiours este mauuais τ aiēt eulx faint estre

bons soit quilz soient muez de ceste bonte en ceste malice. doncques se la maison q̄ est cōmun refuge nest pas seure en peculp maulx de lumain lignage comment sera seure la cite de laquelle de tāt comme elle est plus grande de tant est la court dicelle pl⁹ plaine de plaitz ciuilz τ criminelz. suppose que les discordz τ sedicions non pas seulement troublees ou triboullees cessēt mais. plussouuent senglens et les batailles ciuiles des auentures/ desquelles les citez estoiēt franches aucunesfois. mais des perilz elle ne sont nulles fois.

¶ Exposicion sur ce chapitre.

En ce 8. chapitre monseigneur saint augustin monstre comment bien eurete ne chiet pas ne nest en la vie sociele ou compaignable ne en la vie domesticq ne en ciuil ne en royal/desquelz aristote prēle ou premier de politicques pour ce que en toutes icelles sont plusieurs miseres. Mais consiste en la ioyeuse paix laquelle nostresauueur iesucrist a promis a ceulx qui laymēt. Et premierement il met aussi cōe p maniere de preābule loppiniō de ceulx qui disoient que la vie sociele estoit la vie du sage. laquelle est plus approuuee que celle de ceulx qui disoient que le sage se deuoit occire pour acquerir bien eurete. Car sicomme il dit la vie sociele appartient aux sains et a la cite de dieu. Or est il ainsi que se la cite de dieu de laquelle il traicte en ceste oeuure neust pas eu de commencement ne ne procederoit en faisāt son pelerinage ne ne viendroit aux fins deues se ce nestoit la vie sociele des sains. ¶ Secondemēt il dit/ mais qui est cellup τc. Il repreuue que en la vie sociele ne consiste pas sa bieneurete/ car sicōe il a dit ou chapitre precedēt bieneurete ne cōsiste pas en la vie qui est rēplie τ greuee de plusieurs miseres et calamitez. Or dit il quil est ainsi ou cas present et se preuue

BBi.

tant de sa vie domesticque sociesse, et aps quant a sa vie domesticque en plusieurs cas sicõme il appert par se texte. Et pour le prouuer ameine terence et tusse. de terẽce il ameine deux auctoritez. L'une est de sõ siure i adesphis actu p̃pi. et cõmẽce ia p̃ns femme etc. La seconde est i eunucho ou commencement. Et quãt est de tusse pour sauctorite quil assegue vope son liure de amicicia. et est se chapitre tout cler.

De serreur des iugemens humains quant sa verite n'est pas sceue.   vi.

Quelle chose est ce des iugemẽs des hommes fais aux hommes sans lesquelz iugemẽs les citez ne peuent estre en quelque grant paix que elles soient. Quelz cuidons nous estre ces iugemens cõbien meschãs et douloureux quant pour certain iceulx iugent lesquelz ne peuent congnoistre les consciences de ceulx desquelz ilz iugẽt dõt ilz sõt cõstrains souuẽt a enquir p̃ sa verite app̃tenãt a sa cause dautruy par tourmens de tesmoingz innocẽs. Quelle chose est ce quant aucun est tourmente en sa cause, et est tourmẽte quant on quiert sil est coulpable et cestuy qui est innocent seuffre peine trescertaine pour meffait non certain non pas pour ce que on ne scait sil a fait, mais pour ce q̃ on ne scait sil ne la pas fait. Et par ce signorance du iuge est souuẽt le meschief de linnocent, et auient par sa maleurete de signorance quant le iuge tourmente cellup qui est accuse affin quil ne occie linnocent pour ce quil ne scait quil occist cestuy quil a tourmente et innocent lequel il auoit tourmente affin quil ne occist innocent est plus a souffrir et moins a plaindre et sil peut estre fait a arrouser de fontaines de larmes. Car selon la sapience de ces iuges il essit aincois perdre ceste vie que soustenir plus longuemẽt ces

tourmens il dit quil a fait ce quil na pas fait lequel apres ce q̃l sa condenne a mort. Ancores ne scait se iuge sil a occy ou innocẽt ou coulpable cessup lequel il a tourmẽte affin quil ne soccist innocent pour ce que il ne sauoit pas. et par ce il a tourmente sinocent pour sauoir sa verite, et sa occy et si ne sa pas sceu. Ce iuge sage tendra il son siege ou ne sa tendra il pas en ces tenebres de sa vie compaignable il se tendra plainement, car sa compaignie humaine laquelle il dit q̃ cest cruaulte de sa laisser se constraint et atrait a ceste office. car cõpaignie humaie ne repute pas ce estre cruaulte que tesmoingz innocens soient tourmẽtez aux causes dautruy que ceulx qui sont accusez et vaincus souuent par force de douleur et confessant deux faulses choses sont punies aussi innoceus. comme sils eussent ia este tourmentez innocens. Et silz ne sont punis par mort ilz meurent souuent par iceulx, et par iceulx tourmens que aucunesfois ceulx qui accusent en desirent proffiter a la compaignie humaine. affin que ses crimes ne soient impunis pour ce que ses tesmoingz mentent et que iceslup accuse dure grandement cõtre seurs tourmens et ne confesse riens. Ceulx qui accusent sont condennez du iuge qui nen scait rien pour quilz ne peuẽt prouuer ce quilz ont mis auant, ia soit ce que ce quilz propose soit vray. Ceste cõpaignie humaine ne repute pas tant telz et si grãs maulx estre pechez, car iceslup iuge sage ne fait pas ces choses p̃ voulente diuine, mais par necessite de non sauoir, et touteffois aussi p̃ necessite de iuger pour ce q̃ cõpaignie humaiue se constraint a ce faire. Ceste donc q̃ pour certain est sa maleurete de sõme laquelle nous disons. suppose quelle ne soit pas malice de sõme sage, mais il tourmẽte ses inocẽs, et punist ses inocens p̃ necessite de non sauoir et iuger, et ne sup souffist pas sil est coulpable sil nest ancores bieneure de tãt cõe il cõgnoist sa plus grant consideracion et plus dignement que ung hõme simple. La maleurete qui est en ceste necessite et la hait de tant cō me en soy est de tant cōme il se congnoist. et a nulle pitie et compassion en soy se scrie enuers dieu en disant. Sire deffens moy de mes necessitez.

¶ Expposicion sur ce chapitre.

En ce vi. chapitre monseignr̄ saint augustin argue a celle mesmes conclusion/cest assauoir que la vie bieneu ree nest pas en sa vie socielle et cōpaigna ble/et pour se prouuer il amaine vng tel argument. Et dit que aux citez aux hō mes appartient a faire iugement. Or est il ainsi que les iugemens par lesquelz les hommes iugent aux citez quelque pays quil y ait/il ne peult estre q̄ nait miseres et chetiuetez/car sicomme il dit quantes et quelles miseres et comme sont elles a courroucer et a douloir quant ceulx qui iu gent qui ne peuent iuger de la conscience de ceulx quilz iugēt/pour laquelle igno rance il auient souuent que cellup qui est innocent seuffre tres grādes peines et tres certaines pour vng crime ou delict incer tain/non pas pour ce que on treuue que il ait commis/mais pour ce que on ne scait pas sil ne la pas commis/et par ce l'igno rance du iuge est souuent la maleurete de linnocent/et qui plus est a complaindre et moins tollerer quant le iuge tourmen te par questions affin quil ne occie linno cent il le fait par chetiuete dignorance que il occie linnocent. Il auient aussi aucunes fois que tel innocent dit quil a fait ce quil na pas fait par force doppression de tour mēs de gehine/par laquelle facion autre ment dicte confession le iuge se met au der renier supplie que les legistes appellent mort. Pour laquelle chose monseigneur saīt augustī demāde se tel iuge sage q̄ ain si iuge par ignorance se sera en tenebres di gnorāce. Et respond plainemēt a ceste in terrogatoire que vrayemēt si sera il pour

ce que a ceste office faire humaine compai gnie ou sociesse lattrait p necessite iuger/ Et la adiouste monseignr̄ saint augusti trois miseres ou calamitez. Lune quant cellup est mort en gehine par tourmēs ex cessifz duquel on enquiert assauoir la ve rite. La seconde quant par faulte de preu ue ceulx qui accusent/cōbien que laccusa cion soit vraye sont punis. La tierce que par force de gehine cellup qui accuse cōfes se ce quil na pas fait/par quoy il est con dēne a mourir. Et de ce on peut prendre quatre ciuilz enseignemens: Le premier qui a a gouuerner la chose publicque/les questions ou gehines sōt necessaires. Et pour ce dit monseigneur saint augustin q̄ a ce les constraint humaine societe. La conseruacion de laquelle droit ciuil a voulu tousiours garder. Le second ensei gnemēt est que q̄ propose iudiciōairemēt aucun crime contre aucū il ne le peut prou uer il doit soustenir peine ciuile. Pour ce q̄l ne doit pas mettre auant ce quil ne peut point prouuer. ¶Le tiers enseignemēt est que donner telz tourmēs a telles gehines cōme il est dit en ce chapitre soit en coulpa bles ou en innocens nest pas peche. Car monseigneur saint augustin dit que le iu ge sage qui le fait ne le fait en intencion de nupre/mais pour la necessite ou il est de ce quil ne le scait pas. Et pour ce monsei gneur saint augustin sexcuse par lintēcion quil a. Le quart enseignemēt ciuil est que le iuge qui iuge selon les choses q̄ sōt alleguees a prouuees/et non pas selon la conscience ne peche pas pour ce que humai ne societe se constraint a questionner sino cent. Et pour ce par celle mesmes rayson le iuge qui iuge selon les institucions et or donnances de droit est a excuser. Toutes fois est il a entendre ce que par maniere de desplaisir en haiāt en ceste partie et recon gnoissant lhumaine misere et cruaulte. Cest pou sil est excuse se aussi il nest bien eure. Et pour ce conclud mōseigneur saīt augustin et dit que ceste misere ou chetiue te est celle que nous appelōs la misere ou sa maseureté de l'omme. suppose que ce ne fust pas la maseureté du sage de ceste necessité non sauoir et tourmenter ses innocens est dit ou psaultier en ceste maniere. Sire metz moy hors de mes necessitez. Cy pourroit on faire la question assauoir se le iuge doit iuger selon les choses alleguees ou prouuees ou s'il doit iuger selon sa conscience. de ce sont diuerses oppinions. Et si est ceste matiere traictee en plusieurs lieux/ tant par les docteurs de saincte escripture comme de droit canon et ciuil. Et aussi par les philozophes/ et pource nous ne seoulons pas determiner fors tant que pour ceulx qui tiennent que on doit iuger selon les choses alleguees et prouuees et non pas selon la conscience du iuge. Il ya vne tresforte rayson. Car se on appelle d'ung iuge subiect au souuerain/ le iuge qui congnoistra de l'appellacion ne pourra estre informé de la consciece du iuge subiect dequoy on appelle. Et pour ce informera se du iugement et sentence donnee du iuge subiect. Et semble aussi que ceste rayson soit aussi comme demonstracion incōmuable contre ceulx qui tiennent la partie contraire. a la partie contraire/ il ya vne autre rayson laquelle semble estre aussi forte cōme celle laquelle nous auōs mise contre le iuge qui iuge selon conscience. Car la saincte escripture dit que celluy qui fait contre sa cōsciēce il edifie a sa dannacion. Et par conscequent ne doit pas iuger autre contre ce qu'il scait en conscience. Aucuns dient que s'il est informé en conscience du fait de l'une des parties il ne doit pas iuger le proces s'il ya approbacion au contraire. mais se doit bailler a iuger a vng autre tant pour scrupule de conscience cōme pour la doubte de l'appellaciō. Toutesfois sōmes nous recordz que vng official d'orleans ou temps que nous estions escolier estudiant/ fist prendre vng escolier qui auoit tué vng hōme et dit faire le coup en passant ne nul autre ne l'apperceut que luy/ et de ce fut accusé et mis en proces et apres ce qu'il peut estre mis plusieurs fois en question en laquelle il ne cō

fessa rien. Et finablement par faulte de preuue fut absoulz/ non obstant que le iuge sup eust beu faire l'omicide/ et en donnant la sentence l'official qui se prononca dit telles parolles. Je dist il comme estiene scay que tu es homicide/ mais comme iuge ie te absoulz.

De la diuersité des languages par lesquelles les cōpaignies des hommes est deffaicte et de la maseureté des Batailles. lesquelles sont ancores dictes iustes. Dit

Apres la cité ou la ville s'ensupt le monde ouquel ces philozophes mettent le tiers degré du humaine société en commencāt a sa maison et puis a la ville et puis en venant au monde. laquelle pour certain de tant cōme il est plus grant de tant est il plus perilleux/ sicomme l'assemblee des eaues qui de tant plus grandes et plus pfōdes de tant sont elles plus perilleuses. Ouquel monde premierement la diuersité des languages fait vng hōme estrange de l'autre. Car se deux hommes s'entrerencōtrēt/ se qlz l'un ne sache le language de l'autre/ et soiēt cōstrains. non pas a passer leur chemin/ Mais estre ensēble pour aucune necessité/ il n'est pas doubte que bestes mues acores de diuerses manieres s'acōpaignent plus legierement qu'il ne font/ combien q'lz soient hommes tous deux. Car tant grāde similitude de nature ne prouffite riē a hōme acōpaigner ensemble quant ilz ne peuent cōmunicquer les choses entre eulx lesquelles ilz sentent. Et pour ce quant vne cité auoit conquis vng pais on mist peine non pas seulement de le tenir en subiectiō mais de luy apprendre son language par paix de cōpaignie/ par laquelle l'abōdance des interpreteurs ne deffaillist pas/ mais creust cest vsay/ mais p quantes et cōe grās batailles. par com grās occisiōs donnez par corps grāt espandement de sāg humain est celle chose achetee, lesquelles choses passees, toutesfois nest pas finee la maseurete diceulx mesmes maulx. car iassoit ce que ses nacions estranges ennemies naient pas deffailly ne ne deffaillēt cōtre les alsees les batailles ont estea serōt toutesfois icelle grandeur de lempire a engendre batailles de plus mauuaise maniere, cestassauoir les batailles socielles et ciuilles par lesquelles lhumain lignage est atache plusmaseureusement soit quāt les batailles se font affin que on ait repos aucunesfois ou quant on se doubte quelles ne sourdent de rechief. Desquelz maulx se ie veuil dire sicōme il appartiēt les meschances plusieurs multipliees et les necessitez dures et cruelles, combien q ie ne les puisse dire sicomme la chose se requiert quelle maniere de longue disputacion sera ce, mais ilz dient que le sage doit faire batailles iustes, lesquelles iustes batailles nauiennent pas de tristresse ne de misere a somme saige pour ce quil peut faire comme dit est iustes batailles. Et pour ce il ne luy souuient de sa misere de luy mesmes qui est homme, mais pour certain si fera il luy en souuiendra, car de tant comme il sera plus iuste de tant plaindra il plus sa necessite des iustes batailles appartenir a soy, car elles ne seroient pas a luy a faire selles nestoient iustes. Et par ce quelques batailles ne seroient pas a faire a lomme iuste. Car la mauuaistie de la partie auerse fait faire les iustes batailles a lōme sage, laquelle mauuaistie des hōmes certes est a plaindre a hōme pour ce qlle est des hommes. suppose ancores que aucune necessite de batailler ne sourdist dicelle. Et ainsi quiconq considere a grant douleur ces choses tant grandes tant horribles tant cruelles il cōfesse maseurete. mais quiconques seuffre ou pense ces choses sans douleur de cueur il se cuide sans doubte pour ce doit estre trop plusmaseureusemēt bieneure pour ce quil a perdu le sens humain:

Exposicion sur ce chapitre.

En ce viii. chapitre mōseigneur saint augustin preuue tiercement que en vie socielle na pas bieneurete pour ce q plusieurs maseuretez y escheient. Car tout aussi comme le monde est plus grant dune maisō ou dūe ville ou cite, aussi est il plus plal de miseres et de chetiuetez, de rechief il ya tant de diuerses langues au monde et de diuers languages qui nentēdent pas lun lautre que sil encontrēt lun lautre et ilz ne se peuent entre entendre ilz aymeroient mieulx a eulx iouer a vng chien quilz ne feroient a cellup quilz nentēdent. Tiercemēt il est certain que ce monde qui est si grant et si lee est tourmēte et escache merueilleusement de batailles. Et cest la premiere partie de ce chapitre ou il dit. Mais il dit que le sage acet. Pour ce quon pourroit dire que les batailles ne apportent pas de maseurete ne de douleur a somme saige pour ce quil doit faire iustes batailles: Et pour ce ne luy souuient il de la chetiuete de soy mesmes qui est homme. Monseigneur saint augustin y respond et dit quil luy en souuiēdra car de tant comme il est plus iuste de tant plaindra il plus sa necessite des iustes batailles appartenir a soy acet. Et finablement ou il dit. Et ainsi quiconq cōsidere a grant douleur acet. Il conclud et monstre son intēcion sicomme il appert par le texte. Quelle chose est iuste bataille qui la peut faire et contre qlz gens on la peut faire, monseignr saint thomas dacquin traicte ceste matiere in secunda secūde ou chapitre de iusto bello.

Que lamistie des bons ne peut estre seure quant elle est necessairemēt mise en doubte des perilz lesqlz sont en ceste vie. viii

BBiii.

Mais se ainsi est que une ignorance semblable a forcennerie nauie gne pas, laquelle toutesfois aduient souuent en la condition maleureuse de ceste vie. cestassauoir que celluy que on cuide qui est ennemy soit amy ou celluy q̃ est amy soit ennemy Quelle chose nous conforte en ceste compaignie humaine t. es plaine derreurs et de meschances fois soy nõ faite et amour mutuelle damis vrais et bons. lesquelz tant plus en auons et en plusieurs lieux tãt nous doubtons nous plus long et plusseement que aucun mal ne leur auienne tant dabondãce de maulx de ce siecle. Car nous ne nous souffions pas tant seulemẽt q̃lz soiẽt tourmẽtez de fai de batailles de maladies & chetiuetez ou quilz ne seuffrent en icelle mesmes seruitute telles choses lesq̃lles nous ne souffions pas a penser. mais aussi nous souffions nous quilz ne soient muez en desloyaulte en malice en mauuaistie laquelle paseur est trop plus amere. Et quãt ces choses auiennent desq̃lles tãt en ya plus cõme iceulx amis sont et quilz sont en plusieurs lieux et quelles viennent a nostre cõgnoissance qui est celluy qui peut aduiser desq̃lz flames nostre cueur est bruse fois celluy qui sent telles choses. Quelz merueilles. nous querons mieulx oyr que ilz feussent mors, combien que nous ne pensions oyr leur mort sans douleur. Car dont peut ce estre fait que la mort de ceulx nembatte en nous aucune tristresse, desq̃lz la vie nous plaisoit pour ses soulas damistie compaignable Laquelle tristresse icelluy qui sa deffet deffede sil peut les parters amiables de toutes les amistiez humaines, rõpe par esbahissement selon ses lieux de la pensee ou il determine que on y doie vser de ces choses en telle maniere que dicelles aucune douceur ne espãde ou courage, laquelle chose selle ne peut estre faicte en aucune maniere par quelque conuenant aussi sera ce que la mort dicelluy ne nous soit amere. duq̃l la vie nous estoit douce. Car de ce vient et pleur et

une maniere de nauture et appostume de cueur pitoyable, non pas en humain ouq̃l sont dõnees consolacions sociales pour se garir. car pour ce nest pas q̃ ne soit gary pour ce q̃ de tãt q̃ se courage est meseur de tãt est celle playe et nauteure plus legiere, metgarie en suy. Doncques cõe la vie des hõmes mortelz soit aussi tourmentee maintenant plus aprement de la mort de treschiers amis, mesmement de ceulx desquelz les seruices sont necessaires a la compaignie humaine, toutesfois aimerõs nous mieulx oyr ou veoir que ceulx que nous aimõs fussẽt mors q̃lz fussent pties de la foy ou des bonnes meurs. cestadire mors en ame. De laquelle grande matiere de maulx la terre est plaine, laquelle chose il est escript nest pas la vie de homme sur terre temptaciõ, et pour laquelle chose nostre seigneur dist Maleurete au mõde par esclãdes. Et de rechief la charite de plusieurs dit reffroidera pour ce mauuaistie est habondee. Dont il auient que nous nous esiouissõs de noz bons amis mors et combien que la mort diceulx nous courousse elle nous conforte plus plainement pour ce quilz sont deliurez des maulx p̃ lesquelz les bons hommes mesmes en ceste vie sont estachez ou empirez ou perissẽt en l un et en lautre.

⸿ De lamistie des sains angles laquelle ne peut estre manifestee a hõme en ce mõde pour la falace des dyables en laquelle sont escheuz ceulx qui ont cuide quil se deuoit adourer plusieurs dieux. ix.

Mais en la compaignie des sains ãgles laquelle ses philosoph̃es qui voulurent que ces philozophes noz amis constituerẽt ou quart lieu cestadire en lair ou milieu du ciel et de la terre aussi cõe venans au monde du cercle de la terre affin que par ceste maniere il regardaſſēt auſſi le ciel pour certain noʒ ne doubtōs q̄ telz noz amis nous courouſſent ſoit par leur mort ou par leur empirement/ mais pour ce que ces angles ne ſōt pas meſlez a nous par celle familiarite par laquelle ſont les hommes/ laquelle choſe auſſi appartient aux meſchances de ceſte vie. Et que ſicōme nous liſons. Le dyable appele ſathanas ſe transforme aucuneſfois en angle de lumiere pour tenter ceulx leſq̄lz il eſt beſoig̃ eſtre introduictz ou deſqlz iuſte choſe eſt eſtre ainſi de ceulx pour ce eſt tres neceſſaire la grāt miſericorde de dieu, affin q̄ aucū quāt il cuide q̄l ait les bons angles et amis il nait les mauuais diables fais a amis ⁊ les ſeuffre eſtre enemis tant plus nuyſans de tant quilz ſont plus malicieux ⁊ plus faulx. Et a qui eſt neceſſaire ceſte grāde miſericorde fors a ſa grāt maleurete humaine/ laquelle eſt en techee de ſi grant ignorance a ce quelle ſoit legierement deceue par ſa faintiſe ou ſimulacion diceulx dyables. Et certes il eſt choſe trescertaine que ces philozophes ſont esceuz entre les mauuais dyables en la cite mauuaiſe/ leſquelz ont dit que les dieux eſtoient leurs amis auſquelz icelle cite eſt toute ſubiecte laq̄lle aura tourmēt pdurable auec eulx. Quelz merueilles Ceſte choſe eſt aſſez apperte de ces dieux. leſquelz ſont adourez par les ſacres. ou q̄ plus eſt ſacrileges diceulx par leſquelz y ceulx philozophes ont cuide que yceulx dieux doiuent eſtre adourez. Et par les ieux treſors/ auſquelz les crimes diceulx ſont celebres par leſquelz iceulx philozophes ont cuide iceulx dieux eſtre a appaiſer a eulx meſmes par lauctorite diceulx aucteurs de celles et tāt grādes villenies

Eppoſicion ſur ce chapitre.

En ce ix. chapitre mōſeigneur ſaīt auguſtī racōte ācores autres les maleuretez. Car auec toutes les autres miſeres ou maleuretez q̄ ſont cy deſſus racomptees nous ſomes deceuz des angles mauuais/ ceſt aſſauoir des dyables. Iaſſoit ce que apulepus les mette en laīr cōe moyēs entre nous ⁊ dieu ⁊ nous auſſi cōe noz amis et procureurs enuers dieu/ ſicōme il a eſte dit ou p̄ui. chapitre du p̄uiii. liure et en ſeppoſition dicelluy. Toutefois ce cy appartient aux maſuretez de ceſte vie preſente. Car aucuneſfois lange ſathanas appele/ ceſt aſſauoir le dyable ſe trāſfigure en angle de lumiere/ ſicōme nous liſons pour tenter ceulx leſquelz il eſt beſoing deſtre introduictz par ceſte maniere ou pour leſquelz ceſte iuſte choſe quilz ſoiēt ainſi deceuz. Et pour ce nous deuōs plus doubter et nous eſt la miſericorde de dieu tant plus neceſſaire cōme quāt nous cuidons auoir les bons angles noz amis que nous naions auec nous les dyables fains/ leſquelz de tant cōme ilz ſōt plus nuyſans ſont il plus hardis a eulx embatre pour nous decepuoir.

Quel fruit ſoit engēdre aux ſains de ce quilz ont vaincu la tentaciō de ce mōde

Ais les ſains et vrays adoureurs dun vray dieu ſouuerain ne ſont pas auſſi ſeurs de falaces diceulx dyables et de leur tentacion faicte en moult de manieres. Car ceſte entente neſt pas auſſi inutile en ce lieu denfermete et en ces mauuais iours a ce que celle ſeurete en laquelle eſt paix tresplaine et trescertaine ſoit requiſe par plaiſant deſire. Car la ſeront les dons de nature Ceſt a dire les dons qui ſeront donnez a noſtre nature du createur de toutes natures/ non pas ſeulemēt bons dons/ mais auſſi pardurable/ non pas ſeulement en lame laquelle eſt garnie de ſapiēce. mais auſſi ou corps lequel ſera renouuele par reſurrection. La ſerōt les vertus/ nō pas combatans contre queſconques vices ou

BB iiii

maulx/mais lesquelz auront le soper pardurable de victoire/cestassauoir paix laquelle aucun auersaire nempesche. Car cest celle bieneurete finalle. cest la fin de perfection laquelle na pas de fin qui la destruise/mais pour certain nous sommes dictz bieneurez pcy quant nous auons paix quelque petite que on en peut auoir pcy en bonne vie/mais se nous comparons ceste bieneurete a celle bieneurete laquelle nous disons finalle elle est trouuee du tout maleureuse

Exposicion sur ce chapitre.

En ce p. chapitre monseigneur saint augustin concludt sa conclusion principale. cestassauoir que bieneurete est en vne paix ioyeuse & pardurable. Car ou lieu de la paix pardurable laquelle iesucrist promist na pas de lieu denfermete ne na aucuns iours de cure et de maleurete/mais est la paix tresplaniere et trescertaine et bieneurete parfaicte. Que il soit vray il se preuue en ceste maniere/car sicome il dit la bieneurete que les philozophes descriprent consiste au bien de nature & de vertu et en fruicion de bien lequel est ayme pour soy mesmes/sicomme il a dit cy dessus ou tiers chapitre. Or est il ainsi que en ce lieu de paix pardurable lequel iesucrist nous a promis seront ces choses/cestassauoir les dons de nature non pas seulement bons/mais perpetuelz. non pas seulement les biens de nature appartenans au bien de courage ou de lame lesquelz sont curez p sapience/mais aussi du corps qui fut renouuelle par la resurrection. Pareillement seront les vertus/non quelles se combatent contre quelcõques vices ne quelconques maulx/mais lesquelz auront le soper de victoire pardurable laquelle nul auersaire ne troublera. La aussi sera fruicion de bien/car ceste paix pardurable est bieneurete finalle et fin de perfection/laquelle fin consumee et acomplie/et par consequent aura la vraye fruicion. car nous disons que vsons de la paix de quoy nous viuons si droitturierement pour ce que cest la vertu par laquelle nous rapportons en dieu tous les biens de ceste paix. parquoy il sensuit que nous auons fruicion de dieu en paix pardurable/de la quelle nous auisons dieu & regardons vrayement pour ce que nous aimons dieu en celle paix pour luy mesmes. Et de ceste paix il parle plus plainement ou xiii. chapitre de ce liure.

De la bieneurete de paix pardurable en laquelle la fin est aux sains. cestadire vraye perfection. vi.

Doncques quant nous qui sommes hõmes mortelz auons en ces choses mortelles celle paix laquelle peut estre pcy vertu vse des biens dicelle a droit se nous viuons a droit. mais quant nous ne sauons pas vertu aussi vse bien des maulx lesquelz hõme seuffre/mais lors est la vertu vraye quant elle rapporte tous les biens lesquelz elle vse bien et tout ce quelle fait en bon vsage des biens et des maulx. Et soy mesmes a celle fin ou nous aurons paix telle et si grande que meilleur et plusgrant de celle ne puist estre/par laquelle chose nous pouons dire que paix est la fin de tous biens/sicõme nous disons de la vie pardurable mesmement pour ce que a ceste cite de dieu de laquelle cite oeuure laquelle est de tresgrant effect est dit ou saict pseaume. Cite de hierusalem loe nostre seigneur/spon loe ensemble ton dieu. car il a conforte les serrures de tes portes et a beney tes enfans en toy celluy qui ordonne paix tes fins. car quant les serrures des portes de celle cite seront efforcees/adoncques ne entera aucun en icelle ne ny stera. Et par ce nous deuons pcy entendre icelle paix estre la fin dicelle laquelle nous voulons demonstrer finalle. Car le nom ou figure mistique de ceste cite laquelle nous auons dit paranant/cestassauoir hierusale est interprete vision de paix/mais pour ce que le nom de paix est frequente aussi en ces choses mortelles ou sans doubte vie pardurable nest pas pour ce auons nous mieulx voulu appeler la fin de ceste cite ou le souuerain bien dicelle sera pardurable que paix. de laquelle fin sapostre dit ainsi: Mais vous desiurez de peche et fais seruans a dieu auez maintenāt vie fruit en saintifiacion τ vie pardurable sa fin/ mais ancores pour ce que la vie des mauuais peut estre aussi dicte vie pdurable de ceulx qui nont pas familiarite auec les saintes escriptures/ Ou aussi selon aucūs philozophes pour limortalite de lame ou aussi selon ntre foy pour les peines des mauuais lesquelles sont sās fin. lesquelz pour certain pourrōt estre tourmētez pdurablemēt pour ce dit certainement estre dicte la fin de ceste cite en laquelle elle aura le souuerain biē ou paix en vie pdurable ou vie pardurable et affin quelle puisse estre ētēdue de tous plus legierement Car le bien de paix est si grant que mesmes aux choses terriennes et mortelles on ne sait oyr rien plus gracieux rien plus couuoite a plus grāt desir riē meilleur ne puisse estre trouue. Finablemēt duquel bien de paix se nous voulions vng pou parler plus longuement nous ne serions pas chargās a ceulx qui liront si cōme ie cuide. Et pour sa fin de ceste cite de laquelle nous parlons. Et pour celle douceur de paix laquelle est aimee de tous.

(E xpposicion sur ce chapitre.

n cel xi. chapitre mōseigneur saint augustin fait quatre choses. Premieremēt il continue son proces pour mōstrer que nous pouons dire q̄ la fin de noz biēs est paix aussi cōme nous disons que la fin de noz biens est la vie pardurable/ Et pour ce de ceste cite il est dit ou psautier hierusalem loe nostreseignr̄ ꝯcet. lequel a mis les fins paix. Secondement pour ce quon pourroit demāder pourquoy ou iiii. chapitre de ce liure, il sappelle vie pardurable/ monseignr̄ saint augustin respond et dit que on vse aussi de ce nom paix aux choses mortelles ausquelles nest pas vie pardurable. Et pour ce a la difference di

celle paix qui est en ceste vie mortelle il ay ma mieulx nōmer sa si dicelle de dieu vie pardurable que paix selon le dict de sapostre allegue par le texte. Et ceste seconde partie se cōmence ou il dit. Pour ce q̄ nous appelons aussi celle fin de la vie pardurable peut auoir regart aux bōs ꞇ aux mauuais selon ce quil a dit ou texte, il demōstre cōment on doit appeler la fin de ceste cite en laquelle on aura le souuerain bien, a la difference de la vie perpetuelle des mauuais/ affin que on le puist plus legieremēt entendre en ceste tierce partie se cōmēce ou il dit. mais ancores ꝯcet. Quartement il preuue sa conclusion principale/ car sicōme il dit la fin de la vie pardurable laquelle iesucrist a promise doit estre propremēt appelee paix. Or dit il que le bien de paix est tel que mesmes aux choses terriennes et mortelles on ne oyt nulles choses plus gracieusemēt de paix on ne couuoite plus desiramēt autre chose. Et derrenierement on ne peut rien meilleur trouuer. Et celle quarte partie se cōmence ou il dit. Car le bien de paix ꝯcet. Toutesfois aucuns cōmencent cy le xii. chapitre.

¶ Que la cruaulte aussi de ceulx qui bataillent et tous les debatz des hōmes desirent a venir a la fin de paix sās le desir de laquelle nulle nature nest. xii:

Ar sicōme chascun apperçoit que aucunement regarde auec moy les choses humaines et la nature cōmune, sicō il nest hōme quelcōques seul ne vueille auoir ioie, aussi nest il hōme quelcōques seul ne vueille auoir paix quāt pour certain et ceulx qui veulent les batailles ne veulent autre chose fors vaincre, dōcq̄s desirēt ilz venir a la paix glorieuse a faire batailles. Car quelle autre chose est victore fors la sugecion des rebelles laq̄lle chose quant elle sera faicte paix sera. dōcq̄s sont faictes les batailles en intēciō de paix ꞇ p ceulx lesq̄lz entēdent a excercer la bataille en regnant ꞇ en cōbatant

Doncques est il certaine chose que paix est la fin desiree de bataille. Car tout homme requiert paix ancores en bataillant, nul ne requiert bataille en faisant paix, car ceulx qui veulent la paix en laquelle ilz sont troublez ne haient pas la paix, aincois desirent qlle soit chargee en leur voulente. Doncques ilz ne veulent pas que paix ne soit, mais veulent que icelle paix soit laquelle ilz veulent apres se ilz se departent des autres a discord ilz ne font pas ce quilz entendent a faire silz ne tiennent quelsconques maniere de paix, auec ceulx qui sont assembles a eulx par conspiracion ou coniures. Et pour ce iceulx larrons veulent auoir la paix de leurs compaignons affin quilz soient nuisans a la paix des autres plus efforceement et plus seuremet, mais ancores se lun deulx est si excellent de force et de puissance et eschieue ses compaignons en telle maniere que il nen acompaigne aucuns, et face ses larrecins en espiant seul et par sa puissance a ceulx lesquelz il puisse opprimer et occire. Pour certain si tient il quelque vmbre de paix auec ceulx lesquelz il ne peut occire et lesquelz il veult qlz apperçoiuent ce ql a fait. Aussi certes il sestudie dauoir paix en sa maisō auec sa femme et ses enfans et les autres silz y sont. Car sans doubte il se delitte en eulx quant ilz luy obeissent a son plaisir, car silz ne le font il en a indignacion et les reprent et sen venge et aussi sil en est besoing il ordonne en fortifiāt la paix de sa maison laquelle il sēt quelle ne peut estre sans les autres choses habitans par compaignie en sa maison ne sont subiectes a vng principal lequel il est en sa maison. Et pour ce se on luy offroit le seruice de plusieurs citez ou gens, en telle maniere quilz se seruissent par telle maniere comme il vouloit estre seruy en sa maison il ne se respondroit pas. A doncques en sieur muces cōe larrons, aincois epauceroit comme roy noble pour ce que en luy demourroit icelle mesmes couuoitise et malice. Et ainsi tous desirent

auoir paix auec ses siens lesquelz ilz veulent viure en leur voulente car ilz veulent faire se ilz peuent ceulx auec lesquelz ilz font bataille et leur imposer comme a subiectz les loix de leur paix, mais faisons en aucun tel comme raconte la narracion fabuleuse des poetes lequel par auenture iceulx poetes ont voulu mieulx ynōmer demphoē pour sa cruaulté nō compaignable. Iassoit ce doncques que le royaume de celluy fust le lieu solitaire dune cauerne cruelle. Et fut la malice de luy si singuliere q dicelle malice ce nō de cacus luy fut trouué. Car cacos en langaige grec vault autant a dire comme mauuais, lequel cacos icelluy estoit appelé. Et iassoit ce aussi que feme quelscōques ne luy deist ou respondeist parolle souefue et que il ne se iouast pas a quelsconques enfant ne ne feist feste aux petis ne ne commandast aux grans. Et ne parlast ne ne conuersast auec qlq amy ne a son pere vulcanus dont il fust assez plus eureulx de ce seulement que il nengendrast pas de tel monstre ne donnast riens a aucun, aincois ostast tout ce que il souffist a celluy a qui il pleust. Toutesfois ne vouloit icelluy cacos demphomme riens autre chose fors que paix en icelle sienne cauerne solitaire: en laquelle nul ne luy fist anup ne la force ou espouentement daucun ne se trouvblast. De laquelle cauerne de terre comme il escript estoit tousiours moiste de nouuelle occision. Apres il desiroit a auoir paix auec son corps et tāt comme il y auoit paix de tant luy estoit il bien quāt pour certain il commandoit et auoit la seigneurie de tous ses membres lesquelz luy obeissoiēt et faisoient tout ce quil vouloit. Et affin quil appaisast si hastiuement comme il peust sa mortalite laqlle rebelloit encontre luy par souffrance et esmouuoit le deboutement de la fin pour descurer et mettre hors lame du corps il rauissoit tuoit a deuouroit, et iassoit ce ql fust inhumain a cruel toutesfois pouruoit il a cōseilloit īhumainemēt a cruelemēt

a sa paix de sa vie et de sa âme, et par ce s'il vou-
soit avoir aussi sa paix avec les autres, la-
quelle il s'efforcoit avoir en sa caverne et
en soy il ne fust pas appelé ne mauvais
ne monstre ne demi homme. Ou se la for-
me de son corps ou le vomissement de luy
de feu espouventable espouentoit la compa-
gnie des hommes il estoit cruel, et non pas
par aventure par couvoitise de nuyre, mais
par necessité de vivre. Soit toutesfois que
cestuy n'ait pas esté, ou qu'il n'ait pas esté
tel comme il est divisé par la vanité des
poetes laquelle chose est plus a croire, car
hercules seroit trop petitement loé se icel-
luy cacus n'estoit trop accusé. Doncques
on croit mieulx que icelluy tel homme ou
demi homme n'ait pas esté aussi comme met-
tent fictions de poetes. Car ces bestes sau-
vages trescruelles dont il a eu partie de leur
sauvageté. Car il est dit demi sauvage
gardant leur propre lignée par une mani-
ere de paix, c'est assavoir en concepvant et en
engendrant en enfantant en gardant et nour-
rissant leurs enfans comme il soit non com-
paignable plusieurs et qui vont vacant
toutes seules, c'est adire non pas comme
brebis cerfz coulons estourneaulx mou-
ches de vaisseau, mais si comme sponge re-
gnars aigles et les chauvesouris. Car
quelle est la tigre qui est debonnaire et ne
appaise et ne blandist ses enfans en appai-
sant toute sauvageté ou fierté. Quel est
le coulple tant entende solitaire, lequel ne
s'acompaigne a autre et ne fait son ny et ne
garde ses oeufz et ne garde ses petis escou-
fleaulx et ne garde compaignie privée avec
sa femelle, aussi comme homme fait avec
sa femme en sa maison par si grande paix
comme il peut. Comme plus grandement
est mené homme aucunement par les loix
de sa nature a acquerir compaignie et avoir
paix avec tous hommes tant comme en
luy est. Quant les mauvais aussi se com-
batent pour leur paix, et veulent faire se
ilz peuvent que tous soient leurs. Affin que
tous et toutes choses servent a ung seul:
pourquoy se font ilz ne par quel convena-

nant fois pource qu'ilz se consentent a la
paix d'icelluy seul ou par amour ou par
crainte. Ainsi pervers orgueil ensuit dieu
car il hait equalité avec compaignons soubz
icelluy dieu, mais il veult imposer aux
compaignons sa seignourie pour icelluy
dieu. Il hait donques sa paix droiturière de
dieu et ayme sa mauvaise paix. Toutes-
fois ne peut il en quelque maniere non ay-
mer quelque paix. Car il n'est aucun vi-
ce si contre nature qu'il desface aussi les en-
seignemens derreniers de nature. Et ain-
si icelluy qui sçait mettre avant les choses
droiturieres aux mauvaises et les choses
ordonnees aux perverses, icelluy voit que la
paix des mauvais n'est pas paix en la com-
paraison de la paix des justes, mais aus-
si est il necessité que la chose perverse soit
appaisée en aucune et d'aucune et avec au-
cune des parties des choses ausquelles
elle est et desquelles elle est, autrement el-
le seroit neant de tous poins aussi comme
se aucun pent la teste dessoubz pour certai-
le siege du corps et l'ordre des membres est
bestourné. Car ce que nature requiert estre
dessus est dessoubz, et ce que elle veult es-
tre dessoubz est dessus. Ceste perversité a
troublée sa paix de sa chair, et pour ce est
elle troublée, mais toutesfois l'ame est ap-
paisée a son corps et s'entremet de son salut
Et pour ce est il que il se plaingne. Laquelle
ame se elle se depart mise hors par molestes
ce qui demeure n'est pas sans aucune paix
des parties tant comme l'assemblée des mem-
bres demeure, et pour ce est il encores que
il s'espande. Et ce que le corps terrien s'ef-
force de venir en terre et resiste au lieu du-
quel il est espandu il trait en l'ordre de sa paix
et demande aucunement par sa voix de
pesanteur le lieu auquel il se repose. Et
toutesfois icelluy corps ja sans ame et
sans aucun sens ne se dept pas de son ordre
naturel soit ou quant il tient celle paix ou
quant il est mené a icelle, car son y adiouste
medecines ou cures lesquelles ne laissent la
forme de la charongne estre deffaicte et aneanti-
tie aucune paix ancores joinctes les parties et

applicque toute icelle masse ou lieu terrië et conuenable/et par ce ou lieu paisible/ Mais se aucune cure de cõfire icelluy corps ny est mise ains soit laissee au cours naturel/ il se debat par discordables eyastacions lesquelles se partent et lesquelles sont conuenables a nostre sens. Car cest ce que on sent pour iusques a tant q̃ l sassëble aux elemens du monde ꞇ sen ail se petit a petit et p ptie en sa paix dicelux. Touttesfois nest pas ce en aucune maniere quelque chose substraicte des loix dicelluy souuerain createur et ordonneur/par lequel la paix de toutes choses est administree. car se bestes mues naissent de sa charongne de plus grãde beste le picelle mesmes soy du createur quelq̃s petis corps quilz soient seruent a sa paix du salut de sa vie Et se les chairs des corps mors sont deuourees des autres bestes quelque part quelles soient traictees ou menees et ioinctes a quesconques choses et couuertes et mucees en quelque chose elles treuuent icelles mesm̃es loix espãdues par toutes choses appaisant les vnes choses aux autres conuenablement au salut de quesconques manieres des choses mortelles.

℄ Expposicion sur ce chapitre.

E n ce douzieme chapitre mon seigneur saint augustin preu ue sa descripcion de paix mise ou chapitre precedent. Car cest tresparfaictement a desirer que nul ne peut nõ vouloir. Or est il ainsi sicomme il dit que tout aussi comme il nest nul q̃ ne se veuille esiouir/ aussi nest il nul qui ne veuille auoir paix que tous veulsent paix il se preuue. Car sicõe il dit ceulx qui se combatent ne veulent q̃ vaincre/ mais nul ne veult vaincre que ce ne soit pour venir a celle glorieuse paix par victoire. Car sicomme il dit quelle autre chose est victoire des rebelles/laquelle chose quant elle est faicte on a paix/ꞇ par

consequent en intencion de venir a paix on fait ses batailles. Et cest sa rayson du phylozophe ou p . deticques ou viii. chapitre. ℄ Dautre part sicomme il dit tout homme quiert paix.en combatant mesmement ceulx qui sestudient de exercer ses batailles par leur force ꞇ vertu/ mais nul ne quiert bataille par faire paix. Et cest ce que dit en effect en vne petite auctorite vegecius de re militari, qui dit ainsi. Qui pacem querit properet bellum/ cest a dire que cestuy qui desire paix doit haster et auancer la bataille. Apres quant il dit ꞇ met que tous veulent paix.il se preuue p deux raysons en deux paires destas ℄ Premieremẽt par larrons et sedicieux lesquelz courent sus aux autres. Car se ceste raison nestoit vraye/ cestassauoir q̃ to deuroient paix ce seroit et pourroit auoir regart en tant cõme regarde les larrons et sedicieux. Or est il ainsi sicomme il dit quilz veulent paix ou autrement ilz nacompliront pas ce quilz desirent ℄ Et aussi quant vng larron ne veult pas que ce que il fait vienne a sa congnoissance de ses compaignons lesquelz il ne peut sour monter ne nose occire/ touttesfois faint il quesconques paix estre entre eulx/ et cest ou il dit. ℄ Apres ce ilz se departent ꝰcete. de sa paix de ces larrons parle tulle ou second liure ꝺ officiis qui dit quilz ne peuent viure mesmement entre eulx sans aucune partie de iustice. Car se il en y a aucun qui robe lautreil ne peut demourer entre eulx. Et se cestuy qui est le maistre des larrons ne partist egalement le pillaige entre ses larrons/ ou ilz se turont/ ou il fault quil se departe de leur compaignie: Qui plus est ilz ont certaines loix entre eulx ausquelles ilz obeissent ꞇ lesquelles ilz gardent: ℄ Et pour ce que Bargusius plarius qui estoit vng moult grant larron les garda il fut riche a merueilles/ si comme dit theopompus. ℄ Et ancoies le fut plus Syroacus lusicanus/ lequel desconfit par plusieurs fois les rommains. Secondement il se preuue par especial p

ceulx qui sõt dune maison ou dune famil
le que ilz desirent auoir paix tous ensem
ble auec leurs sugectz et ceulx qui sont en
leur gouuernemẽt sicomme leure fẽmes
enfãs et famille. Car ilz se desittent et es
iouissent quãt ilz obeissent aux comman
demens deulx. Voire se ung larron des
uoit estre roy dune cite ou dun pays auec
eulx, iassoit ce que tousiours demourast
auec luy sa couuoitise et malice de son lar
recin. Et ceste seconde partie se commence
ou il dit. Aussi certes sestudient ⁊c. Apres
il conclud que tous veulent auoir paix. ⁊
cest ou il dit. Ainsi tous desirẽt auoir paix
Apres quãt il dit. Mais faingnõs ⁊c. Et
dit quil veult mõstrer que tous ceulx qui
ne veulent paix peuent et doiuẽt estre ap
pellez cacos, cestadire mauuais. Car ca
cos en grec vault autãt comme mauuais
Et neantmoins il veult monstrer que les
mauuais desirent paix, et se monstre par
cacus lequel les poetes faingnent estre de
my homme ⁊ si cruel que sa cauerne estoit
chascun iour arrousee du sang de ceulx qⁱ
tuoit et occioit ne nespargnoit nulluy ne
ne monstroit familiarete a quesconques
personne na pere na femme ne a enfans,
Les poetes faingnent de luy et par especi
al Virgille en son vi. liure deneydos quil
fut filz de Vulcanus et quil gettoit feu et
fumee par la bouche, et demouroit en vne
carriere lequel mettoit a mort ⁊ deuouroit
toutes gens. La verite est telle sicõme dit
seruius ou comment quil fist sur ce liure,
deneydos que ce cacus fut ung tresmau-
uais garnement serf de euandrus et trop
fort larron a merueilles. Et pour ce fut il
premieremẽt appele des archades q̃ estoiẽt
venus le roy euander quãt il se partit d'ar
chade cacos, et depuis par mutation de
lieu fut appele cacus. Or est il vray que
quant hercules eut desconfit gereon roy des
paigne et il sen retourna a romme auec ses
pillages, il emmena grant quãtite de va
ches et de beufz pour sacrifier, lesquelz ce
cacus embla et traina en sa cauerne a re-
culons affin que on ne congneust les pas

lequel fut accuse par le mugissement dun
autre beuf ou vache a la voix duquel les
autres commencerent a muyr et a crier, et
tantost celluy hercules les alla querir et
tua ce cacus ⁊ en desiura le pays. pour la
quelle chose et pour ce aussi quil se disoit
filz de iupiter luy fut dedie sa grant are/
laquelle chose appollo luy auoit destinee
en ytalie ⁊ dit que sa soeur sencusa laqlle
estoit appelee de ce nom. pour laquelle cho
se les vierges luy firent ung petit temple
ouquel elles sacrifioient a la deesse vesta
Et se commencent les vers. ⁖ Hic spe
lunca fuit vasco sub mora recessu. ⁖ Se
mihominis caci facies quã dura tegebat.
Solis inaccensam radiis semperq; re-
centi. ⁜Cede repebat humus foubz assi-
pa superbie. ⁜Toutesfois dit monsei-
gneur saint augustin que il ne fut pas ou
au moins il ne fut pas tel. ⁜ Et cest ou il
dit. Soit toutesfois que celuy nait pas
este. Fulgence toutesfois ou second liure
de ses mithologies dit que cathon est in-
terprete mal ou mauuais, sicomme sont
les autres et que tout malice ou mauuai
stie met hors aucune fumee, cestassauoir
que elle est contraire a verite comme a la
lumiere, ou que elle est aigre a ceulx qui
sa gardent aussi comme est la fumee aux
yeux, ou que elle met tousiours au deuãt
occultes et obscures cauissations. ⁜Ma
lice dist il est aussi en trois manieres. Le
plus puissant en appert. ⁜Le faulx amy
subtiuement. Et le larron occultement.
Il dit aussi que hercules est repute et pris
pour vertu ou pour forte renõmee de fors
hõmes, cestadire eraclee qui signifie ceste
chose. ⁜Et pour ce dit on que cacus osta
les beufz de hercules et les tira a reculons
ou arebours en sa taniere pour ce que tou
te mauuaistie affin quelle puist oster sau
trup sefforce a sa deffense daller par voye
oblicque, et non pas par droitte voye. Il
couuoitta les biens de hercules, pour ce q̃
toute mauuaistie est cõtraire a vertu, ⁊ a
ssi il les muca en sa taniere pour ce q̃ mau
uaistie ne se mõstre pas voulẽtiers en apt

Mais vtu est de telle nature q̃lle tue les mauuais et si quiert ce qui est sien. Apres quant monseigneur saint augustin dit. Car ces bestes sauuages trescruelles &c. Il demonstre que les bestes sauuages cruelles et rauissables gardent leur propre lignee par vne maniere de paix.) Et ce il monstre premierement en general des bestes non compaignables, sicomme lyons regnars aigles et chauuesouris Aps il le monstre des bestes rauissables sicomme tigres et escouffes Apres quant il dit. Comme plus grandement est home mene &c. Il conclud que lome doit estre pluseismeu a auoir paix auecques les homes, mais en reprenant ce quil a dit auant, il conclud et dit que lorgueil des hommes hait aucunesfois la iuste paix de dieu et ayme la mauuaise paix de soy. | Et toutesfois ne peut il non aimer quelque paix : (Apres monseigneur saint augustin demonstre que la fin de toute nature est paix et q̃ lordre de ces choses est en sa paix, et que par ceste paix ilz sont menez a la vie pardurable, laquelle nostre seigneur iesucrist enseigna, et cest ou il dit.) Mais aussi est il necessite &c. Jassoit ce que aucuns en facent le commencement du viii. chapitre. Ceste conclusion et proposicion il preuue par ceste maniere &c dit. Nullup dit il nest contre nature a ce quil laisse les derrenieres sentes de nature. Or est il ainsi que se la fin de toute nature nest en paix, et lordre des choses en paix on delaisse les derrenieres traches de nature par quoy il sen suit que la fin de toute nature est paix. Sa maieur il preuue par ceste maniere. Car il dit que la paix des mauuais nest pas paix pour ce q̃lle ne met pas les choses droittes auant les mauuaises, et les choses ordonnees auant les desordonnees Et pour ce q̃l ne met pas les choses droittes auant les mauuaises. il sensuit de necessite que ce qui est mauuais en luy soit appaisee ou soyee en aucune ordonnance ou aucune ptie des choses ausquelles ou desquelles paix est ou naist, et aussi par

vne eptremite vicieuse laq̃lle est la paix des mauuais, et laq̃lle en verite est paix desordonnee, nest pas ostee lautre eptremite de vertu laquelle est la paix des choses bien ordonnees. Apres ou il dit. Aussi comme se aucun pend la teste dessoubz &c. Il preuue sa mineur, cestassauoir que se les fins de nature nestoient paix les eptremites ou derrenieres choses de nature ne demouroient pas q̃ le mostre par cestuy a qui la teste pend aual par force de maladie qui est cõtre lordre de nature et des membres | Apres ou il dit. Laquelle ame &c. Il argue ancores au principal, car suppose que lame sen departe par telz moyetes Toutessois tant comme lassemblee des membres demeure le corps nest pas sans aucune paix des parties. Et ce preuue il par cinq raysons. La seconde se commence. Car se on y adiouste medecines &c. La tierce se commence ou il dit. Mais se aucune cure de consire &c. ¶ La quarte ou il dit. Car se bestes menues naissent &c. ¶ Et la quinte se commence ou il dit.) Et se la chair des corps mors &c. Par quoy il appert que la fin de nature iusq̃s aux eptremites de nature est paix et que lordre des choses est en paix.

¶ De la paix vniuersale laquelle ne peut estre priuee de la loy de nature entre quelconques perturbacions quant chascu vit p ordonnance soubz iuge droiturier a la chose laq̃lle il a desseruie p voulente. viii.

Taisi la paix du corps est la stepiance des pties. La paix de lame no raisonnable est le repos ordone des appetis. La paix de lame raisonable est le co sentemt ordone de cognoissance et daction ou opacion. La paix de lame et du corps est vie ordonee et se salut du viuat la paix dome mortel est obeissance ordonnee de dieu en soy soubz la loy pdurable.

La paix des hommes est concorde ordonnee des citoyens de comander et de obeir. La paix de la cite ce est tienne et compaignee tresordonnee et tresaccordable dauoir de dieu fruicion et ensemble en dieu. La paix de toutes choses est tranquilite de ordre. Ordre est la disposicion ou ordonnances des choses pareilles et dispareilles/ sql se baille a chascun ses lieux, & pour ce les maleureux ont deffaulte de tranquilite dordre en laquelle nest aucune perturbacion. Car en tant come ilz sont maleureux pour certain ilz ne sont pas en paix/ mais touteffois pour ce qilz sont maleureux et a bon droit et iustement pour certain ilz ne peuent estre sans ordre p̄ icelle leur maleurete. non pas certes quilz soient ioinctz aux bieneurez/ mais touteffois disioigtz diceulx p la loy dordre. lesqlz quat ilz sont sans perturbacions sont appliquez par quelque couenance que ce soit aux choses aus quelles ilz sont. Et par laquelle il a en eulx aucune trasquilite dordre/ doncq pest aucune paix/ mais ilz sont pour ce maleureux q̄ silz ne se deulent pas en aucune seurete. touteffois ne sont ilz pas la ou ilz doiuet estre seurs et ou ilz ne se doiuet douloir/ mais ilz sont ancores plus maleureux quant ilz nont paix auec celle loy par laqlle lordre naturelle est administree

Et quant ilz se deulet perturbacion de paix est faire en ceste partie de laquelle ilz se deulent mais ancores est paix en celle partie ne douleur nembrase pas ne icelle conionction nest pas deffaicte. Doncques aussi comme il est aucune vie sans douleur, mais douleur ne peut estre sans aucune vie/ aussi peut il estre aucune paix sans quelque bataille/ mais bataille ne peut estre sans aucune paix/ non pas selon ce quelle est bataille. mais selon ce qui est fait dicelles choses ou en icelles choses les quelles sont aucunes natures/ laquelle chose elles ne feroient en aucune maniere selles ne se soustenoient par quelque paix. Pour laquelle chose il est aucune nature en laquelle nest quelque mal ou en laquel-

le ne peut estre aussi quelque mal. mais il ne peut estre quelque nature en laquelle ne soit aucun bien. Et pour ce la nature du diable en tant comme elle est nature nest pas mauuaise chose/ mais peruersite la fait mauuaise. Et ainsi il ne sarestapas en verite. mais il ne eschappa pas le iugement de verite. il ne demoura pas en la transquilite de son ordre. Et touteffois pour ce neschapa il pas la puissance de son donneur. le bien de dieu lequel il a en sa nature ne se soustrait pas de sa iustice de dieu par laquelle il est ordōne en peine. ne dieu ne poursuit pas illec le bien quil a cree. Mais le mal que icelluy diable a comis ne il ne oste pas tout ce quil a donne a nature. mais en oste aucune chose & en laisse aucun affin quil ait qui plaingne ce quil a oste. et icelle douleur est tesmoing de ce qui est oste et du bien qui est demoure/ car se le bien ne fust demoure il ne peut plaindre le bien perdu. Car celluy qui peche est pire se il seiouist ou dommaige dequite/ mais se celluy qui est tourmente naquiert de ce rien de bien il plaint le dommaige de son salut/ et pour ce que lun et lautre, cest assauoir salut et lun et lautre est bon. et q̄ on se doit plus douloir de sa partie du bien que esiouir. touteffois sil n'a cō phensiō de meilleur bien/ pour ce aussi que lequite de lame est meilleur que la sante du corps Pour certain pour ceste cause se plaint le mauuais & plus conuenablement au tourment quil ne sest esiouy ou peche/ doncq aussi comme la leesse du bien quon a delaisse en peche est tesmoing de mauuaise voulente/ aussi la douleur du bien perdu est tesmoing ou tourment de nature bonne/ Car celluy qui plaint de sa nature sa paix laquelle il a perdu il plaint icelle chose par aucuns remanans de paix par lesquelz il conuiēt que nature sup soit amie. mais ceste chose est droitturierement faicte ou derrenier tourment a ce que les mauuais et felons pleurent aux tourmens les dommages de leurs biens naturelz & qilz sentent que dieu le tresiuste seur a oste lequel ilz ont despuisie qui ses seur auoit donne tresbenignement. Doncques dieu lequel est tressage createur et tresiuste ordōneur de toutes natures lequel a establȳ sumaī signage mortel se tresgrant des adiourne mens terriens donna aux hommes certains biens conuenables a ceste vie. cestaf sauoir paix temporelle pour le petit tēps de la vie mortelle en icellup sasut et en sa sante et compagnie de son espece et q̄ scō ques choses necessaires ou pour recouurer ceste paix sicomme sont les choses lesql les appartiennent conuenablement aux ses. cestassauoir sumiere p̄ix air pour res pirer eaues pour boire et tout q̄ est couē nable a nourrir couurir garder a aourner le corps p tel conuenant lequel il est tres iuste que celluȳ qui vsera droitturiement des biens mortelz preste a la paix des cho ses mortelles prenne biens plusgrans et meilleurs cestassauoir icelle paix de im mortalite et glore ā honneur en la vie par durable conuenable a icelle paix pour a uoir fruicion de dieu et de son prochain en dieu. et que se celluȳ qui vsera mauuaise ment de iceulx biēs mortelz ne prenne pas ceulxcȳ et perde ceulx la.

¶ Exposicion sur ce chapitre.

En ce p̄iii. chapitre monseigneur saint augustin euure sa matiere en demonstrant par induction ce quil con clud ou chapitre precedent/ cestassauoir q̄ la fin de toute nature est paix et lordre des choses en paix. Et le demaine iusques la ou il dit. Ordre est la disposicion acetera. Et sa pour ce que on pourroit arguer con tre ceste conclusion par ceste maniere la fī de toute nature est paix et lordre des cho ses est en paix. Or est il ainsi que tous les maleureux et dannez et ceulx qui sōt tourmentez par peines ont natures, et p consequent sensuit que seur fī est paix et q̄ sordre droitturiere de seur nature est en paix laquelle chose nest pas veritable. car ilz nont ne paix ne ordre droitturiere il ar gue doncques au cōtraire a dit q̄ ordre est la disposicion ou ordonnance acet. ¶ Or est il ainsi q̄ donner a vngchascun mauuais selonce quil a deserui sieu de chetiuete de maleurete et de peine/ et au bon aussi sieu de paix. Cest la droitturiere disposicion des choses pareilles ou dispareilles, et p consequent il a ordre aux mauuais aussi comme aux bons. ¶ Apres quant il dit/ mais toutesfois acet. Il afferme ce quil a dit. Car sicomme il dit pour ce que par seur desserte ilz sont mauuais et maseu reux. Ceste maseurete quilz ont ne peut estre sans aucun ordre/ mais ilz nont pas desserui quilz soient en ordre auec les biē eurez qui sont sans aucune perturbacion mais ont desserui quilz soient separez deulx en peines par les voyes de sordre a ordonnance/ mais pour ce quilz sont ap plicquez aux sieux des tourmens selon leurs demerites ilz ont par ce en eulx au cune transq̄site dordre Et par consequent aucune paix/ et est sintencion a propos en ceste pproposicion ou conclusiō, cestassauoir que sa fin des mauuais dannez est aucu ne paix et aucune transquisite dordre.

¶ Tiercement quant il dit. mais toutes fois pour ce quilz sont maseureux acet. Il respond a vne telle instance. se paix est aux dannez doncques est il aucune paix et aucune transquisite. et par consequent ilz ne sont pas maseureux et doulans. Et dit ainsi que pour ce sont ilz maseu reux que silz ne se deussent en aucune seu rete. Toutesfois ne sont ilz pas sa ou ilz sont seurs et quilz ne se doiuent pas dou loir/ mais ilz sont sicomme il dit plus maseureux silz nont pas la paix/ par sa quelle sordre naturelle ou de nature est administre. ¶ Apres quant il dit/ mais ilz se plaingnent ou doeulent acet. Il ar gue au principal a dit ainsi/ quant les ma seureux se doeulent par turbacion de paix est faicte en eulx de ceste partie de laquelle ilz se deulēt/ mais ancores est paix en celle paix en laquelle ne douleur ne ar̄t p̄cesse partie par laquelle la vie de cellup qui est tourmente demeure. Or est il ainsi que en peines ou tourmens sont vie ꝓ douleur Et par consequent en ces peines a aucunes paines aux maleureux a tout le mois selon ce que la coniunction des membres de nature est ensemble Et quant il dit. Dōcques sicōme il est aucune vie ꝯcet. Monseigneur saict augustin preuue la mineur de cest argument. Car en tant comme la vie demeure et que nature consiste en tant cōme il y a vie et consistence de nature ilz appaisent et deulēt. Et cest ce quil dit / cest assauoir que aussi cōme il est aucune paix sans bataille / mais bataille ne peut estre sans quelsconques paix / non pas selon ce quelle est bataille / mais selon ce q̄ est fait de celle ou en celles choses lesquelles sont aucunes natures. Apres quant il dit. Et pour laquelle chose ꝯcet. Il conferme sa raison et dit quil est aucune nature en laquelle nest aucun mal / mais il ne peut estre quelque nature en laquelle nait quelque bien. Et pour ce ne la nature du ꝓpassible sicōme il dit ou tant comme elle est nature nest pas mauuaise chose. mais ꝑuersite ou mauuaistie la fait mauuaise. Mais le bien q̄ le ꝓpassible a de nature dieu ne luy oste pas par ce quil a ordonne par iustice quil plainde et deulle aux peines ꝯ aux tourmens q̄l seuffre Car se le bien de nature ne luy est laisse il ne pourroit plaindre le mal quil a perdu. Or est il ainsi ou q̄ par lordonnāce de la iustice de dieu il y demeure aucun bien il y demeure aucune paix il y a doncques quelque paix en soy douloir en ces peines. Apres quant il dit. Car cellup qui peche ꝯcet. Il conferme sō corps / car sicōme il dit. Cellup qui peche est pire sil seiouist ou dommage dequite / cest a dire du dōmage q̄ est ꝑpose par equite / mais cellup qui est tourmente suppose q̄l nacquiere aucun bien par son tourment / toutesfois plaint il se dommage

son salut ou saluacion. Tout aussi dōques comme la ioye que on a du bien que on a delaisse en peche est tesmoing de mauuaise voulente / tout aussi en tourment la douleur que on a du bien quon a perdu est tesmoing de la nature bonne. Or est il ainsi que cellup qui se plaint de ce quil a ꝑdu la paix de sa nature plaint ceste chose daucune ramenans de paix / par laquelle il est fait que nature luy soit ample. Et par consequent aux pecheurs et en ceulx q̄ sont tourmentez il y a aucune paix. Ey peut faire vne ioyeuse question assauoir lequel se doit plus douloir ou cellup qui est tourmēte a droit ou cellup qui est tourmēte a tort. Et peut on dire que cellup seuffre plus legierement et endure sa peine q̄l seuffre pour ce quil a mesprins q̄l ne fait quāt il scait quil en est innocent. Pour ceste partie font deux vers douide en sa v. epistre qui sont telz. Leuiter ex merito quicquid paciare ferendum. Est quod venit indigne pena dolenda venit. Pour la contraire partie fait la raison de la femme socrates laquelle ploura quant elle vit que on le vouloit faire mourir a laquelle il demāda pourquoy elle plouroit. et elle luy respondit que cestoit pour ce que on le faisoit mourir sans cause / a laquelle il respondit selle naimoit pas mieulx que on le meist a mort sans cause que a cause. On peut dire quil vault mieulx tousiours estre tourmente a tort especialement en ceste vie mortelle. Car ce ne nuyst riē pour empescher la vie pardurable / mais y apꝑt si comme nous le pouōs veoir chascun iour aux martirs qui ont souffert mort pour lamour de nostre seigneur. Apres quāt il dit: Doncques dieu lequel est tressage createur ꝯcet. Il concludt q̄ dieu dōne aux hommes certains biens conuenables en ceste vie / cestassauoir paix tēporelle pour le petit de temps de la vie mortelle par les manieres et condicions mises ou texte. le quel est tout cler en ceste ptie et pour ce nous en passons. Et ce souffise pour ce chapitre.

De l'ordre de la loy soit terrienne ou celestienne par laquelle on conseille a humaine compagnie en seignourissant/ et par laquelle on sert en conseillant. ⸿ iiii

Tout l'usage doncques des choses temporelles est ramene au fruit de la paix terrienne en la cite terrienne/ mais il est rapporte ou fruit par durable en la cite celestienne/ pour laquelle chose se nous estions bestes inraisonnables nous n'appeterions rien fors la temprance ordonnee des parties du corps et le repos des appetis. Nous n'appeterions doncques rien fors le repos de la chair et l'abondance des delectacions/ affin que la fin du corps prouffitast a la paix de l'ame. Car se la paix du corps deffault la paix de l'ame raisonnable est empeschee/ aussi pour ce que elle ne peut avoir le repos des appetis ou desirs/ mais l'un et l'autre ensemble/ c'est assavoir la paix du corps et de l'ame raisonnable prouffite a celle paix/ laquelle l'ame et le corps ont entre eulx/ c'est assavoir a la paix de vie ordonnee et de sante. Car tout ainsi comme les choses qui ont ame demonstrent qu'ilz aiment la paix du corps quant ilz fuient douleur/ et la paix de l'ame quant ilz quierent delectacion pour acomplir les deffaultes de leurs appetis. Aussi monstrent elles assez par fuiant la mort combien ilz aiment la paix par laquelle l'ame et le corps apdent ensemble l'un a l'autre/ mais pour ce que ame raisonnable est en homme/ il submet tout ce qu'il a commun avec les bestes a la paix de l'ame raisonnable a ce qu'il avise aucune chose par raison et qu'il besongne selon icelle aucune chose/ affin qu'il ait consentement ordonne de cognoissance en operacion/ lequel consentement nous avions dit estre la paix de l'ame raisonnable/ car homme doit vouloir qu'il ne soit moleste par douleur ne trouble par desir ne deffait par mort/ a celle fin qu'il cognoisse aucune chose prouffitable. Et que selon icelle

cognoissance il ordonne sa vie et ses meurs mais il a mestier de la doctrine divine/ laquelle il obeisse comme certain et de son ap de a ce qu'il obeisse comme franc/ affin que en icelle estude de cognoissance il ne chaie en la mauvaistie d'aucun erreur pour s'en fermete de sa pensee. Et pour ce qu'il est estrange de dieu tant comme il est en ce mortel corps il va par foy/ non pas par substance ou essence et pource il rapporte toute sa paix ou du corps ou de l'ame ensemble a celle paix/ laquelle homme mortel a avec dieu immortel affin qu'il ait en foy obeissance ordonnee en soy soubz soy par durable/ mais or endroit pource que dieu comme maistre qui enseigne deux commandemens principaulx/ c'est assavoir de dieu et l'amour de son prochain ausquelz homme treuve trois choses/ lesquelles il ayme.

C'est assavoir dieu soy mesmes et son prochain. Et ne erre pas cellui qui ayme ces choses en soy pour ce qu'il est chose raysonnable et s'ensuit que cellui qui aime son prochain ou conseille aussi aimer dieu lequel prochain il est commande a aimer comme soy mesmes. Et aussi a sa femme et a ses enfans et a ses privez et a autres hommes ausquelz il pourra et a soy mesmes de son prochain se paraventure il n'en a mestier et par ce il sera appaise a tout homme tant comme en luy est par la paix des hommes/ c'est a dire par concorde ordonnee de laquelle l'ordre est ceste. Premierement qu'il ne nuyse a quelzconques/ apres qu'il prouffite a qui il pourra/ a luy doncques premierement appartient la cure des siens. Car il a entree plus convenable et plus legiere de conseiller ou par ordre de nature ou par ordre d'icelle compaignie humaine/ dont l'apostre dit. Certes quiconques ne pourvoit aux siens et mesmement a ses privez il renye sa foy/ et est pire que cellui qui est hors de la foy. Et aussi pour certain de ce naist la paix de ceulx qui sont privez et domestiques entre eulx/ c'est assavoir concorde ordonnee de commander et d'obeir a ceulx qui habitent ensemble. Car ceulx qui conseillent commandent/sicomme le mary a la femme/les peres et meres aux enfans/les seigneurs aux seruans/ mais ceulx ausquelz on conseille obeissance/sicomme femmes aux maris/les enfans aux peres et meres/ses seruans aux seigneurs/mais certes en la maison du iuste viuant par soy/et qui est ancores estrange dicelle cite celestiene ceulx mesmes qui commandent seruent a ceulx ausquelz il semble quilz le commandent. Car ilz ne le commandent pas par couuoitise de seignr mais par office de conseiller.

¶ Epposicion sur ce chapitre.

En ce viii. chapitre monseignr saict augustin met que la raisonnableté et la charite de lhome font garder la paix ordonee laquelle nostreseigneur iesucrist enseigna. Et premierement il se monstre de sa racionableté. Secondement il se monstre de sa charite. La seconde partie se commence ou il dit. Mais orendroit pource que dieu ĉcet. La premiere partie se diuise ancores en deux. Car premierement il preuue la premiere conclusion. Et cest la ou il dit. pour laquelle chose nous estions ĉc. Secondemēt il demōstre p̃ qlle maniere on peut auoir en soy ceste paix ordonee, et cest ou il dit. Car home doit vouloir ĉce. La seconde partie se diuise en trois. ¶ Premierement il met comment nous auons deux commandemens de charite, cest asauoir aymer dieu et son prochain et soy mesmes. Secondement il demonstre lordre qui est a garder en charite enuers son prochain. Tiercement il met quil nest autre ordre de charite ou les aucuns conseillent sicomme lhomme a sa femme. Et aucuns sont obeissans a faire ce que on leur conseille/sicomme la femme au mary.) La seconde partie se commence ou il dit. De laquelle ordre est ceste ĉcet. ¶ Et la tierce ou il dit.) Et aussi pour certain ĉcete.

Et par ceste diuision lintencion du texte appert clerement.

¶ De la franchise naturelle et de la seruitude de laquelle peche est la cause premiere pour ce que se homme de mauuaise voulente nest serf dautre homme si est il serf de sa propre delectacion. v̄.

L'ordre naturelle diffinist ceste chose dieu forma lomme par ceste maniere. Car il dit. Ait dit il homme seignourie sur les poissons de la mer et sur les oyseaux du ciel/et sur toutes bestes aisans lesquelles vont sur terre ou se trainet/dieu ne veult pas que homme raisonnable fait a son ymage eust seignourie fors sur les choses raisonnables ne il ne veult pas que beste eust seigneurie sur homme/mais homme sur beste. Et par ce ses premiers hommes iustes furēt plus establis pasteurs des bestes que roy des hommes a ceste fin aussi que dieu monstrast quelle chose lordre des creatures demande/et quelle chose la merite des pecheurs requiert. Car la condicion de seruitude est entendue et imposee au pecheur a bon droit. Et pource nous ne lisons quelque part en lescripture ce mot serf auant q̃ icelluy noel vengast le peche de son filz par ce. Et ainsi peche desseruy icelluy mot de seruitute et non pas de nature/ mais on croit que la naissance du mot de serf en langaige latin est prinse de ce que ceulx q par droit de bataille peussent estre occis de ceulx qui les vaincquoient estoient fais serfz ainsi appelez par ce quilz estoiēt gardez/laquelle chose nest pas aussi sans deserte de peche. Car quant on fait iuste bataille on se combat au contraire pour peche. Et toute victoire quant elle vient aussi aux mauuais par le iugement de dieu elle humilie ceulx qui sōt vaincus en les amendant ou en punissant leurs pechez.

Certes daniel somme de dieu en est tesmoing quant suy mis en seruitute il confesse en dieu ses pechez et les pechez de son peuple et tesmoingne p̃ plante debonaire que cest la cause de celle seruitute. Doncques est peche la premiere cause de seruitute/ affin que homme fust submis a hõme sy̑pe de cõdicion. Laquelle chose nest pas faicte fors par le iugemẽt de dieu en qui na pas diniquite et q̃ scait distribuer peines diuerses aux dessertes de ceulx qui mesprennẽt mais sicõ dit le seigneur souuerain tout hõme qui fait peche est serf a peche. Et par ce pour certain plusieurs bons religieux seruent a seigñrs mauuais/ non pas toutesfois frans. Car il est oblige serf a sa chose dont il est vaincu: Et sans doubte on sert plus debonairemẽt bieneureusemẽt a hõme que a delectacion ou couuoitise cõme icelle couuoitise de seignourir ou autres affin que ie me taise des autres couuoitises gaste les cures des hommes mortelz par seignourie trescruelle/ mais par celle ordre de paix par laquelle les ungz sont sugectz aux autres tout aussi cõme humilite proffite a ceulx qui seruent. Aussi nupst orgueil a ceulx qui seignourissẽt mais nest serf dhõme ne de peche en ycelle nature/en laquelle dieu crea homme premierement. Toutesfois la seruitude sẽble estre ordonnee par celle loy laquelle cõmande que lordre naturelle soit gardee. Et deffend quelle ne soit perturbee. Car rien ne fust a constrainde par seruitute penible se rien neust este fait contre icelle loy Et pour ce lapostre amonneste que ses seruans soient sugectz a seurs seigneurs de courage auec bõne voulente/cestassauoir affin que silz ne peuent estre fais frãs des seigneurs quilz facent aucunement leur seruitute franche en seruant. non pas par paour frauduleuse/mais par lopal amour iusques a ce que iniquite cesse. Et q̃ toute humaine seignourie et puissãce soit aneãtie et q̃ dieu soit toutes choses en tous

¶ Exposicion sur ce chapitre.

Pour ce que monseigneur saint augustin en la fin du chapitre precedent a parle de la maison du iuste et dit que en celle cite ce sestienne laquelle fait sõ peserinage en terre. Ceulx qui cõmandẽt seruent a ceulx ausquelz ilz semblẽt quilz commandent pour ce quilz ne se font pas par couuoitise de seignourie/ mais par office de conseiller ne par orgueil dauoir seignourie mais par misericorde de pouruoir. En ce pṽ. chapitre il demonstre que on ne doit pas cõmãder par tiltre de dominacion. Car de droit naturel toute creature humaine est franche et telle sa forma nostreseigneur. Car il le fist beste raisonnable. Et pour ce ne voulut pas quil eust seignourie fors sur choses raisonnables/ Et met exemple de noz pmiers peres qui furent pasteurs des bestes plus que roys des gens/ mais pour ce quon pourroit cy faire une instance et dire que doncques errent les loix qui nourrissẽt les seruiteurs il y respond et dit q̃ par nature sont tous frans. mais peche les a fais serfz. Et dit que on ne lit en quelconques escriptures quil fust nulz serfz auant que noe imposast ce nom a chanaam filz de cham pour venger le peche de cham qui sestoit mocque de luy quant il se trouua a descouuert. si comme il se treuue genesis nono. Et pour ce peche desserup a auoir ce nom de serf et non pas nature. Et cest ou il dit. Car sa condicion ccet. Apres quant il dit. Mais on croit que sa naissance ccet. Il monstre comment depuis que les gens voulurent auoir possesion et seignourie. Les seruiteurs furent ordõnez par le droit des gẽs Et furent dictz a seruando/ cestadire de garder ceulx que on auoit prins/ lesquelz on pourroit occire. Apres il mõstre cõmẽt cest iuste chose de punir le pecheur apres sõ peche. Car estre vaincu et puny vient du iugement de dieu pour les humilier ou amender ou corriger leurs pechez ou pour

ses en punir. Et amaine a tesmoing da-
niel le prophete. Et cest ou il dit. Et toute
victoire ɤcet. Apres quant il dit. Et sans
doubte on sert ɤcet. Il declaire que la loy
que submet home a autre homme pour pe
che est raisonable. Car sicõme il dit. Cest
plusgrant felicite de seruir a home que a
couuoitise. Or est il ainsi que par trescru-
elle seigneurie le pecheur se retrait de cou
uoitise de peche, et par consequẽt celle loy
qui submet le pecheur a seruitute est bon-
ne quare ɤcet.

Du iuste droit de seigneur ɤcet. xvi.

Pour laquelle aussi se noz bons
peres ont eu serfz Certes il de-
monstroiẽt tellement la paix de
leur maison que selon iceulx biens tempo
relz ilz diuisoient la partie de leurs filz de
cõdicion de leurs serfz, mais quãt a adou
rer dieu aux les biens pdurables sõt a espe
rer ilz cõseilloiẽt a tous les mẽbres de leur
maison par amour pareille, laquelle cho
se ordre de nature ordonne a ce que le nom
des seigneurs de lostel qui sappellẽt en la
tin pater familias soit venu de cela et se re
nome par tout que ãcores ceulx q̃ seigneu
rissẽt mauuaisement se iouissent destre
appelez par ce nom, mais ceulx qui sont
venus peres de leur famille conseillent a
tous ceulx de leur famille cõme a leurs en
fans a adourer dieu et desseruir sa grace
en desirant a venir a la maison celestiẽne
ou loffice de seignourir aux mortelz ne
sont pas necessaires, pour ce loffice de cõ-
seiller a ceulx qui serõt ia bieneurez en cel
te immortalite ne sera pas necessaire a iu
sques a ce que on vienne la les peres doi-
uẽt plus endurer en ce quilz seigneurissẽt
q̃ ne font les serfz en ce quilz seruẽt, mais
se aucun en la maison par desobeissance cõ
tredit a la paix de la maison, il est corrige
par parolle ou par bature ou par quelque
autre maniere de peine iuste et cõuenable
tant cõme la cõpaignie humaine lottroye

pour le prouffit faire de celluy qui est corri
rige, affin quil soit racõpaigne a la paix
dont il sestoit departy. Car aussi cõme ce
nest pas bien fait de pourchasser que le
bien lequel est plusgrant est perdu, aussi
nest ce pas innocence laisser a espargner a
ce que on enchee en plus grief mal. Dõcq̃s
appartient il a loffice de linocent. non pas
seulement non faire mal a aucun, mais
aussi reffraidre de peche ou punir le peche.
affin que celluy qui est puny soit corrige p
experience ou que les autres soient espou
entez par exemple. Pour ce doncques que
la maison de lõme doit estre le cõmence-
ment ou la petite partie de la cite. Et que
tout le cõmencemẽt est ramene a aucune
fin de son genre. Et toute partie est rame-
nee a lenfermete ou perfection du tout du
quel elle est partie il appert assez que cest
chose raisonnable que la paix de la maisõ
soit rapportee a la paix de la cite. cestadire
q̃ la cõcorde ordõnee de seigneurir a dobair
entre ceulx qui habitẽt ensẽble soit rappor
te a la concorde ordonnee de seigneurir
et dobair entre les citoiens. Et il est ainsi
fait affin quil conuiẽne que le seigneur de
la maison prenne les cõmandemẽs de la
loy de la cite par lesquelz il gouuerne sa
maison tellement quelle soit applicquee
a la paix de la cite.

Exposicion sur ce chapitre.

En ce xvi. chapitre monseignr̃ saĩt
augustin poursuyt ancores son ĩ
tencion pour monstrer que loffice de sei-
gneurir est q̃ on cõseille a ses serfz ou ser
uiteurs aussi bien comme a ses enfans a
adourer et seruir nostre seignr̃. Et ce il de
monstre par noz anciens peres qui aussi
gardoient la paix domesticq̃. Car combiẽ
quilz meissent distinctiõs entre leurs en
fans et les serfz quant a les conseiller a
aymer dieu ilz ny faisoient pas distincti
on. Apres quant il dit. Et iusques a ce ɤc.

CC iii.

Li.b.10.

Il veult dire que pour ce que les serfz sōt fiebles de pensee. Et ne ont ne si grāt sens ne si grant entendement comme ceulx q̄ ont la dominacion, les seigneurs doiuēt plus tollerer ce quilz sont seigneurs que les serfz ne font ce q̄lz seruent. Aps quāt il dit. Mais se aucun &c. Il met que sil en ya aucun qui trouble la paix de la maison on le doit corriger de paroles ou de fait. Et dit que cest son proffit, car par ce il reuient a la paix de laquelle il sestoit departy. Apres quant il dit. Car aussi cō me &c. Il monstre que les serfz ne se doiuent pas plaindre se on les punist quant ilz errent. Car sicomme il dit. Aussi cō me ce nest pas benefice de ayder aucū pour perdre plus grāt bien, aussi ne doit on pas espargner pour cheoir en plus grant mal Et pour ce dit il quil appartient a loffice de celluy qui est innocent, non pas de nō faire mal a aucun, mais de reffraindre de pecher ou de punir &c. ¶ Pour ce. decima questione quinta. Non osculātur. Apres quant il dit. Pour ce doncques &c. Il cō clud et monstre cōment les seigneurs en punissant ou corrigant leurs serfz ou famille ne doiuēt pas exceder oultre la forme de droit. Et se monstre par vne similitude. Pour ce fait. Instituta dehis q̄ sūt sui vel alieni. Juris ou paphe dominorū.

¶ De quelle part la cōpaignie celestiēne ait paix, et de q̄lle pt discorde auec la cite terrienne. p̄Bii.

Ais la maison des hommes les quelz ne viuent pas par foy ensuiuent la foy terrienne par les choses et proffis de ceste vie tēporelle. Et la maison des hommes viuans par foy a tenir ces choses, lesquelles sont prinses par durables ou temps a venir. Et vse cō me pelerine des choses terriennes et temporelles, non pas desquelles elle soit prin se et destourbee de la ou elle tend en dieu, mais desquelles elle soit soustenue pour endurer plus legierement, et non pas pour acroistre ses charges du corps corrōpable lequel agrieue lame. Pour ceste cause est lusage des choses necessaires a ceste vie mortelle cōmun aux vngz et aux autres hōmes et a lune et a lautre maison, mais la fin den vser est a chascun sien propre et moult diuerse. Et aussi deia la cite terrienne laquelle ne vit pas par foy et desire la paix terrienne, et fiche en icelle sa concorde des citoiens de seigneurir et dobair, affin quelle ait vne cōposicion ou ordonnance des voulētez humaines des choses appartenans a la vie mortelle, mais il est chose necessaire que aussi la cite celestiēne ou qui plus est la partie dicelle laquelle est pelerine en ceste mortalite et vit par foy ē vse de celle paix iusq̄s a tāt q̄ ceste mortalite soit passee a laquelle celle paix est necessaire. Et par ce celle cite celestienne ou partie dicelle de tant comme elle est meue Aussi cōme la vie chetiue de son pelerinage en sa cite terrienne. Et a ia prins sa promesse de redempcion en la maison espirituelle comme gaige, icelle dy ie ne doubte pas obair aux loix de la cite terrienne par lesquelles choses sōt administrees, lesq̄l les sont empruntees pour soustenir la vie mortelle, affin que concorde soit gardee entre lune et lautre cite aux choses appartenans a icelle mortalite pour ce quelle est cōmune. Toutessois pour ce que la cite terrienne a eu aucuns siens sages lesq̄lz la discipline diuine repreuue, lesq̄lz souspechonnez ou de tous les dyables creurēt que on deust prendre conseil de plusieurs dieux des choses humaines. ausquelz appartenissent diuerses offices en aucune maniere et diuerses choses sugectes. Al ū le corps a lautre lame. Et en icelluy corps a lũ la teſte a lautre le col Et ſes autres particulieres parties a autre fin ſingulieres. ſẽblablemẽt a ſame a ſune langue a ſautre doctrine a lũ ire a lautre deſir Et a ces choſes qui ſont adiacens ou appartenãs a vie. a luy les beſtes a lautre ſe gral a luy le vin a lautre ſuiſſe, a luy ſes voiꝛ a lautre ſes deniers/a luy ſe nagier a lautre les batailles/a luy les victoires a lautre les mariages/a luy ſenfantemẽt et ſẽ groſſement et auꝑ autres les autres choſes. ¶ Et la cite celeſtienne congrueuſt que vng ſeul dieu deuoit eſtre adouré et determinaſt par vraye foy que on deuoit ſeruir a luy par celle ſeruitute/laquelle en grec eſt dicte latria. Et laquelle ilz tenoient quelle neſt tenue foꝛs que a dieu. Pour ce eſt il ainſi que icelle cite celeſtienne ne pourroit auoir loix commune auec ſa cite terrienne. ¶ Aincois auroit neceſſité de ſoy departir dicelle pour icelles loix et eſtre a charge et ennemy a ceulx qui ſentent choſes diuerſes et ſouſtenir les coureux et haines diceulx/et les foꝛs aſſaulx des ꝑſecucions ſe ainſi neſtoit que aucuneſfois elle enchaſſaſt les courages de ſes auerſaires par leſpouentement de ſa multitude et touſiours par ſeyde de dieu. ¶ Ceſte cite doncques celeſtienne tant comme elle eſt peſerine en terre appelle citoiens de toutes gens et aſſemble compaignie peſerine de toutes langues. Et ne luy chault quelque choſe diuerſe en meurs en loy en conſtitucions/par laquelle la paix terrienne eſt acqſe ou tenue ne elle ne recoppe ne deſtruit rien dicelles choſes/mais ancores garde et enſuit celle choſe/iaſſoit ce que elle ſoit diuerſe en diuerſes nacions.

¶ Touteſſois tend elle a vne meſmes fin de la paix terrienne ſe icelle choſe nem peſcha pas ſa religion par laquelle enſeigne que vng ſouuerain et vray dieu doit eſtre adouré. Doncques la cite celeſtienne vſe auſſi de la paix terrienne en ceſtuy ſien pelerinage et des choſes appartenant a la nature moꝛtelle des hommes. Et deffend et deſire loꝛdonnance des voulentez humaines tant comme il luy en eſt ottroié ſauue ſa foy celeſtienne. Et celle paix terrienne elle rappoꝛte a ſa paix celeſtienne/laquelle eſt vraye paix quelle doit eſtre tenue dicte ſa ſeule paix de creature rapſonnable tant ſeulement. Ceſt aſſauoir compaignie treſoꝛdonnee et treſconcoꝛde dauoir fruicion de dieu et enſẽble en dieu Auquel lieu quant on ſera venu la vie ne ſera pas moꝛtelle, mais ſera plainement et certainement de vie/ne le coꝛps ne ſera pas charnel lequel agrieue lame tant cõme il eſt coꝛrompable. Aincois ſera eſpirituel ſans aucune ſouſſraite ſugect a voulenté de toute part. ¶ Elle a ceſte paix celeſtienne tant comme elle fait ſon peſeriſnage en ſoy vit iuſtement par ceſte foy a quant elle rappoꝛte pour acquerre peſle paix toutes les bonnes oeuures leſquelles elle fait enuers dieu et enuers ſon prochain pour ce que ſans doubte la vie dicelle cite eſt comparable.

¶ Expoſicion ſur ce chapitre.

En ce dixſeptieſme chapitre monſeigneur ſaint auguſtin parle des condicions de la paix de la cite de noſtre ſauueur ieſucriſt et de ſa loy de noſtreſeigneur ieſucriſt. Et de la contemplacion et action des creſtiens. ¶ Et premieremẽt il diſtingue et dit quil ya deux manieres de la cite terrienne. ¶ Lune qui eſt de ceulx qui viuent en ſoy: Et celle vſe des choſes terriennes et de la paix terrienne/en rappoꝛtant luſage diceulx en dieu. ¶ Lautre cite terrienne eſt celle qui ne vit pas de ſoy/mais appete la paix tempoꝛelle et les choſes tempoꝛelles a la compoſicion des delectacions humaines. ¶ Ce condemnent ou il dit: ¶ Mais il eſt choſe necessaire il distingue et dit que sa cite terrienne q̃ dit de soy est partie de la cite celestienne pour ce quelle fait son pelerinage/ aussi comme en ung don de gaige celestien iusques a ce que ceste mortalite soit passee Et au contraire que la cite terrienne laq̃lle est des philozophes qui ne croient pas en dieu ne ne viuent de soy est une partie de la cite du diable. Car comme de ceulx ilz croient quilz soient plusieurs dieux / sicõme il appert par le teste ou dix premiers liures de ceste oeuure, ne ne croient pas quil soit ung seul et vray dieu, a qui est deu le seruice qui sappelle latrie qui est propremẽt le seruice q̃ on doit faire a dieu seulement et non a autre, lequel adourẽt ceulx qui appartiennent a la cite de dieu Et cest ou il dit. Toutesfois pour ce que la cite terrienne &c. Apres quant il dit. Ceste cite doncques celestienne &c. Il met ses condicions de la foy iesucrist. La premiere est que la cite celestienne tant cõme elle fait son pelerinage en ceste mortelle vie appelle citoiens de toutes gens. Et a semble compaignie pelerine de toutes langues &c. La seconde qui ne luy chault de diuersitez de nacions en meurs et en loy ne elle ne leur raconte leurs meurs ne leurs loy / Mais les aprieue et si les garde. Mais que toutesfois par icelles meurs et loy on ne tend pas a la paix de la fin terrienne Et que celle paix nem pesche pas la foy ou religion par laquelle on enseigne a adourer ung vray et souuerain dieu. La tierce est q̃lle use de la paix terrienne et des choses qui appartiennent a la vie mortelle tant comme il en est ottrope a en user sauue pitie & religion &c les deffend et appete. Et celle paix terrienne elle est rapportee a celle paix celestienne laquelle est tresordonnee &c.

¶ Combien la doubte nouuelle de la philozophie achademique soit different de la constance de la foy crestienne. xviii

Mais ce qui a regart a sa differen ce laquelle Varro adiouste aux philozophes achademicques nouueaulx ausquelz toutes choses sont incertaines. La cite de dieu repreuue de tout en tout comme forcennerie et a science des choses lesquelles elle comprent par pensee et par raison. Et se icelle science est petite pour le corps corrompable lequel a grieue lame. Car sicomme dit lapostre / nous sauõs en partie toutesfois icelle science est trescertaine. Et croit icelle cite de dieu au sens en seuidence de chascune chose desquelz sãs lame vse par le corps, car celluy qui est deceu plus meschamment qui cuide quon ne doit pas croire a iceulx ses Icelle cite de dieu croit aussi aux saintes escriptures anciennes et nouuelles lesq̃lles nous appelons canonicques dont icelle foy est conceue par laquelle iuste dit. p laquelle nous allons sans doubte tãt comme nous sõmes pelerins de nostreseignr̃ Laquelle foy estãt saine et certaine nous doubtons sans iuste reproche daucunes choses lesquelles nous nauons pas appceues par sens ne par raison. Et ne nous sont pas apparues par escriptures canonicques ne par tesmoingz ausquelz cest inconuenient de non croire.

¶ Expposicion sur ce chapitre.

En ce xviii. chapitre monseigneur sait augustin met la iiii. soy. Et dit que cest ce que la foy de nostreseigneur iesucrist nest pas doubteuse sicõme il est des oppinions des nouueaulx achademiens ausquelz toutes choses sont incertaines, mais est trescertaine pour ce q̃lle croit a choses trescertaines. Car elle croit aux canonicques p lesquelles nous procedõs sãs aucune dubitacion en la foy: Elle est aussi trescertaine, sicomme il dit pour ce que elle est doubte des choses incertaines Car des choses que nous napercheuons par sens ne par raison ne ne nous sont venues a clarte par escripture canonicque/ ne par tesmoingz ausquelz on doit adiouster foy nous ne pouons doubter sans iuste reprehencion.

De l'abit et des meurs du peuple crestien. xix.

Certes il ne peut chaloir a ceste foy en quel habit en quelle coustume de viure ung chascun en suiue ceste foy par laquelle on vient a dieu se ce n'est contre les commandemens de dieu dont icelle foy constraint aussi ces philozophes quant ilz sont fais crestiens/ non pas a muer leur habit ne leur coustume/ laquelle n'empesche pas religion/ mais les constraint a muer les faulses doctrines dont icelle foy ne prent pas garde a la difference laquelle Varro aiousta des philozophes cinicques selle ne fait aucune chose laidement ou desattempreement mais quant est de ces manieres de vies/ c'est assauoir l'ebesongnee/c'est adire actiue. L'oyseuse/ c'est adire contemplatiue. Et celle q̃ est composee de l'une et de l'autre/ iassoit ce que chascun puisse mener sa vie en chascune dicelles manieres et venir aux loyers pdurables sauue la foy. Toutesfois appartient il quelle chose il tienne de verite / Et quelle chose il administre de charite/ ne aucun ne doit estre oyseux tellement q̃ en oysiuete il ne pense au prouffit de son prochain ne si embesongne q̃l ne quiere la contemplacion de dieu/ Vocacion paresceuse ne doit pas desirer en oysiuete/ mais ou inquisicion ou inuencion de verite a celle fin que chascun prouffite en icelle/ et quil tienne ce quil aura trouue et quil n'ait enuie sur autruy/ mais embesongne/ c'est adire en la vie actiue honneur ou puissance n'est pas a aymer en ceste vie/ car toutes choses qui sont soubz le soleil sont vaines/ mais celle oeuure q̃ on fait par icelle mesmes hon

neur ou puissance est a aimer selle est faicte droitturierement et prouffitablement/ c'est adire affin quelle vaille a ce salut des sugectz lequel est selon dieu selon ce q̃ nous auons ia dispute parauant pour laquelle chose qui desire euesche soit bonne oeuure. Il veult opposer que c'est euesche car c'est nom d'honneur/ non pas de euure / car c'est ung mot grec. Et de la est prins ce mot q̃ cellup qui est mis deuant les autres entend par dessus ceulx ausquelz il est mis auant en prenant la cure et le gouuernement d'eulx Car scopos ou scopin/ c'est adire intencion Doncques se nous voulons nous puons dire estre euesque en latin entendre sur les autres affin que cellup qui aimera estre auant les autres & non pas prouffiter entendre quil n'est pas euesque. Et ainsi on ne deffend a nul homme l'estude de congnoistre verite/ laquelle chose appartient a oysiuete louable/ c'est adire en la vie contemplatiue/ mais combien que le lieu souuerain sans lequel le peuple ne peut estre gouuerne soit tenu et administre ainsi comme il conuient/ toutesfois est il appette de conuenablement pour laquelle chose charite de verite quiert oysiuete fainte. Et necessite recoit besongne iuste laquelle charite se on ne la baille on doit sacquer a auoir et entendre verite/ mais selon sa taille elle est a receuoir pour sa necessite de charite/ mais pour ce n'est il pas ancores a delaisser du tout de la delectacion de verite. affin que ceste doulceur ne soit ostee et que ceste necessite ne confonde.

Exposicion sur ce chapitre.

En ce xix. chapitre monseigneur sait augustin met la cinquiesme soy ou condicion de la foy iesucrist. Et dit que c'est quant on ne doit tenir compte en quelles meurs ou en quel habit aucun vit en la cite de la foy ou foy crestienne/ mais que il ne viue contre les commandemens diuins. Et de ce il met exemple des

philozophes qui sont conuertis a sa foy
crestienne. Apres quant il dit. Mais quât
est de ces trois manieres de vie ꝛcet. Il
traicte des occupacions des crestiens. Et
fait vii. choses en ce chapitre. Premiere-
ment il dit q̃ en opseuse. cestadire en la vie
contemplatiue/ et en action ou en operaciõ
qui est sa vie actiue. Et en soccupacion la
quelle est cõposee de sune et de sautre peut
mener chascun sa vie et venir a la vie par
durable. Secondement que nous deuõs
entendre a soccupacion/ laquelle est com-
passion et de sune et de sautre/ et non pas
a sunet a lautre par soy. Et celle seconde
partie se commence ou il dit. Ne aucun
doit ꝛcet. Tiercement que entre les sa-
bours qui appartiennent a action ou a sa
vie actiue/ il nomme auãt sestude par la
quelle on enquiert ou treuue la verite/ af
fin que chascun proufite en icelle ꝛcet. Et
cest ou il dit vacacion paresceuse ne doit
pas ꝛc. Quartement que en action ou
en sa vie actiue on ne doit pas auoir en ces
te vie honneur ne puissance/ mais le bien
qui se fait par cel honneur ou par celle puis
sance sil est fait droitturierement et prouf
fitablement. Et cest ou il dit. Mais en be
songne ꝛcet. Quintement que le prelat
doit entendre a celle oeuure par laquelle
est fait le salut de ses sugectz/ et non pas
a honneur. Et amaine a ce se dit de sapo
stre ꝛcet. Et cest ou il dit qui desire sa con
gnoissãce de verite/ laquelle chose appar
tient a la vie contemplatiue/ mais se on
couuoite a auoir lieu souuerain sans les-
quel se peuple ne peut estre gouuerne/ il
est appete ou couuoite desconuenablemẽt
suppose quil soit gouuerne et administre
sicomme il appartient. Et cest ou il dit.
Mais combien que se souuerain lieu ꝛcet.
Derrenierement que simplement contem
placion est a preferer/ mais action va au
cunes fois auant par certaine maniere et
par certaine condicion. Et cest ou il dit.
Pour laquelle charite ꝛcet. Et pour ce
de la charge des prelatz ou de ceulx qui
sont reposez ou il dit. Laquelle charge se

nul ne luy baille il sa doit receuoir pour
la necessite de charite. Et cest ou ou il dit
Laquelle charge ꝛcet. Et de ce peut on
trouuer plus a plain ou chapitre. Cum
pridem extra de renonciacionibus.

¶ Que les citoiens des sains sont bien-
eurez p esperance ou tẽps de ceste vie. xx.

Pour laquelle chose cõme il soit
ainsi que le souuerain bien de la
cite de dieu soit paix pardurable
et parfaicte non pas par laquelle les hom
mes mortelz passent en naissant et mou-
rant/ mais celle en laquelle ilz demeurẽt
immortelz sans souffrir en quelque ma-
niere aucune auersite. Qui est cel suy qui
nye icelle vie estre tresbieneuree/ et q̃ ne ju
ge icelle vie laq̃lle est pcy menee en la cõ-
paraison dicelle estre tresmauuaise tant
soit plaine de quelconques biens dame et
de corps. Et des choses de par dehors la
quelle toutesfois quiconques sa en telle
maniere quil rapporte susage dicelle a la
fin dicelle paix laquelle il apme tresardã
ment et espere treslopaument/ icelle peut
estre trescõuenablemẽt dit desmaintenãt
bieneuree mieulx par icelle esperance q̃ p
ceste chose/ mais ceste chose sans icelle es-
perance est fausse bieneuree et grande ma
seurete. Car elle ne vse pas de vrays biẽs
de lame pour ce que la sapience nest pas
vraye/ laquelle nadresse pas aux choses
ausquelles elle iuge sagement/ meue for
ment/ reffreue attempreement/ et distri-
bue iustement a celle fin/ ou dieu sera tou
tes choses en tous en pardurablete certai
ne et en paix certaine.

¶ Exposicion sur ce chapitre.

En ce xx. chap. monseignr sait augu
stin cõpare la vie q̃ est cõposee de la

vie actiue et de la vie contemplatiue a la vie pardurable. Et fait deux choses en ce chapitre. ¶ Premierement il dit que a faire comparaison de ceste selon la vie perpetuelle selon soy ceste nest que misere et chetiueté. ¶ Secondement en ceste vie ainsi composee rapportee en celle fait lôme bieneureux en esperance et non pas de fait. car sicôme il dit. Se aucune chose pouoit faire vng homme bieneure de present ce seroit sapience. pour ce que en icelle consiste la tresdigne contemplacion de dieu. sicomme il se preue ou x. dethiques. Or est il ainsi que sapience selon soy ne peut faire bieureté pour ce que ce nest pas vraie sapiêce, laquelle ne rapporte toute son entête en celle fin ou dieu sera toutes choses en tous par eternité certaine et paix parfaicte sans mutabilité. Et celle seconde partie se commence ou il dit. Laquelle toutesfois &c.

¶ Assauoir se la chose publicque de rôme ait oncques este selon les diffinicions de scipion lesqlles sont ou dyalogue de tulle xxi.

P ourquoy il est maintenât lieu que ie desliure briefment et clerement q̃ iay promis ou second liure de ceste euure que ie môstreroie selon les diffinicions desquelles scipio vse enuers tulle aux liures de la chose publicq̃ que la chose de romme ne fut oncques la chose publicque. Car briefment il diffine la chose publicque estre la chose du peuple laquelle diffinicion selle est vraye la chose rômaine ne fut oncques la chose publicque laquelle il veult estre la diffinicion de la diffinicion de la chose publicque. Car il diffinist que peuple est assêblee de multitude acôpaignee par côsentemêt de droit il explicque en disputât en monstrât pour ce que la chose publicque ne peut estre menee sans iustice. Doncques droit ne peut estre ou vraye iustice nest pas. Car pour certain ce qui est fait par droit est fait iustement, mais ce qui nest pas fait iustemêt ne peut estre fait par droit. Car on ne doit pas dire ou cuider que les mauuaises constitucions des hommes soient droix côe ilz dient. aussi q̃ droit est q̃ celle chose laql̃ vient de la fontaine de iustice. Et que cest faulx ce que aucũs mal auisez seulêt dire, cestassauoir q̃ droit est ce qui est profitable a celluy qui peut plus. Pour laql̃le chose ou il na pas de vraye iustice assêblee de hommes acôpaignee par consentement droit ne peut estre, et par consequent ne peuple selon la diffinicion de tulle & de scipiô. et se le peuple ny peut estre la chose du peuple ny peut estre, mais y est la chose de quelconque multitude laquelle nest digne estre nommee peuple. Et par ce se la chose publicque est la chose du peuple il nest pas peuple qui nest acompaigne par consentement de droit. Et droit nest pas ou aucune iustice nest sans doubte, il sen suit que la chose publicque nest pas ou la iustice nest pas, mais iustice est celle vertu laquelle distribue a chascun ce q̃ est sie. Quelle est doncques la iustice de lomme laquelle oste icelluy hôme au vray dieu, et le submet aux dyables ors est ce distribue a chascun ce qui sien, aussi côme sil voulsist dire que non est pas celluy iniuste qui oste leritage quil a achete et le baille a celluy qui ny a pas de droit. Celluy qui oste soy mesmes a dieu et de qui il est fait et sert au mauuais esperit est il iuste. Certes il est dispute en iceulx mesmes liures de la chose publicque tresaigrement & tresforment pour iustice et contre iniustice. Et pour ce comme on eust allegue premieremêt pour les parties de iniustice côtre iustice, et que on deist que la chose publique ne pouoit demourer ne estre acreue fors par iniustice, icelle chose est imposee comme tresferme. Assauoir que cest iniuste chose que hommes seruent a hommes seignourissans: ¶ Laquelle iniustice toutesfois se celle cite laq̃lle est imperiale

nensuit de laquelle chose publicque est grã
de elle ne pourroit seignourir aux prouin
ces il fut respondu de la part de iustice que
cestoit iuste chose pour ce que seruitute est
prouffitable a telz hommes et que celle
seruitute est faicte pour le prouffit diceulx
quant elle est faicte droitturierement/cest
assauoir quant la licence ou labandõ des
iniures est ostee aux mauuais. Et se por
tent mieulx ceulx qui sont chastiez de ce q̃
les rebelles sont pis portez. Et apres fut
adiouste et dit affin que ceste raisõ fust cõ
fermee comme vne noble exemple prins
aussi comme de nature lequel dit ainsi.
Pourquoy doncques seignourist dieu a
homme lame ou corps raison a delectaciõ
charnelle et aux autres parties vicieuses
de lame, il est enseigne par ceste exemple
assez plainement que seruitute est prouf
fitable a aucuns. Et aussi que cest chose
prouffitable que on serue a dieu/mais la
me laquelle sert a dieu seignourist droit
turierement a delectacion charnelle e aux
autres vices. Pour laquelle chose ou hõ
me ne sert a dieu quelle chose de iustice doit
on cuider estre en luy quant pour certai la
me laq̃lle ne sert pas a dieu ne peut en q̃l
q̃ maniere iustement seignourir au corps
ou la raison humaine aux vices. et sil na
aucune iustice en tel hõme sans doubte el
le nest pas en lasemblee des hommes la
quelle est faicte de telz hommes. Donc
ques nest pas cy ce consentement de droit.
lequel fait la multitude des hommes peu
ple/duquel la chose est dicte estre la chose
publicque. Car que dirayie de lutilite par
la cõmunion de laquelle lasemblee des
hommes acompaignee est nommee peu
ple/sicõme celle diffinicion se dit/iassoit
ce que se on lauise dilligammẽt ce nest au
cune vtilite ou prouffit de ceulx qui viuẽt
mauuaisement/sicomme dit tout hom
me qui ne sert a dieu et sert aux dyables/
lesquelz sont de tant plus mauuais com
me ilz veulent plus quon sacrifie a eulx
aussi comme a dieu comme ilz soient es
peris tresors. Toutesfois ie cuide que ce

souffise assez que nous auons dit du con
sentement de droit/par quoy il nappere p
celle diffiniciõ que celuy nest pas peuple
duquel la chose soit dicte la chose publicq̃
ouquel iustice nest pas. Car silz dient q̃
les rommains en leur chose publicque õt
seruy/nõ pas aux esperis ores/mais aux
esperis bons et sains ne sont pas ces mes
mes choses a repeter lesquelles auons di
ctes assez/mais oultre plus q̃ assez Car
qui est celuy qui est venu par les liures
precedens de ceste oeuure iusques a celuy
qui puisse ancores doubter que les rom
mains naient seruy aux dyables mau
uais et ores sil nest ou trop fol ou rioteux
treshõteemẽt/mais affin q̃ ie taise ceulx
ausquelz ilz sacrifioiẽt il est escript en la
loy du vray dieu. Celuy sera destruit q̃
sacrifie aux dieux fors tant seulement a
nostreseigneur. Celuy doncques qui cõ
manda ceste chose auec si grande commi
nacion ne voulut que on ne sacrifiast aux
dieux ne bons ne mauuais.

¶ Exposicion sur ce chapitre.

En ce xxi. chapitre mõseigneur sait
augustin met que cest iuste chose
adourer vng seul dieu lequel est iesucrist
Et pour venir a ceste conclusion il retour
ne a parler de ce dõt il auoit parle ou xxi.
et xxii. chapitres du second liure. Et com
mence a mettre la diffinicion q̃ auoit mi
se tulle de la chose publicque et du peuple.
Car premierement il diffinist que la cho
se publicque est la chose du peuple. Et que
le peuple estoit assemblee de multitude de
gens acompaignee par consentement de
droit. Et par ce il demonstre que la chose
publicque ne peut estre gouuernee sans iu
stice. Car sicomme il dit ou il na pas de
iustice il ne peut pas auoir de droit.) Et
ceste chose il demaine iusques la ou il dit.
Pour laquelle chose xcet. Et la il commẽ
ce a arguer e monstrer q̃ ce nest pas vraye

iustice laquelle ne rend a vng chascun ce q̄ est sien ou sōme est tost a dieu et submis aux ors dyables. Et met exemple de celluy qui oste seritage a cellup a qui il est. Et conclud que p̄ plusforte raison cellup fait iniustice qui se oste a son seigneur qui la fait et sert aux dyables. Apres quant il dit. Certes il est depute &c. Il prieuve ce mesmes: Et pour se prouuer il introduit la responce daucuns qui disoient que ce q̄ on suppose que en la diffinicion de la chose publicque iustice estoit enclose est faulx Car ilz disoient que sa chose publicque ne se pourroit soustenir ne estre augmentee fois par iniustice, sicōme il le prouuoient par sa raison mise ou tepte. Apres il y respond en ce mesmes lieu par sa raison de ceulx qui tenoient la partie de iustice / de ces argumēs de iustice & de iniustice voye se xxi. chapitre du second liure. Et pour sa responce voye le xvii. chapitre de ce liure ou il mōstre cōment seruitute est profitable aux pecheurs. Apres quant il dit: Et apres fut adiouste et dit &c. Il prieuve ce mesmes par raison naturelle. Car seson raison naturelle on doit octroyer q̄ dieu seignourisse a l'omme. Et l'ame aux corps et raison aux vices. Or est il ainsi q̄ par ce il est assez demonstre que seruitute est assez prouffitable aux hommes, cest assauoir que raison ait seigneurie sur les vices. Et par celle mesmes raison cest chose prouffitable que on serue a vng dieu: Car l'ame q̄ sert vrayement a dieu elle seignourist droitturierement au corps. Et raison sugecte a l'ame a seigneurie droitturierement sur delectacion et sur les autres vices / mais sa seruitute laquelle est deue a dieu le vray est appelee se seruice du vray dieu / et par consequent vng vray dieu seul est a adourer. Apres quant il dit pour laquelle chose ou l'omme &c. Il cōclud aussi comme au contraire et per oppositum que les ors esperis ne sont pas a adourer. Car ou les hommes seruent a dieu il na pas de iustice en l'homme / et par consequent nest pas a l'asemblee des hommes consentement de droit laquelle chose est la chose publicque. quare &c.

¶ Assauoir se se dieu est vray auquel les crestiens seruent et auquel seul on doie sacrifier. xvii.

Ais on peut respondre qui est ce dieu dont est il prouué digne auquel les rommains deussēt obair a ce quil nadourassent par sacrifices aucuns des dieux fors luy. Cest ancores grant aueuglement de demāder qui il est Cest le dieu duquel les prophetes ont dit parauant ces choses lesquelles nous veons. Cest le dieu duquel abraham print la responce / cest assauoir. Toutes gens seront benêis en ta semence ou lignee. laquelle chose ceulx qui sont demourez anemis du nom de iesucrist congnoissēt veulent ou ne veulent estre faicte en iesucrist: lequel est né seson sa chair dicelle semence Cest le dieu duquel lesperit diuin a parle par ceulx desquelz iay mis aux liures p̄cedens les choses deuant dictes et acomplies par lesglise laquelle nous veons espandue par tout le monde: Cest le dieu lequel Varro le tressage des rommains cuide estre iupiter / iasoit ce quil ne sace quil die / laquelle chose toutesfois ie cuide que on sa doie recorder pour ce que l'omme de si grāt science ne peut cuider cestuy dieu non aucun estre ou nul. Car il le tiēt estre cellup lequel il cuida souuerain / finablement cest le dieu lequel porphire le tressage des philozophes / iasoit ce que il fust ennemy tressage des crestiens. Confesse aussi estre le grant dieu par le respōse de ceulx lesquelz il cuide estre dieux.

¶ Exposicion sur ce chapitre.

ddi.

En ce xxli. chapitre monseigneur saint augustin pourfuit a monstrer q̃ celluy ung vray dieu est iesucrist duquel les patriarches et les prophetes annonce‑ rent les oeuures dieu lesquelles nous ve‑ ons estre acomplies. ¶ Or est il ainsi que nous veons ses dictz des patriarches es‑ tre acomplis en iesucrist. sicõme il a este monstre ou p̃viii. du p̃vii. chapitre iusqs au xxxix. chap. quare ⁊c. Aps il dit q̃ por‑ phire par les respons des dieux confesse quil est grant dieu.

Quelle responce porphire die de iesucrist par les adeuinemens des dieux. xxiii.

Car ace que ie mette les paroles de ce porphire. sicõme elles sont interpretees de grec en latin aux liures lesqlz il poursuit ⁊ escript aussi cõe les responces des choses diuines apparte‑ nans a philozophie. Et dit que quant il demanda a apollo en quel dieu de priant il pourroit rappeller sa femme de crestien te/ il respondit ces choses en vers: ¶ Aps les paroles aussi comme dappollo sont telles ¶ Tu pourras dist il parauenture plustost eschaper en leaue par segres em‑ prainte ou en soufflant plus mes legieres voler par lair comme ung oyseau que tu rappeles les sens de ta mauuaise femme maculee. Ailse dist il sicomme elle veult en preseruant en falaces vaines/ et en chã tant luy laisses plourer par saface le dieu mort lequel condenne ses iuges iugans droitturieremẽt sa mort tresmauuaise oc cist iointe par fer aux choses villes. Et puis apres iceulx vers dappollo lesquelz sont interpretez en latin sans mettre/ non pas par vers/ icelle porphire adiousta et dist. ¶ Certes dist il appolo ne adiousta en ces choses sentēce sans remede en disãt pour ce dist il que les iuifz recoiuẽt plus dieu que ceulx cy/ cestadire les crestiens. Veez cy ou diffament iesucrist. il mist a‑

uant les iuifz quãt les crestiens en confes sant que les iuifz recoiuent dieu. Car il exposa ainsi les vers dappollo. la ou il dit que iesucrist fut occp̃ des iuges q̃ sentoi ent droitturierement aussi comme sil fust puny a bon droit par leur iuste iugement. Soit veu quelle chose le faux ⁊ menteur prophete appollo ait dit de iesucrist et quel le chose ce prophete cy ait creu ou par auen ture quelle chose ce porphire en ait faint q̃ icelluy appollo ait dicte/ laquelle il nait pas dicte/ mais nous verrõs apres saql se partie tiene ou par quelle maniere il fa ce icelles responces acorder entre elles. tou tesfois cestuy dit que les iuifz comme re‑ cepuans dieu iugerent de iesucrist droittu rieremẽt en ce quilz iugerent q̃l fust tour mente de mort tresmauuaise. Et ainsi le dieu des iuifz auquel il porte tesmoigna ge est a opr en disant. Celluy qui sacrifie aux dieux fors a iesucrist seulement sera destruit/ mais venons aux choses plus manifestees. et oyons cõme grant il dit es tre le dieu des iuifz. De rechief dit il appo lo respondit aux choses lesquelles il luy demanda. cest assauoir laquelle chose est meilleure ou parole ou raison ou loy. Et dit par vers. et puis met apres les vers dappollo ausquelz sont et ceulx cy affin que ien traye ce quil souffist. Et dieu dit il se createur et ou roy qui est auant tou‑ tes choses lequel se craint et la terre et la mer et les choses repostes denfer. Et les‑ quel iceulx dieux redoubtent/ desquelz le pere est loy lequel les sains hebrieux hõ nourent grandemẽt. porphire dit par sa responce de son dieu appollo le dieu des he brieux estre si grant que iceulx dieux mes mes le doubtent/ dõcques comme celluy dieu ait dit. ¶ Celluy qui sacrifiera aux dieux sera destruit/ ie mesmerueille com ment icelluy porphire ne la doubte et quil na eu paour destre destruit en sacrifiant aux dieux. Cestuy philozophe porphire dit aussi bonnes choses de iesucrist aussi comme sil eust oublie la villenie de laql‑ le nous auons parle ung pou deuant ou aussi côme se ses dieux dicelluy en dormant eussent dit mal de iesucrist/ et en veillant leussent congneu estre bon et leussent loe dignement. Apres dit cestuy porphire aussi comme sil deust prononcer aucune chose merueilleuse et nō pas a croire. Certes dit il il semble a aucune que ce que nous dirons est hors doppinion. Car ses dieux ont prononce iesucrist tresdebōaire et fait immortel. Et ont fait memore de luy auec bonne predicacion/ mais ilz dient dit il que les crestiens sōt maculez et soullez et enuelloppez en erreur et quilz vsent de plusieurs telz blasmes contre eulx. Et apres il y adiouste aussi comme responces des dieux lesquelz blasment les crestiens. ¶ Et apres icelle chose sensuit. mais icelle deesse nommee hecate dit a ceulx qui demandent de iesucrist sil est dieu ses paroles. Certes tu scez same pour ce quelle est immortelle va apres le corps/ mais quant elle est desioincte de sapience elle erre tousiours icelle ame est dhomme tresexcellēt en debonairete ilz adourent icelle par verite estrange deux. Depuis apres les parolles aussi comme de ceste responce icelluy porphire en continuant les siens dist dōcqs dist il icelle hecate dit q̄ icelluy iesucrist est tres debonaire et que lame de luy est digne de immortalite apres sa mort si cōme same des autres debonaires et que les crestiens qui en sont ignorans adourent icelle/ mais qui demandent a celle deesse pourquoy fut il condēne/ celle respōd par ceste maniere. pour certain dit elle le corps est tousiours opposite aux tourmēs lesquelz saffoiblroient/ mais lame des debonaires se siet et repose ou siege celestien mais celle ame donna aux autres ames par destinee a estre enuelloppees en erreur auxqlles les destinees ne ottroient auoir le don des dieux ne a auoir la congnoissance de iupiter. ¶ Et pour ce doncques sont hays des dieux. Car ceulx auxquelz il ne fut pas destine de congnoistre dieu ne de prendre dons des dieux/ il donne a iceulx par destinee que ilz fussent enuelloppez

de erreur/ mais icelluy debonaire monta ou ciel aussi cōme les debonaires et pour ce pour certain tu ne blasmeras pas cellui mais cest miserable forcennerie des hommes et grant et hast de ce en eulx. ¶ Qui est celluy qui nentende pas sa responce auoir. ¶ De homme decepueur et maliciex et tresennemy aux crestiens ou quilz aient este respondues des dyables ors par semblable conseil. Cestassauoir que pour ce quilz louoient nostreseigneur iesucrist pour ce on croit quilz blasment brayemēt les crestiens: ¶ Et que ainsi silz peuent ilz destourbent la voye du salut pardurable en laquelle chascun crestien est fait: ¶ Quels merueilles. ¶ Car a leur hardie maniere quilz ont de nuyre en mille manieres ilz tiennent que ce nest pas chose contraire se on les croit quilz soient iesucrist/ mais toutesfois que on les croie aussi quant ilz blasment les crestiens affin quilz facēt celluy qui croira lun et laustre estre tel lonneur de iesucrist que ilz ne veulent estre crestiens. Et ainsi iassoit ce que iesucrist soit loe de luy/ et que toutesfois que iesucrist ne se deliure pas de la seigneurie diceulx dyables mesmemēt pour ce quilz loent iesucrist en telle maniere q̄ quiconques croira en luy tel comme ilz le preschent ne soit pas vray crestien/ mais hereze fortunam qui recongnoisse que iesucrist est homme tāt seulement. non pas dieu. Et pour ce ne puisse estre sauue par luy. Et ne puisse escheuer ou desoper les las diceulx dyables mescongneuz, mais nous ne pouons approuuer appollo leql̄ blasme iesucrist ne hecatē laqlle se loe. car icelluy appollo veult que on croie que iesucrist est mauuais lequel il dit quil fut occi par les iuges bien auslez. ¶ Cestuy cy veult que on croie que il est homme tres debonaire mais tant seulemēt homme. Toutesfois lintencion et de lune de lautre est vne. Cestassauoir que ilz ne veulent pas que les hommes soient crestiens pour ce que ilz ne peuent estre ostez de leur puissance se ilz ne sont crestiens mais ce philozophe ou ceulx qui croient aussi cõme a telle respance contre les crestiens facent aincois silz peuent que icelle hecate & icelluy appollo sacordent entre eulx dicelluy iesucrist et que ilz le condennent tous deux ou que ilz le loent tous deux, laquelle chose ilz eussent peu faire neantmoins nous escheuerions et les blasmeurs & les soeurs de iesucrist comme faulx dyables mais cõme leur dieu et leur deesse soient a discord lun en blasmant lautre en loant, pour certain les hommes se ilz sont bien auisez et scaiuent droitturierement ne les croient pas en blasmant les crestiens / toutesfois porphirus ou hecate en loant iesucrist comme il die pcelluy mesmes auoir destine aux crestiens que ilz fussent enueloppez en erreur. Toutesfois il monstre les causes dicelle erreur sicomme il cuide lesquelles causes aincois que ie exposelles parolles dicelluy Ie demande premierement se iesucrist destina aux crestiens lixplicacion ou lempeschement derreur se il leur donna de sa voulente commēt seroit il iuste se contre sa voulente comment seroit il bieneure/ mais oyons orendroit les causes dicelle erreur/ les esperis terriens trespetis dit il sõt en ung lieu subgectz a la puissance des mauuais dyables/ les sages des hebrieux diēt q̃ iesus fut ung si comme tu as oy par les diuins respons dappollo, lesquelles sont dictes parauāt iceulx hebrieux deuoient doncques les religieux des diables tresmauuais et des esperis et leur deffendoient que ilz nentēdissent a eulx/ mais que ilz honnourassent plus les dieux celestiens/ mais que plus ancores honnourassent dieu le pere.

¶ Certes dit il les dieux commandent ceste chose, et nous auons monstre parauant comment ilz admonnestent que on tourne le courage a dieu Et commandēt que icelluy on adoure par tout/ mais les folz et de mauuaise nature ausquelz destinee ne donne pas vrayemēt obtenir dōs sans les dieux/ ne quilz eussēt la cōgnoisance de iupiter immortel, non opans les dieux et les hõmes diuins refuserēt tous les dieux et ne haprent pas les dyables deffendus/ mais les debouterent et en faignant quilz adourassent dieu/ ne ne font pas pcelles seules choses par lesquelles dieu est adoure. Car dieu dit il cõme pere de tous na mestier daucun/ mais il nous est bien quant nous laurons par iustice et chastete et par les autres vertus en faisāt icelle vie piere a luy par sensuiuir et enquerir de luy. Car linquisicion dit il purge. Et sensuiuir deifie laffection en ouurant a luy. Certes il prescha bien dieu le pere & dist biē par lesquelles meurs il doit estre adoure desquelz cõmandemēs les liures des prophetes des hebrieux sont pleurs/ quant sa vie des sains est ou blasmee ou loee/ il erre aux crestiēs ou ilz les accusēt faussement tant comme les dyables veulent lesquelz il cuide estre dieux aussi cõme se ce soit fort a chascū ramembrer quelles choses lapdes quelles choses ordes estoient faictes aux quarrefours et aux tēples aux seruices des dieux. Et a auiser quelles choses sõt fors dictes et opes aux eglises ou quelle chose est offerte au vray dieu. Et par ce entendre ou est ledifice et ou est la ruine des meurs/ mais ou est celluy qui dist ou inspira a cestuy cy fors lesperit du diable mensonge si vaine et si apperte que les crestiens redoubtent plus q̃ ilz ne haient les dyables qui sont deffendus estre adourez des hebrieux/ mais ancores ce dieu lequel le sage des hebrieux dit sant en menacant grandement. Cestuy qui sacrifie aux dieux sera destruit deffēt quon ne sacrifie aux sains angles du ciel et aux vertus de dieu lesquelz tresbieneurez. nous comme citoiens en cestuy nostre pelerinage mortel honnourons et aimōs Et affin que aucū ne cuidast quil fust cõmande que on ne sacrifiast pas aux dyables tresmauuais. et aux esperis terriēs cesqlz cestuy cy dit trespetis ou moindres Car iceulx sont dis aux sainctes escriptures dieux/ nõ pas des hebrieux/ mais des gens laquelle chose les lxx. iterpreteurs mirent ou psaultier clerement en disant q̄ tous les dieux des gens sont dyables affin doncques que aucun ne cuidast q̄ fust deffendu sacrifier a iceulx dyables. mais estre laisse sacrifier a tous les esperis celestiens ou aucuns il adiousta tantost fois a vng seul dieu/cest adire a nostre seigneur tant seulement affin que par auenture en ce quil dit au seigneur seul qui est en latin domino soli. Aucuns ne croient que dieu soit le soleil auquel ilz cuident q̄ on doie sacrifier. Laquelle chose est tresle gierement trouuee aux escriptures grecques quil nest pas a entendre ainsi. Le dieu donques des hebrieux auquel aussi cestuy si grant philozophe porte si grant tesmoingnage donna loy a son peuple hebrieu escripte par parolles hebrieuses. non pas oscure et mescōgneue/mais publiee a toutes gens en laquelle loy il est escript que cestuy qui sacrifie aux dieux fors a dieu tant seulement sera destruit. ¶ Quel besoing est il de querir ou demander ou de non querir ou demander plusieurs choses de ceste chose en celle loy dicellup ou en ses philozophes. Car elles ne sont pas mutees ne petites, mais nest mestier dassembler les choses appertes et souuent dictes ⁊ de les mettre en ceste moiēne disputaciō plesquelles il appert plusieurs fois que le iour que dieu vray et souuerain na pas voulu quon feist sacrifice en quelque maniere a aucun fors tant seulement a soy. Veez cy vne chose briefment dicte, mais vrayement et grandement en menassant dicellup dieu lequel les tressages deulx preschent si excellens. Cestassauoir que celle loy soit oye, soit douttee, soit acomplie, affin que destruction ne ensuiue les desobeissans, cestassauoir que cellup qui sacrifie aux dieux fors a dieu tant seulement sera destruit, non pas pour chose quil ait besoing daucune chose, mais pource que nous auons mestier que nous soions sa chose. Car on chante a icellup aux sains liures des hebrieux telles polles iay dit a nostre seigneur: Tu es mon dieu, tu

nas mestier de mes biēs/mais nous mesmes sōmes le tresnoble et tresbon sacrifice dicellup, cestassauoir la cite dicellup de laquelle chose nous celebrions le mistere par noz oblacions/ lesquelles sont congneues et nottoires aux bōs, sicōme nous auons dispute aux liures precedens/car les diuins respōs par prophetes hebrieux blasmerēt les sacrifices lesquelz les iuifz offroient en nombre ou figure de la chose auenir. Et que ses gens doient iusques en occident offroient vng sacrifice sicōme nous veons maintenant estre fait. Desquelles choses nous auons la dit ⁊ respōdu en ceste oeuure tant comme il nous sēble quil souffist. Pour laquelle chose la ou celle iustice nest a ce que dieu vng souuerain seigneurisse selon sa grace a la cite obeissant affin quelle ne sacrifie a aucun fois a lup tant seulement, ou que par ce aussi lame seigneurisse au corps et la raison aux vices loyalment par ordre conuenable par tous les hommes appartenās a celle cite et obeissans a dieu a ce que lassēblee et le peuple des iustes viue par foy aussi cōme vng iuste vit par foy laquelle oeuure par defectaciō et par laquelle home aime dieu, sicomme dieu est a aimer ⁊ son prochain comme soy mesmes. La dōques ou ceste iustice est certainement il ny a pas dassemblee des hommes a compaignee par consentement de droit et par participacion de vtilite, laquelle chose se elle nest pas pour certaine ce nest pas peuple se ceste diffinicion le peuple est vraye, et par consequent nest ne ce ame de la chose publicque. Car la chose publicque nest pas ou peuple nest.

¶ Expposicion sur ce chapitre.

En ce xxiii. chapitre monseigneur saint augustin conferme ce quil a dit de porphire ou chapitre precedent. Et allegue son liure q̄ sappele eglogion lequel se euure a paumees, cestassauoir que porphire fut marie et eut vne femme crestienne dont il estoit merueilleusement dolant pour ce quil haioit les crestiens. Combien quil confessast vng dieu. Et pour sauoir comment il la pourroit retraire de crestienté il demāda a appollo qui est le dieu des respons par seql dieu il pourroit mieulx estre fait/ lequel luy respondit quil pourroit mieulx escripre en seaue & empraindre lettres de ses dois ou Boler que ce quil sa peust rappeller. Et ces choses il met par les vers qui sont translatez de grec en latin/ non pas que les vers formez ilz soiēt mais la substance diceulx vers. Et appert par iceulx vers ou par la sentence de iceulx que selon ce que racompte porphire appollo blasmoit iesucrist/ et disoit des vittuperes de luy et quil auoit este iustement mis a mort par les iuifz lesquelz il dit que ilz sentirent iustement. Et puis apres il blasme les crestiēs et met les iuifz auant disant que ilz recoipuent mieulx dieu que ne font les crestiens. Et toutesfois en son liure quil fist qui sappele eglogion dit il que ses dieux tenoient que iesucrist estoit tres debonaire. Apres monseigneur saint augustin met les parolles de ce mesmes porphire et sa responce dappollo a la question que luy fist porphire, cest assauoir laqlle chose estoit meilleure ou la parolle ou la raisō soubz lesquelz nōs est entendu cōmencemēt que nous appellons le filz ou loy soubz seql nom est entē du q les platoniciens et nous aussi appellons le pere/ lequel pere ce porphire prefere Et cest ou il dit. Venons aux choses &c. Apres monseigneur saint augustin met comment il semble que ce porphire soe iesu crist et met ses respons de hecate quant on luy demanda se iesus estoit dieu. Et cest ou il dit. Apres dit ce porphire &c. Ceste hecate ou hecatēy est a proprement parler proserpine/ laquelle les poetes faingnent estre sa deesse denfer laquelle est aussi appelee de hecaten en grec q vault autāt a dire cōme cent/ pour ce que menelaus q fut mary de helaine luy fist sacrifier de tant de bestes. Cest celle que les enchanteurs et les phitonisses qui sont vne maniere de gēs adeuineresses appessēt a faire seurs enchanteries & mauuaistiez. Ou elle est dicte selon aucuns autres hecate q vault autant cōme cent dit il pour ce que elle ne recoipt pas les ames en enfer deceulx qui ne sont pas ensepulis iusques a cēt ans. La responce que donne ceste hecate appert par le texte. Apres quant il dit. Mais nous ne pouons approuuer &c. Il repreue et lune et lautre sicōme il appert par le texte. Et mōstre cōment ilz sōt a discord et les causes pourquoy ilz sont a discord. Et met ou il dit. Mais opōs or endroit &c. Apres quant il parle des heres socius/ ce furent ceulx qui ensuiuirent la secte des paulus qui ainsi furent dictz apaulosa mozatheno/ lesquelz creoiēt que iesucrist neust pas tousiours este, mais depuis tāt seulement quil fut ne de la vierge marie: Et quil ne fut autre chose que hōme sicōme il appert p mōseigneur sait augustin ou liure de heresibz. Apres monseignr sait augustin recite cōme ces blasmes de iesucrist q estoient faictes ou fais par les hōmes folz qui vsoient de sacrifices entre ces ore theatres contre lesquelz il allegue lauctorite q celluy qui sacrifie aux dieux fors a nostre seignr tant seulemēt sera destruit. Et ce fait. il argue ainsi. Se porphire escript & recōmande les dieux des hebrieux sicōme il est dit au cōmencement de ce chapitre. Et p consequēt il doit croire tāt seulemēt vng dieu vray auquel on doit sacrifier p la maniere quil est escript en la prophecie des iuifz par dauid le prophete. Qui sa crificium deo spiritus contribulatus. cest adire que les crestiens offrent a iesucrist desperit/ et par consequent porphire deuoit croire que nostreseigneur iesucrist estoit vng vray dieu.

Par quelle determiacion il soit vray q nō pas seulemēt les rōmains. mais auẛ si les autres royaumes peuent attribuer a eulx droittemēt nom de peuple et de chose publicque: xxiiii.

Ais se le peuple nest pas diffiny en ceste maniere, mais en autre: sicōme on dit que peuple est vne assemblee de multitude raisonnable acōpaignee par communiō acordable des choses desqlles elle aime pour certain, affin que on voye quel chascun peuple soit les choses lesquelles il ayme sont a diuiser. Toutesfois quelconques choses quil ayme sce ceste assemblee de multitude, nō pas de bestes, mais de creatures raisōnables Et est cōpaignee par cōmuniō acordable des choses quil aime, il peut estre appelle peuple conuenablement sans doubte meilleure de tant cōme il est acordable en meilleures choses, et de tant pire cōme il est acordable en pires choses. Le peuple romain est peuple selon ceste nostre diffinicion, et laquelle chose de cellup sans doubte est la chose publicque. mais listore de laquelle nous auons parle aux liures precedens tesmoingne quelle chose icellup pphete ait aime en ses temps pmiers ou en ceulx dapres Et par lesqlles meurs il ait rompu et corrōpu ceste concorde laquelle est aucunement le salut du peuple en venāt aux discors trescruelz et de la aux batailles sociesles & ciuilles. Toutesfois pour ce ne dy je pas q ce ne soit nō de peuple, & q la chose dicellui ne soit la chose publicque tant cōme il y a assemblee de quelconques multitude raisonnable acompaignee par communion acordable des choses lesquelles elle aime, mais ce que jay dit de ce peuple et de ceste chose publicq jentens auoir dit et tenu de ceulx dathenes ou de quesconques grecz, et des egipciens et de celle premiere babilone des assiriens quant ilz tindrent leur seigneuries ou petites ou grādes aux choses publicques, et la chose publicque de quelcōq autres gens. Car generalement la cite des mauuais est priuee de la verite de iustice a laquelle dieu ne seigneurist pas saqlle nobeist pas a luy a ce quelle ne offre pas de sacrifice fors a soy tant seulement. Et par ce en icelle cite lame seigneurisse aux corps et raison aux vices droitturierement et loyalment.

¶ Epposicion sur ce chapitre.

En ce xxiiii. chapitre monseigneur saint augustin met que toute lassēblee du peuple crestien doit croire en nostre sauueur iesucrist, non pas seulemēt selō raison naturelle, mais aussi selon obedience supernaturelle. La premiere conclusion appert Car on diffinist que le peuple est vne assēblee de multitude de gens assēblez par consentemēt de droit et pour vtilite de cōmun, sicōme il appert par le iiii. chapitre du quart liure. Or est il ainsi que ceste diffinicion nappartient pas a multitude de peuple en tant cōme celle multitude de fait vne assemblee en cōmun laquelle est societe de bestes iraisōnables. mais en tāt cōme ilz sont vne multitude de gens par consentement de iustice et dutilite selon vraye raison laquelle chose les crestiēs q adourent nostre sauueur iesucrist. Car en ceulx qui viuent selon la foy crestiēne, lame a vraye seigneurie sur le corps & raisō sur les vices laquelle chose est verite de iustice & la necessite de la multitude des gēs & de la chose publicque sicōme il a este mōstre par le xxi. chapitre de ce liure, et par cōsequent en lassemblee du peuple crestiē tous se doiuent assembler en foy.

¶ Que les vrayes vertus ne peuēt estre la ou vraye religion nest pas. xxv.

Car en quelque maniere quil sēble que lame serue loyalmēt au corps et raison aux vices sil ne seruent ilz pas droitturieremēt au corps ne aux vices se lame et icelle raison ne seruent a dieu, sicōme il cōmande que on serue a luy. Car quelle dame ne peut estre du corps et des vices lame laquelle ne cōgnoist pas sordre du vray dieu? Et nest pas subgecte a la seigneurie dicellui mais est habādonnee aux dyables qui la corrōpent. Et pour ce celle rapporte les vertus, lesquelles il luy sēble quelle ait par

dd iiii.

se q̃lles elle seigneurist au corps τ aux vi-
ces a q̃lq̃ chose acq̃rir ou auoir fois a dieu
pour certain elles sont mieulx vices que
vertus. Car iassoit ce que aucuns cuidēt
fois elle s soient vrayes vertus et honnes-
tes quāt elles sont rapportees a elles mes-
mes et ne sont desirees par autre chose/a
doncq̃s sōt elles aussi enflees ou orgueil-
leuses/et pour ce ne doit on pas iuger q̃
les soient vertus/mais vices. Car sicō-
ce q̃ fait viure la chair nest pas de la chair
mais par dessus la chair/aussi ce qui fait
viure hōme bieneureemēt nest pas de lō-
me mais par dessus hōme/et non pas seule-
ment par dessus hōme/mais dessus tou-
te puissance et vertu celestienne.

⁋ Exposicion sur ce chapitre:

En ce xxv. chapitre mōseigñr sait
augustin poursuit que nous qui
sōmes celestiens deuons croire par foy τ
par obedience supernaturelle. Et la preu-
ue par deux raisons. La seconde se com-
ce ou il dit. Car iassoit ce q̃ aucuns dient
τcet. Et de celle seconde raison il met ex-
ple ou il dit. Car sicōme ce qui fait viure
la chair τcet. Et est le chapitre tout cler.

⁋ De la paix du peuple estrange de dieu
de laquelle le peuple de dieu vse a debon-
airete tāt cōe il est pelerī en ce monde p̃sēt.

Pour laquelle chose sicōme lame
est la vie de la chair aussi dieu
est la vie bieneuree de lomme de
quoy les sainctes escriptures des hebrieux
dict le peuple estre bieneure duquel nostre
seigneur est son dieu: Le peuple doncques
est maseureux qui est estrange de ce dieu:
Touteffois icelluy peuple aime ancores
vne sienne paix laquelle nest pas a repro-
uer laquelle il naura pas en la fin pour ce
quil nen vse pas bien auāt la fin. mais an-
cornous est il mestier quil ait celle paix

entre cy et lors pour ce que nous vsons de
la paix de babillone tant cōme les deux
citez sont meslees de laquelle le peuple de
dieu est desiure par soy en telle maniere q̃
entre cy et lors il soit pelerin en icelle. pour
laquelle chose lapostre admōnesta ses egli-
se que elle priast pour les roys et pour les
grans seigneurs dicelle en adioustāt τ di-
sant telles polles affin que nous menōs
dit il vie paisible et sans noise auec toute
pitie et charite. Et ieremie le prophete com-
me il anoncast la seruitute auenir au peu-
ple de dieu et leur cōmanda de p̃ dieu q̃lz
allassent en babillone obeissāment en ser-
uant aussi a leur dieu en ceste pascience il
les admōnesta que on priast pour ceste ba-
billone en disant ces parolles. ⁋ Pour ce
dit il que vostre paix est en la paix dicelle
paix certes tēporalle iusques a lors laq̃l-
le est cōmune aux bons et aux mauuais

⁋ Exposicion sur ce chapitre.

En ce xxvi. chapitre monseigneur
sait augusti par ce quil a dit aux
chapitres precedens conclud tout ainsi cō-
me lame est la vie de la chair aussi dieu
est la vie de lōme bieneure/et que la foy de
ceulx qui croient en iesucrist est chose su-
pernaturelle. ⁋ Car il dit quil est dit ou
psaultier que le peuple est bieñre duquel
nostre seigneur est dieu. Or est il ainsi que
celle bieneurete par laquelle celle multi-
tude de peuple est faicte le peuple ou le chas-
teau de nostre seigneur est p̃dessus natu-
re. quare τc. Ap̃s quāt il dit. Touteffois
icelluy peuple τc. Il le preuue par vne au-
tre raison il nest pas doubte que nostre biē-
eurete est paix. sicōme il appert par le p̃i
chapitre de ce liure/mais non pas laquel-
le est humaine tant seulemēt τ de laquelle
hōme ne vse pas bien pour nostre seigñr/
mais par laquelle le peuple de dieu est as-
si desiure affin que ce pendāt il face son pe-
lerinage en ceste vie. τ deprie nostre seigñr. τ
en toute pitie τ charite. Or nest il pas doub-
te que celle paix est pardessus nature ou

supernaturelle/quare ꝛcete.

⁋ De sa paix de ceulx qui seruent a dieu de laquelle sa trāquilite parfaicte ne peut estre cōprinse en ceste vie mortelle. xxvii.

Ais nostre paix est icy auec dieu par foy ⁊ par durablement quāt elle sera par forme ou par esꝑēce mais celle paix soit cy celle paix cōe soit sa nr̄e ꝓpre est telle pcy quelle est mieulx sou las de maleurete que ioye de bieneureté. Et iassoit ce q̄ icelle nostre iustice soit vraye pour la vraye fin du bien quelle est rapportee. Toutessoies est elle si grāde en ceste vie quelle est mieulx en remission de pechez que en perfection de vertus. Loray son de la cite de dieu laquelle est pelerine en terre/cestadire sa patrenostre en est tesmoing. Car elle crie a dieu par tous ses membres pardonnonez nous noz debtes sicomme nous pardonnons a noz debteurs. Ne ceste oraison nest pas proufitable pour ceulx desq̄lz la foy est morte sās oeuure/mais pour ceulx desquelz la foy oeuure par dilection. Car pour ce la rayson subiecte a dieu ne seigneurist pas. toutesfois parfaitemēt aux vices en ceste condicion mortelle ⁊ en corps corrompable se q̄l apesantist lame/pour ce est elle oraisō necessaire aux iustes. Car certainement iassoit ce que on seigneurisse/neātmoins on ne seigneurist pas aux vices sās debat Et sans doubte aucune chose denfermete soustrait en ce lieu ancores a cellup q̄ bien se combat soient telz ennemis vaincus et submis a cellup qui seigneurist dont on peche et si non par oeuure legiere. Toutesfois par parolle courant ou par pensee vo laige. Et pour ce la paix nest pas planiere tant cōme on seigneurist aux vices. car et iceulx vices ausquelz resistent sont cō batus par bataille perilleuse. Et ceulx q̄ sont vaincus ne sont pas ancores conquis pas repos seur/mais sōt ancores empressez par seigneurie ententiue. Qui est dōc

ques cellup qui presume que il vive en ces temptacions de toutes lesquelles il est dit briefment aux escriptures diuines/nest pas vie humaine sur terre tentacion qui nait mestier de dire a dieu pardonnez nous noz debtes sil nest hōme esleue et non pas grant/mais enfle et orgueilleup auquel cellup resiste par iustice qui donne grace aux humbles. Et ainsi iustice est en vng chascun pcy affin que dieu seigneurisse a homme obeissant et lame au corps et rayson aux vices ou en soubmettant ou en resistant combien quilz se contrarient. Et affin que on demande grace de merite et pardon de pechez dicellup dieu Et que on se mercie des biens que on a receu de luy/ mais en celle paix finalle ou celle iustice doit estre rapportee. Et pour cause de la quelle acquerir ceste iustice doit estre tenue il ne sera pas mestier que raison seigneurisse aux vices lesquelz ne seront aucuns pour ce que nature garie par immortalite et incorruption naura aucuns vices ne quelque chose ne contrarira a vng chascū de ne dicellup dieu ne de nous mesmes/ mais dieu seigneurira et lame au corps. Et la sera si grande doulceur et legierete dobeir comme il y aura grant bieneurete de viure et de regner. Et icelle chose sera pardurable en tous et en chascun/et sera certain quelle sera pardurable. Et pour ce la paix de ceste bieneurete ou la bieneureté de ceste paix sera le bien souuerain.

⁋ Epposicion sur ce chapitre.

En ce xxvii. chapitre monseigneur saint augustin demonstre que en ceste vie presente oraisō est necessaire a tous crestiens voire mesmes aux iniustes par ce que les bons sont en bataille cōtinuelle contre les vices/⁊ les mauuais en bataille pardurable. ⁋ Et le monstre par deux raisons. La seconde se commence ou il dit. Ne ceste oraison nest pas ꝛcetera.

Tiercement quant il dit. Certainement acet Il demonstre q̃ le iuste est en continuelle bataille. Et quon soubstrait aucune chose a cellup qui bien se combat contre ses vices. et par ce que ancores est oraison necessaire. Apres il met que en icelle paix p̃ durable ne sera mestier que raison ait seigneurie sur les vices pour ce quil nen y aura nulz / mais seigneurira dieu a lame et lame au corps tant seulement. Et cest ou il dit. Mais celle paix finalle acet. Et ce souffise pour la declaracio de ce chapitre

¶ En quelle fin est a venir la fi des mauuais. ppviii

Aie au contraire maleurete par durable sera a ceulx qui nappartiennent pas a celle cite de dieu / laquelle maleurete est ainsi dicte la mort seconde pour ce quon ne dit pas q̃ lame vive laquelle sera estrange de la vie de dieu ne le corps lequel sera submis a douleurs pardurables. Et par ce ceste mort seconde sera plus dure pour ce quelle ne pourra finir par mort mais pour ce que bataille semble estre contraire a paix aussi come maleurete est contraire a bieneurete et mort a vie. On demande et a bon droit qui est q̃ lle bataille peut estre entendue au contraire aux fins des mauuais aussi come on preche que la paix est loee aux fins des bons mais cellup qui demande ceste chose prenne soy garde quelle chose nuisible et mauuaise en bataille et il ny verra autre chose fors lauersite et le debat des choses entre elles. Doncques quelle bataille peut on penser plus griefue et plus amere que celle ou la voulente est si contraire a la passion et la passion a voulente que telles enemitiez ne finissent pas par la victoire de lune delles et ou la force de la douleur se debat tellement auec icelle nature du corps. Car quāt ce debat auient cy ou la douleur vaint et la mort oste le sens ou nature vaint et la sante oste la douleur, mais la douleur demeure affin quelle tourmente et la nature dure affin quelle sente car ne lun ne lautre ne deffend que la peine deffaille / Mais a icelles fins des bons et des mauuais. Les vngz sot a estre desirez les autres sont a estre escheuez. pour ce que par iugement les bons passeront aux vnes et les mauuais aux autres. Je dispute rapoursuiure ensuiuāt de ce iugement tant comme dieu me doura le pouoir.

¶ Exposicion sur ce chapitre.

En ce ppviii chapitre monseigneur saint augustin poursuit de la bataille perpetuelle des dannez. Car sicōe il dit q̃ au contraire sera maleurete et misere perpetuelle laquelle est aussi appelee la mort seconde. Apres quant il dit. Et par ceste mort acet. Il met les causes qui agrieuent celle mort seconde. Et par ce appert assez de lintencion de monseign̄r sait augustin de ce qui a este dit en ce liure et de la conclusion a laquelle il a voulu venir Et finablement dit de quoy il entend a parler ou pp. liure subsequent.

¶ Cy fine le pix. liure de monseigneur saint augusti de la cite de dieu.

¶ Cy commencent les rubriices du pp. liure de monseigneur saint augustin de la cite de dieu: lequel contient ppp. chapitres

¶ Que iassoit ce q̃ dieu iuge en tout tēps toutesfois sera il depuis en ce liure du iugement derrenier. i.

¶ De la diuersite des choses humaines / laquelle ne peut estre sans le iugement de dieu combien quil soit oscur. ii

¶ Quelle chose salomon ait depute ou liure de ecclesiastes des choses lesquelles sont communes en ceste vie aux bons et aux mauuais. iii

¶ Que saît augustin doit premieremēt amener ses tesmoingnages du nouueau testamēt a aps ceulx de sancien testamēt pour determiner du iugemēt derrenier. iiii

¶ Par quelles sentēces de dieu nostre sauueur il soit declaire que le iugemēt de dieu sera en sa fin du siecle. v.

¶ Quelle est la resurrection premiere et quelle sa seconde. vi.

¶ Quelle chose est escripte en sapocalipce de monseignr saint iehan des deux resurrections et des mil. ans, a quelle chose on en doie sentir raisonnablement. vii.

¶ Du iugemēt a du dessopement du dyable. viii.

¶ Quelle chose soit le royaume des sais auec iesucrist par mil ans a en quoy il differe du royaume pardurable. ix.

¶ Quelle chose on doie respondre a ceulx q cuident que sa resurrection apptient seusement aux corps et non pas aux ames. x.

¶ De gotet de magot lesquelz le dyable quant il sera desloppe aps la fin du siecle esmouuera a psecuter lesglise de dieu. xi

¶ De ce qui est racōte q le feu descēdra du ciel a mengera les mauuais appartiēnēt au derrenier iugement diceulx. xii.

¶ Se le temps de sa persecuciō antecrist doit estre cōpte auec les mauuais. xiii.

¶ De la dānaciō du diable auec ses siés et en recapitulāt de la resurrectiō des corps de tous les mors et de la retribucion derreniere. xiiii

¶ Qui sont les mors lesquelz la mort monstra au iugemēt ou lesquelz la mort et enfer rendirent. xv

¶ Du ciel nouuel a de la terre nouuelle. xvi.

¶ De la glorificacion de lesglise sans fin apres la fin. xvii.

¶ Quelle chose sait pierre sapostre ait psche du iugemēt derrenier de dieu. xviii.

¶ Quelle chose saint pierre sapostre ait escript aux thessaloniens de sa manifestacion de antecrist apres le temps duquel se iugement sensuiura. xix.

¶ Quelle chose icelluy apostre ait enseigne en la pmiere epistre a iceulx thessaloniens de la resurrection des mors. xx.

¶ Quelle chose ysaye le prophete ait dit de la resurrection des mors et de sa retribucion du iugement. xxi.

¶ Comment les sains vendront pour veoir les peines des mauuais. xxii

¶ Quelle chose daniel prophetisa de la psecuciō de antecrist et du iugemēt de dieu et du royaume des sains. xxiii

¶ Quelles choses sōt prophetisees aux pseaulmes de dauid en sa fin de ce siecle et du iugement derrenier de dieu. xxiiii

¶ De la prophecie de malaciel par laqlle le iugement derrenier de dieu declaire et dit que aucuns serōt nettoiez par peines purgatoires. xxv

¶ Des sacrifices que les sains offrirōt a dieu et se plairōt aussi cōe il luy ont pleu aux iours et aux ās passez pauāt. xxvi

¶ De la separacion des bons et des mauuais par laquelle consideraciō du iugement derrenier est declaire. xxvii

¶ Que sa loy de moyse laquelle est a entendre espirituelle a ce que le sens charnel ne enchee en murmure dannable. xxviii

¶ De sauenement de helye auant le iugement par la predicacion duquel en opposant les escriptures les iuifz se conuertiront en iesucrist. xxix.

¶ Que quāt on lit aux liures du viel testamēt que dieu iugera il nest pas mōstre clerement que ce soit la personne de iesucrist, mais par aucuns tesmoignages ou nostreseignr parle il appert sās doubte que ce soit iesucrist qui sauuera. xxx.

¶ Cy finent les rubrices du xx. liure de monseigneur saint augustin de la cite de dieu. Et commencent les chapitres.

pp.

Cy commence le xxij.liure de monseigñr saint augustin de la cite de dieu.

Que iasoit ce que dieu iuge en tous temps toutesfois sera il dispute en ce liure du iugement derrenier de dieu.   .i.

Ous qui entendons a p
ser du iugement du derre
nier iugement de dieu ce
ql lup plaira et affermer
icelluy encontre les mau
uais et mescreans de nous mettre premie

rement aussi come au fondemēt de ledifice les tesmoingnages diuins auſqͥtz ceulx qui ne veulent croire sefforcent de venir en contre par petites raiſōs humaines faul ses et falacieuses affin quilz debatēt le tes moignage lequl est prins des ſaictes escri ptures ou signifier autre chose ou neāt qͥ soit dit estre de par dieu. Car ie ne cuide pas quil soit aucun homme mortel qui ne sacorde et consente a iceulx tesmoi gnages quil les aura entendus sicomme ilz sont dis. Et que il croira que ilz sōt dis p les sainctes ames du dieu ouuerai souuerain et vray soit quil confesse aussi ceste chose de bouche, soit quil ait honte et paour par aucun vice de la confesser, ou soit ancores par obstinacion tressemblable a forcennerie, il sefforce de deffendre tresrioteusement quil scait et croit estre vray. Ce doncques que toute lesglise tient en confession et proffession de vray, cest assauoir que iesucrist est auenir pour iuger les vifz et les mors. Nous disons ce estre le derrenier iour du iugement diuin Cest adire le derrenier temps. Car il nest pas certain par quans iours icelluy iugement durera, mais selon la coustume des escriptures sainctes tout homme qui lit cestes escriptures, combien que negligamment scait quel iour est mis pour temps. Et pource quant nous disons le iour du iugement de dieu, nous adioustons le iugement derrenier. Car il iuge desmaintenant et iuga des le commencement de lumain lignage en mettant hors de paradis et en separant du fruit de vie les premiers hommes qui firent le grant peche, mais aussi il iuga q plus est quant il nespargna pas aux angles qui pecherent desquelz le prince par enuie subuertit les hommes subuertis en soy mesmes ne sans iugement hault et iuste dicelluy, la vie des dyables et des hommes nest pas tresmaleureuse et tresplaine derreurs et de meschantetez en terre et en lair. Toutesfois se nul neust peche dieu receust tresperseueramment en bieneurete pardurable toute creature raisonnable iointe a soy comme a son seigneur, non pas sans iugement bon et droitturier il iuge aussi, non pas seulement vniuerselement des dyables et des hommes quilz soient maleureux pour la desserte des premiers pechez, mais il iuge des oeuures propres de chascun lesquelles ilz font de leur voulente. Car les dyables prient quilz ne soient pas tourmentez pour leur mauuaistie. Et les hommes par iugement de dieu seuffrent peines pour leurs fais souuent appartiennent et tousiours occultement en ceste vie ou apres la mort, iassoit ce que aucun homme ne face rien a droit se il nest ayde de layde de dieu ne aucun homme ne aucun diable ne face rien mauuaisement sil ne luy est souffert par icelluy mesmes iugement de dieu tres iuste. Car sicome dit lapostre il nya pas diniquite en dieu, aussi come il dit autre part les iugemens de dieu ne sont pas a enquerir et les voyes dicelluy ne sont pas trouuables. Doncques ne disputeray ie pas en ce liure diceulx premiers iugemens de dieu ne de ses moyens, mais tant comme il men doubra pouoir que ie disputeray dicelluy iugement derrenier que iesucrist vendra du ciel iuger les vifz et les mors. Car cestuy iour est appele proprement le iour du iugement. Pour ce que fole demande ou querelle naura pas la de lieu. Pourquoy ce iniuste soit bieneure, Et pourquoy ce iuste soit maleureux. Car doncques ne appartendra la vraye et plaine bieneurete de quelcomques fois des bons, ne la tresgrant et tresdigne maleurete de qlconqs fois des mauuais:

(Exposicion sur ce chapitre:

Ence xx. liure monseigneur saint augustin preuue ce quil a promis en la fin du liure precedent, cestassauoir de parler du iour du iugement derrenier, et dit quil sera vng et derrenier iugement de nostreseign̄r iesucrist, et pourquoy les bons sont punis en ce siecle et non pas les mauuais. Et pourquoy la mauuaise loy est proposee a lancienne loy. Et fait v. choses en ce chapitre. premierement il recomande de lauctorite de la sainte escripture se elle est a droit entendue. Et cest ou il dit. Car ie ne cuide pas quil soit aucun homme ccete Secondement il a iouste et dit que comme lesglise tienne que iesucrist descendra du ciel pour iuger les bons et les mauuais. Nous disons ce derrenier temps ⟨cet⟩. Et celle partie se commence ou il dit. Ce doncques que toute sesglise tient ⟨ce⟩. ⟨ Tiercement il expose. cestassauoir que quant nous disons le iour du iugement de dieu nous y aioustons le derrenier iugemēt pour ce que des le cōmencement du monde il commenca a iuger et ancores fait. Et met exemple de adam et de eue de cain et des angles. Et cest ou il dit : Et pour ce quant nous disons ⟨cet⟩. Quartemēt il adiouste sa proposicion et demonstre pourquoy il sappele le derrenier ⟨ce⟩. Et cest ou il dit. Car les dyables prient ⟨ce⟩. Quintement il conclud que ce iour du iugemēt est proprement appelle le iour derrenier. Car il dit que folle demande ou querele naura pas de lieu. Car il ne fauldra pas demander pourquoy celle iniustice soit bieneuree / nec ecōtra ⟨ce⟩. Et cest ou il dit. Et cestuy iour est proprement appele ⟨ce⟩: Et par ce le chapitre est tout cler.

⟨ De la diuersite des choses humaines laquelle ne peut estre sans le iugement de dieu combien quil soit obscur ii

Mais apresēt nous aprendrōs a porter patiāmēt les maulx que les bons endurēt / ⟨ ⟩ a pou priser les biens que les mauuais acquierent. Et y ce est ancores la doctrine diuine prouffitable en ces choses ausqlles la iustice diuine nappert pas. Car nous ne sauons par ql iugement de dieu icelluy bon soit poure / et icelluy mauuais soit riche. Ne par quel iugement de dieu celluy sesiouisse lequel nous cuidons quil doie estre tourmente p pleurs / et que celluy soit en tristresse lēql la Vie louable admonneste pfaitement ql se doie esiouir ne par quel iugemēt de dieu icelluy qui est innocent Vienne hors du iugement / non pas seulement tourmente / mais ancores condenne ⟨ ⟩ opprime par sa mauuaistie du iuge ou eschasse par faulx tesmoignages. Et au contraire commēt les mauuais auersaires dicelluy. nō pas seulement impuny, mais ancores Venge sesiouisse ne par quel iugement de dieu le mauuais soit tressain et le bon languisse et samaigrisse par languissemēs / ne par quel iugemēt de dieu les iosnes hommes tressains soient larrons / et que ceulx qui ne peurēt onques blecher aucun ne ps par parolles soient tourmentez par diuerses cruaultez de maladies. Ne pourquoy enfans prouffitables aux choses humaines soient rauis par mort soudaine. Et celluy qui semble que neps il ne deust pas a uoir este nez Vine ancores tresloguemēt ne pourquoy celluy qui est plain de crimes soit esleue par honneurs. Et les tenebres de Villenie mucent come que on ne se plait pas et autres choses semblables les quelles qui est celluy qui les nombre qui est celluy qui les assemble / lesquelles choses se elles auoient constance aussi come en icelle inconueniens ou absurdite a ce que autres fois les mauuais neussent iceulx biens temporelz et terriens. Et que autres fois les bons ne souffrissent telz maulx en ceste Vie / en laquelle sicomme dit le saint pseaume homme est fait semblable a Vanite / et les iours passent sicōme lombre. ⟨ Ce pourroit estre rapporte au iugement de dieu et amour benigne / affin que ceulx qui ne doiuent pas auoir les biens pardurables lesquelz sont les hōmes estre bieneurez fussent deceuz par leur mauuaistie ou fussent confortez par la misericorde de dieu par iceulx biens tēporelz. Et ceulx qui ne doiuent pas souffrir les tourmēs pdurables fussent tourmentez pour leurs pechez quelconques et combien petis / mais de tant sont les iugemens de dieu moins a enquerir / et ses Vopes moins a enchercer quant a present non pas seulement les bons sont en mal et les mauuais en bien laquelle chose semble contre raison/ mais que ancores souuent les maulx auiennent aux mauuais et les biens aux bons/iassoit ce doncques que nous ne sachons par quel iugement dieu face ces choses ou les seuffre estre faictes enuers lequel est souueraine vertu et souueraine sapience et iustice. Et n'y a nulle enfermete nulle folie nulle iniquite/toutesfois nous prendons sauuement a pop priser ou les bons ou les mauuais lesquelz nous devons estre comis aux bons et aux mauuais. et a acquerir les biens lesquelz sont propres aux bons/ et fuir tresgrandement les maulx lesquelz sont propres aux mauuais/ mais quant nous serons venus a ce iugement de dieu duquel le temps est ia proprement/non pas le iour du iugement et aucunesfois le iour de nostreseigneur toutes icelles choses apperront estre tresiustes. non pas seulement toutes celles lesquelles sont lors iugees/ mais aussi toutes celles lesquelles sont iugees des le commencement/ et lesquelles sont ancores a iuger iusques a icelluy temps. ¶ Et la certes sera manifeste comment ce sera fait par le iuste iugement de dieu en telle maniere que a present tant de iustes iugemens de dieu / et auec tous soient oscurs aux sens et aux pensees des hommes mortelz. Combien toutesfois que en ceste chose ne soit pas oscur a la foy ou creance des bons crestiens que ce iugement oscur ne soit bon il dit. Lesquelles choses selles auoient constance acet. Et finablement il monstre que au iour du iugement/ non pas seulement les choses q seront lors iugees / mais qui sont este des le commencement du monde et qui se seront iusques au iour du iugement desquelz iugemens nous ne sauons apresent les causes nous apperront lors estre iustes. Et cest ou il dit. Mais quant nous serons venus acet Et quant monseigneur saint augustin parle des bons q ont tousiours eu bien et des mauuais qui ont eu tousiours mal/ tu en as eu exemple en l'ancien testament. Car premierement abraham fut bon et fut tousiours en grant prosperite en ce monde. Secondement pharao fut mauuais et si eut maulx horribles aux dix plaies degypte. Tiercement come iob fut bon il eut a peines tousiours mal et souffrit plusieurs persecucions. Quartement assuerus come il fust mauuais et desloyal eut tousiours grans biens et grans prosperitez en ceste vie.

¶ Quelle chose salomon ait dit depute ou liure de ecclesiastes des choses lesquelles sont contenues communes a ceste vie aux bons et aux mauuais : iii.

Car salomon le tressage roy disrael lequel regna en hierusalem commenca en ceste maniere le liure qui est appelle ecclesiastes/et lequel est aussi tenu des iuifz ou canon des saintes escriptures : Vanitez des vanitez dit ecclesiastes vanitez des vanitez. Et toutes choses sont vanitez. quelle habondance a homme en tout son labour ouquel il labeure soubz le soleil Et comme icelluy salomon appliquast ou ioindist les autres choses par ceste sentence en racontant les meschances et les erreurs de ceste vie. et que le temps passe deuient neant ouquel rien nest tenu ferme ne estable en ceste vanite des choses soubz le soleil, il plaint aucunement ce quil sensuit. Cestassa-uoir que comme habondance de sapience soit par dessus insipience aussi comme ou chief dicelluy et le fol voise en tenebres.

¶ Toutesfois sans doubte ung mes-mes assault vient a tous en ceste vie la-quelle est demenee soubz le soleil, cestassa-uoir en signifiant le mieulx lesquelz nous veons estre communs aux bons et aux mauuais. Il dit aussi que les bons seuf-frent les maulx aussi comme silz fussent mauuais, et les mauuais ont aussi com-me silz fussent bons et dit ainsi. Cest va-nite dit il qui est faicte sur terre car ilz sont aucuns iustes sur lesquelz il vient aussi comme le fait des iustes. Jay dit dist il q͂ ancores est ce vanite. Et en ceste vanite l'omme tressage deputa tout ce liure pour le notifier tant quil semble assez, & non pour autre chose fors a ce que nous desi-rons ceste vie laquelle na pas de vanite soubz ce soleil, mais a verite soubz celluy qui fist ce soleil en ceste valee. Doncq̃s hõe fait semblable a icelle mesmes vanite se-roit il fait vain fors par le iugement de dieu iuste et droitturier. Toutesfois il a grant difference et est moult a considerer assauoir se homme aux iours de sa vani-te resiste ou obeist a vanite. Et sil est es-trange ou participant de vraye pitie, non pas pour auoir les biens ou pour escheuer les maulx de ceste vie q̃ passent en naissant, mais pour le iugement auenir par lequel les biens seront aux bons et les maulx aux mauuais a demourer sans fin. Aprés ce sage salomon conclud ce liure et dist: Doubte dit il dieu et garde ses comman-demens, ceste chose est tout homme. Car dieu amerra ceste oeuure en iugement en tout celluy qui sera derise en ce monde soit bien soit mal. ¶ Quelle chose peut estre dicte plus vraye plus briefue et plus saine, doubte dieu dist il et garde ses comman-demens. Ceste chose est tout homme. Certes quiconques est il est ceste chose: Cestassauoir qui garde ses commande-

mens de dieu. Car qui nest cest chose il nest rien, pour ce quil nest pas refoime a limage de verite, mais demeure en sem-blance de vanite. Car dieu amenera au iugemẽt toute icelle oeuure, cestassauoir que homme aura fait en ceste vie soit bien ou mal, et tout celluy qui est deprise, cest a dire en tout celluy qui semble pey estre des-prise. Et pour ce nest il pas veu car dieu le voit, et ne le desprise pas ne se tres-passe pas quant il le iuge.

¶ Epposicion sur ce chapitre.

En ce iiii. chapitre mõseigneur saint augustin assigne la raison de ceste cõtrariete ou variete. Et dit que salomon en son liure q̃ sappele ecclesiastes en pleu-rant la vanite de ce monde pleure par es-pecial ceste variete, cestassauoir quilz sont plusieurs iustes sur lesquelz vient aussi comme le fruit des mauuais & plusieurs mauuais sur lesquelz vient aussi comme le fait des bons et iustes, mais sicomme dit saint augustin il ne la pleure pour au-tre cause fors pour ce que nous desirons venir a ceste vie laquelle na pas de vani-te soubz le soleil, mais a verite soubz celluy qui fist le soleil, par quoy il appert que nostreseigneur voulut iustement ou benignement ceste variete estre. ¶ Apres quant il dit. Apres ce sage salomon &ce. Il argue secondement et dit ainsi. Apres ce que salomon eut ploure ce que les bons seuffrent mal, et les mauuais recoipuẽt les biens, il conclud et dit. Craing dieu et garde ses cõmandemens. Car ceste cho-se est tout homme. Et en adioustant a ceste sentẽce dit ces posles: Car dieu dist il aimera tout hõme q̃ saura desprise soit bien ou mal. ¶ Or est il ainsi que par son dit de ces choses il appert que ceste variete est ordonne au salut des iustes, cestassa-uoir que ilz craingnent dieu et que ilz pen-sent au derrenier iugement, par quoy il appert que nostreseignr̃ voulut iustemẽt

EEi.

ou benignement ceste varietc. Comment cest prouffit aux bons que ilz soient tourmentez auec les mauuais il est monstre par bonnes raisons en la fin du pviii. chapitre et ou ix du premier liure.

¶ Que saint augustin doie premieremēt amener les tesmoingnages du nouueau testament/ et apres ceulx de lancien testament pour determiner du iugement de dieu: iiii.

Les tesmoingnages doncques dicelluy derrenier iugement de dieu lesquelz iay ordonne a proposer des escriptures sainctes sont premierement a eslire du nouueau testament et puis du viel. Car iassoit ce que les vielz tesmoingnages soient pmiers en temps/ touteffois les nouueaulx sont a mettre auant en dignite pour ce que les vielz sont anoncemens des nouueaulx/ nous metterons doncques les nouueaulx premierement lesquelz affin que nous pouruoiōs plus fermemēt nous prendrōs les vielz. Aussi aux vielz sōt cōtenus/ la loy et les prophetes au nouueaulx les euāgilles et les escriptures des apostres/ car lapostre dit ainsi/ la congnoissance de peche est par la loy/ mais maintenant la iustice de dieu est manifestee sans loy tesmoingnee par la loy et par les prophetes/ mais la iustice de dieu est manifestee par la foy de iesucrist en tous ceulx qui y croient. Ceste iustice de dieu appartient au nouueau testament et a tesmoignages de liures anciēs cestadire de la loy ou des prophetes. la cause doncques est a proposer premierement et puis les tesmoingz a amener. Icelluy iesucrist en demonstrant que on deuoit garder ceste ordre dit ainsi. ¶ Le sage notaire dit il ou royaume de dieu resemble a lomme qui est seigneur nouueau de lostel que on appele pater familias qui met de son tresor les choses nouuelles et vielles. Il ne dit pas vielles et nouuelles laquelle chose pour certain il eust dit ou dicte sil ne eust pas voulu garder aussi bien lordre des merites que des temps.

¶ Epposicion sur ce chapitre:

En ce iiii. chapitre monseignr saint augustin demonstre que aux tesmoingnages de la saincte escripture on doit preferer les escriptures du nouueau testament a celles du viel testament. Et ceste chose il prueue premierement par raison. ¶ Secondement il declaire par auctorite. ¶ Premierement il prueue par rayson/ car sicomme il dit suppose que les anciennes escriptures precedent en temps les nouuelles sont a mettre auant par raisō de dignite. Et ceste raison il sauuast par plusieurs autres. ¶ Secondement il se declaire par sauctorite de leuangille. Et celle seconde partie se commence ou il dit Icelluy iesucrist en demonstrant cel ordre acetera.

¶ Par quelles sentēces de dieu nostre sauueur il soit declaire q̄ le iugement de dieu sera en la fin de ce siecle: v.

Doncques cōme icelluy sauueur blamast les citez ausquelles il auoit fait les citez grandes et elles ne creussent pas et mist auāt elles les citez estrāges. Touteffois dit il ie vous dy que au iour du iugemēt il sera mieulx a ces deux citez tyre et sidonie que a vous. Et vng pou apres il dit a lautre cite. Certainemēt dit il ie vous dy que au iour du iugement il sera mieulx a la terre des sodomiens que a toy. Il presche ycy treseulrement que le iour du iugemēt est auenir. Et en vng autre lieu il dit. Les hōes dit il de niniue ressusiterōt au iugemēt auec ceste generacion/ et la condenneront pour ce que ilz firent penitance a la predicacion de ionas le prophete. Et veez cy plus q̄ ionas sa royne de austre ou iustice dit il resuscitera au iugement auec ceste generacion/ et la condennera pour ce quelle vint de terre lointaingne ouyr sa sapience de salomon/ et veez cy plus que salomon. nous apprenons deux choses en ce lieu. cestassauoir et que le iugement est a auenir et quil viendra auec la resurrection des mors. car quant il disoit ces choses de ceulx de niniue et de sa royne daustre/ sans doubte il parloit des mors/ lesquelz toutesfois il dit quilz ressusciteront au iour du iugement ne il ne dit pas que ilz les condenneront pour ce quilz iugeront/ mais que en comparacion deulx ceulx cy seront a bon droit condennez. De rechief quant il parloit de la coniunction de maintenant et de sa separacion ensuiuant des bōs et des mauuais sa ceste chose est a auenir au iour du iugement il aiousta la similitude du forment seme et des mauuaises herbes semees pardessus et en opposant a ses disciples ceste similitude dit ainsi. Celluy dit il qui seme la bonne semence cest le filz de lōme/ cestassauoir iesucrist/ mais le mōde est le champ/ et la bonne semence ce sōt les filz du royaume des cieulx/ mais les mauuaises herbes ce sont les filz mauuais/ et le dyable est lennemy qui les a seme/ mais les messons cest la fin du siecle et les anges sont les messonneurs/ doncques si comme les mauuaises herbes sont cueillies et arses ou feu ainsi sera ce en la fin du siecle/ le filz de la Vierge enuoyra ses anges et cueilliront tous les esclandes de son royaume et ceulx qui font iniquite et les metteront en la fornaise ardāt la seront pleurs et estraingnemēs de dens Adoncques les iustes resplendiront comme le soleil au royaume dessoubz leur pere q̄ a oreilles pour oyr si oye. Il ne nōma pas icy pour certain le iugemēt ou le iour du iugemēt mais il exprima trop plus clerement par icelles choses/ et anoncha q̄

icelluy iugement estoit a auenir en la fin du siecle. De rechief il dit a ses disciples Certainement dit il ie vous dy que vous qui mauez suiuy quant viendra en sa regeneracion que le filz de la Vierge sera ou siege de sa mageste/ vous serez sur xii. sieges et iugerez les xii. lignees disrael nous apprenons icy que iesucrist iugera auec ses disciples/ dont il dit aux iuifz autre part telles parolles. Se ie boute dist il les dyables ou nom de belzebub en q̄l nō les bouteront hors voz filz/ pour ce dit il seront ilz voz anges/ ne nous ne deuons pas cuider que les xii. hommes seulemēt doient iuger auec cy pour ce quil dit quilz seront sur douze sieges. Car toute vne multitude de ceulx qui iugeront est signifiee par le nombre de douze pour les deux parties du nombre de sept par lequel vniuersite est souuent signifiee. Lesquelles deux parties/ cestassauoir trois et quatre multiplier lun par lautre font xii. Car trois fois iiii. et quatre fois trois font xii. Et semblablement se aucune autre raisō de ce nōbre de xii. est trouuee laquelle face a ce propos. Autremēt saint pol lapostre q̄ laboura plus q̄ tous les autres neaura lieu ou il se siee pour iuger. pour ce q̄ nous lisons que saint mathias fut ordonne apostre en lieu de iudas le traistre lequel saint pol demonstre certainemēt quil appartient au nombre des iuges quant il dit Ne sauez vous pas dit il que nous iugerons les anges. Aussi la cause est semblable en ce nombre de douze de ceulx qui seront iugez. Car pour ce quil dit que ilz iugeront les xii. lignees disrael. pour ce nest ce pas que la lignee de luy laquelle est xii. ne soit iugee deulx ou aussi qui iugent le peuple seulemēt/ et non pas les autres gens/ mais ce quil dit ces motz en la regeneracion il vous estre entendue la resurrection des mors. Car ainsi comme nostre ame est regeneree par foy aussi nostre chair est regeneree p̄ incorruption. Je laisse moult de choses lesquelles semblent estre dictes du iugement derrenier/

ee ii.

En telle maniere que se elles sont consideres diligamment elles seront trouuees doubteuses ou appartenant plus a autres choses/cestassauoir a lauenement du sauueur par lequel il vient par tout ce temps en son eglise/cestadire en ses membres particulierement & petit a petit. Car le sglé est tout le corps de luy ou apptenans a la destructiõ de la terrienne hierusalem. Car quãt il ple de celle destruction il en ple souuent aussi comme se il parlast de la fin du siecle et de ce derrenier & grant iour du iugement en telle maniere que on ne peut pas sauoir du tout duquel aduenement il parle se toutes les choses ne sont colacionnees et conferees entre elles/ lesquelles sont dictes de celle chose. ¶ Semblablement par trois euangelistes/ cestassauoir saint mathieu saint marc et sait luc/a ce que il appere que les choses soient dictes lesquelles sont dictes appartenãs a vne chose. ¶ Quelz merueilles. Car lune explicque aucunes choses plus oscurement/ lautre plus plainement laquelle chose ientendy a faire comment que ce fust en vne epistre laquelle ie rescrips a homme de saincte memoire hesicium euesque de la cite de salomtamine & laquelle epistre est de la fin du siecle. ¶ Et pour ce ie diray orendroit ce qui est leu en seuãgile saint mathieu de la separacion des bõs et des mauuais par le iugement tresprésent et tresderrenier de nostre seigneur iesucrist. ¶ Quant le filz de la vierge dist il sera venu en sa mageste et tous ses iuges auec luy il sera adoncques sur le siege de sa maieste. ¶ Et toutes gens seront assemblez deuant luy et les separera densemble/ sicomme le pasteur depart les brebis des chieures. Et mettera pour certain les brebis a sa dextre et les chieures a sa senestre. ¶ Adoncques le roy dira a ceulx qui sont a sa dextre. ¶ Vous bieneurez de mon pere prendez le royaume qui vous est appareille des le commencement du monde. Car iay eu faim et vous mauez donne a menger/ ie estoie a hesbreger et

vous mauez recueilly/ ¶ Je estoye nudz et vous mauez recouuert/ ie estoie en chartre et vous mauez venu visiter. ¶ Adonques luy responderont les iustes et dirõt Sire quant nous te veismes auoir faim et tauons repeu/ et auoir soif et tauons donne a boire/et quant te veismes nous a herbreger et en chartre & sommes venus a toy. ¶ Et le roy en respondant leur dira. Je vous dy certainement que vous lauez fait a moy tant quãt vous lauez fait a lun de ces miens freres & petis. ¶ Adõcques dit leuangeliste/ il dira a ceulx qui seront a sa senestre. ¶ Vous qui estes maudis departes vous de moy ou feu pardurable q est appareille au diable & a ses anges. ¶ Apres il leur raconte aussi semblablement ce que ilz ne luy ont pas fait Les choses il ramentoit que ceulx qui sõt a dextre luy ont fait. ¶ Et quant ilz demandent quant ilz lont veu mener a la souffrette de ces choses/il leur respond semblablement que ce na pas este fait a ses freres trespetis. Et en concluant sa parolle dit en ceste maniere: ¶ Ceulx cy dit il ilz pront ou tourment pardurable. mais les iustes pront en sa vie pardurable/ mais saint iehan leuangeliste raconte tresappertement que nostre sauueur iesucrist a denonche le iugement auenir en la resurrection des mors. car sicomme il eust dit ces motz. Certes le pere ne iuge quelcõcques mais a donne tout le iugement au filz a ce que tous honnourent le filz/ sicomme ilz honnourent le pere/ q ne honnoure le filz il ne honnourent pas le pere qui la enuoye il adiousta tantost ces parolles. Certes dit il ie vous dy que celluy a vie pardurable lequl oyent ma parolle et croit en celluy qui ma enuoye & ne viendra pas au iour du iugement/ mais passera de mort a vie. ¶ Veez cy que il dit que les bons ne viendront pas au iugement comment doncques seront ilz separez des mauuais par iugement et seront a sa dextre/ fors pour ce que il meist pey iugemët pour condennacion ¶ Car ceulx cy cirent en la parole dicelluy et croient en icelluy qui la envoye: Ceulx ne viendront pas a ce iugement.

Exposicion sur ce chapitre.

En ce cinquiesme chapitre monseigneur saint augustin commence a prouuer que le iugement sera. Et amaine sept raisons lesquelles apperent par le texte. La premiere est au commencement de ce chapitre. La seconde se commence ou il dit. De rechief quant il par le recete. La tierce ou il dit. De rechief dit il a ses disciples ccet. La quarte ou il dit. Dont dit il aux iuifz ccet. La cinquiesme ou il dit. Mais ce que il dit ces motz cce. La sixiesme ou il dit. Et pour ce ie diray ccet. La septiesme ou il dit. Mais saint iehan leuangeliste cce. En la premiere partie il monstre q̃ nul mauuais ne condenera autre mauuais au iour du iugement. Et pource quant il dit que les aucuns condenneront les autres, il se dit pour ce que les vngz seront condennez en comparaison des autres. en ceste maniere il expose les tesmoignages de leuangille qui sembloient sonner le contraire. Et cestassauoir que monseigneur saint augustin met trois manieres de iugemens de sentence ou prenonciacion. Et celle appartiendra aux moins mauuais, au regard des plus mauuais sicomme il est dit de niniue et de la royne de sabba aussi comme on a acoustume a acheter les choses moins leides au regart des plus leydes. Le tiers sera le iugement daprobacion: Et selon cestuy iugement tous les sains sicomme dit nostreseigneur en leuangille ou il dit en parlãt des douze apostres, ilz seront dit il voz iuges. Et pour ce que on pourroit demander comment les douze apostres seulz se

tous les sains le font, il y respond et dit que ce nombre de douze nest pas pris pour douze hommes seulement, mais pour toute luniuersite de tous les sains, et le preuue doublement. Premierement par monseigneur saint pol, et apres par la lignee de seuy, et que ce nombre de douze signifie luniuersite il se declaire p̃ les deux parties duquel, cestassauoir trois et quatre meues lune par lautre, cestassauoir trois fois quatre et quatre fois trois sõt douze. Et quant est de la septiesme auctorite de monseigneur saint iehan ou il est dit que nostreseigneur dit. Qui oyt ma parolle ne viendra pas en iugement, mais passera de mort a vie. Mõseigneur saint augustin dit que il ne nye pas que par ce ilz ne viennent au iugemẽt au iour de la diuine sentence, car ilz seront a dextre, et leur sera dit Venes ccete. Mais il nye que ilz viennent au iugement de la condennacion, et ce souffise pour la declaracion de ce chapitre.

Quelle est la resurrection premiere et quelle est la seconde. Vi.

Apres nostre sauueur adiousta et dit. Certes dist il le vous dy que leure est venuee et est a present quãt les mors orront la voix du filz de dieu et ceulx qui lorront viueront, car aussi comme le pere a vie en soy mesmes aussi il donne au filz auoir vie en soy mesmes. Il ne parle pas ancores de la seconde resurection, cestadire la resurrection des corps laquelle est a venir en fin. Mais quant il parle de la premiere sachẽ le est a present. Car a ce que il la deniast il dit ainsi, lheure est venuee et est apresẽt mais ce nest pas la resurrection des corps mais celle est des ames. Car les ames leur mort est mauuaistie et aux pechez selon laquelle mort ceulx sont mors, desquelz nostre seigneur dit.) Laisse que les mors enseuelissent leurs mors, cestassauoir que les mors en ame enseuelissent les mors en corps. Doncques pces mors en ame en mauuaistie et par iniquite dit il l'heure est venue, et est apresent que les mors orōt la voix du filz de dieu et ceulx qui l'oront viueront. ¶ Ceulx qui l'oront dit il voire qui creront et perseueront iusques en la fin. Ne il ne fist icy aucune difference des bons et des mauuais. ¶ Car cest bonne chose a tous de oyr la voix dicelle et viure et passer la mort de mauuaistie a la vie de bonte, de laquelle mort mōseigneur saint pol lapostre dit ainsi.

¶ Tous sont dit il doncques mors, et cellup est mort pour tous a ce que ceulx qui viuent ne viuent desormais a eulx, mais viuent a cellup qui est mort pour eulx et est ressuscite. Et ainsi tous sans excepter sont mors en peche ou originaulx ou aussi adiouster volontairement ou par ignoramment ou a escient ou en laissant a faire ce qui estoit iuste chose a faire. Et vng vif dit il est mort pour tous les mors. Cestassauoir que cellup qui du tout nauoit quelque peche a ce que ceulx qui viuent par remission de pechez ne viuent desormais a eulx. mais a cellup qui est mort pour noz pechez et est ressuscite pour nostre iustificacion a ce que nous iustifiez de mauuaistie aussi come viuifiez de mort, cestadire venus de mort a vie en croyant a cellup qui iustifie les mauuais puissōs appartenir a la premiere resurrection, car ceste premiere nappartiēt pas fors a ceulx qui seront bieneurez par durablement, mais il enseignera et que les bieneurez et les maleureux appartiennent a la seconde resurrection de laquelle il a aparler incontinent. ¶ Ceste resurrection premiere est de misericorde, et lautre est du iugement, pour laquelle chose il est escript ou psaultier. ¶ Sire ie te chanteray miseri

corde et iugement, duquel iugement il adiousta apres et dit telles paroles. Et le pere dit il donna puissance au filz et de faire iugement pour ce que il est filz de la vierge, il monstre icy que il vendra iuger en celle chair en laquelle il estoit venu pour estre iuge. Car a celle fi pour ce dit il que il est le filz de lomme. ¶ Et apres en adioustant a ce de quoy nous traictons il dit ¶ Ne vous esmerueilles pas dit il de cestup. Car l'heure vient en laquelle tous ceulx q sont aux monumēs ou sepulcres oront la voix du filz de dieu, et ceulx qui aurōt bien fait pront en resurrection de vie mais ceulx qui auront mal fait pront en resurrection du iugement, cest le iugemēt lequel vng pou deuant aussi cōme il fait maintenant il auoit dit pour condennacion disant. Cellup qui oyt ma parole et croit en cellup qui ma enuoye en vie perdurable et ne vendra pas au iugement, mais passera de mort a vie, cestadire que il ne vendra pas en dannacion en appartenant a la premiere resurrection par laquelle on passe de mort a vie, laquelle dānacion il signifia par le nom du iuge aussi comme en ce lieu ou il dit. Ceulx qui aront fait mal pront en la resurrection du iugement, cestadire de dannacion. ¶ Cellup doncques se ressuscite en la premiere resurrection qui ne veult pas estre danne en la seconde. Car l'heure est venue qui est apresent que les mors oront la voix du filz de dieu, et ceulx qui l'oront viueront, cestadire ne vendront pas en dannacion, laquelle est appelee mort seconde, en laquelle mort ceulx qui ne ressusciteront en la premiere resurrection laquelle est des ames seront trebuchez apres la seconde resurrection laquelle sera des corps. Car l'heure viendra en laquelle il ne dit ou ne dira pas et est apresent. Car ce sera en la fin du siecle, cestassauoir au iugement de dieu derrenier et tresgrant, que ceulx qui seront aux sepulcres oront la voix dicellup et viendront auant. ¶ Je ne dy pas et ceulx qui seront viueront aussi comme il dit en la premiere resurrection. Car tous ne viueront pas/cest assauoir de celle vie laquelle doit estre dicte seule vie pour ce que elle est bieneuree. ¶ Car sans doubte sans quelque vie il ne pourroit ouyr et venir des sepulcres ressuscitez en chair. mais enseigne par ce qui sensuyt. ¶ Pourquoy tous ne viueront pas en ce iugement par telles parolles. ¶ Ceulx dit il qui aurōt fait bien yront en sa resurrection de vie ce sont dit il ceulx qui viueront. mais ceulx qui auront fait mal yront en sa resurrection du iugement. Ce sont ceulx qui ne viueront pas car ilz mourront de la secōde mort. ¶ Quelz merueilles. Ilz ont fait mal pour que ilz ont vesqui mauuaisement/ mais ilz ont vesqui mauuaisement pour ce que ilz ne sont pas ressuscitez en la premiere resurrection des ames laquelle est a present. ou ilz ne sont pas demourez iusques en sa fin en ce quilz estoient reuesquis ou ressuscitez.) Doncques aussi comme il y a deux regeneraciōs desquelles iay parle parauant. Lune selon la foy laquelle est faicte apresent par baptesme. Lautre selon sa chair laquelle sera faicte en sa corrupcion et immortalite dicelle par le grant iugement derrenier. aussi sont il deux resurrections. Lune premiere laquelle est apresent et est des ames/ et laquelle ne seuffre pas venir en sa mort seconde laquelle nest pas apresent, mais sera en la fin du siecle/ et nest pas des ames/ mais des corps lesquelles par le iugement derrenier enuoye les vngz en sa mort seconde/et les autres en celle vie laquelle na pas de mort.

¶ Epposicion sur ce chapitre.

En ce vi. chapitre monseigneur saint augustin monstre que aussi comme il soit deux generacions. Lune qui est faicte selon sa foy par baptesme. Lautre

qui est faicte selō sa chair laquelle sera en son incorrupcion par le grant iugement derrenier. Tout aussi sont il deux resurrections. Lune premiere des ames cest de present laquelle ne laisse venir comme en la mort seconde. Lautre seconde qui sera des corps en sa fin du siecle/ et cest ce que ce chapitre contient en effect. Parquoy que nostre premiere et principale intencion doit estre de penser de lame tant comme nous faisons nostre peserinage en ceste vie mortelle.

¶ Quelle chose est escripte de monseignr saint iehan en lapocalipse des deux resurrections des mil ans et quelle chose on sent raisonnablement dicelles.   vii

Celuy mesmes monseignr saint iehan leuangeliste parla de ces deux resurrections ou liure qui est appele apocalipse en celle maniere que la premiere dicelles p aucuns des nostres qui ne lentendoient pas a este trouuee en fable et en mocquerie. Je vous dy dit il lāge descendant du ciel qui auoit la clef dabisme et vne chaine en sa main/ et tient lāge le dragon ce serpent ancien qui est surnōme dyable et sathan et le soya par mil ans et seuoia en abisme et lenferma et mist signe sur luy a ce quil ne deceust plus les gens iusques a ce que mil. ans soiēt finez. Apres ce il conuient quil soit desloye vng pou de temps. et ie veis dit il sieges et ceulx qui seoient dessus et le iugement fut donne et les ames de ceulx qui estoient occis pour le tesmoingnage de iesucrist et pour la parolle de iesucrist. et ceulx nadourerēt pas la beste ne son ymage et ne prindrent pas linscription dicelle en leur front ou en leur main rengneront auec iesucrist mil. ans/mais les autres ne vesquirent pas iusques a ce que mil. ans soiēt finez. ceste resurrectiō est la premiere. celluy est bieneure et sainct qui appert en ceste resurrection premiere. La mort seconde na pas de puissance en ceulx cy/mais serōt prestres de dieu et de iesucrist et rengneront aueclup mil. ans. Ceulx qui pour celles paroles de ce liure ont cuide q̄ la resurrection des corps auenir soit la premiere sont mieulx entre les autres choses mesmement par le nombre de mil ans aussi comme sil conuenist que le sabbat se feist en celle maniere aux sains aussi comme de si grās temps/ cest assauoir par sainct repos ou par saincte vocacion apres les labours de six mil. ans depuis que homme fut cree et mis hors par desserte de si grant peche de la bieneurete de paradis aux maseuretez de ceste mortalite a ce que pour ce quil est escript q̄ vng iour est enuers nostre seigneur aussi comme mil. ans et mil. ans sont aussi comme vng iour que six mil. ans acomplis aussi comme six iours/ le vii. iour de repos sensuiue aux mil. ans derrenieres et que les sains ressusciteront. Cest assauoir pour celebrer ce propos/ laquelle oppinion seroit en tout et par tout a tolerer se on creust q̄ aucunes delices espirituelles fussent auenir aux sains en ce sabbat par sa presence de nostre seigneur. Car aussi la saions nous cuide aucuneffois/ mais comme il soit ainsi que ilz dient que ceulx qui ressusciteront adoncques entendrōt a mengiers charnelz sans attemprance ausqlz il y aura tant de vins et de viandes que seulement ilz ne tiendront pas aucune attemprance aincois excederont la maniere de celle meschance. Ces choses ne peuent estre creues en quelque maniere fors a ceulx qui sont charnelz/ mais ceulx qui sont espirituelz appellent ceulx qui croient ces choses chiliastes en langaige grec. Laquelle parolle en exprimant par autre parolle/ nous pouons nommer miliāneus ou miliarius/ mais longue chose seroit a les debouter a chascune chose par soy/ aincois deuōs mieulx entendre a mōstrer orendroit en laquelle maniere celle escripture doye estre entendue/ nostre seigneur

iesucrist dit ainsi. Nul homme ne peut entrer en la maison de celluy qui est fort et luy oster ses vaisseaulx se premierement il ne lye le fort. En voulant le diable estre entendu le fort pour ce que il na peu tenir lumain lignage en seruitute a par les vaisseaulx dicelluy diable lesquelz il luy vouloit oster/ nous deuōs entendre ceulx qui luy seroient loyaulx ou temps a venir/ lesquelz icelluy diable tenoit en diuers pechez et mauuaistiez. Doncques a ce que cestuy fort fust lye pour ce dit icelluy apostre en lapocalipse. Langle descendit du ciel qui auoit la clef dabisme et la chaine en sa main et tint dit il le dragō ce serpent ancien qui est appelle le diable et sathanas et se lya mil. ans Cest a dire que il destruit et reffrena sa puissance de deceuoir et tenir ceulx qui deuoient estre desliurez/ mais mil. ans peut estre entendu en deux manieres sicomme il me semble a present/ ou pour ce que ceste chose sera faicte aux derrenieres mil. ans/ cest assauoir ou sixiesme millier dans aussi comme ou vi. iour duquel les derrenieres espaces courent a present. Et sensuiura apres le repos qui na pas de vespre cest assauoir le repos des sais qui na pas de fin a ce que par celle maniere de parler par laquelle la partie est signifiee par le tout il ait appele mil. ans la derreniere partie de ce millier aussi comme du iour laquelle derreniere partie demourroit iusques a la fin du siecle. Ouquel pour certain il ait mis mil. ans pour tous les ans de ce siecle a ce que celle plente de temps fust denotee par nombre de fait. Car le nombre de mil. ans rent sa forme quarree de nombre dix. Car dix fois dix font cent. laqlle figure est ia quarree mais elle est plaine/ mais a ce quelle esleue en hault a soit faicte ferme de rechief on multiplie dix. fois cent et font mil. ans/ mais se iceulx cent sont mis aucunesfois pour vniuersite/ sicomme cest ce que nostre seigneur promist a celluy qui laisse tout ce quil a. Et sensuit que il prēdra cent fois autant en

ce siecle/ en exposant laquelle auctineme̅t
lapostre dit.) Soiez dit il comme ceulx
qui nont rien et qui ont toutes choses pour
ce quil auoit ia este dit par auant que co̅∕
me loyal est tout le monde de richesses de
combien plus doiuent estre mis mil. ans
pour vniuersite ouquel nombre est la fer
mete de la quarcure de dix. ⸿ Doncques
ce qui est leu ou psaultier ne peut mieulx
estre entendu ou il est dit/ il se remembre
tousiours de ce q̅l auoit dit et de la parol
le laquelle il commanda en mil. genera∕
cions, et langle dit il envoya le dyable en
abisme. ⸿ Certes il envoya le diable en a
bisme pour lequel abisme est signifie la mul
titude sans no̅bre des mauuais desquelz
les cueurs sont moult parfons en mau∕
uaistie contre legglise de dieu/ non pas
que le dyable fust la envoye pour ce que il
ny fut pas par auant, mais il est dit estre
la envoye pour ce que quant il fut boute
hors de ceulx qui creoient en iesucrist il co̅
menca a tenir plus les mauuais.) Car
cellup est tenu plus dyable qui nest pas
seulement estrange de dieu/ mais auco∕
res hait voulentiers ceulx q̅ seruet̅ a dieu

⸿ Exposicion sur ce chapitre.

En ce vii. chapitre mo̅seigneur sait
augustin recapitule des deux re∕
surrections. Et amaine lauctorite de mo̅
seigneur saint iehan ou xx. chapitre de la
pocalipse. Et recite monseigneur saint au
gustin par les parolles de monseigneur
saint iehan que aucuns ont este doppinio̅
que le monde deuoit durer six mil. ans a
a prendre sa premiere creation aussi com
me se monde fut forme ou vi. iour, et ce il
le conferma par le dict de lapostre qui
dit que a dieu vng iour est aussi co̅me mil
ans et mil. ans comme vng iour. Et apres
la resurrection faicte que les sains rengne
ront auec iesucrist mil. ans. Et dit quil a
este aucunesfois de ceste oppinion/ et que

elle fust assez tolerable se ce ne fust quelle
met delectacions charneffes de vins et de
viades par ces mil ans iusq̅s a la pfaicte
glorificacio̅. et ne met pas les delectacio̅s
espirituelles.) Apres monseigneur saint
augustin pour soudre a leur motif ou op
pinion de ces mil ans ausquelz ilz dirent
que ilz seront auec iesucrist met comme̅t
mil. ans peuent estre prins en deux mani
eres lesquelles il oppose ou texte. Et cest
ou il dit. ⸿ Mais mil. ans peuent estre en
tendus. accete. ⸿ Et quant il parle de chi∕
liastes qui en francois sont appeslez mil
liarius. Ce fut vne ancienne maniere de
compter/ et sont propreme̅t chiliades mil
liers. ⸿ Et ainsi compte methode le mar
tir en son liure comptent par olimpes. les
autres a prendre la creacion du monde/
les autres de la creacion de romme/ Les
autres de la natiuite nostre seigneur/ les
autres de sa resurrection et en plusieurs
autres manieres.

⸿ Du lopement et deslopement du dya∕
ble autrement appele sathanas. viii

Et laigle dit. Saint iehan fer
ma et seela sur le dyable a ce que
il ne deceust plus les gens ius∕
ques a ce que mil. ans soient passez. Ce
qui est dit il ferma sur lup. cestadire que il
lup deffendit quil ne peust yssir. cestadire
quil ne peust trespasser ce que il lup estoit
deffendu/ mais ce quil y adiousta et seela
signifie ce me semble ce quil voulut quil
napparust pas lesquelz appartiennent a
la partie du dyable et lesquelz non. Car
sans doubte ceste chose nappert en aucune
maniere et ce siecle pour ce que ce nest pas
certaine chose se cellup qui semble estre en
estant cherra et se cellup qui semble estre
cheu se releuera. ⸿ Mais le dyable est de∕
fendu et restraint par le lopen. ⸿ Et la
closture de ceste deffence est a ce que il ne

decoiue les gens appartenans a iesucrist lesquelz il decepuoit ou tenoit par auant car auant la constitucion du monde dieu a esleue a mettre hors les gens de sa puissance de tenebres & a les translater au royaume du filz par charete/ sicomme dit la postre qui dit ainsi. ¶ Car qui est le crestien qui ne sache que le dyable ne decoipue ancores les gens a present ne les attrape en peine pardurable auec soy/ mais non pas ceulx qui sont predestinez en vie pardurable/ et ne se meuue aucun de ce que souuent le dyable decoipt aussi ceulx qui sōt ia regenerez en iesucrist et entrent aux voyes de dieu/ car dieu scait lesquelz sōt a soy. le dyable ne decoipt aucuns diceulx en dannacion pardurable. ¶ Car nostre seigneur les congnoist comme dieu/ qui pour certain scait tout ce qui est auenir/ et non pas comme qui voit somme a present duquel toutesfois se il vouloit il ne voit pas que il est a auenir/ non fait pas soy mesmes. ¶ Le dyable est donques lope & enclos en abisme a ce quil ne decoiue plus les gens desquelz lesglise est/ lesquelz il tenoit decheus parauant aincois que lesglise fust. Car il nest pas dit en lapocalipse a ce que le dyable ne deceust aucun/ mais a ce q̄l ne deceust les gens ausquelles sans doubte il voulut que lesglise fust entendue iusques a ce dit il que mil. ans. soient finez/ cestadire iusques a ce que ce q̄ demeure du derrenier iour/ lequel est de mil. ans soit fine ou que tous les ans par lesquelz ce siecle doit durer depuis soient finez. Nest pas a entendre aussi comme se il les doiue decepuoir apres/ au moins iceulx de quoy lesglise est predestinee/ lesquelz decepuoir il est deffendu par ceste loy et par ceste closture/ mais est dit ou par celle maniere de parler laquelle est trouuee aucunesfois aux escriptures telle cō̄me elle est ou psaultier ou il dit. ¶ Ainsi soient noz yeux a nostre seigneur iusques a ce que il ait mercy de nous. Car les yeux de ses seruiteurs serōt a luy ancores quant il en aura eu mercy. Ou pour certain sor

dre des parolles est telle. ¶ Et il ferma & seela sur luy iusques a ce que mil. ans soient finez a ce quil ne deceust plus les gēs cestadire il lenferma pour ce iusques a ce que mil. ans fussent finez affin quil ne deceust plus les gens. ¶ Apres ces choses dit il comment quil soit deslope vng pou de temps se ce que le dyable est lope en enfer est ce que il ne peut decepuoir lesglise/ et que il sera deslope est ce que il la puisse decepuoir/ ia nauienne. Car lesglise predestinee et esleuee auant la constitucion du monde ne sera ia deceue par luy/ de laquelle il est dit. ¶ Nostre seigneur scait lesquelz sont a soy/ et toutesfois elle sera icy ancores en ce temps auquel le dyable sera deslope aussi cōme elle a este depuis quelle fut establie et sera en tout temps/ cestassauoir aux siens qui en naissent et viennent apres ceulx qui meurent. Car il dit vng pou apres que le diable deslope amenra les gens deceus par tout le monde contre lesglise en bataille/ desquelz ennemis le nombre sera aussi cōme la grauesse de la mer. Et monteront dit il sur toute la terre et enuironneront les chasteaulx des sains et la cite aymee de dieu. Et le feu descendit du ciel et les deuoura ou menga et le dyable qui les decepuoit fut enuoye en lestāt du feu ou de souffre & illec la beste & les faulx prophetes seront tourmentez iours et nuys perpetuelemēt laquelle chose iay cuide que elle doie estre ramenteue a present affin que aucun ne cuide que lesglise ne soit pas en ceste terre en icelluy petit temps ouquel le dyable sera deslope ouquel ne la treuue pas quant sera deslope, ouquel temps il la degaste quant il la persecutera en toutes manieres. ¶ Et ainsi par tout ce temps lequel ce liure de lapocalipse comprend/ Cestassauoir du premier auenement de nostre seigneur iesucrist iusques a la fin du siecle/ quant son auenement second sera le dyable nest pas lope en telle maniere que ce que il est lope soit affin que il ne decoipue pas lesglise par ceste ytuale de temps que il appelle par le nombre de mil ans: quant pour certain il ne decepuera pas an cores quant il sera deslope. ⸿ Car certai nement se il est deslope affin que il ne puisse decepuoir ou que on ne le laisse decep uoir quelle chose est son deslopement fors que il puisse decepuoir ou que on le laisse decepuoir ce que ia nauienne que il soit ainsi, mais ce que le dyable est lope cest affin que on ne le laisse pas epcercer toute ten tacion laquelle il peut epcercer ou par force ou par barat pour decepuoir les hom mes en les constraingnant a sa partie par violence, ou en les decepuant frauduleu sement, laquelle chose se il sup estoit souffrete en si long temps et si grande enfer mete de plusieurs il metteroit hors de la foy et epescheroit a croire plusieurs dieup lesquelz dieu ne veulent pas quilz seuffrent ceste chose, laquelle a ce que il ne se feist il est lope, mais il sera deslope adonc ques quant ce brief temps sera. Car il est escript que il monstera et fera cruaultez p toutes les forces de luy et des siens par iii ans & sip mois. ⸿ Et ceulp auec lesquelz il batailleva seront telz que par le grant assault et par les malices de luy et des si ens il ne pourroit estre vaincu, mais se il ne soit iamais deslope la mauuaise puissance apperroit moins et la pacience tres lopale de la saincte cite seroit mois a prouer. Et auiseroit on moins apres comme grandement le tout puissant auroit bien vse de tant grant mal dicelluy dyable les quel ne la pas priue, cestadire de leur sain cte conscience et creance lesquelz croient en dieu affin que il prouffitassent par las sault que il leur fait pardehors. ⸿ Et sa lope quant a ceulp qui sont de sa partie, affin que en espandant et epcercant sa malice grant comme il pourroit en plusieurs enffermes sans nombre desquelz il conue noit que lesglise fust multipliee et replie. Les ungz desquelz ne croient pas ancores & les autres croient ia. il mist hors les ungz de la vraye foy et destruisist les au

tres, et sera deslope en la fin, affin que la cite de dieu voye combien fort auersaire el le ait surmonte auec la gloire de son rede teur adiuteur et deliureur, mais que sommes nous en comparaison diceulp sains vrays crestiens, lesquelz seront lors quant pour certain si grant ennemi sera deslope a les esprouuer contre lequel nous nous debattons en tant de perilz, iassoit ce que il ne soit pas doubte q aucus cheualliers de iesucrist ont este et sont en ceste interua le de temps si sages et si fors que ancoxe se ilz viuoient en ceste mortalite quant il sera deslope ilz lescheueroient tressagemēt & soustiendroient trespaciamment toutes les malices et tous les assaulp diceulp. ⸿ Mais ceste allegacion du dyable ne fut pas faicte deslors que lesglise commenca a estre espandue et acroistre hors de la terre des iuifz aup nacions vnes et autres, mais ancores est elle a present et sera iusques a la fin du siecle que il sera deslope Car ancores la deslopaulte en laquelle il les tenoit se conuertissoient a la foy crestienne, et se conuertiront sans doubte iusques a icelle fin ⸿ Et pour certain cestuy fort est lope la vng chascun des bons crestiens quant celle luy est ostee aussi comme vng vaisseau, et labisme ou il est enclos nest pas degastee en iceulp quantilz sont mors lesquelz estoient lors quant il commenca a estre enclos. Aincoxe autres qui heent les crestiens ont succede a eulp en naissant et succedāt iusques a ce que ce sie cle soit fine, aup cueurs desquelz aueu gles et parfons il est chascun iour enclos aussi comme en abisme, mais ce nest pas question pour neant, cestassauoir se au cun vēdra a la foy laquelle il nauoit pas este en ces trois ans & sip mois derrenieres auqnelz le dyable de tout son pouoir & de toute sa force sesforca de faire mal. Car se les vaisseaulp sont ostes a cellup qui est fort. ⸿ Ancores quant il est deslope comment se soustiendra ce qui est dit. Cestassauoir, q est cellup q entre en la demeure ou maison de cestuy qui est fort affin quil lui oste ses vaisseaulx se il ne se lope auant. Et par ce il semble que ceste sentece veuil se contraindre a ce que nous croyons que ce temps/ iassoit ce que petit aucun ne se acompaignera au peuple crestien/ mais le dyable se combatera a ceulx qui seront lors trouuez crestiens/ desquelz aussi se aucuns sont vaincus et sacordent a luy que nous ne creons pas que ilz appartiennent au nombre predestine des filz de dieu/ car icelluy saint iehan lapostre leql escript lapocalipse ne dit pas pour neāt en ceste epistre daucuns ce qui sensuit. Ilz se sont dit il departis de nous/ mais ilz nestoient pas des nostres: Car se ilz eussent este des nostres/ pour certain ilz fussent demourez auec nous/ mais que sera ce adoncq des petis enfans. Car cest trop fort a croire que aucuns petis enfans filz de crestiens iosnes et non pas ancores baptises ne soiēt sourpris en celle persecucion q que aucuns ne naissent en ce temps. Et se aucuns naissent que ilz puissent estre menez en quelque maniere par leurs parens au sacrement de bapteme, laquelle chose se elle se fait par quelque conuenant pourront estre ostez les vaisseaulx au diable qui sera dessope en la maison duquel aucun nentre a ce quil oste ses vaisseaulx si il ne la lope auant/ mais certes il est mieulx a croire que en ce temps il ne deffendra pas que il nen y ait aucūs qui se departent de lesglise. Et aucuns qui se conuertissent a leglise/ mais pour certain ses peres pour baptiser leurs enfans et ceulx croiront adoncq/ premieremēt seront si fors qui vaincqueront icelluy fort/ combien que il soit dessope. Cestadire que ilz entendront sagement et souffreront paciamment celluy qui espira par toutes ses malices ou constraidra par toutes ses forces telles quelles il ne fit oncques mais: Et ainsi ilz luy seront ostez combien que il ne sont pas dessopes. Et pource ne sera pas fausse celle sentence de leuangille

laquelle dit qui est celluy qui entre en la maison du fort pour luy oster ses vasseaulx se il ne se lope auant. Car selon la verite de ceste sentence cest ordre est gardee. cestassauoir que ce fort soit premierement lope. Et que apres ce que ses vasseaulx seront ostez que lesglise fut multiplie loingz et de toutes gens enformez et fermes tellement que par la foy tresferme des choses parauant dictes et accomplies de par dieu/ elle peut oster ses vaisseaulx au dyable combien quil soit dessope car sicōe on doit cōfesser q la charite de plusieurs reffroide quāt mauuaistie habōde. Et que plusieurs qui ne sont pas escrips ou liure de vie se departiront par les turbacions et falaces nō acoustumees a tres grandes du dyable adoncques dessope. Aussi doit on penser que ceulx nō pas seulement lesquelz icelluy temps trouuera bons et loyaulx/ mais aussi aucuns qui ancores seront hors de la foy a sepde de la grace de dieu par la consideracion des escriptures ausquelles et autres choses et y ceste fin seql il sentiront ia venir est denōce par auant seront plus fermes a croire ce que ilz ne croient pas et plus fort a vaincre se dyable. Combien que il soit dessope laquelle chose se elle est ainsi pour ce doit on dire que il fut lope par auant a ce que il fut despoulle apres et lope. Car de ceste chose est il dit qui est celluy qui entrera en la maison du fort pour luy oster ses vaisseaulx se il ne lope parauant.

¶ Exposicion sur ce chapitre.

En ce huitiesme chapitre monseigneur saint augustin poursuit la vision de monseigneur saint iehan du vii chapitre de lapocalipse/ laquelle est mise q si est alleguee ou chapitre precedent par monseigneur saint augustin. Et icelle partie se demaine en ce chapitre et aux sub sequens iusques a lacoplissement dicelle Et dit monseigneur saint augustin que ces motz iusques a ce que mil. ans soient acomplis sont a entendre que iusques a ce que le cours de ce temps soit fine ce dyable sera lope a ce que il nait puissance sur les predestinez de iesucrist. Et que il aura au cuns cheualiers de iesucrist telz que suppose que le dyable fust deslope auant le iour du iugement si soustiendroient ilz ses assaulx et les escheueroient. Et premierement il touche comment le dyable sera lope selon la vision de monseigneur sait iehan a ce que il ne decoipue les hommes iusques a ce que mil. ans soient passez et acomplis / si comme il est dit ou dit vingtiesme chapitre de lapocalipse. Et eppose monseigneur saint augustin ces paroles espirituellemēt & aussi raisōnablemēt et par raison. Car par le texte il eppose espirituellement le dragon pour le dyable et les gens pour ceulx qui rengneront auec iesucrist. Et aussi fault il entendre ces parolles espirituellement. Apres il monstre comment en mil. ans est comprise en luniuersite du corps et eppose ceste proposicion ou vision comme dit est selon lentendement misticque. Et est le texte tout cler de la proposicion et diuision dicelle vision de monseigneur saint iehan par la prosecution du texte et la diuision quil a fait. Et pour ce que ceste matiere ne chiet pas en gens lays / et que la matiere de lapocalipse est si haulte q apeines se peut oncques homme comprendre ne entendre le vray entendement. pour ce nous nous en passons. Car qui en vouldra veoir si en voie en lexposition que fist labbe de ioachin sur le liure de lapocalipse: Tant ya que sur ce pas & sur lexposition des parolles du commencement de ce chapitre. Cellup qui fist la glose ordinaire dit que monseigneur saint iehan veullant raconter la dannacion du dyable retourne a lauenement de iesucrist. Et met

trois dannacions de dyable. La premiere que il fut danne quant il cheit du ciel pour sa mauuaistie. La seconde quant par la mort et passion de nostreseigneur iesucrist tout lumain lignage fut rachete et mis hors de la puissance de sennemy, & que comme icelle escripture se demonstre il fut respe en abisme / cestadire en enfer. Et la tierce dannacion sera quant il sera plongie en enfer auec ses mauuais et desloyaulx a tousiours. Et par langle qui descendoit du ciel est signifie iesucrist qui descendit du ciel pour nostre sauuement et prinst chair en la benoitte vierge marie Et la clef dabisme / cestadire denfer laquelle il tenoit signifie quil tient la maistrise et seigneurie denfer. Car ceulx quil veult y entrent et ceulx que il veult y demeurent. Et par la chaine est designee la grandeur de sa puissance. Et ce souffise pour la declaracion de ce chapitre:

Quelle chose soit le royaume des sains auec iesucrist par mil ans. & en quoy il differe du royaume pardurable. D.

Pendant ce que le dyable est lope par mil. ans les sains de nostre seigneur rengnent auec iesucrist en ces mil. ans, lesquelz sont sans doubte iceulx mesmes a entendre en celle mesmes maniere / cestadire en ces temps presens du premier auenement de iesucrist. Quelz merueilles. Car certainement en exceptant icelluy royaume duquel iesucrist dira en la fin. Vous beneis de mon pere prendez le royaume qui vous est appeille en leglise ne seroit pas dicte royaume de dieu ou le royaume des cieulx se y aucune maniere pour certain mot des pareille ses sains rengnoient auec luy /

auquelz il dit Veez cy dit il q̄ ie suis auec vous iusques a sa fin du siecle. ¶ Car sans doubte en cestuy temps est endoctrine nostre ou royaume de dieu seq̄l met hors de son tresor les choses nouuelles et vielles duquel nous auons parle parauāt Et les messonneurs cueilleront de lesglise les mauuaises herbes lesq̄lles il a laisse croistre auec le formēt iusques au tēps des messonneurs en exposant / laquelle chose il dit ainsi. ¶ Ou siecle est le temps du messonneur / mais les angles sōt les messonneurs. Tout aussi doncques que les mauuaises herbes sont cueillies & arses ou feu tout ainsi sera ce en la fin de ce siecle. Le filz de la Vierge enuoiera ses angles et cueilleront tous les esclandes de son royaume ouquel aucuns esclādes ne seront, ilz seront doncques cueillis de ce sien royaume leq̄l est lesglise. De rechief il dit ainsi. ¶ Cellup qui trespassera lun de ses commandemens trespetis et enseignera les hommes, ainsi il sera appele trespetit ou royaume des cieulx. mais cellui qui le fera ou enseignera les hommes, ainsi il sera appele grant ou royaume des cieulx / cestassauoir et cellup qui ne fait pas ses commandemens lesq̄lz il enseigne pour ce que trespasser vault autant comme non garder ou non faire. Et cellup aussi qui les fait et les enseigne par celle maniere / mais il dit cellup trespetit et cellup tresgrant. Et incontinent aps il adiouste et dit. ¶ Car ie vous dy que se vostre iustice nabonde plus que celle des maistres de la loy quil appelle scribas et des phariseins / cestadire ceulx qui ne fōt pas ce quilz enseignent / mais sont le contraire / pour ce quil dit en ung autre lieu. des maistres de la loy et des pharisiens quilz enseignent et ne font pas ce quilz enseignent. Se doncques ie dy vostre iustice nabonde par dessus eulx / cestadire que vous ne trespassez pas ce que vous enseignez / mais aincois le sachez vous nenterez ia ou royaume des cieulx. Dōcques est autrement a entendre le royaume des

cieulx ouquel tous deux sont / cestassauoir et cellup qui trespasse ce que il enseigne et cellup qui le fait / mais lunest dit trespetit et lautre grant: Et autrement est a entendre le royaume des cieulx ouquel nentre fors cellup qui fait ce quil enseigne. Et par ce ou lune et lautre maniere des gens de lesglise est telle comme elle est a present / mais ou ce sera tant seulement lesglise est telle comme elle sera a donc quant le mauuais ny sera pas. Et par consequent lesglise est apresent le royaume de iesucrist & le royaume des cieulx ¶ Et pour ce rengnent aussi les sains de dieu auec lup apresent. autrement toutesfois que ilz ne rengneront adonc. Et toutesfois les mauuaises herbes par lesq̄lles sont entēdus les mauuais ne rengneront pas auec lup / iasoit ce que elles croissent en lesglise auec le forment par lequel sont entendus les bons. Car ceulx rengnent auec lup lesq̄lz font ce que la postre dit qui dit ainsi. ¶ Se vous estez dit il ressuscitez auec iesucrist sentez les choses lesquelles sont en hault la ou iesucrist se siet a la dextre de dieu. grez les choses qui sont amont et non pas sur terre. Desquelles choses il dit ancores que leur conuersacion est aux cieulx. Apres ceulx rengnent auec lup lesq̄lz sont en son royaume en telle maniere quilz soient aussi le royaume dicellup / mais comment sōt ceulx le royaume de iesucrist lesq̄lz ake que ie taise les autres choses. Combien que ilz soient icy iusques a ce que tous les esclandes soient cueillis de son royaume en la fin du siecle / quierent toutesfois illecques leurs choses et non pas les choses qui sont de iesucrist. ¶ Ce liure doncques de lapocalipse parle en ceste maniere de ce royaume de cheuallerie ouquel on se combat ancores a lennemy et on resiste aucunesfois aux vices q̄ resistent et seigneurist ou aucunesfois a eulx qui se departent iusques a ce que on vienne a ce royaume tres paisible ouquel on regnera sans ennemy. Et parle aussi de la resur rection premiere laquelle est a present/car comme il eust dit que le dyable soit lope par mil. ans et puis deslope par brief teps tant par recapitulant ce que leglise fera ou qui sera fait en elle en ces mil. ans il dist telles parolles. Et ie Vis dist il sieges et ceulx qui seoient dessus et le iugement fut donne. On ne doit pas cuider que ceste chose soit dicte du iugement dernier/aincois sont a entendre les sieges de ceulx qui sont establis pardessus les autres/par lesqlz leglise est gouuernee apresent/mais le iugement donne peut mieulx estre prins ou entendu autre que ce qui est dit en ces parolles. les choses q̃ Vous lopres en terre seront lopees. Et les choses que Vous deslopres en terre seront deslopees ou ciel/dont lapostre dit telles parolles. Ou appartient il dit il a moy de iuger de ceulx qui sont hors de nous/ne iugez vous pas de ceulx qui sont auec nous. Et les ames dit monseigneur saint iehan de ceulx qui sont occis par le tesmoignage de iesucrist et pour la parolle de dieu/cestadire laquelle il dira rengnerõt auec iesucrist mil. ãs/cestadire les ames des martirs auxqlles les corps ne seront pas acores rendus. car les ames des bons ne sont pas separez de leglise/ laquelle est apresent le royaume de iesucrist autrement on ne feroit pas memoire deulx a lautel de dieu/et la communion du corps de iesucrist ne riens ne prouffiteroit a couurir au baptesme dicelluy aux perilz dicelluy affin q̃ on ne mourust sãs icelluy baptesme ne a soy recueillir se par auenture on est separe dicelluy mesmes corps par repentance ou conscience mauuaise. Car pourquoy sont ces choses faictes fors pour ce que pour certain les bõs trespassez sont membres dicelluy. iassoit ce que les ames dicelluy ne rengnent pas auec leurs corps apres auec iesucrist/toutesfois elles rengnent auec luy tant comme ces mauuais courent. Dont on dit ailleurs en ce liure. Benois soient ceulx q̃ meurent en nostreseigneur iesucrist/lespe

rit dit que desorenauant et tousiours se reposeront de leurs labours. Car les oeuures diceulx les suiuent/et ainsi leglise rengne auec iesucrist apresent. Premierement aux vifz et aux mors. Car sicõme dit lapostre iesucrist souffrit mort affin q̃l ait seigneurie ã sur les vifz ã sur les mors. mais saint iehan fit mencion des ames des martirs tant seulemẽt pour ce que par especial ceulx rengnent mors qui se combatirent pour Verite iusques a sa mort/mais aussi comme nous entendõs le tout par sa partie aussi entendõs nous les autres mors lesquelz appartiennẽt a leglise/laquelle chose est le royaume de iesucrist/mais ce q̃ sensuit/cestassauoir se aucun nadoure pas la beste ne son ymage et ne preuuent pas linscripcion ou lescripture en leur front ou en leur main: Nous le deuons prendre et entendre des vifz et des mors ensemble/mais iassoit ce que on doie encquerir plus diligãment qui est ceste beste/toutesfois nest ce pas chose cõtraire a la foy droicturiere que ceste beste soit entendue la cite mauuaise ã le peuple desloyal contraires au peuple loyal de sa cite de dieu. Et limage de celle beste me semble estre la simulacion dicelle/ cestassauoir aux hommes lesquelz tiennent la foy sicomme il semble et viuẽt desloyaument. Car ilz faingnent ce ilz soient ce quilz ne sont pas et sont appelez crestiẽs/non pas p ymage ã figure vraye mais par faulx semblant et par ymage deceuable. Car celle mesmes beste apptient/non pas seulement ceulx qui en appert sont ennemis du nom de iesucrist ã de sa tresglorieuse cite/mais aussi les mauuaises herbes lesquelles serõt cueillies en la fin du siecle du royaume dicelluy leql est leglise. Et q̃ sont ceulx qui nadourent pas la beste ne son ymage fors ceulx q̃ fõt ce que lapostre dit lesqlz dient telles polles ne seruez pas auec les desloyaulx. car ilz nadourent pas/cestadire ilz ne se consentent pas ne ne submettent ne ne peuent liscripcion. cestassauoir la tache de cresme en leur front par profession ne en leur main par operacion. Iceulx doncques estranges de ces maulx ou viuans ancores en ceste chair mortelle ou mors rengnent auec iesucrist maintenant par vne maniere conuenable a ce temps par tout linteruale lequel est signifie par le nombre de mille ans. Les autres dit il nont pas vesqui. Car seure est a present que les mors oyent la voix de iesucrist filz de dieu, et ceulx qui lorront viueront, mais les autres ne viuront pas, mais ce quil sensuit iusques a ce que mille ans soient passez a finez, cestadire quil nont pas vesqui en cellup temps auquel ilz ont deu viure, cestassauoir en passant de mort a vie. Et pour ce quant viendra le iour ouquel la resurrecion des corps se fera ilz ne viendront pas des sepulcres a vie. mais au iugement, cestassauoir a la dannacion, laquelle est appelee la mort seconde. Car quiconques ne viuera iusques a ce que mil ans soient finez que il norra la voix du filz de dieu, et ne passera de mort a vie tant comme ce temps durera, ouquel la resurrection premiere se fait, pour certain quant ce viendra a la resurrection seconde de laquelle est la resurrectiō de la chair ou des corps, il passera en la mort secōde auec icelle chair, car il sensuit et dit ainsi. Ceste resurrection est la resurrection premiere, cellup est bien fait qa part en ceste resurrection premiere, cestadire qui est participant dicelle, mais cellup qui est participant dicelle, lequel non pas seulement ressuscite de la mort laquelle est aux pechez, mais demeure aussi en ce en quop il est ressuscite, la mort seconde dit il na pas de puissance en ceulx cy. Elle se a doncques aux autres desquelz il dit parauant, les autres dit il nont pas vesqui iusques a ce que mille ans soient finez, pour ce que qui conques diceulx ait vesqui en corps durant tout cest iteruale du temps lequel il appele mil. ans. Touteffois nest il pas reuesqui de la mort en laquelle mauuaistie se tenoit a ce que par reuiuāt il fut par-

ticipant de la resurrection premiere, et q̄ la mort secōde neust pas de puissāce en lui

⁋ Exposicion sur ce chapitre.

En ce ix. chapitre mōseigneur saint augustin poursuit ācores celle vision en demonstrant que en tout ce temps du premier auenement de iesucrist lequel est signifie par mil. ans iusques a son dernier auenement quil dira. Venite benedicti patris mei &c. Les sains de iesucrist viendront a la foy, et regneront car il est certain quil dit aux bons crestiens qui sont de sa partie quil est et sera auec eulx iusques a la consommacion de ce siecle, et lesquelles choses il preuue et monstre par le texte: Et par ce nous nous en passons.

⁋ Quelle chose on doie respōdre a ceulx qui cuident que la resurrection appartienne seulement aux corps et non pas aux ames. p.

Aucuns sont qui cuidēt que resurrection ne peut estre fors des corps et pour ce certes ilz maintennēt que ceste resurrection premiere sera aux corps. Car aux choses dient ilz lesquelles cheent a icelles appartient a ressusciter, mais les corps cheent en mourant. Car ilz sont nommez charongnes pour ce quilz cheent. Doncques dient ilz que la resurrection ne peut estre des ames, mais des corps, mais quelle chose respondent ilz contre lapostre qui appele la resurrection des ames. Car pour certain ceulx estoient ressuscitez selon lame, t nōpas selon les corps ausquelz il dit ainsi. Se vous estez ressuscitez auec iesucrist sentez les choses lesquelles sont lassus, lequel sens il mist ailleurs par autres parolles en disāt ainsi. Affin que nous aillons en nouueleté de vie aussi comme iesucrist est ressuscité de mort par la gloire du pere, et de ce vient aussi ce qui sensuit. Tu qdois lieue toy et ressuscite de mort et iesucrist te enluminera, mais ce q̃lz diet q̃ nul ne peut ressusciter fors ceulx q̃ cheet. et pour ce cui dẽt q̃ sa resurrection appṫienne aux corps et non pas aux ames. Pour ce au corps appartient cheoir pourquoy nẽẽt ilz ces parolles. Ne vous departes pas dit il de luy que vous ne cheez. Et de rechief il est auec son seigneur ou il cheit. Et de rechief qui cuide estre en estant garde soy q̃l ne chee, car ie cuide que ce cas soit a eschever en lame et non pas au corps. Doncques la resurrection appartient a ceulx q̃ cheent et les ames cheent, pour certain on doit confesser que les ames ressuscitent, mais quãt a la seconde mort il leur dit na pas de puissãce en ceulx cy q̃l y adiousta & dit, mais seront dit il prestres de dieu et de iesucrist et rengnent auec luy mil. ans: Certainement ce ne fut pas seulemẽt des euesques et des prestres lesquelz sont pry proprement appellez prestres en lesglise, mais tous aussi comme nous disons que tous sont crestiens pour le mistere du cresme, aussi disons nous que tous sont prestres pour ce quilz sont membres dun prestre desquelz saint pierre lapostre dit. Le peuple saint dit il est prestre royal, pour certain il enseigna que iesucrist estoit dieu et seigneur, iassoit ce que brief en passant quant il dit prestre de dieu en iesucrist. cest adire du pere et du filz, combien que iesucrist fust fait prestre pdurablemẽt selõ lordre de melchisedech aussi cõme il fut fait filz de femme en prenant forme de servi teur de laquelle chose nous auons parle en ceste oeuure plus dune fois.

Epposicion sur ce chapitre.

En ce p. chapitre monseigneur sait augustin argue contre ceulx qui tenoient que la resurrection ne peut estre, que des corps et non pas des ames. Et monstre que tout aussi bien ressuscitent les ames comme les corps. Et ancores a uant que les corps, car tout aussi comme le corps chiet par mort, aussi lame chiet p peche. Et pour ce est il plus grant mestier que les ames ressuscitent auant que les corps, dont lapostre dit. Cellup qui est en estant se garde quil ne chee.

De got et de magot lesquelz le dpable quant il sera pres de la fin du siecle esmou uera a persecuter lesglise de dieu. vi.

Et quant mil. ans dit il seront finez sathan sera desloye de sa garde et ostera hors pour decepuoir les naciõs lesquelles sont en quatre parties de la terre de got et de magot & les amenra en bataille desquelz le nombre est si comme la grauelle de la mer. Il les des tenra doncques pour lors a ce quil les admaine en ceste bataille. Car par auant il les decepuoit par maulx plusieures et di uers, mais il pstera, cestadire il sauldra hors des lieux muchez en persecucions ap pertes des haynes. Car ceste persecucion sera la derreniere quant le iugement derrenier apperra laquelle saincte eglise souf fera par tout le monde, cestassauoir la quelle cite vniuersale de iesucrist souffera de la cite du dpable quelle que lune et laultre soit sur la terre, mais ces gens lesqlz il appele got et magot ne sont pas ainsi a entendre que ce soient aucuns hõmes sau uages ou barbarins establis en aucune p tie de la terre, ou ceulx lesquelz aucũs cui dent que ce soient les gottes et massegot tes pour les pmieres lettres de leurs nõs ou aucunes autres separez et desioinctz de lobeissance de rõme. Car iceulx got & ma got sont entendus et signifiez estre p tout le monde quãt il dit les naciõs lesquelles sont aux quatre parties de la terre & quil mist que apres que cestoient got et magot des noms desquelz nous auons trouue que l'oppinion est telle/cestassauoir que got est couuerture et magot est a dire ce q̃ est hors d'la closture ou couuerture aussi cõme la maison et cestuy qui est hors de la maison. Ce sont doncques les gens ausq̃lz nous entendons par auant que le dyable estoit enclos aussi cõme en abisme q̃ il sault hors, et est aucunemẽt d'eulx a ce qu'ilz soient la couuerture ou closture et il soit cestuy qui est hors d'la closture. mais se nous rapportons l'un et l'autre aux gens ou nacions/ et non pas l'un a eulx et l'autre au dyable les gens ou nacions sont closture ou couuerture pour ce que a present sennemp ankien est esclos et couuert aucunemẽt en eulx. Et ilz ysteront hors de la closture q̃ seront la descouuerture quãt elles sauldront hors de hayne mucee en haine apperte/mais ce qu'il dit monteront par toute la terre et enuiron les chasteaux des sains et la cite aimee pour certain ce n'est pas a estre dire qu'ilz soient venus ou viẽnent en ung lieu aussi cõme les chasteux des sains et la cite aimee doiuẽt estre en aucũ lieu cõme celle cite ne soit autre chose fors sesglise espandue par tout le monde. Et par ce par tout ou sesglise sera en toutes gens la q̃lle chose est signifiee par le nom de toute la terre. La seront les chasteaux des sains la sera la cite aimee de dieu. la sera enuironee de tous ses ennemis par la grandeur de celle persecucion pour ce qu'ilz seront en toutes gens auec elle. cestadire que celle cite sera constrainte effoicee et enclose en angoisses de tribulacions/ ne pour ce ne delaissera pas ce cheualerie laquelle est appellee par le nom des chasteaux.

¶ Exposicion sur ce chapitre.

En cestuy pi. chap. monseignr sait augustin poursuit ãcores a declairer les parolles cõtenues ou pp. chapitre de l'apocalipse/cestassauoir que quãt mil. ãs seront finez sathan ou sathanas ystera hors de sa garde et que persecuciõ sera faicte par toute la terre p got et magot. Et ceulx qui seront bons crestiens et bõnes personnes resisteront fermemẽt. Quelle chose est a entẽdre de got et de magot il le mõstre ou il dit. Mais ces ans ausquelz il appert ce. Et finablemẽt il demonstre quelle chose il entent p les chasteaux des sains. Car par iceulx il entend l'eglise vniuersalle laquelle est respandue par tout le mõde. laq̃lle sera enuironee par grandeurs de persecucions/et toutesfois elle luy resistera et ne pourra estre surmontee.

¶ De ce qui est raconte que feu descendra du ciel et mengera les mauuais apartient au derrenier tourment d'iceulx. pii

En ce pii. chapitre monseignr sait augustin demonstre cõment se doiuent entẽdre les parolles cõtenues au cõmencemẽt du chapitre/car il dit que ce feu n'est pas a entẽdre que ce soit le derrenier tourmẽt quãt on dira. Vous maudis departes vous de moy ou feu perdurable ẽc. Mais s'entent et doit entendre d'ce feu de la fermete des sainctes personnes qui ne obeirõt pas a antecrist ne a ses ministres lesquelz les persecuteront pour faire leur Voulẽte, et toutesfois il ne les pourroit vaincre, q ainsi ce feu est rapporte nõ pas a antecrist ne a siens/mais aux chasteaux des sainctes personnes dont il a ple incontinent ou chapitre precedẽt/toutesfois se peut aussi rapporter ce feu consequament a antecrist et aux siẽs. car luy et les siens seront tourmentez d'ce q̃ ilz ne pourront vaincre les sainctes personnes a ce que ce feu se continue q̃ est dit ou pp. chapitre de l'apocalipse ou il dit que le dyable q̃ decoipt toutes gẽs fut enuoye en l'estant du feu ou la beste q les faulx prophetes estoient tourmentez iour et nuit et seront a tousiours. Et est a notter ce q̃ dit monseignr sait augusti q̃ ce mot feu est aucunesfois pñs en bien aucunesfois en mal, sicõme il le monstre par le texte. Tiercemẽt ce feu peut estre entendu de la playe que nostre seigneur fera quant il vendra. Car tous ceulx qui trouuera viuãs qui auront este mauuais et deceptueurs il les occira en les perit de sa parole ou de sa bouche. et ce souffise pour lexposicion de ce chapitre.

¶ Se le temps de la persecucion antecrist doit estre compte auec les mil. ans cy dessus declaires en ce liure.   p.iiii.

Ceste persecucion derreniere laqlle est a venir par antecrist durera trois ans et six mois sicõme nous auons dit parauãt: ⁊ cõme il est dit en daniel le prophete lequel temps combiẽ quil soit petit en fait doubte a bon droit sil appartient a mil ans ausquelz il dist que le dyable est lope et que les sains rengnẽt auec iesucrist ou se ceste petite espace est adiouste a iceulx mil ans en soit hors. car se nous disõs que ce tẽps apptiẽne a iceulx mil ans on trouuera que les sains ne rengnent pas auec iesucrist p autãt de temps cõme le dyable sera lope/ mais plus long temps/ pour ce que certainement les sais regneront aussi auec le top en ceste persecucion vaincquãt tant de maulx quant le dyable sera ia dessope auãt quil les puist persecuter de toute ses forces, cõment dõcques determine ceste escripture lune ⁊ lautre/ cestassauoir que le dyale soit lope et q̃ les sains soiẽt auec iesucrist en iceulx mil ans cõme en iceulx mil ans le diable lais se auãt a estre lope par lespace de trois ãs et six mois q̃ le ropaume des sains en ces mil ãs laisse a rẽgner auec iesucrist. mais se nous disons que ceste petite espace de p̃secucion ne soit pas compte en ces mil ans aincois p̃ soit adiouste quant ilz seront acõplis ace que on puisse entẽdre propremẽt que cõme il eust dit les prestres de dieu et de iesucrist rengnerõt auec lup mil ans il ad

iousta que quant quatre mil ans seroient finez sathanas sera deslope de sa garde. il signifie p ceste maniere que le rengne des sains et le lieu du dyable finiront ensẽble ace que on croie que le temps de celle persecucion ne apptienne pas ne au rengne des sains ne a la garde de sathan/ desquelz lun ⁊ lautre est en ces mil ans soit adiouste et compte dehors/ et sil est ainsi nous serons constrains a confesser en celle persecuciõ les sains ne rengneront pas auec ie sucrist. mais qui est cellup q̃ ose dire que a doncques ne rengneront pas ses mẽbres auec lup quãt ilz saherderont a lup tresgrãdement et tresfermemẽt/ ⁊ en ce tẽps ouq̃ il aura plus aigre assault de bataille de tãt sera la gloire plus grãde a cellup qui nobeira pas et le loyer de martire plus plantu reup. Ou se on dit quilz ne rẽgnerõt pas pour les tribulacions lesquelles ilz souff̃ront/ il sensuiura aussi quon die q̃ quelconque saine lesquelz soufferont tribu lacions aux iours precedẽs en iceulx mil ans ne rengneront pas auec iesucrist en p cellui mesmes tẽps de tribulacion/ et p ce ceulx qui ont este occis p se tesmoingnage de iesucrist et pour sa parolle de iesucrist. desquelz lauciteur de ce liure cy escript quil a veu. Les ames ne rengnerõt pas auec ie sucrist quant ilz soufferont la persecuciõ Et que ceulx ne estoiẽt pas le royaume de iesucrist, lesq̃lz iesucrist tenoit ⁊ possedoit plus excelãmẽt pour certain ceste chose tres inconueniẽt a dire et a entẽdre en toutes manieres/ mais certes les ames des tres glorieulx martirs lesquelz ont vaincu apres toutes douleurs et labours surmõ tez et finez depuis q̃lz ont laisse leurs mẽbres mortez ont rengne et rengẽt auec iesu crist iusques mil ans soient finez affin q̃ aussi apres ce q̃lz auront receu leurs corps mortelz ilz rengnent adoncques. Se par ce les ames de ceulx quilz sont occis p le martire de iesucrist ⁊ celles qui estoient p̃suees par auãt du corps qui p̃steront en celle persecucion derreniere rengneront auec lup en trois ans et demy iusques ace que le siecle mortel soit finy/ et que on passe a ce roýaume ou il naura pas de mort. pour laquelle chose ses sains rengneront auec iesucrist par plus dans que le dýable ne sera lope et enclos/ car depuis que le dýable se sera deslope ilz rengneront ācores par trois ās et demý auec leur roý filz de dieu Doncques est il ainsi que quāt nous opōs que les prestres de dieu et de iesucrist rengneront auec luý mil ans/ et que mil ans seront finez sathanas sera deslope de sa closture que nous nentendons pas ou q̃ les mil ans de ce rengne des sains soient finez/ mais les mil ans du loýen du dýable et de sa closture a ce que quelque partie que ce soit contienne mil ans. cestadire tous ses ans en longue espace diuers et par pres lesquelz doiuent finer par plus long temps quāt au roýaume des sains/ et par plus brief tēps quant au loýen du dýable Ou pour certaī pour ce q̃ lespace de trois ans et demý est plus briefue quon croýe q̃l naít pas Pourueu estre cōptee ou que le tēps du loýen de sathan soit mendre ou que le tēps du règne des sains semble estre plus grāt sicōme iaý depute ou xbi.liure de ceste oeuure de quatre cēs ans pour ce quil ý en auoit plus. et touteffois sont ilz nommez quatre cēs. Et telles choses sont trouuees souuēt aux sainctes escriptures qui ý prent garde.

¶ Exposicion sur ce chapitre.

En ce piii. chapitre monseigñr saīt augustin met que quāt on dit premierement q̃ le dýable sera lope mil ās apres dire ces mil ans pour le tēps de lauenemēt nr̄e sauueur iusq̃s a la generale resurrection/ et q̃ on adiouste apres que quant ces mil ans seront finez il sera deslope/ ceste finicion nest pas rapportee aux mil ans. mais a une grant partie diceulx ans. Et demande monseigñr saint augustin cōment ces choses se peuent entresouffrir/ cestassauoir q̃ mil ans soiēt prins pour

tout le tēpe de lauenement de nr̄e saueur iesucrist iusques a la fin du monde il est dit ou xiii chapitre, et que mil ans a cōplis le dýable soit deslope par trois ās et demý/ sicōme il appert daniehs duodecimo. Et fait deux argumēs. Le premier argument sicōme ou il dit. Car se nous disons etc. Et le second se cōmence. Ou on dit etc. Apres quāt il dit. Mais certes ses ans telz etc. Il conclud que les ames victorieuses ont rengne rengnēt et rengneront auec iesucrist par tout le temps de ces mil ans iusques a la fin du monde/ et aussi par ces trois ans et demý. et oultre ce q̃ le dýable sera lope pardurablmēt. Apres quant il dit. Doncques est il ainsi etc. Il respond aux argumēs quil auoit fait cōment cez choses se peuent entresouffrir si cōme il appert par le texte: Et ý respond en plusieurs manieres. et par especial dit que on ne ueult pas compter ce tēps de iii ans et demý pour ce quil est si brief aussi cōme du peuple disrael q̃ on dit quilz seruiront en egypte quatre cens ās/ et toutes fois ý sera il plus long tenps. cestassauoir quatre cens et xxx. sicōme il appert par le xbi. chapitre du xbi. liure et telles choses sont trouuees en plusieurs lieux en la saīcte escripture qui bien ý prend garde. Pour lentendemēt doncques de ces responces q̃ fait monseigneur saint augustin/ il esta notter que ce quil dit sera lope est a entendre quil nexcercera pas si grās cruaultez aux crestiens cōme il sera apres quil sera deslope/ on sauue doncques la maniere de parler de la saīcte escripture/ cestassauoir que quant mil ans seront finez lors sera deslope le dýable par trois ans et demý/ cestadire que quāt la grant partie du tēps de ces mil ans/ cestadire du temps iusq̃s a la fin de ce siecle, en laq̃lle partie de tēps il est lope affi q̃ ne face telle griefue psecuciō ou peuple crestien lors il sera deslope par trois ans et demý a ce que luý deslope il exerce toute sa cruaulte. Et ainsi on ne dit pas que les mil ans soient prins iusques a la fin du monde/ mais on fait seulemēt

Une comparaison dantecrist du temps p[ar] lequel il sera lope afi[n] q[ue]l ne face trop gra[n]t persecucion aux crestiens. Et le brief te[m]ps q[ue]l sera desloppe p[ar] le q[ue]l il exercera toute sa cruaulte co[n]tre les crestie[n]s. et est a notter ancores que par ce quil dit en ce chapitre il i[n]sue q[ue] ou te[m]ps de celle p[er]secucio[n] ilz naur[ont] tribulacion, et de tant co[m]me ilz resisteront plusfort de tant seront ilz de plusgra[n]t merite. Et seront ceulx qui resisteront ainsi puissa[m]ment a recom[m]ander pour deux choses, lune pour sa cruaulte de sa persecucio[n] de laquelle sera si grande que plus ne pourra, lautre pour sa subtiliete de sa decepcio[n]. car au com[m]encement de ses g[ra]ns[e] ceulx qui estoient martiriez faisoient miracles en la presence de ceulx qui les mettoient a mort, mais lors ce dyable antecrist fera miracles apparam[m]ent deuant ceulx quil mettra a mort.

(¶ De la da[m]nacion du diable auec les sie[n]s et en recapitulant de la resurreccion des corps et de tous les mors et de la retribucion derreniere. piiii.

Ais apres la narration de ceste p[er]secucion derreniere il comp[re]nd briefment tout ce que le dyable [et] la cite enempe. cestadire du diable auecq[ues] son prince souffero[n]t, car il dit ainsi. Et le dyable dit il qui les decepuoit fut mis en lestant du feu et de souffre ouquel et la beste et les faulx prophetes seront tourmentez iour et nuit p[er]petuelleme[n]t, nous auo[n]s ia dit parauant que la beste peut estre entendue celle cite mauuaise. mais le faulx prophete de celle cite est ou antecrist ou celle p[er]image. cestadire lafflictio[n] de quoy nous auons parle la orendroit. Apres ces choses en recapitulant le iugement derrenier qui sera en la seconde resurrection des mors la quelle est quant au corps il raconte com[m]ent il a este reuele. Et ie veis dit il le trosne grant et cler et celluy qui siet dessus et de

uant la face duq[ue]l le ciel et la terre sen fuyent ne se lieu nest pas trouue. il ne dit pas ie veis le trosne grant et cler et celluy qui seoit dessus et deua[n]t la face duquel le ciel et la terre sen fuioit, car ce ne fut pas aua[n]t q[ue] le iugeme[n]t fut fait des vifz et des mors mais il dit quil le veit seant sur le trosne deuant la face duquel le ciel et la terre sen fuioient, mais ce fut aps. Quelz merueilles. Car quant ce iugement sera fait adoncq faul diront ce ciel et ceste terre qua[n]t le ciel nouueau et la terre nouuelle com[m]enceront a estre, car ce monde passera p[ar] mutacion de choses, non pas pour aneantir tout dont lapostre dit telles polles. Certes dit il la figure de ce mo[n]de passe ie veul dit il que vous soiez sans solicitude ou entente, la figure do[n]cques passe non pas la nature. Doncques come monseign[eu]r sait iehan eust dit quil auoit veu celluy qui se oit sur le trosne deuant la face duquel le ciel et la terre sen fuie[n]t laquelle chose sera apres il adiousta. Et ie veis dit il les mors grans et petis, et les liures furent ouuers, [et] vng autre liure fut ouuert le q[ue]l estoit la vie dungchascun. Et les mors seront iugez par les escriptures selon leurs fais, il dit que les liures sont ouuers [et] le liure est ouuert, mais il ne cela pas de q[ue]l[l]e maniere ce liure est. lequel liure dit il est de la vie dungchascun. Doncques ses liures quil mist parauant sont a ente[n]dre les sains liures anciens et nouueaulx, a ce q[ue] en iceulx fussent monstres les com[m]andemes lesquelz dieu com[m]anda quilz fusset fais. Et ou liure q[ui] est de la vie dung chascun fust desquelz iceulx com[m]ademes chascu[n] auroit fait ou nauroit pas fait le q[ue]l liure si[l] est pesé charnelleme[n]t q[ui] est celluy qui puisse scruter la gra[n]deur et la longueur dicelluy ou en cobien de te[m]ps pourra estre leu ce liure ouquel toutes les vies seront escriptes ou sera le no[m]bre des angles aussi grant com[m]e des ho[m]mes a ce que chascun oye reciter sa vie par la[n]gue qui luy sera administree Doncques ne sera ce pas vng liure de ta[n]t[?], mais ceste escripture en voula[n]t que par ce vng liure fust entendu dit ainsi vng autre liure dit elle est ouuert vne vertu diuine/est doncques a entendre par laquelle il sera fait que a chascun soient ramenees en memoire toutes ses oeuures bonnes et mauuaises et quelles soient veues par aduis de pesee en hastiuete merueilleuse a ce que sa science, cestadire la verite accuse ou excuse sa conscience, et que par ce tous et chascun par soy soient iugez ensemble. Laquelle vertu diuine a prins le nom de ce liure et non pas de merueille. Car on lit aucunement en elle tout ce dequoy on se remembre par elle, mais affin quil monstre quelz mors petis et grans seront iugez il dit en recapitulant aussi comme en retournant a ce quil auoit passe ou qui plus est differe ces parolles. Et la mer dit il mist hors les mors q estoient en elle, et la mort en enfer rendirent les mors lesquelz ilz auoient. Ceste chose fut faicte sans doubte auant que les mors fussent iugez, et toutesfois cela est dit auant. Cest doncques ce que iay dit quil retourne en recapitulant a ce quil auoit laisse, mais ore droit il gar de lordre, et a ce q lordre appe plus conuenablement il reppeta en son lieu ancores ce ql auoit ia dit auant des mors iugez. car quant il dit que la mort mist hors la mort qui y estoit, et la mort et enfer rediret les mors lesquelz ilz auoient, il adiousta tantost ce quil auoit dit vng pou auant. cestassauoir que tous furent iugez selon leure fais, car cest ce quil auoit dit auant, cestassauoir q les mors furent iugez selon leurs fais.

⁋ Exposicion sur ce chapitre.

En ce xiiii. chapitre monseignr saint augustin met que le monde passera par mutacion de choses, non pas quil soit du tout a neanty selon le dit de lapostre q dit que la figure de ce monde passe. Soyre ce dit monseigneur saint augustin sa figure et non pas sa nature. Et de ce on peut prendre deux theologiques enseignemes

cestassauoir le premier que le monde ne sera pas mue substanciellement quant a ces principales parties / pour ce quil dit q ne sera pas aneanty du tout. Le second enseignement est quil sera transmue accidetellemet a ce quil soit renouuele en mieulx par alteracion. Et pour ce dit il que sa figure passe et non pas sa nature. Apres quant il dit que monseigneur saint iehan dit q les liures seront ouuers il est a entendre et a notter q au iour du iugement il ne sera pas vng liure de tous, mais seront liures singuliers de singulieres persones. Et quant il parle dung liure ce sera selon monseigr saint augustin vne puissance diuine par laqlle il sera fait que toutes les oeuures que vngchascun aura fait luy reuendront a memoire, et lira chascun ou liure et en sa conscience dungchascun. Et ainsi tous et vngchascun seront iugez selon les choses qui seront regardees tres hastiuemet en sa pensee et conscience dugchascun, mais on peut faire vne petite doubte, cestassauoir se tous les fais dungchascun seront congneuz semblablement a tous les autres, a quoy on peut respondre que oy selon le dit de lapostre q dit q le iour de nostre seignr declairera toutes choses affin de demonstrer lequite du iuge pour ce q ce iugemet sera publicque et non pas priue. La seconde doubte est par quelle maniere ce pourra faire si tost celle manifestacion. a quoy on peut respondre que a vngchascun demeure vne disposicion a son entendement de tous les fais preteris et passez laqlle ne peut estre deffacee ne oubliee, iassoit ce que celle q est ou sens soit corrompue comme aux choses intellectuelles ne chee pas doubtance si come il est declaire des angles, et lors dieu demostrera lame dugchascu a soy et aux autres en regardant aussi comme de loeul / et par ceste maniere vngchascun regardera la ses disposicions intelligibles par lesql les est faicte la recordacion intelligible et ainsi seront toutes choses entendues ensemble, aussi come nostre veue regarde a vng seul regard le ciel auec toutes les estoilles qui sõt visibles a nous en cestuy mais q̃ sa soit telle congnoissãce il est pris en ce tẽpte du regard du tẽpte de sa pensee Et ce souffise pour la declaracion de ce chapitre.

⁋ Qui sont les mors lesquelz la mer demonstrera au iugement ou lesquelz la mort en enfer rendirent. ꝑv

Ais qui sont les mors lesquelz sa mort mist hors et lesq̃lz estoient dedens. Car tous ceulx qui meurent en la mer ne sont pas en enfer ne leurs corps ne sont pas gardez en la mer ou q̃ est mieulx a croire la mer na pas les bons et enfer les mauuais qui est cestuy q̃ se cuideroit/mais pour certain aucũs peuent conuenablement que la mer entendue en ce lieu pour ce siecle. Doncques cõme il signifiast que ceulx lesquelz iesucrist trouuera icy estans viuãs seroient iugez ensẽble auec ceulx qui ressusciteront il appella iceulx mors les bons ausquelz il est dit. Certes vous estes mors et vostre vie est mucee auec iesucrist en dieu. Et appella mors les mauuais desquelz il est dit laissez les mors enseuelir/ses mors ilz peuent aussi estre appellez pour ce q̃lz portent corps mortelz/dont lapostre dit. Certes dit il se corps est mort pour peche/ te lesperit est vie pour iustice en demonstrãt que lun et lautre, cestassauoir que le corps est mort et lesperit qui est vie sont en hõme q̃ vit et q̃ est en ce corps mortel/et touteffois il ne dit pas corps mortel. mais corps mort iassoit ce que vng pou apres il appelle aussi iceulx mesmes corps mortelz cõme ilz sont appelez pluscõmunemẽt. sa mort dõques mist hors iceulx mors lesquelz estoient en icelle/cestadire q̃ ce siecle mist hors tous ses hõmes qui y estoiẽt pour ce quilz nestoient pas ancores mors/et la mort et enfer dit il rendront les mors lesquelz ilz auoient/la mer les mist hors car ilz se pre

senterent sicõme ilz furent trouuez. mais sa mort et enfer ses rendirent pour ce quilz furent rappelez a la vie de laquelle ilz estoient ia yssus/et pauenture ce ne fut pas en vain ne souffisoit pas q̃l dist la mort ⁊ eser. mais il fut dit lun ⁊ lautre la mort pour les bõs q̃ peurẽt souffrir la mort tãt seulemẽt, et non pas enfer. Et enfer pour les mauuais lesq̃lz seuffrẽt aussi les peines en enfer Car sil ne semble pas estre inconuenient croire que les anciẽs tourmẽs des mauuais/mais touteffois en enfer iusques a ce que se sang de iesucrist qui descendit a iceulx lieux ses en mist hors pour certain les bons crestiens rachetez depuis ꝑ icessuy sang espandu sont du tout ignorãs quest enfer iusques a ce que auec leurs corps receuz recongneurẽt les biẽs lesq̃lz ilz auoiẽt desseruy/mais cõme il eust dit Et chascun furent iugez, et la mort et enfer dit il furent enuoyez en lestant de feu ⁊ de souffre. En signifiant ces noms le diable pour ce q̃l est aucteur de la mort et des peines denfer. Et en signifiant nsemble toute la compaignie des dyables, car cest ce quil auoit ia dit pauant pluseuidamẽt en anticipant quant il dit. Et le dyable q̃ les decepuoit fut mis en lestant du feu et de souffre/mais ce quil auoit ia adiouste plusoscurement en disant/ ouquel estant et la beste et le saulx prophete furent mis il dit icy plus appertement. Et ceulx dit il qui ne sont pas trouuez escrips ou liure de vie furent enuoyez en lestant du feu de souffre. Ce liure ne donne pas memore a dieu a ce quil ne soit pas deceu par oubliance. mais signifie sa predestinaciõ de ceulx ausquelz la vie pardurable sera dõne. car dieu ses scait et si ne fit pas en ce liure a ce quil se sache/mais q̃ plus est icelle presciẽce de dieu quant a eulx que on ne peut estre deceu est icestuy liure de vie ouquel ilz sõt escrips, cestadire cõgneuz parauãt. mais apres le iugemẽt finy par lequel il prononcera les mauuais estre iugez, il sensuit aussi q̃l die les bons. Car il a ia expplicque ce qui fut dit briefmẽt de nostreseignr̃. aussi

ff iiii.

dit il ceulx cy pront en tourment pardurable il sensuit quil explicque aussi ce quil a iouste illec cestassauoir et les iustes pront en vie pardurable.

Exposicion sur ce chapitre.

En ce pñt chapitre monseigneur saint augustin recite que monseigneur saint iehan en lapocalipse dit que la mer demonstra ses mors qui estoient en icelle Et que la mort et enfer rendirent les mors quilz auoient, il demonstre en ce chapitre qui sõt les mors que la mer mist hors q estoiẽt dedens elle. Et il respond conuenablement et dit que la mer est prinse pour ce monde. Et cest ou il dit, pour certain (ce. Apres quant il dit que sa mort et enfer rendirent seurs mors il y respond et dit que monseigneur saint iehan dit de la mort pour les bons q peuent souffrir la mort temporelle et non pas les tourmẽs denfer et enfer il dit pour les mauuais qui seuffrent aussi les peines denfer. Car les bõs crestiens aps ce que nostreseigneur eut respandu son precieux sang, ne sçauent rien denfer, cestadire des peines et tourmens q y sont, iasoit ce que les sais peres anciens qui tindrent et anõcherent sa foy de nrẽ sauueur iesucrist auãt que ce precieux sãg fust espandu fussẽt en enfer, mais toutesfois en ce lieu tresloingtaing des tourmẽs sequel lieu nous appellõs le limbe des peres ouquel lieu ilz ne souffroiẽt nulz tourmens, mais ilz nauoient pas la vision de dieu qui est le vray et souuerain bien de creature humaine. Apres quãt il est dit. Et mort et enfer furent enuoyez en lestant du feu il continue son propos, et respond que par ces noms est signifie le dyable lequel est aucteur de la mort pdurable et des peines denfer. Apres quant il dit cy dessus q se liure ouquel vng chascun verra ses oeures accusãs sa conscience est vne force ou

puissance diuine par lesquelles il ramenra toutes les oeuures a memoire. et par ce liure sẽble estre aucune chose en dieu qui est appelle veant. On peut demãder en quel liure les predestinez verrõt leurs oeuures monseigneur saint augustin y respond et dit, que la prescience de dieu est le liure en quoy ilz sont escrips, cestadire pauãt cõgneuz, des parolles mises en ce chapitre lesquelles parolles mõseigneur saint augustin dit que les bons qui sont rachetez du precieux sang de nostre seignr iesucrist ne sçaiuent que cest enfer. On peut predre vng tel argument, cestassauoir que purgatoire nest pas en enfer, toutesfois sẽble il quil parle des sains hõmes parfais lesquelz nont rien a purger.

Du ciel nouuel et de la nouuelle terre. pvi.

Et ie veis dit il le ciel nouueau et la nouuelle terre. Car le pmier ciel et la terre sõt ia assez et la mer nest plus, ce quil a dit parauant en anticipant quil a veu quil siet dessus le trosne, de la face duquel le ciel et la terre sen fuiet sera fait par cest ordre. Car apres ce que ceulx qui ne sõt pas escrips ou liure de vie seront iugez et enuoyez ou feu pardurable lequel feu de quelle maniere il sera, et en quelle partie du monde ou des choses il sera. Je cuide que homme ne sache fors p auenture cellup ouquel lesperit de dieu sa demonstre, adoncques la figure de ce monde perira par semblasement de feus mondains, sicomme le deluge fut fait par linundacion deaues mõdaines Et ainsi les qualitez des elemẽs corrõpables lesqlz estoiẽt cõuenables a noz corps corrõpables periront du tout en ardant par icelluy embrasement mondain sicomme iay dit. Et icelle substãce aura les qualitez lesqlles par merueilleuse mutacion soient cõnue nables aux corps immortelz / cestassauoir a ce que se monde renouuelle en mieulx il soit appropie couenablemēt aux hōmes renouuelez aussi cōme en mieulx charnellement / mais a ce quil dit / et la mer nest pas assauoir selle sera sechee par celle tres grāt ardeur ou selle sera muee en mieulx ce nest pas legiere chose a dire. Car nous lisons quil sera nouueau ciel et nouuelle terre / mais il ne me souuiēt pas que iaye leu quelque part aucune chose de la mer nouuelle fors que en ce mesmes liure de sa pocalipse a trouuee aussi comme vne mer de voire semblable a cristal / mais il ne y soit pas adoncques de sa fin de ce siecle / a ne semble pas quil dist proprement mer / mais dit aussi comme mer / iassoit ce aussi comme la maniere de parler en prophecie ame a mesler les choses translatees aux parolles propres. Et aussi couurir aucunement ce qui est dit. Il peut ondroit dire / et la mer nest plus dicelle mer de laquelle il auoit dit parauant. Et la mer mist hors les mors qui estoient en elle / car adoncques ce siecle tourble et tempestueux par la vie des hommes ne sera. lequel siecle il signifia par le nō de la mer

¶ Epposicion sur ce chapitre.

En ce xxi. chapitre monseigneur saint augustin poursuit son intēciō a propos a declairer les polles de seuangeliste du xxi. chapitre de sapocalipse. Et dit que ceulx iugez qui sont escrips ou liure de vie et les mauuais euopez en enfer parduraβlement sera ce feu lequel de saqͥle nature il sera en quelque partie du monde ou de quelle chose il nest nul qui le sache fors ceulx a qui nostreseigneur se aura reuele. Et que lors la figure de monde periera par semblasement des feux. Et fait comparaison des eaues du deluge. Et dit

que les qualitez des elemēs corruptibles qui estoient conuenables a qui ouuroient en noz corps corruptibles perirōt. Et que celle substance aura qualitez / lesquelles seront conuenables aux corps immortelz par merueilleuse mutacion a ce que ce mōde mue en mieulx soit couenable aux hōmes lesquelz serōt renouuelez en mieulx. Et de ce on peut prendre deux theologiēs enseignemens. Lun que tout aussi comme les corps des hommes serōt glorifiez en vne seur maniere pour les doctacions du corps. tout aussi le monde les elemēs a les corps supercelestiens seront aussi cōme glorifiez pour sa beaulte quilz aurōt fors par sa mutacion et renouacion de p ceulx laquelle sera trop plus belle que celle quilz ont a present. Car monseigneur saint augustin dit que le monde sera proporcionnellemēt mue en mieulx aussi cō me les hōmes qui de mortalite serōt muez en immortalite. Lautre theologicque enseignement est que les elemens du monde seront a muer perpetuellement aux perfecions qui surmontent nature aussi comme lame en sa maniere. Car monseigneur saint augustin dit que les qualitez quilz ont de present periront comme elles soient naturelles a prendront autres qualitez. Et pour ce celles ne pourront estre que supernaturelles. Voire est que mōseignr̄ sait augustin demeure cōe en doubte de la mer. cestassauoir selle sechera pour celle conflagracion et embrasement pour ce quil est dit en lapocalipse ou xxi. chapitre. Et la mer nest plus ou elle sera muee en mieulx / mais il dit quil peut estre entendu de celle mer dont il a parle dessus ou monseigneur saint iehan dit q̄ la mer mist hors ceulx qui estoiēt / cestadire le monde. Car fors le mōde ne sera plus cestassauoir ce monde plaīs de tempeste a de tribulacions. Autrement on y peut respōdre / cestassauoir que comme la mer apptiēne a la perfectiō de luniuersite aussi cōme leaue est plus noble elemēt q̄ la terre q̄ la mer demeurera aussi cōme fait selon l'opinion des docteurs/ toutesfois dient aucuns que la mer q̃ est appelee uitrineuse sera perie et faicte une mer q̃ couurera la terre de toute pars aussi comme elle fut cite au comencemēt. et telle est l'ordre naturelle des elemens que ce descouuremēt de la terre fut fait pour la uie des bestes mortelles et corrōpables dont il ny en aura sors aucunes. Et a ce peut estre rapporte ce qui est dit en l'apocalipse que la mer n'est plus

℣ De la glorificacion de l'esglise sans fin apres la fin. puii

Ie ueis dit il la grant cite de hierusalem la nouuelle applicquee de dieu aussi come une espousee nouuelle adournee a son mary, et oy une grāt uoix du trosne laquelle disoit uees cy le tabernacle de dieu auec ses hōmes/ et il habitera auec eulx et ilz serōt le peuple diceluy et il sera dieu auec eulx/ et dieu ensuiura toute larme des yeulx diceulx et mort ne sera iamais ne pleur ne clameur ne aucune douleur. Car les choses de parauant sōt passees. Et celluy qui siet ou trosne dit, uees ie fais toutes choses nouuelles. ceste cite est dicte descendre du ciel pour ce que sa grace est celle sienne par laquelle dieu la fait pour laquelle chose il dit ainsi a icelle cite par ysaye le prophete, ie suis seigneur qui te fais. Et certes elle descendit du ciel au comencemēt d'elle de ce q̃ par le temps de ce siecle ses citoiens dicelle croissent par la grace de dieu uenāt de sassus par le net toyemēt de regeneracion par le saint esperit enuoye apres/ mais par le don de dieu et si nouuelle clarete dicelle appra p se iugement de dieu seql sera derrenier par iesu crist le filz de celluy que nulles enseignes de uieillese ne demourōt pour quāt certaines passerōt de uieillesse corrupcion et mortalite et nouuelle incorrupciō et imortalite car il me sēble q̃ c'est tresgrāt enhōtemēt de prendre ceste chose pour cestuy temps ou q̃ icelle cite rengne auec son roy par mil ans come il die tresappertement dieu nettoira ou essuera toutes les larmes des peux diceulx/ et mort ne sera iamais ne pleur ne clameur ne douleur aucune/ mais est celluy qui est si fort et si hors du sens par contempcion tresostinee qui ose affermer ie ne dy pas le peuple sainct/ mais ung chascū des sains q̃ maine ou amenra ou admaine ceste uie quil nait aucunes larmes ou douleur aux meschances de ceste mortalite cōme de tant q̃ chascun est plus saint et plus plain de sainct desir de tant soit le pleur d'icelluy plus plentureux. Et n'est ce pas la uoix du citoien de la souueraine hierusalem cestassauoir larmes me sont aux pains de iour et de nuit et layeray chascune nuit mon lit et arrouseray ma couche de mes larmes/ et mon gemissemēt n'est pas cele a toy et ma douleur et renouuelee. Et ne sont pas aux filz dicelle ceulx qui gemissent griefues en ce dequoy ilz ne ueulēt pas estre despoullez, mais uestus a ce q̃ ce qui est mortel soit aneāty par uie. ne sont pas ceulx qui aient les promesses du saint espit gemissēt en eulx mesmes en attendāt adopciō la redēciō de leurs corps n'estoit pas icelluy saīt pol l'apostre souuerain citoien de hierusalē ou ne l'estoit il pas par plus forte raison quant il auoit tristresse et douleur continuelle a son cueur pour ses freres charnelz d'israel/ mais quant ne sera pas la mort en ceste cite fors quāt on dira mort ou est ton aguillon quāt peche est aguillon de la mort, lequel pour certain ne sera pas adoncques quant on dira ou est il/ mais a present, non pas seulement chascū enfferme de ceste cite/ mais icelluy saint iehan se crie en son epistre en disant. Se nous disons que nous n'auons pas de peche nous nous decepuons et uerite n'est pas en nous. Et pour certain moult de choses sont dictes obscurement en ce liure qui est nomme l'apocalipse a ce que il excedēt la pensee dicelluy q̃ fit. Et pou de choses sont en ce liure par la cognoissance desquelles les autres soient enquises par labour mesmement/car il repete ainsi vne mesmes chose en moult de manieres a ce quil semble quil die diuerses choses quāt on enquert a dire ces choses mesmes en plusieurs manieres/ toutesfois en ces parolles ou il dit. Dieu nettoyera les larmes des yeulx des sains et mort ne sera plus ne pleurs ne clameurs ne douleurs aucunes celles paroles sont dictes si clerement du siecle auenir et de limmortalite et pourablete des sains. Car adoncques seulement il lec icelles choses ne sōt pas que nous ne deuōs qrir ou lire aucūes choses cleres aux escriptures se nous cuidons icelles choses estre obscures.

¶ Exposicion sur ce chapitre.

En ce pviii. chapitre monseignr saint augustin monstre q̄ nr̄e saueur iesucrist glorifia ses sains aps le iugemēt en soy mesmes/ et aussi adourna il le mōde de nouueau adournemēt a lacroissement de leur glox. et aussi le ciel et le firmament pour la glox des sains en soy mesmes/ et pour ce allegue il les paroles de monseigneur saint iehan ou xxi. chapitre de lapocalipse ou il est dit. Et ie veis dit il la cite de hierusalem nouuelle descendāt du ciel ꝯ. Et estassauoir que ces choses sont a entendre de leglise triūphant apres le iugement. Car on tient que la cite de hierusalē descendit premierement du ciel pour ce que la grace du saint esperit laquelle a adourne leglise de iesucrist vint du ciel p lauenemēt de regeneracion. Secondement elle descendra du ciel quāt ou derrenier iugemēt elle sera adournee par iesucrist de lumiere ꝯ de clarete quāt les corps des saīs passeront de vielle corrupcion et mortalite. Et de cest auenement et regeneracion des sains parle monseigneur saint iehan non pas de la premiere/ car il sensuit aps oultept que dieu nettoira ou essuiura toutes les larmes de leurs yeulx ꝯ. ¶ Apres quāt il dit. Mais qui est si sourt et si hors

du sens ꝯ. Il preuue sa mineur/ car sicōme il dit de tāt cōme vngchascun est plus saincte personne et plus plain de sainct desir et de saincte voulente/ de tant pleure il plus habondāment en depriant nostre seigneur. Et a ce il amaine premieremēt les paroles de dauid qui dit que larmes sien estoient aussi cōme pain ꝯ. Lesquelles representent la voix de la presente cite de hierusalem viuant en la contēplacion de nr̄e seigneur. Secondemēt il amaine la parolle de monseigneur saint pol lapostre. Et cest ou il dit. Nestoit pas icelluy saint pol lapostre ꝯ. Apres quāt il dit. Mais quāt ne sera pas la mort en celle cite ꝯ. Il rent la raison pourquoy les sainctes personnes et bonnes creatures pleurent en ce siecle/ ꝯ dit que cest pour ce q̄ lōme est tousiours a laguisson et peril de peche selon le dict de monseigneur saīt iehan. Et pour ce au cōtraire de leglise triumphant ne pourra auoir ne pleur ne douleur. Et de celle est a entendre que monseigneur saint iehan dit que dieu assuiura toute larme/iassoit ce quil ne se die obscurement/ et monstre la cause pourquoy monseigneur saint iehan veult parler ainsi obscurement.

¶ Quelle chose saint pierre lapostre ait presche du iugemēt derrenier de dieu. pviii

Mais veons de present quelles choses monseigneur saint pierre escript aussi de ce iugement/ il vādist dit il aux derrenieres iours moqueurs qui par derrision se mocqueront en allant selon leurs propres couuoitises/ et disant ou est la promesse de sa sapience. Car depuis que noz peres furēt mors toutes choses perseuerēt ainsi cōme elles estoient au cōmecemēt de toute creature ilz veulēt bie taire ce q̄lz sceuēt. cestassauoir q̄ iadis les cieulx estoiēt et la terre de seaue et p seaue constitue par la parolle de dieu par lequel le monde qui lors estoit perp par inundacio deaue, cestadire p le deluge, mais les choses qui sont apresent, les cieulx ℸ la terre sõt par celle mesmes parolle remis pour estre remis ou feu au iour du iugemẽt et de la pdiciõ des mauuais hões. mais mes treschiere amis dit il il ya vne telle chose de laqlle vous nestes ignorans, cestassauoir que a dieu vng iour est sicõe mil ans aussi cõme vng iour dieu ne tarde pas ce quil a promis aussi cõme aucũs entendẽt celle tardacion, mais il seuffre paciãmẽt pour vous pour ce quil ne veult que aucũ pense que tous se conuertissent a faire penitance, mais le iour de nostre seigneur vendra cõme vng larron, ouql les cieulx passeront hastiuemẽt par grant violence, et les elemens ardans seront dissipez, et la terre et toutes les oeuures qui sont en ycelle seront arses. Quant doncques toutes ces choses periront quelz fault il que vous soiez aux sainctes conuersaciõs en vous attendant et vous auertisant a la presence du iour de nostre seigneur par lequel les cieulx qui ardent seront destruis, et les elemẽs serõt cuis en lardeur du feu. mais no⁹ atẽdons dit il les nouueaulx cieulx et la nouuelle terre selon les pmesses aus quelz iustice a son habitaciõ ℸ sa demeure Monseignr sait pierre ne dit rien icy de la resurrection des vices. mais il dit assez de la perdicion de ce monde ouquel lieu en ramẽbrant le fait auant le deluge il semble quil ait admõneste aucunement cõment nous deuons croire q̃ ce monde doie perir en la fin de ce siecle. Car en ce temps fut perp le monde qui lors estoit, et nõ pas seulement la terre ou la circunference dicelle mais aussi les cieulx. nous etendõs pour certain estre de lair le lieu et lespace desq̃lz leaue auoit surmõte en croissãt tout ce faut vẽteulx ou apeines tout seul ilz appellẽt les cieulx, ℸ nõ pas les haulx cieulx ou quel sont mis le soleil la lune et les estoiles auoit este conuerty en moiste qualite ℸ par ce auoit este perp auec la terre duquel

sans doubte sa face premiere auoit este perie par le deluge, mais ceulx dit il qui ne sont cieulx et terre sont remis p icelle mesmes parolle pour estre reseruez ou feu au iour du iugemẽt et de la perdicion des hõmes desloyaulx. Et pour ce les cieulx et la terre, cestadire le monde qui est remis pour le monde qui fut perp par celle mesmes eaue et reserue a ce feu derrenier du iour du iugement ℸ de la perdicion des hõmes, car il ne doubte pas, cestadire la perdicion des hõmes auenir pour la grãt mutaciõ. iassoit ce q̃ leur nature demeure aux peines perpetuelles, mais par auãt aucũ demandra se ce monde ardra apres le iugement fait auãt que on ait remis nouueau ciel et nouuelle terre, et ou seront les sais ou temps de ce feu ou conflagracion comme il soit necessite q̃lz soient en aucun lieu corporel: puis quilz auront corps: Nous pourrons respondre quilz seront en aucunes parties ou la flamme de ce feu ne mõtera pas et neãt plus q̃ fist leaue du deluge en padis trestre Quelz merueilles car ilz aurõt telz corps q̃lz serõt ou ilz vouldront estre. Car se les corps des trois qui estoient corrompables et mortelz peurent viure sans auoir mal en sa fornaise ardant ilz ne doubteront pas le feu de celle conflagracion quant ilz seront fais immortelz et corrumpables.

(Epposicion sur ce chapitre.

En ce viii. chapitre monseignr sait augustin parle de ladournement du monde a la gloire des sainctes personnes et bieneurees. Et allegue monseigneur sait pierre ou tiers chapitre de sa seconde epistre canonicque ou il parle du derrenier iugement de dieu et du feu et flãme qui ardera tout le monde quant il dit que les cieulx ardront ℸ q̃ nous attendõs nouueaulx cieulx et nouuelle terre selon

la promesse de dieu ausquelz iustice habi
te. Et monseigneur saint augustin la pos
sibillite de ceste innouacion, car sicomme il
dit ou temps du deluge nostreseignr cou
urit le moude deaue et le ciel & la terre peri
rent au moins quāt a grant desformacion
car tous les arbres et ce q̃ portoit fruit fut
noie et par lombre des eaues q̃ estoient si
haultes et montoient sihault que le ciel a
nostre regard fut tenebreux et obscur & ne
aumoins par la presence de dieu le ciel et
la terre furent remis, cestassauoir que la
terre cōmenca a porter fruit. et le ciel a dō
ner clarete et lumiere, et par consequēt cō
me dieu ait promis nouueaulx cieulx et
nouuelle terre sicōme il appert psalme sepa
gesimo septo L On doit croire fermemēt
selon les promesses de nostreseigneur apres
ce que le monde sera ars seront fais nou
ueaulx cieulx et nouuelle terre. Apres quāt
il dit Car en ce temps &c. Il suppose ce qui
est dit que les cieulx seront nouueaulx et
dit q̃ est vray au moins quāt aux cieulx
aeriens ou de lair car sicōme il dit ou tēps
du deluge leaue en croissant auoit surmō
te tout cel air montueux et venteux, et a
uoit este tourne et conuertp en moiste qua
lite, combien que ce ne fust pas le ciel ou
est le soleil la lune et les estoilles. Il est
toutesfois a notter en ceste partie que iaʒ
soit ce que monseigneur saint augustin die
q̃ leaue monta iusques aux cieulx ou ciel
ou sont les estoilles lequel nous appelōs
celum sidereum toutesfois il ne nye pas que
apres le iugement le ciel ou sont les estoi
les ne soit nouueau par mutacion en plus
grant clarete, mais qui plus est il semble
que monseignr saint pierre le veuille dire
secunda petri tercio, ou il dit que dieu fera
nouueau ciel & nouuelle terre selon sa pro
messe. Or est il ainsi que nostreseigneur
promist que le ciel estele sera mue en plus
grant clarete au iour du iugemēt qui sera
fait par le feu en disant telles parolles. Et
sera dit la clarte de la lune aussi cōme
la clarete des sept iours &c̃t. sicōme il se
treuue psalme tricesimo capitulo. Apres

quāt il dit. Mais pauenture &c̃t. Il fait
vne question et y respond en deux manie
res, sicomme il appert par le texte, et est
le chapitre tout cler.

Quelle chose saint pol lapostre ait es
cript aux thessaloniens de la manifesta
cion de antecrist apres le temps duquel le
iour du iugement sensuiura. pix.

Il me semble que maintes sentē
ces des euangelistes et des apo
stres de ce derrenier iugement de
dieu sōt trespassez affin que ce liure ne sest
tende trop grant prolixite, mais monsei
gnr saint pol nesta trespasser en aucune ma
niere lequel en escripuant aux thessaloni
ens dit ainsi, frere nous vous prions par
lauenemēt de nostre sauueur iesucrist & de
nostre congregacion en icelluy, Que
vous ne vous esmouez pas tost par
pensee ne ne vous espouentez pas ne pesʒ
perit ne par parolle ne par epistre aussi com
me selle fust enuoyee par nous, affin que
aucun ne nous decoipue en aucune manie
re aussi comme le iour de nostreseigneur
approchast. Car celluy iour ne vien
dra pas se antecrist nest premierement ve
nu. Et selōme de peche filz de mort nest
reuele lequel contredit et sessleue pardessus
tout ce qui est dieu et qui est adoure en tel
le maniere quil siee ou tēple de dieu en soy
monstrant cōme il soit dieu, Nauez vous
pas memoire que ie vous disoie ces choses
quāt iestoie auec vous, et vous scauez q̃l
le chose se detienne a present a ce quil soit re
uele en son temps. car le mistere diniquite
enuoya ia tant seulemēt, qui tient main
tenant si tienne iusques a tant que il soit
fait du milieu. Et adoncques le mau
uais sera reuele leq̃l nostreseignr tura de
lespit de sa bouche & p la maniere de sa prē
ce aneātira celluy duq̃l la prēce est selō lo
pacion du diable en toute vtu & ēseigne et

esmerueille et en prodiges de mensonges en toute deceuance diniquite a ceulx qui perissent pour ce que ilz nont pas receu lamour de verite a ce que ilz fussent sauuez Et pour ce le dieu leur enuoyra loperation derreur a ce quilz croient a mensonge et tous ceulx y soient iugez qui nauront pas creu a verite. aincois se sont consentis a iniquite il nest pas doubte que saint pol dit ces choses dantecrist et que le iour du iugement, lequel est appele le iour de nostreseigneur ne viendra pas se antecrist ne vient premierement lequel il appele refuiant en soy retournant, cestassauoir de nostreseigneur laquelle chose selle peut estre a son droit de tous mauuais par plus forte raison de cestuy, mais ouquel temple antecrist se serra il nest pas certain sil se serra en celle ruine du temple lequel fut fait du roy salomon ou en lesglise. Car lapostre nappelleroit pas le temple daucune ydole ou de dyable temple de dieu, dont aucuns ne veullent pas que icelluy prince antecrist, mais que tout le corps de luy, cestadire toute la multitude des hommes apptenans a luy ensemble auec icelluy leur prince estre entendu en ce lieu antecrist. Et cuident aussi qil soit dit plus droitturierement en latin, non pas ou temple de dieu en ablatif case, sicome il est dit en grec aussi come sil soit dit temple de dieu. lequel est lesglise sicome nous disons il siet en amy, cestadire come amy ou sicome on scait autrechose dire par ceste maniere de parler. mais ce quil dit. Et vous scauez quelle chose se tienne a present, cestadire vous sauez quelle chose soit en sa demeure quelle soit la cause de sa demeure a ce qil soit reuele en son temps pour ce qil dit quilz le sauoient et il ne se veult dire apptement Et pour ce nous q ne sauons ce quilz sauoient desirons nous par labour attaindre a ce que lapostre sentit, et nous mesmement pour ce que les choses lesquelles il adiousta font ce sens plus oscur. Car quelle chose est qui sensuit, cestassauoir car le mistere diniquite oeure ia tant seulement qui tient maintenant si tienne iusques a tant qil

soit fait, cestadire oste du milieu et adoncques le mauuais sera reuele. il confesse du tout q ie ne scay quil dit, toutesfois ie ne trairay pas loppinion des hommes lesquelles iay peu oyr ou lire, les aucuns dient que ce ait este dit de lempire de rome, et q saint pol lapostre ne le voulut pas escripre appertement affin quil mourust en fausse occasion, en disant quil desirast ou souhaidast aucun mal a lempire de rome come on esperast quil fust pardurable a ce q ce q saint pol dit. Car le mistere diniquite oeure ia il voulsist estre entendu de lempire neron duquel les fais sembloient estre aussi come les fais dantecrist dont aucuns cuident que icelluy neron doye ressusciter et estre antecrist. mais les autres cuident quil ne fut pas occis, aincois fut destourne affin que on cuidast quil fut occis et quil fut muce en la force de laage de laquelle il estoit quant on cuida quil fut occis iusques a ce quil soit reuele en son temps et restitue ou royaume, mais cest presumpcion tant grande de ceulx qui cuident ce mest moult merueilleuse, toutesfois ce q lapostre dit tant seulement, qui tient maintenant si tienne iusques a tant quil soit fait du milieu, est creu conuenablement estre dit dycelluy empire de romme aussi comme sil deist qui rengne maintenant si rengne iusques a tant quil soit fait du milieu, cestadire iusques a ce quil soit oste du milieu, et adoncques le mauuais sera reuele lequel nul ne doubte estre signifie par antecrist, Mais les autres ne cuident pas que ce que lapostre dit: Vous sauez quelle chose se detiene et le mistere diniqte euure ia dit il fois des mauuais et des saingz qui sont en lesglise iusques a ce quil vienne a si grant nombre lequel face vng peuple et antecrist Et que ce soit le mistere diniquite pour ce quil semble estre cele. Et que lapostre admonneste les bons crestiens que ilz perseuerent fermement en la foy laquelle ilz tiennent en disant tant seulement. Qui tient maintenant si tienne iusques a ce que il soit fait du milieu, iusques a ce que se mistere diniquite lequel est muche q cele a present pse du milieu de lesglise. Car ilz cuident appartenir a cellui mistere ce que dit saint iehan euangeliste quant il dit. Enfans leure derreniere est. Et sicome vous auez oy que antecrist venra / mais plusieurs antecristz sont apresent / p quoy nous congnoissons que lheure derreniere est / ilz sot yssus de auecques nous. mais ilz nestoiet pas des nostres. certes ilz fussent demourez auec nous. Doncques diet ilz sicome plusieurs herezes lesquelz sait iehan appele antecrist / sont yssus du milieu de lesglise auant sa fin en celle heure laquelle sait iehan appele derreniere / aussi ysteront ceulx de sa qui appartiennet a iesucrist / mais ce derrenier antecrist q a doncques il sera reuele. Doncqs fut en vne autre maniere et lautre autremet exposent les parolles de lapostre / laqlle chose toutesfois il nest pas doubte quil dist q iesucrist ne vedra pas pour iuger les vifz q les mors iusques a ce que antecrist son aduersaire soit venu pour deceuoir ceulx q sont mors en ame. iassoit ce q ceulx qlz seront deceus appartiennent desmaintenat au iugement de dieu. Car sicome dit est la presence dicellup antecrist sera selon so peracion du dyable en toute vertu et en signes et en merueilles de mensoges et en toute decepuance diniquite de ceulx qui perissent. Car le dyable sera deslye adoncques q ouuera p icellup antecrist en tout son pouoir merueilleusemet / mais pour certain pour mensonge et faulsement / les quelz signes et merueilles de mensonges pour ce quilz decoipuent les sens mortelz par fantasie a ce quil semble quil face ce q il ne fait pas. Ou soit que celles merueilles soient vrayes pour ce quelles attraiet a mensonges ceulx qui croient quelles ne puissent estre faictes fors de dieu pour ce que ilz ne sçaiuet pas la puissace du dyable / mesmement comme il preine plus grant puissance quil neut oncques Car ce ne fut pas fantosmes quant le feu cheit du ciel et gasta a vng coup tat grande fa

mille auec tant de bestes de ce saint home iob. Et quant le tourbillon en descendat impetueusement destruit sa maison et occist ses enfans / lesquelles choses toutesfois furent oeuure du diable auquel dieu auoit donne ceste puissance il apperra donques mieulx adoncques. Pour laquelle de ces deux choses ilz soient dis signes et merueilles de mensonges / mais pour laquelle de ces deux choses il soit dit / ceulx seront deceuz de ces signes et merueilles. lesquelz desseruiront estre deceuz / pour ce dit il quilz nont pas receu lamour de verite a ce quilz fussent sauuez. ne lapostre ne douta pas adiouster et dire ce quil sensuit pour ce dieu senuoyra pour ce qui souffera par iugement droitturier que le dyable face ces choses / iassoit ce quil les face par faulx et mauuais conseil / affin dit il que tous ceulx soiet iuges lesquelz nont pas creu a verite. mais se sont consentis a mauuaistiez / et pour ce ceulx q sont iugez sot de ceux / mais les iuges seront deceuz par yceulx iugemes celez de dieu. par lesquelz il ne cessa onques de iuger des le commecement du peche de creature raisonnable. q les deceuz seront iugez par le iugemet derrenier. Et appt par iesucrist lequel iugera tresiustement et fut iuge tresiustemet

¶ Exposicion sur ce chapitre.

En ce pip. chapitre monseignr sait augustin de lauenement occult de antecrist leql est ia venu secretement aux sains et faulx crestiens. Et en sa partiy sapperra manifestement par signes et en merueilles et en prodiges de mensonges et en toute decepuance diniquite. ¶ Et premieremet il recite les dictz de monseignr saint poul lapostre q sont la seconde epistre a thessaloniesses de siniqte q mauuaistie dantecrist. Et premierement il dit ql sera ou temple de dieu en soy demonstrant aussi come se il fust dieu / laqlle chose aucuns entendet. non pas dantecrist tat seulement / mais de toute sa multitude de ses membres ou de ses gens. mais il nest pas chose certaine ouquel temple ce sera/ assauoir se ce sera en ce temple de salomon qui fut trebuche ou en lesglise de dieu. Et sera cestuy antecrist en ce temple aussi comme sil fust amy de ce temple ou de lesglise aussi come sont de present aucuns faulx crestiens. ¶ Secondement lapostre dit que se mistre diniquite ouuera/ cestadire la figure diniquite qui vault autāt adire come antecrist.) Et dit monseigneur saint augustin que aucuns sont voulu entendre pour neron/ duquel les fais semblent semblablement estre telz come antecrist · dōt aucuns cuident quil dope estre antecrist et ressusciter. les autres diēt quil ne fut pas mort. mais substrait et muche iusques au temps que antecrist doit venir. ¶ Apres quant il parle des parolles de lapostre ou il dit tant seulement. Qui tient maintenant si tienne &c.) Il demonstre son humilite car il dit que il ne scait que monseigneur saint pol vault entendre par ces parolles. Et toutessois les eppose il selon loppinion de plusieurs sicomme il appert par le texte. / Il est vray que ces parolles sont oscures et emportent plusieurs entendemens/ sicome se met le maistre des histores en sa lecture ou epposicion que il fist sur les epistres saint pol. Et aussi maistre nicole de lice en sa postille sur celle seconde epistre. Et pour monstrer lumilite de monseigneur saint augustin et quil ne se fait pas trop bon fier en sa prudence nous auons oy dire que il eut iadis vng maistre en diuinite en lestude de paris/ lequel comme ses escoliers apres sa lechon se recommandassent de ce quil auoit expose sur vng notable les parolles de mōseigneur saint pol/ ¶ Il sen orgueillist tellement et fut si oultrecuide quil dit que il auoit mieulx entendu en ce pas que na uoit monseigneur saint pol. Et tantost deuint hors du sens.

Quelle chose saint pol lapostre ait enseigne en sa premiere epistre de iceulx thessaloniēs de la resurrection des mors. xx.

Lapostre se teut icy de sa resurrection des mors/ mais en escripuant a iceulx mesmes thessaloniens en sa premiere epistre en disant/ Freres dit il . Nous voulons q̄ vous sachez de ceulx q̄ dorment ou qui sont trespassez affin que vous ne soyez pas en tristresse. sicōme les autres qui nōt pas desperance. Car se nous croions q̄ iesucrist mourust et ressuscitast aussi dieu par iesucrist amenra auec luy ceulx q̄ sont mors. Car nous vous disōs ceste chose en la parolle de nostre seigneur. qui nous qui viuons qui sōmes demourez quant viendra a lauenement de nostre seignr̄ nous ne prons pas auant ceulx qui sont mors par auāt/ car icelluy descendra du ciel au cōmandemēt et en la voix de larcangle. en la buisine de dieu · Et ceulx qui sont mors en iesucrist ressusciteront premieres : Apres nous q̄ viuons qui sōmes demourez serons rauis ensemble auec eulx aux nues et allencontre de iesucrist en lair. Et ainsi nous serōs tousiours auec nostre seignr̄. Ces parolles de lapostre monstrent clerement q̄ la resurrectiō des mors sera trescertainemēt quāt iesucrist viendra pour iuger les vifz et les mors/ mais ont sceut demander se ceulx lesquelz iesucrist trouuera viuans icy lesquelz lapostre transfiguroit ses personnes en soy et en ceulx qui viuoiēt auec luy adōcques. Se ceulx du tout ne mouront iamais ou se par hastiuete merueilleuse il passeront a la mort a mortalite en cestuy momēt du temps ouquel ilz serōt rauis aux nues allencōtre de iesucrist en lair. Car il nest pas a dire quil ne puisse estre fait que tant cōme ilz seront portez p lair en hault q̄ en celle espace il mueront et se remuent. Car ce que lapostre dit: et ainsi nous serons tousiours auec nostre seignr̄ nest pas a entendre ainsi. ausi cōe sil voulsist dire quil demeurent tousiours en lair auec nostre seigneur/car pour certain il demoura illec pour ce quil passa en venant car on yra a lencôtre de celluy qui vendra non pas qui demoura/mais nous serons ainsi que nous aurons tousiours corps p durable en quelque lieu que nous soions auec luy/car il semble que lapostre nous cõstraingne a ce sentement p lequel nous cuidons q ceulx lesqlz nostre seignr trouuera icy seuffrent sa mort et recoipuent ĩmortalite en ceste petite espace par ce quil est dit. Tous reuiurõt en iesucrist cõme il die en vng autre lieu en parlant de sa resurrection des corps/ce q tu semes ne reuiura pas sil ne meurt. Cõment doncques reuiurõt en iesucrist par ĩmortalite ceulx quil trouuera icy silz ne meurent cõme nous veõs que pour ce fut il dit ce que tu semes ne reuiura pas sil ne meurt. Ou se nous disons que les corps des hõmes ne soiẽt pas semes a droit fors ceulx qui en mourãt retournent aucunemẽt en terre/il conuient que on confesse que ceulx lesquelz iesucrist trouuera quãt il vendra, non pas ancoires mors ne soient pas cõprins aux paroles de lapostre ne en celles du liure de genesis pour ce quilz sont rauis lassus aux nues et ne sõt pas semez/car ilz ne vont ne ne retournẽt en tre soit ou q du tout ilz ne meurent pas ou quilz meurẽt p vne espace en lair/mais ancoires vient il autre chose au deuant quãt icelluy apostre dit quant il parle a ceulx de corinthe de la resurrectiõ des corps en disant: Nous ressusciterõs tous ou sicõme il est cõtenu aux autres liures nous dormirõs tous. Car cõe doncques resurrection ne puist estre faicte se mort ne piece de ne ne puissõs entendre en ce lieu dormicion fors la mort. Commẽt dormiront tous ou ressusciteront se tant comme iesucrist en trouuera en corps ne dormẽt ne ressuscitent. Se nous creons doncques que les sains lesquelz seront trouuez viuans quãt iesucrist venra et seront rauis a lencontre de luy pssent de leurs corps mortelz en ce rauissement et retournent tãtost aps a iceulx corps mortelz nous ne souffrons aucunes contradicions aux posses de lapostre soit ou il dit. Ce que tu semes ne reuiura pas sil ne meurt soit ou il dit. Nous ressusciterõs tous ou nous dormirõs tous. Car iceulx ne reuiront pas par ĩmortalite silz meurent aincois quesque pou. Et par ce ilz ne seront pas priuez de la resurrection laquelle il precede par dormicion ou p mort laquelle est aucune, iassoit ce toutesfois qlle soit briefue/mais pourquoy nous semble il que ce soit chose non creable q celle multitude de corps soit aucunement semee en lair, et tantost reuiue illec ĩmortellsement et illec incorrõpablemẽt cõe nous creons que icelluy apostre dit tresappertement que la resurrection sera a vng coup ou clugnement de loeuf et que la pouldre tresancienne des charongnes par grande legierete et par si grande hastiuete qui ne peut estre eximee retournera aux mẽbres lesquelz viueront sans fin. Ne ne cuidons pas que ces sains qui seront quictes de celle sentence par laquelle il fut dit a hõme: Tu es terre et en terre yras pour ce se seulx corps quant ilz sont mors ne retournẽt en terre/mais aussi cõme ilz mouront en ce rauissemẽt aussi ressusciteront ilz tant cõme ilz serõt portez en lair. Car ceste parole. tu yras en terre/est adire que quant tu perdras la vie tu yras en ce en quoy tu estoies aincois que tu preisses sa vie. cestadire tu seras sans ame. Car dieu espira ou souffla a la terre lespiraciõ de vie en la forme quant hõme fut fait en ame viue/aussi cõme sil fust dit: Tu es terre laquelle a ame que tu nestoies pas/et tu seras terre sãs ame sicõme tu estoies/laquelle chose sont tous les corps de ceulx q sõt mors aicois quilz pourrissent laquelle chose ilz seront silz meurent en quelq lieu qlz meurent quãt ilz seront priuez de vie laquelle ilz receuuront tãtost apres. Ainsi doncqs yront ilz en terre pour ce que dhõmes vifz ilz deuiendront terre aussi cõme ce qui deuient cendre va en cendre/et ce qui deuient viel va en vielllesse/et ce qui vient de boe s'en va en testz. Et autres vi.cens choses

pset en ceste maniere. mais il sera mieulx
apoint que nous puissons sauoir cōment
sera fait ce que nous esforchons orendroit
de prouuer de toutes pars par la force de
nostre petite raison. Car se nous voulōs
estre crestiens il conuiēt que nous creons
que la resurrection des mors sera selon sa
chair quāt iesucrist vendra iuger ses vifz
et les mors/mais se nous ne pouons ap-
prendre parfaictement la maniere elle se-
ra pour ce nest pas nostre foy vaine de ces-
te chose/toutesfois nous deuōs monstrer
sicōme nous auons promis quil sēblera
quil souffise quelle chose aussi les anciēs
liures des prophetes aient prononche de ce
iugemēt derrenier de dieu/lesquelles cho-
ses sicōme ie cuide il ne sera pas necessite des-
tre traictees et opposees si prolixement se
cestuy qui les lyra si veult aider de ces
choses lesqlles nous auons mises pauāt

¶ Exposicion sur ce chapitre.

En ce xx. chapitre monseignr saint
augustin met que les mors ressu-
sciterontet mesmes ceulx qui viuās bien
diront alencontre de nostreseignr en lair
mourront auāt et soudainemēt ilz ressus-
citeront. Et premierement et pour luy et
pour lautre il allegue monseigneur saint
pol prima ad thessalonicenses quarto. ou
il dit. Freres dit il. Nous voulons que
vous sachez ꝛc. Secondemēt ou il dit:
Mais on sceut demāder se ceulx lesquelz
iesucrist ꝛc. Il fait vne question. et a icelle
il respond ou il dit. Car il nest pas adire
quil puist estre fait ꝛc. Apres quāt il dit
Car il semble que lapostre ꝛc. Il demon-
stre que en petite espace de tēps il les conui-
ent viure et mourir et ressusciter. et pour
ce prouuer amaine le dict de lapostre. Aps
il argue secondemēt a ce mesmes. Et cest
ou il dit. Mais aucores vient il autre cho-
se ꝛc. Tiercemēt il conferme que ou ra-
uissement de ceulx qui seront rauis mort
et resurrection peuēt estre faie. Et cest ou

il dit: Mais pourquoy nous sēble il estre
chose ꝛc. Et quartemēt il soult vne substā-
ce que on pouroit faire. Et cest ou il dit.
Ne ne cuidons pas ꝛcet.

¶ Quelle chose ysaye le prophete ait dit
de la resurrection des mors et de la retri-
bucion du iugement.   xxi

Ysaye le prophete dit ainsi les mors
ressusciteront ꝟ tous ceulx q̄ sōt
aux sepulchres ressusciteront et
tous ceulx q̄ sont en terre seiouiront/car
la rousee qest de toy est sante a eulx. mais
la terre des mauuais cherra. Tout ce de
pauant appartiēt a la resurrection des biē-
eurez/mais ce quil dit la terre des mau-
uais cherra est entendu. Et dit/mais les
corps des mauuais receperont la ruyne
ou trebuchemēt de dānnacion/mais oren-
droit se nous voulons aduiser plus dilli-
gāment et plus distincteemēt ce qui est de
la resurrection des bons/ce qui est dit les
mors ressusciteront est a rapporter a la re-
surrection premiere/mais ce qui sensuit. ꟻ
ceulx qui estoient aux sepulchres ressusci-
teront et est a rapporter a la seconde resur-
rection et se nous enqrōs orēdroit les sais
lesqlz nostreseignr trouuera vifz icy. Ce
q̄ icessuy ysaye leur adiouste seur sera at-
tribue conuenablement. cestasf tuoir a to9
ceulx q̄ sōt en terre seiouirōt. Car la rou-
see qui est de toy est faicte a eulx nous prē-
dons tresdroiturierement cy endroit sāte
pour imortalite/car elle est sante tresplen-
tureuse laqlle nest pas soustenue p̄ nour-
rissemēt cōme par remedes cotidiens De
rechief ce mesmes prophete en donāt pmie-
remēt esperāce aux bons et en espouentāt
les mauuais par le iugement en ceste ma-
niere. nostreseignr dit ainsi Veez ie voy
a eulx cōe fleuue de paix et sicōe ruisseau
qui adoure la gloire des gens leurs filz se-
ront portez sur espaules ꟻ seront cōfortez
sur les genoulx en la maniere que mere

conforte son fil/ainsi ie vous conforteray et seres confortez en la cite de hierusale, et vous verrez et vostre cueur sesiouira et voz os naistront cōme herbe et la main de dieu sera congneue a ceulx qui ladourent et menachera ceulx qui sont rebelles/ car nostreseignr vendra cōme feu/ et son chariot sera cōme tēpeste pour rendre vengance en son indignacion et bastacion en flāme de feu. Car toute la terre sera iugee ou feu de nostreseigneur et toute la chair en son glaiue plusieurs serōt naures de nostreseignr Certes nous deuōs entendre en sa promesse des biēs se sleuue de paix/ labondāce de celle paix en laquelle plus grant ne puisse estre/ car de celle sans doubte serons nous arousez a la fin de laquelle paix nous auons parle ou liure precedent. ¶ Il dit quil enuoyera ce sseuue en ceulx ausquelz il promet bieneurete si grāde a ce que nous entendons toutes choses estre saoulees de ce fseuue en la region de celle felicite laqlle est aux cieulx. mais pour ce que paix dl corruption τ dimortalite vendra de ce sseuue aux corps terriens pour ce dit il quil en uopera ce sseuue a ce q des hoses de dessus il arouse les choses debas τ rende les hommes egaulx aux anglos. Et si entendōs hierusalem. non pas celle qui sert auec ses filz/ mais selon ce que lapostre dit. nostre mere frāce pdurable aux cieulx la serons cōfortez pour les labours des meschāces τ et des cures mortelles τ serons portez aussi cōme petis enfās en espaules τ en giros. Car icelle bieneurete laqlle nous nauōs pas acoustumee nous recepuera rudes et nouueaulx par aydes tresdoulces sa verrons nous et nostre cueur sesiouira/ il ne declaire pas quelle chose nous verrions/ mais quelle chose verons nous fors dieu a ce que la promesse de leuangille soit accōplie en nous ou il dit. Benois soiēt ceulx qui seront misericordz car ilz verrōt dieu. Et aussi toutes les choses lesqlles nous ne veons pas maintenāt et lesquelles nous pensons en croiāt tant cōme nous les pouons cōprendre humainemēt de trop mois

et sās cōparaison qlles ne sont. Et vous verrez dit il: et vostre cueur sesiouira. affi que nous ne cuidons pas q ses biens de celle cite de hierusalē appartienisse a nre espe rit tant seulement il adiouste τ dit. Et voz os naistront cōme lherbe ouquel lieu il de claire la resurrection des corps aussi comme en rendāt ce quil nauoit pas dit: Car icelle resurrectiō ne sera pas quāt nous sa verrons, car nous verrons quāt elle sera faicte. Car il auoit dit aussi du ciel nou- ueau τ de la terre nouuelle en disāt souuēt et en plusieurs manieres les choses lesqs- tes sont promises aux sains/ en la fin il se- ra dit il ciel nouueau τ terre nouuelle τ na ura pas memore de ceulx de parauāt τ ne seront pas en leur cueur. mais trouuerōt leesse et esiouissemēt en celle cite. Veez dit il ie feray celle cite hierusalē esiouissemēt et leesse et mesiouira en celle cite hierusalē en mon peuple τ voix de peuple ne sera pl⁹ ope en celle cite/ et les autres choses lesqlz aucunes sefforcēt de rapporter a iceulx mil ās charnelz ou tēporelz/ car les manieres de parser en figure pla coustume de pro- phecie se meslēt a ce que lintencion sobre at taingne a lētendemēt espirituel auec vng labour prouffitable et sain. mais la pares ce charnelle ou la pēsee de la pesāteur mal enseigne τ nō pas exercitee est cōtente du sens de la lettre pdehors, et ne cuide q rien soit a requerir de ce qest a entendre pdes- Souffise ce q iay dit des poses propheti- ques lesqlles sont escriptes pauāt ce sieu/ mais cōme il eust dit en ce lieu dont nous sōmes departis. Et voz os naistront cōe lerbe a ce quil demonstrast de certain quil faisoit mēcion de la resurrectiō de la chair mais touteffois des bons il adiousta τ dit Et la main nreseigneur sera congneue a ceulx qui ladourent, questce adire fors sa main de celuy q diuisa ceulx qui sadou- roient de ceulx qui se desprisent desquelz en adioustāt les choses qui sensuiuēt il dit. τ menacera dit il ses rebelles. Ou sicōe dit lautre interpteur il menacera les mescre- ans ne il ne menacera pas adonc aincois les choses lesquelles sont dictes de present par menaces seront lors accōplies de fait. car il dit. Veez cy dit il que nostreseignr vendra en son char cōe feu et tēpeste pour rendre vengāce en indignacion et destructiō en flāme de feu / car toute la terre sera iugee ou feu de nostreseignr et toute chair ou glaiue de cellui. Et quāt il dit cōe plusieurs serōt naurez de par nreseigneur ou par feu ou p tēpeste ou par glaiue, il signifie la peine du iugemēt a ceulx pour certaī ausquelz sō auenemēt sera penible / mais nous entendōs conuenablemēt les chair e dicellup lesqlz sont dis en plusier nombre les seruices des angles / mais quāt il dit. Et toute la chair estre iugee ou feu et ou glaiue dicellup nentendons pas aussi icy les sains les espirituelz et les sals. mais les terriens et charnelz desquelz il est dit. Ceulx q sentent les choses terriēnes. et sentir selon sa chair / cest la mort. et cōme sont ceulx lesquelz sont appelez de nre seignr chair du tout en tout, il dit mon espit ne demourra pas en ces hōmes pour ce qlz sont chair / mais ce qui est mis icy / cest assauoir plusieures serōt naurez de nreseignr. La mort seconde sera faicte p ceste naureure chair et feu et glaiue et naurure peut estre prins en bien pour ce q nostreseignr dit ql Vouloit enuoyer feu au monde et que lāgues furēt veues diuisees aux appostres aussi cōme feu quāt le sainct esperit descēdit sur eulx. Et aussi quant nostreseignr dit ie ne suis pas venu pour enuoyer paix en terre / mais glaiue / et lescripture appelle la parolle de dieu la glaiue trenchāt de deux pars pour lordōnāce double des deux testamēs. Et ou liure qui est appele canticques saincte escripture dit naureure de charite aussi comme trespercee de force damour / mais icy quant nous lisons ou oyons q nostreseigneur Vēdra pour venger ceste clere chose en qlse maniere ces choses soient a entendre. Apres depuis quil a recorde briefmēt de ceulx q seront gastez et p dus p ce iugemēt. en signifiāt les pecheurs et les mauuais soubz la figure de viande

deffendue en lanciēne loy il recapitule du cōmencement la grace du testament nouueau des le pmier auenement nostre sauueur iusques au iugemēt derrenier duql nous traictons orendroit et la finist en cōtinuant sa posse. car il raconte que nostre seigneur vendra pour assēbler toutes gēs a quelles vendront la gloire de luy sicōme lapostre dit. Tous ont peche et ōt besoīg de la gloire de dieu / et dit nostre seigneur ql laissera signe sur eulx pour la merueille desquelz ilz croient veritablemēt en luy / Et quāt il euopera les sauuez diceulx en gens diuerses et en plses lointaignes lesqlles nōt pas oy le nom de luy entre les gēs et amenront les freres de ceulx ausquelz il plsoit / cest adire les freres de ceulx disrael esseuez en foy soubz dieu le pere et quilz amenrōt de toutes gens a dieu sur iumēs et charios lesquelz iumēs et charios sont bien entendus les seruices de dieu des angles et des hōmes en la saincte cite de hierusalem laqlle est espandue apresent sur la terre aux sains crestiens / car ilz croiēt la ou ilz sont apdez de par dieu et ilz treuuent la ou ilz sont / mais nreseigneur aussi cōme par similitude les acōparage aux filz disrael q luy offroiēt leurs sacrifices en sa maison auec les chans et instrumēs laquelle chose lesglise faitia par tout. Et promist quil prendroit des prestres a soy et diachres. laquelle chose neātmoins nous veons estre apresent. Car nous ne veons pas pstres ne diachres estre esseuz p signage de chair et de sāg. sicōme on faisoit pmieremēt selon lordre daaron / mais sont esseuz selon le merite de chascun laqlle grace dieu donne sicōme il appertenoit au nouueau testamēt auquel iesucrist est prestre souuerain selon lordre de melchisedech. lesquelz pstres et d pachres ne sont pas a cōsiderer p ce nō lequel souuent ilz acquierēt non pas dignes de ce / mais sont a cōsiderer par la saictete laquelle nest pas cōmune aux bons et aux mauuais. Quant il eut dit ces choses de la mercy de dieu laqlle est clere et trescongneue a nous et laqlle est donnee a lesglise a present il pmist les fins ausquelles on viendra p le iugemēt derrenier apres ce que la diuision des bons et des mauuais sera faicte en disāt par les prophetes ou le prophete disāt de nostreseigneur ce qui sēsuit. Tout ainsi dit nostre seigneur cōme le ciel nouuel & la terre nouuelle demourra deuāt moy. aussi demoura vostre semence et vre nom, & sera mois de mois/repos de repos. Toute chair dit nreseigneur vendra en ma psence adourer en hierusalē. et ceulx q̄ mont laisse istront et verront les mēbres des hōmes se ner de ceulx ne moura pas. Et le feu diceulx ne descēdra pas & serōt veus de toutes chairs. Ce pphete fina son liure a ce aquoy le siecle finera pour aucun/ nō pas interpte les mēbres des hōmes/ mais les charongnes des hōmes en signifiāt p les charongnes les peines des corps euident/ iasoit ce que charongne ne veuille estre appelee fors la chair sans ame/ mais ces corps auront ame. autrement ilz ne pourrōt sentir aucūs tourmēs fors pauētur q̄ ce serōt les corps des mors/ cestadire de ceulx q̄ cherront en la mort seconde. Et pour ce aussi quenablemēt ilz peuēt estre ditz charōgnes. dōt ce vient aussi q̄ iap ia mis p auāt estre dit par ce prophete la terre des mauuais cherra/ mais qui est celluy q̄ ne voye q̄ charōgnes sont appelees decreon/ mais cest chose clere pourquoy ces īterpreteurs ont mis les charongnes des hōmes ou sexe masculin. Car il nest aucun q̄ ne dye quil ny ait des fēmes mauuaises en celluy tourmēt. mais lun a lautre sexe est entendu p le ps noble duquel mesmee la fēme fut faicte/ Toutesfois ce q̄ fait grandemēt a ppos quant il est dit q̄ toute chair vendra quāt aux bons pour ce q̄ icelluy peuple sera de toutes manieres de gens. car tous hōmes ne seront pas illec quant plusieurs seront aux peines/ mais sicōme iauoye gmencé adire la chair soit mōmee quāt aux bons & les mēbres ou charongnes sont nōmees quant aux mauuais/ certainemēt pour ce q̄ les bons et les mauuais serōt separez p

leurs fins/ le iugemēt est declaire a venir apres la resurrection de la chair/ de laquelle la foy est cōfermee du tout par les motz des choses.

⁋ Exposicion sur ce chapitre.

En ce xxi. chapitre monseigñr saint augustin poursuit son ppos de la resurrection des mors. premieremēt quāt aux bons mors. Secondemēt quāt aux dannez. Et est le texte tout cler, fors tant q̄ monseigñr saint augustin en recitāt les polles dysaye ne ensuiuent pas p tout la translacion de monseigñr saint hierosme mais ensuiuent plus la trāslacion des hebrieux. Car ces parolles ne sōt pas dictes p monseigñr saint hierosme si expsmemēt ne ne sont mises en tel ordre: & au surplus le chapitre est tout cler.

⁋ Cōment les sains verront pour veoir les peines des mauuais. xxii

Cōment pstront les bons pour veoir les peines des mauuais. seront ilz leurs sieges beneyz et yront aux lieux penibles a ce que ilz voiēt le tourmēt des mauuais par psence corporelle. Nennil, mais ilz pstront hors p scie̅ce, car cest signifie p ceste polle q̄ ceulx qui seront tourmētez serōt dehors/ pour laq̄lle chose nreseigñr appele ces lieux tenebres dehors/ ausq̄lz icelle entree est gtraire. de laq̄lle il est dit au bon sergent/ entre en la ioye de ton seigneur a ce quoy ne cuide pas q̄ les mauuais entrent illec/ affin que on les y place/ mais q̄ plus est les bons pstrōt p science p laq̄lle ilz cōgnoistront ce q̄ sera dehors/ car ceulx q̄ serōt aux peines defer ne saurōt pas ce q̄ sera fait dedēs en la ioie de nreseigñr/ mais ceulx q̄ seront en celle ioye saurōt ce q̄ sera en ces tenebres dehors pour ce est il dit q̄lz pstront hors. car pour certain ilz aurōt cōgnoissāce de ceulx q̄ seront aueceulx. Car se les pstres ont peu sauoir icelles choses auāt quelles fussent

GGiii.

faictes pour ce q̄ dieu estoit combien que ce fust aux pensees de ceulx q̄ estoient mortelz/ cōment seroit ce que ses sains qui sōt fais īmortelz ne sachēt adōcq̄s icelles choses faictes quāt dieu sera toutes ces choses en tous/ doncques seront sa semence et se nom des sains en celle bieneurete. cest assa uoir la semēce dont monseignr̄ saint iehā dist. La semence dicelluy demeure en luy: et le nom duq̄l il est dit p ce p̄phete psal̄ / ie leur donray nom pdurable/ car le mois leur sera du mois/ et la feste de feste aussi cōme la lune de la lune/ le repos du repos desq̄lz ilz seront en icelles lumieres ꝫ nou uelles ꝫ pardurables/ mais le feu sās des taindre: ꝫ le ver q̄ ia ne moura aux peines des mauuais. sont opposez des ūgz en Une maniere ꝫ des autres en une autre. car les ūgz sont rapportez au corps ꝫ les au tres a lame Les autres ont rapporte le feu pprement au corps. et le ver en figure a la me, laquelle chose sēble estre chose plus cre able. mais il nest pas tēps orendroit de dis puter de ceste difference car nous auōs eu intention dacōplir ce liure du iugemēt der renier p lesq̄l la separacion des bons et des mauuais sera faicte/ mais il sera deter mine autresfois plus dilligāmēt dicculx lopens et paiemēs.

⁋Quelle chose daniel prophetisa de la p secucion dantecrist et du iugement de dieu et du royaume des sains. xxiii

Daniel prophetisa de ce iugement derrenier en telle maniere q̄l dit q̄ atecrist s̄ēdra p̄mieremēt Et cōtinue sa narracion du royaume pdurable des sais car cōe il eust ueu p ūision de p̄phecie qua tre royaumes. ꝫ le quart uaīcu p ūng roy q̄ est congneu estre antecrist. et aps̄ ces cho ses le royaume pdurable du filz de la ūier ge q̄ est entēdu iesucrist. mon esperit dit il eut horreur. ie daniel dit il estoie en ma ru delle. et la ūeue de mon chief me troubloit et ie a lap dit il a ūn de ceulx q̄ estoient la. et luy demādoie la ūerite de toutes ces cho ses et il me dit la ūerite. Aps̄ il pse en ceste

maniere q̄lle chose il ait op de cellup a q̄ il demande de toutes ces choses aussi cōe sil lup exposast ces quatre grans bestes sei gnifiēt quatre grās royaumes q̄ se leurōt en terre lesq̄lz seront ostes et destruis. car les sains du souuerai p̄ēdrōt le royaume et se tiendrōt iusq̄s ou siecle. ꝫ du siecle ius ques au siecle des siecles/ cestadire sās fin Et ie demādoie dit il dilligāmt de la quar te beste. laq̄lle estoit plus differēte p̄ dessus toutes bestes/ ses dens sont de fer et ses on gles sont daraing ꝫ mengue ꝫ despieche ꝫ atache les autres choses a ses piez. Et de ses x. cornes les q̄lles estoient en son chief/ et de lautre corne laquelle ua contre mōt. ⁋Et celle corne en laquelle estoient yeux ꝫ Bouche parlant grande chose en escouit trois des premieres. ⁋ Et la ūeue dicel le estoit plus grāde des autres/ ie regardoie ꝫ celle corne faisoit bataille aux sais ꝫ les surmontoit iusq̄s a tāt que cellup q̄ est lā cien de iours ūint ꝫ dōna le royaume aux sais du souuerain/ ꝫ le tēps ūit ꝫ les sais obtīdrent le royaume/ daniel dit q̄l demā doit ces choses. Aps̄ en adioustāt tātost a ce q̄l op, et dit il. cestadire q̄ cellup a qui il demādoit luy respōdit ꝫ dit. La quarte bes te sera le quart royaume leq̄l surmontera tous royaumes ꝫ mēgera toute la terre et eschachera et la destrainchera. et ses x. cor nes sont x. roys q̄ se leurōt/ et apres eulx autre se leura leq̄l surmōtra p ses maulx tous ceulx q̄ ont este auāt lup ꝫ abaissera trois roys/ ꝫ dira poses q̄tre le souuerai ꝫ estāchera les sais du souuerain ꝫ cuidra muer le temps et la loy ꝫ sera donne en sa main iusq̄s au tēps ꝫ plusieurs tēps et de my tēps ꝫ le iugemēt sera Et les sains of terōt la seigneurie pour examiner et pdre iusq̄s en la fin. Et le royaume ꝫ la puissā ce ꝫ la grādeur des roys q̄ sont dessoubz le ciel sera donne aux sais du souuerain/ et le royaume dicellup royaume est pdurable et tous princes le seruiront ꝫ obeiront ius q̄s cy dit. Il est la fin de la parolle. Je daniel mes pensees me troubloient moult et ma maniere et ma pensee fut muee en mop et gardap sa posse en mon cueur Aucuns ont exposé ces iiii. royaumes Le royaume des assiriens des persans et des macedoniens et des romains. mais ceulx q̃ desirent sauoir cõmẽt ilz aient ce fait cõuenablemẽt lisẽt le liure q̃ hierosme prestre a fait sur daniel, le q̃l liure est assez sagemẽt et diligẽmẽt escript. toutesfois celluy qui list ces choses a ses seuls en soumeillãt, ne peut doubter q̃ le royaume dantecrist ne soit le royaume trescruel contre leglise, iassoit ce q̃l dure p̃ petite espace de tẽps iusq̃s a ce q̃ les sais prennent le royaume pdurable par le iugemẽt derrenier. car il appert par le nõbre des iours q̃ est mis. Apres q̃ le tẽps et les tẽps et la moitié du temps sont ung an et deux ans et demy et par tant sont trois ans et demy. Et il est aussi aucunesfois declairé aux escriptures p̃ le nõbre des mois. car il semble q̃ les sais soient cy dictz Ifiniemẽt ou sãs nõbre en languaige latin. mais ilz sont dictz p̃ le nõbre de deux seulz les satis nont pas, mais les hebrieux le diẽt auoir aussi cõme les grecz Les tẽps doncq̃s sont icy nõmez aussi cõme se on dist deux tẽps Pour certain il qfesse q̃ parauẽture ie resõgne q̃ nous ne soiõs deceuz aux p̃. rops les quelz antecrist trouuera aussi cõme p̃. hões Et ainsi Biẽne sans ce q̃ on se donne garde sans ce q̃l y ait autãt de roys a rõme. Car la q̃lle chose est ce se suniuersité des rois est signifiee p̃ le nõbre de p̃ Apres lesq̃z ãtecrist vendra sicõme vniuersité est souuẽt signifiee p̃ le nõbre de mil. de cẽt et de vii. Et des ungz et autres nõbres lesq̃lz il nest pas necessité de ramenteuoir a p̃sent. Icelluy daniel en vng autre lieu dit ainsi : il sera dit il vng tẽps de tribulaciõ tel q̃l ne fut depuis q̃ la gent fut nee en terre iusq̃s a ce tẽps Et en ce tẽps tout ton temple sera sauue q̃ sera trouue escript ou liure et plusieurs qui dormẽt aux fosses de la terre se leueront les vngz en vie pdurable les autres en reproche et cõfusiõ pdurable et les estẽdus resplẽdiront sicõme la clareté du firmamẽt et plusieurs iustes sicõme estoilles aux siecles et ancores oultre. Ce lieu est tressẽblable

a cesse sentence de leuãgille de la resurrection, mesmemẽt des corps de ceulx qui sont mors, car ceulx q̃ sont dictz en leuãgille estre aux mouuemẽs sont dictz icy estre ou fosse de la terre, ou sicõme les autres sont interpreter en sa pouldre de sa terre. et sicõme il est dit la quilz prõt il est dit icy ilz se seuront et sicõme il est dit. Ceulx qui aurõt fait bien prõt en la resurrection de vie, et ceulx q̃ auront fait mal en la resurrection du iugemẽt. Aussi est il dit en ce lieu ceulx en vie pdurable, et ceulx en reproche et cõfusion pdurable, mais on ne doit pas cuider q̃ ce soit chose diuerse quant il est dit en leuangille tous ceulx qui sont aux mouuemẽs et q̃ le pphete ne se dit pas icy tous mais dit que plusieurs de ceulx q̃ dormẽt en la fosse de la terre. Car lescripture met aucunesfois plusieurs pour tous, pour ce fut il dit a abraham. ie tay mis pere de plusieurs gens auquel toutesfois il dit en autre lieu. Toutes gens seront benets en ta semẽce, mais de celle resurrectiõ il est dit vng pou apres a icelluy daniel le prophete Et tu Vienne et te reposes car le iour est ancores en acomplissement de consomacion. et te reposeras et tesusciteras en ton sort en la fin des iours.

¶ Exposicion sur ce chapitre.

En ce ppiii. chapitre monseigñr saĩt augustin p̃se de sa tribulacion que fera antecrist a leglise de iesucrist auant la generalle resurrection, et auant le derstenier iugemẽt. Et q̃ sa iustice des bons sera aussi cõme aux iours de pauãt. cest a dire prefigurée. Et premieremẽt il demonstre par sa vision de daniel q̃st danielis septimo La tribulacion que antecrist fera par sa puissance temporelle. Et secondemẽt par les quatre bestes qui signifient quatre royaumes, et de sa quarte il dit que cestoit vne beste merueilleuse terrible et forte laquelle auoit x. cornes. Et q̃l en peut vne autre qui sourdit ou milieu de ces cornes. celle corne abatit trois des autres cornes. Apres il declaire lestẽdemẽt de ceste visiõ
GG iiii.

Car il dit que par les quatre cornes sõt si‐
gnifiees les quatre royaumes / cestassa‐
uoir le royaume des assiriens des persãs
des macedoniẽs et des rõmains. Et cest
tout ce que dit ce chapitre en effect fors tãt
quil dit q̃ cest antecrist regnera trois ans
et demy. Et met cõment le nombre des p:
nest pas dit ne entendu precisemẽt du nõ‐
bre demil. de cent et de vii. mais est dit pour
vniuersalite. Et met exemple du nõbre
demil. de cent et de sept qui sont prins pour
luniuersalite de ce nõbre. Et ce souffise
pour ce chapitre

⸿ Quelles choses sont prophetisees aux
pseaulmes de dauid de la fin de ce siecle et
du iugement derrenier de dieu.   xxiiii.

Moult de choses sõt dictes ou psaul‐
tier du iugement derrenier. mais
plusieurs dicelles sont dictes en
passãt et estroittemẽt/ toutesfois ie ne lais‐
seray pas ce qui est dit tres appertement de
sa fin de ce siecle/ cestassauoir ce q̃ sensuit/
Sire tu as fõde la terre au cõmencemẽt et
les cieulx sont les oeuures de tes mains/
ilz periront/ mais tu demouras / et tous
enuieilleront. sicõme vestement. Et tu
les mueras sicõme couuerture / et ilz serõt
muez. mais tu es iceluy mesmes et tes ãs
ne fauldront pas. Quelle chose est ce que
ce philozophe porphire p̃ les responces de
ces dieux reprent les crestiens de tres gran‐
de folie/ pour ce quilz dient que ce monde
perira il louast la resurrection des iuifz/ p̃
laquelle se grant dieu et vray et espouen‐
table a yceulx dyeux est adoure diceulx
iuifz. Veez cy que se dit a dieu aux escrip‐
tures de la religion des iuifz. lequel par la
confession de si grant philozophe iceulx
dieux doubtet les cieulx sont les oeuures
de tes mains/ ilz periront quãt les cieulx
periront/ ne perira pas le monde desquelz
les cieulx sont la plushaute et la plusseure
partie. Se ceste sentence desplaist a iupiter
pour la responce duq̃l cõme dauctorite pl9

grande ou plus auctorisee elle est blasmee
en sa creance crestienne/ sicõme ce philozo‐
phe lescript/ pourquoy semblablement ne
blasme il la sapience des iuifz cõme folie
aux liures tresreligieux desquelz elle est
trouuee/ mais se on dit en celle sapience la
quelle plaist tant a porphire q̃l la presce p̃
sa voix de ses dieux que les cieulx perirõt
pourquoy est ceste fasace vaine iusques a
ce que entre les autres choses et par dessus
les autres choses il repreuue en sa foy cres‐
tienne ce que on y croit q̃ le monde perira se
q̃l sil neperit. pour certain les cieulx ne peu
ent perir. Et pour certain on lit en noz sai
ctes escriptures/ non pas cõmunes a nous
et aux hebrieux/ cestassauoir aux liures
des apostres et aux euãgilles la figure de
ce monde sen va/ on lit le monde passe. on
lit le ciel et la terre se passerõt/ mais ie cui
de que ces motz/ sen va passe et passeront
est aucunemẽt plus debõairemẽt dit q̃ nest
periront. Certes il est assez cler en lepistre
de monseigñr sait pierre/ en laquelle il est
dit que le monde q̃ estoit adõcques p̃ry p̃
inundacion deaue/ laq̃lle partie du mõde
signifie par le tout p̃ry cõment il est dit q̃l
p̃ry/ et quelz cieulx sont mis a estre reser‐
uez au feu au iour du iugement et de sa p̃‐
dicion des mauuais Et en ce quil dit vng
pou apres le iour de nostre seigñr viendra
cõme larron ouquel la terre et les oeuures
qui sont en elle ardrõt/ et puis apres il ad
iousta quelz il nous conuiet estre que tou‐
tes choses periront/ en ce peut estre entendu
que iceulx cieulx periront lesquelz il dit re
mis a estre restruez au feu et q̃ iceulx ele‐
mens ardront lesquelz se tiennent en ceste
basse partie du monde ventueuse et trou‐
blee/ en laq̃lle il dit iceulx plushaulx sau‐
uez et demourãs entiers ou firmamẽt. des
quelz les estoilles sont establies/ car et cel
luy qui escript les estoilles cherrõt du ciel
sans laquelle chose il peut estre entendu
plus prouuablement et autremẽt se demõ
stre mieulx que iceulx cieulx demouront
se toutesfois les estoilles en doiuent cheoir
cõme en ceste maniere de pler soit ou posse

figure q̃ est chose trescreable ou q̃ plusmer ueilleuse chose sera en ce bas ciel q̃l nest a present/ dont celle estoille de quoy Birgille parle cornue en menāt ung brandon auec une lumiere grande, q̃ se esconsa en ung petit bois decoste troie seq̃l estoit appese ide mais il seble q̃ ce q̃ iay racōpte du psaul tier ne laisse q̃ le ciel q̃l ne die q̃l perira. car la ou il dit. les cieulx sont les oeuures de ces mains ilz periront aussi cōme il nest aucun ciel q̃l ne soit oeuure de dieu. aussi nest il aucun qui ne perisse. pour certain ce porphire et les autres par les postes de monseigneur saint pierre lapostre. les q̃sses ilz haient forment ne daignerōt deffendre sa religiō des hebrieux laq̃lle est aprouuee par sa responce de leurs dieux/ a ce au moins que on ne croie que tout le monde perisse se sa ptie est entendue pour le tout en ce q̃ est estil ilz perirōt. Cōme les cieulx bas seulement doiuent perir aussi cōme sa ptie est entendue pour le tout en icelle epistre de lapostre en ce quil dit que le monde fut pery par le deluge. ia soit ce q̃ la seule partie basse dicelluy auec ces cieulx perist/ mais pour ce quilz ne daigneront si cōme iay dit deffendre ladicte religion affin quilz napreuuent sa sentence de monseigneur saīt pierre. ou affin que eulx q̃ contendent que humain lignage ne peut perir par quelconq̃s eaues ne p quelques flāmes ne confessent que le derrenier embrasemēt ne puisse autant faire cōme nous disons que le deluge peut, il sensuit quilz dirēt q̃ leurs dieux loerōt sa sapiēce des hebrieux pour ce q̃lz nauoient pas leu ce pseaume. aussi est entendu ou plsip. pseaume du iugemēt derrenier de dieu ce qui est dit. Dieu bendra euidēt et main/ cest nostre dieu/ et ne se taira pas/ le feu ardra en sa p̃sence. et tēpeste forte sera enuiron luy. il appellera le ciel dessus et la terre pour iuger son peuple assemble luy ses iustes et ses sains/ au q̃lz ordonnent le testament dicelluy p dessus sacrifices. Nous entendons ceste chose de nostre seigneur iesucrist/ lequel nous esperons quil bendra du ciel iuger les bifz et les mors. Car icelluy iesucrist q̃ bient premieremēt en celle pour estre iuge des mauuais iniustement bendra appant pour iuger iustement entre les bons et les mauuais/ il bendra dy ie euident et ne se taira pas/ cestadire cestuy apperra euident en boix de iuge lequel quāt il bint premieremēt cele eut deuant le iuge quāt il fut mene cōme brebis ou aigneau pour sacrifier. Et fut sās boix si cōme laigneau deuant celluy q̃ le tuost/ si cōme nous lisons q̃l fut prophetise de luy par psape/ mais nous auons ia assez dit du feu et de la tempeste cōment ces choses sont entendues quant nous traictōs semblables choses en la pheirie dysape/ mais ce quil dit appellera le ciel dessus/ pour ce que ses sains et les iustes sont droitturierement appelez ciel/ ce nest pas merueilles q̃ lapostre dit. Nous serons rauis aux nues ensēble auec eulx alencontre de iesucrist en lair. Car selon laparence de la lettre cōment est appese le ciel dessus aussi cōe sil puisse estre ailleurs q̃ dessus/ mais ce q̃ est adiouste, q̃ la terre diuiser son peuple/ cestadire q̃l appellera aussi se len p adiouste seulement appellera la terre. Et que se nentende pas ou die quil appelle dessus ceste chose semblable auoir cest entendemēt selon droitte foy cest assauoir que le ciel soit entendu en ceulx q̃ iugeront auec luy/ il appellera le ciel dessus que ce soit adire/ il les rauira en lair/ mais les esleuera aux sieges pour iuger/ aussi peut estre entendu/ il appellera les angles ou lieu de dessus en hault/ auec les quelz il descendra pour faire le iugement: il appellera aussi la terre/ cestadire les hōmes q̃ seront iugez en terre/ mais se on entend lun et lautre quant on dit. il appellera aussi la terre/ cestadire quil appellera la terre de dessus a ce que sentendement soit cestuy, ie cuide que par ce ne puisse estre mieulx entendu fors tous ceulx qui seront rauis a lencontre de iesucrist en lair/ et que le ciel soit dit pour les ames q̃ la terre pour les corps/ mais q̃lle chose est diuiser son peuple/ fors diuiser les bons des mauuaie aussi come aigneaulp des cheuriaulp. Apres sa parolle sadresce aulp angles quant il dit assemblez sup ses iustes Certainemēt si grande chose sera pfaicte par se seruice des angles. mais se nous demandons quelz iustes ses angles sup assembleront il y respond et dist. Ceulp dit il qui ordonnent testament par dessus sacrifices cest toute la vie des iustes, car ou les oeuures de misericorde sont par dessus les sacrifices cest adire sōt mettre auāt les sacrifices selō sa parolle de dieu qui dit en ceste maniere. Ie veuil mieulp misericorde que sacrifice ou ce qui est dit sur sacrifices est entēdu aulp sacrifices aussi come ce qui est fait en terre est entendu estre fait sur terre, pour certain les oeuures de misericorde sōt sacrifices par lesquelz on plaist a dieu sicome ie cuide que ie lay ia determine ou p. liure de ceste oeuure aulquelles oeuures de misericorde les iustes ordonnent le testament de dieu. Car ilz les font pour les promesses lesquelles sont contenues ou nouueau testament dicessup. Et pour ce iescrit ci apres ce que ses iustes sup seront assemblez et establis a sa deptre dira au iugement derrenier. Uenez vous benois de mon pere prendez le royaume q̄ vous a appesse des la consticion du mōde Car iay eu faim et vous mauez donne a menger, et les autres choses lesquelles sont issec prononcees par sa derreniere sentēce du iuge des bōnes oeuures des bons et de leurs loyers pardurables.

Epposicion sur ce chapitre.

En ce ppiiii. chapitre monseigneur saint augustin preuue et demonstre par les sainctes escriptures du psaultier cōment le derrenier iugemēt sera. Et se mocque de porphire qui en son liure qui sappelle cosogion que le chief pense, lequel toutesfois soe sa religion des iuifz ou des hebrieulp, lesquelz ont semblablemēt que nous q̄ les cieulp periront. Et de ce parle monseigneur saint augustin ou pip. liure ou ppiii. chapitre. Apres quant il parle de lestoille de virgille qui racompte q̄ quant trope fut destruite. Anchises fist sa priere aulp dieux et tantost il tonna ou ciel et commenca a faire vne grant tempeste, et vne estoille cheit du ciel a tout vng grant brādon de feu, laquelle sen vola par dessus sa cite de trope. et sen ala esconser en vng petit bois qui sappelle yda. Et sont les vers telz.) At pater anchises oculos ad sidera letus. Eptulit. et coso palmas cum voce tetendit. (Jupiter omnipotens precibus si flecteris vllis.) Aspice nos, hoc tantū et si pietate meremur.) Da deinde aupipium pater, atq̄ hec omnia firma.) Dip ea satus erat senior subito q̄ fragore.) Intonuit lenum et de celo lapsa per vmbras. Stella facem ducens multa cum luce cucurrit.) Illam super summa super labentem culmina tecti.) Cernimus idea claram se condere silua. Signantem q̄ vias cum longuo limite sulcus.) Dat lucem et late circumsoca sulfure firmant.) Hic vero dictus genitor se tollit ad auras.) Affatur q̄ deos et sāctum sidus adorat.) Et de ces vers cp monseigneur saint augustin prent vne partie. Et sont de son second liure de neypdos vers la fin.

De la prophecie de malachiel par lequel se derrenier iugement de dieu est declaire et dit q̄ aucuns seront nettoyez par peines purgatoires.

Malachiel ou malachias se prophete est dit angle lequel est creu aussi daucuns quil soit esdras le prestre, duquel autres escriptures sont receues ou canon. Car monseigneur saint hierosme dit q̄ cest loppinion des hebrieulx icellup malachiel prophecie le iugement derrenier en disant ainsi. Veez dit il nostre seigneur le tout puissant vient, et qui soustiendra son entree, ou qui pourra endurer quis regarde. Car il entrera comme feu qui est en la fornaise en laquelle on font Et aussi comme herbe de ceulx qui lauent et sera soufflant et nettoyant comme or a argent. Et nottoyra les filz de leup et les fondra comme or et argent, et offreront sacrifices a nostre seigneur et le sacrifice de iudee et de hierusalem plaira a nostre seigneur, aussi comme aux iours de pieca et aux ans passez, et vendray aussi en adutire. et sur ceulx qui errent et mentent en mon nom et qui fraudent louurier de son loyer et confondent par puissance les femmes vesues, et abatent les pupilles et les orphelins et qui peruertissent le iugement a cestuy qui est estrange et sur ceulx qui ne me doubtent pas dit nostre seigneur tout puissant. Car ie suis vostre seigneur et ne me mue pas, il semble quil appere clerement par les choses qui sont dictes que en ce iugement seront aucunes peines purgatoires daucuns. Car quelle autre chose est a entendre la ou il dit, qui substiendra le iour de sentree ou de sa venue dicelluy ou qui pourra endurer ou souffrir qui le regarde, car il entrera comme feu de fornaise, Et comme herbe de ceulx qui lauent et sera soufflant et nettoyant comme or et argent, et nettoyra les filz de leuy, et fondra et espurira sicomme or et argent. et ysaye qui dit vne telle chose, nostre seigneur dit il lauera les ordures de syon et nettoyra le sang du milieu deulx par lesperit de iugement et par lesperit dembrasement se par auenture on ne die quilz soient ainsi nettoyez et aucunement fondus quant les mauuais seront separez deulx par iugement de peine a ce que la separacion et damnacion diceulx soit la purgacion de ceulx cy pour ce quilz viurot doresenauant sans la compaignie deulx, mais quant il dit. et il nettoyra les filz de leuy et les fondra comme or et argent, et offreront a nostre seigneur sacrifices en iustice, et le sacrifice de

iudee et de hierusalem plaira a nostre seigneur, pour certain il mostre que ceulx mesmes qui sont nettoyez plairot a nostre seigneur aux sacrifices de iustice, et p ce ilz seront nettoyez de leur iniustice en laquelle ilz desplaisent a nostre seigneur, mais quant ilz seront nettoyez ilz seront sacrifiez en plaine et parfaicte iustice. Car qlle chose plus agreable a nostre seignr offret que eulx mesmes. Toutesfois ceste question de peines purgatoires sera differee entre autre chose affin qlle soit traictee plus dilligamment. mais par les filz de leuy de iudee et de hierusalem, nous debuons entendre icelle eglise de dieu assemble, non pas seulement des hebrieux, mais aussi des autres gens, et nō pas telle qlle est apresent. en laquelle se nous nauons pas de peche nous deceuons nous mesmes et verite nest pas en nous, mais telle comme elle sera adocques aussi come lair purgee par esuentement. Et prepurgee par le iugement derrenier. apres ce que ceulx serōt nettoyez par feu ausquelz nettoiement est necessaire en telle maniere que du tout il ne soit aucun qui offre sacrifice pour ses pechez. Car tous ceulx qui offrent ainsi, sont en peche, pour lesquelz ilz offrent a ce quilz leur soient pardonnez quant ilz auront offert sacrifice et il sera agreable a dieu.

¶ Exposicion sur ce chapitre.

En ce xxv. chapitre monseignr sainct augustin apres ce quil a prouue le iugement derrenier tant par dauid le prophete come par le dict de lapostre et en plusieurs autres manieres Ancores le conferme il par le dict du prophete malachiel, lequel est aucunesfois nōme malachin, aucunesfois angle, aucunesfois esdras. Et est le chapitre tout cler.

⁋ Des sacrifices q̃ les sains q̃ offreront a dieu, et luy plairont aussi cõme ilz ont pleu aux iours et aux ans passez. xxvi.

Ais dieu en voulant monstrer q̃ sa cite ne sera pas adoncq̃s en ceste coustume dit q̃ ses filz de leuy offreront sacrifices en iustice, non pas donq̃s en peche. Dont peut estre entendu que aux iuifz soiẽt rameteues en vain se tẽps passe de leurs sacrifices selon sa loy du viel testament en ce q̃l adiousta apres en distant. Et le sacrifice de iudee et de hierusalem dit il plaira a nostreseigneur sicome aux iours de peche et aux ans passez. Car ilz noffroient pas adoncq̃s seurs sacrifices selon la loy du viel testament, en ce quil adiousta apres en disãt. Et le sacrifice de iudee et de hierusalem dit il plaira a nostreseigneur sicome aux iours de peche et aux ans passez. Car ilz noffroiẽt pas adoncques leurs sacrifices en iustice, mais en peche quãt ilz offroient principalement et p̃mieremẽt pour leurs pechez iusques a ce que iceluy p̃stre lequel pour certain no⁹ deuons croire quil soit plus iuste q̃ les autres sousoiẽt selon le cõmandemẽt de dieu offrir p̃mierement pour ses pechez, et ap̃s pour les pechez du peuple, pour laquelle chose il nous cõuient exposer cõment est a entendre ce q̃st dit aux iours de pieca et aux ans passez, car par auenture il rametoit le tẽps ouquel ses p̃miers hõmes furent en paradis. Car lors eulx q̃stoient purs et entiers de toute ordure et tache de peche offroient a dieu eulx mesmes et sacrifices tresnetz, mais depuis quilz furẽt mis hors de la, cestassauoir de padis terrestre de desobeissãce omise et nature commune fut damnee en eulx, nul nest net dordure de peche sicome il est escript ne quescõq̃s petis enfãs excepte ung seul mediateur, et ap̃s le sauerõt de sauemẽt de regeneracion, cest adire de baptesme, non pas ancores lenfãt

q̃ dit sur terre ung seul iour. Et se on respõt q̃ on peut dire q̃ ceulx offrẽt bien sacrifices en iustice, lesq̃lz offrẽt en soy pour ce que le iuste viue en soy, iassoit ce q̃l se decoiue sil dit quil na pas de peche, et ne se d̃pe pas pour ce q̃l viue p̃ soy, peut pour ce aucun dire que ce tẽps de soy soit a cõparer a icelle fin quãt ceulx q̃ offrent sacrifices en iustice seront nettoiez p̃ le feu du iugemẽt derrenier. Et pour ce q̃l est a croire que ses iustes nauront aucun peche apres tel nettoiemẽt, pour certain ce tẽps tant cõme il appartient a moy auoir peche, nest a cõparagier a aucun tẽps fors a celluy tẽps quãt ses premiers hõmes vesquirent en padis en bieneurete tres innocente auant leur desobeissance. Et ainsi cest entendu droittemẽt et signifie par ce q̃st dit sicõme aux iours de pieca et sicõe aux ans passez, car apres ce que le ciel nouueau et la terre sont promis par ysaye entre les autres choses, lesquelles il poursuit issel de la bieneurete des sains par similitudes ou figueres et par obscurtez, ausquelles choses la cure p̃ lipite eschiuer nous a empesche a donner exposicion conuenable. Les iours de mon peuple dit il serõt selon les iours de larbre de vie, mais qui est celluy q̃ attãit les saĩctes escriptures, et ne scait ou dit apsainz larbre de vie, de la viande duquel apres ce que iceulx hommes furent separez quant leur iniquite les getta hors de paradis fut mise garde de feu espouentable enuiron p̃ celluy arbre de vie. Et se aucun maintient q̃ les iours de leglise de iesucrist lesq̃lz sõt a p̃sent et q̃ iceluy iesucrist soit dit prophecie larbre de vie. Et se aucun maintient q̃ les iours de leglise de iesucrist lesq̃lz sõt a present et que iceluy iesucrist soit dit prophecie larbre de vie pour ce quil est la sapience de dieu, de laquelle salomon dit q̃ cest larbre de vie a tous ceulx qui lembracent. Et contende aussi q̃ iceulx premiers hões nacõplirent oncques aucuns ãs en padis dont ilz furent gettez hors si tost q̃lz nen gendrerẽt enfãs aucũ, et q̃ pour ce iceluy tẽps ne puisse estre entendu par ce q̃st dit sicõme aux iours de piecha et sicõme aux ans passez, ie laisse ceste questiõ affin que ie ne soie constraint a disputer toutes choses, laquelle chose seroit longue & prolixe a ce que verite manifeste confeime aucune de ces choses. Quelz merueilles, ie voy vng autre sens affin que nous ne croions pas que les iours de pieca et les ãs passez et des sacrifices charnelz nous ayent este promis par le prophete par grãt dõ. Car en iceulx sacrifices de la Vielle loy on cõmandoit q̃ quelconques bestes fussent offertes q̃lles fussent nettes et sans aucũ vice et signifioient les sains hões ausq̃lz iesucrist fut trouue seul du tout sãs peche Et ainsi pour ce q̃ apres le iugement quãt ceulx seront aussi nettoyez par feu lesq̃lz sont dignes de ce nettoiement quelq̃ peche ne sera trouue aucunemẽt en tous les sais Et ainsi ilz offrent eulx mesmes en iustice tellemẽt quilz ferõt telz sacrifices netz du tout et sans aucun vice, et seront pour certain sicõme aux iours de pieca, et sicõe aux ans passez quãt les sacrifices auenir tresnetz estoient offers en sõbre de ceste chose auenir. Car icelle nettete sera adoncq̃s en la chair immortelle et en la pẽsee des sais laquelle estoit figuree aux corps dicelles bestes. Apres pour ceulx q̃ ne sont pas dignes de nettoiemẽt, mais de dannacion, Et ie viendray dit il a vous en iugement et seray tesmoing hastif sur les mauuais et sur les ribaulx &cet. Ausq̃lz crimes dãnables diuise il adiousta et dit. Car ie suis vostre dieu & ne me mue pas aussi cõme sil deist. Combien q̃ vostre coulpe v9 ait mue en pis & ma grace en mieulx ie ne me mue pas, mais dit quil sera tesmoing pour ce quil na mestier de tesmoingz en son iugement. Et si se dit hastif ou pour ce q̃l viendra soudainement, et sera le iugemẽt treshatif par son aduenemẽt inoppine lequel on cuidoit trestardif, et pour ce quil cõuaincra les consciences sans aucune prolixite de parolle, car sicõme il est escript la demande du mauuais sera en pensee, & la postre dit les pensees dit il accuseront au

iour que dieu iugera les fais celez des hõmes selon mon euãgille p̃ iesucrist. Et ainsi dõcques est a entendre que nostre seignr sera tesmoing hatif quãt sans demeure il rappellera en memoire ce dont il cõuaincq̃ et punisse sa conscience.

Exposicion sur ce chapitre.

En ce xxvi. chapitre monseignr saint augustin poursuit ancores a exposer les ditz du pphete malachie pour prouuer ancores le iugement derrenier. Et est le chapitre tout cler.

De la separacion des bons et des mauuais par laquelle sa consideracion du iugement derrenier est declairee. xxvii.

Ie aussi ce que iay mis de ce porphire ou pviii. liure en faisãt autre chose appartient au iugemẽt derrenier la ou il dit. Il me seront dit nr̃e seigneur tout en acquisicion ou iour ouq̃l ie fais, et les espargnray sicõme lõme espargne son filz qui le sert, et ie me tourneray et vous verres quelle chose est entre les iustes & les mauuais, & entre celluy qui sert dieu & entre celluy qui ne le sert pas. Car veez cy le iour vient ardant cõme fornaise et les ardra, et tous estranges et tous ceulx qui seront cha nonotes, et le iour q̃ vient les ardra dit nostre seigneur tout puissãt. Et ne demoura en eulx racine ne rainceau et le soleil de iustice naistera a vous q̃ doubtez mon nom et sãte sera aux peines dicelluy Et vous ysterez hors et sauldrez cõme veaulx qui sont deslopes, et deffoulerez les mauuais & seront cendres soubz voz piez dit nostreseigneur tout puissãt. Celle difference des soyers et des peines laquelle depart les iustes des mauuais, laq̃lle nest pas soubz ce soleil en la vanite de ceste vie quãt elle apperra en la manifestaciõ dicelle vie soubz icelluy soleil de iustice adõcq̃s certainemẽt sera le iugm̃t tel q̃ õcq̃s ne fut

Exposicion sur ce chapitre.

En ce ppviii. chapitre monseigneur saint augustin demonstre cōmēt les parolles de ce prophete mises ou pviii figure sont a demonstrer le iugement derrenier. Et est le chapitre tout cler.

¶ De la loy de moyse lequel est a entendre espirituelemēt a ce q̄ les sens charnelz nencheent en murmuremens dannables. ppviii.

Mais pour ce que icelluy prophete adiouste et dit. Souuiēne vous de la loy de moyse mon sergent, laqlle ie luy gmande ancores ou ores des cōmādemēes des iugemens au peuple dis rael, il raconte couenablement aps sa grāt difference auenir, laquelle est declairee entre ceulx qui gardent sa loy et ceulx qui la desprisent. Ensemble aussi a ce qlz apprēnent a entendre sa loy espirituelemēt et qlz treuuent iesucrist en elle, pl esquel iuge icelle diuision sera faicte entre les bons et les mauuais. Car nostreseigneur ne dit pas pour neant ces parolles. Se vous creussez en moyse, vous creussez en moy, car il a esprit de moy. Quelz merueilles, iceulx iuifz en prenant sa loy charnelement, et non pas sachās que les promesses terriennes dicelle sont figures des choses celestiēnes et trebucherent en ces murmures tellement qlz oserent dire ¶ Cellup est fol et vain qui sert a dieu et quoy plus que nous auōs garde ses cōmandemēes et que nous sōmes alez simplement deuāt la face de dieu tout puissant. Et nous disōs maintenāt que les estranges sont bieneurez, et q̄ tous ceulx qui font mauuaistie sont edifiez, pour lesquelles parolles diceulx le prophete fut gstraint aucunemēt danoncer le iugemēt derrenier, ou q̄ les mauuais ne soiēt pas bieneurez, au moine faulsement, aincois apperent tresapptement tresmeschans, et ou que les bons ne trauaillēt au moine p aucune maleurete tēporelle, aincois iouissent de ioieuseteclere et pdurable. Car il auoit dit aussi par auāt vne telle parolle de ces iuifz qui disoient: Tout celluy qui fait mal est bon en la presence de nresseignr. Et ceulx luy plaisent, a ces murmures dy ie vindrent ilz contre dieu en étendant sa loy de moyse charnellement dont dauid ou lxx. pseaume dit apeines auoir este esmeu ou espādu en cheāt pour verite, pour ce ql auoit eu enuie des pecheurs en regardant la paix diceulx pecheurs p telle maniere quil disoit etre les autres choses ces parolles. Cōment la dieu sceu et se il a pas de science ou treshault. Et disoit ancores, nay ie pas iustifie mon cueur en baig et ap laue mes mains entre les inocens, mais a ce quil solust ceste tresforte question laql se ont faicte quāt il sēble que les bons sōt maleureux, et les maleureux eureux, il dit ainsi. C'est dit il labour et peine deuant moy iusques a tant que ientreray ou sainctuaire de dieu, et que ie sentende au derrenier. Quelz merueilles, car il ne sera pas ainsi ou derrenier iugement, mais apparra autre chose quant la maleurete des desloyaulx sera manifeste et tresapperte.

¶ Exposicion sur ce chapitre.

En ce ppviii. chapitre mōseigneur saint augustin poursuit ancores la parolle de ce prophete, et du murmurement de ceulx qui entendent sa loy de moyse charnelement. Et de ceulx qui disoient que ceulx estoient assez folz qui seruoient a dieu, aquoy il rapporte les parolles de dauid qui sont du lxx. pseaume du psaultier q̄ se cōmence. Quā bonus israel &c.

¶ De laduenemēt dhelie auāt le iugemēt p la pdicacion duquel en opposāt les escriptures les iuifz se conuertiront a iesucrist. ppix.

Comme ce prophete malachiel les eust admōnestes quilz seur souuenist de la loy de moyse, pour ce ql auoit apperceu que par long temps auenir prendroient celle loy charnellement, non pas espirituellement, sicomme il appartenoit et adiousta et dist incontinent,

Dez cy dist il que ie vous enuoyray helye le bites auant que le grant iour et solennel de nostreseigneur vienne lequel couertira le cueur du pere au filz, ⁊ le cueur de lhome a son prochain a celle fin q̃ quãt ie viendray ie ne fiere ne destruise sa terre du tout en tout. Ceste chose est tressolennelle et tresnotable aux sermons et aux cueurs des crestiẽs que quant sa loy sera epposee aux iuifz en ce derrenier temps a uant le iugement par ce grant et merueilleux prophete helye q̃ pceulx iuifz croirõt au vray iesucrist, cestassauoir en nr̃e sauueur iesucrist. Quelz merueilles, et non pas sans cause auãt le iugement de nostre sauueur. lequel on croit quil viue de psent et non pas sans cause, car il fut raup de ce monde en vng char ardant. laquelle chose sa saincte escripture le tesmoingne treseuidament. Doncques quãt il sera venu il epposera sa loy espirituelle, laq̃lle les iuifz assauoiẽt de psent et entendent charnellemẽt, alors il conuertira le cueur du pere au filz. Quelz merueillez. Car les lxx. interpteurs mirẽt le nõbre singulier pour le plurier, et est le sens ⁊ entendemẽt tel. cestassauoir q̃ les enfans entẽdent auſsi sa loy par telle maniere, cestadire les iuifz cõme leurs peres lentendirent, cestassauoir les prophetes, entre lesquelz et du nombre desquelz moyse estoit. Car aĩsi sera le cueur des peres cõuerty aux filz quant lentendement des peres sera mene iusq̃s a sentendemẽt des filz, et les cueurs des filz cõuertis a leurs peres quãt ceulx cy, cestadire que les iuifz se cõsentiront a ce que les autres sentirent ou les lxx. iterpreteurs dirent. Et le cueur de lhome a sõ prochain. car les peres ⁊ les filz sõt moult prochaine lun a lautre, iassoitce que aux parolles des lxx. interpreteurs, lesq̃lz in terpreterent p lesperit de pphecie, onpuist trouuer autre sẽs et plus eseu en vng mesmes a ce q̃ on entende que helye conuertira le cueur de dieu le pere a son filz, non pas en faisãt q̃ dieu le pere aime son filz. mais en enseignãt q̃ le pere aime le filz a ce q̃ les iuifz aiment icelluy mesmes iesucrist qui est nostre sauueur lequel ilz haient main tenant. Car nostreseignr̃ a cueur contrai re aux iuifz de nr̃e sauueur iesucrist pour ce q̃lz se cuident. Doncques sera conuerty son cueur aux iuifz a son filz, quant leur conuerty ilz auront apris sa dilection de pere ou, mais ce qui sesuit aps, et le cueur de lhome a son prochain, cestadire q̃ helye conuertira le cueur de lhome a son pchaĩ Que peut on mieulx entendre q̃ ce que le cueur de lõme sera querty a home iesucrist Car cõme nostre dieu soit en la forme de dieu il a daigne aussi estre nostre prochaĩ en prenant la forme de serf. helye doncq̃s fera ceste chose a ce dit il q̃ par auenture ie ne vienne et fiere la terre du tout en tout, car ceulx sont terre q̃ sentent les choses ter riennes aussi cõme sont les iuifz charnelz a present, duquel vice ces murmures vin drent contre dieu, tellement q̃lz disoient que les mauuais luy plaisoient, et que cel luy est vain qui sert a dieu.

¶ Epposicion sur ce chapitre.

En ce xxix. chapitre mõseignr̃ sait augustin poursuit de laduenemẽt dhelye. Et allegue les parolles qui sont malachie quarto. Et cõment il vendra auant le iugement et conuertira les iuifz a la foy crestienne. Et monstre cõment ces parolles se doiuent entendre. Le cueur du pere sera conuerty au filz, ⁊ est le chapitre tout cler.

Que quant on lit aux liures du viel tes tamẽt q̃ dieu iugera, il nest pas cleremẽt monstre que ce soit sa personne de iesucrist mais que par aucunes tesmoingnages ou nostreseigneur dieu parle, il appert sans doubte que ce soit iesucrist.

Il y a moult dautres tesmoignages de la saincte escripture du iugemẽt derrenier lesq̃lz se ie vouloie recueil lir ce seroit longue chose, souffise doncq̃s ce que nous auons prouue de ce derrenier iugemēt auoir este anonce par ses sainctes escriptures vielles et nouuelles. mais que se iugement auenir doie estre fait par ie‍sucrist. Cestadire que iesucrist vienne du ciel pour iuger/il nest pas si euident expri‍me par ses anciēnes escriptures cōme par les nouuelles/pour ce quil dit la que nre sei‍gneur vendra/on nentend pas cōsequā‍ment que ce soit iesucrist. Car nostre sei‍gneur dieu est et pere et filz et sainct esperit Ne ce toutesfois ne nous fault il pas lais‍ser sans tesmoignage. Et pour ce est il pre‍mierement a demonstrer comment iesu‍crist parle aussi cōme nostre seigneur dieu aux liures des prophetes. Et toutesfois appert il euidamment que cest iesucrist a ce que quant ne appert pas ainsi/et toutes fois est nostre seigneur dieu auenir a ce der‍renier iugement/on peut entendre que cest iesucrist/il pa en vng lieu en psape qui de‍monstre clerement ce que ie dy. Car iesu‍crist dit par ce prophete telles parolles. op moy dist il iacob et psrael lequel iappelle Je suis le premier et le derrenier et suis par durablement. ma main a fonde la terre/ et ma deptre a fonde le ciel/ie les appelle‍ray. et ilz seront ensemble et tous assem‍blez et orront qui a anonce ces choses. En toy aimant iay fait ta voulente sur ta se‍mence a ce que ie ostasse la semence des cal‍diens/ et ie parleray/et ie appelleray/ie la meneray et fie sa voye bonne et eureuse/ Ve‍nez a moy et oyes ces choses quant elles se faisoient ie estoie la. et maintenant nostre seigneur ma enuoye et son esperit/car il es‍toit celluy qui parloit cōme nostre seignr dieu/ et toutesfois neust on pas entendu q‍ce fust iesucrist se il neust adiouste ces pa‍rolles. Et maintenant nostre seignr dieu ma enuoye et son esperit/ car il dit ce selon la forme du serf de la chose a aduenir en vsant de parolles du temps passe/ aussi comme sil eust seu en ce mesmes prophete ou il est dit. Il est mene pour sacrifier cō‍me la brebis/ Car il ne dit pas quil sera mene/mais pour ce que ceste chose estoit a

aduenir/il met le mot du temps preterit pour le temps aduenir/et la prophecie pse ainsi acoustumeement. ¶ Il a vng autre lieu en zacharie le prophete qui demonstre euidamment ceste chose/ cest assauoir que le tout puissant qui est celluy qui dit dieu le filz fors celluy qui dit dieu le pere. Car il est escript en ceste maniere/dieu le tout puissant dit ces choses q sensuiuent. Aps la gloire dist il il menuopa sur les gens q‍vous despoullerent pour ce que celluy qui vous touchera sera aussi comme celluy q‍a touche la prunelle de son oeul. Veez cy que ie nuopray ma main sur eulx/ et serōt les despoulles a ceulx qui auoient serup a eulx et congnoistrōt que dieu le tout puis‍sant ma enuope. ¶ Veez cy que nostresei‍gnr le tout puissant se dit estre le tout puis‍sant. Qui osera cy entendre fors iesucrist plant/ cest assauoir aux oueilles dysrael qui auoient este peries/ car il dit en leuan‍gille. ie ne suis dit il enuope fors aux oueil‍les disrael qui sont peries/ lesquelles il compara pey a la prunelle de loeul pour le desir de la tresexcellente dilection/ de laql le maniere doueilles furent aussi les apo‍stres/mais apres la gloire de sa resurrecti‍on/ laquelle auant quelle fut faicte sans doubte iesucrist nestoit pas ancores glori‍fie/ leuangille dit il su enuoie sur les gēs en ses apostres/et par ce fut acomply ce q‍est leu ou psaultier. Tu me mettras hors des contradicions du peuple, et me consti‍turas ou chief des gens a ce que ceulx qui auoient despoulle ceulx disrael/ et ausqlz iceulx israelittes auoient serup quant ilz furent subiectz des payens ne fussent pas despoullez en ceste maniere pareillement: mais ilz fussēt fais les despoullez de ceulx Car il auoit promis ceste chose aux apo‍stres en disant. ¶ Je vous feray dist il pes‍cheurs des hommes. ¶ Et a lun deulx il dit par ce dit il tu seras dit il preures des hommes il seront doncques fais despoul‍lez/voire mais en bien/ aussi comme les vaisseaulx estachez de ce fort lequel est an‍cores plus fort loye. cestadire du mauuais dpable. ¶ De rechief en parlant a ce mesmes prophete il dit ainsi. ¶ Et sera dit il en icelluy iour ie qray dist il a oster toutes gens qui viennent contre hierusalm et responderay sur la maison de dauid et sur ceulx qui habitent en hierusalem lesperit de grace et de misericorde. et ilz auront leur regart a moy pour ce quilz se sõt moc quelz ou sont assailly. Et se plaindront sur luy aussi cõe sur leur tresame & se doul ront aussi cõme sur vng seul ne. A qui ap partient il fors a dieu de oster toutes les gẽes q̃ sõt auenues de sa saicte cite de hieru salem lesquelz viennent contre elle/cest a dire q̃ sõt contraires a elle. ou si cõme les au tres sont interprete viẽnent sur elles/cest a dire affin quilz la mettent en subiection ou respandre sur les habitans dicelle cite lesperit de grace & de misericorde/sãs doub te ceste chose est de dieu et est dicte de sa per sõne de dieu par le prophete/ et touteffois iesucrist monstre quil est seigneur qui fait si grãs choses et si diuines en adioingnãt et disant. Et auront dit il regard a moy pour ce quilz se sont mocquez & plaindrõt sur luy plaie aussi cõme sur leur trescher ou ame et se douldront de douleur aussi cõ me sur vng seul ne. ¶ Quelz meruilles. ¶ Car en ce iour les iuifz qui sont aussi a prendre lesperit de misericorde se repenti ront de ce quilz se mocquent de iesucrist en sa passion quãt ilz regarderont q̃l vẽdra en sa mageste et q̃lz cõgnoistrõt cestui qlz auoiẽt auãt mocq̃ estoit hũble estre les p ẽs iassoit ce q̃ les parens q̃ furẽt aucteurs de si grãt cruaulte le veoient quant ilz res susciteront/ mais ce sera affin de puniciõ et non pas affin de correction. ¶ Et pour ce ne sont ilz a entendre en ce lieu ou il est dit. Et ie respandray sur la maison de da uid et sur les habitans de hierusalem les perit de grace et de misericorde/ et regarde ront a moy pour ce quilz se sont mocquez de moy/ mais touteffois de ceulx qui des cendront de la lignie de ceulx qui croiront en ce temps par la predicacion dhelye se p phete/ iassoit ce doncques que iceulx iuifz apres ce quilz auront prins lesperit de gra ce et de misericorde et quilz seront fais cre stiens ne soient pas dannez auec leurs des loyaulx parens/ touteffois douldront ce q̃ les autres firent aussi cõme silz leussent fait ilz ne se douldront pas doncques pour le peche de crime/ mais pour affectiõ de pi tie. Sainemẽt ou les lxx: interpreteurs di rent/ et regardirõt a moy pour ce q̃lz mont assailly ou quilz sen sont mocquez est ain si interpte de lhebrieu/ cest assauoir et regar dront a moy lequel ilz ficherent a clous p laquelle parolle pour certain nostre sau ueur iesucrist appert plus clerement estre crucifie mais ceste isultaciõ ou manumis siõ que les lxx: interpreteurs aimerent mieulx a mettre ne deffaillit pas a sa pas siõ. Car luy prins & lope et iuge et vestu de robe honteuse par leur peche et confusi on et couronne despines. Et feru du ro seau en sa face et adoure a genoulx en eulx mocquãt de luy et en portãt sa croix et ia pendant en larbre de la croix sãs doub te ilz le enuaissoient et se mocquoient de luy. Et pour ce sans ensuiur lune des in terpretacions/ mais en les ioingnãt tous deux ensemble quant nous lisons quilz lassaillirent ou se mocquerent et quil fut a thachie a clous. Nous congoissõs plus plainement la verite de la passion de nos treseigneur. Comment doncques on lise aux liures des prophetes que iesucrist vẽ dra a faire le derrenier iugement. On doit entendre iesucrist pour icelluy iugement suppose quil ny ait nulle autre distinctiõ car se le pere iuge il iugera par lauenemẽt du filz de lomme. Car il ne iugera quel conques par la manifestaciõ de sa prese ce mais a donne tout le iugement au filz lequel sera manifeste homme a iuger aus si comme il a este iuge homme. Car quel autre est cestuy duquel dieu parle de rechief par ysaye soubz le nom de iacob et dys rael./ de la lignie ou semence duquel il print corps humain laquelle chose est ain si escripte iacob est mon pere ie le receuray mon ame la prins iay dõne mõ esperit en sup il prononchera le iugement aux gens il ne criera ne ne cessera ne sa voix ne sera pas oye pardehors il ne forsa pas la peine casse et ne destaindra pas le fust qui fumera. mais il prononchera iugemēt en verite il resuira et ne sera pas rompu ne casse iusques a ce quil mette iugement en terre. Et ses gēs auront esperance en son nō On ne lit pas en hebrieu israel ne iacob / mais ce qui est seu / cestassauoir mon serf Les lxx. interpreteurs et non pas de merueilles et voulant demonstrer comment ceste chose soit a prendre pour ce quil est dit que la forme du serf en laqlle le treshault se demonstra et baissa treshumble ilz prindrent le nom dhomme a signifier duql lignage ceste mesmes forme de serf fut prinse le sainct esperit fut donne en luy seql fut demonstre en semblance dun coulon en tesmoing de leuangille / il prononcha iugemēt aux gens il ne cria pas pour sa doulceur et debonairete, et touteffois ne se cessa il pas en preschāt verite / mais sa voix nest pas oye dehors / ne il nest oy quant pour certain il ne luy est pas obey de ceulx qui sont dehors diuisez et separez en son corps. Et que ces iuifz ces persecuteurs q̄ sont comparez a la penne cassee perdue sō entremette, et au fust fumant quant il a pdu sa lumiere il ne les a cassez ne estaīs car il les a espargnez pour ce que il nestoit pas venu pour les iuger / mais pour estre iuge deulx. Pour certain il prononcha son iugement en verite en leur anonchant par auant quant ilz seroient punis se ilz demouroient en leur mauuaistie. Sa face reluit en la montaigne / cestadire que sa renommee sera espādue par tout le monde / ne il ne fut ne brise ne casse, car il nobeit pas ne ne donna lieu a ses persecuteurs a ce quil delaissast a estre en soy ne en son eglise. Et pour ce nest il pas fait ne ne sera fait a ce q̄ ses enemis ont dit ou dient quant moura il et perira son nō iusques a ce quil mette iugement en terre.

Veez cy que ce que nous querons muche est manifeste. Car cest le derrenier iugement lequel il mettra en terre quant il viendra du ciel dequoy nous serons ia acomply ce qui est mis cy derrenierement cestassauoir et les gens auront esperance en son nom. a ce que pour certain par ce q̄l ne peut estre nye on croie aussi que on nye fosement. ¶ Qui est cellup qui esperoit q̄ ceulx aussi qui ne veulēt pas ancores croire en iesucrist comme ilz nous y soient ia croire et pource quilz ne se peuent nyer estraingnent les dens et sechent. ¶ Qui est oy ie cellup qui esperast que les paies eussent esperance en luy quant il estoit tenu / loye batu mocque crucifie / quant ses disciples mesmes auoient perdu lesperance, laquelle ilz auoient commenche a auoir en lieu, ce que apeines ung larron espera en la croix esperent de present les gens espandus en long et en lee. Et a ce quilz ne soient mors pardurablemēt ilz se seignēt en la croix en laquelle il fut mort : ¶ Nul doncques ne nye ou fait doubte que le derrenier iugement tel comme il est anonche par les sainctes escriptures ne soit a auenir et fait par iesucrist fors cellup qui par ces mesmes lettres par ie ne scay quelle foleur de courage ou aueuglement ne croit les choses qui ont ia monstre leur verite par tout le monde. Nous disons doncq̄s que en icellup iugemēt ou enuiron icellup iugement ces choses viendront / cestassauoir helye tesbites / la foy des iuifz / la persecucion dantecrist / le iugemēt de iesucrist / sa resurrection des mors / sa separaciō des bons et des mauuais / le brulemēt du monde et le renouuelement dicellup. Toutes lesq̄lles choses on doit croire quelles viendront, mais par quelle ordre ou par quelles manieres elles viendront lexperience des choses le nous enseigne mieulx lors que lentendement des hommes le puist comprendre apresent parfaictement: Toutes fois croy ie quelles viendront par lordre par lequel ie say recorde. Nous auons ancores deux liures qui appartiennent a ceste oeuure a ce que a layde de dieu nous acōplissōs ce q̄ nous auōs promis. desqlz lun sera des tourmens des mauuais / et lautre de sa bieneurete des iustes ausq̄lz si comme il plaira a dieu seront reboutez par especial les argumens humains ou des hommes / lesquelz cōtre les choses de uant dictes et promises diuinement / ses chetifz semble quilz les rongent sagemēt et contiennent les nourrissemens de la foy qui sont a nostre sauuement / mais ceulx q̄ sentent selon dieu de toutes choses les choses qui semblēt estre non creables aux hōmes / et touteffois sont elles contenues aux sainctes escriptures desquelles la Be rite est desia affermee en plusieurs manie res / tiennent pour tresagumēt q̄ la Braye toute puissance de dieu lequel ilz ont cer tain ne peut mētir en quelque maniere en ces choses et quelle peut faire ce qui est im posible ou mescreant.

¶ Expposicion sur ce chapitre.

En ce xxx. chapitre et final pour ce que aux chapitres precedent a este assez demonstre que le iugemēt derrenier sera et et quil sera fait par nostreseigneur mais touteffois il nappert pas que ses es criptures especialement de lancien testa ment que ce iugement doie estre fait par nostre sauueur iesucrist / mais monsei gneur saint augustin Beult demonstrer p les prophetes de lancien testament q̄ le iu gement q̄ sera fait p nr̄e sauueur iesucrist Et quil Biendra en forme dhomme pour faire son iugement. Et a ce prouuer amai ne les dictz dysaye et de zacharie / et mon stre comment ces parolles se doiuent entē dre de iesucrist. Et ce appert cleremēt par le texte. Et aussi monstre comment les prophetes ont aucunesfois pris le temps passe pour le temps auenir. Et met plu sieurs exemples comme ce peut estre fait tresconuenablement. Franciscus de ma ronis en rent Bne telle raison. Car il dit que tout aussi comme les choses qui sont passees ne peuēt estre muees aussi sōt les prophecies infaillibles pour leur certaine te laquelle est infaisible. Et est le chap̄. tout cler et se expose de soy mesmes.

¶ Ey fine le xxx. liure de monseigneur saint augustin de la cite de dieu.

¶ Cy commencent les rubriches du xxi. liure de mõseigneur saint augustin de la cite de dieu qui contient xxviii. chapitres :

¶ De lordre de la disputacion p̃ laquelle il est premierement a determiner du par durable tourmẽt des dãnez auecques les dyables quil nest de la pdurable bieneure te des sains. .i.

¶ Assauoir se les corps peuent durer perpetuellement en ardeur de feu. .ii.

¶ Assauoir se cest bonne consequence se corps seuffre douleur doncqs et la chair. .iii.

¶ Des exẽples naturelles par la considera cion desquelles il puisse enseigner q̃ les corps puissẽt pmaindre tous vifz en tour mens .iiii.

¶ Comment ilz sont plusieurs choses dont on ne peut sauoir la rayson/ et toutes fois nest il point doubte q̃lles soiẽt vrayes v.

¶ Que tous miracles ne sont pas naturelz/ mais sont aucuns cõposez p̃ egin humain/ aucũs fais par art des dyables. vi.

¶ Que aux choses merueilleuses la souueraine rayson de y croire est toute la puissance de creature. vii.

¶ Que ce nest pas chose contre nature quant en aucune chose de laquelle nature a estre congneue aucune chose commence estre diuerse de ce qui estoit contenu. viii.

¶ Denfer et de la qualite des peines pardurables. ix.

¶ Assauoir se le feu denfer est corporel/ sil peut ardre les manuais esperis/ cest a dire les dyables incorporelz par son atou chement. x.
Assauoir se rayson de iustice soit telle que

les tẽps des peines ne doiuent pas plus durer que les tẽps des pechez ont dure. xi

¶ De la grandeur de la premiere preuari cacion par laquelle peine pdurable est deu a tous ceulx q̃ seroient hors de sa grace nostreseigneur. xii.

¶ Contre loppinion de ceulx qui cuidẽt que les estans en peche mortel seuffrẽt pei nes apres la mort pour cause de leur pur gacion. xiii.

¶ Des peines de ceste vie tẽporelle aux q̃lles humaines condicions est subgecte. xiiii.

¶ Que toute seruture de la grace de dieu qui nous oste de lapfondeur du viel mal appartient a la nouuellete du siecle aue nir. xv.

¶ Soubz q̃lles loix de grace soient toutes les aages des baptisez. xvi.

¶ De ceulx qui cuident que aucunes pei nes de quelsconques homme ne doient du rer pardurablemẽt. xvii.

¶ De ceulx qui ne cuident pas que aucũ homme soit dãne ou derrenier iugement pour la priere des sains xviii.

¶ De ceulx qui promettent que chascun demourra impuni de ses pechez par la priere des sains/ et fussent heritez par la partici pacion du corps iesucrist.

¶ De tous ceulx qui promettent pardõ non pas a tous mais a ceulx qui sont ba ptisez entre les catholicques. combien que apres ilz encheent en plusieurs crimes et erreures. xx.

¶ De ceulx qui determinent que ceulx q̃ seront sauuez qui tiennent la foy catholic que/ cõbien quilz viuẽt tres mauuaisemẽt et quilz auront deserui a ardre. et que cest pour le fondement de la foy. xxi.

⸿ De ceulx qui cuident q̄ les pechez mortelz qui sont fais entre les oeuures de misericorde ne doiuent pas estre appelez au iugement de dānacion   xxii.

⸿ Contre loppinion de ceulx qui maintiennent que les tourmens qui sont a auenir et des dyables et des hōmes ne serōt pas perpetuelz.   xxiii.

⸿ Contre ceulx qui maintiennent que dieu en son iugemēt espargnera les mauuais pour les prieres des iustes   xxiiii.

⸿ Assauoir se ceulx qui sont baptisez entre les hereticques / et en apres deuiennēt pires par mener mauuaise vie / ou ceulx qui sont baptisez entre les catholicques et se transportent a heresies ou scismes / cest adire diuision / ou ceulx que combien qlz ayent este baptisez entre les catholicques ne sont point deptis de la foy / mais toutesfois ilz ont vesqui en estat de peche mortel puissent esperer remission du dernier tourmēt par les priuileges des sacremēs   xxv.

⸿ Quelle chose cest auoir iesucrist en son dement / et auxqlz hōmes est promis sauuement / aussi cōe par ardeur de feu. xxvi

⸿ Contre les persuasions de ceulx qui cuident que leurs pechez ne leur nupsent point / ausquelz ilz sont demourez en faisant aumosnes.   xxvii.

⸿ Cy finent les rubriices du xxi. liure de monseigneur saint augustin de la cite de dieu.

⸿ Cy commence le xxii. liure de monseigneur saint augustin de la cite de dieu.

⁋ De lordre de la disputacion p̃ laquelle il est premierement a determiner du p̃durable tourmẽt des dãnez auecques les dyables q̃l nest de la p̃durable biẽeurete des sains. .i.

Our ce q̃ les deux citez dõt lune est du dyable et lautre de dieu sõt puenues a leurs fins deues p̃ iesucrist nostre seigñr. Nous auons a disputer diligamment en ce liure tant comme nous pourrons par lẽde de dieu. De

quelle condicion soit le toũrment auenir au dyable / et de tous ceulx qui a luy apptiennent. Et ay mieulx ayme a tenir ceste ordre / affin q̃ apres le traicte de la bieneurete des sais / pour ce q̃ ledit tourment et icelle bieneurete sera auecques les corps et semble estre moins creable chose que les corps puissent durer en tourment pardurable que iceulx demourer sans douleur aucune en bieneurete pardurable. Et par ce quant iauray demonstre que icelle peine ne soit pas a non croire / ce me aydera mieulx a demonstrer que on doye croire trop plus legieremẽt q̃ limmortalite des corps soit auenir aux sais sans aucune tristresse / ne ceste ordre de proceder ne va point contre les diuines escriptures / ausquelʒ les aucunesfois la bieneurete des bons est mise deuant, sicomme est ce ou il est contenu que ceulx qui bien feront iront en la resurrection du iugement. Mais y est aucunesfois ordre contraire / sicomme ou il est escript. Le filz de femme enuoira ses angles, affin quilʒ cueillent tous esclandes de son royaume, & les mettent en la cheminee de feu ardant, la sera pleur et estraingnement de dens. Lors respondirent les iustes resplendissans comme le soleil ou royaume de son pere. Et semblablement ou il est ainsi escript. Ceulx cy iront en tourmēt pdurable, & les iustes en la vie pdurable Et se aucun veoit aux prophetes il trouueroit aucunesfois ceste ordre aucunesfois lautre laquelle seroit longue a ramēbier mais dit pourquoy iay esleu ceste ordre.

Assauoir se les corps peuent durer perpetuelement en ardeur de feu. .ii.

Que pourray ie doncques demonstrer parquoy les mescreans soient conuaincus. non pas seulement a croire que les corps humains viuans en leurs ames ne puissent iamais estre dissolus par mort, mais auecq̃s ce qlʒ puissent durer aux tourmens de feupardurables, car iceulx mescreans ne veulent pas que nous rapportõs ceste double a la puissance du tout puissant, mais requierent que nous leur desclairons par aucū exemple. Et se nous leur respõdons que aucunes bestes sont veritables corruptibles, pour ce quelles sont mortelles. Lesquelles neantmoins puissēt viure emmy les feuʒ. Et aussi que on treuue aucune maniere de vers ou sourcin de chaudes caues, iceulx vers ne sont pas tant seulement sans blessure, aincois nen peut estre hors / ou iceulx mescreans ne le veulent

croire se nous ne leur pouõs monstrer ces choses / ou se nous ne les leur pouons monstrer a loueil ou en fourme par tesmoigs conuenables. Ilʒ estriueront par les mescreans que cest exemple ne souffist pas au propos de ceste question, pour ce que telles bestes ne viuēt pas tousiours, et qllesviuēt sãs douleur en telz chaleurs. qlʒ merueilles. car elles croissent pelemes a eulx conuenables, et non pas tourmentez par iceulx / aussi cōe se on ne peut pas mois croire quelles ne peussēt estre esgettees ou croistre par telles choses que estre tourmētees par icelles. car cest merueilles de souffrir douleur en feu et que on viue, mais cest plus grat merueille que on y puisse viure sans souffrir douleur. Et silz croient lun, pourquoy ne croient ilʒ lautre.

Exposicion sur ce chapitre.

En ce .ii. chapitre monseignr saint augustin monstre par exemple cōme les corps peuent viure en perpetuelʒ tourmens, sicomme il est des bestes qui viuēt ou feu, et les vers qui viuent aux caues chaudes et bouillans et si chaudes que on ne les peut tenir. Et en met deux exemples. Et pour loppinion de ceulx q tiēnēt que les corps ne peuent estre tourmentez & non mourir. Il dit quilʒ respondent que cest chose naturelle a ces bestes de viure ou feu / et a ces vers de viure en leaue chaulde. Et que la ilʒ ne sont tourmentez en qlq maniere, et quilʒ peuent viure dehors Mais viure ou feu est contre la nature de lhomme et tourment et violence. Et par consequēt ce ne fait rien a propos selō leur oppinion. A quoy monseigneur saint augustin respōt et dit que suppose que ce soit merueilleuse chose destre tourmēte en feu & q̃ on y viue. Ancores est ce plus merueilleuse chose que on puist viure en feu sans douleur. &c. Et par consequent se ilʒ ottroient luy/ pourquoy nottroiēt ilz lautre. C'est assauoir que se les bestes peuent viure en feu et non douloir/ que on doit ottroier aux hōmes quilz puissent souffrir tourment et quilz viuent.

¶ Assauoir se c'est bonne consequence/ se corps seuffre douleur/ doncques est sa chair. iii.

Ais ce dict quil nest aucun corps qui puisse souffrir douleur & ne puisse mourir. Et comment se saudōs nous. Car qui est celluy qui sache se les corps des dyables se deulent en eulx quant ilz confessent quilz sont tourmentez de grans tourmens. Et se on me respont quil nest aucun corps terrien qui soit ferme et beau/ aussi que ie se xplicq mieulx par vng nom quil nest aucune chair qui puisse souffrir douleur et ne puisse mourir/ que dit on autre chose. fors ce que les hommes ont concueilly sensiblement & p experience. Car ilz ne scauēt quil soit aucune chair laquelle ne soit mortelle, et c'est toute leur rayson quilz ne cuidēt pas que aucune chose soit silz ne sōt esprouue/ car celle rayson est ce de tenir que douleur soit argument de mort/ cōme elle soit mieulx demonstrance de vie. Car se nous enquesrōs assauoir se ce qui seuffre douleur puisse tousiours viure. Toutesfois est il certain que toute ce qui seuffre douleur vit/ que aucune douleur ne peut estre fors que en chose qui vit. Il est doncques necessite q̄ celluy qui se doeult viue/ et si nest pas necessite que douleur soccye/ car toute douleur nocist pas ces corps mortelz q̄ sont a mourir. Et a ce q̄ aucune douleur puisse occire. La cause sy est pour ce que lame est en telle maniere enlacee a ce corps quel le donne lieu aux souueraines douleurs et se departe pour ce que la composicion ou compaginacion des membres et des choses donnans vie/ est si enferme quelle ne peut endurer force qui face douleur granz

de ou souueraine. Mais lors sera lame cō ioincte en tel corps par telle maniere q̄ aussi comme ce loyen ne peut estre deslopey p aucune longuesse de temps/ aussi ne pourra/ il estre rōpu par quelque douleur. Et pour ce sil nest maintenant aucune chair qui puisse sentir douleur et ne puisse mourir Toutesfois sera il lors autre chair q̄ nest maintenāt. Car la mort ne sera pas nulle ou anullee/ mais sera par durable. quant a lame ne pourra viure en nō ayāt dieu/ et ne pourra estre sans douleur en mourant. La premiere de ces deux mors boute hors du corps lame contre sa voulete. ¶ La seconde mort tient au corps lame contre sa voulente de lune et de lautre mort. a ce communement que lame seuffre de son corps ce q̄ elle veult pas/ mais ceulx qui ce contredient entendent quil ne soit de presēt aucune chair qui puisse souffrir douleur/ et ne puisse souffrir la mort Et nentendent pas quil soit aucune telle chose qui est plus grant que le corps. Car lame par la presēce de laquelle le corps vit et est gouuerne peut souffrir douleur et si ne peut mourir. Et veez cy comment vne chose est trouuee/ laquelle est immortelle combien quelle sente douleur. Ce dōcq̄s sera lors aussi aux corps des dānez maintenāt estre aux ames de tous hommes.

¶ Et se nous considerons plus diligamment la douleur qui est appelee douleur du corps appartient plus a lame que au corps. Car il appartient a lame que elle doeuille nō pas au corps mesmes quant la cause pourquoy lame se doeult vient du corps quant elle a douleur ou lieu ou le corps est blece. Car aussi comme nous disons que les corps sentent et que les corps viuent/ combien que sentement & vie leur viennent de lame/ aussi disons nous que les cueurs se doeullēt/ cōbien que la douleur ne puisse venir que de lame. Et ainsi se doeult lame auecques le corps en icelluy lieu du corps/ ou il auient quil se doeuille

¶ Aussi combien quelle soit ou corps, se doeult elle seulement quant elle est en tris

aa.iii.

stresse par aucune cause inuisible/combien que le corps soit sain. Elle se doeult auſſi quant elle est separee du corps. Car pour certain ce riche homme se douloit en enfer quant il disoit. Ie suys tourmente en ceste flame/mais le corps sans ame ne se doeult point sans lame. Se on prenoit doncques droitturierement largument de douleur q̃ le fust cause de sa mort/si q̃ sa mort peust benir pour ce que douleur peut benir. Il appartendroit plus a lame mourir a laq̃lle il apptient plus a auoir douleur, mais comme elle ne puisse mourir/laquelle se peut plus douloir/que bault largument pourquoy nous doyons croire q̃ les corps doient mourir pour ce sil est auenir quilz soient en douleurs. ⁋ Les platoniciens dirent que certainement il auient aux ames quelles se deficient et couuoitent en douleur et seiouissent par ce quelles sont en corps terriens et en mebres mortelz. Dont Birgille dit/par ce dit il/elles se doubtent couuoitent esiouissent et doeuent/cesta dire des mebres mortelz du corps terrien. Mais nous les auons conuaincus ou piiſliure de ceste oeuure en ce quilz dient q̃ les ames/combien que selon eulx elles soient purgees de toutes taches du corps. ont elles cruelle couuoitise par laquelle elles encommencet a bouloir retourner de rechief en leurs corps. Et ou couuoitise peut estre pour certain douleur peut estre. Car braiment quant couuoitise pert son effect/ou par ce q̃lle ne paruient pas a ce a quoy elle tendoit/ou en perdant ce quelle obtenoit elle est tournee en douleur. pour laquelle chose se lame q̃ se doeult seulement ou tresgradement a toutesfois en soy selon sa condicion bne immortalite. Il sésuyt que les corps ne pourront pas mourir pour ce qlz seuffrent douleur. ⁋ Finablement se les corps font que ames se doeuissent/pour quoy leur peuent ilz faire souffrir douleur et ne les peuent faire mourir. fors pour ce quil ne sensuit pas que ce qui fait souffrir douleur face mourir. pourquoy doncq̃ est ce chose non creable que le feu puisse aissi embatre douleur en iceulx corps/aussi come iceulx corps font douloir ses ames lesquelles toutesfois ilz ne constraingnêt pas pour ce a mourir. ⁋ Ce nest pas doncques argumêt necessaire que douleur soit cause de sa mort auenir.

⁋ Epposicion sur ce chapitre.

EN ce. iiii. chapitre monseigneur sait augustin respont a ce que ses mescreans beulent obicer, en disant quil nest nul corps qui seuffre douleur q qui ne puis se mourir. Et y respont par plusieurs raysons. desquelles la premiere se commence la ou il dit. Car ilz ne saiuent. acc. ⁋ La seconde ou il dit. Il est doncques necessite. acc. La tierce ou il dit. Et a ce que aucune douleur. acc. La quarte ou il dit. Mais sors est lame conioincte. ac. Secondemêt apres ce quil a reprouue ceste consequence. Il monstre directement que la chair peut souffrir douleur et non mourir. Et ceste partie se commence ou il dit. Aussi pour ce ac. Apres il preuue ce quil a dit, cestassauoir que a lame appartient a douleur, non pas au corps cestassauoir principalement Car de lame est se sens et sa bie. Et cest ou il dit Car il appartient a lame. ace. ⁋ Apres il conclud son intencion. Et cest ou il dit. Doncques aussi comme nous disōs. ace. Ce mesmes il preuue par bne autre rayson confermee de deux autres. Et cest ou il dit Ainsi se doeult lame. ace. Et ceste intencion et propos il conferme p sopinion des platoniciens/ᴄ par ses bers de Birgille de son bi. siure deneydos, lesqlz combien quilz soiêt alleguez estre mis ou pii. siure. Et de ce nous auons parle sur lepposicion du tiers chapitre dudit piiii: liure. Et pour ce nous nous en passons/ Et meticy seulement monseigneur saint augustin sun deces bers. Et cest ou il dit

v. Hinc metuunt cupiūtq̓z dolentq̓z gaudentq̓z. Et pour ce quil dit en ce chapitre que souffrir douleur appartient a lame et non pas au corps. Et toutesfois est lame cause de la douleur du corps/ on pourroit faire une obiection d aristote qui dit q̄ celluy qui dit que lame se siouisse ou ait tristesse/ il dit quelle tist ou edifie. Mais on y peut respondre et dire que aristote parloit de lame intellectiue/ laquelle est separee de passions organicques/ et non pas la sensitiue. Laquelle ame aussi comelle est commencement de sentir ou de sentement aussi est elle commencement de douloir ou de douleur. Et est a entendre que monseigneur saint augustin entent a desclairer q̄ par ce dit que tout aussi cōme les corps font douloir les ames par les organes/ Lesq̄lles ames toutesfois ilz ne constraigneut pas pour ce a mourir. Aussi peut le feu d eser apporter douleur aux corps sās les faire mourir. Et se on demande comment les corps des dānez peuent estre tourmentez perpetuelement au feu denfer/ et ardre sans perir et sans mourir. Je le desclaireray ou chapitre subsequēt. Et ce suffise pour sepposicion de ce chapitre.

¶ Des exemples naturelles par la consideracion desquelz il puisse enseigner que les corps peuent p̄maindre tous vifz en tourment. .iiii.

Et pour ce selon que dient ceulx qui enchercent plus diligammēt les natures des bestes/ la salemādre vit en feu. Et unes des tresgrās congneues montaignes en sicile qui ardēt en flamme de si treslong temps et de si grande anciennete iusques a present et doresenauant et demeurent en terres. Ilz sont tesmoings assez conuenables a prouuer que tout ce qui art nest pas degaste. et lame de

mōstre aussi que tout ce qui peut souffrir douleur ne peut pas mourir. Pourquoy nous demāde l'en plus d'exemples de choses par lesquelles nous enseignons que ce nest pas chose nō creable que les corps des hommes punies par tourmens pardurables ne perdent point leur ame ou feu/ et ardront sans estre appeticez/ et ayēt douleur sans mourir. Car fors aura sa substance de la chair telle qualite ordonnee de p̄ cellup qui establit et ordonna en tāt de choses si merueilleuses et diuerses qualitez et diuerses condicions/ lesquelles nous veons si que nous ne nous en esmerueillōs pas pour ce que quil y en ya tant. ¶ Car qui est celluy fors dieu le createur de toutes choses qui ordonna que sa chair de paō moit ne peust pourrir. Laquelle chose comme il semblast a aucuns qui lauoient op dire quelle fust non creable. ¶ Il auint en la cite de carchage q̄ on nous apporta ung paon cuit/ de la poetrine duquel nous fismes oster du blanc dessoubz ses ailles tāt comme bon nous sembla/ et commandasmes que on le nous gardast. Laq̄lle porci on a nous apportee et offerte apres si grāt espace de iours que toute quelquonque autre chair seroit pourrye/ne nous empulētit en aucune maniere nostre oudorement Et icelle chair remise en gard̄ apres plus de trente iours/ fut trouuee saine aussi cōme elle estoit deuāt. Et mesmes fut trouuee ung an apres/ fors tāt que sa chair en fut aucunement seche et plus retraicte. ¶ Qui donna telle vertu a la paille ou si froide quelle garde ses nesges qui sont cheues de lair/ ou si chaulde quelle meurist les pommes qui ne sont pas meures

Qui pourroit expliquer les merueilles du feu p̄ leq̄l toutes choses q̄ sont brussees noircissēt/ combien quil soit luysant Et que luy qui est tresbeau en couleur des couloure a peine toutes les choses q̄ lauironne et seiche et rent d'ung brasier ardant et reluisant tresnoir charbon. Ne ceste chose nest pas determinee aussi comme rigleemēt/ car au cōtraire les pierres blāchissēt par feu. Et quant elles sont cuites elles demeurent blanches. Et combien que le feu soit rouge et les pierres blanches, Toutesfois affiert il a lumiere ce qui est blanc aussi comme a tenebres noir. ¶ Et ainsi comme le feu art les buches et cuist les pierres il a effectz contraires en choses non cōtraires. Car combien que les buches et les pierres soient choses diuerses, toutesfois ne sont elles pas contraires aussi cōme blanc et noir, dont il fait lun aux pierres et laure aux buches, en faisant lun qui est cler les vnes, cestassauoir les pierres cleres, Et les autres, cestassauoir les buches obscures, combien qͤ deffauldroit aux vnes sil ne viuoit aux autres. ¶ Quelle vertu ordonna dieu en charbons, nest ce pas chose a merueiller. Cestassauoir et leur grant foiblesse quilz sont froissez du tres petit coup, et soiet cassez et treslegierement deminchez, et quilz ont si grant fermete q̄ ilz ne peuent estre corrompus par aucune humeur, et quilz ne sont vaincus p age de long temps. En tant que ceulx qui ōt acoustume a ficher les bournes pour diuiser heritages les mettent au dessoubz ou fons pour vaincre celuy qui plaideroit et vendroit apres quelconque long temps pour estriuer que la fin de lheritage ne seroit pas signee par pierre ou par bourne, Qui fait q̄ les charbons peuent durer si longuement sans corrupcion, quant ilz sont en foups en terre si par fonde ou les arbres pourriroient, fors que le feu qui degaste tant de choses. ¶ Regardons donc ques la merueille de la chaulx, excepte celle dont nous auons ia assez parle quant nous dismes quelle blanchist par feu, par lequel les autres choses se noircissent, Icelle chaulx concoit tres repostement feu de feu, et le garde si repostement en vng fort monceau a ceulx qui la touchent que il ny appert point estre par aucun de noz sens, mais il est trouue par experiment, Et scait on quil y est aussi comme endormy quant il nappert pas quil y soit. Et pour ce lappelons nous chaulx viue comme se le feu qui y est repost estoit inuisible du corps de la chaulx visible. Mais comment est ce grant merueilles que quāt on lestaint il alume. Car a ce que on oste le feu qui est repost on y gette de leaue. Et combien quelle soit froide deuāt, elle eschauffe de ce dont toutes choses refroident. Et aussi comme se ce monceau de chaulx se mouroit, le feu qui y est repost se demonstre en soy departant. Et apres elle est si froide aussi comme morte que pour eaue q̄ on y gette elle naidra. Et lors la chaulx que nous appelons viue, nous lappelōs chaulx morte. Quelle chose sēble il que on puisse adiouster a ceste merueille, et toutesfois on y adiouste vng autre. Car se tu ne gettes pas sur la chaulx eaue, mais huille, laquelle est plus grant nourrissement de feu, ia pour la mouillier de huille elle neschauffera. Se nous lisons ou oyons dire ceste merueille daucune pierre de inde, et nous nen pouons auoir experiment, pour certain ou nous cuiderions q̄ ce seroit mensonge, ou nous en merueillerions moult. Mais les choses dont auōs tous les iours experiēce deuāt noz yeulx sont tenus en vilite, non pas que la maniere nen soit merueilleuse, mais pour ce que nous les veons souuēt, ilz en sōt en plus grāt vilite, en tant que nous delaissons a nous esmerueiller de plusieurs choses merueilleuses lesquelles peuent estre venues a nous de inde, qui est vne partie du monde moult longtaine de nous. Plusieurs ont en nostre pais la pierre nommee aymāt, et mesmes les orpheures et ceulx qui font signes des pierres precieuses, laquelle pierre daymant ne peut estre entamee sicomme on tesmoigne par fer ne par feu, ne par aucune autre force, fors p sāg de boucq. Mais ceulx qui ont et congnoissent ceste pierre, se merueillēt ilz de sa vertu aussi comme font ceulx a qui on la mōstre premierement, et ceulx a qui on ne la monstre ne le croient pas, par auēture se ilz se croient ilz se merueillent de choses q̃ ilz nauoient pas esprouuees. Et sil auient quilz en ayent experience, ancoires se merueillent ilz de choses non acoustumees. Mais se hesitant de lexperience oste pou a pou le mouuemẽt de la merueille. Nous congnoissons vne pierre appelee aymant qui rauist merueilleusement le fer. Laq̃lle chose quant ie le vy premierement ie en eu grant horreur. Quelz merueilles, car ie veoie vng aneau de fer raup dicelle pierre, et souspendre en fait. Apres aussi comme icelle pierre eust donne sa vertu & seust fait commune au fer quelle auoit raup, icelluy aneau fut adioinct a vng autre aneau, et se souspendit. Et aussi comme le premier aneau saherdoit a icelle pierre, le secõd saherdoit a laneau pmier p ceste maniere vng tiers aneau p fut adioinct ou second, et le quart. Et tant furẽt en icelluy cercle aspez lun a lautre p ordre, non pas accouplez par dedens, mais par dehors aherdans lun a lautre pendoient ainsi cõme se ceust este vne chaine daneaulx de fer.

¶ Qui ne sesmerueilleroit de la vertu de ceste pierre, laquelle vertu nestoit pas seulement en icelle, mais passoit parmy tãt daneaulx suspendus, et sestendoit par sieux iuisibles. mais cest trop plus grãt merueilles de la vertu de ceste pierre q̃ iay sceue par mon frere et compaignon euesque de milan appele seuer. Car il me raconta que luy mesmes auoit veu comment pieça vng conte daffricque appele bathanaire fist apporter icelle pierre deuant icelluy euesque qui mengoit auecques luy & commẽt il la tenoit soubz sõ vaisseau darent & comme il mist vne piece de fer dessus icelluy vaisseau, & apres ainsi comme il mouoit sa main de laquelle il tenoit icelle pierre soubz le vaisseau, le fer qui estoit dessus se mouoit sans ce que icelluy vaisseau dargent qui estoit moyen se remuast mais la pierre qui estoit dessoubz en tournant et retournant estoit remuee tresisnelement par somme qui le tenoit, & le fer estoit raup semblablement par icelle pierre. Iay dit ce que iay veu, iay dit ce que iay oy dire dicelluy euesque auquel ie adiouste foy, aussi comme se ie moy mesmes leusse veu. ¶ Je diray aussi que iay seu dicelle pierre daymant, quant laymant est mis apres luy, elle nattrait point le fer, et selle lattrait, incontinent que il en approche, elle le laisse. ¶ Ces pierres viennent dinde, mais se nous cessons dauoir merueille de seur vertu, pour ce que nous les congnoissons, de tant ceulx dont eux les viennent silz les ont treslegierement ilz les ont par auenture sicomme nous auõs la chaulx, de laquelle nous ne nous esmerueillons pas. de ce que par grãt merueilles icelle chaulx se boust par leaue qui estaint le feu, et ne se boust point par luy, ce qui alume le feu.

¶ Epposicion sur ce chapitre.

En ce quart chapitre monseigneur saint augustin preuue ce quil a dit ou chapitre precedent, et se preuue p quatre exemples. ¶ Le premier par la salemandre, laquelle il dit quelle vit ou feu. Et de ceste salemandre parle ysidore ou quart chapitre du douziesme liure de ses ethimologies, qui dit que cest vne maniere de sezarde, et que non pas seulement elle vit ou feu, mais estaint le feu. ¶ Le second des montaignes de sezille qui de si long temps ardent, & ne se consumẽt point desquelles parle ysidore ou quatorziesme liure de ses ethimologies ou chapitre des isles. ¶ Le tiers est des chairs du paon, lesquelles se gardent par vng an entier sans pourrir. ¶ Le quart est des pailles qui par la chaleur qui est en elles meurissẽt les pommes, & gardent la nesge de fõdre

Et apres il aiouste la vertu de feu/ et pfe des charbons qui ne se pourrissent point: Apres il demonstre comment acoustumāce en epperiēce des choses naturelles. oste pou a pou ladmiracion. ¶ Et ceste chose il demōstre par plusieurs exemples. Premierement il met lexemple du feu. Secōdement de la chaulp. Tiercemēt de lapmant qui trait fer. Et comment il se laisse quant lapmant approche pres de lup.

¶ Il demonstre comment ilz sont plusieurs choses dont on ne peut sauoir la raysō. Et toutesfois nest il point doubte q̄ elles ne soient vrapes. v.

Ais toutesfois les hōmes mescreans qui requierent que nous leur rendons rapson ou cause de celle chose quant nous leur preschons les miracles de dieu ou passez ou aduenir/ quant nous ne leur en pouons monstrer lepperience/ ilz nous doiuēt rendre la rapson ou cause de tant de merueilleuses choses que nous veons pouons veoir ou verrōs. Et silz voyent clerement que homme ne se puisse faire/ ilz doiuent confesser q̄l ne sensupt pas que aucune chose nait este ou ne soit auenir pour ce que se on nē peut rendre la rapson quant il est ainsi de ces choses que on nen peut rendre rapson. Et pour ce ie ne vop poit par diuerses choses qui sont trouuees aux liures/ ne ie ne rameine pas a memore les choses qui sont auenues et passees/ mais aucū pou de celles qui sont trouuees communement en plusieurs lieux. Auqlles se aucū veult et peut aler/ il prendra garde se elles sont vrapes. ¶ Aucuns tesmoingnent que se le sel de ceste cite de sezille appelee agrigentine est mis ou feu/ il se font cōme en eaue Et sil est mis en eaue/ il clicque ou crille aussi comme sil estoit mis ou feu. Ilz tesmoingnent que ou paps dunes gens appelez garaniates a vne fontaine qui est si froide p iour q̄ on nen peut boire/ et si chaude p nupt que on np peut toucher. Ilz tesmoingnent aussi que en archade a vne pierre appelee albeston/ pour ce que selle est vne fois alumee/ on ne sa peut estaindre ¶ Ilz tesmoingnent aussi que en egypte a vng figuier dōt le fust ne noe poit en seaue ainsi comme autre fust/ aincois p affonde/ q qui plus est merueilleuse chose quāt il a este longuement au fons/ il retourne arriere au dessus/ et noe sors quant il est abiuue deaue/ et que par la pesāteur de sumeur il deust estre plus pesant. Ilz tesmoingnent aussi que aucunes pommes naissent en la terre de sodome qui croissent iusques a la semblance destre meures. Mais quant on p mort/ ou quant on les casse/ ilz euanuissent ou vuident de les conche qui est lache/ et nē pst aussi comme fumee ou flamme de feu. ¶ Ilz tesmoignent aussi que en perse a vne pierre appelee piriton qui brusle la main de cellup qui tresfort les traint/ et pour ce est elle appelee piriton. Car pir en grec est a dire feu/ ¶ Ilz tesmoingnent aussi que en icelle pse naist vne pierre appelee saleniten/ De laquelle parle psidore assez amplement ou saiziesme liure de ses ethimologies ou chapitre dixiesme/ de laquelle pierre la blancheur de dedens croist et appetisse selonc que la lune croist ou appetice ¶ Ilz dient aussi que en capadoce les iumens p cōcoiuēt devēt/ et q̄ leur egedreure ne peut viure q̄ trois ans. ¶ Ilz diēt aussi q̄ vne isle de inde appelee thisle/ est plus noble q̄ les autres/ pour ce q̄ ses arbres q̄ p naissēt sont verdes en tous temps sās perdre leurs foeulles. Or me rendent rapsō ces mescreans silz peuēt de ces merueilles q dautres q̄ sont sans nombre ausquelles listore ne maintient quelles soient auenues et passees/ mais demeurent en leurs lieux/ les quelz trop longue chose seroit poursuiur a mop qui ap autre chose a faire pour le psent. ¶ Or me rendent doncques rapson ceulx cy qui ne veulent croire la saincte escripture/et qui nen cuident autre chose/fois quelle ne soit pas diuine/pour ce q̃ se contient plusieurs choses non creables aussi comme est ce dont nous parlõs a p̃sent. Car ilz dient que on ne pourroit mõstrer par aucune rayson que sa chair arde et ne puist estre degastee. et quelle seuffre douleur/⁊ ne puisse mourir. Je dy ses grãs raysonneurs et sages q̃ peuent rendre rayson qui en verite sont merueilleuses. Or nous rendent rayson de tant pou de choses que nous auons proposees. lesquelles se ilz ne scauoient estre vrayes/et nous disons quelles fussent auenir/sans doubte ilz se creroient mois quilz ne veulent croire que ce que nous leur disons maintenãt auienne aucunessois ou temps auenir. Qui est celluy deulx qui nous creroit se nous le disions que ou siecle auenir seroit vne maniere de sel que se feu feroit fondre aussi comme il feroit seaue. ⁊ que seaue seroit esicquer ou croistre aussi comme feroit se feu. Ou q̃l deust estre ou siecle vne fontaine/dont seaue seroit sy chaulde en la froideur de sa nuyt que on sa pourroit toucher/et si froide par se chault du iour que on nen pourroit boire. Ou que il deust estre ou siecle auenir vne pierre telse/ou q̃lse ardroit par sa chaseur la main dicelluy qui les praindroit/ou telse que en q̃lque maniere quelle seroit vne fois alumee/elle ne pourroit estaindre. et plusieurs autres que iay ramentues en delaissant moult dautres. Lesquelz deulx croiroit se nous leur disons aussi comme nous leur disons que ses corps mors des hommes deuendront vifz q̃ tousiours ardrõt ⁊ souffrerõt douleur ⁊ toutessois iamais ne mourront. Se nous disons dõcques que ses choses que nous auons dictes sussent auenir ou siecle auenir. et iceulx mescreans nous respondoient en disant ainsi Rendez nous rayson de toutes ces choses se vous voulez q̃ nous les croions. Nous leur confesserions que nous ne pourriõs pour ce que en ces merueilles ⁊ semblables

oeuures/humain entendement qui est soible ne pourroit attaindre ou trouuer rayson. Et toutessois dirions nous q̃ nous tenons fermement par rayson que se tout puissant ne fait pas sãs rayson aucunes choses/dont le foible entendement humain ne peut rendre rayson. ⁊ q̃ vrayment nous nauõs pas certainemẽt quelle est sa voulente en plusieurs choses. Et neãtmoins dirions nous que cest trescertaine chose q̃ chose quil voeuille ne luy est impossible. et que nous croyons fermement a tout ce quil nous a dit par deuãt pour ce q̃ nous ne pouons croire quil soit impotent ⁊ mẽteur. Toutessois iceulx mescreans repreneurs de sa foy epigeurs de rayson/q̃ respondent ilz aux choses dõt homme ne peut rendre rayson. Et neanmoins sont elles/combien quelles semblent estre contraires a rayson de nature/lesquelles se nous disons quelles fussent auenir/ses mescreans semblablement nous en demãderoient rayson. Aussi comme ses choses que nous disons quelles doiuent auenir Et pour ce suppose quil soit ainsi que pẽsee ne parolle humaine ne puisse rendre rayson en telles oeuures de dieu. Jl ne sensuyt pas pour ce quelles ne soient/ aussi ne sensuyt il pas que icelles autres ne soient pour ce se homme ne peut rendre rayson ne de lun ne de lautre.

¶ Exposicion sur ce chapitre

En ce v. chapitre monseignr̃ saint augustin poursuit ancores ce q̃l a dit et monstre cõment ilz sont plusieurs choses vrayes q̃ ne peuent estre prouuees par rayson/et ameine a ce plusieurs exẽples Le premier q̃ est du sel de sezille q̃ se fõt en feu/et trippe en eaue. Et de ce sel ple solin en son liure de mirabilib; mundi quant il traicte des choses q̃ sõt en sezille. Le.ii.est de la fõtaine des garaniens/et de ce parse solin quant il parle de celle region laqĝlle est en affricque ¶ Le tiers est de la fontaine de pire de laquelle escript psidore ce qui est icy recite en son pviii.liure ou chapitre des eaues. ¶ Le quart est de la pierre appelee albeston. Et de celle racōte solin ou v.chapitre quant il parle de la tierce partie deurope. ¶ Le v.est du figuier de gipte. ¶ Et le vi.est des pommes de sodome desquelles choses parle solin quant il parle de iudee et de gipte et des choses qui sont de dessus ¶ Le vii.est des pierres de perse, et de celles parle psidore ou pvi.liure de ses ethimologies ou p.xpi.chapitres ¶ Le viii. est des iumens de capadoce qui concepuent de vent. Et de celles parle solin en son liure de mirabilibus mundi, ou il traicte de capadoce et des choses qui y sont trouuees ¶ Le derrenier est des arbres qui sont en lisle de tisle, laquelle est en inde, et de ce parle solin quant il parle dynde. Et ce souffise pour seppoficion de ce chapitre.

Que tous miracles ne sont pas naturelz, mais sont aucuns composez p engin humain aucuns fais par art des dyables. Vi.

Par auenture ilz pourroient ainsi respōdre ne les vnes choses ne pourroient aucunemēt, ne nous ne creons que les autres doiuent estre, car ce que on dit des vnes est faulx. Et ce qui est escript des autres est faulx. Et y adioustent en y amenant raysōs, et en disāt ainsi. Se les choses que vous proposez sont a croire, croyez donques ce qui est escript en icelles mesmes escriptures, cest asauoir quil fut ou est vng temple de la deesse Venus, en la auoit vng chandelier ouqĝl auoit vne lumiere en plain air soubz le soleil qui ne pouoit estre estainte par tempeste ne par pluye, pour laquelle chose aussi comme icelle pierre, dont mēcion est faicte nagaires qui ne pouoit estaindre quāt elle estoit alumee, estoit albeston par sem

blable, laquelle chose ilz pourroient dire affin quilz nous constraingnent a eulx respondre. Car se nous disons que ce nest pas a croire, nous affoiblirons les escriptures ausquelles les merueilles deuant dictes sont contenues. Et se nous leur ottroyons que ce soit chose creable, nous confermerons les dieux des payens. Mais sicomme iay dit ou pviii.liure de ceste ocuure, nous nauons pas a croire de necessite ce qui est contenu en listore des payens. mesmemēt selon ce que dit Varro, iceulx qui escriprēt telles hystoires sōt contraires lun a lautre en moult de choses, ainsi comme de certain propos, et aussi comme de leur industrie. ¶ Mais se nous voulons nous creōs les choses qui ne sōt pas contraires aux liures, desquelles nous nauous poit de doubte quil nous conuiēt croire. ¶ Et quant est des lieux ou les merueilles sont que nous auons racontes cy dessus pour celle que nous voulons demōstrer aux mescreans, il nous souffist assez de monstrer celles dōt nous pouons auoir experience, et dont nous pouons auoir legierement tesmoings. Mais quant est de ce temps de Venus, et de celle lumiere qui ne peut estaindre, nous ne sōmes pas par ce estrains en aucunes āgoisses ne mis estroit, aincois nous est par ce ouuert en vng champ grant et lee. Car nous adioustōs auecq ce que nous auōs dit de ceste lumiere non destaingnable et disons que tant par art humain cōe par art magicque, cestadire p hōmes plains de lart du dyable, et p iceulx mesmes dyables sont faictes maintes merueilles. Les qĝlles se nous voulious renuer nous contredirions a icelle mesmes Verite de sainctes escriptures lesqĝlles nous croyons. Donques ou art humain sefforca a faire en ceste lumiere aucune oeuure mecanicq de ladicte pierre appelee albeston, ou il fut fait par art magicq en ce temple, a ce que les gens sen esmerueillassent ou aucū des dyables se presenta en ce tēple p si grant vertu soubz le nom de Venus, a ce que

xpi.

icelle merueille apparust illec aux hom/
mes et y demourast longuement. Mais
les dyables sont abstrais ou alechez a ha
biter par les creatures lesquelles ilz nont
pas crees/mais dieu les a crees et sont at/
trais ou alechez plus en diuerses choses de
lectables selon leur diuersite des signes ou
miracles qui appartiennent a la delecta
cion de vngchascun par diuerses manieres
et sicomme des pierres de herbes de fust et
de bestes de charmes et de cerimonies. Et
affin quilz soient attrais ou alechez des
hommes. Ilz les decoiuent premierement
par tant de malice ou en inspirāt en leurs
cueurs venin repost ou en apparāt a eulx
par decepuables amistiez. Et sont aucūs
qui decoiuent ainsi leurs disciples/lesqlz
ilz sōt maistres ou docteurs de plusieurs
Car nul homme ne pourroit aprendre ne
sauoir se les dyables ne luy enseignoient
aincois que elle chascun de eulx desire ou
vueille/ou quelle chose luy soit horrible p
lequel nom il soit appele. ou p lequel nom
il soit constraint. Et de ce vindrēt les ars
magicques/et ceulx qui de ces ars sentre
mettent. Mais ilz ont principalement les
cueurs des hommes mortelz. De la pos/
session desquelz ilz se glorifient especiale
ment quant ilz se transfiguent en sēblan
ce de angles de lumiere. Ilz sont dōcques
plusieurs fais lesquelz de tant cōme nous
les reputtons plus merueilleux/de tāt les
deuons nous escheuer par plus grant cau
telle. Mais acores nous prouffitēt leurs
fais et aydent a ce dont nous traictons a
present. Car se ors dyables peuent faire
telz fais. De combien sōt les sains āgles
plus puissans deulx/de combien est dieu
plus puissāt de tous eulx/lequel mesmes
fist iceulx angles qui sont si grans mira
cles. Pour laquelle chose se tāt de merueil
les et si grans sont fais par ars humais
vsans de creature de dieu/lesquelz ars ilz
appelent mecanicques. cestadire quilz se
font par engin et industrie en tant q ceulx
qui les scaiuent cuident q ce soient mira/
cles de dieu. Dont il auint q en vng tēple

Vng ydole de fer pēdoit ou milieu de lair p
ce que on auoit mis pierres dapmant pro
porcionnees en grādeur en terre et en la vo
ste ou cours dicelluy temple Et estoit icel
le ydole entre lune et lautre pierre/et ne sa
uoit le peuple quelle chose estoit dessus et
dessoubz/aussi comme selle pēdist par sa
puissāce diuine/aussi comme nous auōs
ia dit sēblablement que souurier peut fai
re de la pierre albeston en icelle lumiere de
venus ¶Et les oeuures des enchāteurs
lesquelz nostre escripture appele enueni/
meurs ou enchanteurs peurent tant esle
uer les dyables que le noble poete virgille
semblast vouloir applicquer aux fes des
hommes en parlant ainsi dune femme qui
appele sibile/laquelle estoit moult solen
nelle en fait magicque/de laquelle il dit ā
si. Icelle femme dit virgille promet a des
loyer par charmes les pensees humaines
telles comme elle vouldra de toutes cures
ou peines/et a autres pensees embatre cu
res dures. Elle pmet que p ses charmes
elle peut arrester leaue des fleuues/et fai
re retourner les estoilles ou ciel/et esmeut
les dieux denfer/p nuyt tu verras soubz
ses piez la terre muir/et les chesnes descē
dent des montaignes. ¶Et combien est
dieu plus puissant de faire les choses q les
mescreans ne veulent croire/mais elles
sont faictes legierement par sa puissance
quāt luy mesmes fist la vertu des pierres
et des autres choses/et les engins des hō
mes qui vsent de celle force par maniere
merueilleuse/et par sa merueilleuse ver
tu qui vaint toutes merueilles. Aussi les
natures des angles plus puissās que tou
tes choses terriennes qui viuēt. et en vsāt
de toutes choses aussi merueilleusement
cōme il les crea par sa sapience de ouurer
de commander et de delaisser.

¶ Exposicion sur ce chapitre.

En ce di. chap. monseignr saint augu
stin ipugne la respōce q on pourroit

donner aces argumens et naturelz expe
rimens. car sicõe il dit il pourroit respon
dre que les prophetes de ces natures alle
guees aux chapitres precedens ne seront
pas vrapes. Et arguent au contraire ai
ssi en disant que se telles choses sont a croi
re / on doit croire ce qest escript aux liures
de la lumiere qui nestait pas / laquelle es
toit ou teple de Venus. A quoy mõseignr
saint augustin respõd et dit que on ne doit
pas croire a toutes les escriptures des pap
ens / pour ce que celles mesmes sont con
traires a la saincte escripture ausquelles
nous ne doubtons point quil fault adiou
ster foy. (Apres monseigneur saint au
gustin monstre cõment ceste chose fut fai
cte. ce fut fait par art mecanique que celle
pierre y fut mise albeston / ou part de dya
ble. Et met exemple de lydole de fer qui es
toit en vng teple laquelle se tenoit en lair
par la proporcion daymans qui y estoient
lesquelz on ne pouoit veoir bonnement.
Et a ce propos ameine les parolles dune
sorciere ou enchanteresse / et allegue les
vers de virgille lesquelz sont ou .iiii. liure
de eneydos de silere ou ydole de fer / on dit q̃
les sarrasins en firent vng pareil a meca
a mahommet. Et quant est des vers vir
gille nous les auons mis ailleurs en ce
ste derreniere partie et exposez / et pour ce
nous nous en passons. Celle enchante
resse de quoy il parle, fut vne des sebiles q̃
se vantoit de deliurer a sa voulente les hõ
mes quelle vouldroit de toute cure et entẽ
te / et donner aux autres grans cures et
grans ententes darrester les eaues contre
leur cours naturel / de faire retourner les
estoilles / dappeler les dieux des mors
pour ce qlz seulet appoir de nupt / q quãt
ilz monteront denfer la terre fera grant
son aussi comme elle mugissoit / q que les
chesnes descendront aval des mõtaignes
Et ce suffise pour lexposicion de ce chapi
tre.

Il demonstre que aux choses merueil
leuses la souueraine rayson dy croire est
la toute puissance du createur ꞏ vii.

Pourquoy doncques ne peut fai
re dieu et que les corps des mors
ressuscitent / et que les corps des
dãnez soient tourmentez en feu par dura
ble / qui fist le monde plain de merueilles
sans nombre ou ciel en terre en lair et aux
eaues. cõbien que sans doubte icelluy mõ
de soit le plus grant et plus excellent mira
cle de tous les miracles dont il est plain.
Mais ceulx auecques lesquelz il admi
nistre le monde/ et ne reuient pas / mais q̃
plus est afferment que aucunes mondai
nes puissances ou vertus soient par les
quelz sõt fais les miracles/ ou de leur gre
ou par commandement fait par sacrifice
ou cerimonie aucune / ou par art magicq
quant nous proposons la vertu merueil
le des autres choses lesquelles ne sõt pas
bestes raysonnables / ne ne sont aussi espe
ris anoblis daucune rayson. sicomme sõt
les choses dont nous auons fait mencion
daucunes / ilz seulent respondre que icel
le vertu leur est ou leur vient de nature /
leur nature est telle / telz effectz sõt ou vie
nent de leurs propres natures. Toute la
rayson doncques pourquoy le feu face se
sel de celle cite agrigence fondre / a leaue se
face triper ou clicquer / est pource q̃ cest sa
ture. Mais ce semble mieulx estre contre
nature / laquelle a dõne a leaue / nonpas
au feu de fondre le sel / q a donne au feu de
bruler le sel nõ pas a leaue. Mais ilz diet
que la vertu du sel en especial sup est natu
relle quil ait contraire cõdicion que autre
sel na. Ceste rayson doncques peut estre
semblablement rendue de lautre fontai
ne qui est froide au toucher / q estaint vng
brandon de feu alume aussi comme les au
tres fontaines / et touteffois dissembla
blement et merueilleusement icelle mes
mes alume le brandon estaint. Ceste
mesmes rayson peut pareillement estre
rēdue de la pierre q̃ nous appelõs albesto

laquelle cōbiē quelle nait aucune ꝓprieté auecques le feu felle est alumee de feu qui est aussi comme son contraire/ elle ne peut estre esteinte. Ceste rayson peut estre rendue aussi des autres choses ql me desplaist arameīnier/ lesquelles combien quil semble quilz apent aucune vertu desacoustumee contre nature. ¶ Toutesfois nen peut on rēdre autre rayson, fors que on dye que cest leur nature. Je confesse tropbien q̄ cest la briefue rayson et suffisāte rayson a telz choses. Mais comme dieu soit faiseur ou createur de toutes natures. ¶ Pourquoy veulent ilz que nous rendons plusfortē rayson quāt nous leur disōs aucune chose laquelle ilz ne veulent croire/ aussi cōme selle estoit impossible, et nous respondons en rendāt la rayson, pourquoy quāt il la nous demandoit que cest par la voulente de dieu le tout puissant qui certainement nest poit appelé tout puissant pour autre chose, fors pour ce que ce quil veult il peut. lequel a peu creer tāt de choses que selles nestoient au iourdhuy dēmōstrees et tesmoingnees par tesmoings creables pour certain elles seroient reputees ipossibles/ non pas seulement celles qui ne sōt pas venues a nostre congnoissance, ainçois aussi bien celles que iay dit cy dessus estre trescongneues. Car cest chose licite a chascun sans estre iustement repris de nō croire les choses qui nōt autre tesmoignage destre vrayes/ fors que les liures que nous en lisons et lesquelz sont escrips de ceulx qui nont pas eu la doctrine diuine et qui peuent auoir este deceus humainement. Car ie mesmes ne vueil pas estre creu folement de toutes les choses que iay mises cy dessus/ car mesmes ne le croy pas si fermement q̄ ie nen aye aucune chose doubté en ma pensee/ excepte celles que ie mesmes ay esprouue, et ce qui est legier a esprouuer de chascune. sicōme de la chaulx qui boult en leaue et refroidist en suife. de la pierre de aymāt qui par ie ne scay quel attraiement rauist le fer/ et ne meut vng festu. ¶ De la chair du paon qui ne pourrist pas/ et se pourrist la chair de platon. De la paille qui est si froide quelle ne lais se point fondre la neige quelle coeuure, et si est si chaude quelle constraint les pommes a meurir. Du feu luysant qui fait la pierre deuenir blance en la cuisant, et par contraire enoscursist plusieurs choses en les bruslant. Cest aussi chose semblable de ce que suise qui est luysāt fait taches noires. Et aussi dargent tresblanc sont faictes lignes noires. Des charbōs aussi les quelz quant ilz sont alumez se muent au cōtraire en telle maniere que de tresbelles buches sōt fais charbons noires, de dures buches soient fais charbons foibles, ꝗ de buches pourrissables charbons qui ne peuent pourrir. Je mesmes scay aucunes des choses dessus dictes auecques plusieurs q̄ le scaiuent aussi/ et scay aucunes auecq̄s tous entre plusieurs choses lesquelles lō gue chose a este a mettre en ce liure. Mais ie nay peu trouuer aucuns tesmoings cōuenables desquelz iaye oup dire se les choses vrayes que iay mis cy dessus/ nō pas que iaye eue experience/ mais say seu, excepte de la fontaine en laquelle les brādōs ardans sont esteins, et les estains sont alumez. Et des pommes de la terre de sodomme qui sōt aussi comme meures par dehors/ et par dedens plaines de fumees Et vrayment ie nay pas trouue aucū qui se dye auoir veu en epire ladicte fontaine Mais en ay bien trouue aucuns q̄ disoiēt quilz en sauoiēt bien vne semblable en ga le assez pres de la cite de grenoble. Quāt est des arbres de la cite des sodomites. les escriptures dignes de foy ne le demōstrēt pas seulemēt. mais qui plus est en parlēt tant expres que par mp ce ie ne le puis nyer Des autres choses ay ie telle oppinion ne quelles soiēt a nyer ne quelles soient a af fermer/ mais pour ce les ay ie aussi mis icy pour ce que ie say seu aux liures des hi stoires/ contre lesquelz nous procedons/ affin que ie monstrasse commēt ilz croiēt maintes choses et maintes hystoires sans en rendre nullement aucune bonne rayson aux liures que leurs clers lettrez ont escrips/lesquelz ne nous daignent croire p ceste rayson mesmes quant nous leur disons que dieu le tout puissant face ce q̃ surmonte leur experience et leur entendemẽt Car quelle rayson meilleure et pluspuissante peut estre rendue de telles choses que de dire que dieu le tout puissãt les peut faire/ et a a faire les choses quil a denoncees pardeuant en escripture en laquelle il a denonce a faire plusieurs choses que on peut demõstrer quil a faictes. Quelz merueilles/ car pour ce quil a promis a faire il fera les choses que on cuide estre impossible Leql a promis a faire et a fait q̃ les paỹes mescreans creussẽt les choses qui nestoiẽt pas creables:

⁋ Exposicion sur ce chapitre.

En ce viii. chapitre monseignr saĩt augustin conclud et demõstre cõment puis que on confesse que nostreseignr est createur de toutes natures/il peut faire q̃ les corps des mors resuscitent et que les corps des dãnez soient tourmentez durablement. Et met deux choses. ⁋ La premiere est que quant on voit aucunes choses que on na pas acoustume a veoir/on ny scait rendre autre rayson/fors que on dit que cest leur nature. Et adioict sa mõseignr saint augustin/et dit que ceste rayson est briefue et suffisante. Et de ce on prẽt vng tel enseignement que quant on demã de pourquoy vng tel effect est de telle cause on ny peut rẽdre autre rayson/fors que cest sa nature. Aussi comme se on demande pourquoy blanceur separe/ et non pas noirseur/il fault dire que cest sa nature. et pour ce cest la finable raysõ en toutes causes/sicomme dit franciscus de maronis/ ⁋ La seconde que quant on dit que aucune chose qui semble impossible est faicte se on demãde rayson de tel effect. On ne peut bailler pluspuissante rayson/fors que dire sa voulente de dieu la faicte qui a dõne nature a toutes choses qui a de sa puissance raysonnable de faire ce quil veult. Aps monseigneur saint augustin raconte auxquelles des choses/lesquelles il a racontees estre merueilleuses/il veult q̃ on adiouste foy/ et lesquelles il ne veult nyer ne affermer/pour ce quil en ya aucunes quil na pas esprouuees. mais les a leues aux liures/et par especial de sa fontaine depire/mais il dit quil a bien veu la fontaine de grenoble.

⁋ Que ce nest pas chose contre nature quant en aucune chose sa nature a este congneue aucune chose commence estre diuerse de ce qui estoit congneu. viii.

Et silz respondent quilz ne croyent pas ce que nous disons que les corps humains ardront tousiours et quilz ne mourront iamais. pour ce que nous sauons bien que humaine nature est dautre condicion/ car on ny peut rendre telle rayson comme on rendroit dicelles merueilles/a ce que on puisse dire ceste vertu qui est en corps humain est naturelle. ⁋ Ceste chose a telle nature/nous auons des sainctes escriptures dont nous leur pouons respondre/cestassauoir que chair humaine estoit dautre cõdiciõ auãt peche cestassauoir pouoir non mourir/ et fut dautre cõdiciõ aps peche/ sicõe il appt quelle est telle en la misere de ceste presente mortalite quelle ne peut tousiours viure. En telle maniere doncques sa chair sera apres la resurrection des mors dune autre condicion/de laquelle nous nauõs pas congnoissance. Mais pour ce que telz mescreans ne croient pas aux escriptures ausquelles on lit lequel estoit hõme quãt il viuoit en paradis/ et combien quil ait este loing de la necessite de mourir: Ausquelles escriptures silz creoient/nous ne procederions pas si ententiuement auecques eulx de la peine des dãnez qui est auenir. no' auõs aucũe chose a dire descriptures de ceulx qui furent tressages en leur secle. Pourquoy il appert que chascune chose est apres daultre condicion quelle napparoit estre deuant par le determinement de sa nature. ¶ Il est contenu aux liures de Varro dont le tiltre est tel, de la gent du peuple rommain, et ce qui est leu ie mettray cy par vnes mesmes parolles. Ou ciel dit il apparut vng merueilleux monstre contre commun cours de nature. Car vne estoille tresnoble appelee Venus, laqlle plautus appele Vesperugo et omerus hesperon castor dit quelle est tresbelle, apparut en si grant monstre contre le commun cours de nature, quelle mua couleur grandeur, figure et cours, laquelle chose nestoit oncques auenue deuant, ne depuis ne auift. Adrastos cizicenos et dponeapolites nobles mathematicques disoient que ce auint ou temps dung roy appele ogygo. ¶ Certainement Varro qui estoit si grant philozophe nappelast pas tel fait monstre sil ne luy eust semble quil fust auenu contre nature. Quelz merueilles, nous disons que tous monstres sont contre nature, mais non sont, car comment pourroit estre contre nature ce qui est fait par la voulente de dieu, comme la voulente de si grant createur ou faiseur soit la nature de toute chose faicte. ¶ Doncques est fait tel monstre non pas contre nature, mais contre seql nature est congneue. Et qui est celluy qui puist monstrer la multitude des monstres qui sont contenus en listore des payens. Mais orendroit entendons seulement en ceste chose. laquelle appartient a ce dont nous traictons. ¶ Quelle chose est si bien ordonnee du faiseur de la nature du ciel et de la terre, comme les tresordonnez corps des estoilles. Quelle autre chose est ordonnee ploix si fermes & non muables Et toutesfois quant il pleut a celluy qui gouuerne par souuerain empire et par sa puissance ceulx quil a fais. Lestoille qui est trescongneue en grandeur & en clarte par dessus les autres, mua sa grandeur, sa couleur et sa figure, et qui est plusgrant

merueille elle mua lordre et la loy de son cours. ¶ Pour certain il troubla les canons ou rigles des astronomies. De aucuns telz canons estoient lors, lesquelz iceulx astronomiens ont enescript comme determinans par certaine computacion sans erreur des mouuemens des estoilles passez et auenir. Lesquelz astronomiens en ensupuant directement sans fouruoier iceulx canons ou rigles oserent bien dire que ce qui auift de celle estoille lucifer, cest adire Venus nestoit oncqs auenu ne puis nauint. ¶ Mais certainement nous lisons aux escriptures diuines que le soleil mesmes sarresta sans mouuoir quant le saint homme iesu naue, cestadire iosue le reqst a dieu nostre seigneur, iusques a tant ql accōplist par victoire sa bataille quil auoit commencee. Et aussi lisons nous aus dictes escriptures que icelluy soleil retourna aftr quil apparust par tel miracle au roy ezechie que plus la promesse de dieu il viuroit ancores quinze ans. Mais telz miracles sont ottropez a estre fais par les merites des sains. Iceulx mescreans croient quilz soient fais par ars magicques. dont est ce que iay recorde cy dessus q Virgille dit que vne femme pouoit arrester les eaues des fleuues et faire retourner les estoilles ou ciel Car aussi lisons nous aux sainctes escriptures que vng fleuue sarresta par dessus, et courut par dessoubz quāt le peuple de dieu que le dessusdit iesu naue menoit, print la voye a passer oultre. ¶ Et semblablement aussi ce auint quant helyas le prophete passa le fleuue, et helisee son disciple passa apres. Mais de ce que Varro escript de celle estoille lucifer, cestadire Venus, il ne dit pas que ce fust fait ou ottrope a la requeste daucun homme. ¶ Or ne facent pas doncques les mescreans obscurte de la congnoissāce des natures, aussi comme se en aucune chose ne puisse estre fait de dieu autre chose quilz nont congneu par leur humaine experiēce estre en la nature dicelle chose, iassoit ce que icelles choses mesmes q sont cōgneues de toutes en

la nature des choses ne soient pas moins merueilleuses/et seroient a esmerueilliez a tous ceulx qui les considereroient se les hommes auoient acoustume a merueiller autres choses merueilleuses que celles qui a tart auiennent. ¶ Car qui est celluy bien conseille de rayson qui ne voye en tel nōbre de hommes qͥ ne peut estre nombre/et en si grāt multitude deulx tresmerueilleusement chascun homme auoir singulierement face singuliere en telle maniere q̄ silz nestoiēt semblables entre eulx leurs especes ne differeroient poit des autres bestes. ¶ Et de rechief silz nestoient dessēblables entre eulx/il ny auroit pas de difference de lun a lautre entre eulx.
Nous trouuons dōcques dessemblables ceulx que nous confessons estre sēblables mais la consideracion de leur similitude est plus merueilleuse/car il sembleroit p rayson que leur nature qui est commune requerroit plusiustement auoir similitude. Et neantmoins pour ce que les choses qui a tart auiennent sont a merueiller/ nous nous merueillons trop plus quant nous trouuōs deux hōes si sēblables que nous faillons ou tousiours ou plussouuent congnoistre lun de lautre. Mais cōbien que ce Varro hystoriē a le tressage entre ces mescreans/par auenture quilz ne croiēt pas q̄ ce q iay dit q Varro escript dicelle estoille soit vray/ ou pour ce que cel cours dicelle estoille ne dura pas longuemēt/mais retourna a son cours acoustume/ilz sont moins esmeuz de ceste exēple
¶ Or est doncques vng autre exemple q̄ leur puisse estre mōstree,et ie cuide qͥl leur deuera souffire/par seq̄l ilz soient amonnestez ou esmeuz que quant ilz auiserōt aucune chose en lordonnance de nature, a auront fait quilz la cōgnoissent pfaictemēt. Ilz ne doiuent pas pour ce forcloz re dieu/ aussi cōe sil ne sa peust tourner et muer trop loing en autre quilz ne sa congnoissent. Certes la terre de sodome ne fut pas telle aucunesfois cōe elle est/ ais estoit de semblable face aux autres/a tou

te vne. ou par auenture elle estoit plusplētureuse que les autres, car elle estoit comparee par diuines escriptures au paradis de dieu Mais sicōe lhistoire dicelles escriptures tesmoigne depuis quelle fut ferue du ciel, ceulx qui vōt en icelle orendroit voiēt et quelle est monstrueuse aussi cōe couuerte de suye de cheminee et horrible/ et q̄ aux pōmes qui croissent soubz leur escorche q̄ semble faulsement auoir meurete par dehors sont encloses flammesches p̱ dedēs Veez cy q̄lle nestoit pas telle et elle est telle. Veez cy que du faiseur des natures sa nature est muee par mutacion merueilleuse en ceste tresorde diuersite/ et que ce q̄ est auenu apres si lōg tēps, perseuere par si long tēps. ¶ Ce ne fut pas ipossible a dieu destablir telles natures cōe il voulut/ aussi ne luy est il pas ipossible de muer les natures quil a ordōnees en telle autre chose cōe il veult. Dont il est q̄ la multitude de telz miracles croist comme sa les arbres dun bois, lesquelz miracles sōt appelez monstres ostentes, portentes, prodiges /lesquelles se ie voulove recorder a tamēt ϊ a memore quelle sera sa fin de ce liure. ¶ Pour certain ilz tesmoignent q̄ monstres sont dis de ce quilz demonstrēt aucune chose en signifiance et ostētes aussi ou portentes de demonstrer p̱ deuant et prodiges de ce quilz dient les choses auenir. Mais prennēt garde leurs cōiecteurs de ces choses silz attaignent aucunesfois verite par icelles ou par estre deceuz ou par pieschant verite par ladmonnestement des esperis qui ont grant cure de impliquer aux cors de mauuaise curiosite les ames des hōmes dignes de celle peine Ou aussi silz attaingnent aucune verite en disant moult de choses. Touteffois telz signes qui sont fais aussi cōme cōtre nature/et que on dit estre fais contre natnre/par laquelle maniere de hōmes parle lapostre saint pol quant il dit que soliuier sauuage ente contre nature ou frāc oliuier participe largesse dicelluy et sont appelez mōstres ostentes protentes pdiges/nous doient demonstrer ou adnoncer et deuant dire que ce que dieu fera ses choses quil a deuant denoncees a estre faictes p luy des corps des hômes sans estre empesche par aucune difficulte/ ou p estre forcos de la loy de nature. Et cuide que ou liure precedent iay assez enseigne côe dieu a deuât denonce ses choses quil auoit intêcion de faire en ptrapant des escriptures sainctes tât du viel testamêt comme du nouueau. nô pas toutes les choses qui y apptiennent/ mais celles seulement que selon mon iugement doiuent souffire a ceste oeuure.

¶ Exposicion sur ce chapitre

En ce viii. chapitre monseigneur saict augustin fait mencion de lestoille de venus qui mua sa couleur sa grandeur sa figure et son cours/ laquelle est appelee diuersement et par diuers nôs/ car elle est aucunessois appelee estoille du matî/ aucunessois estoille du vespre/ cestadire hesperus/ et vesperus a cinq noms a proprement parler qui sôt contenus en ces vers: v. Lucifer aurora venus hesper vesperus idem. Et pour ce dit monseigneur saict augustin q̃ plautus appele celle estoille vesperuge/ et omerus lappele hesperô la tres belle. Et dit monseign̄r saict augustin que ceste mutacion apparut ou têps de ogyg̃o q̃ fonda la cite rusine/ et en estoit roy/ sicôme dit orose ou pmier liure de son ormeste ou ix. chapitre en la fin/ et fut le secôd deluge particulier. car il y en eut depuis ung autre ou têps deucalio/ leql fut en thesale dont les plusieurs se sauuerêt en vne môtaigne laquelle estoit appelee puasus ou regnoit deucalion et pirra/ desqlz les poetes faingnent la fable. ¶ Apres monseigneur saint augustin dit q̃ nous disôs q̃ tous portens sont contre nature/ mais il nest pas ainsi/ car sicôe il dit portent nest pas côtre nature/ mais contre nature laqlle nest pas congneue/ et baille exemple de celle estoille venus de laquelle est fait

cte mencion en ce chapitre. Et de ce on prêt ii. notables: Lun que les miracles q̃ dieu fait ne sont pas contre nature/ mais par dessus nature et selon nature occulte. Et se on fait instance en demandant q̃ lexemple de ceste estoille/ dont monseignr saict augustin fait mencion fait a son propos/ On peut respondre que leffect de celle estoille fut occult quant a nous/ iassoit ce q̃ p auenture il ne fust pas contre celle estoille. ¶ Le second q̃ tout aussi comme ce ne fut pas chose impossible a dieu muer la nature des choses quil a acoustumees en ce q̃ luy plaist. Par quoy il appert q̃ dieu peut vne chascune chose muer en q̃lq̃ autre chose. sicôe vne chose corporelle en vne spirituelle. e contra. Car p celle mesmes rayson q̃l peut faire et instituer/ il la peut muer. Et ce fait contre ceulx q̃ dient que dieu ne peut conuertir vne chose corruptible et non corruptible.

¶ Denfer et de la qualite des peines pardurables. ix.

Tout ce doncques que dieu a dit p son prophete estre fait du tourment pardurable des dânez sera fait entierement: Cestassauoir q̃ leur ver ne mourra point. et leur feu ne sera point destaint. Car a sa confirmacion de ce que iay dit/ nostreseignr iesucrist mesmes côe il mist en leuangille les mêbres qui sôt esclandeur a homme ou lieu des hômes. lesquelz chascune ame côe ses deux tres mêbres/ les commandast a estre trenchez et separez. Il dit apres ces paroles. ¶ Il te vault mieulx dist il entrer foible en la vie pdurable que en ayant deux mains aler ou feu denfer/ ou q̃ le ver de ceulx ne meurt point/ et le feu ny estaint point. ¶ Aussi dist il semblablement du pie. Il te vault mieulx dist il entrer boiteux en la vie pdurable/ que en ayant deux piez estre mis ou feu denfer qui ne peut estaidre/ ou le ver

BB.ii.

ne mourra poit & ou le feu nestaindra poit Il ne le dit pas autrement de loeuil. Il te vault mieulx dist il entrer borgne ou royaume de dieu que en apant.ii. peulx estre mis ou feu defer ou le ver ne mourra pas et ou le feu nestaidra pas.) Il ne despleut point a iesucrist de dire trois fois une mesmes chose. Et qui ne sespouenteroit de ceste repeticion/et de la menace si grande de telle peine dicte par la bouche de dieu. Mais ceulx que ces deux/cestassauoir le feu et le ver de conscience apptiennent mieulx aux peines des ames que du corps. Dient aussi ceulx q sont separez du royaume de dieu ardent p la douleur de lame qui a tard et sans proufsit se repetet: ¶ Et pour ce ilz estriuent en disat que icelluy feu peut estre mis conuenablement pour icelle douleur dont cest comme dit lapostre quant il dit. ¶ Qui est dit il blece ou a offence/et ie ne suys are. Car ilz cuidét que p icelluy ver doye estre entendu: icelle douleur/car ilz dient quil est escript/aussi comme le ver ronge le vestement et le fust/aussi tourmente le pleur ou douleur le cueur de lhome. ¶ Mais ceulx qui tiennent fermemet que en icelluy tourmet lame et le corps endurerot peines/ilz afferment et q le corps arde et que lame soit rongee aucunement du ver de pleur et de tristresse. ¶ Et se ceste oppinió est plus a croire/pour ce que grát erreur seroit de dire que lame et le corps ne souffrissent point de douleur en enfer. Je cuide touteffois q ie doye plus legierement quant ie dy que lune et lautre douleur/cest assauoir du ver & du feu apptiet au corps q se ie disoie ne q lun ne que lautre ne luy appartenist. Et cuide que suppose q aux dictes paroles de la saincte escripture ne soit faicte mécion de la douleur de lame q elle y est entendue par consequent/ia soit ce quil ny soit pas exprime q le corps a telle douleur que aussi lame en soy repentát plus en soit tourmentee. ¶ Car on lit aux anciennes escriptures/feu et ver sont la vengance de la chair du mauuais. Pour quoy dócq dit il de la chair du mauuais fois que pour ce q lun et lautre. Cestassauoir le feu et le ver sera la peine a la chair ou sil veult dire la vengance de la chair/ pour ce que ce sera vége en homme q aura vescu selon la chair, car pour ce vendra il a sa seconde mort/de laquelle lapostre dona signifiance quant il dist. ¶ Se vous viuez selon la chair/eslise chascun ce qui luy plaira/ou quil attribue le feu au corps ou le ver a lame, dont lun est dit proprement et lautre en figure, ou quil attribue lun et lautre au corps proprement/car iay ia assez dispute cy dessus que aucunes bestes peuent viure en feu et douleur sás mourir p le miracle du tout trespuissant createur & qui tempe que ce ne luy soit possible/il ne soit dont vient tout ce dont il sesmerueille aux natures/car il est le dieu qui a fait tous les miracles grás et petis dót nous auons fait mencion, et a enclos ces mesmes choses en ce monde signifier & du tout p grant miracle. ¶ Eslise doncques ung chascun celluy qui plaira de deux. Cestassauoir sil cuide q le ver apptienne proprement au corps/ou sil appartient a lame/ en transportant la mort des choses corporelles aux incorporelles/ Mais lequel de ces deux soit vray/sera demonstre plus clerement de fait quant la science des sais sera si grande que experience ne leur sera point necessaire pour cognoistre icelles peines. mais souffira celle seule sapience qlz auront plaine et parfaicte pour ce sauoir. Car en ce monde nous sauons en partie iusques a tant que ce qui est parfait vienne en telle maniere touteffois q nous ne croions par quelle maniere que iceulx corps ne soient point fors tourmentez par aucunes douleurs dicelluy feu.

¶ Expposicion sur ce chapitre.

En ce ix. chapitre monseigneur saint augustin dit que ce qui a este dit par le prophete des tourmens perpetuelz des dānez ne deffauldra pas. Cestassauoir q̃ leur ver ne mourra point / et que leur feu ne destaindra point. Et dit que iassoit ce q̃ aucun attribue tout a la peine de lame / q̃ toutesfois il tiẽt que lun et lautre appartient a la peine du corps: Et met exemple q̃ tout ainsi comme les vers mẽguent la robe et le fust / tout aussi tritresse et douleur tourmente le cueur ❡ Mais on pourroit faire vne doubte et demander, cestassauoir comme ce ver pourra estre immortel / cõme apres le iugement ne seront aucunes bestes immortelles. A quoy on peut respondre et dire que ce ver peut estre prins pour aucune peine du corps sans le feu / laquelle peine est occulte quant a nous / aussi cõme vne pourriture de telz vers pour tout menter le scir. aussi comme le feu tourmẽte la chair / ou que par auenture seront mises en enfer aucunes bestes raysonnables lesquelles seront immortelles / ou on peut dire selon aucun que ce ver est proprement a dire le remors de cõsciẽce / car tousiours vendront les pechez au deuant. De ces pines denfer parle innocent en son liure q̃l fist de miseria condicionis humane ou chapitre final en la fin / lequel en les recittãt dit ainsi. Le filz de dieu dit il enuoira ses angles et ostera tous les escauldes de son regne et aussi tous les felons / et les lieront sicõe dit lescripture en faisseanslj a ardoir et les mettrõt en sa cheminee du feu ardãt Illec aura pleurs et gemissemens / et cris et braisꝫ et hullement et villain tourment et estraingnement de dens / clameurs tresbleurs / labeur / douleur / ardeur / obscurte paour / angoisse aigrete / aspresse / chetiuete / souffrette / destresse / tristresse / oubliance / cõfusion / torsion / pōction / amertume / paour / fain / soif / chault / et froidures / souffre et feu qui tout temps ardra. Que souffreront les dolens pecheurs q̃ en ce siecle deuãt la mort ne seront de leurs pechez confes et vrays repentans.

❡ Assauoir se le feu denfer est corporel. se il peut ardre les mauuais esperis / cestadire les dyables incorporelz p son atouchement. p

J vient au deuant vne telle question / cestassauoir commẽt peut estre la peine des mauuais espis en icelluy feu. il nest incorporel aussi cõme est la douleur de lame / mais corporel et nuysible a toucher / si que les corps y puissent estre tourmentez. Car vng mesmes feu sera attribue pour le tourment des hõmes et des dyables / sicomme iesucrist le dit en leuangille q̃ dit ainsi. Vous maudis dit il departez vous de moy ou feu pardurable qui est appareille au dyable et a ses angles / se ce nestoit pour ce que les dyables ont aucunes corps / sicomme aucũs sages hommes ont cuide deusp que leurs corps de cest air gras et moistes / dont on voit et apperçoit la force ou ipulsion quãt le vent vente / lequel esmẽt dair nardroit point quant il est chault aux baīgs. si il ne pouoit souffrir lardeur du feu. Car a ce q̃l puisse brusler autre chose luy mesmes / aincois brusle et fait quil seuffre / cestadire quil fait arsure quant il seuffre arsure. ❡ Mais se aucũ afferme que les dyables nayent nulz corps / il ne se fault point traueiller en ceste matiere par entẽtiue inq̃sicion ne estriuer par contencieuse disputacion. Car se les esperis des hommes qui pour certain sont incorporelz peuent oiendroit auoir este enclos en mẽbres et corps aussi pourront fois estre lopez sans desloper aux lieux de leurs corps Pourquoy ne dirons nous aussi q̃ les esperis incorporelz puissent estre tourmentez de la peine du feu corporel / combien que ce soit p merueilleuse maniere q̃ toutesfois est vraye. ❡ Doncques les esperis des dyables ou qui mieulx est les esperis dyables / iassoit ce quilz soient incorporelz / saherdent ou seront adioincts aux feux corporelz pour estre tourmentez / combien quilz nayent nulz corps / non pas que ces feux auxq̃lz

BB. iii.

ilz faherdront ou ioindront aient vie par celle ioincture/ẽ deuiennẽt bestes qui soiẽt composees desperit et de corps. Mais si cõme iap dit en aherdant p̱ manieres de mer ueilles et que on ne pourroit dire /ilz rece ueront peine du feu/et ne donnent pas vie au feu. Car ainsi lautre par laq̃lle les es peris saherdent aux corps et sont fais bes tes/ẽt du tout merueilleuse/ne ne peut estre cõprise de hõme. Et touteffois icelle chose conioincte est hõme. Pour certain ie diroye que les esperis q̃ nont point de corps ardront en telle maniere cõe le riche ardoit en enfer quãt il disoit. Je suys tourmente en ceste flãme. Se ie deuoie quon me peust respondre conuenablemẽt q̃ celle flamme estoit autelle cõe estoient ses peulx quil es leua ẽ dit le sadre. et cõe estoit la sãgue sur laq̃lle il reqist que on respandist ung pou deaue/et cõe estoit le dop̱ du sadre duq̃l il requist que icelle goutte deaue luy fust es panduc/et neantmoins sa estoient les ar mes sans corps. Aussi estoit doncq̃s telle icelle par laq̃lle le riche ardoit et la gout te deaue quil demanda cõe sont les visiõs de ceulx qui dorment ou de ceulx qui songẽt cõe rauis enesperit les choses ĩcorporelles cõbien q̃lles ayent semblance destre corp̱ relles. Car sẽblablemẽt hõme cõme il di soit en telles visions enesperit et non en corps/neantmoins seroit il fois si semblable a son corps quil ne peut mettre differẽ ce. Mais celle peine denfer qui est aussi apelee le estãc de feu et de souffre/sera feu cor porel/et tourmentera les corps des dãnez et des hõmes et des dyables. Mais ce se rõt les corps fermes des hommes fermes et les corps dair des dyables/ou a icelluy feu tourmentera seulement les corps des hommes auecq̃s leurs esperis et les dya bles esperis sans corps/et saherdroit aux feux corporelz en prenãt peine/non pas en donnant a eulx vie. Car vrayment ung mesmes feu sera aux ungs ẽ aux autres sicomme verite se dit.

¶Assauoir se rayson de iustice soit telle

q̃ les tẽps des peines ne doiẽt pas plus du rer que les tẽps des pechez ont dure. pi.

Semblablemẽt aucuns de ceulx contre lesquelz nous deffendõs la cite de dieu cuidẽt que ce ne soit pas iustice q̃ chascun soit condẽne a peine p̱durable pour quelq̃ peche tãt soiẽt grãs qui sont perpetrez en pou de temps/aussi cõe se la iustice daucune loy qui ait oncq̃s este/tẽde a ce q̃ chascun soit puny par aus si grant espace de tẽps cõme est lespace du tẽps ouq̃l il a cõmis chose dõt il soit a pu nir. Tulles escript q̃ aux loyx sont viii. manieres de peines ces tassauoir domma ge/lopẽs/batteures/talion/ĩfamie/ex̃il mort et seruitude. laq̃lle est ce desdictes pei nes qui pour lisnesete ou legierete de q̃sq̃ peche/soit si abstrainte en brief temps q̃lle puisse en aussi petite demeure de temps cõ me le peche est cõmis/se ce nest par auen ture la peine de talion. Car par ceste peine chascun seuffre ce quil a fait/dõt ceste pei ne est selon la loy qui dit oeiul pour oeiul dent pour dent/. Car il peut estre fait que p̱ rigueur de vengãce chascun perde soeiul en aussi brief tẽps cõe il a ostea autre par mauuaistie de peche. Mais touteffois se il est de rayson que celluy qui baise fẽme es trãge soit puny par bature/nest il pas ba tu p̱ plus longue espace de tẽps sãs compa rayso̧ quil na fait a baiser en ung momẽt de tẽps et la doulceur du brief delict quil a eue/est punye par longue douleur. Et ques il des loyens/nest pas chascun a iu ger quil y doit estre loye aussi longuemẽt cõe il y a mis a faire ce dont il a deseruy a y estre loye cõe le serf tresiustemẽt seuffre les peines estre aux ceps ou aux fers par plusieurs ans qui p̱ parolle ou p̱ coup tres isnelement passant a playe son seigneur: Mais quant dommage infamie exil ser uitude sont ordonnez pour punicion en tel le maniere quil ne soit point relasche p̱ au cun p̱don/ne sẽblent eulx pas pour tant comme la cõdicion de ceste presente vie ses tend estre sẽblable aux peines p̱durables:

Car pour certain il ne peut pas estre pardurable, pour ce que celle vie qui leur est ordonnee pour les punir ne seste̅s pas en pardurables. Et touteffois les pechez q̅ sont vengez par peines de treslong temps sont perpetrez en tresbriefz temps/ne oncques ne fut homme qui iugast q̅ les tourmés des nupsås ou des mauuais deussét aussi tost finer cõe est tost fait homicide ou adultere ou sacrilege ou qͥlconq̅s autre peche qui nest pas a mesurer par lõgueur de temps/mais par la grandeur de la mauuaistie et iniquite de sa felõnie. Mais quãt aucun est puny par mort ou p̅ aucun grãt crime, cuidẽt les loip que lespace du tẽps ouquel il est occy q̅ est moult briefue / soit son tourment, et non pas ce quelle loste p̅ durablement de la cõpagnie de ceulp q̅ viuent. ¶ Et semblablemẽt que ce qui est en ceste cite mortelle d̃ oster hors les hõmes p̅ le tourment de la premiere mort/ cest en la cite immortelle/ oster dicelle les hõmes par le tourment de la mort secõde. ¶ Car aussi cõme les loip de ceste cite ne sõt poit que cellup qui p̅ est occy p̅ soit rappele/ aussi ne font point les loip de la cite imortelle, que cellup qui est condẽne a la seconde mort soit rappele a la vie pardurable.

¶ Comment doncq̅s dient ilz estre vray ce q̅ iesus dist quant il dit. On vous remesurera en telle mesure cõe vous aurez mesure/ se vng peche temporel est puny de ce tourment perpetuel/ ne ilz ne considerent pas q̅ iesucrist dist estre vne mesmes mesure/ non pas pour lequalite de lespace du tẽps/mais pour le grant guerdon de mal. Cestadire que qui fait mal quil seuffre mal/ iaffoit ce que puisse estre entendu proprement en la chose dont nostreseignr̅ p̅loit/ cest assauoir des iugemens ⁊ des condãnacions. Et par ce se cellup qui iuge et q̅ dãne a tort est iuge et condẽne a droit/ il recoit en celle mesure mesure q̅ l a mesure. Combien que ce quil recoit ne soit pas ce q̅ il a donne/ car il la fait par iugement/ et par iugement est puny/ combien quil ait fait en condẽnant ce qui est inique/ et quil seuffre par condẽnacion ce qui est de iustice.

¶ De la grandeur de la preuaticacion premiere par laq̅lle peine pardurable est deue a tous ceulp qui seroient hors de la grace de nostreseigneur. vii.

Ais la peine pardurable semble estre dure ⁊ non droitturiere aup entendemens humains, pour ce que le sentement de celle treshaulte et trespure sapience nest point en ceste enfermete des sens mortelz par lesquelz ilz puissent apperceuoir combien grande felonnie fut commise en la premiere transgression, car de tant comme homme v̅ soit plus de dieu de tant laisse il dieu plus par plus grãt felonnie. Et fut fait cellup digne de mal p̅ durable q̅ destruit en soy le bie̅ q̅ lup pouoit estre p̅ durable. De ce est dãnee toute sa succession du humain lignage, pour ce que sõme qui commist premier ce peche est puny auecques la lignee qui estoit en lup entrachinee. En tant que nul ne pouoit estre desliure dicelle iuste et deue peine/ se ce nest p̅ misericorde et grace non deue. Et que su̅ main lignage soit departi/ en telle maniere que en aucuns soit demonstree. Cõbie̅ vault la grace et misericorde de dieu/ Et aup autres soit demõstree. Cõbien vault sa iuste vengance. Car lun et lautre ne se pourroit demonstrer en tous/ pour ce que se tous demouroient aup peines de iuste dãnacion/ grace ⁊ misericorde napperroit en aucun. Et au contraire se tous estoient transportez de tenebres en lumiere, la rigueur de vengance napperroit en aucun/ en laquelle rigueur de vengance il y en ya trop plus que en sa lumiere, affin que par ceste maniere il soit demonstre de dieu ce q̅ estoit deu a tous. laquelle chose sil rẽdoit a tous/ nul ne pourroit reprendre iustement sa iustice. De lup en faisant ceste vengance. Mais pour ce que plusieurs sont desliurez de celle vengance/ il y a bien de quoy

on doye rendre tresgrãs graces du don gra
cieuy et liberal dicelluy qui les en a deli-
urez.

⸿ Contre loppinion de ceulx qui cuident
que les estans en peche mortel seuffrent
paine apres la mort pour cause de leur pur
gacion. viii.

Pour certain les platoniciens cõ
bien quilz veulẽt que nulz ne de
meurent impunis cuident ilz ne
antmoins que tõutes peines ordonnees /
ou par humaines ou p̃ diuines loix puis
sent estre ramenees a mandement soit en
ceste vie ou apres la mort. ou saucun est es
pargne en ceste vie. ou sil est si puny apres
la mort quil ne soit pdit corrige en ceste vie
De ce est celle sentence de virgille en laql-
le depuis quil eut dit des mẽbres terries:
et mortelz que les ames se doubtent / cou-
uoittent esiouissent et craingnent / et ne el
les qui sont encloses en tenebres / et en char
tre tenebreuse ne voyent pas lair. Il dit en
poursupuãt ceste matiere / et adiousta tel
les parolles. Auecques ce dist il quant la
vie les a laissez ou derrenier iour / toutes
fois aux maulx et toutes pestilences cor-
porelles ne se deptent pas du tout diceulx
maleureux / et est de necessite q̃lles acou-
stument a souffrir longuement mains
maulx edurcis par manieres merueilleu
ses elles se epcercent dit doncques a endu
rer peines / et payent leurs tourmens de
leurs maulx anciens. les vnes sont pen-
dues en appert au vent. Le peche commis
par les autres est puny par les autres en
vng grant estanc ou goit estendu ou il est
ars en feu. Ceulx qui sont de ceste oppini-
on tiennent que apres la mort aucunes pri
nes ne sont fors que purgatores En telle
maniere que pour ce que leaue lair ⁊ le feu
sont elemens plus haulz que la terre / tout
le peche qui a este commis par ordure ter

rienne soit nettoye par peines purgatores
daucuns de ces elemens. Car lair est en-
tendu par ce quil dist que aucunes ames
sont pendues aux vens. Leaue est enten-
due par ce quil dit soubz vng grãt goit ou
estange. Mais se feu est epprime par son
nom / quant il dit ou il est ars en feu. Et
veritablement nous mesmes aussi cõfes-
sons quil ya aucunes peines purgatores
en ceste vie mortelle par lesquelles ceulx q̃
ne sõt pas tourmentez / desquelz la vie ne
amende point / aincois en deuient pire /
mais elles sont purgatores a eulx qui se
reffraingnent et corrigent. ⸿ Toutes fois
les autres peines soient corporelles ou p̃
durables sont embatues selon ce que cha-
scun doit estre traicte par sa pourueance di
uine ou pour pechez soient passez ou p̃sẽs
ausquelz vit ancores celluy qui en est pu-
ny / ou pour epcercer et desclairer les ver-
tus par les hõmes / ⁊ par les angles soiẽt
bons ou mauuais. Car se aucun seuffre
aucun mal par sa mauuaistie ou tort que
autre luy fait / pour certain somme peche
qui fait a autre aucun mal ou par ignorã
ce ou a tort. Mais dieu ne peche pas qui se
laisse ou seuffre a faire par son iuste iuge-
ment / combien quil soit repost ou secret /
mais les vngs seuffrent peines corporel-
les en ceste vie tant seulement Les autres
apres la mort / et les autres en ceste vie /
et apres la mort Toutesfois cest deuant
ce rigoureux derrenier iugement. Mais
tous ceulx qui seuffrent peines temporel
les apres la mort / ne viennent pas aux p̃
durables qui sont auenir apres icelluy iu
gement. Car nous auõs ia dit cy dessus
que ce qui nest pardonne a aucuns en ce sie
cle leur est pardonne en lautre / cestadire
quilz ne soiẽt pas punys par peine pardu
rable ou siecle auenir. Mais il est trespou
de gens qui ne seuffrẽt aucunes peines en
ceste vie / mais tant seulement apres la
mort. Toutesfois nous mesmes auons
congneu et ouy aucuns qui iusques a leur
constrainte vielllesse ne sentirent oncques
vne tresbriefue et treslegiere fieure / et si õt

mene vie saine et paisible.

¶ Expposicion sur ce chapitre.

En ce viii. chapitre monseigneur sait augustin met et veult prouuer que le purgatoire que mirent les platoniciens et virgille/nest pas conuenablement dit a ce que les ames des damnez ne viennēt ou feu et en la damnacion pourable. mais cest le purgatoire seul est le purgement ou purgacion de iesucrist qui fut fait par le baptesme ou par sa passion. Et met premierement comment les platoniciens confesserent q les pechez estoient purgez par peine/ou en ceste vie ou apres la mort. Et a ce propos ameine les vers de virgille/ lesquelz sōt en son vi. liure vers la fin desquelz ou de partie diceulx monseigneur saint augustin a parle ou v. chapitre du vii. liure. Et nous en auons parle sur lepposition dicelluy/car sicōme virgille mist en ces vers. par les choses que contraient les ames de ces corps mortelz pour ce quilz sont terriens/il fault qlles soiēt punies des autres trois elemēns. cest a sauoir de lair de leaue et du feu. Et est lentendemēt tel de ces vers et leffect diceulx que virgille veult dire q quant les hommes sōt mors et que lame est partie du corps/il dit que les ames ne sont pas pour ce deliurees de peines quelles ont constraites et assemblees en leur vie aueccqs le corps: Et pour ce il fault q ilz seuffrent peines. Et pour ce dit il q les vnes sont pendues au vent ou a lair/ les autres gettees en lestāg/et les autres ou feu pour monstrer la purgacion des trois elemens. Pour ce que le corps qui est de terre est reputte pour le quart element. Aprés monseigneur sait augustin parle en ce chapitre q cestuy qui fait aucune chose p ignorance ou par iniuste peche. ¶Toutesfois aucuns dient q cestuy q peche par ignorance de fait/et non pas p ignorance de droit est expcuse de peche. Car cōme droit soit ordōne selon la droitte rigle de raÿson naturel le quant il tend contre ce q nature veult il

peche. Franciscus de maronnie dit que ceste rigle nest pas vraye vniuersament/pour ce dit il que ou il y a toute ignorance ou de fait ou de droit/il ne peut auoir voulēte telle quelle ne puist estre faicte en chose mescongneue/et ou il ne peut auoir chose voulentaire/il ne peut auoir peche. Et pour ce dit il q toute ignorance soit de fait ou de droit expcuse en certains cas et en certain degre accuse. Et a ceste fin il dit quilz sōt trois degrez dignorance. Le premier est q procede de non puissance/car iaisoit ce que aucun sefforce de tout son pouoir assauoir le fait ou le droit/toutesfois ne peut il venir a sa congnoissance/ et par ceste maniere elle est dicte inutile. Et ceste ignorance expcuse du tout contre quelconque matiere pour ce que nul nest oblige a impossible. Le second degre dignorance procede de negligence/car combien quil pēse insister ou inster a enquerir la verite de fait et de droit Toutesfois nen a il pas voulu estre diligent. Et ce degre dignorance expcuse en ptie/cestadire a tanto. et non pas du tout Pour ce que en tant cōe negligence est chose voluntaire/il a eu aucune chose de voulente en cōmettant celle negligence. ¶ Le tiers degre procede de certain malice par le ql on nest pas negligent de sauoir ou faire aucune chose/mais met on peine a soublier. Et ceste ignorance est dicte affettee. aussi cōme la precedente est dicte crasse et supine/et telle nexcuse ne du tout ne de ptie pour ce que luy mesmes a mis voluntairement ceste descongnoissance en soy pour la double voulente dygnorance et de peche Et ce souffise pour lepposicion de ce chapitre.

¶ Des peines de ceste vie temporelle ausqlles humaine condicion est subgecte:

Combien que ceste vie mortelle soit toute plaine de peine. Car cest toute tentacion/ sicomme les sainctes escriptures le tesmoingnent/

auſquelles il eſt eſcript. Vie humaine ſur terre neſt elle pas tẽtacion. Car non ſachã ce et non ſauoir neſt pas petite peine/ ſaql ſe par rayſon eſt aſoupe en tant que les enfans ſont conſtrains par peines plaines de douleurs a apprendre aucuns meſtiers ou les eſcriptures. Et cel apprendre auql ilz ſont conſtrains par peine leur eſt ſi peine quilz aymẽt mieulx aucuneſfois ſouffrir les peines par leſquelles ilz ſont conſtrains a apprendre quilz ne ſont a apredre Et qui eſt celluy qui nait orreur et neliſe mieulx a mourir ſe on luy propoſe/ ou quil luy conuienne ſouffrir ſa mort ou retourner en ſon enfance. Laquelle certainement ne commence pas la vie de ce monde par ris/ mais par pleur en pphetiſant en aucune maniere auſquelz maulx elle entre/ combien quelle ne le ſache. Aucũs diẽt que zoroaſtres ſeulement riſt quant il fut ne/ ne ce ris monſtrueux ou contre nature ne luy ſignifia aucun bien. Car on teſmoingne quil trouua les ars magicqs ſes ars ne luy peurent oncques prouffiter contre ſes ennemis en la vaine bienheureſe de ceſte preſẽte vie. Car comme il fuſt roy des bactriens/ il fut vaincu en la bataille de nynus roy des aſſiriens. De rechief il eſt neceſſite q̃ ce qui eſt eſcript ſoit du tout acõply/ ceſtaſſauoir griefue peine ou labeur ſur les filz dadam/ depuis le iour quilz iſſirent du ventre de ſeur mere/ iuſques au iour quilz ſont enſepueliz dedens la mere de toutes choſes/ ceſtadire la terre. En tant que les petis enfans depuis quilz ſõt deſlopez par le ſacrement de bapteſme du loyen de peche originel/ ouquel ilz eſtoient tenuz ſeuffrent moult de maulx. et aucũ ſeuffre aucuneſfois linuaſion des mauuaiſ eſperiz/ laquelle paſſion ia nauiẽt ne q̃lle leur nuyſe/ ſil auient quilz finent leur vie en icelluy aage/ combien que icelle paſſion ſegrege/ et quelle mette lame hors du corps.

⁋ Eppoſicion ſur ce chapitre.

En ce piiii. chapitre monſeignr̃ ſaint auguſtin a demonſtre ou chapitre precedent que ces platoniciens/ et par eſpecial celles que met virgille en ſon vi. liure de eneydos ne ſont rien a propos pour ce q̃ les purgacions deſquelles nous parlons et deſquelles monſeigneur ſaint auguſti parle/ reffraingnent t̃ corrigent les vices Mais purgacions deſquelles ilz parlent ne purgent pas les ames en corrigant les vices de lame. Mais purgent les ſeules cogitacions et paſſions de paour. et autres nommees aup vers/ leſquelles ilz diẽt auoir eſte conſtraincte du corps. Et aps ce quil a auſſi mõſtre que ceſt faulx ce qlz mettent que tous ſeuffrent peines corporelles indifferammẽt/ pour ce que iaſſoit ce que il en peut peu Touteſſois en y eu aucũs qui ont veſcu iuſques a leur aage decrepite ſans ſentir aucun mal/ fors vne petite fieure laquelle les phiſiciens appellẽt ephimera/ laquelle naiſt et fine en vng iour/ et leſquelz menerent vie paiſible tãt comme ilz veſquirent/ ſicomme monſeigneur ſait auguſtin dit quil ſa ouy t̃ ſceu Et pour ce que quant virgille ſicomme il dit parle de la purgacion de ces peines/ il deuſt auoir parle des peines de lame qui ſont a purgier et a corriger/ par vertu deſquelles il eſt eſcript que la vie de lomme eſt tẽtacion. Et ſemblablement auſſi des peines dinſipience et dĩpiete/ leſquelles auiennent aup enfans/ et deſquelles peines ilz ſont purgez par diſcipline/ leql̃les diſciplines ſont penables/ dont pour ce monſeigneur ſaint auguſtin dit. Qui eſt celluy qui nait orreur. tc̃. Il demõſtre que ce que virgille ſuppoſe q̃ les paſſiõs q̃ ſont du corps nous ſõt mauuaiſes t̃ faulſes/ car ſicomme il dit. lenface ou puericite cõe p̃ pleur et non pas pris en prophetiſant les maulx en aucune maniere ou elſe entre/ combien quelle ne les ſache pas/ Et a ce ameine vng exẽple de zoroaſtres qui fut roy des bactriens/ lequel il dit que il riſt tantoſt quil fut ne du ventre de ſa mere. qui eſt mauuais ſigne. ne ne luy apporta quelque bien/mais mal/car on dit quil trouua les mauuais ars deffendus Lequel mal fut inutile a soy mesmes.ne il ne luy peut prouffiter/ne a la vaine felicite de ceste vie/ne contre ses ennemis/car il fut surmonte et occiz par nynus roy des assiries/sicõe il appert p iustin ou vi. chapitre du premier liure de son oneste. Et finablement il conclud q̃ non pas p celles purgacions/mais par sa purgacion de la regeneracion du baptesme de nostreseign̄r iesucrist. Dont il est parle Johannie.iiii. ou il est dit. Nisi q̃ renatus fuerit denuo. rc. Il est necessite quilz soient deslyez et purgez du loyen du peche originel/duq̃l seul ilz estoient detenus.

¶ Que toute soeuure de la grace de dieu q̃ nous oste de la parfondeur du viel mal appartient a la nouuellete du siecle aue‑nir· pv.

Ais toutessois en icelluy labeur ou peine qui est iposé sur les filz de adam depuis quilz issent du ventre de leur mere de toutes choses/cesta dire mis en terre/ est aussi trouué ce mal miserable/affin que nous soions sobres. et entendons que ceste vie nous est faicte penible p ce peche trop felon qui fut perpetre en paradis terrestre. Et que tout ce qui nous est fait p le nouueau testamẽt nappartient fors q̃ au nouueau heritage du siecle nouueau/affin que en prenãt erres ou gaiges nous acq̃rons en temps deu ce dõt nous auons erres ou gaiges Or alons doncques en esperance et en prouffitant de iour en iour mortiffions par lesperit les fais de la chair.car dieu congnoist ceulx q̃ sont siens. Et tous ceulx sõt filz de dieu p nature du fait par misericorde filz dhõme pour nous/affin que nous qui somes filz dhomme par nature / par grace fussiõs fais filz de dieu par luy. Car luy qui est tousiours immuerable print de nous nostre nature /si quil nous print en icelle. Et fut fait participant de nostre en‑fermete en retenant sa diuinite/affin que nous muez en meilleur estat pdons p sa participacion de luy qui est immortel et iuste.ce que nous sõmes pecheurs mortelz et que nous gardons le bien quil a fait en nostre nature qui est epsy de souuerain bien en la bõte de sa nature. car aussi cõe nous sõmes deuenus en si grief mal p vng hõme pechant. aussi vendrions nous a icelluy si hault bien par vng hõme qui mesmes est bien iustifiant/se ce nest quant il sera ou lieu ouq̃l aucune tẽtacion ne sera iusq̃s a tant quil tendra sa paix.laquelle paix sa tẽtaciõ de ceste bataille en laquelle sa chair se combat contre lesperit/et lesperit contre la chair quiert par plusieurs et diuers estriuemẽs. Mais ceste bataille ne fust oncques auenue se nature humaine fust demouree par sa franche voulente en sa droicture en laquelle elle fut faicte. Mais oren droit elle qui estant bieneuree ne voulsut auoir paix auecques dieu se combat comme maleureuse auecques soy mesmes. Et combiẽ que ce mal soit miserable/toutessois est il meilleur q̃ les autres premiers maulx de ceste vie. Car il vault mieulx combatre aux vices quil ne fait que les vices seigneurisent sans aucune deffence. ¶ Il vault mieulx dy ie la bataille en esperance de paix pardurable. que chetiuete sans pensee dancune deliurance/pour certain nous counoitõs a non auoir ceste bataille /ꝭ sommes embrasez du feu de lamour diuine a receuoir sa paix tresordõnee. En laquelle les choses de dessoubz sicomme est la chair soient subgectes par tresferme establete a celles de dessus. sicõme est lesperit. Et sil estoit ainsi que ia nienne que nous neussions ailleurs point desperance de si grant bien/si deuõs nous mieulx aymer a demourer au trauail q̃ nous souffrions sans resister contre les vices quilz ayent seigneurie sur nous.

¶ Exposicion sur ce chapitre

En ce pñt chapitre monseigneur saint augustin demonstre que la purgacion qui est faicte en baptesme est preferee a la purgacion que mist Virgille et Varro. Car le baptesme de nostreseigneur iesucrist oste le peche originel, et nous adresse par le nouueau testament par sa grace a heritage perpetuel, cestassauoir a la ioye de paradis. Et dit monseigneur saint augustin que sil nestoit nulle esperance de bien tel comme la ioye de paradis. Ancores doubt droit il mieulx que nous nous combatissons continuellement contre les vices que nous souffrions que les vices eussent seigneurie sur nous. Et de ce on prent deux enseignemens moraulx. ¶ Le premier que le bien de vertu est a eslire pour soy, plus que quelconques autre delectacion que on pourroit auoir. Et pour ce dit monseigneur saint augustin que cest meilleure chose et plus delectable destre si vertueulx que on se combate tousiours aux vices, que ce que les vices seigneurissent. Le second enseignement est que ceteris paribus. celluy est plus vertueux qui acomplist loeure de vertu sans esperance et remuneration que celluy q̃ sattent a remuneration. Et la rayson est, car celluy q̃ le fait sans remuneration ayme vertu pour soy mesmes. ¶ Et lautre layme pour sa remuneracion tant seulement. Et toutesfois celluy doit estre dit vertueulx qui ayme vertu pour remuneracion seulement.

Soubz q̃lles loix de grace soient tous les aages des baptisez.   xxvi.

Ais la misericorde de dieu est si grande enuers les vaisseaulx de misericorde, desquelz il a appareille a gloire q̃ le premier aage dhome cest enface, laquelle est subgecte a la chair sans aucune resistence. Et le second aussi qui est appelee puericia, en laquelle rayson nentreprent point ancores ceste bataille, aincois a pou est subgecte a toutes les delectacions vicieuses, car combien quelle puisse ia parler, et pour ce semble il q̃lle ait passe enface. Toutesfois nest pas en fermete de sa pensee comprenable de commandement, neantmoins par la misericorde de dieu q̃ est si grande selle recoit les sacremens de iesucrist mediateur, suppose q̃lle fine sa vie en iceulx ans, Elle est translatee de sa puissance de tenebres ou royaume de iesucrist. Et nest pas tant seulement deliuree des peines perdurables, mais q̃ plus est ne seuffre pas apres la mort aucune tourmens purgatoires, car sa regeneracion de baptesme souffist a ce que le peche q̃ sa generacion charnelle a commis apres la mort. Mais quant on est venu a laage qui est comprenable de commandement, et peut estre submise au commandement de la loy, lors doit on prendre la guerre et la bataille contre les vices, et ignorer aspremen̄t, affin q̃lle ne meine a pechez dannables. Et vrayment se iceulx pechez ne sont ancores confermez par coustume dauoir victoire, ilz sont vaincus et se departent plus legierement, mais silz ont acoustume a vaincre et auoir la seigneurie, ilz sont lors vaincus par difficulte plaine de grant labeur, ne ce ne se fait point veritablement et purement, fors q̃ par la dilection de vraye iustice, et ceste iustice est en la foy de iesucrist. Car se la loy qui commande par est presente et le saint esperit q̃ aide par deffault, la coulpe mesmes de transgression y vient par la deffence de la loy: par laquelle le desir de peche croist et vait. Car certainement aucunesfois les vices tresapparans sont vaincus par autres vices repostz ou couuers qui semblent estre vertus, ausquelz regne orgueil et une haineuse haultesse de plaire a soy mesmes. Et pour ce lors les vices sont reputez q̃lz soient vaincus quant ilz sont vaincus par lamour de dieu, laquelle nul ne donne fors dieu, et ne la donne auttement q̃ par le moyenneur de dieu et des hommes/homme iesucrist qui est fait participant de nostre mortalite, affin quil nous fist participans de sa diuinite. Mais il y a trespou de gens de si grant bienurete/que depuis q̃ ilz sont entrez en laage dapol de adolescence/ne commettent aucũs dãnables pechez ou en deshonneur/ou en greuer autruy/ou en aucune autre erreur daucune mauuaise iniquite. Mais il est rayson quilz eschacent par la grant largesse du saint esperit/tout ce qui leur pourroit seignourir p̃ charnesse delectacion. Et si en y a plusieurs autres qui depuis quilz ont receu le cõmandemẽt de la loy/cõbien quilz soiẽt premierement vaincus p̃ la puissance des vices qui est plusforte/et quilz sont transgresseurs de la loy/requerans fors a ley de grace. Par laq̃lle ilz deuiennẽt premierement subgectz a dieu/en eulx repentãt plus amerement. et en cõbatant p̃ suffer mement. et ainsi est victore en mettant lesperit par deuant la chair. ¶ Doncques qui veult eschapper des peines pardurables. ne soit pas seulement baptize/mais auecques ce soit iustifie en iesucrist. Et aisi trespasse du dpasse a iesucrist/et croire fermement que aucunes peines purgatoires ne seront/fors deuant le derrenier et espouentable iugement. ¶ Touteffois ne doit on pas nyer que le feu pdurable ne soit aux ungz plus legier/et aux autres plus grief selon la diuersite de leurs merites/cõbien quelles soient mauuaises/soit ou que la force ou ardeur dicessuy feu soit diuerse selon sa peine digne de ungchascun/ou quil arde egalement et quilz ne le sentent p̃ moleste ou douleur egalle.

¶ Exposicion sur ce chapitre.

En ce vvi. chapitre monseignẽr saint augustin argue ancores contre les purgacions que mist virgille/car virgille met que lame est purgee tant seulemẽt des cogitacions des passions constraites des mẽbres morineulx/cestadire mortelz ¶ Or est il ainsi que le baptesme de nostre seigneur iesucrist est de si grant vertu que il desface tellemẽt tous pechez aux enfãs qui ne peuent ancores parler. Et en saage que on appele puericia ou on nest pas ancores prenable de commandement que sil meurent dedens ces ans/ilz sen võt tout droit en paradis sans passer purgatoire/ Mais on pourroit cy faire une double a demander iusques a quant cest aage dure que nous appelons puericia. Aucuns respondent que enfance dure iusques a trois ãs/ou quatre. et puericia iusques a sept ans. Touteffois aucunesfois malice supplee laage ou on est prenable de cõmandemẽt Mais on pourroit demander se on pourroit autesi dire dune creature prinse de pensee ou furieuse de son enfance. A quoy on peut respõdre que ouy p̃ ce mesmes moyẽ Cestassauoir pour ce quil nest pas prenable de commandement quelque temps/ Mais selle commence a estre telle. Cestassauoir furieux ou prins de pensee apres ce quil aura use de rayson/il nest pas douste quil meurt en tel estat ouq̃l il a este prinse de rayson. Car des la en auant il nest pas prenable de commandement ne de penitance. ¶ Apres monseigneur saint augustin dit que quant lenfãt est venu a tel aage quil est prenable de commandement et quil est submis au commandement de la loy/il doit commencer sa guerre cõtre les vices/et mener forte guerre. affin quil nenchee en plusgrans pechez. Et monstre la rayson pourquoy. Car sicõme il dit se la loy quil commande y est presente/a se sait esperit qui y ayde p̃ deffault mesmes de transgression p̃ vient par la deffence de la loy/par laquelle le peche saint. ¶ Apres il monstre que cõfirmacion vault moult a resister aux vices/car sicomme il dit ceste confirmacion si administre accroissement a grace et force a resister. Et pour ce ceste fait de consecratione distinctione quita/capitulo. Spiritus. ¶ Et de ce peut on prendre deux moraulx enseignemens.

¶ Le premier est que tout aussi cõme aux choses medicinables/on doit obuier aux commencemens des maladies et des cures/affin que la maladie ne enuieillisse et que on ny puisse pas remedier/tout ainsi doit on remedier a ĩtroduire les enfãs adolescens en bonnes meurs/et garder quilz ne soient ĩtroduictz en mauuaises meurs car on les osteroit a tresgrant peine apres iuxta illud.℣. Qui non assuescit virtuti dum iuuenescit. A viciis nescit discedere quãdo senescit: ¶ Le second enseignemẽt est que p acoustumance de vaincre les vices/sefforcent et deuiennent plusgrans ⁊ plusfors/aussi comme les enemis deuiẽnent plusfors et plus hardis par les victores quilz ont. Et pour ce dit monseignr̄ saint augustin qlz sont plus legierement vaincus/et sen partent quãt ilz ne sõt cõfermez par lacoustumance de victores. ¶ Apres monseigneur saint augustĩ dit qlz ont pou de si grant felicite ou bieneureté qui venus en lestat de adolescence ne commettent plusieurs pechez dãnables. ¶ Et si en ya plusieurs q̃ depuis quilz ont prins le commandement de la foy sont cheus en plusieurs vices. Et toutesfois ilz se sont depuis releuez par grace a ly̓ de dieu faites pnit en euly̓ combatant plusfort q̃ deuant contre ses vices par penitances ⁊ ieunes ⁊ par oraysons/et tant quilz ont sourmõ te les vices. ⁊ de ce on peut pẽdre vng tel enseignemẽt. Cestassauoir que cest aucunesfois chose eppediẽt a vng hõme de cheoir en aucuns pechez/affin quil se relieue ⁊ q̃ il resiste plus puissãment/aussi cõe cestuy̓ qui a este abatu en vne luitte/quant il est releue sefforce de reluitter plus puissãmẽt. Mais on peut faire cy vne petite question. Cestassauoir lequel doit plus de grace a dieu/ou linnocent preserue/ou le pecheur reconsilie. A quoy̓ on peut respõdre que ceteris paribz se pserue est plus tenu/pour ce quil estoit le plus maleureuy̓/et a pris le plusgrant bien. ¶ Finablement monseignr̄ saint augustin conclud et dit que q̃ conques vouldra escheuer les peines ppetuelles/face que non pas seulemẽt il soit baptize/mais qͥl soit iustifie en iesucrist/ Et oultre que nul ne sattẽde que apres le grant et derrenier iugement soit aucũ purgatore. Mais touteffois quant est des dãnez/suppose quilz soient tous en vng feu nardiront ilz pas pareillement.mais selõ leurs demerites. Et se on demande dont vient ceste inequalite que le feu approche egalement/et arde des pareillement. On peut respondre que toute ceste inequalite vient de la bouuente diuine qui baille ceste peine aux dãnez. ¶ Ancores dit mõ seigneur saint augustin que aucunesfois pechez tresappers sont vaincus ꝑ autres vices ou pechez occultz/lesquelz on cuide estre vertus.auxquelz regne orgueil ⁊ vne rupneuse haultesse de plaire a soy. Mais ilz sont tenus vaĩc⁹ quãt ilz sõt vaincus par lamour de nostre seigneur Et de ce dit on peut mettre deuly̓ exemples. Lũ quant aucũ par couuoitise ou ãbicion eschieue vengance/affin qͥl sẽble estre debonaire. Le second est quant pour louenge/il reffraĩt sa luxure pour monstrer quil soit chaste.

¶ De ceuly̓ qui cuident que aucunes peĩne de quelconques hommes ne doiuẽt durer pardurablement. ℣viii.

Or voy ie que nous auons a faire et disputer paisiblemẽt orendroit auecq̃ noz crestiens misericors q̃ ne veulent pas croire que tous les hõmes ou aucuns diceuly̓ que le iuge tres iuste iugera estre dignes du tourmẽt de la peine denfer soiẽt pdurablemẽt en celle peine.Mais croient que iceuly̓ ainsi iugez en soient deliurez apꝭ le terme de certaĩ tẽps plus brief ou plus long selõ la quãtite dũ chascun peche En laquelle oppinion pour certaĩ origene fut le plus misericors q̃ creut que le d̃pable mesmes et ses angles apres leurs tourmens moult griefz et moult longs selon leurs merites seront ostez hors diceuly̓ tourmens/et serõt adioings aux sains angles, mais lesglise la reprenue a bon droit et pour ce ⁊ pour autres choses. Et mesmement pour ce quil tenoit q̃ les bieneurez sont sans cesser entrechangeables ou alternatiues, et que le tour et le retour de lune et de lautre en certains interualles de siecles dureront perpetuelemẽt et pour ce fut il reprouue. Car il destruit ce mesmes en quoy il sembloit estre misericors en faisant aux sains drapes miseres ausquelles ilz souffrissent peines, et en faisant a iceulx sains faulses bieneurtez, ausquelz ilz nauroient pas la ioye de bien pdurable certaine sans paour, mais trop long, et autremẽt erre p humaine affection la misericorde de ceulx qui cuident que les miseres des hommes qui serõt condẽnez en ce derrenier iugement soient seulement temporelles ou a tẽps. et cuidẽt q̃ la bieneurete de tous ceulx q̃ en seront ou plustost ou plus tart desiurez, soit pdurable, laq̃lle sentẽce selle est bõne ⁊ drape pour ce quelle est misericors, il sensuyt q̃lle sera meilleure ou plus drape de tant cõe elle sera plus misericors. Si soit doncq̃s entendue et aparfondie la fontaine de ceste misericorde iusques aux angles damnez, au moins quilz soient desiurez aps plusieurs siecles tant soiẽt loingz. Pour quoy decourt ceste fontaine iusques a toute nature humaine Et quant elle vient a nature dangle elle seche ⁊ ny a lieu. Toutesfois ceulx qui sont de ceste oppinion no sent estendre leur misericorde iusques a ce quilz osẽt maintenir que le dyable en soit desiure, et se aucun ose maintenir, pour certain il saint ceulx cy. Et toutesfois il appert quilz errent plus laidement et plus desloyaumẽt contre les droittrieres paroles de dieu de tant comme son oppinion luy semble plus estre debonaire ou plus encline a misericorde.

· Exposicion sur ce chapitre ·

n ce pvii. chapitre monseign̄r saint

augustin met lerreur de ceulx qui disoiẽt q̃ les dyables et les hõmes dãnez seroient sauuez, et finablement mis auecques les sains angles apres ce quilz auroient souffert peines ou plus grandes ou plus briefues selon leurs demerites. Et amaine premierement loppinion de origenes qui fut de ceste oppinion, laquelle est reprouuee p lesglise, pour ce quelle est contre la foy et contre sa saicte escripture, par laq̃lle dieu condẽna ou condẽnera les hõmes ⁊ les angles p pareille dãnacion ppetuelle p telles paroles. Alez dist il maleureux ou feu pardurable. lequel est ordonne au dyable et a ses angles. Et est a noter que en ceste partie origenes fut platonicien et le de ceulx sa philozophie de platon. mesmemẽt pour les circufacions et reuelucions perpetuelles q̃l mist. Et de ce on peut prendre vng tel argument q̃ cõe la philozophie de platon, laq̃lle apparut approcher le plus apres nostre foy, et aueugle tel et si grãt clerc, on doit moult doubter q̃ sa philozophie daristote ne ait fait ou face trebucher de la drape foy catholicq̃. car nul nen fait doubte de sa philozophie de ce tresmauuais auerrois quelle nẽ ait trebuche plusieurs de ceulx q̃ ont voulu frequenter sa doctrine.

⁋ De ceulx q̃ ne cuident pas q̃ aucũ homme soit dãne ou derrain iugement p la priere des sains.   pviii

L en ya aussi aucuns autres les q̃lz iay esprouue en noz collacions ou collacion, lesq̃lz cõbien q̃l seble q̃lz honnourẽt les saictes escriptures, neantmoins ilz sont a reprouuer en leurs meurs. et en demenãt leur cause ppre. Ilz attribuent a dieu trop grãt misericorde enuers lumal lignage q̃ ceulx dõt nous auons maintenant ple. Car ilz diẽt des mauuais et des desloyaux hõmes q̃ ce q̃ est dit deulx de p dieu q̃l soit digne de celle peine est drap. Mais ilz dient q̃ quãt ce vendra au iugement, misericorde surmontera. Car ilz dient q̃ dieu misericors leur pardonnera par les prieres & intercessiõs des saĩs. Car silz prioient pour eulx quant ilz les souffroient estre leurs ennemis / tãt plus priront ilz pour eulx / quãt ilz les verrõt humiliez / souples et abaissez. Car on ne doit pas croire sicomme ilz dient que les sains perdent les entrailles de misericorde quant ilz seront de tresplaine et tresparfaicte sainctete en telle maniere que eulx qui prioient pour leurs ennemis en ce siecle quant eulx mesmes nestoient pas sans peche q̃lz ne prient pour leurs souples ou humiliez quant ilz commencerent a estre sãs peche. Ou vraymẽt dieu noxa point lors tãt de ses filz et telz quãt il ne trouuera aucun empeschemẽt de leur oraysõ en leur si grant saincteté. ¶ Et ceulx qui mettent ou seuffrent que les hõmes desloyaulx et mauuais sõt au mois tourmentez / & que apres ilz sont desiurez de tous maulx / diet q̃lz en õt tesmoignage Mais les autres dient q̃l est plus pour eulx ou pseaulme ou il est escript. Dieu oubira a faire misericorde / ou retendra il en son ire ses misericordes ¶ Ilz diẽt que lire de dieu est que tous ceulx qui ne sont dignes de la bieneurete pardurable soient par son iugement punis ou tourmẽt par durable. Mais se dieu seuffre ce tourmẽt estre ou long ou brief. Pour certain il retẽdra en sõ ire ses misericordes / affin que ce puisse estre fait que icelluy pseaulme dit q̃l ne sera pas fait. Car il ne dit pas dieu retendra il longuement en son ire ses misericordes / aincois demõstre que du tout il ne les p retendra ou contendra pas. Ainsi doncques veulent ceulx cy que la menace du iugement de dieu ne soit point mensongiere. combien quil ne dãnera aucũ hõme / aussi comme nous ne pouons dire q̃ sa menace ne soit mensongiere par laq̃lle il dist q̃l subuertiroit ou trebucheroit sa cite de nynyue. Et touteffois distil ne fut pas fait ce quil auoit deuant dit sans condicion qui seroit fait. Car il ne dit pas nynyue sera trebuchee silz ne font penitance / & silz ne se corrigent. ains sans ce aiou

ster. Il denonca par deuant la subuersion dicelle cite / laq̃lle menace ilz cuident estre vraye / pour ce quil dit par deuant q̃ vrayment ilz estoient dignes de souffrir / combien quil ne lentendist pas a faire. Car sicomme ilz dient / combien quil les espargnast quant ilz se repentirent / touteffois nauoit pas ignorance de leur peche repentance quilz auoient a faire. Et neãtmois distil absolument et sans condicion que leur subuersion estoit auenir. Ce doncq̃s dient / il estoit en la verite de rigueur / car ilz estoient dignes de telles peines / mais non pas en la rayson de sa misericorde / laquelle il ne retient pas en son ire / aussi que par elle il espargnast les humiliez ou conuertis de la peine dont il les auoit menacez quant ilz estoient contumaulx. Si il espargna doncques dient ilz les nynyuites quant il entendoit a courouer son prochain prophete ionas. De tant espargna il par plusgrant misericorde maintenant les supplians quant tous ses sains prieront quil les vueille espargner. Mais ilz cuident que sa saicte escripture taise ce dõt ilz ont souspeçon en leurs cueurs / affin q̃ plusieurs se corrigent pour la paour des peines ou longues ou pardurables. et q̃l en y ait aucunes q̃ prient pour ceulx qui ne se corrigeront Et touteffois ne tiennẽt ilz pas q̃ la saincte escripture lait teu du tout Car ilz diẽt a quoy est rapporte ce que les scripture dit. ¶ Beau sire dieu comment est la multitude grande de ta doulceur / laquelle tu as celee a ceulx qui te doubtent sil nestoit ainsi que nous entendissions q̃ si grãt paour et si secrete doulceur de sa misericorde de dieu ne nous seroit pas reuelee ¶ Il adiouste auecques ce que pour ce dit lapostre que dieu a tous enclos en mescreantise et desloyaulte a ce q̃l ait de tous misericorde. par quoy il signifiast que nul ne sera dãne de lup. Et touteffois ceulx q̃ sont de ceste oppinion ne lentendent pas iusques a ce quilz maintiennẽt que le dyable et ses angles soient desiurez ou que ilz ne soiẽt pas dãnez. Quelz merueilles

Car ilz sont mieulx par humaine misericorde seulement pour ses hommes/ et sõt seur propre cause generale a tout lumain lignage/ aussi comme en promettant que la misericorde de dieu/ ilz ne serõt pas punis de leurs mauuaises oeuures/ et par ce ses surmonteront en esseuant ou essaucãt la misericorde de dieu ceulx qui promettẽt aussi au prince mesmes des dyables/ et les satelittes ceste deliurance destre punis

¶ Expposicion sur ce chapitre.

En ce pviii. chapitre monseignr saĩt augustin met secondement loppinion de ceulx qui disoient que tous les hõmes seroient sauuez. Et met ses raysons pʳ lesquelles il vouloit a sefforcoit de le mõstrer. et apperent les raysons clerement pˀ le tepte.

¶ De ceulx qui promettent que chascun demourra impuni de ses pechez pˀ la priere des sains a fussent heritez pour la pticipacion du corps iesucrist: pix

DE rechief il en ya aucuns qui ne promettent pas aux hommes/ au moins a tous ceste deliurance du tourment pardurable/ mais seulement la promettẽt a ceulx qui sont sauez de leaue du baptesme de iesucrist qui sõt pˀticipans de son corps en quelq maniere qlz viuent/ en quelcõqs heresie ou mescreance qlz soient. Pour ce iesucrist dist. Je suys le vif pain qui descendy du ciel/ saucũ mẽgue de ce pain/ il viura pardurablement. Ceulx adoncques se dient ilz doiuẽt estre soustrais de la mort pardurable/ et estre menez en la vie pdurable combien quilz attendent:

¶ Expposicion sur ce chapitre.

En ce pix. chapitre monseignr saint augustin met tiercemẽt loppiniõ de ceulx qui disoient que tous ne seroient pas sauuez/ mais seulemẽt les crestiẽs q auroiẽt este participãs de son precieux corps cõme quilz eusseut vescu ne cheu en quelque heresie. et se preuuent par celle parolle. Ego sum panis viuus. &c. Et pour lautre parolle en laquelle il est dit. Hic est panis q de celo descendit:

¶ De tous ceulx qui promettent pardõ nõ pas a tous. mais a ceulx qui sont baptisez entre les catholicques. combien que apres ilz escheent en plusieurs crimes aerreurs.   pp.

DE rechief ilz sont aucũs autres qui ne sa promettent pas a tous ceulx qui ont le sacrement de baptesme de iesucrist a de son corps/ mais seulement aux catholicques/ combien quilz viuent mauuaisement. Car ilz ne menguent pas le corps de iesucrist en sacremẽt seulement/ mais royalement. Car ilz sõt establis en son corps. cestadire par foy et pʳ creance de quoy telles parolles. Nous sõmes dist il plusieurs. Vng pai vng corps en tant que se apres ilz encheoient en heresie ou en ydolatrye des payens/ puis qlz ont pris le baptesme de iesucrist. et ont mẽge le corps de iesucrist ou corps de iesucrist: cestadire en lesglise catholicq qlz ne meurent pdurablement/ mais q en aucũ tẽps ilz auront leur vie pardurable. Et q toute ceste malice deulx de tant qlle sera plus grande ne leur fera pas souffrir peines pʳ durables/ mais seulemẽt peines lõgues et grandes.

¶ Expposicion sur ce chapitre.

En ce pp. chapitre monseignr saĩt augustin met quartement loppinion de ceulx qui disoient que seulement les crestiens seroiẽt sauuez qlque mauuaise vie qlz eussent mene. Et le preuue par lauctorite de lapostre. Et est le chapitre tout cler

⸿ De ceulx qui determinent q̃ ceulx qui seront sauuez qui tiennēt la foy catholicq̃ combien qʾlz viuent tresmauuaisement et qʾlz auront deserui a ardre et que cest pour le fondement de la foy.　　　　xxi.

Ais aucuns sont les q̃lz pour ce qʾl est escript q̃ cellup sera sauue q̃ aura perseuerance iusq̃s a sa fin ne promettent point la vie pdurable / fors a ceulx qui perseuerent en leglise catholicque / ia soit ce quilz viuent en peche. cest as sauoir quilz serōt sauuez par foy p̃ la merite du fondement. Duq̃l dit lapostre que nul ne peut mettre autre fondement / fors cellup qui est mis / cest iesucrist. Et saucū edisfie sur ce fondement or argent pierres precieuses / fust foin estouble / loeuure de vngchascun sera manifestee. Car le iour de nostreseigneur le desclairera. pour ce q̃ il sera reuele en feu / et sera prouue par feu quelle oeuure chascun aura fait. ⸿ Se loeuure que aucun aura fait est ardant il souffrira dōmage / toutesfois sera il sauue / mais ce sera aussi comme par feu. Or dient ilz doncques que chascun crestien catholicque de q̃lque vie quil soit a iesucrist en fondement. Lequel fondement aucune heresie diuisee de lunite de son corps ne peut auoir. Et pour ce ilz cuident q̃ pour ce fondement chascun crestien catholicque cōbien quil soit de mauuaise vie / aussi cōme sil auoit edifsie pdessus fust foi ou estouble / soit sauue par feu. cestadire quilz seront deliurez apres les peines de ce feu / p̃ leq̃l les mauuais seront punis ou derrenier iugement.

⸿ Opposicion sur ce chapitre.

En ce xxi chapitre monseignr̃ saint augustin met vne autre oppinion de ceulx qui disoient que nulz ne serōt sauuez / fors ceulx q̃ pseuereront en la foy crestienne iusques a sa fin. Et se fōdent sur le dit de lapostre / ou il est dit. q̃conq̃s p̃seuerera iusq̃s en la fin / cellup sera sauue /

Et est le chapitre tout cler.

⸿ De ceulx q̃ cuident que les pechez mortelz qui sont fais entre les oeuures de misericorde ne doiuēt pas estre appelez ou iugement de dānacion　　　　xxii

I ay trouue aussi aucuns autres q̃ cuident que ceulx tāt seulemēt ardront pdurablemēt en ce tourment q̃ ne veulēt faire aumosnes dignes pour leurs pechez / selon ce que dit saint iaques lapostre qui dit ainsi. Iugement dit il sera fait sans misericorde. Cellup donques dist il qui aura fait misericorde / cōbien qʾl ne mue point ses meurs a mieulx faire / et q̃ en faisant icelles aumosnes / il viue en felonnie et en iniquite / aura iugemēt auecques misericorde. tel q̃ ou il ne sera point puny p aucune condānacion. ou tel q̃ apres aucun temps soit brief ou lōg. il sera deliure de celle condānacion. ⸿ Et pour ce cuident ilz q̃ icellup iuge des vifz q des mors ne veult pas faire mencion q̃ ait autre chose a dire ou reprocher au iour du iugemēt / soit a ceulx de sa dextre aus quelz il donnera la vie pdurable / ou soit a ceulx de sa senestre qʾl condānera a tourment pardurable / fors que les aumosnes quilz aurōt faictes quāt a ceulx de sa dextre / ou quilz nauront pas faictes quant a ceulx de sa senestre. Et dit que a ce est ramene ce qui est dit en la priere quotidiane. Cest la patenostre quant nous disons delaisse nous noz debtes aussi cōme nous les delaissons a noz debteurs / car pour certain cellup fait aumosne qui delaisse le peche en pardonnant a cellup qui a peche a lup. La q̃lle chose nostreseignr̃ approuua tant qʾl dist. Se vous ne delaissez les pechez aux hommes / vostre pere aussi q̃ est aux cieulx ne les vous delaissera pas / Doncques apptient en ceste maniere daumosne ce q̃ dit sait iaques lapostre qui dit que on fera iustice sans misericorde a cellup qui na fait misericorde. Et dient que nostreseignr̃ ne dist pas quil delaisse les pechez grans ou petis. Mais dit. Vostre pere vous delaissera voz pechez se vous aussi les delaissez aux hommes. Et p ce ilz cuident que tous les pechez quelzcõques ou cõbien grãs qlz soient fais/ tous les iours sont delaissez mesmes a ceulx qui viuent en peche iusques au iour derrenier de leur vie p la vertu de ceste oraisõ qui est frequẽtee chascun iour. mais quilz veussent tant seulement garder/ ou leur memoire quilz delaissent de bon cueur, et pardonnent les pechez a ceulx qui les auront greuez/ toutesfois quilz en requerront pardon.

(Epposicion sur ce chapitre.

En ce xxii. chapitre monseignr saint augustin dit quil a trouue aucuns qui tenoient q̃ nul ne seroit dãne ppetuelement/ fors ceulx qui estoient negligés de donner aumosnes pour leurs pechez. Et q̃ ceulx qui faisoient aumosnes ne pouoient estre dãnez selon ledit de lapostre qui dit que iugement sans misericorde sera fait a celuy qui na fait misericorde. Et pour ce ilz arguent ainsi a contrario sensu que p consequent celuy qui aura fait misericorde/ ne pourra estre tourmente ppetuelement. et conferment leur rayson pour ce que a ceulx qui ont este sans misericorde. Il est dit. alez mauldis maseureux ou feu pardurable. ¶ De rechief ilz sefforcent de le prouuer par ce que nostreseignr enseigna a ainsi prier en ceste maniere. Sire laisse nous noz debtes. cestadire aussi cõe nous les auõs pdõnez a ceulx qui ont meffait enuers nous. Et ceste remission daumosne nostreseignr cõmanda en telle maniere quil dist. ¶ Se vous pardonnez dist il aux hõmes leurs pechez. cestadire ce quilz ont mespris enuers vous/ vostre pere vous pdonnera les vostres: Mais se vous ne les pdonnez aux hommes/ vostre pere q̃ est aux cieulx ne les vous pdonnera poit Et notent ce q̃ nostreseigneur ne dit pas Vostre pere vos pdonnera voz pechez. petis ou grans/ mais il dist ql vous pdõnera voz pechez se vous les pdonnez aux hõmes. Et p consequent cõe nostreseignr dit ces parolles indiffinimẽt/ ilz diẽt q̃l est a entendre q̃ quelzcõques pechez et cõbien quilz soient grans seront pardonnez Laqlle chose est manifestement fausse/ si cõe il appt p la solucion et responce mise ou xxvii. chapitre.

¶ Contre loppinion de ceulx q̃ maintiẽnent q̃ les tourmens qui sont a auenir/ et des dyables et des hõmes ne seront pas ppetuelz. xxiii.

Or conuient il premierement enq̃rir et sauoir pourquoy leglise na peu souffrir la disputaciõ ou oppinion des hõmes q̃ promettẽt purgaciõ et pardon au dyable/ apres mesmes tresgrandes et treslongues peines. Car tant de saiz et si sages escriptures du viel et nouueau testamẽt neussent eu enuie de sa purgacion et biẽeurete du royaume des cieulx q̃ auroient qlzcõques ãgles apres qlz conques tourmens. Mais eurent ou apperceurent mieulx que la sentence diuine ne peut estre muee ou non ferme. Laquelle nostreseignr a deuant dit qui prononcera et dira en iugement ainsi. ¶ Departez vous de moy maudis ou feu pardurable qui est appareille au dyable et a ses ãgles Car ainsi demõstre il que le dyable et ses angles ardront ou feu pardurable. ¶ Et aussi est il escript en lappocalipse que le dyable qui les deceuoit fut mis en lestãcg de feu et de fouffre ou estoit la beste et le faulx pphete. et y serõt tourmentez aux siecles des siecles perpetuelement. Ce que seuãgille/ il dit sa estre pardurable. Lappocalipse dit cy durer aux siecles des siecles/ p lesquelles parolles sa saicte escripture ne signifie autre chose/ fors que ce qui na poit fin de tẽps. ¶ Pour laqlle chose certainement nulle autre cause plus iuste ne plus manifeste ne peut estre trouuee p quoy on tienne ferme et establie en vraye foy que se dyable et ses angles nauront iamais aucũ retour a sa iustice et a la vie des sains. fors pour ce que lescripture q̃ ne decoit nulluy dit q̃ dieu ne les a pas espargnez / z q̃ il les a dãnez a bailler et deliurer pour estre enclos aux chartres en lobscurte deser pour y estre gardez et punis au derrenier iugement quant le feu pardurable les receuera ou ilz seront tourmẽtez aux siecles des siecles. Et sil est ainsi cõmẽt seront tous hõmes ou aucuns ostez hors de la pardurablete de ceste peine / aps cõsie de temps que ce soit ne sera pas tantost la foy corrõpue / par laq̃lle on croit q̃ le tourment auenir des dyables soit pdurable. car se tous ou aucuns de ceulx a qui on dira / departez vous de moy mauldis ou feu pardurable qui est appareille au dyable et a ses angles / ny seront pas tousiours. Quelle est la cause pourquoy on croye que le dyable et ses angles y soient tousiours. Sera doncques par aucune auenture la sentence de dieu qui sera prononcee cõtre les mauuais soient angles ou hõmes / vraye quãt aux angles / et faulse quant aux hõmes ainsi sera il pour certain / ce nest pas ce q̃ dieu dist / mais ce q̃ les hõmes souspeconnent est de valeur. Et pour ce que ne peut estre ceulx q̃ couuoitẽt non auoir tourmẽt pdurable / ne doiuent pas arguer contre dieu. mais doiuent mieulx obeir aux cõmandemens de dieu tant quil est temps.

Apres ilz doiuent entendre en lieu de ce feu durant plong temps que icelluy tourment sera pdurable. z croire q̃ sa vie pardurable sera sans fin. cõe iesucrist ait dit ens ou mesmes lieu et en vne mesmes sentence / en parlant de lun et de lautre en telle maniere. Ceulx cy dist il / cestadire les mauuais iront en tourment pardurable: et les iustes en la vie pardurable. se lun z lautre est dit estre pardurable / pour certain et lun et lautre doit estre entẽdu estre de longue duree et auoir fin. ou que lun et lautre soit perpetuel sans fin / car ilz sont rapportez per a per / ou de pareil a pr̃ quãt il dit dune part le tourment pardurable: et dautre sa vie pardurable. Mais cest cy moult grãt erreur de dire en vne mesmes sentence que la vie pardurable sera sãs fin et que le tourment pardurable aura fin / dõcques puis que la vie pardurable des sains sera sans fin / sans doubte aussi le tourmẽt pardurable naura ia fin a ceulx qui lauront.

¶ Exposicion sur ce chapitre.

En ce xviii. chapitre monseigñr saint augustin cõmence a souldre et a respondre aux oppiniõs mises ou xviii. chapitre et aux subsequens. Et premieremẽt il respont a loppinion de origenes z des autres qui tenoient q̃ les hõmes et dyables dãnez ne seroient pas tourmentez perpetuelemẽt. Mais que apres plusieurs tourmens et peines les vnes pluslongues et les autres plusbriefues selon leurs mesfais / ilz seroient deliurez et mis en la cõpagnie des sains angles. Et monstre comment il est determine par la saicte escripture que selon la sentẽce de iesucrist les mauuais seront dãnez a tousiours par la sentence de la maudisson pardurable / car nostre seigñr dira telles parolles. Vous maudis departez vous de moy ou feu pdusable. zc. Sicõe il appt Mathei xxv. Semblablement apocalipsis. xx. capitulo. Il est dit q̃ le dyable qui les deceuoit fut enuoye en lestancq de feu et de souffre ouq̃l la beste et le faulx prophete deceueur seront tourmẽtez iour et nuyt aux siecles des siecles. Et ce qui est la dit pardurable est cy dit ou siecle des siecles. Auxquelles parolles lescripture diuine na acoustume a signifier autre chose fors que celle fi naura pas de temps. Et argue ainsi monseigñr saint augustin comme celle parolle soit indeffinie aux hommes en disant: Alez maleureux. zc. Elle est pareillemẽt dicte indefiniemẽt du dyable et de ses angles. Commẽt doncques pourra len excepter de celle peine pardurable ou tous ou aucuns soient dyables soient honmes /

aussi comme sil voulsist dire q̄ cest chose impossible. ¶ Apres quant il dit. Ilz doiuent entendre. ꝛc. ¶ Il monstre quil na pas dit ces parolles seulement en menassant quant il dit. ¶ Alez maleureux ou feu pardurable. ꝛc. Mais expressa se fait en celle mesme sentēce/ en disāt. Les mauuais iront en tourmēt pardurable/ mais les iustes iront en la vie pardurable. Cōment doncques il soit certain q̄ la vie pardurable des sains sera sans fin/ aussi sera le tourment des mauuais pdurable et sans fin. Ces choses il anōca. psaye c.xl. Ouql cōe il eust parle ql seroit nouueau ciel et nouuelle terre/ il dit. Et les bons dit il auront sabat de sabat/ ou feste de feste, cestadire le repos pardurable. ¶ Finablemēt il cōclud des charongues de ceulx qui ont este preuaricateurs/ ꝛ qui ont trespasse les commandemēs et la loy de dieu que leur ver ne mourra point/ et que leur feu ne sera pas estaint.

¶ Contre ceulx qui maintiennēt q̄ dieu en son iugemēt espargnera les mauuais pour les prieres des iustes: xxiiii

Ceste rayson vault aussi contre ceulx qui en deffēdant leurs causes seffouēt a venir ōtre les polles de dieu/ aussi cōe meuz de plus grāde misericorde/ cestassauoir que les parolles de dieu sōt vrayes/ pour ce que le tourment quil a dit q̄ les hōmes souffriront. ilz sōt dignes de le souffrir/ ꝛ nō pas pour ce quilz le seuffrent. Car dieu dist/ il leur pdonnera par les prieres des sains. Et lors mesmement quant ilz priront pour leurs ennemis de tant cōme ilz sont plus sains/ et que leur priere est de plus grāt effect et plus digne destre ottroye de ceulx q̄ ia nont aucun peche en quelque maniere. Pourquoy doncques ne priront ilz pcelle mesme tresparfaicte sainctete/ et par tresnettes et tresmisericordes prieres et puissās de impetrer toutes choses pour les an

gles/ ausquelz le feu pardurable est appareille/ affin que dieu leur adoucisse et flexisse mieulx sa sentence. ꝛ quil les face estranges dicellup feu. y aura il aucū qui par auenture presume que dope auenir/ ꝛ afferme aussi que les sains angles ensemble auecques les sais hommes qui lors seront egaulx aux angles de dieu/ priront pour les angles et pour les hommes qui deuerroient estre dānez/ affin que p la misericorde de dieu ilz ne seuffrēt pas ce que en verite ilz ont deserui a souffrir: Laquelle chose oncques homme de vraye foy ne dist ne ia ne dira. Car autrement il ny auroit aucune cause pourquoy leglise ne doye aussi prier orendroit pour le dyable et ses angles. Car dieu son maistre luy commanda quelle priast pour ses ennemis. Icelle cause doncques par laquelle leglise ne prye de tous/ et dit quil nest pas dit tous/ a ce quil ne vueille aucū dāner. Car cy dessus quant il disoit ces parolles/ il ploit aux payens et aux iuifz. Ce doncques quil dit que dieu les a tous conclud. ꝛc. Il le dit pour les genres singuliers. Cestassauoir des payens et des iuifz/ non pas pour tous autres. ¶ Et cest ce quil conclud que cestadire de tous. et les pose sicomme il appert par le texte. On peut traire de ce chapitre deux notables. Lun que on ne diroit pas vrayement quil ne leur seroit pardonne en ce siecle ne en lautre/ sil nen y auoit aucuns ausqlz il seroit pardonne en lautre siecle. supposse quil ne fust pardonne en ceste vie. Toutesfois auant le derrenier iugement/ par quoy il appert que lintencion de monseigneur saint augustin en ce chapitre, est de monstrer quil y a peine purgatoire ou autremēt hors de ce monde/ on ne feroit poit de remission de pechez par celle parolle q̄ dit en leuangille ou il dit. Qui aura peche ou saint esperit/ il ne luy sera pardonne en ce siecle ne en lautre. Lautre qui est theologicque que aussi comme nostre seigneur est superhabondant de remunerer oultre ce que on a deserui/ aussi est il misericordz et remis a punir selon ou oultre que on a deservi.

¶ Assavoir se ceulx qui sont baptisez entre les hereticques ¢ apres deviennent pires p' mener mauvaise vie, ou ceulx q̃ sõt baptisez ētre les catholicques ¢ se transportēt a heresies ou scismes, cestadire division ou ceulx que combien qlz aient este baptisez entre les catholicques ne sont point departis de la foy / mais toutesfois ilz ont vescu en estat de peche mortel puissent esperer remission du derrenier tourment par les priuileges des sacremens. ppv.

Ais respondons maintenant a ceulx qui aussi come ceulx dont nous auons cy dessus parle ne promettent point la deliurance du feu p' durable ne au dyable ne a ses angles ne a tous hommes aussi. Mais a ceulx seulement qui sont sauez en baptesme de iesucrist, et qui sont participans de son corps et de son sang en qlque maniere quilz aiēt vescu en quelconq̃ heresie ou mescreance quilz aient este. Mais lapostre leur contredit disant ainsi. ¶ Les oeuures de la chair sont manifestes / lesquelles sõt fornicacion ordure luxure seruitude des ydoles enuenimeurs inimistiez / contencions emulacions grans courages discensions heresies enuyes puresses gloutonnies et leurs semblables. Car ceulx qui font telles choses / sicõe ie le vous p̃sche et ay dit nauront ia la possession de dieu. Pour certain ceste sentence de lapostre est fausse puis que telz comme les dessusdis seront deliurez apres quelconq̃ temps / et auront la possession du royaume de dieu / mais pour certain ilz nauront pas la possession du royaume de dieu. Car ceste sentence de lapostre nest pas fausse / Et silz ne sont iamais en possession du royaume de dieu. ilz seront detenus en tourmens par durables. Car il ny a point de lieu moyē

ou cestuy ne soit en tourmēt qui en icelluy royaume ne sera establi p. Pour laquelle chose on fait a bon droit question, comment doyt estre entendu ce que nostreseigneur dist. Vees cy le pain qui descendit du ciel tel que se aucun en mengoit il ne mourroit pas. ¶ Et aussi ie suys le pain vif qui descendy, saucun auoit mēge de ce pain / il viura pardurablement. ¶ Et pour certain ceulx a qui nous auons aps a respõdre, ostent cest entendement a ceulx a qui nous respondons a present / et ce sõt qui propremēt ont ceste desiurance, nõ pas a tous ceulx qui ont le sacremēt de baptesme et du corps iesucrist, mais seulement aux catholicques / combien quilz viuent mauuaisement. Car sicomme ilz dient ceulx cy nont pas mēge seulemēt le corps iesucrist en sacrement, cestassauoir ceulx qui sont establis en icelluy corps, duquel corps dit lapostre. Nous plusieurs sommes vng pain ¢ vng corps. Celluy donques qui est en lunite de son corps, cestadire en la conioincture des membres de iesucrist / duquel corps les crestiens ont acoustume a prendre le sacrement en communiant de lautel, tel quil doit estre repute quil mengusse le corps et boiue le sang de iesucrist. Et par les hereses et scismatiq̃ qui sont desseurez et separez de lunite de ce corps peuent receuoir ce mesmes sacremēt mais il ne leur prouffite point / aincois leur nuist a ce qlz en soient plusgriefmēt iugez / pour ce quilz en sont plustart deliurez. Car ilz ne sont pas en ce lieu de pain lequel est exprime en ce sacrement / mais de rechief ceulx aussi qui entendent mauuaisement que on ne doit pas dire q̃ celluy mengusse le corps de iesucrist qui nest ou corps iesucrist ne promettēt pas a droit q̃ ceulx doiuent estre deliurez du feu du tourmēt pardurable qui en eulx desseurant et separant de lunite du corps iesucrist en chaiēt ou en heresie ou aux cerimonies des payens. La premiere rayson, car il doiuēt entēdre cõment cest chose qui nest pas a souffrir qui est trop loing de saincte doctrine q̃

plusieurs et auecques tous qui ont fait les
deffoy auſſi hereſies en yſſant de leſgliſe ca
tholicque, et ſont deuenus princes des he
retiques apent meilleure cauſe que ceulx
qui oncques ne furent creſtiens quant ilz
ſeroient encheuz en leurs las, ſil eſt ainſi
que iceulx princes des heretiques doiuent
eſtre deſiurez du tourment pardurable p
ce quilz ont eſte baptiſez en leſgliſe catho
licque et qlz ont receu pardeuant le ſacremēt
du corps ieſucriſt ou vray corps ieſucriſt.
cōe pour certain celluy qui deſaiſſe ſa foy
et ſimpune depuis quil ſa ſaiſſee eſt pire q̃
celluy qui oncques ne ſaiſſa ce quil ne tint
oncques. La ſeconde rayſon eſt, car encon
tre ceulx cy ſapoſtre en prononçant icelles
meſmes parolles, et depuis quil a nōbre
oeuures charnelles, il leur anōce en icel
le meſmes verite q̃ ceulx q̃ font telles oeu
ures nauront ia le royaume de dieu. Dōt
il ſenſuyt que ceulx ne doiuēt pas eſtre aſ
ſeurs en leurs meurs de perdicion et dāna
bles qui iuſqs a la fin de leur vie y perſe
ueront, auſſi comme ſilz eſtoient en la
communion de leſgliſe catholicq̃ ſilz cōſi
derent bien leſcripture, diſant que celluy ſe
ra ſauue qui perſeuerera iuſques a ſa fin:
Et ilz deſaiſſent par leur vie inique celle
iuſtice de vie laqlle ieſucriſt leur eſt en fai
ſant fornicacion, ou en perpetrāt en leurs
corps autres ordures de pechez leſquelz ſa
poſtre noſa pas meſmes nommer, ou en
decourant en ſa ſapdeur de luxure, ou en
faiſant aucun autre peche, deſqlz dit ſa
poſtre que ceulx qui font telz pechez, na
uront ia le royaume de dieu: Et par ce
ceulx qui telz pechez font ne pourrōt eſtre
fors ou tourment pdurable pour ce quilz
ne pourront eſtre ou royaume de dieu. car
puis quilz y perſeuerent iuſques a la fin de
ceſte vie. On ne doit pas dire quilz ayent
perſeuere en ieſucriſt iuſques a ſa fin, pour
ce q̃ perſeuerer en ieſucriſt eſt perſeuer en la
foy laquelle foy ſelon ce q̃ lapoſtre la dif
finiſt fait oeuures de dilection, et dilectiō
ſelon ce quil dit ailleurs ne fait nul mal.
Ne on ne doit pas dire par conſequent que

ceulx cy menguſſent le corps ieſucriſt car
ilz ne ſont pas a compter entre ſes mem
bres de ieſucriſt a membres de foſſe femme
¶ Apres noſtre ſeignr ieſucriſt en diſant
qui mēgeut ma chair et boit mon ſang il
demeure en moy et ie en luy. Demonſtra
il eſt choſe ceſt de menger ſon corps et boire
ſon ſang, non pas ou ſacrement ſeulemēt
mais realement car ceſt adire que celluy
qui ainſi ſe fait demeure en ieſucriſt en tel
maniere que ieſucriſt demeure auecques
luy, car ainſi ſe dit il auſſi comme ſil diſt
Celluy qui ne demeure en moy, en qui ie
ne demeure ne dy ie pas ne ne cuide q̃ mē
geuſſe mō corps ne boiue mon ſang. a par
ce ne demeurent pas en ieſucriſt ceulx qui
ne ſont ſes membres. Mais ceulx ne ſont
pas membres de ieſucriſt qui ſe font mem
bres de foſſe femme, ſilz ne deſaiſſēt ce mal
par penitance, et ſilz ne ſe retournent a ce
bien par reconſiliacion.

¶ Expoſicion ſur ce chapitre.

En ce xxvi chapitre monſeignr ſaint
auguſti reſpōt a ceulx qui diſoiēt
que tous ceulx ne ſeroiēt pas deſiurez des
peines denfer, mais ceulx tant ſeulemēt
q̃ eſtoiēt regenerez p bapteſme et q̃ auoiēt
participe ou corps ieſucriſt en quelq̃ ma
niere quilz euſſent veſcu ne en quelque he
reſie qlz fuſſēt encheuz ou en quelque in
fidelite. Et leur reſpont par lauctorite de
monſeigneur ſaint iaques lapoſtre en ſa
canonique ou il dit que les oeuures de ſa
chair ſont manifeſtees, leſquelles ſont ſi
comme il dit fornicacion, ordure, luxure
&c. Et lequel apres ce quil a racōtees les
oeuures de ſa chair, dit expreſſemēt que
ceulx qui font telles choſes nauront point
le royaume des cieulx, car il ny a point de
lieu moyen ou ilz ſoient ſans tourment,
et ſilz ne ſont pas ilz ſont en tourmēs per
petuelz: ¶ Apres il reſpont a ce quilz diēt
que dieu diſt pour prouuer leurs intenciōs
Ceſt aſſauoir. Qui mengera de ce pain.
&c. Et dit que il parle des creſtiens qui

qui demeurent en lunite du corps iesucrist Cestadire en la ioicture des membres crestiens/desqlz lapostre dit. Nous plusieurs sommes vng pain et vng corps. En arguant doncques par sens contraires come ces hereticques τ scismaticques q sont a separer de ceste vnite puissent receuoir ce mesmes sacremēt. mais il ne leur est pas prouffitable a ce que par ce ilz apēt la vie pardurable/mais leur est nupsible a la mort et dānacion pardurable/ilz ne peuent arguer. Ceste conclusion il preuue. ou il dit premieremēt. ace. Ou il dit q cellup qui a receu le sait baptesme τ pceu le corps iesucrist/et apres est fait heretiq/est pire que cellup qui nen a point eu. Apres monseigneur sait augustin cōclud pour ce que les heretiques et les pecheurs obstinez nō pas perseuere en la grace laquelle ilz prindrent en prenant le baptesme et le corps ie sucrist. pour ce est verifie ce qui sēsupt en la parolle de lapostre/ilz ne possederont pas le royaume de dieu. ¶ Apres demōstre monseigneur saint augustin comme se doit entendre celle parolle/qui mengue ma chair et boit mon sang/il demeure en moy τ moy en lup. Et le mōstre mesmes ples parolles de iesucrist. Cestassauoir quil ne se dit pas/mengez legierement/mais realement/laqlle chose est demourer en iesucrist/a ce que iesucrist demeure en lup. Or est il ainsi q cellup qui est herite ou pecheur obstine/ne le mēgue pas ainsi. Et par consequent il ne viura pas perpetuelemēt.

¶ Quelle chose cest auoir iesucrist en fōdement. et a quelz hōmes est promis sauuement aussi cōe par ardeur de feu. pp vi.

Car ilz dient que les crestiens catholiques ont iesucrist en fonde ment de lunite duquel ilz ne sōt pas departis/combien quilz ayent edif fie sur icellup fondement quelconqe vie mauuaise/aussi comme bois/foin/estouble/ou chaume. Et par ce ilz dient que la droitte foy par laquelle iesucrist est fondement les pourra sauuer en aucun temps de la perpetuite dicellup feu/combien que ce soit a leur dommage/pour ce q les choses qui sont edifiees par dessus seront arses. Or leur responde briefment monseigneur saint iaques lapostre qui dit ainsi Se aucun se dit auoir foy/et il nen a les oeuures/le pourra doncques la foy sauuer/aussi comme sil voulsist dire q non. Et qui est doncques cellup dient ilz de qui saint pol lapostre dit ql sera sauue/mais en telle maniere aussi comme par feu En querōs ensemble quil est/affin que nous ne mettons pas debat entre les sentences des deux apostres/se lun dit que combien que aucun ait fait mauuaises oeuures la foy se sauuera par feu/et lautre dye/ aucun na les oeuures comme se pourra sauuer la foy. Nous trouuons qui est cellup qui peut estre sauue par feu se nous pouons aincois trouuer quelle chose cestassauoir iesucrist en fondement. Et a ce que plustost que nous pourrons nous considererons que cest de celle similitude/nous trouuerions que rien nest mis en vng edifice auant le fondement ·) Quiconques doncques a iesucrist en son cueur par telle maniere quil ne mette au deuāt les choses terriēnes et temporelles/ne les choses licites ou ottroyes/il a iesucrist en sō fondement. Mais sil met au deuant icelles choses/combien quil semble auoir la foy de iesucrist/toutesfois nest pas fondemēt en lup a qui telles choses sont deuant mises. De tant est il plus cōuaincu/se en desprisant les commandemens il cōmet choses non licites quil na pas mis iesucrist p deuant/mais la mis derriere/lequel il a eu apres commandement ou ottroyant/quant contre ses commandemens et ottrois il a esleu a acomplir sa plaisance/p deshonneures. Saucun doncques ayme folle femme/τ en soy aherdant a elle il est fait ung corps, il na pas iesucrist en fondement. Mais saucũ ayme sa fẽme, sil ayme selon iesucrist, qui est cellup qui doubte quil nait iesucrist en fondement, mais sil ayme sa femme selon ce siecle, cestassauoir quil ayme ou charnelement ou en sa maladie de concupiscence, aussi cõme font les payens qui ne congnoissent dieu en ce cas, lapostre luy en ottroye aussi pardon mais qui plus est luy en ottroye iesucrist pardon par lapostre. Cestuy doncques peut auoir iesucrist en fondement, car sil ne met pardeuant dieu aucune telle affection ou desict, iesucrist est son fondement, cõbien quil edifie pardessus bois, foin, ou estouble, pour laquelle chose il sera sauue par feu. Car le feu de tribulacion ardra les delices de ce monde et les amours terriēnes lesquelles ne sont pas dānables pour se loyen de mariage, auquel feu appartiennent desfaultes de lignee et quelzconques miseres qui ostent icelles choses desectables. Et par ce cellup qui ce a edifie aura dommage en tel edifice, pour ce quil naura pas ce qla edifie pdessus, & sera tourmente pour la perte des choses desquelles sans doubte ilz se iouissēt en usāt, mais il sera sauue par ce feu p le merite du fondement pour ce q saucun psecuteur la proposoit, lequel il aymeroit mieulx a auoir ou ce q dit est ou iesucrist, il ne mettroit pas ce pardeuant iesucrist. Consideree les paroles de lapostre, lõme q edifie sur le fondement or argent pierres precieuses Cellup dit il qui est sans fẽme pēse aup choses q sont de dieu comment il plaise a dieu, considere lautre hõme q edifie bois foin et estouble ou chaume. Cellup dit il qui est marie pense aup choses du monde et cõment il plaise a sa fẽme, loeuure dun chascun sera manifestee, car le iour de nostreseigneur le desclairera pour certai dit le iour de la tribulacion, car il dit quil sera reuele en feu. Il appelle celle mesmes tribulacion feu, sicõe il est escript ailleurs, sa fournaise espreuue les vaisseaulp du pottier, & la tētacion de tribulacion espreu

ue les hommes iustes. Et le feu dit il esprouuera quelle chose soit loeuure de ung chascun Se loeuure daucũ demeure soeuure demeure, car quāt aucũ pense aup choses de dieu, cõment il plaise a dieu il receuera loyer de ce quil a sure diffie, cestadire quil receuera ce dont il a pense. Et se loeuure daucun art, il souffrira dõmage, car il naura pas ce quil auoit ayme, mais il sera sauue pour ce que nulle tribulacion ne la oste de sa fermete dicellup fondemēt mais ce sera aussi cõe par feu, car il ne perdra pas sans douleur ardāt ce qil na pas eu sās amour attrayant & loyant. Deez cy sicõe il me sẽble q le feu est trouue q dāne aucũ deulp, mais enrichist lun dõmage lautre, & les preuue tous deulp. Et se nous voulons cy orendroit entẽdre que ce feu cy soit cellup duquel nostreseigneur dira a ceulp qui seront a sa senestre. Deptez vous de moy mauldis au pardurable si que on croye que ceulp soient de seur nõbre qui edifient sur le fondement fust foi estouble. Et que le merite du bon fondement les deliure dicellup feu a eulp donne pour leurs demerites. Que tendrions nous deceulp qui serõt a deptre, auquelz on dira. Venez bieneurez de mon pere receuez le royaume qui vous est appareille fois ceulp qui ont edifie sur le fondemēt or argent pierres precieuses. Mais toutesfois les ungs et les autres et ceulp de la deptre et ceulp de senestre seront mis ou feu, dont il est escript. Toutesfois aussi cõme par feu il est assauoir se on le doit entendre ainsi. Car les ungs et les autres seront prouuez par le feu, dõt il est escript en ceste maniere. Car le iour de nostreseigneur desclairera, pour ce quil sera reuele en feu, & le feu esprouuera quelle soit loeuure de ung chascun. Doncques se le feu a esprouuer lun et lautre en telle maniere q se loeuure daucun demouroit, cestadire quelle ne fust destruite par feu, il recoiue loyer de ce quil aura edifie. Et se loeuure daucũ, ardoit quil en seuffre aucunement dõmage, pour vray et certain ce feu cy nest pas cellup qui est pardurable/ car ou feu pardurable seront mis ceulp de senestre seulement par derreniere et perpetuelle danacion. Mais ce feu deuāt dit preuue ceulp qui seront a dextre/ mais il preuue les vngs deulp par telle maniere quil ne art point ne ne degaste point ledifice que il fait sur le fondement qui est iesucrist/ mais il preuue autrement les autres/ cest adire par telle maniere quil arde ce quilz ont sur edifie τ quilz seuffrent dommage et soient neantmoins sauuez/ pour ce qlz ont tenu p charite excellente iesucrist mis fermement en fondement. Et silz sōt sauuez/ pour certain ilz seront a dextre a la dextre, et orront auecques les autres ces parolles. Venez bieneurez/ ces parolles de mon pere receuez le royaume appareille non pas a la senestre ou ceulp qui ne seront pas sauuez Et pour ce oprēt ces parolles. Departez vous de moy mauldis ou feu pardurable/ et nul deulp ne sera sauue dicellup feu/ car tous iceulp iront en tourment pardurable/ et la leur ver ne mourra point/ et le feu ny sera ia estaīt/ par seql ilz seront tourmētez iour et nupt aup siecles des siecles. Et se les esperis des trespassez en celle interuale de temps qui est apres la mort corporelle iusques a tant que on vienne iusques a icellup iour qui apres sa resurrection des corps est le derrenier auenir de danacion et de remuneracion ont a souffrir ce feu lequel ne sentent pas a ceulp qui nont pas en telles meurs τ telles amours en la vie de ce corps par telle maniere que leur fust foin et estouble soit degaste. Et les autres se sentent qui ont apres auecques eulp edifices seculiers. iassoit ce que pardonnables de danacion soit quilz tenissent lardant feu de tribulacion transitore/ ou soit la tant seulement /ou soit cy ou la / ou soit affin que ce ne soit la/ ce ne reprenge pas/ car p auenture cest verite. Quelz merueilles/ Car la mort de la chair peut estre aussi raportee a ceste tribulacion/ laquelle mort fut conceue de la perpetracion du premier peche/ en telle maniere que selō ledifice de vng chascun on apperçoiue le tēps qui ensuyue celle mort/ les persecussions aussi par lesquelles les martirs sont couronnez/ et lesquelles tous crestiens seuffrent preuuent les vngs les autres edifices/ aisi comme fait le feu. Et destruisent les vngs auecques leurs ediffiemens. selles ne treuuent que iesucrist soit leur fondument/ car ilz seront sauuez combien que ce soit a leur dommage. Mais icelles persecucions ne destruisēt pas les autres edifices. Car ilz les treuuent telz quilz deurent pardurablement Il aura aussi en la fin du siecle ou temps dantecrist vne persecucion si griefue et si grande quil nē fut oncques nulle si grande/ car comment seront fors plusieurs edifices ou dor ou de foin sur le tresbon fondement/ qui est iesucrist a ce que le feu preuue les vngs et les autres/ τ quil auienne ioye des vngs et des autres dommage.) Et toutesfois il ny destruira ne lun ne lautre de ceulp ausquelz il trouuera ces choses pour le ferme fondement. Mais quelcōques hōme met pardeuāt iesucrist/ ie ne dy pas sa fēme de laquelle mesmes il vse a delict charnel en sa congnoissance charnellement/ Mais quiconques met par deuant iesucrist en auant auant charnellement, icelles choses mesmes q sōt estranges de telles delectacions /ains ont nom de pitie se sont usage de pser humain cellup na point iesucrist en fondemeut/ et pour ce ne sera il pas sauue par feu/ mais qui plus est ne sera point sauue, car il ne pourra estre auecques le sauueur/ lequel en parlāt tres clerement de ceste chose dist: Qui plus ayme son pere ou sa mere que moy/ il nest pas digne de moy. Et qui ayme son filz ou sa fille pdessus moy/ il nest digne de moy. Toutesfois cellup qui ayme telles prochainetez charnellement en telle maniere quil ne ses met pas par deuant iesucrist, et ait pluschier a les non auoir que iesucrist/ sil est amene a cel article de tētacion/ q il sera sauue par le feu. Car il est necessite quil soit ars par grant douleur de les perdre comme il auoit grāt amour en eulx. Mais cellup qui aura aymé son pere sa mere ses filz et filles selō iesucrist et quil leur ait conseille a acquerir son royaume et quilz adioingnēt a lup, ou quil les ayme pour ce quilz sont membres de iesucrist, ia nauienne que telle amour soit trouuee a estre degastee en fust en foin ou en estouble, aincois sera reputee a estre comptee a ledifice dor dargent de pierres precieuses, mais commēt peut aucū plus aymer que iesucrist ceulx qui aymēt pour iesucrist.

(Expposicion sur ce chapitre.

En ce xxbi chapitre mōseigneur sait augustin respont a oppinion de ceulx qui tenoient que qlq mauuaise vie q les crestiens mauuais eussēt mene, ilz ne seroient pas punis pdurablement ou feu deufer. Pont ce sicōe ilz dient quilz ne se sont point departis de iesucrist, seql ilz ont fondement, quelq chose mauuaise q ilz apent ediffie dessus. Laqlle estoit la b. oppinion. Et il respont p sauctorite de monseignr saint iaq qui dit q foy sās oeuures est chose morte, et ainsi en pechant se sōt departis de fondement. (Secondement il a conferme la responce. Car sicōe il dit se nous gardions la cōdiciō dun ediffice, rien nest mis auant le fondement. Or est il ainsi que cellup q peche mortellement met sa couuoitise auant iesucrist. sicōe il le mōstre p induction. Et p consequent se deptent de son fondemēt. leql est iesucrist. quare. ce.) Apres quant il dit, Car sil ne met poīt. ce. Il respont a leur confirmacion ou ilz disoiēt que cellup du ql soeuure ardroit, seroit sauue par le feu en mettant auant la parolle de lapostre q est telle Soy dist il lōme qui ediffie sur le fondement or argent pierres precieuses cest adire bōnes oeuures plaisans a dieu. Et pour ce sensupt il au dictes parolles

Cellup qui est sans femme pēse aux choses qui sont de dieu. Et tantost apres est dit. (Et cellup dit il qui est marie pense aux choses qui sont du monde comment il plaise a sa femme, et de soeuure de bng chascun deulx. Il dit quil sera reuese par feu, mais en diuerse maniere, car cellup duquel soeuure demeurera, cest adire qui mettra sa pēsee cōmēt il plaise a dieu, cellup resendra loyer, et cellup duquel seure ardra sera sauf, mais ce sera ainsi comme par feu. Mais ce feu duquel il parle ci nest pas se feu duquel nostreseigneur iesucrist dit. Departez vous de moy mauldis de dieu ou feu pardurable. Mais est le feu detribulacion par lequel les ames pleurēt seurs pechez. Et par consequent ceulx q tenoient ceste oppinion, non pas leur intencion que les mauuais soient deliurez du feu pardurable ētre les autres choses notables qui sont mises en ce chapitre. Monseigneur saint augustin met que aucun crestien ayme sa femme charnelemēt selon ce siecle et en la maladie des concupiscences, si comme les payens qui ne scauent quelle chose est dieu. Aussi ottroye nostreseigneur a cellup cy pardon ou qui plus est iesucrist leur ottroye par lapostre Et de ce on prent deux telz enseignemens theologicques. (Le premier est que ceulx qui dient que cellup qui a afaire a sa femme, affin doster sa delectacion charnelle peche mortellement, sōt contraires a mō seigneur saint augustin en ce pas qui dit que lapostre sottroya en la maladie de concupiscence. Ainsi comme les gens qui ne scaiuent que cest de dieu. Ou p ceste mesmes rayson il sensuyroit que homme q beuroit ou mengeroit par seule delectaciō peche mortellement.) Le second est que ia soit ce que en telles choses et en telles oeuures ne soit pas peche mortel, toutesfois y a il peche veniel. pource ql dit q ce ottroie lapostre se on findulgence ny seroit point necessaire. Toutesfois il est a entendre se son soppinion de monseignenr saint augustin que vng bon crestien peut auoir a faire a sa femme en quatre manieres/ Cestassauoir ou pour office de procreacion et dauoir lignee/et ce fait et operacion est meritoire. pour ce quil est rigle de certaine rayson et ordonnee/ affin deue et couenable/ ou a rendre a sa femme son deu/et ancores est il meritoire. Car somme est tenu a ce selon iustice par telle maniere quil pecheroit sil ne le faisoit/ comme ce soit le commandement de lapostre qui dit ainsi Lomme dist il rende son deu a la femme et la femme a lomme. Or est il ainsi que tous les commandemens de lapostre sont meritoires. quare. &c. Ou affin de remedier pour escheuer fornicacion/ sicõe dit lapostre/ Ung chascun ait la sienne pour escheuer fornicaciõ. Et apres ce dist il Vous retournez a dieu/ affin que le dyable ne vous tente pour vostre incontinence. Et en ceste maniere il semble attaindre a imperfection/combien quil ne semble point cy auoir de peche/neantplus que en cellup q̃ suyt aucune persecucion pour ce quil doubte la mort et saduersite/ iassoit ce quil soit imparfait/ mais qui plus est cest pou sil lup est non meritore. Comme la fuitte a tel homme soit conseil/ ou pour cause de seule delectacion/ icy a peche veniel/ pour ce quon delaisse sa circonstance deue/ laq̃lle y pourroit estre legierement/cestassauoir de fin deue. Et par il que en mariage ceste coionction ou operacio ne soit pas peche mortel/ fors semblablement q̃l peut auoir intẽperance en boire ou en mengier ou autre intẽperance qui vient au nupsement du corps/ ou sil nest autrement deffendu comme aux iours solennelz. Aps quant il dit. Aussi toutesfois comme par feu. &c. Il preuue sa proposicion/ car il dit que lapostre parle du feu ou quel sont a enuoyer et les vngs et les autres/ cestassauoir et ceulx qui auront ediffie sur iesucrist qui est le vray fondement or argent & pierres precieuses/ cestadire bonnes oeuures. Loeuure desquelz desclairera le feu de sa reuelaciõ et auront leur loper. Et ceulx qui auront ediffie buches foin & estou-

bles et ne seront departis de iesucrist. desquelz le feu de tribulacion prouuera loeuure. et seront sauuez par le feu dardeur. Et ainsi les vngs et les autres & ceulx cy appartiennent a sa destre. Mais ce feu de quoy iesucrist dit / departez vous de moy mauldis de dieu ou feu pardurable. apptient a la senestre/ ouquel feu nul ne sera sauue. Car la ou il est dit en ensuyuant Ceulx iront ou tourment pardurable. & par consequent appert que lapostre ne parle pas de ce feu ou il est dit Departez vous de moy. &c. Apres quant il dit. Et se les esperis. &c. Monseigneur saint augustin note que par ce feu on peut entendre la tribulacion que seuffrent les ames des trespassez qui ont ediffie Buches foin ou chaume sur ce fondement. ¶ Secondemẽt il peut estre entẽdu la tribulaciõ de la mort de la chair qui a deseruy estre deprimee/ pour ce quelle a este conceue en la perpetracion du peche originel ¶ Tiercement par ce feu peut estre entẽdu la tribulacion des martirs et des bons crestiens. ¶ Quartemẽt la tribulacion dãtecrist qui sera telle que oncques ne fut si grande. et ces quatre feux seront auant le iugement/ mais il y en ya quatre autres qui appartiennẽt au iugement/ car quant le iugement sera/ ceulx qui vendront a lencontre de iesucrist entre ceulx qui seront rauis en sair & qui auront ediffie sur ce fondement qui est iesucrist or argẽt et pierres precieuses cestadire bonnes oeuures/ seront desclairez ou feu de reuelaciõ. Lors aussi ardrõt par feu de probacion ceulx qui entre les rauis auront ediffie sur ce fondement/ q̃ est iesucrist buches foin et estoubles/ mais ne seront point departis de ce fondement/ si comme il appert. prime ad corinthios iiii. capitulo. Mais en ce iugement finable seront sentenciees au feu de dãnacion ceulx qui seront maleureux & mauldis de dieu Sicomme il se treuue. Mathei vicesimo quinto. Et apres le iugement sera le mõde purge p̃ feu de cõflagraciõ/ a ce q̃ le nouueau monde soit asserme et conuenable;

aux benois corps qui lors seront incorrõ+
pables/sicõe il se treuue secũda pet. iii. c.

¶ Contre les persuasions de ceulx q̃ cui+
dent que leurs pechez ne leur nuyrõt poit
ausquelz ilz sont demourez en faisant au+
mosnes. xxvii.

Il reste que nous respondons a
ceulx qui dient que ceulx ardrõt
en feu pardurable qui ont este ne
gligens de faire dignes aumosnes pour
leurs pechez. Pour ce que saint iacques la+
postre dit Iugement sans misericorde se+
ra fait a celluy qui na fait misericorde.
Doncques dient ilz que celluy qui a fait
misericorde/ combien quil na pas corrige
ses peruerses meurs/ mais ait vescu felõ+
nement et iniquement en faisãt icelles au+
mosnes/ aura iugement auecques miseri+
corde/ a ce quil ne soit pas dãne du tout,
ou quil soit deliure apres aucun temps de
sa derreniere dãnacion . Et ceulx de ceste
oppinion ne cuident pas que iesucrist fa+
ce diuision de ceulx qui seront a dextre/ et
de ceulx qui seront a senestre/ fors que selõ
ce quilz auront este diligens ou negligẽs
de faire aumosnes/ desqlz il enuoira les
vngs en sõ royaume/ & les autres en tour+
ment pardurable. Et affin quilz cuident
que leurs pechez quotidiens/ lesquelz ilz
font sans cesser leur puissent estre pardõ+
nez par aumosnes/ qlzconques ou cõbiẽ
grans quilz soient ilz sefforcent damener
en ayde et en preuue loraysõ que nostresei+
gneur mesmes fist. Car ilz dient que aus+
si comme il nest iour que ceste orayson ne
soit dicte des crestiens/ aussi nest il aucũ
peche quotidien quel quil soit pardonne p
icelle quant nous disõs/ cest assauoir aus+
si cõme nous delaissons noz debtes a noz
debteurs. Car ilz dient q̃ nostreseigneur
ne dist pas. Se vous pardonnez les pe+
chez a voz debteurs/ Vostre pere vous par+
donnera voz petis pechez quelzconques.
Ilz presument dõcques que nostreseignr̃
ne denye a pardõner par faire aumosnes

les pechez tant soient grans fais chascun
iour/ cõbien que la vie ne sen departe poit
en soy muant en mieulx. Mais cest trop
bien fait de ce quilz amonnestẽt a faire di+
gnes aumosnes pour les pechez/ car se ilz
disoient que on peust impetrer la miseri+
corde de dieu par quelzconques aumosne,
pour les pechez quotidiens et grans/ Et
pour combien grant coustume de pechez q̃
ce fust ce que par don quotidien sensuit /
il appartendroit quilz diroiẽt choses plai
ne derreur et de mocquerie. Car ainsi se+
ront ilz constrains a confesser que vne p̃+
sone qui seroit tresriche racheteroit homi
cides adulteres/ et quelzconques pechez q̃
il fist, en donnant chascun iour dix petis
deniers en aumosnes/ laquelle chose selle
est tresplaine derreur & de forcennerie a di
re, pour certain que leur demanderoit.
Lesquelles aumosnes sont dignes pour
ses pechez/ desquelles mesmes saint iehã
baptiste disoit. Faictes doncques disoit il
fruis dignes de penitance / sans doubte
ilz ne trouueront pas que ceulx les fissẽt
qui trespercent leur vie en faisant pechez
chascun iour iusques a leur mort, pour ce
premier. &c. Car des biens quilz ostent a
autruy dont ilz ostent trop plus quilz nẽ
doiuent en donnant vng trespou aux po+
ures, ilz cuident paistre iesucrist a ce quil
leur face separer les grans pechez si dã+
nables en croyant quilz les ayẽt rachetez
ou qui plus est quilz les rachetent de luy
chascun iour. ausquelz il ne prouffiteroit
rien, silz distribuoiẽt pour vng peche tous
leurs biens aux poures/ ne fait rien p̃ fe+
lonnie. Cellup doncques qui fait dignes
aumosnes pour ses pechez doit premiere+
ment cõmencer a les faire de soy mesmes
Car ce nest pas digne chose que celluy ne
les face en soy mesmes qui les fait a sõ p̃+
chain. Comme il oyt nostreseignr̃ disant
Tu aymeras ton prochain cõe toy mes+
mes, et oyes de rechief ces parolles. Apes
mercy de ton ame en plaisant a dieu.
Comment peut on dire q̃ celluy face di+
gnes aumosnes pour ses pechez q̃ne fait

ceste aumosne. cestadire quil plaise a dieu Car a ce propos il escript en ceste maniere A qui sera il bon qui est mauuais a soy/ pour certain les oraysons apendent les aumosnes/ et doit on a certes considerer ce q̄ nous lisons. Filz se tu as peché ny réchie plus/ et prie que les pechez que tu as fais te soient pardonnez. On doit doncques pour ce faire aumosnes/ affin que quant nous prions dieu pour les pechez q̄ nous auons fais nous soyons oys/ non pas af fin que en perseuerant en iceulx nous croy ons que nous puissons acquerir par aumosnes licence de mal faire. Car pource a dit nostreseigneur quil iputera a ceulx qui seront a dextre les aumosnes quilz ont faictes. Et a ceulx qui seront a seneſtre ce quilz ne les ont pas faictes. Affin quil demonstrast combien prouffitēt aumosnes a effacer les pechez pardeuant fais/ non pas a les faire perpetuelement sans estre punis. Mais ne doit pas dire que ceulx facent aumosnes qui ne veulēt pas muer en mieulx leur vie de la coustume de pecher. Car en ce que iesucrist dist ces paroles. quant vous nauez pas fait aumosnes a ung de mes plus petis. vous ne sauez pas faicte a moy/ il demonstre q̄ ilz ne la font pas quant ilz la cuident faire. Car silz donnoient du pain a ung souffreteux crestien aussi cōe a iesucrist/ pour certain ilz ne se nyeroient point le pain de iustice que iesucrist est. Car dieu ne considere pas a qui on donne/ mais de quelle intencion on donne. Cellup doncques qui ayme iesucrist en ung crestien, luy doit dō ner sō aumosne de tel courage quil en puisse venir a iesucrist/ non pas du courage quil a de soy departir impuny de iesucrist car chascun delaisse plus iesucrist de tant comme il ayme plus ce que dieu reproche. Car que prouffite il a aucū destre baptisé sil nest iustifié. Et iesucrist qui dist saucū nest baptizé deaue et du saint espirit. il nē trera ia ou royaume de dieu. Ne dist il pas aussi. se vostre iustice nabonde plus que celle des scribes et pharisiens/ vous nentrerez ia ou royaume des cieulx.

Pourquoy courent plusieurs a baptesme en doubtant lun/ et pou courent a estre iustifies et non doubtans lautre/ sicom me doncques cellup qui dist a son frere tu es fol/ et ne luy dit pas pour ce quil se hee mais son peche/ ou autremēt il seroit coulpable de la peine du feu denfer. Aussi au contraire cellup qui donne du pain a ung crestien. il ne se donne pas a crestien se il nayme iesucrist en lup. Or nayme pas cellup iesucrist qui refuse a estre iustifie de luy. Et tout aussi comme se aucun estoit preoccupe de tel peche quil desist a son frere/ tu es fol/ cestadire quil luy desist/ non pas pour voulente quil eust de luy oster son peche/ sera conuaincu diniustice/ cest pou de chose a luy de faire aumosne pour racheter ce peche/ sil naiouste auecques le remede de reconsiliacion qui vient apres car il sensuyt la endroit. Se tu offres doncques ton don a lautel, et il te souuiēt que ton frere a aucune chose encontre toy. laisse la ton don a lautel/ et ten va premie rement reconsilier a ton frere/ & lors reuiē offrir ton don. Aussi vault pou faire aumosnes/ cōbien grandes quelles soiēt pour quelcōque peche/ et demourer en coustume de pecher. Pour certain loraisō quotidiane que nostreseigneur mesmes enseigna/ pourquoy elle est nommee de nostreseigneur/ efface les pechez quotidiens. quant on dit chascun iour. delaissez nous noz debtes/ mais que on ne dye pas seulement ce qui sensuyt/ mais soit ainsi fait/ cest aussi assauoir comme nous les delaissons a noz debteurs. Mais on la dit pour ce que on fait les pechez/ non pas pour ce que les pechez doient estre fais pour ce que on la dit. Car par ceste oray son nostre sauueur iesucrist voulut demōstrer que combien iustement que nous vi uons en lobscurete et efermete de ceste vie nous ne sommes pas sans peche/ pour lesquelz auons pardonne/ nous deuons prier & pardonner aussi a ceulx qui pechēt enuers nous/ affin que nous ayons

pardon. ¶Et ainsi nostreseigneur ne dit pas. Se vous pardonnez les pechez aux hommes/vostre pere vous pdõnera aussi les vostres/affin q̃ en fiance de ceste oraison nous fissons seurement pechez quotidiens ou p impuissance, par laqlle nous ne doubtissons point les loix des hõmes ou p malice par laquelle nous decepuissons iceulx hõmes. Aincois le dist nostre seignr/affin que nous apreñissons p icelle oraison q̃ nous ne cuidissons pas que nous fenissions sans pechez/cõbien que ce ne fussent pas pechez mortelz/aussi cõme nostreseignr mesmes amonnesta de ceste chose des prestres de la Vielle loy en faisãt leurs sacrifices. par laqlle loy il leur cõmanda quil offrissent premierement sacrifices pour leurs pechez/et apres pour les pechez du peuple. Car icelles paroles de si grant maistre ⁊ qui est nostreseignr sõt a veoir p si grant consideracion/ car il ne dit pas/se vous pdõnez les pechez aux hõmes/aussi pdõnera vostre pere qlconques pechez/mais dist voz pechez. Car il enseignoit loraison quotidiane et ploit a ses disciples q estoient ia iustifies. Quest ce doncques a dire voz pechez, fors q̃ les pechez sans lesquelz vous serez q̃ estes iustifies et sanctifies. Doncques ceulx qui qrent occasiõ de faire pechez par ceste oraison/dient q̃ dieu ait p ce signifie les grãs pechez. Car ilz dient quil ne dist pas vostre pere vous pdõnera voz petis pechez mais dist voz pechez. Nous qui considerons a quelz hõmes il ploit sa/et oyons quil dist voz pechez/ne deuons autres cuider que les petis pechez. car ceulx a q̃ il parloit/nẽ auoient nulz grans. Et toutesfois les grãs pechez mesmes desquelz on se doit deptir du tout en muãt ses meurs en mieulx/ne sont poit pdõnez a iceulx qui dient icelle oraison/silz ne font ce qui est dit/cestassauoir aussi cõe nous pdõnons a noz debteurs. Car se les trespetis pechez sans lesquelz la vie des iustes mesmes ne peut pas estre ne sont autrement pdõnez/de tant plus ceulx qui sont eueloppez en plusieurs et grans pechez mortelz/combien quilz se cessent de les faire nen auront aucun pardon/silz ne se veulent encliner a pdõner aux autres ce qlz luy auront meffait. Comme nostreseigneur dye. Se vous ne pardonnez aux hommes/aussi ne vous pardonnera pas vostre pere. A ce propos fault aussi ce que saint iaques lapostre dit. Cellui aura iugement sans misericorde qui ne fait misericorde. A ce propos doit aussi venir a memoire le sergent auquel le seigneur relascha dix mille besans quil deuoit. Lesquelz il commanda apres quil rendist/pour ce q̃ nauoit pas aussi eu mercy dun autre sergent son compaignon qui luy deuoit cent deniers. ¶ Ce doncques que icelluy apostre saint iaques dist apres / cestassauoir misericorde suressauce ou surmonte iugement fault a ceulx qui sont plais de prouision et de vaisseaulx de misericorde, car iceulx iustes q̃ ont vescu en si grãt saictete q̃ recenoiẽt les autres aux tabernacles pdurables/ ausqlz ilz sõt deuenus amis de la monnoye diniquite/si quilz fussent telz sont deliurez p misericorde par cellui qui iustifie le mauuais/et donne loyer selon la grace/non pas selon la deserte.
¶ Pour certain lapostre est de seur nombre qui dit Jay consuyui misericorde a ce q̃ ie fusse loyal ou crestien. Mais ceulx qui sont receus cy aux tabernacles pardurables ne doiuent estre reputez indignes p leurs bõnes meurs que leur vie leur puisse souffire, pour estre deliurez sans leyde des sains. Et par ce misericorde surmonte trop plus iugement en eulx ¶ Et pourtant ne doit on pas croire que aucun tresfelon qui en aucune maniere ne se mue ou en bonne vie ou plussouffrable doye estre receu aux tabernacles pardurables pour ce sil a fait seruice aux sains de la mõnoye de iniquite. Cestadire de la pecune ou richesse qui auoient este mauuaisement acq̃ses/ou selles ont este biẽ acquises. toutesfois nestoiẽt ce pas vrayes richesses. mais nous deuõs entẽdre quelles estoiẽt telles

que iniquite et mauuaistie cuidēt quelles soient richesses, car il ne scait pas quelles sont vrayes richesses, desquelles habondent ceulx mesmes qui recoiuent les autres aux tabernacles pardurables. Et aisi il est vne maniere de vie. Et nest pas si male q largesse daumosne ne prouffite a ceulx qui vsent de telle vie a acqrir le royaume des cieulx, par lesqlz aussi la soufrete des iustes est soustenue, ⁊ sont leurs amis de ceulx qui les apēt a receuoir aux tabernacles pardurables, et si ne sōt pas de si bonne vie quelle leur souffise pour acquerir si grant bieneurete, se ce nest que p les merites de ceulx quilz ont fais leurs amis ilz apent misericorde. ¶ Mais ie me suys esmerueille de ce quon treuue en Virgille ceste mesmes sentēce de nostreseignr ou il dit. Faictes voz amps de la mōnope de iniquite, affin quilz vous recoiuent aux tabernacles pardurables. A laquelle sentence ceste est semblable qui dit, qui recoit vng prophete en nom de prophete il me recoit, et qui recoit vng iuste en nom dun iuste, il receuera le loyer du iuste. Car comme icelluy poete Virgille descripsist les champs quil appele elyseos, auxquelz les payens cuident que les ames des bieneurez habitēt. Il ne mist pas seulemēt ceulx qui ōt peu venir a iceulx sieges par leurs propres merites, aincois adiousta Virgille et dist. Et ceulx dist il qui ont deseruy que autres les ayent en memoire, cestadire que ceulx qui ont impetre les autres ont fait iceulx auoir memoire deulx en ses impetrant. Aussi comme se Virgille dist du tout ce qui est acoustume a dire de bouche de crestien, quant aucun se recommande hūblement a aucun saint et dit. ¶ Souuiēne toy de moy, et fait tant par sa merite q le saint quil prie sa en memoire. Mais cest tresforte chose a trouuer et tresperilleuse a demonstrer quelle est ceste maniere, et qlz sont les pechez qui en telle maniere empeschent a venir ou royaume de dieu, a ce que toutesfois ilz peuent impetrer pardon par les merites de leurs sains amps.] Certes combien que ie men soye efforce iusqs a presēt ie nen puis estre venu a congnoissance. Et par auenture que pour ce nen auons point de cōgnoissance, affin que lestude de prouffit a escheuer tous pechez ne soit remise ⁊ paresceuse en nous Car se on sauoit quelle est la substance ou la qualite des pechez, pour lesquelz on doye enquerir et esperer la priere des sains, combien que iceulx pechez demeurēt aux pecheurs et qui ne les degastent pas par promociō de meilleure vie. Pour certain humaine paresce senuelopera en eulx en seurete de pecher, ne il ne chauldroit a telz paresceux destre deuelopez de telles implicacions. Mais querroient seulement comment ilz pourroient estre deliurez par les merites de ceulx quilz auront fais leurs amys p la largesse des omosnes leur monnoye de iniquite. Or est il ainsi q quant on ne scait la maniere de peche veniel, suppose ql perseuere pour certain on met peine et diligence en lestude de proufiter en mieulx en priāt et perseuerant Et aussi met on diligence de faire sains amis de la monnoye de iniquite. ¶ Mais ceste deliurance qui est faicte ou par priere des sains fait tant que cellup qui la fait, ou pour qui elle est faicte ne sera poīt mis ou feu pardurable, mais elle ne fait que cellup qui y aura este mis en soit oste apres quelconqs temps. Car ceulx qui cuident que ce qui est escript en leuangille qui dit que la bonne terre apporte fruit plenturēy, lune xxx. lautre lx. et lautre centiesme, doit estre ainsi entendu que par celles faīs selon la diuersite de leurs merites diēt deliurer les autres hōmes, les vngs trēte les autres lx. ⁊ les autres cent. Ilz ont oppinion que ce doie auenir au iour du iugement, non pas apres le iugemēt. Par laqlle oppinion comme vng clerc apperceust que plusieurs hommes se promissent tresdessorayment impunicion de leurs pechez, pour ce quil leur sēbloit quilz pouoient tous estre deliurez en ceste maniere. Icellup clerc respondit tresclergāment, et dist ql valoit mieulx biure/affin que chascun peust estre trouue entre ceulx qui deueront prier pour deliurer les autres/si quilz ne soient si pou de priant quilz viennent tantost a leur nōbre/cestassauoir ou xxx.lx.ou centiesme et que ainsi plusieurs demeurent qui par leurs prieres ne puissent estre deliurez de leurs peines. Et aussi ne sont trouue en eulx aucun qui se promettēt esperāce dau trup fruit par oultrecuidance tres vaine/ Il me suffist ce que iay respondu a ceulx qui ne disposent pas lauctorite des sainctes escriptures lesquelles nous auons communes. Mais toutesfois les mal entendans cuident que ce doye auenir/ non pas ce quelles dient/ mais qui plus est ce qͭ3 veulent estre auenir. Et pour ce ceste responce rendue nous fissions de ce liure cōe nous lauions promis.

Expposicion sur ce chapitre.

En ce xxii. chapitre mōseigneur saint augustin respont a la vi. oppinion Cestassauoir que ceulx seulemēt ardrōt perpetuellement ou feu denfer qui auront delaisse a faire condignes aumosnes (et en auront este negligens en leur viuant. Et dit que se nous parlons du fait daumosnes simplement/cest manifestement faulx Car sicōe il dit il sesupuroit que vng tres riche hōme pour donner chascun iour dix petis deniers peust racheter ses pechez/sicōe larrecins/murdres/adulteres/et qͭ conques villains autres pechez et detestables. Et pour ce ce que est dit que ceulx ardrōt ou feu pardurable qui nauront fait aumosnes/cest a entendre de celle aumosne de laquelle ploit monseigr saint iehan baptiste quant il disoit quon fist dignes fruis de penitance/non pas ceulx qui meurent en leurs malefices/ou qui font aumosnes de lautrup. Apres quant il dit On doit doncques pour ce.&c. Il respont a leur premiere confirmacion ou ilz

disoient q̄ ceulx qui feroient penitance seroiēt a dextre. Et dit que pour ce est il dit quilz seront a dextre/affin quil demonstrast de quelle vertu sont les aumosnes pour effacer les pechez precedens/non pas que on les commette tant cōe on vit sans punicion. Et ainsi est il a entendre que telles aumosnes valent a ceulx qui sont iustifies par penitance/non pas aux mauais/et qui ne se veulent repentir de leurs pechez. Car sicōe il dit que vault estre baptise a cellup qui nest iustifie. Et de ce on peut prendre vng tel enseignement/que tous ceulx qui recoiuent le sacremēt de baptesme ne recoiuent pas leffect du sacrement de baptesme lequel est totalement la iustificacion de lomme. Toutesfois est il a entendre que aucuns qui vont a ce sacrement de baptesme sont variez en quatre manieres car premieremēt ilz recoiuēt le sacrement de baptesme et leffect de ce sacrement/sicōe cel enrichi que monseigr saint philippe baptisa/lequel receut et le baptesme et la grace du sait esperit/sicōe il se treuue in actibz apostolorum. Secondement les autres recoiuent le sacrement de baptesme/et non pas leffect ne la vertu du sacrement/sicōe ceulx q̄ p̄ sont faintement/sicōe on croit de ananye et de sa femme/car ilz tentoient le saint esperit Et pour ce suppose quilz eussent la caractere/toutesfois nauoient ilz pas la grace du saint esperit. Tiercement aucūs recoiuent leffect de ce sacrement de baptesme/ et non point le baptesme/sicōe ceulx qui le desirent estre et ne se peuent estre/car le baptesme du saint esperit nest point astraint a cellup de leaue/dont il auint que quant monseigneur saint pierre preschoit il en y eut aucunes que auāt quilz fussent baptisez receurent le sait esperit. Quartement il en y a aucunes qui ne recoiuēt ne le sacrement de baptesme ne leffect ne la vertu dicellup/sicomme ceulx qui y sont constrains ou qui nont point dintencion quilz se soient/cōe intencion soit requise en tous sacremens de ceulx qui sont aagez

dd.i.

et q̄ sont fais de pēsee selon mōseigñr sait clement, iiij regulis theologie. ⁋Apres quant monseigñr sait augustin dit, Car q̄ prouffite, etc. Il demonstre q̄ a ce que ons puist dire qͫ y ait vraye aumosne, il fault qͫ y ait iustice. Et le monstre p ce qͫ dit q̄ nostre seigñr iesucrist apres ce quil eut dit q̄ celluy q̄ ne sera regenere en eaue, cestassavoir par baptesme et p le saint esperit, nentrera poit ou royaume des cieulx. Il dit apres telles parolles. Se vostre iustice dit il nabonde plus, etc. Parquoy il appert q̄ en toute aumosne est reqͥse vraye iustice et iustificacion. Et ce il preuve p la reconsiliacion de celluy q̄ a repͥns son frere, non pas en charite ne intencion de se ramener, mais en soy mocquāt de luy, et dit q̄ ce nest pas aumosne mais iniure. ⁋Et pour ce met il qͫ doit faire quant il offre son don, selon ce q̄ lapostre se dit. Apres quant il parle de loraison de iesucrist, laq̄l se nous appelons la patenostre, et laq̄lle il assegue pour confirmacion de leur opinion, il y a cy iiij. consideracions. Lune q̄ elle ne sert q̄ pour les pechez veniels q̄ on comet chascun iour. La seconde, car suppose q̄ nous vivons bien en ceste vie mortelle, ne devons nous pas estre si oultrecuidez q̄ nous cuidons que nous nayons aucuns telz pechez pour lesq̄lz nous faille de pͥer, affin q̄ ilz nous soient pdōnez, suppose q̄ nous soyons sans pechez mortelz, et non pas q̄ en la fiance de ceste oraison nous pechons chascun iour. Et ce il preuve p les prestres de lancien testamēt.
⁋La tierce consideracion est q̄ on doit avoir consideracion a q̄ il ploit quāt il commanda a dire la patenostre, car il ploit a ses apostres et disciples, lesq̄lz ne stoient pas chargez de grans pechez, & q̄ navoiēt q̄ petis pechez veniels. Et p ce il respont a leur tierce confirmacion p laq̄lle ilz disoient q̄ p celle oraison il navoit pas dit q̄ les pechez fussent pdōnez grās ou petis mais dist quilz seroient remis indefinite. Car cōme dit est vues ces trois consideracions, il ne sentent q̄ des pechez veniels.

Et pour rayson de ceste tierce consideracion il est a entendre qͫ est quatre manieres de choses p lesq̄lles les pechez veniels peuent estre pdōnez quant a coulpe. Premierement p generale cōfession et p episcopale beneisson p la p̄cepcion du sait sacremēt et p sa derreniere vnctiō. Et ceste mesme rayson pouōs nous assigner aux autres sacremens. Et aucuns aussi tiennent qͫz sont estains p prendre de leaue benite chascun iour. Et est a noter que ceste orayson vault condicionnellemēt, cestassavoir se nous pardonnons et non autrement ne en grās ne en petis. Et a ce propos il ameine lexēple du serf debteur, etc. Apres monseigñr saint augustin met vng vers, leq̄l est du vi. livre de virgille eneydos. Et dit qͫ se merveille cōme virgille q̄ estoit payen peut trouver pareille sentence a celle de lapostre q̄ dit Facite vobis amicos, etc. Et est son vers tel. V[o]. Quiqz sui memores alios fecere merendo. ⁋Apres quant il ple du xxx. du xl, et du cētiesme fruit, no[us] en avons pse sur sepposicion du xvi. chapitre du pv. livre. Pour se bien dorayson & quon doit tousiours prier nostre seigneur il se treuve en lascoran de mahōmet ou xxxvi. periode, de laq̄lle est ititulee la pphecie de zat. q̄ salomon avoit acoustume de prier a la p̄. heure. Or avit q̄ a celle heure luy avoit amene grans chevaulx, leq̄l demoura tant a les regarder qͫ pdit son heure de prier, et tantost en fut si dolent q̄ il leur fist copper les testes et les iābes.

⁋Ey fine se ppi livre de monseigneur saint augustin de la cite de dieu.

⁋Ey commēcent les rubriches du xxpii. livre de monseigñr saint augustin de la cite de dieu, et contient trente chapitres.

⁋De la cōdicion des āgles & des hōmes. i.

⸿ De la voulente de dieu pardurable et immuable. ii.

⸿ De la promesse de pardurable bieneurete des sains/et des pardurables malheuretez des mauuais. iii.

⸿ Contre les sages du monde qui cuident que les corps terriens des hommes ne puissent estre transportez en l'abitacion celestiene. iiii.

⸿ De resurrection de la chair laquelle aucuns ne croient pas/combien que le monde le croye. v.

⸿ Que rome en aymant romulus qui sauoit fait le fist dieu/mais l'eglise ayma nostre seigneur en croyant. vi.

⸿ Que a ce que le monde creust en iesucrist fut par la vertu diuine et non pas par persuasion humaine. vii.

⸿ Des miracles qui furent fais affin que le monde creust en dieu/et qui ne se cessent de faire le monde creant viii.

⸿ Que tous les miracles qui sont fais par les martirs ou nom de iesucrist portent tesmoingnage a icelle foy/par laquelle les martirs creurent en iesucrist ix.

⸿ De combien les martirs sont honnourez plus dignement qui firent plusieurs choses merueilleuses a ce que le vray dieu soit adoure/que les dyables qui en font aucuns/a ce qu'on croye qu'ilz soient dieux. x.

⸿ Contre les platoniciens qui arguent des poix des elemens terriens que ung corps terrien ne peut estre ou ciel. xi.

⸿ Contre les fausses accusacions des crestiens qui se mocquent des crestiens qui croient la resurrection de la chair. xii.

⸿ Assauoir se les mors nez appartiennent a la resurrection/s'il est ainsi qu'ilz appartiennent au nombre de la resurrection des mors. xiii.

⸿ Assauoir se les enfans ressusciteront en tel estat ou aage qu'ilz peussent auoir s'ilz eussent vescu en procedant en leur aage. xiiii.

⸿ Assauoir se tous les corps ressusciteront en celle mesmes mesure du corps nostre seigneur. xv.

⸿ Quelle soit a entendre la confirmacion des sais a l'ymage du filz de dieu. xvi.

⸿ Assauoir se les corps des femmes ressusciteront et demourront en leur sexe. xvii.

⸿ De l'ome parfait/c'est assauoir de iesucrist et de son corps/c'est adire de l'eglise laquelle est la plenitude d'icelluy. xviii.

⸿ De tous les vices du corps qui sont en ceste vie contraire a la beaulte humaine la qualite et quantite concurrent en vne beaulte. xix.

⸿ Que en la resurrection des mors la nature des mors qui auront este despechez en quelque maniere sera rappele entierement de quescõques part ou partie. xx.

⸿ De la nouuellete du corps espirituel/en laquelle sera muee la chair des sainctes personnes. xxi.

⸿ Des miseres et maulx ausquelz humain lignage est oblige/et a son droit par rayson/de la premiere preuaricacion desquelz nul n'est deliure fors par la grace de iesucrist. xxii.

⸿ De ceulx qui sans ou hors les maulx qui sont communs aux bons et aux mauuais/appartiennent par especial ou labour et trauail des iustes. xxiii.

⸿ Des bons ausquelz le createur aussi acomplit la vie. qui est obligee a dānacion. xxiiii.

⸿ De l'estimacion d'aucuns qui impugnent la resurrection de la chair/laquelle tout le monde croit. sicon dessus est dit. xxv.

⸿ Comment la diffinicion de porphire par laquelle on cuide que aux ames bieneurees tout corps est a fuyr/est destruitte par celle sentence de platon qui dit que le souuerain dieu a promis qu'elles ne seront ia despouillees de leurs corps. xxvi.

⸿ Des contraires diffinicions de platon et de porphire/ausquelles selon chascun deulx ottroioient ce que l'autre dit/ne l'un ne l'autre ne desuiroit de la verite. xxvii.

⸿ Quelles choses peurent amener platon ou labeo ou varro ou la vraye resurrection de la foy se leurs oppinions eussēt conuenu en vne sentence. xxviii.

¶ De la qualite de la vision de laquelle les sains de nostreseigneur verront au siecle a auenir. xxix.

¶ De la perpetuelle bieneurete de la cite de dieu et du sabbat iour ou feste perpetuelle. xxx.

¶ Cy finent les rubriches du vingtdeusiesme liure de monseigneur saint augustin de la cite de dieu.

Cy commence le xxii. liure de monseignr
saint augustin de la cite de dieu:

De la condicion des angles et des hommes. i.

Et ce que nous auōs promis ou liure prochain cy dessus ce liure icy qui est le dernier de toute ceste oeuure/ contēdra la disputacion de la bieneureté pardurable de la cite de dieu laqlle nest pas ainsi appelee pardurable pour sa longueur daage p plusieurs sie-

cles q̄ doie apres finer en aucū tēps. Mais pour ce q̄ selon ce q̄l est escript en leuangille/ia ne sera fin de son royaume. Ne aussi nest elle pas appelee pdurable par telle maniere q̄ la semblance de ppetuite y apperere/p ce que quāt les vngs trespassēt en mourant/les autres succedent en naissāt Aussi cōe il sēble que vne mesmes verdeur demeure en larbre qui est vestu tousiours de foeulles quāt les vnes foeulles chaiēt incontinēt les autres q̄ naissent p gardēt lespece de verdeur. Mais en celle cite tous les citoiēs serōt īmortelz. Et acquerrōt les

dd.iii.

hōmes ce que les sains angles ne pdirent oncques/ce sera dieu se trespuissant q̄ icelle cita fais/car il la promis/et il ne peut mentir. Et a ia fait plusieurs choses et non promises et promises/par lesquelles il sut de ce certaine soy. Car ce est cestuy q̄ sist le monde au commencement plain de toutes choses bonnes bisibles et entendibles. Ouquel il nestablit rien meilleur q̄ les esperitz ausquelz il donna entendement Et par dessus les autres choses les estres habilles et comprenables de la contemplacion et de soy/et les assa en une cōpaignie laquelle nous appelons la saincte et souueraine cite en laquelle dieu mesmes leur est sa chose par laquelle ilz soient soustenus et bieneurez comme leur bie et leur viande cōmune. Lequel donna a icelle nature entendible franche boulente telle que se elle boulsist elle laissast dieu/ce t'assauoir sa bieneurete/et en sust incontinēt misere. Lequel cōe il sceut pauant q̄ aucuns angles laisseroient si grans biens par election/par laquelle ilz se boulsissent souffrire et auoir bie bieeuree/il ne leur osta ceste puissance.en iugāt que cestoit plus grāt chose et meilleure faire bien des mauuais Mesmes q̄ nō souffrir q̄ les mauuais sussent lesquelz susset du tout neant/se icelle nature muable ne ses eust fait en pechant Combien quelle sust bonne et estable de dieu le souuerain et incommuable bien q̄l sist toutes choses bonnes par lequel sien peche tesmoing elle est conuaincue quelle est cree bōne nature/car selle nestoit ung grāt bien/combien quil ne soit pas egal a son createur pour certain ce quelle laissa de dieu cōe sa lumiere ne pourroit estre son mal. Car aussi cōe laueugle est le bice de loeuil/aussi demonstre icy bice que loeuil est cree a beoir lumiere. Et par ce est il aussi demonstre par son bice mesmes que cest le plus excellēt membre de tous ses autres membres quant il peut cōprendre lumiere Car par autre cause ne pourroit estre nō beoir son bice de loeuil. Aussi icelle nature qui bsoit de dieu eseigne par son bice mesmes quelle sut de dieu establie tresbonne par lequel bice elle est en misere. Car elle ne bse pas de dieu lequel spa le peche boluntaire des angles par tresiuste peine de maleurete perpetuelle. Et dōna cōe soper de demeure pardurable aux autres qui se maintindrent en ce souuerain bien/affin quilz sussent certains de leur demeure sās sin Lequel sist aussi homme iuste auecq̄ sa franche boulente/et le sist beste terrienne/mais il estoit digne du ciel sil se aherdist a son createur/et digne aussi de misere qui sen deuoit ensupuir sil laissoit son createur telle cōe il appartendroit a sa nature. Leq̄l homme cōe dieu sceust par deuāt quil pecheroit en trespassement de la loy/p̄ delaissāt dieu.pour ce ne suy osta il pas la puissance de franche boulente: Car il beoit des parauant q̄l bien il auoit a faire du mal de sōme/qui recoeuillit par sa grace si grant peuple de la lignie mortelle dāne iustement et a bōy droit que delle il suprope et restore la partie des angles q̄ tresbucha: Si que celle aymee et souueraine cite ne soit fraudee du nombre de ses citoiens/ains p auenture seiouisse den auoir plus plentureux nombre.

¶ Exposicion sur ce chapitre.

En ce ppī et derrenier liure monseigneur saint augustin traicte de la fin de la cite de dieu/cest assauoir de la felicite et bieneurete perpetuelle des angles et des hommes Et par especial en ce premier chapitre il demonstre que creature humaine intellectuelle/ia soit ce que en pechant elle se soit faicte mauuaise/toutessois sut elle faicte bōne par nature/a ce quelle sut faicte bieeuree pour restaurer le nōbre des āgles qui estoiēt tresbuchez. sicōe la loy de nostre seigr lenseigne. Et pour ce que on pourroit faire doubte pourquoy dieu nosta ceste puissance de pecher aux angles/ Il respont quil ne leur osta pas ceste puissance/pour ce quil iuga que cestoit meilleure chose et plus puissant faire bien des maulx mesmes que ce que on ne souffrist que les mauuais fussent/ et cest ou il dit. Lequel cōe il sceust. ⁊c. ¶ Apꝛes monseigneur saint augustin met vne secōde doubte/ cestassauoir dont ce dit quil furēt fais mauuais. A quoy il respond et dit qlz ne fussent quelzconqs maulx ou mauuaise nature ne fust muable/ iassoit ce quelle fust instituee et establye bonne de dieu le souuerain et incommuable/ leql fist toutes choses bonnes/ mais en pechāt elle fist soy mesmes mauuaise. Et cest ou il dit/ Fussent du tout neant. ⁊c. ¶ Apꝛes il pꝛeuue que leur nature fut tresbōne de soy. Et cest ou il dit. Par seql sien mesmes peche tesmoing. ⁊c. Et se pꝛeuue par exēple de loeuil et des angles. Apꝛs il monstre ⁊ cōcluđ que par ce q̄ la nature des angles fut bonne. Et que neantmoins ilz pecherent. q̄ par ce la tresiuste plaine et perpetuelle maleurete soya le tresbuchement volūtaire des angles. ⁊c. Et cest ou il dit. Lequel astraint ou lye. ⁊c. ¶ Secondement il concluđ que p ceste rayson quant dieu fist homme iuste auec franc arbitrage q̄l eust este digne dauoir paradis si l se fust tenu et ahers auecqs dieu sō createur et faiseur Et au contraire quil seroit meschant ⁊ chetif sil le desaissoit. Et apꝛes en adioustāt dit que dieu auoit pꝛeueu q̄ p se peche de sō me certain bien sensuiuroit. Cestassauoir que dieu assēbleroit a soy par sa grace la lignee des pecheurs ou pecherresses/ affin que p ce il suppliast ou restaurast la ptie des angles qui estoit cheue. ⁊c. Et ce quil dit par auenture/ monseigneur saint gregoꝛe seppose en la xxx. omelie ou il met/ q̄l montera autant ou ciel/ cōe il p̄ demouꝛa dāgses esleuz. Et de ce chapitre on peut pꝛēdꝛe vng tel notable. Cestassauoir que la grandeur du mal desclaire la noblesse du subgect/ sicōe il se desclaire p deux exēples ¶ Le premier est de loeuil aueugle pour ce que ce vice de non veoir demonstre la noblesse de loeuil/ cestassauoir quil est compꝛehensible de lumiere. ¶ Le second pꝛe mauuais angle/ car le vice qui est en

luy par quoy il est meschant demonstre q̄ sa nature fut instituee tresbonne.

¶ De la voulente de dieu pardurable ⁊ immuable; ii.

Ais pour certain maltes choses sont faictes oultre la voulēte de dieu. Mais il est de si grant sapience et de si grant vertu q̄ toutes choses q̄ semblent estre contraires a sa voulente tēdent a celles pꝛsuees ou fins/ lesquelles il a sceu par deuant estre bonnes et iustes· Et par ce quāt on dit que dieu mue sa voulente/ sicōe par exēple quant il se monstre courouce Et ceulx a qui il estoit doulx/ telz sont mieulx muez quil nest. Et ilz se treuuent mieulx mue par aucune maniere aux choses quilz seuffrent. Aussi cōe le soleil est mue aux peulx qui en sōt ferus et deuient ce semble aspꝛe et nuysant/ luy qui par deuant estoit doulx et delectable. combien que en soy il demeure icelluy mesmes qui estoit par deuant. ¶ Elle est aussi appelee la voulente de dieu/ laquelle il met aux cueurs de ceulx qui obeissēt a ses commandemens. de saqlle lapostre dit· Dieu est celluy qui pour certain vous dōne vostre vouleute mesmes aussi cōe la iustice de dieu par laquelle il est iuste nest pas dicte sienne tant seulement· ains est aussi dicte sa iustice celle quil donne a hōme qui par luy est iustifie. ¶ Aussi est sa loy appelee la sienne/ laqlle est mieulx appꝛlee la loy des hōmes/ mais elle est donnee de luy. Car vrayemēt ceulx estoiēt hōmes ausquelz il dist ces paroles· Il est escript dist il en vostre loy/ combien q̄ nous lisons ailleurs. La loy de son dieu est en son cueur selon ceste voulēte laquelle dieu fait ou donne aux hōmes. Dit on aussi q̄l veult ce q̄l ne veult pas/ mais il fait que les siens le veulent/ sicomme on dit quil a congneu quant il fait que ceulx se congnoissent qui signoꝛent/ car quāt lapostꝛe dist orendroit/dist il. Nous congnoissons dieu/mais qui plus est sommes congneus de dieu. Il ne nous est pas licite que nous croyons que dieu congnoist lors premierement ceulx lesquelz il congnoissoit deuant la creacion du monde. Ains dist lapostre q̃ dieu les cogneut lors/pour ce quil fist tãt q̃ eulx le congneurẽt. ¶ Je me remembre quil a este depute de telles manieres de parler aux liures cy dessus. Doncques selon ceste voulente par laq̃lle nous disons que veult ce quil fait vouloir aux autres qui ne scauent les choses auenir. ¶ Il veult moult de choses et si ne les fait pas/ Car ses sains inspirez de luy en saincte voulente veullent que plusieurs choses fussẽt faictes qui ne le sont pas. Aussi cõe quant ilz prient dieu piteusemẽt et sainctement pour aucuns/il ne le fait pas pour ce q̃lz prient/combien quil ait en eulx fait celle voulente de prier pour son salut esperit. Et pour ce quãt les sains veillent et prient se son dieu que chascun soit sauue. Nous pouons dire que dieu le veult. et ne le fait pas p telle maniere de parler. Cestassauoir q̃ nous disons que dieu le veult qui fait que ses sains le veulent. Mais pour certain se lon icelle sienne voulente laquelle est pdu rable auecq̃s sa prescience/il a fait ou ciel et en terre toutes les choses q̃l a voulu/ nõ pas seulement les trespassees et presentes mais celles mesmes qui sont a auenir.

Mais aincois que le tẽps soit venu ou q̃l a voulu que ce soit fait quil a deuant sceu et ordonne auant tout tẽps. Nous disons quil sera fait quãt dieu vouldra. Mais se nous ne sauons le tẽps quãt aucune chose est a auenir/nous disõs quelle sera faicte quant dieu vouldra/ non pas pour ce que dieu aura lors nouuelle voulente q̃l nauoit pas. Mais pour ce qui est prepare de sa pardurablete en sa voulente non muable sera lors.

¶ Exposicion sur ce chapitre.

En ce second chapitre monseigñr saint augustin met vne doubte telle/ cest

assauoir se dieu fut point mue ou sil se mua pas quãt nostreseignr̃ dieu fut premierement apaise des bonnes oeuures de la nature angelicque et de la nature humaine q̃ il auoit faicte/ Et puis fut courouce des mauuaises oeuures quil auoit faictes. et dit que non/ mais dit quilz furent muez et que dieu demoura sans estre mue. Aussi les peulx de ceulx qui regardẽt le soleil ilz qui sont muez par moult de molestes ou de delectacions/ iassoit ce que le soleil ne se mue/ mais demeure tel comme il estoit. ¶ Apres il demonstre q̃ dieu na pas fait seulement les choses qui sont presẽtes ou preterites/mais aussi a il ia faictes celles qui sont a auenir. Car sicõe il dit. il a ordonne auant les tẽps toutes les choses qui ont este et seront faictes se dieu veult. non pas que dieu mue sa voulente. mais que ce quil a sceu auant eternelement sera. Et de ce on prent deux enseignemens theologicques. Le premier est q̃ dieu a produit de son eternite toutes choses creees secundũ quid. Car monseignr̃ saint augustin dit cy q̃ dieu fist toutes choses a auenir, pour ce q̃l ses disposa et ordonna auãt les tẽps
¶ Le second est que dieu ne peut ordoñer aucune chose de nouueau/ laq̃lle il nait ordonnee ab eterno/ pour ce que sicõe il dit ne peut muer sa voulente/ se ce nest sicõe il a sceu par auãt toutes choses eternelement Et la rayson de ce dit est trop clere/ sicõe dit franciscus de maronis/ car sil ordonoit autrement il sensuiuroit quil neust pas p ueu sur la disposicion.

¶ De la promesse de la pardurable bien eurete des sains/ et des pardurables tour mens des mauuais.   .iii.

Pour laquelle chose a ce q̃ ie tres passe moult dautres/ aussi cõe nous veons orendroit estre accõply de dieu ce quil pmist a abraham quãt il luy dist. Toutes gens seront benoistz en ta semence. Aussi ce quil a promis a sa

semence sera acõplp quant il dist p le pro‑
phete. Ceulp qui estoient aup monumẽs
resusciteront. Et ce quil dist nouueau
ciel et nouuelle terre sera, et ne seur souuẽ
dra des premieres, ne ne mõtera en leurs
cueurs, mais ilz trouueront en icelle ioye
et epultacion. Veez cy ie feray iherusalẽ
epultacion, et mon peuple leesse, et mes‑
iouyray en iherusalem, et mesleesseray en
mon peuple, et voip de pleurs ne sera ia‑
mais oupe en icelle. Et ce quil prononca p
vng autre pphete, dist a icelluy mesmes
prophete En icelluy tẽps sera sauue tout
mon peuple qui sera escript ou liure. & plu‑
sieurs dormans en sa pouldre de la terre,
ou aussi cõe aucuns sont interprete en la
fosse de la terre resusciteront les bõs en la
vie pdurable, et les autres en reproches &
cõfusion pardurable. Et en autre lieu
dist il par ce mesmes prophete. Ilz receue‑
ront le royaume du treshault saint, & lob‑
tendront iusques au siecle des siecles. Et
vng pou apres dist il. Son royaume est
royaume pardurable. Et les autres escri‑
ptures appartenãs a ce lesquelles iay mi‑
ses ou pp. liure, ny ay pas mises Et toutes
fois sont elles escriptes en icelles escriptu‑
res. Certes icelles choses vendront cõme
cestes sont venues. Lesquelles les mescre‑
ans ne cuidoient pas quelles fussẽt a aue‑
nir. Car vng mesmes dieu a promis les
vnes et les autres choses. Icelluy a dit p
deuant que les vnes & les autres vendrõt
Leql les dieup des payens restraignẽt, sicõ
me se tesmoigne porphire le tresnoble phi‑
losophe.

¶ Epposicion sur ce chapitre.

En ce tiers chapitre monseignr saint
augustin met q lõme est fait & four
me a ce quil fust bieneure par la resurrecti
on de la mort, sicõ la foy crestienne, et re‑
preuue largument que les autres disoiẽt
que les corps ne pourroient monter ou ciel
Et preuue la resurrection contre eulp en
maintes manieres. par ce que nous vẽõs
ia ce tẽps estre acomply en iesucrist leql il

promist a abraham en disant. Toutes
gens seront benoistz en ta semence, & par
consequẽt il est a croire que les autres cho
ses que les prophetes dirent seront acom‑
plies. Or est il ainsi que ceulp qui sont
aup monumens resusciteront, sicõ dit
le prophete. Et allegue cy a ce mesmes p
pos les choses qui sont dictes ou ppi. cha
pitre du pp. liure, ouql la resurrection des
mors est largement prouuee. Et finable‑
ment il allegue porphire, duquel il a este
parle ou ppiii. chapitre du pip. liure. Et
en son liure qui sappele eglogium.

¶ Contre les sages du monde qui sui‑
dent que les corps terriẽs des hommes ne
peuent estre transportez en habitacion cele
stienne. iiii.

Ais aucuns hommes mesmes
sages et endoctrinez cuidẽt sou‑
uent arguer contre la force de si
grant auctorite, laquelle a conuerti tou‑
tes manieres de gens a ce croire et esperer
sicõ il auoit dit p grãt tẽps, et arguẽt cõ
tre la resurrection des corps En disant q
tulles dist en son liure de la chose publiq
Car cõe il affermast que hercules et ro‑
mulus fussent deuenus de hõmes dieup.
Il dit apres que leurs corps ne sont pas es
leuez ou ciel. Car nature ne souffriroit
pas que ce q est de terre demourast hors en
terre. Veez cy la vaine pensee des sages,
desquelz nostreseigneur congnoist les pẽ
sees, et scait quelles sont vaines. Car se
nous estions tant seulement ames, cesta
dire esperis sans auoir point de corps & ha
bitacions ou ciel, et ne congnoissons pas
les bestes terriennes, et que on nous deist
que ou tẽps auenir nous serions enlacez
et lopez p vng lopen merueilleup, auec‑
ques corps terriẽs, pour eulp faire viure
et auoir ames dagoires, non pas plus‑
fois en refusant a le croire, et dirions que
nature ne pourroit souffrir que chose incor
porelle fust lopee par lopen incorporel. Et
touteffois la terre est toute plaine dames

qui sont vegeter et viure ces membres corporelz q̃ sõt euueloppez et ioinctz a elle merueilleusement. Pourquoy doncq̃s ne pourra dieu qui a fait telle beste esseuer par sa voulente le corps terrien ou corps celeste/ se lame qui est plus noble que quelconque corps. Et par consequent que nest le corps celeste/ peut auoir este spee et iointe a corps terrien. Peut ores auoir eu et retenu en soy telle petite porcion ou partie terrienne aucune chose meilleure que le corps celeste, p̃ laq̃lle elle ait sentemẽt et vie/ et que le ciel ne la daignera receuoir quant elle a sentement et vie/ ou sil la recoit ne la pourra il soustenir/ mesmement quãt elle a sentement et vie par chose qui est meilleure q̃ nest le corps celeste. Mais ancores nest il pas auenu pour ce q̃ le temps nest pas ancores venu ouq̃l celluy a voulu quil auienne qui a fait chose qui est ia en verite trop plus merueilleuse q̃ nest cest q̃ sz ne croiẽt pas. Car pourquoy ne nous merueillõs nous plus grandement de ce que les ames incorporelles plus nobles que le corps celeste sont spees et ioinctees a corps terriens. que nous faisons de ce que les corps combien quilz soient terriens puissent estre esseuez aux sieges Lesquelz combien quilz soient celestes/ neantmoins sont ilz corporelz/ fors que pour ce q̃ nous auons acoustume a veoir lun Et nous sommes telz et que ne sommes pas ancores lautre ptie ne ancores ne se vismes nous oncq̃s auenir. Car pour certain en considerant raison p attemprãce. Cest trop plus merueilseuse oeuure de dieu messe aussi cõe ensemble les choses corporelles auecq̃s les incorporelles. q̃ ce nest de acoupler corps a corps cõbien quilz soiẽt diuers/ cestassauoir les vngs celestes et les autres terriens.

((Epposicion sur ce chapitre.

En ce .iiii. chapitre monseigneur saĩt augusti argue secondement selõ le dit des mescreans contre la resurrection des corps et quilz puissent monter ou ciel

Et argue par les dis de tulles ou cicero en son tiers liure de re publica/ ou il dit que iassoit ce que hercules et romulus fussẽt fais dieux/ toutesfois dit il q̃ leurs corps ne sont point ou ciel. Et cest argument il preuue par cinq raysons. Dont la premiere se commence ou il dit. Car nous estiõs tant seulement ames. etc. La seconde se commence ou il dit. Pourquoy doncq̃s. etc. ((La .iii. se commence ou il dit. Peut ores auoir. etc. ((La .iiii. se commence ou il dit. Car pour quoy. etc. Et la quinte ou il dit Car pour certain. etc.

((De la resurrection de la chair laquelle aucuns ne croient pas/ cõbien q̃ le monde le croye v.

Mais suppose que ceste resurrectiõ ait este aucunesfois increable. Veez cy que le monde a ia creu que le terriẽ corps de iesucrist est esseue ou ciel. Et que les sages et les non sages ont ia creu que sa chair est ressuscitee et quelle est esseuee et montee aux sieges souuerains/ excepte aucuns pou sages ou folz qui ne croient pas/ et sen merueillent. Se ceulx qui lont creu ont creu chose creable/ voyẽt ceulx qui ne le croient cõmet ilz sont folz. Mais se ce que on a creu est chose non creable/ certainement aussi est ce chose nõ creable que on ait creu chose nõ creable Icelluy mesmes dieu dõcq̃s dit p auant que lune et lautre de ces deux choses non creables auiendront/ cestassauoir la resurrection de nostre corps pdurablement/ et que le monde croiroit chose nõ creable. Nous veons que lune de ces deux choses non creables estre ia venue/ cestassauoir que le monde croiroit chose non creable est creable. Pourquoy doncques na ten esperance que lautre nauienne/ cestassauoir ce qui est non creable/ et que le monde a ia creu/ aussi comme la chose semblablement non creable est a aduenir.

Cest assauoir que le monde creust chose si non creable/mesmemēt quant lune ⁊ lau tre de ces deux choses non creables/dont nous veons lune estre auenue/ et creons lautre auenir ayent este auant dictes en vnes mesmes lettres par lesquelles le mō de sa creu. Et se on considera la maniere par laqlle le monde sa creu/on trouuera quelle est plus nōcreable. Jesucrist enuoya aucuns hōmes pecheurs non introduictz aux sciences liberales et rudes du tout en tout/en tant quil appartient a leur doctri ne qui ne sauoiēt rien de gramaire/ne ne stoient armez de logicque ne dpaseticque/ ne enflez de rethoricq/il les enuoya a tout les rethz de la foy en la mer de ce mōde. Et ainsi print grant nombre de toutes manie res de poissons. Et les philosophes mes mes de tant plus merueilleux/de combien ilz en estoient moins sil plaisoit ou q̃ mi eulx est pour ce que cest chose qui doit plai re. Pour ce adioustons aux deux choses non creables dessusdictes ceste autre tier ce. Trois choses sont doncques non crea bles, qui sont ia neātmoine faictes. Cest chose non creable que iesucrist soit resusci te en chair/et quil soit monte aux cieulx en chair Ceste chose non creable que le mō de ait creu chose si non creable. Cest chose non creable que hōmes non nobles de nul estat en trespetit nombre ⁊ non sages ayēt peu demonstrer par si grant effect chose si non creable au mōde et entre ceulx du mō de aux sages mesmes. Ceulx auecq̃s les quelz nous deputtons ne veulent croire la premiere de ces trois choses nō creables mais ilz sont constrains a veoir la secon de laqlle ilz ne scaiuent dont elle vient/ silz ne croient la tierce. Certes la resurre ction et son ascension ou ciel auecq̃s la chair en laquelle il resuscita ia preschee et creue en tout le monde. Se elle nest creable dōt vient ce quelle est ia creue en sa rudesse de la terre. Se plusieurs nobles haulx ⁊ sa ges ont dit qlz ont veu et lont diligāmēt publie ⁊ renomme/ce nest pas merueilles se le monde sa creu. Mais est tresgrāt dur te a ceulx cy qui ne le veulent croire. Et si cōme il est verite se le monde a creu a vng pou de hōmes non nobles trespetis et non sages q̃ ont dit qlz virent celle resurrectiō et ascēsion/et sont mis en escript. Pour quoy est ce que aucun pou tresostinez qui sont demourez ne croyent pas ancores ius ques a present au monde qui se croit/seql monde a creu a vng petit nombre de hom mes non nobles enfermes et non sages/ pour ce q̃ la diuinite se demonstra plus merueilseusement en ces tesmoinges q̃ es toient si pou a priser. Car les parolles q̃ disoiēt iceulx q̃ ce preschoient ne furēt pas parolles. mais fais merueilseux. Car ceulx qui nauoient pōit veu iesucrist resu sciter en chair/mōter en esse ou ciel/croiēt ceulx q̃ disoiēt qlz sauoiēt veu/nō pas di soiēt tant seulement/ais faisoiēt signes merueilseux. Quelz merueilles/car ilz ouoyent pser les hōmes soudainement ⁊ merueilseusemēt les lāgues de toutes gē ses qlz ilz sauoient et congnoissoient estre dune langue ou au plus de deux. Jlz ve oient que vng q̃ auoit este boiteux depuis ql a laictoit sa mere fut gary pl. ans ap̃s pleur parolle ou nom de iesucrist et q̃ les suaires que on ostoit de leurs corps prouf fitoiēt a la garison de ceulx q̃ estoient en lā gueur malades sans nōbre de diuerses ma ladies q̃ on mettoit p ordre en sa voye pou ilz deuoiēt passer/affin q̃ leur umbre pas sast pdessus eulx receuoient cōmunement sante/et plusieurs autres merueilles qui se faisoient ou nō de iesucrist. Et finable ment ilz veoient qlz auoiēt ressuscite les mors. Lesquelles choses silz ottroyent a uoir este faictes/sicōme ilz sōt escriptes. veez cy cōme nous adioustōs tāt de choses nō creables aux trois dessusdictes. Et as si quon croit vne chose nō creable q̃ est de la resurrection de la chair/et de lascensiō ou ciel. Nous assēblōs tāt de tesmoigna ges de maintes choses non creables/et ne pouōs ācores flepir les mescreans p leur horrible durte. Mais silz ne croient pas que ces miracles ayent este fais par les apostres de iesucrist, affin q̃ on les creust quant ilz preschoient sa resurrection et ascension vng seul grãt miracle nous souffist qui est q̃ le monde la creu mesmes sãs aucuns miracles.

¶ Epposicion sur ce chapitre.

En ce .ⅷ. chapitre monseigñr sainct augustin monstre ancores que sargument ne vault rien, car sicõe il dit ce q̃ on tenoit chose non creable, cestassavoir sa resurrection et ascension. Les sages et non sages ont creu p les predicacions des apostres. Secondement il demonstre la maniere du croire. Ceste chose nõ creable qui est ancores plus merveilleuse. Car ceste chose a este creue, non pas par gens introduictz en gramaire en logicq̃ ne en rethoricq̃ ne en autres scieces liberaulx, mais par poures prescheurs rudes et non lettrez et qui navoient aprins moult de sciences.

¶ Et ainsi en ce chapitre monseigñr sainct augustin mõstre ancores que on doit croire les trois choses non creables, cestassavoir sa resurrection et ascension. Et la tierce que on a creu ceste chose par la predicacion de simples gens et rudes et non lettrez saqlle chose estoit non creable. ¶ La secõde partie se commece ou il dit. Et se on cõsidere la maniere. ẽe. ¶ La tierce se commence ou il dit: Sil plaist ou q̃ mieulx est. ẽe. Et apres il le monstre par miracles. et cest ou il dit. Quelz merveilles, car opoient les hommes parler. ẽe.

¶ Que rõme en apmant romulus qui savoit fait le fist dieu, mais lesglise apma nostreseigñr en crucifiãt. Bi.

Amenons a memore cy endroit ce que tulles dist en soy merveillant de ce que on croit que romulus estoit dieu. Je mettray ces paroles en la maniere quelles sont escriptes. On se doit dist il plus merveiller de romulus, pour ce que les autres qui ont este fais de hommes dieux, furent aux temps q̃ les hommes estoient moins sages, si q̃ rayson estoit plus encline a faindre quant les simples estoient esmeuz legierement a croire. Mais nous vedos que laage ou le temps de romulus a este na pas ancores sip cens ans, et que les lettres et les doctrines estoient en vsage de ancienuete, et que icelle ancienne erreur qui naissoit de la rude vie de tous les hõmes qui lors estoient ostee. ¶ Et vng pou apres dit tulles dicelluy mesmes romulus, lequel dit appartient a celle science, pquoy dist il on peut entẽdre que homerus le poete fut p moult dans auant que romulus, si que a peine on peut avoir seu faindre aucune chose aux hommes q̃ estoient ia sages et introduictz en icelluy teps. Car anciennement on receuoit fables faintes, mesmes faictes rudement. Mais cest aage qui est ia ordone, refuse a receuoir tout ce q̃ ne peut estre fait et sen mocquet. ¶ Vng qui estoit du nombre des tressages hommes et treseloques de tous les autres, cestassavoir tullius cicero dit que sa diuinite de romulus fut creue par grant merueille pour ce que en son temps les gens estoient sages, lesquelz ne ressenserent pas sa faulsete des fables. Qui est ce qui creut que romulus fust dieu, fors que romme, et ancores fut ce quant elle estoit petite et nouuellement commencee. Et adoncques il leur fut de necessite que leurs successeurs maintenissent et gardassent ce qui auoit este ordonne et baille des principaulx de leurs predecesseurs, si que sa cite abiuuee du laict de sa mere, creust en ceste supsticion ou faulse religion, et quelle pueniss a si grãt empire ou seigneurie qlle espãdist de sa haultesse aussi dun lieu plus esleue, ceste oppinion aux gens estranges sur lesquelz elle eust seigneurie, non pas quilz creussent q̃ romulus fust dieu, mais qlz dissẽt qlz le fust, affi qlz ne fissẽt offẽce a la cite a saql le ilz estoiẽt subgectz en disãt autremẽt du

fondeur dicelle. Et en se nōmant autre‑
mēt que rōme ne faisoit qui se creoit estre
dieu. Non pas toutesfois pour samour de
telle erreur/mais pour lerreur dicelle a‑
mour. Mais iesucrist combien quil soit ce‑
leste et fondeur de la cite pardurable/ tou‑
tesfois ne croit elle pas quil soit dieu. pour
ce qlle est de luy fōdee/ mais doit mieulx
estre fondee de luy pour ce qlle la creu. Rō‑
me depuis qlle fut fondee et dedyee adou‑
ra ou tēple son fōdeur comme dieu. mais
ceste cite de iherusalē affin quelle fust fon‑
dee et dedyee/ mist nostreseigneur iesucrist
son fondeur en fondement de la foy. Rō‑
me en aymāt romulus creut ql fust dieu.
Ceste cite de iherusalem en croiant que ie‑
sucrist estoit dieu sayme. Aussi doncques
comme aucune chose fut faicte pardeuāt
de par romulus dont romme sayma et
creust de luy quelle auoit ung faulx bien.
Aussi a fait iesucrist parquoy ceste de ihe‑
rusalē se croit estre dieu. si qlle laymast
p droitte foy/ non pas follement ce qui es‑
toit faulx/ mais ce qui estoit uray/ car ex
ceptez tāt de miracles et si grans lesquelz
dmonstreront iesucrist estre dieu/auecq̄
ce precederent les prophetes dignes de foy
lesquelz on ne croit pas quelles soient an
cores a acomplir/ aussi comme se croient
les anciens peres/ mais sōt ia dmōstrees
estre acomplyes. On oit bien dire que ro‑
mulus fonda romme et quil regna en icel
le. On lit trop biē ce qui a este fait/ nō pas
ce qui a este prophetize auāt quil fust fait
Mais les escriptures des rommains tien
nent trop bien quilz crurent que romulus
fut receu entre ses dieux/ mais elles nen‑
seignent pas quil fust ainsi fait/ car il ne
leur fut urayement oncq̄ mōstre p signes
de choses merueilleuses Car laurence la
louue que on dit quelle se nourrit qui sem
ble auoir este ung grāt signe/ ql est il. ou
combien grant a demōstrer quil fust dieu
Car certainemēt se celle louue ne fut une
femme folieuse ou ribaulde/ mais fut
une beste. Toutesfois nest pas remus se
frere de romulus repute pour dieu/ com‑

bien que celle louue fust nourrice commu
ne a eulx. ¶ Mais a qui deffendit on onc
ques qnil ne deist que romulus ou hercu‑
les ou telz hommes fussent dieux qui ay
mast mieulx mourir que ce quil ne le dist
pas /ou quelle gent est il qui adourast ro
mulus entre ses dieux/ se la paour du nō
des rommains ne les y constraingnoit.
Mais qui pourroit nombrer quans hom‑
mes ont este qui ont mieulx ayme a estre
occys par combien grāt cruaulte que ce ait
este que renyer iesucrist En apres la paour
de quelque indignacion legiere que on cui
doit que les rommains eussent en leur cou
rage/ combien que par auenture ilz ne luy
auoiēt pas/ cōstraingnoit maintes citez
qui leur estoient subgectes a adourer ro‑
mulus comme dieu. Mais paour de legi‑
ere mesprenture de courage/ mais de tres
grans peines et diuerses/ et de la mort mes
mes qui est plus doubtee que les autres/
ne peut oncques rapeler ne empescher la
multitude des martirs de honnourer iesu
crist cōme dieu/ et non pas tant seulemēt
honnourer/ mais auecques ce de se confes
ser estre dieu. Ne lors la cite de iesucrist ne
se combatit oncques pour salut tēporel cō
tre ces felons persecuteurs/ combien quel
le fust ancores pelerine en terre/ et eulx ne
antmoins compaignez de grans peuples
Mais elle se combatit biē/ affin quelle ob
tenist le salut pdurable. Iceulx martirs
estoient loyez/ ilz estoient enclos/ ilz es‑
stoient detrenchez/ ilz estoiēt bruslez/ ilz
estoient tourmentez/ ilz estoient despecez
ilz estoient occys. et si estoient multipliez
¶ Ilz ne se uouloiēt pas combatre pour
leur salut/ fors que tant quilz desprisoiēt
leur salut pour leur sauueur. ¶ Je scay
bien que ie ne suys deceu que tulle dispu‑
te et maintient en son tiers liure de la cho
se publicque que cite bien ordonnee ne se cō
bat pas/ se ce nest pour la foy ou pour sō
salut Et dit en autre lieu et demonstre ql
se chose il dye ou entende pour son salut
en disant ¶ Des peines dit il de ceulx q̄
sont tresfolz seuffrent par souffrete/ par

epil, plopés p batemens eschapent souuent et en sont hors ceulx q on fait mourir ignelement. Mais des citez il est autremēt car icelle mort leur est penible laqlle sēble garantir vngchascun de peine, car la cite doit estre en telle maniere establie qlle soit pdurable. Ainsi la chose publicq na point de mort naturelle, sicōe a hōme en quoy la mort nest pas seulement de necessite, ains est aucunesfois a desirer. Mais quant la cite est ostee effacee et estrainte, cest sēblable chose en aucune maniere cōme se nous voulions cōparer les petites choses aux grandes, aussicōe se le mōde mouroit ou tresbuchoit. Et ce disoit tulles pour ce ql tenoit auecqs les platoniciens que le mōde durera tousiours. Il est donqs certain ql tenoit q la cite pouoit faire guerre pour se salut, p leql elle puisse demourer pdurable, sicōe il dit, iassoit q pticulieremēt, les vngs meurent, et les autres aussicōe sa verdeur de losiuier ou du laurier ⁊ des autres sēblables arbres dure tousiours, cōbien que les vnes de leurs foeulles chẽent et les autres naissēt, car selon ce ql dit La mort nest pas de peine aux psonnes sigulieres, ains est peine de toute la cite qui desture aucunesfois de peine les singulieres psonnes, dōt a bon droit on fait qstion se ceulx de la cite de sagonte firēt bien quāt ilz aymerent mieulx que leur cite fust destruitte q enfraindre la foy en laquelle ilz estoient tenus a la chose publicque de rome, ouquel fait ilz sont louez de tous les citoiẽs de la chose publicq terrienne. mais ie ne voy pas cōment ilz peussēt auoir obey a la disputacion q dit q la cite ne doit pas pendre guerre, se ce nest pour sa foy, ou pour sō salut ou sauuemẽt, ne il nest pas desclaire sil estoit ainsi que se ces deux choses, cestassauoir foy et salut venoient en vng peril tel quō ne peust auoir lun sans pdre lautre, lequel seroit plustost a eslire ou la foy ou perdre salut ou auctorite, car pour certain se ceulx de sagonte eussent esleu leur salut sicomme soueif, ilz eux auīt mais se salut de la cite de dieu est tel quil

puist estre tenu, ou au mieulx dire acquis auecques la foy ⁊ par la foy, mais sa foy pdue quil puist estre tenu, ou au mieulx dire ou ny peut venir. Laquelle pensee de cueur tresferme. Et tresferme et trespacient, et tant de martire et si parfais q oncques romulus nen eut ou peut auoir vng tel quant il fut creu estre dieu

Exposicion sur ce chapitre.

En ce vi. chapitre monseigneur saint augustin poursuyt a mōstrer que on ne deuoit pas croire en romulus ne es autres faulx dieux. Et met pmieremēt comment ou temps de romulus qui fonda romme les hommes estoient plus introduictz quilz nestoient ou tēps de hercules et des autres dieux. Et allegue a ce les parolles de tulles, lesquelles sont du tiers liure de re publica. Et monstre que iceulx de romme seulemeut creurent que romulus fust dieu, et q sil en y eut aucūs autres qui le creurent, ce furent ceulx des citez qui estoient en leur subgection, non pas se dit il ancores quilz creussent que il fust dieu, mais ilz se disoient pour ce que ilz nosoient autrement dire Et est assauoir que quant il dit moins de vi. cēs ās. Mais nicolas trauet dit ql cuide que cest vice descripture, pour ce quil dit que selon eutrope en la fin du vi. liure Tulle fut cōsul vi. cens quatrevingts et ix. ans apres la creacion de rōme, et romulus fut mort ou translate aux dieux xxxix. sans aps la creacion dicelle, lesquelz xxxix. ans ostez de six cens quatrevingts et neuf, il demouroit six cens et cinquante. Et ainsi plus de six cens : ⁋ Apres quant il dit que homerus fut long temps auant romulus, il est certain que selon eutrope ou ii. chapitre de son .i. liure Siluius roy des albains auql succeda arauulus siluius qui regna pip. ans/auquel succeda auentinus siluius q̃ regna pppiiii.ans. auql succeda procas siluius q̃ regna ppiii. ans auquel succeda amili' ou pii. aŋ duquel romulus fut ne. Et ainsi homerus precedda romule quatrevingtz et vii.ans. Aps quant il dit q̃l estoit adoure soubz autre nom/il se dit pour ce que les autres villes et citez ladouroient soubz le nom quirinus Car ilz lappelerent le dieu quirin/lequel nom vint des sabins ou sabiniens/pour ce que en leur langaige quiris vault autāt cōe lance ou hance. ⸿ Apres monseigñr saint augustin dit que la louue que on dit quelle nourrit romulus. ꝛc̃. Nous auōs ple de ceste matiere largement ou pviii.li ure sur lexposicion du ppii.chapitre. Et pour ce nous nous en passons. ⸿ Apres quant monseigneur saint augustin parle des sagontins. Ceste matiere a este assez traictee ou pip.chapitre du tiers liure. Et met monseigñr saint augustin ceste exēple des sagontins pour verifier le dit de tulle de sō tiers liure de re publica/qui dit que vne tresbonne cite ne doit prendre nulle bataille/se ce nest pour la foy ou pour son salut:

⸿ Que ce que le monde creut en iesucrist fust par la vertu diuine/non pas p̃ p̃suasion humaine ·vii·

Ais ce st tresgrant mocq̃rie de faire mencion de la faulse diuinite de romulus quant nous plons de iesucrist. Toutesfois cōe romulus ait este pres de sip cens ans auant que tulles et que deslors le peuple fust caut et malicieux/en telle maniere q̃l ne receuoit chose qui ne peust estre faicte/ains leust refuse. Par plusforte rayson vi.cens ans aps ou temps de tulles mesmes/et apres ancores ou tēps des empereurs cesar auguste et tybee/et que le monde estoit plus endoctrine/pensee humaine neust peu croire la resurrection de iesucrist en chair/et son ascencion cōe ce q̃ ne peut estre fait/e leust refuse a croire/et ney eust op pler ne penser. sa diuinite de verite/ou la verite de la diuinite et les signes tesmoings des miracles neussent demonstre que ce se peust faire et euste este fait en telle maniere que nō obstant tant et si grans persecucions espouuentables et contredisans la resurrection et imortalite de la chair q̃ i a estoit aucune a iesucrist. Et se doit ʒsupuir aps aux autres hōes ou siecle nouueau, fust creue tres souaument/e preschee treshardiemēt et semee par tout le monde pour croistre e fructifier plus plētureusement en la mort des martirs. Car lors estoient leues les ꝓphecies des prophetes precedēs auec ces signes de vertus ou de miracles auenoiēt Et verite qui estoit nouuelle quant a la coustume, et non pas contraire a rayson se demonstroit iusques a ce que se monde q̃ la psecutoit p forsennerie lesupuit en soy.

⸿ Epposiciō sur ce chapitre.

En re vii.chapitre mōseigñr sait augustin argue contre les mescreans pour mōstrer cōment ilz doiuēt croire la resurrection et ascension de iesucrist. Et p consequent la resurrection des corps. Et est le chapitre tout cler.

⸿ Des miracles qui furent fais affi que le monde creust en dieu. et q̃ ne se cessēt de faire le monde creant viii.

P demādēt les aduersaires pour quoy dit il ne sōt maitenāt faitz miracles cōe vous preschez e dictes q̃lz ōt este fais. Certes ie pourroie dire que les miracles estoient necessaires auāt que le mōde creust assi quil creust. Quicōques demande ancores que miracles ou signes contre nature se facēt affin q̃lz croiēt/icelluy mesmes est vng grant mōstre contre nature q̃ ne croit pas ce que le monde croit. ⸿ Mais pour ce dient ilz eulx ainsi/affin que on ne croie pas que iceulx notores miracles ayent este fais.

Comment chante on doncques de toutes pars par si grant foy que iesucrist soit en chair esleue ou ciel/ dont est ce que quant le monde estoit ia sage et cault/ ceulz ne receussent/ ains refusassent a croire tout ce qui ne se peut faire. Il a creu sans aucuns miracles choses trop merueilleuses non creables. Mais par auenture ilz pourroient dire que cestoient choses creables/ et pour ce les creut on. Et pourquoy doncques ne les croient ilz. Nostre arguement doncques ses especes de toutes pars que est brief a demonstrer Car ou aucunes choses non creables et que neantmoins estoient faictes et que on veoit firent foy dautre chose non creable que on ne veoit pas/ ou dautre chose creable qui se nauoit mestier destre demonstree par aucuns miracles. Ceste chose redargue la tresgrant desloyaulte de ceulx cy: Je sap dit pour eulx rebouter qui sont tresplains de vanitez. Car nous ne pouons nyer que aucuns miracles nayent este fais qui portassent tesmoingnage a ce seul grant miracle et prosay de salut/ par lequel iesucrist monta ou ciel en sa chair en laquelle il estoit ressuscite. Car en vngz mesmes liures qui sont tresvrays sont escriptes toutes ces choses. et celles qui sont faictes, et pour quelle chose croire elles sont faictes Elles vindrent en congnoissauce/ affin quelles fissent foy/ elles sont pluscleresment congneues par la foy elles ont fait On les fict deuant le peuple affin quilz les croient Touteffois ny seroient elles voit seues se on ne les creoit Maintenant mesmes sont fais miracles ou nom de iesucrist et par ses sacremens/ ou par les orapsons & memores de ses sains/ mais elles ne sont pas enluminees de si grant clarte quelles soient renommees estre de si grant gloire. comme sont les autres qui furent lors faictes. Car le canon des sainctes escriptures lequel il conuenoit quil fust acomply et parfait les fait reciter par tout et aherdre et ioindre a la memoire de tous peuples.

Mais les miracles de maintenant a peine sot seues de toute la cite ou ilz sont faictes ou de ceulx qui demeurent en quelque lieu Car souuent va il trespou de gens qui les sachent au lieu mesmes ou ilz sont fais. & les autres ne se scaiuent/ et mesmement se la cite est grande. Et quant on les racote ailleurs et a autres ilz ne sont de si grant auctorite que on les croye sans difficulte et sans doubtance/ ia soit ce que crestiens les signifient ou demonstrent aux crestiens. Le miracle qui fut fait a milan en dementiers que nous y estions quant vng aueugle fut enlumine, peut venir a la cognoissance de plusieurs/ car sa cite est grande/ et la estoit lors lempereur. Et auint ce miracle selon le tesmoingnage de grant multitude de gens qui alloient et couroient aux corps de saint geruais et de saint prothais. les corps sais se silz come on ne sceust ou ilz estoient furent reuelez en vision a saint ambroise euesque et trouuez. ouquel lieu icelluy aueugle eut ostees les anciennes tenebres/ vit clerement. Mais qui a sceu fors que trespou de gens la garison qui est auenue a carthage a vng appele innocent qui auoit este aduocat de la vicairerie du president/ a laquelle garison nous fusmes presens et le vismes de noz yeulx Icelluy innocent qui estoit tresreligieux auecques toute sa famille auoit receu moy et alipius mon frere qui venions doultremer qui nestions pas ancores clers. mais nous seruions ia a dieu/ et demourions lors auec icelluy innocent. Les medecins lauoient eu/ car il auoit grant nombre de fistules doubteuses en sa partie de derriere au dessoubz de son corps. Ilz sauoient ia trenche/ et luy faisoient les autres cures selon leur art/ il auoit souffert longues et aygres douleurs quant il fut ainsi trenche. Mais vne de celles fistules auoit deceu les mires/ et estoit si reposte quilz ny toucherent/ combien quilz la deussent auoir detrenchee. Finablement il fut gary de toutes les autres fistules qui leur estoient aparues/ et celle estoit seulement demouree a garir a laquelle ilz trauailloient pour neant. Et quant il vit quilz demouroient

tant a sen garir/il eut souspecon et doub-
ta moult quil ne se couuenist trenchier de re
chief. Laquelle chose vng autre mire qui
estoit priue de sup/sup auoit. seql les au-
tres mires nauoient voulu receuoir auec
eulx/affin a tout le moins quil dist quãt
il fut premierement trẽche comment ilz se
trenchoient/et auoit este boute hors de so-
stel p icelluy malade courouce contre luy
Et a peine sauoit voulu de rechief receuoir
et sescria et dist. Me voulez vous detren-
cher de rechief/fault il que ie seuffre ce que
celluy que vous nauez voulu receuoir. A
doncques ilz commencerẽt a eulx mocqr
de ce mire et se reputter non sachant/et a se
reconforter par bonnes parolles a promes
ses de la paour ql auoit. Plusieurs iours
passerent et ne prouffitoit chose quilz fis-
sent. Toutesfois les mires sarrestoient
en ce quilz luy auoient promis quil ne se-
roit pas trenche/mais quilz le recouroient
par medecines. Ilz firent venir vng au
tre ancien mire appele amonius qui estoit
assez renomme en cel art qui viuoit anco
res/lequel quant il eut regarde le lieu de
la maladie luy pmist ce mesmes que les
autres luy auoient promis/et quil seroit
gary par leur diligence et sagesse. Lequel
innocent tout asseure par lauctorite dicel
luy aussi comme sil fust ia gary commen
ca a mocquer par chiere spe ce mire priue de
luy qui luy auoit dit quil fust ancores trẽ
che. ⁋ Que auint il/plus tant de iours
furent de puis gastez sans y mettre amẽ-
dement que iceulx mires par sabz et con-
fus regeirent et dirent/que en aucune ma
niere il ne pouoit estre gary sans fer. cest a
dire sans estre trenche ou fendu. Il se ba-
hit et palit/et fut moult espouente a trou
ble. Et quant il fut reuenu a soy et peut p
ler/il leur commanda quilz sen alassẽt a
quilz ne venissẽt plus a luy/ne dautre re
mede ne sauisa. ⁋ Quant il fut tout las
de plorer et constraint de celle necessite fors
quil feroit venir vng autre mire qui estoit
dalixandre/et qui estoit tenu a merueil-
leux cirurgien. affi quil fist ce quil nauoit

voulu que les autres ausquelz il sestoit
courouce fissẽt. Mais apres ce quil fut ve
nu et quil eut veu comment ouurier se sa
beur des autres aux traces des playes/il
en faisant ce que preudomme doit faire ad
monnesta se malade que ceulx qui tant a
uoient laboure en sa cure et si bien quil ses
merueilloit en le voyant parfissent fina
blement icelle cure en disant auecques ce q̃
vrayment sil nestoit trẽche/il ne pourroit
garir. Et que cestoit horreur a faire/ a cõ
tre ses bonnes meurs que pour si pou de
mal qui estoit demeure/il ostast lonneur
que deuoient auoir pour si grant labeur
ses hommes de qui il merueilloit. La tres
artificieuse entente iduͤstrie et diligence q̃
ilz auoiẽt eue en icelle cure/sicomme il ap
perceuoit aux traces de ses playes. Adonc
q̃s ilz retournerent en sa grace/a luy plut
que en sa preseͤce du sirurgien dalixandre
quilz ouurissent en trenchant le lieu de la
maladie. saqͣse du consentement de tous
ne pouoit autrement estre garie. laquelle
chose fut differee iusq̃s au iour ensuyuãt
Mais quant ilz sen furẽt departis si grãt
douleur sourdit en cest ostel pour le pleur de
leur seignͬ. que aussi comme se ce fust la
plaie dun mort/a peine les peusmes noͥ
resfraindre. Chascun iour se visitoiẽt sai
ctes personnes/cest assauoir hommes de
benoiste memore. Saturnius lors euesq̃
du sel a gelosus prestre/a ses arceedͬ acres
de seglise de carthage. Entre lesquelz et
desquelz estoit aurelius q̃ nous doit estre
nomme auec honneur deue. et lequel est a
present euesque et est tout seul demeure en
vie. Auecq̃s lequel en regardant les mer
ueilleuses oeuures de dieu nous plasmes
souuent de ceste chose. Et auons trouue q̃
il suy souuient tresbien de ce que nous par
lons. Lesquelz comme ilz se visitassent
au vespre/sicomme ilz auoient acoustu-
me. il leur pria quilz voulsissent estre pre
sens a matin plus a sa mort que a sa dou
leur. ⁋ Il auoit si grant paour pour les
douleurs de deuant quil auoit sentu quil
se doubtoit qͥ nemourust entre ses mais

des mires il se conforterent et sadmonnes terent quil eust fiance en dieu/ et qͥ souffrist vertueusement sa douleur. dilleecq̃ nous entrasmes en oraisons/ et de sa endementiers que sicõe il est acoustume nous estions agenoulliez et enclinez en terre, il se laissa cheoir en telle maniere cõe sil eust este agrauete par aucun qui leust griefuement boute/ et cõmenca a prier/ mais par quelle maniere/ par quelle affection/ par quel mouuemẽt de courage/ par quel descours de larmes/ par quelz gemissemẽs et souglouts qui faisoient crouler tous ses membres et a bien pou luy entreclopent lesperit. ¶Qui est cellup qui se pourroit expliquer par quelzconques parolles/ ie ne scauoie se ses autres prioient ⁊ quilz ne prensissent garde a ce/ mais pour certain ie ne pouoie prier/ ie dis toutesfois briefment en mon cueur ces parolles. ¶Sire quelles prieres des cieulp os tu se tu nos cueulp ep. Car il me sembloit quon ny pouoit ia riens adiouster ne mais quil mourust en plourant/ nous nous leuasmes/ ⁊ quant nous eusmes eu la benesson de leuesque nous en departismes/ ⁊ lors il leur pria quilz fussent au matin presens/ ⁊ ilz lamonestoient quil preist bon cueur en soy. Le iour vint qui estoit moult doubte, les sergens de dieu estoient presens en la maniere quilz auoient promis. toutes les choses furent prestes que celle heure requeroit les sermens a doubter furent mis hors/ tous furẽt esbahis ou souspendus. mais ceulp qui estoient de plus grant auctorite. en se confortant luy alleguoient le default de son courage. Cellup qui se deuoit trencher luy ordonna ses membres sur son lit les noeuds des lopens furent desfoiez/ le lopen fut descouuert. le mire regarde ⁊ en quiert arme. et entẽtif le lieu qui deuoit estre trenchie/ il lescherce aup yeulp/ et le taste aup dois. Finablement il enquiert par toutes manieres/ il treuue la trace tres fermee ou la playe auoit este. La leesse la louenge et laction de graces qui fut faicte a dieu de bouche a tous ceulp q̃ plou roient de ioye ne doit pas estre commise a mes parolles ains soient plus penssees q̃ dictes. En icelle cite de carthage estoit une tresreligieuse persõne appelee inocent du plushault estat de la cite qui auoit le chancre en la mammelle qui est une maladie que on ne peut garir par quelzconques medecines selon ce que dient les medecins ⁊ mires. Et pour ce en ensuit on trencher le membre ou il vient. et le separer du corps. ou se lon sa sentence dppocras/ sicõe ilz dient on ny doit mettre aucun remede ou cure/ affin que cellup qui la viue par plus de temps/ combien que quoy quil en demeure la mort en ensuyt apres. Pasques approchoient/ et lors elle fut admonestee en vision que en soy mettant en coste ou ses autres femmes seroient pres du lieu ou on deuoit baptiser ceulp qui se deuoient estre: La premiere fẽme quelle encontreroit qui la eust este baptisee luy feist le signe de ihesucrist ou lieu de sa maladie. elle luy fist et tantost elle fut garie, mais le mire qui luy auoit dit quelle ny meist aucun reme de se elle douloit viure ung pou plus longuement. cõme il la regardast apres ⁊ trouua quelle estoit garie/ luy demanda trop fort quel remede elle y auoit mis. car elle desiroit sicõme on pouoit presumer sauoir le remede par lequel ce que ppocras en auoit determine en fust mis au neant. Et cõme elle luy eust dit ce quelle auoit fait/ icellup fist semblant quil nen tenist cõpte en sa parolle ne a sa chiere en telle maniere qlle se doubta quil ne deist aucune villaine parolle de ihesucrist/ mais il respondit par religieuse honnestete/ ie cuidoie dist il que tu me deusses dire aucune grãt chose. Lors elle eut horreur cõme deuant/ ⁊ tãtost il adiousta aps ⁊ luy dist quelle grãt chose a fait ihesucrist en toy garissant du chãcre qui ressuscita le sadre quatre iours apres sa mort. Cõme doncques ie eusse oy ceste chose dire/ ⁊ eusse grant desplaisance que tel miracle si grant fait en telle cite ⁊ a telle persõne notable nestoit publie, il me sẽble q̃ ie len deuoie admonester ⁊ blasmer

Et comme elle me respondist quelle ne sen estoit pas teue/ ie demanday aux matrosnes qui estoient lors dauenture auecq̃ elle/ lesquelles estoiẽt ses amies selles en sauoient riẽ. Deez cy dy ie comment tu las biẽ publié et dit/ car ces matrosnes qui te sont trop familieres nen oyrent oncq̃s parler/ et pour ce que ie sup en auoie encq̃s briefment ie lup fis dire et monstrer tout le fait en ordre en sa preseñce delles q̃ moult sen merueilleret et glorifieret dieu. Qui a sceu que en celle mesmes cité estoit ung poure homme mendiant qui estoit podagre/ lequel comme il se fust fait ordonner a soy faire baptiser/ et le iour deuant quil fust baptisé/ enfans noirs tondus et les cheueulx recolez lup apparurent en visiõ qui lup sembloient estre dyables qui lup deffendirent quil ne se feist baptiser celle anee il nobeit pas a eulx/ et ilz se deffoullerent par telle maniere sur ses piedz quil endura si gräs douleurs et si tresaigres q̃ oncques nauoit sentu les pareilles. mais en ayant sur eulx plus grant victoire/ il se fist tantost baptiser de leaue de regeneracion sicõme il sauoit. et en receuant baptesme il ne fut pas seulemẽt hors de celle douleur dont il estoit tourmenté plus quil ne souloit/ aiçois auecques ce fut du tout garp dicelle podagre/ ne oncques puis tant cõme il vesquit on ne sen apperceut q̃l eust douleur aux piedz/ toutesfois nous est ce venu a congnoissance et a pou de noz frères qui sont peu sauoir. Ung homme de la ville de currubin qui auoit esté menestrel malade/ non pas seulement de paralisie/ mais qui auoit auec ce les genoux enflez pesans et gros oultre mesure/ se fist baptiser fut gary et yssit des fons de baptesme tout deliure de maladie et de lautre aussi comme sil neust oncques eu maladie au corps. Et qui le sceut lors ceulx dicelle ville dont il estoit/ et aucuns pou dautres qui se peurent oyr dire en aucun lieu/ mais quant nous le sceusmes nous le feismes benir a carthage par le commandement du saint euesque aurelius/ combien que aincois nous seussions oydire de ceulx a q̃ nous adioustons soy sans doubtance aucune. Ung homme de loffice de tribun appelé hesperius demeure auec nous/ il a ung manoir ou terroir de sufase qui est appelé zubedy. Lequel comme il sup benist a sa congnoissance que sadite maison souffroit sa force greuable des dyablesou ors esperis par ce que son bestial et sa maisnye y estoient tourmentez/ il pria noz prestres en mon abscence que aucun deulx allast la affi que par leurs prieres ces dyables se departissent. Lun y alla et y offrit du corps iesucrist en priant tant comme il peut que celle affliction ou trauail cessast Et tantost elle cessa par sa misericorde de dieu/ mais ung sien amy lup auoit baillé et donné de la saincte terre de hierusalem quil auoit prinse ou lieu ou iesucrist auoit esté ensepuely et ressuscité au tiers iour/ et lauoit pendue sur son lit affin que mal ne lup benist. Et quant sa maison eut ainsi purgée de celle infection il pensa quil pourroit faire de celle terre/ laquelle il ne voulsoit pour cause de reuerence quelle fust plus sur son lit. Il auint parauenture que ie et mon compaignon maximin lors euesque de leglise de sinceu/ estiõs pres dillec/ il nous pria que nous y allissions et nous y allasmes/ et cõme il nous eust raconté toutes ces choses il nous requist auec ce q̃ icelle terre fust enfouye en aucun lieu. et que on y fist ung oratore ou q̃l les crestiẽs peussẽt estre asseblez pour celebrer a dieu ce quil appartiẽt Nous nous y acordasmes et fut fait. La estoit ung iosne hõme rural qui estoit paliticque quant il eut ouy ce il requist a ses parens quilz le portassent sans demeure en ce saint lieu/ lequel comme il eust laste il fist sa priere et incontinent il sen alla sur ses piedz tout sain. Une ville est appelée victoriane/ la contrée ou elle est est soingz dyppone par xxx. milles/ la memore des martirs saint geruais et saint prothais de millan y est la fut porté ung iouuencel. lequel cõme il fust assé abruué ou boit dune riuiere en mp iour ou temps deste se dpasse entra en sup. Et comme il geust illec pres de mourir ou tressemblable a mort, la dame du lieu p vint auec ses chamberieres et aucunes nonnains aux hympnes et oraisons de vespres, et commencerent a chanter les hympnes, lesq aussi comme sil eust este feru par leurs voix il fut secous auec fremissement terrible, tenoit icelluy dpasse lautel quil auoit pris et ne se osoit ou pouoit mouuoir non plus que sil y eust este lope ou atache. Et en priant a grant brait que on se spargnast il confessa le lieu et quant et comment il auoit enuay se iouuencel. Finablement il dist quil sen vouloit yssir, et nombroit tous ses membres et les menassoit de ses trencher quant il ystroit. En disant ces paroles il sen pssit hors de cel homme. mais son oeil luy saillit hors et luy pendoit sur sa ioe a vne vaine deslopee et petite aussi come vne racine et auoit blanchy tout le milieu qui auoit este noir. Et quant ceulx qui sa estoient oprent ce et autres qui y accouroient esmeus de ce dpasse quilz auoient oup et sestoient tous mis a terre humblement en oraisons pour prier pour cel homme, combien quilz se iouissoient de ce qilz le veoient estre sain en son entendement, toutesfois ceulx qui furent de rechief courroucez pour son oeil disoient que on que rist ung mire, et lors le mary de sa seur qui sauoit porte dist ainsi. Dieu dist il est puissant de lui rendre soeul qui en a eschace le dpasse par la priere de ses sains, et a doncle sopa dune estoffe et remist en son lieu loeuil qui sa estoit cheu pendant, et comme il eust ainsi fait il se trouua tout sain. Il en peut aussi dautres qui y furent garis, desquelz longue chose seroit a raconter. Je cognois vne vierge dppone laquelle comme elle fust demoniacle incontinent quelle se fut enoincte de souille en laquelle ung prestre qui prioit pour elle auoit de goutte et laisse cheoir ses larmes fut garie. Je scay aussi vng euesque pour vng iouuencel qui estoit demoniacle qui nauoit oncques veu et incontinent il fut deliure. Vng ancien homme estoit a ppone appele fleurent qui estoit nostre home et estoit religieux. mais poure estoit et se viuoit du mestier de cousturier, il auoit pdu sa chasuble ou gonnelle et nauoit de quop en achater vne autre il pria a haulte voix et xx. martirs desquelz nous auons la memoire tressolenne quil eut a vestir, Aucus iosnes hommes mocqueurs qui sa estoient oprent et en sen allant le pour suiuoient en le mocquant, aussi come sil eust demande a iceulx martirs six cens solles qui estoient certaine monnope courant au paps pour acheter vne robe, et ainsi come il sen alloit et ne disoit mot il vit vng grant poisson sur la riue qui se gettoit et le prinst par la faueur et apde des iouueceaux et le vendit trois cens solles a vng lieup appele cateup son crestie pour sa cuisine ou il appareissoit ses viandes, et lup raconta ce quil lup estoit auenu et ordonna quil achetteroit de la laine de cel argent, affin que sa femme lup en peust faire robe le mieulx quelle pourroit. mais quant ce lieup ouurit ce poisson il trouua en son ventre vng anel dor, et tantost lui q fut flechy et paoureup quil ne fist contre sa religion se rendit a somme et lup dist.

¶ Veez cp comment les xx. martirs se ont vestu. Leuesq proieat apportoit aux eaues tribistaines ses reliques du tresglorieux martir saint estiene. sa estoit vne femme aueugle q pria que on samenast a cel euesque quil lup donna les fleurs quil portoit elle ses prinst et les mist sur ses peux et tantost elle vit. Lucille euesque dppone portoit la memoire du dessusdit martir au chasteau de spmce qui est pres de la terre dppone, le peuple alloit deuant lup et le supuoit il auoit vne fistule dont il auoit este longuement malade et estoit couuerte. La main dun sien tresfamiler mire qel se trechast, mais il en fut gary soudainement en portant ce doup faiseau, car oncques puis en son corps il ne la trouua. Vng prestre despaigne appele euchaire demouroit a talame, il estoit malade de la pierre ou grauelle. Il fut gary par la memoire du martir dessusdit que Possidius euesque auoit la apportee. Icelluy mesmes depuis par autre maladie se gesoit mort en telle maniere que on luy sondoit ia les poulses il fut ressuscite a layde dudit martir quant on mist sur se corps dudit prestre sa robbe que on auoit rapprtee de sa memoire. En ce lieu fut ung homme premerain en son ordre appele marcial bien ancien qui auoit moult grant horreur de sa religion crestiene, il auoit une fille crestiene et ung engendre qui en cel an auoit este baptise, et comme il fust malade et sadicte fille et gendre le priassent a grans larmes quil se fist crestiener il les reffusa du tout et les fist deptir de deuant luy par indinacion espouentable. Il sembla boa son gendre quil prioit a sa memoire saint estiene et quil priroit dieu pour luy tant come il pourroit affin que dieu luy donnast bon courage a ce que sans delay il creust en iesucrist, il alla ce faire a grant gemissement et pleut et purement par ardant affection de pitie, et apres quãt il se departit il prist ce quil peut trouuer des fleurs de lautel saint estiene, et quant il fut nupt il les mist dessoubz son chief et lors sen alla dormir, et au point du iour il cria que on allast courant querir leuesque qui estoit lors dauenture auec moy a ppone, et quant il ouyt que leuesque ny estoit pas il requist que les prestres venissent a luy, et tantost il dist quil creoit en dieu et fut baptise, dont tous sen merueillerent et seiouirent, il eut ce mot en sa bouche tant comme il vesquit iesucrist recoy mon esperit. Combien quil ne sceust que ce eussent este les derrenieres paroles de saint estiene quant il fut lapide des iuifz, et ce furent aussi ses derrenieres paroles, et aussi tost apres il mourut. La furent aussi garis deux podagres dont lun estoit bourgois dicelle cite, et lautre estoit pelerin, mais le bourgois se fut entierement, et le pelerin ouyt par reuelacion

q̃ remede il sadiousteroit quant il se douldroit, et que quant il feroit ce il seroit incontinent gary et cesseroit sa douleur. Une eglise est en ung lieu appele audure en laquelle est la memoire de mõseigñr saint estiene martir, il auint que beufz q̃ menoient ung char se desuoierent et agrauenterent ung enfant qui se iouoit en laire. Et tantost en petillant il fut mort. Sa mere le prinst et le porta a pcesse memoire. Et tantost il ne reuesquit pas seulement, mais apparut sans quelque blessure. Comment une nonnain demourant pres de aspalian fut forment malade sans esperance de garir sa robe fut portee a ladicte memoire (z auãt quelle fust rapportee la nonnain mourut. Ce antmoins ses parens couurirent son corps mort de celle robe et receu lesperit elle reuesquit. Appone estoit ung homme de sirre appele basus qui a sa memoire dudit martir prioit pour sa fille qui estoit malade et en peril et sa auoit porte sa robe. Et veez cy les enfans de sa mayson qui venoient denoncer quelle estoit morte. Mais en dementiers quil estoit en oraison ses amis deffendirent aus dis enfans quilz ne luy deissent affin quil ne feist son plaig publicquement. Et comme il se retournast en sa mayson et ouyt quelle retentissoit par les grans cris que sa maynie y faisoit et getast sur sa fille sa robe quil apportoit elle fut resuscitee a vie. De rechief en ce lieu mesmes chieux nous le filz dun collectaire fut estaint ou mort p maladie. Et come son corps se geust sans ame et ses amis plourans (z larmoyans luy appellassent les euesques, lun de ses amis entre ses autres paroles de consolacion leur ramenteut que le corps fust oingt de luile dicelluy saint martir. Et ainsi fut fait (z il reuesquit. Que feray ie sa promesse de ceste oeuure que iay a accomplir me constraint que ie ne ramaine pas pey a memoire tout ce que ie scay. Et pour certain aucuns de noz amis quant

ilz sirontces choses se douturent de ce que
ie y delaisse a mettre plusieurs choses qui
sceuent auec moy: aus quelz ie prie quilz se
me pardonnent et quilz penssent commēt
cest grant labeur de faire ce que la necessi-
te de ceste oeuure que iay entreprinse me cō
straint que ie ne le face pas, car se nous
voulions escripre seulement les miracles
des garisons et que taise les autres, les-
qlz miracles ont este fais en la cōtree de ca-
lame et en la nostre aussi pour ce tresglo
rieux martir monseigneur saint estiēne,
il me conuendroit faire plusieurs liures,
et ancores ne pourroiēt pas estre recoeuil
lies fors celles seulement dont les liures
sont fais pour le reciter au peuple, Car
nous sauons bou lu faire pour ce que no'
voyons que souuent auenoient en nostre
temps signes semblables aux anciennes
vertus diuines, et que on ne les deuroit
pas receler quilz ne benissent a plusieurs
congnoissances. Il nya pas ancore deux
ans passez que ceste memore de saint estiē
ne commenca a estre a ppone royal, et cō-
bien que plusieurs liures nayent pas este
baillez de ces choses qui ont este faictes p
miracles dont nous sommes trescertais
¶Neantmoins ceulx qui ont este baillez
montoient bien pres iusqs au nombre de
lxx. quant iescrips ces choses, mais a ca
lame ou icelle memore commenca plus-
tost et ou on la baillee plus souuent sur-
monte les autres en multitude sans com
paraison. ¶Nous sauons aussi que plu-
sieurs tresayres miracles ont este fais par
ce mesmes martir a vzal, laquelle regiō
est pres de vses, duquel martir la memo-
re a este la establie par leuesque enode par
long temps auant que a nous, mais la
coustume ny est pas ne na este dēy donner
libelles ou lettres. Car parauenture on
a maintenant commence a faire. Car cō
me nous y fussions nagaires nous en-
hortasmes de la bousente de leuesque ou
dit lieu que vne tresnoble dame appellee
petroine donnast libelle qui fust recite au

peuple de ce quelle auoit este garie dune
grant et longue douleur, en quoy toutes
aydes des phisiciens luy failloient et elle
le fist par tres grant obeissance. ¶Duquel
libelle elle mist ce q ie ne pourroie yey taire
combien que ie ne soie constraint de moy
haster de retourner aux choses, aus quel-
les ceste oeuure me constraint. ¶Vng
iuif sauoit induite et enseignee quelle en-
chassast vng aneau en faisant vng lopen
de ses cheueux et quelle sen saingnist a la
chair nue dessoubz toutes ses robes, seql
aneau eust soubz sa pierre precieuse vne
pierre que on treuue aux rains dun boeuf
elle ainsi chainte de ce lopen se meist a la
voye pour venir a lesglise du saint mar-
tir, mais quant elle fut departie de car-
thaige comme elle demourast en son heri
taige pres dun fleuue appele bragada, et
sen partit pour faire son voyage elle veit
icelluy aneau cheu a terre deuant ses pies
et garda ou esse a celle chainture faicte de
cheueux. ¶Et comme elle eust trouue
quelle estoit estroitement noee entieremēt
de ses noeuz tresfermes, sicomme elle es-
toit elle cuida et que laneau seust creuee et
quil en fust sailly. Et cōme elle trouuast
laneau tout cler elle eut presumption que
en aucune maniere elle auoit receu gaige
dauoir sancte parmy tel et si grant mira-
cle si delaissa ce lopē q se getta en la riuiere
Ceulx ne le croient qui ne croient que no-
stre seigneur iesucrist fust ne de la vierge
marie demourant en terre et que il entrast
a huys clos a ses disciples, mais or en-
quierent certainemēt et silz treuuent quil
soit vray si croient ces choses. ¶C est vne
tresnoble femme, noblement nee noble-
ment maryee, et demeure a carthaige la
grant cite. La grāt personne ne peut souf
frir que ceulx qui encquierent ne le sachēt
¶Certainement le martir qui impetra
quelle fust garie, creut au filz de la vier-
ge marie deuant et apres, il creut en cellui
qui a huys clos entra a ses disciples. fi-
nablement il creut en cellup qui monta ou

ciel en celle chair en laquelle il ressuscita/ Pourquoy toutes ces choses sont dictes de nous/ et pour ce sont faictes par luy sy grans miracles/ car il exposa sa vie pour ceste foy. ⁋ Moult de miracles sont aussi apsent lesquelz dieu fait par ceulx quil veult Et sicomme il veult qui a fait aussi ceulx que nous lisons/ mais ceulx qui a fait maintenant napperent pas tant/ Et si ne sont pas aussi seuz si souvent ne recommandez a memoire que on ne les oublie. ⁋ Car depuis mesmes que sa diligence est/ laquelle a este commencee vers nous a present que les libelles des miracles qui ont este faiz a aucuns qui en ont receu les benefices de dieu soient recitez au peuple ⁋ Ceulx qui sont presens soyent mais plusieurs ny sont pas presens. dont il auient que ceulx qui ont este ne retiennent pas en leur memoire ce quilz ont ouy Et apeine treuue len aucuns deulx q demonstre ce quil a ouy a cellup qui auoit este absent. ⁋ Une chose a este vers nous. non pas plus grant que celle que ie vous ay dit/ mais cest si cler et si noble miracle que ie ne cuide pas quil y ait aucun en la cite dyppone q ne le sache ou qui ne sait oy dire. Ne aucun qui par aucune rayson se puisse auoir oublie. ⁋ Dix freres estoient en la cite de cesaree en capadoce/ dont il y auoit sept masles et trois femelles qui estoient nobles entre les autres bourgois/ par les maudissons de leur mere desconfortee de la mort de leur pere qui estoit aduenue nouuellement/ laquelle porta tresaigement liniure qui luy auoit faicte furent pour ce punis de dieu/ de si griefues peines que eulx tous crouloient terriblement parmy le corps par ce que tous leurs membres trambloient. ⁋ Et quant ilz furent ainsi laidement deffigurez et quilz ne peurent endurer de honte que les autres bourgois les veissent en tel estat/ ilz sen allerent ca et la sicomme bon leur sembla. Et a bien pou errerent vagans par toute la terre appartenant a la tresnoble seignourie de romme/ Ung diceulx freres appele pol et vne de leurs soeurs appelee pasadas qui estoient ia congneuz en plusieurs lieux/ par la renommee de leur misere sen vindrent et vindrent enuiron quinze iours deuant pasques et venoient tous les iours en leglise en laquelle ilz frequentoient la memoire du glorieux martir monseigneur saint estiene/ en depriant que dieu eust mercy deulx et ql leur rendist leur sante premiere. ⁋ Et la et ailleurs par tout ou ilz alloient tous ceulx de la cite satournoient a les regarder. ⁋ Aucuns qui les auoient veuz ailleurs et quilz sauoient la cause pourquoy ilz trambloient le disoient aux autres a qui ilz se pouoient dire. ⁋ Pasques vint Et icelluy iour de dimeche au matin comme grant multitude de peuple fust ia presente et icelluy iouuencel pol qui estoit en oraison tenist les chanteaux du saint lieu ou le martir monseigneur saint estienne estoit il receut si soudainement et se gisoit la et sembloit proprement quil dormist/ Toutesfois ne trambloit pas aussi comme il souloit faire quant il dormoit/ mesmes ceulx qui y estoient sen esmerueillerent, et comme les vngz sesbahissent et les autres en eussent compassion aucus le voulurent leuer/ mais autres se denierent en disant que il valoit mieulx attendre a veoir la fin ⁋ Et veez cy que tantost se leua et ne trambloit pas/ car il estoit garyet estoit en sant et regardoit ceulx qui se regardoient. ⁋ Et qui se peut oncques tenir de louer nostreseigneur iesucrist/ leglise fut de toutes pars remplye des voix de ceulx qui crioient et sesiouissoient ⁋ On acourut lors a moy ou ie me seoie et y vouloie ia aler/ lautre reuint lun apres lautre et le derrain qui venoit me disoit aussi que ce fut de nouueau tout ce que lautre mauoit dit par auant ⁋ En dementiers que ie me esiouissoie et en moy mesmes regracioie dieu. il mesmes vint a moy auec plusieurs. il senclina a mes genoux ie se esleuay pour moy baiser. nous allasmes au peuple leglise estoit plaine elle resonoit des voix ioyeuses de ceulx qui crioient ca et sa, deo gracias. louenges a dieu nul ne se taisoit ie sauuay se peuple, et ilz crioient de rechief a vne voix plus ardamment que deuant, finablemēt ie les fis taire, et eut on ses solēnitez des diuines escriptures et quant ce vint que ie deu sermonner ie le fis brief pour le iour et pour se iouissemēt de sa grant leesse. Car ie les laissay plus considerer aussi comme sa paroisse en telle oeuure diuine que ie ne voulu quilz soyssent de moy. Icelluy homme pol disna auec nous, et nous raconta diligemment toute listoire de la misere de luy et de ses freres et de sa mere aussi: Je promis sende main apres mon sermon que se libesse de sa narracion leur seroit raconte, et le tiers iour apres endementiers que ce se deuoit faire. ie fis estre le frere et sa soeur en estat aux degrez de la chaiere en laquelle ie pasoie au plus haut lieu. Tout le peuple qui estoit la hommes et femmes regardoient sun qui estoit sans mouuement desordonne, et lautre sa soeur qui trembloit par tout ses membres, et ceulx qui autresfois nauoient veu le frere consideroient en soy at sa soeur la misericorde q̄ dieu luy auoit faicte, car ilz veoient en luy ce dont on se deuoit reiouir, et ce pourquoy on deuoit prier pour elle pendant ce quant se libesse eut este leu ie leur commanday quilz se departissent de deuant le peuple, et auoient commence a disputer plus diligemment de toute leur cause. Et veez cy q̄ moy disputant nous oysmes autre voix de nouueau esiouissement de la memoire dudit martir. Ceulx qui mescoutoient se tournoient la et y cōmencereut a courir ensemble, et quant sa soeur se departit des degrez de ma chaiere elle sen estoit allee deprier au saint martir, laquelle incontinent q̄lle atoucha ses chanteaux cheit semblablement ainsi comme endormie et se releua toute saine: Et en dementiers que nous demandions que cestoit et dont celle ioye ioyeuse se faisoit ilz arriuerent du lieu du saint martir et entrerēt auecques elle qui

estoit toute saine en leglise ou nous estions. Et lors si grant cry de admiracion dommes et de femmes sourdit quil sembloit que leur voix laquelle ilz continuoient en plourant ne peust iamais finer, el fut menee ou lieu ou bien pou auant elle estoit en estant toute treblant, ilz se iouissoient de ce quelle estoit semblable a son frere qui pour ce quelle estoit nagaires dissemblable ilz en auoient grant pitie. et veoient que aincois quilz eussent acomply leur priere pour elle la bonne voulente q̄lz auoient pardeuāt ia oye et ottroye de dieu Ilz se iouissoient en la louenge de dieu, en criant sans parler par si hault son que apeines les pouoient noz oreilles endurer Quelles auoient en leurs cueurs ceulx qui ainsi se iouissoient fors que la foy de iesucrist pour laquelle le sang de saint estiēne fut espandu.

¶ Epposicion sur ce chapitre.

En ce viii. chapitre monseigneur saint augustin ameine a prouuer son intēciō plusieurs miracles fais par les glorieux sains, et par especial par monseigneur saint estiēne. Et respond a ce quon pourroit demander pourquoy de present ne se font autant de miracles comme ilz faisoient lors. Et respond que lors il en estoit necessite que le monde creust, mais apresent il nen est pas de necessite pource que le monde croit en iesucrist. et est le chapitre tout cler et les miracles tous clers, lesq̄lz ilz dient estre auenus en son temps.

¶ Que tous les miracles qui sont fais par les martirs ou nom de iesucrist portēt tesmoignage a pcelle foy par laquelle les martirs creurent en iesucrist. ix.

A quoy portent telz miracles tes‑
moing fors que a ceste foy en la
qlle on psche et croit q iesucrist est
ressuscite en chair et monte ou ciel en chair
Car mesmes les martirs furent de ceste
foy martirs/cestadire tesmoingz qui por
terent tesmoing a ceste foy et souffrirent
le monde leur tresgrant anemy et trescru
el q le vainquirent. non pas en combatãt
Mais en mourant/ilz sont mors pour
ceste foy quilz ont peu impetrer a dieu ql
ait fait telz miracles. pour le nom duql
ilz sont occis leur merueilleuse pascience
alla deuant pour ceste foy/affin que ceste
puissance si grant sensupuist ausdis mi‑
racles/car se la resurrection de sa chair p
durablemẽt nest point auenue en iesucrist
ou nest pas auenir sicomme ihesucrist la
deuant dit/ou sicomme ses prophetes
font prononce qui iesucrist ont prononce.
pourquoy ont les prophetes si grãt puis
sance qui ont este occis pour ceste foy pour
laquelle ceste resurrection est preschee. car
comment que dieu face ses miracles mer‑
ueilleusement par soy mesmes en sa ma‑
niere que il qui est pardurable fait les cho
ses temporelles/ou soit quil les face par
ses ministres il se face aucune par les es‑
peris des martirs aussi cõme par hõmes
qui viuent ancores/ou qui les face tous‑
iours par les angles/ausquelz il cõmãde
inuisiblement immuablement et corporel
lement si que ses miracles que on dit es‑
tre fais par les martirs soiẽt fais de dieu
non pas deulx/mais seulemẽt par leurs
prieres et imprecacions/ou soit quilz soi
ent fais les vngz en vne maniere et les
autres en l'autre qui ne puissent estre com
prinses d'entendement d'omme mortel.
Neantmoins elles portẽt tesmoing a ces
te foy en laquelle la resurrectiõ de la chair
est preschee.

¶ De combien les martirs sont honnourez
plus dignemẽt q firent plusieurs choses
merueilleuses a ce que le vray dieu soit a
doure q les dyables q en font aucunes a ce
que on croie quilz soient dieux.   v.

Or voudroient les aduersaires
dire en cest endroit que leurs dieux
ont aussi fait aucuns miracles
bien va silz commencent a cõparer leurs
dieux a noz hommes mortelz. ou ilz di
rent aussi que aucuns hommes mors soi
ent leurs dieux/sicomme hercule/sicom
me romule et plusieurs autres quilz cui‑
dent estre receuz ou nombre des dieux/
Mais les martirs ne sõt pas dieux a no'
car nous scauõs bien que nous et les mar
tirs auons vng mesmes dieu/et toutes
fois les miracles que maintiennẽt auoir
este fais par les temples de leurs dieux
ne sont pas a comparer aucunement aux
miracles qui sont fais par les memoires
de noz martirs. et se aucuns apent estre
semblables/neantmoins aussi comme
de moyse furent vaincus les enchãteurs
du roy pharaõ sont vaincus leurs dieux
de noz martirs. Les dyables firent telles
choses par presumption de fiel orgueil. p
seõs ilz voulurẽt estre leurs dieux. mais
les martirs font telles choses ou qui est
plus pprement a pser dieu ses fait/ou
leurs prieres ou parce que eulx mesmes
y œuurent auec dieu affin q la foy puisse
prouffiter par lesquelz nous croions. nõ
pas quilz soient noz dieux/mais creons
qlz ont vng dieu auec nous Apres iceulx
mescreans edifierẽt tẽples a leurs dieux
qui telz estoient et firent autelz et leur es‑
tablirent prestres et leur firent sacrifices
mais nous en nostre tẽps n'edifions pas
temples aux martirs cõme dieux. mais
leur edifions memoire eglises et chapel‑
les cõe a hões mors dont les ames viuẽt
eueis dieu/ne en telles chapelles et eglises
pour eulx p fõdees nous ne esleuõs pas au
telz ausqlz no' sacrifiõs a martirs. mais
y offrõs sacrifice a vng dieu q est dieu des
martirs et le nre. auql sacrifice ilz sont nõ
mez en leur lieu en leur ordre cõe hões de
dieu q valqrent ce monde en sõ nõ/toutes
fois ny sont ilz pas appelez du pstre q sa
crifie. Car il y sacrifie a dieu non pas a
eulx p. cõbiẽ ql sacrifie en sa maniere deulx

Car il est prestre de dieu et non pas deulx/ et ce sacrifice qui y est offert est le corps ihe sucrist lequel n'est pas offert a eulx. Car eulx mesmes sont pour sup corps/ ausqlz doncques mesmes faisons miracles doit on mieulx croire ou a ceulx qui veulent q̃ ceulx qui leur font telles choses croient qu'ilz soient leurs dieux/ ou a ceulx qui font toutes les merueilles qu'ilz font/ affin que on croie en dieu ce que iesucrist mes mes est/ Doit on croire a ceulx qui ont voulu q̃ on leur ait fait sacrifices de leurs termes. mesmement ou a ceulx qui ne veulent pas estre louez pour les choses q̃ leur sont dediees ou consacrees/ aincois veu lent que toutes les louenges dont ilz sont veritablement/ prouffitent et soient tour nees a la gloire d'icelluy ouquel ilz sont louez/ car leurs ames sont louees en nostre seigneur. Or les croions doncques puis que ilz dient verite et qu'ilz font merueilles/ car en disant verite ilz ont este martirez a ce qu'ilz puissent faire miracles/ et oultre les choses sus apres qu'ilz ont dit est une des principales qualitez de la resurrection. laquelle il nous a promis que nous sau rons ou au commencement du nouueau siecle ou en la fin de cestuy present.

Contre les platoniciens qui arguent des poix des elemens terriens/ que ung corps terrien ne peut estre ou ciel.   xi

Contre lequel grant don de dieu iceulx deputeurs desquelz dieu scait que leurs pensees sont vai nes arguent de la pesanteur des elemens Car ilz ont apris de leur maistre platon que les deux gros corps qui font les deux extremitez du monde sont couplez et con ioinctz par deux autres corps moyens/ c'estassauoir l'air et l'eaue/ et parmy ce di ent ilz pour ce que la terre est plus basse/ et

sa premiere en allant contre mont. La seconde sur terre/ et fait le tiers sur l'eaue. et le ciel le quart sur l'air/ pour ce ne peut corps terrien estre ou ciel/ car les elemens sont pesez par propres momens a ce qu'ilz tien nent leur ordre. Voyez cy par lesquelz ar gumens humains enfermete plaine de va nite contredit a toute la puissance de dieu Que font doncques tant de corps terriens en l'air/ puis que l'air est en tiers lieu apres la terre/ se ce n'estoit parauenture par ce q̃ cestuy qui a donne puissance aux terriens corps. des oyseaux estre esleuez en l'air par la legierete de leurs plumes et eles/ ne pourroient donner aux corps des hommes fais immortelz vertu/ par laquelle ilz puis sent aussi habiter ou ciel. Et pour ce aussi semblablement les bestes terriennes qui ne pouoient voler/ entre lesquelles les hom mes sont/ deuroient viure soubz terre aus si comme les poissons qui sont bestes de l'eaue viuent soubz l'eaue/ pourquoy est ce doncques que beste terrienne ne peut au moins viure du second element/ c'est assa uoir de l'eaue/ mais on dit du tiers/ pour quoy est elle tantost suffocquee se on l'a co strain a viure ou second element qui est sur terre/ et s'a a touche et vit ou tiers ele ment/ affin qu'elle viue est cy erreur en lor dre des elemens/ ou s'il a mieulx deffault en leurs argumens/ non pas en la nature des choses/ ie laisse a dire ce que i'ay dit ou viii. liure comment tant de corps sont pesans si comme est plomb/ et touteffois les ouuri ers en font telle forme ou figure/ en laquel le ilz peuent nager sur l'eaue/ et on contre dit a souurier toutpuissant que corps hu main puisse receuoir en soy qualite par la quelle il puisse estre esleue ou ciel et puisse habiter ou ciel/ mais ceulx qui considerent et traictent icelluy ordre des elemens ou quel ilz se fient ne peuent trouuer aucune ment chose qu'ilz dient qu'il soit contre ce q̃ nous auons dit cy dessus. Car la ter re est la premiere en l'ordre des elemens/ et la plus basse en montant. L'eaue se se cond. L'air le tiers. Et le ciel le quart.

par telle ordonnance que la nature de les aue est par dessus toutes ces choses. Car aristote dit quelle est le quart corps.

¶ Et platon dit quelle nest pas corps. Et pour certain se elle estoit le quint corps elle seroit par dessus tous les autres et selle nest pas corps de tant surmonte elle plus les autres. Que fait elle doncques au corps terrien, que fait en ceste pesanteur de corps elle qui est plus subtille de tous les autres, que fait celle qui est plus legiere de tous les autres en ceste pesanteur celle qui est plus fine des autres, que fait elle en ceste sente chose. Pourquoy doncques ne pourra ce estre fait que par merite de excellente nature, dont elle est son corps ne puisse estre esleue ou ciel. Et puis que la nature des corps terriens peut deprimer ça aval les ames, pourquoy ne pourront aucunes fois les ames leuer les corps terriens la sus ou ciel, Se nous voulons maintenant parler des miracles quilz dient que leurs dieux ont fais, et lapposent contre les martirs, ne trouuerons pas bien que noz martirs en ont fait pour nous et qui nous ont moult prouffite. Car pour certain entre les grans miracles de leurs dieux cellup est repute plus grant que Uarro racote dune vierge seruant a la deesse Uesta, laquelle come elle fust en peril de mort et pres destre iugee par faulse souppecon destre violee, Elle emplit vng crible de leaue du tibre. Et le porta tout plain a ses iuges sans ce qu en cheist oncques goutte. Qui fut cellup qui retint sur ce crible leaue qui est pesante q fut cellup q ne souffrit pas quil ne cheist goutte de ceste eaue en terre parmp tant de partuis come il auoit en ce crible, et se ce fist aucun dieu est il ores plus grant que dieu qui fist ce monde se ce fist vng dpable Estoit il plus puissant oster au corps terri en sa pesanteur qui a cree p ceulx mesmes elemes en telle maniere que le corps ressuscite a vie, habite en cel element come les perit qui le fait viure soul dra. Apres come ilz maintiennent que lair soit moyen entre le feu qui est dessus et qui est dessoubz, co

ment est ce que nous le trouuons souuent entre deux eaues et entre lair et la terre. ¶ Quelle chose veulent ilz que les nues eaueuses soient entre lesquelles et la mer lair est moyen. Je leur prie quilz me dient par qlle pesanteur et ordre des elemens il peut auenir que les russeaux ou desruiseaux pendent aux nues dessus lair, aincois quilz courent soubz lair en terre ou ilz courent par tres grant violence, ou par tres grans ondes. ¶ Apres pourquoy lair est moyen entre la haultesse du ciel et la basseur de la terre de toutes pars que le mon de se tend se son lieu est ordonne a estre entre le ciel et leaue ainsi comme le lieu de leaue entre lup et la terre ¶ Finablement lordre des elemens est en telle disposicion que selon platon par les deux moyens, Cestassauoir lair et leaue, les deux autres qui sont aux extremitez, Cestassauoir le feu et la terre soient conioictz, et q lun. Cestassauoir le feu tienne le plus hault, et lautre cestassauoir la terre tienne le plus bas, ainsi comme le fondement du monde. et pour ce elle ne puisse estre ou ciel pourquoy doncques est le feu en la terre, car selon ceste rayson ces deux elemes cestassauoir le feu et la terre doiuent estre en leurs propres lieux, cestassauoir le feu au plus hault, et la terre au plus bas, a ce que ainsi comme iceulx philozophes ne veulent pas que la terre qui est ordonnee estre au plus bas puisse estre au plus hault Doncques ainsi comme ilz ne cuident pas que aucune partie de terre soit ou puisse estre ou ciel ou temps auenir. ¶ Aussi ne deuons nous pas auoir veu en terre aucune quantite ou partie de feu: Or est il ainsi que non pas en terre seulment, mais soubz terre mesmement que les hault tes des montaignes mesmes mettent hors feu, oultre ce que en humain vsage nous le veons estre en terre, et pstre de terre, quant il naist et de busches et de pierres, lesquelles sans doubtance sont corps terriens. Mais ilz dient que ce feu de lassue est cler, pur sans nupsance et pardurable

¶ Mais cestuy de ca aual est trouble fumeux corruptible et corrompant. Et toutesfois ne corrompt il pas les môtaignes qui se mettent hors continuellement ne les cauernes des terres dont il yst. ¶ Or soit ainsi q̃ se feu de ca aual soit dissemblable a cestuy de lassus/affin quil soit côuenable auy habitacions terriennes. Pourquoy doncques ne Beulent ilz q̃ nous croions que la nature des corps terriens soit faicte ou temps auenir incorruptible τ conuenable a habiter ou ciel ainsi comme a present le feu corruptible et côuenable a habiter en ceste terre. ¶ Ilz nameinent doncques q̃lque argument des poix et de sordre des elemens/par lequel ilz forcloent dieu le tout puissant quil ne puisse faire noz corps telz quilz puissent habiter ou ciel.

¶ Expposicion sur ce chapitre.

En cel pi. chapitre quant monseignr̃ saint augustin parle de la proporcion des elemẽs. et allegue platon. Il est assauoir que cest en son liure quil fist qui est appele in thimeo. Et premierement il met sa conclusion quilz mettent côtre la resurrection des corps. et le preuuent par la proporcion des elemens. Et apres il y respont et cest ou il dit: Veez cy par quelz argumens. τc. Ceste rayson il conferme p̃ plusieurs raysons. ¶ Apres quant il dit. Je delaisse. τc. Il retourne a arguer a son pricipal/ τ y fait plusieurs raysons. Et quât il parle de aristote/ lequel môseigneur saint augustin dit quil disoit que lame estoit le quint element. peut estre que ainsi soppinoit on en sô temps/pour ce que ses liures nestoient aucores lors suffisamment trâslatez/ou au moins publiez. Car il appt̃ par les liures daristote que lame nest pas corps/mais est lopperacion du corps. Et ainsi appert que les elemens sont ainsi ordonnez que la terre est le premier element leaue le second/lair le tiers/ et la nature

de lame par dessus tous/combien que platon tienne quelle nest aucun corps / et que aristote tenist quelle fust la B. selon sa narracion de monseigneur saint augustin/ ¶ Mais on peut cy demander pourquoy môseigneur saint augustin ne fait pas mencion de selemẽt du feu. A quoy on peut respondre selon franciscus de maronis que il fut de ceste oppinion auecques platon cest assauoir que le ciel et tous les corps supercelestiens estoient de la nature du feu, et q̃ entre le centre ou cercle de la lune iusques a nous nauoit que air. Secondement on peut demander se aristote qui mist le spere du feu entre le ciel et lair/la peut demonstrer comme elle ne soit pas perceue sensiblement ¶ A quoy on peut respondre que a ce monstrer sont aucunes coniectures/ Mais ilz ny apperent aucunes raysôs de monstratiues. ¶ Toutesfois nest ce pas chose raysônable de dire que le ciel soit feu se par auenture il nappele ce estre feu que aristote appele la B. essence ¶ Apres quât il parle de la Bierge du temple de Beste qui porta le crible plain daue. τc. Il est assauoir que ou temple de Beste la deesse auoit nonnais Bierges consacrees qui gardoient le feu perpetuel/et sil en y auoit aucune q̃ se meffesist elle estoit enfouye toute Biue. Or est Brap que celle Bierge qui estoit accusee: quelle ne se fust meffaicte pour monstrer son inocẽce apporta le crible tout plai deaue deuant les iuges qui laccusoiẽt. Et est ceste histore traictee en Balerius maximus ou premier chapitre du Biii. liure. de dictis et factis memorabilz̃. Et Beult môstrer monseigneur saint augustin que les miracles des fausx dieux lesqlz les payens racontent sont a desclairer nostre foy Et toutesfois preuuẽt aucunes cy a ce miracle le pii. chapitre ou il dit. Car entre les miracles de leurs dieux. ¶ Apres quant il allegue ancores platô ou il dit finablement le sordre. τc. Cest ancores en son liure in thimeo.

¶ Contre les faulses accusacions des

mescreans qui se mocquent des crestiens qui croient la resurrection, de la cf. air. pii.

Mais ces philosophes se vuelent enquerir de nous par tresgrãt scrupule et mocquer nostre foy par laquelle nous croions que nostre chair ressuscitera, et enquierent assauoir se les enfans mors nez ressusciteront. Et pour ce que nostre seigneur dit que ung cheueil de vostre teste ne perira ilz enquierent se tous ceulx qui ressusciteront auront une mesmes stature ou grãdeur et force, ou silz auront quantitez diuerses, car suppose quilz doiuent ressusciter se tous ceulx qui ressusciteront seront tous dune mesmes quantite, dont ne cõment auront telz mors nez celle grandeur de corps quilz nauoient pas cha aual, ou sil auient quilz ne ressuscitẽt pas pource quilz ne sont pas nez, mais mis hors tous mors du ventre de leur mere. an cores sont ilz icelle mesmes question en demandant dont leur vendra celle grãdeur de corps laquelle nous veons quilz nont quantilz meurent en tel aage denfance, car nous ne pouons pas dire que ceulx qui non pas tant seulement sont nez, mais auec ce sont prenables de regeneracion ne doiuent ressusciter. Apres il demande quelle et qualite ou grandeur ceulx qui ressusciteront auront. Car silz sont lors tous et grãs et si lõgz cõme tous ceulx qui oncques furent tant fussent grans ou longz il demãdent, non pas tant seulement les petis enfans, mais auec ce de plusieurs autres, dont leur vendra leur grandeur quilz neurent oncques tant cõme ilz vesquirent en ce monde puis que chascun aura se corps qil auoit au monde. Et selon doit tenir et entendre q̃ la grãdeur et la mesure des corps humains q seront ou doiuent estre ou royaume de iesucrist doiuẽt estre telz cõme le sien fut, pource que lapostre dit que nous vendrons encontre la mesure de laage acõ

plis de iesucrist, et aussi par ce quil dit ailleurs des sauuez desquelz il dist, il predestina quilz fussent conformez a lymage de son filz, il conuiendra sil est ainsi selon ce quilz dient que len substraie grant quantite de la grandeur et de longueur des corps Et cõment pourra estre verifie que ung cheueil de la teste ne perira, se si grant partie de la quantite du corps en doit estre substraicte, combien que on puisse bien enquerir des cheueulx mesmes se ce q en est rez ou tondu retournera. Et sil doit retourner qui est celluy qui de telle defformite naist horreur. Car il semble aussi que necessairement sen doiue ensuiuir semblable des ongles, et que tout ce en doie retourner qui en a este rongne pour embelir le corps. Et ou sera lors la beaulte du corps q̃ pour certain deuera estre plus grant quant il sera immortel quil na peu estre tant comme il a este corrõpable, et se ce qui a este rongne tant de cheueulx comme dõgles ne retourne pour certain il perira. Comment donques peut ce estre verite dient ilz que cheueil de la teste ne perira. Aussi disputent ilz de la maigreur et grosseur des corps. Car si cõme ilz dient puis quilz seront tous egaulx, pour certain les ungz ne seront pas maigres et les autres gras: Et donques dient ilz et conuiendra il que aucune chose soit adioustee aux ungz, Cestassauoir aux maigres et que aucune chose soit adioustee aux autres, cestassauoir aux gras. Et ainsi il sensuit que en ce cas on ne recepuera pas ce que len auoit quant aux maigres, mais leur sera adiouste ce qlz nauoient pas eu. Et quant aux autres, cestassauoir aux gras ilz perdront partie de ce quilz auoient. Ilz ne sont pas aussi spouesmeuz des corrupciõs et mutaciõs des corps mors, comme lun soit mue en pouldre, lautre par vapeur soit mue en vent ou en air, les aucuns soient degastez de quelconques bestes, les aucunes de feu aucuns soient noyez en mer ou en autres eaues quelconques par telle maniere que

f.i.

par pourreture leur chair est dissolue et conuertie en humeur, et pce ilz ne croient pas q ces choses en quoy les corps humains sõt conuertis puissẽt estre recueillis τ redues entieres en chair, ilz ramainẽt aussi a leur propos toutes ordures et vices des corps soient quilz les aient dauenture ou de nature. Et a ce propos ilz ramẽbient les mõstrueux enfantemens en grant horreur et mocquerie, et demandent quelle sera la resurrection de telz corps ainsi contrefais. Car se nous disions que nulle telle chose ne retournera ou corps dõme en sa resurrection, ilz mainterroiẽt et tiendroient pour confuse nostre responce des lieux des playes en laquelle nous respondons et pschõs que nostre seigneur iesucrist est ressuscite, mais entre toutes ces choses ilz proposent une tresforte question, assauoir en quelle chair sa chair tournera de celluy que aultre aura mengee par rage de faim, car celle chair est conuertie en la chair de celluy q la mengee. Et est supplee la deffault de celluy qui est menge, affin dõcques quilz se mocquent de la foy que nous tenons de la resurrection, ilz demandent ou quel celle chair retournera ou a celluy qui sauoit deuãt ou a celluy qui la mengee, et que selon platon ilz promettent q lame humaine ait bieneurete vraye τ fausse puis lune puis lautre. Ou que selon loppinion de porphire quant ses ames auront fait plusieurs solucions dun corps en autre elles finissent leurs miseres, et maintenant auec ce que icelles ames ne retourneront ia mais a icelles miseres, nõ pas toutesfois quelles doiuent auoir lors corps imortelz aincois escheueront tous corps.

⁋ Epposicion sur ce chapitre.

En ce pii. chapitre monseigñr saint augustin met que ceulx qui mourront ĩ parfais des corps ressusciteront par fais des corps. Et met plusieurs questiõs que ceulx qui se mocquoient de nostre foy lesquelles sont apparans par le texte.

Et p respond par ordre aux chapitres ensuiuans. Et quant en la fin de ce chapitre il parle des oppinions de platon et de porphire quant a la reuolucion des ames, il en a este parle plus aplain ou xxx. chapitre du x. liure. Et pour ce nous nous en passons.

⁋ Assauoir se les mors nez appartiennẽt a la resurrection, sil est ainsi quilz appartiennent au nõbre de la resurrectiõ des mors
piii

IE veul doncques respondre par layde de la misericorde de dieu q men doint grace et pouoir aux choses contraires alleguees cy dessus de peulx, lesquelles me semblent estre opposites selon ce que ie puis veoir en les considerant, aussi cõme ie nose affermer, aussi ie nose nper que les enfans mors nez qui meurent ou ventre de leurs meres depuis quilz ont vescu doient ressusciter, combiẽ que ie ne puisse apperceuoir comment il ne leur appartienne quilz doiuent ressusciter silz ne sont exceptez τ conclus du nombre des mors. Car ou tous ceulx q sont mors ne ressusciteront pas, et seront pardurablement aucunes ames sans corps, lesqlz corps elles ont porte, combien que ce ait este aux ventres de leurs meres, ou se toutes ames humaines doiuẽt ressusciter et receuoir les corps qlz ont eu en quelque lieu qlz les ont laisse viuas et mourãs, ie ne puis apperceuoir ne trouuer comment ie puisse dire que tous ceulx ne doiuent ressusciter qui sont mors τ soient mors iusques au ventre de leurs meres, mais quelconques oppinion que chascun ait de ces choses ce que nous entendons a dire des enfans qui meurent puis quilz furent nez se ilz ressusciteront ou non: ce mesmes est a entendre des mors nez.

¶ Expoficion fur ce chapitre.

En ce .vii. chapitre monfeigneur faint auguftin cōmence a refpondre aux queftions mifes ou chapitre precedent, ceft affauoir a la premiere ou ilz demandoient fe les enfans mors nez reffufciteront. Et dit que ainfi cōme il ne lofe affermer, auffi ne lofe il nyer, touteffois il demonftre q̄ ilz doiuent reffufciter. Et ceft ou il dit. Car toutes les ames ⁊c. Touteffois eft il auerty que iaffoit q̄ cefte queftion fuft doubteufe ou temps de monfeigneur faint auguftin que maintenāt on la tient pour toute determinee, et quilz reffufciteront car puis quilz eurent vne fois ame ilz furent vrays hōmes. Or eft il certain quil conuient que tous fe reprefentent deuant nr̄e fauueur iefucrift au iour du iugemēt derrenier, ficōme dit la faincte efcripture quare ⁊c.

¶ Affauoir fe les enfans reffufciteront en cel eftat ou aage quilz peuffent auoir eu fe ilz euffent vefcu en precedāt leur aage. viii.

Que dirons nous doncques des enfans fors quilz ne reffufciteront pas en fa petiteffe du corps ou q̄l ilz font mors, mais qui receueront par loeuure de dieu merueilleufe et trefiuftelle tel corps cōme ilz euffent eu par fucceffion de tēps filz euffent vefcu, car en la fentēce de noftre feigneur quant il dit. Cheueil de voftre tefte ne perira, il exprime et dit q̄ ce ne leur deffauldra pas q̄lz auoient en leur viuant, mais il ne denye pas quilz nayēt ce quilz nauoient pas. Or deffailloit il a lenfant quant il mourut parfaicte quātite de fon corps. Car parfaicte quantite de corps neft pas en enfant quant il eft pfait laquelle quantelle fuy fera venue fon eftature ne pourra eftre plus lōgue, ceftemaniere de perfection ont tous et toutes fi quilz y font conceus ⁊ y naiffent, mais ilz ont en vertu, non pas ou corps ou de fait aiſi cōme fes ames du corps fōt ia repoftemět

en fa femence ou germe cōme mefmes depuis quilz font nez ilz leur faille aucuns membres: ficōme les dens et autres. En laquelle vertu ou raifon embattue en la raifon dunchafcun il femble ia en aucune maniere que ce qui neft pas ancores, mais fe tappift y foit forme et figure, mais apz fa fucceffion de temps il y eft de fait ou y appert mieulx. En cefte vertu doncques ou raifon, lenfant eft ia court ou long qui doit eftre apres court ou long, pour certaī felon cefte fentence, nous ne doubtōs pas eftre appetices en corps en fa refurrection, car fil auenoit que tous deuffent eftre lors egaulx fi quilz paruenifent a la grādeur des geans affin que ceulx qui ont efte tref grans neuffent fors moins de grandeur ou en eftature qui deuft perir contre la fentence qui dit que cheueil de voftre tefte ne perira. Cōment pourroit cellup qui crea toutes chofes de neant auoir deffaulte de y adioufter ce que cellup q̄ eft merueilleux ouurier y fauroit adioufter.

¶ Expoficion fur ce chapitre.

En ce .viii. chapitre mōfeigneur faint auguftin refpōd a la queftion des enfans. Et monftre que fes enfans mors nez reffufciteront en celle grandeur en laquelle ilz pouoiēt venir filz euffent vefcu iufques a parfait aage, et le monftre par plufieurs raifōs. Car ficōme il dit iaffoit ce que vng enfant quant il naift, nait pas ou corps fa grandeur en quantite d̄ue, touteffois la il en fa raifō feminable. Et pour ce dit monfeigneur faint auguftin, en telle quantite cōme ilz ont en puiffance. Et de ce on peut prendre vng tel enfeignemēt Ceft affauoir que vng chafcun reffufcitera en telle grandeur et quantite, laquelle il auoit en puiffance quant il fut ne felon la complection de fon corps. ¶ Et pour ce feil y a aucune chofe q̄ donne empefchemēt en fa grādeur il reffufcitera plus grāt ficō il eft parauēture des changes et des

f. ii.

poures qui par deffaulte des alimens ne peuent croistre ne amender. Et de ce tensseignement sensuit ung autre/ cestassauoir q̃ nul ne ressuscitera moindre en quãtite que celle quil auoit en puissance. Coultre icelle il ne pourra passer/ touteffois en ressusciteront en plus grant grandeur que ilz ne furent oncques.

¶ Assauoir se tous les corps ressusciterõt en celle mesmes mesure du corps nostre seigneur. ₽v

Ais vrayemẽt iesucrist ressuscita en la mesure du corps en laq̃lle il mourut: cest felonnie de dire que quant le temps sera venu que tous ressusciterõt il doie receuoir auec son corps autre grãdeur quil nauoit quãt il apparut a ses disciples en icelle, en laquelle ilz se congnoissoient ⁊ que ce soit affin quil soit egal aux plusgrãs. Et se nous disons que tous autres corps qui doiuent ressusciter doiuent estre ramenez a la mesure du corps de iesucrist grant partie daucun perira. Cõbien quil ait promis que cheueul p̃ de teste ne perira. Doncques sensuit il que retenue la mesure que chascun auoit eu en ionesse suppose quil soit mort en vieillesse ou en celle qui deuoit auoir sil est auãt mort. Et que aussi ce que lapostre dit de la mesure de la perfection de laage de iesucrist, nous ẽtendõs quil ait dit par autre sentẽce, cestassauoir ou que la mesure de laage de iesucrist soit acomplie quant a luy qui est chief quãt a la perfection de tous ses membres, cestadire de son peuple crestien sera venue, ou se lapostre lentẽdit de la resurrection des corps Nous pouons entendre sont dict ainsi, cest assauoir que les corps des mors ne ressusciteront pas oultre laage de la forme de ionesse, mais ressusciteront en cel aage ⁊ force iusques a laquelle nous congnoissons q̃ iesucrist vesquit. Car les tressages hõmes mesmes du monde determinerẽt laage de ionesse estre enuiron laage de xxx.

ans/ laquelle puis quelle p̃st hors de son propre terme somme d'i ssecẽ auant cõmence a soy tourner en saage greue de Vieillesse. Et pour ce ne dit pas lapostre en mesure du corps ou en mesure de lestature. mais dit en la mesure de laage de la perfection de iesucrist.

¶ Exposicion sur ce chapitre.

En ce p̃v. chapitre monseignr saint augustin respõd a la seconde question/ cestassauoir en qlle qualite les mors ressusciteront ⁊c. Et dit que tous ressusciteront sans exceder ne sans amenuiser en la mesure quilz eurent en ionesse suppose quilz trespassassent vielz et anciens, ⁊ en la grãdeur qil eut eue sil eust vesqui, supposé quil soit mort en ionesse. Et expose en ce chapitre cõment sentend le dict de lapostre qui dit quilz ressusciteront en la grandeur de sa plenitude de nostre sauueur iesucrist. Et est le chapitre tout cler.

¶ Quelle soit a entendre la confirmacion des sains a lymage du filz de dieu. p̃vi.

Aussi peut estre entendu espirituellement ce quil dit ses predestinez estre cõformez a lymage du filz de dieu, dont il nous dit ailleurs telles p̃olles. ne vous veullez pas cõformer a ce siecle: mais vous reformez en nouuelleté de vostre entendement. Quant nous sãmes doncques conformez affin q̃ nous ne nous conformons a ce siecle nous sommes conformez au filz de dieu, il peut aussi estre entendu ainsi, que aussi cõme il est cõforme a nous en mortalite/ nous nous deuons conformer a luy en immortallté/ la quelle chose mesmes appartiẽt aussi a la resurrection. Et se en ces parolles lapostre nous admõneste en quelle forme les corps ressusciterõt aussi cõme icelle mesure nest pas a entendre en quantite/ mais en aage aussi n'est sẽblablement ceste cõfirmacion

Tous doncques resusciteront aussi grans en corps comme ilz estoient en l'aage de ioneſſe ou comme ilz euſſent eſté s'ilz euſſent tant veſcu/ combien qu'il ne nuyra pas ſe on y eſt lors en corps en la forme de vieilleſſe ou de ioneſſe ou il ne demoura aucune enfermeté de penſee ne de corps/ dont ſ'il eſtoit aucun qui maintenist que chaſcun reſſuſcitera en la forme du corps q[ue] il a q[u]ant il meurt il ne luy conuiendroit pas a contredire par grant labour.

Expoſicion ſur ce chapitre.

En ce vii. chapitre monseign[eu]r ſaint auguſtin demonſtre comment ſe doit entendre le dict de l'apoſtre des predeſtinez qu'il dist qu'ilz ſeront conſermez a l'image du filz de dieu.

Aſſauoir ſe les corps des femmes reſſuſciteront et demeureront en leur ſexe.

Pour ce que l'apoſtre dit ces parolles iusques a tant que nous tous acourrons en homme parfait en ſa meſure de l'aage de la perfection de ieſucriſt. Et que nous ſoions conformez a l'image du filz de dieu: Aucuns ne croient pas que les femmes doiuent resusciter en ſexe feminin, mais dient que toutes resusciteront en ſexe d'homme/ pour ce que dieu fiſt l'ome de ly mon et la femme de l'homme mais il ne ſemble a ceulx ſ'entend mieulx qui ne doubtent pas que l'un et l'autre ſexe resuscitera, car ſa n'aura pas de plaiſance charnelle, laquelle eſt cauſe de confuſion et de honte. Car car auant qu'ilz pechaſſent ilz eſtoient nudz/ ne l'ome ne la femme n'auoient pas de honte et de confuſion. Les vices doncques ſeront oſtez d'iceulx, et leur nature demourra. Or n'eſt pas ſexe feminin vice/ ains eſt nature/ laquelle ſera lors quittee et deliuree de conceupoir par œuure

charnelle et d'enfanteriſees membres feminins demouront doncques, non pas ordonnez au viel uſage, mais a beaulté nouuelle par laquelle la concupiſcence de cellup qui la verra ne ſera pas attraicte car il n'y en aura pas/ mais en ſera loée la ſapience et clemence de dieu qui a fait ce qui n'eſtoit pas et a deliuré de corruption ce qu'il a fait, car a ce que au commencement de l'humain ſignage femme fut faicte du coſté d'omme dormant en luy ſuſtreant une coſte, il luy vouloit ia des lors propheciſer par tel fait que ce ſignifioit dieu et l'egliſe. Car ce dormir de l'ome ſignifioit la mort de ieſucriſt/ du quel le coſté fut party d'une lance/ luy pendant en la croix/ et de ce yſſit ſang et eaue/ leſquelz nous ſauons eſtre les ſacremens deſquelz l'egliſe eſt edifiee. Car de ce mot, c'eſt a ſauoir edifier ſe ſcripture uſe ou l'en ne lit pas que dieu forma et compoſa/ ains dit qu'il edifia icelle coſte en femme. dont ſemblablement l'apoſtre dit en l'edification du corps ieſucriſt qui eſt l'egliſe. La femme doncques eſt creature de dieu auſſi comme l'ome eſt mais l'unité d'omme et de femme fut approuuée en ce qu'elle fut faicte de l'ome. Et en ce qu'elle fut faicte par telle maniere ieſucriſt et l'egliſe y ſont figurez comme dit eſt. Apres les ſaducees qui remettent la reſurrection demanderent a ieſucriſt du quel les vii. freres la femme ſera, laquelle chaſcun d'eulx a eu l'un apres l'autre a femme/ quant ſelon la loy chaſcun d'eulx vouloit releuer ou ſuſciter la ſemence de ſon frere mort/ et il reſpondit. Vous errez dist il/ et ne ſauez les eſcriptures ne la vertu de dieu. Et quant il fut temps qu'il ne parlaſt il ne dit pas, Celle dont vous me demandez ſera homme et non femme, aincois dit il. Car en la reſurrection il ne ſe marieront pas ne eſpouſeront femmes. mais ſeront auſſi comme les angles de dieu en ciel/ pour certain ilz ſeront ſemblables aux angles en immortalité et bien eureté, non pas en chair né en reſurrection de laquelle les angles n'ont eu meſtier. Car ilz n'ont peu mourir/ noſtre ſeigneur doncques den pa que on ſeiſt nopces apres sa resurrection/mais il ne denÿ a pas quil ny eust femes Et le denpa la ou telle question est meue quil sa pouoit tantost souldre et legierement sil eust dit quil ny eust nulles femes et quil seust quil ny en eust nulles/mais certainement il veult confermer quil y auroit femes quant il dit/elles ny seront pas espousees/laquelle chose appartient aux hommes: La seront doncques et celles seulent estre cy espousees/et ceulx qui seulent espouser femes, mais la ilz ne feront riens.

¶ Epposicion sur ce chapitre.

En ce xViii. chapitre et subsequent mon seigneur saint augustin monstre q̃ par le dit de lapostre les femes ne sont pas epousees quelles ne ressusciteront aussi bien comme les hommes.

¶ De homme parfait, cestassauoir de iesucrist et de son corps, cestadire de lesglise la quelle est la plenitude dicelluy: xViii.

E t pour ce en tant que lapostre dit que nous pros tous et acourrons en homme parfait/nous deuons considerer la circunstace de toute ceste lechon qui dist ainsi. Celluy dit il qui descendit/cest celluy qui monta sur tous les cieulx affin quil acomplist toutes choses. Et il mesmes ordonna les vngz pour estre apostres, les autres pour estre prophetes, les autres pour estre euangelistes, et les autres pour estre docteurs et pasteurs a la consumacion des sains en oeuure de ministere en ledificacion du corps de iesucrist, iusques a tant que nous acheuerons tous en lunite de la foy et en la congnoissance du filz de dieu en homme parfait en la mesure de laage de la perfection de iesucrist si q̃ nous ne soyons degettez et transportez cha et la en tout vent de doctrine a la mocquerie des hommes en cautelle a machiner erreur, mais nous en faisant verite

acroissons nous par toutes choses celluy qui est le chief, cestassauoir iesucrist/dont il a fait croistre tout vng corps assemble et adioinct par tout atouchement de subministracion selon soeuure en la mesure dune chascune ptie en ledificacion de soy en charite. Veez cy celluy qui est home parfait chief et corps qui est compose de tous ses membres, lesquelles choses serot acomplies en leur temps/toutesfois viennent tous ses membres a pcelluy corps quant lesglise en est edifiee a laquelle il est dit/Vous estes le corps et les membres de iesucrist, et ailleurs pour son corps dit il qui est lesglise/ Et de rechief ailleurs. Nous plusieurs sommes vng pain et vng corps/de ledificacion du corps duquel il est cy dit a la consumacion des sains en soeuure de ministre en ledificacion du corps de iesucrist. Et apres sensuit ce dont nous parlerons a nostre pps, cestassauoir iusques a tant que nous acourions et soions tous assemblez en lunite de la foy et en la cognoissance du filz de dieu en home parfait en la mesure de la age de la perfection de iesucrist. Et ce qui sensuit apres iusques que icelluy apostre demonstrast en quel corps icelle mesure deuoit estre estendue quant il dit. Acroissos nous par toutes choses en luy qui est nostre chief iesucrist/duquel tout le corps assemble et conioinct par tout atoucement de la ministracion son seuure en la maniere dune chascune partie doncques aussi come il y a mesure en chascune pattie/aussi a il en tout le corps qui est compose de sa pfection de iesucrist de quelle perfection mesmes il fit mencion ou lieu ou il dit de iesucrist/dieu dit il lordonna le chief sur toute saincte esglise/laquelle est son corps et sa pefection lequel acomplise toutes choses en toutes/mais se ce dit deuoit estre rapporte a la forme de la resurrection en laquelle forme chascun sera. Qui est celluy qui nous empescheroit en nommant homme, la femme ne soit entendue/si que nous perissons homme pour hmome et femme: si comme il appert en ce lieu ou il est escript

L'omme est bieneure qui aime iesucrist, car vrayement plusieurs femmes sont cy qui doubtent nostreseigneur.

¶ Que tous les vices du corps qui sont en ceste vie contraire a la beaulte humaine ne seront pas en la resurrection ou demourant la naturelle substance la qualite ou quantite concurrent en une beaulte. xix

¶ Que pourray ores respondre des cheueulx et des ongles, pour certain qui entendroit que riens ne periroit du corps en telle maniere qu'il ne demoura riens qu'il soit fait ou corps ilz pourront semblablement entendre que les parties q doiuent faire laideur enorme ou corps de ueroient retourner en icelle masse du corps non pas aux lieux ausquelz sa forme du corps en fust enlaidie, ainsi come se on faisoit ung pot de terre ou de limon, et depuis on le cassast en une masse de terre ou de limon, et que de rechief on feist ung pot de toute celle terre ou limon: Il ne seroit pas necessaire que celle mesmes portion ou partie de terre ou de limon qui estoit en l'anse de l'autre pot soit ou second pour faire ance ou que celle qui estoit ou fons face arriere le fons du second pot, mais q toutesfois tout le limon ou terre du premier pot fust conuerty en tout le second pot, c'est a dire que tout le lymon retournast en tout le pot sans ce que en aucune chose en fust perdue. Pour laquelle chose se les cheueulx q tant de fois ont este tondus, et les ongles qui tant de fois ont este rongnez reuiennent laidement en leurs lieux, neantmoins ilz ny retourneront pas lors. Et toutesfois ilz ne periront pas a quelcõques quil soit ressuscite. Car par la muablete de la nature ilz retourneront en celle mesmes chair affin quilz paient aucun lieu du corps l'ordonnance des parties gardee, Combien

que nostreseigneur dit cheueil de vostre teste ne perira puisse moult conuenablement estre entendue estre dit, non pas de la longueur, mais du nombre des cheueulx dont il dit ailleurs, les cheueulx de vostre teste sont nombrez. ne ie ne dy pas ce pour ce que ie cuide que aucune partie du corps qui y estoit naturellement perisse. mais ce q estoit ne en laide forme, et non aussi pour autre chose fors quil fut aussi demonstre coment ceste condicion des choses mortelles est penable qui ont ainsi a retourner q leur difformite ou laideur perira et leur nature demoura entiere. Car se aucun orpheure ou faiseur d'images qui par aucune cause de difformite fait une laide ymage d'aucun metal la puisse refondre et refaire tresbelle par telle maniere q toute la substance du metal demeure entierement, et que la laideur et difformite seulement en soit ostee et que se aucune chose estoit malseant en la premiere figure et mal auenant et qui n'estoit bien conuenable quant aux mēbres ou parties dicelles pareilles quil ne l'oste pas ou separe du tout, ains le spare de et mesle par toutes les parties dycelle par telle maniere quil ny face pas de laideur ne nappetice la quātite de sa matiere se ung homme ouurier peut ainsi faire. Que peut on sentir et iuger de l'ouurier q est tout puissant, ne pourra il pas donq oster toutes laidures et difformitez des corps humains. non pas seulemēt qui sõt acoustumees a venir, mais auec celles q a tard auiennent. Et les monstrueuses q sont conuenables a ceste vie plaine de misere et horribles a la bieneurete auenir des sains. Ne les pourra il pas dy ie oster et destruire, par telle maniere que sans rien perdre de la substance corporelle. Toutes choses, ausquelles il a laideur en figure par excez ou diminucion. Combien quelles auiennent naturelement en soient du tout ostees. Et par ce les maigres hommes ou les gras ne se doiuent pas doubter quilz ne soient en gloze telz comme ilz neussent pas este pcy, se ilz peussent peu

f. iiii.

mettre remede. Car toute la beaulte du corps est en conuenable disposition de ses membres quant il y a belle couleur & souef ue/ mais le corps qui na conuenable ordōnance de ses membres desplaist ou pour ce quil est mauuais/ou pour ce quil est trop petit:ou pour ce quil est trop grant. et pour ce ny sera aucune laidure ou difformite q̄ Vienne par mal ordonnance des mēbres/ ou les choses q̄ sont mauuaises seront corigees Et ou ce q̄ est moindre quil naffiert sera parfait de ce dōt le createur saura biē faire/et ou ce qui est plus grant quil naffiert sera soustrait et oste la matiere demourant et gardee entiere/mais cōment sera grande la douleur ou souefuete de la couleur la ou les iustes resplēdirōt aussi cōme le soleil ou royaume de leur pere laquelle clarte on doit mieulx croire quelle fut reposte et mucee aux peulx des disciples iesu crist quāt il fut ressuscite que on ne deuroit croire quil ne leust pas eue. Car le regart humain qui est foible et enferme la pourroit endurer quant iesucrist mesmes deust auoir este entendu de ses disciples par telle maniere quil peust auoir este congneu deulx/parquoy il appartinst aussi quil monstrast les traces de ses plaies a ceulx qui le manioient et tastoient/et aussi quil mengast et beust/non pas pour souffrete de nourrissement. mais la puissance quil auoit de ce faire. mais aucunes fois quant len ne voit pas vne chose combien quelle soit presente. ōon voit aussi les choses qui sont presentes/ainsi comme nous disons que ceste clarete estoit presente a ceulx qui veoient les autres choses/telle chose est appelee en grec aorasia. Et pour ce que proprement les interpreteurs latins ne peuēt dire la signification de ce mot grec aorasia ilz dient en leur translacion ou liure de genesis que cest a dire selō le latin adueuglement laquelle chose les sodomittes souffrirent quant ilz queroient les huys du iuste hōe loth/& ilz ne se pouoient trouuer/& se ce eust este vray adueuglement/lequel fait que len ne peut riens veoir ilz neussēt

pas quis luys pour entrer ens/mais eussent quis conduiseurs qui de la les en eussent emmenez.

⁋ Exposicion sur ce chapitre.

En ce xix. chapitre monseigneur saint augustin respont a sa question des ongles et des cheueulx.

⁋ Que en la resurrection des mors la nature des hōmes qui auroit este dissipee en quelq̄ maniere sera rappelee enterinemēt de quelconques part ou partie. xx

Ie ne scay cōment nous sommes ainsi atrais a lamour des corps des sains martirs que nous voulons veoir en ce royaume du ciel et les traces de leurs plaies qlz ont souffertes pour le nom de iesucrist/& parauenture les verrons nous/car en eulx ne sera pas de defformite ou de laideur/mais noblesse & dignite et resplendiront de vne beaulte vertueuse laquelle sera en leurs corps. cōbien q̄ lle ne viendra pas de leurs corps/et toutesfois saucus des membres des martirs leur ont este ostez ou trenchez pour ce ne seront ilz pas quilz ne les aiēt en la resurrection des mors. Car il leur est dit de iesucrist q̄ cheueil de leur teste ne perira. mais s'il leur est bien auenant & hōnourable chose que lors en ce nouueau siecle on voye les demonstrances et apparēces de leurs glorieuses plaies en leurs corps imortelz. cest assauoir ou leurs membres auront este ferus ou trenchez affin quilz fussent tous desseurez/lors y apperront bien les traces/mais les membres leur serōt rendus sans en rien perdre. Doncques iassoit ce q̄ il ny ait pas lors de vice en leur corps pour quelconque chose vicieuse quil leur soit a uenue ou monde/toutesfois ne doiuent pas estre reputees ou appellees vices les choses qui sont signes et demonstrances de vertu/mais ia nauienne que toute la puissance du createur quant aux corps re susciter et restituer a vie ne puisse revocqr et rappeler tout ce que ou beste ou feu en a consume et degaste ou tout ce qui en aura este converty en cendre ou en pouldre / ou en humeur / ou esleue et epale par chaseur en lair. Ja nauienne chose dequoy nous perdone sensiblement la congnoissance soit si mucee et reposte ou sains et secret de nature quelle ne soit pas congneue du createur et quelle soit hors de sa puissance. certes tulle qui estoit caust et sage entre les autres philozophes quāt il voulut descripre sa diffinicion de dieu en tant côme il la pouoit faire. dist q dieu est vne pēsee frāce et desliure de toute coniunction de chose mortelle qui sent et scait et mue toutes choses ennoblie de faire tout ce quelle veult par voulente pardurable. Et ce trouua tulle aux doctrines des grans philosophes. Doncques a ce que ie parle selon leur maniere de parler côment se peut aucune chose mucer ou celer de cellup qui scait tout / ou fuir desraisonnablement cellup q tout meut. Et pour ce veuil ie maintenāt souldre la question qui semble estre plus forte des autres quant on quiert ou demande sil auenoit que la chair dun homme mort fust amortie en la chair dun autre homme vif / duquel la chair de ces deux deuera mieulx resusciter en sa resurrection generale. Car saucun tout mourant de fain et si constraint / mengoit sa chair dun hôme mort / lequel mal est aucunesfois auenu / sicomme les anciēnes histoires et les merueilleux experimens de nostre temps sen seignent. Qui est cellup qui vouldroit estriuer et maintenir par vraye rayson que tout ce que tel homme maigre auroit mengie fust yssu et mis hors par ses bas conduis de derriere: Et que rien nen auroit este mue ne converty en chair / mesmemēt comme sa maigresse quil auoit parauant et laquelle il na mais demonstrer assez q par la nourreture dicelles viandes ycellup homme nest plus maigre comme deuant. Et nous auons parauāt nagaires mis et dit aucunes choses lesqlles deurōt

sauoir a desnoer ce neu / cestadire ceste instance. Car toute sa chair qui est degastee par tel fain est pour certain couertie en vapeur et esleuee ou epalee en lair dōt nous auons ia dit q dieu le tout puissant peust reuocquer et restituer au corps tout ce qui est pssu hors. Icelle chair doncques sera rēdue et restituee a sôme ouquel elle cômen ca pmierement a estre chair humaine / car elle doit estre reputee auoir este prise et aussi côme epruntee de lautre hôme qui lauoit mengee / Et doit estre rendue et restituee au pmier aussi côme argent eprunte doit estre rendu a cellup qui sa preste / mais sa chair qui estoit degastee et epalee en lair que cellup qui auoit mēgee lautre par fain quil auoit / dont il estoit ainsi maigre deuenu luy sera aussi rendue et restituee de cellup qui peut reuocquer et ramener ce q est epale et mue en vappeurs. Combien que suppose que icelle chair deuenist du tout neant si que aucune matiere ne demeura aux secretz de nature / ne se pourroit pas dieu le tout puissāt reuocquer sil vouloit mais pour confermer sa sentence de verite qui dit. Cheueuil de vostre teste ne perira Cest grant erreur de cuider q tant de chair ainsi mengee et degastee par fain puisse perir puis que vng cheueil de la teste dhôme ne pourra perir / toutes lesquelles choses ainsi selon nostre pouoir côsiderees et traictees / nous disons en somme et concluons que quant les corps des hômes resusciteront ilz auront pardurablemēt telles mesures en leurs grandeurs et quantitez qlz eussent eu quāt laage de leur ionesse eust este parfaicte quanta ceulx qui moururēt Aincois quilz attaingnissent ou quilz auoient en icelle aage quāt a ceulx qui vesquisent tant ou plus. Et aura chascun membre sa beaulte gardee selon la quantite dōt il deuera estre / et affin que celle beaulte et ordonnance soit gardee en tous ses membres se aucune chose est ostee daucune partie du corps quil soit mesauenant et plus grande quil naffiert et que ce qui sera oste soit espandu et distribue par tout le corps affin que rien nen perisse. Et que par tout chascun mēbre soit proporcionne lun a lautre: Ce nest pas erreur de croire que aucune porcion puisse estre adioustee a la grādeur du corps comme a toutes ses parties ou membres mesure soit distribuee ou departie aucune chose ou pporcion pour garder leur beaulte/ laquelle chose ou porciō selle estoit toute mise en vne porcion ou en vng membre. certainement ne seroit pas auenāt. Ou se len escripuoit et maintenoit que chascū ressuscitera en lestature ou grādeur en quoy il est mort/ on ne se deueroit pas souuent debatre daler encontre. mais que tant seulement que aux corps ressuscitez nait pas de defformite de laideur de foiblesse denfermete de pesanteur ou de corrupcion/ ou de quelconques autres deffaultes qui nappartienent a ce royaume/ ouqͤl les filz de la resurrection et promission seront egaulz et parelz aux angles de dieu Et se ce nest en corps ou en aage/ se sera ce en bieneurete.

¶ Exposicion sur ce chapitre.

En ce xx. chapitre monseigneur saint augustin respond a la question des playes des martirs. Et aussi des charongnes qui seront deuourez de bestes ou mēgees par faim par autres hōmes. Et met la diffinicion que fist tulle de dieu/ laqͤlle peut estre recueillie des choses qui sont dictes cha et la en son second liure de natura deorum/ ou il amaine lucius balbus pour deffendre la raison des dieux contre cotta Apres quant monseigneur saint augustī parle des hōmes qui par rage de faim ont mengie autres hōmes/ et dit que les anciennes histoires le tesmoignent. Et que aussi sa il sceu en son temps par experiēce Il est assauoir que Valerius maximus en son vii. liure ou chapitre de necessitate raconte que ceulx de sa cite de minance qui estoit vne cite despaigne furent tellemēt assegiez par scipion et tellement oppressez p faim quilz mengerent les charongnes des hōmes mors et occis en bataille/ et fut celle chose sceue/ tellement que quant sa cite fut prise on trouua que plusieurs de ceulx qui furent prins a la prinse dicelle en auoiēt plusieurs pieces en leur saig/ les vngz ses espaulles/ les autres ses costes et ses autres ses autres pieces. Et ancores en ce mesmes chapitre dist que sa cite de calegore laquelle est entre espaigne et nauarre p vng autre siege mengerent leurs fēmes ⁊ leurs enfans par rage de faim/ et perseuererent iusques a les saler. Josephus en raconte aussi vne exemple de celle qui rotit et menga son enfant quelle allaitoit par rage de faim. Len dit aussi que le roy cābises qui fut roy de perse vault sauoir dont le fleuue du nyle sourdoit. Et a la tant q̄ viures luy faillirent/ ⁊ lors par necessite menga la chair de ses compaignons. sicō me dit lucan en son p. liure.

¶ De la nouuellete du corps espirituel en laquelle sera muee la chair des sainctes personnes. xxi.

En ceste resurrection dōcques tout ce qui aura este pery de corps tāt en leur vie cōme apres la mort. auec ce q̄ en sera demeure en sepulchres leur sera restitue et cōuerty et ressuscitera tout mue de vieillesse de corps charnel en nouuellete de corps espirituel: Et sera vestu dincorrupcion et dimmortalite/ mais ancores sil auenoit q̄ par aucun grief cas. ou p cruaulte dēnemis tel corps euste este tout casse ou moulu ⁊ redige ⁊ ramene en pouldre et espandu en lair en vent ou en eaue/ Et que tant cōme il seroit possible len ne leust souffert estre en aucun lieu/ neantmoins pour ce ne pourra il en aucune maniere estre soustrait quil ne soit submis a la toute puissāce de son createur. ains mesmes vng cheueil de sa teste ne perira/ dōques la chair espirituelle sera sugecte a lesperit/ mais toutesfois sera elle chair. non pas esperit/ aussi cōe lesperit en ce monde fut sugecta sa chair, lequel toutesfois estoit chair, et non pas esperit. De laquelle chose nous auons experience en la defformite de nostre peine. Car pour certain ceulx nestoient pas cheueulx selon sa chair: mais selon lesperit ausquelz lapostre disoit, ie nay peu parler a vous come a homes espirituelz, mais y ay parle come a homes charnelz. Et aussi en ceste mortelle vie home est repute estre espirituel en telle maniere que neantmoins il est charnel quāt au corps. Et voit selon le dit de lapostre une loy en ses membres corporelz qui est contraire et se combat a la loy de son esperit, mais le corps sera mesmes espirituel quant une mesme chair sera par telle maniere ressuscitee que lescripture sera acomplie qui dit Le corps est seme charnel, mais il resuscitera espirituel, mais pour ce que nous nauons pas ancores experience quelle et combien grande sa grace du corps espirituel sera, ie ne doubte que tout ce que sen en dit ne soit presumpcion et oultrecuidance mais touttesfois pour ce que la ioye de nostre esperance nest pas a taire, mais a raconter a la louenge de dieu. Et aussi pour ce que la pfonde nouuelle, cest assauoir de cueur dardant amour, dauid dist. Sire iay ayme la beaulte de ta maison. Or viuōs et esperōs a leyde de dieu tant cōme nous pouons parmy ses dons que nous veōs quil donne en ceste tresmauuaise vie aux bons et aux mauuais. Car certainement nous ne pouons dire souffisamment cōbien grant est son don, duquel nous nauons pas eu experience. Car ie laisse a parler dela grace quil fist a home quant il le crea iuste. Je me tais aussi de celle vie dadam et de eue quilz eurent plentureuse en paradis. Car elle fut si briefue que home q̄ on ꝗ̄ nasquit ne la peut sentir ne conceuoir Et qui pourroit dire et expliquer les demonstrances de la bonte de dieu enuers lumain lignage en ceste vie presente en laquelle nous sommes ancores, de laquelle nous endurons sans cesser les tentacions mais qui plus est toute tentation par lāq̄

maniere que nous y prouffitons en bōnes oeuures tant comme nous y sommes.

⁂ Exposicion sur ce chapitre.

En ce xxi. chapitre monseigneur saint augustin poursuit ancores sa responce des choses mises ou precedent chapitre. Ce est le chapitre tout cler:

⁂ Des miseres et maulx ausquelz lumain lignage est obligee a bon droit pour rayson de la premiere preuaricacion, desquelz maulx nul nest deliure fors par la grace de iesucrist.

Car en tant comme il est a parler de la premiere naissance ceste vie presente se vie doit estre dicte qui est plaine de tant et si grās maulx tesmoigne que tout lumain lignage ait este danne. Car quelle autre chose peut demōstrer une horrible parfondeur dignorance dont toute erreur vient qui occuppe et recoipt tous les filz dadam en ung recept et destour plain de tenebres par telle maniere que home nen peut estre deliure sans labour sans douleur sans paour, de laquelle autre chose aussi est demonstrance amour mesmes de tant de choses vaines et nuisibles, de laquelle viennent cures poingnās au cueur perturbacions, pleurs, espouentemētions douloureuses, discors, plaidoirie batailles, agais, yres, ennemistiez, falace, flaterie, fraude roberie, rapine, tricherie, orgueil, couuoitise, enuie, homicides, patricides, cruaulte forcenerie, felonnie, luxure, mignotise, oultrecuidance, non chastete fornicacions, adulteres, et gnoistre charnellement personne de son lignage, tant de violences et ordures contre nature en lun et en lautre sexe qui est lapde chose a dire, sacrileges, heresies, blasphemes, piuremens, oppressions dinnocens malices ad inuencions, faulx tesmoingnages, iniq̄ te iugemens, violences et larrecins. Et quelconques autres maulx dont il ne me souuiẽt/ et toutesfois ne se depar̃tent eulx̃ pas quilz ne soient en ce monde tant cõme les hõmes y viuent/ mais les mauuais hõmes ont telles mauuaistiez en eulx̃/ et toutesfois viẽnent elles de celle racine der̃ reur et damour peruerse auec laqlle tous les filz dadam naissent. Car qui est cel̃ luy qui ne sache cõmẽt hõe viẽne et naisse en grãt ignorãce de verite/ q̃ est manifeste aux enfans Et en cõbien grant habondã ce de vaine couuoitise/ laquelle cõmence apparoit aux enfãs/ mesmes en telle ma niere que qui laisseroit hõme viure cõme il voldroit et faire tout ce quil vouldroit q̃ est cellup dy ie qui ne sceust q̃ tel hõme en cercetoit ou en tout ou en plusieurs des pe chez ou mauuaistiez que iay nõmez/ et de ceulx̃ que ie nap peu nommer. mais par le gouuernemẽt diuin qui ne delaisse pas du tout ses dãnez/ et par la voulente de dieu qui ne contiẽt pas sa misericorde en son pre deffense de mal faire/ et enseignemẽt de biẽ faire/ veullent et introduisent lentende ment de lumain lignage contre ces tene bres dignorãce/ auec lesquelles nous nais sons/ et sopposent et mettent encontre les assaulx dicelles/ mais toutesfois sõt icel les deffences et iceulx enseignemẽs plais de labeur et de douleur. Car pour quoy menace on ou espouente on en tant de ma nieres les enfans fois pour les retraire de vanitez. Que ce veullent leurs pedago ges/ que ce veullent leurs maistres/ que ce veulẽt leurs pamelles/ les loyens les ver ges et la discipline/ de laqlle si cõme la sai cte escripture dit. On doit battre les costes de lenfant que on ayme. affin que quant il croist il ne soit pas mal duit/ et quant il se ra dur et entrudy/ il soit duit apeines ou q̃ parauẽture il ne se puisse estre. Que fait on en ses ainsi chastoiãt par toutes telles peines fois affin que leur ygnorance soit guerroyee et q̃ leur couuoitise soit reffrain te auec lesquelz deux maulx nous viuõs en ce siecle: Car dont vient ce que par la beur et traueil/ il nous souuiẽt de ce que nous sauons sans labeur loublions. par

labeur apprenõs et sauons/ sans labeur riens ne sauons/ que par labeur nous sõ mes vigoreux/ et sans labeur paresseulx Et ne appert il pas biẽ par ces choses que nature vicieuse soit ainsi cõme par sa pesã teur trebuchant et encline a mal et quelle a grant mestier daide pour en estre deli ure. pour certain paresse et negligence sõt vngz vices. par lesquelz on fait et eschieue labeur / combien que labeur mesmes soit peine/ iassoit ce q̃l soit proffitable. mais ancores oultre ces peines denfans/ sans lesqlles on ne peut riens apprendre/ si cõme les plus grans mesmes maintiennent qui ne veulent riens qui soit proffitable/ qui est cellup quil peust dire par quelconques paroles/ ou qui peust pcepuoir et cõpren dre par quelconques manieres et pensee. p quantes et par quelles peines lumain li gnage est demene/ lesquelles peines nap partiennent pas a la malice et felonnie des mauuais/ mais appartient a la cõmune misere de tous. cõment vient grant paour et grant chetiuete de perdre ses enfans pa rens et amis et de pleur de dõmaiges et de dannacions et de deceuances/ et de men songes des hõmes/ de faulx souspecons de violences dõmes/ de malices et de felõ nie dautrup/ quãt de telz maulx pour cer tain auiennent souuent/ et pillerie et estre chetif/ et peines et chartres/ et vilz et tour mens/ et detrenchures de membres/ et pri uacion de sens naturelz/ et oppression de corps faicte par force de cellup q̃ viole tel corps pour acomplir son plaisir desordon ne et moult dautres choses horribles. Q uest ce des auentures sans nombre qui auiennent de dehors a corps humain et dõt il a crainte de chault et de froit/ de tempes tes/ de pluyes/ de deluges/ despars de tõ noirre/ de gresle/ de fouldres/ de mouue mens/ croleys et ouuertures ou creuaces de terres/ des agrauentemens et oppressi ons qui auiennent par ruynes dedifices ou dautres choses de blesseures offẽses ou espouentement/ ou malice mesmes de bes tes priuees de tãt de vents de fruis darbres derbes, deaues, de vens, dair, de bestes, de blesseures tant seulement ou auec ce des morsures venimeuses des bestes sauuages de sa rage qui auient par morsure de chien, de chien enrage, dont il auient que le chien qui est vne beste doulce et amie a son seigneur soit aucunesfois doubtee plus fort et amerement que spons et dragons. Et sa ce par sa mortelle contagion ou venin: com me quelle aura mors et enuenime si entrage qui est doubte de ses parens de sa femme et de ses enfans plus que tout autre beste, ceulx qui nagent en eaue et ceulx q sont p terre quelz maulx seufrent ilz, en ql grāt aueture est cellup qui erre en quelque lieu dont il ne se donne garde. Lun tout sain de ses piez en retournant du marchie se brisa la gambe et de celle playe il mourut, et qui est plus seurement que cellup q se siet. Le pstre helpe chut de sa selle en laquelle il se seoit et ainsi mourut. En quantes manieres se doubtent les laboureurs, mais qui plus est tous hommes mesmes qui tant et si grans auentures qui viennent aucunes fois du ciel et de la terre, ou de bestes greuaines ne facent dommaige aux fruiz des champs, mais toutesfois cōmunement ilz sōt asseur de leur forment ou autres grains quant ilz les ont cueillies et mis en leurs greniers. Et neantmoins est venu a nostre cōgnoissance que vne riuiere despourueuement fut si grande quelle getta et emporta hors des greniers grant quantite de tresbon forment, et sen fuioient les gens q sa estoient. Qui est cellup qui se fie en son innocence, tant quil nait doubte des assaulx que les dyables sont en plus de mil manieres, mesmement quant ilz traueillent et assalent aucunesfois baptisez, desquelz nest rien plus innocent en telle maniere par ce que dieu seuffre ou permet que le diable ait tel pouoir en eulx, nous est demonstree la plourable misere de ceste vie presente. Et la desirable bieneurete de lautre, mais or veons que corps humain seuffre et endure de mauuaises maladies dont il est tant quelles nont peu estre comprinses aux liures de medecines, dont plusieurs q auec tous sont telles que les aydes remedes et medecines pour les garir tourmentent si que les malades qui sont desirez et soubstraiz de la douleur de telle peine par aydes et remedes. Nont pas eu aucunesfois aucuns si grant et si ardant soif quilz en estoient a ce menez quilz beuuoient lorine humaine ou la leur mesmes. Nont pas aussi este demenez aucuns par la faim quilz auoient quilz ne se pouoient tenir de menger la chair humaine, et non seulement de trouuer les hommes quilz trouuoient mors, mais les tuoient mesmes pour les menger. Et ne tuoient pas seulement les estranges, ainsles meres mengoient leurs enfans mesmes par telle cruaulte que a peines le peut on croire. Laquelle leur venoit de sa rage de faim quelles auoient. Finablement qui pourroit exprimer par parolles comment le dormir mesmes qui proprement est appelle repos est souuent a ceulx qui doiment greuable et penible par les visions de songes. Et comment il griefue et trouble la mes plaine de misere, et les sens naturelz aussi par si grans paours et espouentemens de choses, combien quelles soient fausses lesquelles apperent et empraingnent en songes si et par telle maniere que nous ne pouons mettre difference entre telles choses apparans ainsi. Et celles que nous veons veritablement. pour laquelle faulse apparence ceulx qui veillēt mesmes sont demenez malheureusement en aucune maladie et venins dont ilz sōt entechez, iasoit ce que les mauuais dyables decoipuent aucunesfois en diuerses guises et falaces, les hommes mesmes q sont tressains sans maladie par telles visions. Et ancores seilz ne les peuent par ce attraire a eulx. Toutesfois sont ilz illusions et decoipuēt leurs sens naturelz pour lappetit seulement quilz ont de les induire par quelque maniere a faulsete. De telles choses qui sont aussi cōme vng enfer en ceste maleureuse vie, ne nous peut aucun deliurer fors que la grace du sau ueur iesucrist qui est nostre dieu et nostre seigneur. Car il est appelé iesus q̃ vault autant comme sauueur qui nous deliure mesmemēt a ce que a ceste presente vie plus eureusement et pardurable/non pas vie/ mais mort ne nous prenne et recoipue, car ia soit que en ceste vie presente viennent plusieurs grans remedes et confors de garir maladies par sainctes choses et par les benois sains/neantmoins telz beneficēs ne sont pas tousiours donnez ou ottroyez a ceulx qui les requierent, affin que pour ce obtenir seulement on ne soit pas en plus grant deuocion ou religion crestienne, la quelle est plus a acquerir et plus a acquerre pour auoir vne autre vie, laquelle du tout en tout ne seront aucuns maulx. Et pour ce la grace de dieu ayde aux bons a endurer telz maulx en ce monde affin que de tant comme ilz les souffriront de cueur plus loyal ilz aient plus grāt force et vertu a les souffrir. a laquelle chose mesmes les sages de ce siecle dient que philozophie est proffitable. et sicōme dit tulles les dieux ōt dōné celle qui est vraye philozophie a pou dōmes ne se fonce quil dist plus grāt don ne fut oncques donne ne ne pourroit estre donne a hōme que icelle. Ceulx mesmes contre lesquelz nous disputons et auons afaire, iusques a ce menez qui sont cōstrais de confesser que la grace diuine est neces saire pour auoir philozophie/ et non pas quelconque philozophie. mais la vraye Et touteffois silz confessent que la vraye philozophie soit donnee a aucun pou dhō mes en ayde et remede singulier contre les miseres de ceste vie presente/ il appert assez par ce que lumain lignage est condēne a souffrir les peines des miseres de ce monde. Et aussi comme selon ce quilz dient/ il nest nul plus grant diuin que celluy/ il sensuit que aussi doit on croire quil ne peut estre donne daucū fois q̃ de celluy qui eulx mesmes qui adourent plusieurs dieux dient quil nen soit pas de plus grāt

¶ Expposicion sur ce chapitre.

En ce xxii. chapitre monseignr̄ saint augustin met les meschances et tribulacions que seuffre homme mortel depuis quil est ne/ pour ce que la premiere transgression lobliga a peche. Et recite plusieurs pechez lesquelz silz estoient bien considerez et ramenez a memoire homme se deueroit tenir de peche. Et sil les auoit bien a memoire quant il se confesse auec leurs circonstances il deueroit bien viure et bien mourir/ mais quil eust bonne repētance/ et par son induction conclud que il ny a quelconques seurete en ce monde. Et quant il allegue tulles en la fin de ce chapitre, et dit que les dieux ottroperent ceste science vraye ou pou de philozophes/ cest de son second liure de natura deorum: Et est ce chapitre tout cler quant au surplus.

¶ De ceulx qui sans ou hors les maulx q̃ sont comm̄s aux bons et aux mauuais appartiennent par especial au labeur et traueil des iustes.   xxiii.

Sans les maulx dessusdis que iay dit qui sont cōmuns en ceste vie presente tant aux bons comme aux mauuais ont les iustes tant comme ilz y sont certains labeurs qui sont leurs propres par lesquelz ilz se combatent contre les vices/ et eschaient diuersemēt aux tentacions et perilz de telles batailles. car aucunesfois ilz sont tentez plus forment aucunesfois plus lachement/ touteffois se combat continuellement la chair encōtre lesperit pour auoir ses plaisances. Et lesperit encontre la chair pour auoir les siennes en tant que nous ne faisons pas/ et q̃ nous voulons en destruisant du tout toute mauuaise couuoitise. mais en tant comme nous auons ayde de dieu nous le soubzmettons a nous et le suppeditons en veillant continuellement affin q̄ nous ne soions deceuz par fausses oppinions qui apperent estre vrayes. Que parolle malicieuse ne nous decoipue que les tenebres daucun erreur ne se combatent ou espandent en nous que nous ne croions que ce qui est bien soit mal ou que ce qui est mal soit bien nous ne laissons a faire par paour ou par doubte les choses que nous deuons faire que par deshonneste plaisance ou par couuoitise nous nencheons en voulenté de faire ce qui nest pas par rayson a faire que nous ne detenons nostre rancune ou yre iusques a soleil couchant, que nous ne soions esmeuz par hayne ou ennemistie a rendre mal pour mal, que nous ne soions enuelloppez & du tout entrepris de tristesse deshonneste et desordōnee. que nous ne soions lens et parresseux et endormis par ingratitude de guerre dōner les benefices que sen nous fait, que sa conscience quant elle est en bon estat ne se traueille ou entremette de rapporter mauuaises nouuelles en nes disant daultruy / que la souspechon que nous pourrions auoir de nous mesmes par oultrecuidāce ne nous decoipue. que sa cuidance faulse que aultruy a de nous ne nous agrauente et mette en presumpcion, que peche naist seigneurie en nostre corps mortel. Et nous face obeir a ses desirs, que noz membres ne soient empsopes par nous a estre armez diniquite a peche, que nostre oeuil ne enfuye aucune plaisance ou couuoitise desordonnee, que couuoitise de nous venger ne nous vaincque, que nostre regard ou nostre pēsee ne sarreste poit ou demeure en mauuaise delectacion, que parolle villaine et mesaduenāt ne soit plaisamment ope de nous que on ne face chose qui ne soit licite a faire combien que on en eust plaisance a la faire que nous naions esperance ou cuidance de noz forces, et de nous mesmes de pouoir faire et auoir victoire en telle bataille

plaine de labeur et de perilz / ou que quāt nous auons fait telle victoire nous nayōs aussi cuidāce que nous laions faicte par nostre propre vertu et force en sattribuant a nous mesmes, mais doit estre attribuee et ramenee a sa grace de celluy duq̄l lapostre dit. Rendons graces a dieu qui nous donne victoire par iesucrist nostre seigneur, lequel apostre dit aussi de ce ailleurs. nous auons victoire en et sur toutes choses par celluy qui nous ayme. toutesfois deuons nous sauoir que par quelque force ou vertu de combatre que nous nous combatons encontre les vices ou q̄ nous surmontons et soubzmettons mesmes iceulx vices / neantmoins nous est necessaire tant comme nous sōmez en ce corps mortel de luy dire. Sire delaissez nous noz debtes, mais en ce royaume ou quel nous serons ppetuellement auec noz corps nous naurons aucunes guerres ne aucunes debtes. Et ancores nen fut il et neust este oncques en quelque temps ne en aucun lieu aucun besoing se nature fust demeuree entierement iuste et demeuree en la maniere quelle fut cree.

(Exposicion sur ce chapitre.

En ce xxiii. chapitre monseignr̄ saint augustin met aucuns maulx que les bons et les iustes ont / desquelz se doiuent garder et eulx cōbatre contre iceulx vices, lesquelz il nomme ou texte. Et est le chapitre tout cler.

(Des bons auxquelz le createur acōplit aussi la vie qui estoit obligee a dānacion. xxiiii.

Il est il maintenant a considerer desquelz et com grans biens la bonte de dieu qui administre toutes choses quil a cree / a remply la misere mesmes de humain lignage, combien quil ait louenge de sa iustice par laquelle il se punist. ¶ Premierement il ne voulut oncques deffendre ne effacer apres le peche commis de sumail lignage sa beneicon laquelle il auoit prononce deuant ce quil eust peche quant il dit. Croissez & multipliez & emples sa terre ce est demeuree en sa lignie danee sa fecondite qui luy auoit este par deuant donnee, ne oncques le vice de peche par lequel necessite de mourir est empraincte & embatue en nous ne peut oster celle vertu merueilleuse de la semence de generacion, mais laquelle est ancores plus merueilleuse & enclose ou embatue aux corps humains par laquelle sont faictes les semences de generacions, aincois court ensemble lun & lautre comme en vng fleuue et russeau de humain lignage, cestassauoir le mal qui est descendu de nostre premier pere et le bien que nous est donne de nostre createur, ou mal originel sont deux choses, cestassauoir le peche et le tourment ou bien originel sont deux autres choses, cestassauoir generacion et continuacion, mais nous auons ia assez dit en tant comme il appartient a nostre intencion des deux maulx. dont lun vint par nostre hardiesse, cest peche, et lautre vint du iugement de dieu, cest tourment. Or a droit ay ie ordonne de parler des deux biens que dieu a donne & donne ancores iusques a present a la nature mesmes corrompue & dannee. Car dieu en sa dannant ne luy osta pas toute ce quil luy auoit donne. Car autrement lomme ne seroit pas ne il ne la mist pas hors de sa puissance, non pas ancores quant il la submist a la punicion du dyable, mesmement comme il nait pas estrange le dyable mesmes ne boute hors de son empire quant il mesmes qui souuerainement est et fait estre tout ce qui en aucune maniere est fait que sa nature du dyable mesmes soit et demeure, doncques entre les premieres oeuures desquelles dieu se reposa ou viii. iour il donna lune des deux choses que nous appellons biens, cestassauoir propagacion ou multiplicacion de li

gni: laquelle il veult que aussi come dune fontaine de sa bonte icelle propagacion decourust en icelle nature mesmes corrompue & dannee par peche et dannee a tourment, et le bien de continuacion a son oeuure par laquelle il oeuure iusques a present. Car sil substraioit hors des creatures sa puissance effectiue elles ne pourroient durer ne parfaire les temps par les mouuemens mesurez ne en tant comme elles sont crees elles ne demourroient pas. De dieu doncques crea homme si quil luy donnast auec ce vne fecondite par laquelle il multipliast & engendrast autres hommes. Et que dieu egendrast auec ce en eulx la possibilite, non pas la necessite deulx multiplier par generacio, toutesfois osta il icelle possibilite ceulx qil voulut & furent brehais neantmoins nosta il pas a lumain lignage sa beneicon dengendrer quil auoit donne vne fois aux premiers mariez, doncques iassoit ce que icelle propagacio et multiplicacion de lhumain lignage ne leur fut pas ostee quant ilz eurent peche, toutesfois nest elle pas telle come elle eust este se aucun homme neust oncques peche. car depuis qhome q estoit en honeur eut peche

Et que par ce il fut compare aux bestes mues engendrees semblablement comme luy, toutesfois ne fut pas en luy du tout estainte ainsi comme dune estincelle de raison ainsi come il fut fait a lymage de dieu mais se conformacion nestoit adioustee a ceste ppagacion ou multiplicacion elle ne procederoit pas aux formes et manieres de son espece. Car se homme et femme neussent oncques este conioictz ensemble pour engendrer, et neantmoins il voulsist emplir la terre des hommes, il les pourroit tous aussi bien creer sans conioction charnelle de masle et de femelle, comme il en crea vng qui fut le premier, mais homme et femme conioinctz charnellement ensemble ne peuuent engendrer fors que par ce que dieu y a fait la creacion. Doncques aussi comme dit lapostre en parlant de linstitucion espirituelle, par laquelle homme est forme a sa foy et a iustice. ¶ Ne cellup qui plante ne cellup qui arouse nest rien, quāt a ce, mais dieu qui y donne lacroissement ¶ Aussi peut on cy dire a nostre propos, ne cellup qui gist auec femme, ne cellup qui y seme nest rien, mais dieu qui forme le fruit Et aussi ne la femme qui porte ce quelle a conceu et qui lenfante et nourrist nest rien mais dieu qui y donne lacroissement, car cest cellup qui par loperacion dont il oeu- ure iusques a ores fait que les semences de generacion desploient leurs membres et les desueloppent hors de nueloppemens repostz et inuisibles ou elles sont. Et les met clerement en visibles formes / de la beaute en laquelle nous les veons sensi- blement, il fait que la nature corporelle et la nature incorporelle dont lune est par des sus et lautre subgecte / ait vie en sa cou- plant et ioignant ensemble par merueil- leuse maniere, laquelle oeuure de dieu est si grande et si merueilleuse quelle embat esbahissement de pensee en cellup qui bien la considere. Et est cause de loer dieu, non pas seulement pource quil a fait ce en hō- me qui est beste raisonnable, pourquoy il est plus excellent et plus noble de toutes autres bestes / mais auec ce de ce ql le fait en vne tres petite moucquette, ainsi donna dieu a lame humaine pensee, en laquelle raison et entendement sont endormis en vng enfant par vne maniere aussi comme sil nen y auoit pas. Et se doiuent esmou- uoir et hanter en lup selon ce que son aage croist et vient, en laquelle soit comprena- ble de science et de doctrine / et habille de ap perceuoir congnoistre et aymer si que par ce que celle pensee aura ainsi comprins sci ence doctrine et verite / elle puisse et ait en soy sapience et soit anoblie de vertus par lesquelles elle se combate sagement, ver- tueusement, attempreement et iustement encontre les erreurs et autres vices qui se gendrent aucunesfois en elle, et les vainc que, non pas par desir dautre chose fors que du bien souuerain et immuable, et cō bien quelle ne le face pas ainsi / neantmois

qui est cellup qui puist dire ou penser souf fisamment comment telle puissance de cō prendre en soy sapience verite science et ver tu establie de dieu en nature rapsonnable ait de bien en soy. Et comment ceste oeu- ure merueilleuse de dieu se tout puissant / Car oultre cauec les ars et doctrine de bien viure et de venir a la bieneurete immortel- le, lesquelz ars sont appellez vertus. Et sont donnees aux filz de promission et du royaume du ciel seulement par la grace de dieu qui est en nostre seigneur iesucrist / Ne peut on pas veoir et apperceuoir que y engin humain tant de manieres dars et de sciences sont trouuees et hantees en par ties necessaires et en parties voluntaires que si excellente vtu de pensee et de raison demonstre et tesmoigne aux choses mes mes superflues, mais auec ce perilleuses et dommageuses quelle desire et couuoite comment elle a grant bien en sa propre na ture, par lequel elle a peu trouuer apren- dre ou exercer et hanter telles choses, car qui est cellup qui pourroit dire par quelle maniere et industrie humaine est venue a congnoissance de sauoir faire merueil- leuses oeuures de bestemes et dedifices cō ment elle a profite en cultiueurs de ter- res et en nauires, quelle chose elle a pense y magine et fait complettement en forgant statues pmages et paintures. ¶ Quelz merueilles, elle a subtile a faire aux the- atres qui sont increables a ceulx qui les voient et oyent quelles et quantes choses elle a trouue pour prendre occire et doubter les bestes irrapsonnables. ¶ Comment elle a conceu et comprins encontre les hō- mes mesmes tant de manieres de venins darmeures et dengins. Et au contraire quantes medecines elle a aussi conceu et comprins pour deffendre ou reparer le sa- lut ou sauuement mortel. ¶ Quantes saulses ou lescheries de gloutonnie pour le delict de la bouche. Comment elle a pen se grant multitude de signes pour demō strer et esmouuoir les pensees / entre les- quelz signes paroles et escriptures sont

G.i.

les principaulx. ¶ Quelz adournemens deloquence elle a pense pour le delict du cueur. Quelle habondance de diuers dictiers. Quantes melodies de musicque/ quâtes manieres de chansons elle a trouue et pense pour adoulcir et esleescher les oreilles/ par combien grant sagesse elle a comprins les mesures de geometrie/ Les nombres en arismeticque. Et les voies et ordre des estoilles en astrologie: Comment elle sest remplie de congnoissance des choses mondaines/ qui pourroit ce proprement dire/ mesmement se nous voulions demourer et entendre singulierement en vne chascune de ces choses particulierement/ et non pas les mettre ensemble. Finablement qui pourroit souffisamment eptimer comment les grans engins des philozophes et des heretes ont este clers & subtilz pour deffendre erreurs et faulssetez. ¶ Car nous parlons a present de la nature de la pensee humaine/ de laquelle ceste mortelle vie est adournee/ et non pas de la foy et de la hope. par laqlle est acquise la vie imortelle. Et pour certain côme le createur de si noble nature soit vray et souuerain dieu. et ait ladministracion de toutes choses quil a faictes/ et ait souueraine puissance et souueraine iustice/ iamais telle nature ne fust cheue aux miseres de ce monde/ ne naiast pas deulx cy par durables miseres exceptez aucus qui seulement en seront deliurez/ se trop grât peche neust procede au premier homme du quel les autres sont nez/ mais comment appert estre grant sa bonte de dieu et la pourueance de si hault createur en nostre corps mesmes. combien quil soit commun en mortalite auec les bestes sauuages/ et soit trouue plus enferme et plus foible que ne sont plusieurs delles Et ne sont pas ai si ordonnez en corps humain les lieux des sens naturelz et des autres membres & la forme & la figure & estature de tout le corps faicte par telle mesure quil se demonstre estre fait pour seruir et administrer lame raysonnable. Car homme nest pas ainsi

cree côme nous veons les bestes qui nont pas de raison pour estre cclins vers sa terre. aincois la forme de son corps qui est esleuee vers le ciel ladmonneste de assauourer les choses de lassus/ mais le merueilleux mouuement qui est attribue a sa langue et aux mains/ et qui est conuenable a parler & a escripre & a acomplir plusieurs ars & offices. ¶ Ne demonstre il pas assez a quelle ame doit seruir tel corps qui pour cellui est adioinct/ combien que sil nestoit pas de necessite quil fust aucunes oeuures si est lordonnance de toutes ses parties faictes a si propre nombre/ et respond lun a lautre par beaulte si pareille que tu ne scauroies se dieu en la faisant eut plus grât raison de la faire pour le proffit delle que pour sa beaulte. Car certainement nous ne veons riens cree ou corps pour cause de proffit qui ne tienne son lieu en beaulte.

Et ce nous apparroit plus clerement se nous sauions par le nombre des mesures par lesquelles toutes les parties du corps sont lopes et ioinctes lune a lautre: comment elles p sont aussi proprement applicquees/ laquelle chose par auenture si entendement dôme pourroit bien en chercher en mettant sentence en considerant les choses qui apperent pardehors mais nul ne pourroit trouuer ne congnoistre celles qui sont couuertes et lesquelles nous ne pouons veoir/ si comme est la grant perplexite et applicacion merueilleuse des vaines et des nerz/ et si comme sont les secrez des entrailles et membres de pardedens appartenans a sa vie. Car combien que les phisiciens et mires que on appelle anathomiens quant a ce par aucune diligêce cruelle ayent despeche les corps des mors ou encherche assez horriblemêt toutes telles choses mucees/ & les repostes pties de ceulx q se mouroient entre les mains de ceulx q les trenchoient & enqueroient. Et mesmes mêt en corps humains affin quilz appreissent quelle chose et comment/ & en quel lieu seroit a garir. Toutesfois quen dirai ie/ nul ne peut oncques trouuer les nombres dont ie parle par lesquelz icelle conuenable applicacion qui est appelee en grec armonnie, aussi comme dune orgue de tout le corps dehors et dedens, laquelle chose homme ne seroit demander ne enquerir. Et se iceulx nombres peussent auoir este sceuz et congneuz la beaulte de rayson se delitteroit mesmes aux entrailles qui ne demonstrent en eulx quelque beaulte par telle maniere que par le iugement de la pensee qui voit par peu dedens icelle beaulte seroit esseuee et noble par dessus toute beaulte apparant et plaisant a peuz corporelz, mais aucunes choses sont mises ou corps par telle maniere quilz embelissent seulement et ny seruent dautre chose sicomme la poitrine domme a mammelle et sa face a barbe, de laquelle il appert par ce que les femmes nen ont pas ou visage. quelle est pour laournement domme. Et non pas pour estre plus fort. Car elle appartiendroit mieulx en ce cas aux femmes qui sont plus foibles et plus enfermes. donc ques se aucun membre que on voye par dehors nest pas ou corps mis pour faire aucune oeuure si qui ny soit aussi pour embelir dont nul ne doubte, mais il en y a aucuns qui y sont pour embelir et pour adournement, et non pas pour ouurer. Je cuide que on peut entendre legierement que a creer homme sa dignite fut mise par deuant necessite la necessite fauldra et bien dira le temps q̃ nous vserons seulemẽt de nostre beaulte sans delectacion charnelle: laquelle chose doit estre rapportee a la louenge de n̄re createur, auq̃l il est dit: Sire tu as vestu confession et beaulte, mais lautre beaulte et vtillite merueilleuse a cõsiderer et concepuoir de creature qui par la largesse de dieu est donnee et ottropee a homme combien quil soit gette et condẽne aux labours et miseres de ce monde, par quelle parolle peut elle estre demonstree parfaictement sicomme elle est apparant en la grant et diuerse beaulte de qui est ou ciel en terre et en mer, et si grant habondance de lumiere et si merueilleuse beaulte qui est ou soleil en la lune et aux estoiles et verdeurs des bois et couleurs et oudeurs des fleurs, en sa diuersite et multitude des oyseaulx chantans et paine de diuerses couleurs, en maintes formes et diuerses figures de tant de choses viuans dont celles qui ont moindre corps ou tres petit sont plus a esmerueiller. Car nous nous esmerueillons plus des oeuures que les fourmis et les mouches de vaisseau font que nous ne faisons des tres grans corps des ballaines en si grant merueille comme de regarder la mer quant elle se coeuure et vest de diuerses couleurs aussi comme de diuers vestemens, et est aucunes fois vert et ce sten maintes manieres, elle est aucunes fois vermeille, aucunes fois perse. ¶ Comment aussi on a regard de moult delictablement mesmement quãt aucunes fois elle est troublee et esmeue, et vient plus grant plaisance de ce quelle a doulci, en telle maniere, cellup qui sa regarde quelle ne degette ne hurte cellup qui y nage. Quest ce de la grant habondance de viades qui est en tant de diuers lieux contre la faim. ¶ Quest ce de la diuersite des saulses et des saueurs contre lennup de nature administree de dieu, non pas trouuee par lart et labeur des queuz. Quantes aydes et remedes y a il en maintes choses pour garder et recouurer sante. ¶ Comment est agreable la succession du temps qui se change par le iour et par la nupt qui se change de lun en lautre, Comment est doulce et souefue la temprance des roses et des vens. ¶ Comment est grant la matiere en arbres et en bestes pour faire vestemens qui pourroit raconter ces choses, mais se ie vouloie toutes ces choses seulement q̃ iay mis aussi cõe en vng monceau desloper et discuter chascun par soy. aussi comme elles sont loyees et enueloppees, combien demourroy ie longuement en vne chascune singulierement a les declairer. Car en chascune prinse par soy sont contenues moult de choses doubteuses. Et toutes ces choses sont soulas des

maleureulx et des dānez et ne sont pas les
loyers des bieneurez. Quelz sont donc
ques les loyers des bieneurez quāt les sou
las des maleureulx sont tātelz et si grās
Que donra dieu a ceulx quil a predestine
a vie qui a donne ces choses a ceulx mes
mes quil a predestine a mort. Quelz biēs
fera il recepuoir en celle bieneurete vie aulx
predestinez pour lesquelz il a voulu que
son propre filz singulier ait souffert si grās
maulx iusques a la mort en la misere de
ce monde/ dont lapostre parlant de ceulx
qui sont predestinez au royaume de gloire.
dit que dieu nespargna pas son propre filz
ainz le liura il pour nous tous/ commēt
ne donna il aussi toutes choses auec luy/

⁋ Quant ceste promesse sera accomplye
que serons nous/ quelz serons nous/ ālz
biens aurons nous en ce royaume quant
nous en auons ia receu tel gaige que iesu
crist est mort pour nous. Quel sera lespe
rit dhōme qui sera parfait par si paisible
vertu quil naura aucun vice ne tel auquel
il soit subgect/ ne tel auquel il ne donne
lieu/ ne tel contre lequel il se combatte par
telle maniere quil en acquiert louenge/ cō
ment sera en icelluy royaume grande et bel
le et certaine science de toutes choses sans
aucune erreur ou labeur ouquel la sapien
ce de dieu sera veue en sa fontaine mesmes
a grant felicite sans aucune difficulte.
Quel sera le corps q sera du tout subgect
a lesperit et viuifie de luy si souffisāmēt
quil naura mestier de nourrissement/ car
il ne sera pas lors corps bestial/ mais se
ra espirituel qui aura bien en soy la substā
ce de la chair/ mais elle sera sans aucune
corrupcion charnelle:

⁋ Exposicion sur ce chapitre.

En ce xxiiii. chapitre monseigneur
saint augustin raconte les biens q
nostre seigneur a ottroye a la fragillite de
nostre condicion humaine dānee par le pre
mier peche/ de la transgression faicte par
noz premieres peres et les raconte par ordre
Et finablement apres ce quil les a racon
tez/ il dit q tous ces biens sont soulas des
meschans dannez, non pas les loyers des
bieneurez. Apres il demande quil donra a
ceulx qui sont predestinez a la vie quant
il a donne tant de biens a ceulx qui sont p
destinez a mort et a condennacion. A quoy
il respond et dit quil leur donra tous biēs
Et monstre comment sicōme il appert p
le chapitre lequel est assez cler.

⁋ De lostinacion des aucuns qui impunent
la resurrection de la chair laquelle tout le
monde croit sicōme dessus est dit.

Mais les nobles philozophes nōt
pas de discencion contre nous/
quāt a iceulx aux biens dont la
me bieneuree aura fruicion apres ceste vie
presente/ ilz estriuent de la resureciton de
la chair et la nient tant cōme ilz peuent/
mais plusieurs qui ont creu ceste resurre
ction ont laisse trespou dautres qui laient
nye ou contredit et a iesucrist qui monstra
en sa resurrection ce que ceulx cy tiennent
estre erreur sont conuertis de loyal cueur
les bien enseignez et les moins enseignez.
les sages et les folz de ce monde. Car le
monde a creu ce que dieu a dit parauant/
lequel mesmes a dit que le monde croiroit
ceste resurrection. Car il na pas este con
straint par les malefices de saint pierre de
la denoncer par si long temps parauant a
la loenge de ceulx qui la croient/ car il est
le dieu lequel sicōme iay dit aucunes fois/
et ancores ne me poise il pas de le ramente
uoir. lequel les autres dieux mesmes crai
dent et doubtent selonc ce que porphire mes
mes le raconte/ a qui se veult prouuer par
les reuelacions de ses dieux/ lequel il loa
en telle maniere quil lappella pere dieu et
roy. Car ia nauienne que les choses quil
dit soient a entendre par telle maniere cō

ceulx qui se veulſent entendre qui nont pas voulu croire auec nous le monde ce quil a dit parauant que le monde croiroit. Pour quoy doncques neſt ce pas mieulx a entēdre auſſi cōme il fut dit parauāt que le mōde croiroit/ non pas auſſi cōme aucūs pou deulx ſe iēglent qui ne ſont pas voulu croire auec le monde de qui il eſt dit parauant quil le croiroit. Car ſilz diēt que ces choſes ſont autrement a entendre/ aſſin q̄ ſilz diſoiēt les choſes qui en ſont eſcriptes eſtre fauſſes ilz ne feiſſent iniure a iceluy dieu meſmes auquel ilz portent ſi grāt teſmoing pour certain ancores luy ſont ilz auſſi grant et griefue iniure ſilz dient q̄ les ſoient autrement a entendre que le mōde ne ſes a creu. car dieu a loe il a accomply ce que le monde auoit a croire/ Et ne peut pas dieu faire que la chair reſſuſcite et viure par durablement/ ne doit on pas croire que dieu le doie faire pour ce que ceſt mal et choſe indigne a dieu. mais nous auons ia dit moult de choſes de ſa toute puiſſance/ par laquelle il fait tant et ſi grans merueilles. ſilz veulent trouuer aucune choſe que le tout puiſſant ne puiſſe faire ilz ſont trop bien/ mais brayement le diray quil ne peut mentir. Creons doncques ce quil peut ſans croire ce quil ne peut. auſſi doncques les non creans quil ne puiſſe mentir croient quil fera ce quil a promis a faire/ Et croient auſſi cōme le monde a creu. lequel dieu a dit parauant quil croiroit. lequel il a loe de ce quil croiroit. lequel il a promis quil croiroit. lequel il a ia monſtre q̄l a creu. Et dont demōſtrent ceulx q̄ ce ſoit mal/ nous auons ia depute de lordre des elemens/ nous auons parle des autres cōiectures des hōmes/ nous auōs aſſez mōſtre ſi cōme ie cuide ou xxiij. liure cōment en lautre ſiecle le corps incorruptible ſe pourra mouuoir legierement et dattemprance de bonne ſante et habilite du corps pſente ment. laquelle neſt pas acomparer a celle imortalite. Ceulx qui nont leu les choſes contenues cy deſſus en ceſte oeuure ou qui veulent recorder ce q̄lz y ont leu les liſent:

☞ Expoſicion ſur ce chapitre.

En ce xxv. chapitre monſeigñr ſaict auguſtin demōſtre que iaſſoit ce que les philozophes naiēt pas voulu croire la reſurrection auſſi cōme font les creſtiens/ touteſſois peut elle eſtre prouuee par leurs dictz. Et amaine le dict de porphire qui combien quil ne vouſiſt croire la reſurection/ loa dieu par telle maniere q̄l ſe nō ma dieu pere a roy. Et leq̄l les dieux meſmes reſſongnerent. Et ceſt en ſon liure q̄ eſt appele eglogion/ duquel eſt faicte mencion ou xxviij. chapitre du xix. liure/ et cy deſſus ou tiers chapitre de ce liure.

☞ Cōment la diffinicion de porphire par laquelle on cuide q̄ aux ames bieneurees tout corps ſoit a fuir eſt deſtruite par celle ſentence de platon qui dit que le ſouuerain dieu a promis q̄lles ne ſeront pas deſpoulies de leurs corps. xxvi.

Mais ces philoſophes dient que porphire dit q̄ a ce que lame ſoit bieneuree il conuient quelle fuie et eſchieue tout corps/ dōcques ſe lame ne peut eſtre bieneuree ſelle ne fuit et eſchieue tout corps ce que nous auons dit que le corps ſera incorruptible ne pfitte/ mais iay deputé de ce ou liure deuāt dit tant cōme il apptenoit/ mais ien ameneray or endroit vne a ce propos. platon maiſtre de ces philozophes doit dōcques amender et corriger ſes liures de dire que a ce que leurs dieux ſoiēt bieneurez ilz doiuent fuir leurs corps, ceſt adire quilz doiuent mourir/ car il dit q̄lz ſont encloſ aux corps celeſtiens. auſquelz dieux/ touteſſois dieu qui les a fais a promis affin quilz fuſſent aſſeurez q̄lz auroient immortalite. ceſt a dire pdurable demourance en iceulx corps. non pas quilz fuſſēt de tel nature quilz la deuſſent auoir quāt est dieu/ mais seroit de son conseil et voulente qui est de plus grant puissance/ sacq̈ sentence de platon met au neant ce quilz dient q̈ sa resurrection de sa chair nest pas a croire pour ce que cest ipossible, car selon platon mesmes q̈natel dieu qui ne fut oncques fait promist aux dieux quil auoit fait imortalite, il appert tresclerement q̈ leur dit quil feroit ce qui est impossible, car platon dit que icelluy dieu auoit parle et dit aux autres en sa maniere quil sensuit Pour ce dit il que vous auez este nez vous ne pouez estre immortelz et incorruptibles/ touteffois ne serez vous pas corrompus, ne aucunes destinees de mort ne vous fera pas mourir ne nauront plus grāt puissance que mon conseil q̈ est plus grāt lopē pour vous faire perpetuelz que ne sont les lopens par lesquelz vous estez conioinctz composez et vnis ensemble. De ceulx qui opent ce dire ne sōt tres rudes et sours pour certain ilz ne doubtent pas que ce qui selon platon fut promis aux dieux qui sōt fais du dieu qui les a fais ne soit chose impossible/ car celluy qui dit. Certainement vo ne pouez estre immortelz/ mais touteffois le serez vous par ma voulente. Quelle chose dit il fors que ie feray ce qui ne peut estre fait. Celluy doncques ressuscitera sa chair incorruptible immortelle et espirituelle qui selon platon a pmis a faire ce qui est ipossible/ pourquoy croient sur encores ce que dieu a promis soit ipossible que ce que le monde a creu a dieu q̈ luy a fait telle pmesse, auquel mode mesmes a este pmis quil croiroit quant nous mesmes croions et disons que dieu q̈ selon platō fait ce qui est ipossible le face aussi doncques ne doiuet pas les ames fuir le corps a ce quelles soient bieneurees/ aincois pour estre bieneurees le doiuent receuoir. Et en quelque corps incorruptible se iouiront il plus conuenablement que en celluy corps mesmes corruptible ouquel ilz ont este en tristesse et en douleur. Car ainsi nauront elles pas telle cruelle couuoitise que Virgille selon platō met ou liure deneydos ou il dit q̈ les

ames couuoiteront de rechief a vouloir retourner en leurs corps. Ainsi dy ie nauront elles pas de couuoitise de retourner en leurs corps quant elles auront les corps ausq̈lz elles desirent a retourner. Et quelles auront en telle maniere que tousiours les auront/ si que iamais ne les laissent par mort aucune, en quelconque brief et petit temps qui puisse estre.

¶ Exposicion sur ce chapitre.

En ce xxvi. chapitre monseign̄r sainct Augustin preuue ce mesmes. Et a maine le dict de porphire q̈ est de son liure lequel est de regressu anime. Et le dict de platon. In thimeo. Et apres argue de leurs dictz/ et cest ou il dit. Doncques ne doiuēt pas les ames fuir etc. Et finablement il argue vng vers de Virgille de son vi. liure deneydos lequel est tel. V̄ Pursus incipiant incorpora velle reuerti. Et se ramaine contre Virgille et les platoniciens qui mettoyent les reuolucions:

¶ Des contraires diffinissions de platon et de porphire/ ausquelles se lun chascun deulx ottropoit ce que sautre dit, nesun ne lautre ne deuiroit de la verite. xxvii.

Platon et porphire dirent chascū par soy singulieres choses et particulieres, lesquelles silz eussent peu faire communes lun a lautre et ioindre ensemble parauenture ilz fussent crestiēs Platon dit que les ames ne peuent estre pdurablement sans corps. Car pour ce dit il que les ames des sages mesmes, combien quil demeure/ Toutesfois retourneront elles a leurs corps. Porphire dit que quant lame sera trespurgee sera retournee au pere et iamais elle ne retournera au maulx de ce monde. Et par ce se platon eust donne a porphire ce q̃l maintenoit de vray en ceste matiere. cestassauoir q̃ les ames des iustes et des sages trespurgees retourneront aup corps humains. ¶ Aussi se porphire eust donne a platon ce quil dit de verite en ceste matiere. cestassauoir que les ames sainctes ne retourneront iamais aup miseres des corps corruptibles en telle maniere q̃ sun deulp singulierement et particulierement ne maintenist pas lun et lautre. mais deissent tous deulp ensemble lun et lautre/ aussi bien come ilz se dient diuersement, ie cuide quilz verroient p̃ consequent que les ames retourneront en telz corps q̃ les viuoient en eulp bieneureement et imortellement. Car selon platon les sainctes ames retourneront aup corps humains, et selon porphire les sainctes ames ne retourneront pas aup miseres de ceste vie p̃sente. Or die doncq̃s porphire auec platon, les ames retourneront aup corps. die platon auec porphire, elles ne retourneront pas aup miseres, et se consentiront retourner en telz corps, aus quelz elles ne seuffrent aucun maulp. ces choses ne seront fors q̃ de dieu et a p̃mis quil sera les ames bieneurees pardurablement auec leur chair pdurable. Car eulp deulp ensemble nous ottroyerent de legier ceste chose sicome ie cuide que ceulp qui confesseroient que les ames sainctes retourneroient a leurs corps auxq̃lz elles ont souffert les maulp de ce monde, ausquelz elles ont seruy dieu religieusement en vraye foy affin quelles fussent hors de telz maulp.

¶ Expposicion sur ce chapitre.

En ce pp̃iii. chapitre monseigñr saict augustin monstre que se porphire et platon eussent confere ensemble et eussent conuenu ensemble en oppinion ilz eussent este fais crestiens, et eussent creu la resurrection des corps auec nous. Et ramaine les paroles de porphire de son liure de regressu anime. Et celles de platon in thimeo. et les acorde ensemble. et est le chap. tout cler

¶ Quelles choses peurent amener platon et labeo ou varro a la resurrectiõ de la foy se leurs oppinions eussent conuenu en une science. pp̃iiii.

Aucuns des nostres qui amainent platon pour ce q̃l parla si adourneement et si noblement et pour aucunes choses quil tint estre vrayes, dient quil senty aucunes choses semblable a nostre foy mesmes de la resurrectiõ des mors laquelle chose tulle touche aup liures quil fist de la chose publicque. par telle maniere quil semble mieulp quil le voulsist dire en iouant que en affermant que ce fust verite. Car il dit que vng homme reuesquit qui dit moult de choses qui appartenoient et estoient conuenables aup disputacions des platoniciens. ¶ Labeo aussi disoit que deup hommes moururent tout en vng mesmes iour/ et quilz rencontrerent lun lautre en vng chemin fourchie ou carrefour et que depuis il leur fut comande quilz retournassent en leurs corps: et ordonnerent quilz seroiẽt amis tant come ilz viueroient. Et dit labeo que ainsi le firent iusques a tant quilz moururẽt apres/ mais ces aucteurs cy racõterent et dirent que icelle resurrecion des corps fut telle comme a este celle de ceulp que nous auõs o q̃ neux estre ressuscitez, et que depuis sont retournez a vie. mais non pas par telle maniere quilz ne soient depuis mors/ mais marc̃ varro dit une plus merueilleuse chose aup liures quil fist de la gẽt du peuple rõmal dont ie cuide que les paroles en doiuẽt icy estre recitees Certains philozophes dit il appellez genethliaticques escripuẽt et maintindrent que les hõmes reuaistiõt par une maniere q̃ les grecz appellent palnigenesani, laquelle sacomplist sicome ilz disoient en quatre cens pl' ans, par telle maniere que ce mesmes corps et celle mesmes ame qui aucunesfois ont este conioinctz en home retourneront de rechief ioinctz ensemble

Certainemēt ce Varro ie ne scay quelz ge nethsiatiques. Car Varro ne nōme pas ceulx dont il raconte loppinion iceulx dirent aucune chose, combien qlle soit faulse. car les ames sont une fois retournees aux corps mesmement quilz ont porte, et les ny retourneront iamais apres. Toutessois icelluy Varro souldt destruit plu sieurs argumens de limpossibilite que p ceulx philozophes deuant dis iengsent cō tre nous. Car ceulx qui sont ou ont este de loppinion de Varro ne tiennent pas que ce soit chose impossible que les corps ou les charongnes redigees en air en poul dre en cendre en humeurs aux corps des bestes q les ont mengees soit quilz aient este mengees dhommes mesmes ne puissēt retour ner de rechief a ce mesmes dont ilz ont este. pour laquelle chose se platon et porphi re ou pour mieulx dire ceulx q les aimēt ancores viuent sont auec nous que les salctes ames doiuent retourner aux corps, si comme dit platon. Et quelles ne doiuent pas retourner a aucūs maulx si come dit porphire, si que on ne face une consequence laquelle la foy crestienne tient estre uraye Cest assauoir q icelles ames receuront telz corps, ausqlz sās souffrir aucun mal elles viuront pardurablement en felicite. Prennent aussi ceulx dicelle secte de platō et porphire, et tiēnent ce que Varro dit. cest assauoir quelles retourneront aux corps ausquelz elles ont este parauant, et ainsi sera resolue enuers eulx toute la question de la chair pardurablement:

(Exposicion sur ce chapitre.

En ce xxviii. chapitre monseigneur saint augustin raconte que aucūs philozophes aussi crurent la resurrection. Et en raconte trois exemples. Le premier est prins de macrobe de somnio sapionis ou premier liure ou chapitre. Rerum olm platonis, ou il est dit que platon pour mōstrer

limortalite de lame en sa fin de ses liures quil fist de re publica raconte que ung che ualier appele her. de la naciō de pamphire fut occy de playes en une bataille. Et que comme au pii. iour on uoulsist ardoir son corps sicōme a coustume estoit fors, il se leua et ressuscita soudainement, et raconta tout ce quil auoit ueu et oy pendant ces pii. iours. Et dit que tulle qui sauoit les choses ueritables se couroucoit de ce que aucuns non sages se mocquoiēt de ceste sa ble acet. Le second est de labeo escripueur des choses diuines. Et le tiers est de Varro qui raconte que ces gens qui sont appellez genealatici escriprēt que apres quatre cēs. et pl. ans les ames retourneront au corps dont elles estoient parties et sont vrayes auec les corps.

(De la qualite de la uision de laquelle les sains de nostre seigneur uerront ou siecle a auenir.   xxix

OY voyons maintenant en tant cō me nostre seignr nous vouldra ayder q les sains seront en leurs corps immortelz et spirituelz quant leur chair ne viura plus charnellemēt. mais espirituellemēt Et certainemēt se ie veuil dire voir, ie ne scay quelle oeuure ou pour mieulx dire ql repos ou opsiuete il y aura Car ie ne ueis oncques par les sens corpo rels, et se ie dy que ie lay ueu en pensee. cest a dire en entendemēt. Quelle chose ou bien grant est nostre entendement enuers celle excellence. Car la est la paix de dieu laquelle sicomme dit lapostre surmonte tout entendement. Et quel entendemēt surmonte elle fors que le nostre ou parauē ture surmonte elle lentendement des sais angles. car non pas celluy de dieu. Donc ques selles ont a uiure en sa paix de dieu, pour certain ilz viuront en celle paix qui surmonte tout entendement. Et quelle surmonte se nostre il nest pas de doubte. mais selle surmonte aussi lentendement des angles si que lapostre ne les en excepte pas q̄ dit tout entendement. Nous deuons aussi entendre se dit de lapostre/ que nous ne aucuns angles ne peuent congnoistre ou sauoir icelle paix par laquelle dieu est appaise sicomme dieu le congnoist. ainsi elle surmonte tout entendement/ mais ce nest pas doubte que cesta entendre tout autre entendement q̄ celluy de dieu. mais pour ce que nous mesmes selon nostre mesure q̄ sommes participans de sa paix aurons en nous et entre nous et auec luy paix souueraine en tant cōme nostre souuerainete se estend/ par ceste la congnoissent et scauent les sains angles selon leur mesure/ mais les hommes par quelque excellence dentendement quilz aient la congnoissance trop moins que iceulx angles. car on doit considerer la grādeur de celluy qui disoit. cest assauoir monseigneur saint pol. Nous auions en partie congnoissance/ en partie auions prophecie iusques a tant que vienne ce qui est parfait. Et ainsi dit il nous le veons par vng miroir orendroit et en obscurte. mais nous le verrons lors face a face. Ainsi voient ia les sains angles qui sont appellez noz angles/ car nous qui sōmes subtrais de la puissance de tenebres/ et q̄ auons receu les arres ou le gaige du saint esperit et qui sommes translatez ou royaume de iesucrist/ auons ia cōmence a appartenir a venir a iceulx angles/ auec lesquelz icelle saincte et tresdoulce cite de dieu de laquelle nous auons ia escript tant de liures nous sera commune. Ainsi doncques ceulx qui sont angles de dieu sont noz angles/ ainsi comme iesucrist de dieu est nostre iesucrist. Les angles sont a dieu car ilz nont pas laisse dieu ilz sōt nostres Car ilz ont commence a nous auoir comme leurs citoyens/ mais nostre seigneur iesucrist dit. Gardez bien que vous naiez en despit lun de ces petis qui sont cy. car ie vous dy que les angles aux cieulx voient

tousiours la face de mon pere qui est au cieulx. (Doncques ainsi comme ilz le voient le verrons nous/ mais ancores ne le veons nous pas ainsi comme ilz font/ Et pour ce dit lapostre ce que nous auons dit nagaires. Nous le veons orendroit par vng miroir (en obscurte/ mais nous le verrons lors face a face. Ceste vision doncques nous est reseruee en sopey de nostre foy/ de laquelle vision parle monseigneur saint iehan lapostre (dit. Quāt nostre seigneur iesucrist apperra clerement (plainement. adoncques serons nous semblables a luy/ car nous le verrons tel comme il est. (Or doit on entendre par la face de dieu son apparance manifeste/ et non pas aucun membre tel comme nous auons en corps et que nous appellons manifester/ pour laquelle chose quant on me demande que les sains feront en leurs corps espirituelz/ ie nen dy pas ce que ien voy/ mais ien dy ce que ien croy selon ce que ie lis ou psaultier ou il est dit. Jay eu creance: Et pour ce ay ie parle. Je dy doncques que les sains verront dieu en icelluy corps. mais ce nest pas petite question/ assauoir se ilz verront dieu par le corps/ aussi comme nous veons a present par luy le soleil (la lune/ les estoilles/ la mer et la terre. Car cest dure chose a dire que les sains ayent lors telz corps quilz ne puissent clorre (ouurir leurs peulx quantilz vouldront/ Mais cest plus dure chose a dire que celluy q̄ clorra lors les peulx ne puisse veoir dieu Car se helizee le prophete dict son enfant giezy prendoit dons de naaman de sprie. Combien quil fut absent corporellement. leq̄l naaman il auoit gary de meselerie. Lequel don icelluy giezy comme sergant et felon auoit receu postemēt sans ce que ledit prophete le sceust sicomme il cuidoit. par plus forte raison verront les sains en icelluy corps espirituel toutes choses/ non pas seulement se ilz cloent leurs peulx/ mais le verront/ combien quilz ne soient pas present corporellement. Car adoncques sera parfait ce dont lapostre dit.

G v.

Nous auons congnoissance en partie, et prophetisons en partie. Et quant ce qui est parfait viendra ce qui est en partie cessera. Apres ce que lapostre demonstrast quelle difference il y a entre la vie presente et la vie auenir, non pas seulement de quelsconques hommes generallement. Mais de ceulx mesmes qui ont en ce monde grant saincteté il dit telles parolles. ¶ Quant iestoie dit il petit, ie scauoie comme petit, ie pensoie comme petit, mais quant ie suis deuenu homme iay laisse ce qui appartient a petit. Nous veons dit il orendroit par vng miroir obscurement, mais ie congnoistray lors ainsi comme ie suis congneu. Se doncques en ceste vie presente en laquelle ses prophecies des merueilleux doit estre comparee a celle vie par durable, aussi comme dun petit enfant a vng grant homme. ¶ Helizee le prophete absent, vit toutesfois prendre donc a son sergant de naaman. ¶ Semblablement aussi quant ce qui est parfait sera venu, et ce que le corps corruptible ne greuera pas lame, ains sin corruptible ne lempescera pas, sera il necessité que iceulx sains aient mestier dauoir leurs yeulx corporelz pour veoir les choses quilz deueront veoir comment helizee qui estoit absent nen eut pas mestier pour veoir son sergent. Car selon les lxx interpreteurs helizee dit ces parolle a giezy son sergent. ¶ Et ne ala pas dit il mon cueur quant lhomme retourna en contre toy de son chair. Et tu receus la pecune et les autres choses quil dit apres. Et selon ce que hierosme prestre interpreta dhebrieu en latin. Helizee dit telles parolles a son sergent. Nestoit pas dit il mon cueur en present quant lhomme de son chair retourna encontre toy. Le prophete doncques dit quil vit ce en son cueur, mais ce nest pas doubte que ce fut par le don de layde de dieu. Mais de combien habonderont plus tous de ce don quant dieu sera toutes choses en toutes choses. ¶ Et neantmoins iceulx yeulx corporelz auront leur office et seront en leur propre lieu, et vsera deulx le sainct esperit par le corps espirituel. ¶ Et toutesfois icelluy prophete helizee pour ce sil ne vit pas son sergent absent par ses yeulx corporelz veoit il par eulx les choses presentes, les quelles neantmoins il eut peu veoir en esperit, combien quil les eust clos aussi comme il vit les choses non presentees, combien quil ne fut pas present ou elles estoient. Ia nauienne doncques que nous disons que en ceste benoitte vie les sains ne voient dieu mesmes a yeulx clos, lequel ilz verront tousiours en esperit, mais cest vne question assauoir silz le verront par leurs yeulx corporelz quant ilz les auront ouuers. Ou se les yeulx espirituelz auront lors autelle puissance au corps espirituel tant seulement en la maniere que ont ceulx que nous auons orendroit sans doubte, dieu ne pourra estre veu par eulx. ¶ Ilz seront doncques de trop plus grant et autre puissance se par eulx est lors veu, celle nature incorporelle qui nest pas contenue ou comprinse en lieu, ains est toute par tout. Car combien que dieu ait deuant dit par le prophete, iemple le ciel et la terre. Toutesfois aussi combien que nous disons que dieu est ou ciel et en terre, ne deuons nous pas dire quil ait vne partie de soy en terre et lautre ou ciel, ains est tout ou ciel et tout en terre, non pas en lun temps et en lun, et en vng temps en lautre, mais est tousiours tout en lun et en lautre, laquelle chose nul le autre corporelle ne peut auoir. ¶ La vertu doncques des yeulx des sains sera plus excellent, non pas que ilz doiuent veoir plus clerement que ne font aucunes serpens ou oyseaulx comme aigles, qui sont tesmoingnez veoir tresclerement. Car icelles bestes par quelq vertuq ilz aient ne peuent veoir fors que corps, mais iceulx auront vertu et puissance de veoir les choses incorporelles. ¶ Et par auenture que ceste vertu de ainsi veoir fut donnee a temps en ce corps mortel aux yeulx du saint homme iob quant il dit a dieu. Ie te ouoye aincois en escoutant de loreille, mais mon oeul te voit maintenant. Et pour ce me ay ie cu en despit et me suis aduisy et me suis reputee estre terre et cendre / combien que en ces parolles on puisse estendre l'oeul du cueur ou de la pensee / desquelz peult l'apostre dit en ceste maniere. ⁋ Mais les peulx de Bostre cueur enluminez, mais ne face aucun crestien doubte que dieu ne soit Beu quant il sera Beu par les peulx q̃l tient et recoipt en Brape creance. ⁋ Et que dieu dit qui est maistre. ⁋ Ceulx dit il qui sont purs et nectz en cueur sont bieneurez, car ilz Berront dieu / mais si le Berront aussi la par peulx corporelz. Et c'est ce que nous enquerons en ceste question. ⁋ Car ce qui est escript toute chair Berra le sauueur de par dieu peut estre entendu sans aucune maniere de difficulte aussi comme se le prophete auoit dit. ⁋ Et Berra toute chair se crist de dieu / lequel certainement a este Beu en corps, et sera Beu en corps quãt il iugera les Bifz et les mors, mais maintes autres escriptures mesmes tesmoingnẽt que il soit sauueur de par dieu. mais toutessois le demonstrent plus clerement et plus amplement les parolles de celluy treshonnourable Biellart symeon / lequel comme il eust receu nostre sauueur iesucrist enfant en ses mains il dit. ⁋ Sire or laisse tu ton sergent en paix selon ce que tu m'as dit, car mes peulx ont Beu ton salut. En tant comme iob dessus nomme dit : Je Berray dieu en ma chair selon les exemplaires des hebrieux, sans doubte il prophetisa sa resurrection de sa chair.

⁋ Touteffois ne dit pas iob, ie Berray dieu par ma chair. Et touteffois s'il l'eust dit par ce peut auoir este entendu iesucrist qui est dieu, lequel par la chair sera Beu en chair. ⁋ Ou on peut ainsi entendre quant il dit. ⁋ Je Berray dieu en ma chair, aussi comme s'il Boulsist dire, Je seray en ma chair quant ie Berray dieu. ⁋ Et ce que la postre dit que nous le Berrons face a face, ne nous constraint pas a croire que nous aions a Beoir par ceste face corporelle en laquelle sont les peulx corporelz, celluy que nous Beons sans cesser en esperit. ⁋ Car

se homme naui si Bne face par dedñs ou cueur. l'apostre mesmes ne diroit pas ces parolles : ⁋ Nous qui auons la gloire de la speculacion de dieu a face descouuerte, sommes transformez en Bne mesmes ymage de grace ou gloire, aussi cõme de l'esperit de dieu. ⁋ Ne nous n'entendons pas autrement ce qui est dit ou psaultier. Approchez Bous de dieu et soyez enluminez et Boz faces n'auront pas de Bergongne, car on Bient ou approce a dieu par foy, laquelle est du cueur et non pas du corps, mais pour ce que nous ne sauons quelz accez le corps espirituel aura d'aprocer de dieu. Car nous parlons d'une chose dont nous n'auons pas icy d'experience quant aucune auctorite des sainctes escriptures ne Bient au deuant et face au propos si q̃lle ne puisse autrement estre entendue / Il est necessite que ce qui est escript ou liure de sapience nous auienne.) Les pensees des hommes mortelz sont paoureuses et noz preuidences sont incertaines. ⁋ Quelz merueilles. Car l'argument des philozophes par lequel ilz Beulẽt prouuer que les choses entẽdibles soiẽt Beues et cõgneues par la Beue de la pensee. Et que les choses sensibles et corporelles soient Beues et congneues par le sens corporel, en telle maniere que les choses entendibles ne peuẽt estre Beues p le corps / ne les choses sensibles p la pẽsee tant seulemẽt se ice lluy argumẽt pouoit estre Bray et certain, il seroit certain que l'en ne pourroit Beoir dieu par les peulx du corps mesmes espirituelz, mais et Brape raison et auctorite de pphecie desprise et enfraint tel argumẽt. Qui est celluy tãt soit cõtraire a Berite q̃ die que dieu ne Boye et congnisse les choses corporelles. A il doncqs corps p lequel il les aprende a Beoir. ⁋ De rechief ce que nous auons cy dessus nagaires dit du prophete helizee ne demonstre il pas assez que on peut Beoir les choses corporelles mesmes par l'esperit et non pas par le corps. ⁋ Car ce fut Bng fait corporel quãt giezy son sergent rechupt les dons de naaman, lequel fait toutes fois le prophete dit, non pas par le corps, mais par lesperit. ¶ Aussi comme il est certain que les corps sont veus par lesperit, que sera ce se la puissance du corps espirituel est si grant que lesperit soit veu par le corps, car dieu est lesperit. ¶ Apres ie dy que chascun scait et congnoist par son sens dedens en sa pensee, non pas par iceulx corporelz sa vie p̄ laquelle il vit en corps et mue ses membres terriens et les fait a veoir vie, mais il voit par le corps les vies des autres comme elles soient nupsibles. ¶ Car comment faisons nous difference des corps qui vivent a ceulx qui ne vivent pas, se nous ne veons et leurs corps et leurs vies, laquelle nous ne pouons veoir fors que par le corps, mais nous ne veons pas par peulx corporelz, pour laquelle chose il peut estre et est assez a croire que nous verrons fors les corps mondains du ciel nouuel et de la terre nouuelle en telle maniere que les corps que nous porterons et parmy ceulx q̄ nous regarderons de quelque part que nous adressons noz peulx nous verrons par tresclere purete dieu qui sera par tout present et gouuernera mesmes toutes choses corporelles, non pas si comme les choses inuisibles de dieu sont veues et entendues par les creatures par ung miroir en obscurte et en partie, en laquelle congnoissance la foy par laq̄lle nous creons nous proffitte plus et vault que ne fait lespece des choses corporelles, laquelle nous veons par les peulx corporelz, mais aussi comme incontinent que nous veons aucunes hommes vivans et esgettans leurs mouuemens de vie, entre lesquelz nous viuons en seure que ainsi les veons nous ne creons pas quilz viuent mais les veons, combien que nous ne puissons veoir leur vie sans les corps, laq̄lle toutesfois nous veons par les corps toute doubte ostee et mise hors. ¶ Ainsi semblablement quelque part que nous tournerons ou adresserons les peulx de noz corps nous verrons par les corps mesmes dieu incorporel gouuernant toutes choses. Ou dieu doncques sera veu de telz peulx par telle maniere quilz auront en grant excellence aucune chose semblable a lentendement, par laquelle ilz voient la nature incorporelle, laquelle chose est forte a monstrer par aucuns exemples ou par tesmoigz des escriptures diuines. ¶ Ou qui plus est legier a entendre, dieu sera veu et congneu clerement de nous que nous le verrons par lesperit chascun de nous en chascun de nous et que lun le verra en lautre, et quil sera veu en soy mesmes et quil sera veu ou ciel nouuel et en la terre nouuelle. Et en toute creature qui lors sera, et quil sera aussi veu par les corps en tout corps. En quelle part les peulx du corps espirituel adresseront leur regard. ¶ Noz pensees seront aussi clerement apparans a nous ensemble. Car lors sera acomply ce que lapostre adiousta tantost quil eut dit. ¶ Ne veullez pas iuger quelque chose deuant le temps. ¶ Car il sensuit apres iusques a tāt que nostre seigneur iesucrist enlumine ou mette en clarete ce qui est reposte̅ tenebres et manifeste (mette en appert les pensees du cueur. Et adoncques louenge sera a ung chascun de dieu.

¶ Expposicion sur ce chapitre.

En ce xxix. chapitre monseigneur saint augustin fait trois choses: premierement il met que apres la resurrection ses bons crestiens verront dieu, et par vision corporelle. Et que les martirs auront memoire des maulx passez par la science de leur pensee, non pas par experience. ¶ Et met premierement que sa felicite de ceulx qui ressusciteront sera paix planiere, laquelle surmontera par excellence toute congnoissance dentendement.

Et a ce a main se dit de l'apostre Voir s'entendement des hommes et des angles, et non pas de dieu. Apres quant il dit, mais ce n'est pas petite question assavoir ꝛc. Il demande secondement assavoir se lors nous verrons dieu par le corps, aussi come nous le veons a present par les yeulx corporelz. Et dit monseigneur saint augustin que quant a la vision que se fait par l'esperit ou de l'esperit, nous verrons dieu se nous voulons, suppose que les yeulx du corps soient clos. Et le prueve par le prophete helizeus et giezi son disciple dont l'histoire est quarto regum. vi. cap. Apres quant il dit, mais silz le verront aussi par les yeulx corporelz ꝛc. Il demande tiercement assavoir se ou ciel nous aurons les yeulx ouuers. c'est a dire les yeulx corporelz par lesquelz nous veons dieu, et argue que oy par ce qu'il dit que les yeulx qui seront ou corps espirituel seront de plus grant puissance de trop que ceulx que nous auons a present. Et respond a ce qu'on pourroit dire des aigles et d'aucuns serpens, car si come il dit, iasoit ce que ilz aient la veue plus aigre de leur nature a regarder les choses corporelles, ancores sera la puissance des nostres plus grande ou corps espirituel car la nous verrons les choses incorporelles. Et ceste raison il conferme par les parolles de iob et de symeon, et c'est ou il dit Et parauenture ꝛc. Il conferme secondement sa premiere proposicion qui est de la vision de dieu par les yeulx corporelz. Et la conferme par deux autres raisons, desquelles l'une est ou il dit. Et aussi ꝛc. Et l'autre ou il dit. Et ce que l'apostre dit ꝛc. Apres ou il dit, mais pour ce que nous ne sauons combien ꝛc. En arguant au contraire il dit que nous n'auons pas experience quelz seront noz yeulx ou ciel. Et que pour ce il fault garder la raison et argumentacion des philozophes. Et auec l'argument des philozophes lequel est tout cler ou texte et y respond ou il dit mais et vraye raison ꝛc. Apres en venant a la solucion il met la maniere par laquelle nous congnoissons en aucune maniere par les yeulx les intelligences et c'est ou il dit. De rechief ce que nous auons dit cy dessus ꝛc. Apres quant il dit. Pour laquelle chose ꝛc. Il conclud que en congnoissant dieu estre nostre vie en nous que pareillement nous congnoistrons dieu par noz yeulx corporelz en corps glorifie. Apres quant il dit. Ou dieu doncques sera veu ꝛc. Il respond a une doubte que on leur pourroit faire en demandant de laquelle condicion seront noz yeulx par lesquelz nous verrons dieu, et ce appert par le texte. Finablement quant il dit. Noz pensees seront aussi clerement apparans ꝛc. Il comence a demostrer que la felicite des bons crestiens contient viii. condicions, desquelles il met cy la premiere, laquelle est nous congnoistrons les pensees l'un de l'autre. Et que lors sera accomply ce que dit l'apostre qui est mise ou texte. Et ce souffise pour la declaracion de ce chapitre.

¶ De la perpetuelle bienheurete de la cite de dieu et du sabbat ou feste perpetuelle. xxx.

Comment sera grant la bieneurete ou nul mal ne sera, ou tout bien apperra on entendra a loer dieu qui sera toutes choses en toutes choses. Car certes ie ne scay quelle autre chose on pourroit faire la ou on ny cessera pas pour aucune paresse ne on ny labourera pour aucune souffrete. ¶ Ie suis admonneste aussi a ce par le sainct canticque ou ie lis et oy. Les bieneurez qui habitent en ta maison te loeront ou siecle des siecles. Tous les membres et entrailles du corps incorruptible, lesquelz nous veons maintenant estre distribuez en diuers usages et offices necessaire proffiteront aux loeges de dieu, car il n'y aura lors nulle necessite mais plaine certaine et seure et pardurable bieneurte. Quelz merueilles toutes les nombres de l'armonye corporelle, laquelle n'appt pas maintenant desquelz nombres iap pseap perront en ordonnance par toutes les pties du corps dehors et dedens, et auec les autres choses grandes et merueilleuses qui la seront veues, ilz embraseront et esmou ueront par delectacion de beaulte raysonable les pensees raisonnables a soer si grant et si parfait ouurier qui les a creez, ie nose par oultrecuidance determiner quelz seront les mouuemens diceulx corps, la quelle chose ie ne puis parfaictement penser, toutesfois y aura il quelque mouuemēt et quelque repos ou estat selon ce qui sera auenant en leur beaulte ou il naura rien quil ne soit bien auenant. Certes le corps sera incontinent la ou lesperit vouldra, ne lesperit ne vouldra rien quil ne soit bien auenant ta lesperit et au corps. La sera vraye gloire ou nul ne sera loe par ferueur du soant ou par flaterie. La sera vraye honneur qui ne sera deniee, ne aucun indigne ne la couuoitera a auoir, la ou aucun ne sera souffert a estre sil nest digne.) La sera vraye paix ou aucun ne souffera auersite ne de soy ne dautre. Cellup qui a donne vertu et sest promis a vertu sera loyer de vertu, lequel est meilleur et plus grant bien que chose q soit. Car quelle autre chose est ce a dire ce qui est dit par le prophete. Je seray leur dieu et ilz seront mon peuple fors que ie seray cellup dont ilz seront repeuz, ie seray toutes choses q tous desirent auoir honnestemēt Je seray et vie et salut et viande et habondāce et gloire et hōneur et paix et tous biēs Car ainsi est droittement entendu ce que dit lapostre que dieu soit toutes choses en toutes choses, il sera la fin de tous noz desirs qui sera veue sans si qui sera aimee sans enuier qui sera loe sans traueiller. Ce don q celle voulēte celle oeuure sera cōmune a tous aussi cōme celle vie pardurable auec ce qui est souffisant de penser, et par plus forte rayson qui puisse dire quelz y seront les degrez et estas des honeurs et des glores pour les merites des opers q on aura desseruy. Et toutesfois ne doit nul doubter quil ny ait certains degrez selon ses meri

tes dunchascun. Et aussi celle benoite cite serra en soy ce grāt bien que nul qui y soit en moindre estat t degre naura enuie de cellup qui laura plus grant aussi come presentement. mesmes les anges ny ont pas denuie sur les archanges, neātpius ny voul drions vng chascun estre ou auoir le degre ql ny aura receu. cōbien quil soit lope t astraint par tres paisible lopey a cellup quil aura receu. cōme soeul corporel veult estre le doit, combien que la paisible ioincture et sopey de la chair et du corps ptienne lun t lautre membre. Ainsi doncques aura lun vng don moindre que lautre naura, par telle maniere que cellup q ainsi laura moindre aura en soy vng tel don quil ney voul dra plus auoir : Et ne sensuit pas que ses bieneurez ney aient franche voulente pour ce quilz ne se desiteront pas en peche. Car leur voulente sera plus franche par ce quelle sera desliuree et franchie de la delectaciō de peche iusques a ce quil aura delectacion indeclinable de nōpecher. Car la premiere franche voulente qui fut donnee a hōme quant il fut premierement cree en estat dinnocence peut non pecher, mais peut aussi pecher, mais ceste derreniere franche voulente donnee en gloire aura plus grant puissance de tant cōme elle ne pourra pecher, mais ce sera aussi ple don de dieu, non pas par puissace naturelle, car autre chose est estre dieu, et autre chose est estre participāt de dieu. Dieu de sa nature ne peut pecher. mais cellup qui est son participāt recoipt de lup le don, parquoy il ne puisse pecher, mais les degrez du don de dieu deuoient estre gardez par ordre si que premierement la franche voulente fut donnee a hōme p laquelle il peut non pecher, et derrenierement telle par laquelle il ne peut pecher. t fut ce premier don ordonne et donne a hōe affin que par ce il acqueru st merite, t le derrain affin quil en eust son loyer. mais pour ce q ceste nature humaine pecha quant elle peut pecher, elle en est desliuree p plus grant t plus large gloire si q elle peut venir a telle liberte t franchise quelle ne puisse pecher

Car aussi cõme pouoir non mourir fut sa premiere immortalite laquelle adam perdit en pechant. et sa derreniere mesmes sera pouoir non mourir. En telle maniere la premiere franche voulẽte fut de pouoir nõ pecher, et sa derreniere fut de non pouoir pecher. Car sa voulente de pitie de soy aute dequite ne pourra estre perdue neant pl9 que sa voulente destre pardurablemẽt en bieneurete. Car pour certain en pechant nous nauõs tenu pitie ne soy aulte nequite mais combien que par ce nous aions p du bieneurete nauons nous pas perdu la voulente dauoir bieneurete. Car doit on renier que dieu nait pas franche voulente pour ce sil ne peut pecher. En icelle benoite cite sera vne mesmes frãche voulente a to9 et non disseparable dũchascũ par soy singulierement. et sera desliuree de tout mal et plaine de tout bien, et vsera sans defaillir de lesiouissement des ioyes pa durable. et aura en oubly tous pechez & toutes peines. mais toutesfois noubliera elle pas pour ce sa deliurãce affin quelle nenchẽt en ingratitude enuers celluy qui sa desliure doncques en tant cõme il appartient a touche a science raysonable elle aura bien memoire des maulx mesmes du temps passe mais quãt a lexperience sensible il nẽ souuiendra. Car le mire ou physicien qui est tresexcellẽt en sa science scait & cõgnoist a bien pou toutes maladies corporelles. aussi comme elles peuent estre sceues par art: mais en sa maniere que on les sent paisiblemẽt ou corps plusieurs diuerses maladies sont qui ne scait ne congnoist puis ql ne les a souffertes. doncques aussi cõme ilz sõt deux sciences de sauoir les maulx Lune qui est en sentendement, et lautre en lexperience du corporel sentement. car autrement sont sceuz & congneuz les maulx par la doctrine de sapience et autrement p la tresmauuaise vie du seil. en telle maniere sont ilz deux oubliances de maulx. car autrement les oublie lentendement et le sage. et autrement celluy qui les a esprouues et souffertes. Car le premier les ou-

blie sil met sa science en negligence, et autre sil est hors et desliure de telz maulx. les sains nauront pas memoire des maulx trespassez. et les oubliront selon sa maniere doubliance que iay mis derrieremẽt car ilz nen auront nul en telle maniere qlz seront du tout effacez de leurs sens, toutesfois auront ilz par vne puissance descience qui sera grant en eulx, non pas seulement leurs maulx quilz auront souffert en ce monde. ains sauront auec ce sa pardurable misere des dannez. Car autrement silz ne scaiuent lors cõment ilz ont este en misere cõment chanteront ilz pardurablement les misericordes de nostre seigneur, sicõme il est escript. duquel canticque ou chanson certainement riens ne sera plus ioyeux a icelle cite en sa gloire de la grace de iesucrist par le sang duquel nous sõmes deliurez. La sera acomply le dit de lescripture qui dit. Entendez et veez que ie suis dieu. Lors sera verifiablement le grãt sabbat qui iamais ne auespira lequel sabbat nostre seigneur recõmanda aux premieres oeuures du monde ou lescripture dit. dieu se reposa au vij iour de toutes ses oeuures ql auoit faictes. Et beney dieu le vij. iour et le sainctifia pour ce quil se reposa de toutes les oeuures que dieu auoit cõmence a faire. Car nous mesmes serõs le vij. iour quant nous serons plains et refais de sa beneiçõ et de sa sainctificaciõ. La entenderons nous et verrons quel est dieu. la quelle chose nous mesmes voulsimes estre quant nous cheismes de luy et opsmes du decepueur dyable q nous dit. Vous serez aussi cõme dieux. et nous departismes du vray dieu, lequel nous eust fait dieu par pticipaciõ de luy, non pas p laisser, car q se chose auons nous fait sãs luy q nous auons failly en le laissãt en sõ pre duql nous repeuz et pfais en pfus grãt grace entendrõs pdurablemẽt & verrõs quel est dieu duquel nous serons remplis quant il sera toutes choses en tous. Car nos bonnes oeuures mesmes quant nous les faisons par bonne intencion et q nous les attribuons plus a luy q̃ a nous nous sont imputees et ordonnees pour acquerir ce sabbat. Car se nous les attribuons a nous ce seront oeuures de seruitude com̃e il soit escript dicelluy sabbat/ Vous ne feres aucune oeuure de seruitude ou de sab bat. pour ce est il dit par ezeciel le prophete en ceste maniere. ¶ Ie seur ay donne mes sabbas en signe dentre moy et dentre eulx si quilz sachent que ie suis le seigneur qui les sainctiffie. Ce saurons parfaictemẽt quant nous entendrons parfaictement et verrons parfaictement quil est dieu.] Le nombre mesmes des aages du monde aussi comme se ce fussent iours sil estoit cõpte selon les articles ou parties du temps qui sont contenues aux escriptures/ pour cer tain icelluy sabbat apperra cleremẽt estre le p̃ncipal/ car il sera trouue quil est le vii. en prẽdant le p̃mier aage aussi com̃e le premier iour depuis adam iusques au deluge/ le secõd du deluge iusques a abra ham/ non pas que le temps de ces deux a ages sont egaulx: mais pour ce que les ge neracions sont egales/ car on en treuue x. en chascune. ¶ Apres en ensuiuant selon ce que saint mathieu leuangeliste en deter mine/ il y a trois aages ensuiuãs iusques a laduenement de nostre seigneur iesucrist dont chascun contient xiiii. generacions/ dont le premier est dabraham iusques a da uid/ de dauid iusques a la transmigraci on de babillõne. Et le tiers dicec iusques a la natiuite charnelle de nostre seigneur iesucrist. Doncques sont elles toutes cinq aages/ car la vi. est apresent laquelle na pas certain nombre et mesure de generaci on/ pour ce quil est escript que iesucrist dit a ses disciples. A vous dist il nappartiẽt pas de sauoir les temps et les momens q̃ dieu mon pere a mis en sa puissance. Ap̃s ce vi. aage dieu se reposa au vii. iour quãt il fera reposer en soy mesmes qui est dieu/ ce vii. iour lequel nous serons/ mais cest longue chose a disputer dilligamment a p̃sent de ces aages/ toutesfois ce vii. aage sera nostre sabbat dõt le vespre ne sera pas

la fin/ mais le dimence aussi cõme se viii. pardurable qui est consacre par la resurre ction de iesucrist. Et est signe et figure par auant du repos/ non pas de lesperit seule ment/ mais du corps aussi. La vaincque rons nous/ et lentenderons/ et verrons/ nous le verrons et laymerons/ nous lay merons et le loerons/ cest ce qui sera en sa fin sans fin. Car quelle autre chose est no stre fin fors que paruenir au royaume qui na pas de fin. Il me semble que par layde de dieu iay rendu la debte de ceste grant oeuure presente. Ceulx a qui il semblera quil y ait trop ou quil y ait pou se me par donnent/ mais a ceulx a qui il souffist rẽ dent en eulx esiouissant auec moy graces a dieu en disant. ¶ Gloire et honneur soit au pere et au filz et au saint esperit aux cieulx par les siecles des siecles.

¶ Epposicion sur ce chapitre.

En ce xxx. et derrenier chapitre de tou te ceste oeuure apres ce que monsei gneur saint augustin en la fin du chapitre precedent a mis la premiere des viii. felici tez des bieneurez/ il poursuit a recorder les autres vii. ¶ Et premierement il met que la seconde felicite est quon naura nul mal et tout bien y apperra. Et cest ou cõmen cement de ce chapitre. La tierce est la ou il dit. Len entendra etc. La quarte est la ou il dit. Tous les mẽbres etc. Et ce il declai re ou il dit. Quelz merueilles etc. Et apẽs il respõd a vne doubte q̃ on pourroit faire cest assauoir comment on pourra auoir si grant mouuement de bouche ou de leures laquelle question est sẽblable a celle quil a faicte ou precedent chapitre/ cest assauoir cõment les yeux seront oeuures/ pour ce q̃ la rayson des philozophes est au contrai re quilz diẽt q̃ tout mouuement requiert air. et que la multiplicacion de soy q̃ appar tient a loreille. Et de lespece visible a loeul requiert air. Or est il ainsi que si come ilz dient oultre sa lune na pas dair quare ꝛc: Et cest ou il dit. Je nose par oultrecuidāce ꝛce. Et p̄ respond. La .ii. sensuit de son argument et cest ou il dit. Certes le corps sera incontinent ꝛce. La .iii. est la ou il dit/ La sera vraye gloire ꝛce. La .iiii. ou il dit/ La sera vraye paix ꝛc La .v. ou il dit. Cellup qui a donné vertu ꝛcet: La .vi. ou il dit Et aussi celle cite verra ꝛcet. La .vii. est ou il dit. Et ne sensuit pas ꝛcet. Et ceste chose il preuue ou il dit Car la p̄miere frāche voulente ꝛcet. Et secondemēt il la conferme ou il dit. Mais les degrez du don de dieu ꝛce. Et tiercemēt il concludceste chose par exemple, et cest ou il dit. Car aussi come pouoir non mourir ꝛcet. Et ceste conclusion il conferme ou il dit. Car la voulente de pitie de sopaute t̄ dequite ꝛcet: Et apres dit que pour ce que dieu ne peut pecher on ne doit pas nyer quil nait franche voulēte. A ce se rapporte la rayson du philosophe ou premier liure de politicques ou premier chapitre ou il est dit. que ceulx qui viuent selon raison sont seigneurs, et ceulx qui nen ont pas sont serfz. Or est il ainsi q̄ ceulx qui sont en estat deulx garder de pecher inmuablemēticeulx se gouuernent sur tous les autres selon raison droitturiere. Et p̄ consequent ilz sont frans et seigneurs sur tous les autres, et par excellence/ La .vi. felicite est ou il dit En celle benoite cite doncques ꝛc. La .vii. est ou il dit. En tant doncques cōme il appartient ꝛcet/ La .viii. est ou il dit. Lors sera veritablement grāt le sabbat, cestadire le grant iour qui naura pas de vespre/ ou tousiours sera ioye feste et leesse sans fin/ a laq̄lle nous maīt le pere le filz et le saint esperit/ qui est benedictus in secula seculorum. Amen.

❡ Cy fine le .xxii. et derrenier liure de mōseigneur saint augustin de la cite de dieu.

Doncques peine soussi douleur trauueil ꝛ labeur fut donnee a poure creature ceulx q̄ verront ceste euure tiendront que ie lay eu. ❡ Et ancores le scauront ilz mieulx p̄ de tant cōme ilz auront plus congneu ma personne, mon estat, et ma petite science, et la fragillite de mon engin. Qui combien quilz aient tenu que iay aucun pou estudie, ont ilz pou sceu la rudesse de mon engin et les autres occupacions q̄ iay eues/ Et si pourront veoir en lisant les haultesses des matieres qui sont traictees en ceste oeuure, tant distoires de poetrie de theologie de moralitez, t̄ autres termes infinis de sciences qui y sont traictees briefment subtiuement t̄ obscuremēt. Et se ie cuidasse quelle chose et quelle chairge cestoit aussi bien au cōmencement comme ie say depuis sceu et scay de present, il nest riens que ie neusse receu a faire/ mais que on men eust de schairge. Et apperçoy bien mon oultrecuidance et arrogāce de lauoir entreprins. ❡ Apres ce que tant de pellens clers sauoient reffuse, lesquelz estoiēt disposez a ce faire et moy non. ❡ Et pour ce ie supplie a tous ceulx qui la verront quilz veullent suppleer et moy pardonner mes deffaultes, et ce quilz y trouueront mal mis. Et ce q̄lz y trouuerōt de bien le attribuent a dieu duquel tout bien vient. Et en oultre sil y a aucune chose qui sonne ou sente mal, ie mē rapporte en tout et p̄ tout a ce que la foy catholique en veult et que nostre mere saincte esglise en tient.

❡ Cy fine le second volume contenāt les .xii. derreniers liures de monseigneur saīt augustin de la cite de dieu. Imprime en la ville dabbeuille par iehan du pre et pierre gerard marchans libraires: Et icelluy a cheué le .xii. iour dauril lan mil quatre cens quatre vingtz t̄ six auant pasques.